古史文存

【上卷】

续编

中国社会科学院历史研究所 编

中国社会科学出版社

图书在版编目（CIP）数据

古史文存续编／中国社会科学院历史研究所编．—北京：中国社会科学出版社，2014.5

ISBN 978 – 7 – 5161 – 4271 – 4

Ⅰ.①古… Ⅱ.①中… Ⅲ.①中国历史—古代史—文集 Ⅳ.①K220.7 – 53

中国版本图书馆 CIP 数据核字（2014）第 097888 号

出 版 人	赵剑英
责任编辑	李炳青
责任校对	李　莉
责任印制	王　超

出　　版	中国社会科学出版社
社　　址	北京鼓楼西大街甲 158 号（邮编 100720）
网　　址	http://www.csspw.cn
	中文域名：中国社科网　010 – 64070619
发 行 部	010 – 84083685
门 市 部	010 – 84029450
经　　销	新华书店及其他书店
印　　刷	北京君升印刷有限公司
装　　订	廊坊市广阳区广增装订厂
版　　次	2014 年 5 月第 1 版
印　　次	2014 年 5 月第 1 次印刷
开　　本	710×1000　1/16
印　　张	69.5
插　　页	2
字　　数	1112 千字
定　　价	218.00 元（全 3 卷）

凡购买中国社会科学出版社图书，如有质量问题请与本社联系调换

电话：010 – 64009791

版权所有　侵权必究

编委会

主　　任	卜宪群	阁坤		
委　　员	卜宪群	万　明	王震中	王育成
	毛双民	刘荣军	孙　晓	李锦绣
	吴玉贵	吴伯娅	余太山	宋镇豪
	张　彤	张海燕	陈高华	陈祖武
	陈　爽	林甘泉	杨　珍	杨振红
	定宜庄	黄正建	彭卫	楼　劲
执行编委	楼　劲	朱昌荣	博明妹	

总 目

上 卷

"封建"与"封建社会"的历史考察
　　——评冯天瑜的《"封建"考论》 ············ 林甘泉(3)
论商代复合制国家结构 ························ 王震中(26)
商代分封制的产生与发展 ······················ 徐义华(47)
甲骨文所见殷人的祀门礼 ······················ 宋镇豪(57)
由一例合文谈到卜辞中的"㝵叀吉" ············ 孙亚冰(85)
殷墟甲骨文女名结构分析 ······················ 赵　鹏(113)
试说西周金文中用作地名的"斤" ·············· 王泽文(130)
西周伯制考索 ································ 邵　蓓(138)
《春秋》与殷墟甲骨文 ·························· 刘　源(152)
《易经》的尚德精神 ···························· 张文修(158)
《公孙龙子·指物论》新诠 ······················ 江向东(184)
战国至汉初儒家对古典礼乐的传承考述 ·········· 杨　英(202)
蒙恬所筑长城位置考 ·························· 贾衣肯(224)
秦汉律篇二级分类说
　　——论《二年律令》二十七种律均属九章 ···· 杨振红(240)
《汉书·文帝纪》"养老令"新考 ················ 赵　凯(254)
汉代女性的工作 ······························ 彭　卫(267)
额济纳汉简所见新莽朝与匈奴的关系 ············ 邬文玲(282)
天长纪庄汉墓木牍所见"外厨"考析 ············ 宋艳萍(294)

中 卷

从曹操入仕看汉末孝廉察举之变化	卜宪群(303)
《晋故事》渊源与形态考	楼 劲(312)
知识至上的南朝学风	胡宝国(324)
说"关中本位政策"	李万生(350)
陶弘景与萧梁王朝	刘永霞(377)
魏晋南北朝文武分途的基础性研究之一	
——几个概念的辨析	陈奕玲(389)
《资治通鉴》纪事失误举隅	
——以突厥史料为例	吴玉贵(408)
唐代"士大夫"的特色及其变化	
——以两《唐书》用词为中心	黄正建(425)
西安出土唐代波斯胡伊娑郝银铤考	李锦绣(433)
唐代宫人的政治参与途径	刘琴丽(451)
吐鲁番文书所见《谥法》残本略考	戴卫红(461)
陆羽《茶经》的历史影响与意义	沈冬梅(481)
新见《程紫霄墓志》与唐末五代的道教	雷 闻(493)
金山国建立时间再议	杨宝玉(509)
冲突与妥协:建筑环境中的唐宋城市	
——以《营缮令》第宅制度为中心	牛来颖(521)
王氏新学述论	江小涛(534)
朱熹《仪礼经传通解》的编纂及其礼学价值	王启发(570)
金代的监当官	关树东(590)
金元北方云门宗初探	
——以大圣安寺为中心	刘 晓(602)
元代江南禅教之争	陈高华(623)
元代统一局势下盐官体系的重构	张国旺(635)
《杨振碑》与蒙元时期的"前进士"	蔡春娟(644)
朝鲜司译院都提调、提调及蒙学	乌云高娃(662)

下 卷

《明儒学案》发微 …………………………………… 陈祖武（681）
关于明代国家与社会理论研究的思考 ………………… 万　明（694）
明初国事与术数 ……………………………………… 张兆裕（703）
王阳明思想的当代价值 ……………………………… 汪学群（718）
从张居正蟒服像看明代赐服现象 ……………………… 赵连赏（730）
明代宗族墓产拟制户名考 ……………………………… 阿　风（743）
明代山东地区枣强裔移民考 …………………………… 张金奎（757）
天一阁藏《明史稿·邹来学传》校读 …………………… 陈时龙（770）
明代北直隶的水利营田 ………………………………… 李成燕（788）
明末东阳"许都之乱"探究 …………………………… 张宪博（803）
现存最早长城全图《九边图说》残卷之发现与考释
　　——兼论中国古代地图绘制的人文传统 ………… 赵现海（817）
17世纪卫拉特南迁原因再探讨
　　——兼论游牧社会"集中与分散"机制 ………… 青格力（833）
陈昂父子与《海国闻见录》 …………………………… 吴伯娅（846）
论"大礼议"的核心问题及其影响 …………………… 吴　锐（860）
东征故将与山阴世家
　　——吴宗道研究 ………………………………… 杨海英（873）
清初程朱理学"复兴"标志论略 ……………………… 朱昌荣（888）
"康乾盛世"说渊源考 ………………………………… 李华川（903）
康熙五十一年长白山定界与图们江上流堆栅的走向 …… 李花子（917）
从"获胜"到"败北"：乌兰布通之战史料研析 ……… 杨　珍（935）
清代的城市规模与城市行政等级 ……………………… 成一农（948）
清代宫廷汉族儒家乐书制作及其意义 ………………… 邱源媛（963）
朱筠与清中叶学术变迁 ………………………………… 林存阳（978）
惠栋与卢见曾幕府研究 ………………………………… 曹江红（993）
章学诚对戴震的学术评价 ……………………………… 杨艳秋（1010）
清代公羊学的奠基人——刘逢禄 ……………………… 郑任钊（1025）
中国古代书写格式考 …………………………………… 孟彦弘（1042）

想法与视觉：关于域外汉籍的整理与研究 …………… 孙　筱(1051)
谈谈胡适的"大胆的假设，小心的求证" …………… 张海燕(1060)
《中国文化史稿》读后 …………………………………… 胡振宇(1076)
重建观念史图像中的历史真实 …………………………… 鱼宏亮(1086)

目 录

上 卷

"封建"与"封建社会"的历史考察
　　——评冯天瑜的《"封建"考论》 ············· 林甘泉（3）
论商代复合制国家结构 ····························· 王震中（26）
商代分封制的产生与发展 ··························· 徐义华（47）
甲骨文所见殷人的祀门礼 ··························· 宋镇豪（57）
由一例合文谈到卜辞中的"䍦叀吉" ················· 孙亚冰（85）
殷墟甲骨文女名结构分析 ··························· 赵　鹏（113）
试说西周金文中用作地名的"斤" ··················· 王泽文（130）
西周伯制考索 ····································· 邵　蓓（138）
《春秋》与殷墟甲骨文 ····························· 刘　源（152）
《易经》的尚德精神 ······························· 张文修（158）
《公孙龙子·指物论》新诠 ························· 江向东（184）
战国至汉初儒家对古典礼乐的传承考述 ··············· 杨　英（202）
蒙恬所筑长城位置考 ······························· 贾衣肯（224）
秦汉律篇二级分类说
　　——论《二年律令》二十七种律均属九章 ········· 杨振红（240）
《汉书·文帝纪》"养老令"新考 ····················· 赵　凯（254）
汉代女性的工作 ··································· 彭　卫（267）
额济纳汉简所见新莽朝与匈奴的关系 ················· 邬文玲（282）
天长纪庄汉墓木牍所见"外厨"考析 ················· 宋艳萍（294）

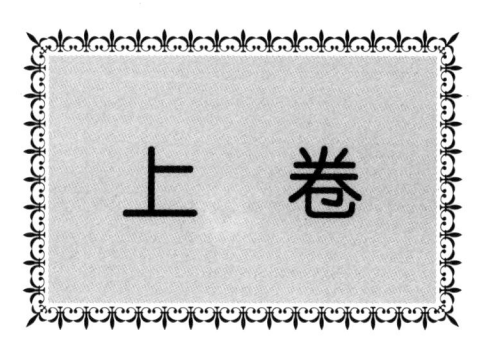

上 卷

"封建"与"封建社会"的历史考察

——评冯天瑜的《"封建"考论》

林甘泉

冯天瑜先生的《"封建"考论》① 是近年来颇受史学界关注的一部著作。作者认为我国史学界流行大半个世纪的"封建社会"论，乃是一种"泛封建观"，与"封建"的"本义"、"西义"和马克思的"原论"均有背离。为了纠正这种"偏失"，作者还提出一个包容古今中西词义的历史分期的标准。下面拟就其中几个主要问题提出一些商榷意见。

一 关于历史分期的标准

历史是一条变动不居的长河，但历史又是有阶段性的。古今中外的许多学者，对历史发展的阶段性曾发表过各种不同的意见。孔子关于"天下有道"与"天下无道"之说②，韩非提出"上古之世"、"中古之世"、"近古之世"的概念③，都反映了他们的历史阶段观。近代以来，受西方资产阶级历史学和社会学的影响，梁启超、夏曾佑、刘师培等人都曾尝试以新的观念对中国历史进行分期。如夏曾佑编写的《最新中学中国历史教科书》，就引进了"渔猎社会"、"游牧社会"、"耕稼社会"等概念。

---

① 冯天瑜：《"封建"考论》，武汉大学出版社2006年版。
② 《论语·季氏》。
③ 《韩非子·五蠹》。

马克思主义传入中国以后，唯物史观在知识分子中的影响逐渐扩大。以郭沫若、范文澜、吕振羽、翦伯赞、侯外庐为代表的老一辈马克思主义史学家，都曾致力于中国古代历史分期的研究和讨论。

自20世纪20年代以来，中国历史分期问题的讨论时起时伏，史学界迄今未能取得共识，其中得失固然值得认真梳理与总结，但不能说讨论没有得出结论就是白费工夫。历史学中有些深层次的问题，是很难得出一致意见的。但各种意见的互相问难和商讨，本身就构成历史学发展的重要篇章。历史发展阶段的划分，不同于某个历史人物生平事迹或某个名物制度的考订。不同的历史观对历史发展的主要线索和历史分期会有不同的理解，例如文化史观的学者大多着眼于文化形态的变动，而唯物史观的学者则注重社会经济形态的发展变化。不仅如此，由于历史现象复杂，既有阶段性又有连续性，即便是相同历史观的学者，对历史分期也可能有不同的认识。冯天瑜把分期问题的意见分歧归咎于各家各派在命名标准上没有共识。为此，他提出确定历史分期的四条标准："制名以指实"，"循旧以造新"，"中外义通约"，"形与义切合"。冯天瑜说，按照这四条标准来为历史分期命名，便可以"对词义的古今推演、中西对接，有所会心，易于受用"。① 但是这种古今中外兼容并包的"标准"果真合理和管用吗？我们不妨略作分析。

"封建"一词见于《诗经》和《左传》，文献解诂词义为封邦建国，以藩屏西周王室。这一点历来在史学界并没有异议。但西周分封的邦国究竟是什么社会，各家看法却有所不同。问题在于"封建"的历史内涵亦即其"本义"，并不限于建立一种藩屏王室的政制。《左传》定公四年载，周初"封建"，分封鲁公"殷民六族"，"使帅其宗氏，辑其分族，将其类丑，以法则周公，用即命于周"；分封康叔"殷民七族"，"聃季受土，陶叔授民"；分封唐叔"怀姓九宗，职官五正"。鲁公和康叔"皆启以商政，疆以周索"。唐叔则"启以夏政，疆以戎索"。这段史料说明西周分封制度涉及了统治族与被统治族经济和社会关系的方方面面，其"本义"相当丰富和复杂，也为后人留下了值得探讨的空间，远不是所谓"封邦建国"的"政制"所能概括的。郭沫若1930年出版的《中国古代社会研究》认为周代是奴隶社会，他把西周的"封建"制度称为一种有别于

---

① 冯天瑜：《"封建"考论》，第380页。

"以封建的经济组织为基础之封建制度"的"殖民制度"。① 钱穆 1940 年出版之《国史大纲》，只讲西周是"封建政体"，不讲西周是封建社会。但他又称："西周的封建，乃是一种侵略性的武装移民与军事占领，与后世统一政府只以封建制为一种政区与政权之分割者绝然不同。"② 而范文澜、吕振羽、翦伯赞等西周封建论的马克思主义学者，既没有把西周的"封建"说成是一种武装殖民，也不把"封邦建国"的政制视为封建社会论的主要依据。范文澜明确说："封建制度与宗法及土地是分不开的"，"在宗法与婚姻的基础上，整个社会组织贯彻着封建精神，而最下层的真实基础自然是封建土地所有制"。③ 可见，对西周社会性质认识的分歧，关键不在于命"名"标准没有共识，而在于对西周社会经济形态之"实"理解的不同。

　　"封建"的"本义"，有经解家理解的"古义"，也有近现代史学家理解的"今义"。就历史研究来说，不能片面地拘守"古义"而排除"今义"。对"封建"本义的认识，不是哪一个学者一次就能完成的，需要通过不断的探讨，求同存异，去伪存真，逐渐接近历史的真实内涵。在分期问题讨论中，有的学者因为西周实行分封制度，就称之为封建社会，但他们并不考虑西周的经济和社会结构具有什么性质；也有的学者称西周为封建社会的主要依据不是分封制度，而是西周领主制和农奴制的经济与社会结构；还有的学者则认为西周的分封制实际上是古代的一种氏族殖民制度，其经济基础乃是奴隶制。如果再细分一下，意见就更复杂一些。同样主张西周是封建社会的学者，有的认为当时的主要直接生产者是农奴，有的则认为是农民。同样主张西周是奴隶社会的学者，也有的认为主要直接生产者是奴隶，而有的则认为是农民。西周奴隶制论者和西周封建制论者，对于井田制都既有肯定也有否定。诸如此类的意见分歧，显然不是冯天瑜所说的"名实不符"问题，也不是他提出的四条标准所能解决的。

　　冯天瑜的最大误区，是把语源学的研究和历史学的研究混为一谈。经解家对"封建"一词的解释是"封邦建国"，历史研究必须了解"封建"一词的语源和经解家的解释。但如果把"封建"的"本义"只限于"封

---

① 郭沫若：《中国古代社会研究》，上海联合书店 1930 年版。
② 钱穆：《国史大纲》上册，商务印书馆 1940 年版。
③ 范文澜：《中国通史简编》（修订本）第 1 编，人民出版社 1953 年版。

邦建国",并且用它来限制"封建"概念含义在后代的发展,这就有点近乎"胶柱调瑟"和"削足适履"了。一般说来,"概念"应该反映事物的本质特征。一个名词在语源学上的"本义",可能反映事物的本质特征,也可能并不反映事物的本质特征。而且,随着事物的发展变化,概念的内涵和外延也是会发生变化的。历史学研究方法的一个重要原则,就是必须从事物的实际内容出发,而不是从词语概念出发。恩格斯在批评杜林的先验主义方法时说:"首先,从对象构成对象的概念,然后颠倒过来,用对象的映象即概念来衡量对象。这时,已经不是概念应当和对象相适应,而是对象应当和概念相适应了。"① 这种研究方法是我们应该避免的。

冯天瑜试图以他的四条标准来统一人们对"封建社会"概念的认识,但恰恰是他对"封建"和"封建社会"的论述,往往使他陷入前后矛盾、不能自圆其说的境地。比如严复以"封建之制"翻译西欧中世纪的 feudalism,冯天瑜认为这是"沿着旧名本义指示的方向作合理引申","从而达成古义与今义的因素互见、中义与西义的交融涵化"②,这对严复可说是高度肯定的评价。但是当冯天瑜指责有些学者认为秦汉至明清是封建社会时,他又引用侯外庐对严复"中外词汇相混,语乱天下"的批评,说"有学者将新名'封建'的概念误译严厉批评为'语乱天下',并非过分之词"③。与冯天瑜反对秦汉是封建社会不同,侯外庐是主张汉代封建社会法典化的。他虽然批评严复误译,但又说:"我们倒也不必在此来个正名定分,改易译法。"④ 严复的"封建"译名是否误译,还可以讨论,但冯天瑜前后两种评价,显然是自相矛盾的。又如,严复认为夏、商、周是封建制,冯天瑜也说:"如果把夏、商称为氏族封建制,那么西周则可称为'宗法封建制'。"⑤ 夏朝历史尚待证明,姑且不论。商朝已进入文明社会,当无问题,但把商朝也说成是"封建制",似乎已脱离了传统文献"封邦建国"的"古义",与西欧的 feudalism 更不搭配,这与冯天瑜的四

---

① 恩格斯:《反杜林论》,《马克思恩格斯选集》第 3 卷,人民出版社 1972 年版,第 135 页。

② 冯天瑜:《"封建"考论》,第 197 页。

③ 同上书,第 4、385 页。

④ 《论中国封建制的形式及其法典化》,《侯外庐史学论文选集》上册,人民出版社 1987 年版,第 203 页。

⑤ 冯天瑜:《"封建"考论》,第 22 页。

条标准又岂能符合呢？

马克思主义史学家对西周社会性质的判断虽然有所不同，但他们都主张以社会经济形态的发展变化作为历史分期的主要标准。正是在社会经济形态理论的指导下，西周史的研究才摆脱了传统的以"封邦建国"为主要线索的旧框架，对西周的生产力水平、土地制度、国野之分、阶级关系等重要问题都进行了广泛而深入的研究。这一切，冯天瑜并不是毫不知晓，他在《"封建"考论》一书中也提到"国—野"对立、"国人—野人"分治"是西周封建制的基本格局"，提到西周的封建制"其根基是井田制度，此制以劳动的自然形态（劳役地租形态）剥削农民的剩余劳动"。但是冯天瑜却一再强调"封建"制的"本义"是"封邦建国"、"封爵建藩"，批评马克思主义史学家着眼于社会经济形态变化的研究是"泛封建观"。他认为"封建"制有"狭义"与"广义"之分："狭义'封建'特指殷周政制，尤其是指西周盛行的'封国土，建诸侯'之制"；"广义'封建'是狭义'封建'的延伸，指殷周以至明清列朝列代的种种分封形态，包括秦汉以降在郡县制主导下推行的封爵制"。冯天瑜最后得出的结论是："秦至清的两千余年，政制的主位是郡县制，封建制不过是辅佐性的偏师，郡县制与封建制两者均归于专制君主中央集权政治的总流之下。"① 也就是说，按照冯天瑜的四条标准的"考论"，"封建"制归结为一种"政制"，而且只能从狭义角度去理解。这究竟是推动中国历史分期问题的争论得到解决，还是把问题倒退到传统的"封建制"与"郡县制"政制的讨论呢？

二 封建社会的"中外义"如何"通约"？

冯天瑜在《"封建"考论》中，除了要求封建社会命名"必须遵循旧名本义指示的方向"之外，还要求"命名须观照相对应的国际通用术语，其内涵、外延均应与之吻合或接近，以与国际接轨，而不可闭门造车，此谓之'中外义通约'"②。这涉及中外历史比较研究问题，冯天瑜的意见也

---

① 冯天瑜：《"封建"考论》，第90、91、94页。
② 同上书，第378页。

是很难令人赞同的。

　　Feudalism（封建主义、封建制度）的命名，源于欧洲学者对中世纪社会经济形态的概括。布洛赫在《封建社会》一书的导论中，对feudalism的定名过程曾作了扼要的说明。他指出拉丁文"封建的"（feodalis）早在中世纪就存在，法文"封建主义"（féodalité）可追溯到17世纪。但在相当长的时期，这两个词只是在狭隘的法律意义上使用。1727年，德·布兰维利耶伯爵的《议会历史文书》出版，在标称社会状态的意义上使用了"封建政府"和"封建主义"名词。1789年法国大革命以法令形式宣布"国民议会彻底废除封建体制"，封建主义这一概念得以在民众当中传播。

　　欧洲"封建主义"、"封建社会"的命名过程，说明随着中世纪历史研究的深入，它的历史内涵也是不断丰富和发展的。例如领主的采邑最初被认为是封建社会的特征，但后来"'封建主义'和'封建社会'涵盖了一整套复杂的观念，在这套观念中严格意义上的所谓采邑不再占有突出的地位"。[①] 孟德斯鸠在谈到法兰克人的封建法律时，曾批评那种认为日耳曼人征服罗马帝国之后就把一切土地都变成采地并建立普遍的奴役制度的观点是错误的。他说："有一天，我将用一本专著来证明，东哥特人的君主国的计划和当时其他野蛮民族所建立的一切君主国的计划，是完全不同的，来证明说'这一件事情在东哥特人是如此，所以在法兰克人也是如此'，是如何的荒谬。"[②] 正是由于"封建社会"的"名"与"实"之间有一个变动不居的磨合过程，所以布洛赫一方面说："应当承认，封建主义这个前景广阔的词汇，即使在看来有充分理由采用它的时候，也是一种不恰当的选择。"另一方面又说："假如史学家仅仅把这些词语当作现代用法上认可的标签，来标明他仍须解释的事物，那么他不必有任何顾虑。"[③] 他还说："把'封建主义'一词应用到这样限定的欧洲历史的一个阶段，有时会被做出极不相同的、几近对立的解释，但是这个词语的存在本身就表明，人们已经本能地承认了这个词语所表示的这个阶段的独特

---

① [法]马克·布洛赫：《封建社会》上册，张绪山译，导论，商务印书馆2000年版。
② [法]孟德斯鸠：《论法的精神》下册，张雁深译，商务印书馆1987年版，第317页。
③ [法]马克·布洛赫：《封建社会》上册，导论。

性质。"①

对于使用"封建社会"（feudalism）这一词语的许多欧洲学者来说，他们并非不知道"封建社会"一词并不足以涵盖中世纪不同地区不同时期形形色色的社会现象。问题是，历史研究必须找到足以揭示一个时代与其他时代不同的社会形态的本质特征。"没有代表整个的一组现象的概括性词语，不仅历史学无从谈起，而且一切知识领域的论说都无从进行。"②所以布罗代尔才说："对于封建主义这个经常使用的词，我与马克·布洛赫和吕西安·费弗尔一样感到本能的厌恶。他们和我都认为，由通俗拉丁语'feodum'（采邑）演化而来的这个新词仅适用于采邑制及其附属物，而与其他东西无关。把十一到十五世纪之间整个欧洲社会置于'封建主义'之下，正如把十六到二十世纪之间整个欧洲社会置于'资本主义'之下一样不合逻辑。"③但布罗代尔又承认："所谓封建社会（另一个常用的说法）能够确指欧洲社会史的一个长阶段；我们把封建主义当作一个简便的标签使用，自然也未尝不可。"④

布洛赫在《封建社会》一书中曾经给自己提出一个"令人深感兴趣的问题"："在其他的时代和世界的其他地区，是否存在其他一些社会形态，其社会结构的基本特点与我们西欧的封建主义具有充分的相似性，从而使我们可以将'封建的'这一词语同样地应用于这些社会呢？"⑤ 在该书的末章"作为一种社会类型的封建主义"中，他引用了孟德斯鸠和伏尔泰的不同意见。孟德斯鸠认为，"封建法律"的确立是一种独特现象，是"世界上曾经发生过一次，大概永远不会再发生的事件"。⑥ 而伏尔泰则认为："封建主义不是一个事件；它是一种有着不同运动形式的古老的社会形态，存在于我们所在半球的四分之三的地区。"布洛赫接着说："现代学术界总体上接受伏尔泰的观点。埃及封建主义、希腊封建主义、

---

① ［法］马克·布洛赫：《封建社会》上册，导论。
② ［英］M. M. 波斯坦为《封建社会》英译本 1961 年所写前言。
③ ［法］费尔南·布罗代尔：《15 至 18 世纪的物质文明、经济和资本主义》第 2 卷，顾良译，生活·读书·新知三联书店 2002 年版，第 506 页。
④ ［法］费尔南·布罗代尔：《15 至 18 世纪的物质文明、经济和资本主义》第 2 卷，第 506 页。
⑤ ［法］马克·布洛赫：《封建社会》上册，导论。
⑥ ［法］马克·布洛赫：《封建社会》下册，第 697 页。

中国封建主义、日本封建主义——所有这些形态和更多的形态如今已是人们熟知的概念。"① 他认为："很显然，不同时代和不同地区的所有这些被赋予'封建'之名的社会，仅仅是因为它们与西欧封建主义具有真正的或假设的——相似性，这个基本社会类型所具有的特点，是所有其他社会必须加以参照的，因此，明确这些特点具有头等重要性。"② 在布洛赫看来，"就像母系氏族或父系氏族甚或某些类型的经济体，以十分相同的形式出现于非常不同的社会中一样，与我们社会不同的一些社会，会经历很相似于我们所描述的这个时期的一个阶段，这绝非不可能。果真如此，我们就有理由称处于这一阶段的这些社会为封建社会"③。

布洛赫和布罗代尔对使用"封建社会"这个词语并不满意但又不得不在自己的著作中继续使用它，实际上是反映了西方历史学家在掌握"历史是多样性的统一"这个方法论要求时的一种无奈心情。他们相信不同国家和地区的历史发展既有多样性又有统一性，但是他们在多样性中没有能够寻找到反映统一性的科学的切入点。其实，这个问题在马克思和恩格斯那里早就解决了。马克思和恩格斯在创建唯物史观理论体系的过程中，对欧洲的封建制度作了深入的研究。可以说，对封建制度的研究，为他们创建社会经济形态理论提供了重要的历史依据。他们并没有在资产阶级学者所描述的封君封臣、采邑封土以及农奴制等通常认为是封建制度的特征面前止步，而是深入探讨这些特征是在什么样的历史条件下形成的，不同国家的封建制度其共同的本质特征究竟是什么。马克思和恩格斯把各种社会关系归结于生产关系，把生产关系归结于生产力的高度，这才有可靠的根据把不同国家社会形态的发展看做自然历史过程，从而使封建制度的产生和发展得到合理的解释。

近代中国，最早将欧洲封建社会与西周"封建"制相类比的学者是梁启超。1899年，他在《论中国与欧洲国体异同》一文中说："中国周代国体，与欧洲希腊国体，其相同之点最多，即封建时代与贵族政治是也。"④ 梁启超所说的"欧洲希腊国体"，涵盖了欧洲的古典古代和中世

---

① [法]马克·布洛赫：《封建社会》下册，第697、698页。
② 同上。
③ 同上书，第705页。
④ 梁启超：《饮冰室文集》第1册，《饮冰室合集》，中华书局1989年版。

纪，反映他对欧洲"封建时代"的了解其实很有限。1901年，严复翻译亚当·斯密的《原富》（即《国民财富的性质和原因的研究》），把欧洲中世纪的feudalism音译为"拂特之制"。但他随后翻译的爱德华·詹克斯的《社会通诠》，却把feudalism译为"拂特封建制"或"封建制"。其后"封建制"与"feudalism"之对译遂为我国学界广泛接受。严复是饱学之士，他对feudalism的翻译肯定是经过斟酌而不是随意的。起先音译"拂特之制"，想必考虑到的是中西历史的差异。后来意译为"封建制"，有无受到梁启超意见的影响，不得而知。但可以设想的是，他也看到了feudalism的社会形态与西周的"封建制"有某些相似之处（比如与封君封臣相适应的封土制度等）。Feudalism与"封建"的对译是否准确，史学界是有争议的。前文说过，侯外庐早在1956年就对此提出过不同意见。侯外庐是秦汉封建论者，他赞同西周"封建"是部落殖民说，所以对严复把feudalism译为"封建制"不以为然。但是我们不妨退一步想，如果严复是认为欧洲的feudalism与西周有类似之处，因此把音译"拂特"改为意译"封建制"，似乎也不好就简单地说他是"误译"。

冯天瑜在《"封建"考论》中，对于严复是否误译的问题采取了一种实用主义的态度。当他要批评"封建"概念误植时，他就引用侯外庐关于"中外词汇相混，语乱天下"的批评之词；而当他要论证中国只有西周以前是"封建时代"时，他就高度评价严复"创制译词'封建'"，称"严复'封建'包蕴的概念，兼容该词的古汉语义与feudalism的西义"。冯天瑜还十分赞赏黄遵宪称日本前近代社会为"封建"的用例，认为黄遵宪的语境"古义与近义、中义与西义贯通无碍，实属高明之语用，是清末民初开眼看世界的人士使用新名'封建'的先导"。①冯天瑜称赞严复、黄遵宪对"封建"一词"古今融会、中西通约"，说来说去只是"封建"制有别于"郡县"制的传统政制理念，而与我们今天所讨论的"封建社会"的历史内涵有原则区别。事实上，在严复、黄遵宪的历史观念里，是没有也不可能有我们今天包蕴"中义"与"西义"的"封建"概念的，怎么能说他们已创制了"古今融会、中西通约"的"封建"新名呢？

在历史研究中，中外历史可以互相比较和参照。但是统一性只能寓于多样性之中，所谓"中西通约"的提法并不科学。在马克思主义唯物史

---

① 冯天瑜：《"封建"考论》，第190页。

观看来，社会经济形态的发展是一种自然历史过程。"不论生产的社会形式如何，劳动者和生产资料始终是生产的因素。""凡要进行生产，就必须使它们结合起来。实行这种结合的特殊方式和方法，使社会结构区分为各个不同的经济时期。"① 马克思主义历史学者无论是西周封建论者、春秋战国封建论者或秦汉魏晋封建论者，都着眼于劳动者和生产资料结合的方式和方法，而不是冯天瑜所强调的与"封建"古义挂钩、与西义"通约"。他们认为，从秦汉至明清，无论是封建国家还是封建地主阶级，都占有大量土地，并通过各种形式和不同程度的超经济强制役使农奴和农民，剥削其剩余劳动乃至一部分必要劳动。正像恩格斯在谈到欧洲中世纪的"封建剥削"时所说的，中国"农民虽然保有自己的土地，但他们是作为农奴或依附农被束缚在土地上，而且必须以劳动或产品的形式给地主进贡"②。地主阶级的大土地所有制与一家一户的农民个体生产经营的矛盾，以自给性生产为主的封建自然经济结构，封建国家和法律维护贵族和地主阶级的利益，这些封建主义的特征，秦汉以降的中国社会，和欧洲中世纪的社会情况都是相似的。中国的封建土地所有制除国有土地之外，无论是地主的土地或自耕农的土地都可以合法地买卖（但并非完全"自由"），不像欧洲中世纪那样土地不能合法买卖；中国的地主不像欧洲的领主那样有独立的司法权；中国的封建商品经济比欧洲中世纪的商品经济发达；中国二千多年的封建社会在大多数时期沿袭秦朝的郡县制，保持了大一统帝国的局面，不像欧洲中世纪的封建国家那样分裂割据；中国的封建王朝实行中央集权的君主专制统治，欧洲一些封建国家的王权则长期相对软弱，只是到中世纪末期君主专制才得到加强。历史是多样性的统一，秦汉至明清时期，中国封建社会与欧洲中世纪封建社会的这些相似之处和不同之点，正是历史统一性和多样性的表现。

三 "封建地主制"符合马克思学说的"原论"

冯天瑜认为把秦至清的社会称为"封建社会"不但与"封建"的

---

① 马克思：《资本论》第 2 卷，《马克思恩格斯全集》第 24 卷，第 44 页。
② 恩格斯：《美国工人运动》，《马克思恩格斯选集》第 4 卷，第 259 页。

"本义"和"西义"不合，还有悖于马克思有关封建社会的"原论"。现在就让我们辨析一下这种批评是否能够成立。

"非贵族式土地所有制与封建主义不相兼容。"这是冯天瑜加在马克思头上的一个重要观点。照他说来，土地占有的"贵族性"，"是一个社会是否为封建制的分水岭"。封建领主的地产"是由王者或上级领主封赐而来，不得买卖与转让"。"是否保持土地的'不可让渡'（或译作'非让渡性'），是区分封建制与非封建制的重要标准。"①

冯天瑜举出马克思主张"非贵族性土地所有制不应列入封建主义"的论据，主要是马克思在马·柯瓦列夫斯基《公社土地占有制》一书摘要中的一段批注：

> 由于在印度有"采邑制"、"公职承包制"（后者根本不是封建主义的，罗马就是证明）和荫庇制，所以柯瓦列夫斯基就认为这是西欧意义上的封建主义。别的不说，柯瓦列夫斯基忘记了农奴制，这种制度并不存在于印度，而且它是一个基本因素。[至于说封建主（执行监察官任务的封建主）不仅对非自由农民，而且对自由农民的个人保护作用（参看帕尔格霍夫著作），那么，这一点在印度，除了在教田方面，所起的作用是很小的；罗马—日耳曼封建主义所固有的对土地的崇高颂歌（Boden-Poesie）（见毛勒的著作），在印度正如在罗马一样少见。土地在印度的任何地方都不是贵族性的，就是说，土地并非不得出让给农民！] 不过柯瓦列夫斯基自己也看到一个基本差别：在大莫卧儿帝国特别是民法方面没有世袭司法权。②

柯瓦列夫斯基认为印度的土地关系在阿拉伯人和蒙古人统治时期出现了类似欧洲中世纪封建化的过程，马克思不同意他的意见。马克思指出，柯瓦列夫斯基是因为印度有"采邑制"、"公职承包制"和"荫庇制"，就认为这是"西欧意义上的封建主义"，但柯瓦列夫斯基忘记了印度并不

---

① 冯天瑜：《"封建"考论》，第317、318、320页。
② 马克思：《马·柯瓦列夫斯基〈公社土地占有制，其解体的原因、进程和结果〉一书摘要》，《马克思恩格斯全集》第45卷，人民出版社1985年版，第283、284页。冯天瑜把马克思文中的"至于说封建主"改为"至于说封建主义"。

存在农奴制。马克思的这个意见是正确的，但是冯天瑜由此引申说，没有农奴制和"非贵族性土地所有制"都不属于"封建主义"，这却是对马克思"原论"的误读，是把"西欧意义上的封建主义"曲解成"封建主义"的一般形态，忽视了"封建主义"的多样性。其实马克思并没有否认印度的社会也有"封建主义"的成分。他谈到印度"执行监察官任务的封建主"对农民的"保护作用"，尽管"除了在教田方面所起的作用是很小的"。柯瓦列夫斯基在《公社土地占有制》一书的另一处说：印度在穆斯林征服者统治下，"农村居民仍然根据公社所有权或私人所有权照旧占有他们的土地。变动多半只涉及人，而不是涉及土地。占有者由自由人变为依附人，同时，他们的占有也由对自主地的占有变为封建的占有。"① 马克思批注说："最后这一点仅仅对于领受了第二类或第三类军功田的伊斯兰教徒才有意义，而对于印度教徒至多在下述程度上才有意义，即他们不是向国库，而是向由国库授予权利的人缴纳实物税或货币税。"② 这也说明，马克思并不完全否认印度也存在封建的土地占有制。

柯瓦列夫斯基所说的印度土地制度，涉及"柴明达尔"领地的性质问题。柴明达尔在印度土地制度史上扮演着重要的角色，他们不是贵族而是占有地产的田赋征收者（包税人）。柯瓦列夫斯基认为柴明达尔掠夺了小土地所有者的土地，而让后者保留土地的世袭使用权。关于"柴明达尔"的性质应如何看待，以及印度在被英国征服以前是否已进入封建社会，马克思所说的印度和亚洲的农村公社其社会经济形态的性质又应如何理解，中外史学界一直存在着不同的认识。马克思在柯瓦列夫斯基《公社土地占有制》一书的摘要批注中曾几次提到德里的"奴隶王"（或译"奴隶王朝"），这是否代表马克思对古印度社会性质的认识？我们姑且不论。但有一点是可以肯定的，马克思只是说印度不存在农奴制和"西欧意义上的封建主义"，并没有说西欧中世纪时的"封建主义"是唯一的"封建主义"形态。

马克思在《黑格尔法哲学批判》中谈到欧洲中世纪世袭的长子继承权时说："长子继承制是'独立的私有财产'的抽象"，"独立性就是以不

---

① 马克思：《马·柯瓦列夫斯基〈公社土地占有制，其解体的原因、进程和结果〉一书摘要》，《马克思恩格斯全集》第45卷，第269页。

② 同上。

可转让的地产为最高表现的私有财产"。① 马克思是要说明"长子继承制是土地占有制本身的结果，是已经硬化了的私有财产，是最独立和最发达的私有财产"，批评黑格尔倒因为果，倒果为因，把长子继承制描写成政治国家对私有财产的支配权。冯天瑜脱离马克思论述的具体语境，引申说："是否保持土地的'不可让渡'（或译作'非让渡性'），是区分封建制与非封建制的重要标准。"② 但只要认真阅读马克思的上下文，是得不出冯天瑜所说的这种结论的。马克思说，封建领主的地产由长子继承，"地片和它的主人一起个人化着，它有着主人底阶位，和主人一起是男爵的或伯爵的，它有着他的诸特权，他的审判权、他的政治关系，等等"。③ 领主地产的这种政治色彩，决定了它具有"安定的垄断"的性质，但这并不影响封建领主把地产再分割转让出去。因此，在欧洲中世纪，就出现了封君和封臣之间错综复杂的权利和义务关系。马克思在说明封建领主的地产具有政治垄断的性质的同时，也指出由于封建土地所有制的基础是私有制，"安定的垄断之转变为运动的不安定的垄断"是必然的，"土地所有权底转化为商品是旧贵族底最后的颠覆和货币贵族底最后的完成。"④ 实证研究表明，欧洲中世纪土地转让虽然受到传统观念和法律的许多限制，但地产的分割和转让在实际生活中却又是常见的现象。恩格斯对于日耳曼人的自主地商品化的历史过程有非常具体的论述。他说："日耳曼人的自主地，在旧日罗马领土上一出现，就变成了跟它同时并存的罗马人的地产早已变成的那种东西，即变成了商品。财产分配日益不均，贫富矛盾日益扩大，财产日益集中于少数人手中；这是一切以商品生产和商品交换为基础的社会的确定不变的规律；虽然这一规律在近代资本主义生产中得到了它的充分的发展，但并非一定要在资本主义生产中，才能起作用。所以，从自主地这一可以自由出让的地产，这一作为商品的地产产生的时候起，大地产的产生便仅仅是一个时间的问题了。"⑤

---

① 马克思：《黑格尔法哲学批判》，《马克思恩格斯全集》第1卷，人民出版社1956年版，第377、378页。
② 冯天瑜：《"封建"考论》，第318页。
③ 马克思：《经济学—哲学手稿》，人民出版社1963年版，第46页。
④ 同上书，第47、45页。
⑤ 恩格斯：《法兰克时代》，《马克思恩格斯全集》第19卷，人民出版社1963年版，第541页。

马克思和恩格斯在考察欧洲中世纪的历史时，十分注意不同国家和地区封建化的多样性。他们并没有把封建社会的直接劳动生产者完全归结为农奴。他们多次提到，在中世纪，受封建国王、贵族领主与教会剥削和压迫的不仅是农奴，还有租佃农民、依附农民和自由农民。恩格斯说："在法兰克人侵占高卢以后，那里仍然留下很多罗马的大土地占有主，他们的田地，大部分由缴纳地租（canon）的自由佃农或依附农耕种。"① "日耳曼人在高卢，或者一般地在实行罗马法地区，相当经常地遇到作为佃农的自由的罗马人。但是，他们在占地时所关心的，是他们自己不要变成佃农，而能够在自有地上耕种。"②

冯天瑜为论证自己的观点，引用了马克思的一段话："在欧洲一切国家中，封建生产的特点是土地分给尽可能多的臣属。同一切君主的权力一样，封建主的权力不是由他的地租的多少，而是由他的臣民的人数决定的……"③ 冯天瑜这段引文的省略号耍了一个障眼法，因为正是马克思的这段话否定了冯天瑜所谓的"非贵族式土地所有制与封建主义不相兼容"的说法。马克思的原话是："封建主的权力不是由他的地租的多少，而是由他的臣民的人数决定的，后者又取决于自耕农的人数。"④ 这段话的意思很清楚，封建主的权力并不取决于他的地租（他出租的土地）多少，而是取决于对他有依附关系的臣民（包括自耕农）的人数。因为依附农民的人数大大超过耕种封建主土地的农奴（或农民），而自耕农又往往要沦为封建主的依附农民。冯天瑜删掉了"后者又取决于自耕农的人数"这句至关重要的话，似乎马克思根本没有谈到自耕农的问题。马克思在这句话后面还接着说："虽然英国的土地在诺曼人入侵后分为巨大的男爵领地，往往一个男爵领地就包括九百个盎格鲁撒克逊旧领地，但是小农户仍然遍布全国，只是在有些地方穿插着较大的封建领地。"⑤ 冯天瑜对这段话显然是更不愿意引用了。马克思在另外的地方还明确指出，在封建社

---

① 恩格斯：《法兰克时代》，《马克思恩格斯全集》第19卷，第542页。
② 同上书，第547页。
③ 冯天瑜：《"封建"考论》，第317页，注引《马克思恩格斯全集》第44卷，人民出版社1995年版，第824页。
④ 马克思：《资本论》第1卷，《马克思恩格斯全集》第23卷，人民出版社1972年版，第785页。
⑤ 同上。

会,"那些完全和封建的生产方式不相适应,完全处于这种生产方式之外的生产关系,也被包括在封建关系中。例如,英国的 tenures in common socage〔自由农民保有地〕(与 tenueres on knight's service〔骑士保有地〕相反)就是这样。其实,这种自由农民保有地只包含货币义务,不过在名义上是封建的"。① 这段话也可以说明,马克思并不认为"非贵族式土地所有制"与封建主义是不可兼容的。

"中央集权君主专制与封建主义不相兼容",这是冯天瑜加在马克思头上的另一个重要观点。他声称马克思"明确主张:中央集权的君主专制制度与封建制度是相背离的"。② 按照他的演绎,"从概念的内涵规定性而言,政权由上而下层层封赐,造成政权分裂,这是'封建'的'本义'";"至于在'封建社会'的晚期,出现君主专制,分权走向集权,贵族政治走向官僚政治,这正是'封建'的变性以至衰亡,是'非封建'乃至'反封建'的历史走势"。③

"君主专制"是一种政体而不是社会经济形态,它在前资本主义社会的不同历史阶段,曾在有些国家以不同形式出现过。马克思对不同国家和不同时期的君主专制有过不同的评价,但他从来没有说过"中央集权的君主专制制度与封建制度是相背离的"这种话。冯天瑜引为论据的是马克思如下的一段话:

> 现代历史编纂学表明,君主专制发生在一个过渡时期,那时旧封建等级趋于衰亡,中世纪市民等级正在形成现代资产阶级,斗争的任何一方尚未压倒一方。因此构成君主专制的因素绝不能是它的产物……君主专制产生于封建等级垮台以后,它积极参加过破坏封建等级的活动。④

---

① 马克思:《资本论》第3卷,《马克思恩格斯全集》第25卷,人民出版社1974年版,第990—991页。
② 冯天瑜:《"封建"考论》,第320页。
③ 马克思:《道德化的批评和批评化的道德》,《马克思恩格斯全集》第4卷,人民出版社1958年版,第340、341页。
④ 恩格斯:《共产主义者和卡尔·海因岑》,《马克思恩格斯全集》第4卷,人民出版社1958年版,第300页。

这段话引自马克思批判卡尔·海因岑的文章。海因岑是一名激进的自由派，主张立即建立德意志共和国，宣称君主制是一切贫困和灾难的祸首。马克思批评他实际上是把农民对地主的仇恨和工人对雇主的仇恨转移到君主制头上。马克思从"现代历史编纂学表明"展开论述，已经清楚地表明，他在这篇文章中讨论的是欧洲中世纪向近代过渡时期，亦即新兴资产阶级崛起时期一些国家的君主专制。冯天瑜用它来论证马克思主张"中央集权君主专制与封建主义不相兼容"，显然是混淆了"中央集权"与"君主专制"的时代性，并不符合马克思的原意。马克思在文中说："德国的君主专制发生较晚、维持较久，这只能从德国资产阶级的畸形发展来解释。"他在指出君主专制"积极参加破坏封建等级的活动"的同时还说："现在君主专制不实行集权（集权本是它的开明措施）而打算实行分权"；"力图保留哪怕是封建割据的外表"。但冯天瑜在引文中把马克思这些不利于他观点立论的话，都用一个省略号删掉了。

恩格斯在批判杜林把"基于暴力的所有制"说成是"真正政治性质的社会经济制度的形式"时明确指出，社会经济形态并不是由"政治形式"所决定的。恩格斯说：

> 国家和暴力恰好是到目前为止的一切社会形式所共有的；如果我说——譬如——东方专制制度、古代共和国、马其顿君主国、罗马帝国、中世纪的封建制度都是建立在暴力上的，那末，我等于什么也没有说。因此，各种不同的社会形式和政治形式不应该用始终一样的暴力来说明，而必须用被施加暴力的东西，被掠夺的东西来说明——用那个时代的产品和生产力以及从它们自身中产生的它们的分配来说明。①

恩格斯的意思很清楚，各个时代的本质特征，只能用社会经济形态的性质，亦即该时代生产力和生产关系的统一的性质来加以说明。马克思和恩格斯在他们的著作中曾经提到农村公社土地所有制是"东方专制制度"的基础，但他们并没有把"东方专制制度"视为社会经济形态演进的一

---

① 恩格斯：《反杜林论的准备材料》，《马克思恩格斯全集》第20卷，人民出版社1971年版，第681页。

个特殊阶段,也没有说过君主专制制度只能是"封建的变性以至衰亡"的产物这类话。

四 驳"泛封建论"

冯天瑜《"封建"考论》最重要的内容,是他对"泛封建论"的溯源和批判。他说:"在追踪问题的来龙去脉之际,有一点可以预先排除:令'封建'含义泛化者不通古汉语及中国古史,或不谙西语及西洋史,造成概念误植。事实上,将'封建'概念泛化的前辈学者,大多饱读诗书,当然明白'封建'的古义是封土建国、封爵建藩;他们又多半熟识西文、西史,对 feudalism 的含义为封土封臣、采邑庄园,并不生疏。故'封建'泛化,绝非由于论者不通古义、西义,而是另有原因的。"① 那么,究竟是什么原因使"封建"概念在中国学界乃至社会各界"泛化"呢?冯天瑜认为只有从苏俄和共产国际的"理论和语汇"输入中国和中国共产党人为了中国革命的需要而广泛使用这一"理论和语汇",才能得出问题的答案。

中国近现代史学的发展与政治风云的演变诚然有不可忽视的关系。但如果认为对"封建"概念的理解和对"封建社会"的认识完全是由某个政党或某些政治人物的"非学术性因素"决定的,这是对中国史学与政治关系的一种片面性的曲解。

1927年大革命失败后,关于中国社会性质和革命性质问题,在中国共产党和共产国际领导层内部存在着激烈的意见分歧。这种分歧,也影响了当时的理论界。由于中国社会性质和革命性质的论战,又引发了中国社会史的论战,参加这场论战的人,其政治背景和理论倾向非常复杂,绝非像冯天瑜所说的论战各派"多服膺马列","竞相表示信从唯物史观","不同程度信奉来自苏俄及共产国际的'社会形态共性论'"②。有些人的文章虽然也摘引马克思和恩格斯著作的词句,但正如论战参加者之一胡秋

---

① 冯天瑜:《"封建"考论》,第7页。
② 同上书,第276、279页。

原后来所说的：不少人"使用马克思主义语言"，其实是为了"非共反共"①。

中国革命性质和社会性质问题论战的一个焦点，是关于中国革命是否资产阶级民主革命，近代中国是否半殖民地半封建社会。冯天瑜认为"关于近代中国是'封建制度'、'封建主义'的关键性论说"，首见于列宁1912年发表的《中国的民主主义和民粹主义》一文。而列宁的这篇文章，"直接影响了20世纪30年代初展开的中国社会史论战"。应该指出，列宁认为："中国农民这样或那样地受土地束缚是他们受封建剥削的根源，这种剥削的政治代表就是以皇帝为政体首脑的全体封建主和各个封建主"②，这个意见并没有错。冯天瑜把列宁关于沙皇俄国和中国社会性质的分析说成是"将泛封建观提升为普世性范式"，这说明他把封建社会看成只是西欧中世纪特有的历史现象，也证明他关于封建社会的"考论"根本是在纠"实"而不是纠"名"。冯天瑜认为，由于列宁和共产国际的影响，"使泛化的'封建'及'封建制度'、'封建主义'、'封建时代'等史学术语，连同所包蕴的中国历史分期观念，逐步普及开来"。我们承认列宁关于封建社会的论述和共产国际关于中国革命性质的意见，对中国共产党和马克思主义理论界有影响。但就史学界而言，主张秦汉以后是封建社会的马克思主义史学家，都是通过自己的独立研究而得出历史分期的认识，而不是由于受到列宁和共产国际的什么"泛封建观"的影响而形成自己的认识的。以郭沫若为例，他在1928年发表的《中国社会之历史的发展阶段》一文③，认为秦汉以后是封建社会，但他对近代中国的社会性质却又作出了一种矛盾而不正确的判断。他一方面说"中国的封建制度一直到最近百年都是很岿然地存在着"，另一方面又把近百年的社会形态说成是"资本制"。郭沫若的这种说法，显然与共产国际和中国共产党的主流观点并不一致。

冯天瑜的《考论》用了不少篇幅来论述毛泽东对"新名'封建'的定型"所起的作用。书中说：土地革命期间，毛泽东于戎马倥偬之际，能在多大程度关注中国社会史论战，尚待具体考证，但长征后到达陕北的

---

① 胡秋原：《古代中国文化与中国知识分子》第4版，序言，台北学术出版社1978年版。
② 《列宁选集》第2卷，人民出版社1960年版，第426页。
③ 郭沫若：《中国古代社会研究》，现代出版社1929年版。

毛泽东,"很可能阅览、考究了中国社会史论战诸派论著,并作出自己的判断"①。毛泽东1939年发表的《中国革命与中国共产党》"以'封建社会'冠于周秦以下漫长的历史阶段"。冯天瑜猜想该文的"泛化封建观"是王学文、何干之等参与起草而得到毛泽东采纳的。1940年,毛泽东发表《新民主主义论》,"把周秦以来的中国是'封建社会'的总体结论,推及'封建的政治'、'封建的经济'、'封建的文化'各分论;又判定现代中国是'封建制度占优势的社会',其政治、经济、文化都具有'殖民地半殖民地半封建'性质"。到了1945年,毛泽东在中共七大作闭幕词《愚公移山》中说:"现在也有两座压在中国人民头上的大山,一座叫做帝国主义,一座叫做封建主义。""以后,'帝国主义'、'封建主义'加上'官僚资本主义',共称'三座大山',是中国新民主主义革命所要摧毁的对象。于是'封建主义'不仅是历史的遗迹,也是现实的存在,现代社会相当一部分腐朽、落后、反动的人与事,都归入此一'主义'之中,属于打倒之列。"冯天瑜最后说:"毛泽东上述关于中国封建社会的名论,成为20世纪40年代以后郭沫若等许多史学家的治史依凭,郭老的'战国封建说'即在此间定型。各种文宣材料有关'封建制度'、'封建社会'、'封建主义'、'封建时代'的诠释,也几乎全都以前引《中国革命与中国共产党》第一章的那段文字为准绳。"②

冯天瑜的这一大段论述,存在许多问题。一些没有根据的猜测之辞姑且不论,主要的是:他把中国封建社会存在的时段这个历史研究的问题,与中国新民主主义革命的对象这个现实问题搅在一起,这就使人难以理解他的观点的逻辑起点和终点。《考论》认为中国的封建社会只限于夏、商、周三代,秦汉至明清应称为"宗法地主专制社会",作为一种史学见解,可以百家争鸣。冯天瑜没有谈及近代中国的社会性质和革命性质,读者也不便追问。但《考论》把毛泽东关于近代中国社会性质和革命任务的论述,都说成是"泛封建说的广为铺陈",这就让我们不禁要问,在冯天瑜看来,近代中国又该叫什么社会呢?新民主主义革命究竟有没有反封建的任务呢?至于说《中国革命和中国共产党》提到"周秦以来的中国是封建社会",众所周知,这种说法并没有成为中国史学界的共识。大半

---

① 冯天瑜:《"封建"考论》,第291页。
② 同上书,第293—298页。

个世纪以来，不仅春秋战国封建论、秦汉封建论、魏晋封建论诸说不绝于耳，而且毛泽东本人对于封建社会始于何时也并无定见。他后来在肯定战国封建论的同时，还特别强调历史分期问题应该由历史学者来讨论。怎么能说20世纪40年代以后，郭沫若等许多历史学家都是以毛泽东"关于中国封建社会的名论"为"治史依凭"呢？

更令人莫名其妙的是，冯天瑜一方面说郭沫若等许多历史学家以毛泽东"关于中国封建社会的名论"为"治史依凭"，另一方面又说，"西方学者多认为，中国学者（如郭沫若、范文澜等）是遵循毛泽东的论述，演绎泛化封建观的。其实，从'泛化封建观'的形成过程而论，是郭沫若等史学家率先阐发'泛化封建观'，毛泽东采纳其说，又经过毛著的影响力，使泛化封建观普被中国大陆的"。① 总之，马克思主义历史学在中国的产生和传播，在冯天瑜泛政治化的笔下，不但没有学术的合法性，而且其源流也是一笔说不清道不明的糊涂账。

冯天瑜在批评"泛封建论"时说："既然是'地主'，土地便可以自由买卖，怎能加上前置的'封建'？""既然是'专制帝王'，中央集权的郡县制为其基本政制，又怎能冠以'封建'？"如此等等。② 说来说去，就是他所一再宣称的："'封建'义为土地由封赐而来，不得转让、买卖"；"'封建'义为'封土建国'，政权分散"③。但正如本文前面所指出的，对"封建"的这种定义既不符合冯天瑜所说的"西义"，也不符合马克思的"原论"。冯天瑜心目中的"封建"定义，是一种片面而僵化的非历史的概念，而不是多样性统一的历史概念。他对"泛封建观"的批评，实际上是指向马克思主义社会经济形态的理论。马克思说："各个人借以进行生产的社会关系，即社会生产关系，是随着物质生产资料、生产力的变化和发展而变化和发展的。生产关系总合起来就构成为所谓社会关系，构成为所谓社会，并且是构成为一个处于一定历史发展阶段上的社会，具有独特的特征的社会。"④ 封建社会的主要特征是封建主（领主和地主）占有生产资料和不完全占有生产工作者（农奴和农民）。土地是否可以转让

---

① 冯天瑜：《"封建"考论》，第295页。
② 同上书，第228页。
③ 同上。
④ 马克思：《雇佣劳动和资本》，《马克思恩格斯选集》第1卷，人民出版社1972年版，第363页。

和买卖，国家政权的统治方式是中央集权或地方分权，都不会改变封建社会劳动生产者与生产资料结合的方式以及他们对封建主人身依附关系的实质，不会改变封建大土地所有制与以一家一户为基本生产单位的农民个体生产经营的基本矛盾。对于封建社会的这个主要特征，冯天瑜的《考论》是根本不予考虑的。

为了说明秦汉至明清不是封建社会，冯天瑜还"重释'封建时代'文化精神"，认为"封建抑制自由"的说法"并不一定能够成立"。他以春秋战国为例，赞扬那是一个士人阶层"人性之花美盛"、"个性高扬"的时代，而且说这正合乎"封建"的本义。① 春秋战国的"百家争鸣"，反映我国古代思想文化领域出现一个生动活泼的局面，这是值得我们珍视的历史遗产。但是冯天瑜认为这是"'封建时代'文化精神"的表现，却难以自圆其说。首先，春秋与战国是两个不同的时代，无论是政治、经济与社会关系都发生了激烈的变动，不少学者对此已有颇为详尽的论述。冯天瑜主张商、周是封建社会，从时代上说东周通常只指春秋而不包括战国。百家争鸣始于春秋末年而盛于战国时期，把它归结为"封建时代"的"文化精神"，在逻辑上就有矛盾。其次，百家争鸣是春秋战国时期社会关系发生激烈变动、形成文化多元化现象的表现，可以说是对商周时代文化精神的一种否定。春秋之前，"官师治教合，而天下聪明范于一，故即器存道，而人心无越思"②。垄断了文化知识的贵族阶级，思想理念都是以王官之学为准绳的。到了春秋战国时期，"天下大乱，贤圣不明，道德不一"③，"士"的成分发生了很大变化，"九家之术蜂起并作，各引一端，崇其所善，以此驰说，取合诸侯"④。冯天瑜无视百家争鸣的历史背景，说什么"如果还复'封建'的本义，'封建时代'（周朝，尤其是东周即春秋战国）……是一个思想较为自由，并不以言定罪的时代"⑤。他这里所说的"封建时代"只提周朝，未提商朝，大概是因为商朝有残酷的人殉、人牲制度，要赞扬其"封建"本义的"人性"、"个性"实在说不过去。但西周和春秋难道就真是"一个思想较为自由，并不以言定罪

---

① 冯天瑜：《"封建"考论》，第229页。
② 章学诚：《文史通义·原道》。
③ 《庄子·天下篇》。
④ 《汉书·艺文志》。
⑤ 冯天瑜：《"封建"考论》，第229页。

的时代"吗？周厉王暴虐，杀人"弭谤"，以致"国人莫敢言，道路以目"。①西周、春秋以人殉葬之俗犹未绝迹。秦穆公被认为是贤明之君，但他死后，殉葬者177人，包括子舆氏3位"良臣"，"亦在从死之中"②，这是什么"文化精神"？

　　孔子说："天下有道，则礼乐征伐自天子出。天下无道，则礼乐征伐自诸侯出。"③实际上是指周天子有无权威的问题。在春秋时代，尽管王权已经衰微，权力已由诸侯而卿大夫而陪臣逐级下移，但君臣名分和人身隶属关系的传统观念仍然还有巨大的影响力。所谓"有君不事，周有常刑"④，"臣无二心，天之制也"⑤；"事君以死，事主以勤"⑥；这些观念在当时的社会精英中还被公认为一种政治准则和道德准则。从春秋到战国，儒、墨两家号称显学，但无论是孔子、墨子还是孟子、荀子，其实都没有受到当时统治者的信任和重用。各诸侯国的变法和社会改革，是在法家思想的指导下进行的。法家主张中央集权和君主专制，主张严格控制人民的思想，对法家的思想学说既不能片面加以否定，也不能片面加以肯定。对先秦诸子的历史评价可以有不同的认识，但有一点是可以肯定的，即百家争鸣不是什么"封建"本义的体现，也不能归结为对"人性"、"个性"的讴歌。冯天瑜认为"只有在封建时代才可以呈现'诸子争鸣'的局面"⑦，鼓吹"封建时代"的"文化精神"具有"人性之花美盛"、"个性高扬"的品格，这个观点无论是揆之历史实际或在理论逻辑上都是站不住脚的。

　　封建社会的命名和时段判断，实际上是具有意识形态色彩的史学理论问题。马克思主义学者无论是西周封建论者、战国封建论者还是魏晋封建论者，都是以马克思的社会经济形态学说为理论指导的。但封建社会时段问题毕竟又是一个学术问题。新中国成立以来，除了"文化大革命"时期那种不正常的情况以外，关于历史分期问题的讨论，各种学术观点都可

---

① 《国语·周语》。
② 《史记·秦本纪》。
③ 《论语·季氏》。
④ 《左传》昭公三十一年。
⑤ 《左传》庄公十四年。
⑥ 《国语·晋语》。
⑦ 冯天瑜：《"封建"考论》，第231页。

以充分发表和互相诘难。冯天瑜硬要把主张秦汉至明清是封建社会的观点说成是基于政治需要的"泛封建观",是苏俄及共产国际"以'封建'指称现实中国"的产物,是毛泽东"泛化封建观"支配史学界的结果,这就把大半个世纪以来的历史分期问题的讨论完全政治化了。冯天瑜的这种说法,既不符合事实,也不利于历史研究的百家争鸣,这也正是我们对《"封建"考论》一书不能不加以关注并予以评论的重要原因。

(本文原载《中国史研究》2008年第3期)

论商代复合制国家结构

王震中

商代的国家结构是商史研究中极重要的一个方面，然而，至今学术界对它的认识尚未取得一致。以往的研究主要有两种看法，第一种认为"商王国是一个统一的君主专制的大国"，"商王对诸侯如同对王室的臣僚一样……诸侯政权对商王室的臣属关系，在实质上，就是后世中央政权与地方政权的一种初期形态"[①]；或者说商朝是"比较集中的中央权力的国家"[②]。第二种意见认为商朝时期并不存在真正的中央权力，而把商代看做一个由许多"平等的"方国组成的联盟[③]，或者称之为"共主制政体下的原始联盟制"国家结构[④]。在这两种意见之外，笔者近年曾提出，包括商朝在内的夏、商、周三代都属于复合制国家结构，只是其发展的程度，商代强于夏代，周代又强于商代。在夏代，其复合制国家的特征主要是由夏王乃"天下共主"来体现的；而到了商代，除了商王取代夏而成为新的"天下共主"外，其复合制国家结构更主要的是由"内服"和"外服"制来构成的；到了周代，周王又取代商而为"天下共主"，其复合制国家结构则通过大规模的分封和分封制而达到了鼎盛[⑤]。

---

① 杨升南：《卜辞中所见诸侯对商王室的臣属关系》，原载胡厚宣主编《甲骨文与殷商史》，上海古籍出版社1983年版；又收入杨升南《甲骨文商史丛考》，线装书局2007年版。
② 谢维扬：《中国早期国家》，浙江人民出版社1995年版，第383页。
③ 林沄：《甲骨文中的商代方国联盟》，《古文字研究》第6辑，中华书局1981年版。
④ 周书灿：《中国早期国家结构研究》，人民出版社2002年版，第7页。
⑤ 王震中：《夏代"复合型"国家形态简论》，《文史哲》2010年第1期；王震中：《商代的王畿与四土》，《殷都学刊》2007年第4期；王震中：《商代都邑》，中国社会科学出版社2010年版，第465、485—486页。

一　商代"内服"、"外服"制与"复合制国家结构"

"内服"与"外服"是商代最有特征的国家结构关系。在周初的诸诰中，关于商代的内服、外服之制，《尚书·酒诰》一篇说的最为详备：

> 我闻惟曰：在昔殷先哲王……自成汤咸至于帝乙，成王畏相，惟御事，厥棐有恭，不敢自暇自逸，矧曰其敢崇饮？越在外服：侯、甸、男、卫、邦伯；越在内服：百僚、庶尹、惟亚、惟服、宗工，越百姓里居（君），罔敢湎于酒。不惟不敢，亦不暇。

这是一篇完整的材料，它记载了商王之属下分内、外两服，其内服为：百僚、庶尹、亚服、宗工，还有百姓里君；其外服为：侯、甸、男、卫、邦伯。《酒诰》的记载恰可以与《大盂鼎》"惟殷边侯田粤殷正百辟"铭文对应起来："殷边侯田（甸）"说的就是"越在外服"的"侯、甸、男、卫、邦伯"；"殷正百辟"指的就是"越在内服"的百官。由《大盂鼎》铭文可证《酒诰》所说的商代的内、外服制是有根据的，也是可信的。

周代文献和金文中有关商代的内外服制还可与甲骨文中"商"与"四土四方"并贞的卜辞相对应，例如：

> 己巳王卜，贞，[今]岁商受[年]？王占曰：吉。
> 东土受年？
> 南土受年？吉。
> 西土受年？吉。
> 北土受年？吉。（《甲骨文合集》36975，以下简称《合集》）
> 南方，西方，北方，东方，商。（《小屯南地甲骨》1126，以下简称《屯南》）

这里的"商"显然不仅仅是指商都，而应指包括商都在内的商的王邦

（商国）即后世所谓王畿地区①，亦即《酒诰》所说的内服之地；与"商"相对应的"四土"则是附属于商代的侯伯等诸侯②，亦即《酒诰》所说的外服之地。

甲骨文中与"四土"对贞的"商"，指的是商国，也可称为王邦和王国，有文献上的依据。在先秦文献中，《尚书·召诰》用"大邦殷"称呼商国，《大诰》中的"周邦"、"我小邦周"等均指周国。所以，殷邦即商国，周邦即周国。相对于当时大量存在的其他普通的诸侯邦国而言，商代的殷邦、商国与周代的周邦、周国在它们各自的王朝中都可称为王邦和王国。实际上，在先秦时期已出现"王国"一词，如《诗经·大雅·文王》："思皇多士，生此王国。王国克生，维周之桢。"《诗经·大雅·江汉》："四方既平，王国庶定……王命召虎，式辟四方，彻我疆土。匪疚匪棘，王国来极。于疆于理，至于南海。"金文也有"保辪王国"③。对于上引文献和金文中的"王国"，作为最一般的理解，应该指的是"王之国"即王都，亦即国都。但作为其引申义，于省吾认为这个"王国"与《尚书》中的"四国"、"周邦"、"有周"一样，不是单指国都，也不包括四方在内，而为京畿范围即王畿之地④。确实，根据《江汉》中"王国"与"四方"对举，可以认为这个"王国"就是指"周邦"即周国，亦即周王直接治理的地区，后世所谓的"王畿"。那么，商的内服之地，即商的王畿地区，亦即甲骨文中与"四土"对贞的"商"，就相当于《尚书》所言"大邦殷"之殷邦或战国时吴起所说"殷纣之国"的商国，为此可称之为商王邦或商王国。

商的内服之地，即王畿地区，亦即商的王邦、王国，其核心地域和范围在商代的前期和后期是有变化的。在商代前期，商的王畿地区，可由偃师商城和郑州商城这两座一度同时并存的王都加以确定，偃师商城与郑州

---

① 王震中：《甲骨文亳邑新探》，《历史研究》2004年第5期。关于商的"王畿"这一概念，最早见于《诗·商颂·玄鸟》："邦畿千里，维民所止。"这里的邦畿就是汉代以后所说的王畿。

② 依据甲骨文，这些侯伯诸侯包括：侯、伯、子、男、任、田等名称，皆是商朝拥有封地的诸侯，其中男、任、田在古文献中认为是同一种爵称，男、任在甲骨文中有时也通用。本文用"侯伯等诸侯"一语来统称"侯、伯、子、男、田（甸）"等诸侯名称。

③ 《晋公盆》，中国社会科学院考古研究所编：《殷周金文集成释文》第6卷，10342，香港中文大学出版社2001年版，第194页。

④ 于省吾：《双剑誃尚书新证》，北平直隶书局1934年版。

商城两座王都的连线即为商代前期王畿地区①。商代后期王畿地区，就是《史记·殷本纪》正义引《竹书纪年》所说："自盘庚徙殷至纣之灭，二百五（七）十三年，更不徙都，纣时稍大其邑，南距朝歌，北据邯郸及沙丘，皆为离宫别馆。"也就是《战国策·魏策》吴起所讲的"殷纣之国，左孟门，而右漳滏，前带河，后被山。有此险也，然为政不善，而武王伐之"。漳水在安阳殷墟北，滏水为古漳水支流，源于邯郸磁县西之滏山。漳、滏二水在殷之北，距殷墟不远。因以北边的漳滏二水为右，所以"左孟门"，就在其南，即今河南辉县西，它位于殷墟的西南。"前带河"之河，是指安阳殷都东侧由南向北流的古黄河；当时的古黄河是走河北从天津入海，并不走山东境内，其中，由浚县至巨鹿大陆泽为南北走向，穿于安阳与内黄之间。"后被山"之山是指安阳西边的太行山，因以殷都东侧的黄河为前，殷都西侧的太行山当然就为其后了。吴起的这段话是以安阳殷都为中心，北（右）有漳滏，南（左）有孟门；东（前）临大河，西（后）靠太行。吴起说这是"殷纣之国"中的有险可守之处，所以我们可以把它视为晚商王国即王畿中的核心区域。当然，晚商王国（王畿）的范围实际上还应该比这大一些，如《竹书纪年》就说殷都北边的邯郸和今邢台附近的沙丘有商纣王的"离宫别馆"，就属于"稍大其邑"的"大邑商"的范围。

商的外服之地，即甲骨文中商的"四土"，此乃畿外侯伯等诸侯邦国所分布的地区。关于商王朝政治地理的分布格局，陈梦家和宋镇豪都做过很好的研究。陈梦家曾根据卜辞、西周金文、《尚书》及《诗经·商颂》所叙述的殷代疆土都邑，用三个方框套方框、五个层次的图形方式表示出商的王畿与四土的这种行政区划：最核心的中心区域为商、大邑商；其外为奠；奠外为四土、四方；四土四方之外为四戈；四戈之外为四方、多方、邦方②。宋镇豪也用同样的方式对商国疆域和行政区划作了图示勾勒：商王朝的王畿区是以王邑为中心，王邑之外的近郊称东、南、西、北四"鄙"，往外一层的区域称东、南、西、北四"奠"，"奠"即后来称作"甸服"之"甸"，它本是由王田区而起名，连同宗

---

① 王震中：《商代的王畿与四土》，《殷都学刊》2007年第4期；王震中：《商代都邑》，中国社会科学出版社2010年版，第460—461页。

② 陈梦家：《殷虚卜辞综述》，中华书局1988年版，第325页。

族邑聚及农田区一起构成了"王畿区";自"奠"以远泛称"四土"、四方,为王朝宏观经营控制的全国行政区域;"四土"之内、四"奠"之外还有"牧"即"牧正"之类,是与商王朝曾有过结盟交好关系的边地族落之长;"四土"周围的边地又称为"四戈",属于"边侯"之地;王畿区为"内服"之地;"四土"为"外服"之地;"四土"之外为"四至",属于"邦方"之域①。宋镇豪所说的王畿区为内服之地,四土为外服之地,与本文的划分完全一致。只是在外服之地的四土中,不但有诸多侯伯之类的诸侯邦国,也混杂一些敌对族邦方国,因而造成了商的四土地理分布虽然以王畿为中心而呈环状分布,但这个环状分布带还不是整齐划一的连为一体,在有些区域,商的侯伯等诸侯国与敌对族邦方国呈现出"犬牙交错"的状态,再加上附属于商的诸侯族邦还有时服时叛的情形,使得商的四土的范围实际上处于一种开放的、不稳定的状态②。

商王朝的国家结构体现在其政治区域的划分上固然由内服与外服即王邦与四土诸侯所构成,但这种划分并非使二者截然分离,连接二者的一个很好的纽带就是四土诸侯国的一些人作为朝臣住在王都,参与王室的一些事务。

二 在朝为官的"外服"之君与复合制国家结构

在"内服"之地,正如《酒诰》所言,主要是王族和执掌各种职官的贵族大臣,但这里要强调的是这些执掌各种官职的贵族大臣有相当多的是来自于"外服"的侯伯方国之人。例如,卜辞中有"小臣醜"(《合集》36419),这位在朝廷为官者,就属于来自山东青州苏埠屯一带侯伯之国的人。山东青州苏埠屯1号大墓是一座有4条墓道、墓室面积达56

---

① 宋镇豪:《论商代的政治地理架构》,《中国社会科学院历史研究所学刊》第一集,社会科学文献出版社2001年版,第27页;宋镇豪:《商代的王畿、四土与四至》,《南方文物》1994年第1期。

② 王震中:《商代都邑》,中国社会科学出版社2010年版,第482—484页。

平方米、殉犬6条、殉人多达48人的规模极大的墓葬①。苏埠屯遗址虽然尚未发现城址，但是这种有4条墓道的大墓的规格与殷墟王陵是一样的，而且由该遗址出土铸有"亚醜"族徽铭文的大铜钺，以及五六十件传世铜器中都有"亚醜"（见图1）铭记来看②，亚醜最初可能是商王派到东土、住在苏埠屯的武官，随着时间的推移，他后来发展成了外在的诸侯，但同时还在王朝兼任小臣之职，称为"小臣醜"。既然在王朝任职，那么他和他的家族就需要居住在殷都。

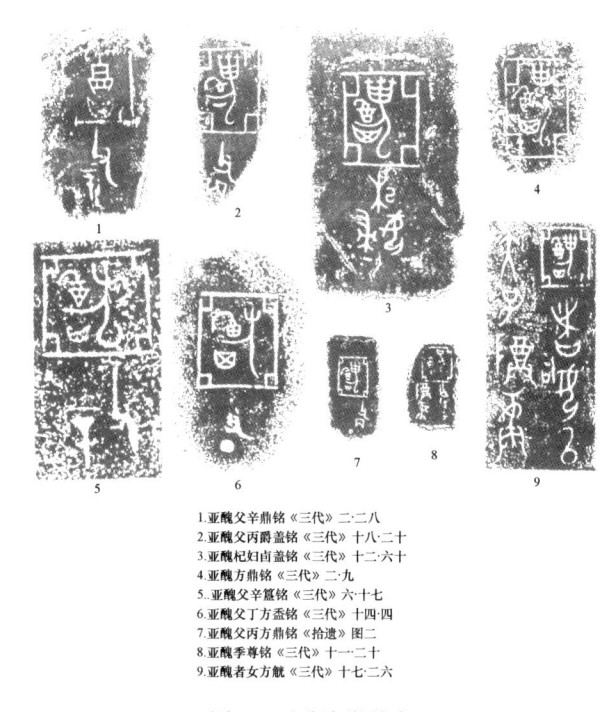

1. 亚醜父辛鼎铭《三代》二·八
2. 亚醜父丙爵盖铭《三代》十八·二十
3. 亚醜杞妇卣盖铭《三代》十二·六十
4. 亚醜方鼎铭《三代》二·九
5. 亚醜父辛簋铭《三代》六·十七
6. 亚醜父丁方盉铭《三代》十四·四
7. 亚醜父丙方鼎铭《拾遗》图二
8. 亚醜季尊铭《三代》十一·二十
9. 亚醜者女方觥《三代》十七·二六

图1　亚醜族徽铭文

最近发现的殷墟花园庄54号墓是一座在朝为官的显赫贵族墓。墓内出土青铜器、玉器、陶器、石器、骨器、蚌器、竹器、象牙器、金箔、贝

---

① 山东省博物馆：《山东益都苏埠屯第一号奴隶殉葬墓》，《文物》1972年第8期；山东省文物考古研究所、青州市博物馆：《青州市苏埠屯商代墓地发掘报告》，《海岱考古》第一辑，山东大学出版社1989年版。
② 殷之彝：《山东益都苏埠屯墓地和"亚醜"铜器》，《考古学报》1977年第2期。

等各类器物共达570余件，其中有铜钺7件和大型卷头刀以及大量青铜戈、矛等兵器，并在所出的青铜礼器上，大多有铭文"亚长"二字。此"亚"即《尚书·酒诰》"越在内服：百僚庶尹、惟亚惟服"之亚，它原本是内服之职官中的武官。"亚"形徽记之所以与"长"形徽记组合成复合型徽记，是因为古代有以官职为徽号的情况，这就是《左传》隐公八年众仲所说的"赐姓"、"命氏"，"因以为族。官有世功，则有官族，邑亦如之"。所以，"亚"与"长"相结合的这种带有"亚"符号的族氏徽记，就属于因官有世功而形成官族后将其族氏徽号铸在铜器上，以显示自己身世尊荣的一个例证。"亚"原本为武职官名，这与墓内随葬大量青铜兵器也是相符的；"长"为甲骨文中"长"族之长。为此，发掘者认为54号墓的墓主当为"长"族的首领，是一位兵权在握的显赫贵族①。

在甲骨文中，长族邦君在一期时即被称为"长伯"（《合集》6987正），到廪辛康丁时期，出现有"长子"的称呼（《合集》27641）。卜辞中长族将领"长友角"、"长友唐"也是很有名的（《合集》6057正、6063反等）。长伯的封地即称为长，商王关心长地的年成，卜问"长不其受年"（《合集》9791）。商王还经常与长族进行联络，常常卜问派遣官员"往于长"（《合集》7982、《怀特》956），也有商王亲自行至长地的记录（《合集》767反、36346、36776）。关于长在何地，根据长与舌方、羌（《合集》495）均有涉，以及今山西长子县西郊有春秋时期的"长子"古地名等情况，已故的林欢认为"长"族原居于今山西长子县，河南鹿邑县太清宫的长子口墓墓主人是商亡国之后南迁的"长子"族首领②。那么，花园庄54号墓墓主当为商王祖庚祖甲时期长族派遣到殷都并居于殷都、在朝为武官的大贵族。

在今安阳梅园庄村一带，东北距小屯宫殿区约2公里，是一处集居地与墓地于一体的居址，出土有被称为"光"等家族的徽铭，而在卜辞中，我们可以看到"光"也被称为"侯光"，属于侯伯之类的诸侯，如"丙寅

---

① 中国社会科学院考古研究所安阳工作队：《河南安阳花园庄54号商代墓葬》，《考古》2004年第1期。

② 林欢：《试论太清宫长子口墓与商周"长"族》，《华夏考古》2003年第2期。关于长子口墓，也有一种观点认为它是周初封于宋地的微子启的墓葬，参见王恩田《鹿邑太清宫西周大墓与微子封宋》，《中原文物》2000年第4期；松丸道雄：《河南鹿邑县長子口墓をめぐる諸問題——古文献と考古学との邂逅》，《中国考古学》第4号，2004年11月。

卜，王贞，侯光若……往★嘉……侯光……"（《合集》20057）。"侯光"作为诸侯的领地当不在殷墟梅园庄，因为梅园庄一带出土的徽铭不止"光"一个族，还有"单"、"册韦"、"天黾"等族，梅园庄出土的"光"徽铭，只是光侯中的一个家族而已，也就是光侯族邦中在朝廷为官者。在卜辞中，商王要求"光"致送"羌芻"："甲辰卜，亘贞，今三月光呼来？王占曰：其呼来。迄至惟乙，旬又二日乙卯，允有来自光，以羌芻五十。"（《合集》94正）也有卜问"光"能否获羌："贞，光获羌？"（《合集》182）"光不其获羌？"（《合集》184、185）"……光来羌"（《合集》245正）。

殷墟西区第三墓区M697出土了一件带有"丙"这样的族氏徽铭的铜器。然而考察"丙"这一族氏徽铭，我们说出土这一族氏徽记铭文最多的是在山西灵石旌介的商墓。山西灵石旌介商墓的出土文物中，在铸有族氏徽记铭文的42件铜器中，"丙"形徽铭竟有34件①，所以"丙"这一族邦的本家即宗族在山西灵石旌介，而居住在殷墟，死后葬于殷墟西区墓地者则是丙国在商王朝为官者及其家族。

丙的本家即宗族不在殷墟，还可以从甲骨文中得到证明。甲骨刻辞中有"丙邑"（《合集》4475），即为丙国之都邑。在卜辞中，我们不但可以看到"王令丙"（《合集》2478），而且也有"妇丙来"（《合集》18911反）的记录。妇丙之称已表明丙族与商王朝有婚姻关系，而"妇丙来"则进一步说明，从殷都的角度讲，妇丙之丙族是外来者。

丙国派遣人在王朝为官，从一些传世的丙国铜器铭文也可以得到印证。如《续殷文存》下18.2著录有一爵，"丙"下有一"亚"框，可以称之为"亚丙"，年代为殷墟文化第二、三期。此"亚"形徽记与"丙"形徽记组合成复合型徽记，也属于因官有世功而形成官族后将其族氏徽号铸在铜器上，以显示自己身世尊荣的又一例证。此外，丙族在商王朝还曾担任"作册"一职，如《丙木辛卣铭文》即写作："丙木父辛册。"② 罗振玉《三代吉金文存》收录有在鼎和卣上铸有"丙"形徽铭的两篇长篇

---

① 李伯谦：《从灵石旌介商墓的发现看晋陕高原青铜文化的归属》，《北京大学学报》（哲学社会科学版）1988年第2期；殷玮璋、曹淑琴：《灵石商墓与丙国铜器》，《考古》1990年第7期。

② 中国社会科学院考古研究所编：《殷周金文集成释文》第四卷，5166，香港中文大学中国文化研究所2001年版，第84页。

铭文①，鼎铭记载作器者在某地受到商王赏赐贝而为父丁作器，卣铭记载作器者在麇地受到商王赏赐而为毓祖丁作器。这些都说明丙国丙族首领接受商王职官封号，为王服务，受王赏赐，其宗族的本家远在山西灵石旌介，而其中的一个家族则因在朝为官而族居族葬于安阳殷都。

位于殷墟刘家庄南的 M63 出土有两件"息"铭铜器，这也是一个外来族氏在朝为官者。根据 20 世纪 80 年代的考古发掘，息族铜器集中发现的地方是河南罗山县蟒张乡天湖村的晚商墓地。在前后三次发掘的 20 座晚商墓葬中，出土有铜器铭文的铜器共 40 件，其中有"息"字铭文的共 26 件，占全部有铭文铜器的 65%；出土"息"铭文铜器墓有 9 座，占全部商代墓的 41%，特别是 10 座中型墓中有 8 座出土"息"铭铜器，占 80%②。学者多认为罗山县天湖墓地为息族墓地③，应该没有什么疑问。在甲骨刻辞中有"妇息"（《合集》2354 臼），也有"息伯"（《合集》20086）。息族有伯称，属于当时"外服"侯伯之国；息妇的存在，表明息与商王朝存在婚姻关系，而刘家庄南 M63 出土的"息"铜器表明，作为"外服"的息族人有在商王都为官者。

在文献中我们也可以看到，商王通过让"外服"的侯伯之君担任朝中要职而使之成为朝臣，如《史记·殷本纪》载商纣以西伯昌、九侯（一作鬼侯）、鄂侯为三公，就是明例。④

上述位于"外服"即"四土"之地的诸侯国之人何以能在"内服"之地任职，并使殷都的族氏结构中更多的是家族而不只是宗族⑤，笔者以为这当然在于商王朝是由内、外服构成的"复合制国家结构"的缘故。

所谓"复合型国家结构"就是"国家"中套有"国家"。在这种"复合型"国家中，作为王国即王邦的"大邦殷"⑥显然有"天下共主"的特征，它在整个王朝中为"国上之国"。这不仅仅因为它位于中央，可称之为中央王国，更在于它既直接统治着本邦（王邦）亦即后世所谓的

---

① 分别见于罗振玉《三代吉金文存》4·10·2 和 13·38·6，中华书局 1983 年版。

② 河南省信阳地区文管会、河南省罗山县文化馆：《罗山天湖商周墓地》，《考古学报》1986 年第 2 期。

③ 李伯谦、郑杰祥：《后李商代墓葬族属试析》，《中原文物》1981 年第 4 期。

④ 李学勤：《释多君、多子》，《甲骨文与殷商史》，上海古籍出版社 1983 年版。

⑤ 王震中：《商代都邑》，中国社会科学出版社 2010 年版，第 353—358 页。

⑥ 《尚书·召诰》。

"王畿"地区，也间接支配着臣服或服属于它的若干邦国。王邦对于其他众多属邦就是"国上之国"。而夏朝时即已存在的一个个邦国，在商代时它们并没有转换为王朝的地方一级权力机构，这些邦国若臣服或服属于王朝，只是使得该邦国的主权变得不完整，主权不能完全独立，但它们作为邦国的其他性能都是存在的，所以，形成了王朝内的"国中之国"。这样，整个王朝就是由作为"国上之国"的王国与作为"国中之国"的附属邦国所组成。邦国的结构是单一型的，而整个王朝在"天下共主"的结构中，它是由王邦与众多属邦组成的，是复合型的，就像数学中的复合函数一样，函数里面套函数。王国是由邦国发展而来的，它在上升为王国之前，原本就是邦国。例如商王国在商灭夏之前，对于夏而言它只是一个邦国；周王国在周灭商之前，也是一个邦国。由邦国走向王国，就是由普通的属邦即庶邦地位走向了天下的共主地位。由于在以王为天下共主的王朝中，那些主权半独立的一个个邦国之君，在其国内都行使着国家君主的权力，各邦之间的关系也都是国与国之间的关系，只要周边环境和形势允许，它们都可以走向主权完全独立的国家。我们把这种以王为天下共主、以王国为中央、以主权不完全独立的诸侯国即普通的属邦为周边（外服）的这种王朝国家，称之为复合制国家结构。

  商代的复合制国家结构，在政治地理结构上固然可划分为"内服"与"外服"，"内服"为王朝的百官所在之地，"外服"为诸侯属邦所在地，但由于在朝为官者也有来自外服诸侯和属邦之人，这些人有的甚至就是各个诸侯属邦的邦君，因而这种内、外服之制实际上是在王权统辖之下的一个统一体，"外服"诸侯和属邦能够在王都即王朝内担任各种官职这一现象，就是对商代国家形态中复合制结构关系的很好说明。在这种结构关系中，"外服"诸侯和属邦既非独立的邦国，亦非像后世那样的所谓地方一级的行政管理机构，而是受商王统辖的、不具有独立主权的、规模大小不等的各类政治实体。在这里，商的王权对内、外服的支配（包括对"内服"的直接支配和对"外服"的间接支配）[①]，是作为统一体的复合制国家结构得以构成的基础。

---

  ① 王震中：《商代都鄙邑落结构与商王的统治方式》，《中国社会科学》2007年第4期；王震中：《商代都邑》，中国社会科学出版社2010年版，第486—511页。

三 商的王权与复合制国家结构

1. 商王是"内、外服"土地的最高所有者

王宇信、徐义华在《商代国家与社会》一书中曾使用了"商王是全国土地的最高所有者"① 这样一个命题。这里的"全国土地"就是我们所说的"内服"和"外服"合起来的土地。研究甲骨文和殷商史的学者们，根据甲骨卜辞资料指出："商王可到全国各地圈占土地，建立田庄，经营农业。"② 其中，对于王室直接支配的王邦之地，商王向贵族、官吏发布命令，要他们到某地去"裒田"垦荒，或去种植农作物，是无需赘述的。对于诸侯或从属于商王的诸邦（我们称之为"属邦"）领地，商王也要派人去占地耕作。例如，卜辞云：

　　贞，令叟裒田于先侯。十二月。（《合集》9486）
　　贞，王于黍侯受黍年。十三月。（《合集》9934）
　　贞，令犬延族裒田于虎。（《合集》9479）
　　贞，令众人取（趣）入绊方裒田。（《合集》6）

"裒田"是垦荒造田③。先侯、黍侯、犬延族、绊方都属于商王朝的诸侯国或方国④。商王可以直接参与或派人到这些诸侯方国内垦土造田，足见商王对于诸侯国的土地也拥有最高所有权。

商王对诸侯土地的权力还表现在可以强取诸侯方国的田邑，如卜辞云：

　　贞呼从莫（郑）取怀曼鄙三邑。（《合集》7074）
　　贞□彭龙……取三十邑。（《合集》7073）

---

① 王宇信、徐义华：《商代国家与社会》，中国社会科学出版社2010年版，第108页。
② 杨升南：《商代经济史》，贵州人民出版社1992年版，第58页。
③ 张政烺：《卜辞裒田及其相关诸问题》，《考古学报》1973年第1期。
④ 杨升南：《卜辞中所见诸侯对商王室的臣属关系》，胡厚宣主编：《甲骨文与殷商史》第1辑，上海古籍出版社1983年版。

在上引第一辞中，郑既是贵族也是诸侯，卜辞中有"子郑"（《合集》3195），又有"侯郑"（《合集》3351），即可说明这点。上引《甲骨文合集》7074这条卜辞是说，"商王从郑侯国内取走三个邑，实指三个邑所领有的土地。这三个邑所领有的土地原本是郑侯的，商王则派人将其取走，以归王室"①。第二辞的彭为地名，当与龙邻近。"龙"为方国名，甲骨文中有"龙方"。龙方起初曾与商朝发生过战争，后又臣服于商。臣服于商的龙方时而向商王进贡物品，时而参与商王的田猎活动②。这条卜辞是占卜商王下令从彭龙取回三十个邑所领有的土地。

商王对土地的最高所有权还表现在对于贵族或诸侯给与土地封赐。如甲骨文云："呼从臣沚有册三十邑。"（《合集》707正）卜辞中的"沚"是商王武丁时的一个诸侯，卜辞中有时称之为"沚㦰"，有时称之为"伯㦰"（《合集》5945正）。"臣沚"之臣，为职官之称，即"沚"也是诸侯中在朝为官者。杨升南指出："此辞中的'册'是个动词，有'册封'之意。辞的大意是商王让沚将三十个邑书之于典册，以封赏给某个贵族。册上登录有土地邑名（甚至可能有四至的范围），以此册授予被封者，被封者则以此为凭信，拥有册上所登录的土地。"③

既然在国土结构上，诸侯领地的最高所有权在商王手中，诸侯不具有独立的主权，那么在诸侯领地发生外敌入侵或掠夺的事件时，诸侯就有向商王报告的责任。有一条卜辞说：

> 癸巳卜，㱿贞，旬亡祸？王占曰："有祟，其有来艰。"迄至五日丁酉，允有来艰自西，沚㦰告曰："土方征于我东鄙，戋二邑，舌方亦侵我西鄙田。"（《合集》6057正）

在这版卜辞中，"我"是"沚㦰"的自称。"土方征于我东鄙，戋二邑，舌方亦侵我西鄙田"，是沚㦰向商王报告的内容：沚㦰的东边边境受到土方的

---

① 杨升南：《商代经济史》，贵州人民出版社1992年版，第61页。
② 同上；王宇信、徐义华：《商代国家与社会》，中国社会科学出版社2010年版，第111页。
③ 杨升南：《商代经济史》，贵州人民出版社1992年版，第63页。

征掠，祸害了鄙上的两个邑；沚馘的西面边鄙的田地受到舌方的侵扰。

在甲骨文中，也有"长伯"向商王报告外敌侵犯自己领地的记载：

  癸未卜，𡧊贞：旬亡［祸］……崇，其有来艰，迄至七日……允有来艰自西，长戈□告曰："舌方征于我奠……"（《合集》584 正甲）

  王占曰：有崇，其有来艰，迄至七日己巳，允有来艰自西，长有角告曰："舌方出，侵我示𤉲田，七十五人。"（《合集》6057 正）

  癸未卜，永贞：旬亡祸。七日己丑。长友化呼告曰："舌方征于我奠丰，七月。"（《合集》6068 正）

  ……自长友唐，舌方征……亦有来自西，告牛家……（《合集》6063 反）

这四条卜辞中的"长戈"、"长有角"、"长友化"、"长友唐"等都是长伯族邦的邦君名，四条卜辞都是向商王报告说：舌方侵犯长伯族邦西部的"奠"地的田邑，造成了损害。

商王不仅对于诸侯国的安危、诸侯国的边境田邑是否受到外敌的侵扰十分关心，而且他也关心诸侯国的农业收成。前引《甲骨文合集》36975 卜辞中商王占卜东、西、南、北"四土"是否"受年"，就是最典型的例子。此外，诸如："辛酉贞，犬受年。十一月。"（《合集》9793）就是关心犬侯的年成；"贞长不其受年，贞长受年。"（《合集》9197 正、反）是占卜"长伯"领地的年成；"癸亥卜，王，戈受年。"（《合集》8984）"贞戈受［年］。"（《合集》9806）是关心戈方的年成；"戊午卜，雍受年。"（《合集》9798）是卜问雍地的年成，等等。

商王也经常到诸侯的领地进行田猎。例如，"己卯卜，行贞，王其田亡灾，在杞"（《合集》24473）。这是商王到杞侯境内田猎。"辛卯卜，贞王其田至于犬。"（《合集》29388）这是商王田猎来到了犬侯之地。"壬午卜，王弗其获在万鹿。壬午卜，王其逐在万鹿获，允获五，二告。"（《合集》10951）卜辞中的"万"也称为"万人"（《合集》8715、21651），此辞是说商王在"万"地境内打猎，捕获五头鹿。

上述商王在诸侯国或属邦境内"衷田"、"取邑"、田猎等行为，反映了商王对于诸侯和属邦领地拥有支配权。而各诸侯国和属邦时常向商王报告自己如何受到外敌的侵掠，也是这些诸侯国和属邦把自己的领地看成是商王朝的一个组成部分的缘故。因此，虽然各诸侯国和属邦也有某种程度的相对的独立性，但其主权是不完整的，且不是独立的。这种主权的不完整是因为它们被纳入了复合制国家结构之中，商的王权是覆盖整个"外服"诸侯与属邦的。

2. "外服"侯伯等属邦有向商王贡纳的义务

作为复合制国家结构，其王权在经济方面的体现也由两部分组成。对于"内服"而言，主要是如《孟子·滕文公上》所说"夏后氏五十而贡，殷人七十而助，周人百亩而彻"中的"助"法，这是一种劳役地租，是对商的王邦之地的一种直接剥削；对于"外服"而言，则表现为诸侯要向商王室贡纳各种物品。

有学者指出：卜辞中的"氐"（致）、"收"（供）、"入"、"来"等字就是诸侯向商王贡纳关系的用词①。卜辞中的"氐"，于省吾释作"致"，谓："凡物由彼而使之至此谓之致，故《说文》云：致，送也。"② 卜辞中的"供"字作"𠬞"形，像双手奉献之状。卜辞中"入"的物品均为龟甲。这是一种记事性文字，往往刻在龟腹甲的"桥"上，记诸侯或王臣向王室贡入多少只供占卜之用的龟。在甲骨文中，臿、古、唐、戈、郑、𠂤、亘、雀、竹、子画、子央、妇井、妇喜、伯或、妇息、先侯、犬侯等40位以上诸侯有纳贡的记录③。例如，有关先侯向商王贡纳的卜辞：

先氐（致）五十。（《合集》1779反）
辛亥卜，贞，先［侯］来七羌……十三月。（《合集》227）

这是先侯向商王进贡龟甲、羌人的记载。也有光侯向商王贡纳羌人的记载：

甲辰卜，亘贞，今三月光呼来？王占曰：其呼来。迄至惟乙，旬

---

① 杨升南：《卜辞中所见诸侯对商王室的臣属关系》，《甲骨文与殷商史》，上海古籍出版社1983年版。
② 于省吾：《殷契枝·释氐》。
③ 李雪山：《商代分封制度研究》，中国社会科学出版社2004年版，第104页。

又二日乙卯，允有来自光，氏（致）羌刍五十。（《合集》94 正）
光来羌。（《合集》245 正）

西方的周侯也时常向商王室纳贡，如卜辞云：

周入。（《合集》6649 反甲）
贞：周氏（致）巫。（《合集》5654）
甲午卜，宾贞，令周乞牛多……（《合集》4884）
丁巳卜，古贞，周氏（致）嬛。
贞：周弗致嬛。（《合集》1086）

这 4 条卜辞中，"巫"指巫觋之人。"嬛"乃秦姓女子。这几条卜辞是说周人向商王进贡的物品包括龟甲、巫、牛、女子。

竹侯向商王纳贡的卜辞有：

竹入十。（《合集》902）
取竹刍于丘。（《合集》108）

辞中"竹刍"即竹侯国内的刍奴。竹侯向商王贡纳的有十个龟甲，还有刍奴。

奚侯向商王送来的物品有白马、牛等：

甲辰卜，殻贞，奚来白马。王占曰：吉，其来。（《合集》9177）
贞：今春奚来牛，五月。（《合集》9178）

皋侯向商王贡纳的物品有龟甲、象牙和牛等：

皋入□。（《合集》9226）
皋来其氏（致）齿。（《合集》17303 反）
贞：皋来舟。（《合集》11462）
丁未贞，皋氏（致）牛其用自上甲汎大示。
己酉贞，皋氏（致）牛其用自上甲三牢汎。

己酉贞，㠱氏（致）牛其……自上甲五牢汎大示五牢。

己酉贞，㠱氏（致）牛其用自上甲汎大示惟牛。（《屯南》9）

上辞中前两条说㠱侯向商王纳贡龟甲和象牙。第三条卜辞是说㠱侯向商王进贡舟。而（《小屯南地甲骨》9）这组卜辞是说㠱侯送来牛用于祭祀上甲等祖先。

戈侯向商王贡纳的物品也有龟甲、象牙、贝等：

戈入……（《合集》926反）

己亥卜，㱿贞，曰：戈氏（致）齿王。

曰：戈氏（致）齿王。

贞，勿曰：戈氏（致）齿王。（《合集》17308）

……戈允来……豕二、贝……（《合集》11432）

上述诸侯向商王纳贡的资料说明，在复合制国家结构中，商王与诸侯、商王邦与属邦在经济上也是极其不平等的，这是王权支配着诸侯国在经济上的体现。

3. 商王对"内、外服"军事力量的支配

商代的国土结构由"商"与"四土"组成，国家结构由"内服"与"外服"构成。在这样的结构内，其军队和军事武装也由"内服"武装和"外服"武装两部分构成。"内服"之地的武装也就是商王室的军队，"外服"之地的武装就是诸侯的军队，商王掌握着由这两部分构成的最高军政大权，统领和支配复合制国家结构内所有军事力量。

（1）商王室的军队

商的内服武装，即王邦内的武装，其最核心的成分是被称为"王师"、"王族"、"子族"、"多子族"、"三族"、"五族"、"左族"、"右族"等商王室的军队。卜辞有："王作三师：右、中、左。"（《粹》597）卜辞又云：

甲□贞，方来入邑，今夕弗震王师。（《合集》36443）

卜辞中的"王师"就是王室军队。"王师"也称为"我师"（《合集》

27882）①、"朕师"。在"师"的编制之下是"旅"。卜辞有"王旅"（《合集》5823），也称为"我旅"（《合集》5824、1027）。"旅"的编制之下还有"族"等编制②。

对于卜辞中"族"的含义，历来有两种解释，多数人是从血缘层面上理解，认为它是宗族家族之族③，也有人认为它是商人军旅，是军事组织名称④。在甲骨文中，族字从㫃，从矢，矢为箭镞，㫃为旌旗，因而丁山指出：甲骨文"族字，从㫃，从矢，矢所以杀敌，㫃所以标众，其本意应是军旅的组织"⑤。笔者认为，甲骨文中的"族"主要是军事编制中的一种，它反映的最基本的不是血缘组织而是军队组织，如果说它与后来的"族"字含义有什么联系的话，甲骨文中"族"所表示的有可能是一种亲属部队，商代以后才将这种表示亲属部队的"族"逐渐地主要表示为血缘组织，并在"族军"这一层面上将二者统一了起来。也就是说，在甲骨文中，"王族"指的是王的亲属部队，"子族"指的是子（子或为爵称，或指宗族之长即宗子，它既包含王子，也包含非王子）的亲属部队，"多子族"指的是"多子"即多个子的亲属部队，"一族"、"三族"、"五族"分别指的是一个、三个、五个亲属部队，"左族"、"右族"指的是位于左边和位于右边的亲属部队⑥。例如，卜辞云：

甲子卜……以王族宪方，在盂，无灾。
方来降，吉。
不降，吉。
方不往自盂，大吉。

---

① 卜辞中，"王师"可称为"我师"；诸侯对于自己的军队，也可以称为"我师"。就像《合集》6057正卜辞沚馘向商王报告的"土方征于我东鄙，戈二邑，舌方亦侵我西鄙田"中的"我"是沚馘的自称一样。

② 李雪山：《商代分封制度研究》，中国社会科学出版社2004年版，第245—251页。

③ 林沄：《从子卜辞试论商代家族形态》，《古文字研究》1979年第1期；朱凤瀚：《商周家族形态研究》，天津古籍出版社1990年版。

④ 丁山：《甲骨文所见氏族及其制度》，中华书局1988年4月第1版，第33页；李学勤认为甲骨文中的"王族"是由王的亲族组成的直属部队，见李学勤《释多君、多子》，载胡厚宣主编《甲骨文与殷商史》，上海古籍出版社1983年版。

⑤ 丁山：《甲骨文所见氏族及其制度》，中华书局1988年版。

⑥ 王震中：《商代都邑》，中国社会科学出版社2010年版，第510页注释①。

其往。(《屯南》2301)

贞,令多子族暨犬侯璞周,由王事。(《合集》6813)

己亥,历贞:三族王其令追召方,及于□。(《合集》32815)

王惟羌令五族戍羌方。(《合集》28053)

上引《小屯南地甲骨》2301 这条卜辞是说用"王族"这样的部队去征伐兕方。《甲骨文合集》6813 这条卜辞中,"璞"为动词,一般认为是征伐之意,此条卜辞是令多子族这样的部队和犬侯征伐周方国。《合集》32815 这条卜辞是商王命令"三族"(三个亲属部队)追击召方。《合集》28053 这条卜辞是说商王命令五个亲属部队戍守羌方。卜辞中"王族"、"子族"、"多子族"、"三族"、"五族"的职责都是从事征伐和军事活动,因此它们是军事组织名称,是军事编制。

(2) 商王可调动和支配诸侯、贵族领地的军队

诸侯或属邦拥有自己的军队,这些军队也称为"师",如卜辞中的弜师、屰师、皋师、雀师、犬师、允师、鼓师、缶师等①。商王时常率领这些诸侯封国的军队出征。如卜辞云:

丁酉卜,翌日王惟犬师从,弗悔,无灾……不遘雨。(《屯南》2618)

这条卜辞是说商王要率犬侯之师出征。在甲骨文中,经常可以看到这样一种格式的卜辞:"王从某某伐某方",如"丁丑卜,殷贞:今䍃王从沚䤴伐土方,受有佑"(《英国所藏甲骨集》581)。词中的"从",也有人释为"比"。笔者认为无论释为从还是比,"王从沚䤴伐土方"这样的结构说的是:沚䤴为先头部队,即沚䤴在前、王在其后去征土方的意思,所以沚䤴是商王这次征土方作战的先头部队。也就是说,在甲骨文中,凡是"王从某某"去征伐作战,或"某某从某某"去征伐作战,从字后面的某某,都可以理解为是协同作战中的先头部队。

征伐土方之外,沚䤴作为商王对外战争的先头部队,还征伐过召方、舌方和巴方。如"丁卯卜贞:王从沚……伐召方,受……在祖乙宗"

---

① 李雪山:《商代分封制度研究》,中国社会科学出版社 2004 年版,第 108 页。

(《屯南》81）。这是在祖乙宗庙占卜的卜辞，商王率领沚𢦚征伐了召方。还有，"贞：𢦚启，王其执舌方"（《合集》6332）；"辛卯卜，宾贞：沚𢦚启巴，王惟之从，五月。辛卯卜，宾贞：沚𢦚启巴，王勿惟之从"（《合集》6461正）。这里的"启"有在前之义，也是占卜是否以沚𢦚为先头部队，去征伐舌方和巴方。

沚𢦚也称"伯𢦚"，沚是商的侯伯之国。但起初曾是商的敌对方国。如卜辞说："贞其有艰来自沚。贞亡来艰自沚"（《合集》5532）；"乙酉卜，圃允执沚"（《合集》5857）。前一卜辞是卜问是否有祸来自沚方，后一卜辞是说拘执了沚的邦君。后来，沚方臣服、从属于商王而被称为"伯𢦚"（《合集》5945）或"臣沚"，还册封给沚三十邑："呼从臣沚有㗸三十邑。"（《合集》707正）沚成为商的侯伯之国后，商王有时也到沚国去，如"丁卯卜，王在沚卜"（《合集》24351）；沚国成为商王驻跸之处："今日王步于沚"（《金》544）、"壬申王卜，在沚贞：今日步于杙"（《合集》36957）。商王率领沚𢦚出征也就习以为常。有时商王命令沚祸害敌方："惟圃令沚虫（害）羌方。"（《合集》6623）

有关商王率诸侯出征的卜辞还可以举出一些：

贞，王惟侯告从征夷。
贞，王勿惟侯告从。（《合集》6460）
癸未卜……王于冥侯、缶师，王其在囗征。（《合集》36525）
乙卯卜，彀贞，王从望乘伐下危，受有佑。（《合集》32正）
丁卯王卜……余其从多田于多伯征盂方伯炎，惟衣，翌日步……（《合集》36511）
甲戌，王卜，贞……禺盂方率伐西国。鲁西田，㗸盂方，妥余一人。余其〔从〕多田㽞征盂方，亡尤……（《合集补编》11242）
癸丑卜，亘贞，王从奠伐巴方。
王勿从奠伐。（《合集》811正、反）
甲午王卜，贞……余步从侯喜征人方……（《合集》36482）
癸卯卜，黄贞，王旬无祸。在正月，王来征人方，在攸侯喜鄙永。（《合集》36484）

上述卜辞，有的是商王以告侯为先头部队征伐夷方，有的是商王以望乘为先头部队征伐下危,有的是商王以多田和多伯为先头部队征伐盂方,有的是商王以奚为先头部队征伐巴方,有的是商王以攸侯喜为先头部队征伐人方,总之都属于王率诸侯出征。

在甲骨文中,还有王命贵族或诸侯出征。例如:"贞,勿惟师般〔呼〕伐"(《合集》7593),这是命令大将师般出征。"丁巳卜,贞王令皋伐于东封"(《合集》33068),这是命令皋东征。"……呼妇好伐土方……"(《合集》6412),这是叫妇好出征土方。"甲午卜,宾贞,王惟妇好令征夷"(《合集》6459),这是命令妇好出征夷方。"贞,王令妇好从侯告伐夷……"(《合集》6480)这是命令妇好以告侯为先头部队征伐夷方。"甲戌卜,殻贞,雀眾子商征基方,克"(《合集》6573),这是卜问子商和雀联合征伐基方。"贞,雀弋祭方"(《合集》6965),这是卜问雀可否战胜祭方。"壬辰卜,殻贞,戉弋徜方"(《合集》6566),这是占卜戉征伐徜方,等等。

由于王权中很大的力量是军权,商王对复合制国家结构内军事力量的掌握和控制,使得从成汤建立商王朝起,就取得了对天下的统治权,"自彼氐羌,莫敢不来享,莫敢不来王,曰商是常"①。有商一代,商的王权是强大的。

上述卜辞说明,商代复合制国家结构与商的王权和商王为"天下共主"密不可分。从商王在诸侯国内的权力来讲,在甲骨文中我们可以看到,商王可以派人到诸侯国境内"垦田",可以在诸侯国进行生产活动;商王也可以在诸侯国内打猎和巡游;商王还可以将诸侯国作为对外进行军事行动的起点。从诸侯对商王需承担的军事和经济诸多的义务来讲,在商王的对外战争中,诸侯或者要率领其军队随王征讨,或接受王的命令去征讨某一方国;在经济方面,诸侯要向商王贡纳牛羊马匹、龟甲、玉戈等各种物品乃至奴仆、人牲等。也就是说,商代的诸侯属邦与王邦的关系,绝非有些学者所谓"平等的"邦国联盟关系。此外,这些诸侯属邦虽然隶属于商王,但它们也不是秦汉以来类似郡县制的地方行政区划内的行政机构。因此,无论是从商王与诸侯的臣属关系,还是从"内服"与"外服"的结构关系来看,商王所直接统治的商国(王邦)与商国周边的诸侯国之间,是以商王为天下共主的、以商的王邦为"国上之国"、以诸侯国为

---

① 《诗·商颂·殷武》。

"国中之国"的复合制国家结构关系,这种复合制结构关系是商代国家形态中最具特色的一个方面。

(本文原载《中国史研究》2012年第3期)

商代分封制的产生与发展

徐义华

关于商代分封制的问题，学者有不同意见，有的学者认为商代存在分封制。① 也有的学者认为商代没有分封制，分封制是周代才确定的制度。②

关于分封制的讨论，我们应首先弄清什么是分封制和分封制产生的基础。分封制的基本内容是"封邦建国"，是在中央王朝以外建立隶属于中央的地方独立势力。这一体制是在中央王朝掌握大量可自由支配的土地和人口资源但王朝自身又无法实现直接控制的情况下，委派亲信建立对王朝负有责任和义务的具有一定独立性的政权的国家管理形式。分封制最初的产生是在交通条件、军事技术相对不发达的情况下，为控制怀有敌对情绪的征服地区所采取的措施。最初的分封制是商朝产生的。

夏朝建立的情况十分特殊，其国家的基本架构和基础主要是通过禹治水过程中对各部族的联合建立的，"（禹）治平水土，定千八百国"③，是以和平合作的方式对原有部族及其权力结构的承认。这一成果为启所继承，进入"家天下"时代，建立了夏朝，"十年，帝禹东巡狩，至于会稽而崩。以天下授益。三年之丧毕，益让帝禹之子启，而避居箕山之阳。禹子启贤，天下属意焉。及禹崩，虽授益，益之佐禹日浅，天下未恰。故诸

---

① 参见董作宾《五等爵在殷商》，《中央研究院历史语言研究所集刊》第 6 本 3 分 1936 年版；胡厚宣：《殷代封建制度论》，《甲骨学商史论丛》，成都齐鲁大学国学研究所专刊 1944 年版；裘锡圭：《甲骨卜辞所见"田"、"牧"、"卫"等职官的研究》，《文史》第 19 辑，中华书局 1983 年版；李雪山：《商代分封制度研究》，中国社会科学出版社 2004 年版。

② 黄中业：《商代"分封"说质疑》，《学术月刊》1986 年第 5 期；葛志毅：《周代分封制度研究》，黑龙江人民出版社 2005 年版，第 14—29 页。

③ 《淮南子·修务训》。

侯皆去益而朝启，曰'吾君帝禹之子也'。于是启遂即天子之位，是为夏后帝启"①，即夏朝的建立是对各方国的接纳而不是征服。夏朝是在接受现有归服地方势力的基础上形成的国家，没有供夏王朝支配的可用以支配的土地和人口资源，也不需要建立独立于王朝的外在组织维护王朝的统治，所以不可能建立起分封制。这种和平认同建立的国家很自然就会出现内、外不同的两种统治形式，形成内、外服制的最初形态。在这种内、外服制下，夏人自己的疆域内为一种情况，夏人之外的所有其他势力团体在理论上都处于平等的地位，共同尊奉夏朝的共主地位，社会权力结构较为简单，而没有形成复杂的国家组成层阶结构。后来夏朝虽然经过启灭有扈、少康中兴等战争，可能会把一部分部族置于国家的直接控制之下，中央王朝统治的范围有所扩大，但总体的政治统治模式不会有大的改变。

商人则不同，是通过战争征服建国的。"汤始征，自葛载；十一征而无敌于天下"②，"汤乃兴师率诸侯，伊尹从汤，汤自把钺以伐昆吾，遂伐桀"③，最终灭夏立国。在从夏之方国到天下共主的角色转变过程中，不同诸侯与天下共主的关系也发生了变化，与汤联盟、对抗、归服的诸侯，在商成为天下共主后，自然出现远近亲疏之别。而作为一个新生的政权，具有重新划分统治机构的契机。同时，在商汤灭夏以前，商人实际控制的范围很小，"汤处亳，七十里"④，在如此小的地域内，无须复杂的政治结构即可实现有效的统治。灭夏后，商成为天下的共主，"汤武一日而有夏商之民，尽有夏商之地，尽有夏商之财"⑤继承了夏朝政治遗产，商人须对夏商势力范围内的土地和人口进行管理，原先简单的政治管理形式显然不适合需要。尤其是商人对夏人统治地区的占领，"桀败于有娀之虚，桀奔于鸣条，夏师败绩。汤遂伐三朡，俘厥宝玉"⑥，经过激烈的战争，将夏朝的上层建筑和财富的占有者阶层破坏，如何实现对这一地区的有效统治成为商人面临的问题。可以说，商朝是中国第一个真正面临如何在广大地域内对不同部族采取积极主动的政策，实行有效控制的朝代。同时，

① 《史记·夏本纪》。
② 《孟子·滕文公下》。
③ 《史记·殷本纪》。
④ 《淮南子·泰族训》。
⑤ 《吕氏春秋·分职》。
⑥ 《史记·夏本纪》。

夏朝上层集团的死亡和逃亡，使这一地区出现了可供支配的大面积的土地和大量人口，也出现了暂时的权力真空，为新生的商人国家建立统一的诸侯体系提供了物质基础。于是，商人在夏朝原始内、外服制的基础上，实行了分封制。分封制是在当时的条件下，对新开拓的敌对征服区实行统治的最有效方式。一方面有足够的失去依附的人口和土地可供分配，可以建立分封诸侯国；另一方面夏人对商人还怀有强烈的敌意，如果建立单纯的军事据点，需要解决后方支援、后勤供应、军事换防等一系列问题，这是当时商人的力量所不能解决的。而分封制，则把商人各武装宗族分置在夏人居地，建立武装据点，拥有独立的军政大权，形成防卫力量，能够有效地控制被征服地区。在商人初建的国家内，基本可以分为四种地区：一是商人传统势力区，居住的是商人的本部族人员和已同化部族；二是与商人联盟区，居住的是较早与商人建立友好关系的部族；三是归服商人的地区，迫于商人压力归顺的部族；四是商人的征服区，主要是夏人统治的中心地区。这四种地区的权力结构与商王朝关系不同，在王朝中的地位也不同，形成了立体的权力结构，超过了夏朝单纯的内外服结构所缺乏的层次感。在这四种地区中，被征服地区即是"授民授疆土"而形成的诸侯，其他地区则是对原有部族势力的承认和接受并附加一定的整合。

商人虽然实行了分封制，但商人的分封制带有较强的原始性与不成熟性，与后世的分封制有所不同。

但是从商人的征服过程来看，战争的过程并不复杂，也不十分残酷。据文献记载，"汤始征，自葛载；十一征而无敌于天下"，我们根据今本《竹书纪年》的记载，将汤伐夏的十一次战争进程如下：

（桀）二十一年，商师征有洛，克之。
　　遂征荆，荆降。
（桀）二十六年，商灭温。
（桀）二十八年，昆吾氏伐商。
　　遂征韦，商师取韦。
　　遂征顾。
（桀）三十年，商师征昆吾。
（桀）三十一年，商自陑征夏邑，克昆吾。

战于鸣条。

桀出奔三朡,商师征三朡。

战于郕。

经过这些战争之后,夏人力量损失殆尽,不复能战,"获桀于焦门,放之于南巢"。① 另外,商人灭夏后,可能还越过中条山,对夏人势力深厚的汾水流域和涑水流域用兵,《帝王世纪》载,成汤"凡二十七征而德施于诸侯",除去载葛与伐夏的十二次战争,其他十五次战争,当是对夏人残余势力的追剿。据《竹书纪年》的记载,汤灭夏称王是在其在位的第十八年,"十八年癸亥,王即位,居亳",相隔七年之后,"二十五年,作《大濩》乐,初巡狩,定献令"②,又过了两年才正式迁走代表政权的九鼎,"二十七年,迁九鼎于商邑"③,自汤灭夏至迁鼎于商的九年间,汤很可能致力于对夏人在汾、涑地区残余势力的打击。而商代前期,原分布汾、涑流域二里头文化,也被商文化的东下冯类型所代替。④

从上述材料可以看出,真正受到商人军事打击的部族并不多,只有夏人中心区与夏桀关系密切的部族才受到征伐。商人取得灭夏战争的胜利更多是依靠了政治策略,从《孟子·滕文公下》:"葛伯放而不祀……汤使遗之牛羊……汤使亳众往为之耕,老弱馈食……"《越绝书》:"汤献牛荆之伯。荆之伯者,荆州之君也。汤行仁义,敬鬼神。当是之时,天下未从,汤于是乃献饰牲牛以事。荆伯乃愧然曰:'失事圣人礼。'乃委其诚心"等记载看,汤非常重视利用宗教信仰扩张势力,以"行仁义、敬鬼神"利用非武力手段笼络人心,达到不战而胜的目的。汤的和平扩张策略收效甚巨,关于其德义的传闻流传很广,"汉南诸侯闻之,咸曰:汤之德至矣,泽及禽兽,况于人乎,一时归者三十六国……诸侯由是咸叛桀附汤,同日贡职者五百国,三年而天下咸服"。⑤ 所以,商人真正能可以自

---

① 今本《竹书纪年》。
② 同上。
③ 同上。
④ 中国社会科学院考古研究所编:《中国考古学·夏商卷》第2—5章,中国社会科学出版社2003年版。
⑤ 《帝王世纪》。

由支配的范围仅限于豫西伊洛地区与山西汾、涑流域。

另外,即使对于被征服部族的土地,商人也没有全部直接占领,而是采取扶植代理人的方式,例如即使对于被称为"党于桀恶"①的韦,汤也是让其祝融之后在此主事,《史记·殷本纪》《集解》引贾逵:"祝融之后封于豕韦,殷武丁灭之,以刘累之后代之",周鸿祥谓:"韦、顾向为子姓之患,汤伐之稍戢其患,至武丁始灭之。"②《帝王世纪》曰:"诸侯有不义者,汤从而征之,诛其君,吊其民,天下咸悦,故东征则西夷怨,南征则北狄怨,曰:'奚为而后我'",商汤的征伐多是"诛其君,吊其民",只是更换当地部族的上层首领人物,扶植与商人关系更密切的人做首领而已。《逸周书》:"汤放桀而归于亳,三千诸侯大会",《战国·秦策》:"及汤之时,诸侯三千",大量地方势力保留下来,商人大约除了在夏人中心统治区实行直接占领外,对于其他地区依然是由原部族自行管理。

夏末,夏人的中心统治区,大体为"北起山西汾水以南,南达河南汝水,西至华山以东,东迄郑州以西当夏王朝的中心区"③,范围跨度虽然大,但由于山水阻隔,其真正呈面状分布的也只在豫西的平原地区,"自洛汭延于伊汭,居易无固,其有夏之居","夏中心统治区的地望,大致只在今中岳嵩山和伊、洛、颍、汝四水的豫西地区"④,面积并不大。此外还有中条山以北的汾、涑流域。所以,商人真正能用于"授民授疆土"的资源很少,而分封制的前提是国家掌握着可供支配的土地和人口资源,这就造成了商代分封制的先天不足,导致了商代分封制的不完善和缺乏系统性。

商人的分封集中于豫西、晋南地区,建立了许多带有军事性质的据点,东下冯商城和垣曲商城很可能即商人早期建立的武装戍守中心,是商王朝带有封建性质的地方诸侯。东下冯商城、垣曲商城与偃师商城间隔相似,联合构成了对夏人传统势力区的控制体系。

另外,由于商人灭夏后,为了巩固在原夏人统治中心区的统治,"作

---

① 《诗经·商颂·长发》。
② 周鸿祥:《商殷帝王本纪》,香港1958年,第66页。
③ 郑杰祥:《试论夏代历史地理》,《夏史论丛》1985年。
④ 宋镇豪:《夏商社会生活史》,中国社会科学出版社2005年版,第15页。

宫邑于下洛之阳"①，在今偃师地区筑城建都②，伊洛地区成为商人王畿区，使得最初"授民授疆土"建立的诸侯实际在地理上处于王畿之内，并不真正具有独立处理军政事务的权力。所以，最初的分封制只是针对新征服地区的统治方式，而不是基于王畿内外实行的分别治理的完善制度，分封与外服也不是完全对应的。这一切导致了商代初期的王畿和外服，在管理形式上没有截然不同。在商王朝统治巩固后，随着国家开拓疆域行动的进行，获得的自然支配土地和人口资源增多，才逐渐建立了众多分封诸侯，形成了内、外服的明显差别。而最初实行分封制的豫西地区，由于受外族势力威胁，在王畿的边缘部分依然维持了部分诸侯。在政治安定、都城稳固的正常状况下，这些分封的诸侯会逐渐融入王权之下，但伊洛地区的地理特点是平原沿黄河、伊水、洛水狭长分布，在平原生活的商人势力范围难以向外开拓，使得这一地区实际一直是王畿的西部边缘，特别是都城东迁之后，商人的王畿实际只能达到洛阳以西地区，而紧邻的晋南太行山地区、豫西的秦岭地区则是异族分布区，伊洛地区还面临外来势力侵扰的压力，使得这些分封的诸侯得以保留下来，甚至独立性比原先有所增强。商人在特殊地理环境和特殊历史条件下创行的分封制实际是首先在王畿区及其周围进行的，而商人受自然因素的制约，这一地区一直作为商王朝的王畿边缘，所以有部分王畿边缘区的诸侯保留下来，而没有像周代那样在畿内只是保留独立性较弱的采邑。王畿边缘保留诸侯和分散分封是商代分封制的特点，也由此导致了商代分封制的不成熟性。

分封制虽然在商王朝立国之初既已出现，但还没有成为系统成熟的制度。但是，这一统治方式得以保持并随着商人国家的扩张得到进一步加强。

商王朝较集中的分封有三次，除商汤建国时期的分封外，还有两次分别在仲丁至河亶甲时期和武丁时期。

商人灭夏是依靠了与东夷的联盟完成的，所以商人建国初期依然与东夷保持了较好的关系，东夷势力可以达到今河南中东部一带。③ 郑州南关

---

① 《春秋繁露·三代改制质文》。
② 参见中国社会科学院考古研究所洛阳汉魏故城工作队《偃师商城的初步勘探和发掘》，《考古》1984年第6期。
③ 张国硕：《论夏末早商的商夷联盟》，《郑州大学学报》2002年第2期。

外期文化，文化面貌相当复杂，许多学者认为它与山东岳石文化有密切关系①，而郑州地区的考古发掘也表明，在夏末商初的遗存中存在许多岳石文化因素，"这充分说明夏末商初商人与夷人在今郑州一带关系仍然融洽"②，即东夷的势力一度达到郑州附近。

商人的统治巩固以后，其在西方受太行山阻挡，难以挺进，转而向东方寻求拓展。从大戊时期开始，商人开始向东方发展，《竹书纪年》载大戊"五十八年，城薄姑"，开始加强在东方的军事存在，东夷可能寻求和解，"六十一年，东九夷来宾"。但大戊并未完成对东夷的控制，商人对东方的战略性扩张是从仲丁时开始的。今本《竹书纪年》："王（仲丁）即位，自亳迁于嚣"，"六年，征于蓝夷"，仲丁迁隞的目的在于发动对东夷的战争。商前期的都城实际远在商领土的西缘，在对东夷战争中产生许多不便，于是仲丁将都城东移，"仲丁迁都主要是为了便于征伐蓝夷"。③仲丁在东方的开拓，取得了成效，在仲丁在位的二里冈上层文化后段时期，山东地区的考古文化出现了明显的商人东进的现象，"这里的商代遗存，恰恰也是在二里冈上层文化后段突兀出现，并由西向东逐渐拓展的，我们认为，这很可能与仲丁'兰夷作寇'为口实，以征伐兰夷契机向东扩展疆土有直接关系"。④ 仲丁伐东夷，使商人的势力扩展到整个山东中西部，"从商文化的分布范围来看，仲丁时期是商文化东向大扩展时期，白家庄期遗存东向分布于山东济南市至滕州市一线，整个泰沂山脉以西的山东西部地区皆已纳入商文化的分布范围，商文化在这些地区取代了东夷文化"。⑤

此后，诸代商王继续对东夷用兵，到外壬时，商人与东夷的冲突已经十分激烈，"外壬元年，邳人、姺人叛"⑥，这次冲突的规模很大，《左传·昭公元年》："于是乎虞有三苗，夏有观、扈，商有姺、邳，周有徐、

---

① 杜金鹏：《郑州南关外下层文化渊源及其相关问题》，《考古》1990年第2期。
② 张国硕：《论夏末早商的商夷联盟》，《郑州大学学报》2002年第2期。
③ 杨育彬、孙广清：《殷商王都考古研究四题》，《殷商文明暨纪念三星堆文明发现七十周年国际学术研讨会论文集》，社会科学文献出版社2003年版。
④ 徐基：《关于济南大辛庄商代遗存年代的思考》，《夏商周文明研究》，文物出版社1999年版。
⑤ 张国硕：《论夏末早商的商夷联盟》，《郑州大学学报》2002年第2期。
⑥ 今本《竹书纪年》。

奄",被视为商人经历的一次重大危机。这次叛乱,直到河亶甲时方才平定,今本《竹书纪年》:"河亶甲元年庚申,王即位,自嚣迁于相。三年,彭伯克邳。四年,征蓝夷。五年,侁人入于班方。彭伯、韦伯伐班方,侁人来宾。"丁山认为"班方蓝夷俱在东海郡"①。经过争夺,商人控制了弥河以西的山东大部,东夷人则退缩到弥河以东的胶东半岛地区。②

由于仲丁至河亶甲这种向东方大力开拓的政策,以及东夷具有强大的实力,使商人的大部分力量集中于东方,无法维持在其他地区的统治力量。到中商三期,商文化出现一个收缩期,"中商三期时,商文化的发展进入停滞状态,局部开始收缩退却。到晚商一期时,商文化的分布发生根本性变化。商文化已经全面退出山西、江西、湖南、湖北、安徽地区,陕西的商文化即退至西安以东"③。有学者认为这是商代实力衰退的结果,但结合商人在山东地区取得的进展,我们认为这只是商人战略上的调整,其在西方和南方的收缩,在东方得到了弥补。

而商人平定东夷以后,很快就转向西方和南方,祖乙"命邠侯高圉",用周人势力加强对西方的控制,阳甲"征西戎,得一丹山",盘庚"迁殷","命邠侯亚圉"。但可能未能取得完全的胜利。武丁时期,又大起兵事。

到武丁时期,商人开拓疆土进入一个高潮时期,武丁时期征战频繁,据甲骨文统计,"在第一期武丁时有81个"④。武丁时期主要的进攻方向是西方和南方。《易·既济》:"高宗伐鬼方,三年克之",今本《竹书纪年》说此事发生在武丁"三十二年,伐鬼方","三十四年,王师克鬼方"⑤。经过对鬼方的战争,商人恢复了在西方的势力范围。武丁还对南方荆楚用兵,并取得了很大的胜利,《诗经·商颂·殷武》说:"挞彼殷武,奋伐荆楚,深入其阻,裒荆之旅,有截其所。"郑笺谓:"殷道衰而楚人叛,高宗挞然奋扬威武,出兵伐之,冒入其险阻,谓方城之隘,克其军,率而俘虏其士众。"商人早在商汤灭夏以前即开始对南方征

---

① 丁山:《商周史料考证》,中华书局1988年版。
② 任相宏:《泰沂山脉北侧商文化遗存之管见》,《夏商周文明研究》,文物出版社1999年版。
③ 唐际根:《考古学·证史倾向·民族主义》,《三代考古》(一),科学出版社2004年版。
④ 《甲骨学一百年》,社会科学文献出版社1999年版,第498—500页。
⑤ 今本《竹书纪年》。

伐,《竹书纪年》:"成汤二十一年,商师征有洛,克之。遂征荆,荆降。"《吕氏春秋·异用篇》:"汉南之国闻之曰:'汤之德及禽兽矣。'四十国归之。"武丁的这次征讨并非南方势力强大产生了离心力,而只是因为商人全力东进期间,无力南顾,南方诸国与商人疏远。所以,武丁南征一战而克,基本完成了对南方的控制,所以有学者认为,"殷人之敌在西北,东南无劲敌"①。此外,武丁还"四十三年,王师灭大彭","五十年,征豕韦,克之"②,《国语·郑语》:"彭姓,彭祖、豕韦、诸稽,则商灭之矣。"

伴随着武丁的开疆扩土,商王朝的边疆向外延伸,需要建立新的据点拱卫,同时也灭掉了部分当地方国,取得了可用于分封的资源,许多商族的诸侯在这些新地区建立起来。甲骨文中有大量商代侯、任、男的记录,其中大部分属于武丁时期。

商代分封制下的诸侯,大致可以分为两类,一类是由商本族人在被征服区建立的地方政权;另一类是归服于商王朝的地方政权。

无论内、外服制还是分封制,都是早期历史条件下,由于中央政府控制力不足而导致的统治形式。因为商人的分封是在长期开拓过程中逐渐形成和发展的,是分散进行的,各地的诸侯是零散建立的,没有统一截然的划分。由于没有大规模的集中分封,没有形成诸侯的系统性,所以不具有统一的爵级和严格的亲疏关系。但到商代后期,分封制度已经成为较成熟的制度,成为国家政治控制中的重要模式。

周代的分封则不同,是在继承了商人已有制度和疆域基础上建立起来的。周人经过克殷之战和周公的三年东征,消灭了许多地方势力,"周公相武王,诛纣伐奄,三年讨其君,驱飞廉于海隅而戮之,灭国者五十,驱虎豹犀象而远之,天下大悦"③,"武王遂征四方,凡憝国九十有九国,馘历亿有十万七千七百七十有九,俘人三亿万有二百三十,凡服国六百五十有二"④,又将商人迁于洛邑,造成了广大地区内的权力真空,出现了大量的没有上层统治机构的人力和土地资源,为规模化的分封提供了物质基

---

① 郭沫若:《卜辞通纂考释》,科学出版社1983年版,第162页。
② 今本《竹书纪年》。
③ 《孟子·滕文公下》。
④ 《逸周书·世俘解》。

础，周人得以"制五等之封，凡千百七十三国"①，最终建立了完善的分封制度，形成差别明显的"畿服之制"。

（本文原载《南方文物》2009年第4期）

---

① 《后汉书·郡国志一》，刘昭补注引《帝王世纪》。

甲骨文所见殷人的祀门礼[①]

宋镇豪

甲骨文、金文中有宫、室、门、塾等名类繁多的建筑物名称。其中，宫与室，常被用来命名贵族阶层生活的居室、治事的朝堂或祭祀的祊庙。宫与室，包含了建筑学上空间架构与形体组合两大概念。就考古发现看，商代的宫室宗庙建筑物，通常呈"四合院"建置，主体建筑择中而立，附属设施前后左右对称照应，出入有门，门或带塾。塾为门卫房。门、塾有隔断障护的建筑功能。殷人出于对房屋居宅安全无灾的祈求，以及有关宫室门塾守卫制度的建立，有门神崇拜之礼。

一　门神与祀门

殷人视房屋建筑物有其神性。如甲骨文有云：

己巳贞：帚婡允亡囚。一
贞：妙亡囚。二
己巳卜，囚宀。
不囚宀。
祛，又母豕。一　（《合集》22259）

[①]　此文提交 2010 年 8 月 28 日台北中央研究院历史语言研究所承办"甲骨文与文化记忆世界论坛"并宣讲；后又发表于《甲骨文与殷商史》新二辑《纪念胡厚宣教授诞辰一百周年专辑》，上海古籍出版社 2011 年版，第 5—33 页。

此版已巳日贞卜，数事一系。允字两侧加了短点画，与此版同文的《合集》22261，允字两侧则未加短点画。允，意为果真。宀像人字形两面坡顶宅屋之形，可能即宅字的省形，甲骨文"乍宀于兆"，一作"兆宅"（《合集》13517），是为证。囚，裘锡圭从唐兰释"繇"，谓"疑当读为'忧'，'忧'与'繇'古音更相近。《尔雅·释诂》训'繇'为'忧'"。① 祛，义同祐。卜问帚妾与妈是否真的无忧，会否给宅屋带来灾忧，并用母豕祭祀以求得保佑。反映出一种视房屋建筑物亦有神性的信仰意识。

甲骨文又有云：

> 庚申贞：其奏祊示于□。
> 弜奏。（《合集》34125）
> 贞：不隹祊示蚩（害）𦘔。十月。（《合集》14906 正）
> ……雍示。（《合集》14909）

祊，《诗·小雅·楚茨》："祝祭于祊"，毛传："祊，门内也。"《左传》襄公二十四年："保姓受氏，以守宗祊"，晋杜预注："祊，庙门也。"宗指宗庙，当为大型礼制性建筑的主殿，祊非庙门，而为宗庙建筑两旁的偏室。奏为奏祭乐。雍字形作吕，为房屋建筑群的形体概念，与廱字通。《广雅·释宫》："廱，官也。"王念孙疏证云："谓官舍也。"示者神主也。"祊示"、"雍示"，均指房屋建筑的诸神主。

与房屋建筑神的信仰相关，殷商还有门神崇拜。如甲骨文有言：

> 庚寅，门示若。（《合集》34126）
> 贞：䪝不隹囚。
> 贞：䪝不隹孽。（《合集》12164 + 17349 + 19655 + 《合补》856）②

---

① 裘锡圭：《说"囚"》，《古文字论集》，中华书局1992年版，第105页。
② 宋雅萍：《背甲新缀第二十七则补缀》，见中国社会科学院历史所先秦史室网站（http://www.xianqin.org/blog/archives/2889.html）。

"门示"为门神之主。若有顺诺、顺从、顺附、和顺义。《尔雅·释言》:"若,顺也。"此谓门神能否顺诺。㗊从门从木,疑衡或楣的初文,专指架于门楣的横木构件。《诗·陈风·衡门》:"衡门之下,可以栖迟。"毛传:"衡门,横木为门。"《集韵·庚韵》:"衡,横一木为门也。"又《尔雅·释宫》:"楣谓之梁。"郭璞注:"门户上横梁。"郑州西郊与郑州小双桥遗址先后出土两件商代前期大型青铜建筑构件,分别重达8.5公斤和6公斤,为套于门衡木或门枕木前端的梁头饰件,形制相同,造型规整,胎质厚重,纹饰精美华丽,正面为一饕餮面,两侧均为一组龙虎搏图像,反映出一种神威庄严且抽象的崇拜意识,而不仅仅在于美饰。[①] 这类门的梁头构件大概就是㗊之所指。"㗊不隹囚"、"㗊不佳孽",犹如别辞言"风不佳囚"(《合集》13370)、"兹风不佳孽"(《合集》10131)、"兹雨佳孽"(《合集》12892)、"雷不佳囚"(《合集》13415)、"𩁹不佳囚"(《合集》17271)、"父庚不佳囚"(《合集》16446)、"王梦妇好不佳孽"(《合集》17380),因门神崇拜而视门楣亦有消弭灾孽祸忧的神性,如同视风、雨、雷、浸象及已故先王诸妇等皆具神性一样。

《淮南子·齐俗训》云:"殷人之礼……祀门。"出于对门神的崇拜,殷人有祀门行事,如甲骨文云:

  丙申卜,勿蠚,㘝于门,辛丑用。十二月。(《合集》19800)
  己巳卜,王,于囿辟门燎。
  己巳卜,王,燎于東。(《合集》21085)
  己亥卜,庚子采燎于门,羊白豕。(《村中南》459)
  庚辰卜,宾贞:令㱿门綧丫綧商秉。(《合集》4853)
  壬申卜,出贞:祊宾户㘝,亡匂。(《怀特》1267)
  贞:自祊门。二月。(《合集》13602)
  丁亥,毁犬户。二

[①] 杨国庆:《郑州出土商代早期铅器座》,《中原文物》1986年第4期,第23页;《郑州发现商代前期宫殿遗址》,《中国文物报》1990年11月22日;河南省文物研究所:《郑州小双桥遗址的调查与试掘》;宋国定:《郑州前期青铜建筑饰件及相关问题》,同刊于《郑州商城考古新发现与研究》(1985—1992),中州古籍出版社1993年版,第72—77、242—271页。

丁亥，𢦏犬户。三（《合补》6925＋北图5251＋5232＋5237）①
癸丑卜，彝在𡧛。
乙卯卜，鹭品屯自祖乙至毓，在叙门󰀀。（《合集》30286）
贞：门品。（《合集》7426反）

"勿𦥑"意思是勿祥，󰀀为坎牲之坎，字像一女被壅埋入坎陷中之意，小点表示填土。《说文》："坎，陷也。"《左传》昭公十三年云："坎用牲。"十二月丙申日占卜，问因不祥是否于（五天后的）辛丑日举行坎瘗女牲祀门神。己巳日占卜两辞，于围辟门薪柴燎祭，围辟门当是宫室两偏之门，辟者偏也，因与东位对卜，围辟门系指东偏门。"庚子󰀀褱于门"，󰀀是时称，相当于暮时。󰀀字从夕从木，与甲骨文另一个󰀀为同字异构，上下易位而已；或释󰀀为木月、林月的析书，读为"生月"，指下一个月。不确，今以"庚子󰀀"例之，知同为一日之内的时称。②己亥日占卜次日庚子傍晚的󰀀时用羊及白豕燎祭门。"吞门線󰀀線商秉"，吞门、󰀀、商为同位词，地点名，吞门特指某建筑设施之门，吞、去古今字；秉，日本池田末利谓祭祀用语③，可从。大意是令在去门等三个场所秉祭。"祊宾户"，一作"祊宗门"（《屯南》737），有时也称"祊门"，指祊庙东西偏室的门，就其建筑整体而言是为旁门、边门，其双开门者或称门，单门或称户，但也可能混而不分。󰀀可隶写为喊，从皿从戌，与󰀀（《英藏》2425）从虎头在皿内，或为同字异构，用指伐牲祭，皿旁加小点示意牲血四溢于器皿外。勾有灾害义。贞问伐牲祀祊宾户，会否无灾。"𢦏犬户"是用木棒击杀犬牲祀门。"彝在𡧛"，彝有礼仪常规含义，𡧛是庭的初文，通指宫室宗庙正殿前封闭式露天广庭④，大意是问是否按常规在大庭举行。"鹭品屯自祖乙至毓在叙门󰀀"，裘锡圭谓毓读为先后之"后"，指

---

① 缀合据曾毅公《论甲骨缀合》，《华学》第4辑，紫禁城出版社2000年版，第33页；蔡哲茂：《〈殷虚文字乙编〉4810号考释》，《第十四届中国文字学全国学术研讨会论文集》，高雄，中山大学中国文学系，2003年。
② 别详宋镇豪《夏商社会生活史》增订本上册，中国社会科学出版社2005年版，第143页。
③ [日]池田末利：《殷虚书契后编释文稿》，日本广岛大学文学部中国哲学研究室1964年油印本，第41页。
④ 参见于省吾《释𠂤、𡧛》，《甲骨文字释林》，中华书局1979年版，第83—87页；宋镇豪：《夏商社会生活史》增订本上册，中国社会科学出版社2005年版，第500—501页。

"后祖"而言。① "自祖乙至毓"是指自祖乙以下的直系后祖先王。"䰯品屯"，品有率带、类及义②，屯可能指束丝织物，也可能指一对牲臀而言。䰯，见也，有望而荐献、跪而进觐见之义。意思是在叙门向自祖乙以下后祖先王跪荐酒屯。"贞门品"，也是祀门之祭，所品荐之物不详。

此等祀门行事，祭祀门神以消弭灾祸，选定时间，或坎人牲，或伐牲，或㲋犬，或荐酒屯，或燎祭，或秉祀，或望荐，场面有时很酷烈，可见殷人对门神的崇信。祀门一般都是在门户周围进行的祭祀活动，有时还特别指明在某位先祖宗庙之门，如：

> 其用在父甲升门，又正。吉。
> 于父甲宗门用，又正。吉。（《屯南》2334）
> 又禹其驫俞父甲门。（《合集》30283）

上揭父甲（即商王祖甲）三门，前两辞的升门和宗门是父甲宗庙的两处门。用，《说文》云："用，可施行也。"吴其昌云："'用'之夙义，本为刑牲以祭之专名。"③ "又正"之正，其义可参《诗·大雅·文王有声》"维龟正之"，毛传："龟则正之，谓得吉兆。"卜问在父甲升门或宗门施行祀门礼，能否有正，占语得吉。后一辞的俞字，本象尊俎案几一类摆设礼具之形，用为陈置、摆置、设置之义。《礼记·乐记》云："陈尊俎。"《周礼·春官·司几筵》："掌五几五席之名物，辨其用，与其位。"郑注："五几：左右玉、雕、彤、漆、素。为王设席，左右有几，优至尊也。"安阳西北冈1001号殷王陵出土过木俎3件、双兽头雕石俎1件。④ 殷墟大司空村62M53殷墓也随葬有大理石兽面纹俎1件，长22.8厘米、宽13.4厘米、高12厘米。⑤ 传出殷墟的还有蝉纹铜俎。⑥ 辽宁义县花儿

---

① 裘锡圭：《甲骨卜辞中所见的逆祀》，《出土文献研究》，文物出版社1985年版，第30—32页。

② 《汉书·酷吏列传》，颜师古注："品，率也。"《广韵·寝韵》："品，类也。"

③ 吴其昌：《殷虚书契解诂》，艺文印书馆1960年版，第49—52页。

④ 引自周永珍《论"析子孙"铭文铜器》，《中国考古学研究——夏鼐先生考古五十年纪念论文集》第二集，科学出版社1986年版，第88—89页。

⑤ 中国科学院考古研究所安阳发掘队：《1962年安阳大司空村发掘简报》，《考古》1964年第8期。

⑥ 容庚：《商周彝器通考》下册，哈佛燕京学社1941年版，附图407甲乙。

楼出土晚商饕餮纹铜俎，俎面作浅盘形，俎下有悬铃。① "又（侑）鬲其𩩵鼎父甲门"，是占卜侑祭延续把鬲摆置到父甲宗庙之门而祀。

又有祀先王祖丁门的，如：

己丑卜，彭贞：其鹰宾祖丁门于叠衣，卯，彡。一（《合集》30282）

此片释读颇有歧见，《甲释》读作："己丑卜，彭贞：其为祖丁门于宾，叠，衣，卯，彡？"②《合集释文》作："己丑卜，彭，贞其鹰祖丁门于叠衣卯彡宾。一"③ 裘锡圭读作："己丑卜，彭贞：其为祖丁门宾于叠衣，卯彡。"又云："此辞'宾'字旁注在'门'字左边，也有可能读为'其为祖丁宾门……'"④《校释总集》分读为两条："己丑卜，彭，贞其鹰祖丁门，于叠衣，卯彡。宾。"⑤ 余疑应作两段读，上段全读，下段旁补"宾"字，以借上段下面数字为句，卜辞为：

己丑卜，彭贞：其鹰祖丁门于叠，卒，卯，彡。一
宾祖丁门于彡。

鹰字一释为，恐不确，甲骨文为字作 （《合集》15180）、 （《合集》15189），与此作 异，该字上部不从又，电脑上放大观察或是骨泐纹，与 （《合集》28421）实为一字，即鹰字。鹰，兽类，《说文》："鹰，獬鹰兽也，似山牛，一角，古者决讼令触不直。"然从甲骨文看，说一角兽，实非，此指鹰牲祭。卒从裘锡圭释，有"终卒"、"完成"之义。⑥ 卯有及、至、临近之义。⑦ 大意是卜问要鹰牲祖丁门，在叠祭终了至彡祭时

---

① 李学勤主编：《中国美术全集·青铜器》（上），文物出版社1990年版，图版七九。
② 屈万里：《殷虚文字甲编考释》，台北"中央研究院"历史语言研究所1961年版，第354页。
③ 胡厚宣主编：《甲骨文合集释文》，中国社会科学出版社1999年版，第3册。
④ 裘锡圭：《释殷墟卜辞中的"卒"和"𢖩"》，《殷墟甲骨文发现90周年国际学术讨论会专辑》，《中原文物》1990年第3期，第11页。
⑤ 沈建华、曹锦炎：《甲骨文校释总集》卷十，辞书出版社2006年版，第3373页。
⑥ 同上揭裘锡圭文，第8—17页。
⑦ 裘锡圭：《释秘》，《古文字研究》第三辑，中华书局1980年版，第7—23页。

否,是在彡祭时宾祀祖丁门吧。酚祭后接彡祭,为卜辞祭祖礼的通例,如:"于既酒,翌日、酚日、彡日,王廼宾。"(《合集》32714)裘锡圭谓"'于酚卒'和'卯彡'都应该是说明进行'为祖丁门宾'这件事的时间的",所言甚是。

祀先王宗庙之门,有时是祈求门神障护宫室宁谧不受人鬼相扰,如甲骨文有云:

贞:祖乙若王,不必。一二三四五六七八[九]十一二二告三
贞:祖乙若王,不必。一二二告三四五六七八九十一
贞:祖乙若王,不必。五
贞:奏尹门。
勿奏尹门。[一]二[三]四五六七(《合集》13604正)
丁卯卜,殷。
王固曰:祖乙弗若朕,不其……
……不……(《合集》13604反)

此版同事多贞,卜辞面背相承,全辞为:"丁卯卜,殷贞:祖乙若王,不必。王固曰:祖乙弗若朕,不其[必]。""若王"、"若朕",若有顺从、顺诺、顺附、依附义。必可能读如谧,有静谧、安宁之义。《尔雅·释诂》:"谧,静也。"《广韵·质韵》:"谧,安也。"奏谓奏舞、奏乐。大意是问祖乙鬼魂会否依附王而带来不安谧,王占断说:祖乙鬼魂不会依附我,却不安谧。因此又进行了是否奏祀尹门以祈求安谧的占卜。别辞云:"今夕鬼宁"(《合集》24987),就是担忧人鬼扰乱安宁之卜。显然,此类祀门行事,有求门神障护使宫室宁谧不受人鬼相扰的意愿。

此外,甲骨文又有云:

己巳卜,其启庭西户,祝于妣辛。(《合集》27555)
己巳卜,其啓庭西户,祝于□□。
弜祝。
叀豕。
[叀]羊。(《合集》30294)
王于门[寻]。

于𨸏辟寻。

于庭新寻。（《怀特》1391）

于𨸏西會，王弗［每］。

于庭门䕞會，王弗每。（《合集》30284）

騽于藃圛。

于𢒳录。（《合集》5976）

开启庭西户而祝于妣辛，包括祀门"王弗每"，也有求门神障护宫室宁谧的意愿。"王弗每"，每读如悔，有悔吝、祸咎、灾殃义。《易·系辞》："悔吝者，言乎其小疵也。"《公羊传》襄公二十九年："尚速有悔于予身。"何休注："悔，咎。"上揭辞中的祭祀场所涉及庭西户、庭新、庭门䕞（䕞）、藃（𩔖）圛、𨸏辟、𨸏西等一批建筑名称和地名𢒳录。裘锡圭释䕞（䕞）、藃（𩔖）为塾，"'门䕞'无疑应该读为'门塾'。《尔雅·释宫》：'门侧之堂谓之塾。'""𨸏辟"与"庭新"、"𨸏西"与"庭门塾"对文，𨸏是堆的古字"𨸏"，"可能用来指人工堆筑的堂基一类建筑"。① 庭、堆、塾的考古发现实例，可参见洹北商城一号"回"字形"四合院"式配置的大型宫室建筑，基址东西长173米、南北宽85米—91.5米，面积达1.6万平方米，坐北朝南，由北部正中主殿与两旁的双面廊庑、东西配殿、中庭、南庑单面廊、门塾、门道构成。主殿九开间带回廊，与9个通向中庭的踏阶相对应。中庭面积约1.4万平方米以上。主殿两旁有双面廊庑与东西配殿连接。主殿与南庑门塾遥相对应，南庑西段总长65米，廊宽约3米。门塾建筑长38.5米、宽11米，有门道两条把门塾分成东、中、西三塾，形成南大门三塾二门建制。② 甲骨文"庭"指的就是中间的封闭式庭院；主殿通向大庭有九个木构踏阶，主殿前廊与踏阶之间形成一个宽3米、与中庭落差0.6米高的夯土露台，即甲骨文所谓"庭堆"（《合集》7153）；"堆辟"为正殿两旁东西配殿、廊庑或辟室的堂基；西配殿前与土质踏阶间的夯土露台相当于"堆西"；"庭西户"为

---

① 裘锡圭：《释殷墟卜辞中与建筑有关的两个词——"门塾"与"𨸏"》，《出土文献研究续集》，文物出版社1989年版，第1—4页。

② 中国社会科学院考古所安阳队：《河南安阳市洹北商城的勘探与试掘》、《河南安阳市洹北商城宫殿区1号基址发掘简报》，同刊《考古》2003年第5期。

大庭西墙的单扇边门;"庭门塾"相当于大庭南面正门的东、中、西三塾。

殷人祀门之祭的流行,是冀望得到门神的障护而安宅弭凶邪。

二 建筑营造中的安门祀门礼程

殷人在建筑营造中为了日后居宅生活的宁谧,就有安门魇胜的祀门活动。如甲骨文有云:

> 丁丑卜,贾贞:其工祊宗门,告帝甲眔帝丁,受又。
> 贞:弗受右左(有佑)。(《辑佚》548)
> 丁未卜,其工祊宗门,叀咸劦……(《屯南》737)

工意为营造,祊宗门可能为大型礼制性建筑之门,在商代流行的"四合院"式建筑格局中也可能指东西庑室的偏门、旁门。"工祊宗门"属于安门仪式,营造过程中举行了告祭帝甲及帝丁的祀门礼,问是否能受到保佑;或又皆用了劦祭。从甲骨卜辞及有关安阳殷墟考古发掘资料中可以发现,殷人的祀门之祭,在大型宫室建筑营造中已经有比较规范的礼程。如以下一组甲骨卜辞云:

> 辛未卜,乍宀。
> 乇祊。(《合集》22247)
> 辛未卜,乍宀。
> 乇祊。
> 帝乇燎门。一
> 帝乇燎门。二(《合集》22246)
> 乇小母。一
> 乇毇、小母。三
> 乇毇、小母。用。一
> 贞:乇羊。
> 屮(祭)母庚。一

毛门。(《合集》22239 + 22241)①
毛彘、小母。用。二
𢆶。一
刖（刖）母庚。二
□豕，束用。二三 （《合集》22238）

以上四片甲骨均出自安阳小屯宫室区乙组十八基址前 YH251 坑，所卜"乍宀"、"帝毛燎门"、"帝毛祊"、"毛门"、"𢆶"、"束"等几种建筑祭祀行事，主要围绕祀门展开，是一组涉及祀门的祭祀礼程。"乍宀"的乍，是与建筑营造有关的一个动词，意为筑造、建造。毛，于省吾释读为砒，谓"典籍通作磔，是就割裂祭牲的肢体言之"。②赵平安释毛为舌若祮，证以郭店楚简引《诗》"誓尔出話"。今本《诗·大雅·抑》作"慎尔出话"，谓毛可读为刮，"卜辞刮的用法与割相近，也许应当直接读为割"。③祊为宗庙的东西偏室。束，一作宋，与祊均为宗庙的附属建筑，他辞有"新宋"（《合集》4788、《花东》9）、"右宋"（《屯南》662）之类的建筑称名。④"帝毛燎门"，帝读如禘，祭仪。《尔雅·释天》："禘，大祭也。"《说文》："禘，谛祭也。"段注："禘有三：有时禘，有殷禘，有大禘。"时禘即《礼记·王制》所谓"夏曰禘"，孔颖达疏引："皇氏云：禘，次第也。"谓四时之夏祭。殷禘指五年一大祭。大禘指郊祭天。但此均属后制，在殷人的禘，可能专指一类盛大的祭仪。𢆶，可隶写为閔，女字加一横画，示意击杀一女牲于门道中之义。

《合集》26065："贞：其𢆶牝。十一月。"《合集》18064："[贞]：其𢆶……"也是一组同文例祀门卜辞，不知是否属于一版，𢆶是𢆶的一形，亦用为门中击杀牝牲的祭仪。还有一条残辞"𢆶"（《合集》18665），可隶写为閔，属同类词，用为门道中击杀豕牲的祭仪。以意度之，𢆶、𢆶、𢆶、

---

① 常耀华指出此两版即《乙》8714 和 8784 的缀合，但《合集》两版拓本较全，原因不详，见常耀华《殷墟甲骨非王卜辞研究》，线装书局 2006 年版，第 351—352 页。
② 于省吾：《释毛、舌、祮》，《甲骨文字释林》，中华书局 1979 年版，第 167—172 页。
③ 赵平安：《续释甲骨文中的"毛"、"舌"、"祮"——兼释舌（昏）的结构、流变以及其他古文字资料中的从舌之字》，《华学》第四辑，紫禁城出版社 2000 年版，第 9—11 页。
④ 参见姚萱《殷墟花园庄东地甲骨卜辞的初步研究》，线装书局 2006 年版，第 185—190 页；姚萱：《殷墟卜辞"束"字考释》，《考古》2008 年第 2 期，第 64—66 页。

盖闵字的初构，只是用牲不同而构字要素亦异而已。包山楚简卜筮祭祷类233简云："闵于大门一白犬"①，正用闵的门道中击杀瘗埋祭牲之本义，相当于文献所谓"伏瘗"。②闵为击杀祭牲，与"毛彘"、"毛羊"、"毛小母"之毛即割裂祭牲肢体的磔，是两种形式不一样的祭法。丬，可释爿，也是祭仪之一种，《说文》"爿，判木也。从反片"。在此用为配祭之义。

上揭殷人的祀门礼程，用牲有小母、彘、豕、羊；"乍宀"、"帝毛燎门"、"毛礿"、"毛门"、"🈳"、丬祭母庚，礼程一系，犁然有序。"乍宀"是总序宅屋建筑营造行事；"帝毛燎门"，数祭并用，特别还用烧燎祭，应是在大门前的空地举行，这却是祀门礼的高潮；末了又配祭，用豕在"束"的宗庙里祭祀母庚。而"毛礿"则为边门内祭、"毛门"为正门祭、"🈳"为门道中祭，如此严饬的祀门之祭，自应举行于营造过程之中。就此种齐整一系的祭仪性质看，应该属于建筑营造安门仪式的祀门礼。

石璋如曾将此四片甲骨文的门祭种类与安阳小屯村北乙组基址有关考古现象制表作了说明，现引述于下（个别地方略作补充）③：

卜辞出土层次	卜辞	建筑位置	说明
第一种		乙十一后北门	即主基北面现存一门，属于室后门，旁无人牲，亦无穴窖、或者祭祀不用人牲
第二种 乙 8714＋8784 （合集 22239＋22241）	毛门	乙十一后南门	即主基南面，现存一门，属于室前门，有四人牲，位置在门的左、中、右、前，这种情形亦见乙七基址

---

① 湖北省荆沙铁路考古队：《包山楚墓》下册，文物出版社1991年版，图版一九二—一九三。

② 刘信芳释闵从门戈声，读为磔，证以《史记·封禅书》"作伏祠，磔狗邑四门，以御蛊菑"，见刘信芳《包山楚简解诂》，台北艺文印书馆2003年版，第244页。宋华强谓闵见于郭店楚简《老子》甲本27简"闵其兑，赛（塞）其门"，疑闵用作伏，读为伏，引《周礼·秋官·犬人》"凡祭祀，共犬牲，用牷物，伏瘗亦如之"，郑玄注引郑司农云："伏谓伏犬，以王车轹之。瘗谓埋祭也。"转引自陈伟等《楚地出土战国简册〔十四种〕》，经济科学出版社2009年版，第114页。今按，据郭店《老子》乙本13简作"閟（闭）其门，赛（塞）其兑"，马王堆汉墓帛书《老子》甲本作"塞其閔，闭其门"，帛书《老子》乙本作"塞其兑，闭其门"，则宋华强说较优。

③ 石璋如：《殷虚地上建筑复原第八例——兼论乙十一后期及其有关基址与YH251、330的卜辞》，《中央研究院历史语言研究所集刊》第70本4分，1999年版，第806页。

续表

卜辞出土层次	卜辞	建筑位置	说明
第三种 角门 乙 8808 （即合集 22238）	🔲	乙十一 后角门	又西南隅有一角门，其中人牲一，如图像，在门正中，这种情形为其他基址所未见。但两者相同的（一）均为门中有人牲，（二）均无门旁窖
第四种 乙 8896 （即合集 22246）	帝壬 燎门	乙十八 东门	在东南隅一门属于侧台前门，无人牲，但有旁窖，深入水面以下
		乙十八 南门	南面现存三门，属于平台前门，人牲位置在门的两侧及门前（南），门中无人，现存四人，亦有一旁窖 两者相同的，同为台前门，同有门旁窖。相异的一有人牲，一无人牲，但更大的同点在燎的系统之下，在两窖中间地带有红烧土

结合前论，表中第三种角门祭祀，或可补充侧室门内祭的"壬礿"。再如门道中伏瘞豕牲的"🔲"祭、门中伏瘞牝牲的"🔲牝"祭仪，也可与第二种及第三种门祭考古现象相参照。

我们尚可进一步就上述安阳小屯村北乙组基址的相关考古现象作一具体观察。① 乙组基址共二十一座，组合复杂，主次有别，主体建筑居中，附属建筑左右对应，是殷商王室一处规模极大的宫室建筑群。建筑步骤可分挖基坑、置础、安门、布内四个程式。② 按其程式，大致包括奠基、置础、安门、落成等四种建筑仪礼。③ 第三种安门，一般在大门的内外左右，瘞埋成人和犬，即上表石璋如说明的门祭考古现象。有 5 座举行过安门仪式，共挖坑 30 个，埋人牲 50 具、犬 4 条。人牲或持戈，或执刀，有佩贝或戴头饰者，身份都是武士。通常是门外埋 4 人，其中居前

---

① 中国社会科学院考古研究所编著：《殷墟的发现与研究》，科学出版社 1994 年版，第 44 页。
② 石璋如：《小屯第一本·殷虚建筑遗存》，台北，"中央研究院"历史语言研究所 1959 年版；石璋如：《殷代的夯土、版筑与一般建筑》，《中央研究院历史语言研究所集刊》第 41 本 1 分，1969 年。
③ 参见胡厚宣《中国奴隶社会的人殉和人祭》（上篇），《文物》1974 年第 7 期。

者1人，左手执盾，右手持戈，面朝门而北向跪，身边带犬，似为领队人；居后者3人，呈左中右，皆手持武器，面南而跪。门内所埋武士，列左右两侧，执刀，相向而跪，带犬。① 长短兵器交加，人犬护守，门卫森严，当是门卫制度的再现，故安门仪式，恐出人鬼相扰观念，有魇胜安宅意义。

除此之外，1989年小屯村东发掘一座"凹"字形大型宫室基址，主殿坐北朝南，面积约450平方米，殿前中部有3个南向的门道，门道约宽2米，门道两侧各有一排柱础石。在中、西门道之间埋有东西排列2个大陶罐，东边一个紧邻柱础石，西边一个陶罐内放着1件带"武父乙"铭文的封口盉的铜礼器。在西门道的西侧，又发现2个东西排列的祭坑，每坑各埋砍头人骨3具，人头置于坑内，头朝东方，还埋有砸碎的陶盆、罍、尊等生活用器及骨镞10余枚。② 这均有助于加深了解上述甲骨文所见"乍㝛"、工祊宗门、门内祭、毛门祭、门道中之祱祭、禘毛等一系列建筑营造中的祀门礼程。

更早一些的考古发现，如河南偃师商城，城内5号宫室基址至少埋置了11条犬牲③，可分三种场合：第一种是台基中部发现的1个大坑，可能是奠基仪式的遗存；第二种是正殿南侧柱基槽附近呈东西一线排开的3个犬坑，可能是置础正位仪式的遗存；第三种是顺沿正殿基址南部边缘布列的7个犬坑，坑与坑间有踏阶残存，每坑1犬，有的蜷曲，有的侧卧，头皆南向，示意守护卫，属于安门仪式的遗存。还有安阳洹北商城1号大型宫室基址的考古发现，在基址夯土中及庭院内外发现40余处祭祀遗存，祭牲为羊、猪、犬等。门墩内外发现的20余处祭祀坑，均是压在路土之下，打破基址的基槽，有人祭坑和属于酒祭或血祭之类特殊祭祀仪式的方形"空坑"，人祭坑中的人牲年龄仅14—15岁，伴出玉器等细小饰品。在靠近2号门道前空地有一个长方形人祭坑，里面埋着一具被砍去半个头

---

① 石璋如：《小屯殷代的跪葬》，《中央研究院历史语言研究所集刊》第36本上册，1965年。
② 郑振香：《安阳殷墟大型宫殿基址的发掘》，《文物天地》1990年第3期；王立早：《殷墟发掘一处大型宫殿基址》，《中国文物报》1990年2月22日。
③ 中国社会科学院考古研究所河南二队：《河南偃师尸乡沟商城第五号宫殿基址发掘简报》，《考古》1988年第2期。

颅的人架。① 说明当时建筑营造时为厌胜安宅，围绕安门仪式，举行了伏瘗犬牲、坎伐人牲、磔裂祭牲肢体及荐祭酒类等祀门礼。由此可见，上述甲骨文所见一套建筑营造中的安门祀礼，是承前绪演绎而有由来的。

商代的祀门不仅行诸宅门或宫室宗庙之门，还有祀诸城邑城门者。如山西垣曲商代前期方国城址，内城西垣城门内侧 4 米当道处，发现一具被击杀肢解的人骨架和敲碎的陶片，上压一堆大小不一的鹅卵石。董琦认为这是"城门磔人"的遗迹。②

三　几组祀门行事的仪式与礼意

殷人的祀门礼，注重务实性、实时性和功利性，每每与形形色色的实际需求紧相系联。如甲骨文云：

……入出门，王叀翌……吉。（《安明》2098）

此为商王准备出入宫门，为了安吉而预卜次日致祭之事。又如：

十人丫。
方其围于门。
方不围于门。
方其围［于］斜。
［方不］围［于斜］。（《屯南》591）
方不至。
……丫。九月。（《合集》6732）

两片卜事相同。丫，祭仪。《合集》27218："新鬯丫祖乙。"疑丫为毛之

---

① 中国社会科学院考古所安阳队：《洹北商城发现大型宫殿基址》，《中国文物报》2002 年 8 月 23 日；《洹北商城的考古新发现》，《中国社会科学院古代文明研究中心通讯》2003 年第 5 期；中国社会科学院考古研究所安阳工作队：《河南安阳市洹北商城宫殿区 1 号基址发掘简报》，《考古》2003 年第 5 期。

② 董琦：《城门磔人——垣曲商城遗址研究之三》，《文物季刊》1997 年第 1 期。

一形，可能属于割牲祭。䍤盖某地障塞名，门谓䍤之门，分言之。别辞有"自入至🮲门"（《合集》20770），"🮲门"谓🮲之门，是合成名词。正反对贞，反复卜问敌方是否会到来围攻䍤门，是否在敌方不至前举行割裂十个人牲的祀门礼以禳息敌方来围之殃。可见，此类祭祀缘起外敌侵逼的紧急状态下，有强烈的实时性和功利性。

下面，试举四组殷人的祀门礼行事，就其有关仪式如何紧密系联具体意愿做一考察。第一事为奠置服属者：

乙丑……侯，商……告……三
乙丑贞：王其奠🮲侯，商于父丁。三
乙丑贞：王令……三
[己巳]贞：商于🮲奠。三
己[巳]贞：商于🮲奠三
乙亥贞：王其夕令🮲侯，商于祖乙门。三
于父丁门，令🮲侯，商。三（《屯南》1059）
己巳贞：商于🮲奠。
己巳贞：商于🮲奠。
辛未贞：其告，商于祖乙，枛。
辛未贞：夕告，商于祖乙。
[于]父[丁门]令[🮲]侯，[商]①。（《屯南》4049）

两版同事异问，从一版卜数均为"三"看，当时应该是"卜用三骨"。商读如赏。奠，裘锡圭认为，甲骨文用为动词的奠字，本指商王朝处置服属者的一种方法，把战败或臣服的国族之一部或全部，让其仍保持原来的社会组织系统，安置在商王朝可控制区内。②"奠🮲侯"、"商于🮲奠"、"商于🮲奠"，正是其义。🮲不称侯，可能是所奠🮲侯的附属者或其家眷。这组卜辞从乙丑到乙亥前后约11天以上，从乙丑开始，先预卜商

---

① 此句残辞从林宏明补，见氏著《小屯南地甲骨研究》，台北政治大学中国文学系博士学位论文2003年版，第178—179页。
② 裘锡圭：《说殷墟卜辞的"奠"——试论商人处置服属者的一种方法》，《中央研究院历史语言研究所集刊》第64本3分，1993年。

王要奠🔲侯以及是否选择于父丁神主前告而颁赏；5 天后己巳又问可否在🔲、🔲所奠时颁赏；到第 7 天辛未又预卜颁赏🔲侯是否要告于祖乙神主前以及在黄昏上灯时分的枘时还是到夜夕举行；到了第 11 天乙亥夕王令🔲侯受赏于祖乙门，又令🔲侯受赏于父丁门，因未再称奠而直称"🔲侯"，故知"奠"仪已在此前举行过了。这组卜辞内容聚焦的是在第 5 天己巳"商于🔲奠"、"商于🔲奠"，以及第 11 天乙亥"令🔲侯商于祖乙门"和"于父丁门令🔲侯商"。可知第 1 天乙丑和第 7 天辛未都是预卜而非立即举行，最后是在第 11 天乙亥于祖乙门和父丁门完成奠置🔲侯以及颁赏的礼程的。祀先王宗庙门，举行奠置赏赐🔲侯及🔲之祭礼，实际为崇恩怀柔，祀仪与礼意相贯，达到所谓"其能降以相从"① 的羁縻服属者的功利目的。

第二事为南门、宗门、大丁门的逆礼：

辛丑卜，贞：🔲以羌，王于门🔲。三（《合集》261）
王其我🔲于大丁门，又。（《辑佚》575）
丁未其即日。
戊申于南门🔲。二
戊申于王宅……二（《怀特》1576）
丁未卜，其竁伐。
丁未其即日。
戊申于南门🔲。三（《安明》2393）
辛［酉］贞：王其逆［🔲］……一
王于宗门逆羌。
辛酉其若，亦㲃伐。
壬戌贞：王逆🔲以羌。一
于滴，王逆以羌。一
示其先羌入。一
示其即羌。一
癸亥卜，𨚔逆羌。一
示……先……卸……一（《合集》32035 + 32037 + 32039 + 34129；

---

① 《左传》隐公十一年。杜预注："降，降心也。"

《合补》10421）
　　癸亥先羌入。二
　　示弜先卲羌。二（《怀特》1644，《合补》10420）
　　示［其］卲［羌］。
　　示先羌入。（《合集》32040）
　　王于南门屰羌。三
　　癸亥，示先羌入。三
　　……入……羌。（《合集》32036）
　　辛酉贞：王⚆皋以羌南门。一
　　于夒祟我王（"我王"合文）。一
　　癸酉……鼄……一（《怀特》1571）
　　己巳贞：示先入于商。［三］
　　……［贞］……示……罙……入。（《合集》28099）
　　□酉卜，于……
　　于南户⚆王羌。（《屯南》2043）
　　于宗户⚆王羌。（《屯南》3185）
　　于南门飨美。（《合集》13607）
　　壬戌卜，王其⚆二方白（伯）。大吉。
　　弜⚆。
　　王其⚆二方白（伯）于堆辟。
　　［于］南［门］⚆。（《合集》28086）

　　以上南门、宗门的以羌、逆羌礼，以及王在大丁门屰礼，大致分为四组，第一组卜日辛丑，第二组卜日不详。第三组卜日丁未、戊申两连日。第四组卜日辛酉，经壬戌至癸亥，前后三连日，又至己巳，相隔七天再贞；应注意者，此组中的《怀特》1571"辛酉贞：王⚆皋以羌南门。癸酉……鼄……"虽与《合补》10421同为第一卜，但字体却不类，皋、羌写法也颇别致，决非同片之折，这一版卜日辛酉、癸酉倒是与《合集》28099第一版第三卜的"己巳，贞示先入于商"，前后一系，己巳与癸酉仅隔五天，又在癸亥后七天，似应属于同贞之别一套，即第四组或有两套"卜用三骨"，前后相袭；今以其所卜事项相同，故一并归此组。

　　"王其我屰于大丁门"，我字疑衍文；屰同逆，《说文》云："逆，迎也。"谓迎于先王大丁宗庙之门。"以羌"谓致送羌俘。𝕏、𝕐乃寻字，"王寻皋以羌"例同"王逆皋以羌"，寻亦有逆义。"以羌"、"寻皋"、"逆羌"、"逆以羌"皆谓献致羌俘礼。祭仪有伐、副、飨，伐指伐牲祭，副可能是跪献仪，飨谓飨祭礼。"示先人于商"、"于滴王逆以羌"、"皋以羌，王于门寻"、"王寻皋以羌南门"、"王于宗门逆羌"，大意是神主先入于商、王于滴、南门、宗门迎纳皋献致的羌俘。若统理之，商、滴、南门、宗门、王宅、堆辟一系列地点，商指王邑及其外围直接控制区商畿，滴在王邑远鄙，南门别称南户，盖指王邑或宫室宗庙之南大门，宗门又别称宗户，是王邑内先王宗庙之正门或第二道门，王宅指宫室宗庙，堆辟为正殿两旁配殿的堂基，正所谓自远入商畿，王到滴水边逆迎，进王邑南门，再进宫室宗庙之宗门，渐渐趋近献敌俘主祭场。"示先羌入"、"示其副羌"，大概是谓王于南门逆羌俘礼，祖先神主要先于羌俘跪献供上。"南门飨美"，美可能是羌方或危方的酋首名。别辞有"美典酋羌方，王[受又]"（《合集》27985）、"危白美于之及[伐]望"（《合集》28091）、"危方美[典]酋于[之若]"（《合集》28088），可以参照。"南门飨美"意是在南门飨献美。"王其寻二方白（伯）于堆辟"、"[于]南[门]寻"两辞对贞，意谓王于堆辟还是南门迎接献致的二方伯。他辞有云："羌、二方白其用于祖丁、父甲"（《合集》26925），疑亦与第四组相关联，用是施行，指伐牲，杀伐羌及二方伯献于先王祖丁和父甲。是知此套祀门献俘礼极其隆重酷烈，属于战胜凯旋的军政大事，逆敌方酋首，伐而献与先王，是在彰示殷商大国的"赫赫厥声"[1]和王朝的"有震且业"[2]，显然出于申扬王威、震慑四方的政治意涵。

第三事为乙门令：

癸丑卜，瑗贞：亦卤雨。

贞：往✶钾。

贞：𓏢若。

王往于𦍑。

贞：王勿往于𦍑。

---

① 《诗·商颂·殷武》。
② 《诗·商颂·长发》。

贞：王往于辜。

［贞：王］勿［往］于［辜］。（《英藏》725 正）

之日允雨。（《英藏》725 反）

□朝若。（《合集》18662）

［庚］戌卜，韦……朝若。（《合集》18663 正）

辛亥卜，㱿贞：于……

辛亥卜，㱿贞：于乙门令。

辛亥卜，㱿贞：勿于乙门令。

乙卯卜，㱿贞：今日王往于辜。之日大采雨，王不［步］。（《合集》12814 正）

乙卯卜，㱿贞：今日勿往于辜。三

［今］日［往于辜］。

贞：［于］乙［门］令。

贞：勿于乙门令。

贞：勿于乙门令。（《合集》13599 遥掇《合集》4632 正＋2192①）

贞：于甲寅……

［贞：于乙］门令。（《合集》13603）

贞：于甲令。

贞：于乙门令。

贞：于乙门令。

贞：勿于乙门。

贞：勿于乙门令。

今日往于辜。（《合集》13598＋《怀特》956；蔡缀 14）

贞：于甲令。

贞：于乙门令。

贞：于乙门令。

勿于乙门。

［贞］：勿［于］乙［门令］。（《合集》13601）

---

① 王子扬：《甲骨新缀五例》，《甲骨文与殷商史》新二辑《纪念胡厚宣教授诞辰一百周年专辑》，上海古籍出版社 2011 年版，第 319 页。

贞：于乙门令。五月。
[贞]：勿[于]乙[门]令。(《合集》13600)
……王往于䢼。
……[于]乙门令。(《英藏》724、《合集》40360)
贞：勿于乙门。(《英藏》1116、《合集》40359)

卜辞异版同事多贞，有的似为一版之折而不相联属。占卜重点是五月乙卯日王前往䢼地祊祭，此前先后习卜庚戌、辛亥、癸丑、甲寅等五天以来的雨情变化及乙门颁令。盅雨，于省吾读为调雨，训为调和之雨。① 余疑盅雨或读如悠雨，谓阴雨绵绵，今俗所谓"长脚雨"。𩂣可隶写为廣，可能指某门的神主。"于甲令"两见，蔡哲茂谓"甲"是"甲门"的省略。② 不确，当是同贞"于甲寅"之省。尽管庚戌、辛亥、甲寅五天中反复祀乙门祈求门神𩂣能顺诸王的意愿，但癸丑亦（夜）的盅雨和"之日允雨"，到乙卯当天晨后大采时雨仍旧下个不停，导致了王出行往于䢼的"不步"。可见，"乙门令"的祀门行事，务实性十分鲜明，紧紧系联着王事活动的具体需求而展开。

第四事为三门立岳橐雨受年：

癸丑卜，橐雨于□。
丁卯卜，今日雨。
丁卯卜，取岳，雨。
乙亥卜，[取]岳，受禾。兹用。
不受禾。
己卯卜，[于三]门[立]岳。兹用。
己卯卜，于𢀖立岳，雨。一
……立岳。不。
己卯卜，橐雨于□万。一
己卯卜，橐雨于□。不。
己卯卜，橐雨于上甲。不。

---

① 于省吾：《释盅雨》，《甲骨文字释林》，中华书局1979年版，第119—120页。
② 蔡哲茂：《甲骨缀合集》，台北乐学书局有限公司1999年版，第357页。

庚辰卜，□□岳，雨。
［辛］巳燎，不雨。
丁亥卜，戊子雨。［允］雨。
丁亥卜，庚雨。
□□卜……雨。（《屯南》2282）
庚午贞：于……
庚午，贞彝禾于父丁。
癸酉贞：甲戌又伐于祖乙羌一。
己卯卜，取岳，雨。二
壬午卜，岳来于㚸。双。一
岳于三户。一
取岳于三门。伋。一
癸未，甲申□又燎于土，牢。兹用。三（《合集》32833＋34467＋34219＋33321；《醉古》296）

上揭卜辞属于同事异贞、异日习卜、卜用多骨之例。从第一版卜日干支看，从癸丑经丁卯、乙亥、己卯、庚申、辛巳到丁亥，期间足有35天，若从丁卯到癸丑算更历时长达47天。第二版从庚午经癸酉、甲戌、己卯、壬午、癸未到甲申，前后有15天，占卜事关彝雨、彝禾、受禾。彝禾、受禾即彝年、受年，是祈求农作物丰收。雨水失调，旱情严重，常直接关及农作物收成等，足以影响社会经济生活和政治生活的稳定，乃至国家的安危。① 彝雨、彝禾，彝有拜求、祈求之义，连天累日举行，反映了旱灾的严重及人们渴望下雨的焦虑迫切心情。彝雨对象除自然神岳、土外，还有先公先王，如父丁、祖乙、上甲，以及神性不明的□万，伐祭羌牲，又用烧燎祭，求雨地点有㚸、㚸、三门等，困于危急，灾害波及的社会面大，故祀神亦多，祭礼隆而杂，耗费的物力人力不小。

应指出的是，丁卯、乙亥、己卯、庚申、壬午五个干支日的彝雨之卜皆聚焦在"取岳"、"立岳"或祀于"三门"，三门一称三户，是主祀场所。取，祭仪，可能与神主牌位的请出有关；立意同《墨子·明鬼下》

---

① 参见宋镇豪《夏商社会生活史》，中国社会科学出版社1994年版，第489—497页；增订本下册，第648—660页。

"立以为叞位"之立，义近取。"取岳于三门。覞。""岳来于䢔。夗。"三门或属䢔地建筑祀所的门。䢔是一个与农业信仰礼俗有关的祭地。甲骨文有云："酻秦禾于䢔"（《合集》41540）、"其宁螽于䢔"（《合集》32028）。夗、覞一字，从旡从又，一作仸（《合集》14157）、旡（《合集》18006）。唐兰以为旡即偠字。① 《说文》："偠，仿佛也。《诗》曰：偠而不见。"② 《礼记·祭义》："祭之日，入室，偠然必有见乎其位。"孔颖达疏："偠，髣髴见也。"陆德明释文云："偠，微见貌。"偠谓隐约不见。胡厚宣师从唐氏释偠，谓其义为逆不能息，有困屯之意，引《说文》："旡，饮食气屰不得息曰旡。"徐铉注："饮食气屰盖哽咽之义。"又引《诗·大雅·桑柔》云："如彼遡风，亦孔之偠。"毛传："偠，唈也。"郑玄笺："使人悒然，如向疾风不能息也。"③ 余疑夗、覞可能与甲骨文𢌳即旤（《合集》18015）为同字异构，《玉篇·旡部》："旤，神不福也，今作祸。"夗、覞也可能读如僭，有差失、灾害义，如《左传》僖公九年引《诗·大雅·抑》"不僭不贼，鲜不为则"，杜注："僭，过差也。""取岳于三门。覞。""岳来于䢔。夗。"大意是取岳主秦雨于三门之祭，结果神主无反应，隐然不见不降福佑。因此乃有此后癸未、甲申、丁亥五天不断的秦雨之卜，直到戊子允雨。显然，殷人祀三门立岳秦雨、秦年、受年，既系联于国家经济生活正常运作的功利性忧患意识，而直接诱因乃起于实时的雨水失调和严重旱情。

在甲骨文中祀门神求雨，比较多见，如：

……南门，雨。（《屯南》3187）
于旦。
于南门。
父丁鼎三咒。
其五咒。
不雨。（《合集》32718）

---

① 唐兰：《名始》上编，1933年北大讲义本，第12页。
② 今本《诗·邶风·静女》作"爱而不见"，毛传："爱，蔽也。"
③ 胡厚宣：《殷卜辞中的上帝和王帝》，《古史考》第八卷，海南出版社2003年版，第172页。

于南门旦。

于王㳄俥。（《合集》34071）

于右邑塾，有雨。吉。

叀戊焚，有雨。（《合集》30174）

比丁亥门，又正。（"丁"字缺刻）

丁不雨。（《合集》30293）

癸……燎……自入至🀆门。一二

不往，🀆（阴）。十一月。二三（《合集》20770）

以上卜问有雨不雨及气候阴晴变化，祭祀场所有"旦"、"南门"、"南门旦"、"㳄俥"、"右邑塾"、"🀆门"，大致包括了宫室宗庙之门、城门、宅门，等等。"于南门旦"应是"于旦"、"于南门"的合言。旦，陈梦家疑借为坛。① 《尚书·金縢》："为三坛同墠，为坛于南方，北面。" 孙星衍疏引郑玄注《礼记·祭法》云："封土曰坛，除地曰墠"，谓三坛同墠是说"既除地为墠，又加三坛其上"。坛与墠的区别在于，墠是自然而经除地修整的墠式祭所，坛是封土即人工构筑的夯土坛基。俥是塞的初字，"㳄俥"当是王邑郊外高畅地的要塞，与"南门旦"对文，则南门和旦当属"㳄俥"夯土建筑坛基的门构设施。焚是焚巫尪祈雨的专指。② 《左传》僖公二十一年云："夏大旱，公欲焚巫尪。"《春秋繁露·求雨》云："春旱求雨……暴巫聚蛇八日。……秋暴巫尪至九日。""比丁亥门"与"丁不雨"同卜，可知丁亥与门应断开，是言比及丁亥日门祀求雨。这类祭礼行于诸门前的空地，与上揭三门立岳菜雨受年的祭礼性质是相近的。凡此，均已构成了后世祀门礼俗行事的滥觞。

总而言之，通过殷墟甲骨文以及结合有关商代考古发现材料的考察可以看到，殷人视房屋建筑物有其神性，出于对居住障护安全与消弭凶邪的冀望，以及有关宫室门塾守卫制度的建立，有门神崇拜之礼。殷人的祀门礼，注重务实性、实时性和功利性，每每与形形色色的实际需求紧相系联。祀门行事的场所一般都是在门户周围，有时还在先祖宗庙之门举行，

---

① 陈梦家：《殷虚卜辞综述》，科学出版社1956年版，第472页。

② 裘锡圭：《说卜辞的焚巫尪与作土龙》，《甲骨文与殷商史》，上海古籍出版社1983年版，第21—35页。

具体操作系统有相关礼程、礼意和种种仪式，或砍人牲，或伐牲，或荐酒，或奏舞，或燎祭，或秉祀，或告祈，或望荐，场面有时很酷烈。在宫室宗庙的建筑营造中也有安门魇胜的一系列祀门活动和比较严饬的祭仪。凡出入王事、奠置赏赐服属者、献俘礼、幸雨受年等，祀门礼仪与具体意愿相系，贯彻了颂扬王威、崇恩怀柔、震慑四方、关注国家政治经济生活正常运作的功利性意涵。文献所谓"殷人之礼，祀门"，在甲骨文中信而有征。

四 余说

上文已经考察了殷人祀门礼所注重的功利性和实时性，以及具体操作系统中的祀门礼程、礼意和种种祀门仪式，这就自然而然会联想到文献中的一些相关记述。

笔者在文首引《淮南子·齐俗训》说的"殷人之礼……祀门"，是篇此段的前后文字说：

> 有虞氏之祀……祀中霤……夏后氏……祀户……周人之礼……祀灶。

关于中霤，《吕氏春秋·季夏纪》云："其祀中霤。"高诱注："霤，室中之祭。"汉蔡邕《独断》卷上云："季夏之月，土气始盛，其祀中霤；霤神在室，祀中霤，设主于牖下也。"《释名·释宫室》云："中央曰中霤，古者复穴后室之霤，当今之栋下直室之中，古者霤下之处也。"阮元《揅经室续集》卷一《明堂图说》云：

> 圆屋之下，方屋（即四堂之背）之上，必可虚之以吸日景而纳光也，其每一方屋，皆有四阿，前阿水外霤，后阿水内霤（内流在堂背，与室之间必有沟水出四角，此最古最大之中霤），而圆盖之霤，又流于四方堂屋之上也。

中霤原指半地穴式居室中所掘地坎以潴积屋溜雨水之处。① 几年前年安阳孝民屯发掘一处殷代居地，发现房址130余组，以半地穴式住宅占绝大多数，房屋结构紧凑，组合有序，布局错落有致，包括一室一厅、二室一厅、三室一厅等，门道朝南或朝东，房屋设计很强调门厅概念，各室一般都有睡炕及烧竈。有的房屋门厅近门道牖壁处，又挖一洼坎，坎内遗留一把水勺，又有一条流水浅槽自厅中央流向其坎。② 笔者以为此即中霤遗迹也。孝民屯殷人住宅前室内洼坎之流水浅槽，正有助于对所谓中霤之"后阿水内溜"的理解。但有虞氏是否祀"中霤"，夏人是否祀户，则不得而知。

祀门、祀户及祀竈的礼俗行事，自周秦以降在官方及民间社会皆十分流行。③ 湖北省荆门市十里铺镇王场村包山二号楚墓出土过5块木主，形状不一，分圭形、亚腰形、尖顶弧形尾、凹弧顶燕尾等，长6厘米、宽1.8厘米、厚0.2厘米④，上面分别书"室"、"竈"、"门"、"户"、"行"五大生活职能神名。中霤神相当于包山二号楚墓的"室"神。五祀神名中，门、户又分言，门为双开门，户为单开门，殆门神亦分内外门或正偏门诸神。

《礼记·祭法》有云：

> 天子为群姓立七祀，曰司命，曰中霤，曰国门，曰国行，曰泰厉，曰户，曰竈，王自为立七祀。诸侯为国立五祀，曰司命，曰中霤，曰国门，曰国行，曰公厉，诸侯自为立五祀。

"七祀"中有关门神的细分"国门"和"户"两类。《礼记·曲礼下》云："天子祭天地，祭四方，祭山川，祭五祀，岁徧。诸侯方祀，祭山川，祭五祀，岁徧。大夫祭五祀，岁徧。"郑玄注："五祀：户、竈、中霤、门、行也。此盖殷时制也。"中霤在包山楚墓出土的五祀木主中是

---

① 参见顾颉刚《中霤》，《史林杂识初编》，中华书局1963年版，第140—145页。
② 2003年7月1日，笔者应中国社会科学院考古研究所杜金鹏研究员邀请参观安阳孝民屯考古发掘工地所见。
③ 参见宋镇豪《中国春秋战国习俗史》，人民出版社1994年版，第231—234页。
④ 湖北省荆沙铁路考古队：《包山楚墓》上册，文物出版社1991年版，第156页；下册，图版四七·10—14。

为"室"神。又《白虎通德论·五祀》云："五祀谓门、户、井、竈、中霤也。"其中，路神"行"，则换成了井神。

《国语·周语中》有云："门尹除门"，谓门尹官负责扫除门庭御除灾殃之祭。《左传》庄公二十五年云："秋，大水，鼓，用牲于社、于门。"言发生水灾，官方举行社神和城门神之祭。《礼记·月令》云："命国难，九门磔禳，以毕春气。"难即傩，是一种化装戴假面具驱鬼逐疫的祭祀行事，规模大者达上百人，如《周礼·夏官》有谓"方相氏掌蒙熊皮，玄衣朱裳，执戈扬盾，率百隶时傩，以索室殴疫"，"百隶时傩"，场面热闹可以想见。新蔡葛陵楚墓竹简①有云：

> 纛（就）祷户一羊，纛（就）祷行一犬，纛（就）祷门囗囗。（甲三·56）
>
> 覿（夏）橤（夕）育=（之月），己丑音=（之日），以君不懌（怿）之古（故），遷（就）祷需（灵）君子一貑（狙）；遷（就）祷门、户屯一牪（牲）；遷（就）祷行一犬。壬唇（辰）音=（之日）〔祷之〕……（乙一·28）

九店楚墓竹简②有云：

> 利以解凶，叙（除）不羊（祥）；利以祭门、行，叙（除）疾。（简28）

睡虎地秦简③有云：

> 害日：利以除凶厉，兑（说）不羊（祥）。祭门行、吉。以祭，最众必乱者。（日书甲种五正贰）
>
> 祠亲，乙丑吉。祠室，己卯、戊辰、戊寅吉。祠户，丑、午……（日书乙种简148）

---

① 河南省文物考古研究所编著：《新蔡葛陵楚墓》，大象出版社2003年版。
② 湖北省文物考古研究所、北京大学中文系编：《九店楚简》，中华书局2000年版。
③ 睡虎地秦墓竹简整理小组：《睡虎地秦墓竹简》，文物出版社1990年版。

《礼记·丧服大记》有云："巫止于门外，君释菜。"郑玄注："巫主辟凶邪也，释菜礼门神也。"《史记·封禅书》有云："作伏祠，磔狗邑四门，以御蛊菑。"东汉应劭《风俗通义·祀典》有云："今人杀白犬以血题门户，正月白犬血辟除不祥，取法于此也。"是知古人心目中，凡国门、城门、宫门、室门、家门、房门等，皆有门神。这一套社会俗信，显然可以追溯到殷商时代。

后世由门神崇拜还衍生出神荼与郁垒两位门神，以及桃梗、苇茭、画虎等有关俗信。如东汉王充《论衡·乱龙篇》有云：

上古之人有神荼、郁垒者昆弟二人，性能执鬼，居东海度朔山上，立桃树下，简阅百鬼，鬼无道理妄为人祸，荼与郁垒缚以卢索，执以食虎。故今县官斩桃为人，立之户侧，画虎之形，着之门阑。

宋戴埴《鼠璞》卷下引《山海经》有云：

东海度朔山，有大桃树，蟠屈三千里，其东北曰鬼门，万鬼出入也。有二神，曰神荼，曰郁垒，黄帝象之，立桃版于户。

宋李昉《太平御览》卷三十三引东汉应劭《风俗通》有云：

上古之时，有神荼与郁垒昆弟二人，性能伏鬼，每于山桃树下，简阅百鬼，鬼无道理妄为人祸者，神荼与郁垒缚以苇索，执以食虎。于是县官常以腊除文饰桃人，垂苇茭，画虎于门，皆追效前事，冀以卫凶也。

元陶宗仪《说郛》卷十四上引《风俗通》有云：

黄帝书称：上古之时，有兄弟二人荼与郁，用度朔上桃树，以制百鬼。于是县官以腊除饰桃人，垂苇索。岁时记：桃者，五行之精，压伏邪气，制百鬼。

此外，《风俗通义·祀典》有云：

> 《春秋左氏传》曰：鲁襄公朝楚，会楚康王卒，楚人使公亲襚，公患之。叔孙穆叔曰：祓殡而襚，则布帛也。乃使巫以桃、茢先祓殡。楚人弗禁，既而悔之。（今按，载见《左传》襄公二十九年）古者日在北陆而藏冰深山穷谷，其藏之也，黑牡秬黍，以享司寒。其出之也，桃弧棘矢，以除其灾也。

《周礼·夏官·戎右》"桃茢"，郑玄注："桃，鬼所畏也；茢，苕帚，所以扫不祥。"所谓"桃、茢先祓殡"，讲的是用桃枝、苕帚先在棺材上扫除鬼魅凶邪。湖北荆门包山二号楚墓即出土了根雕、角雕动物避邪和苕帚①，江陵望山一号楚墓也有这种木雕避邪发现。②《战国策·齐策》还记述了当时社会上流传的一则"东国之桃梗"与"土偶人"斗言的寓言。唐欧阳询撰艺文类聚卷八十六果部上，引《庄子》有云："插桃枝于户，连灰其下，童子入不畏，而鬼畏之。"可知古代插"桃弧棘矢"、"插桃枝于户"来避邪祛怪，乃源自先秦以来门神"立桃树下简阅百鬼"的民间寓言。

这类由门神崇拜而衍生出的社会俗信，在殷墟甲骨文中并没有出现，比较晚起，从略。

---

① 湖北省荆沙铁路考古队：《包山楚墓》上册，文物出版社1991年版，第166、261页，下册图版五三·5、图版八七·2—3。

② 湖北省文物考古研究所：《江陵望山沙冢楚墓》，文物出版社1996年版，第96—97页，图版三五。

由一例合文谈到卜辞中的"㠯惠吉"

孙亚冰

一 《合集》27382 中的合文

何组卜辞《合集》27382[①]（见图 1）中有一例合文，作"㊙"形，根据卜辞上下文可知，其为"辛向壬"的合书。有关卜辞应释作：

(1a) 辛酉卜，荳贞：王宾机㊙，隹吉，不冓雨。（"辛"、"王"二字倒刻）

(1b) 壬戌卜，荳贞：王宾辛向壬㊙，隹吉。（"王"字倒刻、"荳"字缺刻）

对于"㊙"的释读，以往学者多从祖先名的角度考虑，如屈万里说："辛、壬、丁，似皆殷先祖之称号"[②]，《甲骨文合集释文》、《甲骨文校释总集》[③] 从之；岛邦男谓㊙ "是一位受享王宾之祀的先王的称谓。先王以辛、壬为名的有示壬、卜壬与祖辛、小辛。其中的示壬与㊙的音最接近，所以大概就是指的他吧！"[④]《殷墟甲骨刻辞类纂》、《甲骨文字诂

[①] 即《甲释》90，为《甲》2436＋2764，《甲》2436 又是《甲》2295 与另外一片的缀合。
[②] 屈万里：《殷虚文字甲编考释》，第 2295 号考释，台北"中研院"史语所 1961 年版。
[③] 胡厚宣主编：《甲骨文合集释文》，中国社会科学出版社 1999 年版；曹锦炎、沈建华编著：《甲骨文校释总集》，上海辞书出版社 2006 年版。
[④] ［日］岛邦男：《殷墟卜辞研究》，温天河、李寿林译，鼎文书局 1975 年版，第 90 页。又濮茅佐、顾伟良中译本的第 168 页也有相同意思的翻译，此译本为上海古籍出版社 2006 年版。

图 1

林》、《新甲骨文编》① 从之；《甲骨文编》释"﹝﹞"为"示辛"②，陈炜湛从之，并解释说："示，卜辞多作帀或丁，其丁省上笔则成工，乃与壬、工亦共一形"，并举例加以说明③。按，陈先生所举例均不确，所举的"叔工"(《京津》1918、《铁》140.2 即《合集》14821、14820)应为"叔壬"，"工"非"示"字；所举的"戊往工汕"(《宁沪》2.52 已缀入《合集》4284)的"工"为"柲"字，读作"毖"④；所举的"三报二工"(《粹》542 即《合集》27083)的"工"作"工"形⑤，竖笔下有分叉，与"工"形不类；所举的"工工"(《契》640 即《合集》16609)，从辞例及字下有一竖道看，很可能是宾组贞人名"吕"的残字，《殷墟甲骨刻辞类纂》(第1487页)即把它附列在贞人名"吕"后；所举的"工癸"(《甲》2381

---

① 姚孝遂主编：《殷墟甲骨刻辞类纂》，中华书局1989年版，第1432页；于省吾主编：《甲骨文诂林》，中华书局1996年版，第3554页；刘钊等编：《新甲骨文编》，福建人民出版社2009年版，第839页。

② 孙海波：《甲骨文编》，中华书局1965年版，第578页。

③ 陈炜湛：《甲骨文异字同形例》，《古文字研究》第6辑，中华书局1981年版，第242页。

④ 裘锡圭：《释柲——附：释弋》，《古文字论集》，中华书局1992年版，第24页。

⑤ "示"字的各种写法，可参《殷墟卜辞综类》，第515页、《甲骨文编》，第578—579页。

即《合集》22379）中的"⊥"作"▓"形，上面似有一短横，很可能是"⊤"形；所举的"⊥九"（《乙》804已缀入《合集》22206+22187①）中的"九"实为"妣"字，"⊥九"应释为"妣壬"，非"九示"。实际上，甲骨文中只有晚期的黄类卜辞有"示"字作"⊥"形的，如《合集》35477（"示壬"）、36189、41701、《续存》下885（以上为"示癸"，最后两例为摹本②），早期卜辞中还未发现写作"⊥"形的"示"。所以《合集》27382（此版属黄天树划分的何组事何类，其时代可能在祖庚或祖庚、祖甲之交③。本文引用卜辞的组类情况均依黄先生的《殷墟王卜辞的分类与断代》）中的"▓"不会是"示辛"。

"▓"与（1a）中的"枼"在卜辞中处于相同的词位，"▓"是时称，"▓"也应该是表示时间的。"▓"中的"辛"、"壬"正好和（1a）、（1b）辞中的卜日对应，而"▓"中的"▓"很可能是"囧"或"盉"的省写，"▓"为不规则的方形，"囧（◯）④"均作圆形，故笔者更倾向于它是"盉"的"▓"⑤形省写了"皿"。"▓"的合书方式与方稚松发现的合文"敦邑"——"▓"的合书方式有点类似，不同的是"▓"中的"敦"借"邑"的上部而有所省⑥，而"▓"中的"向"只有省写没有借笔。甲骨文中位于前后相接的两个日名之间的"囧"、"盉"、"皿"字，裘锡圭认为都应该读作"鄉（嚮）"，即《诗·大雅·庭燎》"夜鄉晨"中的"鄉"，"鄉"又作嚮、向，"甲子向乙丑"犹言"甲子夕向乙丑"，

---

① 郭若愚、曾毅公、李学勤：《殷墟文字缀合》，科学出版社1955年版，第411页。
② 《合集》41701即《安阳博物馆馆藏卜辞选》（《中原文物》1981年第1期）第64号，后者为拓本，其"示"字似作"⊤"形。另，《合集》41701把"窒"误摹为"宁"。
③ 黄天树：《殷墟王卜辞的分类与断代》，科学出版社2007年版，第228页。
④ 表示时间辞的该字形见于《合集》21374、《合集》18716+20608（蔡哲茂缀）等。"盉"字中"囧"旁，有时也作方形，如《合集》19923、32330，但"囧"形在甲骨文中从未出现在两个日名之间。参裘锡圭《释殷虚卜辞中的"𢍜""𢍞"等字》，香港中文大学中国语言及文学系《第二届国际中国古文字学研讨会论文》，1993年10月，第86页。
⑤ 表示时间辞的该字形见于《合集》27946、31148等。"▓"也有可能是"𢍜"（"𢍞"的异体）的省写，但甲骨文中的"𢍜"形亦从未出现在两个日名之间。参裘锡圭《释殷虚卜辞中的"𢍜""𢍞"等字》，第76页。
⑥ 方稚松：《甲骨文字考释四则》，《纪念王懿荣发现甲骨文110周年国际学术研讨会论文集》，社会科学文献出版社2009年版。"▓"见于《屯南》2161与蔡哲茂《甲骨缀合集》第218组（即《合集》35290+18915+34150，乐学书局，1999年），二者同文。

指甲子日即将结束、乙丑日即将开始之时①。另，楚简中有一个"🈳"字，裘锡圭认为是"向（🈳）"的讹体，读为"鄉"②。冀小军同意裘先生的读法，但认为此字当释为"皿"，在简帛中读作"鄉"、"嚮"、"卿"，犹甲骨文中"皿"，读作"鄉（嚮）"③。（1b）辞中"辛向壬"即表示辛酉日即将结束、壬戌日即将开始之时。

学界对"甲子向乙丑"词组的理解主要有两种意见，黄天树对此做过总结："第一种意见即主张以'天明'为日界的学者认为'甲子夕向乙丑'，只指甲子日的夜间临近结束的那段时间，它并不包括乙丑日天明那段时间。第二种意见即主张以'夜半'为日界的学者认为'甲子夕向乙丑'是指介于甲子'日后夕'与乙丑日'日前夕'之间的一段时间或一个相对确定的点，它横跨两个干支。"④持第一种意见的有常玉芝⑤等，持第二种意见的有李学勤、黄天树⑥等。笔者基本赞同后者。"甲子向乙丑"属于前一日甲子日的例子，有《花东》493："壬辰卜：向癸巳梦丁🈳，子用🈳，亡至艰。"⑦"向癸巳"即"壬辰向癸巳"，子壬辰日卜问"向癸巳"时做的梦是否有艰，"向癸巳"在此例中显然属于前一日壬辰日；"甲子向乙丑"属于后一日乙丑日的例子，有《合集》6834："癸丑卜，争贞：自今至于丁巳我🈳⑧。王占曰：'丁巳我毋其🈳，于来甲子🈳。'旬有一日癸亥，车⑨弗🈳。之夕向甲子允🈳。"而同事异卜的《合集》6830则

---

① 裘锡圭：《释殷虚卜辞中的"🈳""🈳"等字》，第87—88页。
② 裘锡圭：《郭店楚墓竹简》，文物出版社1998年版，第120页注28。
③ 冀小军：《释楚简中的🈳字》，简帛研究网站（http：//www.bamboosilk.org/Wssf/2002/jixiaojun01.htm），2002年7月21日发表。
④ 黄天树：《殷代的日界》，《黄天树古文字论集》，学苑出版社2006年版，第170页。
⑤ 常玉芝：《殷代历法研究》，吉林文史出版社1998年版，第34页。另外，中国社会科学院考古研究所《殷墟花园庄东地甲骨》第六分册493号的考释也有类似的观点（云南人民出版社2003年版，第1749页）。
⑥ 李学勤：《〈英藏〉月食卜骨及干支日分界》，《夏商周年代学札记》，辽宁大学出版社1999年版，第31—39页；黄天树：《殷代的日界》，第165—176页。
⑦ 姚萱认为"巳"字很可能是一形两用的，既用作"巳"字，同时又用作"子"字，参氏著《殷墟花园庄东地甲骨卜辞的初步研究》，线装书局2006年版，第373页注③。方稚松释🈳为祼，释🈳为瓒，参《释殷墟花园庄东地甲骨中的瓒、祼及相关诸字》，《中原文物》2007年第1期。
⑧ 陈剑：《甲骨金文"戈"字补释》，《甲骨金文考释论集》，线装书局2007年版，第99—106页。
⑨ 黄天树释此字为敦，属上读，参《殷代的日界》，《黄天树古文字论集》，第172页。

云:"壬子卜,殻[贞:我]翦🈳。王占曰:'吉,翦。'旬有三日甲子允翦。十二月。"《合集》6830把《合集》6834"之夕向甲子"的说法换成了"甲子",说明《合集》6834中的"之夕向甲子"属于后一日甲子日。"甲子向乙丑"这段时间横跨前后两日,很可能是因为殷人虽然以夜半为日界,但没有像漏刻或时钟这样准确的计时工具,所以不能准确地判断两日交界的某时究竟属于某日,占卜者觉得事发更接近前一日,就记成前一日,觉得事发更接近后一日,就记成后一日。(1b)辞显然是在问还未或即将发生的"王窜辛向壬🈳"是否吉利,所以"辛向壬"在此例中属于后一日壬戌日。

(1a)辞中的"枬"字,唐兰说大概是指上灯时候①,沈培同意裘锡圭的意见,认为此字就是"夙"字②,宋镇豪谓"夙"是下半夜至天明前之间的时段③,可从。(1a)辞贞问"王窜枬🈳"是否吉利、是否蕣雨。"枬"前没有干支,此"枬"指辛酉之"枬"还是壬戌之"枬",不好确定。一般情况下,祭祀都要持续一段时间,从(1a)、(1b)辞中的"枬"、"辛向壬"时举行🈳祭看,"枬"、"辛向壬"都应该是一个时间段。

二 关于"🈳叀吉"

将"🈳"释为"辛向壬"后,就会产生一个问题,即"🈳叀吉"应如何断句。"🈳叀吉"或作"🈳隹吉","隹"、"叀"在这里没有区别。学界大都将"🈳叀吉"连读(并多将"🈳"释作或暂释作"燕"),笔者认为(1a)、(1b)中"王窜枬🈳"、"王窜辛向壬🈳"与卜辞中常见的"王窜枬裸"、"王窜夕裸"④句型相同(只不过后者后面常跟"亡忧",前者后面则是"隹吉"),"🈳叀吉"应在"🈳"后点断。

---

① 唐兰:《天壤阁甲骨文存考释》,第48页。岛邦男、宋镇豪、陈昭容等从之,详参陈昭容《说"🈳"》,《中国文字》新18期,美国艺文印书馆1994年版。
② 沈培:《说殷墟甲骨卜辞的"枬"》,《原学》第3辑,中国广播电视出版社1995年版。但,沈先生认为(1a)以及下引(20b)、(20c)、(20e)中的"枬"为动词,则是不妥当的。
③ 宋镇豪:《夏商社会生活史》,中国社会科学出版社2005年版,第141页。但,宋师认为"枬"非"夙"。
④ 如《合集》25488、25377等。

下面将对"✦"字的含义及"✦叀吉"的断句问题加以考察。

"✦"字在卜辞中有多种写法,胪列如下(本文论述过程中,此字不加区分时,通作✦)①：

A1：✦《合集》27840、✦(1b)、✦《花东》262、✦(1a)、✦《合集》18222、✦《花东》454、✦《合集》27830、✦《合集》27834、《合集》24831、✦《合集》30528

A2：✦《合集》27841、✦《合集》12743、✦《合集》22826、✦《合集》27843、✦《合集》27850、27857

B1：✦《合集》6347、✦《花东》23、✦《合集》30732

B2：✦《合集》5262

C：✦《补编》9542

D：✦《合集》12505

A 形分为两小类,A1 类诸形的区别在于人手或手臂上的笔画(这些笔画似乎是手指的象形,但也可能是其他东西的象形)的多寡和有无,个别字的左右手或左右手臂上的笔画数量不相同,第五形手臂与躯干分开。A2 类是 A1 类的省缺,前两形中的"丙"旁省缺中间的两斜笔,这种字形中的"丙"旁往下移就会变成了 C 形,第三形中的"丙"旁省缺了上面的横笔,第四形中的"丙"旁不仅省缺了中间的两斜笔,而且也省缺了上面的横笔,末一形省缺手臂部分(它也可能为 B1 形的省缺,暂置于此)。

B 形亦分为两小类,B 形手臂部分缩短,变得与箭镞形类似,但它在一些卜辞中的词位、词义与 A 形一致,说明 A、B 形为一字。B2 类是 B1 类的省缺。

C 形可能是"丙"旁的两斜笔与人腿部分共享笔画,也可能是"丙"字省缺两斜笔。

---

① 屈万里以为"✦"与"✦"为一字,参《殷虚文字甲编考释》第 276 号考释。按,"✦"从"矢",又作"✦"(《合集》22205、《乙》8852)"✦"(《合集》586)形,与"✦"从"大"明显有别,二者非一字。又,甲骨文"✦"(《合集》21479)是不是"✦",就目前材料看,宜存疑。甲骨文、金文"✦",吴大澂、刘体智释为"燕",学者也有信从,并将它看做"✦"的异体,但"✦"在甲骨文、金文中大都用作人名、地名、族名,其用法以及字形与"✦"均不类,"✦"即"疑"字,参《甲骨文字诂林》,第 220—223 页。但,《合集》31185 "贞：王弜✦,雨。吉"。中的"✦",从辞例及字形看,可能是"✦"的异体。

D形"丙"旁移至人形下方，不与人形交错。这种写法与"笲"字的写法类似，"笲"字既作"&#xFFFD;"形（《合集》21036、22099），又作"&#xFFFD;"形（《合集》300、6057反、15145、17507、17508臼、17509等），竹旁可与女形交错，也可分开。

"&#xFFFD;"字在甲骨文中有三种用法，下面将相关卜辞分别列出：

（一）为日名前的区别字

(2a) 其又于 A1 壬，&#xFFFD;又于公，王受右。

(2b) 弜&#xFFFD;，其姘①于 A1 壬，王受右。《合集》27651

(3) □寅卜：其又于 A1 壬，叀羊☐。《合集》27652

以上为无名类卜辞，均用 A1 形。郭沫若说"&#xFFFD;壬"是殷王子之早逝者②。岛邦男则把它看做先王名③。岛氏的看法可能更接近事实。

（二）某种人的名称

(4a) 己巳卜，殻贞：弓呼帚姘 [以] B1 ☐。

(4b) 贞：弓呼帚姘以 B1 先于詩。

(4c) 呼帚井先于詩。

(4d) 贞：呼帚井以 B1。《甲骨缀合集》7④

(5a) 壬申卜，殻贞：呼帚 [姘] 以 B1 先。

(5b) ☐贞：呼帚姘以 B1 先于詩。

(5c) □□ [卜]，殻贞：弓呼帚姘以 B1 ☐。《英藏》162 正

---

① 郭沫若说此字"当是疘之异，象女头箸簪之形"，参《殷契粹编》第247号的考释，科学出版社 2002 年版。裘锡圭说此字像女人头上插两笄，为"姘"字初文，可信，参氏文《史墙盘铭解释》，《文物》1978 年第 3 期，第 32 页。《甲骨文字诂林》0434 号按语说此字在卜辞中均为祭名。

② 郭沫若：《殷契粹编》第 537 号的考释。

③ ［日］岛邦男：《殷墟卜辞研究》，温天河、李寿林译，第 90 页；濮茅佐、顾伟良中译本，第 168 页。

④ 此版为《合集》8991 正 + 2770 + 39663（《英藏》163）。

(《合集》8993 与其同文)

(6) 甲申卜，𢽼贞：弜呼帚妌以 B1 先于䜌。《合集》6344（《合集》6345 与其成套）

(7) □□〔卜〕，𢽼贞：呼帚妌以 B1 先于䜌。《合集》6347

(8) 贞：呼帚井以 B1。《合集》8992（《合集》6349 "呼帚先" 与其同文）

以上为典宾类卜辞，均用 B1 形，所问事项同属一件事，其同版卜辞都是与伐舌方有关的内容，可见 "帚妌以 B1 先于䜌" 也与伐舌方有关。

(9) 贞：翌乙亥赐多射 B1。《合集》5745

此版为宾三类，♀人被赐给多射，显然也与战争有关。

(10) 己酉卜：翌日庚子呼多臣 A1？见丁。用，不率。《花东》34

(11a) 庚戌卜：子呼多臣 A1 见。用，不率。

(11b) 庚戌卜：弜呼多臣 A1。《花东》454

(12a) 乙亥卜：弜呼𪊷 A1。用。①

(12b) 呼𪊷 A1。不用。

(12c) 弜呼发 B1？。

(12d) 乙亥卜：弜呼多贾见。用。《花东》255

(13a) 乙未卜：呼𪊷 A1 见。用。

(13b) 乙未卜：呼多贾及西乡（嚮）。用，灵。《花东》290

(14) 癸卜：子弜择② A1，受（授）丁祼③。《花东》262

(15) 庚戌卜：隹王令余□④呼 B1，若。《花东》420

---

① 这条卜辞的释读从姚萱，参氏著《殷墟花园庄东地甲骨卜辞的初步研究》，第 303 页。

② 裘锡圭：《说殷墟卜辞的 "奠" ——试论商人处置服属者的一种方法》，《中研院史语所集刊》第 64 本 3 分，1993 年 12 月，第 666 页。

③ 此辞，《花东·释文》在 "♀" 前点断。姚萱说也可能应在 "受" 前点断，参氏著《殷墟花园庄东地甲骨卜辞的初步研究》，第 307 页注③。

④ 拓本和照片显示 "余" 字下有很明显的两竖道，不知何字。

（16）己酉卜：子帚（寝）A1?①。《花东》372

（17a）己巳卜：子匯A1。用，庚。

（17b）弜巳匯B1。

（17c）辛未卜：匯B1。不用。

（17d）弜巳匯B1。用。《花东》391

（18）己卜：丁各，叀新②B1?③舞，丁侃④。《花东》181

以上为花东子类卜辞，A1、B1形兼用（个别例子分辨不清是A1还是B1形）。（10）—（13）可以系联排谱。将（12d）中的"呼多贾见"与（10）、（11a）、（13a）中的"呼多臣A1见"、"呼𡊅A1见"进行辞例对比，就会发现"多贾"与"多臣A1"、"𡊅A1"处在同一词位，故"多臣A1"、"𡊅A1"以及"发A1"都应当是一个词组。"𡊅🖐"、"发𡊅"是指🖐、发送来的🖐人，"多臣"则可能就是指"𡊅"、"发"。卜辞问子要不要呼发、𡊅送来的🖐人见商王武丁。（14）辞大概是问子要不要选择🖐人，提供给商王祼祭时使用。（15）辞问商王是否会命令子呼🖐人。（16）、（17）辞中的"帚（寝）"与"匯"表示的是同一个词⑤。从（17）"匯🖐"与"弜巳匯🖐"正反对贞看，"匯"以及"帚（寝）"应是动词，"🖐"则是名词。卜辞大概是问子要不要给🖐人安排住宿。（18）辞问王来了，叫新🖐人跳舞，王会不会高兴。"新🖐"大概是指🖐人中的新手。

（三）祭名

例子最多，见于师组小字类、何组事何类、宾组事何类、宾出类（宾三类）、出二类、何一类、历二类、花东子类等卜辞中。以下按组类列举相关卜辞：

---

① "🖐"字为姚萱释出，参氏著《殷墟花园庄东地甲骨卜辞的初步研究》，第341页注③。

② "新"字从姚萱的释读，参氏著《殷墟花园庄东地甲骨卜辞的初步研究》，第158—162页。

③ 此字从残存的笔画看，很像"🖐"字。

④ 裘锡圭：《释"衍"、"侃"》，台湾师范大学国文系、中国文字学学会编：《鲁实先先生学术讨论会论文集》，1993年版；又载《人文论丛》2002年卷，武汉大学中国传统文化研究中心编，武汉大学出版社2003年版。

⑤ 姚萱：《殷墟花园庄东地甲骨卜辞的初步研究》，第345页注①。

甲、师组小字类

(19) 辛巳［卜］，王贞：☐敉☐B1☐。《合集》20290

乙、何组事何类

除上举（1）辞，还有：

(20a) 癸亥卜，□贞：王［往于］日，A1，［叀吉］，不［冓］雨。
(20b) 乙丑卜，何贞：王窒枫A1，叀吉，不冓雨。（行款特殊）
(20c) 乙丑卜，何贞：王窒枫A1，叀吉，不冓［雨］。
(20d) 乙丑卜，何贞：王A1，叀吉，不冓雨。
(20e) 丙寅卜，何贞：王窒枫A1，叀［吉］，不冓［雨］。（行款特殊）《合集》30528[①]（见图2）

---

① 何组卜辞中有一部分卜辞的行款较乱，如《合集》31567、27153等。(20b)、(20e)按正常行款，应读为"乙丑卜，何贞：王窒枫，不冓雨，A1，叀吉"。和"丙寅卜，何贞：王窒枫，不冓［雨］，A1，叀［吉］"。陈昭容认为像(20b)那样的卜辞是卜问在"枫"时行"敉"这个活动的气象和吉凶。沈培说陈文："这样的理解是不正确的。陈氏这种看法大概是把句中的'枫'与'燕（引者按，即A1字）叀吉'连读所致。其实〈57a〉（引者按，即本文的〈20b〉）辞的'枫'被'不遘雨'隔开，显然说明'枫'应当是'窒'的宾语，不应与'燕（引者按，即A1字）叀吉'连读（引者按：原文误为'续'字）。"沈培认为"王窒枫"之"枫"为动词。参沈培《说殷墟甲骨卜辞的"枫"》，《原学》第3辑，中国广播电视出版社1995年版，第94页；陈昭容：《说"敉"》，《中国文字》新18期。但，仔细复核卜辞，就会发现这两条卜辞的行款是比较特殊的，即"不冓雨"行距离"贞王窒枫"行很近，类似的情况又见于与其时代相差不远的何一类卜辞《合集》27649："甲寅卜，彭贞：其鄉多子。"（《合集》27649即《甲》2734，屈万里将命辞释为"多子其鄉"，《殷墟甲骨刻辞摹释总集》、《甲骨文合集释文》、《甲骨文校释总集》改释为"其鄉多子"是正确的。《合集》23543云"□□卜，［即贞］：☐鄉多子☐"。也可以证明《合集》27649应释作"其鄉多子"而不是"多子其鄉"。另外，《合集》16043〈18806重见〉"［丙］寅卜，宾［贞］：翌丁卯敉，鄉多☐"中的"鄉"字后也有可能是"子"。）其"多子"行也是距"甲寅卜彭"行很近，"多子"显然是在刻完"贞其乡"后，刻在两行之间的。《合集》24156正自上而下第二段的"贞：射午蓟方"。中的"方"亦刻在"贞射"行和"午蓟"行之间。故，笔者怀疑"不冓雨"是在"A1叀吉"刻完以后才刻的，(20b)、(20e)的释文，应把"不冓雨"置于"A1叀吉"之后。

图 2

（21a）丙寅卜，㱿贞：王往于夕祼，不冓雨，A1，叀吉。

（21b）丁卯卜，何贞：王往于夕祼，不冓雨。允衣不冓。

（21c）贞：王往于夕祼，不冓雨，A1，叀吉。

（21d）己巳卜，何贞：王往于日，不冓雨，A1，叀吉。允雨，不冓。四月。

（21e）庚午卜，何贞：王往于日，不冓雨，A2，叀吉。王往于日，允☒。

（21f）☒A1，叀吉，往于夕祼。允不冓雨。四月。《补编》9539①+《合集》27867（类似例子又见于《合集》27868、《合集》5296 用 B1 形）

（22）□□卜，何贞：☒日，A1，叀［吉，不］冓雨。《合

---

① 蔡哲茂：《甲骨缀合集》，第 32 组。

集》41336

(23) 丙午卜，何贞：夕祼，B1☐。《合集》30921

(24a) 丁卯卜，㱿贞：王往于彳，不冓雨。

(24b) 丁卯卜，何贞：王A1，叀吉，不冓雨。《合集》27866

(25a) 壬辰卜，何贞：王A1，叀吉。

(25b) 贞：王A1，叀吉，不冓雨。《合集》27830（类似例子又见《合集》27831、27835、27836、27842、27845、27847、27851、27853、27854、27855、27856、27858、27859、27860、27869＋27857①、《补编》7931、8939、《怀特》1153、1154、《安明》1653、1654等）

(26) 己亥卜：何贞：A1，叀吉，不冓雨。《合集》27832

(27) ☐寅卜：何贞：B1，叀吉。《合集》27833（类似例子又见《合集》27837、5267）

(28a) ☐☐［卜］，何贞：王［A2？，叀］吉，不［冓］雨。

(28b) ☐☐卜，何贞：A2，［叀］雨。《合集》27857

(29) 己酉卜，卯贞：王A2，叀雨☐。《合集》27841

(30) 壬子卜，何贞：王A2，叀雨。《合集》27843

(31a) ☐寅卜，何［贞］：王B1，［叀］吉。

(31b) 贞：叀雨。《合集》27844（类似例子又见《合集》27848）

(32a) 丁卯卜，何贞：王B2，叀吉。十月。

(32b) 叀雨。《合集》5262

(33a) 甲戌卜，何贞：岁，叀吉。七月。

(33b) 丁卯卜，何贞：B1，叀吉。《合集》30732（《合集》31938可能也属此类）

(34) 甲寅卜☐A1☐羊☐吉《合集》27871（此辞也可能与〈3〉辞一样，是祭祀🈷壬的卜辞）

---

① 莫伯峰缀合，2011年1月17日发表在中国社会科学院历史所先秦研究室网站（http://www.xianqin.org）。

丙、宾组事何类

（35）壬戌卜，事贞：王 B1，叀雨。《合集》12624（类似例子又见于《补编》1140、4560）

（36）甲寅卜，事贞：王 B1，叀吉。《合集》5254（类似例子又见于《合集》5260、5263 辞末记"十月"、5274 辞末记"一月"）

（37）辛巳卜，□贞：王 A1，叀吉。《合集》5252（类似例子又见于《合集》5253 等）

丁、宾出类（宾三类）

（38）□午卜，争［贞］☒B1☒☒。《合集》793 正

（39）壬戌卜，事贞：王 B1，叀吉。《合集》5251（类似例子又见于《合集》5255、5256、5265、5277、5279、39814、《补编》4559、4561 等）

（40）□辰卜，事贞：B1，叀吉。《合集》5266

（41）甲寅［卜］，事贞：夕 B1，［叀吉］。《合集》5272

（42）庚午卜，事贞：祼 B1，叀☒。《合集》5291（类似例子又见于《合集》25632）

还有一些分不清是宾出类还是事何类的卜辞，暂列如下：

（43）贞：王 A2，叀雨。《合集》12743

（44）贞：王 A1，叀雨。《合集》12744（类似例子又见于《合集》12746）

（45）贞：A1，叀雨。《合集》12745

（46a）贞：王 A1，叀吉，不冓雨。

（46b）☒王 A1☒冓☒。《合集》5250（类似例子又见于《合集》5261、5278、《补编》4562 等）

（47）贞：王 B1，叀吉。《合集》5259（类似例子又见于《补编》4563）

（48）☒贞：枛 B1，吉。《合集》5273

（49）☐杋 A1 ☐。《合集》30749

（50）贞：今 A1，叀☐。《合集》5293

（51a）戍☐贞☐ B1 ☐。

（51b）☐卜☐ B1 ☐吉。《补编》4397（同版为"祼"祭）

（52）☐戍卜，☐贞☐ B1 ☐。《补编》10181

（53）贞：D，雨。二月。《合集》12505

（54）弓 B1。《合集》5292

戊、出二类

（55）甲午卜，喜贞：翌乙未酒卯，王☐A2。六月。《合集》22826

（56）☐☐卜，出［贞］：☐辛丑［王］窀岁 B1。用。《合集》25128（《合集》5294 ☐用 A1 形，可能也属此类，《书契丛编》1.1400 属于出组）

（57）☐卯卜，大［贞］：嬰燎卯☐其 B1。《合集》25351

（58）贞：弜 B1。《合集》26807

己、何一类

（59）丁未卜，吙贞：王其窀大戊☐A1，叀☐。《甲释》63①

（60）甲☐王其☐彳☐ A1 ☐《合集》27870

（61）☐☐卜，吙［贞：王］C，叀［吉］，不遘［雨］。《补编》9542

（62）贞：王 A1，叀吉，不遘雨。《合集》27840

（63）☐☐卜，壴☐ A1 ☐。《补编》8838

（64）☐☐卜，彭☐叀 B1。《补编》9874 反

（65）贞：王 A1，佳吉。《合集》39813（类似例子又见于《京津》4816）

---

① 即《合集》27176（《甲》1377＋1418）＋无登记号碎片，亦即《补编》8864。

（66）癸未卜，贞：王 A1，叀吉。《合集》27834（类似例子又见于《合集》27838、27839、27852、《补编》8905、8906、8907）

庚、历二类

（67）☐亚其 A1☐。《合集》32990（《屯南》211"既 A1☐大吉"也属历二类）

辛、花东子类

（68）己巳卜：子 B1 田☐。用。《花东》23
（69）庚戌卜：子叀发呼见丁，眔大亦 A1。用，昃。《花东》475

按照黄天树的断代，师组小字类的时代从武丁早期一直延伸到武丁晚期；事何类（含何组事何类和宾组事何类）的时代在祖庚（或祖庚、祖甲之交）之世；宾出类（宾三类）主要是祖庚之物，上限有小部分及武丁晚期，下限可能到祖甲初年；出二类为祖甲卜辞；何一类的时代上及祖甲晚年，下至武乙初年；历二类主要是祖庚之物，上限及武丁晚叶；花东子类的时代，近来学界讨论较多，基本上形成了"主体是武丁即位以前的卜辞……下限最迟在武丁早期"[1]、"大体上相当于武丁前期"[2]、"武丁早期至中期偏早"[3]、"恐在武丁晚期，最多可推断其上限及于武丁中期"[4] 四种

---

[1] 曹定云、刘一曼：《1991 年殷墟花园庄东地甲骨的发现与整理》，东海大学中国文学系编：《花园庄东地甲骨论丛》，圣环图书股份有限公司 2006 年版；曹定云：《殷墟花东 H3 卜辞中的"王"是小乙》，《古文字研究》第 26 辑，中华书局 2006 年版；曹定云：《三论殷墟花东 H3 卜辞中占卜主体"子"》，《殷都学刊》2009 年第 1 期。

[2] 中国社会科学院考古研究所：《殷墟花园庄东地甲骨·前言》，第 35 页。

[3] 朱凤瀚：《读安阳殷墟花园庄东出土的非王卜辞》，王宇信等编：《2004 年安阳殷商文明国际学术研讨会论文集》，社会科学文献出版社 2004 年版，第 211 页；又收入《商周家族形态研究》（增订本），天津古籍出版社 2004 年版，第 598 页。

[4] 陈剑：《说花园庄东地甲骨卜辞的"丁"——附：释"速"》，《故宫博物院院刊》2004 年第 4 期；又收入《甲骨金文考释论集》，第 92 页。

说法，支持最后一种说法的较多①。单从卜辞中"✿"祭出现的时代多集中在武丁晚期至祖甲早期看，花东子卜辞的时代似应偏晚。

前辈学者对"✿"字的考释情况，大致如下：罗振玉释✿为燕（与✿有关的卜辞详下文）后，商承祚、王襄、郭沫若、孙海波、杨树达均从之，且认为✿、✿一字，都是"燕"字；叶玉森觉得✿、✿可能是异体，但卜辞中✿、✿二字出现在同一辞内，且为连文，又似非一字；岛邦男同意叶氏的看法，认为✿、✿不是一字，✿为舞蹈之祭仪；饶宗颐释为"内"；鲁实先说✿在卜辞中有二义，一借为燕享之燕，与✿为一字，二为方国名；李孝定同意✿、✿为一字说，其字兼有鲁实先所谓的燕享和杨树达所谓的天晴两义；《甲骨文字诂林》按语说"✿与✿形体有别，字从'大'，不得释为'燕'……与舞（✿）似有关。岛邦男谓为舞仪，或是。"②《花东·释文》在考释《花东》23时说："✿，罗振玉、王襄、李孝定等学者释燕，借为燕享（见《诂林》，第261—263页）。燕字，有的作✿形，与舞之形✿有些近似。舞字像人手持牛尾、羽毛等物，而✿字像人的腹部或腰间围以饰物。岛邦男认为✿为舞仪（《殷墟卜辞研究》，第327页）是有道理的。舞，多用为祈雨之祭，而✿，在卜辞中常见'王✿叀吉，不冓雨'，以'不冓雨'为吉，可能是祈求雨止之祭，两者有些区别。"③宋镇豪告诉笔者✿很可能是祭祀活动中，人模拟某种动物的行为，这种活动与求雨或止雨有关，"✿"字与"舞"字有联系。

以上诸说对探讨"✿"字的含义及"✿隹（叀）吉"的断句问题很有启发。笔者不赞同✿、✿为一字说，因为二字多次在同一条卜辞中出现，且从未互相替换过，它们不太可能是一字。岛邦男说✿是舞蹈祭仪，《花东·释文》、宋镇豪等同意岛邦男的说法，并将它推阐为是与求雨或止雨有关的祭仪。这些意见基本上正确。

(33a)、(33b) 中"岁"、"✿"对贞，✿与岁一样，都是祭名。(59)

---

① 如姚萱《殷墟花园庄东地甲骨卜辞的初步研究》，第5—6页；黄天树：《简论"花东子类"卜辞的时代》，《古文字研究》第26辑，中华书局2006年版，此文又收入《黄天树古文字论集》，第149—156页；赵鹏：《从花东子组卜辞中的人名看其时代》，《中国社会科学院历史研究所学刊》第6集，商务印书馆2010年版，第1—27页。

② 参李孝定《甲骨文字集释》第11卷，台北"中研院"史语所1970年版，第3473—3476页；于省吾主编《甲骨文字诂林》，第261—263页。

③ 中国社会科学院考古研究所：《殷墟花园庄东地甲骨》第六分册，第1567页。

辞"王其窜大戊▨叀□",屈万里在"大戊"后点断:"王其窜大戊,▨
★,叀□"①,陈剑在"▨"后点断:"王其窜大戊▨,★叀□",笔者在
"★"后点断:"王其窜大戊▨★,叀□。"陈剑说"▨"可与"ㄓ(祰)"
通用,为祭祀动词②。按照笔者的句读,(59)辞就是"王窜+祖先名+
祭名+祭名"的格式。这种两个祭名连文的格式在出组、何组的王窜卜辞
中很常见。出组的,如《合集》25699"王窜父丁岁五宰叙"(它辞有
"岁"、"叙"分开卜的,如《合集》24279等)、23342"王窜妣己彳岁"、
23485"王窜兄庚登罙岁"、25699"王窜祰祼"、《补编》7745"王窜□□
祭祰";何组的,如《合集》27153、30531、30532"王窜彳岁"等。"祭
名+祭名"中的两个祭名可能有三种关系:并列、偏正、接续。不论是
哪种关系,都不影响笔者对(59)辞的断句和理解。(56)辞中的"王窜
岁★"之"岁★"也是两个祭名连文。

《花东·释文》认为"★"与止雨有关,很可能是正确的,但其论证
稍欠说服力。《花东·释文》说:"(★)在卜辞中常见'王★叀吉,不冓
雨',以'不冓雨'为吉,可能是祈求雨止之祭。"这种说法是把"叀吉,
不冓雨"当成一个问题了,也就是认为卜辞只问了王★是否吉利,亦即是
否不冓雨。卜辞中"叀吉"后常跟"不冓雨",但"不冓雨"也有在
"叀吉"前的,如(21)辞。而上揭卜辞中"叀吉"也常单独使用,或
与"叀雨"对贞。这些辞例说明"叀吉,不冓雨"应像陈昭容那样理解
为是吉凶和天象两个问题,也就是说卜辞既问了王★是否吉利,又问了是
否不冓雨。当然,也不能因为卜辞希望★祭时不冓雨,就认为★祭与止雨
有关,因为卜辞中常见为与止雨无关的祭祀占卜"不冓雨"、"不雨"的
情况,这些卜辞也都是希望祭祀时不冓雨。

《屯南》2358中有一个从雨从★的字,可以证明★祭与止雨有关:

(70a) 丁酉卜:王其枆田,不冓雨。大吉,兹允不雨。
(70b) 弜枆田,其冓雨。
(70c) 其雨,王不★。吉。

---

① 参屈万里《殷虚文字甲编考释》第1377号的考释。
② 陈剑:《殷墟卜辞的分期分类对甲骨文字考释的重要性》,《甲骨金文考释论集》,第
421—422页。

(70d) 其✍。

(70e) 辛亥卜：今日辛王其田，湄日①亡灾。

(70f) 辛多雨。

(70g) 不多雨。

(70h) 翌日壬雨。

(70i) 不雨。《屯南》2358（无名类）

这版卜辞的内容互有联系，大意是说王想田猎，可是那段时间天总是下雨，于是王问是否举行✍祭，祈祷雨停下来。"✍"字与求雨的"雩"字字形很像，但显然与求雨无关②。"雩"即"舞"字，其上多加了意符"雨"③，"✍"大概也是多加了意符"雨"的"✍"字。

卜辞中的止雨之祭经常被称为"宁雨"（如《合集》32992、33137、《屯南》744、《怀特》1608）和"去雨"（如《屯南》679、《合集》24398"有去自雨"）等。"宁雨"、"去雨"是止雨之祭的通称，"✍（✍）"是止雨之祭的具体方法，正如"求雨"、"祷雨"是求雨之祭的通称，而"舞（雩）"、"燎"、"焚"、"作土龙"④等则是求雨之祭的具体方法。

笔者虽然明白"✍"字的意思是止雨的舞蹈祭仪，但对其构形却不甚明了。"✍"中的"大"旁较清楚，但"大"形手或手臂上的笔画有的像手指，有的则明显不是手指，如✍形，其手臂上的笔画已达腋下，这些笔画也可能是舞祭所用道具的象征。至于"✍"中的"丙"旁，是意符还是声符就更不清楚了。《花东·释文》说"✍字像人的腹部或腰间围以饰

---

① 沈培从杨树达等释"湄日"为"弥日"，"弥"有遍、尽的意思，参《释甲骨文、金文与传世典籍中跟"眉寿"的"眉"相关的字词》，复旦大学出土文献与古文字研究中心网站（http://www.guwenzi.com/SrcShow.asp? Src_ ID=938），2009年10月13日发表。

② 《合集》27286（即《合集》30354、《美》488、《瑞典》附9）中有一个"✍"字，不知是不是"✍"字。另，《合集》34490中的"✍"字，与"✍"也有点像，但"✍"后是"焚"字，表明此字与求雨有关。仔细分析"✍"字结构，其下所从很可能是"✍"字（《合集》3103），"✍"一般释为"美"，《甲骨文字诂林》按语（第224页）说"美"字不从"羊"，其上为头饰。"✍"或许是"雩"的异体。

③ 李旼玲：《甲骨文字构形研究》，国立政治大学博士学位论文，2005年（指导教授：蔡哲茂），第223页。

④ 裘锡圭：《说卜辞的焚巫尪与作土龙》，《古文字论集》，第216—226页。

物"，是以"丙"为饰物；岛邦男认为 D 形"象于台上舞蹈的样子"①，则是以"丙"为高台。二者均以"丙"为意符，但都是以个别字形为依据，不足信。

"🕺"的第二种用法为"某种人的名称"，《甲骨文字诂林》（第 263 页）按语说此"🕺"为🕺祭之人，是对的。卜辞中的"万"当动词讲时，是祭名；当人名讲时，则是指从事万舞工作的人②。"🕺"与"万"在卜辞中的用法类似。🕺人参与战争，或与战事中的止雨活动有关。

将"🕺叀吉"或"王🕺叀吉"连读，可能是把"🕺"或"王🕺"当作"叀吉"的主语了。这样的断句于"🕺叀吉"或"王🕺叀吉"看似讲得通，但联系其他相关卜辞，就会发现它是有问题的。（28b）、（29）、（30）、（35）、（43）、（44）、（45）、（53）等辞中的"王🕺叀雨"、"🕺叀雨"、"🕺雨"，是不能像"🕺叀吉"或"王🕺叀吉"那样连读的，因为"叀雨"、"雨"的主语是天，不是"王🕺"或"🕺"。（21d）的验辞说"允雨，不菁"，意即天果然下雨了，但王未碰上。而（31a）、（32a）与（31b）、（32b），分别是"叀吉"与"叀雨"的对贞，"叀雨"前省略了"王🕺"，若把"王🕺"补上，（30b）、（31b）就必须在"叀雨"前点断，那么理所当然，（31a）、（32a）也应在"叀吉"前点断。杨树达把（24b）断为"王🕺，叀吉？不菁雨？"是正确的③。在"叀吉"前点断后，把"🕺"解释为祭名、"枫"解释为时称，就能很好地释读（1a）、（1b）、（20b）、（20c）、（20e）、（56）、（59）这几条"王宣"卜辞了。

对（68）辞，学界也有不同的读法。（68）辞中"🕯"，又见于《花东》338"甲辰卜：子往宜田🕯。用，霏"。《花东·释文》释《花东》338

---

① ［日］岛邦男：《殷墟卜辞研究》，温天河、李寿林译，第 325 页；濮茅左、顾伟良中译本，第 616 页。
② 裘锡圭：《甲骨文中的几种乐器名称——释"庸""丰""鼗"附：释"万"》，《古文字论集》，第 207—209 页。
③ 杨树达：《积微居甲文说·耐林庼甲文说·卜辞琐记·卜辞求义》之《卜辞求义》，上海古籍出版社 2006 年版，第 36 页。赵诚把《京》4810（即《合集》27840）读为"王🕺，叀吉"是正确的，但他将《南南》2.76（即《合集》5280）读为"王🕺叀吉，燕"，则欠妥，参氏著《甲骨文简明词典——卜辞分类读本》，中华书局 1988 年版，第 251 页。曹定云也将相关卜辞正确地断为"王🕺，叀吉"、"王🕺，叀雨"，但误把《合集》5280 释为"王🕺，叀吉？🕺"。🕺当属命辞，参《殷代燕国考》，义守大学《人文与社会学报》2003 年第 2 期。

为："甲辰卜：子往宜上甲，叉用黹?"常耀华改释为："甲辰卜：子往宜田叉？用黹?"①文音则改释为："甲辰卜：子往宜上甲，叉用。黹。"并将（67）辞释作："己巳卜：子燕（?）上甲，叉用。"②文音认为"燕"与"往宜"都是祭名，"叉"与"黹"似也都是祭名，《花东》338是问子往宜祭上甲是否用"叉"这种祭法，从用辞（或验辞）看，最终用了"黹"这种祭法。按，"黹"字亦见于《花东》220"呼茔黹"、《花东》372"叀呈（或茔）③黹"、"叀子黹"、《花东》324"其宜，子黹丙（丙）"④。从"黹"在这些卜辞中的用法看，"黹"的确是与祭祀有关的动词，但（68）辞和《花东》338中的"田"，恐怕不能释作"上甲"，因为若依文音释作"上甲"的话，辞中所谓的"叉"就很难作解。所谓的"叉"字，即"▨"字，颇疑即师组卜辞中常见的"丬"、"丬"字，陈剑说"丬"（引者按：也包括"丬"）是"挚"与"擎"的表意初文，"擎"在卜辞中多为入龟者人名和贞人名⑤。商代人名、族名、地名往往三位一体，《公羊传》定公十四年经文："公会齐侯、卫侯于坚。"《释文》："坚，本又作擎。"《左传》经文作"牵"。陈剑认为贞人（引者按：也包括入龟者）"擎"可能与这个"擎"地有关，"擎"地在今河南浚县北。⑥《花东》的"擎"若作地名解，其辞均能读通。（68）辞可能是问子是否为田于擎举行止雨的▨祭，《花东》338则可能是问子是否为田于擎去举行宜祭，"黹"属用辞，是对祭祀情况的补充。

---

① 常耀华：《读〈殷墟花园庄东地甲骨〉》，《殷墟甲骨非王卜辞研究》，线装书局2006年版，第254页。

② 文音：《学契札记四则》，复旦大学出土文献与古文字研究中心网站（http：//www.guwenzi.com/SrcShow.asp？Src_ID=914），2009年9月20日发表。

③ "呈（或茔）"字为姚萱释出，参氏著《殷墟花园庄东地甲骨卜辞的初步研究》，第340页注③。

④ "丙"字为姚萱释出，姚氏说辞中的"黹"字不能确识，全辞意思不很清楚，但将"丙（丙）"解释为天干"丙日"，似乎也可通。参氏著《殷墟花园庄东地甲骨卜辞的初步研究》，第173页。

⑤ "丬"也在子组卜辞（《合集》21221）、宾组卜辞（《合集》9293反）、出组卜辞（《合集》23708）中出现。"丬"多为入龟者人名，作贞人名的例子仅一例，即《合集》21367，"丬"在《合集》23708中的意思不详。"丬"在卜辞中则都是贞人名。

⑥ 陈剑：《柞伯簋铭补释》，《甲骨金文考释论集》，第5—6页。

三 关于"🂡"、"🂢"

解决了"🂣"的问题，就该解决与"🂣"有关的"🂡"、"🂢"的问题了。"🂡"、"🂢"出现在下列卜辞中：

(71a) 己巳卜，事贞：王B1，叀吉，🂡。

(71b) ☐何☐B1☐吉。十一月。《补编》4558（何、事同版）

(72) 壬子卜，事贞：王B1，叀吉，🂡。八月。《合集》5280（宾组事何类）

(73a) ☐亥卜，事贞：王B1，叀吉，🂡。之日☐。

(73b) ☐吉，🂡。八月。《合集》5281（宾组事何类）

(74) 甲子卜，何贞：王A2，叀吉，🂡。《合集》27850（何组事何类，类似例子又见于《合集》27849）

(75) 辛亥卜，何贞：叀吉，🂡。用。《合集》27846（"辛"字倒刻。何组事何类，类似例子又见于《补编》8908、《安明》1649、1652）

(76) 庚戌卜，☐贞：王B1，叀吉，🂡。《合集》5257（类似例子又见于《合集》41337）

(77a) 贞：叀吉，🂡。

(77b) 贞：叀雨。《合集》12754（类似例子又见于《合集》5282、5283、5284辞末记"七月"、5285、5286、5289）

(78) 贞：叀雨。🂡。《合集》12751

(79a) 贞：叀🂡，吉。

(79b) 贞：不雨。在白，二月。《合集》12523

(80a) 贞：☐叀☐，🂡。

(80b) ☐A?☐🂡。《合集》5287（类似例子又见于《合集》5288、10497、10498）

(81) ☐贞：☐A1，叀吉，🂢。用。《合集》5268（类似例子又见于《合集》5269、5270辞末记"五月"）

(82) ☐王窜☐A1☐🂢。《合集》5271

上揭（76）—（82）辞，组类不详。

大多数学者都从罗振玉，把"㕣"释为"燕"。从字形上看，"㕣"很符合《说文》对"燕"的描述："燕，玄鸟也。籋口、布翄、枝尾。""㷉"形，头上有冠，很像鸡，不像燕，但从它们在卜辞中的位置看，二者显然是在表示同一个词。近来网上有学者也在讨论这两个字，如刘云将"㕣"释为"䳵"（鸬鹚）①；程少轩从高田忠周将"㷉"字释为"䳚"（杜鹃鸟），同时也承认无法确知"䳚"在卜辞中的涵义②；王甲金从动物形态上说明"㕣"不是鸬鹚、"㷉"不是杜鹃鸟，"㕣"、"㷉"是"燕"字的繁简形，"㷉"上的冠是为表达某种含义的虚构对象，"燕"字与商人的生殖崇拜有关③。这些说法恐怕都不正确。

以往学者考察这两个字，有祭名、燕飨、安静等说法④，均不确切，只有杨树达的天晴说较为可取。杨树达认为："《前编》六卷四四叶之五（引者按，即〈77〉）云：'贞叀雨？'同片云：'贞叀吉燕？'又四五叶之一（引者按，即〈80〉，杨氏的释读有误）云'贞叀燕？'按前辞以燕与雨对贞，后辞'贞叀燕'，与前辞'贞叀雨'语例同，盖皆假燕为䜩。《说文·日部》云'䜩，星（与今晴同）无云也，从日，燕声'。吉燕盖犹今言快晴。"⑤按，杨氏的论证前提，即"㕣"为"燕"，是不对的，但他从对贞和辞例的角度寻觅"燕"的含义则值得借鉴。上文已经说过，"㕣"和"㷉"从字形上看，不是一种鸟，但从其在卜辞中的位置看，是

---

① 刘云：《释"䳵"及相关诸字》，复旦大学出土文献与古文字研究中心网站（http://www.guwenzi.com/SrcShow.asp? Src_ ID=1147），2010年5月12日发表。

② 程少轩：《试说"䳚"字及相关问题》，复旦大学出土文献与古文字研究中心网站（http://www.guwenzi.com/SrcShow.asp? Src_ ID=380），2008年3月20日发表。"㷉"在金文中多为族徽，详参程文。

③ 王甲金：《"燕"之传奇》，简帛研究网站（http://www.jianbo.org/admin3/2010/wangjiajin002.htm），2010年5月28日发表。相关论述也见于中国社会科学院历史所先秦研究室网站（http://www.xianqin.org）。

④ 《甲骨文字诂林》，第1743页；赵诚：《甲骨文简明词典——卜辞分类读本》，第206页；徐仲舒主编：《甲骨文字典》，四川辞书出版社1989年版，第1258—1259页；孟世凯：《甲骨学辞典》，上海人民出版社2009年版，第115、635页。

⑤ 杨树达：《积微居甲文说·耐林廎甲文说·卜辞琐记·卜辞求义》之《卜辞求义》，第36页。

在表同一词。"䳆"和"䳇"的共同特点是，二者都是鸟，且都张口，因此笔者推测它们是在表"鸣"这个词。甲骨文中还有写法与"䳆"类似的，但做闭口状的"䳈"字①，以及从"䳈"的"䳉"②、"䳊"③字，它们都是殷人田猎擒获的某种禽鸟的名字，与"䳆"做张口状的写法明显有别④。而甲骨文中的"鸣"字，多从口从鸟或鸡，鸟或鸡有张口的，也有闭口的⑤。不过，《合集》32509（历二类）中一般释作"鸡"的人名"䳋"，很可能与《合集》1110、4723、《补编》1971（以上为典宾类）、《补编》1901、1904、《英藏》528（以上为宾三类）中的人名"鸣"为同一人，后者作"䳌"形，从口从鸡。历二类、宾三类主要是祖庚之物，上限及武丁晚叶；典宾类主要是武丁晚期之物，小部分下延至祖庚时期。

---

① 见于《合集》10495，"䳈"的勾廓写法"䳍"等形，见于《合集》4879+10189（林宏明缀合，2010年7月21日发表在中国社会科学院历史所先秦研究室网站〈http://www.xianqin.org/blog/archives/1983.html〉）、1333、《英藏》1714，因其辞残，义不详，故暂不论。

② 见于《合集》10499、10500。

③ 见于《合集》10496、18345。

④ 甲骨文中还有一些从"䳆"的字，但作为偏旁的"䳆"和单独使用的"䳆"有所不同。"䳆"作为偏旁时，可以与其他鸟形互相替代。如"䳎"（《甲骨缀合集》23、163、《合集》8675，三例同文。又，刘云文章"bfsufzhis"的跟帖已指出《甲骨缀合集》23中的《合集》15222不能与其他片缀合，《甲骨缀合集》23为误缀）、又作"䳏"（《合集》27990）、"䳐"（《合集》31154）形，前二形所从的"燕"做张口状，后一形所从的"燕"（其实更像是"鸟"）做闭口状，其写法与"鸣"字既从张口状的鸟或鸡、又从闭口状的鸟或鸡类似。甲骨文"䳑"（《合集》10613正）、"䳒"（《补编》60正）、"䳓"（《屯南》2505、2506、4529）应是"䳎"诸字之所从，这三形所从之"鸟"与"䳆"明显不同。从"䳆"的字又如"䳔"（《殷墟甲骨辑佚》977）、"䳕"（《屯南》2169，此例与前例为"小草"《新公布的甲骨文中的一个怪字》一文所指出，复旦大学出土文献与古文字研究中心网站〈http://www.guwenzi.com/SrcShow.asp?Src_ID=907〉，2009年9月14日发表）、"䳖"（《合集》31001，此例为"小草"文章后，"无斁"的跟帖所指出），又作"䳗"形（《补编》10173=《怀特》1398，此例为王国金《甲骨文中"蠹"字又一例》所指出，中国社会科学院历史所先秦研究室网站〈http://www.xianqin.org/blog/archives/1940.html〉，2010年6月5日发表），这些字形下部都从"盖"（《合集》21885有此字），上部或从张口的"燕"形（第二例"燕"形较繁复，"水"旁可不论），或从"隹"形（此字与当地名讲的"雟"，不知是否为一字。又，此字上残，所谓的"白"旁与"隹"之间有一小竖相连，"白"也可能非"白"，而是鸟冠），"燕"和"雟"可能是意符，它们都是鸟类，作为意符，可以互代。从"䳆"的字再如"䳘"（《合集》17867正），又作"䳙"形（《合集》17455），此字即"集"字，与金文中的"䳚"（《集成》8696、5218）、"䳛"（《集成》6450）等为同一个字，此字"木"上所从不论是张口还是闭口，都是鸟类，偏旁可以互代。

⑤ 姚孝遂主编：《殷墟甲骨刻辞类纂》，第671—672页。

作为人名的"▨"、"▨",时代接近,二者若是同一个人①,就可以证明"鸣"字有作不从口的张口鸡形②,《新甲骨文编》(第 246 页)即把"▨"归入"鸣"字。

另外,甲骨文中有写作"▨"、"▨"形的字,学者大都将它们看做一个字,或释为"雉",或释为"睢",或释为鸟③,刘云释为"鹳"。笔者觉得将这两个字混同是不对的。首先,二者字形不同,前者闭口,后者张口;其次,它们在卜辞中的用法也有差别,"▨"字常跟在"鸣"字后,"▨"前则是祭祀动词:

(83)☐乃兹有咎,其[有来艰]。☐允有来艰☐[三日乙]卯有异④,☐象庚申亦有异,有鸣▨,☐执圉羌戎。《合集》522 反 + 7150 反(李爱辉缀)⑤

(84)☐之日夕有鸣▨。《合集》17366 反

(85)☐[鸣]▨☐。《合集》17866 正

(86a)贞:帝▨一羊、一豕、一犬。

(86b)贞:帝▨三羊、三豕、三犬。

(86c)丁巳卜,贞:帝▨。《甲骨缀合集》168

(87)丁巳☐贞☐祼☐▨☐。《英藏》1273⑥

胡厚宣释"鸣▨"为"鸣雉",《尚书·高宗肜日》载有"高宗肜日,越有雊雉"。《史记·殷本纪》有"帝武丁祭成汤,明日,有飞雉登鼎耳而呴,武丁惧"。胡先生将"鸣雉"与文献中的"雊雉"相联系,说明

---

① 时代主要在武丁中期的师宾间类卜辞中也有一个叫"鸣"的人,其字从口从张口鸟,作"▨"形,如《合集》4721、4724、4725、10514,此人所在卜辞的时代与"▨"、"▨"所在卜辞的时代有一段距离,可能是同一个人,也可能是另外一个人。

② 岛邦男《殷墟卜辞综类》第 238 页列有不从口的"鸣"字,所举卜辞除"▨"例外,其余两例都是从口的"鸣",岛氏有误。

③ 《甲骨文字诂林》,第 1725、1737、1739—1740 页。

④ 陈剑:《殷墟卜辞的分期分类对甲骨文字考释的重要性》,《甲骨金文考释论集》,第 424 页。

⑤ 黄天树主编:《甲骨拼合集》第 303 则,学苑出版社 2010 年版。

⑥ 刘云所举还有《怀特》867 中的"▨"字,此字鸟颈上的横笔为弯曲状,且中间有断笔,它是不是"▨"字,不确定。

"鸣雉"为灾异,非常正确①。李学勤说"▨"字,鸟形横贯一笔,和甲骨文"彘"字可写成"豕"字横贯一笔结构相似。"《夏小正》经文正月云'雉震呴。'传言:'震也者,鸣也。呴也者,鼓其翼也。正月必雷。雷不必闻,惟雉为必闻。何以为之?雷则雉震呴,相识以雷……在古人心目中每年到一定时令应有雉鸣,反过来说,应鸣而不鸣,不应鸣而鸣,都会被认为灾异。'"卜辞中的鸣雉"没有标明雉鸣的环境地点,所以雉鸣成为灾异只能是非时而鸣。前一条(引者按,即〈84〉)雉鸣在'夕'即晚间,更是不应鸣而鸣的显例。"②"鸣雉"之"雉"均作闭口的"▨"形,而"▨"则做张口状,故笔者怀疑"▨"就是"鸣雉"的专用字,(86)、(87)辞为鸣雉举行帝祭、祼祭,目的是为了祛灾。

把"▨"、"▨"释作"鸣",解释为天晴,是因为《淮南子》的一段记载。《淮南子·缪称训》云:"鹊巢知风之所起,獭穴知水之高下,晖目知晏,阴谐知雨,为是谓人智不如鸟兽则不然。""晖目"为"晖日"之误。《广雅》:"鸩鸟,其雄谓之运日,其雌谓之阴谐。"《广雅疏证》:"此用淮南注也。《淮南子·缪称训》:晖日知晏,阴谐知雨。高诱注云:晖日,鸩鸟也。晏,无云也。天将晏静,晖日先鸣也。阴谐,晖日雌也。天将阴雨则鸣。晖与运同,《中山经》:女几之山,其鸟多鸩。郭璞注云:鸩,大如雕,紫绿色,长颈赤喙,食蝮蛇头。雄名运日,雌名阴谐也。《广韵》引《广志》云:鸩鸟,大如鹗,紫绿色,有毒,颈长七八寸,食蛇蝮,雄名运日,雌名阴谐。皆用淮南注也。案,《缪称训》云'鹊巢知风之所起,獭穴知水之高下,晖日知晏,阴谐知雨'四句各举一物,四物各为一类。鹊与獭非牝牡,晖日与阴谐非雌雄也。遍考诸书,言鸩鸟别名者,多矣。《说文》云:鸩,毒鸟也。一名运日。《史记·鲁世家》集解引服虔《左传》注:鸩鸟,一曰运日鸟。王逸《离骚》注云:鸩,运日也,羽有毒,可杀人。《御览》引吴普《本草》云:运日,一名羽鸩。运或作鸡,《名医别录》云:鸩鸟,毛有大毒,一名鸹日,生南海。陶注云:鸹日鸟,大如黑伧鸡,作声似云同力,故江东人呼为同力鸟。运

---

① 胡厚宣:《重论"余一人"问题》,《古文字研究》第6辑,中华书局1981年版,第16—17页。
② 李学勤:《〈夏小正〉新证》,《古文献丛论》,上海远东出版社1996年版,第213—214页。

又作云，刘达《吴都赋》注云：鹘鸟，一名云：日。凡此皆言运日，而不及阴谐，亦可知鹘鸟无阴谐之号，而《缪称训》注非确诂矣。今案《御览》引《淮南子》逸文曰：蟹知将雨。又引高诱曰：蟹，虫也，大如笔管，长三寸余。《广韵》：蟹音皆，又音谐。引《淮南子》曰：蟹知雨至……然则，蟹雨谐同音，音谐即是蟹，举其本名则谓之蟹，能知阴雨则又谓之阴谐……下文云'人智不如鸟兽'，鸟谓鹊与运日，兽谓獭与阴谐……"可见，汉代有运日鸟鸣叫预示着天将晏晴的说法。"㕻"、"䚇"若释作"鸣"，应是专指运日鸟的鸣叫。卜辞问王举行㝢祭，是否吉利，是否会有运日鸟鸣叫（即天是否将晏晴）。卜辞中运日鸣叫暗示天将晏晴，与雉鸣暗示将有灾异是一样的逻辑，只不过同样是鸟鸣，运日鸣叫是好事，雉鸣则是灾异。

"叀吉鸣"不应连读，(79a)"叀鸣，吉"说明"鸣"、"吉"是贞卜的两个问题，即问㝢之吉凶与天象，故"叀吉鸣"应在"鸣"前点断。(78)"叀雨。㕻"中的"㕻"应是占辞或验辞，卜辞问天是否下雨，占卜的结果或应验情况是天晴。

本文第二部分所举王㝢卜辞大都是问吉凶和天象，这一点也可说明"㕻"、"䚇"是有关天象的。将"王㝢，叀吉，鸣"与"王㝢，叀吉，不冓雨"进行辞例对比，可知"鸣"相当于"不冓雨"。"鸣"的这种用法只见于王㝢卜辞，其他卜辞相同的意思用"启"、"㞢（晴）"[①] 等词表达。

宾组卜辞还有"鸟㞢（晴）"（《合集》11497 正、11498 正、11500 正）、"䚇（晴）"（《补编》2813）、"鸟大启"（《合集》11499）的说法（鸟均做闭口状），李学勤认为"䚇（晴）"即"鸟㞢（晴）"，非常正确，但推测"鸟"应读为"倏"，训为疾速，"鸟晴"即"倏晴"，意为很快地放晴[②]，则值得商榷。上文说王㝢卜辞中的"㕻"、"䚇"当释为"鸣"，专指运日鸟的鸣叫，意为天晴。由此推论，"鸟晴"、"鸟大启"之"鸟"则很可能专指运日鸟，运日鸣叫，天将放晴，故"晴"和"大启"也可

---

① 以往学者认为"鸟㞢"为星宿名，现在则大都从杨树达把"㞢"释为"星"，读作"晴"，训为天晴，而把甲骨文"晶"释为"晶"，读作"星"，训为天上的星星。参方稚松《殷墟卜辞中天象资料的整理与研究》，首都师范大学硕士学位论文，2004 年（指导教师：黄天树教授）；黄天树：《读契杂记（三则）·甲骨文"晶"、"曐（星）"考辨》，《黄天树古文字论集》，第 223—226 页。

② 李学勤：《续说"鸟星"》，《夏商周年代学札记》，辽宁大学出版社 1999 年版。

以说成"鸟晴"和"鸟大启"。

卜辞中还有一些可能是"⿱"、"⿳"的异体字，如"⿰"（《合集》30810+《补编》10212①）："贞：双⿰，告止我巳。"这条卜辞辞义不详，但"⿰"很像是省却口部的"⿱"。又如"⿰"（《合集》5258=《诚》438、5275、《补编》10343）、"⿰"（《京津》4818），《甲骨文编》（843页）、《殷墟卜辞综类》（第37页）、《殷墟甲骨刻辞类纂》（第101页）等都将此字误认为是"⿱"字，究其原因，是因为他们都把《合集》5258误释为："贞王⿰叀吉。"《合集》5258的正确释读应该是："贞：王□叀吉⿰。"《合集》5275、《补编》10343、《书契丛编》2.121（《善》24904）的"⿰"也都在"吉"后，《京津》4818"⿰"上面的字残，从余笔看像是"叀"字。可见，"⿰"、"⿰"的词位与"⿱"、"⿳"相同，它们很可能是异体字。"⿰"、"⿰"当是"⿰"的变体。

四　结语

本文观点总结如下：

（一）《合集》27382中的"⿰"为"辛向壬"的合书。

（二）"王⿱叀吉"、"⿱叀吉"中的"⿱"字与《屯南》2358中的"⿰"字，意思均为止雨的舞蹈之祭。"王⿱叀吉"、"⿱叀吉"应断为"王⿱，叀吉"、"⿱，叀吉"。当人称讲的"⿱"是指从事⿱祭的人。

（三）《淮南子·缪称训》云"晖日知晏"，说明汉代有运日鸟鸣叫预示着天将晏晴的说法。本文认为"⿱"、"⿳"应释为"鸣"，而且专指运日鸟鸣叫，所以"⿱"、"⿳"的意思是天晴。卜辞中的"鸟晴"、"鸟大启"之"鸟"很可能也专指运日鸟。"叀吉鸣"应断为"叀吉，鸣"。

（四）"鸣雉"之"雉"均作闭口的"⿰"形，而"⿰"字则做张口状，故"⿰"可能是"鸣雉"的专用字。

附记：本文在写作过程中得到了宋镇豪师的指导，特此致谢！

---

① 齐航福：《何组卜辞缀合一例》，中国社会科学院历史所先秦研究室网站（http://www.xianqin.org/blog/archives/1836.html），2009年12月30日发表。

又记：张玉金先生在《古文字研究》第 28 辑（中华书局 2010 年 10 月）上发表的《释甲骨文中的"🥣"》一文指出，"🥣"是"🥣"的省形，字从"𠆢"从"丙"，像人双手用力捧持"丙"的形状。"丙"不但表示人手所持之物，有表义作用，而且还有表音作用，故"🥣"很可能是"奉"（"奉"为"捧"的初文）。张先生的说法可备一说。

（原载《甲骨文与殷商史》新二辑，上海古籍出版社 2011 年版）

殷墟甲骨文女名结构分析

赵 鹏

人名结构所涉及的最基本的问题就是姓氏制度和婚姻制度的问题。郑樵在《通志·氏族略》中说："三代之前，姓氏分而为二，男子称氏，妇人称姓。氏所以别贵贱，贵者有氏，贱者有名无氏……故姓可呼为氏，氏不可呼为姓。姓所以别婚姻……"周代金文和先秦典籍中的人名基本如此。

殷墟甲骨文中的人名，有其自己的特点。考虑到女名的问题与姓氏制度的研究紧密相关，所以我们在分析人名结构的时候，把男名和女名分别进行分析。这里我们着重对殷墟甲骨文中的女名结构进行分析。

我们将殷墟甲骨文中的女名分为单一形式的女名和复合形式的女名两种。

一 单一形式的女名

单一形式的女名是指用一个单音节词来指称女名，没有其他的附加或附属成分。例如：婐、婍、嬂、娘、嫷、嬉、姍、妌、妃等，有些学者称其为"女化字"。

(1) ☐贞：妃力（妨）。22460+《乙编》8504① ［自小字］

---

① 蒋玉斌缀合。本文引用卜辞时，释文一般用宽式。卜辞释文里，□表示缺一字；☷表示所缺之字数目不详；字外加［］号，表示按照文例拟补的字。用来注释的字外加（）号。所引甲骨凡出自《甲骨文合集》的，只写片号。

二　复合形式的女名

复合形式的女名是指用两个或两个以上的词来指称一个女名。复合形式的女名一般以"身份+某"结构为主。构成女名"身份"的主要有：妇、女、子、司①、妻、妾、丁人、亚。

1. 妇+某／某+妇

"妇"为一种身份，"妇+某"中的"某"有些是私名，有些是国族名。例如：妇宝（17511 臼）、妇妣（15935 臼）、妇姼（22246）、妇光（2811）、妇笿（7384 臼）、妇嬄（2783）、妇妌（2803）、妇妥（21793）、妇利（1853 臼）、妇息（2354 臼）、妇杞（5637 反）、妇喜（9976 臼）、妇嬶等。

　　（2）庚子卜，殼：妇嬶娩，嘉。
　　　　贞：妇嬶娩，不其嘉。376 正 ［宾一］

"某+妇"中的"某"为夫族名或丈夫之名。例如：角妇、雷妇、自般妇等。

　　（3）甲戌卜，王：余令角妇堂朕事。5495 ［𠂤宾］
　　（4）壬申卜，贞：御自般妇。9478 ［宾一］
　　（5）癸酉，余卜，贞：雷妇又（有）子。21796 ［子组］

卜辞中有"中妇"。

　　（6）☐贞：中妇尊𩰫其用于丁示☐。14125 ［宾出］

我们不能确定"中"的性质是族名，还是排行。

许多学者整理殷墟甲骨文中妇名的时候都把"望乘帚"作为人名来

---

① 参见裘锡圭《说"以"》，《古文字论集》，中华书局 1992 年版，第 108 页。

看待，认为其所指为望乘的妻子。"望乘帚"出现在两版历组二类卜辞中：

(7) 丁未贞：王其令望乘帚，其告于祖乙一牛，父丁一☐。
丁未贞：王其令望乘帚，其告于祖乙一牛。32896＋33192① ［历二］

(8) 丁未贞：王其令望乘帚，其告于祖乙☐。
丁未贞：王令卯达（挞）② 危方。32897 ［历二］

裘锡圭认为这两版卜辞中的"帚"都应该读为"归"③，"望乘帚"应该是"望乘"这个人"归"。

这两版卜辞中所涉及的人名究竟是"望乘"还是"望乘妇"呢？我们赞同裘锡圭的意见，认为这两版所涉及的人名为"望乘"。

卜辞中有一些关于"令某人归"的占卜：

(9) 辛卯卜，争，贞：勿令望乘先归。九月。7488 ［典宾］
(10) 贞：令䍙侯归。3289 正 ［典宾］
(11) 贞：令沚䛆归。六月。3948 ［典宾］

除了上举的《合集》7488，宾组卜辞中还有一些关于"令望乘先归"的占卜，如《合集》2281＋2304④、4001＋7493⑤、4002、7489、7490、7492、《英藏》665、《英藏》715。

商人经常把臣子的往来情况报告给先王，如《屯南》580把"亚

---

① 蔡哲茂：《甲骨缀合集》，第88组，乐学书局1999年版。
② "达"原释为"㙙"，此从赵平安释，读为"挞伐"的"挞"，后"达（挞）"字皆同。赵平安：《"达"字两系说——兼释甲骨文所谓"途"和齐金文中所谓"造"字》，《中国文字》新27期，2001年12月，第51—63页；又收入曾宪通主编《古文字与汉语史论集》，中山大学出版社2002年版，第218—225页。
③ 裘锡圭：《论"历组卜辞"的时代》，《古文字研究》第六辑，中华书局1981年版，第286页；后收入《古文字论集》，中华书局1992年版，第277—320页；《甲骨文献集成》第十五册，第370—384页。
④ 裘锡圭缀合。
⑤ 白玉峥缀合。

往"报告给丁,《屯南》866把"画其步"报告给丁。所以上举(7)、(8)辞中的"帚"很有可能就是"归",卜辞卜问把命令望乘回去这件事报告给祖乙和父丁。

历组二类卜辞中,有几版与(7)、(8)辞应该是可以系联的同事卜辞:

(12) 丁未贞:王令卯达(挞)危方。32229 [历二]
(13) 庚辰贞:令望乘达(挞)危方。32899 [历二]
(14) 庚辰贞:令望乘☐。《英藏》2414 [历二]
(15) 庚[辰]贞:☐令彳。
辛巳贞:其告令[望]乘。
于祖乙告望乘。
于大甲告望乘。《屯南》135 [历二]

(13)辞是庚辰这一天卜问命令望乘挞伐危方吗。(14)辞是庚辰这一天卜问命令望乘去做某事吗。(15)辞是庚辰这一天卜问命令望乘去做某事吗。第二天辛巳卜问把命令望乘这件事报告给祖乙还是大甲。(13)、(14)、(15)辞是为同一件事而作的占卜。(7)辞是丁未这一天卜问把命令望乘回去这件事报告给祖乙还是父丁。(8)辞是丁未这一天卜问把命令望乘回去这件事报告给祖乙吗,同时还卜问王命令卯去挞伐危方吗。(12)辞是丁未这一天卜问王命令卯去挞伐危方吗。系联后这组卜辞的意思应该很明确,王先命令望乘挞伐危方,后来又命令他回去,让卯接替他挞伐危方。从这组卜辞来看,"帚"也应该读为"归"。所以,从目前我们所能看到的甲骨文来看,"望乘妇"这个人名是不存在的。

另外有几条卜辞中的"帚"也应该读为"归"。如:

(16) 壬寅卜,犬:令帚(归)㞢伯。20080 [自肥笔]
(17) 庚戌:王令伐旅帚(归)。五月。20505 [自小字]
(18) 辛未卜,王:勿帚(归)。
辛未卜,王:帚(归)。4923 [自宾]
(19) ☐方其帚(归)。8666 [典宾]
(20) 乙未贞:其令亚侯帚(归),惠小[乙告?]。《屯南》502

［历二］

（21）丙戌卜，贞：帚（归）。

帚（归）。20954＋21032①［自历］

（22）辛☒帚（归）沚戈（或）☒。32048［历草］

胡小石指出上举（18）辞中的"帚"应读为"归"，认为是"假帚为归"②。濮茅左指出上举的（17）、（7）、（18）辞中的"帚"为"归"，认为是借"帚"为"归"。并且指出（17）辞的大意是：五月庚戌日，王命令征伐旅的军队归来③。方稚松指出（19）、（21）辞中的"帚"应读为"归"。我们认为（16）、（20）、（22）辞中的"帚"亦应读为"归"。

关于"帚"读为"归"，从文字学上也可以得到很好的解释。

唐兰在《殷虚文字记》中指出：

> 说文："彗，埽竹也，从又持甡。篲，彗或从竹。篋，古文彗，从竹从习。"按彗为埽竹，古之通诂，然从又持甡，无繇取象。别本作则塞，亦乖帚形。独卜辞作🖌，与🖌形相近。然则🖌是王帚，本象草形，🖌为扫帚，乃状其器。及🖌变为🖌，其本义遂不可寻矣。④

> 余谓卜辞作🖌者，帚之初文，与🖌等字相近，实象植物之形。尔雅释草："荓王彗。"注："王帚也。似藜，其树可以为埽彗，江东呼之谓落帚。"是帚字之形正象王帚一类之植物，以其可为埽彗，引申之，遂以帚为埽彗之称，习久忘本，遂不知帚字本象树形矣。⑤

裘锡圭在《殷墟甲骨文"彗"字补说》中说：

---

① 许进雄缀合。
② 胡小石：《读契札记》，《江海学刊》第1、2期，1958年3、4月；后收入《胡小石论文集三编》，上海古籍出版社1995年版，第102页；《甲骨文献集成》第十一册，第434页。
③ 濮茅左：《商代的骨符》，香港中文大学中国文化研究所中国语言及文学系列编：《第三届国际中国古文字学研讨会论文集》，香港中文大学1997年版，第187—192页；《甲骨文献集成》第二十七册，第241—243页。
④ 唐兰：《殷虚文字记·释⺕雪习翾》，中华书局1981年版，第20页。
⑤ 唐兰：《殷虚文字记·释帚妇叀嚁嚁婦⺕嚁帚廈輔犠》，中华书局1981年版，第25页。

甲骨文中从"帚"的"霎"（曼）字，有时写作从彐。或𠂇。早期金文中的"妇"字，卜戈妇爵写作从彐，山妇觯写作从彐。曾为《西清古鉴》所著录的一个方鉴，铭文共三字，左字为"射"，右字似是"桑"，中间一字作𠂇。过去多称此器为"射女鉴"，把中间一字的右旁跟右边的那个字合起来看成一个字。其实中间一字也是"妇"字。《攈古录金文》著录一同铭之盘，但将铭文摹倒（卷一之一，79页）。盘铭所用之字虽与鉴铭同，字序却不一样，"妇"字在左，"桑（?）"字在中，"射"字在右。"妇"字右旁作𠂇，写法较繁。由以上所说，可知彐（帚）、彐（彗字所从）二形本可通用。甲骨文"归"字作"𪭨"，似应为从"𠂤"（卜辞多用作"师"）"帚"声之字（《说文》以为"归"字"从止，从妇省，𠂤声"，恐不可信。）此"帚"旁大概就读"彗"的音。"彗"是匣母祭部字，"归"是见母微部字，声韵皆近，所以可以相谐……①

关于"帚"读为"归"的问题，笔者曾向陈剑请教。陈先生在回信中根据裘锡圭的意见进一步指出：

　　独体的"帚"与独体的"彐（彗字所从）"二形可以通用，则除了裘先生所举的独体的"彐"用为"帚（妇）"和"归"字中的"帚"读"彗"音的情况，当然也可能存在独体的"帚"形就代表"彗"的读音的情况。当跟"帚"也用来代表"妇"一样，皆出于"一形多用"。"彐（彗字所从）"所象的是植物"王彗"的形象，王彗即地肤，也称王帚、落帚。《尔雅·释草》："葥，王彗。"郭璞注："王帚也，似藜。其树可以为埽彗，江东呼之曰落帚。"古文字单复常无别，两个"彐"即卜辞𢑘字、"彗"字的上半，以及"习"字所从等。王彗可为笤帚（或者说当时笤帚最常用的制成材料就是王彗），所以"帚"字既可以直接写作独体的"彐"，也可以画出其下端加以结束之形与普通的"彐"形相区别，以后两形就逐渐分化开了。已经画出其下端加以结束之形的"帚"，从材料来说仍是"彗"，因

---

① 裘锡圭：《殷墟甲骨文"彗"字补说》，《华学》第二辑，中山大学出版社1996年版，第35页。

此也仍可用以表示"彗/篲"。因此，独体的"帚"和独体的"彐（彗字所从）"，都是既可以代表笤帚之"帚"的读音，也可以代表用以制成笤帚的"篲"的读音的。"望乘帚"一类"帚"字，就是因为其读"彗/篲"音而假借为"归"的，再加注意符"𠂤"就成为卜辞普通的"归"字了。

2. 某+女+某

"女"为身份，可能为"女子"之义，前面的"某"为父国族名，后面的"某"为私名。例如：妆女𡚬（《屯南》2767）、逆女娥（22246）。

有时候"女"不出现，人名结构为"某+某"，前面的"某"一般认为是该女子所在的父族名，后面的"某"为私名。例如：𦍍娥、𦍍𡞒、𦍍𡛷、何嬼（均见于22246）。

《合集》22246是一组非常有名的妇女卜辞。林沄对其释读如下：

（1）使人先曰𦍍？——先曰何？
（2）癸亥卜：子夕往匄逆娥？——匄逆女（毋）娥？
匄𦍍娥？
匄𦍍𡞒？
匄𦍍𡛷？
（3）匄何嬼？——匄何女（毋）嬼？

并且解释说：

如果我们读一下《仪礼·士婚礼》，很自然地会推想到这正是一组择婚的占卜。其中逆和何是武丁王室卜辞中常见的族名，亦见于铜器铭文。第（1）小段是遣使向逆、何两族分别"纳采"以前所卜。第（2）（3）两段是在"问名"（参看《左传·襄公十二年》）之后，再进行选择，以便决定娶哪个族的哪一名女子，好进而"纳吉"。[①]

[①] 林沄：《从子卜辞试论商代家族形态》，《古研》第一辑，中华书局1979年版，第329—330页；后收入《林沄学术文集》，中国大百科全书出版社1998年版，第46—59页。

宋镇豪对其释读如下：

癸亥卜，子夕往逆以。
勾逆女。
勾何嫀。
勾何嫀。
勾屰姍。
勾屰嬂。
勾屰娍。
勾娥。
使人，先曰：逆娥。
先曰：何。

并解释说：

《合集》22246 刻了一组有关武丁时王室娶女逆迎婚礼的卜辞，反映内容难能可贵。逆、屰一字。《说文》云："逆，迎也。"勾有乞求义。《仓颉篇》："勾，乞行请求也。"大意是癸亥日占卜，问子于晚上往迎致何嫀、姍、嬂、娍、娥等几位新妇，又反复卜问亲迎哪位，是否派使者先迎一位名娥的新妇，还是先迎何的新妇。①

蒋玉斌释读如下：

（1）先曰屰。〇先曰何。
（2）癸亥卜：子夕往屰吕勾娥。〇勾逆毋娥。
勾屰娍。
勾屰嬂。
勾屰姍。
（3）勾何娉。〇勾何娉。

---

① 宋镇豪：《夏商社会生活史》，中国社会科学出版社 1994 年版，第 246—247 页。

蒋玉斌赞同林沄对这组卜辞的解释①。

我们把这组卜辞释读为：

(23) 先曰屮。①
先曰何。②
匄逆女娥。③
匄娥。④
匄屮娥。⑤
匄屮嬔。⑥
匄屮妽。⑦
匄何嫩。⑧
匄何嫩。⑨
癸亥卜：子夕往屮，吕。⑩ 22246（22245 + 22247 + 22254 + 22510 + 乙补 7363 倒 + 乙补 7378 + 乙补 7405②、乙 8952 同文）[妇女]

关于这组卜辞的整体解释我们比较赞同林沄的观点，认为它是"子家族"卜问向屮、何两个家族纳采、问名的占卜。具体释读上我们认为①②卜问先去屮族求娶女子，还是先去何族求娶女子。③我们认为这里的"⬛"不应该读为"毋"，"毋"在甲骨文中作为否定副词，后面通常不能直接修饰名词。我们把"屮女娥"看做一个女子的名字。其人名结构为"族名 + 女 + 私名"，卜辞中同结构的人名亦有"妆女𩰞（《屯南》2767）"。这条卜辞主要卜问求娶屮族女子娥吗。④进一步卜问求娶娥吗。⑤⑥⑦分别卜问求娶屮族的娥、嬔、妽吗。⑧⑨卜问求娶何族的嫩吗。⑩卜问子在晚上前往屮族，会带回来（女子）吗。

以上这组卜辞中的"娥"、"娥"、"嬔"、"妽"均是"屮"族的女子的私名，"嫩"是"何"族的女子的私名。

(24) 乙亥卜：取妆女𩰞。《屯南》2767 [自小字]

---

① 蒋玉斌：《殷墟子卜辞的整理与研究》，吉林大学博士学位论文，2006年，第56—57页。
② 同上书，第223页。

这条卜辞卜问是否取妝族的女子名"㚯"者。

女名中也有"某 + 女"这种结构形式，其中的"女"可能是"女子"之义，"某"应为族名。例如：角女、疋女。

(25) 庚寅卜，殼，贞：兴以角女。
庚寅卜，殼，贞：兴弗其以〔角女〕。671 正〔典宾〕
(26) 行弗其以疋女。674〔典宾〕

"某 + 女"结构中的"女"有的可能应该是"母"，有"配偶"之义。姚孝遂说："商代文字㚬可以是'女'，也可以是'母'。"① 陈梦家说："母、妾、妻、奭均是同义。"② 卜辞中"㚬"读为"母"主要见于先母的名字或用来表示"某祖的配偶某妣"，例如：

(27) 祐中㚬兒。22284〔妇女〕
(28) 㞢于王亥㚬。672 正〔宾一〕
(29) 于祖丁㚬妣甲御㞢敉。2392〔典宾〕
(30) □辰贞：其秦生于祖丁㚬妣己。34083〔历二〕

以上四条卜辞中的"女"均应是"母"，第一条卜辞中的"中母"应该是先母的名字，第二、三、四条卜辞中的"母"应该有"配偶"之义，即"王亥的配偶"、"祖丁的配偶妣甲"、"祖丁的配偶妣己"。

有些生称的女名中的"女"也可能读为"母"，义为"配偶"。例如：克女、子㐅女。

(31) 庚辰卜，𥏻，贞：克女劥□毓□劥。21786〔子组〕
(32) 己巳卜，贞：子利女不死。

---

① 姚孝遂：《古文字的符号化问题》，《古文字学论集·初编》，第 99 页；参见《甲诂》，第 445 页。
② 陈梦家：《殷虚卜辞综述》，中华书局 1988 年版，第 487 页。

其死。275.1［花东子组］

（33）甲子卜：克女□月。22453［午组］

"克女"可能即指"克妻"，"子利女"应该是子利的妻子。

卜辞中另有"季母"，可证生称的女名中的"女"可读为"母"。

（34）乙卜：季母亡不若。139.1［花东］

陈剑指出：人名"季"《花东》249出现4次，此"季母"当即季之配偶。

卜辞中另外有一例我们认为可能为"子弘女"。

（35）己未卜，出，贞：子弘①女业（有）疾。不②。23531［出一］

（36）癸亥卜，出，贞：子弘弗疾。业（有）疾。23532［出一］

（37）癸亥卜，出，贞：子弘弗疾。业（有）疾。23533［出一］

我们认为第一条卜辞中的"女"若为"毋"的话，一般后面可能要有"其"，表示可能性，以卜问子弘不会有疾病的可能性。裘锡圭指出：

> 卜辞最常用的否定副词可以分为两组，即"弓（一般释为'勿'）、弜"和"不、弗"。前者通常是表示意愿的，往往可以翻成现代汉语的"不要"。后者通常是表示可能性或事实的，往往可以翻成"不会"或"没有"……总之，在卜辞里，不带"其"的"毋"基本上属于"勿、弜"一组，而带"其"的"毋"则属于"不、弗"一组。③

---

① "弘"，从裘锡圭释，后"弘"字皆同。裘锡圭：《释"弘""强"》，《古文字论集》，中华书局1992年版，第53—58页。

② 参见裘锡圭《关于殷墟卜辞的命辞是否问句的考察》，《中国语文》1988年第1期，第13页；《古文字论集》，中华书局1992年版，第249—276页。

③ 裘锡圭：《谈谈古文字资料对古汉语研究的重要性》，《中国语文》1979年第6期，第440页；后收入《古代文史研究新探》，江苏古籍出版社1992年版，第161—162页。

第二条、第三条卜辞中用"弗"也表明卜问是否有疾病应该用表示可能性的否定副词"弗",而不应该用表示意愿的否定副词"毋"。所以,第一条卜辞应该是卜问子弘女会有疾病吗,验辞中说"不"。另一种可能是第一条卜辞"女"后漏刻了"其"字,那么这条卜辞就是在卜问子弘不会有疾病吧,验辞中说不会有疾病。

卜辞中有一例"女婐",其结构似为"女某",但所在卜辞残缺,又仅此一例,暂时存疑。

(38)☐女婐①王不☒。738 正 [宾一]

3. 子+某/某+子

"子+某"中的"子"为身份,可能如同男性"子某"中的"子"一样,是与商王有血缘关系的标志。例如:子姞(10579)、子㺇(137反)、子目。

(39)庚午卜,宾,贞:子目娩,㚳。14034 正 [典宾早]

卜辞中另有"某+子"表女名,例如:

(40)壬午卜:舌子㚳。
壬午卜:舌子不其㚳。允不。22102 [自宾]

我们认为这里的"舌子"应当是一个女名。卜辞中经常有卜问某个女子"㚳"的占卜,意在卜问这个女子是否会生男孩。例如:

(41)戊午卜:小臣不其㚳。癸酉☒(向)② 甲戌女☐。[十月]。

---

① 赵诚认为"女婐"是商王的下一辈。赵诚:《诸帚探索》,《古研》第十二辑,中华书局1985年版,第103页。

② 裘锡圭:《释殷墟卜辞中的"☒""☒"等字》,《第二届国际中国古文字学研讨会论文集》,香港中文大学出版社1993年版,第83页。

殷墟甲骨文女名结构分析　125

戊午卜：小臣妣。十月。
戊午卜：小臣妣。585 正［𠂤宾］
（42）丙子卜，𢀛：妇㚸妣。乙☐妣☐。14068［𠂤宾］
（43）癸未卜，王：良妣。《怀特》495［𠂤宾］
（44）妇婞不其妣。1773 正［典宾］
（45）贞：妇多妣。22246［妇女］

4. 司＋某／某＋司

"司"为身份，"某"为"女化字"时一般为女名。例如：司娥、司娘等。"某"为天干时，一般指祭祀对象。例如：司癸（21805）、司戊（22044）。

（46）十月甲申卜，王：于妣己御司娘。19886［𠂤小字］
（47）己酉卜，王：司娥娩，允其于壬。十一月。不。21068［𠂤小字］
（48）乙丑卜，王，贞：司娥子余子。21067［𠂤小字］

卜辞中有"某＋司"，这种人名一般是被祭祀的对象。例如：龏司（14814）、尻司等。

（49）庚子子卜：惠小宰尻司。21805［子组］

5. 某＋妻＋某

"妻"为身份，即"妻子"，前面的"某"为夫名，后面的"某"为私名。例如：蚁妻笒。

（50）癸未卜，㱿，［贞：旬亡囚（忧）①。］（以上正面）王占

---

① "囚"字原释为"𠭰"，读为"祸"，此从裘锡圭说，读为"忧"。裘锡圭：《说"囚"》，《古文字论集》，中华书局1992年版，第105页；《从殷墟卜辞的"王占曰"说到上古汉语的宵谈对转》，《中国语文》2002年第1期，第70—76页。

曰：㞢（有）求（咎）①，其㞢（有）来婡，气至②。九日辛卯允㞢（有）来婡自北。虫妻妝告曰：土方㞢我田十人（以上反面）。6057 正反［典宾］

6. 某+妾+某

"妾"为身份，即"妻子"，前面的"某"为夫名，后面的"某"为私名。例如：子商妾盩、克妾䇂。

（51）丁亥卜，亘，贞：子商妾盩③娩，不其妌。14036［典宾］
（52）癸卯卜，自，贞：克妾䇂妌。19799［自小字］

黄天树师认为"䇂"为"克妾"的私名，可从。

花东子组卜辞中有一个女名叫"妃中周妾"。黄天树师认为"妃"是私名，"中周"是夫名，"妾"有"妻子"之义④，我们认为应当是正确的。

（53）甲子卜，贞：妃中周妾不死。321.5
甲子卜：妃其死。321.6［花东子组］

有时候作为私名的"某"不出现，人名结构表现为"某+妾"，例如：汏妾、竹妾、磬妾、子不妾等。

（54）□□［卜］，争，贞：取汏妾。657［典宾］
（55）贞：唐弗爵竹妾。

---

① 裘锡圭：《释"求"》，《古研》第十五辑，中华书局1986年版，第195—206页；后收入《古文字论集》，中华书局1992年版，第59—69页。

② "气"字从沈培释，有"终究"、"最终"之义，后"气"字皆同。参见沈培《申论殷墟甲骨文"气"字的虚词用法》，《北京大学中国古文献研究中心集刊》第三辑，北京大学出版社2002年版，第11—28页。

③ 裘锡圭：《释"祕"》，《古研》第三辑，中华书局1980年版，第7—31页；后收入《古文字论集》，中华书局1992年版，第17—34页。

④ 黄天树：《〈殷墟花园庄东地甲骨〉中所见虚词的搭配和对举》，《清华大学学报》2006年第2期，第95页；后收入《黄天树古文字论集》，学苑出版社2006年版，第401—411页。

☐竹妾。2863［典宾］
(56) 戊辰卜：子其㠯（以）磬妾于妇好，若。265.1
庚午卜：子其㠯（以）磬妾于妇好，若。265.3［花东子组］
(57) □□［卜］，争，贞：子不妾☐。13973［典宾］

7. 某＋丁人＋某

"丁人"为某种身份的人，前面的"某"是其所属国族，后面的"某"应当是私名。例如：靳丁人妁、黄尹丁人嬉、黄尹丁人媸。

(58) 贞：靳丁人妁㞢（有）疾。13720［典宾］
(59) 丙戌卜，争，贞：取黄尹丁人嬉。3097［宾三］
(60) 丙午卜，争，贞：黄尹丁人媸不殟①，在丁家，㞢（有）子。3096［宾三］

黄天树师认为第一条卜辞中的"妁"是私名，可从。这条卜辞卜问≃族的名字叫做妁的丁人会有疾病吗。第二条卜辞卜问取黄尹丁人嬉吗。第三条卜辞卜问黄尹丁人媸在丁家生育孩子，不会突然昏厥或暴死吧，这里的"丁家"我们怀疑指的就是武丁所在的家族。

以上的"靳丁人妁"、"黄尹丁人嬉"和"黄尹丁人媸"皆为女名。一方面她们的私名都是以"女化字"来命名的；另一方面卜辞中有关"有子"的占卜也都是卜问女子妊娠、生子的（如13926、13931等）。鉴于此，以上三人应为女子。

卜辞中有"单丁人豊"，"丁人"是身份，前面的"单"可能是族名或地名，后面的"豊"应当是私名。所指是男性还是女性不明确。

(61) 癸丑卜，争，贞：旬亡囚（忧）。三日乙卯允㞢（有）嬉。单丁人豊彡②于象☐丁巳兔子豊彡☐鬼亦得疾。137 正＋16890＋7990

---

① "殟"，从陈剑释，有突然昏厥或突然死亡之义。陈剑：《殷墟卜辞的分期分类对甲骨文字考释的重要性》，北京大学博士毕业论文，2001年，第76—82页；又收入《甲骨金文考释论集》，线装书局2007年版，第427—436页。

② 从杨树达释。参见杨树达《读胡厚宣君殷人疾病考》，《积微居甲文说·卜辞琐记》，中国科学出版社1954年版，第60页。

(594 正同文)〔典宾〕

卜辞中还有"某丁人"和"丁人",其性别不能明确。例如:黄尹丁人、黄丁人、伊丁人、丁人。

(62) 癸卯卜,贞:今日令㠱取黄丁人。七月。22〔宾三〕
(63) □入黄尹丁人。3098〔宾出〕
(64) 贞:于乙亥入黄尹丁人。3099〔宾三〕
(65) □□卜,贞:今日其取伊丁〔人〕。32803 正(《明后》2442 同事卜)〔历二〕
(66) 丙子〔贞〕:又梦丁人于河其用。32212+33334+33224①(《英藏》2428 同文)〔历二〕

裘锡圭指出:"在历组卜辞里,黄尹改称伊尹,所以'黄丁人'也改称为'伊丁人'。"② 这是正确的。

8. 亚+某

"亚"可能为其贵族身份的标志。例如:亚妌。

(67) □亚妌□梦父□田(忧)。5682〔宾组〕

殷墟甲骨文中的女名还有一种"某+某"的结构形式,其构成暂不能详。例如:霝妃。

(68)〔辛〕丑卜,㱿,〔贞〕:霝妃不姘。6197(6198+《英藏》555、6199、6200 为同套卜辞之一、二、三、四)〔典宾〕

以上我们讨论了殷墟甲骨文中的女名有单一和复合两种结构形式。复

---

① 蔡哲茂缀合。参见蔡哲茂《甲骨新缀十则》,第二组,《古研》第二十六辑,中华书局 2006 年版,第 118 页。
② 裘锡圭:《说卜辞的焚巫尪与作土龙》,《甲骨文与殷商史》第一辑,上海古籍出版社 1983 年版,第 24 页;后收入《古文字论集》,中华书局 1992 年版,第 218 页。

合结构的女名主要由身份与国族名或私名构成，构成女名"身份"的主要有：妇、女、子、司、妻、妾、丁人、亚。

（本文蒙黄天树师、陈剑先生审阅并提出多处修改意见，谨致谢忱！）

初稿　2005 年 11 月
二稿　2006 年 6 月
三稿　2007 年 3 月
定稿　2008 年 4 月

试说西周金文中用作地名的"斤"

王泽文

西周金文中有一个字形作"斤"的字,用作地名,见于《殷周金文集成》2674 征人鼎,以及新近发布的京师畯尊,涉及周昭王伐楚、南巡路线。

征人鼎,又名天君鼎,陈介祺旧藏,现藏日本。① 25 个字(含合文1,见附图 1):

> 丙午,天君乡(饗)
> 禩酉(酒),才(在)斤,天
> 君商(赏)氒(厥)征
> 人斤贝,用乍(作)
> 父丁障彝,黿。

京师畯尊,由李学勤在《文物》2010 年第 1 期上刊布,26 字,其中个别字反书(见附图 2)②:

> 王涉汉伐
> 楚,王又戥(?)工。

---

① 中国社会科学院考古研究所编:《殷周金文集成》(修订增补本),中华书局 2007 年版,第 1664 页。
② 李学勤:《由新见青铜器看西周早期的鄂、曾、楚》,《文物》2010 年第 1 期。此处释文采用李学勤后来的修正,参见李学勤《当代名家学术思想文库:李学勤卷》,万卷出版公司 2010 年版,第 209 页。

京师畯克斤，
王蔑（蔑）贝，用乍（作）
日庚宝障
彝。㫃。

此外，还有一件正簋，又名天君簋（《集成》4020），22字（含合文1，见附图3—1、3—2）：

黽，癸亥，我天
君乡（飨）酓酉，丙
贝㐬正斤贝，用
乍父丁障彝。

正簋与征人鼎的做器者为同一人。正簋，或以为伪①，或以为真。②笔者认为，就摹画的器形和纹饰而言，时代与西周早期相合，但铭文应属伪作。

李学勤曾将"斤"释作"麇"，以为在今湖北郧县。③ 西周早期金文中有"麇"字，见于亳鼎（集成2654），也属地名。④ 笔者以为，"斤"或可以释作"蕲"，地望在今湖北蕲春附近。下面从几方面稍作讨论。

一 昭王伐楚、南巡路线

由京师畯尊铭文可知，"斤"的地望和昭王伐楚、南巡的路线有关。

---

① 白川静：《金文通释》卷六，日本株式会社平凡社2005年版，第465页；李学勤：《由新见青铜器看西周早期的鄂、曾、楚》。

② 容庚：《西清金文真伪存佚表》，《燕京学报》1929年第5期；刘雨：《乾隆四鉴综理表》，中华书局1989年版，第50页。

③ 李学勤：《论周初的鄂国》，《中华文史论丛》2008年第4辑，总第九十二辑，又收入《通向文明之路》，商务印书馆2010年版。

④ 严志斌：《商代青铜器铭文研究》，中国社会科学院研究生院博士学位论文，2006年，第170—171页。

西周时期，从周王朝中心地区，到南方江汉地区，可能有两条路线，一条是西线，从丰镐出发，沿汉水南下。据太保玉戈，"六月丙寅，王在丰，令太保省南国，帅汉，遂殷南，令厉侯辟……"若太保召公出发地点在丰，则其南下或走西线。① 另一条是东线，可能在营建成周之后，更多从成周出发南下。② 据鄂君启节的车节（集成12112），其西北路线，"就阳丘，就方城，就象禾（即"象河"，在今河南省泌阳北象河关）"③，这可能也是东线南北途经之地。

据䚄簋（集成3950），昭王十五年征伐楚荆，从成周出发。④ 据静方鼎（新收1795）⑤，在十八年的十月，昭王在宗周派遣中和静等省南国。据䵼甗（近出二126）⑥，十九年正月王尚在宗周；在十九年的上半年，王已动身。据静方鼎，到了十九年八月，王已经到了成周。之后，据中觯（集成6514），王大省公族于唐。⑦ 由此可知，昭王及其臣属南巡，更多的是走从成周出发向南的东线。而麇地远在汉水上游。这是笔者在讨论时所考虑的一个方面。

《周本纪》载："昭王南巡狩，不返，卒于江上。"据《吕氏春秋·音初》、《竹书纪年》、扬雄《蜀都赋》、《帝王世纪》等，昭王没于汉水。所以学者或以为"江"应作"汉"。⑧ 但因为楚都其时在丹阳，《周本纪》也许是统而概之，表明昭王一行曾南至于长江。金文中的"南国相"（静

---

① 吴镇烽：《商周金文资料通鉴》，2010年，19762号；李学勤：《太保玉戈与江汉的开发》，《李学勤文集》，上海辞书出版社2005年版。
② 张永山：《武丁南征与江南"铜路"》，《南方文物》1994年第1期。
③ 汤余惠：《战国铭文选》，吉林大学出版社1993年版，第45、49页；何琳仪：《战国古文字典——战国文字声系》，中华书局1998年版，第677页；刘彬徽、刘长武：《楚系金文彙编》，湖北教育出版社2009年版，第395、495—496页。鄂君启节虽然是战国晚期的材料，但其中涉及的一些地理交通，可以作参考。
④ 李学勤：《论西周的南国湘侯》，《湖南省博物馆馆刊》第五辑，2009年；又收入《通向文明之路》，商务印书馆2010年版。
⑤ 钟柏生、陈昭容、黄铭崇、袁国华编：《新收殷周青铜器铭文暨器影汇编》，台北艺文印书馆2006年版，第1795号。
⑥ 刘雨、严志斌编著：《近出殷周金文集录二编》，中华书局2010年版，126号。
⑦ 各器铭之间的联系，参见李学勤《论西周的南国湘侯》。
⑧ 杨宽：《西周史》，上海人民出版社1999年版，第557页；李零注译：《周本纪》，《全注全译史记》，天津古籍出版社1995年版，第102页；石泉先生认为，汉水古亦称"江"，参见《古文献中的"江"不是长江的专称》，收入《古代荆楚地理新探》，武汉大学出版社1988年版；参见《石泉文集》，武汉大学出版社2006年版，第13—14、70页。

方鼎)、"相侯"(集成6002作册析尊等)位于今湘水流域①,那么昭王时周王朝经营南土至于长江流域,是完全可能的。

结合相关金文分析,诚如李学勤所言,昭王伐楚荆及南巡,以及相应的周王朝对南国的经营,涉及的地区非常广大,甚至涉及"虎方"②、今湖南湘水流域的"相"、今四川省的新繁县一带的"繁"等。③ 因此,对其中有些活动的地点的理解不一定只限于和伐楚战事相联系。

二 鄂东一带西周前期文化遗迹

历史上,孝感曾发现过"安州六器",铭文涉及昭王伐楚及南巡。20世纪50年代以来,鄂东地区经考古发掘陆续发现一些西周早期遗址,其中的铜器和陶器等遗物时代在商代晚期至西周早期。④ 学者已有较为深入的研究。⑤ 这些器物的形制、纹饰、铭文及器物组合具有典型的中原文化风格,表明此地当时与周王朝之间有一定联系。这些发现,应该和西周前期周王朝向南方的发展结合起来考察。⑥ 近年,麻城宋埠镇金罗家又发现

---

① 李学勤:《论西周的南国湘侯》。
② 关于虎方的方位,有多种意见,参见严志斌《商代青铜器铭文研究》,第171—172页;孙亚冰、林欢:《商代地理与方国》,中国社会科学出版社2010年版,第434—437页;刘先枚、刘自斌:《虎方考——兼论巴周、巴楚关系》,《三峡文化研究丛刊》2002年。
③ 李学勤:《论繁蜀巢与西周早期的南方经营》,收入《通向文明之路》,商务印书馆2010年版。
④ 中国科学院考古研究所湖北发掘队:《湖北蕲春毛家咀西周木构建筑》,《考古》1962年第1期。湖北黄冈市博物馆、湖北蕲春县博物馆:《湖北蕲春达城新屋塆西周铜器窖藏》,《文物》1997年第12期。湖北省博物馆、孝感地区博物馆、黄陂县文化馆:《湖北黄陂鲁台山两周遗址与墓葬》,《江汉考古》1982年第2期。
⑤ 张亚初:《论鲁台山西周墓的年代与族属》,《江汉考古》1984年第2期;李学勤:《谈盂方鼎及其它》,《文物》1997年第12期;吴晓松、洪刚:《湖北蕲春达城新屋塆窖藏青铜器及相关问题的研究》,《文物》1997年第12期;张长寿、殷玮璋主编:《中国考古学·两周卷》,中国社会科学出版社2004年版,第129—142页;朱凤瀚:《中国青铜器综论》,上海古籍出版社2009年版,第1518页。
⑥ 李克能:《鄂东地区西周文化分析》,《东南文化》1994年第3期;张长寿、殷玮璋主编:《中国考古学·两周卷》,第142页;刘彬徽:《江汉文化与荆楚文明》,江苏教育出版社2008年版,第140—149页;刘彬徽:《长江中游地区西周时期考古研究》,北京大学考古文博学院编:《考古学研究(五)》,2003年;《湖北随州叶家山西周墓地笔谈》,《文物》2011年第11期,朱凤瀚、张昌平意见。

了一处时代大致为西周中期的古城址，就其文化因素而言，与周文化关系较密切。① 有学者已经根据相关材料指出，这些现象表明，西周王朝在孝感、黄陂、麻城这一大三角区域内有着较强的直接存在。② 又有学者研究认为，以鄂州为中心的鄂东地区，大约到春秋中期才成为楚地。③

三　西周时期周王朝向南方发展与当时铜路的关系

史墙盘铭文（集成10175）涉及昭王史事时，有"佳奂（贯）南行"语，联系中方鼎（集成2751、2752）和中甗"王令中先省南国，贯行"等相关记载，裘锡圭同意唐兰的观点，指出应该与周人想贯通从南方掠夺金属的道路有关。④ 涉及昭王伐楚、南巡铭文中有"孚金"（集成03907过伯簋、集成05387员卣）、"易金"（集成06001小子生尊、集成06002作册析尊等）内容，或也可证明这一点。

西周时期的铜矿遗址，以长江中下游两岸的沿江铜矿带最为集中。⑤ 以长江中游为例，湖北大冶铜绿山遗址可早到西周早期，江西瑞昌古铜矿早在商代早期就已有采铜炼铜的规模生产。⑥ 学者据此探讨商代及西周的铜路问题。⑦ 这两处古铜矿遗址，距离蕲春很近。

---

① 孟华平等：《2006年度南方地区考古新发现》，《南方文物》2007年第4期。
② 傅玥、高旭旌：《从羊子山M4青铜器看西周鄂国的地望》，《楚文化研究论集》第9集。
③ 陈振裕：《湖北考古的世纪回顾与展望》，《考古》2008年第8期。
④ 裘锡圭：《史墙盘铭解释》，《古文字论集》，中华书局1992年版，第374—375页。
⑤ 张长寿、殷玮璋主编：《中国考古学·两周卷》，第170—175页。
⑥ 江西省文物考古研究所铜岭遗址发掘队：《江西瑞昌铜岭商周矿冶遗址第一期发掘演示文稿》，《江西文物》1990年第3期；周伟健等：《瑞昌铜岭古矿冶遗址的断代及其科学价值》，《江西文物》1990年第3期；周伟健等：《江西瑞昌铜岭古矿冶遗址的^{14}C-AMS研究》，《地球化学》2004年第5期。
⑦ 李学勤：《比较考古学随笔》，中华书局（香港）有限公司1991年版，第59—61页；又见《比较考古学随笔》，广西师范大学出版社1997年版，第40—41页；张永山：《武丁南征与江南"铜路"》；彭子成等：《鄂赣皖诸地古代矿料去向的初步研究》，《考古》1997年第7期；陈公柔：《先秦两汉考古学论丛》，文物出版社2005年版，第1—12页；秦颖等：《长江中下游古铜矿及冶炼产物输出方向判别标志初步研究》，《江汉考古》2006年第1期；孙亚冰：《商代的铜路》，《纪念殷墟YH127甲骨坑南京室内发掘70周年论文集》，文物出版社2008年版。

四　文字训诂

《说文·艸部》，蘄，艸也。从艸，簖声，江夏有蘄春亭（段注改作县）。徐铉谓说文及其他字书无簖字。段注以为当是从堇，斤声。①

《汉志》，蘄春，属江夏郡。注音"祈"。②《吕氏春秋·振乱》："所以蘄有道行有义者，为其赏也。"注"蘄读曰祈"。③

段注已指出古钟鼎款识多借为祈字。④ 金文中，祈写作"旂"、"䖌"等。⑤ 蘄、旂、祈为群母文部字，斤为见母文部字。蘄、斤同从"斤"声，可以通假。

综合上述几方面分析，将"斤"释作"蘄"，其地或在今蘄春一带，可能性还是存在的。

先秦时另有蕲（音机）县，战国时楚邑，秦置蕲县，汉属沛郡。治所在今安徽省宿县南，见《史记·楚世家》及《史记·高祖本纪》，与蘄春无涉。又，《左传》宣公十一年、楚"令尹蒍艾猎城沂"，杜注楚邑。沂，又见于《左传》定公五年。吴经过柏举之战打败楚，侵入楚国都郢，之后秦出兵救楚，"大败夫槩王于沂"。过去多以为是同一处地名，只是地望有异说，如《钦定春秋传说彙纂》以为在今河南省正阳县境，沈钦韩认为在今湖北鄂州市东⑥，杨伯峻从前一种说法，谭其骧主编《中国历史地图集》主后一种说法。石泉认为当在今河南省唐河县西南。⑦ 清华简《系年》有关于这段史事的记载，在简文中，秦救楚，与吴交锋之地作

---

① （汉）许慎撰，（清）段玉裁注：《说文解字注》，上海古籍出版社1981年版，第27页。河南安阳曾出有一件晚商的簖侯戈（集成10770），或当从单得声。
② 《汉书·地理志》，中华书局点校本，1962年版，第1568页。
③ 高亨纂著，董治安整理：《古字通假会典》，齐鲁书社1989年版，第123—125页。
④ （汉）许慎撰，（清）段玉裁注：《说文解字注》，上海古籍出版社1981年版，第27页。
⑤ 容庚编著，张振林、马国权摹补：《金文编》，中华书局1985年版，第14—15页；王辉：《古文字通假字典》，中华书局2008年版，第501页。
⑥ 杨伯峻：《春秋左传注》（修订本），中华书局1990年版，第711—712、1551页。
⑦ 石泉：《古代荆楚地理新探》，第397—398页。

"析",在今河南省西峡县。① 据此,《左传》定公五年之"沂"可能为"析"之误②,而《左传》宣公十一年之"沂"或当别论。清华简《系年》的记载,也可以作为本文第一部分所讨论的西周时期由周王朝中心地区到南方江汉地区之间的西线交通路线的旁证。

五 附论

本文讨论"斤"或当在今蕲春一带,蕲春距鄂州不远。鄂在涉及西周王朝向南方经营的金文中屡见,相关讨论颇多。这里稍加分析。

据《楚世家》,"当周夷王之时,王室微,诸侯或不朝,相伐。熊渠甚得江汉间民和,乃兴兵伐庸、杨粤,至于鄂……乃立其长子康为句亶王,中子红为鄂王,少子执疵为越章王,皆在江上楚蛮之地"。这条史料学者多有讨论。推其文理,其时鄂地望已涉及长江流域。

而在昭王南巡的铭文材料中,中甗(集成949)提到"曾",又提到"在鄂师次";静方鼎提到"在曾、鄂师"。表明曾、鄂两地不能相隔太远。近年,分别在随州附近的羊子山和叶家山相继发现了西周早期的鄂国和曾国的高等级贵族墓葬,且出有"鄂侯"、"曾侯"等西周早期有铭青铜器。③ 这些考古发现证明,其时鄂、曾两国相距不远,都在今湖北随州附近。目前,关于西周早期的鄂,学者多倾向于其中心区域应在今湖北随州安居一带。④

---

① 清华大学出土文献研究与保护中心编,李学勤主编:《清华大学藏战国竹简(贰)》,中西书局2011年版,084号简。
② 李守奎:《清华简〈系年〉与吴人入郢新探》,《中国社会科学报》2011年11月24日第7版。
③ 随州市博物馆:《随州出土文物精粹》,文物出版社2009年版;湖北省文物考古研究所、随州市博物馆:《湖北随州叶家山M65发掘简报》,《江汉考古》2011年第3期;湖北省文物考古研究所、随州市博物馆:《湖北随州叶家山西周墓发掘简报》,《文物》2011年第11期。
④ 刘彬徽:《关于楚鄂地之谜和楚都丹阳之谜的思考》,《楚文化研究论集》第9集,上海古籍出版社2011年版;傅玥、高旭旌:《从羊子山M4青铜器群看西周鄂国的地望》;李学勤:《由新见青铜器看西周早期的鄂、曾、楚》,《湖北随州叶家山西周墓地笔谈》,《文物》2011年第11期,李学勤、朱凤瀚、王占奎、张昌平等意见;《笔谈》中刘绪似也倾向此说。张昌平:《论随州羊子山新出噩国青铜器》,《文物》2011年第11期;黄凤春、陈树祥、凡国栋:《湖北随州叶家山新出西周曾国铜器及相关问题》,《文物》2011年第11期。

附记：本文初稿曾于 2010 年 5 月 15 日在北京师范大学"商周文明学术研讨会"上宣读。在修改过程中，得到中国社会科学院语言研究所王志平先生指正；对湖北省麻城西周遗址的情况的了解，得到中国社会科学院考古研究所严志斌先生、湖北省文物考古研究所罗运兵先生的帮助，在此一并致谢！

附图 1　征人鼎铭

附图 2　京师畯尊铭

附图 3—1　正簋器形

附图 3—2　正簋铭文

西周伯制考索

邵 蓓

西周伯制是西周政治中重要的一环，更是春秋霸主政治的直接导源。《礼记·王制》云："天子百里之内以共官，千里之内以为御。千里之外设方伯。五国以为属，属有长；十国以为连，连有帅；三十国以为卒，卒有正；二百一十国以为州，州有伯。八州，八伯，五十六正，百六十八帅，三百三十六长。八伯各以其属属于天子之老二人，分天下以为左右，曰二伯。"此说，学者多认为过于整齐划一，是理想的拟制，而非西周时代的事实，不过其在一定程度上反映了西周的史影。吕思勉认为："无论《周官》、《王制》，皆属学者拟议之辞，本非古代史实。然拟议之说，亦必有其所由。"而他对二伯、八伯说更倾向于肯定。① 顾颉刚认为西周有"'侯伯'，也叫做'孟侯'，伯和孟都是首长之称，所以这是侯中的领袖的意思"②。杨宽肯定了周初周召二公"分陕而治"的史实，但否定了二伯之制。③ 王冠英否定了《王制》方伯之说，但他主要是针对甲骨卜辞和殷代外服来立论的。④ 陈恩林指出周初的鲁、齐、晋、燕、卫都是代表天子坐镇一方，享有征伐大权的方伯。诸侯长的地位"与公爵相埒"。⑤ 葛志毅认为周初存在两级分区管领诸侯的方式，首先是二公分主东西诸侯，其次是大国对所在地区内的诸侯有监管征伐权，为所在地区的诸侯长，即

---

① 吕思勉：《先秦史》，上海古籍出版社2005年版，第347—349页。
② 顾颉刚：《顾颉刚古史论文集》第二册，中华书局1988年版，第331页。
③ 杨宽：《西周史》，上海人民出版社1999年版，第320—321页。
④ 王冠英：《殷周的外服及其演变》，《历史研究》1984年第5期。
⑤ 陈恩林：《先秦两汉文献中所见周代诸侯五等爵》，《历史研究》1994年第6期。

第二级诸侯长。① 近年来，王健结合金文和文献对西周方伯制度作了比较详细的探讨。② 诸位学者的研究偏向于方伯，而对王官伯着意不多，在文献和材料的利用上也尚有值得发掘和讨论的地方，本文不揣谫陋，试作西周伯制考索，以就教于方家。

一

据文献记载，伯制由来已久。《左传》成公二年载齐国佐语："五伯之霸也，勤而抚之，以役王命。"杜预注："夏伯昆吾，商伯大彭、豕韦，周伯齐桓、晋文。"《国语·郑语》："佐制物于前代者，昆吾为夏伯，大彭、豕韦为商伯矣。"又《史记·殷本纪》："纣乃许之，赐弓矢斧钺，使得征伐，为西伯。"则西周伯制当是承继前代而来。③ 我们先看有关礼书的记载。

《礼记·王制》云：

> 天子百里之内以共官，千里之内以为御。千里之外设方伯。五国以为属，属有长；十国以为连，连有帅；三十国以为卒，卒有正；二百一十国以为州，州有伯（郑玄注：伯、帅、正，亦长也。凡长皆因贤侯为之。殷之州长曰伯，虞夏及周皆曰牧）。八州，八伯，五十六正，百六十八帅，三百三十六长。八伯各以其属属于天子之老二人，分天下以为左右，曰二伯（郑玄注：老谓上公。《周礼》曰"九命作伯"。《春秋传》曰："自陕以东，周公主之，自陕以西，召公主之。"）。

---

① 葛志毅：《周代分封制度研究》第二章第一节，黑龙江人民出版社2005年版。
② 主要论文有：《史密簋铭文与齐国的方伯地位》，《郑州大学学报》2002年第2期；《西周方伯发微》，《河南师范大学学报》2002年第5期；《从楚公逆钟铭文论到西周的方伯制度》，《中国历史地理论丛》2002年第2辑；《周初管叔的方伯地位》，《中州学刊》2003年第1期；《西周卫国为方伯考》，《商丘师范学院学报》2004年第4期。又氏著《西周政治地理结构研究》第四章，《西周方伯研究（上）》和第五章《西周方伯研究（下）》，中州古籍出版社2004年版。
③ 参见王健《西周政治地理结构研究》第四章第一节之"西周方伯的起源"，第138—146页。

制：三公一命卷，若有加，则赐也，不过九命。次国之君不过七命，小国之君不过五命，大国之卿不过三命，下卿再命，小国之卿与下大夫一命。

诸侯，赐弓矢然后征，赐鈇钺然后杀（孔颖达疏：诸侯赐弓矢者，谓八命作牧者，若不作牧则不得赐弓矢。故《宗伯》云："八命作牧"，注云："谓侯伯有功德者加命得专征伐。"此谓征伐当州之内，若九命为二伯，则得专征一方五侯九伯也。若七命以下不得弓矢赐者，《尚书大传》云："以兵属于得专征伐者。"此弓矢，则《尚书》"彤弓一，彤矢百，卢弓十，卢矢千"……赐鈇钺者，谓上公九命得赐鈇钺，然后邻国臣弑君，子弑父者，得专讨之）。

《礼记·曲礼下》：

五官之长曰伯（郑玄注：谓为三公者，《周礼》"九命作伯"。孔颖达疏：三公加一命出为分陕二伯者也。伯，长也，谓朝廷之长，言此二伯为内外官之长也），是职方（郑玄注：职，主也，是伯分主东西者。孔颖达疏：言二伯是职主当方之事也）。其摈于天子也，曰"天子之吏"……自称于诸侯，曰"天子之老"，于外，曰公，于其国，曰君。九州之长，入天子之国，曰牧（郑玄注：每一州之中，天子选诸侯之贤者以为之牧也）……于外，曰侯，于其国，曰君。其在东夷、北狄、西戎、南蛮，虽大曰子（郑玄注：谓九州之外长也。天子亦选其诸侯之贤者以为之子，子犹牧也。入天子之国曰子，天子亦谓之子，虽有侯伯之地，本爵亦无过子，是以同名曰子）。

《周礼·大宰》云：

以九两系邦国之民：一曰牧，以地得民（郑玄注：牧，州长。贾公彦疏：谓畿外八州之中，州别立一州牧，使侯伯有功德者为之，使统领二百一十国）。

《周礼·大宗伯》云：

以九仪之命正邦国之位。壹命受职，再命受服，三命受位，四命受器，五命赐则，六命赐官，七命赐国，八命作牧（郑玄注：谓侯伯有功德者，加命得专征伐于诸侯。郑司农云一州之牧。王之三公亦八命），九命作伯（郑玄注：上公有功德者，加命为二伯，得征五侯九伯者。郑司农云长诸侯为方伯）。

《周礼·典命》：

上公九命为伯（郑玄注：上公谓王之三公有德者，加命为二伯），其国家、宫室、车旗、衣服、礼仪，皆以九为节；侯伯七命，其国家、宫室、车旗、衣服、礼仪，皆以七为节；子男五命，其国家、宫室、车旗、衣服、礼仪，皆以五为节。

根据上引礼书的记载和前贤的注疏，西周的伯制分为两种：一是由天子的二公，加命出为二伯，分掌东西诸侯，此可称为王官伯[1]，如周初的周、召二公分陕而治；二是由周王任命地方诸侯之贤明者为诸侯长，管理一方诸侯之事，王亲赐弓矢，可以征伐本方违背周王政令的诸侯，此类伯可以称为方伯[2]、侯伯、州伯。此外，蛮夷戎狄之君，也由天子为之立长，类似于方伯，只是由于他们不属于诸夏，所以只能称为子，不能称为方伯，有实而无名。

礼书的记载究竟在多大程度上反映了历史的真实，我们可以征以比较可靠的文献和金文材料。

---

[1] 《说文·人部》："伯，长也。"王官伯即王官之长，《左传》昭公十一年叔向称"今单子为王官伯"。《礼记·曲礼下》："五官之长曰伯。"孔颖达疏："三公加一命出为分陕二伯者也。伯，长也，谓朝廷之长，言此二伯为内外官之长也。"《仪礼·觐礼》郑玄注："诸侯初入门，王官之伯帅之耳。"李如圭《仪礼集释》："《康王之诰》曰帅诸侯入者，大保、毕公，所谓王官伯。"《左传》哀公十三年"伯合诸侯，则侯帅子男以见于伯"，杜预注："伯，诸侯长。"则称礼书所谓东西二伯为王官伯是合适的。

[2] 历代学者对方伯所指意见不同，大部分学者认为方伯是大国诸侯出任的诸侯长，但也有学者认为方伯即二公出任的二伯，如上引《周礼·大宗伯》"九命作伯"郑玄注引郑司农说。据王冠英研究，卜辞中的方伯与《礼记·王制》所说的方伯明显不同。为方便起见，本文仍从方伯为地方诸侯长说。

二

《尚书·康王之诰》记载康王举行即位大典："太保率西方诸侯入应门左，毕公率东方诸侯入应门右。"《左传》哀公十三年子服景伯称："王合诸侯，则伯帅侯牧以见于王；伯合诸侯，则侯帅子男以见于伯。"杜预注："伯，王官伯；侯牧，方伯。"孔颖达疏："《曲礼》云：五官之长曰伯，是职方也，九州之长，入天子之国曰牧，于外曰侯。职方者，二伯各主一方，州长者，州牧各主一州。《周礼》所谓八命作牧，九命作伯是也。'王合诸侯，则伯帅侯牧'当如《康王之诰》太保帅西方诸侯，毕公帅东方诸侯以见于王也……'伯合诸侯，则侯帅子男'，侯谓牧也，牧帅诸国之君见于伯也。"① 这里伯侯子男的顺序，不同于公侯伯子男五等爵称的顺序，子服景伯所说的伯，是总管诸侯的王官伯，侯牧则是管理一方诸侯的方伯。又《诗·江汉》云："王命召虎，式辟四方，彻我疆土，匪疚匪棘，王国来极，于疆于理，至于南海。"《烝民》："王命仲山甫，式是百辟，缵戎祖考，王躬是保。出纳王命，王之喉舌，赋政于外，四方爰发"、"肃肃王命，仲山甫将之，邦国若否，仲山甫明之"。以上可见西周确实有王之重臣管理诸侯的事实，而《尚书·康王之诰》的记载揭示西周初确有可能存在两位王官伯分管东西诸侯之政。

《尚书·康诰》曰：

> 王若曰："孟侯，朕其弟，小子封。"（孔传：孟，长也。五侯之长，谓方伯，使康叔为之。）

是卫康叔被任命为侯伯。

《诗·崧高》：

> 亹亹申伯，王缵之事，于邑于谢，南国是式。王命召伯，定申伯

---

① 《春秋左传正义》，《十三经注疏》，中华书局1980年影印本，第2171页。

之宅，登是南邦，世执其功。王命申伯，式是南邦，因是谢人，以作尔庸……往近王舅，南土是保……申伯之德，柔惠且直，揉此万邦，闻于四国。（郑玄笺："亹亹然勉于德，不倦之臣有申伯，以贤入为周之卿士，佐王有功，王又欲使继其故诸侯之事，往作邑于谢，南方之国皆统理，施其制度。时改大其邑，使为侯伯。"）

此诗所记是周宣王迁封其王舅申伯于谢，掌管南方诸侯之事，申伯即为南方诸侯之伯长。

《诗·大雅·韩奕》：

韩侯受命。王亲命之，缵戎祖考，无废朕命，夙夜匪解，虔共尔位，朕命不易，榦不庭方，以佐戎辟……以先祖受命，因时百蛮。王锡韩侯，其追其貊，奄受北国，因以其伯。实墉实壑，实亩实籍，献其貔皮，赤豹黄罴。（郑玄笺："韩侯先祖有功德者，受先王之命封为韩侯，居韩城为侯伯，其州界外接蛮服，因见使时节百蛮贡献之往来，后君微弱，用失其业。今王以韩侯先祖之事如是，而韩侯贤，故于入觐，使复其先祖之旧职，赐之蛮服追貊之戎狄，令抚柔其所受王畿北面之国，因以其先祖侯伯之事尽予之。"）

此诗记载了周宣王册命韩侯为侯伯，管理北方诸侯、监控北戎之事。

《逸周书·世俘》载："王秉黄钺正国伯。"陈逢禄云："国伯谓九州之牧。"朱右曾云："国伯，八州之伯。"① 《尝麦》："九州□伯咸进，在中，西向。"于鬯案阙字据丁本作"牧"，潘振云"九州伯，牧也"②；"用我九宗正州伯教告于我"。唐大沛云："州伯，诸侯之长也。"③《左传》僖公四年管仲称："昔召康公命我先君太公曰：'五侯九伯，女实征之，以夹辅周室！'赐我先君履，东至于海，西至于河，南至于穆陵，北至于无棣。"是齐太公在周初被封为方伯。这些文献记载表明西周确实存

---

① 见黄怀信等编撰《逸周书汇校集注》，上海古籍出版社1995年版，第451页。
② 同上书，第776页。
③ 同上书，第788页。

在方伯之制。这其中，卫、韩都是姬姓王亲①，齐、申也是周的重要姻亲之国，而他们的任命针对的是殷商旧族和蛮夷异族这些主要的潜在敌对势力，藩屏周邦的意图非常明显。

据礼书所载，方伯又可称为侯牧，王官伯则由位为三公的王官之长、王朝重臣出任。我们以此揆诸西周金文的记载。

三

据杨宽研究，西周中央有卿事寮、太史寮两大官署。卿事寮主管"三事四方"，即管理王畿以内三大政事和四方诸侯的政务，卿事寮的长官，早期是太保和太师，中期以后主要是太师，太史寮的长官是太史。西周朝廷大臣有公、卿两级，西周金文中的"公"，作为生称，用作执政大臣太保、太师、太史的爵称。②传世令方尊、方彝（《集成》6016、9901）铭有"王令周公子明保，尹三事四方，受卿事寮……舍三事令，眔卿事寮、眔诸尹、眔里君、眔百工、眔诸侯：侯、田、男，舍四方令"。毛公鼎（《集成》2841）铭称"命女极一方，宏我邦我家"。班簋（《集成》4341）记载"王令毛伯更虢城公服，粤王位，作四方亟，秉繁、蜀、巢命"，"王令毛公以邦冢君……伐东国痛戎"，"王令吴伯曰：'以乃师左比毛父'，王令吕伯曰：'以乃师右比毛父。'"毛伯因为成为执政大臣，"更虢城公服"而改称毛公，在得到任命后可以统领诸侯之师。③彝铭显示，西周确实有执政大臣统领诸侯之事，可能就是文献所说的王官伯，他们既

---

① 《左传》僖公二十四年载："昔周公吊二叔之不咸，故封建亲戚以蕃屏周：管、蔡、郕、霍、鲁、卫、毛、聃、郜、雍、曹、滕、毕、原、酆、郇，文之昭也；邘、晋、应、韩，武之穆也；凡、蒋、邢、茅、胙、祭，周公之胤也。"

② 参见杨宽《西周史》第三编第一章、第二章，上海人民出版社1999年版。王世民认为西周金文中的公是王之卿士，见《西周春秋金文中的诸侯爵称》，《历史研究》1983年第3期。盛冬铃认为西周金文中诸侯国君也可以称公，但这种称呼应该是尊称而非爵称，见《西周铜器铭文中的人名及其对断代的意义》，《文史》第17辑。我们可以把西周金文中诸侯国君称公，理解如《春秋》经文所记，是国君在本国内的尊称或死后的尊称，并非爵位。

③ 这一点是郭沫若最先提出的，见《〈班簋〉的再发现》，《文物》1972年第9期。其后，杨宽（《西周史》，第337页）、王世民（《西周春秋金文中的诸侯爵称》）、李学勤（《班簋续考》，《古文字研究》第13辑）都持这样的看法。

是中央王官之长，又是东西诸侯之长。唐兰指出矢令方尊、方彝中的明保兼管四方诸侯，而不仅仅主东方诸侯，可能是昭王时的新制。① 王官伯对诸侯的统帅，似乎有集中于一人趋势，从《江汉》、《烝民》的诗句中也可以看出这种可能。柞伯鼎铭文记载虢仲命柞伯率领蔡侯出征，完成军事部署后，柞伯令蔡侯向虢仲复命。这里，虢仲具有号令其他诸侯的权力，应该就是身为上公的王官伯。而同为姬姓诸侯的柞伯和蔡侯之间也能在一定的军事行动中，形成特定的统属关系，揭示了西周诸侯间的复杂的层次关系。②

西周金文中的伯，一是诸侯的爵称，如己伯、井伯，多为畿内的诸侯③；二是作为行第用在称呼中，如伯雍父、伯和父、伯姜，还可以指称宗族长，如伯氏。各种用法中看不出具有方伯之意。而王官伯称公，不称伯，这可以从班簋毛伯进位为毛公中清楚得知。西周金文中的牧则大致相当于《周礼》中的牧人④，不是诸侯长的指称。

西周金文中的众多的侯，是最明确的诸侯爵称，主要指称畿外诸侯。从赐物来看，现存铜器铭文中只有应侯见工钟（《集成》107—108）中的应侯见工，伯晨鼎（《集成》2816）中的䢼侯伯晨和宜侯夨簋（《集成》4320）中的宜侯夨得到了"彤弓一，彤矢百"，"彤弓、彤矢、旅弓、旅矢"，"彤弓一，彤矢百，旅弓十，旅矢千"的封赐，与文献中所载的晋文侯⑤和晋文公的封赐相当，他们的爵位都是侯。而据应侯见工鼎⑥的记载，应侯见工曾奉王命征伐反叛的南夷丰。这符合《礼记·王制》诸侯"赐弓矢然后征"的说法，按照孔颖达的解释，只有方伯才能获赐弓矢，得专征伐。虽然西周金文中也有非侯而受弓矢之赐的，但跟这种彤弓矢和旅弓矢的组合是明显有别的。⑦ 虢季子白盘（《集

---

① 唐兰：《西周青铜器铭文分代史征》，中华书局1986年版，第207页。
② 参见朱凤瀚《柞伯鼎与周公南征》，《文物》2006年第5期。
③ 王世民：《西周春秋金文中的诸侯爵称》。
④ 张亚初、刘雨：《西周金文官制研究》，中华书局1986年版，第11页。
⑤ 《尚书·文侯之命》载周平王赐予晋文侯"彤弓一，彤矢百，卢弓一，卢矢百"，文句有误，根据《左传》僖公二十八年的记载，以及伯晨鼎、宜侯夨簋等铜器铭文来看，应为"卢弓十，卢矢千"。《礼记·王制》孔颖达疏引文也作"卢弓十，卢矢千"。
⑥ 著录于钟柏生等编《新收殷周青铜器铭文暨器影汇编》，台北艺文印书馆2006年版，器号1456。以下简称《新收》。
⑦ 参见葛志毅《周代分封制度研究》，第107页。

成》10173）称"王赐用弓，彤矢其央，赐用钺，用征蛮方"，证明了"赐弓矢然后征，赐鈇钺然后杀"的说法，不过虢季子白并非地方诸侯，而是王官。①《左传》文公四年载宁武子语："诸侯敌王所忾，而献其功，王于是乎赐之彤弓一，彤矢百，旅弓矢千"，似乎并没有把赐彤弓矢旅弓矢的对象限定为方伯。成公二年周定王使单襄公辞晋人曰："蛮夷戎狄，不式王命，淫湎毁常，王命伐之，则有献捷，王亲受而劳之……兄弟、甥舅，侵败王略，王命伐之，告事而已，不献其功。"两相结合，诸侯只有取得对戎夷异族的战事胜利而献功，才能得到这样特别的封赏，而西周金文中反映的地方诸侯对戎夷的征战主要是由鲁、齐这样的大国承担的。《左传》僖公二十八年载周襄王册命晋文公为侯伯的册命文为："王谓叔父，敬服王命，以绥四国，纠逖王慝。"虽然《尚书·文侯之命》中没有这样明确的文辞，只是说"其归视尔师，宁尔邦"，不过从周襄王册命晋文公的仪式"用平礼"（效仿周平王册命晋文侯的礼仪）来看，晋文侯很可能如历代注疏而言，受封为侯伯。总之，获赐彤弓彤矢是地位很高的赏赐，是得到征伐权力的象征。在西周金文中，有少数爵位为侯的地方诸侯获得了特别组合的彤弓矢、旅弓矢的封赏，其中应侯见工有征南夷的记录，虽然他们是否方伯并不能明确，不过综合文献和金文，很有这个可能。

下面我们结合文献，看看传统认为的周初分封为方伯的鲁、齐、燕、卫、晋等国在金文中的体现。西周金文中，鲁、燕、卫、晋的国君都称侯（燕君称匽侯，卫君称康侯）。现在尚未发现可明确判定为西周时期的齐侯器，但从春秋齐国铜器称齐侯来看，西周齐君也应称齐侯，即他们的爵位都为侯。《鲁颂·閟宫》文"王曰叔父，建尔元子，俾侯于鲁，大启尔宇，为周室辅"，记载了成王封伯禽于鲁之事。《尚书·费誓》是伯禽伐徐戎淮夷所作的誓词，虽然孔传称："伯禽为方伯，监七百里内之诸侯，帅之以征"，但是从《费誓》全文来看，并没有明证。明公簋（《集成》4029）铭文："王令明公遣三族伐东国"，"鲁侯有稽功，用乍旅彝"，是

---

① 李学勤认为虢季子白是宣王时期的虢文公（《三门峡虢墓新发现与虢国史》，《中国文物报》1991年2月3日），则此时虢季子白是执政大臣、王官伯。也有学者有不同看法（如蔡运章《虢文公墓考——三门峡虢国墓地研究之二》，《中原文物》1994年第3期）。从西周后期虢君多出任主政大臣并结合铭文来看，虢季子白是重要王官，很可能就是身兼内外官之长的执政大臣、王官伯。

鲁侯参与了伐东国的战事。《左传》僖公四年管仲的话，明确说齐太公在周初被立为方伯。师衰簋（《集成》4314）铭记周王命师衰率齐、眞（纪）、莱（莱）、僰等诸侯军队和虎臣伐淮夷事，史密簋（《新收》636）铭记载了齐师参与了以师俗、史密为统帅的伐南夷、杞夷和舟夷的战争①。《国语·鲁语下》载叔孙穆子称"天子作师，公帅之，以征不德。元侯作师，卿帅之，以承天子。诸侯有卿无军，帅教卫以赞元侯。自伯、子、男有大夫无卿，帅赋以从诸侯"，对比师衰簋、史密簋铭文中，诸侯之军只有齐军称师，似与此记载暗合，但是《国语》此说的可信性尚需研究。克盉（太保盉《新收》1367）、克罍（太保罍《新收》1368）的发现证明了召公分燕事。② 亚盉（亚眞侯父乙盉《集成》9439）铭文"眞侯亚矣，匽侯易（锡）亚贝，乍父乙宝尊彝"，王献唐将此器的年代定为商晚期，认为这里亚是一代眞侯，匽侯和亚是同等地位，而称锡，是因为"彼时锡非专为以上赐下之词，字亦训与，就是匽侯赠与亚贝……平行亦可用锡，本无限制"③。此器当从李学勤断为西周康王时期④，而西周金文中的锡（赐），凡有人物关系可寻的，都为上级对下级的封赏，并无平辈之说。亚矣族在商是重要的族氏，亚盉中的这个眞侯可能是分封于匽附近的殷遗诸侯。若果，则铭文中的赏赐表明眞侯由匽侯统帅，受匽侯节制，

---

① 李学勤指出齐国自初封起，就有征伐不服的特殊权力。以齐国为主讨伐淮夷，正合于召公之命（《史密簋铭所记西周重要史实考》，《中国社会科学院研究生院学报》1991年第2期）。张永山认为师俗、史密出征前，齐国已联合遂国扼守边鄙，周王又命以齐师为主力组成东国联军围剿南夷，说明齐国当时是周王朝在东方的侯伯之长，继续履行着太公时的权力和义务（《史密簋与周史研究》，载吴荣曾主编《尽心集——张政烺先生八十庆寿论文集》，中国社会科学出版社1996年版）。王健认为史密簋是齐国方伯地位的反映，师俗、史密是在王朝为官的齐人，掌帅齐师和诸侯的军队征伐不用命的诸夷（《史密簋铭文与齐国的方伯地位》，《郑州大学学报》2002年第2期；又见《西周政治地理结构研究》第五章第四节，第220—241页）。从全篇铭文来看，可以确定齐参加了这次战事，而且是主力，师俗、史密是以王官的身份统领诸侯之师，这里无法看出齐与其他诸侯国有统属关系。

② 铭文中有"旂绕狸叙雩駿宂克宽"语，有学者认为是在燕受封时，将九个国族划给燕侯管辖，这与鲁、齐、晋等国受封殷民六族、殷民七族、怀姓九宗一样，也有监临殷民的意义。只是这九个国族与被征服的殷民六族等有所不同，管辖的方式可能也不完全一样（殷玮璋：《新出土的太保铜器及其相关问题》，《考古》1990年第1期）。关于此处铭文的理解，说法很多，没有一致的看法，本文暂置不论。

③ 王献唐：《山东古国考》，齐鲁书社1983年版，第110页。

④ 晏琬：《北京、辽宁出土铜器与周初的燕》，《考古》1975年第5期。

这可能是燕处于方伯地位，节制周边小诸侯国的反映。① 从《尚书·康诰》看，卫康叔封在周初被封为方伯。沬司徒送簋（《集成》4059）铭文"王来伐商邑，诞令康侯鄙于卫"，证实了周初卫的受封。康叔封的儿子康伯髦，即金文中的伯懋父则是西周金文中重要的人物。他继父担任王朝司寇，在周王朝拥有很高的身份地位，率领殷八师征东夷（小臣謎簋《集成》4238）、北征（吕行壶《集成》9689），立下了赫赫战功。② 从康伯髦的功绩和其父受封为侯伯的背景看，他很可能继父为方伯，在金文中他的赫赫战功更多的和他入为王官密切相关。③ 晋公盆（《集成》10342）曰："我皇祖唐公，□（膺）受大命，左右武王，□□百蛮，广嗣四方，至于大廷，莫不来〔王〕。"许多学者以此作为晋受封为方伯的证据，其实这只是晋公对唐叔虞的溢美之辞，晋是在燮父时才封侯于晋的，而燮父在受封前称唐伯。④ 晋侯苏钟（《新收》870—885）铭文记载了晋侯苏随周王伐夙夷并受封赏事。王健认为戎生编钟（《新收》1613—1620）铭文反映戎生先祖的封国在其父考宪公时，已经成为晋方伯控制下的小诸侯国。⑤ 细绎戎生编钟铭文，这种看法还有待考虑。从金文的记载来看，这些传统认为的西周方伯，受封在王朝主要潜在敌对势力殷遗和蛮夷势力强劲的地区，都有与蛮夷戎狄的战事记录，起到了藩屏周的作用，他们的权力主要体现为军事性的征伐。金文中并没有明确反映他们和小诸侯国统属情况的文字。

王健认为楚对周或即或离，其强大的力量曾逼迫周王朝承认了他的方伯地位，而楚公逆钟（《新收》891—896）就是楚拥有方伯地位的反映。⑥

---

① 李学勤认为"鼍侯亚矣"为族氏，以"鼍侯"为氏，即鼍侯的支裔。商末的鼍，就是文献中的微、箕的箕。亚就是箕侯氏的亚，是服事燕侯的殷遗，如是，则这里的"鼍侯"并非诸侯的指称，也无所谓诸侯的统领关系了。见晏琬《北京、辽宁出土铜器与周初的燕》。杨宽也认为鼍侯为氏，见《西周史》，第381页。

② 参看张应桥《西周卫国国君康伯懋事迹考》，《文博》2006年第6期。

③ 据《史记·卫康叔世家》，卫自康伯髦六世称伯，至"顷侯厚赂周夷王，夷王命卫为侯"，司马贞索隐称："称伯者，谓方伯之伯耳"，"五代孙祖恒为方伯耳。至顷侯德衰，不监诸侯，乃从本爵而称侯"。中华书局1987年版，第1591页。此说不妥。金文中称伯并无方伯之意。西周铜器中有大量铭文含"康侯"的铜器，但也有个别的康伯簋、康伯壶。这个问题尚需研究。

④ 朱凤瀚：《㲃公簋与唐伯侯于晋》，《考古》2007年第3期。

⑤ 《西周政治地理结构研究》第五章第二节，第207—209页。

⑥ 《从楚公逆钟铭文论到西周的方伯制度》，《中国历史地理论丛》2002年第2辑；《西周政治地理结构研究》第五章第五节，第241—256页。

其文的关键之处是王健从黄锡全、于炳文说①将铭文中的"四方首",释为"四方诸侯首领"。而此处,段渝训为"四方之神"②,李学勤训为"用人首祭祀四方之神"③,尚无一致的看法。从楚的势力来看,他们很有可能担任了有实无名的蛮夷之长。《国语·晋语八》:"昔成王盟诸侯于岐阳,楚为荆蛮,置茅蕝,设望表,与鲜卑守燎,故不与盟。"《左传》昭公十二年楚灵王称:"昔我先王熊绎,与吕伋、王孙牟、燮父、禽父,并事康王,四国皆有分,我独无有。"楚因为蛮夷的身份,在周初不能参加王与诸侯的盟誓,也不能获得与中原方伯同样的封赏,所以不能将其视为文献所说的方伯。即使在西周晚期,力量强大的异族首领似乎也未能得到王室侯伯的认定。西周金文中楚君自作器称"楚公",只是自称而非爵称。楚王在《春秋》经中被称为"楚子"。周厉王㝬钟(宗周钟《集成》260)铭文:"王肇遹省文武勤疆土,南国𠄖子敢陷处我土。王敦伐其至,戡伐厥都。𠄖子廼遣间来逆昭王,南夷东夷具见廿又六邦。"南国𠄖子显然是南夷东夷诸邦的首领,而夷狄虽大称子,故称其为𠄖子。他们类似于春秋的潞子婴儿、戎子驹支,周王朝把他们看做蛮夷之长,实行羁縻,但并未册封他们为侯伯,他们的地位也不同于西周王朝正式册立的方伯。

考察西周金文,比较确切可以看做方伯的是噩(鄂)侯驭方。鄂侯在商就身份显赫,《史记·殷本纪》称纣王"以西伯昌、九侯、鄂侯为三公"。噩(鄂)侯簋(《集成》3928)铭:"噩(鄂)侯乍王姞媵簋,王姞其万年子子孙永保。"噩(鄂)侯嫁女于周王,与周为姻亲。噩(鄂)侯驭方鼎(《集成》2810)称:"王南征,伐角、僪,唯还自征,在坏,噩(鄂)侯驭方内(纳)壶于王,乃祼之,驭方侑王,王休宴,乃射,驭方卿王射,驭方休闌,王扬,咸饮,王亲易驭[方玉]五瑴,马四匹,矢五[束,驭]方拜手稽首,敢[对扬]天子丕显休釐(赉),[用]乍尊鼎,其万年子孙永保用。"禹鼎(《集成》2833)称:"用天降大丧于下国,亦唯噩(鄂)侯驭方率南淮夷、东夷,广伐南国、东国,至于历内,王迺命西六师、殷八师曰:撲伐噩(鄂)侯驭方,勿遗寿幼。肆师弥怵匓恇,弗克伐噩(鄂)……"从铭文来看,噩(鄂)侯驭方能率领

---

① 黄锡全、于炳文:《山西晋侯墓地所出楚公逆钟铭文初释》,《考古》1995年第2期。
② 段渝:《楚公逆编钟与宣王伐楚》,《社会科学研究》2004年第2期。
③ 李学勤:《试论楚公逆编钟》,《文物》1995年第2期。

南淮夷、东夷反叛，周朝派出西六师、殷八师都没能击败他率领的军队，可见其实力之强大。而在他没有反叛之前，周王南征回来，在他的治地落脚，他还宴飨周王，并得到了周王丰厚的赏赐。噩（鄂）与周为姻亲，驭方爵与鲁、齐、燕等大国诸侯一样为侯，西周金文中还有在"噩（鄂）师次"语（中甗《集成》949），噩（鄂）侯驭方决非楚公逆那样的蛮夷君长。而从他率领南淮夷、东夷看，他的受封和鲁、齐、燕等国一样，也是周王朝针对蛮夷所设的。① 至于他能够率领南淮夷、东夷反叛，可能是源自他为方伯时与诸夷建立了一定的统领关系。噩（鄂）侯驭方最后身死国灭，也失去了方伯的地位。王健认为方伯一旦其势力削弱，没有征伐的能力，或被周王打败，方伯的地位也自然消失的看法，从文献（《诗·韩奕》）和金文（噩侯驭方）看是正确的。

综合金文，西周确实存在一些地方大诸侯，他们多是周王的裔亲和姻亲，受封在殷遗和蛮夷异族势力强劲的地区，受周王的特殊封赏，享有军事性的征伐特权，有和蛮夷反叛力量交战的记录。他们可能就是文献所说的方伯。

结合文献和金文来看，西周应该存在王官伯和方伯两种伯。王官伯由朝廷执政大臣，身为王官之长的上公出任，掌管诸侯事务，可以率诸侯出征，或命诸侯出征。方伯由力量强大的地方诸侯，主要是姬姓王亲和重要姻亲出任。王官伯可能对方伯有统领关系，两者地位并不相当，爵位上也有公和侯的差别。现有西周金文中尚未发现具有王官伯或方伯意义的"伯"的称谓。王官伯爵为公，称公；方伯爵为侯，并不称伯或牧，称侯也仅表示其本爵，并无侯牧、侯伯之意。方伯应该是具体的诸侯君长，即诸儒所说的诸侯之贤者，有功德者，而不是某一诸侯国。不过，由于方伯所在的诸侯国多为大国，是王朝的主要屏障，其设立是出于加强对异族敌对势力的控制，以及西周昭旧职、世职的惯例，因此，方伯有世袭的可能，故而有时候也将某一诸侯国视为方伯，在文献中并没有严格的区分。蛮夷戎狄的君长，可能拥有周王朝承认的诸戎之长的身份，但他们没有命为方伯的册命，没有方伯的爵称，所以不能视为方伯。由金文和文献来

---

① 关于噩（鄂）侯驭方的时代有夷王、厉王、夷厉两王说，无论其具体处于何王世，都无碍我们的分析。关于噩（鄂）与周的关系，可参看刘翔《周夷王经营南淮夷及其与鄂之关系》，《江汉考古》1983年第3期。

看，方伯的主要权力体现在受王命征伐上，虽然他们可能管理受他们控制的戎夷对中央王朝的贡献（《诗·韩奕》），但无法探知他们对于所属诸侯所拥有的具体权力和义务，文献和金文中都没有明确的方伯和普通诸侯统属关系的记录。这不同于周天子对诸侯的控制和使用①，与礼书中严密的行政层次关系有本质的不同。周王是否需要通过方伯来实现对方伯所控制的地方的统治，以及西周王朝的政治统治关系是否在某些地区变成了周王—方伯—诸侯三级，在现有的文献和金文材料下，很难得到确解。

(本文原载《中国史研究》2008年第2期)

---

① 有关周天子对诸侯的控制和使用，参见杨宽《西周史》第三编第四章之"天子控制和使用诸侯的制度"，第394页。

《春秋》与殷墟甲骨文

刘 源

《诗》、《书》、《礼》、《易》、《春秋》是我国现存最古老的文献，记载着商周两代的重大事件、典章制度、诗歌礼仪、社会生活，堪称华夏民族的"圣经"，汉唐以来被儒家奉为经典。其中，《春秋》是东周时代的鲁史，也是我国保存至今的第一部史书。自战国至清代，学者一直为《春秋》及其三传（《左氏》、《公羊》、《谷梁》）作注疏，训诂字句，阐释义理。今天，解读、研究《春秋》仍是一项很有意义的学术工作，要在前人成果的基础上更进一步，需充分利用出土文献材料，特别应加强殷墟甲骨文与《春秋》的对读和互训。过去治《春秋》的学者没有注意这一方法，治甲骨的学者虽偶引《春秋》、《左传》与卜辞互证，亦未专门论及春秋与殷代史官记事笔法基本一致的问题。故笔者不揣谫陋，略述如下，请方家指正。

《春秋》与殷墟卜辞的文字之所以多有相同、近似之处，是因为周代王室及诸侯史官大多出身于原殷人史官家族，继承并沿用了殷代以来的传统记事笔法。周人文化本较落后，克商前就受到殷文化很大影响[①]；克商后，周人为统治国家及建立礼乐制度的需要，很重视掌握着文字、礼仪且谙熟治乱、成败的殷人史官，积极加以任用。[②] 在周初此种历史背景下，

[①] 先周文化与商文化之间也互相影响，前者发展水平较低，受后者影响很大，特别是先周文化中铜器铸造和骨卜是学习与模仿自商文化。邹衡：《论先周文化》，《夏商周考古学论文集》，文物出版社1980年版，第331页；中国社会科学院考古研究所编著：《中国考古学·两周卷》，中国社会科学出版社2004年版，第40—42页。

[②] 李亚农：《西周与东周》，上海人民出版社1956年版，第106页；白川静：《作册考》（郑清茂中译），《中国文字》第39期，台湾大学中国文学系1971年版，第1页。

殷人史官家族遂纷纷效力于周王室及其贵族。如微史家族（木羊册）前来投奔武王，被周公安置于周原，世代供职于王室；属于同一家族（𩰫册）的作册令、作册大分别臣属于位高权重的周公、召公家族。① 鲁侯是周公家族的分支，拥有殷人史官，是不难理解的。据《左传》定公四年的记载，周初封鲁，除赐给鲁侯以人民（即"殷民六族"）、土地、官员、礼器、典册，还有祝宗卜史（祝宗卜史的职掌相近，卜史往往不分，学者或通称之为史官）。据此，书写《春秋》的鲁太史应是旧有殷人史官的后裔，且世守其职。据《左传》襄公二十五年载齐太史及其二弟均不畏死书"崔杼弑其君"之事来看，鲁太史家族子弟或亦均接受史官教育。

殷人史官记事，其遣词用字有较为固定的形式。我们今日已无法看到殷代用毛笔书写的竹简木牍，但仍可从甲骨刻辞、青铜器铭文等出土文献中窥见当时卜史行文的传统笔法。特别是殷墟出土的15万片有字甲骨②，直接反映了殷人史官的记述习惯、政治观念和鬼神思想。殷墟甲骨文中的绝大多数材料是卜辞，即占卜记录，但包含鬼神、祭祀、战争、农业、田猎、天象、疾病、历法等丰富内容，涉及当时社会中王室、贵族、平民和奴隶等各个阶层。经过百余年的研究，学者已从殷墟甲骨文中归纳出众多辞例。这些辞例对考释文字、训诂词句颇为重要。如20世纪初甲骨学甫一起步，孙诒让即据卜辞辞例释出"贞"字，但亦因相关辞例不足，导致他将"王"字误释为"立"。③ 又如学者经过阅读大量卜辞，得知"我受年"、"帝授我佑"等常见内容中的"我"指商王室而言，并非是商王自称。我们认识殷人史官的笔法，就主要根据殷墟甲骨文的辞例。

史官父子世袭，其记事方式也代代传承。直至春秋，诸侯太史的笔法仍保持着较多传统特点。我们对读殷墟甲骨文与《春秋》，会看到二者文字有不少相同之处。这里暂举数例说明。

《春秋》僖公二十六年及文公十五年皆书"齐人侵我西鄙"、文公七

---

① 作册大、矢所铸铜器纹饰风格相近，铭文用字也多相同，族徽一致，应属于同一家族。陈梦家已指出大器与令器的纹饰与铭文有"相因袭之处"，可参看。陈梦家：《西周铜器断代》，第94页。作册大臣属于皇天尹太保，即召公。作册矢臣属于周公子明保。详见作册大方鼎铭文（《集成》2758—2761，康王世）、令方彝铭文（《集成》9901，昭王世）。

② 据胡厚宣统计数据。胡厚宣：《〈甲骨文合集〉的编辑和内容》，《历史教学》1982年第9期。

③ 孙诒让：《契文举例》，齐鲁书社1993年版，第8、13页。

年书"狄侵我西鄙"、襄公十四年书"莒人侵我东鄙"。其中"某侵我某鄙"的记述方式,早已见于殷墟甲骨文,如罗振玉旧藏一版大骨(即《殷虚书契菁华》第一片,《合集》6057,现藏国家博物馆),其上契刻宾组大字卜辞,有"沚䤴告曰:土方征于我东鄙,戈二邑,舌方亦侵我西鄙田"的记载。上述诸例中的我均指我方,在《春秋》中指鲁,在殷墟卜辞中指沚䤴的属地;鄙是边地,鄙中有邑,小邑规模略同于村落。《春秋》虽未见殷墟甲骨中"某征我"的辞例,但与之相近的"某伐我"、"某伐我某鄙"之类记载史不绝书,如庄公十九年"齐人、宋人、陈人伐我西鄙"、僖公二十六年"齐人伐我北鄙"、文公十四年"邾人伐我南鄙"、襄公八年"莒侯伐我东鄙"等,此类文字与殷墟卜辞相比,笔法也基本一致。饶宗颐已提到这一点。①

史官言征,是说大举攻伐,言侵,是说军事行动隐蔽。《左传》庄公二十九年传例云:"凡师,有钟鼓曰伐,无曰侵,轻曰袭。"与殷墟卜辞反映的侵、伐规模基本相当:商王武丁"伐"敌对方国,出兵人数一般是三千人(《英藏》558、559)或五千人(《合集》6409、6539),多者则可达到一万三千(《英藏》150"登妇好三千登旅万");而"侵"的规模相对较小,如舌方一次入侵,被侵犯的只有七十五人(《合集》6057正)。从殷至春秋,史官言伐,均不分内外,也是传统笔法。殷墟卜辞中屡见商王武丁"伐土方"、"伐舌方"、"伐下危"、"伐召方",是自内向外;帝辛时"遘人方伐东国"(《辑佚》690)、"遘盂方率伐西国"(《合补》11242),是从外而来。西周金文中的"唯王命明公遣三族伐东国"(鲁侯簋,《集成》4029,成王世)、"唯周公于征伐东夷"(塱方鼎,《集成》2739,成王世)、"唯王命南宫伐反虎方之年"(中方鼎,《集成》2751、2752,昭王世),是自内向外;而"淮夷敢伐内国"(彔卣,《集成》5420,穆王世)、"噩侯驭方率南淮夷、东夷广伐东国、南国"(禹鼎,《集成》2833,厉王世),是由外而来。《春秋》虽无"我"向外征伐之例,但《左传》襄公十一年载郑卿子展有"我伐宋"之语,可为佐证。

---

① 饶宗颐:《殷代贞卜人物通考》,香港大学出版社1959年版,第164页。饶先生说:"'啚'即'鄙'。《春秋》襄八年:'莒人伐我东鄙。'《左》隐元年:'大叔命西鄙北鄙贰于己',语正相类。"

《春秋》记载天象、物候的文字也延续了殷代史官的笔法。如庄公三十一年"冬，不雨"、僖公二年"冬，十月，不雨"、僖公三年"六月，雨"等例中"雨"、"不雨"的简单记录，在殷墟卜辞中也很普遍，两相比较，完全一致。《春秋》记载日食30余次，皆用"日有食之"，殷墟卜辞记载日食、月食，亦用"日有食"、"月有食"、"日月有食"，基本一致。桓公元年、襄公二十四年记载洪水用"大水"，殷墟卜辞亦有同例，如"今秋禾不遘大水"（《合集》33351），《左传》桓公元年传例说"凡平原出水为大水"，用来训诂卜辞亦较恰当。宣公十六年记载农业丰收用"大有年"，所谓"有年"的说法，也是继承自殷代史官，殷墟卜辞常见"受有年"，其例甚多，此不烦举。此外，彭邦炯认为殷墟甲骨文中的"𧒽（秋）"即《春秋》所记的"螽"，指蝗虫成灾，也可参考。①

《春秋》中还有一些语句与殷墟卜辞的内容不完全相同，但其中关键字、词的用法一致，读者很容易看出其中的联系。如僖公二十年书"新作南门"、定公二年书"新作雉门及两观"，"作"的意思是建造；殷墟卜辞中作也有此用法，典型者如"王作邑"（《合集》14201）。如僖公二十六年书"公以楚师伐齐"，以是率领之义，传例说"凡师能左右之曰以"，以字的此种用法，殷墟卜辞中也经常可见，如王命贵族以众伐敌方（《合集》28、31976），以众垦田（《合集》31970）之例，都是甲骨学者熟悉的例子。此外，《春秋》常书"公至自某地"，隐公二年有"公至自唐"，哀公十年有"公至自伐齐"，"至自"的说法，也很容易使人想到商代语言，如殷墟卜辞曰"有至自东"（《合集》3183）、"其先行至自戍"及"其先戍至自行"（行与戍都是地名，《合集》4276+《天理》149，蔡哲茂缀）。② 上述《春秋》与殷墟卜辞中常见字、习语的用法相同，也是史官家族世代授受，笔法相承的结果。

《左传》比《春秋》晚出，成书于战国早期，系参考多种诸侯史书综合而成，其中夹杂着不少孔丘曰、君子曰等评论的话，整体上看是解说《春秋》的书。《左传》利用的原始文献，有不少源自诸侯太史，故《左传》文字及其反映的礼仪制度也可与殷墟甲骨文相互对照。如《左传》昭公十八年："七月，郑子产为火故，大为社，祓禳于四方，振除火灾，

---

① 彭邦炯：《商人卜螽说——兼说甲骨文的秋字》，《农业考古》1983年第2期。
② 蔡哲茂：《甲骨缀合集》，乐学书局1999年版，第228号。

礼也。"记载郑国通过祭祀四方神和土地神来祛除灾祸。这种鬼神观念及祭祀礼仪，其源头在殷代，殷墟卜辞中经常见到"方社并祭"及"宁于四方"、"宁某灾疫于四方"（如宁风、宁疾）的材料即为明证，陈梦家、于省吾对此已有论述。最近周公庙遗址发现了"宁风于四方"的西周卜甲刻辞，更能说明四方神、土地神崇拜，从殷、西周至春秋，没有中断。① 又如《左传》昭公五年："日之数十，故有十时……日上其中，食日为二，旦日为三……"谈及当时的纪时制度，其中旦日、食日、日中（中日）几个具体的时称，都见于殷墟卜辞。我们目前已了解殷人的纪时制度：旦为清晨，食日是上午的一段时间，日中是中午。常玉芝在《商代历法研究》一书中已指出：学者如联系甲骨文材料，即可避免对《左传》中时称的误解。② 据上面两例，《左传》因系战国初期人编纂，其文笔与殷墟甲骨文相比，已不像鲁太史所书《春秋》那样有较高的一致性，但殷周史官的记述传统仍隐约可见，反映春秋时期华夏诸族仍保留与继承着一些殷代的制度。

上文不惮冗烦，举了一些《春秋》、《左传》与殷墟甲骨文能够相互对照研究的例子，目的在于抛砖引玉，希望今后学者研治《春秋》时能够重视、参考出土文献，特别是要多利用殷墟甲骨文材料。另外，甲骨学者虽然在论著中经常征引先秦经典，但很少论述《春秋》与殷墟卜辞笔法的相似性和二者之间的联系。事实上，《春秋》及训诂其中重要字词的《左传》传例，亦有助于甲骨文字的考释和解读。仅以释读战争类卜辞而言，对于㞷（䒑）、屮等疑难字的考释，《春秋》中"围"、"执"、"灭"、"取"等记述战争的常用字，及《左传》庄公十一年传例"凡师，敌未陈曰败某师，皆陈曰战，大崩曰败绩，得儁曰克，覆而败之曰取某师，京师败曰王师败绩于某"，均是颇有启示性的线索。

《春秋》与殷墟卜辞笔法的一致，反映商周史官记事传统的延续，可进一步否定所谓孔子作《春秋》或修《春秋》的说法。过去，杨伯峻等学者已指出《春秋》是历代鲁太史的手笔。现在对比甲骨卜辞可知，《春秋》记事简洁，与殷代史官文字相近，确实只能是世守其职的鲁太史所

---

① 刘源：《周公庙"宁风"卜辞的初步研究》，沈长云、张翠莲编：《中国古代文明与国家起源学术研讨会论文集》，科学出版社 2011 年版。

② 常玉芝：《殷商历法研究》，吉林文史出版社 1998 年版，第 137 页。

写。故春秋笔法、春秋大义，实质上反映的也是商周史官的传统记述原则与政治观念，并非孔子所创造。从这个角度看，胡适《说儒》一文将儒家思想与殷遗民、殷礼联系起来，不无道理。

商周以来的史官传统也有裨于思考诸子是否出于王官的问题。在殷代与西周，文字、历法、礼仪主要掌握在以史官为核心的祝宗卜史阶层，诗歌、乐舞也主要由贵族来学习和欣赏，这个传统一直延续到春秋。至春秋末年，一些诸侯公室及卿大夫家族相继倾覆，史官离散，贵族子弟降在皂隶，典籍、知识遂传播到民间，士人阶层的文化得以提升。故讨论诸子与王官之学的关系，似不必拘泥于辨析某一家出于某王官的细节，而应认识到殷代以来史官群体在知识文化方面的世代传承和积累，是春秋末年至战国时代诸子思想生长、繁荣的沃土。故不能简单否认诸子出于王官的传统说法。

最后要说的是，《春秋》虽然反映了商周史官的传统笔法，但也有不同于殷代、西周史官的记述体例。如其记事，以事系日，以日系月，以月系时（四季），以时系年，既不同于殷墟卜辞中记录年、月、日三要素的方法，也不同于西周金文中记录年、月、月相、日四要素的方法，很可能是春秋史官的发明。故今后研究《春秋》，除了考察与殷卜辞、殷周金文的传承与相似性外，也要发现其不同之处，探讨其中存在差异的原因。

（本文原载《光明日报》2013年8月12日第15版）

《易经》的尚德精神

张文修

当代易学研究的一个重大问题是传统经学的易学与古史辨派以及其影响下的易学之间的巨大鸿沟。传统经学认为，《周易》是大道之原，群经之首，它为伏羲、文王、孔子等历代大圣人所不断研发，具有无与伦比的深奥哲理和崇高意义；而古史辨派认为《易经》是筮法资料的总结汇编，它反映了古人的生活状态，可以将其作为历史研究的资料，但没有什么特别玄奥神秘的道理。

平心而论，两者的研究各有优缺点。传统经学确立了中华文明的根基，塑造了我们民族的灵魂；然而诸家异说，各执一端，未必是《周易》的真实全貌（纪晓岚在《四库全书总目·易类一》中总结了历代两派六宗，皆未许为正宗），尤其是存在着脱离经典文本时代生活实际的泛道德、泛哲学化的倾向。古史辨派及其影响下的易学以历史学的眼光审视《周易》，反对完全以传解经，在考据训诂上取得了大量惠及后人的成果，揭示了《周易》时代的生活实际；然而古史辨易学的缺点是在某种程度上解构了传统思想，降低了传统文明的意义。经典毕竟是经典，它们为历代的人们所崇信，自有其道理所在。经典可以作为史料来应用，去了解过去了的时代，这是毫无问题的；但是并不是所有的史料都可以称得上是经典，这就是经典与史料的不同之处。正命题成立，而反命题不一定成立，这是哲学的基本常识。由此可见，对于经典真实意义的探索不仅需要恢复事实，还需要以精深的心灵对事实加以理解。

本文的主要内容是收集阐释《易经》中为以上两派都能够接受的道德内容，其目的不仅仅是调和传统经学和古史辨派，而在于揭示《易经》中的一种亲在、光明的生命哲学。正确的哲学必定是存在于真实的生活之中，真实的生活也必定存在着最深奥最具有普遍意义的真理。这或许就是《中庸》所言"极高明而道中庸",《论语·雍也》所言"谁能出不由户，何莫由斯道也"吧！

一

人类的宗教信仰起源很早，考古学家们发现，山顶洞人的尸体周围撒了许多赤铁矿粉粒，由此我们可以推测，那时的人们大概已经认为灵魂存在。

卜筮是一种宗教信仰，其目的是为了预知事物的发生发展与未来的吉凶祸福。在上古和夏、商、周三代，卜筮之事在人类生活中极为重要与常见，这一点在经典中可以清楚地看到。如《诗经·卫风·氓》云：

> 尔卜尔筮，体无咎言。

《氓》之诗，是以女方之口叙述男女情事，这里的卜筮，显然是为了占问双方关系的前程。

《尚书·君奭》云：

> 惟兹惟德称，用乂厥辞，故一人有事于四方，若卜筮，罔不是孚。

《君奭》是记述周公对召公所言的诰体篇章，此段话是阐述只有秉持纯德，天下人才能像对待卜筮一样的敬信。从中可见当时人们对卜筮的精神信仰。

武王克商后二年访于箕子，箕子答以洪范九畴，这就是《尚书·洪范》一篇的由来。九畴之七乃"明用稽疑"，专论卜筮之事，较为详细地为我们透漏出一些早期卜筮的内容：

> 七、稽疑：择建立卜筮人，乃命卜筮。曰雨、曰霁、曰蒙、曰驿、曰克，曰贞、曰悔，凡七。卜五，占用二，衍忒。立时人作卜

> 筮，三人占，则从二人之言。汝则有大疑，谋及乃心，谋及卿士，谋及庶人，谋及卜筮。汝则从，龟从，筮从，卿士从，庶民从，是之谓大同，身其康强，子孙其逢吉。汝则从，龟从，筮从，卿士逆，庶民逆，吉。卿士从，龟从，筮从，汝则逆，庶民逆，吉。庶民从，龟从，筮从，汝则逆，卿士逆，吉。汝则从，龟从，筮逆，卿士逆，作内吉，作外凶。龟筮共违于人，用静吉，用作凶。

所谓"雨"、"霁"、"蒙"、"驿"、"克"，指的是龟卜所呈现出的兆体；而"贞"、"悔"者，则指的是筮法内外卦。

《周礼·春官宗伯》记载，大卜这一官职负责掌管国家吉凶的预测：

> 大卜，掌三兆之法，一曰玉兆，二曰瓦兆，三曰原兆，其经兆之体皆百有二十，其颂皆千有二百；掌三易之法，一曰《连山》，二曰《归藏》，三曰《周易》，其经卦皆八，其别皆六十有四；掌三梦之法，一曰致梦，二曰觭梦，三曰咸陟，其经运十，其别九十。以邦事作龟之八命，一曰征，二曰象，三曰与，四曰谋，五曰果，六曰至，七曰雨，八曰瘳。以八命者赞三兆、三易、三梦之占，以观国家之吉凶，以诏救政。

所谓三兆、三易、三梦可能皆是有关的典籍，对其中细节问题的辨析考证可参见李学勤《周易经传溯源》一书中《〈周礼〉大卜诸官的研究》一节（长春出版社1992年8月第1版，第31—34页）。

上引经典中的记载反映了远古先民对卜筮的精神诉求，这笼罩了整个上古三代的文明。然而，我们今人对其卜筮的具体操作方法已难得其详，更不必说理解其中所含的思想意蕴了。卜筮的功能旨在预知事物未来的发展或现象背后的意义，有关此类问题的思考属于传统的天命观，它最容易引发形而上的哲学沉思，卜筮这一行为必然蕴涵着古人的深刻思想。《礼记·祭义》中有一段文字，反映了古人是以非常虔敬的态度对待卜筮的：

> 昔者圣人建阴阳天地之情，立以为《易》。易抱龟南面，天子卷冕北面。虽有明知之心，必进断其志焉，示不敢专，以尊天也。

第二个"易"字指的是卜筮之官。这段文字含有深刻的哲学观念，如"建阴阳天地之情，立以为《易》"，"以尊天也"等，但由于该资料晚出，我们不能据此分析早期卜筮的思想，只能当作后世回述性文字。

中华文明早期的经典时代还不是哲学思想的论说时代，论说阐述时代始于后来的春秋战国时期，然而我们不能认为只有阐述论说时才开始有思想，思想早在经典时代就已经形成了。思想只有经由诠释才能为后人所理解，经典时代由于没有阐述论说，这就给我们理解那时的思想造成了一定的困难。

后世大量甲骨文的发现为我们理解三代，确切来说是商代的占卜思想，提供了直接证据。例如，英国著名汉学家艾兰在《龟之谜》一书中的《商代的祭祀和占卜》一章（四川人民出版社1992年第1版，第124—137页。）中指出：大部分卜辞只有命辞，很少有占辞，验辞更少，从语法结构来看大多是陈述式，而非疑问式。因此她提出了一种假说，即龟卜行为与商人的宇宙观有关，占卜的意图是证实献祭被神灵祖先所接受，不会有灾祸发生，因而与其说商人占卜是为了预知未来，还不如说是为了控制未来。

时至春秋，有关《易》的言论的记述多了起来，《左传》、《国语》中记载的当时人们的筮例和对《易》的引征大概有二十一二例，清代学者就有专门论述，当代著名学者李镜池在《周易探源》的"附录"《〈左〉、〈国〉中〈易〉筮之研究》（中华书局1978年版）与高亨在《周易杂论·〈左传〉、〈国语〉的〈周易〉说通解》中（齐鲁书社1979年版），更是对这一问题作了系统研究。

基于前代学者的研究，春秋时代人们关于《易》的思想有两点应引起我们充分的注意：

第一，《易》已经不仅用于占筮，人们引用《易》中的语言，是为了作为评论事物的理论依据，以义理而不是以方术来预言事物的发展，《易》中的语言成为格言，《易》已经开始作为思想的权威——经典的面目出现了。例如，《左传·宣公十二年》载晋师救郑，知庄子评论道：

> 此师殆哉！《周易》有之，在《师》䷆之《临》䷒曰："师出以律，否臧凶。"执事顺成曰臧，逆为否，众散为弱，川壅为泽。有律以如己也，故曰律。否臧且律竭也。盈而以竭，夭且不整，所以凶

也。不行谓之临,有帅而不从,临孰甚焉?此之谓矣。果遇必败,虓子尸之,虽免而归,必有大咎。

知庄子预言晋师必败的易理有两条:一是《师》卦初六爻辞云:"师出以律,否臧凶。"二是由《师》卦变为《临》卦的象数中所蕴含的义理,《师》卦上坤下坎,《临》卦上坤下兑,坎为川、为众,兑为泽、为少女,由坎变为兑,则如大川壅塞变为湖泽,由虎狼之师变为美女队。另外"虓子尸之"断语,也利用了《师》卦中"舆尸"的语言模式。

再如《左传·昭公元年》载:

> 晋侯求医于秦,秦伯使医和视之,曰:"疾不可为也,是谓近女室,疾如蛊……"赵孟曰:"何谓蛊?"对曰:"淫溺惑乱之所生也。于文,皿虫为蛊;谷之飞亦为蛊;在《周易》女惑男、风落山谓之《蛊》,皆同物也。"

这段文字所载之事亦非卜筮,而是医和利用《周易》来解释何谓蛊疾。"蛊疾"是由于近女色过度而引起的元气大亏和精神昏迷,《蛊》卦上艮下巽,艮为少男,巽为少女;艮又为山,巽又为风,故医和以女惑男、风落山来解释蛊症的致病原理。

第二,即便是在预测性的筮例中,尚德的观念内容也在不断增加。如《左传·襄公九年》载:

> 穆姜薨于东宫。始往而筮之,遇《艮》之八䷲,史曰:"是谓《艮》之《随》䷐。《随》,其出也,君必速出。"穆姜曰:"亡!是于《周易》曰:'《随》元亨利贞,无咎。'元,体之长也;亨,嘉之会也;利,义之和也;贞,事之干也。体仁足以长人,嘉德足以合礼,利物足以和义,贞固足以干事,然故不可诬也。是以虽随无咎。今我妇人而与于乱,固在下位,而有不仁,不可谓元;不靖国家,不可谓亨;作而害身,不可谓利;弃位而姣,不可谓贞。有四德者,随而无咎;我皆无之,岂随也哉!我则取恶,能无咎乎!必死于此,弗得出矣。"

这段史料常被学者引用，有些考据者以此证明《文言传》乃至全部十翼的晚出。以其实，从文字的规整程度、修辞水平并不能完全说明史料出现的顺序，对此笔者不想多加评论。我们在此所注重的是《周易》卜筮事例中的尚德精神。穆姜是鲁成公的母亲，她与大夫叔孙侨如私通，并合谋妄图废黜成公，因事败而被迁往东宫。初迁之时，以《周易》占了一卦，遇《艮》之《随》，史官以为其象征着很快就会离开东宫（解除软禁），穆姜却认为《随》卦"元亨利贞"四德自己一个也没有，所以不会得到《随》卦的吉祥结果，必死于东宫。

再如，《左传·昭公十二年》载：

> 南蒯之将叛也……枚筮之，遇《坤》☷之《比》䷇，曰："黄裳，元吉。"以为大吉也。示子服惠伯曰："即欲有事，何如？"惠伯曰："吾尝学此矣。忠信之事则可；不然必败。外强内温，忠也；和以率贞，信也。故曰：'黄裳，元吉。'黄，中之色也；裳，下之饰也；元，善之长也。中不忠，不得其色；下不共，不得其饰；事不善，不得其极。外内倡和为忠，率事以信为共，供养三德为善。非此三者弗当。且夫《易》不可以占险。将何事也？且可饰乎？中美能黄，上美为元，下美则裳。参成可筮，犹有阙也，筮虽吉，未也。"

南蒯是鲁国费邑宰，他妄图叛鲁投齐，故以《易》卜之，遇《坤》之《比》，即《坤》卦六五爻由阴变阳而成为《比》卦，《坤》六五爻辞云："黄裳元吉。"南蒯以为大吉，而子服惠伯却大不以为然。子服惠伯首先指出《易》只能用来占问做善事，不能用来作恶，这一观点从根本上体现了《易》的尚德精神，后世儒者将其发扬光大，使《周易》成为修身之准则。其次，子服惠伯确切地解释了"忠"、"信"、"黄"、"裳"、"元"、"善"这些概念，并进而将"黄"与"忠"、"裳"与人臣联系起来，指出人臣之有忠心做善事才有元吉的结果。

以上我们讨论的仅是《易经》中尚德精神的历史证据，关键的证据则在于《易经》的内容，对此我们将在下文详加讨论。

二

《易经》中关于道德的内容散见于各卦、爻辞，笔者依据现代学理将其作了一些分类归纳，总结如下。关于卦爻辞的解释，诸说纷纭，笔者虽兼采古今，亦难免有不妥之处。

（1）道德的基础——忧患意识

关于人类道德意识的产生，主要有两大学说：唯理论强调道德是先验的，其目的是为了强调道德的超功利性；历史学和文化人类学则坚持道德是人类漫长生产生活实践的积淀和内化。海外新儒家徐复观、牟宗三等将中国哲学的道德特征置于忧患意识之上，这一观点非常具有洞察力，属于后一学派。从其学理来推论，道德源于人类的实际生存经验，先民在生活中意识到，处理事务的成败、人生的福祸际遇，具有一定的缘由和规律，并非虚无缥缈、无迹可寻甚至是荒诞悖谬的，结果不仅受制于外在条件，往往还与人类的价值取向、品行、才能等有关，由此引发出具有预感特征的忧患焦虑意识，这种意识将人类的注意力转向自身（无论是群体还是个体），并伴随着责任和使命感，以增强内在自身实力来应付未来外在的不确定性，人的自我立法——道德由此而发生。下面我们将《易经》中的忧患意识作一具体分析，首先看《乾》九三爻辞云：

> 君子终日乾乾，夕惕若，厉无咎。

《说卦传》云：“乾，健也。”高亨在其《周易古经今注》卷一中将“乾”解为“进不倦”（中华书局1983年版，第163页。下引此书仅注页码），长沙马王堆汉墓中出土的帛书《周易》中，将“乾”字皆写为“键”，可以作为旁证。“惕”乃敬惧之义，故而《乾》九三爻辞的意思是说，君子日则勤恳努力，精进不已；夜则警惕戒惧，防微杜渐，故虽处危境，亦可无咎。《乾》九三爻辞是《易经》忧患意识的集中表达，从中我们也可看出，由忧患意识对道德修养的各个方面多有助力，如努力向上，持之以恒，坚守正道，等等。孔子在《乾文言》中对九三爻辞的解释，将这种忧患意识进一步提升到生命哲学的高度：

> 君子进德修业，忠信，所以进德也；修辞立其诚，所以居业也。知至至之，可与几也；知终终之，可与存义也。是故，居上位而不骄，在下位而不忧。故乾乾，因其时而惕，虽危无咎矣。

忠信坦诚，皆属品德修养，而品德修养能够使人洞彻幽微，把握命运，并且坚守道义，"与几"与"存义"的统一，也就是智慧与道义的统一，从而成就超人的生命。值得我们深入体悟的是，这种神圣的人格并非源于虚无缥缈、惊世骇俗的神迹，而是立足于因对现实的忧虑而引发的道德修养。忧患意识—品德修养—圣人人格这一思想路线，反映了中华民族极为踏实的民族性格。

《易经》中有关忧患意识的言词还有很多，如《履》九四爻辞云：

> 履虎尾，愬愬，终吉。

"愬愬"，《经典释文》和李鼎祚《周易集解》皆解为恐惧之义。整句话的意思是说，只要谨慎戒惧，小心应付，即便是踩着了老虎的尾巴，最终的结局也会逢凶化吉。

再如《否》九五爻辞云：

> 休否。大人吉。其亡其亡，系于苞桑。

高亨在《周易古经今注》卷一中将"休"解为"怵"，"休否"即警惕险阻，居安思危之意（参见此书第198—199页）。"苞桑"，草木繁茂而根深蒂固，譬喻安稳坚固的状态，《周易集解》卷四引陆绩云："包，本也，言其坚固不亡如以巽绳系也。"李鼎祚按曰："'其亡其亡'，近死之嗟也，其与几同……包系根深蒂固，若山之坚、如地之厚者也，虽遭危乱，物莫能害矣。"因而这段爻辞的意思是说，只要在上者居安思危，无论面对什么样的危险也会安如磐石。在《系辞下》中，孔子将这段爻辞中居安思危的意思阐述得更为明显：

> 危者，安其位者也；亡者，保其存者也；乱者，有其治者也。是

故君子安而不忘危,存而不忘亡,治而不忘乱,是以身安而国家可保也。《易》曰:"其亡其亡,系于苞桑。"

又如《家人》九三爻辞云:

家人嗃嗃,悔,厉,吉。妇子嘻嘻,终吝。

"嗃嗃",高亨在《周易古经今注》卷三中解为"嗷嗷",即众口哀愁之声(第268页)。"家人嗃嗃悔厉吉"者,处危难之境,而产生忏悔戒惧之心,进而又奋发向上的斗志,最终会得到好结果。"嘻嘻",李鼎祚《周易集解》卷八引侯果言曰:"笑也。""妇子嘻嘻终吝"者,高亨云:"乐而忘忧,安而忘危,存而忘亡,以其骄佚之度,终致患难之来。"(第268页)。《家人》九三爻辞通过正反两个例子,生动地阐述了忧患意识的重要性。生于忧患,死于安乐,居安思危,是中华民族悠久的思想传统。

总而言之,忧患意识是《易经》鲜明的特点之一,这一思想特点也为《易传》所继承,如《系辞下》云:

易之兴也,其于中古乎?作易者,其有忧患乎?
易之兴也,其当殷之末世、周之盛德邪?当文王与纣之事邪?是故其辞危,危者使平,易者使倾,其道甚大,百物不废,惧以终始,其要无咎。此之谓易之道也。
其出入以度外内,使知惧,又明于忧患与故,无有师保,如临父母。

(2) 道德是生命的本质

前此我们讨论了作为道德基础的忧患意识,忧患意识所面对的是人生的现实,中华民族是非常注重现实人生的民族。但是注重现实,并非仅仅停留在世俗层面,而是在面对现实的基础上,探索、追问人生的真谛,这种思维方式,使我们成为一个踏实而又深刻的民族。然而生命的外在现实——状态、处境、机遇,等等,皆非永恒,而是处于不断的变化之中,并且不能为主体所完全把握、控制,最终能够落实于主体的,只有主体的反应,这种反应积淀为品德。由此而得出结论:人生的际遇(功名、富贵、享受）等，皆为生命的现象，只有品德，才是生命的本质。《周易》的作者便如是观。

例如《蒙》六三爻辞云：

> 勿用取女，见金，夫不有躬，无攸利。

对于这条爻辞的解释有两种：高亨在《周易古经今注》卷一中认为，这里的"金"指聘金，故断句如上，意即男子只是为了贪图女方的聘金才结婚（第174页）。传统经学的断句如下："勿用取女，见金夫，不有躬，无攸利。"意即女子见到有钱的男人，就不能把持自己，娶这种无操行的女子是不利的。虽然这两种解释的主语完全颠倒，然而在伦理学上的含义基本一致，即不能为了外在的现实利益而放弃对生命内在的主体——道德的追求。相对而言，传统经学的解释道德意义更强烈一些。

再如《既济》九五爻辞云：

> 东邻杀牛，不如西邻之礿祭，实受其福。

王弼《周易注》是这样解释这段爻辞的含义："牛，祭之盛者也；礿，祭之薄者也……祭祀之盛，莫盛修德，故沼沚之毛、蘋蘩之菜可羞于鬼神。故黍稷非馨，明德惟馨，是以'东邻杀牛，不如西邻之礿祭，实受其福'也。"（《周易正义》卷六，阮元《十三经注疏》本）祭祀是古人最注重的事情，杀牛在形式上是最隆重的祭祀，礿祭是非常简单的，然而外在形式并不是决定性的，祭祀的目的是为了祈福，而决定福报的是人的品德，所以在祭祀中，决定性的因素是内在的德性，因此古人认为鬼神最为享受的是祭祀者的美德。李鼎祚《周易集注》卷十二在此爻《小象》下载卢氏语云："明鬼享德不享味也。故德厚者，'吉大来也'。"郑玄认为东邻指的是商纣，西邻指的是文王，此说颇有道理。祭祀虽然是信仰活动，但却是人类现实存在的浓缩表现，故而人类亲在的本质——品德，同样体现在这种象征活动中，并起着决定性的作用。

（3）道德在人类相互关系中的体现

道德内在于己，然而在与他人的关系之中才得以充分体现。《易经》中有很多关于人类相互关系的文字，如《大有》初九爻辞云：

>　　无交害，匪咎，艰则无咎。

高亨在《周易古经今注》卷一中解释道："交害犹言相贼也。彼此无相贼害，则相安无事，自不为咎。故曰：'无交害匪咎。'既无交害之事，则无相仇之心，若值艰难之时，可得同情之助，而归于无咎，故又曰：'艰则无咎。'"（第203页）高亨的解释非常恰当，值得重视的是，这种反对人类相互仇视，主张相亲、相爱、相助的观点，不仅永远应当为人类所坚守、歌颂，而且它反映了人类在长期的亲在活动中所获得的整体性思维，是历史经验的积淀。以外在利益为准则，有利则相交，利益发生矛盾则相仇，这是非常短视的行为。人类只有在长期社会性的、历史性的实践活动中才能发现和平友爱的可贵，并将其确立为内在的美德。

《易经》中还有很多关于因财富而与他人产生关系的论述，如《小畜》九五爻辞云：

>　　有孚挛如，富以其邻。

《泰》六四爻辞云：

>　　翩翩不富以其邻，不戒以孚。

传统经学认为"富以其邻"意指以财富帮助他人，《小畜》九五爻《象传》云："不独富也"是为明证，"孚"之义为诚信。高亨反对以传解经，他认为《小畜》九五爻之意为盗劫邻家之财以富己家，此处"孚"之义为惩罚（第187页）；《泰》六四爻辞则正好相反，是自己被邻人所盗劫（第194页）。无论哪种解释，其中的道德意义是显而易见的，帮助他人，走共同富裕的道路，是值得歌颂的美德；抢掠偷盗为人们所唾弃，必将受到惩罚。

既然劫掠他人是一种罪恶，那么反对、抵制罪恶的行为就是一种美德了，《易经》对坚持正义，反抗侵略、欺压的行为持肯定的态度，例如《谦》六五爻辞云：

不富以其邻，利用侵伐，无不利。

高亨在《周易古经今注》卷一中解释道："因邻人盗劫其财物而家贫，是人之'不富以其邻'也；因邻国寇掠其财物而国贫，是'国之不富以其邻'也。有邻如此，侵伐之，名正而言顺，故曰'不富以其邻，利用侵伐'。'不富以其邻'，则知所戒备。知所戒备，则无忧患。所谓有备无患是也，故又曰'无不利'。"（第206页）也就是说反抗、讨伐侵略者是正义的行为，无往而不利。传统经学将"以"字解为使用之义，领导者并不富有，却能使用民众，显然是因为品德高尚，以此讨伐不义，无往不利。高亨的解释更有反抗侵略的意义。

再如《蒙》上九爻辞云：

击蒙，不利为寇，利御寇。

《蒙》卦上九爻以阳爻居全卦的最上位，朱子在《周易本义》卷一中说："御寇以刚"，就是说要以刚强不屈的精神抵抗侵略。"蒙"之义为蒙昧，高亨在《周易古经今注》中对此爻解释得更为周匝详密，他说："攻击愚昧无知之人，谓之击矇，矇者未犯我，而我击之，是虽有必胜之势，而大背人道，天下所共嫉；矇者先犯我，而我击之，是既有必胜之势，且不背人道，天下所共许。故曰：'击矇利御寇，不利为寇。'"（第175页）

（4）品德修养是生命的完善

前文我们已经得出结论，主体内在的道德是生命的本质，那么由此结论很自然地可以导出完善自我的品德就是生命自我的完善。外在的现实是先天的、不断变幻的，抱怨现实，追逐外在，不仅会迷失自我，而且是无益的，夫子教导人们不要怨天尤人，其目的就是要人们将目光转向自我。只有彻底完善自我，才能消解与外在的隔膜，使主观与客观融合统一，从而获得大自由、大成就。《易经》中有很多关于品德修养的内容，首先且看《谦》卦的一些文字：

谦，亨。君子有终。
初六：谦谦君子，用涉大川，吉。
六二：鸣谦，贞吉。

九三：劳谦，君子有终，吉。
六四：无不利，撝谦。
上六：鸣谦，利用行师，征邑国。

《谦》卦艮下坤上，传统经学认为，从卦象来说，艮为山，坤为地，山本应在地上，反而在下；从卦德来说，艮为止，坤为顺，控制内心，表现和顺，卦象卦德都代表了谦逊的美德。君子处事，开始或许不顺利，但能谦逊，或得人助，或学得方法，最终将获得成功，故称"有终"。李鼎祚《周易集解》卷四载郑玄注云："艮为山，坤为地，山体高，今在地下，其于人道，高能下下，谦之象。亨者，嘉会之礼，以谦而为主。谦者，自贬损以下人，唯艮之坚固，坤之厚顺，乃能终之，故君子之人有终也。"

初六爻以阴爻居全卦的最下位，故称"谦谦"，李鼎祚《周易集解》卷四载荀爽曰："初最在下为谦，二阴承阳亦为谦，故曰'谦谦'也。"高亨在《周易古经今注》中对此爻的解释非常恰当，他说："'谦谦'者，谦而又谦也。自矜善射，多死于矢；自尽善战，多死于兵；自矜善涉，多死于水。若临大川而惕栗，操巨舟而戒惧，则无沉溺之患，故曰'谦谦君子，用涉大川，吉'。"（第205页）

六二爻"鸣谦"是何意也？高亨在《周易古经今注》中解释道："'鸣谦'即名谦，谓有名而谦。即有令闻广誉，而自以为不克当也……名谦则其名益章，其德益进，其助益多，故曰'鸣谦，贞吉'。"（第205页）

九三爻"劳谦"是何意也？"劳"即功劳，高亨依据《老子》"不自伐，故有功"之义，认为此爻之意是君子有功而谦，故有终，吉。

六四爻"撝谦"又是何意也？李鼎祚《周易集解》卷四载荀爽语，将"撝"释为举，意为六四爻要将九三爻举至五位，先人后己，立人达人，故为谦。朱熹在《周易本义》中将"撝"释为挥，意为发挥谦虚的品德。高亨将"撝"释作为，乃施与之义，他依据《老子》"为而不恃"之意解释此爻："有施于人，而无居德之心，伐德之言，是为'撝谦'。'撝谦'则人皆感恩戴德，故曰'无不利，撝谦'。"（第206页）

六五爻在上一节已经解释过，这里就不再赘述。

上六爻以阴爻居全卦的最上位，德高望重而谦虚，故亦为"鸣谦"，当此之时，兴兵以讨不义，则百姓如大旱望云霓也，故此爻所述，当武王伐纣之事耶？高亨云："有名而谦，故四方响风，万民慕德，有东征西怨之思，箪食壶浆之迎，故曰'鸣谦，利用行师征邑国'。"（第206—207页）总而言之，《谦》卦论述了谦逊的美德，毛泽东曾说："谦虚使人进步，骄傲使人落后。"就主体进德而言，谦虚是必由之路。就主体与客体的关系而言，谦虚才能明了处理外在的方法，谦逊才能获得他人的帮助和拥戴。

品德不仅需要以谦虚作为提升与进步的途径，高尚品德的成就还需要稳定的心灵才能保持。品德不同于情绪，它相对更加稳定，存在于意识更深的层次之中，只有恒久坚持，方能内化于主体，与主体融为一体，形成伟大高尚的人格。我们且看《恒》卦中的两段内容：

> 恒，亨，无咎，利贞，利有攸往。
> 九三：不恒其德，或承之羞，贞吝。

《恒》卦巽下震上，巽为风，为长女；震为雷，为长男，风雷相应，刚柔相济，男女同心，故有长久之意。李鼎祚《周易集解》卷七载郑玄注云："恒，久也。巽为风，震为雷，雷风相须而养物，犹长女承长男，夫妇同心而成家，久长之道也。夫妇以嘉会之礼通，故'无咎'。其能和顺干事，所行而善矣。"《象传》云："雷风，《恒》。君子以立不易方。"更是明确地将《恒》卦之义与人的品德联系起来。九三爻之义为人若不坚守自己的品德，就会蒙受羞辱。此爻《小象》云："'不恒其德'，无所容也"，进一步说明人无常性，则不能为群体所容纳，这种观念是相对稳定的古代社会生活的真切反映。《论语·子路》载有夫子对此爻的议论：

> 子曰："南人有言曰：'人而无恒，不可以作巫医。'善夫！""不恒其德，或承其羞。"子曰："不占而已矣。"

夫子云："不占而已矣"，是什么意思呢？朱熹比较谨慎，他在《论语集注》卷七中说"其义未详"，但他同时记载了杨氏（杨时）的解释："君子于《易》苟玩其占，则知无常之取羞矣。其为无常也，盖亦'不占而已矣'。"这就是说精研《易》之占卜者，就会明了反复无常必然取辱之理；外在事物是不断变幻的，若人以占卜追逐外在事物，必然反复无常，亦必然自取其辱，故无占卜之必要。因而《恒》卦九三爻将人的注意力转向自我内在的品德，品德才是生命的主体，才是生命追求的最终目的。

再如《益》上九爻辞云：

> 莫益之，或击之，立心勿恒，凶。

《益》卦之义为受益、增益，上九爻以阳爻居全卦最上位，乃求益不已之象，故凶。朱熹在《周易本义》卷二中解释此爻云："以阳居《益》之极，求益不已，故莫益而或击之。立心勿恒，戒之也。"追逐利益，自然不会有恒心，故应加申戒。高亨在《周易古经今注》卷三解此爻云："此言人之处事，既无人襄助辅益之，且有人攻击破坏之，若立心不恒，守志不坚，因而改其故行，辍其宿业，食其旧德，渝其大节，则事败功亏，身殒名裂，是凶矣。"（第281页）

又如《升》上六爻辞云：

> 冥升，利于不息之贞。

《升》卦巽下坤上，巽与坤皆有顺义，故为上升之义。李鼎祚《周易集解》卷九载郑玄注，从卦象来解释，更为合理："坤地巽木，木生地中，日长而上，犹圣人在诸侯之中，明德日益高大也，故谓之升。升，进益之象矣。"《大象》云："地中生木，《升》。君子以顺德积小以成高大。""顺德"又作"慎德"，这说明《升》卦之义与品德修养进步有关。那么《升》上六爻"冥升"是何意呢？朱熹在《周易本义》卷二中将"冥"解为内心昏冥，他说："以阴居《升》极，昏冥不已者也。占者遇此，无适而立，但可反其不已于外之心，施之于不息之正而已。"追逐于外在事物，内心必然昏冥，亦必然无利可图；反身而诚，修德不懈，明德在我，则可得大利益。高亨在《周易古经今注》中将"冥"字解为昏夜，他说："'冥升'者，昏夜不休，以求上进之象也。人之从事亦昏夜不休，以求上进，则必有成功，故曰'冥升，利于不息之贞'。"（第292页）二者解释虽然不同，但皆符合进德不懈、持之以恒之理。

稳定的心灵，坚守志节，其中最为重要的是行为遵循正道，处事依据正理，心灵充满正义，我们且看《无妄》卦的部分内容：

无妄，元亨，利贞。其匪正有眚，不利有攸往。
初九：无妄往，吉。
上九：无妄行，有眚，无攸利。

传统经学认为，《无妄》卦震下乾上，从卦象来说震为雷，乾为天，故而《象传》谓之"天下雷行，物与无妄"；从卦德来说震为动，乾为健，六二、九五爻皆中正，并且相应，故而《彖传》谓之"动而建，刚中而应，大亨以正"。总的说来，《无妄》卦的含义为不虚妄、不妄求、不邪行，诚实自然，本当如此之义。李鼎祚《周易集解》卷六载何妥言曰："乾上震下，天威下行，物皆絜齐，不敢虚妄也。"高亨在《周易古经今注》卷二注释本卦初九爻时云："凡言不当谓之妄言，行不当谓之妄行，则无妄者为其当然者也。"（第232页）诚实而不虚妄，这是我们祖先踏实深刻的民族精神的体现，也是儒家关于"诚"的思想的源头，《礼记·中庸》言："诚者，天之道也；诚之者，人之道也。"朱子在《中庸章句》中解释道："诚者，真实无妄之谓，天理之本然也。"所以"诚"与"无妄"在精神上是一贯的。

传统经学将《周易》中的"孚"字几乎都解为诚信，如此算来有关诚信的内容非常之多；高亨与古人不同，他将"孚"字解为罚，或俘虏，但也有作诚信讲的情况。且看《兑》九二爻辞：

孚兑吉，悔亡。

《小象》云："孚兑之吉，信志也。"意即坚持以诚信与他人愉快地相处，必然得到好结果。高亨也将此处的"孚"字解为诚信，但却将"兑"字解为谈说（此义亦为传统经学所固有），《周易古经今注》卷四云："孚，信也。孚兑者，以诚信之度向人谈说也。如是者吉，其悔可亡，故曰'孚兑吉，悔亡'。"（第332页）

再如《中孚》卦辞云：

中孚，豚鱼吉。利涉大川。利贞。

《中孚》兑下巽上，全卦的卦象来言，中间两爻为阴，四阳在外，乃虚心之象；就上下二体而言，九二、九五为阳爻，乃中心诚实之象；兑为愉悦，巽为顺应，象征着下悦以应上，上顺以应下，以上三义皆与诚信有关。朱熹在《周易本义》卷二中是这样解释《中孚》卦辞的："豚鱼，无知之物……至信可感豚鱼，涉险难，而不可以失其贞。故占者能致豚鱼之应，则吉而利涉大川，又必利于贞也。"高亨将豚鱼解释为菲薄的祭品，他在《周易古经今注》卷四中说："谓事神有忠信之心，虽豚鱼之薄祭亦吉也。古人事神，贵有诚心，不贵厚物，故曰'中孚豚鱼吉'。"（第338页）二者解释虽然不同，然而崇尚诚信的精神是一致的。

秉持正义、坚守节操是为美德，反之，改节不贞，二三其德，变易操守，在道德意义上则是负面的，应加以指责、批评，且看《讼》六三爻辞云：

食旧德，贞厉，终吉。或从王事，无成。

朱子在《周易本义》卷二中说："食，犹食邑之食，言所享也。"如此"食旧德"即为守旧业之意，并无明显的道德意义。相反，高亨的解释却凸显了道德精神，《周易古经今注》卷一云："'食旧德'，谓亏损其故日之德行也。'食旧德'则危难至，危难至则知惕惧，知惕惧则可无败。故曰：'食旧德，贞厉，终吉。'从王事者，贵克忠克勤，始终如一，否则将无所成，故又曰'或从王事无成'，亦从'食旧德'而言也。"（第178—179页）

坚持正义，必然要反对邪恶，否则正义将无法得到确立，《大有》九四爻辞云：

匪其彭，无咎。

"彭"或作"尪"，李鼎祚《周易集解》卷四载虞翻注云："'匪'，非也。其位尪足尪体，行不正，四失位，折震足，故尪变而得正，故'无咎'。'尪'或为'彭'，作旁声字之误。"关于'彭'字，朱子在《周易本义》卷一中坦诚地承认"音义未详"，对于《伊川易传》将此字解为"盛貌"，朱子云："理或当然。"然而他还是接受了程子的说法，将整段爻辞在自我谦抑的意义上作解释。高亨的解释是与虞翻一致的,《周易古经今注》卷一云:"此'匪'字可读为非,可读为排,大意相同,以后者为胜。排谓排而除之也。……亨按:尫为正字,彭旁皆借字也。……跛曲胫之人,其足不正,其行亦不正,因而以喻不正之人及不正之事。排除此种人事,自无咎矣。故曰:'匪其彭,无咎。'"(第204页)

就个体而言,增进品德、完善自我是人生的根本目的;就社会而言,全民思想觉悟的提高,整个社会观念、风俗、知识、道德的进步,是人类社会历史的根本目的,也是在上者或圣人的责任。《礼记·大学》中所谓"明德"、"亲民"和"格物"、"致知"、"正心"、"诚意"、"修身"、"齐家"、"治国"、"平天下"的思想由来已久,远承上古三代,在《易经》中也可见其端倪,《涣》卦中的两条内容:

　　六三:涣其躬,无悔。
　　六四:涣其群,元吉,涣有丘,匪夷所思。

传统经学将"涣"字解为散义,朱子也是如此,故《周易本义》卷二将《涣》六三爻辞解为消除自我私欲之意,将六四爻解为为了大群体而解散自我的小群体。高亨将"涣"字解为洗涤之意,他在《周易古经今注》卷四中解《涣》六三爻辞时云:"涣者,水流有所荡涤也。'涣其躬'者,水流涤荡其身也。水流涤荡其身,则其身之污垢皆去,人之自新其德似之。《礼记·大学》引汤之《盘》铭曰:'苟日新,日日新,又日新。'盘为浴器,其铭如此。可见古人以涤其身喻新其德,由来已久。自新其德者当可无悔,故曰'涣其躬无悔'。"接下来,高亨在解释《涣》六四爻辞"涣其群,元吉"时又说:"'涣其群'者,水流荡涤其众也。水流荡涤其众,则其众之污垢皆去,百姓皆自新其德似之,百姓皆自新其德,即新民之意也。《书·康诰》:'作新民。'可见新民之思想,周初已有之。《礼记·大学》:'大学之道,在明明德,在亲民,在止于至善。'亲读为新,新民一言,即承《康诰》之余绪也。新民自是大吉,故'涣其群元吉'。"(第335页)高亨对这两爻的解释气脉一贯,极为恰当,与《易传》亦相符。《涣》六三《小象》云:"'涣其躬',志在外也。"修身是为了平治天下,当然是"志在外"了;《涣》六四《小象》云:"'涣其群元吉',光大也。"移风易俗,改造民众,自然是一项伟大光明的事业。

（5）政治为道德的扩展

由于中华上古文明的早熟，国家的出现由部落联盟转化而来，阶级、法律皆未发展出典型状态，社会相对和谐，政治多与宗法、风俗、道德、教化有关，更直接地表现在维护群体的生存方面，此即二帝（尧、舜）三王（禹、汤和文、武）之德治。夫子有言："为政以德，譬如北辰，居其所而众星拱之。"又言："《书》云：'孝乎惟孝、友于兄弟，施于有政。'是亦为政，奚其为为政？"（《论语·为政》）由此可见上古三代德政的文化氛围。德政的思想在《易经》中也有很多，如《临》卦各爻：

　　初九：咸临，贞吉。
　　九二：咸临，吉，无不利。
　　六三：甘临，无攸利，既忧之，无咎。
　　六四：至临，无咎。
　　六五：知临，大君之宜，吉。
　　上六：敦临，吉，无咎。

传统经学认为，《临》卦兑下坤上，兑为泽，坤为地，李鼎祚《周易集解》卷五注释《临·象传》时载荀爽曰："泽卑地高，高下相临之象也。"以高临下，故有领导和政治的含义。《临·大象》曰："泽上有地，临。君子以教思无穷，容保民无疆。"也就是说政治的主要功能在物质方面是保护民众的生存、繁衍、发展，在精神方面要教化民众，使他们的精神和智慧沿着正确的道路得到提高。

初九和九二爻所谓"咸临"是何意？李鼎祚《周易集解》卷五载虞翻曰："咸，感也。"因而"咸临"也就是"感临"，即能够感动民众的政治。领导者能够感动民众，自然贞吉无不利。领导者为何能够感动民众呢？《临·初九·小象》提供了一个解释："'咸临贞吉'，志行正也。"也就是说领导者的志向行为符合正道，因而感动民众。高亨也同意初九爻"咸临"即为"感临"的说法，但他又提供了另一个可能性，释"咸"为"諴"，諴者，和也。"諴临则民自爱戴，故曰：'咸临，贞吉。'"对于九二爻的"咸临"，高亨与传统经学的观点不同，他认为此处"咸临"应为"威临"，因形近而误，"有威则万民服，无威则天下乱，故曰：'威临，吉，无不利。'"此说与德政之旨不符（上见《周易古经今注》，第

216—217页）。

关于六三爻的"甘临"，朱子《周易本义》卷一云：六三爻"阴柔不中正，而居下之上，为以甘说临人之象。其占故无所利，然能忧而改之，则无咎也。勉人为善，为教深矣"。也就是说，"甘临"即以甜言蜜语为饵，利诱民众的政治方法。高亨释"甘"为严，与钳、箝等字相近，乃强制之义。《周易古经今注》卷二云："以严临民，政急刑酷，则民困而怨上，是无所利；若能易之以宽和，亦可无咎，故曰：'甘临，无攸利，既忧之，无咎。'"（第218页）朱子与高亨的解释虽然不同，但其中皆有德政之旨。

六四爻"至临"又是何意？李鼎祚《周易集解》卷五载虞翻曰："'至'，下也。谓下至初应，当位有实，故无咎。"虽然虞翻是从象数的意义上来解释的，然而亦可见体察下情、亲民仁爱的政治意义。朱子《周易本义》承继了六四与初九相应的观点，又云："相临之至，宜无咎者也。"将"至"解释为极至之义，其中蕴含着仁政是最完美的政治之义。高亨将"至"释为"质"："'至临'者即质临，谓以诚信临民也。以诚信临民，自无咎，故曰：'至临，无咎。'"（第218页）

九五"知临"，朱子与高亨皆读"知"为"智"，朱子释为知人善任而不自任，高亨的解释则更为宽泛："'知临'者，以智临民也。《礼记·中庸》：'惟天下至圣能聪明睿知，足以有临也。'即此意。以智临民，大君当如此，果能如此，始克明察万几，曲应咸当，故曰：'知临大君之宜，吉。'"（第218页）

上六"敦临"，李鼎祚《周易集解》中的荀爽、朱子《周易本义》以及高亨对"敦"的解释都是一致的，即敦厚之义。高亨还指出"敦"借为"惇"（第218页）。"敦临"即以敦厚宽和的态度对待民众，反对苛政酷政，实行德政仁政是也，自然吉而无咎。

《观》卦的内容与人的认识有关，人的认识不仅从纯粹对自然的观察、生产实践中得出，而且也从社会实践，尤其是政治实践中得出，所以其中也有德政的内容：

六三：观我生，进退。
六四：观国之光，利用宾于王。
九五：观我生，君子无咎。

> 上九：观其生，君子无咎。

在李鼎祚《周易集解》卷五中，虞翻、荀爽都将"生"字解为"生民"，作动词用，即对民众的保育、教化。在九五爻《小象》条下载王弼注云："'观我生'，自观其道也。为众观之主，当宣文化，光于四表。上之化下，犹风之靡草，'百姓有过，在予一人'。君子风著已，乃无咎。欲察己道，当观民也。"其中既有平治天下、明明德于天下之旨，又有自我修身之意。六四爻"观国之光，利用宾于王"，乃近悦远来、万国来朝之意，即做一个形象美好、有道德感召力、负责任的大国。高亨读"生"为"姓"，乃百官之义，"观我生"即考察本国官员，知其贤否，以行黜陟也。"观其生"者，参考他国官员任用废黜之情也（第220—221页）。知人善任亦为德政之重要内容。

《易经》中有关德政的内容还有很多，如《晋》卦六三爻云：

> 众允，悔亡。

《晋》卦坤下离上，李鼎祚《周易集解》载虞翻云："坤为众，允，信也。土性信，故众允。"高亨云："驭民者，帅师者，众人信之，则悔亡，故曰：'众允，悔亡。'"（第262页）这就是说领导者的政治措施只有得到民众的信任，才能消除过失，也才能得到进步，此爻《小象》云："众允之志，上行也。"而能得到民众支持的举措必然是符合道义的，是仁政之举。

再如《井》卦中的两爻：

> 九三，井渫不食，为我心恻；可用汲，王明并受其福。
> 九五，井洌寒泉食。

这两条以井是否可饮用隐喻贤臣是否见用，与屈原《离骚》中香草美人之义同。"井渫"者，李鼎祚《周易集解》卷十载荀爽注云："渫，去污浊，清洁之意也。"即俗称淘井。《集解》在此爻《小象》下又载干宝之语，将此等君臣际遇之事限定在殷周之际："此托殷之公侯，时有贤者，独守成汤之法度而不见任，谓微、箕之伦也，故曰：'井渫不食，为我心恻。''恻',伤悼也,民乃外附,故曰:'可用汲。'周德来被,故曰:'王明。'王得其民,民得其王,故曰:'求王明受福也。'"高亨在此与传统经学的见解基本一致,他强调"王明"是贤臣得以见用的关键,并指出司马公在《史记·屈原传》中引征过此爻作为佐证:"井渫不食,为我心悲,井渫之可以汲,犹臣贤之可以用,然王明而后能知贤,知贤而后能用贤,用贤而后天下俱受其福,故曰:'井渫不食,为我心恻,可用汲,王明并受其福。'《史记·屈原传》:'人君无愚智贤不肖,莫不欲求忠以自为,举贤以自佐,然亡国破家相随属,而圣君治国累世而不见者,其所谓忠者不忠,而所谓贤者不贤也。怀王以不知忠臣之分,故内惑于郑袖,外欺于张仪,疏屈平而信上官大夫、令尹子兰兵挫地削,亡其六郡,客死于秦,为天下笑,此不知人之祸也。《易》曰:"井渫不食,为我心恻,可以汲,王明并受其福。"王之不明,岂足福哉!'得其旨矣。"(第300—301页)

总的说来,中华文明在政治方面的价值取向是文明道德的政治,反对野蛮强暴的政治,正如《履》卦六三爻所言:

眇能视,跛能履,履虎尾,咥人凶,武人为于大君。

在李鼎祚《周易集解》中二"能"字并作"而"。朱子《周易本义》卷一解此爻云:"六三不中不正,柔而志刚,以此履乾,必见伤害,故其象如此,而占者凶。又为刚武之人得志而肆暴之象,如秦政、项籍,其能久也?"高亨的解释更加详细,他说:"'眇而视,跛而履'者,无其能而为其事也。'履虎尾'者,自致于险境也。'咥人'者,遭大祸也。眇不能视而视焉,跛不能履而履焉,终以视不明而履于虎尾,又以履不捷而及于虎口,其凶甚矣。武人无大君之德,而据大君之位,亦将以妄行遭祸,覆国杀身,有似于此。故曰:'眇能视,跛能履,履虎尾,咥人凶,武人为于大君。'"(第189—190页)

反对"武人为于大君"的思想为儒家所继承,成为儒家的政治主张和思想传统。《论语·述而》载:"子不语怪、力、乱、神。""力"者,凭勇力而非以德行处事之人也,更甚者妄图以力服天下,后世之秦嬴政、西人之希特勒皆其典型代表,他们不仅荼毒天下,而且自己也覆国杀身。《荀子·仲尼》云:"仲尼之门人,五尺之竖子,言羞称乎五伯。"儒家所崇敬、歌颂、赞美的是像五帝那样以仁德文明治理天下的圣王，而非以武功著称的春秋五霸。

（6）道德在人类生活中的其他体现

文化是人类社会生活的总和，其主体是人；而人的文化本质又是道德，所以道德必将体现在人类社会生活的各个层次和各个方面。例如，"孝"是儒家的核心学说之一，也是儒家思想的基石，然而它并非儒家所发明创造，"孝"源自于华夏远古先民的观念和风俗习惯，也可说它源自人类的天性，儒家只是将它学说化，并加以大力强调。在《易经》中也有关于"孝"的观念的内容，如《离》卦九四爻云：

> 突如，其来如，焚如，死如，弃如。

这段文字初看起来感到很突兀，但当我们知道它是处置不孝杀亲之子的刑罚法令，就容易理解了。《周礼·秋官司寇·掌戮》载："凡杀其亲者焚之，杀王之亲者辜之。"郑玄注云："亲，缌服以内也。焚，烧也。《易》曰：'焚如、死如、弃如。''辜'之言枯也，谓磔之。"贾公彦《疏》又引郑玄《易注》云："不孝之罪，五刑莫大焉。得用议贵之辟刑之，若如所犯之罪，焚如，杀其亲之刑；死如，杀人之刑也；弃如，流宥之刑。"（阮元《十三经注疏》本）高亨继承了郑玄的观点，并引证多种典籍，他将此段爻辞串解为："不孝之子，既逐出焉，彼复来焉，则罪重者焚焉，其次死焉，更次弃焉，故曰：'突如，其来如，焚如，死如，弃如。'"（第248页）

中华民族以勤劳勇敢、不断进取的美德著称于世，古代先民更是注重勤劳刻苦的精神，反对懒惰。传统经学将《豫》卦之义基本上解为和悦，但过于耽于欢乐，必然产生懒惰情绪，丧失进取精神，故而《杂卦传》云："《豫》，怠也。"愉悦欢乐与怠倦懒惰是两种不同的精神状态，但有人性中的因果关系，古人的思维方式与今人不同，古人的视角注重整体过程，所以将有因果联系的不同事物，即便它们是相互矛盾的，亦放在一起加以统观。高亨更是直接将"豫"字解为厌倦，《豫》卦初六和六三爻辞云：

> 初六：鸣豫，凶。

六三：盱豫，悔，迟有悔。

高亨解释初六爻辞云："'鸣豫'者，谓令闻既彰，而持事厌倦，此正志骄意盈之象，与'鸣谦'相反，故曰：'鸣豫凶。'"（第207页）对于六三爻辞，高亨释云："晨而厌倦，其业必荒，悔将频至，故曰：'盱豫，悔，迟有悔。'"（第208页）他的这两条解释与传统易学不符，但其言之有据。或许在《周易》中《豫》卦本义为愉悦，倦怠只是其引申之义，但《豫》卦之义包含有忧患意识，主张勤劳进取，反对懒惰取巧，这是毫无疑义的。

三

通过上述的详细分析，我们可以得出这样一个结论：虽然传统经学对《易经》的诠释有泛道德化的倾向，但《易经》中确实存有大量的道德内容。道德缘于上古先民的生活，易象大多为具象，少有纯粹精神中的想象，《易经》的内容反映了中国上古先民的社会政治生活、生产实践生活乃至风俗习惯和家庭个体生活，所以其中含有道德内容是非常自然的事情。从这个基本事实出发，我们还可以得出一些更重要的推论。

第一，《易经》中的道德内容是一种亲在的哲学，它反映了中国哲学的特征。如上文所提到的《大有》初九爻辞云："无交害匪咎，艰则无咎。"人类无论是个体还是群体之间，只有平时相亲相爱，当面临艰难险阻时才能相互帮助，这种观点符合人类整体的长远利益，而且它只有经由人的长期亲身践履中才能产生，它是社会历史生活的心得。再如上文提到的《家人》九三爻辞云："家人嗃嗃，悔厉，吉；妇子嘻嘻，终吝。"《蒙》六三爻辞云："勿用取女，见金夫不有躬，无攸利。"这些思想言论都充满了浓郁的生活气息。推而言之，《易经》中所反映的，无论是丽日经天、风云变幻的自然现象，还是渔樵耕牧的生产实践，战争祭祀等政治生活，都是上古先民所生活于其中、歌哭于其中的世界。

20世纪以来，随着西方社会科学方法的传入，国内《易》学领域在研究《易经》中所反映的社会状态、生产状态以及历史事实方面取得了突破性的进步。然而一些学者由此兴起疑古思潮，沉迷于具体史实，否认

《易经》中含有深刻的思想哲学。有的学者甚至怀疑在《易经》产生于远古的经典时代，认为那时世界上绝大多数民族都没有深刻的哲学，因而中国也不会有。这种错误结论的得出，是由于当时学者自身哲学素养的缺陷导致的，他们所理解的哲学不过是简单机械的辩证法而已。再者，西方学术的风行也使他们忘记了中国思想的特质。

《易经》中究竟是否有深奥的哲学思想，如果有，它究竟是一种什么样的思想？对此，纪昀在《四库全书总目·经部一·易类一》中的话是最好的回答，他说：

> 圣人觉世牖民，大抵因事以寓教，《诗》寓于风谣，《礼》寓于节文，《尚书》、《春秋》寓于史，而《易》则寓于卜筮。

纪昀的这段话指出了《周易》思想的一个基本特征，即《周易》博大精深的思想寓于人类具体的生存实践之中，这不仅是《易》学，而且是全部中国思想哲学的基本特征之一。先秦的中国与古希腊、罗马不同，它少有专门的哲学论著，而是将精深的哲学思想寄寓于政书、史书、诗集和卜筮之书之中，所以后来这些书籍才被称之为经典。

正因为《易经》的思想是一种亲在哲学，疑古《易》学也就有了其合理的一面，我们所需要的是在训诂、考据乃至考古的具体成果的基础上，去探索、诠释《周易》的思想。一切都在过程之中，传统经学和疑古《易》学都是对《周易》的解释过程。《易经》时代世界上大多数民族都没有较深的哲学，这一结论不知是否正确，即使确实如此，亦不能证明中国也不能有深刻的哲学思想。

第二，《易经》中的道德内容体现了一种生命哲学的倾向。《易经》中的道德内容不是一些零散的、就事论事的道德律令，当我们将它们联系起来研究，就会发现其暗含体系的、深刻的生命哲学。《易经》不仅论述了个体修养的方方面面，如：《谦》卦强调谦虚的品德的作用和意义，《无妄》卦强调真实自然、坚守正道，《恒》卦强调将优良的品德持之以恒，《乾》、《益》、《升》卦则有强调品德修养应不断进步的内容。更引起我们注意的是，《易经》将品德修养的思想不断外推、外化，由个体而达群体，乃至深入于政治，如《涣》卦中由"涣其躬"到"涣其群"，以及《临》、《观》卦中的道德政治内容等。这种外推的思想路线与后世儒家所强调的修、齐、治、平，由"明德"而达"明明德于天下"的思想路线完全一致。《易传》承继了《易经》的这种外推路线，突破了人类的局限，宣称"天地之大德曰生"，这是将整个宇宙视为一个生命体，认为自然也是有品德意志的。

我们说《易经》的思想是深刻的，还在于它揭示了生命的本质在于品德。《易经》所言的品德修养都存在于现实之中，然而它又驾驭了现实，摈弃了对现实利益的得失计较，从而突出了生命的主体性，如前一节所引用的《蒙》卦六三爻和《既济》九五爻。现实利益是人类生命的永恒迷雾，对之不能沉迷又不可简单抛弃，《易经》在现实中增进品德的抉择为生命的进步指出了一条光明的正途。

哲学不仅是对纯粹客观世界的认识，而且是对这种客观知识的反思；它还包括对主体自我的认识，以及对主观知识的反思，如人类自身的信念和价值。人类更为关心的可能是后者。古希腊神庙铭文曰："认识你自己。"现代存在主义者加缪说，哲学的根本问题是自杀问题。决定是否活着是首要问题；而世界究竟是否三维或思想究竟有九个还是十二个范畴等，则是次要的问题。无论古今中西，对生命的关切是共同的；但与西方现代存在主义不同的是，中国传统思想从一开始就选择了一条积极健康的生命之路。从这个意义上说，《易经》中的某些相关的思想元素确立了中国思想传统的这种基本特征。

（本文原载《中国哲学》第二十六辑，2013年8月）

《公孙龙子·指物论》新诠

江向东

先秦名家，以惠施、公孙龙为其主要代表。① 公孙龙，赵人，亦有说魏人者，其生卒年不可考，但《庄子·天下》已明确指称公孙龙等人为"辩者之徒"，则公孙龙应在《天下》完成以前即已成为其时可圈可点的著名辩者；又《天下》谓此类辩者皆与惠施"相与乐之"，而惠施"观于天下而晓辩者"（案：惠施当为此类辩者中的领军人物），则公孙龙其年应少于惠施；又《吕氏春秋·淫辞》与《史记·平原君虞卿列传》等多种古代文献材料分别载有孔穿、邹衍与公孙龙辩于赵平原君所之事迹②，则公孙龙似应与平原君、孔穿以及邹衍等人同时。公孙龙的主要思想，保存在《公孙龙子》一书中，《汉书·艺文志》中收录了《公孙龙子》十四篇，今本《公孙龙子》仅存六篇；其中《迹府》一篇，乃后人所作，

---

① 根据笔者的初步研究，先秦名家之最本质的特征，即在于其对"名"（names）或"概念"（concepts）之理论自觉；这正如先秦儒家之最本质的特征，即在于其对"仁"与"礼"等"道德规范"之理论自觉；亦如先秦兵家之最本质的特征，即在于其对"行军用兵之道"之理论自觉……事实上，先秦名家已具有一种初步的"知识理论"（the theory of knowledge，即指"'为知识而知识'之关于'纯粹智力思辨'自身的理论"）。至于中国学术史上备受推崇的所谓"诸子出于王官"之著名论断的根本不足，即在于其并没有从理论上阐明"王官"何以能成为"诸子"的"依据"：因为"王官"并不必然地都能成为"诸子"，离开了"对……理论的自觉"，"王官"同样成为不了"诸子"。此处相关问题参见江向东《先秦名家政治思想概论》，载《西北大学学报》（哲学社会科学版）1998年第4期，第83—88页。

② 关于孔穿与公孙龙辩于赵平原君所之古代文献材料，理应还包括《公孙龙子·迹府》与《孔丛子·公孙龙》之相关记载；而关于邹衍与公孙龙辩于赵平原君所之古代文献材料，则还包括《〈史记·平原君虞卿列传〉集解》所引刘向《别录》之相关记载。

叙述公孙龙其人言行者；其他五篇则基本上可以肯定是公孙龙本人所作。①《公孙龙子》一书中，最为后世所熟知者，当属《白马论》与《坚白论》两篇；然最能反映出公孙龙在理论思考上之根本主张者，则实属《指物论》一篇。② 中国传统文化中之"知识理论"维度（即指"为知识而知识"之崇尚纯粹智力思辨趣向）的缺失导致了二千多年来人们在对先秦名家理解上的严重不足。③ 有鉴于此，笔者将主要循着"知识理论"这样一个问题视角，尝试对《公孙龙子》做出新的诠释。④ 本文兹先尝试

---

① 关于此问题，已有学者指出："今本的《公孙龙子》即是《汉志》所载者，并非后人伪造；但有部分的篇章已亡佚。目前我们所见的《公孙龙子》应当是唐宋时直接流传下来的本子……此书如非公孙龙自撰，亦必当是龙之门人承其师说并搜集战国有关的资料而写成的……《公孙龙子》六篇，《迹府篇》体制与其他五篇不同，当非龙所撰，其撰作年代应在其余五篇之后。"详见萧登福《公孙龙子与名家》，台北文津出版社1984年版，第7—16页。

② 关于此问题，已有学者指出："最足以代表公孙龙之说者，实为《指物》一篇。他篇之议论大抵皆为此篇论旨之发挥或应用。虽五篇各有特殊论点，其总根据或中心实在《指物》一篇。"参见劳思光《新编中国哲学史》（一），广西师范大学出版社2005年版，第290页。

③ 根据笔者的初步研究，先秦名家之所以会在中国思想史上"昙花一现"，究其最本质的原因，并非源于其脱离实际的或怪异的思维方式，亦非源于汉代统治者之政治意识形态的专制统治，而是从根本上源于中国传统文化中之"知识理论"维度的缺失，正是这种"缺失"导致了两千多年来人们在对先秦名家的理解上的严重不足。关于此问题，笔者将另有专文讨论之，此不赘述。

④ 这里，需要指出的是，在过去的一百年中，西方学者已通过各种不同的视角对先秦名家进行研究；目前，关于先秦名家的研究实际上已经成为西方学界的热点话题。一般来说，根据其学术研究重点的不同，笔者大体将这些学者划分为两类：第一类的重点在于文本的结构分析与翻译，以 A. C. Graham、Ian Johnston 与 Max Perleberg 等人为其主要代表；第二类的重点在于纯粹理论问题，以 Thierry Lucas（逻辑哲学）、Chad D. Hansen（语言哲学）与 Chris Fraser（哲学论题）等人为其主要代表。同样地，也是在过去的这一百年中，越来越多的中国学者从西方哲学之纯粹理论视角出发来研究先秦名家的思想文本，其著名的代表有胡适（西方逻辑学）、冯友兰（柏拉图哲学）、牟宗三、劳思光（康德哲学）与成中英、冯耀明（分析哲学）等人；在上述这些中国学者的研究成果中，牟宗三与劳思光从康德哲学视角出发的相关论述无可否认地值得我们的关注与参考；如若以其理论思考的成绩言之，则我们可以说，自20世纪60年代以来，牟宗三与劳思光在对先秦名家之本质特征的把握上已明显地领先于中国内地学者，即便是那些著名的当代西方专家（Thierry Lucas、Chad D. Hansen 与 Chris Fraser 等人）也没有从根本上超越牟宗三与劳思光所曾达到的理论高度。本文将以道藏本《公孙龙子》为底本，同时亦将参看其他各版本以标点、校勘；不过，仍然需要强调指出的是：按利科的说法，实际上，任何关于"文本"之"诠释"活动都会涉及作者（之原意）、文本（之自主性）与诠释者（之"问题框架"）三方之间的"互动"关系（详见 Paul Ricoeur, *Hermeneutics and the Human Sciences. Essays on Language*, *Action and Interpretation*. Edited, translated and introduced by J. B. Thompson; with a response by P. Ricoeur (Cambridge: Cambridge University Press, 1981) 之相关章节）；而根据笔者的初步研究，诠释者

对其《指物论》做出新的诠释,而他文则将逐一讨论到其他各篇。

一 原文疏解

《指物论》原文谓:

Ⅰ.物莫非指,而指非指。天下无指,物无可以谓物。非指者,天下而(无)物,可谓指乎?

Ⅱ.指也者,天下之所无也;物也者,天下之所有也。以天下之所有,为天下之所无,未可。

Ⅲ.天下无指,而物不可谓指也;不可谓指者,非指也;非指者,物莫非指也。天下无指而物不可谓指者,非有非指也;非有非指者,物莫非指也;物莫非指者,而指非指也。

Ⅳ.天下无指者,生于物之各有名,不为指也。不为指而谓之指,是兼(无)不为指。以有不为指之无不为指,未可。

Ⅴ.且"指者,天下之所兼(无)",天下无指者,物不可谓无指也;不可谓无指者,非有非指也;非有非指者,物莫非指。指,非

的"诠释"活动之首要的任务并非是为了达成所谓"作者之原意",而是应该让诠释者所预设之"问题框架"(或曰"理论视角")与"文本(之自主性)"之间保持一种适当的"张力":一方面,诠释者之"问题框架"正如一副"近视镜",其功能仅仅在于它将有助于让我们通过"文本"这个媒介更有效地"看清"其背后的所谓"作者之原意";另一方面,诠释者所预设之"问题框架"并非就是我们通过"文本"这个媒介所"看出"的"作者之原意"自身,因为"问题框架"永远都不可能是一成不变的,而应该是永远开放的。由此,所谓"文本"(或"作者之原意")的价值与生命力仅仅存在于其与不同时代之各类不同"问题框架"的创造性"对话"之中;故本文写作所采用的"知识理论"(如康德《纯粹理性批判》所重点讨论者)之"问题框架"并非即是关于《公孙龙子·指物论》(他文将逐一讨论到的其他各篇亦同)之所谓"作者之原意"的"结论性话语"(案:为了尽量减少在"表述"上可能会引起的麻烦,笔者在本文的写作中并不打算对所谓"作者之原意"与"文本之自主性"这两个事实上存在着差别的"表述"做出其严格意义上的区分,亦即笔者将以"公孙龙之原意"="《公孙龙子》之自主性",或以"公孙龙之观点"="《公孙龙子》之观点"),倒是相反,其理论意义更在于,在一种全球化时代之"世界学术"背景下,引发更多关于此问题之具有学术价值的"争论"。

非指也；指与物，非指也；使天下无物指，谁径谓非指？天下无物，谁径谓指？天下有指，无物指，谁径谓非指？径谓无物非指？且夫指固自为【非】非指，奚待于物而乃与为指？

上述所引者即为笔者对道藏本《指物论》原文所做的标点、校勘与分节，接下来，笔者将主要循着公孙龙在《指物论》中之立论的"基本思路"对此篇文字做出必要的梳理与解释，而对其所涉及之具体理论问题，则留待后文展开论述之。

Ⅰ. 物莫非指，而指非指。天下无指，物无可以谓物。非指者，天下而（无）物，可谓指乎？

案：俞樾云："天下而物，当作天下无物，字之误也。"（可参看《诸子平议补录》卷五，第30页）；而王琯、徐复观、萧登福、丁成泉等人则主此处当从"而"字，与俞说相异（分别参见《公孙龙子悬解》，第49页；《公孙龙子讲疏》，第14页；《公孙龙子与名家》，第51页；《新译公孙龙子》，第44页）；但谭戒甫、谭业谦等人仍主此处应为一"无"字之误，与俞说同（分别参见《公孙龙子形名发微》，第19页；《公孙龙子译注》，第11页）。今综核其上下文立论之"基本思路"，乃从俞说，兹据改。

案：此第一节。此节系公孙龙从其"纯粹智力思辨"视角出发，开宗明义：首句即提出此篇立论之中心论题，而后两句则分别说明之。

物莫非指，而指非指。此句为此篇立论之中心论题，而此篇之论证过程不外乎是围绕此中心论题而展开的反复申辩。实际上，只要循着公孙龙在此篇中之立论的"基本思路"来通读全篇文字，我们便不难发现，"物莫非指"无非想阐明"指"（"That which designates"，"*chih*"）与"物"（"Things in general"，"*wu*"）之间存在着一种"对举"关系（或曰指称与被指称的认知关系），亦即某"物"都会毫不例外地作为与其相应的某"指"的一个对象而被认知，其所强调的是"指"对"物"之"先验性"（同时亦即"指"之"经验性"的运用）；"而指非指"无非是想阐明"指"与其自身之间并不存在一种"对举"或"认知"关系，亦即某"指"都不可能再作为此"指"自身的一个对象而被认知，其所强调的是

"指"自身之独立实存性。① 不过,如若不考察此节的后两句文字,则"物莫非指,而指非指"这一句话容易引起"歧义":如上述"物"与"指"之间的关系到底是属于一种"认知"性质的关系抑或属于一种"同一"性质的关系呢?推究其原因,则不难发现,此种"歧义"完全是由于古汉语语言之词汇的多义性(含混性)与语法结构的灵活性(跳跃性)自身引发的哲学难题。因而,公孙龙在提出此篇立论之中心论题后,即对此中心论题之立意角度做出了必要的说明。

天下无指,物无可以谓物。非指者,天下而(无)物,可谓指乎?此两句则为对上述此篇立论之中心论题的立意角度所做出的必要说明:一方面,"天下无指,物无可以谓物"是对上述中心论题之前半句"物莫非指"所做的进一步说明,其所强调的是"物"与"指"之间的一种认知关系而非同一关系,亦即:如若天下无"指",则"物"没有(什么东西)可以用来称谓"物"自身;另一方面,"非指者,天下而(无)物,可谓指乎?"则是对上述中心论题之后半句"而指非指"所做的进一步说明,亦即:如若天下无"物",则还可以谈到"指"吗?意即:"指"仅对"物"而言才有意义,而"指"与"物"之间的此种认知关系并不适用于"指"与其自身之间,故曰"而指非指"。

Ⅱ. 指也者,天下之所无也;物也者,天下之所有也。以天下之所有,为天下之所无,未可。

案:此第二节。此节系从"常识"的观点出发,首设敌论,并以此否定"指"与"物"之间存在的认知关系。

指也者,天下之所无也;物也者,天下之所有也。此句即为从"常识"的观点看问题,故刻意夸大"指"与"物"之差别,亦即:"指",属于"无"的领域,或曰"虚无"、"不存在"的领域;而"物"却属于"有"的领域,或曰"实有"、"存在"的领域。

以天下之所有,为天下之所无,未可。此句则承上一句之思路,认为把属于"有"("实有"、"存在")的领域当作属于"无"("虚无"、"不

---

① 关于"指"与"物"这两个"关键词"之英文对应词的讨论,参见 Max Perleberg, *The works of Kung-Sun Lung Tzu*: *With a translation from the parallel Chinese original text*, *critical and exegetical notes*, *punctuation and literal translation*, *the Chinese commentary*, *prolegomena and index*(Hong Kong, 1952): 93。

存在")的领域是不妥的,意即:既然"物"与"指"两者之间存在着巨大的鸿沟,则"物"与"指"之间并不存在一种认知关系。

Ⅲ. 天下无指,而物不可谓指也;不可谓指者,非指也;非指者,物莫非指也。天下无指而物不可谓指者,非有非指也;非有非指者,物莫非指也;物莫非指者,而指非指也。

案:此第三节。此节系公孙龙回驳上述第二节敌论之具体申辩,其意即在进一步捍卫其中心论题之基本立场。

天下无指,而物不可谓指也;不可谓指者,非指也;非指者,物莫非指也。此句即为针对上述敌论(即"指""无"与"物""有"不容混淆)而对此篇立论之中心论题之前半句"物莫非指"所做的具体申辩(此处其所取者乃为一种"反推"的论证方法,下句同),亦即:按上述"常识"的观点,如若天下果真是"指""无"而"物""有",则某"物"都不再可以作为与其相应的某"指"的一个对象而被认知;而某"物"不再可以作为与其相应的某"指"的一个对象而被认知了,则(离"物"之"指")只能被称为"非指"(因为"指"仅对"物"而言才有意义);而所谓"非指"者,则此情形岂不正好反证了"物莫非指"吗?

天下无指而物不可谓指者,非有非指也;非有非指者,物莫非指也;物莫非指者,而指非指也。此句则为针对上述敌论而对此篇立论之中心论题之后半句"而指非指"所做的具体申辩,亦即:上述所谓"天下无指而物不可谓指者",并非是说有(脱离"物"之)所谓的"非指"存在;而既然并不存在(脱离"物"之)所谓的"非指",则反而正好说明某"物"都会毫不例外地作为与其相应的某"指"的一个对象而被认知;而既然"物莫非指"成立,则"而指非指"自不待言。

Ⅳ. 天下无指者,生于物之各有名,不为指也。不为指而谓之指,是兼(无)不为指。以有不为指之无不为指,未可。

案:俞樾云:"兼乃无字之误,天下之物,本不为指,而人谓之指,是无不为指矣。"(参见《诸子平议补录》卷五,第30页);而王琯、谭戒甫、徐复观、萧登福等人则主此处当从"兼"字,与俞说相异(可分别参看《公孙龙子悬解》,第51页;《公孙龙子形名发微》,第21页;《公孙龙子讲疏》,第16页;《公孙龙子与名家》,第54页);但谭业谦、丁成泉等人仍主此处应为一"无"字之误,与俞说同(分别参见《公孙龙子译注》,第13页;《新译公孙龙子》,第48页)。今综核其上下文立论之"基本思路",乃从俞说,兹据改。

按:此第四节。此节系继续从"常识"的观点出发,再设敌论,并继续以此否定"指"与"物"之间存在的认知关系。

天下无指者,生于物之各有名,不为指也;此句同样即为从"常识"的观点看问题,故继续提出了其否定"指"与"物"之间存在着一种认知关系之新的"论证",亦即:天下无"指"者,源于"物"各有其"名",("物"有其"名"而无其"指")故"物"与"指"之间并不存在一种认知关系。

不为指而谓之指,是兼(无)不为指。以有不为指之无不为指,未可。此两句则承上一句之思路,层层递进,并意图以此强化其论证之结论,亦即:如若把"物"与"指"之间并不存在的一种认知关系,偏要说成是"物"与"指"之间存在的一种认知关系,则此可谓"无不为指"了;而把属于"有不为指"("物"与"指"之间并不存在一种认知关系)者当作"无不为指"("物"与"指"之间存在一种认知关系)者是不妥的,意即:既然"有不为指"与"无不为指"分别属于"性质"迥异的"关系",故不可混淆其界限。

V. 且"指者,天下之所兼(无)",天下无指者,物不可谓无指也;不可谓无指者,非有非指也;非有非指者,物莫非指。指,非非指也;指与物,非指也。使天下无物指,谁径谓非指?天下无物,谁径谓指?天下有指,无物指,谁径谓非指?径谓无物非指?且夫指固自为【非】非指,奚待于物而乃与为指?

案:俞樾云:"无与兼,相似而误。上文云:指也者,天下之所无也;下文云:且指者,天下之所兼。兼亦无字之误。"(参见《诸子平议补录》卷五,第30页);而王琯、谭戒甫、徐复观、萧登福等人则主此处当从"兼"字,与俞说相异(分别参见《公孙龙子悬解》,第52页;《公孙龙子形名发微》,第21页;《公孙龙子讲疏》,第17页;《公孙龙子与名家》,第55页);但谭业谦、丁成泉等人仍主此处应为一"无"字之误,与俞说同(分别参见《公孙龙子译注》,第14页;《新译公孙龙子》,第48页)。今综核其上下文立论之"基本思路",乃从俞说,兹据改;至于"且夫指固自为【非】非指,奚待于物而乃与为指"这一句话,牟宗三认为在"且夫指固自为非指"之"非指"一词之前当再补入一"非"字(参见《名家与荀子》,序,第3页);而王琯、谭戒甫、徐复观、谭业谦、萧登福、丁成泉等人则均不主此处再补入一"非"字，与牟说相异（可分别参见《公孙龙子悬解》，第52页；《公孙龙子形名发微》，第23页；《公孙龙子讲疏》，第18页；《公孙龙子译注》，第14页；《公孙龙子与名家》，第58页；《新译公孙龙子》，第48页）；但金受申、伍非百、陈癸淼、萧登福、丁成泉等人却均认为在"奚待于物而乃与为指"之"指"字之前应补入一"非"字（分别参见《公孙龙子释》，第36页；《公孙龙子发微》，载《中国古名家言》，第530页；《公孙龙子今注今译》，第64页；《公孙龙子与名家》，第58页；《新译公孙龙子》，第48页）。今综核其上下文立论之"基本思路"，觉得牟说可从，兹据补。

案：此第五节。此节系公孙龙再次回驳上述第四节新敌论之具体申辩，其意仍在进一步捍卫其中心论题之基本立场。

且"指者，天下之所兼（无）"，天下无指者，物不可谓无指也；不可谓无指者，非有非指也；非有非指者，物莫非指。此句即为针对上述第四节新敌论而对上述此篇立论之中心论题之前半句"物莫非指"所做的具体申辩，亦即：（按"常识"的观点，"指"，属于"无"的领域，或曰"虚无"、"不存在"的领域）可是，如若天下果真无"指"，则"物"却不能说是没有"指"的；而"物"不能说是没有"指"的，则并非是说有所谓的"非指"存在；而没有所谓的"非指"存在，则即可反证"物莫非指"。其意即："指"并非真正地像"常识"的观点所说的那样，为"虚无"或"不存在"；而"指"实乃"指""物"者；故"指"与"物"之间毫无疑问地存在着一种认知关系。

指，非非指也；指与物，非指也；使天下无物指，谁径谓非指？天下无物，谁径谓指？天下有指，无物指，谁径谓非指？径谓无物非指？且夫指固自为【非】非指，奚待于物而乃与为指？此句则为针对上述第四节新敌论而对上述此篇立论之中心论题之后半句"而指非指"所做的具体申辩，亦即："指"，并非不是"指"自身；而"指"与"物"结合（即由"指"趋向"物"，而一旦具体的认知行为发生，则其所得者为"物指"）言之，则已不是"指"自身了；假使天下果真没有"物指"，则谁还会直接说"非指"呢？而如若天下无"物"，则谁还会直接谈到"指"呢？而如若天下只有孤立的"指"自身（即离"物"之"指"）而无"物指"，则谁还会直接说"而指非指"呢？谁还会直接说"无物非指"呢？况且，"指"本来就并非不是"指"自身，难道还有赖于一种"指"

与"物"之间的认知关系才能明白其为"指"自身？其意即："指"自身本来就有其独立自存性，而"指"的这种独立自存性与只作为其认知意义上之对象的"物"无关。

二　理论要旨

在本文正文的第一部分中，笔者主要循着公孙龙在《指物论》中之立论的"基本思路"，而对道藏本《指物论》原文做了标点、校勘与分节，并已对此篇文字做出了必要的梳理与解释。接下来，笔者将在上述"原文疏解"的基础上对《指物论》所涉及之主要理论问题做出简要的论述。其理论要旨如下：

其一，对"指"与"物"之认知关系的确认。《指物论》之主旨即在确认"指"与"物"之认知关系，故其开篇第一节（Ⅰ）首句即提出此篇立论之中心论题"物莫非指，而指非指"：所谓"物莫非指"，即指某"物"都会毫不例外地作为与其相应的某"指"的一个对象而被认知，故曰"天下无指，物无可以谓物"，此即以肯定的方式阐明"指"与"物"之间存在着一种认知关系；所谓"而指非指"，即某"指"都不可能再作为此"指"自身的一个对象而被认知，故曰"天下无物，可谓指乎"，此即以否定的方式阐明"指"与其自身之间并不存在一种认知关系，而此种以否定的方式对"指"与其自身之间并不存在一种认知关系的阐明则从反面进一步强化了对"指"与"物"之认知关系的肯定。而此篇的第三节（Ⅲ）、第五节（Ⅴ）针对第二节（Ⅱ）、第四节（Ⅳ）之敌论所做的正面阐述都不外乎是围绕"物莫非指，而指非指"这个中心论题而展开的反复申辩。由此可见，《指物论》之主旨，即在对"指"与"物"之认知关系的确认，此亦正反映出公孙龙在逻辑思考方面的成绩。

其二，对"指"之独立实存性的确认。《指物论》之主旨虽在确认"指"与"物"之认知关系，但同时亦重视"指"之独立实存性问题的阐述：首先，正如笔者已在上文中所做出的分析那样，"物莫非指，而指非指"这一句话之后半句"而指非指"仅仅只是在其认知意义上否定了"指"与其自身之间的指称与被指称的"对举"关系；而如若我们能转换一下视角，但就其存在论（形而上学）意义言，则我们不难发现"而指非指"同时即是强调"指"自身之非对象性，或许甚至还可以被理解为某"指"（如曰"A"）与它"指"（如"B"、"C"、"D"……）之绝对差异性；其次，我们同样不难发现，此篇第五节（Ⅴ）之最后一句"且夫指固自为非非指，奚待于物而乃与为指"更是明确阐述了某"指"可独立于作为其认知对象的某"物"之绝对自足性；不仅如此，我们亦可从此篇第二节（Ⅱ）之敌论观点"指也者，天下之所无也；物也者，天下之所有也"这一句话反证《指物论》对"指"之独立实存性的确认：按"常识"的观点，"指"理所当然属于"无"（或曰"虚无"、"不存在"）的领域，而"物"却属于"有"（或曰"实有"、"存在"）的领域，这似乎是否定了"指"之独立实存性；其实不然，因为在公孙龙看来，"指"虽不属于感觉经验之（时间的）"存在"领域，却毫无疑问地属于一种超感觉经验之（非时间的）"存在"领域，此领域颇类似于柏拉图《巴门尼德斯》（*Parmenides*）中之"理念世界"的领域，故此篇第三节（Ⅲ）之首句回应此篇的第二节（Ⅱ）之敌论观点曰："天下无指，而物不可谓指也。"[①] 对"指"之独立实存性的确认，此亦正反映出公孙龙在形而上学思考方面的成绩。

其三，对"指"与"名"之差异性的确认。我们知道，就目前现存的今本《公孙龙子》一书言，对"指"与"名"之差异性的区分本来就是十分清楚的："指"与"物"属于一对相应的"关键词"，而"名"与"实"则属于另一对相应的"关键词"；但就其所涉及主要理论问题之逻辑层次来看，"指"与"物"这一对"关键词"属于一般性地讨论"指"

---

① 我们或许还可以设想，与公孙龙大致同时代且可能持有著名"敌论"者，大概非先秦道家学派的代表人物莫属（即便并非庄子本人）。由此，我们似乎同样可以从《庄子·齐物论》中之一段针对先秦名家（或许即是公孙龙本人）的评论，即"以指喻指之非指，不若以非指喻指之非指也；以马喻马之非马，不若以非马喻马之非马也。天地一指也，万物一马也"来反证《指物论》对"指"之独立实存性的确认：按《庄子·齐物论》的观点，任何的"概念"或"知识"的存在都是相对的，因此，针对先秦名家（或许即是公孙龙本人）的观点，其都从"万物齐一"之道家立场出发，主张以"非指"消解"指"之绝对性，以"非马"消解"马"之绝对性，故其得出结论曰："天地一指也，万物一马也"；可见，从与公孙龙大致同时代之道家学派的代表人物（也许并非庄子本人）针对先秦名家（或许就是公孙龙本人）关于"指"之绝对性问题的批评态度来看，即可反证《指物论》之思路理应在于对"指"之独立实存性的确认（案：我们或许同样可以设想，即便是对"指"与"马"之独立实存性之确认并非为公孙龙所独创之主张，那也应该属于为先秦名家所共同持有之一贯主张）。

（"指称"，大致相当于康德《纯粹理性批判》中之"先验范畴"）与"物"（"被指称的事物"，大致相当于康德《纯粹理性批判》中之"可能的经验对象"）之认知关系的可能性与必要性问题，而"名"与"实"这一对"关键词"则属于具体地讨论"名"（"名称"）与"实"（即"与某'名称'相应之某具体对象物之恰到好处的某种实际状态"，故《公孙龙子·名实论》曰："物以物其所物而不过焉，实也"）之相符与不相符的"正名"问题。而在《指物论》中，公孙龙除了对"指"与"物"之认知关系以及"指"之独立实存性的确认外，亦特别强调对"指"与"名"（或曰"物指"）之差异性的确认：如针对此篇第四节（Ⅳ）之敌论观点明显混淆"指"与"名"之差异性（故曰"天下无指者，生于物之各有名，不为指也"），此篇的第五节（Ⅴ）则做出了明确的正面阐述："指"，并非不是"指"自身；而"指"与"物"结合（即由"指"趋向"物"，而一旦具体的认知行为发生，则其所得者为"物指"，亦即"名"）言之，则已不是"指"自身了（故曰"指，非非指也；指与物，非指也"）。对"指"与"名"之差异性的确认，此亦正同时反映出公孙龙在形而上学与逻辑思考方面的成绩。

综上所述，笔者已在上述"原文疏解"的基础上对《指物论》所涉及之主要理论问题做出简要的论述：公孙龙在此篇中对"指"与"物"之认知关系。以及对"指"之独立实存性与对"指"与"名"之差异性的确认，都反映出公孙龙为探讨一种"知识理论"而在逻辑与形而上学思考方面所作出的成绩；然而，公孙龙在《指物论》中并未真正深入阐述像"'指'与'物'之认知关系何以可能"之类具有更大难度系数的理论问题，如若以康德《纯粹理性批判》中之"知识理论"视角衡量之，则公孙龙《指物论》对"知识理论"所做的此种探讨尚属于初始阶段，故其在理论思考上的成绩还远未达到康德《纯粹理性批判》那样的深度；中国传统文化向来都不注重对其"知识理论"的探讨，我们今天重新诠释先秦名家之思想文本，其意即在挖掘中国传统文化中之"崇智"因素，并希冀以此重新唤起国人在这样一个社会大变动的时代对于"智力"、"知识"与"游戏规则"等理论层面问题之严重关切。

三 略评众解

中国传统学术比较注重对"文献资料"自身的爬梳与整理，却不太注重对其"理论问题"自身的思考与推进。实际上，两千多年来，中国历代学者治公孙龙《指物论》者虽亦不乏其人，但却鲜有能从理论上对其做出比较合乎逻辑之诠释者：究其根本原因，我们即可发现：对于像《指物论》这一类极具思辨性的中国古代思想文本，如若仅仅只是采用中国传统学术所固有之"文献资料"整理方法，而不是从其"理论问题"自身着手，那将注定是徒劳无功的；不过，令人欣慰的是，在过去的一百年中，随着中西哲学与文化沟通之进程的深入，此种局面已经有所改观。故接下来，笔者只打算对少数几位具有代表性的中、西方学者如冯友兰、牟宗三、劳思光与 Lucas 等人的相关成果做些介绍①，并对其研究《指物论》之理论得失略做评价，以求教于海内外前辈方家。

其一，先从冯友兰之说谈起。冯友兰分别于 1931 年和 1934 年出版的《中国哲学史》上、下两卷，是第一套以西方哲学概念完成的中国哲学史著作；冯友兰在此著中所提出的"名家应分为惠施之'合同异'与公孙龙之'离坚白'两派"之观点，即可见其在先秦名家研究方面的独特贡献；而关于公孙龙《指物论》，他更是从其柏拉图哲学（或曰现代新实在论哲学立场）出发，做出了具有理论意义的评判：比如说，针对《指物论》之开篇首句"物莫非指，而指非指"这一句话，他指出："天下之物，若将其分析，则惟见其为若干之共相而已。然共相则不可复分析为共相，故曰：'物莫非指而指非指，天下无指，物无可以为（案：此处'为'字疑为'谓'字转抄之误）物'也。"② 这里，冯友兰显然是以"共相"一词诠释"指"字，并强调说"共相则不可复分析为共相"，由此种"分析"亦可见出冯氏在对《指物论》之主旨把握上的哲学理解力；

---

① 这里，笔者仍然需要强调指出的是，笔者在此所采取的这样一种比较简单的"处理问题"的方式，并不表明笔者打算忽视 A. C. Graham、Ian Johnston 与 Max Perleberg 等人所做过的工作；相反，笔者实际上更愿意相信这样一个事实：每一位相关研究者的工作都毫无疑问地为"本课题"研究工作的"推进"作出了他们各自的，并且是不可替代的"贡献"。

② 参见冯友兰《中国哲学史》，中华书局 1961 年版，第 262 页。

不仅如此，他还对"指"（即冯氏所谓"共相"）与"物"之本质差别做了明确的区分："盖共相若'无所定'，不'与物'，则不在时空而'藏'……物有在时空中之存在……"① 这里，冯氏以"是否在时空中存在"作为区分"指"与"物"之标准可谓抓住了问题的要害。以上这些都可见出冯氏对《指物论》之具有理论意义的"评判"，对其后来的学者亦产生了直接的影响。② 当然，通观冯氏对《指物论》之"解读"，除了以上具有理论意义的"评判"外，其明显不足即在于冯氏并没有真正做到从其现代新实在论哲学立场出发，以对此篇之内在结构做出比较合乎逻辑的"诠释"，其不可通读者随处可见，如若以后来的学者（如牟宗三、劳思光等人）之严格理论眼光衡量之，则其"诠释"稍嫌单薄与粗浅，然冯氏对于先秦名家研究与公孙龙《指物论》之"诠释"的开创之功却同样是不应该被忘记的。

其二，评牟、劳等人之说。在冯友兰之后，将对先秦名家研究与公孙龙《指物论》之"诠释"从其"理论问题"自身之"深度"上往前推进者，应属牟宗三与劳思光两位。牟宗三最早于1979年结集出版的《名家与荀子》一书，可谓关于先秦名家研究之具有重要理论突破的扛鼎之作，牟氏在此书的"序"中说："吾将名家与荀子连在一起，旨在明中国文化发展中重智之一面，并明先秦名家通过《墨辩》而至荀子，乃为一系相承之逻辑心灵之发展，此后断绝而无继起之相续为可惜。"③ 由此，我们即可见出其在先秦名家研究上之精敏的问题意识与弘卓的学术慧识，故牟氏此书向来都为治先秦名家之有识之士所共同重视，则实不难理解；而关于公孙龙《指物论》，牟宗三虽然并未对其做出具体的"疏解"，但牟氏在《名家与荀子》一书之"序"中却从理论上对《指物论》之内在结构做出比较合乎逻辑之诠释：他先分析了以往学者研究此篇难得的解之根本原因："历来解〈指物论〉者多矣，皆以为能得其解。实则如将作者所参

---

① 参见冯友兰《中国哲学史》，中华书局1961年版，第262页。
② 如劳思光在其对《指物论》的"解读"中就似乎明显地受到过冯友兰的此种影响，如劳氏以"类"字或"性质"一词等诠释"指"字，而谓"类本身不能再属于某类"；"指"非时空中之存在，与"物"不同；如此等等，参见劳思光《新编中国哲学史》（一），广西师范大学出版社2005年版，第291页。
③ 参见牟宗三《名家与荀子》，台湾学生书局1994年版，序，第5页。

加之思想抽掉，原文仍看不出确定的表意"①；故接下来，他在对陈癸淼所做"疏释"进行评述的基础上，明确指出："（《指物论》）全文不过说三句：一、物莫非指；二、指与物（物指）非指；三、指是指，物是物。"②牟氏对《指物论》之上述"诠释"（姑且不论其能否完全成立）之最大的贡献即在于：以此类"问题框架"为参照系，则《指物论》真正变得可以通读了。当然，如若就《指物论》之具体"读法"言，则牟氏之"诠释"亦并非即是关于此篇"解读"之"结论性"的话语。实际上，牟氏本人对《指物论》之上述"诠释"同样存在不可通读之处，而其最明显错谬者，莫过于牟氏对"物指"之过分强调，笔者之所以这样说，有以下三点理由：首先，牟氏所说的"只须知'而指非指'句中首指字当该依据'指与物非指'而改为'物指'，即可，原句脱一物字也"③，则其于文字之训诂上并不能真正成立，因为在《指物论》全篇中出现过"物莫非指，而指非指"之完全相同表述的地方有两处［即在第一节（Ⅰ）与第三节（Ⅲ）中］，试想如若果真只是《指物论》中之第一节（Ⅰ）中之"而指非指"的首"指"字前脱一"物"字，则此"脱字"情形在第三节（Ⅲ）中就不应该重复出现，故牟氏所谓的"脱字"之说深为可疑；其次，虽然《指物论》并不否认"指与物（物指）非指"之主张，但此主张绝非如上述牟氏所言之贯穿《指物论》全篇之中心论题，而仅仅只是针对此篇第四节（Ⅳ）之敌论"天下无指者，生于物之各有名，不为指也"这句话所做的正面回应而已④；最后，考察牟氏对"物指"过分强调的原因，则不难发现，其失误之处即在于他是以"离也者天下故（固）独而正"之义"诠释"《指物论》⑤，但正如笔者在本文正文的第二部分（即"理论要旨"）中所论述的那样，《指物论》同

---

① 参见牟宗三《名家与荀子》，台湾学生书局1994年版，序，第1页。
② 同上书，第4页。
③ 同上书，第2—3页。
④ 关于此问题，陈癸淼就持与牟宗三基本相同之主张，然陈氏先将"而指非指"之前"指"字诠释为"是指之物"［即在第一节（Ⅰ）、第三节（Ⅲ）中］，而后又将此"指"字径直过渡为"物指"［即在第五节（Ⅴ）中］，我们姑且先不论陈氏此种"解读"是否会有逻辑上的困难，如若我们果真以"物指"一词代替其"而指非指"之前"指"字以试图通读其全部"疏解"文字时，却同样发现其不可通读之处甚多，可参看陈癸淼《公孙龙子今注今译》，台湾商务印书馆股份有限公司1986年版，第41—67页。
⑤ 参见牟宗三《名家与荀子》，台湾学生书局1994年版，序，第2页。

样并不否认"离"之精神，但对于"离"之精神的具体阐述却并非此篇所要重点讨论的问题，故并不能以所谓"离"之精神来主导对《指物论》之"解读"。① 劳思光对于先秦名家研究的突出贡献在于他从理论上形成了比较成熟的有关"名家"之"界定"，即"名家"之立场为纯作认知探究之立场，其特性可分三方面言之：其一，在课题方面，"名家"只探索逻辑问题及形上学问题……其二，在立说之依据及归宿方面，"名家"只依据纯粹思考，归于逻辑理论或思辨形上学理论之建构……其三，就名家已有之理论观之，其思想成熟程度实在早期形上学之阶段，故多用诡辩。② 实际上，劳氏上述对"名家"之此种"界定"即充分表明中、西方学界对先秦名家之本质特征的把握已达到了一个新的理论高度，单就此一点而言，他即已推进了牟宗三的"问题"。③ 而关于公孙龙《指物论》，劳氏亦提出了其具有理论深度的诠释：如他指出："《指物篇》中显示公孙龙有两重要论点：其一是'类'与'分子'不同；其二是'类'有实在性，'否定类'无实在性……此即公孙龙基本旨趣所在。"④ 由此可见，在冯友兰、牟宗三等人工作的基础上，劳思光对先秦名家的研究与公孙龙《指物论》之"诠释"都从其理论"深度"上推进了他们的"问题"。但劳氏对《指物论》之上述"诠释"同样并非即是关于此篇"解读"之"结论性"的话语，而同样仅仅只属于一种关于此篇"解读"之另一种"问题框架"而已；不仅如此，劳氏在其对《指物论》之"解读"中，

---

① 关于此问题，冯耀明也同样强调"物指"一词在《指物论》中之重要性，而其论证的依据即在于公孙龙"离则藏而兼则现之'离藏论'"；然而，冯耀明氏的"诠释"之明显问题却在于其根据自身理解的需要而对《指物论》之"原文"的"疏解"做了过多的"添加"；尽管冯耀明以公孙龙之"离藏论"主导其对《指物论》的"解读"有可能会阻碍他对此篇所涉及之主要理论问题的把握，但其所提出的关于《指物论》诠释之"'指'、'物指'和'物'三者同时并重"的"问题框架"却同样是富有理论创新意义的，值得重视，参见冯耀明《公孙龙的形上实在论与"固定意指"》，Occasional Paper and Monograph Series No. 3 1986, Published by The Institute of East Asian Philosophies (nus), pp. 12—22。

② 参见劳思光《新编中国哲学史》（一），广西师范大学出版社2005年版，第290页。

③ 如关于"名家"的界定，牟宗三就曾说过："先秦时代的名家，主要的是惠施、公孙龙、邓析诸人及《墨辩》一书。"这里，牟氏将《墨辩》与惠施、公孙龙等人一同列入"名家"，这似乎表明其在对先秦名家之本质特征的把握上还尚存有"含混"之处，参见《魏晋名理与先秦名家》，载联报系文化基金会、牟宗三先生全集编委会《牟宗三先生全集27——牟宗三先生晚期文集》，台湾联经出版事业股份有限公司2003年版，第131页。

④ 参见劳思光《新编中国哲学史》（一），广西师范大学出版社2005年版，第292页。

似亦存在着表述不够严谨的情形,比如,他说:"所谓'物',则指具体对象,即表'个别事物'。"① 我们知道,《指物论》属于一般性地讨论"指"与"物"之认知关系的可能性与必要性问题,故对其"物"字之准确的"诠释"应为"被指称的对象"(即"Things in general",大致相当于康德《纯粹理性批判》中之"可能的经验对象"),而劳氏所谓的"具体对象"似应属于公孙龙《名实论》之"实"字所要重点探讨的"范围"。

其三,评 Lucas 等人之说。蒂埃里·卢卡斯(Thierry Lucas)于 1993 年在美国《中国哲学季刊》(*Journal of Chinese Philosophy*)上发表的长篇论文《惠施和公孙龙:一种当代逻辑的方法》(*Hui Shih and Kung Sun Lung: an approach from contemporary logic*)是一篇由西方学者撰写的且比较具有理论深度之关于先秦名家研究的论文。在此篇论文中,卢卡斯通过借用当代西方逻辑哲学,如奎因(W. V. O. Quine)与卡尔纳普(R. Carnap)等人的"问题框架",以有选择性地对惠施的"命题"与公孙龙的"论述"分别做出了具有理论说服力的"诠释";在此基础上,他还对惠施与公孙龙的"思想"做了比较:"惠施的思想主要关注自然界的事物,而其与语言的关联只不过是含蓄的与渺远的;相反地,公孙龙的思想则明显深切地关注语言及其与世界的关联。"② 这里,我们从卢卡斯之上述"评判"即可看出他对先秦名家的两位代表人物(惠施与公孙龙)之"思想"差异的把握还是比较到位的,尽管其有夸大他们(惠施与公孙龙)之"思想"差异的嫌疑。③ 而关于公孙龙《指物论》,卢卡斯同样提出了富有启发性的看法:比如说,他首先强调指出,《指物论》讲到了三种"成分":"事物"(thing),"指称"(index)以及关于这些的"组合"即"物—指"(thing-index)④;接下来,他进而指出,《指物论》之"物"从

---

① 参见劳思光《新编中国哲学史》(一),广西师范大学出版社 2005 年版,第 292 页。

② Thierry Lucas, "Hui Shih and Kung Sun Lung: An approach from contemporary logic", *Journal of Chinese Philosophy*, 20 (1993): 231.

③ 根据笔者的初步研究,既然惠施与公孙龙同属"先秦名家",则其在对"名"之理论自觉这一点上,应该是一致的,故惠施与公孙龙一样,同样会有其对"语言"与"世界"关系之反思,关于此问题,笔者将另有专文讨论之,此不赘述。

④ Thierry Lucas, "Hui Shih and Kung Sun Lung: An approach from contemporary logic", *Journal of Chinese Philosophy*, 20 (1993): 247.

来都不是"裸着"的或者"缺乏属性的":在《白马论》中,我们讨论的是"有形状或有颜色的事物";在《坚白论》中,我们讨论的是"用眼看的或用手摸的"事物,在《指物论》中,我们所讨论的是"物—指"……我们从一开始所获得的就是一个同时展示其属性与其"自身的名字"之综合的实际(complex reality)。① 由卢卡斯之上述关于《指物论》的具体"分析",我们不难发现,虽然卢卡斯也强调了"物指"一词在《指物论》中之重要性,但与以往大多数学者着重从"离"的精神诠释"物指"与"指"之差异性不同,他更倾向于将"物指"诠释为一种在逻辑上先于"指"与"物"之"二元对立"的原初状态,这确是一种富有启发性的看法,实际上与我在本文中所提出的"指"与"物"之存在着一种认知关系(即"认知关系"自身先于"指"与"物"之区分)的思路有不谋而合之处。而让—保罗·雷丁(Jean-Paul Reding)于 2002 年在美国《东西方哲学》(*Philosophy East and West*)上发表的长篇论文《公孙龙关于"不是什么"——走向破译〈指物论〉的步骤》(Gongsun Long on What is not: Steps Toward the Deciphering of the ZhiWwLun)虽然亦确实提供了某种比较具有新意之关于公孙龙《指物论》篇"诠释"之"问题框架"② 但雷丁此文之明显的不足仍在于其对《指物论》之内在逻辑结构缺乏比较具有理论深度之把握。

主要参考文献:

1. 郭庆藩:《庄子集释》,中华书局 1961 年版。
2. 《公孙龙子》,《道藏》本。
3. 陈奇猷:《吕氏春秋新校释(上、下册)》,上海古籍出版社 2002 年版。

---

① Thierry Lucas, "Hui Shih and Kung Sun Lung: An approach from contemporary logic", *Journal of Chinese Philosophy*, 20 (1993): 250.

② 比如,雷丁指出:由于《指物论》无疑是关注"指"(Zhi),之问题,则他的新假说在于:其主题可能会是关于"指出"那些不在世界中存在的事物的问题,或者用现代术语来说,关于"指出"负存在句(negative existentials)之问题,而其对公孙龙《指物论》之"诠释"即基于以下三个"假设": (a) "天下无物" (*Tianxia wu wu*) 意指"那些不在世界中存在的事物"; (b) "非指" (*Fei zhi*) 则指一个指向那些不在世界中存在的事物之"指" (pointing); (c) 该篇(即《指物论》)存在着一个两难,其目的即是为了表明:那指向不存在的事物之"指"无"指"地指着,分别参见 Reding, Jean-Paul, Gongsun Long on What Is Not: Steps Toward the Deciphering of the *Zhiwulun*, *Philosophy East and West*, 52 / 2 (2002): 191、193。

4. 《孔丛子》,载《钦定四库全书荟要》,吉林出版集团 2005 年影印版。
5. 司马迁:《史记》,中华书局。
6. 班固:《汉书》,中华书局。
7. 俞樾著,李天根辑:《诸子平议补录》,中华书局 1956 年版。
8. 王琯:《公孙龙子悬解》,中华书局 1992 年版。
9. 金受申:《公孙龙子释》,商务印书馆 1928 年版。
10. 伍非百:《中国古名家言》,中国社会科学出版社 1983 年版。
11. 谭戒甫:《公孙龙子形名发微》,中华书局 1963 年版。
12. 谭业谦:《公孙龙子译注》,中华书局 1997 年版。
13. 冯友兰:《中国哲学史》,中华书局 1961 年版。
14. 牟宗三:《名家与荀子》,台湾学生书局 1994 年版。
15. 徐复观:《公孙龙子讲疏》,台湾学生书局 1966 年版。
16. 劳思光:《新编中国哲学史》(一),广西师范大学出版社 2005 年版。
17. 冯耀明:《公孙龙的形上实在论与"固定意指"》,Occasional Paper and Monograph Series No. 3 1986, Published by the Institute of East Asian Philosophies (nus)。
18. 陈癸淼:《公孙龙子今注今译》,台湾商务印书馆股份有限公司 1986 年版。
19. 萧登福:《公孙龙子与名家》,文津出版社 1984 年版。
20. 丁成全注释,黄志民校阅:《新译公孙龙子》,三民书局股份有限公司 1996 年版。
21. Max Perleberg, *The works of Kung-Sun Lung Tzu*: With a translation from the parallel Chinese original text, critical and exegetical notes, punctuation and literal translation, the Chinese commentary, prolegomena and index (Hong Kong, 1952).
22. Thierry Lucas, "Hui Shih and Kung Sun Lung: An approach from contemporary logic", *Journal of Chinese Philosophy*, 20 (1993).
23. Reding, Jean-Paul, Gongsun Long on What Is Not: Steps Toward the Deciphering of the *Zhiwulun*, *Philosophy East and West*, 52 / 2 (2002).

[此文原载《中国哲学史》(季刊) 2011 年第 1 期,人大复印资料《中国哲学》2011 年第 5 期全文转载。]

战国至汉初儒家对古典礼乐的传承考述

杨 英

周代的"礼"立意高远，内涵深刻，仪式繁复而精致，它是包括了礼"义"（即礼的理念）、礼"仪"（举行礼典和日常饮食起居时的仪式）、礼"容"（举行礼典和日常饮食起居时的动作规范和情感要求）的一整套制度，同时又是一种寓意深刻、内涵丰富的文化。从春秋以降"礼崩乐坏"开始，原先起着实际政治约束力的"礼"便逐渐从真实典章制度的领域逐渐退出。从这时起，以孔子为代表的儒家便试图挽救周"礼"，做了整理典籍、传承礼乐等大量工作，这是学者们熟知的。本文试图对战国至汉初儒家传承周"礼"义、仪、容等的具体情况作些考察，以窥见古典礼乐从春秋时期崩坏到汉初片断地保存于竹帛，古典雅乐则几乎完全失传的具体状况。

春秋时期，周"礼"开始崩坏。不过，春秋时期周"礼"的理念、框架、仪式还未被最终动摇，各种礼典也仍在按惯例施行，《左传》对这些记载极多，兹不枚举。到战国时期，礼制完全崩坏，春秋时期尚存的朝聘、册命、宴飨等礼典，此时因无益于富国强兵的紧迫需要，变得不合时宜。但也正是在这一阶段，周代"礼"深刻而丰富的文化内涵被儒家保存了下来，儒家通过编订《诗》、《书》等经书、传承礼乐，尽可能地保存了"礼"深刻而丰富的内涵。这一过程不绝如缕，大致从春秋时期开始，一直持续到汉初。大体说来，战国至汉初儒家对礼典、礼乐的传承有两种方式：一为直接传习，如冠昏丧祭等礼典的登降揖让方式、雅乐歌舞的吟哦动作的传承多采取这种方式；二为将礼典撰作成书教授弟子开派传习。在这个过程中，宗周旧礼的义、仪、容终于被部分保存了下来。不过此时，对义、仪、容的记载和陈述散逸在诸经中，已非"礼"在古典贵族文化中"义"、"仪"、"容"浑然一体的面貌,不是对之有深刻理解的大儒经师难以理解其整体旨趣。与此同时,周代雅乐的失传更是迅速,《乐》的成书和亡佚集中表现了周乐终于成为绝响,本文亦将对之作些考察。

一 战国至汉初儒家对古礼"义"的传承

这里我们首先考察战国至汉初儒家对古礼"义"的传承。"义"是"礼"的形而上层面,它是发展到完备成熟状态的周"礼"的核心。周代"礼"中形而下的那些具体内容——物化礼乐(城墙宫室的规模、衣服车马的数度、列鼎铺筵的个数等)中,均由数度隆杀体现等级尊卑之意——城墙宫室有一定高度,列鼎铺筵有固定个数,行礼的登降揖让有一定次数,人们认为这些所体现的社会秩序跟天地运行的规律、万物有序的状态是一致的。礼"义"正起着将天地运行的规律和社会各等级的和谐二者之旨融为一体的作用,这从《左传·昭公二十五年》一段对礼的阐述可以看出①。礼"义"是礼的灵魂,春秋时期开始"礼崩乐坏",人们对"礼"的"义""仪""容"之间关系的理解已开始不那么贴切,《左传·昭公五年》记鲁昭公逃至晋国,"自郊劳至于赠贿,无失礼",晋侯因此认为鲁昭公善礼,大夫女叔齐却说鲁昭公"不知礼",又说:

> 礼,所以守其国,行其政令,无失其民者也。今政令在家,不能取也……公室四分,民食于他……礼之本末将于此乎在,而屑屑焉习仪以亟。言善于礼,不亦远乎?

---

① 《左传·昭公二十五年》有一段描述"礼"的文字生动地阐述了礼"义"的内涵:"礼,天之经也,地之行也……天地之经,而民实则之。则天之明,因地之性,生其六气,用其五行。气为五味,发为五色,章为五声。淫则昏乱,民失其性。是故为礼以奉之。为六畜、五牲、三牺以奉五味;为九文、六采、五章以奉五色;为九歌、八风、七音、六律以奉五声。为君臣上下以则地义,为夫妇外内以经二物;为父子、兄弟、姑姊、甥舅、昏媾、姻亚以象天明;为政事、庸力、行务以从四时;为刑罚威狱使民畏忌,以类其震曜杀戮;为温慈惠和,以效天之生殖长育。"杨伯峻:《春秋左传注》,中华书局1990年版,第1457—1459页。整个《左传》,这段话最详细地阐述了礼"义"中自然秩序和社会秩序拥有同等规律并协调一致的思想。

这里晋侯将"仪"看成礼，其实并没有错，而女叔齐则侧重于"礼"的"义"，女叔齐将之称为"礼之本"，将鲁君擅长的礼仪明确称之为"仪"；又《左传·昭公二十五年》赵简子问子大叔揖让、周旋之礼，赵简子回答："是仪也，非礼也。"这两条春秋晚期的资料说明当时"礼"的仪式繁缛，贤大夫将礼的"义"、"仪"分开认识，晋侯却没有认识到这一点，这说明礼的"义"、"仪"的关系已不是每个习礼的贵族都了然，也表明对礼"义"的隔膜实际上从这时候就已经开始了。这一方面说明经历西周至春秋时期，礼"仪"在不断地朝繁缛发展，另一方面也说明，仪式的繁缛反而导致了人们对"礼"的核心——礼"义"的隔膜。孔子擅长六艺，编订六经，反映了他作为一代圣贤对礼"义"、"仪"关系的熟谙。到后来社会继续变动，"儒分为八"，这样的社会背景使原先就开始模糊的礼"义"的传承更加艰难。战国时期，礼"义"是通过儒家继续传承所编订的典籍、开派传习才得以保存的，下文便从儒家传《易》、《诗》、《礼》等典籍考察其中传承礼"义"的情况。

儒家编订的"六经"中，《易》为传"天道"之作，《书》为王官的档案记录，《诗》为统治者为观民风而采集的歌谣①，《六经》中《诗》与礼"义"关系最为密切。从《左传》引《诗》的情况看，周代已有基本成型的《诗》的写本②，其整体编排中蕴藏的"诗（含乐）教"被用

---

① 周代确实有过采诗观风的制度。《礼记·王制》追忆："命太师陈其诗以观民风。"阮元刻《十三经注疏》本，上册，中华书局影印本1980年版，第1328页中栏。《汉书·艺文志》："古有采诗之官，王者所以观风俗、知得失，自考正也。孔子纯取周诗，上采殷，下取鲁，凡三百五篇。遭秦而全矣，以其讽颂，不独在竹帛故也。"中华书局1962年版，第1708页。
② 《左传·襄公二十九年》记季札至鲁观周乐，鲁国乐工所歌的顺序是《周南》、《召南》、《邶》、《鄘》、《卫》、《王》、《郑》、《齐》、《豳》、《秦》、《魏》、《唐》、《陈》、《郐》、《小雅》、《大雅》、《颂》。杨伯峻：春秋左传注，中华书局1990年版，第1161—1165页。其中，国风部分跟今本毛《诗》出入不大，今本毛《诗》《齐》之后为《魏》、《唐》、《秦》、《陈》、《郐》、《曹》、《豳》，而后为《小雅》、《大雅》、《颂》，这样的序列在季札观乐时已经有了，孔子后来所删之《诗》，即根据《诗》原先有的排序而定。而且，季札观乐时——作评，跟《毛诗》序所言之旨基本相合。如评《周南》、《召南》："美哉！始基之矣，犹未也，然勤而不怨矣。"《毛诗》序则说："《周南》、《召南》，正始之道，王化之基。"季札能够言中《诗》各篇之旨，是因为当时贵族均要接受诗教，《诗》即为王官乐师施行诗教时所本，因此，周代时，《诗》已有固定次序乃至较粗定的写本，是可以肯定的。

来涵养性情，各级卿大夫正是取诗所言之"志"来讽谏劝诫①。而且在周代，经过编排、整理、润色的《诗》还是表现"礼"的重要手段，这体现在《诗》被各级贵族用来在聘问宴享、诸侯国交往等重要礼典中吟诵赋答，虽然在《左传》的时代即有人说当时"赋诗断章"②，但正因为《诗》所言之志被用于礼典，才赋予了各种礼典以典雅从容的气氛，《诗》所言之志也跟礼"义"联系起来，从诗人之刺变成强调礼"义"、彰显礼"仪容"的工具，这一点在《左传》中有不少记载③。

战国儒家将周代的《诗》保存了下来，这包括保存《诗》写本和传承"诗教"两方面。近年公之于世的上博简《孔子论诗》为这两方面研究提供了弥足珍贵的资料。首先是《诗》写本的保存。文献记载

---

① 这是《左传》引《诗》的大部分情况，《左传》引《诗》绝大部分是大、小雅，国风和颂都比较少，因为大、小雅多为士大夫作，内容宜于劝谏。而且从《左传》看，当时在礼典或其他正式场合用来讽谏劝诫的《诗》是经过润色的，跟直接采来的《诗》旨趣不同。如《周南·卷耳》："嗟我怀人，实彼微行"，本为思妇所发，而《左传·襄公十五年》左传作者赞扬楚国任官得人时引用此诗（杨伯峻：《春秋左传注》，中华书局1990年版，第1022页），即以此诗指思君子、官贤人之意，汉代《诗序》这样解释："卷耳，后妃之志也。又当辅佐君子，求贤审官，知臣下之勤劳，内有进贤之士"（阮元刻：《十三经注疏》本上册，中华书局影印本1980年版，第277页下栏）。《左传》作者引用此诗，用的即是经过润色的《卷耳》旨意，汉代的《诗序》解《卷耳》时沿袭了《襄公十五年》对此诗的理解，基本保持了《左传》的时代士大夫在礼典上引用《卷耳》时它的含义。

② "赋诗断章"见《左传·襄公二十八年》齐国卢蒲癸曰："赋诗断章，余取所求焉"（杨伯峻：《春秋左传注》，中华书局1990年版，第1145页），指当时人在礼典上赋诗多断章取义，取自己所需。

③ 在《左传》引《诗》中，曲解《诗》意迎合自己需要主要在朝聘会盟之际。如《襄公八年》晋国范宣子至鲁国聘，鲁襄公享之。范宣子赋《摽有梅》（杨伯峻：《春秋左传注》，中华书局1990年版，第959页），《摽有梅》见《召南》，本义指男女婚姻及时，此处范宣子赋该诗，旨在希望鲁国及时出兵，非《摽有梅》本义。又《襄公二十六年》有一段更集中地引《诗》的记载。秋七月，齐侯、郑伯为了给卫侯开脱，均亲自到晋国，晋侯享齐侯、郑伯。晋侯赋《嘉乐》，国景子（齐国臣下）相齐侯，赋《蓼萧》；子展（郑国大夫）相郑伯，赋《缁衣》。经过一番交涉后，国子赋《辔之柔矣》，子展赋《将仲子兮》，最后晋侯终于答应放了卫侯。在此次会盟上，各人引《诗》仅取其中一二句之意，非该诗的原意思。如晋侯《嘉乐》（即《诗·大雅·假乐》），取其"嘉乐君子，显显令德，宜民宜人，受禄于天"之意，显示自己为诸侯之盟主；国景子赋《蓼萧》取其"既见君子，孔燕恺悌"之意；子展赋《将仲子兮》取"岂敢爱之，畏人之多言"即众言可畏之意，意即晋侯拘执卫侯，要遭众人指责（杨伯峻：《春秋左传注》，中华书局1990年版，第1116—1117页）。诸侯卿大夫们在礼典上断章取义地引《诗》是为了婉转表达自己的意思，也赋予了礼典庄重典雅的色彩。

孔子删《诗》①，从上博简《孔子论诗》看，当时《诗》已有了按《风》、《雅》、《颂》编排的、较固定的写本②。与此同时，"诗教"也保存了下来。《诗》重在言志，上博简《孔子论诗》提到"诗无隐③志"，其重点也是评点各篇之旨④，今人能目睹的《孔子诗论》只是叙述诗"志"的一小部分。当时的诗"志"中，包括了贤达之士用讽谏的方式陈述礼"义"，如《小雅·十月之交》"日有食之，亦孔亦丑"是说天人感应，《小雅·楚茨》为士一级的祭祖礼，《邶风·柏舟》、《小雅·宾之初筵》记载容礼，《大雅·板》"上帝板板"反映的天人合一，《周颂·昊天有成命》是郊天之颂辞。但这样的内容在整个《诗》中是少数，这是因为"诗教"传承的主要是情感，其内容为对人有七情六欲的认可、规范和约束，这将在下文儒家对古礼"仪"、"容"的传承中还要涉及。

到汉代，汉初有齐、鲁、韩三家诗和毛诗。1977年安徽阜阳双古堆

---

① 《史记·孔子世家》："古者《诗》三千余篇，及至孔子，去其重，取可施于礼义，上采契、后稷，中述殷周之盛，至幽厉之缺，始于衽席。"并记载孔子"以《关雎》为国风始，《鹿鸣》为《小雅》始，《文王》为《大雅》始，《清庙》为《颂》始"，这样"礼乐自此可得而述，以备王道，成六艺"。中华书局1959年版，第1936页。

② 虽然上博简整理者认为《孔子论诗》之《诗》的编排是按《颂》《夏》《邦风》，但许多学者不赞成此意见，认为《诗》的编排还是按《风》、《雅》、《颂》。这一顺序跟周代《诗》原有之序（《左传·襄公二十九年》季札观乐）一样，如范毓周《上海博物馆藏楚简〈诗论〉的释文、简序与分章》认为上博简《孔子诗论》第一章总叙《风》、《雅》、《颂》的总体特征，正是和《毛诗》一样按《风》、《雅》、《颂》排列的，整理者的意见值得商榷，见上海大学中国古代文明研究中心、清华大学思想文化研究所编《上博馆藏战国楚竹书研究》，上海书店出版社2002年版，第185页。廖名春、俞志慧等学者亦是这个意见，具体见杨春梅关于《诗论》简的编联及相关问题研究综述，《文史哲》2004年第1期。马银琴、王小盾《上博简〈诗论〉与〈诗〉的早期形态》亦考证了上博《诗论》反映的《诗》顺序仍应为《风》、《雅》、《颂》，见《简帛研究》（网址 http://www.bamboosilk.org）网上首发。

③ 该字马承源释为"离"，李学勤、庞朴释为"隐"，廖名春释为"吝"，见廖名春《上海博物馆藏诗论简校释札记》，上海大学古代文明研究中心、清华大学思想文化研究所编：《上博馆藏战国楚竹书研究》，上海书店出版社2002年版，第260—261页。

④ 如《孔子诗论》第一简"孔子曰：'诗无隐志，乐无隐情，文无隐言……"第十简："《关雎》之妃，《樛木》之时，《汉广》之智，《雀巢》之归，《甘棠》之褒，《绿衣》之思，《燕燕》之情，曷？曰重而皆贤于其初者也"（释文见周凤五《〈孔子诗论〉新释文及注释》，被收入上海大学古代文明研究中心、清华大学思想文化研究所编《上博馆藏战国楚竹书研究》，上海书店出版社2002年版，第152—172页），下文是逐一阐述，（考证简序的文章很多，可参看上海大学古代文明研究中心、清华大学思想文化研究所编《上博馆藏战国楚竹书研究》，上海书店出版社2002年版）。《孔子诗论》大量都是这些内容。

汉墓所出简还有一种《诗经》，此《诗》与汉初楚元王《诗》同时，主要内容是《国风》，与鲁、齐、韩三家皆不同，属于另一流派①。这三家《诗》中，申公所传的鲁诗侧重章句，《汉书·儒林传》记申公少与楚元王交俱事浮丘伯受诗，"独以《诗经》为训故以教，亡传，疑者则阙弗传"②，至于毛诗据《汉书·艺文志》云"自谓子夏所传"，今本《十三经》中的《诗》即是毛诗，也是战国儒家训诂章句解诗的路子。章句之学抱残守缺，据刘歆《移书让太常博士》，《诗》的传习在文帝时才萌芽，到武帝时，"然后邹鲁梁赵，颇有《诗》、《礼》、《春秋》先师，皆起于建元之间。当此之时，一人不能独尽其经，或为《雅》，或为《颂》，相合而成"。这种抱残守缺的状况同样不可能很全面地传承礼"义"。而齐、韩诗，其训诂成分少于鲁诗，韩诗更是在解《诗》时掺入了当时通行的阴阳数术内容和灾异说。因韩婴亦通《易》，其《诗》中有以灾异解《诗》的内容，今本《韩诗外传》中可窥见一斑。《韩诗外传》卷二解《桧风·匪风》"匪风发兮，匪车偈兮。顾瞻周道，中心怛兮"："国无道，则飘风厉疾，暴雨折木，阴阳错氛，夏寒冬温，春热秋荣，日月无光，星辰错行，民多疾病……当成周之时，阴阳调，寒暑平，群生遂，万物宁，故曰：其风治，其乐连……其民依依，其行迟迟，其意好好。"又《韩诗外传》卷一以当时人们已知的人的生理知识解《静女》："静女其姝，俟我于城隅……瞻彼日月，悠悠我思，道之云远，曷云能来"："天地有合，则生气有精矣；阴阳消息，则变化有时矣……故人生而不具者五：目无见，不能食品，不能行，不能言，不能施化。三月微的，而后能见；七月而生齿，而后能食……三年脑合，而后能言，十六精通，而后能施化。阴阳相反，阴以阳变。故不肖者、精化始具，而生气感动，触情动欲，反施化，是以年寿亟夭，而性不长也……贤者不然，精气阗溢，而后伤时不可过也，不见道端，乃陈情欲，以歌道义"，此为以战国时期开始流行的精、气说和对人生理的解释来解《诗》，而精气说和对人生理的解释属于数术方技内容。这些内容在《诗》诠释中出现，说明当时传《诗》

---

① 胡平生、韩自强：《阜阳汉简〈诗经〉简论》，《文物》1985 年第 8 期。
② 一说为"无传疑，疑者则阙弗传"。马瑞辰《毛诗传笺通释》卷一"鲁诗无传辩"："颜师古注以'无传'为'不为解说之传'，其说误也。《汉书·楚元王传》言'申公为《诗》传，号为鲁《诗》……'是鲁《诗》有传之证。考《史记·儒林传》曰：'无传（疑），疑者则阙不传'，当读'无传疑'为句。"中华书局 1989 年版，上册，第 3 页。

的学派对《诗》的理解离周代直接言志、兼述礼"义"的《诗》更远了。

以上是战国至汉初儒家对《诗》的传承。值得注意的是，战国至汉初儒家传《诗》时，周代对《诗》最经典、最高层次的运用——在各种礼典中用《诗》吟诵赋答的形式未能保存下来，这是因为从战国起，各种礼典已经湮废，《诗》所言之"志"与礼"义"的结合也开始与人相隔膜［但还有此种传承，因为直到汉初，同样传承鲁《诗》的王式与江公斗《诗》，传承《诗》、《礼》之关系的王式的师法被江公辱骂并败下阵来（详下文），说明了《诗》、《礼》之关系到汉初进一步为人们所隔膜］，这说明周代《诗》与《礼》结合得最完美的部分从战国起就为人们隔膜。

在五经中，保存礼"义"的大宗还是七十子后学所传之《礼》。跟传承其他典籍一样，战国至汉初儒生传《礼》分"经"与"记"，"经"为礼典之原文，"记"为解释"经"义之说，为七十子后学所记。《汉书·艺文志》有《礼古经》五十六卷，其中"经"七十篇，"记"百三十一篇，王先谦《汉书补注》认为这些"记"即大、小戴所传之《礼记》。今本《礼记》中有《祭义》、《冠义》、《昏义》、《射义》《乡饮酒义》等，所传的正是祭礼、冠礼、昏礼、射礼等礼典施行之"义"，它们与《仪礼》之《士冠》、《士昏》、《乡射》、《乡饮酒》诸篇记录礼典仪节相对应，此为《礼》之"记"中具体解释各种礼典之"义"的篇章。此外《礼记》中的其他篇章大多在追述具体典制时述及礼"义"，如《玉藻》记述舆服制度，《檀弓》和《曾子问》记述丧服制度，《大传》记录宗法制度，《郊特牲》记载宗周的郊天制度，等等，它们均对礼"义"有阐述。而稍晚的《王制》则是对三代以"礼"为表现形式的典章制度作了更凝练的总结，其中保存了非常宝贵的上古政治经验。不过虽然《礼记》中保存了大量礼"义"的内容，但多为抽象高远的阐述，如《礼运》："古礼义也者，人之大端也，所以讲信修睦而固人之肌肤之会，筋骸之束也；所以养生送死、事鬼神之大端也；所以达天道、顺人情之大窦也。"这样的叙述在《礼记》中比比皆是，所涉及多为修身治国之道，《礼记》中谈及礼"义"时虽然也追述衣服车马、冠婚丧祭等制度，但对于这些各有隆杀的制度是如何形成一个体系来反映礼"义"的，整个《礼记》涉及不多。在这方面触及实质的是《周礼》，即汉代见于孔壁的

《周官》。从以记载具体典章制度来有机地反映整体礼"义"看,《周礼》是三礼中做得最好的。然而,正因为它内容过于整齐划一,连划分疆土、管理人民的典制都是预设好的方块形投射,因此长期以来,学者对《周礼》的内容、年代一直存在争议,即使目前这个问题也还远远没有解决①。从本文视角看,《周礼》的确是将抽象高远的思想与细微的具体典章制度天衣无缝地结合的书,《周礼》作者对礼"义"(尤其是其背后的象数所蕴涵的意义)的理解确实达到了一定高度,否则写不出这样整齐划一、寄寓理想的著述。

以上是战国至汉初儒家传经时对礼"义"的传承情况。总的说来,因社会的变动和学术的变化,儒家传经时保存的礼"义"是很零散的,它散落在《诗》、《礼》等典籍中,在当时社会剧变的背景下,《易》能传承卦爻辞和基本的象数之法、《诗》能传承原篇之句和所刺之旨、《礼》能传承各种礼典施行的仪节,均已不易。因此,到汉初,在章句尚不完整,礼"义"更是残缺的情况下,汉代经师们开始了孜孜不倦的"穷极真理"的过程,他们训诂文字,缀合断简残篇,皮锡瑞说:"夫汉学重在明经,唐学重在疏注。"②汉末的刘歆斥责今文经师们"苟因陋就寡,分析文字,烦言碎辞,学者罢(疲)老。且不能究其一艺,信口说而背传记,是末师而非往古。至于国家将有大事,若立辟雍,封禅巡守之仪,则幽冥而莫知其意。犹欲保残守缺,挟恐见破之私意,而无从善服义之公心"③,这反映了此前章句之说尚处于明经的阶段,无力指导封禅、郊祀等礼仪实践。

---

① 何休云《周礼》为"六国阴谋之书"(贾公彦疏:《周礼正义》序,阮元刻《十三经注疏》上册,中华书局影印本1980年版,第634页),张心征认为《周礼》为伪书,原因是:1. 来历不明,2. 先佚而后详,3. 初出及推行时有反对,4. 所言制度与周初不合,5. 所言与他书不合,6. 三次试验无效。见其《伪书通考》,上海书店出版社1998年版,第313—316页。彭林对《周礼》的年代和成书作过非常深入的研究,他认为《周礼》成书于汉初,见其《〈周礼〉主体思想与成书年代研究》,中国社会科学出版社1991年版,第217—255页。但近年学者们的研究认为《周礼》并非过分晚出之书,如李学勤认为"《周礼》要早于秦汉律,而且比《逸周书·大聚》似乎也要早一个时期"。见其《简帛佚籍与学术史》,江西教育出版社2001年版,第113页。

② 皮锡瑞:《经学历史》,中华书局1959年版,第186页。

③ 刘歆:《移书让太常博士》,见《汉书·楚元王传》,中华书局1962年版,第1970页。

二 战国至汉初儒生对古礼"仪"、"容"的传承

以上考察了战国至汉初儒家对礼"义"的传承,接下来将考察的是他们对礼"仪"、"容"的传承。仪、容跟礼义相比,是真实可触摸的。大体说来,战国至汉初儒家对礼"仪"、"容"的传承有两方面,一为《诗》、《礼》和其他典籍中所保存的仪容之礼,二为直接传习有动作但不著于竹帛的仪容之礼。

首先看第一方面。战国至汉初儒家在将保存于三代王官的古典文化记述成《易》、《诗》、《书》、《礼》等典籍之际,在传承了礼"义"的同时也保存了许多礼的"仪"、"容"。这几部典籍中,《易》传承卦爻象数,《书》为记录史事的档案,均不涉及具体的礼之"仪""容",涉及仪容的是《诗》和《礼》。首先看《诗》。《诗》在周代的重要功用之一是涵养性情,因此《诗》跟礼中的情感要素——礼"容"关系密切。《诗》中有些诗篇直接咏颂礼容和威仪,如《宾之初筵》、《板》、《抑》等。战国至汉初儒家传《诗》的学派除了用训诂方法解释之外,还直接传承了礼容的动作,如汉初的鲁诗。鲁诗在齐、鲁、韩三家《诗》中是较淳的,其中即传承容礼。《汉书·儒林传》记王式弟子唐长宾、褚少孙应选博士弟子,"抠衣登堂,颂礼甚严","抠衣",颜师古注为以手内举之,使其离地,《礼记·曲礼上》记客应主人食飨即席时要"两手抠衣",《论语·乡党》云孔子登堂即要抠衣(见下文),至于"颂",其字从页(首),其本义为容,段玉裁认为颂扬之颂为后来的假借①,说明唐长宾、褚少孙的容礼一看上去就显然有师法传承,此师法即为王式所传之鲁《诗》,于是诸博士荐举王式。当时同传鲁《诗》的博士江公嫉妒王式,便在众人持酒肉迎飨王式时以《诗》作难。江公令诸生歌《骊驹》,王式说应该客歌《骊驹》,主人歌《客毋庸归》,并说此为《曲礼》之意。江公粗鲁而轻蔑地说:"何狗曲也!"王式羞愤交加,装作醉酒坠车。此段记载反映出鲁诗中有不同师法,其关键在于王式和江公对《骊驹》和《客毋庸归》的理解和运用上。《骊驹》据颜师古注引服虔曰为逸诗,见

---

① 段玉裁:《说文解字注》第九篇上页部,上海古籍出版社1981年版,第416页。

《大戴礼》，其辞云："骊驹在门，仆夫具存，骊驹在路，仆夫整驾。"①《客毋庸归》亦为诗句，从该句看其旨为与《诗·小雅·鱼藻》"鱼在在藻，王在在镐"咏燕享之欢，挽留宾客毋庸急归之意。王式云客歌《骊驹》、主人歌《客毋庸归》本于《曲礼》，而今本《礼记·曲礼》大量为周代饮食起居的容礼，由此看出王式对《诗》与《曲礼》之间的关系十分熟悉，这种师法亦应来自于其师承，而江公所传为申公《诗》和《谷梁春秋》，未传《礼》，他对《诗》与《礼》之间的关系不熟，因此他粗鲁而轻蔑地羞辱王式，反映的是其师法与王式不同。

除了鲁《诗》之外，汉初传韩诗的韩婴亦十分重视容礼，《韩诗外传》卷五第十章："礼者则天地之体，因人之情而为之节文者也。"这个节文即"仪容"。又卷四第二十四章："爱由情出谓之仁，节爱理宜谓之义，致爱恭谨谓之礼，礼谓之容。"《韩诗外传》卷一诗解《邶风·旄丘》：

> 衣服容貌者，所以说目也；应对言语者，所以说耳也；好恶去就者，所以说心也。故君子衣服中、容貌得，则民之目悦矣；言语逊、应对给，则民之耳悦矣；就仁去不仁，则民之心悦矣。三者存乎身，虽不在位，谓之素行。故中心存善而日新之，虽独居而乐，德充而形。

这段话是解《邶风·旄丘》"何其处也？必有与也。何其久也？必有以也"时说的。《旄丘》据《毛诗序》为黎（小国）之臣下刺卫伯所作。当时黎侯为狄人追迫，寓居于卫，卫之君臣道貌岸然，但待黎君不善，黎之臣下作此诗讽谏。诗中有"狐裘蒙戎，匪车不东"、"叔兮伯兮，褎如充耳"之辞，是说卫国诸大夫按照大夫的等级穿得很体面，却不救恤同盟，《韩诗》解此诗陈说了君子容止的大义是君子应有其位的意思。这样的内容《韩诗》中还有，如《韩诗外传》卷一解"钟鼓乐之"：

> 古者，天子左五钟，将出，则撞黄钟，而右五钟皆应之。马鸣中律，驾者有文，御者有数，立则磬折，拱则抱鼓，行步中规，折旋中

---

① 《汉书·儒林传》颜师古注引服虔曰，中华书局1962年版，第3611页。

矩，然后太师奏升车之乐，告出入也；入则撞蕤宾，以治容貌，容貌得则颜色齐，颜色齐则肌肤安，蕤宾有声，鹄震马鸣，及倮介之虫，无不延颈以听，在内者皆玉色，在外者皆金声，然后少师奏升堂之乐，即席告入也。此言音乐有和，物类相感，同声相应之义也。

这段内容在解"钟鼓乐之"之际追溯了周代合乎音律的天子容礼，不但陈说细节，还阐述容礼背后的大义。《韩诗》保存的这些容礼内容是比较淳的，尚未掺入后来那种阴阳五行之说。

因此，从战国至汉初儒家传《诗》看，师法各异，有的保留了容礼的细节，如王式传的鲁《诗》，有的在追溯容礼时还能陈说容礼背后的大义，如韩《诗》。这是战国至汉初传《诗》中保持的礼之"仪""容"的情况。

除《诗》之外，《礼》中这方面的内容比《诗》要更多而且直接，而且礼的"仪容"传承有不同的方式，有着于竹帛传承者，有直接传习者。首先看直接着于竹帛传承宗周旧礼的"仪容"。今本《仪礼》和《礼记》中均有大量这部分内容，《仪礼》的主要内容即《汉书·艺文志》所记之《礼古经》，据沈文倬考证，《仪礼》中各种礼典的施行在先，《仪礼》书本的撰作在后[1]。汉初鲁恭王坏孔子宅，得用篆书（六国古文）所写的已亡《仪礼》五十六篇，为古文本[2]，则战国时期儒家已将《仪礼》用六国古文书写下来，汉初才被发现。今本《仪礼》为郑玄注，兼采今古文。甘肃武威磨咀子所出汉简有《仪礼》[3]，为战国以来《仪礼》教材的不同传本。《仪礼》十七篇多为士一级贵族的冠婚丧祭礼典的实录，其中有大量仪、容之礼的细节，如加冠着服的种类、登降揖让的次数，等等。至于《礼记》，即《汉书·艺文志》所云《礼古经》之记，其中《曲礼》言五礼言行举止，《玉藻》言冠带威仪事，《内则》言居处的仪容礼节，《丧服》言服丧的仪容之礼，这些均是将礼典直接着于竹帛，从而保存了礼"仪容"的内容。

---

[1] 沈文倬：《略论礼典的实行和〈仪礼〉书本的撰作》，具体见其《宗周礼乐文明考论》，杭州大学出版社1999年版，第1—54页。
[2] 《四库全书总目·仪礼注疏》，中华书局1965年版，第158页。
[3] 甘肃省博物馆、中国科学院考古研究所：《武威汉简》，文物出版社1964年版，第10页。

此外，战国儒家还直接以行动传承礼的仪容。从《论语·乡党》的记载可看出孔子对仪容之礼十分熟悉：

> 孔子于乡党，恂恂如也，似不能言者，其在宗庙朝廷，便便言，惟谨尔。朝，与下大夫言，侃侃如也，与上大夫言，誾誾如也，君在，踧踖如也，与与如也……
>
> 入公门，鞠躬如也，如不容。立在中门，行不履阈，过位，色勃如也，足，躩如也，其言似不足者。摄齐（即抠衣）入堂，鞠躬如也，屏气似不息者……执圭，鞠躬如也，如不胜。上如揖，下如授，勃如战色，足蹜蹜如有循。享礼，有容色。

从上文看，孔子对各种场合应有的合乎"礼"的仪容姿态都十分熟悉，因此，他在教授弟子时，除六艺外兼传容礼是无疑的，子路临死还不忘记系好帽缨①，这正是因为孔门对仪容之礼的格外重视。孔子之后儒家分派，《韩非子·显学》："孔子之后，儒分为八"，这八派是子张氏、子思氏、颜氏、孟氏、漆雕氏、仲良氏、公孙氏、乐正氏之儒，这些学派有的也传承容礼，但到他们那里，礼义、仪容和经籍已不能浑然合一，《荀子·非十二子》说："弟佗其冠，衶禫其辞，禹行而舜趋，子张氏之贱儒也；正其衣冠，齐其颜色，嗛然而终日不言，是子夏氏之贱儒也；偷儒惮事，无廉耻而耆饮食，必曰君子固不用力，是子游氏之贱儒也。"由此看出儒家分化出的各学派对容礼的理解和重视程度不同。经历秦火，礼从典籍到仪容更加残缺不全，至西汉，《汉书·儒林传》记有鲁徐生善为《礼》颂（容），颜师古注引苏林说："《汉旧仪》有二郎为此颂貌威仪事。有徐氏，徐氏后有张氏，不知经，但能盘辟为礼容。"盘、辟均为具体动作，盘见于《礼记·曲礼下》："天子穆穆，诸侯皇皇，大夫济济，士跄跄，庶人僬僬。"郑玄注"凡形容，尊者体盘，卑者体蹙"；辟见《礼记·曲礼下》："大夫士见于国君，君若劳之，则还辟，再拜稽首。"孔颖达疏"还辟，逡巡也"，则盘辟为抑扬逡巡之法。徐氏、张氏不知

---

① 事见《左传·哀公十五年》。当时子路任卫大夫孔悝之邑宰，卷入卫国内乱，受戈击，子路说："君子死，冠不免。"结缨而死。杨伯峻：《春秋左传注》，中华书局1990年版，第1696页。

经,能为礼容,说明其师法中就没有经,仅有礼容,这是"礼"传承到汉代时出现的情况。

战国儒家还实际演练礼典。《史记·孔子世家》:"鲁世世相传以岁时奉祠孔子冢,而诸儒亦讲礼,乡饮、大射于孔子冢……至于汉二百余年而不绝",乡饮(酒)、大射都见于今本《仪礼》,是周代大夫一级贵族在乡党论年齿和习射的礼仪,此为儒家直接传习礼典。又《史记·儒林列传》:"及高皇帝诛项籍,举兵围鲁,鲁中诸儒尚讲颂、习礼乐、弦歌之音不绝",这是儒家传承礼乐。

除了《诗》、《礼》之外,战国至汉初的其他典籍中也屡屡提到周代存在过的容礼。如《荀子·非十二子》:

> 士君子之容,其冠进,其衣逢,其容良。俨然壮然,祺然蕼然,恢恢然,广广然,昭昭然,荡荡然,是父兄之容也;其冠进,其衣逢,其容悫,俭然恀然,辅然端然,訾然洞然,缀缀然,是子弟之容也。吾语汝学者之嵬容,其冠絻,其缨禁缓,其容简连,填填然,狄狄然,莫莫然,瞡瞡然,瞿瞿然,尽尽然,盱盱然。酒食声色之中,则瞒瞒然,瞑瞑然;礼节之中,则疾疾然,訾訾然;劳苦事业之中,则儢儢然,离离然,偷儒而罔,无廉耻而忍謑詢。是学者之嵬也。

由此可见,战国儒家传礼,父兄子弟各有其应守之容,"儒分为八"之后,各派对容礼的理解和重视程度也不一样。到汉初,宗周容礼仍有传承。贾谊《新书》有《容经》一篇,十分详细地记载了各种容礼:

> 容有四起。朝廷之容,师师然翼翼然,整以敬;祭祀之容,遂遂然粥粥然,敬以婉;军旅之容,湢然肃然固以猛,丧纪之容,怮然慑然若不还。容经也。
>
> 视有四则,朝廷之视端沠平衡,祭祀之视,视如有将;军旅之视,固植虎张;丧祭之视,下沠(流)垂纲,视经也。

此段下文还记录了"立容"、"行容"、"趋容"、"盘旋之容"、"跪容"、"拜容"、"伏容"、"坐车之容"、"立车之容"、"武容"、"兵车之容",等等①,由此可以看出他对周代确实存在过的宗周贵族饮食起居之容礼极为熟悉,说明容礼到汉初亦有传承。

从以上考察可以看出,仪容之礼被战国至汉初的儒家保存了下来。这一保存基本上是淳厚的,淳的表现在于基本上是按原貌追溯,没有杂掺入后人的作伪。然而跟礼"义"的传承一样,仪容之礼的传承亦十分零散,因为在周代,这些容礼是跟人们的饮食起居方式、社会生活及政治行为紧密结合的,战国、秦之际的社会变动和人们饮食起居细节的变化致使这些容礼的传承显得琐碎而不合时宜,所以直到汉初司马谈时,传习包括仪容在内的儒学仍然被视为拘泥迂阔和"博而寡要,劳而少功"②,就因为儒家对包含深刻而具体"义"、"仪"、"容"的礼的理解和传承在当时难以达到宗周礼典最盛时候的水准。

以上是战国至汉初儒家对古典礼乐传承的情况。当时对许多礼典及其宗旨的记载散见于各经乃至各经的各篇中,如《礼记·郊特牲》述宗周郊天礼,《祭法》讲周代主祭者之资格和秩序,《祭义》、《祭统》述及祭祖礼,《文王世子》涉及大学献俘之礼,等等,但这些记载是零散的,对有些礼典的记载亦侧面见于《诗》、《礼》乃至其他典籍,如《仪礼》的《特牲馈食》、《少牢馈食》是大夫祭祖的礼典实录,但《特牲馈食》、《少牢馈食》只记录过程,不涉及大义;《诗》之《采蘋》、《楚茨》言祭祖礼,可跟《特牲馈食礼》、《少牢馈食礼》相参看③,但是诗歌韵文,记载礼典不系统。由此可见,虽然战国儒家孜孜不倦地努力,但由于社会的剧烈变动,他们保存下来的周代旧礼仍是"义"、"仪"、"容"各自的一部分。

---

① 见《新书·容经》,阎振益、钟夏:《新书校注》,中华书局2000年版,第227—228页。
② 司马谈:《论六家要旨》,见《史记·太史公自序》,中华书局1959年版,第3290页。
③ 《采蘋》言为公侯祭祀准备荐于神灵的蔬食,惠栋《九经古义》卷五《毛诗古义·采蘋》惠栋案:"《汉书·郊祀志》云皆尝觞亨(享)上帝鬼神。小颜云觞亨,煮而祀之也。"(文渊阁《四库全书》经部,上海古籍出版社1987年版,第191册,第402页);《楚茨》是衰落了的士大夫回忆家国强盛时祭祖礼盛况的诗,因此王应麟《困学纪闻》卷五说:"《诗》、《礼》相为表里,《宾之初筵》、《行苇》可以见大射仪,《楚茨》可以见少牢馈食礼。"王应麟著,翁元圻等注:《困学纪闻》上册,上海古籍出版社2008年版,第591页。

三 《乐》的成书和亡佚

除了传承礼之外，战国儒家在传承乐方面也做了努力，但由于周代金石雅乐过于专门，在社会剧烈变动的背景下离现实生活较远，因此周代金石雅乐总体上没有传承下来，这集中表现在《乐》的成书及亡佚上，本文这里就此作些考察。

《乐》是六经之一，有的学者认为《乐》实际上没有存在过①，这一结论似嫌武断。从文献记载看，《乐》一书还是存在过的。笔者以为《乐》的成书情况类似于《易》经传的成书——它们原先都是由王官专人保存和传习的技艺，它们的撰作人均有感于当时古典文化失传的状况，不愿意原先藏于王官、由专门的家族世代相传的专门技艺失传，才毅然写下。可惜二《书》的命运不同——《易》保存了下来，并在后来成为群经之首，《乐》却因过于专门和远离社会生活，终于在后来失传。

为什么说《乐》的确存在过？因为从文献记载看，《乐》存在过的事实是可信的。《史记·孔子世家》记孔子曾整理过周乐，"吾自卫反鲁，然后乐正，《雅》《颂》各得其所"。说明当时鲁国的"乐"在孔子回来之前已经雅、颂混乱，孔子回来后，凭着他对周乐的精通，让雅、颂各回应有之位。孔子精通周乐的结构。《孔子世家》记孔子对鲁国的乐师说："乐其可知也。始作翕如，从之纯如，皦如，绎如也，以成。"《史记集解》云"翕如"为五音始奏之盛貌，"纯如"为五音既盛，纯而和谐，"皦如"为音阶明朗，"绎如"为结束之际。"翕如"、"纯如"、"皦如"、"绎如"，分别为形容"乐"之不同章节所具有特色的用辞，从中可以看出"乐"有起始、高潮、结束三变，这是孔子深知"乐"的结构。

孔子还深知乐意。《论语·述而》："子在齐闻《韶》，三月不知肉味"，他对乐中的数度音律之学应也有所了解，因为他曾问乐于苌弘②

---

① 王葆玹：《今古文经学新论》，中国社会科学出版社1997年版。第43—44页。
② 事见《史记·乐书》："子曰：'唯丘之闻诸苌弘，亦若君子之言是也。"该条《索隐》按："《大戴礼》云孔子适周，访礼于老聃，学乐于苌弘是也。"中华书局1962年版，第1228页。

（据梁涛《孔子行年考》①，此时孔子 31 岁），苌弘为周室之史官，《史记·天官书》记三代旧传之史官掌握数术之学就提到苌弘，则苌弘精通数度之学②，作为史官的苌弘被问及乐，所问的应也是乐中数度之学这一专门内容。因为孔子虽为贵族，但并不掌握乐律这门专业技术，他抱着弘扬周道的宗旨，力倡礼乐，才向各种专业人士询问有关知识。

孔子还善于鼓琴。他曾学鼓琴于师襄子（据梁涛《孔子行年考》，此时孔子 29 岁），从习曲目到领会深意，最终让师襄子折服③。孔子厌恶当时的郑声，力倡雅乐。他正是凭着自己对雅乐的熟悉而"正乐"的，孔子正乐之事是在他晚年，当时他周游列国，屡屡碰壁，回来后整理典籍，弘扬文化。梁涛先生《孔子行年考》考证孔子正乐时为公元前 483 年（周敬王三十七年、鲁哀公十二年），时年 69 岁。孔子正乐的这个"乐"不见得是已经成书的《乐》，但说明当时已经有了《乐》成书的条件——既有礼崩乐坏，让志士哀悯的社会条件，又有精通金石雅乐，欲让之传于后世的人，《乐》在孔子之后成书，是完全可能的。

但是成书的《乐》在汉初即已亡佚。目前若从文献考证，可考的仅《乐》中的乐教、乐德等理论性内容，《汉书·艺文志》乐类有《乐记》二十三篇，此《乐记》笔者以为即《乐》经之《记》，汉初儒家传经时皆经、记分立，记是经的解说，正如《诗》、《书》、《礼》皆有经有传、说、记一样，《乐记》即为《乐经》的记，它后来掺入了小戴《礼记》即今本《礼记》。今本《礼记》有《乐记》，孔颖达疏："郑《目录》云：'名曰《乐记》者，以其记乐之义，此于别录，属《乐记》，盖十一篇合为一篇'"，这样说来，掺入小戴《礼记》的《乐记》是七十子后学所传关于乐的十一篇理论整合而成，这十一篇的篇名据孔颖达《礼记·乐记》疏为《乐本》、《乐论》、《乐施》、《乐言》、《乐礼》、《乐情》、《乐化》、

---

① 见孔子 2000 网站（网址：http://www.confucius2000.com）梁涛论文集。
② 《史记·天官书》："昔之传天数者……周室，史佚、苌弘。"（中华书局 1962 年版，第 1343 页），苌弘为周室之史官，《汉书·艺文志》阴阳家有《苌弘》十五篇，王先谦补注引《淮南鸿烈集解》云："苌弘，周室之执数者也。天地之气，日月之行，风雨之变，律历之数，无所不通。"（见王先谦《汉书补注》，书目文献出版社 1995 年版，第 879 页），说明苌弘所传之"数"是天文、历法、律历等多种学术之源。
③ 孔子所习之曲为《文王操》，事见《史记·孔子世家》，中华书局 1962 年版，第 1925 页。

《乐象》、《宾牟贾》、《师乙》、《魏文侯》，这些均为言乐之意义、教化、性情的内容。小戴《礼记》之《乐记》的十一篇，王先谦认为即《汉书·艺文志》乐类《乐记》二十三篇之一部分，剩余的十二篇篇名按《汉书·艺文志》王先谦补注为：《奏乐》第十二，《乐器》第十三，《乐作》第十四、《意始》第十五、《乐穆》第十六、《说律》第十七、《季札》第十八、《乐道》第十九、《乐义》第二十、《昭本》第二十一、《昭颂》第二十二、《宾公》第二十三。这样，《艺文志》记载的《乐记》二十三篇的篇名是：

1.《乐本》、2.《乐论》、3.《乐施》、4.《乐言》、5.《乐礼》、6.《乐情》、7.《乐化》、8.《乐象》、9.《宾牟贾》、10.《师乙》、11.《魏文侯》、12.《奏乐》、13.《乐器》、14.《乐作》、15.《意始》、16.《乐穆》、17.《说律》、18.《季札》、19.《乐道》、20.《乐义》、21.《昭本》、22.《昭颂》、23.《宾公》。

从以上二十三篇的篇名看，涉及五音十二律和三分损益法[①]等周代乐律学专门技艺的极少，仅《说律》可能跟其有关，大部分都是言乐意、乐德的内容，这些都是用来解释《乐经》的。那么，《乐经》的内容又是什么呢？笔者下文作些蠡测。

笔者以为，《乐经》的内容除了乐教、乐德等音乐哲学内容之外，还应有专业音乐技艺方面的内容。这些内容有可能跟《周礼·春官·大司乐》接近，但更详细些。《乐经》内容之所以有可能跟《周礼·春官·大司乐》相似，因为遍考三代文献，较深地涉及乐律学的，除了《国语·周语》伶州鸠论乐外，只有《周礼·春官·大司乐》具体涉及乐律学，但《国语》是史书，其中记载的伶州鸠言论属于史官的实录，而《周礼》是作者以宗周旧制夹以作者的想象阐述理想之作，其中的典制确有所本。从《大司乐》记载提及"宫"、"角"、"徵"、"羽"四音，无商音看，这跟考古发现西周编钟仅有四音，无商音正一致，说明《大司乐》记载的周代王官乐律水准确有所本，它的内容是比较早的，涉及的乐律学

---

① 五音为宫、商、角、徵、羽，十二律是黄钟、大吕、太蔟、姑洗等十二种调。三分损益法为周代王官乐师以弦线式标准器——均钟为编钟、编磬定音高的方法，具体记载见《管子·地员》。大致方法是：设定音之弦总长为81，弹拨所发音为宫音，当长度变成 $81 \times 1/3 + 81 = 108$ 时，所发为徵音；同理，长度为 $108 - 108 \times 1/3 = 72$ 时所发为商音；长度为 $72 + 72 \times 1/3 = 96$ 时所发为羽音；长度为 $96 - 96 \div 1/3 = 64$ 时所发为角音。

知识也更接近一种有较系统理论指导的原生状态。而且从文献记载也可考证《周礼·春官·大司乐》记载的周代金石雅乐大体是合乎实际的。汉初，魏文侯乐人窦公（按，年代有误，窦公若活到汉文帝时，年纪该二百七十多岁，见王先谦《汉书补注》）献书，为《周礼·春官·大司乐》章，这个《大司乐》章与后来出于孔壁的《周官》传承不同，它是保存在乐人手里辗转传承的，不是用六国古文写成的《周官》，但这恰恰说明一个事实：乐人手中辗转传承的《大司乐》与后来出现于孔壁，用六国文字书写的古文《周官》中的《大司乐》内容高度一致，它们有共同的渊源，这渊源就是当初的王官之乐——从窦公献的《大司乐》为当时大多数人所不懂可以看出，《春官·大司乐》保存的是三代旧有的金石雅乐，这些内容并非《周礼》作者的杜撰，因为其中让阴阳律吕相和，再与不同礼典相配的内容①既复杂又专门，光凭某个个人是杜撰不出的。

因此，《春官·大司乐》中有较专门的音乐理论和音乐技艺内容，正是对古典金石雅乐内容的记录。《乐经》汇集各种音乐理论和技艺，内容跟它应大致相同，并更加专门些，《乐经》主体应涉及后来失传了的专门音乐技艺，它们有可能是：

第一，以十二律律管之长短出音律之术和三分损益法，即《春官·大司乐》所说的"成均之法"。这个"成均之法"，郑玄引郑众云为均调之法，即成乐律，均调律之法，它是三代王官乐师掌握的为编钟、石磬等定音、调音的专门技艺。

第二，五音、十二律的相和法及旋宫转调之法。从后来流于数术的旋宫转调之法看，周乐中的旋宫转调之法在战国至汉初仍有传承。《后汉书·律历上》记西汉京房律历学中有旋宫转调内容："建日冬至之声，以黄钟为宫，太蔟为商，姑洗为角，林钟为徵，南吕为羽，应钟为变宫，蕤

---

① 《周礼·春官·大司乐》中有一段记载了礼天神、地祇、人鬼之乐："乃奏黄钟，歌大吕，舞云门，以祀天神。乃奏太蔟，歌应钟，舞咸池，以祭地示。乃奏姑洗，歌南吕，舞大磬，以祀四望。乃奏蕤宾，歌函钟，舞大夏，以祭山川。乃奏夷则，歌小吕，舞大濩，以享先妣。乃奏无射，歌夹钟，舞大武，以享先祖。"（阮元刻：《十三经注疏》上册，中华书局影印本1980年版，第788页栏下—第789页栏上），文中的奏黄钟、歌大吕等应指以奏黄钟歌、大吕为主调的音乐。文中以大吕配黄钟，以应钟配大蔟，以南吕配姑洗，以函钟配蕤宾，以小吕配夷则，以夹钟配无射，共配成六类乐曲，这样相配不是随意的，而是以阴（吕）配阳（律），而后分别用于礼天神、地祇、人鬼，这样复杂的调律相配，应有一定技术渊源，并非《周礼》作者的杜撰，具体容日后撰文详述。

宾为变徵。此声气之元，五音之正也。"京房的旋宫转调法是服务于候气说的，但从"五音之正"仍可看出，自周代就有对音之正、偏的认识。乐的旋宫转调之法，就是建立在这些技术基础上的，虽然传到西汉京房那里，旋宫转调之法流于候气术，但正因为战国至汉初有此类内容传承，才有后来的京房以音律候气之法，它们在当初的《乐》中有保留是完全有可能的。

第三，制作金石丝竹乐器的原则以及对"八音"三大类乐器（金石、丝竹、革木）的使用方法。《周礼·春官》有典同"掌六律六同之和，以辨天地四方阴阳之声，以为乐器"，乐师掌握各种乐器所发的调、律，至于具体的青铜编钟铸造则有专门工匠负责（《考工记》有凫氏，掌握铸造编钟的专门技术）。至于"八音"的使用和配合法，《国语·周语》伶州鸠论乐中有记载①，这些都是掌握在乐师手中的具体技术，《乐经》成书，有可能有这些内容。

第四，纳音、候气等术的一部分。在三代乐师之技艺中，以数度出音律之法跟候气之法是不区分的，因此三代乐师所掌的以数度出音律之术包括了纳音、候气的古法，这些古法在三代表现为以五声、八音察"风"之术——因为乐师精于推数，而五声、八音均可最终化为数，所以乐师当时掌握这部分技艺。《国语·周语》伶州鸠语便说："铸之金，磨之石，系之丝木，越之匏竹，节之鼓而行之，以遂八风"，从文献记载看当时乐师确实通晓音律和八风的关系，《左传·襄公十八年》记晋人听说楚师来了，师旷说没有关系，"吾骤歌北风，又歌南风，南风不竞，多死声，楚必无功"。这里师旷通过歌南、北之风，由"风"所反映的势力强弱占测晋、楚师力量的强弱，结论是楚国大军必劳而无功。此占测术即为处于滥觞阶段的纳音术，它当时包含在乐师掌握的专门技艺里。

《乐》中可能保存有纳音、候气等术，还可从《后汉书·律历志》中的一条记载看出。这条资料对于研究《乐》的内容而言十分重要——《后汉书·律历志上》刘昭注引《薛莹书》记建初二十七年太常丞鲍业等上书提道："《乐经》曰十二月行之，所以宣气丰物也。月开斗建之门，

---

① 《国语·周语》伶州鸠论乐："夫政象乐，乐从和，和从平。金石以动之，丝竹以行之，诗以道之，歌以咏之，匏以宣之，瓦以赞之，革木以节之。……德音不愆，以合神人，神是以宁，民是以听。"上海古籍出版社1988年版，第128页。

而奏歌其律","月开斗建之门"即正月建寅、二月建卯，每月均对应一个门和十二律中的某一律，此为数术内容，说明东汉初人们尚知道《乐经》中的零星内容。如此，《乐经》中确有对纳音、候气古法的记录。这些技术从战国时开始从"乐"中脱离，流于数术。

上文是笔者蠡测的《乐》中可能保存过的专业音乐技艺内容。至于《乐》的写定和传承情况，应跟窦公所传之《周礼·春官·大司乐》近似，它们的渊源都是三代王官乐师所掌的专门技艺及其背后的乐律学理论。不过《乐经》跟《周礼·春官·大司乐》二者侧重不同——《春官·大司乐》侧重的是大司乐之职掌，这个职掌是跟整个《周礼》职官制度统一协调的；《乐》侧重的则是保存王官乐师所掌的专业技艺。但因为这些技艺既难掌握又少人问津，且离当时的社会生活十分遥远，记载这些内容的《乐》一书终于在汉初亡佚，只保留下一些容易理解的乐教、乐德的内容，如《礼记·乐记》之类。

《乐》之所以亡佚，是因为它的传承比《礼》要难得多。《礼》的传承可以将大义着于竹帛，礼典和动作可以实际演练，但《乐》的传习中，专门的乐律学知识传承起来很困难，能通者寥寥，因此传承下来的大部分都是乐的大义。《乐》的难度还可从儒家对"六经"的排序看出，"六经"排序是《诗》、《书》、《礼》、《易》、《乐》、《春秋》，这个排法比汉代人在《乐》失传后排定的"五经"顺序《易》、《书》、《诗》、《礼》、《春秋》要早，体现了孔门儒者对"六经"难度的认识，它们按内容的由浅至深排列，入门先习《诗》，而后《书》、《礼》，《乐》在《易》之后，说明它的内容比《易》尚难，因为它涉及专门的乐律学。《乐》不仅难懂，传承又不易，再经历秦燔《诗》、《书》，终于在汉初亡佚。《乐记》孔颖达疏："……周衰礼坏，其乐尤微。以音律为节，又为郑卫所乱，故无遗法矣。"

《乐》的亡佚是中国古代文化史上的重要事件，它使萌生很早、成就卓越的音律和数度之间的关系失传，若非曾侯乙编钟的出土，我们难以想见春秋时期乐理和技艺达到了那么高超的水准；它也使礼乐相和的古典文化缺失——后来历代王朝行礼时所用的编钟剖面为圆形，一钟一音，跟先秦时能发正鼓音、侧鼓音双音的合瓦形编钟比，铸造技艺倒退了几近千里，至于所作之雅乐，亦再不可能恢复到三代的水准。

《乐经》失传了，保存下来的跟"乐"有关的内容大体可分为两部分：一为对"乐"的理论性阐述，二为一些零星的雅乐篇章和演奏技艺。首先是对"乐"的理论性阐述，即乐教、乐德的内容。《周礼·春官·大司乐》云乐德有"中、和、祇、庸、孝、友"，这方面的内容不难找，传世文献如《礼记·乐记》、《史记·乐书》等大体都是这些内容，上文所引《艺文志》中《乐记》二十三篇亦主要是这些，这些内容大体言乐的意义。其次是一些零星的雅乐篇章和演奏技艺。关于雅乐篇章，王国维《汉以后所传周乐考》已从篇名的角度作了考证①，而演奏技艺的传承，见《汉书·艺文志》："汉兴，制氏以雅乐、声律世在乐官，颇能记其铿锵鼓舞，而不能言其义。"《汉书·艺文志》："汉兴，制氏以雅乐、声律世在乐官，颇能记其铿锵鼓舞，而不能言其义。"两处记载基本相同。"制氏"，服虔注为："鲁人也，善乐事也。"何焯曰："周乐在鲁，故制氏犹传其声律。"此"制氏"即从前王官的乐工，他们负责鼓琴、演奏编钟等，《仪礼》、《左传》均有记载。但乐工们并不掌握对整体"乐"的理解和把握，这些知识是掌握在乐师手里的。到汉代，乐师所掌的专门技艺失传和以数度出音律之术失传，因此制氏传颂的雅乐能记铿锵鼓舞，不能言其义，这是汉代王官保存的演奏技艺。此外武帝时河间献王好儒，"与毛生其采《周官》及诸子言乐事者以作《乐记》，献八佾之舞，与制氏不相远"②，则周代时由乐工传习、士子受教于乐师的雅乐在河间献王国中亦有保存，跟汉朝乐官保存的铿锵鼓舞差不多。

因此，到汉初，儒家传乐者基本上只能言谈乐的意义，不懂乐律学和乐的技巧。不过汉初儒家言述的"乐"的意义基本上是合乎周代实际的，《汉书·礼乐志》追溯古乐说：

> 故曰知礼乐之情者能作，识礼乐之文者能述。作者之谓圣，述者之谓明……

上文"作"为谱曲，"述"为阐述乐理。"知礼乐之情者能作"是说王官乐师们因懂得"乐"的性情，所以能谱写；懂得"礼乐之文"者为战国儒家，所以能撰述。春秋战国时期儒家努力传承古乐，孔子曾正乐，

---

① 《观堂集林》卷二，中华书局1959年版。第118—119页。
② 《汉书·艺文志》，中华书局1962年版，第1712页。

让"雅、颂各得其所",但因儒家并不懂得以数度出音律的专门技术,也不掌握让八音达到"和"的具体方法,他们传承的乐主要是一些乐教、乐德的内容,未能达到周"乐"极盛时"乐"的抑扬回旋和"礼"的登降揖让在礼典施时完全水乳交融的程度。到汉初,儒家传承的乐意更加拘泥死板,《史记·刘敬叔孙通列传》记叔孙通准备为汉高祖刘邦制定礼仪,因他一人人手不够,便征召鲁诸生三十余人,有两个儒生骂叔孙通"面谀以得贵",这两人虽被叔孙通嘲笑为"不知时变"的"鄙儒",但从他们骂詈中有"礼乐所由起,积德百年而后可兴也……公所为不合古"之辞却可看出当时一般儒生心目中的"礼运"观,礼运未到时是不能制作礼乐的。

结　语

本文对战国至汉初儒家传承古典礼乐的状况作了考察。从战国到汉初,经过儒家的艰苦努力,宗周旧礼的"义"、"仪"、"容"终于不同程度地保存了下来,但已不是宗周时期义、仪、容浑然一体,礼典和雅乐水乳交融的状况。当时礼、乐的传承已经分开,传礼者撰述礼典、教授仪节;传乐者保存一些雅乐的零篇和古乐的义理的部分,而且最终金石雅乐的主旨在这一历史时期失传,这集中表现为《乐》的成书及亡佚。这些都表明周代礼乐文明到战国时期终于成为后人难以企及全貌的绝响。

蒙恬所筑长城位置考

贾衣肯

蒙恬所筑长城是秦始皇长城的核心部分。关于这段长城的分布走向，学术界尚无定论。多数学者主张在秦西，即由今甘肃榆中县西（或兰州）沿黄河北上，至内蒙古包头以西。但也有学者对此观点表示怀疑或持否定态度。有关秦始皇长城研究的成果可谓硕果累累，但缺乏对蒙恬所筑长城的具体研究。本人拟在前人研究基础上，就蒙恬所筑长城的分布、走向问题作一探讨。

一 蒙恬筑长城的背景

史籍中有关蒙恬筑长城的记载有限，且内容简约，从中我们难以判断蒙恬所筑长城的分布和具体走向。在此拟先分析蒙恬筑长城的背景，以对长城大致方位有一初步判断。

秦灭六国后，南征北伐，拓土广境。本文重点探讨的是与秦北伐密切相关的长城问题，故文中阐述蒙恬筑长城背景时，主要针对秦北伐的军事行动而言。

关于秦北伐，《史记·蒙恬列传》记："秦已并天下，乃使蒙恬将三十万众北逐戎狄。"《后汉书·西羌传》载：

> 及秦始皇时，务并六国，以诸侯为事，兵不西行，故种人得以繁息。秦既兼天下，使蒙恬将兵略地，西逐诸戎，北却众狄，筑长城以界之，众羌不复南度。

由此知蒙恬不仅北伐,还曾西征。其所征伐者为"诸戎"和"众狄"。引文中,"种人"指众羌中的湟中羌部落,主要分布于秦西、黄河和湟河之间的广大地域,为"诸戎"之一。蒙恬西逐的"诸戎"即指以湟中羌为主的众羌部落。此前,众羌势力必已由秦西北越过昭王长城侵入秦国境内,故史有蒙恬"西逐诸戎","筑长城以界之"后,"众羌不复南度"的记载。引文中"筑长城以界之"的具体内涵当理解为蒙恬伐逐众羌后,修缮加固昭王长城以防御众羌南下,而非蒙恬在秦羌之间又新建长城。①

蒙恬"西逐诸戎"又"北却众狄"。"众狄"指秦北诸部落。据西汉武帝时主父偃谏言:

> 昔秦皇帝任战胜之威,蚕食天下,并吞战国,海内为一,功齐三代。务胜不休,欲攻匈奴,李斯谏曰:"不可。夫匈奴无城郭之居,委积之守,迁徙鸟举,难得而制也。轻兵深入,粮食必绝,踵粮以行,重不及事。得其地不足以为利也,遇其民不可役而守也。胜必杀之,非民父母也。靡敝中国,快心匈奴,非长策也。"秦皇帝不听,遂使蒙恬将兵攻胡……②

《秦始皇本纪》将蒙恬北击胡系于始皇三十二年,又云:"三十三年……西北斥逐匈奴",说明蒙恬北伐的对象是以匈奴为主,包括其他部落在内的秦北方诸部落。当时,这些部落分布于昭王长城以北,今阴山山脉及其以南的河南地,后被逐至阴山山脉以北地带。蒙恬得河南地而筑长城,此长城应在昭王长城以北,为蒙恬新筑。这从相关记载可得到进一步证明。《秦始皇本纪》道:

> 三十三年,西北斥逐匈奴。自榆中并河以东,属之阴山,以为(三)〔四〕十四县,城河上为塞。又使蒙恬渡河取高阙、阳山、北假中,筑亭障以逐戎人。

---

① 相关论证内容见原文。
② 司马迁:《史记·平津侯主父列传》,中华书局1982年版。

同书《匈奴列传》记：

> 后秦并六国，而始皇帝使蒙恬将十万之众北击胡，悉收河南地。因河为塞，筑四十四县城临河，徙适戍以充之。而通直道，自九原至云阳，因边山险堑溪谷可缮者治之，起临洮至辽东万余里。又渡河，据阳山北假中。

始皇三十三年秦得匈奴河南地并在此设四十四县，置九原郡。三十五年，又遣蒙恬修建"自九原抵甘泉"①的直道，加强关中与九原郡的交通与联系。显然，秦攻打匈奴诸部是为了将其逐出河南地和阴山山脉地区，并将这一地区纳入秦国版图，借黄河、阴山山脉这一天然屏障，筑城、立亭障，拒匈奴于千里之外，使之不为秦患。

秦初，湟中羌势力渐入秦西北境内，秦出兵西北，不以湟中羌为主，而重点打击匈奴，并着力经营北疆，似与卢生所奏录图书有关。《秦始皇本纪》载：

> 燕人卢生使入海还，以鬼神事，因奏录图书，"亡秦者胡也"。始皇乃使将军蒙恬发兵三十万人北击胡，略取河南地。

但从当时的情况来看，匈奴并不具备"亡秦"实力。《匈奴列传》记：

> 当是之时，东胡强而月氏盛。匈奴单于曰头曼，头曼不胜秦，北徙。

与秦西众羌、月氏和秦东北的东胡等部相比，匈奴实力相对弱小。匈奴不堪秦击而退出河南地。秦得匈奴故地，置四十四县，又修亭障，设堡垒，足见当时在秦、匈二者力量对比中，秦明显居优势。

既然匈奴不足以构成威胁，而始皇重兵打击匈奴，当有更深层的背景。

---

① 《史记·蒙恬列传》。

首先，从秦国历史上看，伐戎拓地是秦国图谋发展的基本国策之一。

秦自立国于渭水上游陇山之西，与诸戎错杂相居。周幽王时，"西戎犬戎与申侯伐周，杀幽王郦山下。而秦襄公将兵救周，战甚力，有功。周避犬戎难，东徙雒邑，襄公以兵送周平王。平王封襄公为诸侯，赐之岐以西之地。曰：'戎无道，侵夺我岐、丰之地，秦能攻逐戎，即有其地。'与誓，封爵之。襄公于是始国，与诸侯通使聘享之礼，乃用骝驹、黄牛、羝羊各三，祠上帝西畤"。① 秦襄公伐戎救周，始被封予侯爵，事在襄公七年（公元前771年）。秦因周王授封，其伐戎之举除报世仇，又有了受命王统，保卫周室的美誉，同时，还有地利之实惠。因而，当秦具备一定实力时，便积极伐戎。

秦襄公、文公时，秦伐戎至岐（公元前766—前750年）。至宁公、武公时，秦伐荡氏（公元前704年）、彭戏（公元前697年）、邽、冀戎，灭小虢（公元前687），势力及于洛东渭南，大河（黄河中游）以西。穆公元年（公元前659），伐茅津取胜，秦兵渡河而东，秦晋接壤。三十七年（公元前623年），"秦用由余谋伐戎王，益国十二，开地千里，遂霸西戎"。至惠文王，秦"县义渠（公元前327年）"，又"伐取义渠二十五城（公元前315年）"②。至昭王时（公元前272年），灭义渠国，"于是秦有陇西、北地、上郡，筑长城以拒胡"。③

秦自襄公伐戎而据岐丰之地，至昭王灭义渠戎"有陇西、北地、上郡"之地，凡五百余年。其间，秦由初立社稷，渐为春秋五霸和战国七雄之一，与其兼并诸戎，拓展疆域和实力不断得以增强密切相关。

其次，始皇北逐匈奴旨在拓展疆域，与秦历来伐戎拓地政策一脉相承。

秦对诸戎的征伐，以穆公、惠文王和昭王的事迹最为突出。此三王时期，正值秦国历史上相对强大时期，故能东与诸侯抗衡，西北兼并诸戎。及至始皇，秦国空前强大，南征百越，北逐戎狄，开疆拓土。对始皇的征伐，西汉晁错上谏孝文帝时曾言："臣闻秦时北攻胡貊，筑塞河上，南攻杨粤，置戍卒焉。其起兵而攻胡、粤者，非以卫边地而救民死也，贪戾而

---

① 《史记·秦本纪》。
② 同上注。
③ 《史记·匈奴列传》。

欲广大也，故功未立而天下乱。"① 晁错之言可谓一针见血，道明秦始皇征伐实质。可见，始皇北伐是秦历来伐戎拓地政策的延续。卢生所奏"录图书"不过为秦攻打匈奴提供了契机罢了。

通过分析蒙恬筑长城背景可知，始皇三十二年派蒙恬北伐，主要是为了夺取匈奴河南地以拓展疆域。因此，秦出兵西北重在打击昭王长城以北的匈奴，对昭王长城西北端的众羌只是驱逐出境。其用于防御众羌南下的长城为修缮加固的昭王长城，用于保护所得河南地的长城为蒙恬新筑，在秦北。

二　蒙恬所筑长城

关于蒙恬所筑长城，《秦始皇本纪》载：

> 三十三年…西北斥逐匈奴。自榆中并河以东，属之阴山，以为（三）〔四〕十四县，城河上为塞。又使蒙恬渡河取高阙、阳山、北假中，筑亭障以逐戎人。

今人有将"河上塞"置于秦西，今甘肃临洮县至阴山山脉西端的黄河上游沿河地带，视之为秦始皇长城西段的主体，并认为包括"亭障"在内的阴山山脉地带的长城为秦修缮利用战国赵长城。也有人将蒙恬所筑"河上塞"和"亭障"看做始皇长城的西北段，认为起自今兰州以北至包头以西地带。其中，黄河以北，阴山山脉西段部分，虽新设有亭障，但主要加固利用了赵长城。还有学者认为蒙恬所筑长城仅指"河上塞"，不包括高阙、阳山、北假一带的亭障，其地在秦关中北边。可以说，对蒙恬所筑长城及其方位问题的探讨可谓仁者见仁，智者见智，难以定论。现就河上塞与亭障的分布及其功能略作分析，以进一步探求蒙恬所筑长城具体所指。

上述引文中，"阳山"即今乌加河北岸狼山山脉，"高阙"系狼山

---

① 班固：《汉书·晁错传》，中华书局1995年版。

上一缺口,"北假"即今内蒙古临河、五原县及乌拉特前旗东北乌梁素海东额尔登布拉格苏木一带的后套地。知蒙恬筑河上塞后所渡"河"为今乌加河,其所筑亭障在乌加河以北,阴山山脉西段狼山地带。障,此处可理解为"城"或"候城"。亭,亦称"烽燧"、"亭燧",在此应指军事候望系统。蒙恬在今阴山山脉西段狼山山脉筑亭障,旨在候望敌情,防御秦北匈奴等部落的南下。关于河上塞,据汉武帝时王恢谏伐匈奴之言:

> 蒙恬为秦侵胡,辟地数千里,以河为竟(境),累石为城,树榆为塞,匈奴不敢饮马于河,置烽燧然后敢牧马。①

"塞",本义为阻隔,后引申作边界或险要处。"树榆为塞",即"塞上种榆也"。② 结合《秦始皇本纪》和《匈奴列传》有关记载,此处"累石为城"似可理解为用石堆积而成墙垣之意。因其沿河而筑,又植榆加固,形成河上塞。

从《秦始皇本纪》有关记载可推知,河上塞在今乌加河以南,且不过当时的阴山,即今大青山脉(连同其西部余脉乌拉山)。又据汉人严安言:"(秦)使蒙恬将兵以北攻胡,辟地进境戍于北河",及公孙弘所说:"秦时常发三十万众筑北河。"③ 知河上塞在河南地北河地带。北河,指今黄河自宁夏北流过磴口折而东流,其西东流向一段河流,包括今乌加河、黄河。文中"筑北河"当指蒙恬在今乌加河、黄河一带所筑亭障及河上塞。现知蒙恬所筑河上塞在今乌加河以南,且不过今大青山脉,则其具体方位应在今河套地区黄河边地。

从蒙恬所筑亭障、河上塞的分布看,二者都具保护领土、防御外敌的功能。前者依今狼山山脉而建,重在防备匈奴等部落的南下;后者在今河套地区黄河边地临河而筑,主要是为了保护所得河南地。因此,河上塞和亭障都应视为蒙恬所筑长城的有机组成部分。

---

① 《汉书·韩安国传》。
② 《汉书·韩安国传》颜师古注引如淳注。
③ 《史记·平津侯主父列传》。

三 长城的起止

明确蒙恬所筑长城的起止，需先搞清亭障和河上塞的起止。

关于蒙恬筑亭障，《匈奴列传》言："又渡河，据阳山北假中。"《蒙恬列传》曰："于是渡河，据阳山，逶蛇而北。"知蒙恬渡今乌加河以后占据今狼山山脉及其以南的后套地，并依狼山山脉走势筑亭障。《秦始皇本纪》于此事曰："又使蒙恬渡河取高阙、阳山、北假中，筑亭障以逐戎人。"此处特言"高阙"，不知亭障是否起于此山口。从始皇三十三年匈奴弃河南地北移至今阴山山脉以北的史事看，蒙恬所筑亭障当依狼山山脉走势呈东西走向。唯有如此，才能充分发挥亭障候望敌情，防备匈奴南下的作用。至于亭障所止，文献无明确记载。从与蒙恬所筑亭障相关的"阳山"、"北假"等山、地名称看，亭障延伸的长度似与狼山山脉相当。

关于河上塞起止，学术界长期以来存有争议。从《秦始皇本纪》有关记载知，秦榆中方位是判断蒙恬所筑河上塞起始的关键。至于秦榆中方位，自古多有争论，于今影响较大者有两说：一是唐胜州北河北岸之说，即认为榆中在今套东北内蒙古托克托一带；二是汉金城郡榆中县之说，认为榆中在今甘肃榆中县西（或兰州）一带。后人也因此对蒙恬所筑长城起止说论不一。以下试就秦榆中方位作一探讨。

榆中作为地名始见于战国时期。《战国策·赵策二》记：

> （赵武灵）王胡服率骑入胡，出于[遗遗之门]，踰九限之固，绝五径之险，至榆中，辟地千里。①

《史记·赵世家》载：

> 二十年，王略中山地至宁葭，西略胡地至榆中，林胡王献马。

榆中初为胡地，后为赵有，其地约在今河套东北大青山脉迤南地带。但有

---

① 刘向集录：《战国策》卷十九《赵二》，上海人民出版社1978年版。

学者主张榆中在今陕西榆林县以北至黄河以南内蒙古一带。然，据《赵世家》"秦之上郡近挺关，至于榆中者千五百里"之言，此说似难以成立。挺关，为赵关隘，一般认为在今陕西榆林县南。上郡，治肤施，在今陕西榆林县东南。自上郡北境至榆中决无"千五百里"，榆中不应在这一带。

从相关记载知，武灵王西略胡地的行动不止一次，通过略取胡地，赵国西北疆域扩至云中、九原一带。《赵世家》记：

> 二十六年，复攻中山，攘地北至燕、代，西至云中、九原。二十七年五月戊申，大朝于东宫，传国，立王子何以为王……武灵王自号为主父……而身胡服将士大夫西北略胡地，而欲从云中、九原直南袭秦……惠文王二年，主父行新地，遂出代，西遇楼烦王于西河而致其兵。

对武灵王拓地西北，《匈奴列传》记：

> 赵武灵王亦变俗胡服，习骑射，北破林胡、楼烦。筑长城，自代并阴山下，至高阙为塞。而置云中、雁门、代郡。

引文列举武灵王所置边郡没有九原郡，后人因此对赵国是否曾置九原郡持有异议。从武灵王所筑长城的西止来看，当时赵已有九原之地。而代郡之地在赵襄子在位时已归赵，不应在武灵王拓地范围内。因此，武灵王所略胡地主要有赵雁门郡、云中郡和九原之地。其中九原为赵国西北隅，武灵王二十年（公元前306年）初次西向攻略胡地所至榆中不应在这一带。有学者认为武灵王西略胡地至榆中而置雁门郡，则榆中似应在赵雁门郡。然战国时期赵雁门郡、西河一带为楼烦游移之地，武灵王所至林胡之地——榆中不应在此，当求之于林胡居地——赵云中郡。云中郡辖境包括今内蒙古大青山以南及黄河以南的赵领土。现知榆中不大可能在今东胜南，陕西榆林县以北地带，则其方位应在大青山以南的河套东北地带。

秦灭六国的过程中，在各国旧郡的基础上，因袭其名设郡。其中，云中郡为始皇十三年（公元前234年）因袭赵郡名而置。赵榆中地应在秦云中郡内，秦有可能沿用赵榆中地名。关于秦榆中，《史记·太史公自序》记：

> （蒙恬）为秦开地益众，北靡匈奴，据河为塞，因山为固建榆中而作蒙恬列传二十八。

依《秦始皇本纪》关于始皇三十三年蒙恬"自榆中并河以东，属之阴山，以为（三）〔四〕十四县，城河上为塞"的记载，知引文中"山"指"阴山"，即今大青山脉。又据同纪：

> 三十六年……使御府视璧，乃二十八年行渡江所沈璧也。于是始皇卜之，卦得游徙吉。迁北河榆中三万家。

知蒙恬据以为塞的"河"乃"北河"，具体指今河套地区的黄河。则秦榆中在今套东北大青山脉迤南一带，与赵榆中方位相同，当为沿袭赵地名。

关于河上塞走向，据汉人伍被言：

> 当是之时，男子疾耕不足于糟糠，女子纺绩不足于盖形，遣蒙恬筑长城，东西数千里……①

据上文，蒙恬所筑东西长数千里的长城，乃蒙恬北逐匈奴后在今河套地区黄河边地所筑河上塞以及在乌加河以北所修亭障。据《史记·项羽本纪》：

> 蒙恬为秦将，北逐戎人，开榆中地数千里，竟斩阳周。

此处"开榆中地数千里"当指《秦始皇本纪》中蒙恬"自榆中并河以东，属之阴山，以为（三）〔四〕十四县，城河上为塞"之举。由此知，河上塞东西长数千里，且榆中在其一端。结合秦榆中方位不难推知，蒙恬自东而西筑河上塞。至于河上塞所止。据《史记·匈奴列传》：

---

① 《史记·淮南衡山列传》。

其明年，卫青复出云中以西至陇西，击胡之楼烦、白羊王于河南，得胡首虏数千，牛羊百余万。于是汉遂取河南地，筑朔方，复缮故秦时蒙恬所为塞，因河为固。

秦末汉初，河南地又被匈奴控制，分布着隶属匈奴的楼烦、白羊王等部。至武帝元朔二年（公元前127年），西汉得河南地而置朔方、五原郡。二郡辖地相当于秦九原郡。汉朔方郡在五原郡西，位于今套西北。秦时，蒙恬自榆中筑塞必已至西汉朔方郡一带，故史称汉"筑朔方，复缮故秦时蒙恬所为塞"。又，《淮南子·人间》记：

秦皇挟录图，见其传曰："亡秦者，胡也。"因发卒五十万，使蒙公、杨翁子将，筑修城。西属流沙，北击辽水，东结朝鲜，中国内郡挽车而饷之。

"蒙公"即蒙恬。"流沙"指今阴山山脉西端与贺兰山山脉东北之间的乌兰布和沙漠，在汉为朔方郡西陲。知蒙恬自榆中西向筑塞，已抵汉时朔方郡西陲。秦之"西属流沙，北击辽水，东结朝鲜"的长城，蒙恬只修筑了其中自榆中至流沙的一段。换言之，蒙恬所筑河上塞起自今套东北大青山脉迤南地带，止于今乌兰布和沙漠一带。

通过对亭障的分布、走向及河上塞起止的探讨，大致可以确定蒙恬在今河套地区所筑长城起自今套东北大青山脉迤南地带，抵今阴山山脉西端和乌兰布和沙漠一带。

四 长城不在秦西

毋庸置疑，蒙恬北逐匈奴后所筑长城在秦北。但仍有学者主张这段长城在秦西。以下就此观点略加检讨。

主张蒙恬所筑长城在秦西的主要依据是秦榆中在汉金城郡之说。汉金城郡初置时（公元前81年）有六县，后增至十三个，榆中是其中的一个。后人因此将秦榆中比附为汉榆中者不乏其数，始作俑者乃郦道元《水经注》，其文曰：

>（水）又东过榆中县北，昔蒙恬为秦北逐戎人，开榆中之地。按地理志，金城郡之属县也。①

郦道元因《汉书·地理志》载金城郡有榆中县，而将汉榆中混同秦榆中。对此，元人胡三省早有辩驳，但未引起后人足够的关注。现从秦代匈奴和众羌的分布进一步证明秦榆中不在汉金城郡，蒙恬所筑长城不在秦西。

始皇三十三年之前，秦与众羌和匈奴大致以昭王长城为界。当时，众羌中的湟中羌种落繁盛，势力一度南逾昭王长城，渗入秦国境内。匈奴则主要居于昭王长城以北的河南地。据现有资料，大致可推断，在昭王长城以北的整个河南地分布着众羌和匈奴这两个互不隶属的部落。二者共居河南地，彼此之间对各自拥有的领地当有大致的分界线。据《匈奴列传》：

>十余年而蒙恬死，诸侯畔秦，中国扰乱，诸秦所徙適戍边者皆复去，于是匈奴得宽，复稍度河南与中国界于故塞。

"故塞"指始皇三十三年之前秦与匈奴之间的昭王长城。秦末汉初，匈奴乘中原战乱渡河南下，"悉复收秦所使蒙恬所夺匈奴地者，与汉关故河南塞，至朝那、肤施……"② 匈奴与西汉间的"故河南塞"即匈奴与秦之边塞，具体指汉朝那县至肤施县以北数十里的昭王长城（下文简称为朝那—肤施长城）。由此知，始皇时期众羌曾南渡，而后"不复南度"的昭王长城有可能是汉朝那县以西的昭王长城。换言之，汉朝那是始皇三十三年之前众羌和匈奴在昭王长城地带的分界。

始皇三十三年后，秦西北边界发生重大变化。首先，秦占有匈奴河南地，将秦、匈之间界线向北推移至今河套—阴山山脉地区。其次，秦西界发生了微妙的变化。蒙恬取河南地后，秦国西界除秦、羌之间的昭王长城外，又多了一条温水边界。秦之温水，即今清水河，源自今六盘山，向北流入黄河，成为昭王长城以北河南地的自然分界线。秦温水界形成于蒙恬

---

① 《水经注疏》（上），（北魏）郦道元注，（民国）杨守敬、熊会贞疏，段熙仲点校，陈桥驿复校，江苏古籍出版社1989年版。

② 《史记·匈奴列传》。

北逐匈奴后，说明匈奴北移之前主要分布于朝那—肤施长城以北，今清水河以东的河南地。如此，众羌则应分布于汉朝那县以西的昭王长城西、北，及清水河以西的地带。汉景帝时，众羌中的湟中羌部落迫于匈奴压力而入驻汉陇西郡的史实，似有利于上述推测。据《后汉书·西羌传》：

> 至于汉兴，匈奴冒顿兵强，破东胡，走月氏，威震百蛮，臣服诸羌。景帝时，研种留何率种人求守陇西塞，于是徙留何等于狄道、安故、至临洮、氐道、羌道县。

"研种留何"即湟中羌部落首领。狄道、安故、临洮、氐道、羌道为汉陇西郡诸县。湟中羌迫于匈奴压力而向西汉求守陇西塞，说明降至汉景帝时（公元前156—前150年），陇西郡西北地带仍分布有湟中羌部落。

汉陇西郡为承袭秦郡。武帝元鼎三年（公元前114年）分陇西郡置天水郡。此前，陇西郡辖地应与秦陇西郡的相当，大致位于今六盘山以西。汉朝那县在今宁夏瓦亭和甘肃平凉之间，近邻六盘山。因此，朝那县以西的昭王长城当主要指陇西郡西北边（包括北地郡部分地带）的昭王长城。秦始皇时期湟中羌曾南渡而后"不复南度"的长城及汉景帝时湟中羌求守的陇西塞均指这段长城。而始皇三十三年之前，众羌和匈奴在昭王长城地带以汉朝那为界，在河南地以今清水河相隔，当是依今六盘山、清水河这一自然地理分界线划定。

降至汉初，众羌仍分布于今清水河以西和陇西郡西北地带，说明始皇三十三年后的秦国西界限于温水界和陇西郡西北边（包括北地郡部分地带）的昭王长城。此线以东地域属秦国，以西地带为众羌所居。因此，秦榆中不可能在汉陇西郡以西的金城郡内。

由上文知，始皇三十三年之前，匈奴主要分布于今清水河以东、朝那—肤施长城以北的河南地。当时，匈奴西边有强大的月氏，分布于今天山、阿尔泰山以东，黄河以西的地带，东有东胡称霸一方，故当秦击匈奴时，匈奴不敌强秦，北移至今阴山山脉以北地带。匈奴既在秦北，蒙恬唯有在秦北、匈奴之南修筑东西走向的长城，才能有效地防御匈奴南下并保护所得新地——河南地。所以说，蒙恬所筑长城不可能在秦西。

五　直道与秦长城的关系

蒙恬北逐匈奴所筑长城在秦北，修缮加固的旧长城在秦西，这与史籍中关于秦长城"起临洮至辽东，延袤万余里"的记载相去甚远，至少长城西段从临洮至秦北蒙恬所筑长城应是相互衔接的。那么，其中的一段又在何处？为进一步求证秦始皇长城西段全貌，不妨再读有关记载。《蒙恬列传》记：

> 秦已并天下，乃使蒙恬将三十万众北逐戎狄，收河南。筑长城，因地形，用制险塞，起临洮，至辽东，延袤万余里。于是渡河，据阳山，逶蛇而北。暴师于外十余年，居上郡。是时蒙恬威振匈奴。

由上文知，蒙恬率三十万之众所逐"戎狄"主要指秦西以湟中羌为主的众羌和秦北匈奴诸部。《蒙恬列传》言蒙恬"北逐"戎狄，当与始皇三十三年之前湟中羌和匈奴诸部分布于昭王长城以北的河南地有关。当时，湟中羌已逾昭王长城入秦境，匈奴诸部落驻牧于昭王长城以北，阴山山脉以南的河南地，二者在河南地以今清水河为界。蒙恬"北逐戎狄"后所筑"起临洮至辽东"的长城当包括其修缮加固的昭王长城。又据《匈奴列传》：

> 后秦灭六国，而始皇帝使蒙恬将十万之众北击胡，悉收河南地。因河为塞，筑四十四县城临河，徙适戍以充之。而通直道，自九原至云阳，因边山险堑溪谷可缮者治之，起临洮至辽东万余里。又渡河据阳山北假中。

"起临洮至辽东万余里"的长城似还应包括蒙恬所修直道，这从司马迁《史记·蒙恬列传》后书言可得到进一步证明。其文曰：

> 吾适北边，自直道归，行观蒙恬所为秦筑长城亭障，堑山堙谷，通直道，固轻百姓力矣。

元封元年（公元前110），时任郎中的司马迁侍从汉武帝北巡，由直道返回云阳。其"行观蒙恬所为秦筑长城亭障"不应是今河套—阴山山脉地区的长城亭障，也不可能是几百里之遥的秦陇西郡边地的昭王长城，而应是蒙恬所修直道。同传有关直道的记载亦可视为佐证。其文曰：

> 始皇欲游天下，道九原，直抵甘泉，乃使蒙恬通道，自九原抵甘泉，堑山堙谷，千八百里。道未就。

此处"堑山堙谷"所建"自九原抵甘泉"的直道，应即司马迁行观的蒙恬"堑山堙谷"所筑长城亭障。学术界对直道作为秦国交通要道在秦北疆防务中发挥的作用有着充分的认识，但对直道在秦西陲边防中的作用似留意不够，以下就此问题略陈管见。

始皇三十三年后，秦西与众羌界于秦陇西郡（包括部分北地郡）边的昭王长城和今清水河，与月氏诸部落隔河（今黄河）而望。当时，月氏处于鼎盛时期，众羌势力较强，秦多以自然河流与之为界，其西陲边防相对薄弱。此前，蒙恬西逐众羌，北却众狄后修缮加固秦陇西郡边（包括部分北地郡）的昭王长城，又在今河套—阴山山脉地区新筑长城，这对秦防御众羌和匈奴南下起到了积极作用，但难以有效抵挡众羌及月氏势力逾河东进。故当蒙恬在河套—阴山山脉地区修毕长城后，即刻由北而南修筑直道。《秦始皇本纪》道：

> 三十三年……西北斥逐匈奴。自榆中并河以东，属之阴山，以为（三）〔四〕十四县，城河上为塞。又使蒙恬渡河取高阙、阳山、北假中，筑亭障以逐戎人。徙谪，实之初县……三十四年，适治狱吏不直者，筑长城及南越地……三十五年，除道，道九原，抵云阳，堑山堙谷，直通之。

可见秦直道的兴建与秦北长城的修筑紧密相随。直道起于九原，与河套—阴山山脉地区的长城相衔，南与昭王长城交合，抵云阳甘泉。甘泉地形险要，起着屏蔽咸阳的作用。昭王长城横跨今清水河，清水河乃北地郡天然南北通道。游牧部落征战远行多取天然河谷通道，以保证人畜对水、

草的需求。因此湟中羌入秦境,有可能沿清水河谷南下。汉文帝十四年,匈奴由此道南下侵入北地郡即是例证。《匈奴列传》记:

> 汉孝文皇帝十四年,匈奴单于十四万骑入朝那、萧关,杀北地都尉卬,虏人民畜产甚多,遂至彭阳。使奇兵入烧回中宫,候骑至雍甘泉。

"萧关"位于今清水河上游,为汉代交通要枢。过萧关沿今泾河(古泾水)河谷南下可趋长安;经萧关而东,沿今茹河谷可去古彭阳;向西、越今六盘山取葫芦河路远通古秦州。汉文帝十四年匈奴入侵,即入长城沿水而南,过萧关,东犯彭阳,西出奇兵过今六盘山取回中道入烧回中宫,前哨游骑达雍州以至甘泉。而汉"发车千乘,骑十万,军长安旁以备胡",反映了匈奴游骑抵甘泉已危及长安。甘泉于秦之咸阳,犹如于汉之长安,乃国都北壁要塞。始皇三十五年修直道自九原抵甘泉,与甘泉在秦国西北边防的重要地位有关。

湟中羌被逐出秦境后,居昭王长城以北,今清水河以西地带。此时,秦北疆界已由昭王长城北移至今河套—阴山山脉地区,湟中羌傍清水河,仍有南下、东进之隐患。且今黄河以西的月氏势力强大,亦当是秦防范对象。秦修建九原抵甘泉的直道,从边防角度而论,当不仅仅是为了巩固北陲边防,还应具固守西土的目的。九原为秦北防御匈奴的军事重镇。甘泉扼泾水河谷,北可防众羌逾昭王长城,沿泾水河谷南下,南可屏蔽咸阳。直道由北抵南,既有助于秦防备匈奴、众羌南下,又对月氏、众羌势力的东渐起着阻遏作用。因此说,直道不仅是秦国交通要道,还应是秦西北边防体系的重要组成部分,是秦万里长城不可或缺的一部分。

六 结语

本文试图利用传世文献,结合今人对长城遗迹的调查研究,通过分析蒙恬筑长城的背景,考证蒙恬所筑亭障、河上塞的分布、功能及秦榆中方位和秦代众羌、匈奴等部落的分布,以期解决蒙恬所筑长城位置问题,并就学术界长期以来存有争议的秦始皇长城西北段问题提出个人看法,即秦始皇统一天下后，遣蒙恬西逐众羌，北击匈奴，修缮加固秦陇西郡西北边（包括部分北地郡）的昭王长城，并在今河套—阴山山脉地区筑长城，又自九原修建抵甘泉的直道。直道北接河套—阴山山脉地区长城，南与昭王长城交合相连，构成秦国"起临洮，至辽东，延袤万余里"长城的西北段。

（本文原载《中国史研究》2006年第1期。2006年3月发表，2014年收入此书时内容有所删节）

秦汉律篇二级分类说

——论《二年律令》二十七种律均属九章

杨振红

汉代的律篇到底有多少，九章律在汉代法律体系中具有怎样的意义和地位，如何看待《晋书·刑法志》记载的"傍章"、"朝律"和"越宫律"，如何看待传世文献中那些九章之外的律篇名？这些问题是汉代法制史乃至中国古代法制史的基本问题，关系中国法律体系的特质和构造。长期以来由于材料的匮乏，这些问题一直悬而未决。[①]张家山汉简出土以后，由于《二年律令》所出二十七种律除七种在九章律篇中，其余二十种均在九章之外，如何解释这二十种律与九章律的关系，如何理解汉律的构造问题，这些问题更加迫切地展现在研究者面前。[②]《二年律令》既给我们带来了新问题，同时它丰富的内容也为解决这些问题提供了可能。

---

① 以往研究主要有：沈家本：《历代刑法考·汉律摭遗》，邓经元、骈宇骞点校，中华书局1985年版；程树德：《九朝律考·汉律考》，中华书局2003年版；吴树平：《从竹简本〈秦律〉看秦律律篇的历史源流》，其著《秦汉文献研究》，齐鲁书社1988年版；[日]堀敏一：《晋泰始律令的制定》，程维荣等译，杨一凡总主编：《中国法制史考证》丙编第二卷《日本学者考证中国法制史重要成果选译·魏晋南北朝隋唐卷》，中国社会科学出版社2003年版（原文载《东洋文化》60号）；等等。

② 以往研究主要有：张建国：《叔孙通定〈傍章〉质疑——兼析张家山汉简所载律篇名》，《北京大学学报》1997年第6期；李学勤：《简帛佚籍与学术史》，江西教育出版社2001年版；[日]冨谷至：《晋泰始律令への道——第一部秦漢の律と令》，《東方学報》（京都）第72册，2000年；[日]滋贺秀三：《中国法制史論集法典と刑罰》，东京：创文社2003年版；孟彦弘：《秦汉法典体系的演变》，李振宏：《萧何"作律九章"说质疑》，均载《历史研究》2005年第3期；等等。

一 《二年律令》二十七种律均属九章

魏明帝时所制魏律是以汉律为蓝本完成的。《晋书·刑法志》载其事曰：

> 是时承用秦汉旧律……其后，天子又下诏改定刑制，命司空陈群、散骑常侍刘邵、给事黄门侍郎韩逊、议郎庾嶷、中郎黄休、荀诜等删约旧科，傍采汉律，定为魏法，制新律十八篇，州郡令四十五篇，尚书官令、军中令，合百八十余篇。①

其所引魏律《序》说：

> 旧律所难知者，由于六篇篇少故也。篇少则文荒，文荒则事寡，事寡则罪漏。是以后人稍增，更与本体相离。今制新律，宜都总事类，多其篇条。
>
> 旧律因秦《法经》，就增三篇，而《具律》不移，因在第六。罪条例既不在始，又不在终，非篇章之义。故集罪例以为《刑名》，冠于律首。
>
> 《盗律》有劫略、恐猲、和卖买人，科有持质，皆非盗事，故分以为《劫略律》。《贼律》有欺谩、诈伪、逾封、矫制，《囚律》有诈伪生死，《令丙》有诈自复免，事类众多，故分为《诈律》。《贼律》有贼伐树木、杀伤人畜产及诸亡印，《金布律》有毁伤亡失县官财物，故分为《毁亡律》。《囚律》有告劾、传覆，《厩律》有告反逮受，科有登闻道辞，故分为《告劾律》。《囚律》有系囚、鞫狱、断狱之法，《兴律》有上狱之事，科有考事报谳，宜别为篇，故分为《系讯》、《断狱律》。《盗律》有受所监受财枉法，《杂律》有假借不廉，《令乙》有呵人受钱，科有使者验赂，其事相类，故分为《请赇律》。《盗律》有勃辱强贼，《兴律》有擅兴徭役，《具律》有出卖

---

① 《晋书》卷三〇，中华书局1974年版，第922页。

呈，科有擅作修舍事，故分为《兴擅》。《兴律》有乏徭稽留，《贼律》有储峙不办，《厩律》有乏军之兴，及旧典有奉诏不谨、不承用诏书，汉氏施行有小愆之反不如令，辄劾以不承用诏书乏军要斩，又减以《丁酉诏书》，《丁酉诏书》，汉文所下，不宜复以为法，故别为之《留律》。秦世旧有厩置、乘传、副车、食厨，汉初承秦不改，后以费广稍省，故后汉但设骑置而无车马，而律犹著其文，则为虚设，故除《厩律》，取其可用合科者，以为《邮驿令》。其告反逮验，别入《告劾律》。上言变事，以为《变事令》，以惊事告急，与《兴律》烽燧及科令者，以为《惊事律》。《盗律》有还赃畀主，《金布律》有罚赎入责以呈黄金为价，科有平庸坐赃事，以为《偿赃律》。律之初制，无免坐之文，张汤、赵禹始作监临部主、见知故纵之例。其见知而故不举劾，各与同罪，失不举劾，各以赎论，其不见不知，不坐也，是以文约而例通。科之为制，每条有违科，不觉不知，从坐之免，不复分别，而免坐繁多，宜总为免例，以省科文，故更制定其由例，以为《免坐律》。诸律令中有其教制，本条无从坐之文者，皆从此取法也。凡所定增十三篇，就故五篇，合十八篇，于正律九篇为增，于旁章科令为省矣。

改汉旧律不行于魏者皆除之，更依古义制为五刑……①

"旧律"即前文所说"秦汉旧律"。由于汉律早已失传，《晋书·刑法志》所引魏律《序》即应是现存最早且最完整记载汉律篇目及其内容的史料。虽然《汉书·刑法志》成书更早，并且是专门记述汉代法律制度沿革史的文献，但是，它对汉律篇目及其内容记载的完整性却显然不如前者。因此，魏律《序》在研究汉律篇目问题上具有特殊的重要的地位。以往学者早已注意到魏律《序》对汉代法律史研究的价值，并利用它取得了丰硕成果。在张家山汉简出土的今天，魏律《序》未尝不是探讨汉律体系的重要突破口。

将魏律《序》与《二年律令》加以认真比较分析，就会发现《二年律令》中那些九章之外的律篇实际上是二级分类，它们均归属在九章律篇之下。最直接的证据是魏律《序》关于厩律的记载（上引文中标下画

---

① 《晋书》卷三〇，第922—923页。

线者)。由此可知在汉律中关于厩置、乘传、副车、食厨以及车马、邮驿甚至告反逮受、上言变事、乏军之兴的内容均属于厩律。《二年律令》中有一些明显属于上述内容的律,如传食律、行书律。《传食律》简 228 是关于"诸乘传起长安……"的法律,简 229—230 是关于发传时用马、传食、用员的规定,简 231 是有关传食的律条,简 232—237 是关于各级官吏不同情况下是否可以享受以及享受何种等级传食的规定。试举简 232—237 为例:

> 丞相、御史及诸二千石官使人,若遣吏、新为官及属尉、佐以上征若迁徙者,及军吏、县道有尤急(简 232)言变事,皆得为传食。车大夫粺米半斗,参食,从者糲(糲)米,皆给草具。车大夫酱四分升一,盐及从者人各廿二分升一。(简 233)食马如律,禾之比乘传者马。使者非有事其县道界中也,皆毋过再食。其有事焉,留过十日者,禀米令自(简 234)炊。以诏使及乘置传,不用此律。县各署食尽日,前县以谁(推)续食。食从者,二千石毋过十人,千石到六百石毋(简 235)过五人,五百石以下到三百石毋过二人,二百石以下一人。使非吏,食从者,卿以上比千石,五大夫以下到官大夫比五百石,(简 236)大夫以下比二百石;吏皆以实从者食之。诸吏乘车以上及宦皇帝者,归休若罢官而有传者,县舍食人、马如令。(简 237)

《行书律》则是关于邮设置、设施、人员、邮书等的规定。如简 264:

> 十里置一邮。南郡江水以南,至索(索)南界,廿里一邮。

再如简 276:

> 诸狱辟书五百里以上,及郡县官相付受财物当校计者书,皆以邮行。

按照魏律《序》的说法，上述内容均应属于厩律。① 那么，传食律、行书律就不可能与《二年律令》中的贼律、盗律等九章律篇一样，属同一级分类，而是次一级分类。

《二年律令》中有告律的律篇亦可以证明汉律篇存在二级分类。魏律《序》说"《囚律》有诈伪生死"，"《囚律》有告劾、传覆……故分为《告劾律》"，"《囚律》有系囚、鞫狱、断狱之法……宜别为篇，故分为《系讯》、《断狱律》"。《晋书·刑法志》载，晋在汉律基础上制晋泰始律，"辨《囚律》为《告劾》、《系讯》、《断狱》"。② 李均明根据上述记载推断："凡汉律中有关诈伪生死、告劾、传覆、系囚、鞫狱、断狱的条款，皆可能属于《囚律》。"③ 笔者赞同李先生的看法，而且认为上述材料还表明告律就是关于告劾的法律，在汉律篇分类属囚律。所谓"告劾"即告发、举劾。《说文·力部》："劾，法有罪也。从力，亥声。"④《急就篇》："诛罚诈伪劾罪人。"颜师古注："劾，举案之也。"⑤《史记·蒙恬列传》："太子立为二世皇帝，而赵高亲近，日夜毁恶蒙氏，求其罪过，举劾之。"⑥ 因此，告律应取自"告劾"之意，是关于"告劾"的法律。如《二年律令·告律》简126—131条云：

  诬告人以死罪，黥为城旦舂；它各反其罪。（简126）告不审及有罪先自告，各减其罪一等，死罪黥为城旦舂……（简127）……令、丞、令史或偏（遍）先自（简130）得之，相除。（简131）

---

① 大庭脩亦根据魏律《序》，认为："汉代的厩律，内容接近秦的传食律。"［日］大庭脩：《云梦出土竹书秦律的研究》，孙言诚译，中国社会科学院历史研究所战国秦汉史研究室编：《简牍研究译丛》第二辑，中国社会科学出版社1987年版，第422页，原文载《関西大学文学論集》第27卷第1号，1977年。

② 《晋书》卷三〇，第927页。

③ 李均明：《〈二年律令·具律〉中应分出〈囚律〉条款》，《张家山汉简〈二年律令〉汉律价值初探（笔谈）》，《郑州大学学报》2002年第3期。

④ 许慎：《说文解字》，中华书局影印1963年版，第293页上。

⑤ 史游：《急就篇》卷四，文渊阁四库全书本。

⑥ 《史记》卷八八，中华书局1975年版，第2567—2568页。

即是关于告发、诬告的法律，告律则是囚律下的二级律篇名。①

此外，还可以推论徭律是兴律所属律篇。魏律《序》有"《兴律》有擅兴徭役"、"《兴律》有乏徭稽留"之语，表明汉律中兴律与"徭"关系密切。从兴律"兴"的字义，也可以推想徭律是兴律的二级律篇名。《说文·共部》："兴，起也。"②《周礼·地官司徒·旅师》："平颁其兴积。"郑玄注："县官征聚物曰兴，今云军兴是也。"③ 据此，所谓"兴"就是征发人与物。睡虎地秦律为此提供了旁证。《秦律十八种·徭律》：

御中发征，乏弗行，赀二甲。失期三日到五日，谇；六日到旬，赀一盾；过旬，赀一甲。其得殹（也），及诣。水雨，除兴。兴徒以为邑中之红（功）者，令结（嫭）堵卒岁。未卒堵坏，司空将红（功）及君子主堵者有罪，令其徒复垣之，勿计为繇（徭）。·县葆禁苑、公马牛苑，兴徒以斩（堑）垣离（篱）散及补缮之，辄以效苑吏，苑吏循之。未卒岁或坏陕（决），令县复兴徒为之，而勿计为繇（徭）。卒岁而或陕（决）坏，过三堵以上，县葆者补缮之；三堵以下，及虽未盈卒岁而或盗陕（决）道出入，令苑辄自补缮之。县所葆禁苑之傅山、远山，其土恶不能雨，夏有坏者，勿稍补缮，至秋毋（无）雨时而以繇（徭）为之。其近田恐兽及马牛出食稼者，县啬夫材兴有田其旁者，无贵贱，以田少多出人，以垣缮之，不得为繇

---

① 李均明及其参与的张家山汉简研读班认为，《二年律令》中被整理者归入具律的简93—118均应属囚律。参见李均明《〈二年律令·具律〉中应分出〈囚律〉条款》，《郑州大学学报》2002年第3期；张家山汉简研读班：《张家山汉简〈二年律令〉校读记》，《简帛研究二〇〇二、二〇〇三》，广西师范大学出版社2005年版，第180—184页。彭浩认为简101"诸欲告罪人，及有罪先自告而远其县廷者，皆得告所在乡，乡官谨听，书其告，上县道官。廷士吏亦得听告"应归入《告律》。参见彭浩《谈〈二年律令〉中几种律令的分类与编连》，中国文物研究所编：《出土文献研究》第六辑，上海古籍出版社2004年版。导致李、彭二先生产生分歧的根本原因在于囚律与告律的关系问题。如果告律是囚律的下级律篇，分歧就会消解。笔者认为，不唯简101属告律，简107—109"告，告之不审，鞫之不直，故纵弗刑，若论而失之，及守将奴婢而亡之，篡遂纵之，及诸律中曰同法、同罪、其所（简107）与同当刑复城旦舂，及曰黥之，若鬼薪白粲当刑为城旦舂，及刑界主之罪也，皆如耐罪然。其纵之而令亡城旦（简108）舂、鬼薪白粲也，纵者黥为城旦舂。（简109）"、简113"治狱者，各以其告劾治之。敢放讯杜雅，求其它罪，及人毋告劾而擅覆治之，皆以鞫狱故不直论"，亦应归入告律，而告律是囚律的下级律篇。

② 许慎：《说文解字》，第59页下。

③ 《周礼》，《十三经注疏》本，中华书局影印1980年版，第745页。

（繇）。县毋敢擅坏更公舍官府及廷，其有欲坏更殹（也），必瀙（谳）之。欲以城旦舂益为公舍官府及补缮之，为之，勿瀙（谳）。县为恒事及瀙（谳）有为殹（也），吏程攻（功），赢员及减员自二日以上，为不察。<u>上之所兴，其程攻（功）而不当者，如县然</u>。度攻（功）必令司空与匠度之，毋独令匠。其不审，以律论度者，<u>而以其实为繇（徭）徒计</u>。繇（徭）律①

"徭律"是原简标题，从律文可知"发征"即为"兴"，但并非所有"兴徒"都可计为"徭"，只有符合国家规定的"兴"才能计作"徭"。萧何在秦律基础上制定的兴律，与徭律也应该是统属关系、而非并列关系吧？

假如《二年律令》中的传食律、行书律、告律、徭律确是汉律的二级律篇，分属厩律、囚律、兴律，那么，它不仅可以证明传世文献关于汉律九章的说法，而且可以据此推断《二年律令》以及传世文献中那些不见于九章的律篇可能都是二级律篇名，归属九章之下。但是，它们是如何归类的呢？《二年律令》中亡、收、钱、置吏、均输、田、□市、复、赐、效、傅、置后、爵、金布、秩、史诸律到底属于九章的哪篇呢？前文在解决兴律、徭律的关系时，睡虎地秦简起了很大的作用，那么，作为汉律前身和蓝本的秦律是否能够成为解决此问题的钥匙呢？

二　从睡虎地秦律到《九章律》

睡虎地秦简出土了《秦律十八种》、《效律》、《秦律杂抄》、《法律答问》、《封诊式》、《为吏之道》等数种法律文书，共包括三十余种律，这些律篇均在秦律六篇之外，这使得秦法律体系问题谜雾重重，朦胧难辨。然而，如果以承认《晋书·刑法志》等文献关于商鞅以魏李悝《法经》为蓝本制秦律六篇的记载为前提，仔细对以上诸种文书进行分析的话，就会发现它们从一个角度（恰好是后人最不了解的角度）展现了秦法律体系的发展状况。

---

① 睡虎地秦墓竹简整理小组：《睡虎地秦墓竹简》，文物出版社1978年版，第76—77页。下文引此书仅标页码。

秦汉律篇二级分类说　247

睡虎地秦简整理小组在《法律答问》"说明"中说：

> 从《法律答问》的内容范围看，《答问》所解释的是秦法律中的主体部分，即刑法。据《晋书·刑法志》和《唐律疏议》等书，商鞅制订的秦法系以李悝《法经》为蓝本，分《盗》、《贼》、《囚》、《捕》、《杂》、《具》六篇。《答问》解释的范围，与这六篇大体相符。由于竹简已经散乱，整理时就按六篇的次第试加排列，并将简文中可能是律本文的文句用引号括出……（第149页）

在我们对秦汉律文基本无知的情况下，整理小组的上述判断应该说十分有见地。然而，张家山汉简出土以后，当我们有幸见到汉初律令原貌（虽然并非全部），整理小组的有些意见或许可以重新考量。正如整理小组所说，《法律答问》大部分解释是针对秦律六篇的。如从第150页"害盗别徼而盗"起至第167页"或以赦前盗千钱"均是关于"盗"的法律解释；从第173页"誉适（敌）以恐众心者"至第176页"廷行事吏为诅伪"、第179页"求盗追捕罪人"至第190页"小畜生入人室"皆为贼律的法律解释①；第191页"论狱【何谓】'不直'"至第192页"伍人相告"、第194页"可（何）为'州告'"、第195页"公室告"至第199页"葆子狱未断而诬【告人，其罪】"、第200页"以乞鞫人为人乞鞫者"、第208页"甲告乙贼伤人"应为囚律的法律解释②；第204页"捕赀罪"、第205页"将司人而亡，能自捕及亲所智（知）为捕"、第207页"捕亡"、从第209页"捕亡完城旦"到第211页"或捕告人奴妾盗百一十钱"，应是捕律的律条解说；第220页"毋敢履锦履"、第231页"越里中之与它里界者"、第241页"贳（贷）人赢律及介人"、"气（饩）人赢律及介人"应属杂律③；第218页"甲小未盈六尺"、第231页"内公孙

---

① "'邦客与主人斗，以兵刃、投（殳）梃、拳指伤人，擎以布。'可（何）谓'擎'？擎布入公，如货布，入赀钱如律"（第189页），或应属"属邦律"。

② 其中第193页的"贼入甲室，贼伤甲，甲号寇，其四邻、典、老皆出不存，不闻号寇，问当论不当？审不存，不当论；典、老虽不存，当论"，以及下面的"何谓'四邻'"、"有贼杀伤人冲术，偕旁人不援"应属具律或贼律。

③ 参之以《晋书·刑法志》："其轻狡、越城、博戏、借假不廉、淫侈、逾制以为《杂律》一篇。"

毋（无）爵者当赎刑"等均应为具律的解释。因此，虽然睡虎地秦简中没有秦律六篇的篇名，但是，仍然可以认定秦律的主体就是《晋书·刑法志》、《唐律疏议》等书所记载的盗、贼、囚、捕、杂、具六篇。

但是，《法律答问》所包含的内容显然并不止秦律六篇。结合睡虎地出土的其他法律文书以及新出土的张家山汉简《二年律令》，可以推测它应该还包括对告律①、收律②、亡律③、置吏律、效律、仓律、田律④、兴律⑤、户律⑥、厩律⑦、属邦律⑧的解释。如第211页"可（何）如为'犯令'、'法（废）令'"至第218页"部佐匿者（诸）民田"，均是关于官吏的行政法。其中，第212页"任人为丞"应是与置吏、除吏有关的律条。第215页"实官户关不致"、"实官户扇不致"可能属效律。第215页"空仓中有荐"至第217页"吏有故当止食"，可能属仓律。置吏律、除吏律、效律、仓律、田律、傅律、属邦律的律篇名在睡虎地秦简其他文书中出现过，因此，得出上述判断并不困难。告律、收律、亡律、兴律等律篇名在睡虎地秦简中虽然没有出现过，但是，比照张家山汉简《二年律令》相关律篇的内容，也可以作出推断。

如果秦律中的确存在告律的律篇，那么，就可以推断秦律六篇之下也有像告律这样的二级分类。《法律答问》中"捕"的内容经常和"亡"联系在一起，如第205页：

"将司人而亡，能自捕及亲所智（知）为捕，除毋（无）罪；已

---

① 《囚律》中第192页"伍人相告"、第194页"可（何）为'州告'"、第195页"公室告"至第199页"葆子狱未断而诬【告人，其罪】"、第208页"甲告乙贼伤人"，均应属其下之告律。此外，从第167页"告人盗百一十"至第173页"上造甲盗一羊，狱未断，诬人曰盗一猪"似也应属告律。

② 第201页"隶臣将城旦，亡之，完为城旦，收其外妻、子"、第224页"夫有罪，妻先告，不收"、"妻有罪以收"。

③ 第206页"大夫甲坚鬼薪，鬼薪亡"、"馈遗亡鬼薪于外"、第207页"把其叚（假）以亡"、第208页"隶臣妾毆（系）城旦舂，去亡"、"罢癃（癃）守官府，亡而得"。此外，《封诊式》"亡自出"条也证明当时的确有针对"亡"的法律。

④ 第218页"部佐匿者（诸）民田"条。

⑤ 第220页"不会，治（笞）"、"可（何）谓'逋事'及'乏繇（徭）'"。

⑥ 第222页"可（何）谓'匿户'及'敖童弗傅'"、第224页"弃妻不书"。

⑦ 第226页"以其乘车载女子，可（何）论？"。

⑧ 第226页"臣邦人不安其主长而欲去夏者"至第229页"邦亡来通钱过万"。

刑者处隐官。"·可（何）罪得"处隐官"？·群盗赦为庶人，将盗戒（械）囚刑罪以上，亡，以故罪论，斩左止（趾）为城旦，后自捕所亡，是谓"处隐官"。·它罪比群盗者皆如此。

再如，第207页"捕亡"、第209页"捕亡完城旦"、"夫、妻、子十人共盗，当刑城旦，亡，今甲捕得其八人"、"甲捕乙，告盗书丞印以亡"、第210页"有秩吏捕阑亡者"，均是"捕"与"亡"并称。因此，假如秦代的确存在亡律的话，那么它一定是捕律的次一级篇名。这也可以从后魏等朝代将捕律改为捕亡律得到佐证。

从所涉及的内容来看，睡虎地秦简《秦律十八种》、《效律》、《秦律杂抄》主要针对秦律六篇以外的律篇。《秦律十八种》的内容除内史杂、尉杂外，其余各篇均与秦律六篇中的盗、贼、囚、捕、具无关。《效律》自不用说，《秦律杂抄》中除"捕盗律"尚不能确定外，其余各篇也应在六篇之外。而《封诊式》与《法律答问》则是针对秦律所有律篇，并以秦律六篇为主体。如《封诊式》中"治狱"、"讯狱"、"有鞫"、"封守"、"覆"、"自告"、"告臣"、"告子"显然是囚律的内容，《囗捕》则应属于捕律，"盗马"、"群盗"、"穴盗"属盗律，"贼死"、"出子"应属贼律，"亡自出"应属亡律。

因此，虽然睡虎地秦简没有出土秦律六篇正文，但是，通过上述考察却可以证明《晋书·刑法志》等史籍关于商鞅受李悝《法经》六篇以相秦、制秦律六篇的说法是可信的，秦律的主体正是以刑法为基本内容的秦律六篇。而且，秦律中已经存在律篇的二级分类。然而，睡虎地秦墓没有收录秦律主体的秦律六篇，相反却记录了大量秦律六篇之外的律篇和律条，这一事实突出地反映了墓主人的取向。大庭脩曾根据睡虎地秦简出土的田律以下诸律多是行政制度的规定以及违犯这些规定的处罚，它们与《晋书·刑法志》所说的汉的事律性质相同，推测："萧何所做的工作可能就是从这些田律以下的诸律（当然还有一些此处不见名称的同样性质的秦律）中，整理编纂，总结成兴、厩、户三篇。没有编入三篇的秦律，亦未废止，仍原封不动地继承下来。"[①] 笔者同意大庭脩的前一部分主张，

---

① ［日］大庭脩：《云梦出土竹书秦律的研究》，孙言诚译，《简牍研究译丛》第二辑，第434页。

但对于未被萧何收入三篇的秦律依然作为单行律为汉所继承的观点持不同看法。

前文已证《秦律十八种》中的徭律在汉代属兴律。"戍"与"徭"一样，是"兴"的另一项重要内容。《秦律十八种·工律》中有"兴戍"语：

> 邦中之繇（徭）及公事官（馆）舍，其叚（假）公，叚（假）而有死亡者，亦令其徒、舍人任其叚（假），如从兴戍然。工律（第70—71页）

可资证明。在《秦律十八种·司空》：

> ……一室二人以上居赀赎责（债）而莫见其室者，出其一人，令相为兼居之。居赀赎责（债）者，或欲籍（藉）人与并居之，许之，毋除繇（徭）戍……（第85页）

《秦律杂抄·除吏律》：

> ……·除士吏、发弩啬夫不如律，及发弩射不中，尉赀二甲。·发弩啬夫射不中，赀二甲，免，啬夫任之。·驾驺除四岁，不能驾御，赀教者一盾；免，赏（偿）四岁繇（徭）戍。除吏律（第128页）

中，均是"徭戍"并提，可见两者性质相同。因此，《秦律杂抄》中的戍律①亦应当是萧何制兴律的基础。

睡虎地秦简中除了《为吏之道》收有《魏户律》②外，没有见到户律的篇名。但是，《法律答问》中有这样一条法律解释：

---

① "·戍律曰：同居毋并行，县啬夫、尉及士吏行戍不以律，赀二甲。"（第147页）

② "……自今以来，叚（假）门逆吕（旅），赘婿后父，勿令为户，勿鼠（予）田宇。三枼（世）之后，欲士（仕）士（仕）之，乃（仍）署其籍曰：故某虑赘婿（婿）某叟之乃（仍）孙。魏户律。"（第292—293页）

> 可（何）谓"匿户"及"敖童弗傅"？匿户弗繇（徭）、使，弗令出户赋之谓殹（也）。（第222页）

所谓"匿户"即隐瞒户口，因此违反的是户籍登记政策。张家山汉简《二年律令》中，户籍登记属户律。从《魏户律》可知，魏时户律的内容与《二年律令》大致相同，主要是关于"为户"（建立户籍）和"予田宅"的规定。由此度之，与魏律有直接渊源关系的秦律亦应有户律。"敖童弗傅"指的是已达到傅籍年龄的少年不去傅籍，前文已述，《秦律杂抄》中有傅律律篇：

> 匿敖童，及占癃（癃）不审，典、老赎耐。·百姓不当老，至老时不用请，敢为酢（诈）伪者，赀二甲；典、老弗告，赀各一甲；伍人，户一盾，皆迁（迁）之。·傅律。（第143页）

因此，"敖童弗傅"应属傅律范畴。上述傅律律条涉及"傅籍"、"占癃"、"老"等内容，可以看到它们是国家征发徭戍的依据，虽然如此，笔者仍然认为傅律在汉代应被归入户律而不是兴律，除了上引《法律答问》律条中"敖童弗傅"是与"匿户"相提并论外，更重要的是傅律是关于户籍登记的法律，因此，它在归类上属户律更为贴切。① 此外，《法律答问》中还有一条律文：

> "弃妻不书，赀二甲。"其弃妻亦当论不当？赀二甲。（第224页）

是关于弃妻后未向政府报告登记的处罚规定，因此亦应是户律内容。

上述考察证明萧何制定的户、兴、厩三篇均可以在睡虎地秦律中找到来源，如《秦律十八种》之厩律、厩苑律、传食律、行书是萧何作厩律

---

① 殷啸虎亦认为"可（何）谓'匿户'"条当为户律的解答，他同时认为"自'实官户关不致'（第215页）至'吏有故当止食'（第217页）数条，当为'厩律'方面的解答；自'擅兴奇祠'（第219页）至'何谓逋事'（第221页）数条，当为'兴律'的解答；其余如'甲徙居'（第213页）、'部佐匿诸民田'（第218页）、'何谓匿户'（第222页）及以下数条，当为'户律'的解答"。殷啸虎：《〈法经〉考辨》，《法学》1993年第12期。

的基础,其中,传食律、行书的律篇被《二年律令》所继承;《秦律十八种》的徭律、《秦律杂抄》的戍律应是萧何制兴律的依据,其中徭律亦为《二年律令》所承继;《秦律杂抄》中的傅律则是萧何定户律的基础内容之一。这些都表明传世文献关于"相国萧何捃摭秦法,取其宜于时者,作律九章"①、"是时承用秦汉旧律,其文起自魏文侯师李悝。悝撰次诸国法,著《法经》……商君受之以相秦。汉承秦制,萧何定律,除参夷连坐之罪,增部主见知之条,益事律《兴》、《厩》、《户》三篇,合为九篇"② 等记载是符合史实的。萧何所作兴、厩、户三篇正是在上述秦律律篇的基础上采撷、归类而成。③ 由于睡虎地秦律中发现了厩律篇名,还发现了"魏户律",由此可以逆推战国秦汉时期律典形成的大致过程:国家根据现实需要制定了一个个单行律,李悝、商鞅、萧何奉命整理修订法典时,在这些单行律的基础上将其按照性质加以归类,为六篇或九篇,并以其中最具代表性的单行律名作为篇名,如睡虎地秦律中的兴律、厩律、魏律的户律,而被归在其下的单行律则构成了二级律篇名。

秦汉一、二级律篇分类表

一级律篇名	盗	贼	囚	捕	杂	具	兴	厩	户
二级律篇名	盗	贼	囚、告、收(?)	捕亡	杂、金布、关市、效、钱、置吏(?)、均输(?)、秩(?)、史(?)	具	兴、徭、戍	厩、厩苑、传食、行书	户、田、傅、复(?)、置后(?)

小 结

秦汉律典存在二级分类,张家山汉简《二年律令》以及秦汉文献中出现的凡不属于九章的律篇大多应是九章之下的二级律篇。萧何在秦律六

---

① 《汉书》卷二三《刑法志》,第1096页。
② 《晋书》卷三〇《刑法志》,第922页。
③ 林甘泉师指出:"《徭律》、《厩苑律》、《傅律》应即是后来萧何增订九章之律的《兴律》、《厩律》和《户律》的蓝本。"林甘泉:《云梦秦简所见秦朝的封建政治文化》,林甘泉:《中国古代政治文化论稿》,安徽教育出版社2004年版,第61页。

篇基础上增加的兴、厩、户三篇事律,是在秦若干单行行政法和民法的基础上整合而成,睡虎地出土的《秦律十八种》中之厩律、厩苑律、传食律、行书是萧何作厩律的基础;《秦律十八种》的徭律、《秦律杂抄》的戍律是萧何制兴律的源泉;《秦律十八种》中的田律、《秦律杂抄》中的傅律则是萧何定户律的基础内容之一。萧何对汉代法律建设的贡献不仅仅限于增加兴、厩、户三篇事律,还包括把无法归入具体律篇的有关工、商行政管理的法规如金布律、关市、效律、钱律等归入杂律,从唐律杂律依稀可以看到这一历史发展的脉络和痕迹。因此,就立法过程而言,无论是李悝的《法经》还是商鞅的秦律六篇抑或萧何的汉律九章,都是先有二级律篇,而后才有一级律篇。二级律篇是国家针对具体事项制定的单行律,当李悝、商鞅、萧何编纂法典时,在这些单行律的基础上加以分类整合,以其中的一个二级律篇名作为该类的一级律篇名,由这样的六个或九个一级律篇构成当代的正式律典。

(本文原载《历史研究》2005年第6期,收入此书时有删节。)

《汉书·文帝纪》"养老令"新考

赵 凯

《汉书·文帝纪》记载文帝元年事：

> 三月，有司请立皇后。皇太后曰："立太子母窦氏为皇后。"
> 诏曰："方春和时，草木群生之物皆有以自乐，而吾百姓鳏寡孤独穷困之人或阽于死亡，而莫之省忧。为民父母将何如？其议所以振贷之。"又曰："老者非帛不暖，非肉不饱。今岁首，不时使人存问长老，又无布帛酒肉之赐，将何以佐天下子孙孝养其亲？今闻吏禀当受鬻者，或以陈粟，岂称养老之意哉！具为令。"有司请令县道，年八十已上，赐米人月一石，肉二十斤，酒五斗。其九十已上，又赐帛人二匹，絮三斤。赐物及当禀鬻米者，长吏阅视，丞若尉致。不满九十，啬夫、令史致。二千石遣都吏循行，不称者督之。刑者及有罪耐以上，不用此令。[1]

这段文献中"又曰"之后提到的养老内容，通常被称为"养老令"[2]。它以诏令的方式，申明国家对八十岁以上老人提供养老福利，明确规定了不同年龄级别的老人享受的不同的福利待遇，并且对福利物品的发放程序也有严格要求，真实体现了汉代"以孝治天下"的治国理念和

---

[1] 《汉书》卷四《文帝纪》，中华书局1962年版，第113页。后引版本同，不一一注明。
[2] 明确将文帝元年（公元前179年）三月诏中的养老内容冠以"养老令"之名，不知始于何时。沈家本《汉律摭遗》卷十九之《养老令》，程树德《九朝律考》卷一《汉律考》之《养老令》，都收录此诏，"养老令"一词沿用至今。

文帝"宾礼长老"①的惠民政风。研究汉代敬老养老领域的问题，文帝"养老令"是最基本的史料之一，故在相关研究成果中被反复征引，屡见不鲜。

值得注意的是，《汉书·文帝纪》此处的记载，似乎存在着叙述上的缺漏。《史记·孝文本纪》载：

> 三月，有司请立皇后。薄太后曰："诸侯皆同姓，立太子母为皇后。"皇后姓窦氏。上为立后故，赐天下鳏寡孤独穷困及年八十已上孤儿九岁已下布帛米肉各有数。②

汉代但逢皇帝加元服、册皇后、立太子、祥瑞现等吉庆之事，往往会下诏赏赐臣民。此类诏书的内容，基本上都是由"赐由"、"受赐对象"、"赐格"三部分组成。《史记》所载，便是其典型，即文帝元年三月诏赐的"赐由"是立皇后。"受赐对象"是"天下鳏寡孤独穷困及年八十已上孤儿九岁已下"。"赐格"是"布帛米肉各有数"③。两相对照，《汉书》的"赐由"亦是立皇后；"受赐对象"为"鳏寡孤独穷困之人"及高年两个群体，与《史记》基本相同，唯孤儿一类，《史记》特列"九岁已下"，《汉书》则未作强调。"赐格"方面，二者差异较大，《史记》的表述较为含混，对于什么样的人应该得到什么样的赐物，没有明确说明；《汉书》对高年群体的赐物分配有明确说明，对"鳏寡孤独穷困之人"却语焉不详，单从文本角度看，我们甚至不知道这个群体是否属受赐之列。④ 由此看来，《汉书》传世文本在文帝元年三月诏的记述上，存在着

---

① 《汉书》卷四九《晁错传》，第2296页。
② 《史记》卷一○《孝文本纪》，中华书局1982年版，第420页。
③ 史书经常用"各有数"或"各有差"这样的术语来表述，而忽略具体的数字。
④ 清代学者王鸣盛比较《史记》与《汉书》之异同，认为："马意主行文，不主载事，故简，班主纪事，详赡。"（见《十七史商榷》，上海书店出版社2005年版，第49页）这一论断之合理性，在此处有明显体现。又，文帝元年三月诏，亦见荀悦《汉纪·孝文皇帝纪上卷》："诏曰：'今方春和，草木群生之物皆有以自乐，而吾百姓鳏寡孤独穷困之人，或阽于死亡，而莫之省忧。朕为民父母，将何如？其议所以振贷之。'于是出布帛米肉之赐，其肉刑耐罪已上不用此令。"（张烈点校：《两汉纪》上册《汉纪》卷七，中华书局2002年版，第94页）《汉纪》只记录了鳏寡孤独穷困之人而忽略了高年，不知何故。

一些值得推敲的问题①，而其中赐物价值即"赐格"之高，尤其令人生疑。学界已有成果多根据"养老令"之赐格来论述汉代养老福利政策的变化，如果这个赐格不实，那么对于相关问题就需要重新审视了。笔者不揣浅陋，试考述如下。

一

文帝"养老令"所谓"年八十已上，赐米人月一石，肉二十斤，酒五斗。其九十已上，又赐帛人二匹，絮三斤"，按照常规的释读，可以理解为：八十岁以上老人，每月可得米一石、肉二十斤、酒五斗；九十岁以上老人，每月除一石米、二十斤肉、五斗酒外，还可得二匹帛、三斤絮。②细细研磨，这段史料中至少存在着三个令人费解的地方。

其一，八十以上九十以下的老人每月受米一石，意味着这一年龄段的老人事实上成为了"受鬻法"的实施对象，值得怀疑。"受鬻法"是西汉前期最重要、最基本的养老制度之一，其福利对象是九十岁以上老人。③吕后时期，拥有大夫以上爵位者，年龄达到九十岁，每月可受鬻米一石，公卒、士伍之类的无爵者九十五岁方可享受此项福利。④武帝时期，受米

---

① 如王文涛即认为："文帝前元元年（公元前179年）三月所下赐物诏令，《史记》与《汉书》的记载不同，都有令人不解之处……《史记》所载当有所本，此系帝王诏令，非比寻常之事，可率意而写。班固对《史记·文帝本纪》的这一修改令人难以理解，疑有脱漏。"参见氏著《秦汉社会保障研究——以灾害救助为中心的考察》，中华书局2007年版，第143—144页。

② 《资治通鉴》卷十三《汉纪五》文帝前元元年：（三月）"诏振贷鳏、寡、孤、独、穷困之人。又令：'八十已上，月赐米、肉、酒；九十已上，加赐帛、絮。赐物当禀鬻米者，长吏阅视，丞若尉致；不满九十，啬夫、令史致；二千石遣都吏循行，不称者督之。'"其表述保留了赐物的品类，略去了赐物的数量，又将"月"字置于赐物前，用以说明每月所赐物包括米、肉、酒（八十岁以上）和米、肉、酒、帛、絮（九十岁以上）。这样的理解，实际上与今人无异，说明我们对"养老令"的解读符合逻辑，代表了最常规的释读方法。

③ 详见赵凯《西汉"受鬻法"探论》，《中国史研究》2007年第4期。

④ 《二年律令·傅律》："大夫以上【年】九十，不更九十一，簪袅九十二，上造九十三，公士九十四，公卒、士五（伍）九十五以上者，禀鬻米月一石。"张家山二四七号汉墓竹简整理小组：《张家山汉墓竹简［二四七号墓］》（释文修订本），文物出版社2006年版，第57页。

者的年限标准笼统规定为"九十以上"①。显然，文帝"养老令"的八十受米说法与其前其后的九十受米规定存在着矛盾。有学者据此认为，文帝放宽了吕后时期的九十受米限制，"八十岁以上者即可享受月赐廪米一石的待遇"②。对于"受鬻法"这样的重要制度，文帝为什么要"放宽"年限？如果文帝之"放宽"是事实，那么武帝为什么舍文帝故事而遵吕后之制？

其二，"年八十已上，赐米人月一石，肉二十斤，酒五斗。其九十已上，又赐帛人二匹，絮三斤"，史料中将"赐"与"月"联系起来，意味着"赐物"的行为结束后，与之相应的"受物"的行为却在每月重复，有些不同寻常。③ 从道理上讲，这样的"赐"法不是不可以，帝王予物于臣民的许多行为方式都可以称"赐"，天子愿意怎么赐就怎么赐；但是从《二年律令》专设《赐律》一门的事实来看，在汉代，"赐"也是有章有法或者有"故事"可循的，并非想赐什么就赐什么，想怎么赐就怎么赐。而且从文本的角度细究，汉代文献记载中但凡皇帝赐物于臣民，通常的格式基本上都是"赐某人（或某群体）某物若干"，张家山汉简《二年律令·赐律》中关于"赐"的条文，基本遵此格式。"赐某人某物每月若干"，就笔者阅史所及，这种表述方式尚无二见④。如果这种判断不误，那么在"赐"与"月"之间应该存在着一些我们尚未注意到的问题。

---

① 武帝建元元年夏四月诏曰："古之立教，乡里以齿，朝廷以爵，扶世导民，莫善于德。然即于乡里先耆艾，奉高年，古之道也。今天下孝子顺孙愿自竭尽以承其亲，外迫公事，内乏资财，是以孝心阙焉。朕甚哀之。民年九十以上，已有受鬻法，为复子若孙，令得身帅妻妾遂其供养之事。"《汉书》卷六《武帝纪》，第156页。
② 朱红林：《汉代"七十赐杖"制度及相关问题考辨——张家山汉简〈傅律〉初探》，《东南文化》2006年第4期。
③ 有学者称之为"定期赐物"，以区别于史书中常见的"临时性赐物"。参见尹怡朋《秦汉养老政策研究》"汉代对老人的赐物活动"，山东师范大学硕士论文，2006年。
④ 《二年律令·傅律》的"禀鬻米月一石"，不能等同于皇帝的"赐"。对于政府向老年人发放粥米这种行为，文帝"养老令"亦云"吏禀当受鬻者"、"当禀鬻米者"，用"禀"而不用"赐"，这种表述方法值得关注。汉代行政文书（如居延汉简集簿）中的"禀食"，往往是指官府供给粮食，而"赐"则突出强调恩惠来自皇帝。"受鬻法"用"禀"而不用"赐"，暗含着这种福利是国家义务而非皇帝恩赐的意思。君主专制国家，公共权力与皇权也有各自的场域范围。因此，严格地说，"受鬻法"的发放粥米行为不能用"赐"、"赐物"来概括或指代。山田胜芳认为："吕后时代是赐物于90岁以上老人，而文帝则将其降低到80岁以上。"（《鸠杖与徭役制度》，庄小霞译，《简帛研究》二〇〇四，广西师范大学出版社2006年版）这种说法如果不是认可文帝将受粥米者年龄降至80岁，便是混淆了"赐"的临时性特征与"受鬻法"的常制特征。

其三，赐物过于优厚，规格与价值过高。依照"养老令"，仅以九十岁以上老人群体而言，他们每月得一石米、二十斤肉、五斗酒、二匹帛、三斤絮。根据西北汉简所揭示的汉代物价水平①，猪肉价格为每斤三钱至七钱，取其平均数五钱，则二十斤肉约值一百钱。酒价每斗为五十钱，五斗则合二百五十钱。帛价每匹为三百二十五钱至八百钱，以平均四百钱计算，二匹帛则合八百钱。絮有"阜绔橐絮"、"堵絮"、"络絮"、"襄絮"、"系絮"等品类，其中用来装棉衣之"堵絮"，价格大约是每斤一百五十钱，三斤则合四百五十钱。如此，九十岁以上老人每月所受肉、酒、帛、絮四项合计为一千六百钱。又，居延汉简所见禀食名籍中，大男每月禀食量为三石，大女、使男为二石一斗六升，使女、未使男为一石六斗六升，未使女为一石一斗六升。九十岁以上老人的食量，与使女、未使男较为接近，其每月所得米一石，基本上解决了月需口粮的一半以上。按照这样的统计，九十岁以上老人的月度收入，已经超过了一些低级官吏的月俸。②虽然汉代倡导以孝治天下，优遇老年人，但是国家对这一群体的福利支出超过特定官吏群体俸禄支出，这样的现象，实在罕见。

我们还可以从另外一个角度来考虑这个"赐格"的不合理性。文帝诏称"老者非帛不暖，非肉不饱"③，所以赐米、肉、酒，帮助他们解决饮食问题；赐帛、絮，帮助他们解决穿衣问题。这里的"二匹帛、三斤絮"，尤应引起我们的重视。汉初的衣服用料有相对固定的尺寸数量，如《二年律令·赐律》规定：

---

① 以下各类物品的价格，参见刘金华《汉代西北边地物价考——以汉简为中心》，《中国社会经济史研究》2008年第4期。

② 据陈梦家考证，西汉后期，百石之吏俸钱七百二十钱，其下的斗石、佐史为六百钱。见《汉简所见俸例》，《文物》1963年第5期。又据《汉书》卷六五《东方朔传》，待诏公交车的东方朔，其月俸为："一囊粟，钱二百四十。"又据居延汉简，西北边地烽燧之候长，月俸亦不过一千二百钱。

③ 典出《礼记·王制》："五十始衰。六十非肉不饱。七十非帛不暖。八十非人不暖。九十虽得人不暖矣。"汉人常引用，如《盐铁论·未通》文学曰："乡饮酒之礼，耆老异馔，所以优耆耄而明养老也。故老者非肉不饱，非帛不暖，非杖不行。今五十已上至六十，与子孙服挽输，并给徭役，非养老之意也。"《盐铁论·孝养》丞相史曰："八十曰耋，七十曰耄。耄，食非肉不饱，衣非帛不暖。"王利器校注：《盐铁论校注》上册，中华书局1992年版，第192、308页。

> 赐衣者六丈四尺、缘五尺、絮三斤，襦二丈二尺、缘丈、絮二斤，绔（袴）二丈一尺、絮一斤半。①

又《金布律》规定：

> 诸内作县官及徒隶，大男，冬禀布袍表里七丈、络絮四斤，绔（袴）二丈、絮二斤；大女及使小男，冬袍五丈六尺、絮三斤，绔（袴）丈八尺、絮二斤；未使小男及使小女，冬袍二丈八尺、絮一斤半斤；未使小女，冬袍二丈、絮一斤。夏皆禀襌，各半其丈数而勿禀绔（袴）。夏以四月尽六月，冬以九月尽十一月禀之。布皆八稷、七稷。以裘皮绔（袴）当袍绔（袴），可。②

汉制，布帛长四丈、幅宽二尺二寸为一匹。二匹即八丈，加上絮三斤，基本可以裁制"衣"或"袍"一件。九十岁老人每月都可得二匹帛、三斤絮，那么每位老人每年可得九十六丈帛、三十六斤絮，至少可制成"衣"或"袍"十二件，或冬夏衣至少各四套（"衣"、"襦"、"绔"俱全），如此多的帛絮，几乎足够一个五口之家一年的服饰之用③，这是不是有些太"奢侈"了？这样的"养老"政策，不但能给当事人提供足够的生活所需，还能顺带解决当事人所在家庭的生活问题。所谓"佐天下子孙孝养其亲"，明确表示养老的主要承担者是老人所在家庭，国家只是起着辅助即"佐"的作用。"养老令"关于国家在养老保障方面的这种功能定位，意味着此次赏赐高年的福利物品仍然有限，而不会是"包吃包穿"。显然，"养老令"中的赐物价值，已经高到与这个前提极不匹配的地步。

另外，从国家对"三老"和"高年"两个老年群体的政策待遇上看，也能发现一些问题。汉代县、乡皆设三老一名，由五十岁以上"有修行，

---

① 张家山二四七号汉墓竹简整理小组：《张家山汉墓竹简［二四七号墓］》（释文修订本），文物出版社2006年版，第48页。
② 同上书，第65页。
③ 黄今言说："假设汉代每人每年夏、冬二季各做一套衣裳，又不论大人小孩，平均每套用布2丈即半匹，则全家五口，一年做衣需要用去五匹布上下"，见《汉代自耕农经济的初步分析》，《秦汉经济史论考》，中国社会科学出版社2000年版。

能帅众为善"①的男子担当。既为"众民之师"②，又参与基层行政事务管理，三老之受重视程度，通常要高于高年群体。高祖二年初即设三老并"以十月赐酒肉"③，而未顾及高年群体，或多或少已经反映了其不同之处。从史实记载来看，天子赐及三老及高年的时候，三老得到的赐物往往更为优厚，或者说至少不比高年薄少。如《汉书·武帝纪》载武帝元狩元年立皇太子，"使谒者赐县三老、孝者帛，人五匹；乡三老、弟者、力田帛，人三匹；年九十以上及鳏寡孤独帛，人二匹，絮三斤；八十以上米，人三石"。④可以清楚地看到，九十、八十岁这样的高年，在待遇上逊于三老。文帝时期也有赐及三老的例子，如《汉书·文帝纪》载文帝十二年三月诏曰："孝悌，天下之大顺也。力田，为生之本也。三老，众民之师也。廉吏，民之表也……其遣谒者劳赐三老、孝者帛人五匹，悌者、力田二匹，廉吏二百石以上率百石者三匹。"⑤与"养老令"九十岁以上老人每月"帛二匹、絮三斤"的规格相比，却明显低了许多。文帝时期三老待遇不及高年，这又是令人生疑的地方。

　　从以上分析可以看出，"养老令"赐格之高，可谓"前无古人，后无来者"。文帝为人恭俭仁爱，在位期间多有善政，如废肉刑、减免税赋，等等，在尊老政策上更为惠厚，似乎也是可以理解的。但是，如此高规格的赐予，意味着巨大的财政支出，当时的西汉政府能否承受得起？从已有研究成果来看，研究者在论证过程中通常是径直使用这一材料，甚至将之作为赞颂文帝尊老惠政的论据，却忽视了西汉政府财政承受能力的问题。也有学者注意到了"养老令"、"赐格"过高的问题，并由此对"养老受鬻令"是否成为制度提出质疑⑥。当然可以认为，执政者制订政策时脱离了现实，使所具之令沦为"具令"。诚然，一项制度，如果成本太高，得

---

①　《汉书》卷一上《高帝纪上》，第33页。
②　《汉书》卷四《文帝纪》，第124页。
③　《汉书》卷一上《高帝纪上》，第34页。
④　《汉书》卷六《武帝纪》，第174页。
⑤　《汉书》卷四《文帝纪》，第124页。
⑥　如杨振红将"养老令"与《二年律令·傅律》以及武帝元狩元年夏四月诏比较研究之后，推测认为"文帝所具养老令在当时的社会条件下难以长期实行"，"养老受鬻令是否成为制度亦因此成了问题"。分见杨振红《从〈二年律令〉的性质看汉代法典的编纂修订与律令关系》，《中国史研究》2005年第5期；《月令与秦汉政治再探讨——兼论月令源流》，《历史研究》2004年第3期。

不到现实条件的支持，出发点再好，也难以贯彻实施下去。文帝时期推行的一些变革，也确实有迫于现实压力而未能入令者，甚至有最终流产者①。从"赐格"过高这个角度理解，"养老令"或许也是执政者考虑不周而出台的不切实际的政策。但是，从以上诸多令人费解之处综合考虑，"养老令"不单"赐格"过高，还存在着与立法精神背离、文本表述不合规制等问题，如果复以"立法不谨"视之，似乎未免有些过于简单化了。那么，问题到底出在哪里呢？

二

翻检史书，西汉时期与文帝"养老令"赐例最为相近者，是武帝元狩元年四月派遣谒者巡行天下并存问致赐事。《汉书·武帝纪》载：

> （元狩元年四月）丁卯，立皇太子。赐中二千石爵右庶长，民为父后者一级。诏曰："……朕嘉孝弟力田，哀夫老眊孤寡鳏独或匮于衣食，甚怜愍焉。其遣谒者巡行天下，存问致赐。曰'皇帝使谒者赐县三老、孝者帛，人五匹；乡三老、弟者、力田帛，人三匹；年九十以上及鳏寡孤独帛，人二匹，絮三斤；八十以上米，人三石。有冤失职，使者以闻。县乡即赐，毋赘聚'。"②

就关涉高年的内容而言，文帝"养老令"与武帝"元狩元年四月丁卯诏"都将八十以上、九十以上老人分成两个群体分别行赐。就九十岁以上群体而言，二者都有帛二匹、絮三斤的内容；就八十以上群体而言，米三石与米一石、肉二十斤、酒五斗相比，品类不同，价值大致相匹。二者也都对发放程序作出了规定。最为显著的差异，是文帝"养老令"在发放数量

---

① 文帝时有"九十者一子不事"的优复政策（《汉书·贾山传》），武帝时又有"民年九十以上……为复子若孙"的诏令，沈家本据此即怀疑文帝此法"未著为令"（《汉律摭遗》卷十四《户律一》"年九十一子不事八十二算不事"条，《历代刑法考》，中华书局1985年版，第1632页）。又，文帝二年废除犯罪"相坐"之法，后来又恢复了这条酷法，以"夷三族"惩治了新垣平（《汉书·文帝纪》）。

② 《汉书》卷六《武帝纪》，第174页。

前置一"月"字，使得二者的赐物规格形成巨大差别。文帝是因立皇后而赐，武帝是因立太子而赐，二者都是最重要的行赐事由，赐物规格却是如此悬殊，而导致这种匪夷所思情形出现的直接原因，唯在一"月"字之有无。那么，文帝"养老令"中的"月"字，会不会是衍字呢？

查《汉书》百衲本及其他后世校勘补注成果①，均不见可征之据。但顺帝阳嘉三年（134年）五月戊戌诏提供了新的线索。《后汉书·顺帝纪》载：

> 昔我太宗，丕显之德，假于上下，俭以恤民，政致康乂。朕秉事不明，政失厥道，天地谴怒，大变仍见。春夏连旱，寇贼弥繁，元元被害，朕甚愍之。嘉与海内洗心更始。其大赦天下，自殊死以下谋反大逆诸犯不当得赦者，皆赦除之。赐民年八十以上米，人一斛，肉二十斤，酒五斗；九十以上加赐帛，人二匹，絮三斤。②

"赐民年八十以上米，人一斛，肉二十斤，酒五斗；九十以上加赐帛，人二匹，絮三斤"，这个赐格未见于东汉诸先帝，倒是与文帝"养老令"颇为相似。所不同者，一是米的数量由"一石"改为"一斛"；二是"米人月一石"改为"米人一斛"，少一"月"字。石与斛是同级的计量单位，在汉代经常互通使用，一斛即是一石。③ 如此，二诏之差异，只在"月"字之有无。如果文帝诏中剔除"月"字，那么两诏之"赐格"规定与语言表述几乎完全相同。这种高度相似，难道纯属偶然？

按：太宗即汉文帝。顺帝诏书先述文帝之德政，复言自己"嘉与海内洗心更始"，不难看出，发布诏书的目的是为了消除天灾人祸，手段便是按照文帝"故事"施行仁政，因此，诏令中赏赐高年的规格与"养老令"雷同，似乎可以理解为是一种"复制"行为。如果这种理解不误，那么就可以由此反推，文帝"养老令"中本无"月"字。如果"月"字

---

① 张元济：《百衲本二十四史校勘记·汉书校勘记》，商务印书馆1999年版；张舜徽：《二十五史三编·汉书之属》，岳麓书社1994年版；徐蜀：《两汉书订补文献汇编》，北京图书馆出版社2004年版。

② 《后汉书》卷六《顺帝纪》，中华书局1965年版，第264页。

③ 陈梦家《汉简缀述》："在通常计量之时，则可以石代斛。"中华书局1980年版，第149页。

确实为衍字,那么"养老令"的赐格内容相应变为:"年八十已上,赐米人一石,肉二十斤,酒五斗。其九十已上,又赐帛人二帛,絮三斤。"如此,前文提到的各种令人费解之处,也就自然冰释了。

顺帝阳嘉三年诏,我们当然可以理解为是对文帝"养老令"的"扬弃"——在继承其福利人群二重分类方式和福利品种、基准数量的同时,变更其月度发放方式为一次性发放方式,从而使之具有可操作性。但是从情理上推测,顺帝既然有意效法文帝,把"养老令"内容作为自己的施政模板,那么就不应该在福利标准上"大打折扣"。如果打了折扣,则是心不诚,心不诚则事不济,事不济则功不显,徒为人笑。因此,笔者更倾向于认为,《汉书》文本在流传过程中出现讹误,"月"字之衍导致文献信息失真,使原本现实的政策变得不现实了。从《资治通鉴》对《汉书·文帝纪》相关内容的阐述来看,最晚到北宋,"月"字之衍就已出现。

三

日本学者大庭脩曾指出:"在汉代,作为天子的诏令,在具有长期必须遵行的重要诏令中,在文中或结尾附有定令、著令、著于令、著以为令等用语。"① 从文帝元年三月诏书反复出现"令"字的情形来看,"养老令"应当属于那种"长期必须遵行的重要诏令",故有学者据此推测,这条诏令"大约在整个汉代一直是必须遵行的"②。但是也有学者对此表示怀疑,认为养老令在当时的社会条件下难以长期施行。③ 那么,"养老令"到底是在文帝之后即被废止了,还是作为法令而为后世所遵行了呢?

---

① [日]大庭脩:《秦汉法制史研究》,林剑鸣等译,上海人民出版社1991年版,第182页。
② 参见高大伦《尹湾汉墓木牍〈集簿〉中户口统计资料研究》,《历史研究》1998年第5期。
③ 杨振红即认为,"必须具有普适性和长期法律效力,并且符合后主的治国思想、仍然可以施之于当代的令"才能被编辑入律,"文帝元年颁布的养老令,由于无法永久施行,故在景帝修订律令时便未将其编辑入律"。她还指出,武帝建元元年四月诏所谓"民年九十以上,已有受鬻法","显然指的是《二年律令·傅律》的规定。武帝诏不提文帝元年所具养老令,反而提《二年律令·傅律》的律条,表明文、景修订法典时并未将文帝所具养老令编辑入律。之所以如此,大概是文帝所具养老令在当时的社会条件下难以长期实行吧"。参见杨振红《从〈二年律令〉的性质看汉代法典的编纂修订与律令关系》,《中国史研究》2005年第5期。

本文篇首已经指出,传世《汉书·文帝纪》所载文帝元年三月诏,内容驳杂,需要结合《史记》相关内容来仔细辨析。其中涉及养老的内容,可以大致划分为三部分:一是以立皇后故,对八十岁以上、九十岁以上两个年龄段的高年赐物,即"年八十已上,赐米人一石,肉二十斤,酒五斗。其九十已上,又赐帛人二匹,絮三斤"。二是对赐物的发放环节予以强调,即:"赐物及当禀鬻米者,长吏阅视,丞若尉致。不满九十,啬夫、令史致。二千石遣都吏循行,不称者督之。"其中提到的"禀鬻米者",实际上是"受鬻法"的对象(按照本文"月"为衍字的推断,当指九十岁以上老人),由于基层官吏在发放鬻米的过程中存在着以次充好即"或以陈粟"的渎职行为,令文帝深为不满,所以诏令在细化赐物内容的同时,顺带对鬻米发放流程作出规定。三是对受赐人群的身份予以严格界定,即"刑者及有罪耐以上,不用此令"。对"养老令"作如是解析,目的在于从其内容本身而不是从空泛的概念出发,来寻找其在汉代政治生活中的轨迹。通过比较研究,我们发现,"养老令"中的部分内容,在文帝之后政治实践中确实有所体现。

其一,赐物发放环节方面。《汉书·武帝纪》载武帝元狩元年四月派遣谒者巡行天下并存问致赐:

> 赐县三老、孝者帛,人五匹;乡三老、弟者、力田帛,人三匹;年九十以上及鳏寡孤独帛,人二匹,絮三斤;八十以上米,人三石。有冤失职,使者以闻。县乡即赐,毋赘聚。

这里的"县乡即赐,毋赘聚",就是赐物发放时的注意事项。如淳曰:"赘,会也。令勿擅征召赘聚三老孝弟力田也。"师古曰:"即,就也。各遣就其所居而赐之,勿会聚也。"可见武帝诏要求县乡基层官吏"送物上门",不得将受赐者召集会聚在一起统一散发。之所以有这样的强调,一方面是为了体现对受赐者特别是高年之人的优渥敬重,另一方面是为了避免打扰百姓,或者影响他们的农作安排[①]。

---

① 和帝永元五年二月诏曰:"去年秋麦入少,恐民食不足。其上尤贫不能自给者户口人数。往者郡国上贫民,以衣履釜鬻为赀,而豪右得其饶利。诏书实核,欲有以益之,而长吏不能躬亲,反更征召会聚,令失农作,愁扰百姓。若复有犯者,二千石先坐。"《后汉书》卷四《和帝纪》,第175页。

又《后汉书·安帝纪》载元初四年七月诏曰：

> ……《月令》"仲秋养衰老，授几杖，行糜粥"。方今案比之时，郡县多不奉行，虽有糜粥，糠秕相半。长吏怠事，莫有躬亲，甚违诏书养老之意。其务崇仁恕，赈护寡独，称朕意焉。①

东汉的仲秋行糜粥制度，是西汉"受鬻法"的流变。② 所谓"长吏怠事，莫有躬亲，甚违诏书养老之意"，意指按照规定，地方长吏应该亲自到场发送糜粥。这与"养老令"关于地方官吏亲自发放鬻米的规定，也是基本一致的。

武帝诏与安帝诏在发放物品环节的规定，表述不尽相同，但是似乎都是在遵循着一种既有制度。制度之源，应该就是文帝"养老令"中所谓"赐物及当禀鬻米者，长吏阅视，丞若尉致。不满九十，啬夫、令史致"。虽然武、安二诏的表述远不如"养老令"细致，但是其内在关联不应被忽视。从这个角度上说，从文帝时期一直到东汉，"养老令"的部分规定似乎始终以制度的形式存在并被遵行。

其二，文帝"养老令"赐格方面的规定，在文帝之后似乎也是有迹可循的。前引武帝元狩元年四月诏，赐"年九十以上及鳏寡孤独帛，人二匹，絮三斤；八十以上米，人三石"，九十岁以上老人所得帛、絮的数量，与"养老令"完全相同。武帝此项赐格所援引的模式，或许就是文帝的"养老令"。东汉顺帝阳嘉三年五月诏在赐格上几乎完全"复制"文帝"养老令"，而其后的桓帝建和二年春正月的赐例③，亦与"养老令"的赐格相类。不过，需要指出的是，两汉时期的各个朝代，即使是在相同或相近的行赐背景下（比如皇帝加元服、册皇后、立太子），不同的君主对高年的赐格往往存在着差异，说明当时不大可能存在着整齐划一的相关制度。但是，这并不意味着先帝的模式和规格对后世没有任何约束力，在某个特定时期，先帝的模式和规格仍然可能以"故事"的方式对后世施

---

① 《后汉书》卷五《安帝纪》，第227页。
② 参见赵凯《西汉"受鬻法"探论》，《中国史研究》2007年第4期。
③ "（建和）二年春正月甲子，皇帝加元服。庚午，大赦天下……年八十以上赐米、酒、肉，九十以上加帛二匹，绵三斤。"《后汉书》卷七《桓帝纪》，第292页。

加着影响。从顺帝阳嘉三年诏、桓帝建和二年诏的例子来看，文帝"养老令"所扮演的角色，不是编入典册的律令制度，而是在政治法律生活中具有重大作用的先帝"故事"。

从以上两个方面的分析来看，"养老令"在文帝之后似乎既未被完全弃置，但也未被严格遵行。

综合以上分析，传世《汉书·文帝纪》"养老令"中存在着若干经不起推敲的疑点，"年八十已上，赐米人月一石"中的"月"可能为衍字。如果"月"字之衍属实，那么"受鬻法"的福利对象在文帝时期并未发生调整，"养老令"的赐格虚高问题不复存在。文帝"养老令"是否作为一个完整的"令"被纳入后世法典暂且不论，其个别规定演化成为后世遵行的常设制度，个别内容在东汉时期仍然以先帝"故事"的方式产生着影响，却是事实。从这个意义上讲，严格来说，如果不是把"养老令"之"令"理解为"诏令"之"令"，而是视为"律令"之"令"的话，那么所谓文帝"养老令"的提法是不能成立的，所以，为避免歧义，不如把文帝"养老令"改称为"养老诏"。

（本文原载《南都学坛》2011年第6期）

汉代女性的工作

彭 卫

尽管汉代主流价值观对女性基本工作要求集中在纺绩和厨事两个方面，但在实际生活中当时的妇女可以从事的职业相当广泛，涉及社会多数生产和生活领域。

1. 绩与耕

纺绩为中国古代女性基本工作，这是人们熟知的知识，本不需赘言，但汉代"女绩"的一些历史细节似尚有稍加勾勒的余地。其中妇女纺绩的家庭收益是一个饶有兴味的问题。居延汉简多见边塞吏卒买卖衣物的记录，其中卖主多是戍卒，买主多是令史、燧长。戍卒的衣装由官府供给，但官府通常所发的只时衣、袴、履等生活必需品，没有缣帛之类的物品。但汉简中确有戍卒出售缣帛的记录。这些用于出售的缣帛很可能是戍卒妻女的劳动生产物。① 《九章算术·衰分》说："今有女子善织，日自倍，五日织五尺。问日织几何？答曰：初日织一寸、三十一分寸之十九。次日织三寸、三十一分寸之七。次日织六寸、三十一分寸之十四。次日织一尺二寸、三十一分寸之二十八。次日织二尺五寸、三十一分寸之二十五。"第五日十分熟练地掌握了丝织技术，能日织二尺五寸多布。按照冬季"女子一月得四十五日"的说法②，则每年的丝织时间是405天，按日织二尺五寸计，则一年可织1012.5尺布，约合25匹布。③ 汉代每匹布的价格多

---

① 林甘泉：《汉简所见西北边塞的商品交换和买卖契约》，《文物》1989年第9期。
② 《汉书·食货志上》。颜师古注："一月之中，又得夜半为十五日，凡四十五日也。"
③ 汉代一匹布长四丈，宽二尺二寸。

在三百至四百钱之间①，按三百五十钱计，则为 8750 钱。这应是一个理论上的或理想化的统计结果，如果考虑技术上的差异，以及疾病、节日和其他不测因素，折半以年织 12 匹布计之，则一个女子每年纺织所换算的价值大约在 4000 钱以上。黄今言推测，汉代一个中等水平农户耕种每年粮食的收入折 7200 钱②，若饲养家禽和种植果树的收入以 1000 钱计，则女子纺绩所创造的价值可以占到家庭总收入的 34%，再加上女性在农作等方面付出的劳动，在核心家庭中，成年女性（妻子）至少承担了 1/3 以上的家庭收入。清代江南农村妇女在生产劳动中起到了"半边天"的作用③，这种情形在汉代已有相当明显的表现。在有的家庭中，女性甚至成为收入的主要承担者。除去丧偶家庭外，丈夫离家外出也让妻子更多地承担起家庭生活的重任。东汉人乐羊子外出游学，妻子不仅"躬勤养姑"，还"远馈羊子"。④ 这反映出汉代女性的生存能力和对家庭经济的贡献。

"男耕"和"女绩"并非截然对立，汉代女子也是农业生产的参与者。较常见的情形是妻子协助丈夫农耕，如农忙时将饭食送到田地，或在丈夫休息时看护庄稼。⑤ 但汉代女性在农业生产中的作用没有止步于此。在贵族和富人的田地上，女婢是不容忽视的劳动力。江陵凤凰山 168 号汉墓简牍所记"田者"即从事农业生产的大奴大婢各有 4 人，而墓中出土的持农具女俑 11 件，持农具男俑 6 件，女俑几乎是男俑的 1 倍。⑥ 江陵凤凰山 8 号汉墓遣策所记婢 19 人，其中"操粗（锄）"者 8 人⑦，占婢女总数的 42%。江陵凤凰山 167 号汉墓持农具的男俑和女俑分别是 6 件和 2 件。⑧

---

① 陈直：《两汉经济史料论丛》，第 63 页。
② 黄今言：《汉代自耕农经济的初步探析》，载氏著《秦汉经济史论考》，中国社会科学出版社 2000 年版。
③ 李伯重：《"男耕女织"与"妇女半边天"角色的形成——明清江南农家妇女劳动问题探讨之二》，《中国经济史研究》1997 年第 3 期。
④ 《后汉书·列女传·乐羊子妻》。
⑤ 刘培桂、郑建芳、王彦：《邹城出土东汉画像石》，《文物》1994 年第 6 期。
⑥ 湖北省文物考古研究所：《江陵凤凰山一六八号汉墓》，《考古学报》1993 年第 4 期。
⑦ 金立：《江陵凤凰山八号汉墓竹简试释》，《文物》1976 年第 6 期。
⑧ 江陵凤凰山一六七号汉墓发掘整理小组：《江陵凤凰山一六七号汉墓发掘整理简报》，《文物》1976 年第 10 期。

江陵凤凰山9号汉墓"操粗（锄）操"婢女有5人。① 这些婢女大都有名记在简上，可能是对现实生活的直接摹写。

一般农户家中也普遍存在类似情形。如吕雉微时常从事农业劳动②，庞德公与其妻共耕③，高凤以农为业，"妻尝之田，曝麦于庭，令凤护鸡"④。末例妻子干的农活似乎比丈夫还要多一些。《氾胜之书·区种法篇》和《大小麦篇》将"丁男长女"和"大男大女"视为具有相同农业生产能力或技能的劳动者；《论衡·乱龙》记汉季立春祀仪"为土象人，男女各二人，秉耒把锄"；立足的正是当时的实际生活。

2. 工与商

睡虎地11号秦墓两件漆杯分刻"小女子"、"大女子臧"、"大女子军"。此外还有"钱里大女子"、"大女子"等。⑤ 学界一般认为这类漆器可能是民营手工业作坊产品。此说是。"小女子"、"大女子臧"、"大女子军"等应是以年龄区分的女性手工业者。与之相类，湖北云梦大坟头西汉墓所出漆器上刻有"官里大女子鹜"⑥，鹜应是住在官里的漆器制作者。已知汉代官营漆器制作者均为男性之名⑦，这可能意味着官府漆器作坊中没有女性。在西汉中期以后的漆器铭文中未见女性私营手工业者，女性是否不再从事这个行业值得进一步研究。

对女性来说，更常见的是另一些物品制作。编席织履是女性擅长的工作。《淮南子·说山》有"鲁人身善制冠，妻善织履，往徙于越而大困穷"的寓言。寓言中的景观常就眼下所见事物铺衍，"妻善织履"云云当即如此。文献有多例妇女编席织履故事。《汉书·翟方进传》云：翟方进"失父孤学……欲西至京师受经。母怜其幼，随之长安，织履以给方进读"。《三国志·蜀书·先主传》云："先主少孤，与母贩履织席为业。"《华阳国志·广汉士女》云："正流，广汉李元女，杨文妻也。适文，有

---

① 陈振裕：《从凤凰山简牍看文景时期的农业生产》，《农业考古》1982年第1期。
② 《史记·高祖本纪》："高祖为亭长时，常告归之田。吕后与两子居田中耨。"
③ 《后汉书·逸民列传·庞公》。
④ 《后汉书·逸民列传·高凤》。
⑤ 陈振裕：《湖北出土战国秦汉漆器文字初探》，《古文字研究》第17辑，中华书局1989年版；陈振裕：《湖北秦文化综论》，《周秦汉唐文化研究》第5辑，三秦出版社2007年版。
⑥ 中国社会科学院考古研究所等：《云梦大坟头一号汉墓》，《文物资料丛刊》第4期。
⑦ 根据洪石《战国秦汉时期漆器的生产与管理》（刊《考古学报》2005年第4期）一文所附《蜀郡西工漆器铭文一览表》。

一男一女而文没。以织履为业。"这三则故事的一个共同点是女性都失去了丈夫。可以想见由于没有更多的谋生本领,编席织履是不少寡居女性养家糊口的主要手段。①

制作和缝补服装是汉代常见的手工行业。王莽征收商业税的范围包括女子"织纴纺绩补缝"。② 汉代人有"拙女毁人布帛,终无成善功"语③,"毁人布帛"显然是指用他人提供的布帛制作服装。居延汉简有"妻治裘"残简④,可知边地妇女也能制作皮裘服装。

商业与手工制作关系密切,有的手工业者同时也是商人,巴寡妇清是著名的例子之一。《史记·货殖列传》说清之先"得丹穴,而擅其利数世,家亦不訾",清"能守其业"。"守业"意味着对原有事业的全面继承,因此清也是一个兼具工商的大商贾。

经商是汉代常见的妇女职业,在秦汉人心目中男子经商是一件不体面的事情,但对女性却无这方面的指责。睡虎地秦简日书《生子》篇有"庚寅生子,女为贾"(甲种简146正贰)之语,却无"不吉"评价。一般女贩所销售的多为常见的生活物品,如糖、席、履等。也有一些女性贩卖高档消费品者。如董偃之母"以卖珠为事",奔走于贵族之间。⑤

商业活动中比较特殊的是开设饮食店铺和旅舍。当时以此营生的女子颇多。《史记·高祖本纪》说刘邦微时常从王媪、武负贳酒。王媪、武负都是开设小酒店的女子。王莽时琅邪海曲女子吕母赀产数百万,为报仇"乃益酿醇酒,买刀剑衣服。少年来酤者,皆赊与之"。⑥ 这样的酒店规模较大。也有像司马相如和卓文君那样的夫妻店:"令文君当垆,相如身自著犊鼻,与保庸杂坐,涤器于市中。"⑦ 四川新都县出土的女子当垆卖酒

---

① 谢承《后汉书》卷八云:夏勤"家贫,作屦供食。常作一量履断,勤置不卖。出行,妻卖与籴米。勤归炊熟,怪问何所得米,妻以实告,勤责曰:'卖毁物,欺取其直也。'因弃不食"(周天游:《八家后汉书辑注》,上海古籍出版社1986年版,第270—271页)。由这个故事同样可以想见这样人家的生存颇为艰难。
② 《汉书·食货志下》。
③ 《太平经》佚文。王明《太平经合校》,中华书局1960年版,第736页。
④ 谢桂华、李均明、朱国炤:《居延汉简释文合校》简552·2A,文物出版社1987年版。
⑤ 《汉书·东方朔传》。
⑥ 《后汉书·刘玄传》。
⑦ 《史记·司马相如列传》。

画像砖[1]，可为文献记载的形象解读。由《玉台新咏》卷一《羽林郎》"依倚将军势，调笑酒家胡。胡姬年十五，春日独当垆"可知，当时酒店有女性侍者。汉末灵帝曾令后宫采女为客舍主人，自己扮做店客游戏[2]，则是当时或有女子为旅舍店主者。汉之前无女性为旅舍主人的记录，若非文献失载则女性为旅舍主人应自汉起，而此类情形后世亦能见到[3]，这与后代同样也出现的酒店女性招待一样，显示了历史的延续性。

汉代女性是商业领域的重要力量，女商活动空间范围如何虽缺乏更多资料，但不妨在已有资料基础上进行推测。苏娥案件是东汉某个时期发生的轰动一时的图财色害命事件，汉晋许多文献都有记载。《风俗通义》佚文云："何敞为鬼苏珠娘按诛亭长龚寿。"[4]《太平御览》卷一九四引谢承《后汉书》云："仓梧广信女子苏娥，行宿鹊巢亭，为亭长龚寿所杀，及婢致富，取财物埋置楼下。交阯刺史周敞行部宿亭，觉寿奸罪，奏之，杀寿。"更为详细的描述见《搜神记》卷十六"苏娥"条，文云：苏娥嫁与同县施氏，"薄命夫死"，有杂缯帛百二十疋及婢一人。因"孤穷羸弱，不能自振"，遂赁牛车与婢一同去傍邻县卖缯，不幸被龚寿所害。这个故事似乎与其他许多故事一样，显示了流传过程中的增饰色彩。在早期文本中，没有苏娥远行经商描写，不能排除后人添加这个情节的可能。因此这个故事不能作为汉代妇女远商的有效证词。即使《搜神记》的说法是真实的，也可看出若非苏娥"孤穷"，当不会远赴外地贩卖物品。我们所见女性经商个例，都活动于本地。由此可推想，经商的汉代女性大概主要是坐贾而非行商。安全因素大概是主要原因。

尽管秦汉社会允许并有一些女性从事商业活动，但能够留载史书的大商贾中，男性在数量上占有压倒性优势。《史记·货殖列传》中"当世千里之中，贤人所以富者"有卓氏、程郑、孔氏、邴氏、刁间、师史、任氏、桥姚、无盐氏、栗氏、杜氏、诸田，均为男性。《汉书·食货志》补充的元、成讫王莽时期大贾樊嘉、挚网、如氏、苴氏、王君房、樊少翁、王孙大卿等人也都是男性。此外还有散见于其他文献的男性富商大贾。秦

---

[1] 中国农业博物馆编：《汉代农业画像砖石》，中国农业出版社1998年版，图C21。
[2] 《后汉书·灵帝纪》、《续汉书·五行志一》。
[3] 《太平广记》卷四〇三引《中说》："晋明帝单骑潜入，窥王敦营。敦觉，使骑追之。帝奔，仍以七宝鞭顾逆旅妪，扇马屎。王敦追之人见马屎，以为帝去已远。仍宝鞭，不复前追。"
[4] 《辍耕录》卷十四引。

汉时期数得上的女性大贾不过巴寡妇清、董偃之母、吕母、朱儁之母而已，其中清的赀产并非自己创获，而是继承遗产所得；吕母和朱儁之母的财产获得是否与丈夫或夫家有关史书没有交代，但数以百万或数百万赀产不依靠丈夫和夫家，自己单打独斗获取的可能性很小。因此，对秦汉社会女性在商业活动方面的抱负和创造不应估计过高。当然，这与女性的经营能力没有大的关系，主要原因还是在于秦汉女性在社会资源占有和支配方面的劣势。

3. 多种家内劳动和杂类生产劳动

《太平御览》卷四一二引《东观汉记》记李充妻劝丈夫与兄弟分居，"充使酿酒，会亲戚"。《华阳国志·汉中士女》记女子礼圭"四时祭祀，自亲养牲、酿酒"。可知对于汉代妇女来说，酿酒也是需要掌握的家艺。在普通家庭中，家庭主妇通常是家内劳动的主要承担者，有"箕帚妾"之称。① 她们为全家烹饪食物，打扫卫生。韩信寄食南昌亭长家，"亭长妻苦之，乃晨炊蓐食"；刘邦微时"时时与宾客过其丘嫂食。嫂厌叔与客来，阳为羹尽"②，反映的都是这种情形。尽管也有例外。③

《后汉书·王良传》说大司徒司直王良妻"布裙曳柴，从田中归"，闻者莫不嘉之。可知普通人家妇女平日要拾薪。由于需要体力和有一定危险性，入山伐薪一般是男子的事情，如马腾早年以伐薪为业④，焦先"日日入山伐薪以施人"。⑤ 汉鬼薪刑对象为男性，即"男当为祠祀鬼神，伐山之薪蒸"也与此有关。⑥ 但有时女性也参与其事。⑦

4. 雇用劳作

雇用劳动是秦汉时期常见的谋生方式，范围涉及农业、手工业、商业领域和其他领域。文献记载的汉代大多数雇用劳动者都是男性，但妇女也并非与雇用劳动绝缘。我们看到有两种情形：一种情况是夫妻一同去外地

---

① 《汉书·高帝纪上》。
② 《汉书·韩信传》、《汉书·楚元王传》。
③ 如会稽太守第五伦"虽为二千石，躬自斩刍养马，妻执炊爨"（《后汉书·第五伦传》）。"周泽为渑池令，克身俭约，妻子自亲釜灶。"（《艺文类聚》卷八〇引《东观汉记》）
④ 《三国志·魏书·马超传》注引《典略》。
⑤ 《太平广记》卷九引《神仙传》。
⑥ 《汉旧仪》卷下。周天游点校：《汉官六种》，中华书局1996年版，第85页。
⑦ 《三国志·魏书·诸夏侯曹传》裴松之注引《魏略》云：夏侯霸从妹"从妹年十三四，在本郡，出行樵采"。

打工，妻子持爨。如《后汉书·逸民列传·梁鸿》说扶风平陵人梁鸿去千里之外的吴地，为当地人"赁舂"，而其妻子则为其"具食"。这实际上是本地家庭生活模式的翻版。另一种情况是女子直接参与雇用劳动。《搜神记》卷十"周揽啧"条记汉时事云："有张妪者，尝往周家佣赁，野合，有身，月满，当孕，便遣出外，驻车屋下，产得儿。"同书卷十一"郭巨"条记郭巨事云："巨独与母居客舍，夫妇佣赁以给公养。"《太平御览》卷四一一引《东观汉记》说姜诗"与妇佣作养母"。① 文献中此类故事不少，所以说汉代女性劳作并不罕见。

5. 乳母

乳母是与雇用有关的行业，但目前资料还不能对早期中国社会中的乳母身份作出清晰解释。《国语·越语上》说越王勾践鼓励人口繁育，"生三人，公与之母"。依韦昭理解，"母"指的就是"乳母"。《列女传》卷五"魏节乳母"条说魏节乳母系魏公子之乳母，秦破魏，乳母为保护魏公子，与之俱死。此段记载亦见《韩诗外传》卷九。这是文献记载时代较早的贵族使用乳母的实例。但参考越王勾践故事，上层社会使用乳母的起始时代应当早得多。

汉代人或称乳母为"阿母"。② 汉代皇帝和诸侯王乳母文献有不少描述，不赘引。《后汉书·袁安传附玄孙闳》说袁贺任官，其子袁闳远行省谒，"连日吏不为通，会阿母出，见闳惊"。注引谢承《后汉书》云："乳母从内出，见在门侧，面貌省瘦，为其垂泣。"可知一些上层人家中也有乳母，且可以长期与主人共同生活，如同家人。《仪礼·丧服》说为乳母服缌，是"以名服也"，可能指的就是乳母与主人生活在一起的家庭。

李贞德认为孙吴诸王子所用乳母为平民妇女，而非汉宫旧制以选官婢为规范。③ 这个表述是合理的却又不尽妥善。《汉旧仪》记汉代宫廷制度有"乳母取官婢"④，《汉书·宣帝纪》邴吉令女徒复作淮阳赵徵卿、渭

---

① 《后汉书·列女传·姜诗妻》说夫妇"力作"以供母鱼脍。
② 《史记·仓公列传》："故济北王阿母。"《索隐》曰："是王之奶母也。"《正义》引服虔云："乳母也。"
③ 李贞德：《汉魏六朝的乳母》，台湾"中研院"《历史语言研究所集刊》第70本第2分，1999年。
④ 周天游点校：《汉官六种》，第78页。

城胡组"更乳养"皇曾孙,以及李贞德引《汉书·外戚传下》王舜为成帝与曹宫所生之子择官婢为乳母,可为《汉旧仪》制度实例。准此则宫中乳母的地位很低。但《史记·滑稽列传》褚少孙补云:"武帝少时,东武侯母常养帝。"《索隐》曰:"东武,县名;侯,乳母姓也。"《正义》曰:"《高祖功臣表》云:东武侯郭家,高祖六年封,子他,孝景六年弃市,国除。盖他母常养武帝。"按此,宫中乳母并非全从官婢中遴选。哀帝乳母王阿舍、安帝乳母王圣、顺帝乳母王男和宋娥、灵帝乳母赵娆等似乎也没有官婢身份背景。看来《汉旧仪》所记的宫廷乳母制度可能只存在于西汉后期和东汉前期。

为孩子喂奶是乳母的职责,如《荀子·礼论》所说的"乳母,饮食之者也"。但乳母的任务不止于此。幼儿哺乳期结束后,乳母仍要负责其日常起居。因此,乳母与被照顾者之间有着非同寻常的特殊关系。一个女子如果有幸成为贵族家中的乳母,其全家生活和地位都会发生巨大的改变。

6. 相卜巫医

《史记·外戚世家》和《绛侯周勃世家》、《汉书·外戚传上》等说许负曾为魏王豹姬薄氏相面,称其"当生天子";后又为周亚夫相面,是当时有名的"善相人"。对其性别,史籍并未明言。应劭认为许负是河内温县老妪,《楚汉春秋》说许负封为鸣雌亭侯①,相传西安汉城遗址出土"许负"穿带印一方,另一面为"许女"二字②,虽然这些资料并非确凿证据,但从其中所显示的迹象推测,许负是女性的可能性是存在的。当时女子也有以相马为业者,有的人还颇著声名。③

《汉书·郊祀志上》云:"在男曰觋,在女曰巫。"颜师古注云:"巫觋亦通称耳。"此言是。汉代"巫"可以专指女性,但更常见的是作为两性通用语词,汉代女巫在社会生活中十分活跃,男女巫师的职责也大致相同。很可能由于生理原因,女性更容易成为与神灵沟通的中介是一种"普世"现象,如法国人类学家于贝尔所说:"在每个地方她们都被认为

---

① 《史记·绛侯周勃列传》"索隐":"应劭云:'负,河内温人,老妪也。'姚氏按:《楚汉春秋》高祖封负为鸣雌亭侯。"《三国志·蜀志·刘璋传》裴松之注引孔衍《汉魏春秋》亦云:"许负,河内温县之妇人,汉高祖封为明雌亭侯。"

② 陈直:《汉书新证》,天津人民出版社1979年版,第267页。

③ 《史记·货殖列传》云:"陈君夫,妇人也,以相马立名天下。"

比男人更有实施巫术的可能。"①

睡虎地秦简日书《直（置）室门》篇云："屈门，其主富昌，女子为巫。"又云："庚寅生，女子为巫。"表明在当时人的观念中，有的女子生来就有成为巫师的可能。女性成为巫师有世袭和学习两个途径。汉代人称职业巫者为"巫家"②，承袭家业的女性自然就是女巫。女巫可以通过招引女性弟子扩大影响，从而也扩大了女巫队伍。《史记·滑稽列传》说河伯娶妇，主持仪式的巫是一年近七十的"老女人"，其弟子十人均为女性。这是战国后期的事情，汉代大概也是如此。《潜夫论·浮侈》述当时风气云："今多不修中馈，休其蚕织，而起学巫祝，鼓舞事神。""起学巫祝"需要有人教授，教授者应当就是《滑稽列传》所记载的那类职业女巫。

传世文献记录的汉代女医都活动在宫廷之中。《汉书·外戚传上》说霍光夫人让女医淳于衍毒杀怀孕的许皇后，"淳于衍者，霍氏所爱，尝入宫侍皇后疾。衍夫赏为掖庭户卫，谓衍：'可过辞霍夫人行，为我求安池监。'"可知淳于衍是有夫者，并不住在宫中，宫中有事则前往。《汉官解诂》云："卫尉主宫阙之内，卫士于垣下为庐，各有员部。居宫中者，皆施籍于门，案其姓名。若有医、巫、傲人当入者，本官长吏为封启传，案审其印信，然后内之。"医生入宫要经审查。《汉书·外戚传上》又说汉成帝许美人怀孕，"诏使严持乳医及五种和药丸三，送美人所"。可知女医入宫视病有专人引领。由这些迹象看，汉代为宫中女性视病之女医与唐代大不相同。淳于衍即为"霍氏所爱"，为皇后视病只是其平日活动的一部分，可知她诊治的病人并不都是宫中女性。瞿同祖以淳于衍故事为据推测汉代女医颇受人们尊重。③这个特殊个例不宜作为通则。医生职业在秦汉时代的地位并不高，不在"良家子"中④，故楼护弃医而"习经传"⑤，

---

① ［法］于贝尔（Marcel Mauss）：《巫术的一般理论——献祭的性质与功能》，杨渝东等译，广西师范大学出版社2007年版，第37—38页。
② 《汉书·循吏传·黄霸》黄霸妻子"乃其乡里巫家女"。《后汉书·逸民列传·高凤》高凤"自言本巫家，不应为吏"。《风俗通义·怪神》："敕条巫家男女以备公妪。"
③ 瞿同祖：《汉代社会结构》，邱立波译，上海人民出版社2007年版，第63页。
④ 《史记·李将军传》《索隐》引如淳云："非医、巫、商、贾、百工也。"
⑤ 《汉书·游侠传·楼护》。

华佗"耻以医见业"①。男医如此，女医亦不应例外。睡虎地秦简《日书》甲种《生子》篇和乙种《生》篇均有女子为医简文，《生子》云："壬寅生子，不女为医，女子为也"（148正叁），未言及"吉"、"凶"事项。但《生》云："壬寅生，不吉，女子为医"（243—244）。明确将"女子为医"和"不吉"联系在一起，这或许就是与对职业的社会评价有关。

巫与医本源同一，因此在周代旧有的工商食官体制解体后民间医生中有女性业医并非难以理解之事。传业既杂，受业自然也不会拘泥于一项。《史记·仓公列传》说女子竖"好为方"，其同辈尚有三人，均为济北王以高价从民间购为女仆。这里的"方"很可能指延年益寿的药物。《金石萃编》卷十八《曹全碑》云："存慰高年，抚育鳏寡，以家钱粜米粟赐砡盲。大女桃斐等，合七首药神明膏，亲至离亭，部吏王宰、程横等，赋与有疾者，咸蒙瘳悛。"女子桃斐可能也是一位民间医生或是医巫兼具之人。因此我们不妨作这样的推想：当时行医者大都是男性，同时民间也有女性为医，女医可能更多地诊治妇科疾病，但也兼医其他疾病。此外，女医身上的巫师色彩大概也更浓重一些。

对古代女性工作的重建是一件困难的任务。首先，古代社会的"工作"与现代社会的"职业"并不完全相同，它们只是在谋生这一点上可以建立起对应关系，因此通过"工作"判断汉代女性地位可能会出现对资料价值理解的过度溢出。其次，由于史料不足，我们几乎无法了解汉代女性的工作分布和在这四个世纪中女性工作是相对静止还是发生了怎样的变化。即使是不少历史细节我们也难有更周备的知识，比如我们很难从《潜夫论·浮侈》讲的"今多不修中馈，休其蚕织，而起学巫祝，鼓舞事神"判断女性对职业的选择是否具有自主性？尽管如此，对汉代妇女工作的观察还是令我们产生了更多的历史联想，诸如古代中国两性工作的安排主要取决于生理还是取决于文化或制度？经济因素对于女性的社会地位和家庭地位有着怎样的意义？古代中国社会由王制向帝制转变的过程中对两性劳作是否产生了某种影响？等等。

学界一般以"内"与"外"界定包括汉代在内的中国古代女性工作和其他活动范围。这个说法的合理之处在于它是以当时人的意见为据，不

---

① 《后汉书·方术列传下·华佗》。

合理之处同样也在于当时人的意见可能显现或潜伏着理想与现实的差距。如果"内"是以家门为限,在这个物理空间中,汉代妇女的工作显然没有被限制在"内"中。前文谈到的汉代女性日常劳作类型纺绩和家内生产劳动属于"内"、手工业、商业、相卜巫医、乳母以及成为歌舞伎和侍女等显然属于"外"。虽然在人数上,"内"女大概超过了"外"女,但就工作种类来说,女性可以选择的"外"业则超过了"内"业。如果"内"是以"公"与"私"为限,在这个文化心理空间中,汉代妇女也没有被完全压缩在"内"中,两汉时期多次出现的太后亲政和皇后干政即是显例,尽管这是特殊情景下的产物。我们在考虑男尊女卑这个古代社会法则时,还应考虑另一个法则——长尊幼卑,两者的声音同时显现时,通常是后者压倒前者。由于两个法则共生并长,它产生的结果难以有效地衡量女性地位的变化。

在物理空间的"内"与"外"中,"内"的工作是否意味着女性地位的低下,"外"的工作是否意味着女性社会地位的提高?恐怕正好相反。一方面,"外"的活计可能较固守家内有更多收益,另一方面"外"的活计多为贱业,因此贵族妇女可以在家内纺绩,却不会跑到外面从事商业或其他活动。在这个意义上,"内"成为身份标志,成为尊严的象征。

"内"与"外"是一种概括性的总结,其中既包含了古代社会的价值观念,也舍弃了某些非主流的历史现象。"男耕女织"或"男耕女爨"模式不是绝对的,汉代社会不仅女性没有局限于织与爨中,从事纺绩和厨事的男性也大有人在。这些"例外"虽不能改变基本格局,却提醒我们不能僵死地理解过去。瞿同祖认为汉代社会向女性"开放"的职业很少[①],这个判断存在讨论的余地。汉代男性的大部分工作类型女性都可参与,似不宜说"很少"。在汉代妇女未曾从事的工作中,多数都是那些具有危险、需要强壮的身体或两者兼有的事项(如军事活动、采矿、驾驶车船等)。与其将之定义为性别歧视,倒不如说是出于对女性先赋能力的考量。中国历史早期两性分工"不是'男耕女织'而是'男猎女耕'。不是男在田野,女在厨房,而是男在山林,女在田野"[②],之所以如此也是由

---

① 瞿同祖著:《汉代社会结构》,邱立波译,第63页。
② 许倬云:《从〈周礼〉中推测远古的妇女工作》,氏著《求古编》,新星出版社2006年版。

于生理而非其他因素。

　　文献和文物资料记录的汉代社会多数工作都有两性重叠情形。在女性较多的工作领域中，男性也有不俗的表现。如巨鹿人陈宝光能织佳绫，后其妻"传其法"。① 画像资料描绘的家庭厨师中男性出现的频率比女性犹有过之。有意思的是，秦汉女性从事某些"男性工作"似乎没有受到明显非议，而男性从事某些"女性工作"则被人们耻笑。《世说新语·言语》云："南郡庞士元闻司马德操在颍川，故二千里候之。至，遇德操采桑，士元从车中谓曰：'吾闻丈夫处世，当带金佩紫，焉有屈洪流之量，而执丝妇之事。'"形成这种工作性别歧视的原因大概是在男权社会中，男性对自己和女性的期许有着高下之分，以高就下自然要受到嘲笑。

　　尽管汉代多数女性工作的安排并不是基于男尊女卑考虑，但数量与本质并不总是一致的。排除女性参与公共事务集中而深刻地体现出男权社会中一种性别对另一种性别的优势。张家山《二年律令》对女性权利有颇为细致的规定，从而在学界产生出一种倾向性意见，强调汉代女性拥有较高的社会地位，甚至认为汉代两性之间有着相当程度的平等关系。关于法律视野下汉代女性的社会和家庭地位不是本文的任务，这里要指出的是，除去个别地区（如古希腊），古代世界女性工作具有广泛性是一种普遍现象。例如，古代埃及妇女的职业有女仆、织工、商贩、哭丧者、舞女、乐师、面包坊工、酒窖工、磨坊工、花匠和医生等。在中世纪的欧洲，生活在乡村的妇女主要从事农作，城市妇女除去从事各种与服装制作有关的工作，在金属装饰、皮革、贩酒、旅馆、出租、洗衣、守门、澡堂服务等行业中也占有一席之地，但她们不能进入公共领域。按照汉代法律规定，女子可以成为户主。但女子户主的家庭似乎难以在聚落中具有较大的影响力。秦汉社会每一个里中都有父老，他在维持里中秩序以及沟通里中居民与官府关系方面发挥作用。作为父老的标准是"耆老有高德者"和有一定经济实力的男性。② 这样，一个女子户主即便家庭富裕且具有德行，也不可能成为该里中的父老。包括汉代在内的中国古代社会与世界上其他前近代社会相同，女性被完全排除在公职之外。衡量一个时代女性工作是否发生根本性变化，并不在于我们前面谈到的谋生方式，而是女性能否参与

---

① 《西京杂记》卷一。
② 《公羊传》宣公十五年何休注。

社会事务，能否在公共职务中获得职位。秦汉女性可以广泛从事多种职业，显示了社会对她们能力的认可（尽管是有限的），显示了她们对秦汉社会发展作出的重要贡献，却不能成为当时女性有着较高社会地位的证据。

不过，汉代女性劳作与其在家庭生活中的地位似乎密切相关。高凤家虽以农为业，但本人却"专精读诵"，农活由妻子承担，"妻尝之田，曝麦于庭，令凤护鸡。时天暴雨，而凤持竿诵经不觉潦水流麦。妻还怪问，凤方悟之"。① 我们不知道高凤的妻子是否责备了他，但"怪问"云云已在史家笔下隐约透露出这方面的信息。如果说这个故事不足以说明问题，由下面的例子可以看到汉代夫妻关系中更多的生活细节。乐羊子拾金还家，妻子批评道："妾闻志士不饮盗泉之水，廉者不受嗟来之食，况拾遗求利，以污其行乎！"乐羊子大惭，弃金于野。乐羊子求学未终归家，妻子引刀在织机上比画道："此织生自蚕茧，成于机杼，一而累，以至于寸，累寸不已，遂成丈匹。今若断丝织也，则捐失成功，稽费时月。夫子集学，当日知其所亡，以就懿德。若中道而归，何异断丝织乎？"此外，乐妻还含蓄地批评了婆婆盗杀邻里之鸡，令婆婆颇为尴尬。② 在这则例子中妻子可以指责丈夫和婆婆的不是，而丈夫则俯首听命。我们注意到，在这个家庭中，收入可能主要来自乐羊子妻的劳作，她能屡责丈夫恐怕与此不无关系，而她以织绩为喻似乎也在无意间透露出其底气之所在。我们可以由此进一步推想，如果妻子在家庭经济中居主要地位，她也就有了更多的发言权。

商业活动向被看做改变一个社会结构的"重要"甚至"革命性"的因素③，与之相应的是不同群体社会位置因商业博弈而产生的变化。一些资料暗示，经营商业的汉代女性可能比其他女性具有更大的影响力，如吕母能率百余人攻破县城为子报仇，朱儁之母能干涉讼事。但没有资料能够有效地证明汉代女性职业流动使她们的社会地位有实质性改变。由于影响

---

① 《后汉书·逸民列传·高凤》。又见谢承《后汉书》卷五、司马彪《续汉书》卷五。周天游：《八家后汉书辑注》，第188、497页。

② 《后汉书·列女传》。

③ 恩格斯：《〈资本论〉第三卷增补》，《马克思恩格斯全集》第25卷，人民出版社1995年版，第1019—1020页。韦伯（Max Weber）：《经济通史》，第3篇《资本主义时期前的商业和交换》，姚增廙译，上海三联书店2006年版。

力与社会地位并不完全重合，从而也并不能证明经商女性的社会地位高于其他女性，或比其他女性拥有更多的与男性相同的权利。宋代商业规模超过了前代，女性经商似乎也比前代更为常见，但宋代女性社会地位较前代是否有提高？两性关系是否更趋平等？目前学界的普遍意见正好相反。实际上，由于社会系统的复杂性，商业因素的影响在历史过程中如何展开，其用力的方向以及结果，都难以先验地预设。只有在实证基础上细心体味，方有可能形成恰当的判断。

国家和主流文化对女性社会位置的影响主要集中在两个方面：其一，国家和主流文化对个人的控制程度；其二，国家和主流文化对女性地位的确定。前者涉及包括男性在内的个人在社会中拥有的自由范围，后者涉及两性在社会中的位置区分。国内学界对王制时代女性地位的一般看法是周与商有所不同，周王朝妇女没有参政权利，而商代贵族女性可以主持国家祭祀典礼，或直接进入政权机构，担任王朝的大小职务。[①] 先秦文献显示，周代女性被排除在公权之外，符合主流文化的女性理想位置是在家门中。《左传》桓公十五年《传》："谋及妇人，宜其死也"；《左传》僖公二十二年《传》："妇人送迎不出门，见兄弟不逾阈，戎事不迩女器"；《国语·鲁语下》："寝门之内，妇人治其业焉"；《管子·侈靡》："妇人为政，铁之重反旅金"等均可为证。秦汉时期完成了由王制向帝制的转变，社会结构也随之发生了重大变化，但这种变化带来的深刻影响主要集中在中央政权与地方政权的关系，以及国家与人民的关系方面，没有在两周以来形成的性别的社会地位层面掀起大的波澜。历史的进程总是因着力点的不同而未必改变河道的每个部分。笔者同意这样的意见，商代女性拥有的权利和身份是更早社会形态的孑遗[②]，由商到周女性在这一方面发生的变化与其说是王制结构本身发生的变化，倒不如说是在王制的进程中男权的控制更加成熟和完备。

自然，实质的不变不是说所有的方面都延续前代一成不变。两周时期

---

① 宋镇豪：《夏商社会生活史》，中国社会科学出版社1994年版（2005年第2次修订印刷），第228—229页；杜芳琴：《等级中的合和：西周礼制与性别制度》，氏著《妇女学和妇女史的本土探索》，天津人民出版社2002年版，第107页；张懋镕：《商周之际女性地位的变迁》，《西部考古》第2辑，三秦出版社2007年版。

② ［美］林嘉琳（Katheryn M. Lindcuff）：《安阳殷墓中的女性》，林嘉琳、孙岩主编：《性别研究与中国考古学》，科学出版社2006年版。

女性工作包括农业、商业、采集、纺织和多种家内劳动。① 春秋战国以来"工商食官"被打破后，女性和男性一样进入了私人手工业和商业领域，汉代女性在商业活动中的角色可能比前代更为丰满；歌舞伎女的训练和培养可能更为专业，由于民间的需求更多，因此从事这个行业的女性人数也相应较之以前有所增加。顾颉刚引《左传》中女子能御车、能行猎、能执干戈做先锋等事，说"古之女子未必弱也"。② 观汉代生活情状，此类事情都非女性所为，这一方面显示了时代风气的转移，另一方面可能也是由于人口大幅度增加，男性和女性的分工更为明确了。

综上所述，本文初步判断如下：

第一，汉代女性工作相当广泛，没有被限制在"男耕女织"或"男耕女爨"的范围内，以"内"与"外"区分两性工作是不确切的。同时，绝大多数女性工作是按照其生理特点进行安排，在这个范围中不存在性别歧视。

第二，由于女性被排斥在公共管理领域之外，女性工作的广泛并不意味着女性拥有与男性相近的权利和地位。

第三，普通人家妇女的劳作是家庭经济的重要来源，如果一个女性成为家庭经济的主要支撑者，她可能在家中拥有更大的发言权，但这并不意味着她在社会上也能获得相应的地位。

第四，商业因素对女性地位有着怎样的影响还比较模糊，当时的情形可能是，如果女性从事商业活动，她的社交范围将会扩大；如果从事商业活动的女性承担着家庭经济的主要来源，她在家庭中的位置也会比较重要。但与第三点相似，这两个因素并不必然导致女性社会地位的提高。

第五，与前代（确切说是春秋时代以前）相比，汉代女性工作发生了某些变化，但国家体制由王制向帝制的转变没有对女性在社会和家庭中的位置造成大的影响。

（本文原载《史学月刊》2009 第 6 期，收入本书时有删节）

---

① 赵东玉：《西周春秋妇女地位的式微》，《吉林大学社会科学学报》1987 年第 4 期；许倬云：《从〈周礼〉中推测远古的妇女工作》。

② 顾颉刚：《史林杂识初编》，《女子服兵役》条，中华书局 1963 年版。

额济纳汉简所见新莽朝与匈奴的关系

邬文玲

《汉书》的《王莽传》和《匈奴传》对始建国二三年间新莽与匈奴关系史事的记载颇为杂乱，不仅时间年月两传不相符，所记诸事的顺序也不一致，单凭两传的记载，很难理出头绪。新出额济纳汉简2000ES9SF4：1至2000ES9SF4：12属于同一册书，为始建国二年十一月甲戌新莽诏书行下文残篇（后称"甲戌诏书"册）①，此册书由新莽诏书原文和各级机构转下诏书时所附的行下文两大部分构成，内容涉及新莽朝与匈奴的关系，尤其是始建国二年新莽分匈奴为十五单于以及发动对匈战争等史事。比勘额简与《汉书》两传的相关记载，有助于厘清始建国二年新莽与匈奴关系史事的脉络，订正《汉书》两传记载的讹误。

一　释文商榷

额简新莽"甲戌诏书"册存在脱简、残乱现象，为了讨论方便，兹按马怡排定的简序和句读将册书中的相关部分引录如下，并对几处释文提出商榷：

【简一】张掖大尹　虏皆背畔罪　皆罪……
　　……塞守徼侵□□□将之曰……（2000ES9SF4：12）

---

① 李均明：《额济纳汉简法制史料考》，《额济纳汉简》，广西师范大学出版社2005年版，第58页。

【简二】者之罪恶，深藏发之。□匈奴国土人民，以为十五，封稽侯殿［《汉书》作"稽侯狦"］子孙十五人皆为单手①〈于〉，在致庐儿侯［疑读为"侯"］山见在常安朝，郎南为单手〈于〉郎，将作士大夫廏南手〈于〉子蘭［通"蘭"？］苞副，有书（2000ES9SF4：11）

【简三】校尉苞□□度远郡益寿塞，徼［疑读为"檄"］召余十三人当为单手〈于〉者。苞上书，谨□□为单手〈于〉者十三人，其一人葆塞，稽朝侯咸妻子家属及与同郡房智［《汉书》作"知"］之将业（2000ES9SF4：10）

【简四】□下旦居蒲妻子人众，凡万余人皆降。余览喜，拜之□□□□□符蒲等，其□□□□质修待［疑读为"侍"］子入，余□□入居……伋奏辩，诏命宣扬威□，安雜［ "集"？］□（2000ES9SF4：9）

【简五】边竟［境］永宁，厥功伋〈佼〉焉。已鼓［疑当作"封"］□［或当作"蘭"字］苞爵宣［下脱"威"字］公，即拜为虎耳［《汉书》作"牙"］将军；封伋［《汉书》作"（戴）级"］为扬威公，即拜为虎贲将军，使究其业。今诏将军典五将军，五道并出，或溃［疑读为"溃"］房智［《汉书》作"知"］皆匈［通"胸"］腹，或断绝其两肋，拔抽（2000ES9SF4：8）

【简六】两胁。谒［疑当作"诸"］②发兵之郡，虽当校，均受重当〈赏〉，亦应其劳大尹。大恶及吏民诸有罪大逆无道、不孝子绞，蒙壹功［下脱"无"字］治其罪，因徙迁□［"徙迁□"当作"徙迁"］③，皆以此诏书到大尹府日，以（2000ES9SF4：7）

【简七】咸得自薪［读为"新"］息，并力除灭胡寇逆虏为故。购赏科条，将转下之，勉府稽吏民，其□□□□□务赏。董［谨］其当上二年计最及级，专心焉。上吏民大尉以下得蒙壹功无治其罪，吏坐（2000ES9SF4：6）

---

① 北京师范大学赵宠亮指出，据文义，"单手"当释为"单乎"，乎、于二字，上古音相同，可通假。

② 中国政法大学法律古籍整理研究所徐世虹指出，"谒"字疑为"诸"字。

③ 李均明指出，此处出现排印错误，"迁□"当作"迁"。据图版，"迁"字漫漶不清，其下无文字。

【简八】因骑置以闻。符第一。（2000ES9SF4：5）

【简九】始建国二年十一月甲戌下。

十一月壬午，张掖大尹良、尹部骑司马武行丞事、库丞习行丞事下部大尹

官县：丞（承）书从事，下当用者，明白（2000ES9SF4：4）

【简十】扁书乡亭市里显见处，令吏民尽诵之。具上吏民壹功蒙恩勿治其罪者名，会今，罪别之，以赘行者，如诏书，书到言。书佐曷（2000ES9SF4：3）

【简十一】十一月丁亥，□□□大保□□以秩次行大尉事、□□下官县：丞（承）书

从事……当用者，明白扁乡亭市里显见处，令吏民尽知之。具上壹功蒙恩

勿治其罪人名，所坐罪别之，如诏书。（2000ES9SF4：1）

【简十二】闰月丙申，甲沟候获下部候长等：丞（承）书从事，下当用者，明白扁书亭

隧显见处，令吏卒尽知之。具上壹功蒙恩勿治其罪者，罪别之，会今，如诏书律令。（2000ES9SF4：2）①

按：据图版，【简一】"张掖大尹"之下有一字，字迹模糊不能释定，当补符号"□"，取消空格。

【简三】"稽朝侯威"之"威"字，疑当释为"咸"，其字形同【简七】"咸得自薪"之"咸"字。如此，则"稽朝侯咸"或即《汉书》的《匈奴传》和《王莽传》所载被新莽拜为孝单于的右犁汙王咸。②

【简四】"□下且居蒲妻子人众"之"下且"疑当释为"大且"。大且渠为匈奴官号，通常置有左右大且渠。如始建国元年，单于"遣右大且渠蒲呼庐訾等十余人将兵众万骑，以护送乌桓为名，勒兵朔方塞下"。③有时亦略称为大且、且，如："初，上遣稽留昆随单于去，到国，复遣稽

---

① 上引诸简的图版及释文，见《额济纳汉简》，广西师范大学出版社2005年版，第231—238页。方括号［］内的文字，系马怡的校注。

② 《汉书》卷99中《王莽传中》，中华书局1985年版，第4126页；《汉书》卷94下《匈奴传下》，第3823页。

③ 《汉书》卷94下《匈奴传下》，第3822页。

留昆同母兄右大且方与妇入侍。还归，复遣且方与同母兄左日逐王都与妇入侍。"①

【简五】"或断绝其两肋"之"肋"字，上从"户"，下从"月"，当释为"肩"。其字形同居延汉简中所见大量"肩"字，如《居延汉简甲乙编》甲图版一〇一"肩水候官"、一三一"肩水候"、二二六四"久左肩"等。亦可参照额简2000ES9SF3：4B"肩水塞"以及2000ES9SF4：31"肩水里"之"肩"字。而且从文义来看，释为"肩"字，句意更为顺畅，"断绝其两肩"正与后文"拔抽两肋"相呼应。

【简六】"大恶及吏民诸有罪大逆无道"之"大恶"，笔者曾怀疑当作"大尉"，因据《汉书》，王莽时期有大尹、大尉职官，而且【简七】中亦有"吏民大尉"之用例，并向其时尚健在的谢桂华师请教，但他说从字形来看，不像"尉"，还是当释作"恶"字。后来张忠炜告知，裘锡圭先生有来信，疑"大恶"当作"大尉"，且将简文重新断句，读作："亦应其劳大尹大尉及吏民。诸有罪……"可备一说。不过我认为，如果"大恶"作"大尉"不误，简文或当读作："亦应其劳。大尹、大尉及吏民诸有罪……"如此则与【简七】"上吏民大尉以下行蒙壹功无治其罪"之义相呼应。

【简七】"咸得自薪息，并力除灭胡寇逆虏为故"之"息"字，疑为"同心"二字之密排，其例正如同简"并力"二字之密排。"同心"、"同心并力"是王莽诏书中的常用语，比如地皇二年王莽责七公的诏文云："有不同心并力，疾恶黜贼，而妄曰饥寒所为，辄捕系，请其罪。"② 如此，则本句当重新句读为："咸得自薪〔新〕，同心并力，除灭胡寇逆虏为故。"

【简六】"蒙壹功〔无〕治其罪"、【简七】"蒙壹功无治其罪"、【简十】"具上吏民壹功蒙恩勿治其罪者名"、【简十一】"具上壹功蒙恩勿治其罪人名"和【简十二】"具上壹功蒙恩勿治其罪者"之"壹功"二字，虽然从图版及字形来看，确为"壹功"，但从文义来看，疑当作"壹切"解。"壹切"又作"一切"，如《史记·酷吏列传》"禁奸止邪，一切亦皆彬彬质有其文武焉"，《汉书·酷吏传》作"壹切禁奸，亦质有文武

---

① 《汉书》卷94下《匈奴传下》，第3818页。
② 《汉书》卷99下《王莽传下》，第4171页。

焉"。"一切勿治"、"一切勿案"等是汉代赦令中的惯用句式，如始建国四年，王莽下书曰："诸名食王田，皆得卖之，勿拘以法。犯私买卖庶人者，且一切勿治。"① 建武五年五月丙子，光武帝诏曰："其令中都官、三辅、郡、国出系囚，罪非犯殊死一切勿案，见徒免为庶人。"②

关于"壹切"的含义，前人多有注解。"壹切"即暂且、权时之意。《汉书·张敞传》"愿得壹切比三辅尤异"条注引如淳曰："壹切，权时也。"《汉书·路温舒传》"媮为一切，不顾国患"条注引如淳曰："媮，苟且也。一切，权时也。"《汉书·翟方进传》"奏请一切增赋"条注引张晏曰："一切，权时也。"《后汉书·光武帝纪》五月丙子诏"其令中都官、三辅、郡、国出系囚，罪非犯殊死一切勿案，见徒免为庶人"条注引《前书音义》云："一切谓权时，非久制也。"《汉书·平帝纪》"元始元年春正月，赐天下民爵一级，吏在位二百石以上，一切满秩如真"条注引师古曰："一切者，权时之事，非经常也。犹如以刀切物，苟取整齐，不顾长短纵横，故言一切。他皆放此。"前引额简始建国二年诏书册中"壹切"一词的含义与此相同，也即权时、暂且之意，强调本赦令赦免犯有大逆不道、不孝子绞等罪行的效力是暂时的，而非永久的。王莽时期的一道诏令可以看做对"壹切"一词之义的最好诠释，其文云："惟设此壹切之法以来，常安六乡巨邑之都，枹鼓稀鸣，盗贼衰少，百姓安土，岁以有年，此乃立权之力也。今胡虏未灭诛，蛮僰未绝焚，江湖海泽麻沸，盗贼未尽破殄，又兴奉宗庙社稷之大作，民众动摇。今复壹切行此令，尽二年止之，以全元元，救愚奸。"③

【简一】至【简八】是始建国二年十一月新莽甲戌诏书的原文。诏文前半部分追溯了分匈奴为十五单于之事，包括：分匈奴为十五单于之策出台的背景；派遣蔺苞、戴级率兵到益寿塞召拜十五单于；蔺苞、戴级因召拜单于有功受到奖赏。诏文后半部分颁布了新的旨意：诏命将军典五将军，五道并出，讨伐匈奴；赦免有罪吏民，允许他们从军杀敌，戴罪立功；颁布购赏科条；命各地上报始建国二年的考绩结果以及获得赦免的罪人名籍。【简九】至【简十二】是各级机构转下诏书时所附的行下文，其

---

① 《汉书》卷94中《王莽传中》，第4130页。
② 《后汉书》卷1上《光武帝纪上》，中华书局1985年版，第39页。
③ 《汉书》卷99下《王莽传下》，中华书局1985年版，第4163页。

中【简九】"始建国二年十一月甲戌下"表明本诏书颁发于始建国二年十一月甲戌日。

二 史事考辨

对于分匈奴为十五单于等史事，《汉书》的《王莽传》和《匈奴传》均有记载，但两传对同一史事的记载在细节和时间顺序方面多有不符，今参以额简新莽"甲戌诏书"册，略作考辨。

《汉书·王莽传》载，始建国二年冬十二月，"更名匈奴单于曰降奴服于。莽曰：'降奴服于知威侮五行，背畔四条，侵犯西域，延及边垂，为元元害，罪当夷灭。命遣立国将军孙建等凡十二将，十道并出，共行皇天之威，罚于知之身。惟知先祖故呼韩邪单于稽侯狦累世忠孝，保塞守徼，不忍以一知之罪，灭稽侯狦之世。今分匈奴国土人民以为十五，立稽侯狦子孙十五人为单于。遣中郎将蔺苞、戴级驰之塞下，召拜当为单于者。诸匈奴人当坐虏知之法者，皆赦除之。'"始建国三年，"而蔺苞、戴级到塞下，招诱单于弟咸、咸子登入塞，胁拜咸为孝单于，赐黄金千斤，锦绣甚多，遣去；将登至长安，拜为顺单于，留邸"。

《汉书·匈奴传》载："时戊己校尉史陈良、终带、司马丞韩玄、右曲候任商等见西域颇背叛，闻匈奴欲大侵，恐并死，即谋劫略吏卒数百人，共杀戊己校尉刀护，遣人与匈奴南犁汗王南将军相闻。匈奴南将军二千骑入西域迎良等，良等尽胁略戊己校尉吏士男女二千余人入匈奴……西域都护但钦上书言匈奴南将军右伊秩訾将人众寇击诸国。莽于是大分匈奴为十五单于，遣中郎将蔺苞、副校尉戴级将兵万骑，多赍珍宝至云中塞下，招诱呼韩邪单于诸子，欲以次拜之。使译出塞诱呼右犁汗王咸、咸子登、助三人，至则胁拜咸为孝单于，赐安车鼓车各一，黄金千斤，杂缯千匹，戏戟十；拜助为顺单于，赐黄金五百斤；传送助、登长安。莽封苞为宣威公，拜为虎牙将军；封级为扬威公，拜为虎贲将军。单于闻之，怒曰：'先单于受汉宣帝恩，不可负也。今天子非宣帝子孙，何以得立？'遣左骨都侯、右伊秩訾王呼庐訾及左贤王乐将兵入云中益寿塞，大杀吏民。是岁，建国三年也。"

上引两传对分匈奴为十五单于之事的记载在时间上不同。《王莽传》将其分系于始建国二年冬十二月和始建国三年。《匈奴传》则将其径系于始建国三年。① 今证诸额简"始建国二年十一月甲戌诏书"册，疑两传载录的时间均有误。

（1）《王莽传》系于始建国二年冬十二月之下派遣蔺苞、戴级到塞下召拜单于的诏书疑当系于十月之下。前引"甲戌诏书"册追溯了分匈奴为十五单于之事，尤其是蔺苞、戴级奉命到边塞召拜单于的详细情形，诏文云："已鼓〈封〉□苞爵宣［威］公，即拜为虎耳〈牙〉将军；封伋为扬威公，即拜为虎贲将军，使究其业。"《匈奴传》亦称蔺苞、戴级二人是因成功召拜咸、助、登等人而获此封赏的。据前引简文，"甲戌诏书"颁发于始建国二年十一月甲戌日，如此，则至少在始建国二年十一月甲戌之前，蔺苞、戴级已经抵达益寿塞且部分完成了招诱十五单于之事，并因此受到嘉奖。而系于冬十二月的诏书说："今分匈奴国土人民以为十五，立稽侯狦子孙十五人为单于。遣中郎将蔺苞、戴级驰之塞下，召拜当为单于者。"表明在这则诏书中首次发出了关于派遣蔺苞、戴级到边塞召拜十五单于的命令，其颁发当早于涉及蔺苞、戴级因召拜单于有功而获得封赏之事的"十一月甲戌诏书"若干日。

益寿塞属云中郡，云中郡距离长安大约二千四百里。② 蔺苞、戴级奉命率领大队人马携带珍宝赶赴云中益寿塞，如果按照日行二百里计③，需要十二天时间才能到达益寿塞，而将召拜结果行诸公文，送回长安，如按日行六百里计④，又需要四天时间。因此，如果推测系于冬十二月的诏书颁

---

① 荀悦《汉纪》和司马光《资治通鉴》大概均已意识到《汉书》两传这一记事时间不相符的问题，重新梳理了事件先后，前者将分匈奴为十五单于以及讨伐匈奴等事系于王莽十一年（相当于五凤六年），见《汉纪》卷30《孝平皇帝纪》；后者将蔺苞、戴级到云中塞下招诱十五单于之事系于始建国三年，见《资治通鉴》卷37《汉纪二十九·王莽中》。二者均未安。

② 《旧唐书·地理志》"河东道·单于都护府"条云："单于都护府，秦汉时云中郡城也……在京师东北二千三百五十里，去东都二千里。"

③ 《后汉书·段颎列传》载，段颎追击羌人时，"将轻兵兼行，一日一夜二百余里"。《三国志·蜀书·先主传》载，曹操追刘备时，"将精骑五千急追之，一日一夜行三百余里"。蔺苞、戴级率部携带大量物资，如能日行二百里，当是极快的速度了。

④ 驿马传递文书的速度通常为一日五六百里。参见高敏《秦汉邮传制度考略》，《历史研究》1985年第3期。

发于十一月甲戌之前十六日左右，即十月下旬，在逻辑上当是成立的。① 又《匈奴传》说新莽是在接到西域都护但钦关于戊己校尉史陈良、终带等叛降匈奴的报告后下令分匈奴为十五单于的。据《王莽传》，但钦上书言陈良、终带等叛乱事在始建国二年九月辛巳（详见后文）。但钦时为西域都护，西域都护治所距长安大约七千二百里。② 如以日行六百里计，但钦报告陈良等叛乱事的上书十二日左右可送抵长安，那么新莽在十月上旬即有可能获知陈良等叛乱的消息。③ 亦可佐证前述关于十二月的诏书可能颁发于十月的推断具有一定的合理性。

（2）《王莽传》系于始建国三年的蔺苞、戴级成功招诱咸、登等人并获封赏之事疑当系于始建国二年。据上引"甲戌诏书"册，至少在始建国二年十一月甲戌之前，蔺苞、戴级已因成功地召拜咸等获得封爵拜将的嘉奖。所以《王莽传》系于始建国三年"而蔺苞、戴级到塞下，招诱单于弟咸、咸子登入塞，胁拜咸为孝单于，赐黄金千斤，锦绣甚多，遣去；将登至长安，拜为顺单于，留邸"一段应系于始建国二年。

（3）《匈奴传》在叙述陈良、终带叛乱，分匈奴为十五单于，蔺苞、戴级封爵拜将，匈奴单于派兵入侵新朝边境等事之后，结语云"是岁，建国三年也"，疑为"是岁，建国二年也"之误。首先，前已说明分匈奴为十五单于，蔺苞、戴级封爵拜将等事在始建国二年。其次，据《王莽传》，始建国二年十一月立国将军孙建在上奏中提及西域都护但钦曾有上书说"九月辛巳"戊己校尉史陈良、终带等叛乱之事，查陈垣《二十史朔闰表》，始建国二年九月有辛巳日，为九月十八日，始建国三年九月无辛巳日。因此，陈良、终带叛乱事也发生于始建国二年，而不是三年。又孙建上奏中还提到"今月癸酉"一男子自称汉氏刘子舆之事，始建国二年十一月有癸酉日，即十一月十一日，始建国三年十一月无癸酉日，表明

---

① 始建国二年十一月甲戌为十一月十二日，减去十六日，为十月二十六日。按：始建国二年的闰月以及十月之后的朔日，陈垣《二十史朔闰表》有误。说详见马怡《"始建国二年诏书"册所见诏书之下行》，《历史研究》2006 年第 5 期。

② 《汉书·西域传》载："都护治乌垒城，去阳关二千七百三十八里。"婼羌"去阳关千八百里，去长安六千三百里"。又鄯善"去阳关千六百里，去长安六千一百里"。则阳关去长安四千五百里。乌垒城距离阳关的里程与阳关距离长安的里程相加，可得乌垒城距离长安的里程为七千二百三十八里。

③ 查陈垣《二十史朔闰表》，始建国二年九月辛巳为九月十八日，加上十二日，为十月一日。

所谓"今月"即始建国二年十一月,孙建上奏事确在始建国二年十一月,《王莽传》此条记载无误。因此,孙建上奏中提及的陈良、终带叛乱事不可能晚至始建国三年才发生。最后,匈奴单于派兵大规模入侵新朝边境亦当在始建国二年,因此天凤五年王莽诏书中才有"详考始建国二年胡虏猾夏以来"等语。① 既然前述全部事件均有证据表明发生在始建国二年,那么我们就有理由认为结语所云"是岁,建国三年也"当为"是岁,建国二年也"。

三 大规模讨伐匈奴的军事行动

《汉书·王莽传》载,始建国二年年底,新莽颁诏说:"降奴服于知威侮五行,背畔四条,侵犯西域,延及边垂,为元元害,罪当夷灭。命遣立国将军孙建等凡十二将,十道并出,共行皇天之威,罚于知之身。"于是,遣五威将军苗䜣、虎贲将军王况出五原,厌难将军陈钦、震狄将军王巡出云中,振武将军王嘉、平狄将军王萌出代郡,相威将军李棽、镇远将军李翁出西河,诛貉将军阳俊、讨秽将军严尤出渔阳,奋武将军王骏、定胡将军王晏出张掖,及偏裨以下百八十人。募天下囚徒、丁男、甲卒三十万人,转众郡委输五大夫衣裘、兵器、粮食,长吏送自负海江淮至北边,使者驰传督趣,以军兴法从事,天下骚动。先至者屯边郡,须毕具乃同时出。

《汉书·匈奴传》载:"莽新即位,怙府库之富欲立威,乃拜十二部将率,发郡国勇士,武库精兵,各有所屯守,转委输于边。议满三十万众,赍三百日粮,同时十道并出,穷追匈奴,内之于丁令,因分其地,立呼韩邪十五子。"

又《汉书·王莽传》载,始建国四年,莽下书曰:"乃者,命遣猛将,共行天罚,诛灭虏知,分为十二部,或断其右臂,或斩其左腋,或溃其胸腹,或绁其两胁。今年刑在东方,诛貉之部先纵焉。捕斩虏骀,平定东域,虏知殄灭,在于漏刻。"按:诏文中所谓"乃者"云云,即是对始建国二年事的追溯。

---

① 《汉书》卷99下《王莽传下》,第4152页。

根据上述记载，王莽讨伐匈奴单于知的军事行动方案，实际上包括三个步骤。第一步，从各地抽调精锐部队，招募天下囚徒、丁男和甲卒三十万，分别向边境进发，到沿边各指定地点集结。同时征发人力从各郡向边境运输粮草、兵器。第二步，各路兵马、粮草在边境集结完毕之后，三十万大军再兵分十路，携带三百天的粮草，在规定的时间同时"十道并出"，追击匈奴单于知，将其赶到丁零之地。第三步，落实"分匈奴国土人民以为十五，立稽侯狦子孙十五人为单于"的治理方略，即采取分化政策瓦解匈奴的势力，将匈奴分为十五部，把呼韩邪单于的十五个子孙均封为单于，各自统领一部。先前蔺苞和戴级到塞下召拜单于，只是一种名义上的封拜，因为当时单于知控制了整个匈奴，接受王莽分封的众单于不可能事实上领有国土、人民。招诱行为只不过是王莽希望以此来分化、瓦解单于知的势力。

所谓"十道并出"，以及"或断其右臂，或斩其左腋，或溃其胸腹，或紬其两胁"，是王莽讨伐单于知的军事行动方案，而不是讨伐的结果。"右臂、左腋、胸腹、两胁"等当各有具体所指，是对各部军队打击目标的形象比喻。不过，齐集三十万大军、携带三百日粮草、同时十道并出讨伐匈奴单于知的方案，过于脱离实际，难以成功。正如严尤所言："发三十万众，具三百日粮，东援海代，南取江淮，然后乃备。计其道里，一年尚未集合，兵先至者聚居暴露，师老械弊，势不可用，此一难也。边既空虚，不能奉军粮，内调郡国，不相及属，此二难也。计一人三百日食，用糒十八斛，非牛力不能胜；牛又当自赍食，加二十斛，重矣。胡地沙卤，多乏水草，以往事揆之，军出未满百日，牛必物故且尽，余粮尚多，人不能负，此三难也。胡地秋冬甚寒，春夏甚风，多赍鬴鍑薪炭，重不可胜，食糒饮水，以历四时，师有疾疫之忧，是故前世伐胡，不过百日，非不欲久，势力不能，此四难也。辎重自随，则轻锐者少，不得疾行，虏徐遁逃，势不能及，幸而逢虏，又累辎重，如遇险阻，衔尾相随，虏要遮前后，危殆不测，此五难也。"①

事实证明，实际情况比严尤的预计更加严重。《王莽传》载：（始建国三年）是时诸将在边，须大众集，吏士放纵，而内郡愁于征发，民弃城郭流亡为盗贼，并州、平州尤甚。莽令七公六卿号皆兼称将军，遣著武

---

① 《汉书》卷94下《匈奴传下》，第3824、3825页。

将军逯并等填名都，中郎将、绣衣执法各五十五人，分填缘边大郡，督大奸猾擅弄兵者，皆便为奸于外，扰乱州郡，货赂为市，侵渔百姓。莽下书曰："虏知罪当夷灭，故遣猛将分十二部，将同时出，一举而决绝之矣。内置司命军正，外设军监十有二人，诚欲以司不奉命，令军人咸正也。今则不然，各为权势，恐猲良民，妄封人颈，得钱者去。毒蠚并作，农民离散。司监若此，可谓称不？自今以来，敢犯此者，辄捕系，以名闻。"然犹放纵自若。

直至始建国四年，新莽诏书中还有"殄灭虏知，在于漏刻"云云，表明"十道并出"讨伐匈奴的计划此时仍然处于筹备阶段。因此，新莽朝最终未能将十道并出讨伐单于知的方案完全付诸实施，只是部分地完成了第一步行动，即向边境集结部队、粮草。而这一行动不仅没有达到预期的目标，反而造成了严重的恶果，使内地和沿边各郡国都陷入了极度混乱的局面，尤其是它给沿边各郡带来的损失恐怕大大超过了匈奴的寇略。

四 始建国二年新莽与匈奴关系史事的演进过程

据《汉书》之《王莽传》、《匈奴传》以及额简"甲戌诏书"册，始建国二年新莽与匈奴关系史事的基本演进脉络可大致厘清如下：

始建国元年，王莽派五威将帅到匈奴王廷，授予单于新印，更改印文"玺"为"章"，并用计毁掉了汉廷授给单于的旧印，引起单于知的不满。单于知派弟弟右贤王舆以跟随五威将率入朝致谢为名，上书索取故印。五威将率在返回途中发现匈奴违背四条，擅自接纳乌桓降人，于是迫使匈奴归还投降的乌桓人，进一步加深了单于知的不满。单于知便以护送乌桓人回归为名，派十余名将领率数万骑兵直抵朔方塞下，意图伺机采取军事行动。朔方太守向朝廷报告了这一情况。

始建国二年初，五威将帅还朝，匈奴单于知上书求取旧印，遭到王莽拒绝。单于于是派兵入寇边郡，杀略吏民。此为匈奴第一次大规模侵犯新朝边境。同年，西域车师后王举国投降匈奴，并与匈奴联合攻打车师，杀掉后成长，杀伤西域都护司马。不少西域国家随之叛降匈奴，边境局势日趋严峻。九月，戊己校尉史陈良、终带等人谋叛，杀死戊己校尉刁护，胁迫二千多人一起投降匈奴。西域都护但钦上书向朝廷报告了陈良等人叛降以及匈奴寇击西域各国之事。

针对匈奴的挑衅行为，新莽确立了招诱瓦解和军事征讨并用的策略。大约于十月颁布了误系于十二月下的诏书。一方面决定分匈奴为十五单于，派遣中郎将蔺苞、戴级驰赴塞下，召拜当为单于者；另一方面确立拜十二将帅、十道并出讨伐匈奴的军事行动方案，开始从各郡国招募囚徒、调发军队向边境集结，积极准备发动大规模对匈战争，一部分军队迅速抵达边郡，先期就位。蔺苞、戴级很快便成功地召拜咸、助等为单于，受到王莽的嘉奖。匈奴单于知得知这一消息后大怒，遍告各部随意入寇新朝边郡，甚至杀死了朔方、雁门太守。这是匈奴第二次大规模入侵新朝边郡。① 获知这一严峻的边境形势之后，新莽决定对匈奴实施阶段性的打击，于十一月颁布了"甲戌诏书"，命蔺苞、戴级继续从事召拜十五单于的活动；派将军典五将军，五道并出，讨伐匈奴；重申招募囚徒的赦令，赦免重罪吏民使之从军，鼓励他们杀敌立功，颁布相应的奖赏条例，要求各地如实上报当年的考绩结果以及获得赦免的罪囚名籍，以期早日实现集结三十万大军，十道并出，一举消灭匈奴单于知之势力的军事目标。

（本文原载刘海平主编《文化自觉与文化认同：东亚视角》（中国哈佛—燕京学者第六届学术会议论文选编），上海外语教育出版社2008年版）

---

① 前述匈奴两次大规模寇略新朝边郡之事，都发生在始建国二年，因此《汉书·王莽传》天凤五年王莽诏书中有"详考始建国二年胡虏猾夏以来"的说法。

天长纪庄汉墓木牍所见"外厨"考析

宋艳萍

安徽天长纪庄汉墓出土的34方木牍中，编号为JM19D12A的木牍提到"米一石、鸡一只。贱弟方被谨使使者伏地再拜。进孟外厨"。关于"外厨"，学界已有研究。本文拟在以往研究的基础上，对其中的"外厨"加以探讨，就教于方家。

为引述和论证方便，兹录JM19D12A释文如下：

孟体不安善少谕（愈），被宜身数至狀（牀）视病。不宵（肖）伏病，幸毋重罪，幸甚［幸甚］。

贱弟方被宜身至前，不宵（肖）伏病，谨使［使］者奉谒，伏地再拜，

请

孟马足下：寒时少进酒食，近衣、炭，慎病自宽毋忧，被幸甚［幸甚］。

米一石，鸡一只。

贱弟方被谨使［使］者伏地再拜。

进

孟外厨。　野物幸勿逆，被幸甚［幸甚］。①

这是一封名为方被的人写给谢孟的信。信的大意为：（谢）孟您身体不好病稍痊愈，方被应当亲自到您床前探望病情，但我也生病了（所以没有

---

① 释文和句读依据安徽省博物馆、中国社会科学院简帛研究中心纪庄汉墓整理小组成果。

亲自去看您），希望您不要太怪罪我。贱弟确实应当亲自到您床前探视，但因自身生病，只能派使者送去书信。伏地再拜给您请安，愿您寒时多进食、多穿衣，小心病体，放宽心。贱弟方被派使者把米一石、鸡一只送到您的外厨，只要您不嫌弃这些粗野之物，我就感到非常高兴了。

方被和谢孟的关系应当非常密切，他自称贱弟，还送上了礼物，礼物虽然不重，但充分表达了方被对谢孟的浓厚情意。方被提到，要使者把礼物送到谢孟的"外厨"。关于"外厨"，以往学者已有研究，范常喜认为"'外厨'意指所送之'米'和'鸡'皆入谢孟家厨房外面，当为书信中一种客气说法，与常见的'门下'、'侍前'等套语相类似"。[①] 范先生认为"外厨"意为厨房外面，这种说法似乎欠妥。从文献和考古实物看，汉代确实存在名为"外厨"的厨房类型。

江苏省仪征市张集乡团山出土了四座汉墓，整理者认为其时代"不晚于武帝元狩五年（公元前118年），如可以确认其为江都王的陪葬墓，那么，其年代的上限应为公元前153年，下限应为公元前127年或稍后"。这四座汉墓的墓主，都是女性。在第一座汉墓中，出土了8件耳杯，杯底都烙印"东阳"二字。其中有4件"一耳下刻'王'字，另一耳下刻'二'或'三'字，杯外皆侧刻'外厨'二字"。另4件"都在一耳下刻'王'字，三件还在一耳下加刻'三'字，杯外侧刻'中厨'二字"。2号墓出土4件耳杯，"杯底烙印及刻文亦相同，其中刻'中厨'者二件，刻'外厨'者二件"。3号墓亦出土了4件耳杯，杯底没有烙印，"其中二件刻文'中厨'，二件刻文'外厨'"。4号墓中的耳杯有4件，但胎已朽，看不出烙印和刻文。[②] 团山汉墓中，至少有三座墓出土的耳杯上刻有"中厨"和"外厨"。

团山汉墓器物上的"中厨"和"外厨"当是两种类型的厨房，因位置及功能不同，而分为中和外。文献中出现有"中厨"、"东厨"、"爨室"的名称，彭卫和杨振红推测，它们可能是根据位置或功能加以区分的[③]，惜两位先生未加申论。"东厨"见于《艺文类聚》卷七十四所引

---

① 范常喜：《安徽天长纪庄汉墓书牍考释拾遗》，简帛网：http//www.bsm.org.cn，2008年12月20日。
② 南京博物院、仪征博物馆：《仪征张集团山西汉墓》，《考古学报》1992年第4期，第507、493、499页。
③ 彭卫、杨振红：《中国风俗通史·秦汉卷》，上海文艺出版社2002年版，第49页。

《古歌》，其曰："东厨具肴膳。"① 据彭卫考证，"秦汉时期的厨房多数设在住宅的东端"②，这或许是"东厨"名称的由来。从团山汉墓器物上同时出现"中厨"和"外厨"来看，当即是根据位置或功能加以命名的。顾名思义，"中厨"之中，是相对于"外厨"之外而得名。中厨应当和主人关系最密切，位置上也和主人的居处最近，而外厨在位置上则应在中厨之外。这些耳杯当分别用于"中厨"和"外厨"两个厨房。刻有"中厨"的耳杯"杯内用黑漆点绘，耳面用红漆点出小弧点"。而刻有"外厨"的耳杯"用红漆在耳侧和耳面描出曲线纹和圆点纹"，这或许是区分它们的标志。三国魏曹植在《娱宾赋》中道："办中厨之丰膳兮，作齐郑之妍倡。"赵幼文校注曰："中厨即内厨。"③ 可知中厨和内厨所指相同。

在团山汉墓耳杯的杯底，烙有"东阳"二字，说明这些耳杯都产自东阳。据整理者考证，东阳"当为广陵郡的东阳县"。纪庄汉墓在今天的安徽省天长市纪庄，靠近古东阳遗址，在汉代应当属于东阳县，而且出土的木牍中多次出现"东阳"，可以明确为东阳县。④ 从历史文献看，东阳县在秦及汉初时属于东阳郡，后经历几次变动，汉武帝元狩六年临淮郡设立，东阳便成为临淮郡下的一个县。⑤ 所以团山汉墓耳杯上的"东阳"和纪庄汉墓木牍提到的"东阳"当为一个地方。从地图上看，江苏省仪征市张集乡在天长市纪庄的西南方向，两者距离不远，运输应当很方便。我们将团山汉墓1号墓的耳杯和纪庄汉墓出土的B型耳杯相比较⑥，发现它

---

① 《艺文类聚》卷七十四《巧艺部·投壶》，中华书局1965年版，第1279页。
② 参见彭卫《汉代厨房小考》，中国社会科学院历史研究所社会史室编：《社会史通讯》1998年刊。
③ （魏）曹植著，赵幼文校注：《曹植集校注》卷一《娱宾赋》，人民出版社1984年版，第48页。
④ 参见天长市文物管理所、天长市博物馆《安徽天长西汉墓发掘简报》，《文物》2006年第11期，第20页。
⑤ 参见卜宪群、蔡万进《天长纪庄木牍及其价值》，《光明日报》2007年6月15日；[日]山田胜芳：《西汉武帝时期的地域社会与女性徭役——由安徽省天长市安乐镇十九号汉墓木牍引发的思考》，《简帛研究二〇〇七》，广西师范大学出版社2010年版；杨振红：《纪庄汉墓"赍且"书牍的释读及相关问题——纪庄汉墓木牍所反映的西汉地方社会研究之一》，《简帛研究二〇〇九》，广西师范大学出版社2011年版等。
⑥ 参见南京博物院、仪征博物馆《仪征张集团山西汉墓》，第489页，图一二"1号墓出土漆耳杯"；天长市文物管理所、天长市博物馆：《安徽天长西汉墓发掘简报》，《文物》2006年第11期，第17页，图三七6"B型漆耳杯"。

们无论是形状，还是花纹，都非常相似，两者应属于同一个产地的工艺品。同属一地的汉代器物上，均有"外厨"之称，笔者推测，纪庄汉墓木牍JM19D12A中的"外厨"，当和团山汉墓耳杯上所刻"外厨"概念相同。

中国古代"天人合一"观念盛行，人们以人间模式比拟天象。在人们观念中，宇宙模式也和人间一样，有一定规则和次序。《史记·天官书》中，对星宿作了详尽描述。以中宫天极星为中心，东宫苍龙、南宫朱鸟、西宫咸池、北宫玄武环绕四周，构成了一幅宇宙星宿图。其中南宫有柳宿，柳宿中有"张，素，为厨，主觞客"。《史记正义》对此解释道："张六星，六为嗉，主天厨食饮赏赉觞客。"① 张六星，主管天厨的"食饮赏赉觞客"，可以看出，它主要有三个功能：1. 食饮。食饮意为吃喝（名词）。如《周礼·天官》规定膳夫的职责为："掌王之食饮膳羞以养王及后、世子。"可知厨的第一功能是提供膳食。2. 赏赉。赏赉本义为赏赐，考虑到与"厨"的关系，在此意思当为赏食。3. 觞客。觞为以酒饮人或自饮之意。《庄子·至乐》曰："鲁侯御而觞之于庙。"② 觞客就是宴请宾客之意。看来"厨"的功能主要为提供膳食，宴请宾客。《史记·天官书》中认为"张"星为"厨"，用人间以备膳为主要功能的"厨"来定义"张"这一星宿，把天象和人事相比附，人事为天象做注脚。在张衡的《周天大象赋》中，出现了"内厨"和"外厨"的概念。"内厨内阶而分据"③，"外厨调列膳之滋"。④ "外厨"其实就是《史记·天官书》中称为"厨"的"张六星"。"外厨曰外者，对紫宫内厨言也。"⑤ 内厨在星宿图中的位置在"紫薇宫西南角外"⑥，而紫宫就在中宫之内。"中垣紫薇，天子之大内也。"⑦ 内厨居于中宫之内，而外厨居于南宫，南宫相对

---

① 《史记·天官书》，中华书局1996年版，第1303页。

② 《庄子·至乐》，中华书局2006年版，第112页。

③ 张溥编：《汉魏六朝百三名家集·张河间集》卷二《周天大象赋》，江苏广陵古籍刻印社1990年版，第385页。

④ 张溥编：《汉魏六朝百三名家集·张河间集》卷二《周天大象赋》，第388页。

⑤ 《陕西通志》卷一，《四库全书·史部·地理类》第551册，文渊阁四库全书，台湾商务印书馆1987年版，第33页。

⑥ 瞿昙悉达撰：《唐开元占经》卷六十九，中国书店1989年版，第496页。

⑦ 王应电：《周礼翼传》卷一，《四库全书·经部·礼类》第96册，文渊阁四库全书，台湾商务印书馆1987年版，第385页。

于中宫，确实为外。内厨居于中宫，它和外厨因据中心距离不同而分为内、外，这一点应当和团山汉墓中的中厨和外厨意义相同，"中厨即内厨"确应如此。

内厨和外厨功能不同。上面提到，"张六星"为外厨，《史记·天官书》认为它的功能为食饮、赏赍和觞客。"甘氏赞曰：外厨烹沦鸡羊犬猪。"① 甘氏为战国时的甘德，他认为外厨的功能是烹制鸡、羊、犬、猪等肉食。看来外厨的功能主要为：烹制肉食、宴请宾客等。而"内厨掌天子及后馔食"②，内厨的功能是掌天子及皇后的饮食。皇宫中有专门负责天子及后饮食的厨房，而天子与群臣燕享时也要有厨房负责膳食，相对于宫中厨房而言，负责燕享的厨房自然为外，所以就有了内厨、外厨之分。

皇宫拥有多个厨房自不必说，官宦之家也可能同样拥有。"公孙弘起家徒步，为丞相，故人高贺从之。弘食以脱粟饭，覆以布被。贺怨曰：'何用故人富贵为？脱粟布被，我自有之。'弘大惭。贺告人曰：'公孙弘内服貂蝉，外衣麻枲。内厨五鼎，外膳一肴，岂可以示天下！'于是朝廷疑其矫焉。"③ 公孙弘以布衣起家，在贵为丞相后，却非常节俭，被人揭发为虚伪矫情，说他内厨具五鼎。丞相府中设有内厨，自然也应有外厨，"外膳"应当是外厨所备之膳食。另据《后汉书·臧洪传》记载，袁绍围困东郡，东郡太守臧洪死力抵抗，相持几年，城中困乏，"初尚掘鼠，煮筋角，后无所复食，主簿启内厨米三斗，请稍为饘粥"④。主簿所启"内厨"，应指太守府内所设厨房，专门供太守及家属的膳食。团山汉墓附近有庙山汉墓，据整理者考证，庙山汉墓可能是诸侯王的陵墓，而团山汉墓"应是王陵的妻妾或僚属的陪葬墓"⑤。若她们真是江都王的妻妾或僚属，其拥有"中厨"、"外厨"两个厨房，也在情理之中。

此外，家境富裕者，家中也有可能拥有两个或两个以上的厨房。内厨或中厨专门为主人提供膳食，外厨则专门负责宴请客人、家庭祭祀。

从天长纪庄木牍内容看，谢氏家族在东阳应当是个有权势的大家族。

---

① 瞿昙悉达撰：《唐开元占经》卷七十，第509页。
② 王应电：《周礼翼传》卷一，《四库全书·经部·礼类》第96册，第386页。
③ 葛洪：《西京杂记》卷二《公孙弘与高贺》，三秦出版社2006年版，第75页。
④ 《后汉书·臧洪传》，中华书局1996年版，第1891页。
⑤ 南京博物院、仪征博物馆：《仪征张集团山西汉墓》，第507页。

木牍中出现的东阳尉谢高子（TM19D26A 木牍）、铁官丞谢汉（TM19D14 木牍），都是当地的官员。丙充国木牍中提到了"充国所厚善椽吏，充国愿孟幸厚荐左右"①，丙充国希望谢孟能举荐他的好友为官。谢孟有能力举荐官吏，说明他本身就是官员。家族强盛，拥有两个厨房自为可能。

从中（内）厨、外厨的功能来看，中（内）厨较之外厨为尊。因此，当时人赠送食品类礼物时，或者会谦称"进外厨"，意思是粗糙、不值钱之物，没有资格进内厨，只能放在外厨中。纪庄木牍 JM19D12A 中，方被送给谢孟"鸡一只"，说进孟外厨，并且说"野物幸勿逆，幸甚幸甚"，正是反映了这一层意思。但外厨之谦称，究其根源，应是源于现实存在的内厨、外厨之别。

本文承蒙邬文玲、杨振红两位先生惠赐重要资料，并得到杨振红、马怡、邬文玲、赵凯等先生的指教，一并表示诚挚谢意！

（本文原载《中国史研究》2012 年第 4 期）

---

① 天长纪庄 TM19D5A 木牍。

古史文存

【中卷】

续编

中国社会科学院历史研究所 编

中国社会科学出版社

目 录

中 卷

从曹操入仕看汉末孝廉察举之变化 …………………… 卜宪群（303）
《晋故事》渊源与形态考 …………………………………… 楼　劲（312）
知识至上的南朝学风 ……………………………………… 胡宝国（324）
说"关中本位政策" ………………………………………… 李万生（350）
陶弘景与萧梁王朝 ………………………………………… 刘永霞（377）
魏晋南北朝文武分途的基础性研究之一
　　——几个概念的辨析 ………………………………… 陈奕玲（389）
《资治通鉴》纪事失误举隅
　　——以突厥史料为例 ………………………………… 吴玉贵（408）
唐代"士大夫"的特色及其变化
　　——以两《唐书》用词为中心 ………………………… 黄正建（425）
西安出土唐代波斯胡伊娑郝银铤考 ……………………… 李锦绣（433）
唐代宦人的政治参与途径 ………………………………… 刘琴丽（451）
吐鲁番文书所见《谥法》残本略考 ………………………… 戴卫红（461）
陆羽《茶经》的历史影响与意义 …………………………… 沈冬梅（481）
新见《程紫霄墓志》与唐末五代的道教 …………………… 雷　闻（493）
金山国建立时间再议 ……………………………………… 杨宝玉（509）
冲突与妥协：建筑环境中的唐宋城市
　　——以《营缮令》第宅制度为中心 …………………… 牛来颖（521）
王氏新学述论 ……………………………………………… 江小涛（534）
朱熹《仪礼经传通解》的编纂及其礼学价值 ……………… 王启发（570）

金代的监当官 …………………………………… 关树东(590)
金元北方云门宗初探
　　——以大圣安寺为中心 ………………………… 刘　晓(602)
元代江南禅教之争 ………………………………… 陈高华(623)
元代统一局势下盐官体系的重构 ………………… 张国旺(635)
《杨振碑》与蒙元时期的"前进士" ………………… 蔡春娟(644)
朝鲜司译院都提调、提调及蒙学 ………………… 乌云高娃(662)

中 巻

从曹操入仕看汉末孝廉察举之变化

卜宪群

近读《三国志·魏书·武帝纪》，对其年 20 入仕问题产生了一点想法，又拜读诸家研究，感到尚有未尽之意，而此问题实关系到汉魏察举制度之变迁。需要说明的是，反映汉末孝廉察举变化的人物案例并不限于曹操一人，只是曹操的材料较为典型而已。故拙文仅从曹操入仕途径所反映的问题，谈一点对汉末孝廉察举变化的看法。

一

《武帝纪》载："太祖少机警，有权数，而任侠放荡，不治行业，故世人未之奇也；惟梁国桥玄、南阳何颙异焉。玄谓太祖曰：'天下将乱，非命世之才不能济也，能安之者，其在君乎！'年二十，举孝廉为郎，除洛阳北部尉，迁顿丘令，征拜议郎。"

此段文字，反映曹操入仕之途径是：人物品评，举孝廉为郎，出任地方官，再入中央。从程序上来说，与汉代察举孝廉及任用的一般途径无异，只是或由于其家世背景，或由于其个人能力不同，升迁较速而已。此非本文关注对象，暂且不论。

汉武帝元光元年确立的孝廉察举制度，是汉代最有影响的仕进制度，贯穿两汉，不仅为国家提供了大批人才，也受到当时社会的普遍推崇。孝廉察举制的主要内容有：1. 面向全体"吏民"；2. 举主为郡国守相；3. 岁举；4. 每郡国有人数限制（一人或二人）。劳干在征引武帝元朔元年"令二千石举孝廉诏"后说："汉代察举制度的规模，可以说从此大定。以后西汉各朝以及东汉各朝虽然有所修正增改，但其中的大致范围大致不能超出武帝时代了。"① 就察举的基本架构来说，这个看法基本是正确的。

学者的研究已经揭示，从历史渊源上看，包括举孝廉在内的汉代察举制度可追溯到文帝②，武帝时期确立，但之后孝廉察举仍然有许多制度上的重大变化，如试职制度，按照郡国人口比例确定察举人数制度，限年制度，考试制度，举主资格与被察举者素质标准变化，等等，前揭黄留珠、阎步克等著已有论，尤以阎著为详。因此，不同时期的孝廉察举，是受不同时期孝廉察举制度标准制约的，不宜一概而论。从现有材料看，曹操入仕时的孝廉察举制度，主要是东汉初年，尤其是顺帝以后渐次形成的，与之前并不完全相同。但制度规定是一回事，实际施行又是一回事。如果说弄虚作假、沽名钓誉、营私舞弊等情况③，尚属孝廉察举体制内的腐败的话，那么从曹操举孝廉入仕情况看，汉末孝廉察举，已经发生现实与制度完全相背离的重大变化。

首先，年龄标准与科令规定的突破。汉代孝廉察举，顺帝之前尚未见有年龄限制的规定。顺帝阳嘉元年，根据尚书令左雄建议，始有年龄限定之制。举数条材料如下：

《后汉书·左雄列传》载："雄又上言：'郡国孝廉，古之贡士，出则宰民，宣协风教。若其面墙，则无所施用。孔子曰'四十不惑'，《礼》称'强仕'。请自今孝廉年不满四十，不得察举，皆先诣公府，诸生试家法，文吏课笺奏，副之端门，练其虚实，以观异能，以美风俗。有不承科令者，正其罪法。若有茂才异行，自可不拘年齿。'帝从之，于是班下郡国。明年，有广陵孝廉徐淑，年未及举，台郎疑而诘之。对曰：'诏书曰：有如颜回、子奇，不拘年齿'，是故本郡以臣充选。郎不能屈。雄诘之曰：'昔颜回闻一知十，孝廉闻一知几邪？'淑无以对，乃遣却郡。于

---

① 参见劳干《汉代察举制度考》，载《汉代政治论文集》，艺文印书馆1976年版。
② 前揭劳干文引《汉书·晁错传》中文帝十五年诏后云："可见文帝时已有正式察举制度了。"黄留珠云："真正严格意义上的察举之产生，还得从文帝时算起。"又云："举孝廉制度的雏形，至少可以追溯到文帝时期对于'孝者'、'廉吏'的诏举。"《秦汉仕进制度》第九章，西北大学出版社1985年版。阎步克云："汉代的察举制度，是在西汉文帝到武帝之间渐次形成的。"《察举制度变迁史稿》，辽宁大学出版社1991年版，第1页。
③ 参见《秦汉仕进制度》第十一章。

是济阴太守胡广等十余人皆坐谬举免黜,唯汝南陈蕃、颍川李膺、下邳陈球等三十余人得拜郎中。自是牧守畏栗,莫敢轻举。迄于永嘉,察选清平,多得其人。"

《后汉书·顺帝纪》阳嘉元年诏:"初令郡国举孝廉,限年四十以上,诸生通章句,文吏能笺奏,乃得应选;其有茂才异行,若颜渊、子奇,不拘年齿。"

同《纪》:"令诸以诏除为郎,年四十以上,课试如孝廉科者,得参廉选,岁举一人。"

根据上述材料,顺帝阳嘉元年之后,除"茂才异行,自可不拘年齿"外,孝廉察举的年龄被限定在四十岁以上,并按"诸生"和"文吏"两科考试取人。几乎同时,诏除郎也参照此"科令"执行,年龄也需四十岁以上,并参与考试。据《左雄列传》,广陵徐淑因"年未及举"而被"遣却郡",济阴太守胡广等十余人坐"谬举"(所谓"谬举",也应理解为选举年龄违规)而被免黜,可知限年制度在当时确被严格执行。① "茂才异行",标准不易掌握,也不甚清楚如何具体规定,而年龄限制是不难做到的,秦汉有年龄登记及随户籍转移年籍的法规,郡国守相对郡国被察孝廉之人的年龄掌握并不困难。阳嘉之制至魏文帝黄初三年前,未见有文献记载上的变化。②

曹操举孝廉系灵帝熹平三年,年二十。《武帝纪》云曹操"不治行业,故世人未之奇也",显然很难归入"茂才异行"之类,但他被选为孝廉,表明阳嘉限年之制已被突破。阎步克列举左雄改制后突破年限的还有陈球、蔡瓒、陈登诸人,并认为"是限年四十之法,原已名存实亡"。③但限年之法不是左雄改制的唯一内容,还有"若有茂才异行,自可不拘

---

① 《后汉书·和帝纪》引《汉官仪》云:"郡国举孝廉以补三署郎,年五十以上属五官,其次分在左、右署。"此条年代不易断定,但可知孝廉年四十、五十以上者在东汉也许本不少见。

② 《三国志·魏书·文帝纪》黄初三年春正月诏:"今之计、孝,古之贡士也;十室之邑,必有忠信,若限年然后取士,是吕尚、周晋不显于前世也。其令郡国所选,勿拘老幼;儒通经术,吏达文法,到皆试用。有司纠故不以实者。"阎步克云:"东汉顺帝阳嘉年间左雄定制年未四十者不得举孝廉,若有秀异,不拘年齿。至此此制正式废除。但从'勿拘老幼'之'老'字,似乎此前还有一个年龄上限,此时也被废除了。"(《察举制度变迁史稿》,第97页)从制度变迁上来说,此论甚确。但笔者认为"勿拘老幼"之"老"应是习惯用语,不宜视为此前还有一个"年龄上限"制度。黄初三年春正月诏直接针对的就是阳嘉年龄限定制度。

③ 《察举制度变迁史稿》,第98页。

年齿"规定，此三人中，蔡瓒情况不甚清楚，陈球"少涉儒学，善律令"①，陈登"少有扶世济民之志。博览载籍，雅有文艺，旧典文章，莫不贯综"。②这两人似可归入"茂才异行"，与曹操突破年限性质似乎还有不同。据黄留珠《秦汉仕进制度》第十章《今可考见的两汉孝廉》，阳嘉之后年四十以下举孝廉者远不仅以上数人，研究者自可查取，不再列举。这些年未及四十者中，可能有属于"茂才异行"，但不可归入"茂才异行"者，肯定为数不少，不止曹操一人。这说明阳嘉限年之制被突破，也是客观事实。

《后汉书·黄琼列传》载，阳嘉改制后不久，尚书令黄琼认为："左雄所上孝廉之选，专用儒学、文吏，于取士之义，犹有所遗，乃奏增孝悌及能从政者为四科，事竟施行。"从此，孝廉察举除年龄外，还需依据诸生、文吏、孝悌、能从政者"四科"取士。曹操举孝廉年龄未及制度规定，自然也谈不上依据此四科的问题。

其次，曹操入仕突破了孝廉试职制度。汉代选任官吏制度中，本有一定的试职规定，如"试守"即是一种，但未用之于孝廉察举。因此，孝廉察举前本无试职之制。自东汉光武、章帝、和帝后，逐渐有了孝廉试职要求，即举为孝廉前，先在地方担任一定的吏职，以试其有无为政能力或培养他们的为政能力。③当然，为体现人才选拔的多样性，如同年龄限制一样，国家也规定"德行尤异"者，可"不须经职"，但需要"别署状上"④。孝廉试职时间，本无限定，是逐渐形成的。光武、章帝、和帝是原则上的要求。顺帝时左雄改制规定"吏职满岁，宰府州郡乃得辟举"。汉桓帝本初元年诏又云："孝廉、廉吏皆当典城牧民，禁奸举善，兴化之本，恒必由之……其令秩满百石，十岁以上，有殊才异行，乃得参选。臧吏子孙，不得察举。"⑤可知从顺帝到桓帝，对被举者的秩次要求、试职

---

① 《后汉书·陈球列传》。
② 《三国志·魏书·吕布传》引《先贤行状》。
③ 参见《察举制度变迁史稿》第二章。阎著也揭示了"试职"是只在州郡国内的范围内试以吏职，而不是在公府中央机构试职。"试职"不限于孝廉，限于本文所论对象，只谈孝廉问题。
④ 《后汉书·和帝纪》。
⑤ 《后汉书·桓帝纪》。关于"十岁以上"，笔者认为是指曾任二百石以下的吏职10年，而非指官。参见卜宪群著《秦汉官僚制度》，社会科学文献出版社2002年版，第288页。

时间规定日益清晰，即"秩满百石，十岁以上"。这两个条件满足其一还是均需满足，我们还不甚清楚，但根据"限年四十"来推断，应当是两个条件都需要满足。曹操举孝廉之前，未见其经历吏职，更不可能有"十岁以上"的吏职经历，故曹操举孝廉说明东汉的"试职"制度也被大大突破。至于曹操是否经历了阳嘉以后的孝廉考试、"副（覆）"试制度也不得而知了。

最后，曹操举孝廉突破了汉代孝廉察举的道德行为标准。《武帝纪》记载曹操"少机警，有权数，而任侠放荡，不治行业，故世人未之奇也"，注引《曹瞒传》云曹操"少好飞鹰走狗，游荡无度"，不仅与早期孝廉察举的道德标准要求相异其趣，也与东汉统治者所强调的孝廉应当"美风俗"、"廉白守道"、"德行尤异"、"举善"等规范大相径庭。这样的人能够被察举孝廉，说明孝廉察举的道德行为标准在汉末已被严重降低。

按曹操虽出身宦官，但其家世仍具有汉代统治者所推崇的儒道门风。《武帝纪》载："太祖武皇帝，沛国谯人也，姓曹，讳操，字孟德，汉相国参之后。桓帝世，曹腾为中常侍大长秋，封费亭侯。养子嵩嗣，官至太尉，莫能审其生出本末。"注引司马彪《续汉书》云："嵩生太祖。腾父节，字元伟，素以仁厚称。邻人有亡豕者，与节豕相类，诣门认之，节不与争；后所亡豕自还其家，豕主人大惭，送所认豕，并辞谢节，节笑而受之。由是乡党贵叹焉。"无论曹节、曹腾、曹嵩，皆有服膺儒家之门风。又云曹操为曹参之后，曹参为汉初黄老思想的代表人物。故自曹节始，曹氏"以仁厚称"和"不与争"的门风，亦有黄老思想夹杂其中。这种门风与汉代正统孝廉察举思想并无大的差异。生活于这种家族背景下的曹操本可以继承这种家世门风而举为孝廉。然而史书记载曹操入仕前的一系列活动却正与此相反：

《三国志·魏书·武帝纪》注引孙盛《异同杂语》云："（操）尝问许子将：'我何如人？'子将不答。固问之，子将曰：'子治世之能臣，乱世之奸雄。'太祖大笑。"

《后汉书·党锢列传》："曹操微时，常卑辞厚礼，求为己目。劭鄙其人而不肯对，操乃伺隙胁劭，劭不得已，曰：'君清平之奸贼，乱世之英雄。'操大悦而去。"

《后汉书·党锢列传》："曹操微时，瓒异其才，将没，谓子宣等曰：

'时将乱矣,天下英雄无过曹操。张孟卓与吾善,袁本初汝外亲,虽尔勿依,必归曹氏。'诸子从之,并免于乱世。"

《三国志·魏书·武帝纪》注引《世语》曰:"玄谓太祖曰:'君未有名,可交许子将。'子将纳焉,由是知名。"

这些记载都指向一个问题,即曹操入仕之前,并不像传统被举孝廉者那样,或注重自身的道德品行修养,以自身的事迹感染乡党而获舆论推举,或致力于学习儒家经典、律令制度而闻名以获推举(当然这并不等于说曹操本人不具备这些素养)①,而是卑辞厚礼四处追求自身评价,而评价者既非举主郡国守相,也非乡党舆论,而是汉末兴起的所谓名士,而乔玄、许劭、何颙就是这些名士中的代表性人物。他们的品评,对曹操举孝廉有着十分关键的作用。

上面我们以曹操举孝廉入仕为例,说明在东汉末年,国家所建立的孝廉察举制度,已经被抽掉了其内涵,出现了制度设计与实际操作两相背离的状况。

二

汉末孝廉察举在实际施行中的变化,应是当时普遍的政治现象,不会只发生在曹操一人身上。从目前材料来看,引发这种变化的原因并不是来自于孝廉察举制度本身。相反,从制度设计来看,东汉中后期孝廉察举制度较之前更为严密和完善,具有更强的合理性。但在实际执行中,却因社会的某种变化而导致与制度本身发生严重背离。这种变化的本质不是发生在某个人身上的偶然事件,而是反映了汉末国家权力与社会势力间的力量博弈。

与乡党舆论和郡国守相决定被察举者的传统举孝廉方式不同,汉末孝廉察举的关键一环,即对被举者的评价与考察落入了名士掌握之中。史书

---

① "任侠"本身就是汉人入仕的一大障碍。在汉代社会,任侠者往往要"改节"、"折节"、"变节"后才能为统治者所容忍,被吸收进入官僚队伍(参见卜宪群《秦汉社会势力及其官僚化问题研究之一:以游侠为中心的探讨》,《高敏先生八十华诞纪念文集》,线装书局2006年版)。而曹操的"任侠"却没有对他的入仕构成影响。

云曹操年轻时"有权数",有"治世"之能,说明他能够准确看到这一时代的社会变化,因此曹操寻求名士的支持而并不在乎乡党舆论的道德评价和实际当权者的看法。那么这一变化是怎么形成的?笔者试从如下几个方面略予解释。

第一,查文献可知,两汉社会舆论对被举者的行为支持是孝廉察举的重要基础,西汉偏重经学吏能,东汉更重道德。这种支持在孝廉察举方面所起到的作用很大。但在汉末之前,某地社会舆论对某地人物的支持大都是一种泛称,如以"乡里"、"乡党"等地域群体概念笼统表现出来。而且这种舆论有自发性的一面,并不受某个人的左右,史书一般也不记载这种评价具体出自何人。但到汉末出现了能够引领地域舆论的具体人物。如汝南许劭、许靖的"俱有高名,好共覈论乡党人物",而且制度化了,每月一评,被俗称为"月旦评"。① 他们成为该地区社会舆论的把持者。又如郭太,名声也很大,"泰之所名,人品乃定,先言后验,众皆服之……太(泰)以是名闻天下"。所谓"先言后验"当然是指经他品评的人物都能够入仕而已。查其本传即可知郭太的出名又是符融推举的。这种舆论领袖人物的作用已不可小视。因此年轻的曹操寻求名士的支持而不依赖传统获取声名的方法不是偶然的。

第二,汉末名士的人物品评已走出乡里,面向全国。名士们"谈辞如云"、"名闻天下"、"振名天下",互相推举,品评人物,垄断舆论,势力已不限于本地。特别是甘陵党争之后,他们影响的范围更加扩大,由本地扩展到全国。他们的最终目的显然不是清谈,而是相互吹捧,张扬名声。《后汉书·党锢列传》中相互标榜的"三君"、"八俊"、"八顾"、"八及"、"八厨"、"八元"、"八凯"等称号,就是各地名士中的领袖人物。年轻的曹操不依靠家世而依靠这些人物以获得声名也不是偶然的。

第三,汉末名士的人物品评对包括孝廉察举在内的国家选官制度产生了重大影响。纯粹的虚名不会为社会所推崇、追逐。名士们巧妙地将业已存在的舆论荐士与人物品评相结合,从而左右并垄断了国家仕进制度,以至"天下之拔士者咸称许、郭"。② 东汉和帝永元年间后,国家岁

---

① 《后汉书·许劭列传》。
② 《后汉书·许劭列传》及引《蜀志》。

举孝廉只有 228 人①，而郭太一人就举 60 人。当然，郭太所举可能不仅是孝廉一科，也不限于一年，但这个数字也足够庞大了。又《符融列传》云："太守冯岱有名称，到官，请融相见。融一往，荐达郡士范冉、韩卓、孔伷等三人。"注引《谢承书》曰："荐范冉为功曹，韩卓为主簿，孔伷为上计吏。"这些名士所荐人物众多，自州郡小吏到察举诸科，都能够在他们的掌握之中。相反，如果某人声誉被这些名士所否，则仕进就十分渺茫。曹操不择手段以获取他们的评价，其动机是非常明确的。

第四，问题还不仅仅限于此，汉末名士在人物品评的标准上与国家产生了重大分歧。曹操年少时"任侠放荡，不治行业"，"好飞鹰走狗，游荡无度"，这种行为在传统乡里舆论中绝不会有好的评价，更不会被举为孝廉。但由于他被许劭、乔玄、何颙三位名士所看重品评，竟然也被举为孝廉。说明当时的名士已经树立起了独立于国家之外的个人权威。以致很多人受到名士的高度品评后，竟然连征不起，以此抬高身价，表现出与国家权力的对立。

在这种社会形势下，限年、试职、考试等孝廉察举硬性制度规定被突破是必然的，因为满足这些条件者未必符合名士们的要求；名士们也不可能按照国家制度的设计来品评举荐人物。名士们代表着新的社会力量，本就要标新立异，树立不同于国家主流意识形态的价值观，道德标准的突破也是必然的。②

曹操 20 岁举孝廉与曹操个人的一生评价无大关系，本文只是通过这个案例，揭示汉末社会的变化及其对孝廉察举制度的影响，从中看出汉末社会与国家关系变动的某种迹象。这种变动只有从社会经济与阶级关系的变化方可得到解释，这里不再论及。值得注意的是，曹魏时期，孝廉察举的规范化再次受到国家的重视，制度化建设明显加强，国家将汉末失去的察举控制，再度纳入政治秩序可控的轨道。但很明显，无论如何都难以再

---

① 《秦汉仕进制度》。西北大学出版社 1985 年版，第 102 页。
② 汉末名士对人物褒贬的权力不是国家赋予的，因此他们的行为也被称为"私法"。《晋书·祖逖传》附兄《祖纳传》云："纳尝问梅陶曰：'君乡里立月旦评，何如？'陶曰：'善褒恶贬，则佳法也。'纳曰：'未益。'时王隐在坐，因曰：'《尚书》称"三载考绩，三考黜陟幽明"，何得一月便行褒贬！'陶曰：'此官法也。月旦，私法也。'"此虽晋事，但月旦"私法"的观念也反映了汉魏以来人们对落入名士之手的乡里舆论性质的看法。

回到过去孝廉察举的老路上去了,中正制的设立,正是汉末社会变化在国家选官制度上留下的烙印。

(本文原载《安徽大学学报》2011年第3期)

《晋故事》渊源与形态考

楼 劲

自西晋泰始三年定《律》、《令》、《故事》，至唐贞观、永徽以来定《律》、《令》、《格》、《式》，晋唐间法律的基本形式，在《律》、《令》上并无重大差异，其别要在《晋故事》向《格》、《式》的发展变化。因此，《晋故事》对于探讨唐代《律》、《令》、《格》、《式》体系的形成，特别是在明确《格》、《式》的来源和性质时，可以说是一个合适的起点。只是，关于《晋故事》的现存记载皆仅寥寥数语，唐宋类书存其佚文也有若干疑团，要弄清其面目颇为不易。本文即拟在学界以往研究的基础上[①]，尽可能捕捉与《晋故事》相关的种种形迹，探其来源与形态，以有助于对晋唐间法律形式演化的认识。

关于《晋故事》的现存记载主要有三：一是《晋书》卷三〇《刑法志》载文帝为晋王时，命贾充等十四人定《律》二十篇，下云：

> 其余未宜除者，若军事、田农、酤酒，未得皆从人心，权设其法，太平当除，故不入律，悉以为《令》。施行制度，以此设教，违《令》有罪则入《律》。其常事品式章程，各还其府，为故事……凡《律》、《令》合二千九百二十六条，十二万六千三百言，六十卷。《故事》三十卷。泰始三年事毕，表上。

[①] 参见［日］守屋美都雄《晋故事について》，收入《和田博士古稀記念・東洋史論叢》，講談社1961年版。此文对《晋故事》作了相当深入的讨论，以下考证即基此展开和补其未及，特此说明；另参吕丽《汉魏晋"故事"辨析》，《法学研究》2002年第6期。

二是《隋书》卷三三《经籍志二》史部旧事类著录有"《晋故事》四十三卷"其后叙云：

> 晋初，甲令已下，至九百余卷，晋武帝命车骑将军贾充，博引群儒，删采其要，增《律》十篇。其余不足经远者为法令，施行制度者为《令》，品式章程者为故事，各还其官府。

三是《唐六典》卷六《刑部》述"《格》二十有四篇"，原注叙其渊源有云：

> 汉建武有《律令故事》上中下三篇，皆刑法制度也。晋贾充等撰《律》、《令》，兼删定当时制诏之条，为《故事》三十卷，与《律》、《令》并行。

可以据此而大体明确的是，《晋故事》在魏末晋初定《律》、《令》讫时编纂而成，其素材来自与《律》、《令》并行的"制诏之条"，其性质是各部门的那些未被编入《律》、《令》的"常事品式章程"①，故其散之可"各还其府"，合之亦当以各府为目。这些史界多已熟知，至于更为具体的状况，还可通过其他各种记载来窥知一二。

一

《晋故事》在泰始三年奏上时为三十卷。当时开国未久，新出制诏故事数量有限，三十卷中有相当部分应采自前代成例②，或即晋人经常引据的"汉魏

---

① 《汉书》卷八一《孔光传》载其成帝初举为博士，"以高第为尚书，观故事品式，数岁明习汉制及法令，上甚信任之"。是制度法令即为"故事品式"。《宋书》卷二二《乐志四》载吴鼓吹曲十二篇之《承天命曲》，内有"审法令，定品式，考功能，明黜陟"之句。是汉魏以来所称"故事品式"常泛指制度法令。

② 前引《隋书》卷三三《经籍志二》史部旧事类后叙，说汉代以来，制度渐广，至"晋初，甲令已下至九百余卷"，晋武帝命贾充等"删采其要"以为《律》、《令》、《故事》。已说明当时删采的，是汉至晋初"甲令已下九百余卷"的内容。

故事"或"魏氏故事"之类①。但问题在于,晋初所存的制诏故事,并非皆以原始形态存在,汉魏以来早已以不同方式对之加以编纂,其中最为重要和人所熟知的,如曹魏编撰的《新律》十八篇和《州郡令》等一百八十余篇,便直接构成了泰始《律》、《令》的蓝本。"故事"的编纂亦非自晋而始,即便是具有一定法律效力的《故事》书,也可以像《唐六典》撰者那样追溯到东汉的《建武律令故事》②,《晋故事》的编纂理应取鉴了这类《故事》。

《三国志》卷二一《魏书·卫觊传》裴注引《魏书》载:"汉朝迁移,台阁故事散乱,自都许之后,渐有纲纪,觊以古义多所正定。"这说明汉末魏初曾整理和删定"台阁故事"。《三国志》裴注经常引用的"《魏武故事》",其佚文内容多为法令成例,姚振宗《三国艺文志》认为此书"必是黄初后,魏之臣子所编录,以为台阁故事"③,其说是合乎逻辑的④。然则泰始三年奏

---

① 如《晋书》卷二一《礼志下》及《宋书》卷一四《礼志一》皆载太康八年有司奏婚礼纳徵聘物等,"尚书朱整议:'按魏氏故事:王娶妃、公主嫁之礼……用绢百九十匹。晋兴,故事用绢三百匹。'诏曰:'公主嫁由夫氏,不宜皆为备物,赐钱使足而已。惟珞璋,余如故事。'"这个例子表明"魏氏故事"等前朝故事的效力,还是需要本朝下诏以某种方式来分别确认的,如果"余如故事"之类的文字也在晋初规定"用绢三百匹"的诏文中出现,那也就确认了"魏氏故事"中其他人等纳徵聘物规定的效力。

② 《隋志》史部刑法类著录《汉朝议驳》三十卷,原注:"案:梁有《建武律令故事》二卷。"是此书在《七录》中亦当列入刑法类。两《唐志》史部皆将此书三卷著录于刑法类下,《唐六典》卷六《刑部》原注述《格》之渊源,即自《晋故事》溯至"汉建武有《律令故事》上中下三篇,皆刑法制度也"。

③ 见姚振宗《三国艺文志》(收入《二十五史补编》第三册,中华书局1995年版)卷二史部故事类《魏武故事》条,其下文且谓:"其后文、明、三少帝亦必各有《故事》,则诸书所引《魏故事》、《魏旧事》是也。"劲案:姚氏推断五朝"各有《故事》"颇合情理,但说其即"诸书所引《魏故事》、《魏旧事》是也"则嫌过分。晋人论事常引的"魏氏故事",与《隋志》史部旧事类著录的《汉、魏、吴、蜀旧事》八卷及唐宋类书中征引《魏旧事》、《汉魏故事》之类究竟是何种关系?是一个复杂的问题,目前尚无证据说明这些《故事》书编录于魏晋时期。

④ 明代周婴《卮林》卷四《述洪·历代史》先引《容斋随笔》所述三国书目,继说:"三国书传者……尚有王隐《蜀记》七卷、郭冲《条诸葛隐事》一卷、《华阳国志》十二卷、《魏武本纪》四卷、《魏武故事》三卷、吴人《曹瞒传》一卷……"劲案:《魏武故事》自《隋志》以来未见各家著录卷数,周氏凿凿言其三卷,排序在《曹瞒传》前,未知其所本为何,录之备考。又魏晋间编录这类《故事》书的例子,还可以举出《华阳国志》卷一一《后贤志·陈寿传》载张华上表,命其"次定《诸葛亮故事》,集为二十四篇。时寿良亦集,故颇不同"。是当时有两本《诸葛亮故事》。《三国志》卷三五《蜀书·诸葛亮传》则载陈寿泰始十年二月一日奏上此书,称其前在著作郎,侍中领中书监荀勖、中书令和峤奏,"使臣定故蜀丞相诸葛亮故事"。又载其所集《诸葛氏集》二十四篇目录,内容亦多为品式章程,形式则多书疏表记,列目及于"科令"、"军法",其体例盖为分类"存录其言",以供取法。

上的《晋故事》三十卷，既可说是删定此前各种制诏故事的结果，也可视为在内容和体例上取鉴和损益《建武律令故事》、《魏武故事》等书的产物。有必要指出的是，由于《建武律令故事》和曹魏五帝可能曾编的《故事》佚文邈焉不存，《三国志》裴注等处所引的《魏武故事》佚文，几乎已是今人探讨《晋故事》形态来源的唯一线索。

今存《魏武故事》佚文，大多皆首有"令曰"字样①，如《三国志》卷一《魏书·武帝纪》建安二十三年裴注引《魏武故事》载：

> 令曰："领长史王必，是吾披荆棘时吏也。忠能勤事，心如铁石，国之良吏也。蹉跌久未辟之，舍骐骥而弗乘，焉遑遑而更求哉？故教辟之，已署所宜，便以领长史，统事如故。"

至于其前并无"令曰"字样的《魏武故事》佚文，如《三国志》卷一《魏书·武帝纪》建安四年十二月遣刘岱、王忠击刘备，裴注引《魏武故事》曰：

> 岱字公山，沛国人，以司空长史，从征伐有功，封列侯。

此条记录了司空长史刘岱封为列侯之事，其中"岱字公山，沛国人"之文，似非封侯令书所当有，况列侯亦非三公令书可封，其内容关乎刘岱阀阅，但《魏武故事》各条实无可能一一载录相关诸人的行状，其文更像是从曹操请封刘岱为列侯的奏疏中删节而来。从今存其佚文的总体状况来看，《魏武故事》的素材，应主要来自曹操所下教令及其例得制可施行的

---

① 有些佚文的"令曰"二字，显然是被征引者省略的。如上引辟署王必之令书，《太平御览》卷八一三《珍宝部十二·铁》引《魏武故事》曰："领长史王泌，是吾披荆棘时吏，忠而勤事，心如铁石。"就是如此。有些征引者更随意改动其文，如《三国志》卷一六《魏书·任峻传》述其屯田有成，裴注引"《魏武故事》"以明枣祗议立屯田之事，宋代吕祖谦《历代制度详说》卷十《屯田·制度》河南屯田条亦引此条《魏武故事》而加以删节，其文作"令曰：孤定许，当兴立屯田"云云，其"孤定许"三字不见于裴注所引。

奏疏①。在编录者看来，这些教令和奏疏的性质无异于制诏，也都通过处理某项政务而形成了可供取法的成例，像上引王必"领长史统事如故"，显然包括了不同于一般领丞相长史者的兼职规定，且其编录过程不删"舍骐骥而弗乘"、"岱字公山"等浮辞，似可表明《魏武故事》相当完整地保留了令书或奏疏的原文。

当然裴注等处在征引此书内容时，不免取我所用而加以删节，现存其佚文中形态最为完整的，当首推《三国志》卷一《魏书·武帝纪》建安十五年裴注引《魏武故事》载：

> 公十二月已亥令曰："孤始举孝廉，年少，自以本非岩穴知名之士，恐为海内人之所见凡愚，欲为一郡守，好作政教，以建立名誉，使世士明知之……今上还阳夏、柘、苦三县户二万，但食武平万户，且以分损谤议，少减孤之责也。"

这显然也是一份令书，后世常称之为曹操"明志令"，其特点是几乎照录了令书全文，又保留了令书下达的月日，似可说明《魏武故事》各条是以编年为纲，下按月日排序的。

由此亦可看出，从《魏武故事》到《晋故事》，在编录制诏，存其成例，以供行政过程取法的宗旨上，显然是一致的。但前者似以编年为纲，后者则可肯定以官府为目，其间还有一定的调整和发展。相关的变化有可能在曹魏五帝编纂"故事"时业已发生，其经过现已不得而知，好在还有一些佚文可以局部说明《晋故事》的编录形态，以见其变化和发展何在。

二

泰始三年奏上的《故事》三十卷，到《隋志》已著录为《晋故事》

---

① 《隋志》史部刑法类著录《魏王奏事》十卷，姚振宗《隋书经籍志考证》引各家所考，以为此书即《史记集解》、《后汉书注》、《太平御览》等处所引的《魏武帝奏事》，或称《魏武制度奏》、《魏主奏事》。从其佚文可见其类皆设范立制。曹操的这类奏疏自必皆得制可，故其除被编入《魏王奏事》外，亦被《魏武故事》收录。

四十三卷，这可能是其后来编入了泰始三年以后"故事"的结果。事实上，《隋志》史部旧事类在《晋故事》四十三卷后，还著录了《晋建武故事》一卷、《晋咸和、咸康故事》四卷等书。这两种《故事》书至唐代似已合帙传世，《旧唐书》卷四六《经籍志上》及《新唐书》卷五八《艺文志二》史部故事类，皆著录有《晋建武、咸和、咸康故事》四卷、《晋建武以来故事》三卷，另又著录了《太始、太康故事》八卷（《旧志》五卷），而无《晋建武故事》一卷，即反映其已与《咸和、咸康故事》合帙而行。

这个现象说明，《晋故事》四十三卷本，应当就是泰始三年编成的《晋故事》三十卷与此后编成的《太始、太康故事》、《建武故事》及《咸和、咸康故事》等书合帙的产物。这类合帙本即《隋志》史部旧事类后叙所谓"缙绅之士，撰而录之"而成，或无立法意义，与奉敕编纂奏上之《晋故事》三十卷本性质有别①，却仍可在一定程度上反映两晋"故事"逐渐积累的过程和《晋故事》的具体形态。这自然就使唐宋类书中残存的《太始、太康故事》及《咸和、咸康故事》等书佚文，在探讨《晋故事》形态时有了重要意义。

《初学记》卷二七《宝器部·绢第九》引《晋故事》：

> 凡民丁课田，夫五十亩，收租四斛，绢三匹，绵三斤。凡属诸侯，皆减租谷，亩一斗，计所减以增诸侯；绢户一匹，以其绢为诸侯秩。又分民租户二斛，以为侯奉。其余租及旧调绢，二户三匹，绵三斤，书为公赋，九品相通，皆输入于官，自如旧制。

这条《晋故事》规定的丁男课田五十亩及其租调额，可与《晋书》卷二六《食货志》载平吴之后制定的"户调之式"相证②，显属泰始三年以后陆续增益的"故事"之一，《初学记》所引当摘自四十三卷本《晋故

---

① 《隋志》史部旧事类所录属汉代者有《汉武帝故事》二卷、《西京杂记》二卷，属汉魏以来者有《汉、魏、吴、蜀旧事》八卷，属晋代者除上面提到的《晋故事》、《晋建武故事》、《晋咸和、咸康故事》外，还有《晋朝杂事》二卷、《晋要事》三卷及至《晋八王故事》十卷、《晋四王起事》四卷等十余种，其中大半显然都不经立法程序而成，不得视为法令。

② 户调式既制于平吴以后，故未进入泰始三年修订的《户调令》，由于此后晋再未修订《律》、《令》，故其一直是以条制的形式作为"故事"而存在的。

事》中的《太（泰）始、太康故事》。据其末尾的"自如旧制"四字，可推其原件必为一份包含了多项户调规定的制诏。

不过《食货志》载户调式条理十分清晰，史臣显然对之做了归纳整理，而这条故事则在开头和结尾分叙租调通例，中间夹述诸侯所属课户输送租调之法，这应当可以说明《晋故事》在删定原诏时，并不重新安排或起草其语句，而是保留了其原规定的叙次。又《太平御览》卷八一二《珍宝部十·银》引《晋故事》曰：

> 成帝咸康元年，有司奏：上元给赐众官银，检金部见银一万五千两充给。

这条佚文既为东晋成帝咸康元年之事，当来自四十三卷本《晋故事》中的《咸和、咸康故事》，其文表明《故事》之条保留了有司奏事和皇帝批复的时间和样式。

又《艺文类聚》卷九五《兽部下·熊》引《建武故事》曰：

> 咸和七年，左右启：以米饴熊。上曰：此无益而费于谷，且是恶兽，所不宜畜使。遣打杀，以肉赐左右直人。

与之相类的还有《太平御览》卷九六六《果部三·橘》引《建武故事》曰：

> 咸和六年，平西将军庾亮送橘十二实共同一蒂，以为瑞异，百官毕贺。

这两条"故事"分别为成帝咸和七年和六年之事，可见其所取材的"《建武故事》"，实际上是后来合帙传世的《建武以来故事》或《建武、咸和、咸康故事》之类①，当然这一点并不妨碍其文原出《咸和、咸康故事》，

---

① 《太平御览》卷三五六《兵部八七·甲下》引《建武故事》曰："王敦死，秘不发丧，贼于水南北渡攻宫垒，皆重铠浴铁，都督应詹等出精锐拒之。"王敦死于明帝时，其所引"《建武故事》"亦为《建武以来故事》。

尽管其已被征引者加以删节。这些佚文都表明，以官府编目的《晋故事》体例，虽已有别于编年为纲的《魏武故事》，但其条文大抵仍由各种可供取法的成例所构成，且在有司上奏和皇帝诏答的过程中形成，故其性质皆为制诏，在删定编录时并不改动原诏的规定，同时保留了其形成年份。

在《晋书·刑法志》和《唐六典·刑部》原注所述基础上，对《魏武故事》和《太始、太康故事》、《咸和、咸康故事》佚文的上述考察，可以进一步在来源取本、编录体例等方面，对《晋故事》形态获得若干具体印象。现再将之与《晋书》和《宋书》记载的"故事"相印证，庶可得到更为完整的认识。

《晋书》卷五六《江统传》：

> 选司以统叔父春为宜春令，统因上疏曰："故事：父祖与官职同名，皆得改选。而未有身与官职同名，不在改选之例。臣以为……身名与官职同者，宜与触父祖名为比，体例既全，于义为弘。"朝廷从之。

江统上此疏在惠帝时，其所引自然也是泰始三年以来的"故事"之一，其内容则为"父祖与官职同名皆得改选"。从江统称之为"改选之例"，述其并未包括"身与官职同名"是否改选的内容，可以推知这条"故事"原为一事一定的敕例，可以在其所定事项范围内指导铨选过程，本不要求其体例的完整和内涵的周延。而江统建议"身名与官职同者与触父祖名为比"，既得朝廷"从之"，也就是再以制诏补充了这条"故事"，或者是形成了一条新的"故事"。这又印证了《唐六典》说《晋故事》乃"删定当时制诏之条"而成的说法，也解释了前面所说《晋故事》条数可与时俱增的背景。

《晋书》卷二〇《礼志中》：

> 武帝咸宁二年十一月诏："诸王公大臣薨，应三朝发哀者，逾月举乐；其一朝发哀者，三日不举乐也。"元帝姨广昌乡君丧，未葬，中丞熊远表云……诏以远表示贺循，又曰："咸宁二年武皇帝故事云：'王公大臣薨，三朝发哀，逾月举乐；其一朝发哀，三日不举乐。'此旧事明文。"贺循答曰："……如远所答，合于古义。咸宁诏

书虽不会经典，然随时立宜，以为定制。诚非群下所得称论。"

此处所载的武帝咸宁二年十一月诏，内容与元帝诏引"咸宁二年武皇帝故事"略同，元帝且谓此乃"旧事明文"，"旧事"也就是"故事"①，贺循又称之为"咸宁诏书"。这也可见"晋故事"不仅编录了制诏，也有可能对其作了相当程度的删节，而且保留了制诏下达的时间。

《宋书》卷一四《礼志一》载穆帝升平元年将纳皇后何氏，太常王彪之议曰：

> 案咸宁二年纳悼皇后时，弘训太后母临天下，而无命戚属之臣为武皇父兄主婚之文。又考大晋已行之事，咸宁故事不称父兄师友，则咸康华恒所上，合于旧也。臣愚谓今纳后仪制，宜一依咸康故事。

据其前文可知，所谓"咸宁故事"，也就是咸宁二年纳悼皇后杨氏时所定仪制；"咸康故事"，则是成帝纳杜后时，太常华恒与诸博士参定奏上的仪制。这两条故事显然都应系于主管礼事的太常目下，而引者以年号分别之，表明各官司目下编录的"故事"，确是保留原诏下达时间的。又王彪之这里所称的"咸宁故事"，当与前引元帝所述"咸宁二年武皇帝故事"同属太常故事而年份相同。依理推想，同一篇目下同年形成若干"故事"的情况一定不少，因而其各条故事均应保留其形成年份及月日。换言之，无论是前引《咸和故事》佚文，还是上面举出的两条"咸宁二年故事"，原文都应保留了年月日，现有记载中只明其年份的状况，实际上是征引者或史臣撰史时省略了月日的结果。

三

由上讨论可见，尽管文献所存两晋"故事"指称宽泛，其文皆为删节之余而非原貌，但其中所指较为清晰的事例，仍多可与《魏武故事》

---

① 姚振宗《隋书经籍志考证》卷一六《史部六·旧事类》录《晋宋旧事》一百三十五卷有案语曰："按旧事即故事，故事自东汉以来皆录在尚书……其称晋宋者，殆起于晋以来之条制欤？"

及《咸和、咸康故事》佚文所示的"故事"形态相证。综合以上各种证据和迹象，大略可以断定《晋故事》的编纂体例，是在《魏武故事》等前朝《故事》书的基础上调整发展而来，以官司为目当是其最为重要的变化。各官司目下删定编录的，多为通过奏事和诏答处理政务时形成的制诏，同时保留了其下达时间并依其先后排序。这些制诏或作为成例，或直接对某类事务做出了明确规定，皆可指导此后相关行政过程，在编录时却并不刻意要求其规定事项的系统、完整或内涵的周延。其文应已有所删节，其删节程度现已不易判断，可以肯定的是其与原诏的关系并未割断，决非是《律》、《令》文那样的"法条"，并不重新起草写定；而是以"敕条"的形态存在，也就是在存其内容要节和原有叙次的同时，通过首书"制诏某某"或"诏曰"之类的字样并保留其下诏时间等方式，明确了其原为制诏的性质。

以上即为今仍可知《晋故事》形态的若干侧面。若与唐《格》、《式》形态比较，《式》如敦煌文书伯2507号《开元水部式残卷》所示，皆为"法条"而不存诏文原形，可知其已基于相关制敕而重新斟酌起草，形态、性质已较《晋故事》大为发展。《格》自永徽二年起分为《散颁格》和《留司格》两种①，前者全称"散颁天下格"，后者全称"留本司行格"②。由此判断，贞观十一年"删武德、贞观已来敕格三千余件，定留七百条，以为格十八卷，留本司施行"③，实际上也是"留本司施行"而并不颁于天下的《留司格》，而永徽二年则在此基础上发展出了《散颁格》。敦煌文书斯3078、4673号合帙的《神龙散颁刑部格残卷》皆由法条构成，各条以"一"起首，说明《散颁格》与《式》同具成熟的制定法样态，是一种重新修订的法典，而非现行制敕的摘编删辑。至于《留

---

① 《唐会要》卷三九《定格令》。
② 《旧唐书》卷四六《经籍志上》史部刑法类著录《永徽散颁天下格》七卷、《永徽留本司行格》十八卷。
③ 《旧唐书》卷五〇《刑法志》。《旧志》此处以下文字有原注与正文淆杂等多种问题，笔者别有考，此处不赘。

司格》样态①，今存最为完整者当首推《通典》卷一七〇《刑八·峻酷》所附的《开元格》一条，其内容为处分武周时酷吏来子珣等二十三人和陈嘉言等四人，并限制其子孙"仕宦"及"近任"的规定，末尾则有"敕依前件/开元十三年三月十二日"字样。其文显然保留了原件的上奏和敕批形式，与敦煌文书中《散颁刑部格》文纯为法条和以"一"起首之况殊为不同，且此敕原件当时既已宣行讫，删定为《格》后自应留于吏部以供今后限制诸人子孙所取准，故可推定为《吏部留司格》文。这种删定相关制敕而成，并且保留了"敕"字和下敕时间的形态，显然仍与《晋故事》编录制诏而成和保留诏文样态包括下诏时间等特点雷同。由此看来，《唐六典》卷六《刑部》原注述唐《格》渊源将之上溯至《晋故事》，乃是有见于其与唐贞观以来《留司格》虽相距遥远而基本形态仍一脉相承的做法。

更为重要的是，编纂《晋故事》使之与《律》、《令》并行，实质是通过对各种敕例的统一删定和编纂，在《律》、《令》和一般制诏之间增加了一个新的法律形式和层面，从而保障了制诏的权威及其有序补充、修正和成为法律的通道，构筑了今上制诏与法典之间的新关系。这就在随时随事下达的制敕和形态较为稳定严密的《律》、《令》之间，设置了一个吸纳缓冲的中间环节，从而把《律》、《令》直接被相关制敕补充和修正的局面，转换成了这类具有明确立法意义的敕例集的不断续补或再编。换言之，《晋故事》及后世其他一些具有明确立法意义的敕例集的一再续补和编修，首先就稳定了《律》、《令》的形态，保障了其规定各项国家制度和一体指导举国行政的法典性质，连带也就保障了《律》、《令》的区别及其相互关系，明确了《律》正罪名、《令》定事制，两者并为法典而相为经纬的体制。此理既明，也才可以真正理解：为什么《晋故事》所代表的敕例编纂立法化势头，直接促成和保障了《律》、《令》作为高位法典的性质

---

① 今存唐代《格》文可以推定为《留司格》者甚少，传世文献所存《格》文多经删节而失其原貌，敦煌吐鲁番文书中学界认为是"格"的六件文书，除斯3078、4673号《散颁刑部格残卷》和性质与《格》不同的《兵部选格残卷》外，其余周字51号可能是《式》文，德藏CH3841号（德藏TIIT号吐鲁番文书与之略同）、斯1344号、周字67号内容皆为"敕条"，又出现于河西、西州一带而不可能是"留本司施行"的《留司格》。笔者认为其多为格后敕文，且格后敕形态固当与《留司格》相类。

和地位，从而完成了从汉代律令体系向魏晋以来《律》、《令》体系的转折。

原载武汉大学中国三至九世纪研究所编《魏晋南北朝隋唐史资料——唐长孺先生百年诞辰纪念专辑》第 27 辑，《武汉大学人文社会科学学报》编辑部编辑出版 2011 年 12 月

知识至上的南朝学风

胡宝国

与玄学盛行的魏晋时代相比，南朝的学术文化发生了很大变化。士人群体对哲理性质的问题较少讨论，而对知识领域的问题则表现出了浓厚的兴趣。追求渊博、崇拜知识的风气给人留下了深刻的印象。如果说每个时代的学风都有自己的特征，那么对知识的崇拜就构成了南朝学风最显著的特征。为了论述的方便，本文在以下的讨论中暂且称这个时代为"知识至上的时代"，或简称为"知识时代"。

"知识至上"在很多方面都有表现，在这篇短文中不可能展现出它的方方面面。以下的讨论将主要围绕着当时的聚书风气、儒玄文史中的知识追求以及士人称谓的转变这三个方面展开。

一 南朝的聚书风气

翻检南朝诸史，不难看到当时社会上流行着聚书的风气，其中尤以齐梁时期最为盛行。根据一般的经验判断，一种风气的盛行往往不会是突然出现的，它必定有一个逐渐积累的过程。这个过程应该引起关注。

如果向上追溯，聚书的风气大约始于晋宋之际。聚书可以分为国家聚书与私人聚书两个方面。以下就从这两个方面加以考察。

《广弘明集》卷三收阮孝绪《七录·序》。根据阮序介绍，西晋皇家藏书共有二万九百三十五卷。永嘉之乱后，图书大量亡佚，"江左草创，十不一存"，东晋初年的《晋元帝书目》只有三千一十四卷。在以后相当长的时间里都没有图书收集的消息。一直到东晋孝武帝太元（376—396）

年间，才有了较大规模的图书征集活动。《晋书》卷八二《孙盛传》：

> 盛笃学不倦，自少至老，手不释卷。著《魏氏春秋》《晋阳秋》，并造诗赋论难复数十篇。《晋阳秋》词直而理正，咸称良史焉……盛写两定本，寄于慕容儁。太元中，孝武帝博求异闻，始于辽东得之，以相考校，多有不同，书遂两存。

所谓"孝武帝博求异闻"，就是大规模征集图书。《晋阳秋》的另一定本因此而得到。孙盛"写两定本"具有特殊性。① 不过除此之外，在写本时代同书而相异的不同写本也是广泛存在的，征集到异本之后总是须要相互考校的。梁代孔修源"聚书盈七千卷，手自校治"②。颜之推说："校定书籍，亦何容易，自扬雄、刘向，方称此职耳。观天下书未遍，不得妄下雌黄。或彼以为非，此以为是；或本同末异；或两文皆欠，不可偏信一隅也。"③ 在那个时代，校书是读书人经常要做的工作，所以颜之推要把这些经验写进《家训》。

《晋书》卷九《孝武帝纪》：太元九年"增置太学生百人"，次年立国学。同书卷九一《徐邈传》："及孝武帝始览典籍，招延儒学之士。"同书卷七九《谢安传附谢石传》："于时学校陵迟，石上疏请兴复国学，以训胄子，班下州郡，普修乡校。疏奏，孝武帝纳焉。"据此，孝武帝时复兴儒学意图甚明。④ 太元中大规模征集图书可能也是复兴儒学计划中的一部分。《晋书》卷八二《徐广传》："孝武世，除秘书郎，典校秘书省。"徐广是晋宋之际的一位博学的学者，"百家数术无不研览"。他在孝武世进入秘书省参与校书工作可能就是因为当时征集到了大量图书，急需像他这样的重要学者参与整理。

---

① 《晋阳秋》因记载枋头失利而得罪桓温，不得不写成两种定本。孙盛本传称："既而桓温见之，怒谓盛子曰：'枋头诚为失利，何至乃如尊君所说！若此史遂行，自是关君门户事。'其子遽拜谢，谓请删改之。时盛年老还家，性方严有轨宪，虽子孙班白，而庭训愈峻。至此，诸子乃共号泣稽颡，请为百口切计。盛大怒。诸子遂尔改之。"

② 《梁书》卷三六《孔休源传》。

③ 《颜氏家训·勉学》篇。

④ 关于孝武帝复兴儒学一事，田余庆先生曾有关注。读者可参阅田著《东晋门阀政治》中"孝武帝与皇权政治"一节，北京大学出版社 1989 年版。

到东晋末期，国家藏书可能还有增加。阮序提到了《晋义熙四年秘阁四部目录》，卷数不详。余嘉锡引《续古文苑注》称："案此下当有脱文。"又，《隋书经籍志》载有"《晋义熙以来新集目录》三卷"。余嘉锡以为此书当与阮序所载为同一书。① "新集"二字很有意味。如同校书一样，重新编制目录的工作也往往是在图书增加之后才会有。汤用彤先生论及南朝佛教书籍目录时也说："本期所以出目录甚伙者，当亦因聚书之习，颇亦甚盛也。"② 总之，聚书与校书、编制目录往往是联系一起的。这三个方面可以互相发明。

东晋后期，反映私人聚书的材料不多。《宋书》卷五八《谢弘微传》："从叔峻，司空琰第二子也，无后，以弘微为嗣……义熙初，袭峻爵建昌县侯。弘微家素贫俭，而所继丰泰，唯受书数千卷，国吏数人而已，遗财禄秩，一不关豫。"义熙年间，谢峻家已有书数千卷，其规模可与东晋初期国家藏书数量相比。这种情形可能不是个别的。

刘宋以后，不论官、私，聚书活动更多。阮序称："宋秘书监谢灵运、丞王俭，齐秘书丞王亮、监谢朓等，并有新进，更撰目录。宋秘书殷淳撰大四部目，俭又依《别录》之体，撰为《七志》；其中朝遗书，收集稍广，然所亡者，犹大半焉。"阮序中有元嘉八年秘阁《四部目录》一万四千五百八十二卷、元徽元年秘阁《四部书目录》一万五千七十四卷。③ 从东晋初年的三千多卷到刘宋元徽元年的一万五千多卷，一百多年间图书增加不少。晋宋之际可能是图书增加的关键时期。元嘉年间文帝命裴松之注陈寿《三国志》。"松之鸠集传记，增广异闻。"④ 裴注旁征博引，引书数量远超《三国志》本书。此时国家藏书的大量增加应该是裴注得以实现的物质基础。包括我自己在内，以往学者研究裴注问题似未曾留意此一方面。

关于这一时期私人聚书，阮序也提供了重要信息：

---

① 余嘉锡：《目录学发微》卷三，《余嘉锡说文献学》，上海古籍出版社2001年版，第92页。

② 汤用彤：《汉魏两晋南北朝佛教史》第十五章《南北朝佛教撰述》，中华书局1983年版，第425页。

③ 《隋书》卷三二《经籍志》称："宋元嘉八年，秘书监谢灵运造四部目录，大凡六万四千五百八十二卷。"余嘉锡以为《隋志》"六万"当是"一万"之误写，见上引余书。

④ 《宋书》卷六四《裴松之传》。

> 孝绪少爱坟籍，长而弗倦，卧病闲居，傍无尘杂。晨光才启，缃囊已散。宵漏既分，录帙方掩。犹不能穷究流略，探尽秘奥。每披录内省，多有缺然。其遗文隐记，颇好搜集。凡自宋齐已来王公搢绅之馆，苟蓄聚坟籍，必思致其名簿。凡在所遇，若见若闻，校之官目多所遗漏，遂总集众家，更为新录。

在时间上，阮氏不提晋代而特别标明"凡自宋齐以来"，很可能私人聚书的风气就是从这时开始的。"苟蓄聚坟籍，必思致其名簿"一语也值得关注。"王公搢绅"藏书的数量恐已相当可观。若聚书不多，似无必要制作"名簿"。

齐梁时期，官、私聚书都达到了高潮。关于国家聚书，《隋书》卷三二《经籍志》有扼要介绍：

> 齐永明中，秘书丞王亮、监谢朏，又造《四部书目》，大凡一万八千一十卷。齐末兵火，延烧秘阁，经籍遗散。梁初，秘书监任昉，躬加部集，又于文德殿内列藏众书，华林园中总集释典，大凡二万三千一百六卷，而释氏不豫焉。梁有秘书监任昉、殷钧《四部目录》，又《文德殿目录》。其术数之书，更为一部，使奉朝请祖暅撰其名。故梁有《五部目录》。

从刘宋的一万五千多卷增加到梁初的二万三千余卷，国家藏书数量增加不少。齐梁时期私人聚书更是盛况空前。陆澄"家多坟籍，人所罕见"。[①] 崔慰祖"好学，聚书至万卷"。[②] 沈约"好坟籍，聚书至二万卷，京师莫比"。[③] 任昉"家虽贫，聚书至万余卷，率多异本。昉卒后，高祖使学士贺纵共沈约勘其书目，官所无者，就昉家取之"。[④] 梁宗室吴平侯萧景子励"聚书至三万卷"。[⑤] 王僧孺"好坟籍，聚书至万余卷，率多异本，与

---

① 《南齐书》卷三九《陆澄传》。
② 《南齐书》卷五二《崔慰祖传》。
③ 《梁书》卷一三《沈约传》。
④ 《梁书》卷一四《任昉传》。
⑤ 《南史》卷五一《吴平侯景传附子励传》。

沈约、任昉家书相埒"。① 张缅"性爱坟籍，聚书至万余卷"。② 这些聚书名家往往各有侧重。据《隋志》载，陆澄有《地理书》一百四十九卷，《录》一卷。《隋志》解释说："陆澄合《山海经》已来一百六十家，以为此书。"可知陆澄《地理书》书就是把自己收藏的图书中有关地理的书籍整理成一类，并非自己撰写。此外，陆澄还有《地理书抄》二十卷。③ 这可能是他从一百四十九卷的《地理书》中抄录出来的。与陆澄不同，王僧孺则是"集《十八州谱》七百一十卷，《百家谱集》十五卷，《东南谱集抄》十卷"，④ 偏重于谱谍类书籍。张缅"抄《后汉》、《晋书》众家异同，为《后汉纪》四十卷，《晋抄》三十卷"，⑤ 偏重于史书类。

以上均为聚书最著名的士人，一般人不可能有这么多书，但当时聚书的风气是相当强劲的，所以《隋书经籍志》序概括地说："梁武敦悦诗书，下化其上，四境之内，家有文史。"梁元帝《金楼子》卷四专设"聚书"一篇，相当详细地记录了他几十年的聚书经历：

> 初出阁，在西省，蒙敕旨赉五经正副本。为琅琊郡时，蒙敕给书，并私有缮写。为东州时，写得《史》、《汉》、《三国志》、《晋书》，又写刘选部孺家、谢通直彦远家书。又遣人至吴兴郡，就夏侯亶写得书。又写得虞太中阐家书。为丹阳时，启请先宫书，又就新渝、上黄、新吴写格五戏，得少许。为扬州时，就吴中诸士大夫写得《起居注》，又得徐简肃勉《起居注》。前在荆州时，晋安王子时镇雍州，启请书写。比应入蜀，又写得书。又遣州民宗孟坚下都市得书。又得鲍中记泉上书。安成炀王于湘州薨，又遣人就写得书。刘大南郡之遴、小南郡之亨、江夏乐法才、别驾庾乔宗仲回、主簿庾格、僧正法持继经书，是其家者皆写得。又得招提琰法师众义疏及众经序。又得头陀寺县智法师阴阳、卜祝、冢宅等书。又得州民朱澹远送异书。又于长沙寺经藏，就京公写得四部。又于江州江革家，得元嘉前后书五帙。又就姚凯处得三帙。又就江录处得四帙，足为一部，合二十

---

① 《梁书》卷三三《王僧孺传》。
② 《梁书》卷三四《张缅传》。
③ 《隋书》卷三三《经籍志》二史部。
④ 《梁书》卷三三《王僧孺传》。
⑤ 《梁书》卷三四《张缅传》。

帙，一百一十五卷，并是元嘉书，纸墨极精奇。又聚得元嘉后，《汉》并《史记》、《续汉春秋》、《周官》、《尚书》及诸子集等，可一千余卷。又聚得细书《周易》、《尚书》、《周官》、《仪礼》、《礼记》、《毛诗》、《春秋》各一部。又使孔昂写得《前汉》、《后汉》、《史记》、《三国志》、《晋阳秋》、《庄子》、《老子》、《肘后方》、《离骚》等，合六百三十四卷，悉在一巾箱中，书极精细。还石城为戍军时，写得玄儒众家义疏。为江州时，又写萧咨议贲、刘中纪缓、周录事弘直等书。时罗乡侯萧说于安成失守，又遣王咨议僧辩取得说书。又值吴平光侯广州下，遣何集、曹洒写得书。又值衡山侯雍州下，又写得书。又兰左卫钦从南郑还，又写得兰书。往往未渡江时书，或是此间制作，甚新奇。张湘州缵经饷书，如樊光注《尔雅》之例是也。张豫章绾经饷书，如《高僧传》之例是也。范鄱阳胥经饷书，如高诱注《战国策》之例是也。隐士王缜之经饷书，如《童子传》之例是也。又就东林寺智表法师写得书。法书初得韦护军叡饷数卷，次又殷贞子钧饷，尔后又遣范普市得法书，又使潘菩提市得法书，并是二王书也。郡五官虞曂大有古迹，可五百许卷，并留之，伏事客房篆又有三百许卷，并留之，因尔遂蓄诸迹。又就会稽宏普惠皎道人搜聚之。及临汝灵侯益州还，遂巨有所办。后又有乐彦春、刘之遴等书，将五千卷。又得南平嗣王书。又得张雍州书。又得桂阳藩王书。又得留之远书。吾今年四十六岁，自聚书来四十年，得书八万卷，河间之侔汉室，颇谓过之矣。①

梁元帝的这段长篇回忆涉及的人物多达数十，由此可以了解到当时聚书活动的详情，十分珍贵。梁元帝除"蒙敕给书"外，聚书途径主要有三。一是"写得书"，即知道某人有某书，即借来抄写，或者派人去写。二是"市得书"，即出资购买。三是"经饷书"，即他人赠送。

因聚书成风，当时士人彼此间的借书相当频繁。颜之推就此告诫后人说："借人典籍，皆须爱护，先有缺坏，就为补治，此亦士大夫百行之一

---

① 《聚书》篇文字原本错讹较多，现在引用的文字是经过许逸民先生校勘的。在此谨向许先生表示衷心的感谢！

也。"① 借来书，有人是自己抄写，如刘穆之"裁有闲暇，自手写书，寻览篇章，校定坟籍"。② 王泰"少好学，手所抄写二千许卷"。③ 不过更多的情况可能是雇人抄写。至少从汉代以来就一直有以抄书为生的人，如班超"家贫，常为官佣书以供养"，④ 阚泽"居贫无资，常为人佣书"。⑤ 南朝也有佣书人。周山图"少贫微，佣书自业"。⑥ 沈崇傃"佣书以养母焉"。⑦ 王僧孺"家贫，常佣书以养母，所写既毕，讽诵亦通"。⑧ 朱异"居贫，以佣书自业，写毕便诵。遍览五经，尤明《礼》、《易》"。⑨ 在写本时代，特别是在聚书成风的情况下，以"佣书"为业的人应该是相当多的，只是这些人能进入史传的不多。当时雇人抄书相当普遍，所以像刘穆之那样"自手写书"就成了一件值得记录的事情。南朝地方学校教育不发达，"佣书"客观上成为一般人获得知识的重要途径，对于文化的普及是有积极意义的。

　　就书籍的保存而言，私人聚书比官府聚书可能更重要。隋代牛弘曾上表"请开献书之路"。按他总结，自秦汉以来书有"五厄"。⑩ 除秦焚书外，国家藏书每每因战乱而亡佚。战争过后，新王朝藏书之所以能逐渐恢复，皆因政府有自民间征集图书的举措。所以从根本上说，书籍的保存更有赖于民间。国家藏书虽多，但因过于集中，一遇战火便损失殆尽。

　　此外，就知识的传播而言，也是私家藏书更有意义。《南齐书》卷二四《柳世隆传》："世隆性爱涉猎，启太祖借秘阁书，上给二千卷。"因为皇帝特批，柳世隆才借到二千卷秘阁藏书。与之类似的还有江子一的例子。《梁书》卷四三《江子一传》："起家王国侍郎，奉朝请。启求观书秘阁，高祖许之，有敕直华林省。"这也是得到了皇帝的特批。不难想见，一般人是不可能见到国家藏书的。《梁书》卷三四《张缅传附张缵传》：

---

① 《颜氏家训·治家》篇。
② 《宋书》卷四二《刘穆之传》。
③ 《南史》卷二二《王昙首传附王泰传》。
④ 《后汉书》卷四七《班超传》。
⑤ 《三国志》卷五三《阚泽传》。
⑥ 《南齐书》卷二九《周山图传》。
⑦ 《梁书》卷四七《沈崇傃传》。
⑧ 《梁书》卷三三《王僧孺传》。
⑨ 《南史》卷六二《朱异传》。
⑩ 《隋书》卷四九《牛弘传》。

缵"起家秘书郎……秘书郎有四员,宋、齐以来,为甲族起家之选,待次入补,其居职,例数十百日便迁任。缵固求不徙,欲遍观阁内图籍。尝执四部书目曰:'若读此毕,乃可言优仕矣。'如此数载,方迁太子舍人,转洗马、中舍人,并掌管记"。张缵为了尽可能多读书而迟迟不愿意离开秘书省,这也是因为国家藏书不外借。上引《金楼子》聚书篇涉及人物多是当时显赫的达官贵人。这些人彼此间传抄书籍相当频繁,由此可以推知,普通民间士人若想读书更是要靠私人间的互相借阅、抄写了。当然,这样说并不意味着可以低估国家藏书的意义。国家藏书虽然常常毁于战火,但据此而编制的目录却具有不可估量的意义。如果没有历代王朝不断编制目录,当时之人以及后人都根本无法了解一个时代图书的总体状况以及当时人们的知识体系。

晋末以至南朝聚书的盛行可能与当时造纸业的发展有关。纸张刚刚出现时数量很有限。东汉时,"延笃从唐溪季受《左传》,欲写本无纸。季以残笺纸与之。笃以笺记纸不可写,乃借本诵之"。① 西晋纸张的缺乏还是个大问题。葛洪回忆青年时代的艰辛说:"常乏纸,每所写,反复有字,人尠能读也。"② 东晋初,王隐欲写《晋书》,但"贫无资用,书遂不就,乃依征西将军庾亮于武昌。亮供其纸笔,书乃得成"。③ 到东晋后期,纸张生产数量可能有增长。《初学记》卷二一《纸》引桓玄《伪事》:"古无纸,故用简,非主于敬也。今诸用简者,皆以黄纸代之。"东晋是简、纸并用阶段,桓玄强调今后一律用黄纸,当时纸张生产的数量或许已能满足一般需要。人们仍然使用竹简可能只是一种习惯。研究造纸史的专家也指出:"东晋以降,便不再出现简牍文书,而几乎全是用纸了。"④

不过一直到刘宋时,对于穷人来说,纸张还是昂贵的。《南史》卷四三《齐高帝诸子》下:刘宋时"高帝虽为方伯,而居处甚贫,诸子学书无纸笔,晔(高帝第五子)常以指画空中及画掌学字,遂工篆法"。又,"江夏王锋字宣颖,高帝第十二子也。母张氏有容德,宋苍梧王逼取之,

---

① 《初学记》卷二一《纸》引《先贤行状》。
② 《抱朴子》外篇自叙。
③ 《晋书》卷八二《王隐传》。
④ 潘吉星:《中国造纸技术史稿》第三章《魏晋南北朝时期的造纸技术》,文物出版社1979年版,第53页。

又欲害锋。高帝甚惧，不敢使居旧宅，匿于张氏舍，时年四岁。性方整，好学书，张家无纸札，乃倚井栏为书，书满则洗之，已复更书，如此者累月。又晨兴不肯拂窗尘，而先画尘上，学为书字。"《南史》卷七六《徐伯珍传》："伯珍少孤贫，学书无纸，常以竹箭、箬叶、甘蕉及地上学书。"《南史》卷七六《陶弘景传》："幼有异操，年四五岁，恒以荻为笔，画灰中学书。"看来纸张还不是普通人都能买得起的。

梁代纸张的价格可能因产量的增加而有所降低。《梁书》卷四九《袁峻传》："峻早孤，笃志好学，家贫无书，每从人假借，必皆抄写，自课日五十纸，纸数不登，则不休息。"袁峻"家贫无书"，但能抄书"日五十纸"，纸的来源似不成大问题。《颜氏家训·勉学》篇载，义阳朱詹"好学，家贫无资，累日不爨，乃时吞纸以实腹"。朱氏吃不饱饭，但却可以"吞纸以实腹"，这个故事或许也说明纸张不再昂贵？

造纸业的发达、纸张的普及对聚书的盛行肯定有影响，但如果联系到这一时期更为广泛的学术文化背景，我们就不能把聚书的盛行仅仅归结于此。聚书的兴起还有文化史上的原因。这就是下面我们要讨论的南朝知识崇拜的社会风气。

二 儒、玄、文、史中的知识崇拜

与聚书风气的兴起约略同时，从晋宋之际开始，整个学术风气也渐渐发生了变化。通观前后，这个变化具有划时代的意义。如果说此前是一个玄学时代，那么此后就是一个知识至上的时代了。

与南朝相比，玄学时代的人们并不特别强调知识的重要，这在东晋表现得尤为明显。王恭的一段话相当有代表性。《世说新语·任诞》篇载王恭语："名士不必须奇才，但使常得无事，痛饮酒，熟读《离骚》，便可称名士。"余嘉锡《笺疏》案语："《赏誉》篇云：'王恭有清辞简旨，而读书少。'此言不必须奇才，但读《离骚》，皆所以自饰其短也。"① 余氏解释言简意赅，不过当时人最看重的是"清辞简旨"，恐怕并不以读书少为"短"。《赏誉》篇刘孝标注引《中兴书》也说："恭虽才不多，而清

---

① 余嘉锡：《世说新语笺疏》，上海古籍出版社1993年版，第763页。

辩过人。""清辞简旨"、"清辩过人"是衡量人才优劣的重要标准。这样的例子在汉晋时期不胜枚举。

公允地说,王恭并非完全不读书。《晋书》卷八四本传载,王恭"读《左传》至'奉王命讨不庭',每辍卷而叹",死后,"家无财帛,唯书籍而已,为识者所伤"。这样的人却被后人视为"读书少",这只有一种解释,即在王恭以后,士人更加重视读书。是否具备渊博的知识成了衡量士人价值的最重要尺度。《晋书》卷九九《殷仲文传》:"仲文善属文,为世所重,谢灵运尝云:'若殷仲文读书半袁豹,则文才不减班固。'言其文多而见书少也。"袁豹,《宋书》本传载:"好学博闻,多览典籍",义熙九年卒。① 《隋书经籍志》载有《袁豹集》八卷。袁豹事迹不多,不过谢灵运既然以袁豹为例说殷仲文读书少,可知袁豹应该是个饱学之士。从对殷仲文的评价看,谢灵运对读书是相当重视的。这正可与《宋书》本传所称"灵运少好学,博览群书"② 呼应。《南史》卷一三《刘义康传》:

> (元嘉)十六年,进位大将军,领司徒。义康素无术学,待文义者甚薄。袁淑尝诣义康,义康问其年,答曰:"邓仲华拜衮之岁。"义康曰:"身不识也。"淑又曰:"陆机入洛之年。"义康曰:"身不读书,君无为作才语见向。"其浅陋若此。

袁淑是袁豹之子,"博涉多通"。③ 刘义康问他年龄,他不直接回答而故意以"邓仲华拜衮之岁"、"陆机入洛之年"来答复,这完全是在炫耀知识。《南齐书》卷三九《陆澄传》:

> (王)俭自以博闻多识,读书过澄。澄曰:"仆年少来无事,唯以读书为业。且年已倍令君,令君少便鞅掌王务,虽复一览便谙,然见卷轴未必多仆。"俭集学士何宪等盛自商略,澄待俭语毕,然后谈所遗漏数百千条,皆俭所未睹,俭乃叹服。俭在尚书省,出巾箱机案杂服饰,令学士隶事,事多者与之,人人各得一两物,澄后来,更出

---

① 《宋书》卷五二《袁湛传附袁豹传》。
② 《宋书》卷六七《谢灵运传》。
③ 《宋书》卷七〇《袁淑传》。

诸人所不知事复各数条，并夺物将去。

王俭、陆澄都是博学之士，但互相不服气，最终竟然屡屡作起了比赛知识多少的游戏。所谓"隶事"就是指引用典故。"隶事"的游戏就是比赛谁掌握的典故更多，结果是陆澄取胜。据陆澄本传载，"澄少好学，博览无所不知，行坐眠食，手不释卷……当世称为硕学。"陆澄取胜自有道理。

南朝重视知识的风气愈演愈烈。颜之推后来在北方回忆说：

> 谈说制文，援引古昔，必须眼学，勿信耳受。江南闾里间，士大夫或不学问，羞为鄙朴，道听涂说，强事饰辞：呼征质为周、郑，谓霍乱为博陆，上荆州必称陕西，下扬都言去海郡，言食则餬口，道钱则孔方，问移则楚丘，论婚则宴尔，及王则无不仲宣，语刘则无不公干。凡有一二百件，传相祖述，寻问莫知原由，施安时复失所。①

颜之推的这段回忆，初看起来给人的感觉是南方士人不学无术，似乎与我们强调的南朝重视知识的风气正好相反。但实则不然，它反映出的真实情形是：在普遍重视知识的气氛中，连无知的人也要附庸风雅，装作有学问。

《宋书》卷九三《雷次宗传》："元嘉十五年，征次宗至京师，开馆于鸡笼山，聚徒教授，置生百余人。会稽朱膺之、颍川庾蔚之并以儒学，监总诸生。时国子学未立，上留心艺术，使丹阳尹何尚之立玄学，太子率更令何承天立史学，司徒参军谢元立文学，凡四学并建。"南朝重视知识的倾向在这四种学问中都有表现。我们先来看文学方面的表现。

在文学方面，至少从刘宋开始，重视知识的倾向就十分明显。梁锺嵘《诗品》序：

> 夫属词比事，乃为通谈。若乃经国文符，应资博古，撰德驳奏，宜穷往烈。至乎吟咏情性，亦何贵于用事？"思君如流水"，既是即目；"高台多悲风"，亦惟所见；"清晨登陇首"，羌无故实；"明月照积雪"，讵出经史。观古今胜语，多非补假，皆由直寻。颜延、谢

---

① 《颜氏家训·勉学》篇。

庄，尤为繁密。于时化之。故大明、泰始中，文章殆同书抄。近任昉、王元长等，词不贵奇，竞须新事，尔来作者，浸以成俗。遂乃句无虚语，语无虚字，拘挛补衲，蠹文已甚。但自然英旨，罕值其人。词既失高，则宜加事义。虽谢天才，且表学问，亦一理乎！

钟嵘说南朝在文学创作方面存在"贵于用事"的风气。所谓"事"即典故，"用事"与"隶事"含义相同，也是指征引典故。按钟嵘说，此风从刘宋颜延之、谢庄开始。在他们的影响下，"大明、泰始中，文章殆同书抄"，成了"且表学问"、炫耀知识的工具。①

颜延之是晋宋之际人。《宋书》本传说他是"好读书，无所不览"。②钟嵘在《诗品》"中品"中再次申明序中旧说，称其诗作"喜用古事"。"好读书"与"喜用古事"两方面是有关系的。刘勰曾说："夫姜桂因地，辛在本性；文章由学，能在天资。才自内发，学以外成，有学饱而才馁，有才富而学贫。学贫者迍邅于事义，才馁者劬劳于辞情，此内外之殊分也。"③ 所谓"学贫者迍邅于事义"，就是说如果作者学问贫乏，便会在"用事"上遇到困难。可见，若要在诗文中炫耀知识，便不得不广泛读书。除了在诗文中"喜用古事"外，颜延之在《庭诰》中对自己重视读书的观念更有明确表达。《宋书》卷七三《颜延之传》称其"闲居无事，为庭诰之文"。他假设一场景告诫后人说：

> 适值尊朋临座，稠览博论，而言不入于高听，人见弃于众视，则慌若迷涂失偶，黡如深夜撤烛，衔声茹气，腆默而归，岂识向之夸慢，祇足以成今之沮丧邪。此固少壮之废，尔其戒之。

这是在告诫后代，若不多读书，将来就会落到如此窘迫的境地。其后颜之推也有类似之说："及有吉凶大事，议论得失，蒙然张口，如坐云雾；公私宴集，谈古赋诗，塞默低头，欠伸而已。有识旁观，代其入地。何惜数

---

① 关于刘宋诗歌"用事"，陈桥生《刘宋诗歌研究》（2007年中华书局版）第四章"以博学相尚的元嘉诗风"中有详细讨论，读者可以参看。
② 《宋书》卷七三《颜延之传》。
③ 《文心雕龙·事类》篇。

年勤学，长受一生愧辱哉！"① 王利器《颜氏家训集解》引卢文弨《论学札》评论道："二颜之语，其形容不学之人，致为刻酷。"②

钟嵘提到的另一个"贵于用事"的代表是谢庄。谢庄是谢弘微之子，也是博学之士。《宋书》本传说他自幼好读书，"年七岁，能属文，通《论语》"，精于《左传》，"分左氏经传，随国立篇，制木方丈，图山川土地，各有分理，离之则州别郡殊，合之则宇内为一。"谢庄还擅长作赋，"文冠当时"的袁淑见其所作赋而叹曰："江东无我，卿当独秀。我若无卿，亦一时之杰也。"③ 此外，谢庄还是当时一流的玄学家。

在玄学方面，刘宋时也出现了明显的重视知识的倾向。王僧虔《诫子书》提供了重要的信息。《南齐书》卷三三《王僧虔传》：

> 僧虔宋世尝有书诫子曰：……往年有意于史，取《三国志》聚置床头，百日许，复徙业就玄，自当小差于史，犹未近彷佛。曼倩有云："谈何容易。"见诸玄，志为之逸，肠为之抽，专一书，转诵数十家注，自少至老，手不释卷，尚未敢轻言。汝开《老子》卷头五尺许，④ 未知辅嗣何所道，平叔何所说，马、郑何所异，《指例》何所明，而便盛于麈尾，自呼谈士，此最险事。设令袁令命汝言《易》，谢中书挑汝言《庄》，张吴兴叩汝［言］《老》，端可复言未尝看邪？谈故如射，前人得破，后人应解，不解即输赌矣。且论注百氏，荆州《八袠》，又才性四本，声无哀乐，皆言家口实，如客至之有设也。汝皆未经拂耳瞥目。岂有庖厨不修，而欲延大宾者哉？就如张衡思侔造化，郭象言类悬河，不自劳苦，何由至此？汝曾未窥其题目，未辨其指归；六十四卦，未知何名；《庄子》众篇，何者内外；《八袠》所载，凡有几家；《四本》之称，以何为长。而终日欺人，人亦不受汝欺也。

---

① 《颜氏家训·勉学》篇。王利器以为颜之推所讥讽者为北齐许惇，参见王利器《颜氏家训集解》上海古籍出版社1980年版，第144页。
② 同上书，第145页。
③ 《宋书》卷八五《谢庄传》。
④ 标点本校勘记：汝开《老子》卷头五尺许按下云"马郑何所异"。梁玉绳《瞥记》云："马、郑未尝注《老》。王西庄光禄云'老子'当作'老易'，盖是也。"

对王僧虔《诫子书》，余英时先生曾撰文详细考释。对文中"设令袁令命汝言《易》"云云，余先生解释说："如果像'袁令'、'谢中书'、和'张吴兴'这三大名家分别和你谈三玄，难道你也能推说没有读过这些基本的清谈文献吗？"① 关于《诫子书》的意义，他说："《诫子书》的重要性在于它具体地指示我们，清谈到了南朝中期已演变成什么样的状态。它的思想内容是什么？它的表现形式如何？它在当时门第的生活中究竟扮演着何种功能？《世说新语》虽是清谈的总汇，但止于刘宋之初；现存梁元帝《金楼子》和颜之推《颜氏家训》也偶有涉及，但不及《诫子书》之集中与具体。此外散见史传的清谈记录则更属一鳞片爪。所以古今学人讨论清谈问题都特别重视它。唯本文以考辨《诫子书》的疑点为主旨，不能从思想史和社会史的观点对南朝清谈多所推论。"

余先生关注玄学在南朝的变化，只是限于文章考辨的主旨而没有展开讨论。在我看来，《诫子书》的核心思想就在于指出像魏晋玄学时代那样仅仅强调思辨、强调"清辞简旨"已经行不通了，清谈也要以读书为基础，对文献、对前人各种意见必须了然于胸，如果这些都不懂，那是没有资格谈玄的。② 《诫子书》不会是无的放矢，王僧虔所反对的这种不读书而空谈的习气此前一定是存在的。

据余先生考证，《诫子书》中提到的"袁令"、"谢中书"、和"张吴兴"分别是袁粲、谢庄、张绪。他们都是当时第一流的玄学家。袁粲，"（泰始）六年，上于华林园茅堂讲《周易》，粲为执经"。③ 张绪，"长于《周易》，言精理奥，见宗一时。常云何平叔所不解《易》中七事，诸卦中所有时义，是其一也"。④ 齐建元四年，"初立国学，以绪为太常卿，领

---

① 余英时：《王僧虔〈诫子书〉与南朝清谈考辨》，载《中国文化》第八期。以下引此文不再注出处。

② 余英时先生在另一篇文章中也涉及《诫子书》。他说："清谈决不完全等于空谈，即以清谈一事而论，不但谈士必须博学（见《南齐书》卷三十三王僧虔《诫子书》），而且清谈本身便发展出一套礼节，转为谈士的一种约束。"（余英时：《名教思想与魏晋士风的演变》，《士与中国文化》，上海人民出版社2003年版，第384页。）余先生此处重点在于讨论"礼节"与"约束"，因此对"博学"一事没有展开讨论。

③ 《宋书》卷八九《袁粲传》。

④ 《南齐书》卷三三《张绪传》。本卷校勘记：钱大昕《廿二史考异》云："《三国志》注引《管辂别传》，云'何尚书自言不解易九事'，《南史》伏曼容传亦云'何晏疑易中九事'，此云七事，未知孰是。"

国子祭酒。"谢庄精通《左传》、《论语》已如前述。他们虽然都是玄学大家，但却均学有根底，绝非空谈之士。王僧虔本人"好文史，解音律"①，在学问上颇有造诣。《南史》卷二二《王僧虔传》："文惠太子镇雍州，有盗发古冢者，相传云是楚王冢，大获宝物：玉屦、玉屏风、竹简书、青丝纶。简广数分，长二尺，皮节如新。有得十余简以示僧虔，云是科斗书《考工记》，《周官》所阙文也。"由此可见他的博学。关于南朝玄学重知识，还可以举出一个例证。《南史》卷七一《伏曼容传》：

> 少笃学，善《老》、《易》，倜傥好大言。常云："何晏疑《易》中九事，以吾观之，晏了不学也。故知平叔有所短。"聚徒教授以自业……为尚书外兵郎，尝与袁粲罢朝相会言玄理，时论以为一台二绝。

伏曼容能与袁粲"言玄理"，自是玄学中人，但却看不起玄学开创者何晏。他的傲慢并不是因为自己在玄学理论上有什么创获，而全是在"事"之一端。在他看来，何晏在学问上是不行的。伏曼容的优越感只是一种知识上的优越感。

唐长孺先生曾经说过，"整个玄学自晋以后便只是知识的炫耀"②，而不再具有现实政治意义。这个观察十分敏锐。不过我们这里要强调的是，"知识的炫耀"并不仅仅局限在玄学领域。在前面涉及的文学领域以及接下来要讨论的经史领域中，重视知识、重视对知识记忆的倾向也十分明显。经史方面，相关的例证非常多，这里只能引出最具典型性的若干史料。《南齐书》卷二三《王俭传》：

> 上曲宴群臣数人，各使效伎艺，褚渊弹琵琶，王僧虔弹琴，沈文季歌《子夜》，张敬儿舞，王敬则拍张。俭曰："臣无所解，唯知诵书。"因跪上前诵相如《封禅书》。上笑曰："此盛德之事，吾何以堪之。"后上使陆澄诵《孝经》，自"仲尼居"而起。俭曰："澄所谓

---

① 《南齐书》卷三三《王僧虔传》。
② 唐长孺：《魏晋才性论的政治意义》，《魏晋南北朝史论丛》，生活·读书·新知三联书店1955年版，第299页。

博而寡要，臣请诵之。"乃诵"君子之事上"章。

《南史》卷四一《齐衡阳元王道度子钧传》：

钧常手自细书写五经，部为一卷，置于巾箱中，以备遗忘。侍读贺玠问曰："殿下家自有坟素，复何须蝇头细书，别藏巾箱中？"答曰："巾箱中有五经，于检阅既易，且一更手写，则永不忘。"诸王闻而争效为巾箱五经，巾箱五经自此始也。

《梁书》卷四〇《刘之遴传》：

之遴好属文，多学古体，与河东裴子野、沛国刘显常共讨论书籍，因为交好。是时《周易》、《尚书》、《礼记》、《毛诗》并有高祖义疏，惟《左氏传》尚阙，之遴乃着《春秋大意》十科，《左氏》十科，《三传同异》十科，合三十事以上之。

《梁书》卷四〇《刘显传》：

显好学，博涉多通，任昉尝得一篇缺简书，文字零落，历示诸人，莫能识者，显云是《古文尚书》所删逸篇，昉检《周书》，果如其说，昉因大相赏异。丁母忧，服阕，尚书令沈约命驾造焉，于坐策显经史十事，显对其九。约曰："老夫昏忘，不可受策；虽然，聊试数事，不可至十也。"显问其五，约对其二。陆倕闻之叹曰："刘郎可谓差人，虽吾家平原诣张壮武，王粲谒伯喈，必无此对。"其为名流推赏如此……显与河东裴子野、南阳刘之遴、吴郡顾协，连职禁中，递相师友，时人莫不慕之。显博闻强记，过于裴、顾，时魏人献古器，有隐起字，无能识者，显案文读之，无有滞碍，考校年月，一字不差，高祖甚嘉焉。

《南史》卷二二《王昙首传附王筠传》：

筠状貌寝小，长不满六尺。性弘厚，不以艺能高人。而少擅才名，与刘孝绰见重当时。其自序云："余少好抄书，老而弥笃，虽偶见瞥观，皆即疏记。后重省览，欢兴弥深。习与性成，不觉笔倦。自年十三四，建武二年乙亥，至梁大同六年，四十六载矣。幼年读五经，皆七八十遍。爱《左氏春秋》，吟讽常为口实。广略去取，凡三过五抄，余经及《周官》、《仪礼》、《国语》、《尔雅》、《山海经》、《本草》并再抄，子史诸集皆一遍。未尝倩人假手，并躬自抄录，大小百余卷。不足传之好事，盖以备遗忘而已。"

《梁书》卷三六《孔休源传》：

孔休源识具清通，谙练故实，自晋、宋《起居注》诵略上口。

《梁书》卷二七《陆倕传》：

倕少勤学，善属文。于宅内起两间茅屋，杜绝往来，昼夜读书，如此者数载。所读一遍，必诵于口。尝借人《汉书》，失《五行志》四卷，乃暗写还之，略无遗脱。

在以上事例中，看不到对经学义理、历史教训的思考，如同文学领域中的"用事"一样，学者间的讨论都是围绕着经史著作中的"事"展开的。孔休源、陆倕之辈甚至可以背诵《起居注》、"暗写"《五行志》，确实相当惊人。如果不了解当时的学术风气，对此现象是很难理解的。刘宋时，陶弘景"读书万余卷，一事不知，以为深耻"，[1] 很能反映当时士人群体的心态。颜之推说得很明确："夫学者贵能博闻也。郡国山川，官位姓族，衣服饮食，器皿制度，皆欲根寻，得其原本。"[2] "贵能博闻"，就是重视对知识的掌握。

以前笔者曾经讨论过《三国志》裴注的问题。[3] 当时的基本思路是：受东汉经学简化风气的影响，汉晋时期史学著作也趋向于简化，所以有简

---

[1] 《南史》卷七六《陶弘景传》。
[2] 《颜氏家训·勉学》篇。
[3] 胡宝国：《三国志裴注研究》，载《汉唐间史学的发展》，商务印书馆2003年版。

略的《三国志》问世。以后经学影响渐渐消退，史学著作遂重视历史事实的丰富，所以有以增补事实为主的裴注出现，并一度取代了文字训诂式的经学注释方式。现在看来，这个解释是有欠缺的。事实上，文字训诂式的注释始终存在，不能认为裴注一类的注释方式取代了前者。裴注大量增补历史事实的原因与经学盛衰或许没有什么关系。通过上述考察，可知在裴松之的时代出现了重视"事"、重视知识的风气。这可能才是裴注得以出现的根本原因。崔慰祖的例子或许可以支持这个判断。《南齐书》卷五二《崔慰祖传》：

> （慰祖）好学，聚书至万卷……国子祭酒沈约、吏部郎谢朓尝于吏部省中宾友俱集，各问慰祖地理中所不悉十余事。慰祖口吃，无华辞，而酬据精悉，一座称服之。朓叹曰："假使班、马复生，无以过此"……临卒，与从弟纬书云："常欲更注迁、固二史，采《史》、《汉》所漏二百余事，在厨簏，可检写之，以存大意。"

崔慰祖试图注《史》、《汉》，原因在于他认为二书"漏二百余事"。可见他对于"事"的重视。与此类似的还有刘孝标的例子。刘孝标"博极群书"，崔慰祖称他为"书淫"。① 刘氏注《世说新语》引书多达四百余种，补充了大量史料，也体现了对"事"的重视。裴注的出现应该在这个背景下来理解。

由于对"事"的关注，南朝类书编撰十分发达。刘师培论齐梁文学说，当时"各体文章，亦以用事为贵。考之史传，《南史》称王俭尝使宾客隶事，梁武集文士策经史事。而类书一体，亦以梁代为盛，藩王宗室，以是相高，虽为博览之资，实亦作文之助"。② 王瑶也说："随着数典用事之风的流行，齐梁时编纂类书的风气也盛极一时，都是为了文人们隶事属对之助的。"③ 他们的讨论都是围绕着齐梁文学。本文所要特别强调的是，"用事"绝不仅仅局限于齐梁时期，也不仅仅局限于文学领域。南朝时期儒、玄、文、史各领域内都弥漫着同样的重视知识的风气。

---

① 《南史》卷四九《刘怀珍传附刘峻传》。
② 刘师培：《中古文学史讲义》第五课《齐梁文学》，上海古籍出版社2000年版。
③ 王瑶：《隶事·声律·宫体》，《中古文学史论》，北京大学出版社1998年版，第287页。

自刘宋开始，儒、玄、文、史四学并立，显示出一种学术分途的倾向，但另一方面学术也呈现着合流的倾向。魏晋时，经史学家与玄学家是有明显冲突的。西晋"重庄老而轻经史，（庾）峻惧雅道陵迟，乃潜心儒典"。① 东晋虞预"雅好经史，憎疾玄虚，其论阮籍裸袒，比之伊川被发，所以胡虏遍于中国，以为过衰周之时"。② 干宝形容当时风俗说："风俗淫僻，耻尚失所，学者以庄老为宗，而黜六经。"③ 应詹上疏："元康以来，贱经尚道，以玄虚宏放为夷达，以儒术清俭为鄙俗。永嘉之弊，未必不由此也。"④ 范宁矛头直指王、何："时以浮虚相扇，儒雅日替，宁以为其源始于王弼、何晏，二人之罪深于桀纣。"⑤

但是到南朝以后，这种激烈的冲突不见了。关于儒学与玄学的合流，前辈学者已有深入讨论。唐长孺先生揭示出东晋以后礼玄双修已成普遍趋势。⑥ 余英时先生则从社会伦理的角度、从仍具现实意义的情与礼的关系入手，对儒、玄合流给予了更深入的解说。⑦ 本文试图补充的是，儒、玄冲突的解决或许也有一个学术内部的原因，即当对经学、玄学以及其他学问的讨论都演变为知识性的讨论时，彼此之间便有了共同点，因而更易于相互沟通。归根结底，元嘉时的四学并立只是体现了当时人的知识分类思想，而并非要在四门学问之间设置壁垒。在崇尚博学的南朝，学者的知识并未受此局限，反而是更加综合了。

现在我们可以接着讨论第一节的问题了。前节所揭示的自晋宋之际开始的聚书风气与本节所讨论的知识崇拜的风气基本上是同步发生的。二者之间有密切关系。准确地说，聚书的盛行只是知识崇拜风气的一个组成部分、一个具体表现而已。这方面的例证太多，无法一一列举，这里仅举出两个例子加以说明。《陈书》卷三〇《傅縡传》："后依湘州刺史萧循。循颇好士，广集坟籍，縡肆志寻阅，因博通群书。"傅縡的"博通群书"是

---

① 《晋书》卷五〇《庾峻传》。
② 《晋书》卷八二《虞预传》。
③ 《文选》卷四九干宝《晋纪》总论。
④ 《晋书》卷七〇《应詹传》。
⑤ 《晋书》卷七五《范汪传附范宁传》。
⑥ 参见唐长孺《读〈抱朴子〉推论南北学风的异同》，《魏晋南北朝史论丛》，生活·读书·新知三联书店1955年版。
⑦ 参见余英时《名教思想与魏晋士风的演变》，《士与中国文化》，上海人民出版社2003年版。

以萧循"广集坟籍"为前提。又,《陈书》卷二七《姚察传》:"年十二,便能属文。父上开府僧垣,知名梁武代,二宫礼遇优厚,每得供赐,皆回给察兄弟,为游学之资,察并用聚蓄图书,由是闻见日博。"姚察的情形与傅缚相同,都说明聚书是博闻的条件。既然如此,追求博学的南朝士人自然会尽力聚书。正是考虑到这一层因素,所以前节才未将南朝聚书的盛行仅仅理解为造纸技术发展的结果。

三 从名士到学士

与崇尚知识的风气相关联,南朝士人的称谓也发生了变化。我们知道,用"名士"、"学士"来指称士人由来已久。不过比较而言,汉晋多使用"名士",而南朝则更多使用"学士"。一般而论,士人都有文化,但名士之所以成为名士,往往并不是因为他有文化,而学士称谓则与文化、知识有着直接的联系。

所谓"名士",顾名思义,即是有名之士。《后汉书》卷六七《党锢列传》序称:

> 自是正直废放,邪枉炽结,海内希风之流,遂共相摽榜,指天下名士,为之称号。上曰"三君",次曰"八俊",次曰"八顾",次曰"八及",次曰"八厨",犹古之"八元"、"八凯"也。窦武、刘淑、陈蕃为"三君"。君者,言一世之所宗也。李膺、荀翌、杜密、王畅、刘佑、魏朗、赵典、朱寓为"八俊"。俊者,言人之英也。郭林宗、宗慈、巴肃、夏馥、范滂、尹勋、蔡衍、羊陟为"八顾"。顾者,言能以德行引人者也。张俭、岑晊、刘表、陈翔、孔昱、苑康、檀敷、翟超为"八及"。及者,言其能导人追宗者也。度尚、张邈、王考、刘儒、胡母班、秦周、蕃向、王章为"八厨"。厨者,言能以财救人者也。

以上"三君"、"八俊"之辈都是东汉末年名士中的领袖人物,可以说是"名士"中的"名士"。他们的特点及成名的途径各不相同,或者因"德行引人"而著名;或者因"导人追宗"而著名;或者因"以财救人"而著名，大致都偏重于道德一端。① 这正是赵翼所说的"东汉尚名节"风气下的结果。② 影响所及，魏晋之际的一些人依然以此标准来理解"名士"。《三国志》卷二二《卢毓传》：

> 前此诸葛诞、邓扬等驰名誉，有四聪八达之诮，帝疾之。时举中书郎，诏曰："得其人与否，在卢生耳。选举莫取有名，名如画地作饼，不可啖也。"毓对曰："名不足以致异人，而可以得常士。常士畏教慕善，然后有名，非所当疾也。"

按卢毓所说，通常的情形应该是"畏教慕善，然后有名"，这还是强调以德获名，《晋书》卷四六《刘颂传》载西晋刘颂上疏：

> 今闾间少名士，官司无高能，其故何也？清议不肃，人不立德，行在取容，故无名士。下不专局，又无考课，吏不竭节，故无高能。无高能，则有疾世事；少名士，则后进无准，故臣思立吏课而肃清议。

"人不立德"，"故无名士"，这也还是偏重于道德。不过就当时的现实看，卢毓、刘颂的认识比较保守，实际上汉晋时期成名方式已经多种多样，或因特立独行而成名、或因善于应答而以一言成名、或因受到大名士赏识而一日成名。渡江之后，不少"名士"更以放纵而成名，如羊曼"任达颓纵，好饮酒。温峤、庾亮、阮放、桓彝同志友善，并为中兴名士"③。他们的言行举止与正统的道德礼法完全背道而驰。本文上节引东晋王恭所谓"痛饮酒，熟读《离骚》，便可称名士"一语形象地说明了当时名士的特征。

南朝人偶尔也使用"名士"称谓，如《陈书》卷二四《周弘正传》

---

① 《后汉书》卷六七《党锢传》：刘淑"少学明五经，遂隐居，立精舍讲授，诸生常数百人。州郡礼请，五府连辟，并不就。永兴二年，司徒种暠举淑贤良方正，辞以疾。桓帝闻淑高名，切责州郡，使舆病诣京师"。按此刘淑的"高名"自然是因其学术而来，但多数情况下，学术成就并不是"名士"获取名声的主要手段。

② 参见赵翼《廿二史札记》"东汉尚名节"条。

③ 《晋书》卷四九《羊曼传》。

载梁元帝语:"余于诸僧重招提琰法师,隐士重华阳陶贞白,士大夫重汝南周弘正,其于义理,清转无穷,亦一时之名士也。"《南史》卷二八《褚照传》:"彦回从父弟也……常非彦回身事二代……彦回拜司徒,宾客满坐,照叹曰:'彦回少立名行,何意披猖至此!门户不幸,乃复有今日之拜。使彦回作中书郎而死,不当是一名士邪?名德不昌,遂有期颐之寿。'"不过与汉晋时期相比,这样的例子在南朝极罕见。南朝史籍中呈现最多的是"学士"。

关于"学士"称谓,赵翼曾有敏锐观察。《陔余丛考》卷二六"学士":

> 学士之名,其来最久。裴松之《三国志注》:正始中,诏议圜丘,普延学士。是曹魏时已有学士之称也。晋、宋以后,增置渐多。宋泰始六年,置总明观学士,后省总明观,于王俭宅开学士馆,以总明四部书充之。齐高帝诏东观学士撰《史林》三十篇。永明中置新旧学士十人,修《五礼》。又竟陵王子良集学士抄五经百家。梁武时,沈约等又请《五礼》各置旧学一人,人各举学士二人相助。又命庾肩吾、刘孝威等十人为高斋学士。简文为太子,又开文德省,置学士。刘孝标撰《类苑》,梁武又命诸学士撰《华林遍略》以高之。陈武帝亦诏依前代置西省学士。其他散见于南、北史各传者,如虞荔、张讥俱为士林馆学士,蔡翼、纪少瑜、庾信为东官学士,傅绰、顾野王、阮卓为撰史学士,沈峻、孔子祛为西省学士,陆琰、沈不害为嘉德殿学士,岑之敬为寿光殿学士,阮卓又为德教殿学士。是六朝时或省,或观,或殿,或馆,随所用各置学士。第其时所谓学士者,无定员,无定品……

赵翼注意到"学士"之名"晋、宋以后,增置渐多",确具卓识,但他以《三国志》裴注所引《魏略》中的史料来论证"学士"称谓"其来最久"却不可靠。最晚西汉人就已经使用"学士"一词了。《史记》卷四六《田敬仲完世家》:"宣王喜文学游说之士,自如驺衍、淳于髡、田骈、接予、慎到、环渊之徒七十六人,皆赐列第,为上大夫,不治而议论。是以齐稷下学士复盛,且数百千人。"同书卷一二一《儒林传》:董仲舒"进退容止,非礼不行,学士皆师尊之"。《汉书》卷七一《于定国传》:

于定国"为人谦恭,尤重经术士,虽卑贱徒步往过,定国皆与钧礼,恩敬甚备,学士咸称焉"。《续汉书·祭祀志》下刘昭引蔡邕《表志》:"自执事之吏,下至学士,莫能知其所以两庙之意,诚宜具录本事。"由以上例子看,两汉人已经在使用"学士"称谓,并非如赵翼所说从曹魏时开始。

从上引汉代史料看,与"名士"不同,"学士"往往是和学术文化有关。这在魏晋以后也还是如此,无有例外。《三国志》卷九《曹仁传附弟纯传》注引《英雄记》:曹纯"好学问,敬爱学士,学士多归焉"。《三国志》卷四二《许慈传》:"先主定蜀,承丧乱历纪,学业衰废,乃鸠合典籍,沙汰众学,慈、潜并为学士,与孟光、来敏等典掌旧文。"《晋书》卷七五《荀崧传》载,东晋初荀崧上表追述西晋儒学盛况说:"置博士十九人。九州岛之中,师徒相传,学士如林。"关于"学士"的含义,以下的两个例子最能说明问题。《三国志》卷三八《秦宓传》:

> 建兴二年,丞相亮领益州牧,选宓迎为别驾,寻拜左中郎将、长水校尉。吴遣使张温来聘,百官皆往饯焉。众人皆集而宓未往,亮累遣使促之,温曰:"彼何人也?"亮曰:"益州学士也。"及至,温问曰:"君学乎?"宓曰:"五尺童子皆学,何必小人!"

诸葛亮向张温介绍秦宓,称他为"益州学士",张温见到秦宓立刻追问:"君学乎?"可见,"学士"就是指有学问的士人。又,《南齐书》卷五六《刘系宗传》:

> 系宗久在朝省,闲于职事。明帝曰:"学士不堪治国,唯大读书耳。一刘系宗足持如此辈五百人。"其重吏事如此。

这里说得再明确不过了,学士只会"读书",所以"不堪治国"。按此,"学士"就是指会读书、懂学术的士人。

按赵翼所举事例,南朝真正引人瞩目的变化是大批学士为朝廷、诸王所设的各种机构吸收,并从事文化活动。学士虽然"无定员、无定品",但却具有浓重的"准官员"色彩。这既与南朝皇权的复兴有关,同时也体现出知识时代的特征。士人再也不能像东汉名士那样,仅凭他们在士人群体中获得的名声就可以呼风唤雨。在皇权复兴、重视知识的时代，他们只能依靠自身的学识来服务于王朝并获得相应的名誉与利益。我们现在来看两个与之相关的有趣故事。《太平广记》卷二五三引《谈薮》：

> 周司马消难以安陆附陈。宣帝遇之甚厚，以为司空。见朝士皆重学术，积经史，消难切慕之。乃多卷黄纸，加之朱轴，诈为典籍，以矜僚友。尚书令济阳江总戏之曰："黄纸五经。赤轴三史。"①

《陈书》卷三六《始兴王叔陵传》：

> 叔陵修饰虚名，每入朝，常于车中马上执卷读书，高声长诵，阳阳自若。归坐斋中，或自执斧斤为沐猴百戏。

司马消难、陈叔陵都想获取名誉。前者采取的办法是"多卷黄纸，加之朱轴，诈为典籍"，后者则是"于车中马上执卷读书"。这样的举动固然荒唐可笑，但也真实反映了当时的社会风气，"名"的获得离不开读书、离不开知识。他们虽然都不是学士，但为了求名却不得不装扮成学士的模样。

南朝士人多以"学士"的面貌出现在社会中，影响所及，甚至派生出了"童子学士"这样的说法。《梁书》卷四一《王规传附宗懔传》："懔少聪敏好学，昼夜不倦，乡里号为童子学士。"这个例子很有趣。它既说明了"学士"的特征在"学"，也说明南朝"学士"称谓已经成为使用频度极高的习用语，所以才会导致儿童好学者被戏称为"童子学士"。检索南朝史籍，可以称得上"童子学士"的人相当多，如刘瓛"少笃学，博通五经"。②陆云公"五岁诵《论语》、《毛诗》，九岁读《汉书》，略能记忆。从祖倕、沛国刘显质问十事，云公对无所失，显叹异之"。③韦载"少聪惠，笃志好学。年十二，随叔父棱见沛国刘显。显问

---

① 《周书》卷二一《司马消难传》称："消难幼聪惠，微涉经史，好自矫饰，以求名誉。"可与《谈薮》所载事迹互为补充。
② 《南齐书》卷三九《刘瓛传》。
③ 《梁书》卷五〇《陆云公传》。

《汉书》十事，载随问应答，曾无疑滞"。① 虞荔"幼聪敏，有志操。年九岁，随从伯阐候太常陆倕，倕问五经凡有十事，荔随问辄应，无有遗失，倕甚异之"。② 姚察"六岁诵书万余言"，"年十二，便能属文"。③ 类似的例子俯拾皆是。

东汉以来也有类似南朝"童子学士"的例子，如曹丕"少诵《诗》、《论》"，④ 邴原早孤，少好学，"一冬之间，诵《孝经》、《论语》。自在童龀之中，嶷然有异"⑤，但这样的例子在史书中并不多见。我们能够看到更多的记载是关于早慧型儿童的。《世说新语·言语》篇：

> 徐孺子年九岁，尝月下戏。人语之曰："若令月中无物，当极明邪？"徐曰："不然，譬如人眼中有瞳子，无此必不明。"
>
> 梁国杨氏子，九岁，甚聪惠。孔君平诣其父，父不在，乃呼儿出，为设果。果有杨梅，孔指以示儿曰："此是君家果。"儿应声答曰："未闻孔雀是夫子家禽。"

同书《夙慧》篇：

> 晋明帝数岁，坐元帝膝上。有人从长安来，元帝问洛下消息，潸然流涕。明帝问何以致泣，具以东渡意告之。因问明帝："汝意谓长安何如日远？"答曰："日远。不闻人从日边来，居然可知。"元帝异之。明日集群臣宴会，告以此意，更重问之。乃答曰："日近。"元帝失色，曰："尔何故异昨日之言邪？"答曰。"举目见日，不见长安。"

应该说早慧型儿童、"童子学士"类型的儿童在各个时期都会有，汉晋多早慧儿童的记载，而南朝多"童子学士"的记载其实反映的是两个时期人们观念的不同。汉晋时期，人们崇尚的是机智、聪慧，而在南朝，人们

---

① 《陈书》卷一八《韦载传》。
② 《陈书》卷一九《虞荔传》。
③ 《陈书》卷二七《姚察传》。
④ 《三国志》卷二《文帝纪》注引《典论》自叙。
⑤ 《三国志》卷一〇《邴原传》注引《原别传》。

崇尚的则是知识的拥有。对于士人来说，这关系到家族地位的延续。前引颜延之《庭诰》、颜之推《家训》都告诫子孙读书的重要。二颜之语与"童子学士"可以互相发明，都表明了在重视知识的时代，士人对后代的学习有多么关切。在皇权复兴、知识至上的新时代，士族政治地位、社会地位的传承已经不能完全凭借家族政治上的权力，而在很大程度上要凭借文化。王僧虔在《诫子书》中直言道："吾不能为汝荫，政应各自努力耳。或有身经三公，蔑尔无闻；布衣寒素，卿相屈体。或父子贵贱殊，兄弟声名异。何也？体尽读数百卷书耳。"①

综合全文，从社会史、学术史的角度看，聚书风气的兴起、儒玄文史中重视知识的倾向、名士与学士称谓的转换都表明南朝的学术文化已经进入了一个新的时代。按照通常的理解，汉代是一个经学的时代，魏晋是一个玄学的时代。南朝诸种学问之中，文学最盛，过去我曾以为南朝或许可以算是文学的时代。这个认识自有道理，但现在看来，这个认识肯定不全面，因为文学虽盛，但它不能涵盖一切。文学中表现出来的追求渊博、重视知识的特征在其他领域也都存在。既然各个领域都表现出相同的重视知识的倾向，所以本文更愿意用"知识至上"为这个时代命名。

最后需要补充强调的是，本文虽然主要是在讨论南朝的学术文化特征，但文中之所以一再提及"晋宋之际"，实际已经暗含了一个认识，即南朝的变化其实都是从东晋后期开始的。一个明显的例证是，前文所提及的刘宋初年那些最重要的学术人物如雷次宗、裴松之、谢灵运、颜延之等人都是在东晋后期成长起来的。他们知识的获得、学术价值观念的养成都是在那个时期。因此，若要解释知识时代的起源，东晋后期应该是重点关注的对象。不过在探究起源之前，首先确认南朝时代学术的基本特征则是必需的。这正是撰写本文的目的所在。

(本文原载《文史》2009年第4期)

---

① 《南齐书》卷三三《王僧虔传》。

说"关中本位政策"

李万生

一 引言

陈寅恪先生《唐代政治史述论稿》（以下简称《述论稿》）不仅为唐代政治史研究方面最伟大之著作①，即使通就西魏、北周、杨隋、李唐四朝政治史之研究而论，亦为最伟大之著作也。其故在该书上篇提出之"关中本位政策"说②，极具启发意义。该说在中国中古史研究方面有极大之影响者，以此；此种影响仍将持续者，亦以此。然因陈先生于此说以文题所限③，只作有提示性之论述，未做专门之研究④，故总体而言，其说虽能自圆，不可否认，但有表述上之可议处，似当承认。岑仲勉先生等批评者，仅据《述论稿》上篇未尽完善之论述进行批评，未能疏通陈先生其他相关之论述，故有误会与苛责，殊有可惜。笔者浅陋，不足以窥前

---

① 本文所参考之《唐代政治史述论稿》，乃上海古籍出版社1980年版。以下引用但注页数（页数随文施注，以省脚注之目）。

② "关中本位政策"之说非《述论稿》最早言及，此参《隋唐制度渊源略论稿》（以下简称《渊源稿》）第145页有"关中本位之政策"之语可知。（《渊源稿》之作在前，而《述论稿》之作在后。）因本文特重《述论稿》，而《述论稿》乃纯粹意义上之政治史著作，故言《述论稿》提出"关中本位政策"说。若广义言之，《渊源稿》亦政治史之著作，（北京三联书店2001年版钱穆先生《中国历代政治得失》中之"政治"实际乃制度）则本文此处所言有不准确者也。读者倘不深执于此，则深幸矣。本文所参考之《渊源稿》乃上海古籍出版社1982年版。以下引用但注页数。

③ 陈先生集中在《渊源稿》、《述论稿》中阐述"关中本位政策"说，在后来之论著中虽有言本位政策者，然皆无具体之阐述，应是有本于《渊源稿》、《述论稿》之界说者。

④ 此所谓"专门之研究"乃指以"关中本位政策"为题，对该政策作全面、系统、透彻之阐发，著成专文或专书。

贤之学，故识小之见，未必正确，倘得高明之教正，则深幸矣。

二 概念问题

此分三小题论之：(一)"关中本位政策"；(二)"关陇集团"；(三)他人之理解。

(一)"关中本位政策"

所谓"关中本位政策"，《述论稿》言：乃宇文泰"融合其所割据关陇区域内之鲜卑六镇民族，及其他胡汉土著之人为一不可分离之集团，匪独物质上应处同一利害之环境，即精神上亦必具同出一渊源之信仰，同受一文化之熏习，始能内安反侧，外御强邻。而精神文化方面尤为融合复杂民族之要道"（第15页）。其存在时间在西魏至唐高宗统御之前期（第18页）。可见，"关中本位政策"包括物质与文化两方面。而由"关陇区域内之鲜卑六镇民族，及其他胡汉土著之人为一不可分离之集团"之语观之，则所谓"关中本位政策"又可名为"关陇本位政策"。陈先生《渊源稿》有"关陇文化本位之政策"、"关陇物质本位政策"之称，复有"关陇地域为本位"（第91页）之说，更有"关中本位之政策"（第145页）、"关中本位之根据地"（第146页）之号，如府兵制即被视为与"关陇物质本位政策"相关之制度（第91页）。可见，《渊源稿》于"本位政策"之定义，较诸《述论稿》于"本位政策"之定义，更为具体明白①。依

---

① 万绳楠先生整理之《陈寅恪魏晋南北朝史讲演录》（黄山书社1987年第1版，1999年第2次印刷。以下所用万先生之书皆此版本）第十九篇第（三）节即列有"关陇物质本位政策（关于府兵与乡兵）""关陇文化本位政策（关于行周礼）"二条目，与《渊源稿》所言实一致。需言者，万先生整理之书，其节本为万先生听陈先生讲述魏晋南北朝史时所作之笔记。陈先生讲课时间在1947—1948年。万先生言："整理时，参考了五十年代高教部代印的、陈老师在中山大学历史系讲述两晋南北朝史时所编的引文资料，及一九八〇年上海人民出版社（笔者谨按：当为"上海古籍出版社"之误）出版的《金明馆丛稿初编》、《二编》等有关的论文，力求符合陈老师的观点。"（《前言》）其中未提及参考《述论稿》、《渊源稿》，大可注意。蒋天枢先生《陈寅恪先生编年事辑》（上海古籍出版社1997年版）谓《渊源稿》乃1939年冬至1940年四月作（第126页、198页），而《述论稿》完成于1941年（第129页、199页）。（唐振常先生言《述论稿》写于1942年，并言蒋先生书误。见上海古籍出版社1997年版《述论稿》唐先生导读文第2页。）故应言"关中本位政策"分物质、文化两方面，且"关中本位政策"又可名为"关陇本位政策"乃可确定无疑者。故称"关陇本位政策"乃陈先生之成熟意见，盖以为此称涵盖面更全也。

此，则所谓"关中本位政策"非仅可名为"关陇本位政策"，非仅可分而言"关陇物质本位政策""关陇文化本位政策"，尚可名为"关中物质本位政策"、"关中文化本位政策"、"关中地域本位政策"（或"关中根据地本位政策"）矣。故《渊源稿》之作虽在《述论稿》之前，但二书所言实一致。其所以一致者，即因《述论稿》之说乃在《渊源稿》之说基础上发展而来，此对比《述论稿》第14—15页之论述与《渊源稿》第90—91页之论述即可知也。《渊源稿》之"关陇本位政策"至《述论稿》则为"关中本位政策"者，盖以后者通计西魏、北周、杨隋、李唐四朝之历史而衡之，且侧重李唐历史，而李唐之关中，在全国之地位十分重要之故也①。为求通贯计，乃有《述论稿》将李虎之赵郡郡望改为陇西郡望事亦作为"关中本位政策"例证之考虑。

但"关中"与"关陇"在意义上毕竟有所区别，陈先生在《述论稿》中未明言"关中本位政策"又可名为"关陇本位政策"，而"关陇本位政策"又可分名为"关陇文化本位政策"、"关陇物质本位政策"、"关陇地域本位政策"，亦未明言凡《述论稿》言之不够明白者皆可参考《渊源稿》而明之，故总使人感到不够明白。非仅此也，《述论稿》所举"关中本位政策"之四例证中，时间最早者为府兵制，时间在大统十六年（550）（详见下文），而西魏在废帝元年（552）平梁朝之上津、魏兴、南郑，二年克成都；上津、魏兴、南郑三地太小，西魏不会特别为之制定何政策，唯有在得成都后，方有可能针对成都等地之情况制定不同于关陇之政策；故大体而言，废帝二年之前西魏辖地既然只有关中及陇西，而"关中本位政策"又可名为"关陇本位政策"，则于废帝二年前之西魏言"关中本位政策"，即等于言西魏在大统十六年及以前皆无"本位政策"矣。故"关中本位政策"此概念用之于北周、杨隋、李唐三朝皆适合，而用之于西魏则反有未恰当者也。正因陈先生之表述不够明白，即难怪有人专就《述论稿》上篇之不够完善之论述进行批评矣（详见下文）。

---

① 陈寅恪：《述论稿》第50页举《陆宣公奏议·论关中事宜状》以言关中兵力之众，文曰："太宗文皇帝既定大业……列置府兵，分置禁卫，大凡诸府八百余所，而在关中者殆五百焉，举天下不敌关中，则居重驭轻之意明矣。"（见《陆宣公奏议注》，丛书集成初编本，第0901本，中华书局1991年版，第1册，卷一，第2页，又见《陆贽集》中华书局2006年版，上册，卷11《奏章一》，第337—338页）

（二）"关陇集团"

李唐皇室自称出自陇西，故论李唐历史而言"关中本位政策"，并未忽视陇西之重要性。故《述论稿》言"关中本位政策"而言"关陇集团"乃事理之必然。陈先生《述论稿》言宇文泰之"关中本位政策"乃"融合……关陇区域内之鲜卑六镇民族，及其他胡汉土著之人为一不可分离之集团"（第15页），又言"有唐一代三百年间其统治阶级之变迁升降，即是宇文泰'关中本位政策'所鸠合集团之兴衰及其分化。盖宇文泰当日融冶关陇胡汉民族之有武力才智者，以创霸业……"（第48页），又言"关陇集团本融合胡汉文武为一体"（第49页），则"关陇集团"又可称为"关陇胡汉集团"①。而"关陇胡汉集团"又可名为"胡汉关陇集团"②。而所谓"关陇集团"，依《渊源稿》第91页之陈述，可知其义为"以关陇地域为本位之坚强团体"③。在《论隋末唐初所谓"山东豪杰"》文中，则有"关陇六镇集团"之名，复有"关陇府兵集团"之称，复有"六镇胡汉关陇集团"之号④，而《记唐代之李武韦杨婚姻集团》文中则言"胡汉六镇关陇集团"⑤，《论李栖筠自赵徙卫事》文中乃称"关陇胡汉混合集团"⑥，盖以所谓"关陇集团"中本有六镇之人，其人有胡有汉之缘故，自是"混合集团"，而所谓"关陇府兵集团"则是就"关陇"之军队系统中集团而言也。且"府兵制"，《述论稿》以为乃"关中本位政策"中之最主要者（第18页）。依陈先生之意，自西魏迄唐高宗统御之前期，皆是"文武不殊涂，将相可兼任"，则言"关陇府兵集团"亦可。何况西魏最初之八柱国、十二大将军皆府兵首领也。

---

① 陈寅恪：《述论稿》第77页即有"关陇胡汉集团"之称，文曰："唐代皇室本出自宇文泰所创建之关陇胡汉集团……"
② 陈寅恪：《述论稿》第71页言："宇文泰所创建之胡汉关陇集团胡汉诸族……"
③ 陈寅恪：《渊源稿》曰："宇文苟欲抗衡高氏及萧梁……必应别有精神上独立有自成一系统之文化政策……维系其关陇辖境以内之胡汉诸族之人心，使其融合成为一家，以关陇地域为本位之坚强团体。"
④ 陈寅恪：《金明馆丛稿初编》，三联书店2001年版，第252、254、256页。（以下所用此书皆此版本）
⑤ 陈寅恪：《金明馆丛稿初编》第267页。
⑥ 陈寅恪：《金明馆丛稿二编》，上海古籍出版社1980年版，第6页。（以下所用此书亦此版本）

《陈寅恪读书札记·新唐书之部》又有"宇文泰关中本位集团"之称，文曰："府兵制之破坏于燕公（张说），亦非偶然之事，盖宇文泰关中本位集团，实以府兵制为中心，燕公乃武氏擢拔之别一社会阶级，宜其与旧日之统治者所依附之制度不能相容也。若李邺侯（泌），则关中本位集团之子孙，故主复府兵制。此俱有主观传统之原因，非仅客观环境之条件也。"① 此中"关中本位集团"之侧重在人，并非"关中本位政策"之同义语。其中"宇文泰关中本位集团"、"关中本位集团之子孙"中"关中本位集团"皆可理解为"关陇本位集团"。值得注意者：此《新唐书》之札记所作之时间，蒋天枢先生《陈寅恪先生编年事辑》系在1939年②，时间虽早于《述论稿》作成之时间，但《读书札记》之"关中本位集团"之含义与《述论稿》中"关陇集团"之含义侧重在人者实一致。

另有值得注意者，即陈先生以为加入"关陇集团"者亦为"关陇集团"之人。此在《述论稿》中篇有所论述，而《记唐代之李武韦杨婚姻集团》文中之表述可作为辅证。《述论稿》中篇言："兰陵萧氏元是后梁萧詧之裔，而加入关陇集团，与李唐皇室对于新旧两阶级之争得处于中立地位者相似。故萧俛由进士出身，成为牛氏之党，而萧遘虽用进士擢第，转慕李文饶之为人，乃取以自况也。"（第103—104页）仅就此文而论，此所谓"加入关陇集团"似就萧俛、萧遘而言。考《新唐书》卷71下《宰相世系表下》，萧俛相穆宗，萧遘相僖宗。如此则似唐代后期仍有"关陇集团"之存在矣？联系《述论稿》第18页言"李唐皇室者唐代三百年统治之中心也"，亦似若唐穆宗、僖宗时仍有"关陇集团"？盖以李唐皇室既自称出自陇西，复居关中；皇室周围之人皆依附皇室而存在者。然若此理解，则当认为唐代后期之"关陇集团"与唐代前期之"关陇集团"有差别。如此，即似可谓穆、僖二宗乃一扩大意义或残存意义之"关陇集团"首领也。然《述论稿》第19页言"关中本位政策""迄至

---

① 《陈寅恪读书札记》，上海古籍出版社1989年版，第81页。（以下所用此书皆此版本）
② 《陈寅恪先生编年事辑》（增订本），上海古籍出版社1997年版，第122页。

唐玄宗之世，遂完全破坏无遗"①，第48—49页言武则天开始施行破坏关陇集团之工作，"其后皇位虽复归李氏，至玄宗尤称李唐盛世，然其祖母开始破坏关陇集团之工事竟及其身而告完成矣……"第49页又言"举凡进士科举之崇重，府兵之废除，以及宦官之专擅朝政，蕃将即胡化武人之割据方隅，其事俱成于玄宗之世。斯实宇文泰所创建之关陇集团完全崩溃……"如此则必当认为唐代在玄宗之后已无"关陇集团"之存在矣②，故陈先生所言萧俛、萧遘之不同表现当指其承继先世以来之门风所致，故所谓"加入关陇集团"应是暗指萧俛、萧遘之祖先而言，而非仅指萧俛、萧遘也。不然，陈先生论事之逻辑不会舛谬如此。考《新唐书》卷71下《宰相世系表下》，萧俛乃瑀之第八代孙，萧遘乃瑀之第十代孙；萧瑀相高祖，瑀乃瞀之孙③。而所谓"相高祖"乃指萧瑀为内史令之事，内史令即中书令，乃宰相④。《旧唐书》卷63、《新唐书》卷101瑀本传皆记其为内史令之时间在武德元年⑤，而两《唐书》本纪则皆记其时间在武德元

---

① 陈先生《论李栖筠自赵徙卫事》之文曰："大唐帝国自安史乱后，名虽统一，实则分为两部。其一部为安史将领及其后裔所谓藩镇者所统治，此种人乃胡族或胡化汉人。其他一部统治者，为汉族或托名汉族之异种。其中尤以高等文化之家族，即所谓山东士人者为代表。此等人群推戴李姓皇室，维护高祖太宗以来传统之旧局面，崇尚周孔文教……"（见陈寅恪《金明馆丛稿二编》，第1页）此中"维护高祖太宗以来传统之旧局面"之语，甚可注意。《渊源稿》第91页言"'关陇文化本位政策'范围颇广，包括甚众"，则必当言《述论稿》此所言之"关中本位政策"亦是"范围颇广，包括甚众"者，则此所谓"高祖太宗以来传统之旧局面"即可认为有"关中文化本位政策"之内容，而此内容在安史乱后仍有存在者。如此，则《论李栖筠自赵徙卫事》所言与《述论稿》此言唐玄宗后应无"关中本位政策"之意有所不合。此种情况似只当如此解释：陈先生于"关中本位政策"无全面、系统、透彻之研究，故其所论不能处处协调一致。（蒋天枢先生《陈寅恪先生编年事辑》卷下一九五二年之"编年文"有《论李栖筠自赵徙卫事》之文；同书"陈寅恪先生论著编年目录"于一九五二年列《论李栖筠自赵徙卫事》之文，注曰："本年十二月作《中山大学学报》一九五六年十月钞本油印本"。则此《论李栖筠自赵徙卫事》一文之作晚于《述论稿》之作十年。其与《述论稿》之言有所矛盾者，岂以时间之差别而致不能处处完全协调一致耶？待考）

② 汪篯先生在《唐高宗王武二后废立之争》文中言武则天时关陇集团失势，"死灰余烬亦遂不复有再度燃烧的可能了"（见《汪篯隋唐史论稿》，中国社会科学出版社1981年版，第184页），亦是对陈先生之说准确之理解。（以下所用汪先生之书皆此版本）

③ 《新唐书》，第2281—2286页。（本文所用正史皆中华书局点校本，不一一详注）

④ 《通典》（中华书局1988年版）卷21《职官三·宰相·中书省·中书令》："隋初改中书为内史，置监令各一人，寻废监，置令二人。炀帝大业十二年，又改内史为内书，后复为内史令。大唐武德初，为内史令，三年，改为中书令……"（第562页）

⑤ 《旧唐书》，第2400页；《新唐书》，第3950页。

年六月①。考《旧唐书》卷 172《萧俛传》②、卷 179《萧遘传》③、卷 99《萧嵩传》④，俛、遘皆嵩之裔，而嵩乃瑀之曾侄孙。故所谓"加入关陇集团"最早者乃萧瑀。然《述论稿》未明言萧瑀加入"关陇集团"事，此只可认为是陈先生表述未能全面、周密所致⑤。但无论如何，在陈先生心中，"关陇集团"本有狭义广义之别，则为明白。狭义者即《述论稿》上篇所言"宇文泰'关中本位政策'下所结集团体之后裔"（第 18 页），广义者即指"加入关陇集团"之人如萧瑀者。此皆就唐代武则天以前之情况而言。明白陈先生所言之"关陇集团"有狭义广义之别后，即可理解其《记唐代之李武韦杨婚姻集团》一文之论述实可作《述论稿》论述之辅证："褚遂良可视为关陇集团之附属品。"⑥"附属品"与"加入者"差别不大。可见《述论稿》与《记唐代之李武韦杨婚姻集团》之文所言实一致。而此点为批评者所忽略。殊有可惜。

（三）他人之理解

1. 岑仲勉之理解

岑仲勉先生《隋唐史》曰："（唐）太宗用人，虽不定各当其才，要可说绝无界限，此一点就其命相观之，即显而易见。今试依新唐书六一宰相表，从即位日起至临终日止，计曾居相位者共二十五人；就中如许敬宗、褚遂良同籍杭州，江左派也。王珪（太原人）、温彦博（并州人）、张亮（郑州人）、李世勣（滑州人），河东与河南之编氓也。高士廉（北齐之后）、房玄龄（临淄人）、封德彝（渤海人）、魏徵（魏州人）、戴胄

---

① 《旧唐书》，第 7 页；《新唐书》，第 7 页。
② 《旧唐书》，第 4476 页。
③ 《旧唐书》，第 4645 页。
④ 《旧唐书》，第 3093 页。
⑤ 陈寅恪《述论稿》第 18 页言："……自高祖、太宗创业至高宗统御之前期，其将相文武大臣大抵承西魏、北周及隋以来之世业，即宇文泰'关中本位政策'下所结集团体之后裔也。"第 48 页言："……其（唐）皇室及佐命功臣大都西魏以来此关陇集团中人物……"此二处，一言"大抵"，一言"大都"，似与中篇第 103—104 页论萧氏事一致，即所谓"关陇集团"包括虽非籍贯关陇但加入或附属关陇集团之人。但同书第 48 页之另一表述即将此种推断彻底否定，文曰："……李氏据帝位，主其轴心，其他诸族人则为相，出则为将……其间更不容别一统治阶级之存在也。"此亦似只能以陈先生之论述未能全面、周密为解释。
⑥ 陈寅恪：《金明馆丛稿初编》，第 275 页；陈先生又言："褚遂良为关陇集团附属系统之人"，第 254 页。

（相州人）、侯君集（幽州人）、马周（博州人）、高季辅（德州人）、张行成及崔仁师（均定州人），又皆来自山东区域者也……尤其是马周以布衣上书，三命召见，（隋唐嘉话）卒登相位。计上举十八人，已占宰相总数十分之七强，宁能谓太宗保持着'关中本位政策'乎？抑太宗不特任相如此，命将亦然，列传具在，可以覆检……"又曰："'关中本位政策'或称为'关陇集团'，以谓（武）则天本家不在此集团之内，故蓄意破坏而代以新兴进士。"①

今按，岑先生此论乃针对《述论稿》第18—19页之论而言者。《述论稿》曰："自高祖、太宗创业至高宗统御之前期，其将相文武大臣大抵承西魏、北周及隋以来之世业，即宇文泰'关中本位政策'下所结集团体之后裔也。自武曌主持中央政权之后，逐渐破坏传统之'关中本位政策'，以遂其创业垂统之野心……而西魏、北周、杨隋及唐初将相旧家之政权尊位遂不得不为此新兴阶级（进士科）所攘夺替代。"②可见，岑先生将"关中本位政策"理解为"关陇集团"，乃狭义之理解。其义应在"关中本位政策"与"关陇集团"密不可分。具体言之，实施"关中本位政策"之目标是要组成"关陇集团"，反言之，"关中本位政策"之推行需要依靠"关陇集团"。但就本来之义考之，政策为政策，集团为集团，二者并不相同，即一是规定、制度，一是人。陈先生从未明言"关中本位政策"与"关陇集团"乃同义之概念。故岑先生言"'关中本位政策'或称为'关陇集团'"，若严格言之，并不正确。以此即可认为岑先生于"关中本位政策"之理解并不全面、深刻。故若承认岑先生所言"'关中本位政策'或称为'关陇集团'"之说正确，亦只可认为其所言之"关中本位政策"仅限于人事一端，且仅限于籍贯关陇之统治集团一端，绝不可认为乃指陈先生所言"关中本位政策"之全部。此乃必须明白者。如此可知，岑先生所言之"关陇集团"亦为狭义者。广义之"关陇集团"——即加入或附属"关陇集团"者与籍贯关陇之统治者集团所组成之大集团——此含义，则不在岑先生考虑之中，且非岑先生所知，其故在

---

① 岑仲勉：《隋唐史》，中华书局1982年版，上册，第187页。（以下所用此书皆此版本）
② 岑仲勉：《隋唐史》上册，第194页注①。按"新兴阶级（进士科）"中"进士科"三字乃岑先生所加。此未准确。按陈先生之意，乃指科举制之进士科选拔出来之新贵。岑先生应知此意，而遣词未当。

岑先生仅就《述论稿》上篇之论述而论之，未疏通《述论稿》中篇之论述，且忽略陈先生《记唐代之李武韦杨婚姻集团》文中之补充。因而可言其乃片面之理解。尤可注意者，岑先生《隋唐史》出版于 1957 年①，而陈先生《记唐代之李武韦杨婚姻集团》之文发表在 1954 年，若岑先生在其《隋唐史》出版之前参考陈先生之文，则应知陈先生《述论稿》上篇之说本欠周密，从而不当抓住陈先生此不够周密之说不放而批评之矣。更明白言之，因岑先生未注意陈先生《述论稿》上篇以外（即中篇）之论述，尤其未注意晚于《述论稿》之《记唐代之李武韦杨婚姻集团》文中之修补性论述②，其所论乃落后于陈先生已补充详定之说者，故应言其批评几无道理。

2. 汪籛之理解

汪籛先生遗著《汪籛隋唐史论稿》中"关陇本位政策"凡三见③，"关中本位政策"一见④，而"关陇集团"之称则甚多，不必列举；此外，亦有"关中军事贵族"⑤、"关陇军事贵族"⑥ 之称。可知，汪先生理解所谓之"关中"与"关陇"本不分。则其理解陈先生之意甚确。尤可注意者：汪先生言长孙无忌"是关陇军事贵族的代表人物"，褚遂良"来自江南侨姓高门，与关陇军事贵族有相通之处，在政治上是依附于长孙无忌的"⑦，此实是陈先生《记唐代之李武韦杨婚姻集团》文中观点之继承。但汪先生《唐太宗之拔擢山东微族与各集团人士之并进》、《唐高宗王武

---

① 见岑仲勉《隋唐史》之《出版说明》。
② 陈先生 1957 年发表之《论唐代之蕃将与府兵》一文中之观点亦可认为是对《述论稿》上篇关于府兵制看法之修补。陈寅恪《述论稿》第 18 页言："自武曌主持中央政权之后，逐渐破坏传统之'关中本位政策'……故'关中本位政策'最主要之府兵制，即于此时开始崩溃……"而《论唐代之蕃将与府兵》则言："李唐开国之时代，其府兵实'不堪攻战'也。"（陈寅恪《金明馆丛稿初编》第 297 页）。依此，则府兵制之崩溃实有自身之原因，不待武则天之破坏而自坏也。
③ 《汪籛隋唐史论稿》，第 139、167、209 页。
④ 同上书，第 170 页。
⑤ 同上书，第 119、120、122、123、124、125、128、129 页。
⑥ 同上书，第 96、109、110、111、113 页。
⑦ 同上书，第 110、111 页。第 181 页言武则天"把虽非出自关陇集团，而实际此时已代表关陇集团势力的褚遂良由宰相外贬"，第 124 页言"以褚遂良为首的长孙（无忌）一派……"可一并参考。

二后废立之争》二文认为唐太宗不尽用关陇集团（狭义者）之人①，与陈先生《述论稿》第18页言唐高祖、太宗至高宗统御之前期"其文武大臣大抵……即宇文泰'关中本位政策'下所结集团体之后裔"及第48页言"（李唐）皇室及佐命功臣大都西魏以来此关陇集团中人物……其间更不容别一统治阶级之存在也"之说已有甚为明显之不同。可见，汪先生对陈先生"关中本位政策"、"关陇集团"说之理解甚为全面，即对其不足亦能注意。故欲全面理解陈先生"关中本位政策"、"关陇集团"之说，除读陈先生《述论稿》、《渊源稿》外，至少尚需参考汪先生此二文。

3. 黄永年之理解

黄永年先生著有《从杨隋中枢政权看关陇集团的开始解体》、《关陇集团到唐初是否继续存在》二文②，将"关陇集团"与"关中本位政策"并举③，又言"（陈）寅恪先生在《唐代政治史述论稿》里指出宇文泰实行'关中本位政策'鸠合关陇集团这点，自是完全正确的"④，又言在关中本位政策下形成关陇集团⑤，可见其将"关中本位政策"与"关陇集团"别为二事，一为政策，一为统治者。应认为理解正确。黄先生之意见，隋炀帝已不执行"关中本位政策"以组织关陇集团⑥，即谓陈先生所言西魏至唐高宗统御之前期皆有"关陇集团"之说并不完全正确。黄先生于《六至九世纪中国政治史》第二章总结发展前揭二文之说，更立"关陇集团入隋后开始解体"、"唐初关陇集团消失"二节（第五、六节）⑦，较诸前揭二文，所言更为明白，然其论述方法未变，即皆就将相之籍贯进行分析，其结论是隋至唐初任将相者并非只是籍贯关陇之人。此

---

① 汪先生《唐高宗王武二后废立之争》之文开首即言："太宗用人政策，为使各方人士平行并进，而尤注意于山东微族之拔擢。"（《汪籛隋唐史论稿》，第165页）显然即是复述其《唐太宗之拔擢山东微族与各集团人士之并进》一文之观点。

② 黄先生之文所批评者乃《述论稿》上篇（第48—49页）"有唐一代三百年间其统治阶级之变迁升降……破坏关陇集团之工事竟及其身而告完成也"一段文字，见黄永年《文史探微》，中华书局2000年版，第154、169—170页。（以下所用此书皆此版本）

③ 黄永年：《文史探微》，第154页。

④ 同上书，第12页。

⑤ 同上书，第169页。

⑥ 同上书，第158、159、165页。

⑦ 黄永年：《六至九世纪中国政治史》，上海书店出版社2004年版。此似为黄先生最后之书。

可见黄先生自始至终皆仅是就《述论稿》上篇之论述进行批评，而未及于《述论稿》中篇及《记唐代之李武韦杨婚姻集团》一文之论述。若联系《述论稿》中篇及《记唐代之李武韦杨婚姻集团》一文之论述，即可知陈先生实将加入或附属关陇集团者亦算作关陇集团之人，亦即"关陇集团"有狭义广义之别，《述论稿》上篇所言者为狭义之"关陇集团"，而《述论稿》中篇及《记唐代之李武韦杨婚姻集团》之文所言者乃广义之"关陇集团"。如此，则黄先生之文似可不作①。更有可异者，黄先生于陈先生《述论稿》之书及《记唐代之李武韦杨婚姻集团》一文读之甚熟，并就后文作商榷修正之文《说李武政权》、《开元天宝时所谓武氏政治势力的剖析》②，却未言陈先生之"关陇集团"有狭义广义之别，未知何故？又，黄先生读汪篯先生之书③，亦应知陈先生所言之"关陇集团"有狭义广义之别，然黄先生之文不言，原因何在？亦不得而知。

4. 唐长孺等人之理解

唐长孺先生言"关陇军事贵族"④，王仲荦先生称"关陇统治集团"⑤，毛汉光先生云"关陇本位集团"⑥，皆是就狭义之"关陇集团"而言者。

5. 总结

陈先生所谓"关陇集团"有狭义广义之别。岑仲勉、唐长孺、王仲荦、黄永年、毛汉光五位先生所理解者皆为狭义者。至广义之"关陇集团"，批评陈先生说之三位主要学者（即岑仲勉、汪篯、黄永年）中有二位（岑、黄）即忽略，则其他泛泛而读陈先生之书者，盖皆未知。

---

① 黄永年先生之二文，其问题及思路，与岑仲勉先生之文全同，不同只在黄先生之文论述加详而已。岑先生之文既是误解之结果，则黄先生之文可不作，无待言也。

② 黄永年：《文史探微》，第7页。《说李武政权》文即见《文史探微》。《开元天宝时所谓武氏政治势力的剖析》文见《文史存稿》（三秦出版社2004年版）。

③ 黄永年：《文史探微》，第168页。

④ 唐长孺：《魏晋南北朝隋唐史三论》，武汉大学出版社1993年版，第490页。

⑤ 王仲荦：《魏晋南北朝史》下册，上海人民出版社1980年版，第607、621页。

⑥ 毛汉光《中国中古社会史论》，上海世纪出版集团、上海书店出版社2002年版，第218页。毛先生所言之"关中本位集团"指"杨隋及唐初（之统治者）"。毛先生又有"关中统治集团"、"关中集团本位政策"之称（见同上书，第210页），指西魏、北周、杨隋、李唐统治集团及其政策，亦有理。但相对于陈先生之"关中本位政策"，其意义之外延似稍小。

三 "关中本位政策"之内容问题

此当分二部分论之：（一）为西魏北周"关中本位政策"之内容；（二）为隋唐"关中本位政策"之内容。

（一）西魏北周"关中本位政策"之内容

依《渊源稿》之说，"关中本位政策"应是"范围颇广，包括甚众"（详下文），但《述论稿》所举"关中本位政策"之例证仅有四端：1. 府兵制；2. 官制之周官；3. 改易随贺拔岳等西迁有功汉将之山东郡望为关内郡望，别撰谱牒，纪其所承；4. 以诸将功高者继塞外鲜卑部落之后（第15页）。似此四端即"关中本位政策"全部或主要之内容。而第1、2乃最重要者，第3、4则为次要者，或辅助者①。唐振常先生所作《述论稿》之导读文②，亦述此内容。从陈先生之论述看，唐先生并未误解。然《渊源稿》第90—91页曰："宇文泰凭藉六镇一小部分之武力，割据关陇，与山东、江左鼎足而三，然以物质论，其人力财富远不及高欢所辖之境域，固不待言；以文化言，则魏孝文以来之洛阳及洛阳之继承者邺都之典章制度，亦岂荒残僻陋之关陇所可相比。至于江左，则自晋室南迁以后，本神州文化正统之所在，况值梁武之时庾子山所谓'五十年间江表'之盛世乎？③故宇文苟欲抗衡高氏及萧梁，除整军务农、力图富强等充实物质之政策外，必应别有精神上独立有自成一系统之文化政策④，其作用既能文饰辅助其物质即整军务农政策之进行，更可以维系其关陇辖境以内之胡汉诸族之人心，使其融合成为一家，以关陇地域为本位之坚强团体。

---

① 陈寅恪：《述论稿》言："……宇文泰之新涂径今姑假名之为'关中本位政策'，即凡属于兵制之府兵制及属于官制之周官皆是其事。其改易随贺拔岳等西迁有功汉将之山东郡望为关内郡望，别撰谱牒，纪其所承，又以诸将功高者继塞外鲜卑部落之后，亦是施行'关中本位政策'之例证……"（第15页）显然，陈先生将府兵制及"属于官制之周官"二端作为主要者言之，而将改郡望及"以诸将功高者继塞外鲜卑部落之后"二端作为次要者（或辅助者）言之。
② 陈寅恪：《述论稿》，上海古籍出版社1997年版，第5页。
③ 按，陈先生此句不够完整。似当于"盛世"下加"此岂落后之关陇所可比"诸字。
④ 按，此句中"有"字似当舍之。

此种关陇文化本位之政策,范围颇广,包括甚众,要言之,即阳傅周礼经典制度之文,阴适关陇胡汉现状之实而已。其关系氏族郡望者,寅恪尝于考李唐氏族问题文中论之……""又与此关陇物质本位政策相关之府兵制,当于后兵制章详言之……"以上文字中最可注意之点为"此种关陇文化本位之政策,范围颇广,包括甚众"之语,而《述论稿》所言"关中本位政策"之四例证中:府兵制属于"关中物质本位政策"之内容,而"官制之周官"、"改易随贺拔岳等西迁有功汉将之山东郡望为关内郡望,别撰谱牒,纪其所承"、"以诸将功高者继塞外鲜卑部落之后"三者皆属于"关中文化本位政策"之内容。此四者中不包括属于"关中物质本位政策"之"整军务农"二大内容,且《述论稿》他处亦未言"整军务农"在"关中本位政策"之例证中。然此"整军务农"二大内容实可列入"关中物质本位政策"之中。此亦可见《述论稿》言"关中本位政策"未能全面。尤可注意者:既言"整军务农",则《周书》本纪所载大统五年、九年、十年、十一年之"大阅"①,及大统元年三月施行之二十四条新制及大统七年施行之十二条新制中涉及农业生产者②,皆当列入"关中物质本位政策"之内容中。《周书》本纪大统十年七月有"魏帝以太祖前后所上二十四条及十二条新制,方为中兴永式……总为五卷,班于天下。于是搜简贤才,以为牧守令长,皆依新制而遣焉。数年之间,百姓便之"之记载③,则新制于西魏之意义巨大,可以决言。西魏以人寡兵弱而能与东魏对抗,即与其推行二十四条及十二条新制有关。然二十四条新制、十二条新制皆不限于农业一端,故诚如陈先生所言,"关中本位政策""范围颇广,包括甚众"。然陈先生《述论稿》言"关中本位政策"而只举四例证以明"关中本位政策"之存在,未显示该政策"范围颇广,包括甚众"之情况,应言其为陈先生于"关中本位政策"未有全面、系统、透彻之研究所致,实为不足。

此外,关于西魏之"关中本位政策",陈先生何不考虑赐姓一点?因"以诸将功高者继塞外鲜卑部落之后"既可为"关中本位政策"之一例

---

① 《周书》,第27、28、29、30页。《周书·文帝纪》:五年之"大阅"在"冬",而另三年之"大阅"皆在十月,则五年之"大阅"当亦在十月。

② 《周书》,第21、27页。

③ 《周书》,第28页。

证，则不当不考虑赐姓一点。而赐姓自西魏立国之始即有，其例不少，不必尽举，兹仅举《周书》列传所载之数例以明之。

王德 卷17《王德传》："王德字天恩，代郡武川人也……魏孝武西迁，以奉迎功，进封下博县伯，邑五百户，行东雍州事。在州未几，百姓怀之。赐姓乌丸氏。大统元年，拜卫将军……"① "大统元年"之上年乃永熙三年。如此，王德之得赐姓当在永熙三年。

苏椿 卷23《苏绰传》："苏绰字令绰，武功人。""绰弟椿，字令钦……大统初，拜镇东将军、金紫光禄大夫，赐姓贺兰氏。"② 按，椿既非从贺拔岳入关者，亦非随孝武帝入关者。其得赐姓在"大统初"。则宇文泰欲将居关中之主客、新旧、胡汉之人融合为一体之意图甚明。

李和 卷29《李和传》："李和本名庆和，其先陇西狄道人也。后徙居朔方。父僧养，以累世雄豪，善于统御，为夏州酋长。和少敢勇，有识度，状貌魁伟，为州里所推。贺拔岳作镇关中，乃引和为帐内都督。以破诸贼功，稍迁征北将军、金紫光禄大夫……大统初，加车骑将军、左光禄大夫、都督，累迁使持节、车骑大将军、仪同三司、散骑常侍、侍中、骠骑大将军、开府仪同三司、夏州刺史，赐姓宇文氏。"③ 可见，李和之得赐姓之时间与苏椿同，亦在"大统初"。则此事反映宇文泰之意图亦与苏椿得赐姓之事同。合以《王德传》及下文所引《侯植传》之记载，可知孝武帝入关之永熙三年及西魏立国之大统元年，乃宇文泰最需居关中之主客、新旧、胡汉之人融合团结成为一体之时间。故言"关中本位政策"，此皆甚佳之例证也。

刘亮 卷17《刘亮传》："刘亮中山人也，本名道德……大统元年，以复潼关功，进位车骑大将军、仪同三司，改封饶阳县伯，邑五百户。寻加侍中。从擒窦泰，复弘农及沙苑之役，亮并力战有功。迁开府仪同三司、大都督，进爵长广郡公，邑通前二千户。以母忧去职，居丧毁瘠。太祖嗟其至性，每爱惜之。俄起复本官。亮以勇敢见知，为时名将，兼屡陈谋策，多合机宜。太祖乃谓之曰：'卿文武兼资，即孤之孔明也。'乃赐

---

① 《周书》，第285—286页。
② 同上书，第381、395页。
③ 同上书，第497—498页。

名亮，并赐姓侯莫陈氏。十年，出为东雍州刺史。"① 则刘亮得赐姓侯莫陈氏在大统三年之后、十年之前。

王盟 卷20《王盟传》："王盟字子仵，明德皇后之兄也。其先乐浪人。六世祖波，前燕太宰。祖珍，魏黄门侍郎，赠并州刺史、乐浪公。父黑，伏波将军，以良家子镇武川，因家焉……及尔朱天光入关，盟出从之。随贺拔岳为前锋……（大统）三年，征拜司空，寻转司徒。迎魏文帝悼后于茹茹，加侍中，迁太尉。魏文帝东征，以留后大都督行雍州事，节度关中诸军。赵青雀之乱，盟与开府李虎辅魏太子出顿渭北。事平，进爵长乐郡公，增邑并前二千户，赐姓拓（拔）〔王〕氏。"② 赵青雀之乱《周书·文帝纪》载在大统四年八月③，则王盟之得赐姓当在西魏大统四年。

侯植 卷29《侯植传》："侯植字仁干，上谷人也……正光中，起家奉朝请。寻而天下丧乱，群盗蜂起，植乃散家财，率募勇敢讨贼。以功拜统军，迁清河郡守。后从贺拔岳讨万俟丑奴等，每有战功，除义州刺史。在州甚有政绩，为夷夏所怀。及齐神武逼洛阳，植从魏孝武西迁。大统元年，授骠骑将军、都督，赐姓侯伏侯氏。从太祖破沙苑……凉州刺史宇文仲和据州作逆，植从开府独孤信讨擒之，拜车骑大将军、仪同三司，封肥城县公，邑一千户。又赐姓贺屯。"④ 则侯植之得赐姓凡二次，一赐侯伏侯氏，时间在大统元年，一赐贺屯氏，时间当在大统十二年，因《周书·文帝纪》载"凉州刺史宇文仲和据州反"在大统十二年春⑤。

可见，赐姓自大统初即有。依陈先生《述论稿》之说，赐姓一端实当考虑在所谓"关中本位政策"中。然其未言者，岂以省略或虑不及此耶？

（二）隋唐"关中本位政策"之内容

隋唐时，即唐高宗统御之前期以前，《述论稿》第15页所举宇文泰"关中本位政策"之四个例证中之第2、4两项即"属于官制之周官"与

---

① 《周书》，第284—285页。
② 同上书，第333—334页。
③ 同上书，第26页。
④ 同上书，第505—506页。
⑤ 同上书，第30页。

"以诸将功高者继塞外鲜卑部落之后"在隋唐显然已不存在①，只有第1、3两项即府兵制与山东郡望为关内郡望仍存在。然若究其实，则隋唐时此第1、3两项与西魏之情形亦有不同：府兵制在唐高宗前期以前虽存在，但其规模、素质等与西魏时不同，而"山东郡望为关内郡望"一点应言与西魏之情形亦只部分相同。故《述论稿》第16页言"山东郡望为关内郡望"之情形曰："至周末隋文帝专周政，于大象二年（公元五八二年）十二月癸亥回改胡姓复为汉姓②，其结果只作到回复宇文氏第二阶段之所改，而多数氏族仍停留在第一阶段之中，此李唐所以虽去大野之胡姓，但仍称陇西郡望及冒托西凉嫡裔也。"

《述论稿》第18—19页言："自武曌主持中央政权之后，逐渐破坏传统之'关中本位政策'，以遂其创业垂统之野心。故'关中本位政策'最主要之府兵制，即于此时开始崩溃③，而社会阶级亦在此际起一升降之变动。盖进士之科虽创于隋代，然当日人民致身通显之途径并不必由此。及武后柄政，大崇文章之选，破格用人，于是进士之科为全国干进者竞趋之鹄的……武周统治时期不久，旋复为唐，然其开始改变'关中本位政策'之趋势，仍继续进行。迄至唐玄宗之世，遂完全破坏无遗。"依此而言，似唐代"关中本位政策"之内容只有此府兵制与科举二端。而科举起于隋代末期，如此则隋代之大部分时间其"关中本位政策"只有府兵制一

---

① 陈寅恪：《渊源稿》言：宇文氏"利用关中士族如苏绰辈……上拟周官之古制……终以出于一时之权宜，故创制未久，子孙已不能奉行，逐渐改移，还依汉魏之旧……"（第92页）。又言唐代官制"与周礼之制全不相同"（第98页），"唐代现行官制……与周礼其系统及实质绝无关涉"（第99页）。依此，则知陈先生以为隋唐之官制皆与《周礼》无关矣。有理。然"还依汉魏之旧"之官方措施，始于隋开皇元年二月，此可参《隋书》卷1《高祖纪上》（第13页）、卷60《崔仲方传》（第1448页）、卷28《百官志下》（第773页），以此可决言隋唐之官制与《周礼》无关。陈先生《渊源稿》言隋废六官未引《隋书·高祖纪》及《崔仲方传》之材料，只引《隋书·百官志》及《通典》之材料（见第84—85页），未能全面。

② 按，大象元年乃公元580年，故此"公元五八二年"，参考上海古籍出版社1988年版《述论稿》手写本作"西历五八一年"（第28页），则知此误既有陈先生之误，亦有印刷者之误，即：陈先生先误为"五八一"，印刷者误"五八一"之"一"为"二"。又，陈先生此所据者当为《周书·静帝纪》大象二年十二月癸亥之记载。

③ 《述论稿》此言府兵制在武则天时开始崩溃，而陈先生《论唐代之蕃将与府兵》言"李唐开国之时代，其府兵实'不堪攻战'"（陈寅恪：《金明馆丛稿初编》，第297页），则实际是未至武则天时府兵制已自行崩溃矣。陈先生此文发表于1957年，晚于《述论稿》之出版十余年，故应言陈先生关于府兵制崩溃问题之认识实有前后变化之不同。

端矣。然《渊源稿》所言"关陇文化本位政策"即"关中文化本位政策""范围颇广，包括甚众"之情况，其于隋唐二代，陈先生皆未广而言之。此为何故？宁非与陈先生于"关中本位政策"只有提示性之论述，并无全面、系统、透彻之研究有关欤？

又，诚如汪篯先生所言，唐太宗修《氏族志》之意图乃在树立新门阀①，此无疑为"关中本位政策"之重要内容，陈先生未言，似亦当为其于"关中本位政策"无全面、系统、透彻研究之显示。

虽如此，陈先生所出"关中本位政策"之说，依其论而总体把握之，实能自圆，岑仲勉、黄永年二先生之批评非但未能否定其说，反证明其说之可靠。至于其论述之有未周密者，原因当全在其未有专门即正面、全面、系统、透彻之研究上，故完全可以理解。职是之故，学者于陈先生"关中本位政策"之说当取"心知其意"之态度，"疏通证明"之目的乃在探其真意，学其方法，以推动相关问题之研究，而不当以表面之理解为满足。

四 "关中本位政策"之起始时间问题

依《渊源稿》，"关中本位政策"应是"范围颇广，包括甚众"者（第91页），但《述论稿》所举"关中本位政策"之例证仅有四端，即：1. 府兵制；2. 官制之周官；3. 改易随贺拔岳等西迁有功汉将之山东郡望为关内郡望，别撰谱牒，纪其所承；4. 以诸将功高者继塞外鲜卑部落之后（第15页）。则《述论稿》所谓"关中本位政策"之起始时间，自当从此四端推之。第1项，府兵制，其成立时间，依陈先生《渊源稿》兵制章之论述，似若定在大统十六年②。唐长孺先生言，"就（府兵制）整

---

① 参《汪篯隋唐史论稿》中《唐太宗树立新门阀的意图》一文。
② 陈寅恪：《渊源稿》，第126页。陈先生引《北史》卷60、《玉海》卷138《兵制三》引《郦侯家传》之文后言："通鉴壹陆叁梁简文帝大宝元年即西魏文帝大统十六年纪府兵之缘起，即约略综合上引二条之文（按指《北史》、《郦侯家传》之文），别无他材料。"虽未明言府兵制起于大统十六年，但似意已有之。

个组织系统之建立而言，却只有在（大统）十六年"（550）①，应是同意陈先生之意见而明白表示者。但据万绳楠先生整理之《陈寅恪魏晋南北朝史讲演录》第十九篇，陈先生后来又将府兵制开始之时间定在大统八年（542）。此《讲演录》本为万先生听陈先生讲课之笔记，讲课时间在1947—1948年。故若该书果能反映陈先生之说变化之真况，则当认为陈先生关于府兵制开始时间之看法，在《渊源稿》出版后有变化。然《陈寅恪魏晋南北朝史讲演录》究非陈先生本人之著作，则为求慎重起见，似仍当以《渊源稿》之说为准，即认为陈先生定府兵制之起始时间在大统十六年。

第2项，官制之周官。陈先生《述论稿》未言依据。考《渊源稿》，知其依据为《周书·文帝纪》、《北史·魏本纪》、《通鉴》及胡注、《周书·卢辩传》、《隋书·百官志》之记载（见第88—90页）。其中最主要之材料即《周书·文帝纪》、《北史·魏本纪》及《周书·卢辩传》所载者，因《通鉴》之记载当本于《北史》，胡三省作注复本之为说，而《隋书·百官志》所载者同于《周书·文帝纪》。故今即主要以《周书·文帝纪》、《北史·魏本纪》及《周书·卢辩传》之记载以论《述论稿》所言"官制之周官"之开始时间。《周书·文帝纪下》恭帝三年（556）正月："初行《周礼》，建六官。以太祖为太师、大冢宰，柱国李弼为太傅、大司徒，赵贵为太保、大宗伯，独孤信为大司马，于谨为大司寇，侯莫陈崇为大司空。初，太祖以汉魏官繁，思革前弊。大统中，乃命苏绰、卢辩依周制改创其事，寻亦置六卿官，然为撰次未成，众务犹归台阁。至是始毕，乃命行之。"②《北史》卷5《魏本纪》大统十四年五月："以安定公宇文泰为太师，广陵王欣为太傅，太尉李弼为大宗伯，前太尉赵贵为大司寇，以司空于谨为大司空。"③《周书》卷24《卢辩传》："初，太祖欲行《周官》，命苏绰专掌其事。未几而绰卒，乃令辩成之。于是依《周礼》建六官，置公、卿、大夫、士，并撰次朝仪，车服器用，多依古礼，革

---

① 唐长孺：《魏晋南北朝史论丛》，三联书店1955年版，第266页。（以下所用此书皆此版本）
② 《周书》，第36页。《北史》卷5《魏本纪》（第183页）及卷9《周本纪》西魏恭帝三年正月（第330页）所载略同。
③ 《北史》，第180页。

汉、魏之法。事并施行……辩所述六官，太祖以魏恭帝三年始命行之。"①今按：《周书》卷23《苏绰传》载绰卒于大统十二年②，则卢辩成六官之时间乃在大统十二年后，与《北史》本纪之记载不矛盾。则陈先生所言"官制之周官"开始时间之上限可定在西魏大统十四年五月，正式实施之时间则在恭帝三年正月矣。当以此正式实施之时间为准。

第3项，"改易随贺拔岳等西迁有功汉将之山东郡望为关内郡望，别撰谱牒，纪其所承"，其依据在《隋书·经籍志》谱序篇序③。该序曰："后魏迁洛，有八氏十姓，咸出帝族；又有三十六族，则诸国之从魏者；九十二（九？）姓世为部落大人者，并为河南洛阳人。其中国士人则第其门阀，有四海大姓、郡姓、州姓、县姓；及周太祖入关，诸姓子孙有功者，并令为其宗长，仍撰谱录，纪其所承，又以关内诸州为其本望。"④陈先生又引《周书·明帝纪》二年（558）三月庚申诏："三十六国九十九姓，自魏氏南徙，皆称河南之民。今周氏既都关中，宜改称京兆人。"⑤可知，胡族改河南郡望为关内郡望在周明帝二年。陈先生言"宇文泰改易氏族之举，可分先后二阶段：第一阶段则改易西迁关陇汉人中之山东郡望为关内郡望，以断绝其乡土之思（初止改易汉人之山东郡望，其改易胡人之河南郡望为京兆郡望，则恐在其后……）"⑥。所言有理。易言之，陈先生之意，"改易西迁关陇汉人中之山东郡望为关内郡望"乃在周明帝二年三月以前。而所谓"以前"，当不早于西魏恭帝元年也（详见下文）。故陈先生所言"改易随贺拔岳等西迁有功汉将之山东郡望为关内郡望，别撰谱牒，纪其所承"，依其意，乃在西魏恭帝元年之后，北周明帝二年三月之前。

第4项，"以诸将功高者继塞外鲜卑部落之后"，陈先生自注，乃据"周书贰文帝纪下及北史玖周本纪上西魏恭帝元年条等"。其中之"等"

---

① 《周书》，第404页。又参《北史》卷30《卢同传》附《卢辩传》，第1101页。
② 《周书》，第394页。《北史》卷63《苏绰传》同，第2242页。
③ 陈寅恪：《述论稿》第15页。按："谱序篇"依《隋书》卷33《经籍志二》当作"谱系篇"，因该序末言："……今录其见存者，以为谱系篇。"（第990页）前揭之手写本《述论稿》第27页正作"谱系篇"。可知，作"谱序篇"乃印刷者之误。
④ 《隋书》，第990页。又参《述论稿》，第11—12页。
⑤ 陈寅恪：《述论稿》，第11页。又参《周书》，第55页。
⑥ 陈寅恪：《述论稿》，第15—16页。

字，盖无意义；以此，则陈先生之依据实只《周书》本纪、《北史》周本纪二条。《周书·文帝纪下》、《北史·周本纪》皆于魏恭帝元年十一月后载陈先生所谓"以诸将功高者继塞外鲜卑部落之后"之事，似二书皆以为乃此年十一月事，然又似编者不能明具体之时间而列于年末者。故陈先生只言"西魏恭帝元年条"，而不言月份，甚为谨慎。《周书·文帝纪下》之文曰："魏氏之初，统国三十六，大姓九十九，后多绝灭。至是，以诸将功高者为三十六国后，次功者为九十九姓后，所统军人，亦改从其姓。"①《北史·周本纪》之文与《周书·文帝纪下》之文几全同，不同仅在"次功者为九十九姓后"句中无"功"字②。如此，可认为陈先生所言"以诸将功高者继塞外鲜卑部落之后"乃西魏恭帝元年之事。

以上四项中，时间最早者为府兵制，时间在西魏大统十六年（550），最晚者（即改易随贺拔岳等西迁有功汉将之山东郡望为关内郡望）乃在周明帝二年（558）三月，另二项中，早者（以诸将功高者继塞外鲜卑部落之后）在西魏恭帝元年（554），晚者（即官制之周官）在西魏恭帝三年正月。《周书》本纪，宇文泰死于西魏恭帝三年（556）十月③。则陈先生所举"关中本位政策"之四例证中，有三例证——即府兵制、以诸将功高者继塞外鲜卑部落之后、官制之周官，乃宇文泰生前实行者，一例证——即改易随贺拔岳等西迁有功汉将之山东郡望为关内郡望，乃宇文泰卒后实行者。如此，则"关中本位政策"之起始时间乃在大统十六年耶？然依陈先生之言，则当认为"关中本位政策"当始于西魏立国之初。此种差别，似只可以陈先生之论述未能全面、系统、透彻、明白为解释矣。职是之故，诚如上文所言，在废帝二年以前，西魏只有关陇之地，而"关中本位政策"又可名为"关陇本位政策"，则言废帝二年以前之西魏实行"关中本位政策"，即等于言西魏无"本位政策"。其间之矛盾，亦似惟有以陈先生于"关中本位政策"之论述未能全面、系统、透彻、明白为说矣。

---

① 《周书》，第36页。
② 《北史》卷9，第329页。
③ 《周书》，第37页。

五 "关中本位政策"之作用问题

《渊源稿》言:"周武帝既施行府兵扩大化政策之第一步,经四年而周灭齐……其间时间甚短,然高齐文化制度影响于战胜之周及继周之隋者至深且巨……"(第137页)此虽未明言周灭齐、隋平陈与府兵制有关,然所含之义实已有之①。隋平陈一端,兹不欲及,仅就周灭齐一事论之。

《述论稿》言"关中本位政策"乃"融合其(宇文泰)所割据关陇区域内之鲜卑六镇民族,及其他胡汉土著之人为一不可分离之集团,匪独

---

① 王夫之《读通鉴论》卷17《梁简文帝》"宇文泰府兵非善制"节曰:"唐之府兵,言军制者竞称其善,盖始于元魏大统十六年宇文泰创为之。其后籍民之有才力者为兵,免其身租、庸、调,而关中之强,卒以东吞高氏……"(见《船山全书》,岳麓书社1996年版,第10册,第659页)既言"竞称其善",则非仅知自来主周灭齐与府兵有关之说者,不在少数,(参前文注6所举《陆宣公奏议》之言及陈寅恪《渊源稿》第126页所引《玉海》卷138《兵制三》《邺侯家传》之论,即可知王氏所言是),非只陈先生一人,且知陈先生之说,亦未尽异于自来通常之认识也。(今按,陈先生《渊源稿》第126页所引《玉海》之文"……兵仗衣、驮牛驴及糗粮六家共备","糗粮"下江苏古籍出版社1987年版《玉海》尚有"信蓄"二字,见该书第4册,第2570页。不知陈先生所引《玉海》为何本,故有此异。或陈先生所引《玉海》之文本有省略,故省此二字,亦未可知。所谓"本有省略"者,乃指《渊源稿》第126页所引《玉海》之文"初置府兵"后"皆于六户中等已上家有三丁者"前有省略,及"故能以寡克众"后"自初属六柱国家"前有省略也。又,"兵仗衣、驮牛驴及糗粮六家共备"中之"驮"字,《渊源稿》引作"马"旁加"犬"字者,前揭江苏古籍出版社1987年版《玉海》同,盖陈先生所参考之《玉海》即如此,而非《渊源稿》之整理者蒋天枢先生及印刷者上海古籍出版社改作如此。考中华书局1963年版《说文解字》弟十上马部,只有"马"旁加"大"字者,而无"马"旁加"犬"字者;"駄"字注曰"负物也,从马大声",见第202页。"駄"字虽为徐铉新附字,为许慎《说文》元本所无,但其有依据,因中华书局1987年版梁顾野王《大广益会玉篇》篇下卷23马部有"駄"字,而无"马"旁加"犬"之字;"駄"字注曰"徒贺切,马负儿(貌)"[见第108页]。是以可见司马光等编《类篇》卷十上马部有"马"旁加"犬"之字,注曰"唐何切,马负物"[见中华书局1984年版《类篇》第352页],当是误"大"为"犬"者。中华书局本《类篇》乃据"姚刊三韵"本影印者,非司马光等书之旧,则中华书局本《类篇》作"马"旁加"犬"之字,即令符合司马光等编《类篇》元本之旧,亦不能认为"马"旁加"犬"之字有理。非仅此也,即从字义与字形有关此点言之,亦可知今中华书局本《类篇》作"马"旁加"犬"之字必误。故可认为《玉海》之字作"马"旁加"犬"字,虽合《类篇》之字,但在字义上即不可通。因之,《渊源稿》引作"马"旁加"犬"字,虽有《玉海》文为依据,亦不可从)

物质上应处同一利害之环境,即精神上亦必具同出一渊源之信仰,同受一文化之熏习",其目的在能"内安反侧,外御强邻"(第15页),又言宇文泰施行"关中本位政策"之目的在"欲与财富兵强之山东高氏及神州正朔所在之江左萧氏共成一鼎峙之局"(第15页),并言此政策为"东西并立之二帝国即周齐两朝胜败兴亡决定之主因"(第14页),则似将北周灭北齐之原因归于"关中物质本位政策"、"关中文化本位政策"二者,不限于府兵制。但依《渊源稿》府兵制属于与"关陇物质本位政策"相关者(第91页),而《述论稿》言府兵制乃"关中本位政策"中最主要者(第18页),且《述论稿》所举"关中本位政策"之例证中以府兵制为首(第15页),并未言及其他;《陈寅恪读书札记》又言"宇文泰关中本位集团,实以府兵制为中心"①;故联系《渊源稿》兵制章之论述,似当认为,在陈先生看来,北周之能灭北齐,全靠府兵制。唐长孺先生读陈先生之文,其作文论府兵制亦认为北周灭齐与府兵制有关,亦可认为是在辅证陈先生之说②。然诚如岑仲勉先生所言,东魏北齐亦有府兵制③,何以定将北周府兵制之作用作如此大之估计耶?④ 岂以论府兵制而特作强调,而忽略其他耶?

无论如何,仅以"关中本位政策"之府兵制以解释北周灭北齐之原因,而不另有交代,仅从论述本身看,似有未当。鄙意,关于北周灭北齐之原因似当有更宽广之眼光,既当看西魏北周之情况,亦需视东魏北齐之

---

① 《陈寅恪读书札记·新唐书之部》,第81页。
② 唐长孺:《魏晋南北朝史论丛》,第287—288页。唐先生曰:"无论是高欢或宇文泰所建立的军事集团也是混合着各族人民的组织。这里就说明种族间的矛盾正在消除,历史的发展正在走向一个更为扩大的部族的形成。府兵制初建立时在主观上是要以军民分治的形式维持种族矛盾,以部曲制度的形式以维持部落组织,但是这样维持不了多久,几乎一开始就有了变化,而演变的结果却完全成为相反的东西。这样的演变是符合于发展规律的,因而顺应发展趋势的北周战胜了鲜卑化政府高齐……周之灭齐乃是由于这种部落化军事制度的改变与消灭。"唐先生之文乃在陈先生之文基础上所作(见同上书,第250页),故可认为乃辅证陈先生之说。
③ 岑仲勉:《唐史余沈》,中华书局2004年版,第312—315页。
④ 岑先生曰:唐长孺之判断"是值得研究的……北齐队伍里面不是没有汉人,它也趋向于脱离部落的组织。西魏府兵之建,只遵行着部落制度,不是有意要来维持部落组织;及至鲜卑在汉族经济文化的影响之下,部落意味就一天一天地淡薄,其发展规律是自然而然的。无论事实上或理论上,均不能认部落化军事制度为高齐灭亡的原因,依历史的昭示,如蛮族之破灭罗马,蒙古之蹂躏欧洲,都是野蛮军队战胜文明军队。"(岑仲勉:《唐史余沈》,第318页)岑先生意见甚好。陈先生在《渊源稿》兵制章所言不够完整则不可讳言。唐先生之论述亦然。

实际，而观察之重点，则当在二国之政治状况。此乃易解之理，学界非无觉察，本不待多言，然陈先生既未明言，且他人之理解与笔者之认识未必完全相同，故笔者不辞烦琐之讥，再略为言之。

实则，政治状况于国家兴亡之重要，西汉之晁错已言，此读《汉书·晁错传》错对策言秦灭六国及其灭亡之原因即可知之①，今人更不当不知。故今言北周灭北齐之原因，当侧重政治方面。

《隋书》卷24《食货志》："及文宣受禅，多所创革……北兴长城之役，南有金陵之战。其后南征诸将，频岁陷没，士马死者，以数十万计。重以修创台殿，所役甚广。而帝刑罚酷滥，吏道因而成奸，豪党兼并，户口益多隐漏。旧制，未娶者输半床租调，阳翟一郡，户至数万，籍多无妻。有司劾之，帝以为生事。由是奸欺尤甚。户口租调，十亡六七。是时用度转广，赐与无节，府藏之积，不足以供。乃减百官之禄，撤军人常廪，并省州郡县镇戍之职。又制刺史守宰行兼者，并不给干，以节国之费用焉。天保八年，议徙冀、定、瀛无田之人，谓之乐迁，于幽州范阳宽乡以处之。百姓惊扰。属以频岁不熟，米籴踊贵矣……至天统中，又毁东宫，造修文、偃武、隆基嫔嫱诸院，起玳瑁楼。又于游豫园穿池，周以列馆，中起三山，构台，以象沧海，并大修佛寺，劳役巨万计。财用不给，乃减朝士之禄，断诸曹粮膳，及九州军人常赐以供。武平之后，权幸并进，赐与无限，加之旱蝗，国用转屈。乃料境内六等富人，调令出钱。而给事黄门侍郎颜之推奏请立关市邸店之税，开府邓长颙赞成之，后主大悦。于是以其所入，以供御府声色之费，军国之用不豫焉。未几而亡。"②

《北齐书》卷24《杜弼传》："弼以文武在位，罕有廉洁，言之于高祖。高祖曰：'弼来，我语尔。天下浊乱，习俗已久。今督将家属多在关西，黑獭常相招诱，人情去留未定。江东复有一吴儿老翁萧衍者，专事衣

---

① 错曰："……夫国富强而邻国乱者，帝王之资也，故秦能兼六国，立为天子……及其末涂之衰也，任不肖而信谗贼……陈胜先倡，天下大溃……"（《汉书》卷49，第2296页）《明史》卷309《流贼传序》亦从政治言明亡之原因，有"……明之亡，亡于流贼，而其致亡之本，不在于流贼也"之语（第7948页），《清史稿》卷486《文苑三·汤鹏传》言鹏为《浮邱子》一书，"大抵言军国利病，吏治要最……"（第13427页），皆是知政治之重要者，可一并参考。他不多举。

② 《隋书》，第676—679页。

冠礼乐，中原士大夫望之以为正朔所在。我若急作法网，不相饶借，恐督将尽投黑獭，士子悉奔萧衍，则人物流散，何以为国？尔宜少待，吾不忘之。'及将有沙苑之役，弼又请先除内贼，却讨外寇。高祖问内贼是谁。弼曰：'诸勋贵掠夺万民者皆是。'高祖不答，因令军人皆张弓挟矢，举刀按矟以夹道，使弼冒出其间，曰：'必无伤也。'弼战栗汗流。高祖然后喻之曰：'箭虽注，不射；刀虽举，不击；矟虽按，不刺。尔犹顿丧魂胆，诸勋人身触锋刃，百死一生，纵其贪鄙，所取处大，不可同之循常例也。'弼于时大恐，因顿颡谢曰：'愚痴无智，不识至理，今蒙开晓，始见圣达之心。'"①

《北史》卷92《恩幸·和士开传》："和士开字彦通，清都临漳人也……武成即位，累迁给事黄门侍郎。侍中高元海、黄门郎高乾和及御史中丞毕义云等疾之，将言其事。士开乃奏元海等交结朋党，欲擅威福。乾和因被疏斥，义云反纳货于士开，除兖州刺史……武成外朝视事，或在内宴赏，须臾之间，不得不与士开相见。或累月不归，一日数入；或放还之后，俄顷即追，未至之间，连骑催唤。奸谄日至，宠爱弥隆，前后赏赐，不可胜纪。言辞容止，极诸鄙亵，以夜继昼，无复君臣之礼。至说武成云：'自古帝王，尽为灰土，尧舜、桀纣，竟复何异？陛下宜及少壮，恣意作乐，从横行之，即是一日快活敌千年。国事分付大臣，何虑不办？无为自勤约也。'帝大悦，于是委赵彦深掌官爵，元文遥掌财用，唐邕掌外兵，白建掌骑兵，冯子琮、胡长粲掌东宫。帝三四日乃一坐朝，书数字而已，略无言，须臾罢入。及帝寝疾于乾寿殿，士开入侍医药。帝谓士开有伊、霍之才，殷勤属以后事，临崩握其手曰：'勿负我也。'仍绝于士开之手。后主以武成顾托，深委任之。又先得幸于胡太后，是以弥见亲密。赵郡王睿与娄定远、元文遥等谋出士开，仍引任城、冯翊二王及段韶、安吐根共为计策。属太后觞朝贵于前殿，睿面陈士开罪失云：'士开，先帝弄臣，城狐社鼠，受纳货贿，秽乱宫掖。臣等义无杜口，冒以死陈。'……武成时，恒令士开与太后握槊，又出入卧内，遂与太后为乱。及武成崩后，弥自放恣……士开禀性庸鄙，不窥书传，发言吐论，唯以谄媚自资。自河清、天统以后，威权转盛，富商大贾，朝夕填门，聚敛货财，不知纪极。虽公府属掾，郡县守长，不拘阶次，启牒即成。朝士不知

---

① 《北齐书》，第347—348页。

廉耻者，多相附会，甚者为其假子……"①

以上三材料中，《北史》所载者，容有夸大，然绝非全不可信。由此三材料即能说明东魏北齐吏治不上轨道之情况。《北史·恩幸传序》谓"其宦者之徒，尤是亡齐之一物，丑声秽迹，千端万绪……"②《北齐书》卷50《恩倖传序》则曰："甚哉齐末之嬖倖也，盖书契以降未之有焉。心利锥刀，居台鼎之任；智昏菽麦，当机衡之重。刑残阉宦、苍头卢儿、西域丑胡、龟兹杂伎，封王者接武，开府者比肩。非直独守弄臣，且复多干朝政。赐予之费，帑藏以虚；杼轴之资，剥掠将尽。纵龟鼎之祚，卜世灵长，属此淫昏，无不亡之理，齐运短促，固其宜哉。高祖、世宗情存庶政，文武任寄，多贞干之臣，唯郭秀小人，有累明德。天保五年之后，虽罔念作狂，所幸之徒唯左右驱驰，内外亵狎，其朝廷之事一不与闻。大宁之后，奸佞浸繁，盛业鸿基，以之颠覆。生民免夫被发左衽，非不幸也。"③

以上材料所载东魏北齐之情况，在西魏北周乃不能见者，此必是西魏北周政治优于东魏北齐政治之表现。《资治通鉴》卷157梁大同元年（西魏大统元年）十月："魏秦州刺史王超世，丞相（宇文）泰之内兄也，骄而黩货，泰奏请加法，诏赐死。"胡三省于"内兄"注曰："母党以兄弟齿，谓之内兄、内弟。"④《通鉴》此材料不见于他书，司马光等人必别有切实之依据。《周书·文帝纪上》载宇文泰"母曰王氏"⑤，则胡氏所注"内兄"甚为精确。可知，王超世即宇文泰母舅之子而年长于宇文泰者。王超世之"黩货"若以东魏"掠夺万民"之勋贵之情形观之，不过轻微

---

① 《北史》，第3042—3047页。参《北史·恩幸传》之穆提婆、高阿那肱、韩凤诸人传（第3047—3053页）。《北齐书·恩倖传》亦有此诸人之传，《校勘记》谓主要来于《北史》，故今引《北史》之文。

② 《北史》，第3018页。按此数语《北齐书·恩倖传序》亦有，盖来于《北史》者。

③ 《北齐书》，第685页。按《北齐书》此序与《北史》卷92《恩幸传序》差别较大，盖为《北齐书》原有者。查《北齐书》卷50之校勘记言："疑此卷仍出自《高氏小史》之类史钞。这种史钞基本上以《北史》卷九二《恩倖传》中相关诸《传》为主，改帝号为庙号，而加上《北齐书序赞》，插入《北齐书》的个别字句，并非直录《北齐书》原文。"（第695页）此中"加上《北齐书序赞》"之语值得注意。此亦可见，此所录《北齐书·恩倖传序》盖为《北齐书》原有者，故引而据之。

④ 《资治通鉴》，中华书局点校本1956年版，第4868页。

⑤ 《周书》，第2页。

之贪污。宇文泰于王超世此轻微之贪污亦不能容贷，其于西魏吏治之建设意义极大，可以决言。北周吏治之情况可准此而观之。今《周书》中绝不能见西魏北周有《北齐书》所反映之东魏北齐严重之贪污，绝非偶然。故如王仲荦先生所言西魏北周对农户之剥削是"极其苛重的"①，然因西魏北周之吏治远较东魏北齐之吏治为好，则西魏北周统治阶级间之矛盾及统治阶级与民众间之矛盾远不若东魏北齐之同种矛盾严重，乃必然者。西魏北周吏治其所以能比东魏北齐吏治好，其原因主要在两方面：（1）西魏乃新造之国，故西魏及继西魏之北周可避免北魏洛阳政府以来腐败趋势之直接冲击。而东魏北齐以承继北魏洛阳政府腐败政治之故，则不能免受此种趋势之冲击也。（2）西魏初期物质匮乏，欲求立国，不能容许贪污，故宇文泰对王超世加以极法，可开治不容奸之良好风气。北周之吏治即直承西魏此吏治遗产。故愚意，北周之能战胜北齐，根本之原因在政治方面，缩小而言之，乃在吏治方面。若仅就府兵制度而言北周战胜北齐之原因，则有不足矣。因吏治一旦腐败，则军队系统之黑暗混乱必不能免，求军队有强大之战斗力，必不可得也。

六　结论

根据以上讨论，兹将主要之结论简要陈之如下：

（一）陈寅恪先生"关中本位政策"之说，其表述有可议者，然总体观之，可认为能够自圆，不可否认。

（二）陈先生于"关中本位政策"之论述有可议者，当因陈先生于此"政策"以文题所限，只作有提示性之论述，而无专门之研究所致。

（三）与"关中本位政策"密切相关之"关陇集团"有狭义广义之别。狭义者指宇文泰"关中本位政策"下鸠集之出身关陇籍贯之统治者及其后裔。广义者则指此狭义者与加入或附属此狭义者所组成之大统治集

---

① 王仲荦：《魏晋南北朝史》下册，上海人民出版社1980年版，第608—614页。"极其苛重的"是就西魏之情况而言，然王先生言北周之情况更甚于西魏之情况，故可言西魏北周农户所受之剥削皆是"极其苛重的"。黄永年先生对王先生之说有批评，见黄永年《文史探微》，第151页，但并未否定王先生所出西魏北周对农户的剥削"极其苛重"之说。

团。此广义之"关陇集团",批评陈先生说之三位主要之学者(即岑仲勉、汪籛、黄永年)中有二位(岑、黄)即忽略,则其他泛泛而读陈先生之书者,盖皆未知。

(四)北周消灭北齐之原因不能仅如《渊源稿》兵制章所言,属诸"关中本位政策"中最主要之府兵制。当从整个之"关中本位政策"着眼而观之外,尤其应从北周、北齐之政治方面(特别是吏治方面)着眼而观之。仅据府兵制为言,别无交代,则有未当。

(五)学者中于"关中本位政策"之理解最完整、全面者乃汪籛先生。汪先生于陈先生说之长处与不足,皆能注意。

(六)岑仲勉先生于"关中本位政策"之理解甚为片面,其故在岑先生仅就《述论稿》上篇之论述立论,未疏通陈先生其他相关之论述,且于陈先生已修补之说未予注意。故岑先生之批评于陈先生实有不公。

(七)黄永年先生认为"关陇集团"在唐初已不存在,亦仅是就陈先生《述论稿》上篇之论述立论,于《述论稿》中篇之论述未能兼顾,于陈先生《记唐代之李武韦杨婚姻集团》文中之论述似若未睹,且于汪籛先生承袭陈先生此文之说未见提及,故其所论虽不当言全无价值,似可言其文似可不作。

(本文原载《清华大学学报》2010年第4期,此乃未删之全稿)

陶弘景与萧梁王朝

刘永霞

陶弘景是南北朝时期著名的道士，也是博学多艺的学者。他与中国历史上有名的帝王梁武帝之间的关系，向来是被人乐道的话题。陶弘景是丹阳秣陵人，生于南朝宋孝武帝孝建三年（456），卒于梁武帝大同二年（536），享年八十一岁。他的一生，历经宋、齐、梁三代，任过诸王侍读、左卫殿中将军、奉朝请等官职。他在齐永明十年弃官出世，隐居茅山修道，开道教上清派茅山宗。后来，萧衍建立梁朝，陶弘景与梁武帝交往甚密，被称为"山中宰相"。就是说，梁武帝称帝后，陶弘景已经退隐山林了，正如许多隐修者一样，他是出世并非弃世，因而始终保持着一颗救世之心。一个隐修者与帝王之间表面看起来并无牵涉，但陶弘景又是道教一宗的领袖，在未入山前就因为多才多艺而闻名天下了，因而，他与帝王之间的关系就不那么平凡简单了。

萧衍在未建立梁朝前，就与陶弘景相识了，在他打天下的关键时刻，陶弘景又派弟子献图谶助他立国，因此可以说，二人的关系长久且密切。但陶弘景已经决心隐修了，就不可能再出山站在朝堂任职效力了，但这并不影响他在山林间接地辅助王化，"山中宰相"的美称指的就是陶弘景身在方外、心系方内的身份。一个帝王最关心的事，其一是王朝的长治久安，这是由身份决定的；其二是与其他普通人没什么区别的事，那就是生死，人生最大的事莫过于此。其他人所关心的事，就本质来看，其实和帝王也没有什么区别，一为名利，二为长寿，名利权势再大也大不过帝王，生命再长也长不过南山，但越是得不到，就越拼命追求。

历代帝王的渴求长生都披着华丽的外衣，既要活得长，还要活得万民臣服、金玉满堂、星光灿烂的独霸天下。纵观历史长河，秦皇、汉武无一例外，关于他们求仙的故事也广为流传，梁武帝继续了这一历史剧幕，延续了帝王的求仙之梦。那么，陶弘景与梁武帝之间的关系核心，就表现在两个问题上了。其一，他能为萧梁王朝做些什么？身为道教茅山宗领袖，他擅长占卜术，可以预测梁武帝所关心的王朝要事；其二，怎样才能够长生久视？这正是道教的最高宗教目标，诸多的道术修炼都是围绕这一主题而展开的。明了这一点后，这里还有一个关键问题，即怎样才能快速成仙？尘世间的聪明人占绝大多数，老子说过"众人察察，我独闷闷"，因而老子是诸多聪明的众人之外的人。既然众人是聪明人，那做事肯定要讲求效率了，怎样才能付出最少而得到最多，是古今聪明人心中亘古不变的追求。成仙的法术众多，可是大多数太苦太难做到，任何途径都不如服食一颗大还丹方便而速效，因而炼丹术就成了帝王青睐的至宝。陶弘景迫于梁武帝的压力，整整炼丹二十多年，据说是最后一次获得了成功。二人之间纠结的关系，也因这两个问题而暴露无遗。

一　占卜术与梁朝政治

陶弘景通晓众多道术，如《华阳隐居先生本起录》所云："先善稽古，训诂七经……尤好五行阴阳、风角气候、太一遁甲、星历算术、山川地理、方国所产，及医方香药方剂，虫鸟草木，考校名类，莫不该悉。"从中可以看出陶弘景极善占卜，在他的诸多著作中，涉及占卜术的就有《帝王年历》《员仪集》《玉匮记》《七曜新旧术》《占筮略要》《风雨水旱饥疫占要》《算术艺术杂事》《举百事吉凶历》《周易林》《易林体》，等等。《南史》中有这样的记载："国家每有吉凶征讨大事，无不前以咨询。月中常有数信，时人谓为山中宰相。"① 国家每有涉及国运或征讨之类的战事时，梁武帝都要向陶弘景咨询，这也正是他作为道教茅山宗的领袖，为封建统治者在宗教神学方面提供的支持与帮助。

陶弘景在其所著《本草经集注》中说："隐居在乎茅山岩岭之上，以吐纳余暇，颇游意方技。览本草药性，以为尽圣人之心，故撰而论之。旧说皆称神农本经，余以为信然。昔神农氏之王天下也，画八卦以通鬼神之

---

① 《南史》卷七十六《隐逸·陶弘景》，中华书局标点本，第 6 册，第 1898 页。

情,造耕种以省杀生之弊,宣药疗疾以拯夭伤之命,此三道者,历众圣而滋彰。文王、孔子象象系辞,幽赞人天。后稷、伊尹播厥百谷,惠被群生。歧黄彭扁振扬辅道,恩留含气,并岁踰三千,民到于今赖之。但轩辕以前,文字未传,如六爻指垂,画象稼穑,即事成迹。"① 可知他对易学研习颇深,认为"易"道乃万物本原,天地人之道均本于"易","易"是变化与规律的意思。可知,在入山隐修后,陶弘景仍然关注着时事的变化,曾经多次为梁武帝占卜预测国事,如《梁书》所云:"义师平建康,闻议禅代,弘景援引图谶,数处皆成'梁'字,令弟子进之。高祖既早与之游,及即位后,恩礼逾笃,书问不绝,冠盖相望。"② 这说明陶弘景审时度势,虽然身处方外,但心系方内,以上清茅山派宗师的身份,为梁王朝的建立鞠躬尽瘁,在客观上为茅山宗在梁王朝的发展创造了条件。在《华阳陶隐居内传》中也有类似的记载:

> 征东将军萧衍,军次石头,东昏宝台城,义师颇怀犹豫,先生上观天象,知时运之变,俯察人心,悯涂炭之苦,乃亟陈图谶,贻书赞奖。③

上段指出,陶弘景观天象而知人事,派弟子为萧衍献图谶,寓意萧衍登基乃是天人所向,运势所归,契合天道。《南史》中也有记录:"齐末为歌曰'水刅木',为'梁'字。及梁武兵至新林,遣弟子戴猛之假道奉表。及闻议禅代,弘景援引图谶,数处皆成'梁'字,令弟子进之。"④ 古人用某种方法,比如仰观天象,从错综复杂的星象中推断国运之盛衰。或者用时间、方位、数字等算出某卦,用以推算所测之事物。这里就古代用八卦推算事物的姓氏,试举几例。唐朝有两个著名的道士叫袁天罡和李淳风,李世民听说他们能测未来之事,起初不相信,为了看看他们的水平,就让他们算一下科考文武状元是谁。袁天罡起卦"离"为火,李淳风断卦说:"犭火二人杰",结果出来后文武状元果真是狄仁杰。那么他是怎

---

① 《华阳陶隐居集》,《道藏》第23册,第650页。
② 《梁书》卷五十一《处士·陶弘景》,中华书局标点本,第3册,第742页。
③ 《华阳陶隐居内传》,《道藏》第5册,第504页。
④ 《南史》卷七十六《隐逸·陶弘景》,中华书局标点本,第6册,第1898页。

么算出来的呢？根据古代八卦类象，"离"卦为两个火组成。"离"卦还代表立人旁，离卦互卦为兑和巽，巽为木。当然可能还有变卦，古书没有记载下来。根据上面这些类象，可以得到"火"、"亻"、"二"和"木"。其实，根据这些就可以推断出状元的姓名了。因为当时唐太宗已经有意点狄仁杰为状元。这件占卜的事情说明了古代道士可以根据卦象推算人物的姓名，同理，当然也可以推算国号。另外，还有根据《周易》爻辞推算人物姓氏的例子。在卜筮家看来，《周易》是古代一本关于占卜的书籍，《周易》爻辞是文王写下表述八卦吉凶的语言。古代占卜学家常常根据爻辞来推算事物的吉凶。

陶弘景本人通晓占卜之术，而且在他的时代以前也出现了很多的古代占卜家。那么，如果陶弘景用八卦推算梁朝国号（当然，也可能是用别的方法推算的），他是怎么得到"梁"字的呢？首先要知道，古人用八卦来类比大自然万事万物。比如，"乾"卦，在"天"可代表晴，在"人"可代表父亲，在"事"可代表官贵，在"字"可代表带含金的字，等等。八卦可以类比字的组成，如"坤"卦含有"土"，"震"卦含有"木"，"巽"卦含有"草"、"木"，"坎"卦含有"点水"，"离"卦含有"立人"、"火"，"艮"卦含有"土"、"石"，"兑"卦含有"金"。在实际占卜中，八卦所代表的字可以是部首，可以是字中的组成，也可以是属于它一类的。如兑卦含有"金"，可以是"钅"旁，或"金"字，也可以是"刅"（两刃刀，属金属类）。如果对八卦所代表之字的含义明了后，就可以根据起得的某卦推算字了。陶弘景预测国号为"梁"，所用推算方法可能有多种，这里试用八卦的推算方法分析一二。古人推算国家兴亡，常根据异常天象，如日食、洪水、山崩，等等起得某卦，也可自己摇卦。如卜得"水泽节"卦测国号，"节"卦上卦为坎为水，则国号中可能含有三点水、四点水或"水"偏旁或字，下卦为兑为金为伤，则国号中可能含有"金"、"刅"等，互卦中含有木，则国号中可能有"木"、"林"或草字头的字，如此可以组成"梁"、"沐"、"淋"等字。当然，也可能组成其他字。如果再根据其他方法预测，结果都像"梁"字的话，预测者就可能说是"梁"。再编成歌谣的形式来传播。事实上，为帝王献图谶，就是依托神意肯定其政治统治的合理性，使其更能信服于万民，不仅显示出作为道教一代宗师的陶弘景对新王朝的支持，而且也体现了道教作为宗教在神学上为新王朝提供合理统治依据的政治功能。

陶弘景还为梁武帝预测过在位时间，如《华阳陶隐居内传》中所说："因问享国之期，曰：吾历数奢促如何？先生启云：再环辰次。又云：光武一去四八，今则直上七七，然后乘彼白云。帝在祚四十九年。"① 可见，古代擅于占卜的道士经常会预测皇帝在位时间和国家盛衰。

陶弘景的占卜之术是道教中的众术之一，而且他还著有很多占卜一类书籍，可惜的是已经亡佚。由于现存史料中并没有记载他的预测过程与具体方法，因而，以上论证与分析只是推测，意在说明他可能用以上方法来预测一些事情。

从上可知，梁武帝请陶弘景预测的，都是有关于王朝兴衰的大事，因而他经常与陶弘景保持书信往来，于是两人之间形成了一种细水长流、绵延不断的交往。当然，最让梁武帝欲罢不能的还是长生梦，也许因此他看见陶弘景就像看到大还丹一样，从而与之形成了一种微妙的依赖关系。

二 炼丹术与帝王的长生梦

《史记·秦始皇本纪》云："（秦始皇）悉招文学方术之士甚众，欲以兴太平，方士欲练以求奇药。"② 可知，秦皇对方药就非常痴迷。而最早的丹家则是为汉武帝烧炼丹药的李少君，在《史记·封禅书》里有记载。汉武帝时，淮南王刘安招集了大批方士从事炼丹活动。稍晚一些的魏伯阳的《周易参同契》是现存的最早炼丹文献，它为炼丹术建立了基本的理论规范，被称为万古丹经王。到魏晋时候，举国掀起了炼丹的高潮，葛洪的《抱朴子·内篇》对其之前的炼丹活动与成就进行了全面系统的总结，内容非常丰富，影响也异常深远，在中国炼丹术史上起到了承前启后的作用。他提出的"假外物以自坚固"的观点，则为炼丹术的发展奠定了思想基础。到了南北朝时，陶弘景是最大的炼丹家，他的炼丹之术非常有名，炼丹成功后还曾献丹给皇帝服用。

陶弘景多年从事炼丹实践活动，对道教的炼丹术既有继承，又有发展。在选丹、操作方法和炼丹药物的鉴别、性质的深入了解等方面，都大

---

① 《华阳陶隐居内传》，《道藏》第5册，第504页。
② 《史记·秦始皇本纪》卷六，中华书局标点本，第1册，1982年版，第258页。

大前进了一步。他在炼丹方面的著作有《合丹药诸法式节度》、《集金丹黄白方》、《太清诸丹集要》、《炼化杂术》和《本草经集注》等，但可惜的是绝大部分都亡佚了。其《本草经集注》虽然是医药学方面的著作，但里面保存了很多与炼丹有关的内容，比如包含有无机类的药物 67 种等，从中也可以反映出他在炼丹术上的一些成果。

由于仰慕神仙不死和神仙的逍遥生活而服食，这不仅有自然的草木药，也有经过人工烧炼所得的丹药。但草木药本身也是要腐朽的，因而不能满足需要，早在东汉时期，魏伯阳的《周易参同契》里就有"巨胜尚延年，还丹可入口，金性不败朽，故为万物宝，术士服食之，寿命得长久"①的说法。到了东晋时期，葛洪认为金丹之道才是最高的仙道，所以他写道："余考览养性之书，鸠集久视之方，曾所拔涉篇卷，以千计矣，莫不皆以还丹金液为大要者。"②

陶弘景在永明十年入山后，迫于梁武帝的压力，从事炼丹实验活动达二十年之久，从天监四年（505 年）到普通六年（525 年），总共进行了七次炼丹，最后终于成功。根据《华阳陶隐居内传》的记载，他炼丹的开始阶段充满着神秘性：

> 天监三年，夜梦有人云，丹亦可得作。是夕，帝亦梦人云，有志无具，于何轻举，式歌汉武。帝久之方悟。登使舍人黄陆告先生，想刀圭未就，三大丹有阙。宜及真人，真心无难言也。先生初难之，吾宁学少君邪？帝复以梦旨告焉。乃命弟子陆逸冲、潘渊文开积金岭东以为转炼之所。凿石通涧，水东流矣。③

这里体现了陶弘景在最初炼丹时的境况：其一，梁武帝以梦中的神启为理由，在天监三年命令陶弘景炼丹。由于历代帝王做不醒的长生梦，使得他们往往利用王权和王国的财富，命令、支持方士、道士等炼丹，因而梁武帝的痴迷也不鲜见。其二，陶弘景乃博学多才、德高望重的道教学者，并不想以炼丹作为取宠于帝王的手段。当梁武帝令其炼丹时，陶弘景曾说：

---

① 《道藏》第 20 册，第 301 页。
② 王明：《抱朴子内篇校释（增订本）》，中华书局 1985 年版，第 70 页。
③ 《华阳陶隐居内传》，《道藏》第 5 册，第 505—506 页。

"吾宁学少君邪？"李少君是汉武帝时期的方士，他以祠灶、谷道、不老之方取宠于汉武帝，向汉武帝和诸王侯吹嘘他的神仙方术，汉武帝对他十分尊信。丹法的传承之事，尽管是道教师徒内部传道授术的重要部分，但陶弘景非常尊重实验事实，对李少君隐瞒自己的年龄、吹嘘说自己见到仙人，等等的行径不屑一顾，十分厌恶。方士也分两派，一为忽悠虚假之小人派；一为真才实学之君子派。历史的经验告诉我们，小人不一定善终，但君子也往往败得很惨，因为小人为利，君子为义，孔子早都说过了，也因此被人笑为腐儒。小人为自己，君子为天下，这是大道理，因此小人很多时候也很快乐，金条沉甸甸在手中，谁说是虚的呢？君子很多时候也很痛苦，那是因为"先天下之忧而忧"，忧会伤肺，所以很多时候小人都比君子理歪而气壮。君子与小人的不同，究其本质，是因为小人只看到事物一面，而君子恪守的是"中和之道"，"利"与"义"都很实，又都很虚，关键是看其背后的"道"。陶弘景憎恶唾弃李少君之流为了一点银子而装神弄鬼的丑态。

迫于王权的威力，陶弘景还是开始了炼丹的准备工作。如此看来，他炼丹的缘由主要来自于帝王的威迫。《南史》中记载说梁武帝曾供给他黄金、朱砂、曾青、雄黄等矿物，令他炼丹。其三，丹药品种的选择。陶弘景在道书丹经所记载的将近千条"丹方"中，按照丹家标准，经过严格的鉴别与筛选后，最终选中了"上清九转金丹方"，开始了炼丹活动。

在天监四年，他进入了正式炼丹的阶段。《华阳陶隐居内传》中清楚记载了其率弟子炼丹的活动：

> 四年春，先生出居岭东，使王法明守上馆，陆逸冲居下馆，潘渊文、许灵真、杨超远从焉。是岁有事于炉燧。[①]

但是他炼丹的过程并不是一帆风顺的，在二十年间，总共炼丹七次，最后一次才成功。

据《华阳陶隐居内传》记载，他在炼丹期间也从不松懈，但多次烧炼都没有成功。炼丹并非易事，它是一种宗教修炼活动，由许多环节构成，如炼丹的宗教仪式、炼丹的原料（有丹砂、黄金、铅、铜、硫黄、

---

① 《华阳陶隐居内传》，《道藏》第5册，第506页。

雄黄、雌黄，等等）、炼丹地方与器具、炼丹理论与操作方法，等等。在炼丹家看来，这诸多环节中的任何一个出错，都会导致炼丹失败。如《抱朴子·内篇》中所说："黄帝传玄子（九鼎神丹经），戒之曰：此道至重，必以授贤，苟非其人，虽积玉如山，勿以此道告之也。受之者以金人金鱼投于东流水中以为约，歃血为盟，无神仙之骨，亦不可得见此道也。合丹当于名山之中，无人之地，结伴不过三人，先斋百日，沐浴五香，致加精洁，勿近秽污，及与俗人往来，又不令不信道者知之，谤毁神药，药不成矣。"① 炼丹应该在名山和无人之地是个很重要的条件，因此当陶弘景多次开鼎失败后，就以茅山临近闹市为理由，而出走另觅其他适合之地。陶弘景后来去了深山远海之处，那里的人们并不知道什么是炼丹，所以也就没有什么诽谤之语。

　　陶弘景无法在短时间内快速地取得成功，其原因很多，其一就是道教的炼丹术跟其他的修道方法一样，一般都在师徒间密传，极具神秘性。不仅如此，道教中的炼丹典籍对炼丹术的记录和介绍极其隐晦，不易看懂，如被称作万古丹经王的《周易参同契》就具有语言隐晦难懂、理论艰深玄奥等特点，很难明了其含义与所指。但帝王渴求长生不死，一般都急于求成。在历史上，由于炼丹失败而招来杀身之祸的人也不鲜见，因而这一点也让他深为担忧与苦恼。于是在几次失败后，他启奏梁武帝试图离开茅山，原因除了以上所说要选择适宜的炼丹场所外，可能也有惧怕招来杀身之祸的考虑。

　　他在私自出走茅山期间，辗转漂泊，吃尽苦头，后来又被梁武帝迎送回山。此段经历《华阳陶隐居内传》有详细记录。他所到过的地方大致在今天的浙江省和福建省境内，据宋王象之《舆地纪胜》卷十一说，在浙江省的象山，就有陶弘景的修炼之所。此外还有青嶂山，霍山、木溜屿等众多地方，这在《茅山志》卷二十《许长史旧馆坛碑·碑阴记》里也有记载："七年往永嘉楠江青嶂山，十年涉海诣霍山。"后来又到过木溜屿，《华阳陶隐居内传》引《登真隐诀》："壬辰年六月，便乘海还永嘉。木溜屿乃大有古旧田墟，孤立海中，都无人居，甚可营合……八月，至木溜，见其可居，始上岸起屋。"② 这个时候，梁武帝派人召他回去，使者

---

① 王明：《抱朴子内篇校释（增订本）》，中华书局1985年版，第74页。
② 《华阳陶隐居内传》，《道藏》第5册，第507页。

与他都不敢违命,《华阳陶隐居内传》里写道:"会上使司徒慧明迎还旧岭……道中书敕相望,仍欲先生至都下,先生至晋陵,辞以疾,乃还华阳。"① 至此,他又回到了茅山。

当时不仅是陶弘景,还有南岳的邓郁之也在为梁武帝炼丹。《华阳陶隐居内传》中说邓郁之"居南岳……敕给九转丹具,令营合。限尽开鼎,上有钟乳霜雪,光明照耀,永无杂色。邓不以献奉,自饵之……乃云病病,八日去"②。邓郁之服了自以为炼制成功的丹药,并没有献给梁武帝,结果是没过几天就中毒而死。

回到茅山后,陶弘景继续炼丹。但他的炼丹之事在长时间内仍然没有成功。虽然他的弟子认为炼丹成功了,但他按照丹经记载的检验成功与否的标准,断定为不成功。而且他也不轻易服丹,不盲目崇信所谓"白日飞升"之类的说法。在普通五年(524),又有炼丹之事,"普通五年复涂鼎起火……明年正旦甲子开鼎,光气照烛,动心焕目,形质似前者,而加以彩虹杂色。始天监四年初有志于此,及是凡七营乃成"。③ 这说明普通六年(525),炼丹才得以成功,并献丹于梁武帝,《南史》中说:"后合飞丹,色如霜雪,服之体轻。及帝服飞丹有验,益敬重之。"④ 陶弘景炼丹前前后后经过了二十年,这期间还出走茅山,颠沛流离,千辛万苦,最终获得了成功。

炼丹是一个宗教活动,由很多环节构成。虽然炼丹品种的选择和原料的选用,炼丹的操作方法等都对成败起着举足轻重的作用,但也不能忽视其他条件的影响与意义,如祭祀科仪、师承传授、炼丹禁忌等等,陶弘景对此非常清楚。

其一,师承传授。对于采用什么丹方来炼丹,实质上是一个丹法的师承传授问题。陶弘景以严肃认真的态度对道书丹经中记载的将近千条"丹方"进行了严格的鉴别与筛选,认为金丹的品种很多,但是,很多丹法如黄帝九品九丹、王君虹景、左慈九华等,或是口诀秘而不传或者记录的方法太简单,不宜采用;有的所用原料难以得到,也不能采用等,最后

---

① 《华阳陶隐居内传》,《道藏》第5册,第507页。
② 同上书,第507—508页。
③ 同上书,第508页。
④ 《南史》卷七十六《隐逸·陶弘景》,中华书局标点本,第6册,1975年版,第1899页。

他决定采用"九转丹"。因为"九转丹"所需的原料,比较容易找到,而且关于它的制作方法,也有比较清楚的记载,让人看了就能够明白,因而他选择了"上清九转金丹方"。

他之所以选择"上清九转金丹方",也主要跟此丹是上清派传承的丹法有关,《华阳陶隐居内传》引《登真隐诀》云:"九转神丹,升虚上经,是太极真人传长里先生,长里先生传西城总真王君,王君传太元真人也。"① 这里所说"太极真人"可能是老君,《真诰》卷五中说:"老君者,太上之弟子也,年七岁而知长生之要,是以为太极真人。"② 而"太上"就是《茅山志》的"上清品"里所说的上清道君,"是以上清道君为老君之师,万道之主"。③ "上清道君"在《真灵位业图》中居于第二神阶的中位,其名号是"上清高圣太上玉晨玄皇大道君"。而"长里先生"就是薛长里,在《真灵位业图》中居于第二神阶的左位,被称为"领九宫上相长里先生薛君"。"西城王君"是王远,他授经给王子登,王子登又授经给魏华存,王子登是西城王君的弟子,魏华存又是王子登的弟子,她被其尊为上清派的第一代宗师,这种师徒关系还在《云笈七签》卷一百六题有"弟子南岳夫人魏华存撰"的《清虚真人王君内传》有所说明:"华存师清虚真人王君,讳褒,字子登,范阳襄平人也,安国侯七世之孙……后隐洛山中,感南极夫人、西城真人并降。南极夫人乃指西城曰:君当为王子登之师,子登亦佳弟子也。良久,西城真人长叹而谓君曰:夫学道者,谅不可以仓卒期……西城真人遂以即日授君《太上宝文》……凡三十一卷,依科立盟,结誓而付。"④ 那么,九转丹的传承就是老君—薛长里—王远—大茅君,王远在《真灵位业图》中居于第二神阶的左位,"左辅后圣上宰西域西极真人总真君,姓王,讳远,字方平",是紫阳君的弟子,司命茅君的师傅。值得注意的是,在《真灵位业图》中王远被称为"西域王君",而在《清虚真人王君内传》与《南岳魏夫人传》里都将其呼为"西城王君","域"与"城"之差,疑或是书写上的错误。

---

① 《华阳陶隐居内传》,《道藏》第5册,第506页。
② 《真诰》卷五,《道藏》第20册,第516页。
③ 《茅山志》卷十,《道藏》第5册,第596页。
④ 《云笈七签》卷一百六,《道藏要籍选刊》,上海古籍出版社1989年版,第721页。

从以上可知，九转神丹是上清派内部所传的丹法，而陶弘景作为上清派的重要传人，继承和选炼此丹都是顺理成章的事。但这种九转丹出自"太清丹经"，《抱朴子·内篇》"金丹"中说："抱朴子曰：复有太清神丹，真法出于元君。元君者，老君之师也。太清观天经有九篇，云其上三篇不可教授，其中三篇世无足传，常沈之三泉之下，下三篇者，正是丹经上中下，凡三卷也。"① 葛洪认为太清神丹是由老君传承而来的，而且江东先无此书，书出于左慈，"昔左元放于天柱山精思，而神人授之金丹仙经，会汉末乱，不遑合作，而避地来渡江东，志欲投名山以修斯道。余从祖葛仙公，又从元放受之。凡受太清丹经三卷及九鼎丹经一卷，金液丹经一卷。"② 意即太清丹经来自于左慈的传授。葛洪在"金丹篇"中还指出九转丹和九光丹的炼法出处，说明了上清派丹法来源于太清经的一些重要问题。

其二，炼丹仪式与禁忌。葛洪在《抱朴子内篇·金丹》中记述了开炼九转丹的一些祭祀之事："传丹经不得其人，身必不吉。若有笃信者，可将合药成以分之，莫轻以其方传之也。知此道者，何用王侯，为神丹既成，不但长生，又可以作黄金。金成，取百斤先设大祭。祭自有别法一卷，不与九鼎祭同也。祭当别称金各检署之。礼天二十斤，日月五斤，北斗八斤，太乙八斤，井五斤，灶五斤，河伯十二斤，社五斤，门户闾鬼神清君各五斤，凡八十八斤，余一十二斤，以好韦囊盛之，良日于都市中市盛之时，嘿声放弃之于多人处，径去无复顾。凡用百斤外，乃得自恣用之耳。不先以金祀神，必被殃咎。"③ 这里指出了炼丹的一些祭祀科仪，陶弘景写有《抱朴子注》二十卷，对葛洪的著作非常熟悉，再加上他本身就是上清派的宗师，深得孙游岳真传，因而对炼丹的祭祀规格了如指掌。

《抱朴子·内篇》"金丹"中还有很多炼丹的禁忌，如"第一禁，勿令俗人之不信道者，谤仙评毁之，必不成也。郑君言所以尔者，合此大药皆当祭，祭则太乙元君、老君、玄女皆来鉴省。作药者若不绝迹幽僻之地，令俗间愚人得经过闻见之，则诸神便责作药者之不尊承经戒，致令恶人有谤毁之言，则不复佑助人，而邪气得进，药不成也。必入名山之中，

---

① 王明：《抱朴子内篇校释（增订本）》，中华书局1985年版，第76页。
② 同上书，第71页。
③ 同上书，第76页。

斋戒百日，不食五辛生鱼，不与俗人相见，尔乃可作大药。作药须成乃解斋，不但初作时斋也。"① 这里说明炼丹首先要秉承经戒，内心虔诚地祭祀诸神。其次，要选名山之中俗人不易接近的幽静之地作为炼制场所。对于为什么要选名山的缘由，葛洪认为是名山有正神守护，而小山没有正神，多是些极易作祸、坏人丹药等的精怪鬼灵一类的邪物。众多的炼丹禁忌都反映了其作为一种宗教活动的神秘性与隐晦性。

根据陶弘景传记的记载，他的炼丹取得成功，应该是他渡过所有关口而得来的不易结果。炼丹的成功与服丹的效果又是两码事，陶弘景曾献丹于梁武帝，据载武帝服食后有一定的效果，但离长生久视的道教目标还差老远。梁武帝统治初期，建树颇多，政治清明；但到了晚期，佞佛弃国，政治昏暗，国虚民苦，这就是太过于偏执而导致国破家亡的恶果。梁武帝也是一代英才，曾征战疆场，开国立业，受人奉仰，可怜最终归向了被侯景囚禁而饿死的悲凄宿命。道教同样认为，国不国，君不君之人是不可能有道缘的，更枉弄成仙了。那么，即使是陶弘景向梁武帝献上大还丹，武帝还是无福消受了。

(本文原载《形象史学》2011 年第 1 期)

---

① 王明：《抱朴子内篇校释（增订本）》，中华书局 1985 年版，第 85 页。

魏晋南北朝文武分途的基础性研究之一
——几个概念的辨析

陈奕玲

从先秦文武分职的产生到唐宋后文武分途的定型,汉唐间的文武问题尚缺乏系统的梳理与分析。这主要因为该时期文武分职已成基本制度而文武分途尚未定型。但文武分途所涉及的内容在此期间同样存在,对这些内容的考察能够帮助我们将前后两段时期的发展进行贯通。在研究展开之前,有必要对与此课题相关的几个概念进行辨析。

一 与文武官职相关的几组概念

1. 军将与军吏

军国区分的思想早在先秦就已出现。史载:"及周之六卿,亦以居军,在国也则以比长、闾胥、族师、党正、州长、卿大夫为称,其在军也则以卒伍、司马、将军为号,所以异在国之明也。"①《周礼》记载一军的最高长官称军将,其下按照编制依次为师帅、旅帅、卒长、司马、伍长。② 亦即当时军队统帅与行政官职在名称上已经有所区分,尽管任职者实际上或许并无区别。《周礼》可能存在后人附会的成分,但到春秋战国之际将相分职已经成为官僚制度改革的一个重要内容。所谓"将相分职,

---

① 《续汉志·百官五》刘昭注引刘劭《爵制》,中华书局1996年版,第3631页。
② 孙诒让:《周礼正义》卷五四《大司马·叙官》,中华书局2000年版,第2237页。

而各以官名举人，按名督实，选才考能"。① 而后世也仍存在军国殊用的观念，如："设官分职，军国殊用，牧养以息务为大，武略以济事为先。"② 这说明国家根据军事和日常行政的不同，设置不同类别的职官。

军队统帅，尤其是军事行动中的各级指挥官，史书中一般称为军将和军吏。刘劭《爵制》就指出："自左庶长已上至大庶长，皆卿大夫，皆军将也。所将皆庶人、更卒也，故以庶更为名。大庶长即大将军也，左右庶长即左右偏裨将军也。"③ 则将拥有军功爵左庶长至大庶长者称为军将，是较高级的军队统帅。而唐代之前的史料也多用"军将"来指称军队统帅。

（田）丰字元皓。天姿瓌杰，权略多奇。绍军之败也，土崩奔走，徒众略尽，军将皆抚膝啼泣曰："向使田丰在此，不至于是。"④

泰、潜别赍致遗货物，欲因市马。军将贺达、虞咨领余众在船所。⑤

初，秀惧西军至，复召虔还。是日宿九曲，诏遣使者免虔官，虔惧，弃军将数十人归于汶阳里。⑥

齐神武兵乃萃于左军，军将赵贵等与战不利，诸军因之并退。⑦

吾家子弟，决为主帅，分领兵马，散在诸军，伺候间隙，首尾相应。吾与汝前发，袭取御营，子弟响起，各杀军将。一日之间，天下足定矣。⑧

以上例子中的"军将"，主要是在军事行动中领兵征讨，这一内涵在北魏时似乎有所扩大。

---

① 《六韬·文韬·举贤》，《武经七书》下册，第384页。
② 《晋书》卷八五《刘毅传》，中华书局1996年版，第2208—2209页。
③ 《续汉志·百官五》注引刘劭《爵制》，第3632页。
④ 《后汉书》卷七四上《袁绍传》注引《先贤行状》，第2380页。
⑤ 《三国志》卷八《魏书·公孙度传》注引《魏略》，中华书局1982年版，第256页。
⑥ 《晋书》卷五九《赵王伦传》，第1605页。
⑦ 《周书》卷一七《若干惠传》，中华书局1987年版，第281页。
⑧ 《隋书》卷三七《李穆附子浑传》，中华书局1994年版，第1121页。

> 周观，代人也。骁勇有膂力，每在军阵，必应募先登。以功进为军将长史，寻转军将。击赫连屈丐有功，赐爵安川子，迁北镇军将……子豆，初为三郎，迁军将。①
>
> 结宗人弥，善射有膂力。世祖时为军将，数从征伐有功，官至范阳太守。②
>
> 尉拨，代人也……从讨和龙，迁虎贲帅，转千人军将。又从乐平王丕讨和龙。除凉州军将，击吐谷浑，获其人一千余落。③
>
> 尧暄了，美容貌，为千人军将、东宫吏。④

例中周观及罗弥所任军将，在军阵中从征伐，应属军事行动中的统帅。而周观子周豆从三郎转军将，尉拨从虎贲帅转千人军将，以及尧暄所任之千人军将，或为中央的禁卫军官。因为三郎与虎贲帅在当时都是宿卫之职⑤，而且《魏书》卷一一三《官氏志》太和十六年官品令中从五品上有"宿卫军将"，应该指的就是这些官职。此外，周观所任之北镇军将以及尉拨被除的凉州军将，则应属镇守地方的军队统帅。因此，北魏时"军将"一词用以泛指军事行动中的指挥官，以及中央和地方军队的统帅。唐代"军将"一词的内涵就是延续了北魏以来的传统。

> 显庆五年，破百济勋，及向平壤苦战勋，当时军将号令，并言与高官重赏，百方购募，无种不道。⑥
>
> 惟明曰："开元之初，赞普幼稚，岂能如此。必是在边军将务邀一时之功，伪作此书，激怒陛下……"⑦
>
> 玄宗颇以为疑，说奏曰："臣久在疆场，具悉边事，军将但欲自卫及杂使营私。若御敌制胜，不在多拥闲冗，以妨农务……"上乃

---

① 《魏书》卷三十《周观传》，中华书局1997年版，第727—728页。
② 《魏书》卷四四《罗结传》，第989页。
③ 《魏书》卷三十《尉拨传》，第729页。
④ 《魏书》卷四二《尧暄传》，第954页。
⑤ 可参看张金龙《魏晋南北朝禁卫武官制度研究》下册，中华书局2004年版，第674—685页。
⑥ 《旧唐书》卷八四《刘仁轨传》，第2793页。
⑦ 《旧唐书》卷一九六上《吐蕃上》，第5230页。

从之。①

诏从之，遂遣剑南军将李福、刘光庭分统焉。②

军将王抚及御史大夫王仲升顿兵自苑中入，椎鼓大呼，仲卿之师又入城，吐蕃皆奔走，乃收上都。郭子仪乘之，鼓行入长安，人心乃安。③

时凤阁侍郎张柬之将诛张易之兄弟，遂引湛为左羽林将军，令与敬晖等启请皇太子，备陈将诛易之兄弟意，太子许之……则天谓湛曰："卿亦是诛易之军将耶？我于汝父子恩不少，何至是也！"④

上引诸例中，"军将"一词在例一中指战时统帅，例二至例四指地方军事长官，例五、六指中央军事长官。不仅如此，《唐律疏议》在释"将吏已受使追捕"句时，"谓见任武官为将，文官为吏，已受使追捕罪人。"⑤ 则是将现任武官统称为将，文官统称为吏。

翻检史料可知，魏晋南北朝时期与"军将"所指相似的还有"武臣"一词，也主要用以指称军事行动中的统帅。

且公师武臣力，将士愤怒，人思自骋，而不及时早定大业，虑之失也。⑥

武臣毅卒，循江而守；长棘劲铩，望焱而奋。⑦

方今百僚济济，俊乂盈朝，武臣猛将，折冲万里，国富兵强，六军精练，思复翰飞，饮马南海。⑧

犹以侍子不至，取乱乘机，五牛一指，六师骋路，馘其武臣骁帅，倾其汤池石城。⑨

---

① 《旧唐书》卷九七《张说传》，第3053页。
② 《旧唐书》卷一〇四《哥舒翰传》，第3214页。
③ 《旧唐书》卷一九六上《吐蕃上》，第5239页。
④ 《旧唐书》卷八二《李义府附少子湛传》，第2771页。
⑤ 《唐律疏议》卷二八《捕亡》，中华书局1993年版，第525页。
⑥ 《三国志》卷六《魏书·袁绍传》注引《献帝传》，第196页。
⑦ 《晋书》卷五四《陆机传》，第1469页。
⑧ 《晋书》卷五六《孙楚传》，第1541页。
⑨ 《魏书》卷九五"序"，第2042页。

可以看出，以上对"武臣"的描述也多见于战争场面。但是，唐代的武臣一词却多用来指从军队出身的一批人，更加强调个人特征的文武之别，而不是职官中的文武区分。

> （李）忠臣少从军，在卒伍之中，材力冠异……单骑赴京师，朝廷方宠武臣，不之责也，依前检校司空、平章事，留京师奉朝请。①
>
> 宋璟为相，虑武臣邀功，为国生事，止授以郎将。②
>
> 韩全义，出自行间，少从禁军，事窦文场……全义贪而无勇，短于抚御……将略非所长，能以巧佞财贿结中贵人，以被荐用……全义武臣，不达朝仪，托以足疾，不任谒见。③

可以看到，唐代的武臣在史书中被描述成不达朝仪、不知大臣体例，而且多出身行伍。具有这些特征的人在汉唐史料中还被称作"武人"、"武夫"、"武将"等，与"文人"、"文士"等相区别。（详见下文）

上引刘劭《爵制》还将军队中一级爵公士至九级爵五大夫者都称作"军吏"，他们位于军将之下，属于中低级的军队统帅。④ 黎虎对"军吏"内涵的演变有专门的研究，认为"军吏"涵义在先秦时指军队中除士兵之外的各级军官，战国时期层级有所下移，指将军以下的中下级军官；汉代以校尉为将军与军吏的分界线，此外幕府中的各色吏员亦属"军吏"范畴；魏晋南北朝沿袭汉制。不过，作者还指出"军吏"与将军并非截然划分，而具有一定的相对性，至于吴简中的"军吏"则属于军中下层吏员。⑤ 笔者认为，从最宽泛的意义上看，凡是军队中的大小官吏都可称作军吏，其中既包括统率军队的军职序列，也包括处理日常事务的属吏序列。但"军吏"更多被用来指军职序列。

从史料看，军吏一般与地方长官相对而言，表明他们有别于地方行政系统的职官。

---

① 《旧唐书》卷一四五《李忠臣传》，第3942页。
② 《旧唐书》卷一四七《杜佑传》，第3980页。
③ 《旧唐书》卷一六二《韩全义传》，第4247—4248页。
④ 《续汉志·百官五》注引刘劭《爵制》，第3632页。
⑤ 黎虎：《说"军吏"——从长沙走马楼吴简谈起》，《文史哲》2005年第2期。

八年，张步畔，还琅邪，俊追讨，斩之。帝美其功，诏俊得专征青、徐。俊抚贫弱，表有义，检制军吏，不得与郡县相干，百姓歌之。①

（太尉）东曹主二千石长吏迁除及军吏。②

于时四海翕然，莫不励行。至乃长吏还者，垢面羸衣，常乘柴车。军吏入府，朝服徒行。③

《魏书》载庚申令曰："议者或以军吏虽有功能，德行不足堪任郡国之选，所谓'可与适道，未可与权'。管仲曰：'使贤者食于能则上尊，斗士食于功则卒轻于死，二者设于国则天下治。'未闻无能之人，不斗之士，并受禄赏，而可以立功兴国者也。故明君不官无功之臣，不赏不战之士；治平尚德行，有事赏功能。论者之言，一似管窥虎欤！"④

可见军吏不能干涉地方事务，甚至对他们出任郡国之选都存在争议。唐代之前军吏常出现于带将军号的高级将领的军队中，这是因为一般情况下能够指挥中下级军官并开府置属吏者都拥有将军号。与"军将"一词相似，《魏书》卷一一三《官氏志》太和十六年官品令中第九品上还有"宿卫军吏"一职。唐时将军号已彻底散化成武散阶，不再领兵和拥有开府置佐权，当时军吏多见于掌握地方军政大权的节度使之下。

2. 文官与武官

军国殊用、将相分职后，文官、武官的称呼也见诸史料。在《史记》中我们已经看到"文官"这一称呼——汉高祖七年，长乐宫建成，此时百官在朝廷上的排列位置为："功臣列侯诸将军军吏以次陈西方，东乡；文官丞相以下陈东方，西乡。"⑤ 这里文官被用来指丞相以下在朝中处理政事的一批官吏，而与之对应的则是功臣列侯将军军吏。与"文官"相对应的"武官"一词较早见于《汉书》卷一九上《百官公卿表》："仆射，秦官，自侍中、尚书、博士、郎皆有。古者重武官，有主射以督课

---

① 《后汉书》卷一八《陈俊传》，第691页。
② 《续汉志·百官一》，第3559页。
③ 《三国志》卷一二《魏书·毛玠传》注引《先贤行状》，第375页。
④ 《三国志》卷一《魏书·武帝纪》注引《魏书》，第24页。
⑤ 《史记》卷九九《叔孙通列传》，中华书局1982年版，第2723页。

之，军屯吏、驺、宰、永巷宫人皆有，取其领事之号。"① 然笔者认为此处标点有误，"官"字应以断后为宜。因为《史记》卷六《秦始皇本纪》注引《集解》："《汉书·百官表》曰：'仆射，秦官。古者重武，官有主射以督课之。'"（第255页）所言《汉书·百官表》即《百官公卿表》，此处"官"字后属。另，《汉官仪》载："谒者仆射，秦官也。仆，主也。古者重武事，每官必有主射以督课之。"② 则解"武"为"武事"。将"武"作"武事"解的还可见诸下列史料。

  古重习武，有主射以督录之，故曰仆射。③
  仆射，秦官。仆，主也。古者重武，故官曹之长，主领其属而习于射事也。④
  谢灵运《晋书》曰：古者重武事，贵射御，取其捷御如仆，各置一人，尚书六人，谓之八坐。参摄百揆，出纳王命，古元凯之任也。⑤

对比斟酌，我们觉得"官"字后属，将"武"理解为"武事"更契合秦时的实态，于义为长。也就是说，由于古代重武事，官曹长官常领其属习射御之术，故名其为"仆射"。

因此，西汉时"文官"、"武官"之称都十分罕见，直到东汉其使用才见增多。⑥ 而且将"文官"与"武官"对称的叙述也见于记载。分析史料我们可大致了解以下几点。首先，史书中能看出具体所指的文官与武官一般是指中央职官。

---

① 《汉书》卷一九上《百官公卿表》，中华书局1996年版，第728页。
② 应劭：《汉官仪》卷上，（清）孙星衍等辑、周天游点校：《汉官六种》，中华书局2008年版，第132页。
③ 《续汉志·百官二》，第3578页。
④ （唐）徐坚等：《初学记》卷第十一《职官部上·仆射第四》，中华书局2005年版，第261页。
⑤ 《太平御览》卷二一一《职官部九·左右仆射》第二册，中华书局影印本1960年版，第1010页。
⑥ 张金龙认为：西汉初年，制度规定了文武官制之分，但这种区分只是初步的，真正的文武官制之分尚未形成；东汉历史的记载才有了明确的文武官制之分。见其《魏晋南北朝禁卫武官制度研究》，第6、8页。书中对《汉书·百官公卿表》"武官"条史料未作辨析。

立春之日，遣使者赐文官司徒、司空帛三十匹，九卿十五匹；武官太尉、大将军各六十匹，执金吾、诸校尉各三十匹。武官倍于文官。①

　　立春之日，迎春于东郊……因赐文官太傅、司徒以下缣各有差。②

　　西羌反，发三辅、中都官徒弛刑，及应募佽飞射士、羽林孤儿，胡、越骑，三河、颍川、沛郡、淮阳、汝南材官，金城、陇西、天水、安定、北地、上郡骑士、羌骑，诣金城。（注引应劭曰："天有羽林大将军之星。林，喻若林木之盛。羽，羽翼鸷击之意。故以名武官焉。"）③

　　（崔）烈怒，举杖击之。（崔）钧时为虎贲中郎将，服武弁，戴鹖尾，狼狈而走。烈骂曰："死卒，父挝而走，孝乎？"（注曰："以其武官，故骂为卒。"）④

　　苍上疏让曰："……今方域宴然，要荒无警，将遵上德无为之时也。文官犹宜并省，武官尤不宜建。昔虞舜克谐，君象有鼻，不及以政，诚不忍扬其恶也。前事之不忘，后事之师也。自汉以来，子弟无得在公卿位者。唯陛下远遵旧典，终畜养之恩。不胜至愿，愿上骠骑将军印绶。"⑤

前三条史料明确指出，中央官中太傅、司徒、司空、九卿是文官，太尉、大将军、执金吾、诸校尉是武官。第四条史料以羽林为称的武官应指羽林中郎将、羽林左右监。第五条史料以虎贲中郎将为武官。第六条史料称骠骑将军为武官。则在皇宫和京城地区负责守卫的禁卫军官是武官的重要组成部分，其余负责行政事务的公卿类官职是文官的重要组成部分。

　　文官、武官明确指称地方职官的记载很少，我们只能从一些记载中推知。

---

① 应劭：《汉官仪》卷下，第181页。
② 《续汉志·祭祀中》，中华书局1996年版，第3182页。
③ 《汉书》卷八《宣帝纪》，中华书局1996年版，第260页。
④ 《后汉书》卷五二《崔骃附烈传》，中华书局1996年版，第1731—1732页。
⑤ 《后汉纪》卷第八《光武皇帝纪》，《两汉纪》下册，中华书局2005年版，第157页。

《居延新简》之《破城子探方五一》：太守府书塞吏武官吏皆为短衣，去足一尺，告尉谓第四守候长忠等如府书方察不变更者。E. P. T51：79①

璅弩车前伍伯，公八人，中二千石、二千石、六百石皆四人，自四百石以下至二百石皆二人，黄绶，武官伍伯，文官辟车。②

太尉周勃道太原入，定代地。（注引应劭曰："自上安下曰尉，武官悉以为称。"）③

武帝建元二年省（太尉）。元狩四年初置大司马，以冠将军之号。（注引应劭曰："司马，主武也，诸武官亦以为号。"）④

史料一是太守发给下属的边塞官吏的文书，则此武官应属地方官。史料二钱大昕的考异谓："黄绶，武官伍伯，文官辟车。谓黄绶武官导从用伍伯，文官导从用辟车也。汉制，四百石至二百石皆黄绶。"⑤ 也就是说，四百石至二百石的官职所佩戴的是黄绶，其中武官以伍伯为导从，文官以辟车为导从。则此四百石至二百石的黄绶武官也可能包括地方官职。后两条史料是东汉应劭的解释，认为"尉"、"司马"是武官的称号。那么除了中央以校尉、都尉为名的一些官职外，地方郡县及王国中也有都尉及中尉等以"尉"为名的官职。张金龙就指出，地方的郡守、国相、县令长等为文官，郡都尉、国中尉、属国都尉为武官。⑥ 而汉代以校尉、都尉、司马为名的还有军事行动中的统帅，即上文所谓的"军吏"，则他们也属于广义上的武官。综言之，东汉广义上的文官和武官以行政事务和军事事务为区分标准，包括中央、地方以及军队中的各级官职。但文官与武官主要还是用来区分中央职官。

魏晋南北朝时期，文官与武官的称呼仍主要用于中央官职的区分上，

---

① 《居延新简》之《破城子探方五一》，文物出版社1990年版，第177页。
② 《续汉志·舆服上》，中华书局1996年版，第3651页。
③ 《史记》卷八《高祖本纪》，中华书局1982年版，第388页。
④ 《汉书》卷一九上《百官公卿表》，中华书局1996年版，第725页。
⑤ 钱大昕：《廿二史考异》卷一四《后汉书·舆服志》，《嘉定钱大昕全集》，江苏古籍出版社1997年版，第347页。
⑥ 张金龙：《魏晋南北朝禁卫武官制度研究》，中华书局2004年版，第9页。

这从武官多指禁卫军官上可见一斑。

> 左卫领营将军会稽许荣上疏曰:"今台府局吏、直卫武官及仆隶婢儿取母之姓者,本臧获之徒,无乡邑品第,皆得命议,用为郡守县令,并带职在内,委事于小吏手中。"①

> 晋帝自孝武以来,常居内殿,武官主书于中通呈,以省官一人管司诏诰,任在西省,因谓之西省郎。②

> 内外百官文武、督将征人,遭艰解府,普加军功二阶;其禁卫武官,直阁以下直从以上及主帅,可军功三阶;其亡官失爵,听复封位。谋反大逆削除者,不在斯限。③

> (元象元年)四月庚寅,神武朝于邺,壬辰,还晋阳。请开酒禁,并赈恤宿卫武官。④

虽然文官与武官多用以区分中央官职,但当时用文武连称来泛指群官已经十分普遍。

> 今公亲征,文武将吏、度支筹量、舟舆器械所出若足用者,然后可征。⑤

> 邃称疾不省事,率宫臣文武五百余骑宴于李颜别舍,谓颜等曰:"我欲至冀州杀石宣,有不从者斩!"⑥(石邃为石季龙太子。)

> 十二年正月,诏公依旧辟士。加领平北将军、兖州刺史。增都督南秦,凡二十二州。公以平北文武寡少,不宜别置。于是罢平北府,以并大府。⑦

> 东莞太守萧惠徽率郡文武千余人攻思道,战败,又见杀。⑧

---

① 《晋书》卷六四《会稽文孝王道子传》,第1733页。
② 《宋书》卷六〇《王韶之传》,第1625页。
③ 《魏书》卷九《肃宗纪》,第249页。
④ 《北齐书》卷二《神武纪下》,第20页。
⑤ 《晋书》卷七一《熊远传》,第1886页。
⑥ 《晋书》卷一〇六《石季龙载记上》,第2766页。
⑦ 《宋书》卷二《武帝纪中》,第35页。
⑧ 《宋书》卷五四《羊玄保附羊希传》,第1538页。

（中大同元年）夏四月丙戌，于同泰寺解讲，设法会。大赦，改元。孝悌力田为父后者赐爵一级，赉宿卫文武各有差。①

于东西两省文武闲职、公府散佐、无事冗官，或数旬方应一直，或朔望止于暂朝，及其考日，更得四年为限。是则一纪之中，便登三级。②

又诏益宗率其部曲并州镇文武，与假节、征虏将军、太仆少卿宇文福绥防蛮楚，加安南将军，增封一百户，赐帛二千匹。③

可见，"文武"可用来泛指军事行动中的从征将吏、东宫臣僚、地方军府僚佐、州郡属吏、中央职事官及散官，等等，所指十分宽泛。经过魏晋南北朝的发展，文武官职的区分到唐代显得更加完善和细致，这在《旧唐书·职官志》的记载中有所体现。其中文官包括以诸郎为称的文散官，以三省六部九寺五监为主体的中央文职事官以及都督、都护、刺史、县令为主体的地方文职事官。武官则包括以将军为称的武散序列；保护皇帝、太子、亲王、镇守京城、地方折冲府、镇戍的武职事官与卫官序列。尽管如此，唐代史料中文官与武官在狭义上仍多指中央官职，这一意义上的文官与武官还与地方文职事官并提。

明日，乃肆觐，将作于行官南为墠。三分墠间之二在南，为坛于北，广九丈六尺，高九尺，四出陛。设宫县坛南，御坐坛上之北，解剑席南陛之西。文、武官次门外东、西，刺史、令次文官南，蕃客次武官南，列辇路坛南。文官九品位坛东南，武官西南，相向。刺史、令位坛南三分庭一，蕃客位于西。④

其会，则太乐令设登歌于殿上，二舞入，立于县南。尚舍设群官升殿者座：文官三品以上于御座东南，西向；介公、酅公在御座西南，东向；武官三品以上于其后；朝集使都督、刺史，蕃客三等以上，座如立位。设不升殿者座各于其位。又设群官解剑席于县之西

---

① 《梁书》卷三《武帝纪下》，中华书局1992年版，第90页。
② 《魏书》卷五九《萧宝夤传》，第1319页。
③ 《魏书》卷六一《田益宗传》，第1371页。
④ 《新唐书》卷一四《礼乐志四》，第354页。

北，横街之南。尚食设寿尊于殿上东序之端，西向；设坫于尊南，加爵一。太官令设升殿者酒尊于东、西厢，近北；设在庭群官酒尊各于其座之南。皆有坫、幂，俱障以帷。①

以上两例是狩猎、朝会时的部分列位规定，其中都督、刺史、县令与文武官分而叙之。这种表述上的区别表明文官与武官仍多指中央职官。

除了文官与武官对称外，汉唐之间还有"武职"一词与"文官"对称。

> 今方域晏然，要荒无儆，将遵上德无为之时也，文官犹可并省，武职尤不宜建。②
> 弁之制……天子十二琪，皇太子及一品九琪，二品八琪，三品七琪，四品六琪，五品五琪，六品已下无琪。唯文官服之，不通武职。③
> （冉）闵知胡之不为己用也，班令内外赵人，斩一胡首送凤阳门者，文官进位三等，武职悉拜牙门。④

分析可知，武职所指与武官类似，亦主要用以指中央的禁卫军官。

> 武冠，侍臣加貂蝉，余军校武职、黄门、散骑、太子中庶子、二率、朝散、都尉，皆冠之。唯武骑虎贲服文衣，插雉尾于武冠上。⑤
> （张欣泰）还复为直阁，步兵校尉，领羽林监……（世祖）谓之曰："卿不乐为武职驱使，当处卿以清贯。"除正员郎。⑥
> 初为左千牛备身……左迁卢龙府果毅……待价自武职起，居选部，为当时所嗤，无藻鉴之才⑦（左千牛备身，应属卫官）。

---

① 《新唐书》卷一九《礼乐志九》，第427页。
② 《后汉书》卷四二《东平宪王苍传》，第1433页。
③ 《隋书》卷一二《礼仪志七》，第266页。
④ 《晋书》卷一〇七《石季龙载记下》，第2791页。
⑤ 《南齐书》卷一七《舆服志》，第341页。
⑥ 《南齐书》卷五一《张欣泰传》，第882页。
⑦ 《旧唐书》卷七七《韦挺附待价传》，第2671页。

（崔）圆以铨谋射策甲科，授执戟。自负文艺，获武职，颇不得意。①（正九品下阶有诸卫左右执戟，从九品下阶有诸率府左右执戟）

例中张欣泰所不乐为的直阁、步兵校尉，韦待价的起家官左千牛备身，以及崔圆所获的执戟，都是在中央承担禁卫职责的军官。此外，东汉还偶有称领兵镇守地方的官职为武职者。"案（护匈奴中郎将）免为汉吏，身当武职。驻军二年，不能平寇，虚欲修文戢戈，招降猾敌，诞辞空说，僭而无征。"② 护匈奴中郎将一职统率军队驻守地方，负责处理与匈奴有关的事务，在此称为武职。

此外，唐代还有文臣与武臣的对称。"文臣三品以上座太子南，少退；武臣三品以上于讲榻西南；执读座于前楹，北向。"③ 但"文臣"一词在唐前都罕有使用，直至两《唐书》中才比较多见。与此相对的"武臣"一词却出现得很早，先秦史料就有记载。

> 固其武臣，宣用其力。④
> 君子听钟声思武臣……君子听鼓鼙之声则思将帅之臣。⑤

则先秦时"武臣"与"将帅"的含义似乎并不相同，但魏晋南北朝时的"武臣"一词已主要用来指军事行动中的统帅，已见上文的分析。

3. 文吏与武吏

除"文官"、"武官"之对称外，汉代还有"文吏"与"武吏"的对称。

> 长安中奸猾浸多，闾里少年群辈杀吏，受赇报仇，相与探丸为弹，得赤丸者斫武吏，得黑丸者斫文吏，白者主治丧。⑥
> 其武吏以威暴下，文吏妄行苛刻，乡吏因公生奸，为百姓所患苦

---

① 《旧唐书》卷一〇八《崔圆传》，第3279页。
② 《后汉书》卷六五《段颎传》，中华书局1996年版，第2151页。
③ 《新唐书》卷一四《礼乐志四》，第355页。
④ 黎翔凤：《管子校注》卷一一《四称第三十三》，中华书局2004年版，第615页。
⑤ 《史记》卷二四《乐书》，第1225页。
⑥ 《汉书》卷九〇《尹赏传》，中华书局1996年版，第3673页。

者，有司显明其罚。①

自涣卒后，连诏三公特选洛阳令，皆不称职。永和中，以剧令勃海任峻补之。峻擢用文武吏，皆尽其能，纠剔奸盗，不得旋踵，一岁断狱，不过数十。②

从史料记载可以看出，当文武吏对称使用时，主要指地方郡县长官下属的基层吏员集团，而基本不涉及中央职官。有关文武吏所指的具体职位，在已有文献中没有明确记载，但文武吏大致的职责分工则可以看到。《汉书·何并传》里有比较清晰的一个区分："（任颍川太守时）并下车求勇猛晓文法吏且十人，使文吏治三人狱，武吏往捕之，各有所部。"③ 则文吏强调其通晓文法的能力，主要职责是处理文书；而武吏则看重其勇猛的特性，主要任务是追捕犯人。沈钦韩《左传补注》对文武吏的职能及所对应的官职也有一简要概括："文吏者，习文法之事，若功曹五官掾史等。武吏者，劾捕之事，若督盗贼游击等。"④ 这里列举了几种职位用以区分文武吏。如果就"督盗贼游击"来看，则郡府的门下督盗贼、门下贼曹及列曹之贼曹，县府的门下游徼、门下贼曹以及列曹之贼曹，乡游徼、亭长等职均可视作武吏。⑤ 东汉虞延"少为户牖亭长。时王莽贵人魏氏宾客放从，延率吏卒突入其家捕之"⑥，也可看出身为武吏之亭长的具体职掌。谢承《后汉书》载："伍孚字德瑜，少有大节，为郡门下书佐。其本邑长有罪，太守使孚出教，敕曹下督邮收之。"⑦ 这则史料中郡门下书佐与督邮的分工与上述文武吏之分工类似，因此也可推断门下书佐应属文吏，而督邮应属武吏。

此外，根据阎步克的研究，"文吏"之称，在汉代有两重含义，它既与"武吏"对称，也经常出现在与儒生相对的场合。因此"文吏"之

---

① 《后汉书》卷五《孝安帝纪》，第227页。
② 《后汉书》卷七六《循吏·王涣附任峻传》，第2470页。
③ 《汉书》卷七七《何并传》，第3268页。
④ 黄晖：《论衡校释·商虫篇》注引，中华书局1990年版，第714页。
⑤ 对汉代郡县这几个机构职能及设官的分析，可参看严耕望《中国地方行政制度史甲部——秦汉地方行政制度》，上海古籍出版社2007年版，第127、128、136、227、228、232、239、240页。
⑥ 《后汉书》卷三三《虞延传》，第1150页。
⑦ 《三国志》卷六《魏书·董卓传》注引，中华书局1998年版，第175页。

"文"不仅仅与"武"相对,而且也与儒生所长之"经术"、"家法"相对,特指所谓"文史法律"。他还指出,较之文吏、武吏之别,儒生与文吏之别在汉代引发了更多的政治文化纠葛。① 文吏与儒生之别不是本文关注的重点,这里想说的是,当文吏与儒生对称时,其间区分基本与行政职位无关,而侧重强调两个人群所掌握知识的不同,即儒生长于经术,而文吏长于法律。从史料记载看,两汉的"文吏"不管与"儒生"相对,或是与"武吏"对称,都主要指精通法律文书的职业官僚群体。

魏晋南北朝的"文吏"一词依旧用以泛指精通法律文书的官僚群体,与儒生相区别。

> (徐)邈与(豫章太守范)宁书曰:"……足下选纲纪必得国士,足以摄诸曹;诸曹皆是良吏,则足以掌文案;又择公方之人以为监司,则清浊能否,与事而明。"②
>
> 爟烽未息,役赋兼劳,文吏奸贪,妄动科格。③
>
> 钦道本文法吏,不甚谙识古今,凡有疑事,必询于子默。二人幸于两宫,虽诸王贵臣莫不敬惮。④
>
> 六官初建,授左遂伯。出为陇州刺史。保定初,迁大将军、夏州总管、三州五防诸军事。达虽非文吏,然性质直,遵奉法度,轻于鞭挞,而重慎死罪。⑤

不过我们还可以看到,当时文吏所指的官僚群体还常被描述成具有不娴武事的特征。

> (费)祎绐(魏)延曰:"当为君还解杨长史(杨仪),长史文吏,稀更军事,必不违命也。"⑥

---

① 阎步克:《士大夫政治演生史稿》,第一章第二节《问题:学士与文吏的分与合》,北京大学出版社1996年版,第14—15、17页。
② 《晋书》卷九一《儒林·徐邈传》,第2357页。
③ 《陈书》卷五《宣帝纪》,第95页。
④ 《北齐书》卷三四《宋钦道传》,第460页。
⑤ 《周书》卷二七《赫连达传》,第440页。
⑥ 《三国志》卷四〇《蜀书·魏延传》,第1003页。

> 诸山越不宾，有寇难之县，辄用盖为守长。石城县吏，特难检御，盖乃署两掾，分主诸曹。教曰："令长不德，徒以武功为官，不以文吏为称……"①
>
> 岭南俚、獠世相攻伐，君高本文吏，无武干，推心抚御，甚得民和。②
>
> 臣以不才，属当戎寄，内省文吏，不以军谋自许，指临汉中，惟规保疆守界。③

隋唐文吏一词主要承袭了这一含义，并与不达朝仪，不知大臣体例的武臣、武将等形成鲜明对比，强调的也是两个群体特征的不同。

> 上尝从容命颎与贺若弼言及平陈事，颎曰："贺若弼先献十策，后于蒋山苦战破贼。臣文吏耳，焉敢与大将军论功！"④
>
> 二年，高祖谓裴寂曰："隋末无道，上下相蒙，主则骄矜，臣惟谄佞。上不闻过，下不尽忠，至使社稷倾危，身死匹夫之手。朕拨乱反正，志在安人，平乱任武臣，守成委文吏，庶得各展器能，以匡不逮……"⑤
>
> 且萧造文吏，本无武略，仰惧威灵，理当自下。⑥

从上述史料可见，文吏与武臣、功臣相区别，常被描述成无武略、不乐军旅以及不娴武事，等等。此外，隋唐文吏也用以指通习文法的官员，但此义已不太普遍。

> 素时贵幸，言无不从，其从素征伐者，微功必录，至于他将，虽有大功，多为文吏所谴却。故素虽严忍，士亦以此愿从焉。⑦

---

① 《三国志》卷五五《吴书·黄盖传》，第1284页。
② 《陈书》卷二三《沈君理附君高传》，第301页。
③ 《魏书》卷六五《邢峦传》，第1441页。
④ 《隋书》卷四一《高颎传》，第1182页。
⑤ 《旧唐书》卷七五《孙伏伽传》，第2636页。
⑥ 《旧唐书》卷五九《任瓌传》，第2323页。
⑦ 《隋书》卷四八《杨素传》，第1286页。

> 务权诈而薄儒雅，重干戈而轻俎豆，民不见德，唯争是闻。朝野以机巧为师，文吏用深刻为法，风浇俗弊，化之然也。①
>
> 高宗嗣位，政教渐衰，薄于儒术，尤重文吏。于是醇酽日去，华竞日彰，犹火销膏而莫知觉也。②
>
> 邓景山，曹州人也。文吏见称。天宝中，自大理评事至监察御史。③

从"深刻为法"、"薄于儒术"的描述，以及邓景山以文吏见称则任大理评事、监察御史这类司法之官的记载，可知"文吏"一词仍用来指精通法律文书的一批文人，与精研儒家著作的文人相区别。此外，唐代文吏还用以泛指全体文官，如"（吏部）郎中一人，掌考天下文吏之班秩阶品"④。上文考察军将一词含义的演变时，我们也已指出，唐代还将现任文官泛称为"吏"。

概言之，文吏一词在汉代主要与儒生相区别，指通晓文书法律的官僚群体，同时也与武吏相区别指地方吏员群体中处理文书和逐捕盗贼的分工。汉代后文吏已很少与武吏对称，文吏一方面依旧以精通文书法律的特征与儒生群体相区别，另一方面以不娴武事的面貌出现，与武人官僚群体相区别。

关于武吏含义的变化，黎虎的研究指出，汉魏时期的"武吏"是行政系统中与"文吏"相对而言的吏员，他们是"吏"而非"兵"。西晋时代替州郡兵设置的武吏，带有地方武装性质。因此两晋南朝前期，既有行政系统的"武吏"，又有军事系统的"武吏"，后者属于"兵"而非"吏"；南朝后期所置"武吏"则是"吏"而非"兵"。⑤笔者认为，魏晋南北朝的地方长官多带将军号，因此地方机构多有两套属官。武吏应该仍属行政系统，上文所论之军吏则属军事系统。北朝隋唐有关武吏的记载很少，《旧唐书》有称中郎将常何为武吏："（马周）至京师，舍于中郎将常何之家。贞观五年，太宗令百僚上书言得失，何以武吏不涉经学，周乃为

---

① 《隋书》卷四七《柳机附昂传》，第1278页。
② 《旧唐书》卷一八九上《儒学上》，第4942页。
③ 《旧唐书》卷一一一《邓景山传》，第3313页。
④ 《旧唐书》卷四三《职官志二·吏部郎中》，第1819页。
⑤ 黎虎：《说"军吏"——从长沙走马楼吴简谈起》，《文史哲》2005年第2期。

何陈便宜二十余事,令奏之,事皆合旨。"① 则此武吏可以说与武官一词所指相似,与汉魏南朝的含义大相径庭。

二 与文武人群相关的几组概念

1. 先秦文武人群之渐分及称呼。
2. 武士、武夫、武人、武将——武之人群。
3. 文吏、儒生、文士、文人、学士——文之人群。

三 小结

通过对这些名词分析,我们可以获得以下认识。

首先,从文武分职的角度来看。军国之别的观念早在先秦就已产生,魏晋南北朝时期也依旧存在。"军将"与"军吏"在这一时期主要用来泛指军事行动中的各级统帅以及军府的属吏,他们多与地方行政官职构成文武之别。但史料中明确记载了"军将"一词北魏后内涵有所扩展,亦指中央与地方军队的统帅。"武臣"、"武将"在魏晋南北朝时期也常与军将、军吏同义。

文官与武官的称呼从东汉起开始普及,狭义上用以指中央官职的文武区分,这种用法也更为多见;广义上则涵盖了从中央到地方以及军队中的重要官职。世入魏晋后,虽然文官与武官仍多用以区分中央官职,但当时已用文武连称来泛指群官,其中包括朝官、国官、地方郡县官以及军府属官等。

两汉地方职官中常出现文吏与武吏的对称,主要指地方郡县长官下属的基层吏员集团,而基本不涉及中央职官。武吏以逐捕盗贼为要务,与精通法律、处理文书的文吏相区别。武吏属于地方行政系统,与军吏属于军队系统有别。魏晋后文吏与武吏依旧频繁见于史籍,但基本不成对使用。文吏一词在汉代除了与武吏对称外,还常与儒生有别,强调两个群体知识

---

① 《旧唐书》卷七四《马周传》,第 2612 页。

结构的不同。魏晋后文吏一方面依旧以精通文书法律的特征与儒生群体相区别；另一方面以不娴武事的面貌出现，与武臣、武将群体形成鲜明对比。

其次，从文武群体的角度来看。一般认为，春秋战国前，人群不存在文武的区分，春秋战国时的"侠"可视为一尚武的集团与尚文之百家相区别。然而西汉统一后，这一集团因不驯难制而屡遭杀戮，东汉后则逐渐无闻。先秦时期以士为称者很多，善士、文学之士、法士、辩士可视作文人，他们或有德行，或有知识智能，或能言善辩；侠士、力士、勇士、国士可视为武人，他们或见义勇为，或力大而勇悍。其中尚有"武士"一词，多是对士卒的称呼，并不特别强调人的勇武特征。但文武作为两个对立的群体则并未出现。

汉代以后，从军队出身、以武功扬名者渐渐被视为一个群体，该群体常被称作武士、武夫、武人、武将。这些名词最初多含有军队士卒或统帅的意义，也用以强调人勇武的特征，后逐渐被用来指称一个群体，他们或从军队出身，或具有善战强悍、学识浅薄、不娴吏职等特征。魏晋南北朝的长期分裂使这一群体更多介入了国家政治活动，他们与文人群体的对立也日益凸显。具有相当文化素养和专业知识的文人群体常被称为文吏、儒生、文士、文人、学士。其中儒生更多侧重其对儒家经典的研习；文吏则强调其对法律文书的精通；学士所指与儒生相近，但南北朝时该词已职衔化；文士则多用以指长于文章词赋的文学之士；文人所指最宽泛，但较晚出。尽管以上诸词的所指各有侧重，但它们都和武人、武夫所指的人群相区别，强调其不长武事的特征。

本文仅对汉唐间与文武分途相关的一些名词进行辨析，旨在梳理时人对词语的理解和使用，以及这些词语内涵的演变。因观察点狭窄且学识有限，粗疏之处还望方家指正。

（本文原载《唐都学刊》2012年第1期）

《资治通鉴》纪事失误举隅
——以突厥史料为例

吴玉贵

宋代著名史学家司马光所著《资治通鉴》（以下简称《通鉴》）不仅是编年体史书的代表之作，也是研究中国中古史的最基础的史料之一。《通鉴》取材广泛，除了十七史外，还参考了三百余种当时可见的各类资料，并在编纂过程中精心考察了史料的异同，具有非常高的史料价值。编纂《通鉴》时，《旧唐书》、《新唐书》和《五代史》所依据的实录、国史、诏敕、传状、文集、谱录、野史等原始史料大都原本俱在，司马光将这些原始史料与正史的相关记载重新进行了精审的比勘工作，纠正了包括正史在内的许多原始资料的错误，对于研究隋唐五代的历史而言，《通鉴》的史料价值甚至远远高出正史。但是与其他经典著作一样，《通鉴》也难免会有一些错误。这些错误有些可能是因为一时疏失所致，而有些则与《通鉴》作为编年体史书的编纂体例有关。对《通鉴》的错误进行梳理，不仅有助于正确理解《通鉴》的相关记载，纠正史实错误；而且对进一步认识和利用编年体史书中保存的史料也不无裨益。本文试以《通鉴》有关突厥的记载为例，对以上两类错误分别进行粗浅的讨论，同时对《资治通鉴考异》（以下简称《考异》）的错误也做一些探究，希望得到同行的指教。

一 与编写体例有关的错误

作为编年体著作的典范之作，《通鉴》最大的贡献就是将原本杂乱无序的记载编入统一的年代序列，建立科学的时间框架体系，便于把握历史事件的来龙去脉。《通鉴》卷帙浩繁，参考资料简牍盈积，浩如烟海①，司马光在给宋次道的信中说，他委托范祖禹将唐代部分的内容先以长编的形式按年月日顺序编次，以四丈截为一卷，长编草稿总共有六七百卷，最终删削成书"所存不过数十卷而已"②。成书后《通鉴》的草稿竟然装满了两间屋子，处置史料数量之大可知③。虽然司马光精心制定了严密科学的编纂体例，以便将各种史料条贯有序地纳入《通鉴》④，但由于需要处理的史料太多，在编纂过程中不可避免地会出现一些错误。根据对《通鉴》突厥史料的整理，与编年体例有关的错误大体可以分为"一事重出"、"分系两处"、"误系年代"等三种不同的类型。以下试举例说明。

（一）一事重出

对持续时间较长的历史事件，《通鉴》在叙事时往往采用"终言之"的处理方式，即将发生在不同时段的同一事件，集中放在某一特定时段叙述，用"初"或"先是"等字眼将事件的前后经过勾连在一起。这种叙事方式有效地避免了编年体史书最易出现的叙事过于支离破碎的缺陷，有助于对比较复杂的历史事件的把握。但是作为鸿篇巨制，有时在"承前"或"启后"时难免前后偶失照应，造成一事重出的现象。

> 例1.【大业五年六月】初，吐谷浑伏允使其子顺来朝，帝留顺不遣。伏允败走，无以自资，帅数千骑客于党项。帝立顺为可汗，送至玉门，令统其余众；以其大宝王尼洛周为辅。至西平，其部下杀洛周，顺不果入而还。(《通鉴》卷181，第5645页)

---

① 《通鉴》(中华书局点校本，1956年版，第9607页)附司马光《进书表》。
② 高似孙《纬略》(文渊阁《四库全书》本)卷12《通鉴》，参见《文献通考》(商务印书馆1936年版)卷193《资治通鉴》引(第1634页)。
③ 《文献通考》卷193，第1634页。
④ 在给范祖禹的信中，司马光曾提到撰写长编的原则，即所有相关史料都必须按年代顺序逐条附录，"无日者附于其月之下，称'是月'；无月者附于其年之下，称'是岁'；无年者附于其事之首尾，有无事可附者则约其时之早晚附于一年之下。"见《传家集》(文渊阁《四库全书》本)卷63《答范梦得》。

下文《通鉴》卷 187 武德二年二月复载："初，隋炀帝自征吐谷浑，吐谷浑可汗伏允以数千骑奔党项，炀帝立其质子顺为主，**使统余众，不果入而还。会中国丧乱，伏允复还收其故地。上受禅，顺自江都还长安，上遣使与伏允连和，使击李轨，许以顺还之。伏允喜，起兵击轨，数遣使入贡请顺，上遣之。**"武德二年，唐朝与吐谷浑王慕容伏允商议，以归还慕容顺作为联合打击李轨的条件，《通鉴》在记述这次事件时，采取了"终言之"的叙事方法，追叙大业五年隋炀帝遣返慕容顺的事件。但是却没有注意到，在大业五年已经完整记载了同一事件，"不果入"以上的内容，与大业五年的记载完全重复，只是详略稍有不同。

例 2.【景龙元年】五月，戊戌，以左屯卫大将军张仁愿为朔方道大总管，以备突厥。(《通鉴》卷 208，第 6610 页。)

《旧唐书》卷 7《中宗纪》、《新唐书》卷 4《中宗纪》亦载此事，与《通鉴》同。只是《通鉴》同卷同年下又载："冬，十月，丁丑，命左屯卫(大)将军张仁愿充朔方道大总管，以击突厥；比至，虏已退，追击，大破之。"① 很明显，张仁愿在本年十月击败突厥，《通鉴》终言其事，连带记叙五月任命朔方道大总管事，但是却忽略了本年五月已经专门记载了任命张仁愿一事，由此造成了同一事件的前后重复记载。

(二) 分系两处

"分系两处"是指《通鉴》误解旧史原意，或者沿袭旧史的错误，将同一事件放在不同的年代分别叙述。如果说"一事重出"只是对同一事件重复记载，事实本身并无错误的话，"分系两处"则往往会造成史实的错误，对史学研究形成误导。

例 3.【开皇十九年】又令上柱国赵仲卿屯兵二万为启民防达头，代州总管韩洪等将步骑一方镇恒安。达头骑十万来寇，韩洪军大败，仲卿自乐宁镇邀击，斩首千余级。(《通鉴》卷 178，第 5569 页)

---

① 胡三省注称："'左屯卫'之下逸'大'字。"是。

下文卷179文帝仁寿元年正月下又载："突厥步迦可汗犯塞，败代州总管韩弘于恒安。"按，"步迦可汗"即"达头可汗"的别称。如果根据《通鉴》的记载，则开皇十九年达头可汗败代州总管"韩洪"于恒安，仁寿元年，达头可汗再败代州总管"韩弘"于恒安。果真有如此巧合吗？

《隋书》卷2《高祖纪》仁寿元年春正月："突厥寇恒安，遣柱国韩洪击之，官军败绩。"又，《隋书》卷52《韩擒虎传》附《韩洪传》："仁寿元年，突厥达头可汗犯塞，洪率蔚州刺史刘隆、大将军李药王拒之。遇虏于恒安，众寡不敌，洪四面搏战，身被重创，将士沮气。虏悉众围之，矢下如雨。洪伪与虏和，围少解。洪率所领溃围而出，死者大半，杀虏亦倍。洪及药王除名为民，隆竟坐死。"《隋书》卷84《北狄传·突厥》亦载："仁寿元年，代州总管韩洪为虏所败于恒安，废为庶人。"在相关记载中，只有"代州总管韩洪"在仁寿元年败于突厥达头可汗，并无代州总管"韩洪"与代州总管"韩弘"分别在开皇十九年和仁寿元年败于达头可汗的记载。

今按，《隋书》卷78《赵仲卿传》开皇十七年后称："时突厥降者万余家，上命仲卿处之恒安。以功进位上柱国，赐物三千段。朝廷虑达头掩袭启民，令仲卿屯兵二万以备之，代州总管韩洪、永康公李药王、蔚州刺史刘隆等，将步骑一万镇恒安。达头骑十万来寇，韩洪军大败，仲卿自乐宁镇邀击，斩首虏千余级。"《通鉴》开皇十九年的记载当源出《赵仲卿传》，惟韩洪在开皇十九年出镇恒安，仁寿元年败于突厥达头可汗，《赵仲卿传》将两件事合在了一起。《通鉴》未察其中原委，将仁寿元年的战役移到了开皇十九年下，又从而在仁寿元年下将"韩洪"改成了"韩弘"。这样一来，不仅一次战役变成了两次，而且代州总管也变成了两人。

例4.【大业四年七月】裴矩说铁勒，使击吐谷浑，大破之。吐谷浑可汗伏允东走，入西平境内，遣使请降求救；帝遣安德王雄出浇河，许公宇文述出西平迎之。述至临羌城，吐谷浑畏述兵盛，不敢降，帅众西遁；述引兵追之，拔曼头、赤水二城，斩三千余级，获其王公以下二百人，虏男女四千口而还。伏允南奔雪山，其故地皆空，东西四千里，南北二千里，皆为隋有，置州、县、镇、戍，天下轻罪徙居之。（《通鉴》卷181，第5641页。）

今按，"东西四千里，南北二千里，皆为隋有，置州、县、镇、戍"云云，是指唐灭吐谷浑后，在吐谷浑故地设置西海、河源、鄯善、且末四郡并派兵镇戍一事。胡三省在"置州、县、镇、戍"下解释说："置鄯善、且末、西海、河源四郡，显武、济远、肃宁、伏戎、宣德、威定、远化、赤水等县。《志》云，置于五年。"是。但是《通鉴》卷181下文大业五年六月下又载："癸丑，置西海、河源、鄯善、且末等郡，谪天下罪人为戍卒以守之。"按，大业四年七月宇文述拔曼头、赤水一役，只是隋朝吐谷浑之役的第一阶段，经过大业五年五六月间覆袁川一役，吐谷浑主力才全面崩溃，伏允遁逃南山，隋炀帝在此基础上设置四郡并移徙罪犯戍守①。《通鉴》本条在大业四年下称"置州、县、镇、戍"云云，与史实不符，且与下文大业五年置四郡的记载一事两出。

查《隋书》卷83《西域传·吐谷浑》记载："铁勒遣使谢罪，请降，帝遣黄门侍郎裴矩慰抚之，讽令击吐谷浑以自效。铁勒许诺，即勒兵袭吐谷浑，大败之。伏允东走，保西平境。帝复令观王雄出浇河、许公宇文述出西平以掩之，大破其众。伏允遁逃，部落来降者十万余口，六畜三十余万。述追之急，伏允惧，南遁于山谷间。其故地皆空，自西平临羌城以西，且末以东，祁连以南，雪山以北，东西四千里，南北二千里，皆为隋有。置郡县镇戍，发天下轻罪徙居之。"一望可知，《通鉴》本条源于《隋书·吐谷浑传》，惟《隋书》"部落来降者十万余口"以下的内容，应该是在大业五年覆袁川战役之后，《通鉴》不慎抄录在了大业四年宇文述击吐谷浑事下，又从而在大业五年重复记载了列置四郡事，误将一事分系两处。胡三省注释称"《志》云，置于五年"，将《隋书·地理志》的记载作为异文列出，犹未达一间。

（三）误系年代

所谓"误系年代"，是指《通鉴》将历史事件安置在了错误的年代。"误系年代"有两种不同的情形，一种是《通鉴》误解了原始资料的原意；另一种则完全是因为一时编纂失误，即将原本计划系于某处的事件错

---

① 《隋书》（中华书局点校本，1973年版）卷3《炀帝纪》上，第73页；《隋书》卷24《食货志》，第687页；《隋书》卷29《地理志》上，第815—816页。

误地放置在了另一处。以下两条例证，分属于这两类情况。

例5.【陈宣帝太建九年十二月】高宝宁自黄龙上表劝进于高绍义，绍义遂称皇帝，改元武平，以宝宁为丞相。突厥佗钵可汗举兵助之。（《通鉴》卷173，第5383—5384页。）

《北史》卷52《齐宗室诸王传下·范阳王绍义传》："高宝宁在营州，表上尊号，绍义遂即皇帝位，称武平元年，以赵穆为天水王。他钵闻宝宁得平州，亦招诸部，各举兵南向，云共立范阳王作齐帝，为其报仇①。"此即《通鉴》所本。惟《廿二史考异》卷40《文宣诸子条》指出《北史》之"元年"应该是"九年"之误。称："盖后主以武平八年失国，绍义奔突厥，至次年，因高宝宁上表劝进，乃称帝，仍用武平之号，不自改元也。《通鉴》书此事于前一年，乃云'改元武平'，殊失其实。然因此知北宋本已误'九'为'元'，而温公亦未能校正也。"②按，据《周书》卷6《武帝纪》和《隋书》卷21《天文志》，高宝宁举兵反周最早至少应在十二月癸丑（十五日）以后，则他上表劝立高绍义无论如何也应该是在陈太建十年（周宣政元年），《通鉴》承《北史》"元年"之误，又改"称武平元（应为"九"之误字）年"为"改元武平"，从而将发生在"武平九年"即陈宣帝太建十年（周武帝宣政元年）之事前移到了太建九年，误系年代③。

---

① 《北齐书》卷12《文宣四王传·范阳王绍义》，中华书局点校本，1972年版，第157页同。按，《北齐书》本卷原缺，今本系后人据《北史》补。

② 《嘉定钱大昕全集》，第2册，江苏古籍出版社1997年版，第853页。参见《北史》（中华书局点校本，1974年）卷52"校勘记"〔八〕。

③ 《突厥集史》（中华书局1958年）卷1《编年》（39页）在太建十年下引《北史·高绍义传》，岑仲勉先生称："按《周书》六：建德六年十二月，'北营州刺史高宝宁据州反'，则绍义称帝，应在宣政元年初也。《通鉴》一七三书于太建九年之末，然九年已有承光之号，则改元武平，在太建十年为顺。"岑先生有两层意思，一是说《周书》卷6《武帝纪》载北周建德六年（陈太建九年）十二月高宝宁反，则他劝高绍义称帝最早也应在北周宣政元年（陈太建十年），而不应是《通鉴》记载的太建九年；二是太建九年北齐幼主改元承光，高绍义改元应该在承光之后，即陈太建十年（北周宣政元年），从两个不同角度证明高绍义称帝不应在陈太建九年，而是在太建十年。今按，岑先生将高绍义称帝系于太建十年是没有问题的，但此处的"称武平元年"之"元年"应为"九"之误，岑先生说"改元武平，在太建十年为顺"，误。

例6.【武德二年闰二月】突厥始毕可汗将其众渡河至夏州，梁师都发兵会之，以五百骑授刘武周，欲自句注入寇太原。会始毕卒，子什钵苾幼，未可立，立其弟俟利弗设为处罗可汗。处罗以什钵苾为尼步设，使居东偏，直幽州之北。先是，上遣右武侯将军高静奉币使于突厥，至丰州，闻始毕卒，敕纳于所在之库。突厥闻之，怒，欲入寇；丰州总管张长逊遣高静以币出塞为朝廷致赙，突厥乃还。（《通鉴》卷187，第5847—5848页）

"会始毕卒"下《考异》称："《高祖实录》：'六月己酉，始毕可汗卒。'疑遣使告丧月日也。今从《旧书·本纪》、《列传》。"按，《旧唐书》卷1《高祖纪》武德二年闰二月下纪事四条，其中并无始毕可汗卒事。《高祖纪》同年四月下载："夏四月乙巳，王世充篡越王侗位，僭称天子，国号郑。辛亥，李轨为其伪尚书安兴贵所执以降，河右平。突厥始毕可汗死。"《旧唐书》卷194上《突厥传》："二年二月，始毕帅兵渡河至夏州，贼帅梁师都出兵会之，谋入抄掠，授马邑贼帅刘武周兵五百余骑，遣入句注，又追兵大集，欲侵太原。是月，始毕卒，其子什钵苾以年幼不堪嗣位，立为泥步设，使居东偏，直幽州之北，立其弟俟利弗设，是为处罗可汗。"①据《通鉴》正文可知，《通鉴》原本盖欲从《旧唐书·突厥传》将始毕卒事置于武德二年二月，但因一时疏忽，将原拟定置于二月之事，误系在了闰月之下②。

二　因粗疏或理解失误造成的错误

除了与编年体史书处理史料有关的错误外，与其他体裁的史书一样，

---

①　据《通典》（中华书局1988年版）卷197《突厥》："二年春，始毕帅兵渡河，至夏州，贼帅梁师都出兵会之，谋入抄掠。四月，授马邑贼帅刘武周兵五百余骑，遣入句注，又追兵大集，欲侵太原。是月，始毕卒。"（第5407页）始毕可汗二月渡河至夏州，与梁师都合兵，同年四月，授刘武周五百余骑，遣入句注，欲兴兵入太原，同月病卒。《突厥传》"授马邑贼帅刘武周兵五百余骑"前误夺"四月"二字，遂将始毕卒月误置于二月。

②　又，《旧唐书》之《高祖纪》与《突厥传》一在二月，一在四月，记载不一，《考异》称从"《本纪》、《列传》"，误。

《通鉴》的许多错误都是由于粗疏或理解失误而造成的，与《通鉴》的体裁没有直接关系。以下试分为"脱讹衍夺"、"沿袭旧误"、"诸说杂出"等几个方面略作说明。

（一）脱讹衍夺

《通鉴》取材广泛，卷帙浩繁，难免百密一疏，产生一些因为疏忽而导致的纯粹属于文字的错误。因为《通鉴》以编纂精审著称，具有非常高的史料价值，这类错误更容易产生误导作用，影响对历史事实的认识。以下三例就属于这种情况。

> 例7.【武德四年三月】突厥颉利可汗承父兄之资，士马雄盛，有凭陵中国之志。妻隋义成公主，公主从弟善经，避乱在突厥，与王世充使者王文素共说颉利曰："昔启民为兄弟所逼，脱身奔隋，赖文皇帝之力，有此土宇，子孙享之。今唐天子非文皇帝子孙，可汗宜奉杨政道以伐之，以报文皇帝之德。"颉利然之。上以中国未宁，待突厥甚厚，而颉利求请无厌，言辞骄慢。甲戌，突厥寇汾阴。（《通鉴》卷189，第5907页）

胡三省在"汾阴"下注称："汾阴县本属蒲州，时为泰州治所。"今按，突厥本年南下，兵锋所及，仅限于代州、并州、石州等地，远未至泰州之汾阴。《唐会要》卷94《北突厥》亦载此事称："颉利恃其士马雄盛，有凭陵中国之志，言辞骄慢，求请无厌。又王世充使说之曰：'昔启民奔隋，赖文帝力，有此土宇，子孙享之，宜奉杨政道（炀帝孙）代唐，以报文帝之德。'颉利然之，至是，寇汾阳。"①"汾阴"作"汾阳"。《新唐书》卷39《地理志》并州阳曲县下载："畿。本阳直。武德三年析置汾阳县，七年省阳直，更汾阳曰阳曲，仍析置罗阴县。"汾阳北据并州要冲，正当突厥此役南下进攻并州等地必经之路，当从《唐会要》，《通鉴》盖涉字形相近而误，胡三省未能认识《通鉴》自身的失误，以蒲州之汾阴入注，从《通鉴》原文误。

---

① 《唐会要》（上海古籍出版社1991年版）系此事于武德三年五月下，误。

例8.【武德五年八月】辛酉，上谓群臣曰："突厥入寇而复求和，和与战孰利？"太常卿郑元璹曰："战则怨深，不如和利。"中书令封德彝曰："突厥恃犬羊之众，有轻中国之意，若不战而和，示之以弱，明年将复来。臣愚以为不如击之，既胜而后与和，则恩威兼着矣！"上从之。（《通鉴》卷190，第5954页。）

"突厥入寇而复求和"，与《太平御览》卷327引《唐书》同，惟《太平御览》前有"遣使请婚，又入寇边上"诸语，则"求和"显指和亲，《通鉴》上文无"请婚"记载，径称"求和"，殊失原意。《旧唐书》卷63《封伦传》、《新唐书》卷100《封伦传》载此事称突厥"遣使来请和亲"，文意更清楚。又，下文"若不战而和"，《太平御览》作"若不战而和亲"；"既胜而后与和"，《册府元龟》卷990作"克捷而后和亲"，都比《通鉴》确切。《通鉴》三处"和"下俱应补"亲"字。

例9.【贞观三年十一月】庚申，以行并州都督李世绩为通汉道行军总管，兵部尚书李靖为定襄道行军总管，华州刺史柴绍为金河道行军总管，灵州大都督薛万彻为畅武道行军总管，众合十余万，皆受李绩节度，分道出击突厥。（《通鉴》卷193，第6066页。）

胡三省在"畅武道"下注称："畅武，非地名也。营州边于东胡，故命万彻为总管，使之宣畅威武，以美名宠之耳。《新书·帝纪》作'营州都督薛万淑'。"按，据《旧唐书》卷69《薛万彻传》、《新唐书》卷94《薛万彻传》，薛万彻并没有担任过灵州大都督，此时灵州大都督为任城王道宗①，《通鉴》称"灵州大都督薛万彻为畅武道行军总管"，显误。此役唐军兵分六路，由兵部尚书李靖为代州道行军总管，代州都督张公谨为副；并州都督李世绩为通汉道行军总管，丘行恭为副；灵州都督李道宗为大同道总管，张宝相为副；华州刺史柴绍为金河道行军总管；幽州刺史卫孝节为恒安道行军总管；营州刺史薛万淑为畅武道行军总管；由李靖统

---

① 参见《旧唐书》卷60《江夏王道宗传》，中华书局点校本1975年版；《新唐书》卷78《江夏王道宗传》，中华书局点校本1975年版。

一指挥①。《通鉴》本条只记载了通汉等四道，漏书大同、恒安二道，"灵州大都督"下当夺任城王道宗之大同道与卫孝节之恒安道，且"薛万彻"也应为"薛万淑"之误。与上文"汾阴"一样，胡三省在注释时没有考虑《通鉴》自身失误的可能，仅仅是将《新唐书》的记载作为异文列出，未中肯綮。又，《通典》卷197《突厥》上、《旧唐书》卷194上《突厥传》、《新唐书》卷215上《突厥传》俱载此役诸军"并受靖节度"，《通鉴》"李绩"当为"李靖"之误字②。

（二）沿袭旧误

《通鉴》依据的史料往往会有一些错误的记载，在《通鉴》的编纂过程中，对原始史料做了大量精审的鉴别工作，这在《考异》中可以清楚地反映出来。但是在纠正了大量原始史料错误的同时，也难免千虑一失，未能判断出原始史料中原有的错误，以讹传讹。

例10.【隋炀帝大业五年】是时天下凡有郡一百九十，县一千二百五十五，户八百九十万有奇。东西九千三百里，南北万四千八百一十五里。隋氏之盛，极于此矣。（《通鉴》卷181，第5645页。）

按，《通鉴》本条源自《隋书》卷29《地理志》上，原文称："（大业）五年，平定吐谷浑，更置四郡。大凡郡一百九十，县一千二百五十五，户八百九十万七千五百四十六（中略）东西九千三百里，南北万四千八百一十五里，东南皆至于海，西至且末，北至五原，隋氏之盛，极于此也。"所谓"更置四郡"，即指大业五年炀帝所置西海、河源、鄯善、且末四郡。但是据《光启元年（886）十二月二十五日书写沙、伊等州地志》③、《元和郡县图志》卷40"陇右道伊州"，灭吐谷浑后的次年，隋军又夺取西域伊吾之地，设置伊吾郡。在大业六年置伊吾郡后，隋代疆域始达顶峰。《隋书·地理志》的资料至于大业五年平吐谷浑，称"隋氏之

---

① 《新唐书》卷215上《突厥传》上，第6035页。
② 章钰"校勘记"在"李绩"下称"十二行本'绩'作'靖'；乙十一行本同。"
③ 郝春文主编：《英藏敦煌社会历史文献释录》，第2卷，社会科学文献出版社2003年版，第174—180页。

盛，极于此也"，虽无不可，但是不加解释，称隋代疆域造极于大业五年，则明显与事实不符。《通鉴》未加辨析，径取《隋书》资料，以大业五年总括隋代最强盛时的疆域，更是错上加错。

例11.【高宗调露元年十月】壬子，遣左金吾卫将军曹怀舜屯井陉，右武卫将军崔献屯龙门，以备突厥。突厥扇诱奚、契丹侵掠营州，都督周道务遣户曹始平唐休璟将兵击破之。(《通鉴》卷202，第6392—6393页。)

《旧唐书》卷93《唐休璟传》："调露中，单于突厥背叛，诱扇奚、契丹侵掠州县，其后奚、羯胡又与桑干突厥同反。都督周道务遣休璟将兵击破之于独护山。"(《册府元龟》卷724同) 则此役唐休璟击败者并非进犯营州之奚与契丹，而是稍后与奚及羯胡同反之桑干突厥部。《新唐书》卷111《唐休璟传》："会突厥诱奚、契丹叛，都督周道务以兵授休璟，破之于独护山"，略去"其后奚、羯胡又与桑干突厥同反"，遂使唐休璟攻击桑干突厥事，误记为打击侵掠营州之奚、契丹。《通鉴》从《新唐书》误。

（三）诸说杂出

对同一历史事件，在史书中有时会存在不同的记载，修撰《通鉴》时，抉摘幽隐，校计毫厘，在采撷史料方面慎之又慎，做了巨大的努力。但是也偶有思虑不周，对同一事件的不同记载不加考辨，顾此失彼，诸说杂出，形成《通鉴》正文的自身矛盾，从而引起解读史料的失误。

例12.【陈宣帝太建十四年十二月】沙钵略更欲南入，达头不从，引兵而去。长孙晟又说沙钵略之子染干诈告沙钵略曰："铁勒等反，欲袭其牙。"沙钵略惧，回兵出塞。 (《通鉴》卷175，第5459页。)

按，此称染干为"沙钵略之子"，《隋书》卷84《突厥传》亦称"沙钵略子曰染干"，与《通鉴》本条相同。但是下文《通鉴》卷178开皇十三年又记载"处罗侯之子染干"，前后互歧。开皇十三年下《考异》称：

"《突厥传》云'沙钵略子'。今从《长孙晟传》。"① 此取《突厥传》,彼从《长孙晟传》,两说杂出,造成了自身的矛盾。今按,《通典》卷197《突厥》上记载染干为"沙钵略之弟处罗侯之子",显然是《隋书·突厥传》在编次史料时夺去了有关"处罗侯"的内容,染干也就误成了"沙钵略之子"②。据《考异》可知,《通鉴》本条从《隋书·突厥传》误。

例13.【贞观二十二年十月】阿史那社尔既破处月、处密,引兵自焉耆之西趋龟兹北境,分兵为五道,出其不意,焉耆王薛婆阿那支弃城奔龟兹,保其东境。社尔遣兵追击,擒而斩之,立其从父弟先那准为焉耆王,使修职贡。(《通鉴》卷199,第6262页。)

此称阿史那社尔立薛婆阿那支从父弟先那准为焉耆王,《旧唐书》卷198《焉耆传》同。《新唐书》卷221上《焉耆传》作"立突骑支弟婆伽利为王",《册府元龟》卷966略同《新唐书》,惟"婆伽利"作"龙婆伽利"。可见有关唐朝此役后所立焉耆王,旧史有"先那准"和"(龙)婆伽利"两说,《通鉴》从《旧唐书》取先那准说。但是《通鉴》下文卷199永徽二年四月下又载"焉耆王婆伽利卒"。前从《旧唐书》称"先那准",后据《新唐书》谓"婆伽力",当是因史料来源不同,又未加考辨,从而前后矛盾,二说歧出。在立先那准为焉耆王下,胡三省注称:"《新书》曰:立突骑支弟婆伽利为王。此从《旧书》。"只是列举了异说,但没有注意到《通鉴》因史料来源不同而自身前后矛盾。

例14.【大业八年】春,正月,帝分西突厥处罗可汗之众为三,使其弟阙度设将羸弱万余口,居于会宁,又使特勒大奈别将余众居于楼烦,命处罗将五百骑常从车驾巡幸,赐号曷婆那可汗,赏赐甚厚。(《通鉴》卷181,第5658页。)

按,"曷婆那"或作"曷娑那",在隋唐史籍中又作"曷萨那"。《考异》在"赐号曷婆那可汗"下称:"《唐·李轨传》作'曷娑那可汗',

---

① 原文见《隋书》卷51《长孙晟传》,第1333页。
② 参见《突厥集史》卷11《突厥本传校注》,第512页。

今从《隋书》。"是《通鉴》本条源于《隋书》①。但是在同卷下文本年三月《通鉴》又载："车驾渡辽，引曷萨那可汗及高昌王伯雅观战处以慑惮之，因下诏赦天下。"前称"曷婆那"，后作"曷萨那"，前后互异，又未作任何说明，显属疏失。

三 《考异》的失误

《通鉴》在编纂过程中，特别注重对史料的鉴别处理，对一件史实，往往要采撷几种不同来源的史料加以对比考察，当史料出现歧异时，则选取更合情理或更接近事实的记载写入正文，并将舍弃的史料也记录下来，特别说明取舍的理由，撰成了《考异》一书②。司马光创建的"考异法"③，对后代史书的编纂和史学研究起了非常重要的作用。《考异》的贡献不仅在于创设了一种新的体裁，而且借由《考异》，保存了许多现在已经佚失的珍贵史料的片断，具有很高的史料价值。当然最初撰写《考异》的目的，是要帮助读者更深入地了解《通鉴》的记载，而《考异》也确实在研究和利用《通鉴》的史料方面起到了非常重要的作用。可是《考异》中也存在一些错误，这些错误不仅影响了《通鉴》对史料的取舍，导致了《通鉴》正文的失误，而且也会造成今人研究工作中对史料的误读。

例15.【义宁元年】薛举自称秦帝，立其妻鞠氏为皇后，子仁果为皇太子。遣仁果将兵围天水，克之，举自金城徙都之。仁果多力，

---

① 今本《隋书》及胡三省所见《隋书》俱作"曷萨那"，与《考异》不同，疑《考异》误。

② 司马光要求范祖禹在编纂长编处理材料时"若彼此年月事迹有相违戾不同者，则请选择一证据分明、情理近于得实者修入正文，余者注于其下，仍为叙述所以取此舍彼之意。"并解释具体写法称："先注所舍者云某书云云，某书云云，今案某书证验云云。或无证验，则以事理推之云云，今从某书为定，若无以考其虚实是非者，则云今两存之。其实录、正史未必皆可据，杂史小说未必皆无凭，在高鉴择之。"（《传家集》卷63《答范梦得》）《考异》的编纂基本上遵循了这个原则。

③ 《四库全书总目》卷47《资治通鉴考异》称："修史之家，未有自撰一书，明所以去取之故者。有之，实自光始。"中华书局1965年版，第421—422页。

善骑射，军中号万人敌；然性贪而好杀。尝获庾信子立，怒其不降，磔于火上，稍割以啖军士。及克天水，悉召富人，倒悬之，以醋灌鼻，责其金宝。举每戒之曰："汝之才略足以办事，然苛虐无恩，终当覆我国家。"（《通鉴》卷184，第5746页。）

《考异》在"薛举自称秦帝"下称："《唐高祖实录》：'武德元年四月辛卯，举称尊号。'按：今冬举败，问褚亮曰：'天子有降事否？'是则已称尊号也。今从《唐书·举传》。"《考异》指出《唐高祖实录》薛举是在武德元年（618）四月称帝，但《考异》认为《唐高祖实录》的记载不足据，遂根据《新唐书·薛举传》，将薛举称帝的时间定为义宁元年（617）。

今按，《册府元龟》卷122载："唐高祖初为唐王，隋义宁二年四月，金城贼帅薛举僭称尊号，乃下令曰：'大业丧乱，兵革殷繁，天下黔黎，手足无措。孤所以救焚拯溺，平此乱阶。蜀道诸郡，深思苏息，远勤王略，诚有可嘉。方一戎衣，静兹多难，而薛举狂僭，吞噬西土，陇蜀通途，恐相侵暴，今便命将授律，分道进兵。其冲要诸郡县宜率励，各募部民，随机底定。斯则暂劳永逸，贻厥子孙，自国刑家，同享安乐。'"义宁二年五月甲子，李渊始称帝，改义宁二年为武德元年，本年"四月辛卯"仍是义宁二年，还没有改元武德，作为编年体史书，在《高祖实录》中断然不会出现"武德元年四月辛卯"的记载，"武德元年"云云，显然是《通鉴》为了叙述方便，以改元之后的年号来引述《高祖实录》的记载。也就是说，《高祖实录》原文应该是"义宁二年四月辛卯"，与《册府元龟》"义宁二年四月"的记载相同，只是《册府元龟》为求省文删去了"辛卯"日，《册府元龟》本条应该来源于《唐高祖实录》。"四月辛卯"指唐高祖作为唐王"下令"诸郡"各募部民"，共讨薛举的时间，而不是薛举称帝的时间，《考异》因为这篇令文前有"金城贼帅薛举僭称尊号"等追述性的文字，遂误以为《唐高祖实录》记载薛举称帝在"武德元年四月辛卯"。

例16.【贞观十四年】先是，文泰与西突厥可汗相结，约有急相助；可汗遣其叶护屯可汗浮图城，为文泰声援。及君集至，可汗惧而西走千余里，叶护以城降。智盛穷蹙，癸酉，开门出降。君集分兵略地，下其二十二城，户八千四十六，口一万七千七百，地东西八百里，南北五百里。(《通鉴》卷195，第6155页。)

在"与西突厥可汗相结"下《考异》称："《旧·传》云：'与欲谷设约。'按欲谷设去岁已败死。今不取。"即《通鉴》因"欲谷设去岁已败死"，没有采纳《旧唐书》卷198《高昌传》高昌王曲文泰与西突厥欲谷设可汗结为同盟，共同抵御唐军的记载，泛作"文泰与西突厥可汗相结"。按，欲谷设又称乙毗咄陆可汗，是唐初非常著名的西突厥首领，唐代史籍包括《通鉴》都明确记载，欲谷设是在唐高宗高徽四年（651）去世的，《考异》称欲谷设在"去岁"即贞观十三年败死，显与事实不符。查贞观十三年，西突厥咥利失可汗在与乙毗咄陆可汗（即欲谷设）的战争中失败，逃奔鏺汗而死①，"去岁"败死的是咥利失可汗，而不是欲谷设。除了《旧唐书·高昌传》外，《旧唐书》卷69《侯君集传》、《新唐书》卷94《侯君集传》、《册府元龟》卷985、《册府元龟》卷1000都记载高昌与欲谷设联合，相约为援。《考异》在这里误将咥利失可汗当成了欲谷设，导致《通鉴》在正文中将原本非常明确的高昌与欲谷设结盟的事实，含糊其辞地说成"西突厥可汗"。

例17.【贞观十六年】初，高昌既平，岁发兵千余人戍守其地，褚遂良上疏，以为："圣王为治，先华夏而后夷狄。陛下兴兵取高昌，数郡萧然，累年不复……"上弗听。及西突厥入寇，上悔之，曰："魏征、褚遂良劝我复立高昌，吾不用其言，今方自咎耳。"(《通鉴》卷196，第6178页。)

本条下《考异》称："《贞观政要》载遂良疏云：'数郡萧然，五年不复。'下言'十六年，西突厥遣兵，寇西州。'按《实录》，此年唯有西突厥寇伊州，不云寇西州，盖以伊州隶西州属部，故云尔。自十四年灭高昌，距此适三年耳，何得云五年不复！或者'三'字误为'五'字耳。《旧·传》置此疏于十八年，盖亦因此而误。十八年无西突厥寇西州事，

---

① 《通鉴》卷195，第6151页；《旧唐书》卷194下《突厥传》下，第5184页；《唐会要》卷94《西突厥》，第2007页。

故附于此。"褚遂良上疏中提到西突厥在本年入侵西州，未及伊州；而《太宗实录》只提到本年侵伊州，未及西州。《考异》解释这种差异称，《太宗实录》可能是因为伊州隶属于西州，从广义上说侵伊州实际就是侵西州，所以只记载了西州。今按，虽然唐初安西都护府设在西州，但尚未见唐代以"州"辖"州"的先例，《考异》这种解释显然是很牵强的。《通鉴》上文本年九月下称西突厥"遣兵寇伊州"，"又遣处月、处密二部围天山"，《旧唐书》卷194下《突厥传》"天山"作"天山县"，天山县就是西州所辖五县之一。换言之，史书中虽然没有明言西突厥本年进攻西州，但记载了围攻西州天山县事，褚遂良所称"寇西州"，就是指入寇西州天山县。《考异》以"伊州隶西州属部"来解释褚遂良在上疏中提到"寇西州"之事，误。

例18.【延载元年】二月，武威道总管王孝杰破吐蕃勃论赞刃、突厥可汗俀子等于冷泉及大岭，各三万余人，碎叶镇守使韩思忠破泥熟俟斤等万余人。(《通鉴》卷205，第6493页。)

《考异》在韩思忠破泥熟俟斤下称："此事诸书皆无，唯《统纪》有之。《统纪》又云：'又破吐蕃万泥勋没驮城。'语不可晓，今删去。"按，《新唐书》卷215下《西突厥传》载："西突厥部立阿史那俀子为可汗，与吐蕃寇，武威道大总管王孝杰与战冷泉、大领谷，破之；碎叶镇守使韩思忠又破泥熟俟斤及突厥施质汗、胡禄等，因拔吐蕃泥熟没斯城。"《新唐书》卷216上《吐蕃传》亦载："碎叶镇守使韩思忠破泥熟没斯城。"《考异》称"此事诸书皆无"，显系疏失。又，《统纪》之"万泥勋没驮城"，即《新唐书》两次提到的"泥熟没斯城"，《统纪》容有文字讹误，《通鉴》正文以"语不可晓"删去，亦属失察。

例19.【万岁通天元年】冬，十月，辛卯，契丹李尽忠卒，孙万荣代领其众。突厥默啜乘间袭松漠，虏尽忠、万荣妻子而去。太后进拜默啜为颉跌利施大单于、立功报国可汗。(《通鉴》卷205，6510页。)

下文《通鉴》卷206神功元年田归道还唐条下，《考异》引诸书详考册拜默啜可汗事，其中称："《实录》：'万岁通天元年，九月，丁卯，以默啜不同契丹之逆，遣阎知微册为迁善可汗。'则于时未为立功报国可汗也。册拜此号，《实录》无之，不知的在何时。今因契丹未平，姚璹未出，附见于此。"按，《通鉴》本条正文明确记载万岁通天元年十月辛卯册拜默啜为立功报国可汗，而下文《考异》又称默啜得到立功报国可汗称号"不知的在何时"，《考异》与正文两相抵牾。

（本文原载《北京联合大学学报》（人文社会科学版）2010年第3期，第22—29页）

唐代"士大夫"的特色及其变化

——以两《唐书》用词为中心

黄正建

士大夫是中国古代历史上一个重要阶级或阶层或集团。近年来，与士大夫相关问题的研究有许多，但恰恰对士大夫本身的研究不多见。特别是有关宋以前士大夫的研究，成果更少。阎步克《士大夫政治演生史稿》①（以下简称为《史稿》）是其中的重要一部。在书中，作者对士大夫有一个简单定义，即：士大夫是"官僚与知识分子这两种角色的结合"。"知识分子"有时也用"文人"代替。《史稿》认为，在经过复杂的政治文化变迁——主要是儒生与文吏的融合——之后，"帝国时代的儒生官僚士大夫阶级，以及由其承担的士大夫政治，就演生出来了"。②《史稿》进而分析了士大夫在汉以后的发展变化，指出在中古时期，士大夫"几乎成了士族的同义语"，"随着士族的衰微和社会流动的活跃，科举制度破土而出"，士大夫官僚政治"发展到更成熟的形态"。

对这种"士大夫"在不同历史时期含义的差别，包弼德《斯文：唐宋思想的转型》③一书也有简洁说明。书中说：在7—12世纪这六个世纪中，"那些自称'士'、'士人'或'士大夫'的人支配了中国的政治与

---

① 阎步克：《士大夫政治演生史稿》，北京大学出版社1996年版，第5、484、476、477、479页。

② 笔者注意到，《史稿》此处在"士大夫阶级"之前加上了"儒生官僚"四字的定性语。由此，笔者以为，如果"士大夫"一词本身就包含"儒生官僚"含义，这四字岂不多余？若不包括"儒生官僚"含义，那"士大夫"又何指？

③ 包弼德著，刘宁译：《斯文：唐宋思想的转型》，江苏人民出版社2001年版，第4页。

社会","然而,士的身份随时代而变化。在 7 世纪,士是家世显赫的高门大族所左右的精英群体;在 10 和 11 世纪,士是官僚;最后,在南宋,士是为数更多而家世不太显赫的地方精英家族"。包弼德的定义不太精确。第一,他将"士"、"士人"、"士大夫"混为一谈,没有区分他们之间的细微差别。第二,所谓"高门大族所左右的精英群体",所指也不太明确。到底是"高门大族"呢?还是"精英群体"?① 虽然如此,包氏指出"士"(在他看来"士"就等同于"士大夫")在不同时期具有不同含义,对理解"士大夫"在不同时期的不同含义还是有启发和帮助的。

两本专著都没有具体研究唐代的"士大夫",但这实际是一个很重要的问题。我们今天所理解的"士大夫",只是在经过唐代的发展变化后,才固定下来。因此,唐代的"士大夫"到底有何含义?它作为一个阶级或阶层与宋代相比到底有何特点?解决这些问题,对认识唐代社会的阶级或阶层状况有着十分重要的意义。

现在学术界都在讲"研究范式"、讨论在研究中应使用西方概念还是东方概念的问题。笔者以为,要研究中国历史,首先还是要立足于中国人在历史著作中使用的概念,要认真探讨历史著作中所用词汇的真正含义并作为研究其他问题的起点,这也是本文的一个宗旨。换句话说,本文是从分析词汇入手去研究唐代的"士大夫"问题,重点在唐代"士大夫"的特色及其变化,而并非去研究有关士大夫的全部问题。

由于电子计算机技术的普及,使我们对这一问题的研究拥有了比前人更大的便利。本文主要以两《唐书》为中心来进行研究,首先要做的,就是通过电脑来检索"士大夫"在两《唐书》中的使用情况②。

通过检索我们知道:"士大夫"一词,在《旧唐书》中出现了 28 次,在《新唐书》中出现了 46 次。若同时再检索《宋史》,我们发现"士大夫"一词在《宋史》中出现了 316 次。虽然三部正史的分量不同③,但《宋史》使用"士大夫"一词远多于两《唐书》应该是毋庸置疑的。这

---

① 在 37 页又云:"'士'在唐代的多数时间里可以被译为'世家大族',在北宋可以译为'文官家族',在南宋时期可以译为'地方精英'",则在唐代是指"世家大族"而不是"精英群体"。

② 笔者使用的是《国学宝典》的检索功能。

③ 特别是后者,分量远多于前二者。但是,即使将后者削去三分之二,所用"士大夫"一词的次数仍远多于前二者。

说明士大夫阶级①在宋代已经形成并成熟；"士大夫"一词在宋代已经是一个概念相对清楚、含义比较明确的称谓了。《新唐书》作于宋代，不能不受到时代的影响。因此让我们感兴趣的，不仅是《新唐书》使用的"士大夫"一词要多于《旧唐书》，而且是在两书共有的记载中，《新唐书》将《旧唐书》的哪些词改成了"士大夫"；同时，又将《旧唐书》的哪些"士大夫"改为其他词。这些改动构成了"士大夫"一词在唐宋间的词义变化，当然它也就是士大夫阶级所具有的内涵发生变化的直接反映。

首先来看一个统计，即在《新唐书》46处与《旧唐书》28处"士大夫"中，二者异同的情况：

> 新唐书：与旧唐书相同者10处；与旧唐书不同者18处；旧唐书无相应记载者18处。
>
> 旧唐书：与新唐书相同者10处；与新唐书不同者7处；新唐书无相应记载者11处。

笔者曾认真分析了以上统计中的前三项，即二书相同的10处，以及二书不同的18处和7处。将这些记载乃至分析全部写出，是颇费篇幅的，因此这里只根据二书不同的18处和7处举例略作分析。

我们先看《新唐书》将《旧唐书》的哪些词改成了"士大夫"。经过分析，我们发现《新唐书》将《旧唐书》所记一些"士"人，特别是与武将相对的读书人，改成了"士大夫"。例如《旧唐书》卷六十《江夏王道宗传》②云："道宗晚年颇好学，敬慕贤士"；《新唐书》卷七八同传③改为："道宗晚好学，接士大夫。"显然，《新唐书》认为好学之士就是"士大夫"，而《旧唐书》并不这么认为。同样的例子还有《旧唐书》卷五七《李安远传》，说李安远"晚始折节读书，敬慕士友"；《新唐书》卷八八同传则改为"晚乃折节向书，从士大夫"。这里的"士大夫"也有

---

① "士大夫"到底是阶级还是阶层，仍是一个重要问题。为叙述方便，本文以下径以"阶级"称之，但实际能否称为"阶级"还需继续探讨。
② 《旧唐书》用中华书局点校本1975年版，第2356页。
③ 《新唐书》用中华书局点校本1975年版，第3516页。

读书人的意思。简单地说，在《旧唐书》那里，无官的读书人不能称为"士大夫"，而只能称为"士"；在《新唐书》那里，只要是读书人，无论是"官"与否，都可以称为"士大夫"。

更多的是《新唐书》将《旧唐书》所记某些负有舆论评判责任的群体改成了"士大夫"。例如：

1. 《旧唐书》卷一七七《崔从传》说他"四为大镇，家无妓乐，士友多之"；《新唐书》卷一一四同传改为"位方镇，内无声妓娱玩。士大夫贤之"。

2. 《旧唐书》卷一百一《张廷珪传》有"时制命已行，然议者以廷珪之言为是"的说法；而《新唐书》卷一一八则改后句为"士大夫服其知体"。

3. 《旧唐书》卷一三二《李澄传》说他"每上疏连称二封，颇为时人所哂"；《新唐书》卷一四一改为"每上章，必叠署二封，士大夫笑其野"。

以上例子说明，唐人心目中那些左右着舆论的"士友"、"议者"、"时人"等，到了宋人心目中都是"士大夫"。换句话说，在北宋欧阳修的时代，他们心目中的"士大夫"除了是文人外，还应该是能以社会舆论影响时政的群体。这一点很重要。它是唐代"士大夫"所不具备的内涵。

下面我们再看看《新唐书》将《旧唐书》的"士大夫"又作了怎样的改动。

《旧唐书》卷六五《高士廉传》引唐太宗的话，说山东大姓"全无冠盖，犹自云士大夫，婚姻之间，则多邀钱币"；《新唐书》卷九五同传改为"不复冠冕，犹恃旧地以取资"。这里，《新唐书》将《旧唐书》的"士大夫"改成了"旧地"。这也就是说，唐人心目中的"士大夫"，在宋人心目中是"旧地"，是"高门"，是"士族"。同样的例子还有《旧唐书》卷八二《李义府传》。《传》中说："太宗命吏部尚书高士廉……等及四方士大夫谙练门阀者修《氏族志》"，又说李"义府耻其家代无名，乃奏改此书……更名为《姓氏录》。由是搢绅士大夫多耻被甄叙"。《新唐书》卷二二三上同传改前者为"高士廉……修《氏族志》"，删去了《旧唐书》中"四方士大夫谙练门阀者"一段话；改后者为"搢绅共嗤靳之"，在《旧唐书》的"搢绅"后面删去了"士大夫"一词。这也说明唐人心目中的"士大夫"是"高门"、"士族"①，而宋人显然不同意，所以将其删改。

按"士大夫"指"高门"或"士族"，是南北朝旧义。《颜氏家训》卷四《涉务第十一》有云："梁世士大夫，皆尚褒衣博带，大冠高履，出则车舆，入则扶侍……及侯景之乱，肤脆骨柔，不堪行步……坐死仓猝者，往往而然。"② 这里的"士大夫"显然指门阀士族。到唐代特别是唐前期，如上所分析的那样，"士大夫"仍然指士族高门。我们还可以再举一例：《隋唐嘉话》卷下有云："代有《山东士大夫类例》三卷，其非士族及假冒者，不见录。"③《山东士大夫类例》成书于齐隋之际④，唐初仍然流行，从唐人认为此书所收为"士族"看，唐初时人观念中的"士大夫"仍然指"士族"。此后随着时代的发展，"士大夫"一词中"士族"的含义越来越淡薄，到宋代，一般就不再用"士大夫"来指称"士族"即"旧地"、"高门"了。

同时，在唐代特别是唐前期，"士大夫"一词还没有"承担舆论评判责任群体"的含义。那么此时，指称那些承担舆论评判责任群体的是什么词汇呢？除去前面提到的"士友"、"议者"、"时人"等外，使用更多而且更固定的词汇，我想应该是"士君子"。

我们查《旧唐书》，"士君子"出现了23次，几乎与"士大夫"一样多。检查这些"士君子"的用法，发现他们无论有官与否，多是一些有操守，并承担着社会舆论责任的群体。因此我们在《旧唐书》中看到，像"无士君子器"⑤、"无士君子之检操"⑥、"有士君子之风"⑦ 这类品评

---

① 以上《旧唐书·李义府传》所记两处"士大夫"，又见于《唐会要》卷三六《氏族》"贞观十二年正月十五日"条和"显庆四年九月五日"条（中华书局标点本1955年版，第664—665页），字句完全相同。因此说它是唐人的说法是没有疑义的。
② 《颜氏家训集解》本，上海古籍出版社1980年版，第295页。
③ 《隋唐嘉话》，中华书局点校本1979年版，第44页。
④ 郭锋对此书有详尽研究，参见《〈山东士大夫类例〉与北朝郡姓评定若干问题考察》，收入其著作《唐史与敦煌文献论稿》，中国社会科学出版社2002年版，第130—144页。
⑤ 《旧唐书》卷一三五《韦渠牟传》，第3729页。
⑥ 《旧唐书》卷一六六《庞严传》，第4340页。
⑦ 《旧唐书》卷一八九上《盖文达传》，第4951页。

操守的词句时有所见；而像"士君子重之"①、"士君子多之"②、"士君子是之"③、"士君子罪之"④、"士君子少之"⑤、"士君子称之"⑥、"士君子惜之"⑦这类左右社会舆论的词句更是出现频繁。"士君子"的这些操守和在社会上所起的作用，在北宋人看来，都应是"士大夫"的品质和责任。因此《新唐书》中的"士君子"只出现了5次，比起"士大夫"的46次来，就少多了。到《宋史》，"士大夫"如前所述出现了316次，而"士君子"仅出现了12次。

由此我们或可以说，唐宋间"士大夫"一词含义也是这个阶级最大的变化有二：一是"士大夫"由士族、"旧地"变成了文人官员；二是"士大夫"除文学或礼学修养外，社会对其操守品质，以及评判的、舆论的责任有了进一步要求。这后一点，在北宋的"士大夫"那里能看得很清楚。

我们还可以作另一个比较以为旁证。

唐宋两代皇帝都曾以诏书的形式对臣下进行过训诫，但训诫的内容则小有差别。就唐代而言，尚无以"士大夫"为对象的训诫。皇帝训诫的对象多为内外群官。唐玄宗开元十三年（725）《东封赦书》说："朕……思与公卿大夫，上下叶心，聿求至理"⑧，依靠的是"公卿大夫"，也就是官员⑨。唐穆宗在长庆元年（821）颁布《诫励风俗诏》，批评"卿大夫无进思尽忠之诚，多退有后言之谤。士庶人无切磋琢磨之益，多销铄浸润之谗"⑩，更把天下人（除皇帝外）大致分为"卿大夫"和"士庶人"两个阶级。前者是官员，后者是民众。从中看不到"士大夫"阶级的存在。这也就是说，唐朝皇帝关注的仍然只是官员，而不太强调有一类较特别的

---

① 《旧唐书》卷一二〇《郭钊传》，第3741页。
② 《旧唐书》卷一三三《李宪传》，第3685页。
③ 《旧唐书》卷一三六《卢迈传》，第3754页。
④ 《旧唐书》卷一三六《崔损传》，第3755页。
⑤ 《旧唐书》卷一七〇《裴度传》，第4431页。
⑥ 《旧唐书》卷一七八《崔彦昭传》，第4628页。
⑦ 《旧唐书》卷一九二《阳城传》，第5134页。
⑧ 《唐大诏令集》卷六六《开元十三年东封赦书》，商务印书馆标点本1959年版，第371页。
⑨ 这里的"公卿大夫"指官员，但似有"贵族出身"的含义。
⑩ 《唐大诏令集》卷一一〇《诫励风俗诏》，第573页。

官员即"士大夫"。此外，唐代皇帝对官员的训诫也以惩罚为主，在诏书中多有"从今已后，有犯必绳，朕不食言，尔无荒怠"①、"自今已后，内外官有犯赃贿至解免已上，纵使逢恩获免，并宜勿齿终生"② 之类的语言，而很少令其反躬自省。

到北宋，情况就有所不同。从诫励的对象看，除百官外，已有直接以"士大夫"为对象者，如仁宗宝元元年（1038）有《诫励士大夫诏》③，徽宗政和元年（1111）有《训饬士大夫御笔手诏》等。在皇帝的诏书中，"士大夫"常被认为是依靠对象，像"士大夫者，朕之所恃以共理"④、"共治者，惟吾士大夫而已"⑤之类的话就屡见于诏书。而且，诏书对士大夫的批评，很多是操守问题，例如"今吾士大夫，间乃违古人厚重之守，蹈末俗薄恶之为"⑥，"比闻士大夫所为……苟于禄利为有得，则一切不顾义理之是否"⑦ 等。对他们的训诫也以求其名实相符、责其修身自省为主。例如要求士大夫"因行察言，缘名责实"⑧，"务敦修于行实，无过事于言华"⑨，"公乃心、窒乃欲……修身励节"⑩ 云云。这些批评和要求在唐代皇帝的诏书中是很少有的。

由此或可旁证：到宋代，士大夫不仅已是一个明显的阶级，成了皇帝依靠的对象，而且这一阶级除去能文学、是官员外，更重要的是要有操守。"节行"和"廉耻"⑪ 是这一阶级成熟亦即有了自己阶级特色的一个重要标志。而这在唐代还是很少看到的。

总结一下本文："士大夫"一词在北朝时期多指门阀士族，至唐初亦然。逐渐地，"士大夫"开始主要指称官员，特别是"熟诗书、明礼

---

① 《唐大诏令集》卷一一〇先天二年《诫励官僚制》，第572页。
② 《唐大诏令集》卷一一〇开元十年《诫勖内外郡（群？）官诏》，第572页。
③ 《宋大诏令集》卷一九二，中华书局标点本，1962年版，第706页。
④ 《宋大诏令集》卷一九四《诫厉（励？）百官诏》，第716页。
⑤ 《宋大诏令集》卷一九七《诫内外职务诏》，第728页。
⑥ 《宋大诏令集》卷一九四宋仁宗《诫约台谏诏》，第712页。
⑦ 《宋大诏令集》卷一九四《诫厉（励？）百官诏》，第715页。
⑧ 《宋大诏令集》卷一九二宋仁宗《诫励士大夫诏》，第706页。
⑨ 《宋大诏令集》卷一九四宋仁宗《诫约台谏诏》，第712页。
⑩ 《宋大诏令集》卷一九四《诫厉（励？）百官诏》，第716页。
⑪ 《宋大诏令集》卷一九七宋徽宗《训饬士大夫御笔手诏》，第726页。

律"① 的官员，但并没有形成一个有固定特色的阶级。社会对他们还没有统一的要求，他们也不是社会舆论的主要担当者。这时，一般仍认为社会大致由"公卿大夫"和"士庶人"两大阶层构成。"公卿大夫"是官员，其中文人色彩比较浓的②逐渐被称为"士大夫"。至于"士庶人"中的"士"则多非官员，其中的佼佼者既有操守，又承担着社会舆论职责，被称为"士君子"。

到宋代，"士大夫"不再指门阀士族，而成了士族的对立面。宋代的"士大夫"具备了唐代"士君子"所具有的操守和左右舆论的能力，成为一个成熟的有自己固定特质的阶级，是皇帝统治依靠的基本对象。

唐宋时代"士大夫"的不同告诉我们，在提到唐代的阶级或阶层时，最好不要泛泛使用"士大夫"一词。因为在唐代，应该还没有形成宋以后意义上的一个"士大夫"阶级或阶层。唐代"士大夫"称谓中包含了许多旧的含义和新的因素，是一个不确定的称呼③。只是到了宋代，我们说这一阶级或阶层才真正形成了。

这样，我们就从唐宋间"士大夫"一词的变化看到了唐宋间社会的变化、阶级或阶层的变化，以及风俗和时尚的变化等。至于"士大夫"一词的具体变化过程，以及当时人在不同时期对这一词汇的不同用法，关系到唐代"士大夫"演变的阶段性，笔者打算在另一篇文章中再作进一步地深入研究。

（本文原载《中国史研究》2005 年第 3 期，后收入《中国古代社会经济史论——黄惠贤先生八十华诞纪念论文集》（湖北人民出版社 2010 年版）时略有增改）

---

① （唐）范摅《云溪友议》卷上《夷君消》中引一贾者的话说："熟诗书、明礼律者，其唯士大夫乎！"古典文学出版社标点本 1957 年版，第 16 页。

② 或者在出身上也有特点，比如出身比较低或出身科举等，但要确认这一点还需仔细研究。

③ 陈寅恪先生在《唐代政治史述论稿》（上海古籍出版社 1982 年版）中篇《政治革命与党派分野》中有"唐代士大夫党派分野之界限"（第 70 页）、"两种新旧不同之士大夫阶级"（第 73 页）等说法，已区分了两种不同的"士大夫"，但实际上唐朝并没有形成士大夫阶级，更不存在两种士大夫阶级。唐人也没有对"士大夫"一词有明确界定。"士大夫"词义的逐渐固定，与这一阶级的阶级特色阶级意识在宋以后的逐渐成熟过程是一致的。

西安出土唐代波斯胡伊娑郝银铤考

李锦绣

1989年，西安市西郊沣登路南口基建时出土银铤三笏（银铤现藏西安市考古所）。银铤出土地点在原唐长安城义宁坊，此地是唐金胜寺遗址。有一笏长274，宽61毫米的长方形银铤，重2130克，正面刻有四行铭文。铭文如下：

  1. 阿达忽□频陁沙等纳死波斯伊娑郝银壹铤，伍拾两官秤。

  2. 银青光禄大夫，使持节都督广州诸军事，广州刺史，兼御史大夫，充岭南节度、支度、营田、五府经略、观。

  3. 察处置等副大使，知节度事，上柱国，南阳县开国子，臣张伯仪进。

  4. 岭南监军市舶使，朝散大夫，行内侍省内给事，员外置同正员，上柱国，赐金鱼袋，臣刘楚江进。①

---

① 详见王长启、高曼：《西安西郊发现唐银铤》，《中国钱币》2001年第1期，第56页。银铤上的铭文，王长启、高曼录文为："第一行：阿达忽□频陁沙等纳死汯斯伊娑郝银壹铤伍拾两官秤。第二行：银青光禄大夫，使持节都督广州诸军事，广州刺史兼御史大夫，充岭南节度支度营田□府□观察处置等副大使知节度事，上柱国南阳县开国子臣张伯仪进。第三行：岭南监军□舶使，朝散大夫行内侍省内给事员外置同正员，上柱国赐金鱼袋臣刘楚江。"由于银铤图版文字漫漶，本文录文多根据唐代制度进行填补。金德平录文为："阿达忽□频陁沙等纳死波斯伊娑郝银壹铤伍拾两官秤。银青光禄大夫使持节都督广州诸军事广州刺史兼御史大夫充岭南节度支度营田五府经略观察处置等副大使知节度事上柱国南阳县开国子张伯义进。岭南监军事郡使，朝散大夫行内侍省企事员外置同正员上柱国赐金鱼袋臣刘楚江进。"见金德平《唐代笏形银铤考》，载中国钱币学会编《中国钱币论文集》，第5辑，中国金融出版社2010年版，第109—120页。

此银铤为研究海上丝绸之路、唐与波斯的海路交通的重要资料，是唐代管理海外贸易和波斯人在海上丝绸之路中重要地位的实证。惜自王长启、高曼发表以来，似未引起足够注意，甚至银铤的性质，也未见清晰探讨。今汇集史料，进行考证，请方家指正。

一　银铤的年代

此银铤铭文记录了银铤的来源、性质、重量及负责进献的官员。虽然有4行，但第3行与第2行内容相接，是第2行写不下后而折返书写的，并不是因新的内容而另起一行。因此，银铤的铭文实际上包括了三个部分。其一为第1行银铤来源、性质的记录；其二为第2、3行岭南节度副使知节度事张伯仪的署名，他是银铤的进献人；其三为第4行岭南市舶使刘楚江的署名，他是宦官，任岭南监军使、市舶使，参与岭南海外贸易的管理，因而也在银铤上署名。

银铤上未书时间。王长启、高曼根据张伯仪任岭南节度的时间，推测"这笏银铤进奉的时间应是大历十二年（777）左右，最迟不超过德宗建中三年（782）"，所论甚是。《旧唐书》卷一一《代宗纪》云："（大历十二年五月）甲戌，以前安南都护张伯仪为广州刺史，兼御史大夫，充岭南节度使。"同书卷一二《德宗纪》云：建中三年三月戊戌，"以岭南节度使张伯仪检校兵部尚书，兼江陵尹、御史大夫、荆南节度等使；以容管经略使元琇为广州刺史、岭南节度使"。[①] 张伯仪自大历十二年至建中三年任广州刺史、节度岭南，吴廷燮《唐方镇年表》[②]、郁贤皓《唐刺史考全编》[③] 均无异词，可为此银铤断代的依据。

---

① 《旧唐书》，中华书局点校本，第312、332页。
② 中华书局1980年版，第1023—1024页。
③ 安徽大学出版社2000年版，第3167页。

张伯仪官职，《旧唐书》本记作"广州刺史，兼御史大夫，充岭南节度使"。但据银铤，知其职事官及使职为："使持节都督广州诸军事，广州刺史，兼御史大夫，充岭南节度、支度、营田、五府经略、观察处置等副大使，知节度事。"张伯仪实际上是以副大使身份掌领岭南节度事的。名誉上的岭南节度大使，可能是代宗的第四子睦王李述。《旧唐书》卷一一六《肃宗代宗诸子传》云：

> 睦王述，代宗第四子。大历九年……大臣奏议请封亲王，分领戎师，以威天下。十年二月，诏曰："述可封睦王，充岭南节度、支度、营田、五府经略、观察处置等大使……"是时，皇子胜衣者尽加王爵，不出阁。

可能在两年之后张伯仪任广州刺史时，睦王述仍是"岭南节度、支度、营田、五府经略、观察处置等大使"。相应地，张伯仪的使职则为"岭南节度、支度、营田、五府经略、观察处置等副大使"。由于睦王并不出阁，真正的节度使是张伯仪，所以张伯仪的职掌中特意标出"知节度事"。

二　银铤进献的历史背景

正如法国学者索瓦杰（J. Sauvaget）所指出的："在中国唐代的对外贸易中，广州起着首要作用。"① 唐代的广州，作为西南沿海外商入唐的海港和国际贸易的市场，海舶往来，珍货辐辏，是对外贸易的大都会，也是海外贸易的中心。广州的政治军事形势、广州节度使的品行和政绩，直

---

① ［法］索瓦杰著，穆根来、汶江、黄倬汉译：《中国印度见闻录》，中华书局1983年版，第39页。

接影响唐代的外贸经济。①

张伯仪进献伊娑郝银铤之时，唐代的海外贸易，正处于从动荡起伏到平稳发展阶段。② 安史之乱，连带广州政局不稳。乾元元年（758）九月"癸巳（24日），广州奏：大食、波斯围州城，刺史韦利见逾城走，二国兵掠仓库，焚庐舍，浮海而去"③。大食、波斯进攻的原因，日本学者中村久四郎认为可能和大食、回纥助唐平安史叛乱有关。④ 大食、波斯的攻掠，标志着开元时期兴盛繁荣的岭南外贸经济时代的结束。十月乙〔丁〕

---

① 唐代广州的海外贸易研究，日本学者起步较早，参见石桥五郎《唐宋时代の支那沿海贸易并贸易港に就て》，《史学雜誌》12编8號，第48—71页；12编第9号，第33—59页；12编第10号，50—66页，1901年版。中村久四郎：《唐时代の廣東》（一）、（二）、（三）、（四），《史学雜誌》28编第3号，36—52页；28编第4号，26—48页；28编第5号，67—75页；28编第6号，1—24页；中译本见朱耀廷译：《唐代的广东》（上），《岭南文史》1983年第1期，第35—44页，《唐代的广东》（下），《岭南文史》1983年第2期，第33—49页。桑原骘藏著、陈裕菁译：《蒲寿庚考》，中华书局1954年版，第2—45页。筑山治三郎：《唐代嶺南の政治と南海貿易》，《京都産業大學論集》创刊号1972年，第23—47页；家岛彦一：《唐末期における中国・大食間のインド洋通商路》，《歷史教育》15卷第5、6号，1967年版，第56—62页。中国学者的研究，详见吕思勉：《唐代市舶》一至五，见《吕思勉读史札记》丁帙，上海古籍出版社1982年版，第991—1008页；韩振华：《唐代南海贸易志》，《福建文化》2卷第3期，1945年，收入《韩振华选集之三：航海交通贸易研究》，香港大学亚洲研究中心2002年版，第328—370页；吴泰：《试论汉唐时期海外贸易的几个问题》，《海交史研究》第3期，1981年版，第52—62页；陈高华、吴泰：《宋元时期的海外贸易》，天津人民出版社1981年版，第11—19页；陈尚胜、陈高华：《中国海外交通史》，台北：文津出版社1997年版，第40—81页；邓端本：《广州港史（古代部分）》，海洋出版社1986年版，第45—72页；沈光耀：《中国古代对外贸易史》，广东人民出版社1985年版；沈福伟：《论唐代对外贸易的四大海港》，《海交史研究》1986年第2期，第19—32页；汶江：《唐代的开放政策与海外贸易的发展》，《海交史研究》1988年第2期，第1—13页；李庆新《论唐代广州的对外贸易》，《中国史研究》1992年第4期，第12—21页；陈柏坚、黄启臣编著：《广州外贸史》上册，广州出版社1995年版；杨万秀主编，邓端本、章深著：《广州外贸史》上册，广东高等教育出版社1996年版，第42—89页；黄启臣主编：《广东海上丝绸之路史》，广东经济出版社2003年版，第113—224页；李庆新：《滨海之地：南海贸易与中外关系史研究》，中华书局2010年版，第21—121页。本文所引日文论文，多由中田裕子女史帮助复印，谨致谢忱！

② 李庆新论述广州贸易大势时，将至德至兴元间定为"对外贸易起伏不定"期，见其著《滨海之地：南海贸易与中外关系史研究》，第25—26页。沈福伟认为"广州对外贸易自八世纪出现过三起三落"，见《论唐代对外贸易的四大海港》，《海交史研究》1986年第2期，第24页。

③ 《资治通鉴》卷二二〇"乾元元年"条，中华书局点校本，第7062页，参见《旧唐书》卷一〇《肃宗纪》、《旧唐书》卷一九八《西戎传·波斯国》，第253、5313页。

④ 中村久四郎：《唐时代の廣東（第二回）》，《史学雜誌》第28编第4号，第354页。朱耀廷译：《唐代的广东（上）》，《岭南文史》1983年第1期，第43页。

未（8日），唐"以濮州刺史张方须〔顷〕① 为广州都督，五府节度使"。② 但新上任的张万顷并没有挽狂澜于既倒，而是一味贪赃枉法，上元二年（761）张万顷"以赃贬巫州龙标县尉员外置，长任"③，岭南的海外贸易并未走出低谷。

广德元年（763）十一月甲辰（5日）④，"宦官、市舶使吕太一发兵作乱，节度使张休弃城奔端州，太一纵兵焚掠，官军讨平之"。⑤ 负责海外贸易的市舶使反叛，广州的海商一定首当其冲，多遭"焚掠"。至迟在永泰元年（765）初，⑥ 吕太一平定。杜甫在著名的《自平》诗中写道："自平宫中吕太一，收珠南海千余日。近供生犀翡翠稀，复恐征戍干戈密。蛮溪豪族小动摇，世封刺史非时朝。蓬莱殿里诸主将，才如伏波不得骄。"⑦ 此诗记载了从永泰初到大历二年（767）岭南地区的政局变化。吕

---

① "须"为"顷"之误，见郁贤皓《唐刺史考全编》，第3164页。
② 《旧唐书》卷一〇《肃宗纪》，第253页。但乾元元年十月无乙未，可能是"丁未"之误。
③ 《册府元龟》卷七〇〇《牧守部·贪黩》，中华书局影印本，第8352页。
④ 《旧唐书》卷一一《代宗纪》（第274页）作"十二月"。按十二月无甲辰，当从《资治通鉴》作"十一月"。《新唐书》卷六《代宗纪》云："（广德元年）十一月壬寅（3日），广州市舶使吕太一反，逐其节度使张休。"
⑤ 《资治通鉴》卷二二三广德元年十一月条。
⑥ 吕太一之叛平定的时间，史书无确载。但《文苑英华》卷九二七豆卢诜撰《岭南节度判官宗公（羲仲）神道碑》记载："无何杨公（慎微）拜御史中丞，岭南节度，乃咨参公谋，授以参军。时宦官吕太一怙恃宠灵，凌虐神主，前节度张休为之弃甲。公于是稽韬略，演造法，算之以孤虚，考之以风角，潜军间道，克复旧藩。甲士不勤，而凶党歼矣。所谓不战而胜也。乃大贡方贿，丕叙庶绩，朝议嘉焉，授大理少卿，且监察御史，仍充节度判官，懋赏也……永泰三年四月六日寝疾，捐馆于上京务本里第。"永泰无三年，三应是元年之误，因广德三年改为永泰元年也。宗羲仲永泰元年四月在上京去世，显然吕太一已经平定。考虑到岭南至上京的路程，吕太一平定当在广德二年，最晚不会晚于永泰初。而从宗羲仲墓志看，平定吕太一似未经过艰苦战斗，至少岭南节度使下的军队，是不战而胜的，所以不会持续很长时间。
⑦ （清）仇兆鳌注：《杜诗详注》，中华书局1979年版，第1809—1810页。杜诗诸家注释颇多，互有歧义。仇兆鳌注云："上四，忧南海之乱。下四，言柔远之道。"所论甚是。下四句，以钱谦益笺注最确，见《钱注杜诗》卷五，上海古籍出版社1979年版，第157—158页。上四句，写自平定吕太一至大历二年事。中村久四郎据此认为："收珠南海千余日"，表明自吕太一叛乱至平定，约经过三年的时间（见上页注④引中村久四郎文）。此说不确。因为"收珠南海千余日"，是"自平宫中吕太一"之后的。"平"，即平定。也正是吕太一被平定，唐才能"收珠南海"。诗义甚明。由于笔者认为吕太一平定在广德二年或永泰初，杜甫此诗应作于大历二年（768）。

太一平定后，唐"收珠南海"，重新拥有岭南地区的进贡和赋税，岭南地区平静的形势持续了千余日。杜诗的"珠"有岭南百姓所采之珠，也应有外蕃海商贸易所携之珠。《新唐书》卷一四三《徐申传》记载，徐申"进岭南节度使"，"外蕃岁以珠、瑇瑁、香、文犀浮海至"，可见杜诗中的珠与"生犀翡翠"，都是外商浮海贸易之物。平吕太一后千余日的太平，使"生犀翡翠"流布京师，岭南海外贸易有一定程度的恢复。

据《旧唐书·代宗纪》，大历二年四月，徐浩为岭南节帅，但"初，浩以文雅称，及广州，典选部，多积货财"①，节度广州后，徐浩"贪而佞"②。徐浩"多积货财"以岭南海外贸易的繁盛为基础，但"贪而佞"的吏治破坏了岭南的宁静。经过千余日的安宁之后，"蛮溪豪族小动摇"。其具体情形，《新唐书》卷六《代宗纪》：

（大历二年）是秋，桂州山獠反。

颇疑山獠反，与徐浩"贪而佞"直接相关。岭南不稳，导致"近供生犀翡翠稀"。杜甫力主怀柔，故而用"小动摇"，以示山獠反叛无关宏旨，不必大惊小怪。实际上，动荡的局势严重影响了岭南的海外贸易。《旧唐书》卷一三一《李勉传》③云：

四年，除广州刺史，兼岭南节度观察使。番禺贼帅冯崇道、桂州叛将朱济时等阻洞为乱，前后累岁，陷没十余州。勉至，遣将李观与容州刺史王翃并力招讨，悉斩之，五岭平。前后西域舶泛海至者岁才四五，勉性廉洁，舶来都不检阅，故末年至者四十余。

李勉节度岭南的时间，《旧唐书》卷一一《代宗纪》作："（大历三年十月）乙〔己〕④未（19日），以京兆尹李勉为广州刺史，充岭南节度使。"当从之。大历四年，应该是平定番禺冯崇道、桂州朱济时反叛之年，是

---

① 《旧唐书》卷一三七《徐浩传》，第3760页。
② 《资治通鉴》卷二二四"大历五年"条，第7214页。
③ 参《新唐书》卷一三一《李勉传》，《册府元龟》卷六七九《牧守部·廉俭》。
④ 大历三年十月无乙未，只有丁未和己未。《旧唐书·代宗纪》在"乙未"前记载了"甲寅"（14日）事，则此处只能是"己未"之误。

"悉斩之，五岭平"的年代。大历二年（767）秋开始的番禺、桂州山獠等"动摇"，至四年才告一段落，可称为"累岁"。番禺、桂州的战乱，波及"十余州"，影响范围较大。不仅如此，以岭南为中心的海外贸易，也严重受损，到大历四年（769）平定山獠叛乱时，到广州的外商船舶只有屈指可数的四五艘。外贸经济的萧条，可见一斑。

李勉出任岭南后，平定了叛乱，为经济发展提供了安定的环境。他为官清廉，不干预市舶事务，任外商往来，自由贸易。平稳的局势和宽松的政策，吸引了各国海商，至大历七年（772）年李勉离任[①]时，外商船舶进广州港的船舶数激增，"至者四十余"[②]。虽不及开元天宝之盛，因西南商舶的来华贸易，广州的海外贸易逐渐展开。

但随着李勉离任，刚刚起步的海外贸易又处于风雨飘摇之中。《旧唐

[①] 见《旧唐书》卷一一《代宗纪》及郁贤皓《唐刺史考全编》，第3166页。

[②] 来广州贸易的西南商舶，《新唐书·李勉传》一本作"四千余柁"。到底是"四十"还是"四千"，学界多有争论。日本学者基本未否认"四千"，如中村久四郎认为"柁"与"舵"通，但没有证据可以判断是"四十"还是"四千"，见中村久四郎著、朱耀廷译：《唐代的广东（下）》，《岭南文史》1983年第2期，第33页。桑原骘藏认为因李勉廉洁，海舶来者多至千倍，见《蒲寿庚考》，第22—23页。筑山治三郎引用了"四千余柁"的史料，指出"柁"即"只"，但也怀疑李勉使入港船增加千倍有些疑问。见435注页①引筑山治三郎文，第37页。中国学者张星烺、朱杰勤、莫任南等认为唐代广州年驶进四千艘海舶是可能的，见张星烺编注、朱杰勤校订《中西交通史料汇编》第2册，中华书局2003年版，第762页；朱杰勤：《古代的广东》，原载《开放时代》1985年第2—4期，收入《中外关系史》（《朱杰勤文集》），广西师范大学出版社2011年版，第488—508页，尤其是第493页；莫任南："海上丝路"研究札记，《海交史研究》1987年第1期，第7—13页，尤其是第8—10页。韩振华：《航海交通贸易研究》，第351页。余思伟：《广州市舶司的历史沿革及其在对外贸易中的作用和影响》，《海交史研究》1983年第5期；沈福伟：《论唐代对外贸易的四大海港》，《海交史研究》1986年第2期，第19—32页。更多学者则主张"四千"为"四十"之误。如陈寅恪先生在《新唐书》卷一三一《李勉传》后批注云："四千恐亦太多。《新书》'千'字疑是'十'字伪写。"见《陈寅恪读书札记》"新唐书之部"，上海古籍出版社1989年版，第85页。吕思勉亦认为："何以十倍之数，不足以见宽政之效，而必有待于千倍？且夷舶至者，岂易增至千倍乎？此'千'字恐正是'十'字之误，不足以子京咎。"见《吕思勉读史札记》丁帙《唐代市舶二》，上海古籍出版社1982年版，第1001页。岑仲勉指出："四十余柁虽非极盛，亦已大有可观。如曰不然，广州口港内安能于同一季节容纳四十（千）余海舶。"见《隋唐史》下册，中华书局1982年版，第604页。陈坚红从唐代海上航行技术和历代文献中记载的到广州船舶数量两方面，否定了广州外船一年四千余艘的可能性，见《关于唐代广州港年外船数及外商人数之质疑》，《海交史研究》1987年第2期，第71—74。顾敦信根据海舶进港的季节性否定了"四千"之说，见《略论唐代的市舶事务》，《扬州师范学院学报》1990年第2期，第103—108页。

书》卷一二二《路嗣恭传》①略云：

> 大历八年，岭南将哥舒晃杀节度使吕崇贲反，五岭骚扰。诏加嗣恭兼岭南节度观察使……招集义勇，得八千人……出其不意，遂斩晃及诛其同恶万余人，筑为京观。俚洞之宿恶者皆族诛之，五岭削平。检校兵部尚书，知省事……及平广州，商舶之徒，多因晃事诛之，嗣恭前后没其家财宝数百万贯，尽入私室，不以贡献，代宗心甚衔之。故嗣恭虽有平方面功，止转检校兵部尚书，无所酬劳。

大历八年的哥舒晃之叛，使广州又陷于战乱之中。路嗣恭在广州节帅军队之外，另行招募八千人，"出其不意"平叛，所用时间不长。但从其诛"同恶万余人"及"俚洞之宿恶者皆族诛之"看，此次哥舒晃叛乱规模不小，"五岭骚扰"。路嗣恭平叛后，又大量诛杀"商舶之徒"，趁机没收商人财宝，尽入私囊。"所谓商舶之徒，乃通海外贸易之富商。"② 应包括广州本地海商和外国入华海商两类。路嗣恭屠杀海商，与上元元年（760）田神功因刘展之乱在扬州"杀商胡以千数"③ 相类似。田神功的诛杀，"商胡大食波斯等商旅死者数千人"，路嗣恭斩杀"商舶之徒"，大食波斯等海外商舶也一定在劫难逃。正因为路嗣恭诛杀无辜，使刚刚复原的外贸经济再次元气大伤，代宗皇帝颇为不满，故而对他的平叛之功，不予赏赐，并很快将其调离广州。

正是在这种形势下，张伯仪出任岭南节度使。张伯仪其人，《新唐书》卷一三六《张伯仪传》记载：

> 张伯仪，魏州人。以战功隶光弼军。浙贼袁晁反，使伯仪讨平之，功第一。擢睦州刺史。后为江陵节度使。朴厚不知书，然推诚遇人，军中畏肃，民亦便之。

---

① 参见《新唐书》卷一三八《路嗣恭传》，《册府元龟》卷三三八《宰辅部·奢侈》、卷四五五《将帅部·贪黩》、卷四二二《将帅部·任能》、卷六九四《牧守部·武功二》。
② 《陈寅恪读书札记》"旧唐书之部"，上海古籍出版社1989年版，第101页。
③ 《资治通鉴》卷二二一"上元元年十二月"条。

张伯仪在岭南节度使任上政绩如何，《新传》并未记载，甚至连其出任岭南节度都未提及。但《册府元龟》卷六八〇《牧守部·推诚》记载：

> 张伯义为广州刺史，岭南节度。朴直不知书。然能推诚委任，军府简肃，人皆便之。

此"张伯义"应即银铤铭文中的张伯仪。张伯仪为李光弼部下，以战功起家，出身行伍，故而"朴直不知书"。但在任岭南节度的五年期间，他为政"简肃"，简约廉整而有序。值得注意的是，张伯仪的"简肃"，与李勉"舶来都不检阅"不同："简肃"是管理严格，制度严整，是非分明，井然有序；"不检阅"是无为而治，放任自流。如果张伯仪像李勉一样"不检阅"，可能也就没有伊娑郝银铤的进献了。张伯仪"简肃"的结果，"军中畏肃，民亦便之"，为岭南军事稳定和经济发展提供了一个有利而有序的环境。

波斯人伊娑郝的银铤，就是这一时期，在广州这样的形势下，被张伯仪从广州进献给皇帝的。本文的论述也在此拉开序幕。

三　死波斯银和海商遗产法

此银铤为"阿达忽□频陁沙等纳死波斯伊娑郝银"。"伊娑郝"，可能是 إسحاق [ishaq] 的音译①。阿 [a] 达 [dat] 忽 [xuə] □频 [bien] 陁 [da] 沙 [shea]，是一个人还是两人之名？其为何名之音译？尚不可知。记疑于此，请方家指教。

"死波斯伊娑郝银"是什么性质的银呢？我认为，此银即伊娑郝死后的遗产。张伯仪将"死波斯伊娑郝银"进贡，体现了唐代中期对外商遗产的处理制度。

---

① 此承北京大学东方语言文学系王一丹教授见告，谨此致谢！

关于外国人在唐的遗产继承法，日本学者中田薰[①]，我国学者吕思勉[②]、毛起雄[③]先后对其进行细致分析研究。本文在中田氏等论述基础上，结合伊娑郝银铤，继续唐五代外商遗产继承法规。

《新唐书》卷一六三《孔戣传》记载：

> 旧制，海商死者，官籍其赀，满三月无妻子诣府，则没入。戣以海道岁一往复，苟有验者不为限，悉推与。

《新传》的史料来源于韩愈撰写《唐正议大夫尚书左丞孔公墓志铭》，其文云：[④]

> （元和）十二年，自国子祭酒拜御史大夫，岭南节度等使……蕃舶之至泊步，有下碇之税，始至有阅货之燕，犀珠磊落，贿及仆隶，公皆罢之。绝海之商有死于吾地者，官藏其货，满三月无妻子之请者，尽没有之。公曰"海道以年计往复，何月之拘？苟有验者，悉推与之，无算远近。"

据此可知，唐旧规，海商死者，其财物由官府收藏，三个月没有妻、子等继承人来领取，就由官府没收。对这种外商遗产继承制度，吕思勉先生评价说：[⑤]

> 户绝者资产入官，中国法亦如是，初非歧视蕃商；然海道岁一往复，则不应三月即没入，盖故立苛例以规利也。

所论甚是。元和十二年（817），孔戣认为，海商家属由海路来唐，至少

---

① 见中田薰《唐代法に於ける外国人の地位》，第3卷下册，岩波书店1943年版，第1361—1391页，尤其是第1382—1392页。
② 《吕思勉读史札记》丁帙《唐代市舶三》，第1004—1005页。
③ 毛起雄：《唐朝海外贸易与法律调整》，《海交史研究》1988年第2期，第14—20页。
④ 《韩昌黎文集校注》卷七，马其昶校注，马茂元整理，上海古籍出版社1986年版，第531页。
⑤ 《吕思勉读史札记》丁帙《唐代市舶三》，第1004—1005页。

需要一年。因而在他任内，有死亡的海商亲属来领取遗产，只要能证明亲属关系，就交还海商遗产。也就是说，海商亲属来唐继承遗产不再有时间限制。这样的外商财产继承规定，是合理的，正如毛起雄所指出的，其基本原则和措施，"与近代国际法、私法、贸易立法的基本精神是一致的"。① 因而，中田薰指出：与欧洲诸国中世纪外国人地位低于国内人的法律相比，唐代法律体现了国内与国外人平等的立法原则，令人惊叹。②

海商遗物三月没入的规定，当是由岭南节度制定的，相沿成俗。正因为它当时并没有被列入唐代法律——《律》、《令》、《格》、《式》中，岭南节度使可以自主处理，故而新任岭南节度等使孔戣能够更改它。据韩愈撰写的墓志铭，孔戣改革海商遗物的处理方式之前，似并没有向中央申报。因而可以推知，到元和末期，对海商遗产，岭南节度使仍拥有自主处理权和随意性；唐代外商遗产法还没正式确立。这一方面体现了唐代律令制定的滞后性，另一方面也展示了唐代对岭南海外贸易认知过程的阶段性。

元和十二年孔戣改革后，外商遗产规定走向法律化。唐五代外商遗产继承法及其变化，完整记载于《宋刑统》中。今详引如下。《宋刑统》卷一二《户婚律》"死商钱物"③ 云：

〔准〕《主客式》：诸商旅身死，勘问无家人亲属者，所有财物，随便纳官，仍具状申省。在后有识认勘当，灼然是父兄子弟等，依数却酬还。

〔准〕唐大和五年二月十三日敕节文：死商钱物等，其死商有父母、嫡妻及男，或亲兄弟、在室姊妹、在室女、亲侄男，见相随者，便任收管财物。如死商父母、妻儿等不相随，如后亲属将本贯文牒来收认，委专知官切加根寻，实是至亲，责保诇，任分付取领，状入案申省。

〔准〕唐大和八年八月二十三日敕节文：当司应州、郡死商，及波斯、蕃客资财货物等，谨具条流如后：

---

① 见上页注③所引毛起雄文，第19—20页。
② 见上页注①所引中田薰书，第1390—1391页。
③ （宋）窦仪等撰，吴翊如点校：《宋刑统》，中华书局1984年版，第199—200页。

一、死商客及外界人身死，应有资财货物等，检勘从前敕旨，内有父母、嫡妻、男、亲侄男、在室女，并合给付；如有在室姊妹，三分内给一分。如无上件亲族，所有钱物等，并合官收。

一、死波斯及诸蕃人资财货物等，伏请依诸商客例，如有父母、嫡妻、男女、亲女、亲兄弟元相随，并请给还。如无上件至亲，所有钱物等并请官收，更不牒本贯追勘亲族。

右户部奏请，自今以后，诸州、郡应有波斯及诸蕃人身死，若无父母、嫡妻、男及亲兄弟元相随，其钱物等便请勘责官收。如是商客及外界人身死，如无上件亲族相随，即量事破钱物蕴瘗，明立碑记，便牒本贯追访。如有父母、嫡妻、男及在室女，即任收认。如是亲兄弟、亲侄男不同居，并女已出嫁，兼乞养男女，并不在给还限。在室亲姊妹，亦请依前例三分内给一分。如死客有妻无男女者，亦请三分给一分。敕旨："宜依。"

〔准〕周显德五年七月七日敕条：死商财物，如有父母、祖父母、妻，不问有子无子，及亲子孙男女，并同居大功以上亲幼小者，亦同成人，不问随行与不随行，并可给付。如无以上亲，其同居小功亲，及出嫁亲女，三分财物内取一分，均给之。余亲及别居骨肉不在给限。其蕃人、波斯身死财物，如灼然有同居亲的骨肉在中国者，并可给付。其在本土者，虽来识认，不在给付。

《宋刑统》所记载的唐五代商人遗产继承法规，可分大和五年（831）前、大和五年、大和八年（834）和周显德五年（958）四个阶段，每一时期法规不同。

大和五年前"诸商旅身死"的继承法规，见于《主客式》。"主客郎中、员外郎，掌二王后及诸蕃朝聘之事。"① 正如中田薰所指出的，"诸商旅"虽在唐代用语中指本国商旅，但其财产继承法列于《主客式》中，"诸商旅"一词应该也诸蕃商。《主客式》中"诸商旅身死，勘问无家人亲属者，所有财物，随便纳官，仍具状申省。在后有识认勘当，灼然是父兄子弟等，依数却酬还"，正与孔戣改革后的外商遗产继承原则相符，

---

① 《唐六典》卷四"主客郎中员外郎职掌"条，陈仲夫点校，中华书局1992年版，第129页。

"父兄子弟"前来领取蕃商遗产，无期限限制。因而可以推知，《宋刑统》所条列的《主客式》是元和十二年至大和五年之间的法规。这时外商身死财物没官之后，"父兄子弟"等亲属可以前来领取遗产，但对可以继承外商遗产的亲属，《主客式》没有详细规定。

大和五年，以"格后敕"的形式，对诸商旅遗产继承法规进行了补充，规定死商钱物的继承者为"父母、嫡妻及男，或亲兄弟、在室姊妹、在室女、亲侄男"等，对本不相随，后来认领的亲属，要求出示本贯文牒，并由专知官仔细检查，还要有保人书面保证，取领遗产后，要向尚书省（应该是主客司）申报备案。大和五年的格后敕对商旅遗产继承的规定更加详细和严密了。同《主客式》一样，这里的"死商"包括本国商旅和外商两部分。因本国商旅和外商情况不同，大和五年敕文中将之一律处理，并不妥当，法规条文还有待完善。

大和八年，商旅遗产继承法规再次修订，完善的商旅继承法最终建立起来。这次法规修订，由户部上奏，户部奏请中，将外商与本国商人分开处理，专门提出外商遗产的处理办法，即"诸州、郡应有波斯及诸蕃人身死，若无父母、嫡妻、男及亲兄弟元相随，其钱物等便请勘责官收"。重新强调了外商死后身边无亲属财产官收的原则。本国商人死后，还要"牒本贯追访"亲属，父母、嫡妻、男及在室女，可以直接继承；亲兄弟、亲侄男不同居的和出嫁女、养男养女，则无继承权；在室亲姊妹，给三分之一，有妻无男女者，也给三分之一。户部的奏请，皇帝批："宜依。"之后，根据户部奏请，另行起草敕旨①。敕旨内容分为本国商和外商两部分，关于外商的内容为："死波斯及诸蕃人资财货物等，伏请依诸商客例，如有父母、嫡妻、男女、亲女、亲兄弟元相随，并请给还。如无上件至亲，所有钱物等并请官收，更不牒本贯追勘亲族。"本条敕旨，编入"格后敕"，成为处理外商遗产的法律依据。

大和八年的商旅遗产法，在中国古代法律中具有重要地位。它第一次清晰规定了外商遗产的继承法律，第一次将外商遗产处理方式从笼统的诸商旅概念中分离出来，单独明确提出，具有重要意义。同时需要指出的

---

① 敕旨的产生过程，参见拙著《唐"王言之制"初探》，《季羡林教授八十华诞纪念论文集》，江西人民出版社1991年版，第273—290页；张弓主编：《敦煌典籍与唐五代历史文化》，中国社会科学出版社2006年版，第451—455页。

是，敕文又将在诸蕃商中，单独提出波斯商，称"波斯及诸蕃人"，表明波斯成为诸蕃商的主体，也昭示了唐后期在唐波斯商人的普遍存在。

但如果根据《宋刑统》的记载，大和八年敕节文关于"死波斯及诸蕃人"的法规似乎并不完全。敕文中只规定"死波斯及诸蕃人"，"不牒本贯追勘亲族"，没有亲属来认领，是否给付的文字。但因为敕文中规定外商遗产"请依诸商客例"，表明外商亲属之后来认领，其父母、嫡妻、男及在室女等的给付如本国商人。由于敕文的前条已明确记载了死后认领遗产的法规，在波斯及诸蕃商条就不再重复了。

大和八年以后，外商未随行亲属可以来继承遗产，我们还可以从阿拉伯史料中得到印证。《中国印度见闻录》第43条记载：

> 如果到中国去旅行，要有两个证明：一个是城市王爷的，另一个是太监的。城市王爷的证明是在道路上使用的，上面写明旅行者以及陪同人员的姓名、年龄，和他所属的宗族，因为所有在中国的人，无论是中国人，阿拉伯人还是其他外国人，都必要使其家谱与某一氏族联系起来，并取该氏族的姓氏。而太监的证明上则注明旅行者随身携带的白银与货物，在路上，有关哨所要检查这两种证明。为了不使其白银或其他任何物品有所丢失，某人来到中国，到达时就要写明："某某，某某之子，来自某某宗族，于某年某月某日来此，随身携带某某数目的白银和物品。"这样，如果出现丢失，或在中国去世，人们将知道物品是如何丢失的，并把物品找到交还他，如他去世，便交还给其继承人。①

值得注意的是"如他去世，便交还给其继承人"一句，并未记载外商财产还给继承人的时间性。《中国印度见闻录》在作者是阿拉伯商人，对中国的经济法规记载极为详细，如第44—48条对契约、税收、国家教育费用的记录，等等。因此，如果还给继承人遗产有时间限定，此书作者会有记录下来的。而此处对外商遗产继承只提到"如他去世，便交还给其继承人"一句，这只是表明他记录的是孔戣改革之后的事，外商死后亲属领取遗产没有时间限制。这也反证了大和八年的格后敕中，本土外商亲属

---

① 《中国印度见闻录》，第18页。

可以来唐领取遗产，而外商所持的亲属证明则是记载"他所属的宗族"的过所。

综上所述，大和八年，外商遗产法从本国商人财产继承法中独立出来，外商遗产分随行亲属直接继承和本土亲属领取继承两种，每种的继承人都规定严格，规则严密，外商遗产法趋于完善。实际上，外商遗产法规完全比照唐代本国商人遗产法规，继承人范畴、继承数额等，与本国商人毫无二致，真正体现了华夷一体的精神理念。在具体执行中，外商与本土商人遗产处理的最大区别，只是：外商身死，"不牒本贯追勘亲族"。

终唐之世，大和八年确立的外商遗产继承法一直延续下来，直到五代末才变得苛刻。显德五年敕文规定，蕃人、波斯身死财物，"其在本土者，虽来识认，不在给付"，不允许外商不随行亲属财产认领。这种对外商遗产继承的严苛规定，在宋代得到纠正。

唐代笔记小说中，多有关于波斯商人遗产的故事。如《太平广记》卷四〇二"李勉"条引薛用弱《集异记》略云：

> 司徒李勉，开元初，作尉浚仪……忽有波斯胡老疾，杖策诣勉……胡人极怀惭愧，因曰："我本王贵种也，商贩于此，已逾二十年。家有三子，计必有求吾来者。"不日，舟止泗上。其人疾亟，因屏人告勉曰："吾国内顷亡传国宝珠，募能获者，世家公相。吾衔其鉴而贪其位，因是去乡而来寻，近已得之，将归即富贵矣。其珠价当百万，吾惧怀宝越乡，因剖肉而藏焉。不幸遇疾，今将死矣。感公恩义，敬以相奉。"即抽刀决股，珠出而绝。勉遂资其衣衾，瘗于淮上。掩坎之际，因密以珠含之而去。即抵维扬，寓目旗亭，忽与群胡左右依随，因得言语相接。傍有胡雏，质貌肖逝者。勉即询访，果与逝者所叙契会。勉即究问事迹，乃亡胡之子。告瘗其所，胡雏号泣，发墓取而去。

李绰撰《尚书故实》记载：

> 兵部李约员外，尝江行，与一商胡舟楫相次。商胡病，固邀相见，以二女托之，皆绝色也。又遗一珠，约悉唯唯。及商胡死，财宝约数万，悉籍其数送官，而以二女求配。始殁商胡时，约自以夜光含

之，人莫知也。后死商胡有亲属来理资财，约请官司发掘验之，夜光果在。其密行皆此类也。

《太平广记》卷四〇二"李灌"条引李冗《独异志》略云：

> 李灌者，不知何许人。性孤静。常次洪州建昌县，倚舟于岸。岸有小蓬室，下有一病波斯。灌悯其将尽，以汤粥给之，数日而卒。临绝，指所卧黑毡曰，中有一珠，可径寸，将酬其惠……灌取视得珠，买棺葬之，密以珠内胡口中，植木志墓。其后十年，复过旧邑，时杨平为观察使，有外国符牒，以胡人死于建昌逆旅，其粥食之家，皆被楛讯经年。灌因问其罪，囚具言本末。灌告县寮，偕往郭墦伐树，树已合拱矣。发棺视死胡，貌如生，乃于口中探得一珠还之。

这三个故事的主人公都姓李，故事的主题都是波斯商人和宝珠，虽情节有出入，但显然是从一个底本推衍出来的。本文不辨析三个故事版本的因果关系及其真实程度，只推寻三个故事所反映的外商遗产继承制度。

李勉的故事点明了时间，即"开元初"。李勉埋葬波斯老胡后，并未将其财产上报，只是找到其子，私自处理了。这表明当时对外商遗产，尚无严格登录、没官、认领等规定。由于这个故事中没有官府干涉和管理的痕迹，这种外商遗产继承方式应该发生在外商管理制度未为完善的时期，所以故事中提到的"开元初"，与当时的外商遗产处理方法是相符合的。

李约的故事比李勉要晚①，这不仅因为李约为李勉之子，而是故事中体现的外商遗产处理显然不是唐前期的制度。可以判定此故事时间的情节有点：一是病胡"以二女托之"，二是李约将外商财宝"悉籍其数送官"，三是之后死商胡亲属来领资财。李约在商胡死后嫁其二女，可见商胡亲属并未在商人去世不久赶来，结合孔毅所谓"海道以年计往复"之语，可以推知死商亲属不是在三个月之内赶来的。这表明李约故事体现的外商遗产继承事发生在元和十二年之后，这是时间的上限。根据《宋刑统》记载的大和五年敕文，死商如有"在室女"相随，其财产则应给付，而不

---

① 中田薫据李约为李勉之子，推测李约为德宗时代人。见441页注①所引中田薫书，第1386—1388页。

应没官。李约的处理方式显然和大和五年敕文不符合，因而李约故事的下限是大和五年。李约应该是按照元和十二年至大和五年之间《主客式》的规定，处理外商遗产的。

在李灌的故事中，死波斯亲属在十年后来领取遗产，显然只能发生在元和十二年之后。李灌照顾的波斯商孤身一人，没有"在室女"。波斯商人亲属通过"外国符牒"索取遗产，显然李灌没有上报，唐官府也没有牒波斯本贯"追勘亲族"。因此，李灌的故事发生在大和八年之后，反映的是大和八年至唐末的外商财产继承制度。

在以上三例关于商胡遗产的笔记小说中，李勉和李灌的故事明确记载病死的商人为波斯。李约故事中只简约称为商胡，并未突出强调其为何种胡。但从其"财宝约数万"及有夜光珠看，与元稹记载的"南方呼波斯为舶主，胡人异宝，多自怀藏，以避强丐"[①] 情况相符，波斯人称为唐后期最富裕的社会群体，以致"穷波斯"和不甚识字的教书先生一样，都是"不相称"的。[②] 波斯商人成为财富和宝物的代名词，故而李约故事中所叙述的商胡，时人也会自然想象为波斯商人。正因为中唐以后涌入大量富裕的波斯商人，其遗产继承成为当时一个社会问题，因之引起的纠纷，在所难免。因而笔记小说中记载这些关于其遗产的传奇故事，唐代外商遗产继承法令中，专门提及波斯商，将其与诸蕃商并列。李勉等义行故事，大和八年波斯商遗产法的出台，都是唐代海外贸易兴盛、波斯遗产纠纷频繁出现的社会现象的反映。

唐代笔记小说中的波斯商人遗产都和宝珠有关。而我们论述的银铤的主人伊娑郝，却没有这样的传奇色彩。伊娑郝没有死在孔戣改革之后，因而他的财产没能等到长途跋涉的亲属继承。在元和十二年之前，外商在唐身死，如身边无亲属相随，财产由官府登记、保管，三个月后无亲属认领，则由官府没收。波斯商人伊娑郝于大历末、建中初在广州身死，三个月后无亲属索求遗产，其资产被广州官府没收，由负责广州外贸管理的岭南节度使和市舶使将伊娑郝遗产上供给皇帝。

伊娑郝银铤，是唐代外商遗产法的演变过程的重要实证。将伊娑郝银

[①] 元稹《和乐天送客游岭南二十韵》"舶主腰藏宝"句注，见《元稹集》卷一二《律诗》，冀勤点校，中华书局1982年版，第139—140页。

[②] 《义山杂纂》，见《杂纂七种》，曲彦斌校注，上海古籍出版社1988年版，第6页。

与李勉、李约、李灌故事结合起来,唐代外商遗产法演变的经过历历在目:开元时无严格管理制度,安史乱后外商遗产三月无人认领没官,元和十二年后外商遗产根据《主客式》由亲属认领,大和五年法规中对继承遗产亲属严格限定,大和八年完善的波斯商、外商遗产法出台,唐代经历了五个发展阶段。伊娑郝银不仅补充了遗产继承演变历程中的重要一环,而且还将告诉了我们没入遗产的最终去处,即上供给皇帝。本文论述的这五十两波斯死商伊娑郝银铤,从个人财产进入了被皇帝支用的程序,纳入了唐国家财政循环体系。这就是"死波斯伊娑郝银"的由来。

唐代宫人的政治参与途径

刘琴丽

宫人在唐代包括了内官（皇帝嫔妃）和宫官两个职官系统的人员。有关唐代宫人的政治参与是唐史学界一个方兴未艾的问题，已有相关方面的重要文章问世①，但是学者们主要集中探讨了后妃或宫人的干政现象，并集中在武周至开元以前的时代，并没有从制度层面和当时宫人的生活习俗层面进行分析。台湾学者耿慧玲女士认为，除神龙朝外，"宫人是否就对政治毫无影响力了呢？难道皇权就不再受宫人的影响了？还是只会有程度上的差别？"② 由于史料局限，作者并没有进行解答，而只是把这样一个问题留给了读者。本文的目的就是试图探讨正常情况下，宫人的政治参与途径，分析这个距离权力核心最近的女性群体对唐代政治的影响。

一 代表皇帝出使慰问

唐代的上层宫人，尤其是管理层的宫官，与后代不同，她们并不完全

---

① 毛汉光的《唐代后半期后妃之分析》一文探讨了唐代后半期之后妃因为家世不显，外戚势力不大，因此，其地位和影响力都与前半期之后妃不可同日而语。载于《台大文史哲学报》第37期，1978年版。耿慧玲：《从神龙宫女墓志看其在政变中之作用》，作者利用神龙年间19方墓志，探讨了神龙时期宫人在中宗政变中所起的政治作用。《唐研究》第3卷，北京大学出版社1997年版，第231—258页。刘晓云：《唐代女官制度研究》，探讨了女官制度的发展演变、女官的来源、特点、与家人的关系、归宿、女官对政治·经济·文化和社会风俗的影响。就政治影响而言，作者主要探讨了后妃干政现象，并没有做深入的分析。首都师范大学2007年硕士论文，第42—45页。

② 耿慧玲：《从神龙宫女墓志看其在政变中之作用》，《唐研究》第3卷，第251页。

待在宫里，还可以受命出使，这在"尚宫"一职上体现得非常明显。"尚宫"为唐朝正五品职事官，"掌导引中宫，总司记、司言、司簿、司闱四司之官属"①。权力重大，可以说是宫人的最高管理者。在唐代的政事参与中，无论初唐还是中唐，都可以见到"尚宫"的影子。她们直接受帝王之命，差遣出使，慰问外命妇或其他官员家属，甚至调解官员的家庭纠纷。

如"（唐）高祖在大安宫时，太宗晨夕使尚宫起居，送珍馔。〔舒王〕元名保傅等谓元名曰：'尚宫有品秩高者，见宜拜之。'元名曰：'此我二哥家婢也，何用拜为？'太宗闻而壮之"②。尚宫受太宗差遣，到大安宫问候已是太上皇的唐高祖，李元名的保傅叫元名拜见尚宫，显示了尚宫的身份地位高贵，实质上跨越了"奴婢"这一阶层。贞观四年（630），杜如晦卒，"明年如晦亡日，太宗复遣尚宫至第慰问其妻子"③。"复遣"二字表明，尚宫代表太宗慰问杜如晦的家属，已不是第一次。贞观二十一年（647），高士廉亡，"方寒食，敕尚宫以食四舆往祭，帝自为文"④。尚宫代表皇帝，出外祭拜大臣。永徽四年（653）九月，张行成卒于尚书省，"比敛，中使三至，赐内衣服，令尚宫宿于家，以视殡敛"⑤。上述事例表明，太宗、高宗时期，尚宫常常代表帝王出使慰问重臣家属，甚至住宿重臣之家。

武周朝，李迥秀"长安初，历天官、夏官二侍郎，俄同凤阁鸾台平章事。则天令宫人参问其母，又尝迎入宫中，待之甚优"⑥。从前引尚宫经常代表帝王出使慰问重臣家属的情况来看，此"宫人"极可能就是"尚宫"。武则天也曾经"使尚宫至宅问讯"张昌宗的母亲韦氏阿臧⑦。玄宗朝，王琚因为拥立之功受宠，"每延入阁中，迄夜方出。归休之日，中官至第召之。中宫亦使尚宫就琚宅问讯琚母，时果珍味赍之，助其甘

---

① 《旧唐书》卷44《职官》三，中华书局点校本1975年版，第1867页。
② 《唐会要》卷5"杂录"，中华书局1955年版，第56页。
③ 《旧唐书》卷66《杜如晦传》，第2469页。
④ 《新唐书》卷95《高俭传》，中华书局点校本1975年版，第3840—3841页。
⑤ 《旧唐书》卷78《张行成传》，第2705页。
⑥ 《旧唐书》卷62《李迥秀传》，第2390—2391页。
⑦ 《旧唐书》卷78《张行成传》附易之传，第2706页。

旨"①。在《新唐书》中，记载尚宫慰问王琚之母，是受皇后的差遣②。从前引史料来看，宦官恐怕没有差遣尚宫的权力，因此，《新唐书》的记载当更为可靠。代宗朝，尚宫还曾经受皇帝差遣，调解朝廷重臣的家庭纠纷：

> 代宗以郭尚父勋高，兼连姻帝室，常呼为大臣而不名。每中使内人往来，必询其门内休戚。尚父二爱姬，或云南阳夫人及李夫人。尝竞宠争长，互论其公私佐助之功，忿媢不相面，尚父不能禁。上知之，赐金帛及簪镮，命宫人载酒以和之。方饮，令选人歌以送酒。一姬怒未解，歌未发，遽引满置觞于席前曰："酒尽不须歌。"③

由"每中使内人往来，必询其门内休戚"一语，表明此时的宫人，仍然在执行出使任务，代表帝王慰问重臣家属。郭子仪的姬妾发生纠纷，代宗也差遣宫人前往和解。

以上诸事例反映出以"尚宫"为代表的唐代宫人其活动范围并不囿于宫廷，而是扩展到了宫外，承担起帝王使者的角色，代表帝王慰问重臣家属，调节重臣的家庭纠纷，起到笼络官僚的作用。正是因为尚宫的特殊角色——常受皇帝的差遣出使，这就为其插手政治，提供了空间上的便利。高宗朝，武后勾结尚宫，诬陷王皇后，导致王皇后被废④；中宗神龙年间，尚宫柴氏、贺娄氏干政⑤；文宗朝，宦官诬陷李宗闵贿赂尚宫宋若宪，谋求宰相职位⑥。这些事例显然都与尚宫和皇帝的亲近关系（经常受皇帝的差遣出使）有关。

---

① 《旧唐书》卷106《王琚传》，第3251页。

② 《新唐书》卷121《王琚传》，第4333页。

③ （唐）赵璘撰《因话录》卷1《宫部》，参见《唐五代笔记小说大观》，上海古籍出版社2000年版，第836页。

④ 《新唐书》卷76《后妃上·高宗则天顺圣皇后武氏》："〔王皇〕后性简重，不曲事上下，而母柳见内人尚宫无浮礼，故昭仪伺后所薄，必款结之，得赐予，尽以分遗。由是后及妃所为必得，得辄以闻……昭仪乃诬后与母厌胜，帝挟前憾，实其言……下诏废后。"第3474—3475页。

⑤ 《资治通鉴》卷209，景龙二年（708）"安乐、长宁公主及皇后妹郕国夫人"条，中华书局1956年版，第6623页。

⑥ 《旧唐书》卷52《后妃传》下，第2199页。

二 协助帝王草敕或画敕

唐朝正规的诏敕前期由中书舍人起草,后期主要由中书舍人和翰林学士分别起草,然则墨诏、墨敕由谁起草?由谁书写?则是个需要解决的问题。游自勇先生对唐代的墨诏、墨敕的使用情况做了详细探讨,认为墨诏、墨敕并不一定由皇帝亲笔书写;但究竟由哪些人书写或起草?作者没有深究①。根据文献史料和一些诗文作品,笔者发现唐代的宫人成了墨诏、墨敕的起草者或书写者之一。

如"神龙初,侍中敬晖等以〔李〕冲父子翼戴皇家,义存社稷,请复其官爵,武三思令昭容上官氏代中宗手诏不许"②。这道诏书显然是上官婉儿起草的,直接由中宗授意,起草批答臣言。《旧唐书·上官仪传》也记载,中宗时期,"〔上官〕庭芝有女,中宗时为昭容,每侍帝草制诰"③。如果说中宗时期,女性意识高涨,宫人参政是较为常见之事,因此,上官婉儿代皇帝批答臣言、草制诰为制度的非常态,那么其他时期,宫人代皇帝批阅文状,书写墨诏、墨敕一类的文书,则是当时的常态了。如王建《宫词》一百首之一云:"内人对御叠花笺,绣坐移来玉案边。红蜡烛前呈草本,平明昇出阁门宣。"④诗文描写了宫人辅助皇帝草诏,天亮之后,在阁门宣读的情况。《宫词》的另一首云:"私缝黄帔舍钗梳,欲得金仙观里居。近被君王知识字,收来案上检文书。"⑤识字的宫人被皇帝叫来帮助检阅文书。"黄金合里盛红雪,重结香罗四出花。——傍边书敕字,中官送与大臣家。"⑥宫人帮助皇帝画敕。敦煌曲子词《水鼓子》其二十八云:"批答封章不再寻,少年宣史称君心。近来闻读羲之帖,学

---

① 游自勇:《墨诏、墨敕与唐五代的政务运行》,《历史研究》2005 年第 3 期,第 32—46 页。
② 《旧唐书》卷 76《太宗诸子》,第 2664 页。
③ 《旧唐书》卷 80《上官仪传》附,第 2744 页。
④ 《全唐诗》卷 302,中华书局 1960 年版,第 3439 页。
⑤ 《全唐诗》卷 302,第 3442 页。
⑥ 同上书,第 3443 页。

得行书似翰林。"① 该词描写了宫人代皇帝批答封章一事。

元稹《追封宋若华河南郡君制》节文云："故宋若华，我德宗孝文皇帝，躬勤庶务，寤寐以之。乃命女子之知书可付信者，省奏中宫。而若华等伯姊季妹，三英粲兮，皆在选中，参掌宥密。"② 宋若华姊妹则是从宫外召入，帮助皇帝参掌文奏者，以减轻皇帝躬亲庶务之劳。她们入宫后尽管皇帝"不以宫妾遇之，呼为学士先生"，但是其身份实质上仍是宫人，并先后充任宫官——"尚宫"一职，若宪还能"论议奏对"③。显然已经插手一些政事。

可见，宫内文奏的处理，墨诏、墨敕的书写或起草、画敕等事务不一定由皇帝躬亲，宫人成了重要的参与者、协助者，这些都给宫人参政提供了机会，也是其参政的重要途径之一。

三　宫人的议论或见解影响朝廷政局

宫人在空间距离上接近帝王，因此，她们的一言一行都可能影响到帝王的决策，或者影响到居住在皇宫的诸皇子、公主等人。如章怀太子李贤，"宫人潜议云，'贤是后姊韩国夫人所生'，贤亦自疑惧"，调露二年，明崇俨被盗所杀，则天怀疑李贤所为，"于东宫马坊搜得皂甲数百领，乃废贤为庶人，幽于别所"④。正是因为宫人的议论，影响到李贤的一系列政治动作。可见，接近权力中心的宫人对于政治的影响力实际上是非常重大的。文宗朝太子的被废也与宫人的言论有关：

> 初，上〔文宗〕以太子稍长，不循法度，昵近小人，欲加废黜。迫于公卿之请乃止。太子终不悛改，至是暴薨。时传云：太子德妃之出也，晚年宠衰。贤妃杨氏，恩渥方深，惧太子他日不利于己，故日加诬谮，太子终不能自辨明也。太子既薨，上意追悔。四年，因会宁

---

① 曾昭岷、曹济平等编撰《全唐五代词》副编卷2，中华书局1999年版，第1131页。
② 《全唐文》卷647，元稹：《追封宋若华河南郡君制》，中华书局1983年版，第6558页。
③ 《旧唐书》卷52《后妃传》下，第2198—2199页。
④ 《旧唐书》卷86《高宗诸子传·章怀太子贤传》，第2832页。

殿宴，小儿缘橦，有一夫在下，忧其堕地，有若狂者。上问之，乃其父也。上因感泣，谓左右曰："朕富有天下，不能全一子。"遂召乐官刘楚材、宫人张十十等责之，曰："陷吾太子，皆尔曹也。今已有太子，更欲踵前耶？"立命杀之。①

宫人张十十等诬陷前太子，导致太子"终不能自辨"，以至于"暴薨"，极可能是被文宗密旨杀害的；当后来事实查清时，文宗才追悔莫及。为了以防后患，文宗在新太子立后，处死张十十等宫人。又"〔李〕宗闵为吏部侍郎时，因驸马都尉沈𫖯结托女学士宋若宪及知枢密杨承和，二人数称之于上前，故获征用"②。因此之故，尚宫宋若宪被赐死：

大和中，神策中尉王守澄用事，委信翼城医人郑注、贼臣李训，干窃时权。训、注恶宰相李宗闵、李德裕，构宗闵憸邪，为吏部侍郎时，令驸马都尉沈𫖯通赂于〔尚宫宋〕若宪，求为宰相。文宗怒，贬宗闵为潮州司户，𫖯柳州司马，幽若宪于外第，赐死。若宪弟侄女婿等连坐者十三人，皆流岭表。李训败，文宗悟其诬构，深惜其才。③

《后妃传》认为宋若宪是被诬构而死，但是《李宗闵传》却认为实有其事。无论怎样，都反映出宫人因为接近权力中心，极易对皇帝决策产生影响的重要事实。这种现象在中宗朝，更为常见。"时尚宫贺娄氏颇关预国政，凭附者皆得宠荣，（唐）休璟乃为其子娶贺娄氏养女为妻，因以自达"，复为宰相④。除尚宫贺娄氏干预国政外，上官婕妤、尚宫柴氏等也皆如此。《资治通鉴》载：

安乐、长宁公主及皇后妹成国夫人、上官婕妤、婕妤母沛国夫人郑氏、尚宫柴氏、贺娄氏、女巫第五英儿、陇西夫人赵氏，皆依势用事，请谒受赇，虽屠沽臧获，用钱三十万，则别降墨敕除官，斜封付

---

① 《旧唐书》卷175《文宗诸子传》，第4542—4543页。
② 《旧唐书》卷176《李宗闵传》，第4553页。
③ 《旧唐书》卷52《后妃传下》，第2199页。
④ 《旧唐书》卷93《唐休璟传》，第2980页。

中书，时人谓之"斜封官"；钱三万则度为僧尼。①

墨敕是由皇帝发出的诏敕，而不是由宫人发出的。因此，中宗时期的"墨敕除官"现象，显然是宫人通过自己的言论，影响皇帝的用人决策，宫人言论对帝王决策的影响可见一斑。关于宫人参与宫廷政变的情况，耿慧玲女士的论文《从神龙宫女墓志看其在政变中之作用》可兹参考，此不赘述②。

四 引导官员上朝或宣传诏命

宋人洪迈云："盖唐世宫禁与外廷不至相隔绝，故杜子美诗：'户外昭容紫袖垂，双瞻御坐引朝仪。'又云：'舍人退食收封事，宫女开函近御筵。'"③洪迈描述了唐代宫人参与政事的两项行为：引导官员上朝，面见皇帝；中书舍人退食期间收拾上封之状一类的文件，交予皇帝。可见，唐代百官和皇帝之间的沟通，并不完全依靠宦官来完成，宫人也起着重要的媒介作用，这也就是为何唐代宫人能够在一些重大政治事件中发挥作用的原因之一。

关于宫人引导朝仪之事，《旧唐书·职官》三"宫官"之下"尚仪"条，有司宾、司赞二职，"司宾掌宾客朝见、宴会赏赐。司赞掌朝见宴会赞相"④。宫人引导朝仪为制度规定，诗文作品对此也有清楚反映。杜甫《紫宸殿退朝口号》："户外昭容紫袖垂，双瞻御座引朝仪（宫人引导，至天祐间始革）。"⑤表明整个唐朝，宫人在引导朝仪方面，都承担了重要的职能。无名氏《摄中郎将作诗》云："宫娃引入玉为行，金殿齐趋近御

---

① 《资治通鉴》卷209，景龙二年"安乐、长宁公主及皇后妹郕国夫人"条，第6623页；另参《新唐书》卷112《柳泽传》，第4173页。
② 耿慧玲：《从神龙宫女墓志看其在政变中之作用》，作者利用神龙年间19方墓志，探讨了神龙时期宫人在中宗政变中所起的政治作用。《唐研究》第3卷，北京大学出版社1997年版，第231—258页。
③ 《容斋随笔》卷4"翰苑亲近"，中华书局2005年版，第50页。
④ 《旧唐书》卷44《职官》三，第1868页。
⑤ 《全唐诗》卷225，第2409页。

床。不见圣明亲顾问,如何得摄汉中郎?"① 朝官也是由宫人引导,面见帝王。宫人引导朝仪之事始自何时?唐人段成式在《酉阳杂俎》中云:"今阁门有宫人垂帛引百寮,或云自则天,或言因后魏。据《开元礼疏》曰:'晋康献褚后临朝不坐,则宫人传百寮拜。有房中使者见之,归国遂行此礼。时礼乐尽在江南,北方举动法之。周隋相沿,国家承之不改。'"② 段成式认为,这一礼仪始自东晋,周、隋、唐相沿不改。

宫人传诏在唐代是一项制度性的规定,尚宫之下的"司言掌宣传启奏"③。文献史料中也不乏这方面的实例:"洛阳郑生,丞相杨武之后也。家藏书法数十轴……又有太宗在辽东与宫人手敕,言军国事一取皇太子处置。其翰真草相半,字有不用者,皆浓墨涂杀,圆如棋子,不可寻认。"④ 显然,太宗在征高丽期间,其诏敕内容是由宫人传达给太子的。唐诗中,也经常提到宫人传诏的情形,元稹《酬乐天待漏入阁见赠(时乐天为中书舍人,予任翰林学士)》:"颭闪才人袖,(思政对学士,往往宫官传诏)呕鸦软举钚。宫花低作帐,云从积成山。"⑤ 李德裕《怀京国》:"海上东风犯雪来,腊前先折镜湖梅。遥思禁苑青春夜,坐待宫人画诏回。"⑥ 一些翰林学士的诏敕,由宫人交给皇帝画敕,然后发回给翰林学士。可见,宫人在大臣与皇帝中间,起着重要的媒介作用。

韩偓《雨后月中玉堂闲坐》一诗的注文,更是清楚地交代了宫人传诏的具体情况:"银台直北金銮外,暑雨初晴皓月中。唯对松篁听刻漏,更无尘土翳虚空。绿香熨齿冰盘果,清冷侵肌水殿风。夜久忽闻铃索动,玉堂西畔响丁东(禁署严密,非本院人,虽有公事,不敢遽入。至于内夫人宣事,亦先引铃。每有文书,即内臣立于门外,铃声动,本院小判官出受,受讫,授院使,院使授学士。)"⑦ 诗文注释表明,一些重大事情由"内夫人"即宫人来传诏,传诏时,"先引铃",宦官出外受诏,然后再传

---

① 童养年《全唐诗续补遗》卷16,载于陈尚君编《全唐诗补编》第三编,中华书局1992年版,第540页。
② 《酉阳杂俎续集》卷4,参见《唐五代笔记小说大观》,第749页。
③ 《旧唐书》卷44《职官》三,第1867页。
④ 《南部新书》辛,中华书局2002年版,第126页。
⑤ 《全唐诗》卷408,第4535—4536页。
⑥ 《全唐诗》卷475,第5392页。
⑦ 《全唐诗》卷680,第7787页。

诏给翰林学士。王建《宫词一百首》，也记载了宫人传诏的情况，"殿前传点各依班，召对西来八诏蛮。上得青花龙尾道，侧身偷觑正南山"①；"白玉窗前起草臣，樱桃初赤赐尝新。殿头传语金阶远，只进词来谢圣人"②。诗文提到宫人"殿前传点"、"殿前传语"的情况，其传诏要按班轮流排序。敦煌曲子词《水鼓子》其三云："朝廷赏罚不逡巡，宣事书家出阁频。当日进黄闻数纸，即凭酬答有功人。"③ 即负责宣事的宫女经常出阁活动。唐朝末年，当宦官被屠戮殆尽之际，天子诏命的宣传任务，几乎全由宫人来承担。"（唐末）内官既尽屠戮，诸使悉罢，天子宣传诏命，惟令宫人宠颜等宣事"④。宫人宣传诏命之制，在天祐三年（906）正式被废：

  《开元礼疏》曰：晋康献褚后临朝不坐，则宫人传命百僚。周、隋相因，国家承之不改。《唐六典》曰：宫嫔司赞掌朝会赞相之事，凡朝，引客立于殿庭。至天祐三年诏曰："宫嫔女职，本备内任。今后遇延英坐日，只令小黄门祗候引从，宫人不得出内。"正是年诏敕也。⑤

始于东晋、在朱温执政时期被废的宫人传诏制度，基本上走到了历史的尽头。在其后的五代，尽管也能够隐约见到其制度的残留，但是宋朝则极为少见。五代之前蜀，花蕊夫人的《宫词》诗云："春早寻花入内园，竞传宣旨欲黄昏。明朝驾幸游蚕市，暗使毡车就苑门"⑥；"苑中排比宴秋宵，弦管挣摐各自调。日晚阁门传圣旨，明朝尽放紫宸朝。"⑦ 宫人传诏在前蜀时期似乎较为常见。

  唐代的宫人传诏制度反映了一个历史真实，即唐代负责出纳王命者，

---

① 《全唐诗》卷302，第3439页。
② 同上。
③ 《全唐五代词》副编卷2，第1124页。
④ 《旧唐书》卷177《崔慎由传》附胤传，第4586—4587页。
⑤ 《资治通鉴》卷265，昭宣帝天祐二年（905）"柳璨、蒋玄晖等议加朱全忠九锡"条，第8654页。
⑥ 《全唐诗》卷798，第8977页。
⑦ 同上书，第8978页。

不仅仅只有宦官群体，还有宫人群体，宫人和宦官一样接近权力中心，她们的传诏职责并非临时行为，而是一项制度性措施。正因如此，唐代宫人才有了干预朝政的机会。不过与宦官不同，她们既没有军队实力作支撑；也没有像宦官那样，形成庞大的内诸使司系统，以与朝官相对抗；其活动范围绝大部分被局限在宫内。因此，唐代宫人对朝政所施加的影响尽管存在，但是要远远小于宦官。

另外，唐代宫人有时还参与祭祀活动。在周朝人的观念中，"惟祀与戎"的"国之大事"，从政外交的政事、藉田以劝农桑之农事，这些领域被视为公事和外事，妇女不得参与；妇女仅被限定在从事内事和私事——事中馈和务蚕织的领域①。而唐代，宫人却常常出现在一些祭祀场合，如皇后主持的亲蚕之礼；册后之礼，这些礼仪一般由尚宫之类的高级宫官主持②。礼仪虽是一些象征性的仪式活动，但是它也反映了唐代宫人的活动范围并不被完全囿于宫内的事实。而且祭祀，也是古代的所谓"国之大事"，因此，参与祭祀活动也是宫内妇女参政的方式之一。

总之，唐代宫人的政治参与途径主要有代表朝廷出使、慰问重臣家属或调解大臣的家庭纠纷；议论时局以影响帝王决策；宣传诏命；协助皇帝草敕、批阅诏敕、画敕等；并参加一些由皇后主持的祭典或册后典礼等。唐代宫人的参政权主要来源于制度本身的规定以及空间上接近权力核心所致。因此，我们在探讨唐代宫人（皇后除外）干政现象时，不应该仅仅从女性意识高涨这一个角度着眼，而应该放宽视野，探询女性意识高涨之外的其他因素。

（本文原载《文史知识》2010年第7期）

---

① 杜方琴《华夏族性别制度的形成及其特点》，收入杜方琴《中国社会性别的历史文化寻踪》，天津社会科学院出版社1998年版，第39页。

② 《新唐书》卷15《礼乐志》五，第367页；《新唐书》卷18《礼乐志》八，第411页。

吐鲁番文书所见《谥法》残本略考

戴卫红

吐鲁番阿斯塔那316号墓中出土了《谥法》残本，编号为60TAM316：08/2、3和60TAM316：08/4文书残片。① 据整理小组介绍："本墓经盗扰，无墓志及随葬衣物疏，所出文书亦无纪年，但一买田契系蓝笔书写。蓝笔书写之文书常见于高昌时期，因将本墓所出文书置于高昌时期之末。"② 推测这份《谥法》残本可能出于高昌时期。谥法制度是中国古代社会重要的礼制，有关谥法的传世文献极为丰富，③ 但在此之前尚未见出土材料。因此这一《谥法》残本为研究中国古代谥法制度提供了宝贵资料。

一 《谥法》残本释文补考

以下是编号为60TAM316：08/2、08/3的图版和整理小组的释文：
释文：
1. ▭▭▭传 圣曰尧仁圣▭▭▭
2. ▭▭▭属 德像天地曰帝靖民则▭▭▭
3. ▭▭▭皇执应八方曰侯从之成群曰▭▭▭

---

① 中国文物研究所、新疆维吾尔自治区博物馆、武汉大学历史系编，唐长孺主编：《吐鲁番出土文书》（图文对照本）第一册，文物出版社1992年版，第471页。
② 《吐鲁番出土文书》第一册，第470页。
③ 参见汪受宽《谥法研究》，第十章《历代谥法著述考略》，上海古籍出版社1995年版，第242—259页。

4. ▢▢▢圣扬善赋简曰圣 通敏先识▢ ▢▢▢

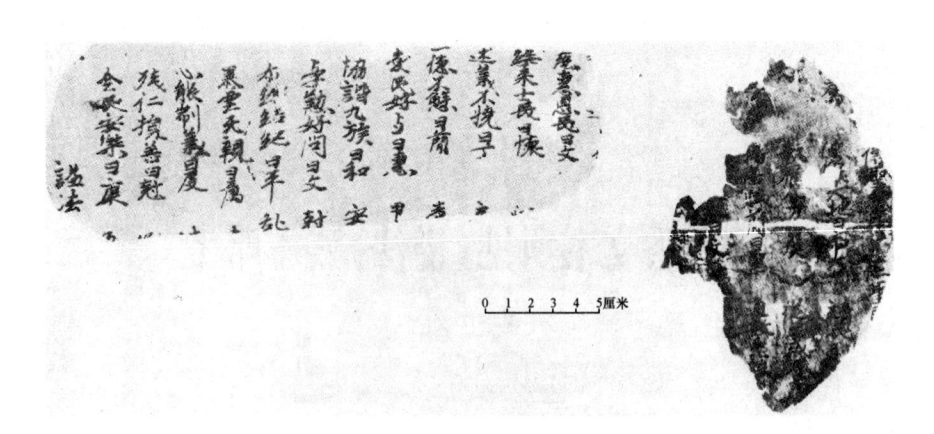

5. 天地曰文▢▢▢

6. ▢▢▢

7. 慈惠恩民曰文▢▢

8. 绥来士民曰怀▢▢

9. 述义不挠曰丁▢

10. 一德不懈曰简▢

11. 爱民好与曰惠甲▢

12. 协谐九族曰和安▢

13. 学勤好问曰文克▢

14. 布纲结纪曰平乱▢

15. 暴戾无亲曰厉▢

16. 心能制义曰度▢

17. 残仁损善曰克

18. 会（合）民安乐曰康▢▢

19. 谥法

《谥法》残本第1行"▢▢▢传圣曰尧"、"仁圣▢▢▢"。"尧"字作为谥字，不见于《逸周书·谥法解》①。《白虎通义》卷一《谥》：

---

① 以下所引《逸周书·谥法解》的资料，均出自于黄怀信、张懋镕、田旭东《逸周书汇校集注》（修订本），上海古籍出版社2007年版，第618—707页。不再一一出注。

> 帝者，天号也，以为尧犹谥，顾上世质直，死后以其名为号耳。所以谥之为尧何？为谥有七十二品。《礼记·谥法》曰："翼善传圣谥曰尧，仁圣盛明谥曰舜，慈惠爱民谥曰文，强理劲直谥曰武。"①

据此，《礼记·谥法》中有"尧"的谥号，汪受宽先生认为此处《礼记》为《大戴礼记》②。据《白虎通义》可补吐鲁番《谥法》残本中"☐☐☐传圣曰尧"为"翼善传圣曰尧"；"仁圣☐☐☐"为"仁圣盛明曰舜"。《续通志》卷一一九《谥略》云：

> 谨案以黄、尧、舜、禹、汤等字为谥，出于汉初诸儒附会，后遂转相师述。马融注《尚书》，裴骃解《史记》皆祖之。张守节录《周书》全篇，犹窜入汤字一谥。苏洵编定六家，舍黄字而取尧舜禹汤桀纣，则相传既久，不以为非。惟郑氏力辨谥法之起于周，以尧舜禹汤桀纣为生名，非死谥，证以《尚书》"咨女舜格女禹"之文，诚为确见。今以其相沿已久，姑附录于此云。

以上记载解释了黄、尧、舜、禹、汤等字为谥的源流，同时可以说明吐鲁番《谥法》残本受到汉代谥法文献的影响，记录的并不是《逸周书·谥法解》的原文。

第 2 行"☐☐☐属德像天地曰帝靖民则☐☐☐"。"属"字残，所见为"✱"，字形极似"禹"，笔者疑为"禹"。③ 且第 1 行中出现"尧"和"舜"，第 2 行出现"禹"字，与上引《续通志》说法正相合。《逸周书·谥法解》和唐代张守节《史记正义·谥法解》④ 中无"禹"谥。《淮

---

① 班固：《白虎通义》，影印文渊阁四库全书第 850 本，台北：台湾商务印书馆 1986 年版，第 10 页。
② 汪受宽：《谥法研究》第九章《谥法的经典性文献》，第 224 页。
③ 笔者在与邬文玲女士讨论此字时，她认为此字疑似"属"，可备一说。而比较此字和后文出现的"属"字，二者在字形上还是有一些区别；而且根据其前后出现的谥字，笔者认为释为"禹"字更有道理。
④ 《史记》第十册附录《史记正义·谥法解》，中华书局点校本 1959 年版。本文所引《史记正义》，若无单独标注，均为此版本。

南子·氾论训》高诱注及《史记·夏本纪》裴骃集解引《谥法》云"受禅成功曰禹",则可知在汉代时"禹"已在《谥法》中,到刘宋时期,"禹"字仍在社会所通用的《谥法》上。宋代苏洵所定《谥法》(又称《嘉祐谥法》)中记"渊源通流曰禹"、"受禅成功曰禹"。《续通志》卷一二〇《谥略下·宋苏洵嘉祐谥法增多谥》在"渊源通流曰禹、受禅成功曰禹"条云:"于尧舜外增多禹谥,盖亦旧儒附会相传已久者。"

"德像天地曰帝",《逸周书·谥法解》、《史记正义·谥法解》均作"德象天地曰帝"。《白虎通义》卷一《号》所云:"帝王者何?号也。号者,功之表也,所以表功明德,号令臣下者也。德合天地者称帝,仁义合者称王,别优劣也。《礼记·谥法》曰:'德象天地称帝,仁义所在称王。'"

"靖民则▢▢▢",《逸周书·谥法解》为"静民则法曰皇"。王充(27—95年)《论衡》卷七《道虚篇》:"实黄帝者何等也?号乎?谥也。如谥,臣子所谏列也。谏生时所行,为之谥。黄帝好道,遂以升天。臣子谏之,宜以仙升,不当以黄谥。谥法曰:'静民则法曰黄。'黄者,安民之谥,非得道之称也。"则知在东汉初年,"黄"已入为谥字。蔡邕《独断》卷下《帝谥》46字中第2字为"靖民则法曰黄"。《史记正义·谥法解》中作"靖民则法曰皇"。因此,在此残本中,"靖民则▢▢▢"可补足为"靖民则法曰黄(皇)"。

第3行"▢▢▢皇执应八方曰侯从之成群曰▢▢▢"。其中,"▢▢▢皇",前文已述,《史记正义·谥法解》中作"靖民则法曰皇",但第2行已出现"靖民则法曰黄(皇)",因此不可能是此谥。关于"皇"谥,尚有《三国志·王朗传》裴松之注引孙盛曰:"化合神者曰皇,德合天者曰帝。"晋代孙盛所引"皇"谥,可能是根据魏晋所流行的谥法书。北宋苏洵《谥法》删去"皇帝王公侯君帅长胥"等历代尊卑称号的9字,南宋郑樵《通志·谥略》中赞成苏洵删掉皇帝王公等谥字,因此可以看出,宋代"皇"字已被排除在主流的谥法外。而《资治通鉴》卷六九《魏纪一》:"世祖文皇帝上"条,元代胡三省注云:"讳丕,字子桓,武王操长子也。谥法:学勤好问曰文。世祖,庙号也。礼,祖有功而宗有德。谥法:景物四方曰世;靖民则法曰皇;明一德者曰皇;明一合道曰皇。德象天地曰帝;按道无为曰帝。"胡三省注所引《谥法》中的"明一德者曰皇、明一合道曰皇"，可能依据的是元代修订的谥法书。① 但此二"皇"字谥解为晚出，因此第三行中的"▢▢▢▢皇"最有可能的是晋代孙盛注中的"化合神者曰皇"。

"执应八方曰侯"，"侯"在《逸周书·谥法解》中为第8条，《史记正义·谥法解》中为第6条，所解相同。

"从之成群曰▢▢▢"，《逸周书·谥法解》中无此谥解，《史记正义·谥法解》解"君"为"赏庆刑威曰君、从之成群曰君"，分别在第7、8条，由此也可补此残本为"从之成群曰君"。《续通志》卷一一九《谥略上·史记正义增多谥》在"赏庆刑威曰君，从之成群曰君"条下云"君字亦尊号，不可为谥，疑后人窜入"。然从高昌所出《谥法》残本来看，也当有所本。

第4行"▢▢▢▢圣扬善赋简曰圣通敏先识曰▢▢▢"。《逸周书·谥法解》中第2、3条分别为"称善□简曰圣"、"敬宾厚礼曰圣"。《史记正义·谥法解》第9、10条为"扬善赋简曰圣"、"敬宾厚礼曰圣"。那么此处"▢▢▢▢圣"或可补足为"敬宾厚礼曰圣"。《魏书》、《北史》魏神元皇帝追谥考曰圣武皇帝，盖前史谥圣者，亦自北魏始。②

"通敏先识曰□"，这一谥解不仅不见于《逸周书·谥法》，也不见于其他文献资料。

第5行"天地曰文"。《逸周书·谥法解》中第11条为"经纬天地曰文"，《史记正义·谥法解》第13条为"经纬天地曰文。"《魏书》卷二一下《献文六王·彭城王元勰传》载元勰上高祖谥议："谨案谥法，协时肇享曰孝，五宗安之曰孝，道德博闻曰文，经纬天地曰文，仰惟大行皇帝，义实该之，宜上尊号为孝文皇帝。"因此第5行中的"天地曰文"可补足为"经纬天地曰文"。

第6行因为前后文均缺，无法补足。

第7行"慈惠恩民曰文"。《逸周书·谥法解》、《史记正义·谥法解》、《续通志·谥略》中"文"均有6解，分别为"经纬天地曰文"、"道德博厚曰文"、"学勤好问曰文"、"慈惠爱民曰文"、"愍民惠礼曰

---

① 汪受宽先生从《永乐大典》残本真字韵中发现元代《经世大典谥门》一卷，约二万字。详见《谥法研究》，第252页。

② 《续通志》卷一一九《谥略上·周书谥法解》，浙江古籍出版社2000年版，第3971页。

文"、"锡（赐）民爵位曰文"，关于此条，均为"慈惠爱民曰文"①。苏洵《谥法》中"文"有8解，却无此条。

第8行"绥来士民曰怀"。《逸周书·谥法解》中"怀"有2解"执义扬善曰怀"、"慈义短折曰怀"，《史记正义·谥法解》也为2解"执义扬善曰怀"、"慈仁短折曰怀"。苏洵《谥法》卷三"怀"解为"慈仁短折曰怀"、"失位而死曰怀"，而"失位而死曰怀"为新改。根据汪受宽先生辑录的《谥字集解》，在中国古代各代谥法中，"怀"共有11解，②而此抄本中的"绥来士民曰怀"在诸本《谥法》中未见。

另外，在编号为60TAM316：08/4的文书残片上有"执义扬 善 ③ ☐ "字样。蔡邕《独断》卷下《帝谥》为"执义扬善曰怀"，直到唐章怀太子注《后汉书》时，仍以"执义扬善曰怀"④。由此可知，汉代至唐章怀太子时均以"执义扬善曰怀"。中华书局点校本《史记》所附《史记正义·谥法解》为"执义扬善曰怀"⑤，而单刻本《史记正义》作"执义扬善曰德"⑥，不知为何？《资治通鉴》卷五〇《汉纪四二·孝安皇帝中》建光元年三月"戊申，追尊清河孝王曰孝德皇，皇妣左氏曰孝德后"条，胡三省注"《谥法》执义行善曰德，绥柔士民曰德"。《续通志》卷一一九《谥略》"谋虑不威曰德"条注云：

> 《史记正义》增多"绥柔士民曰德"句，"谋虑不威"作"谏诤不威"。考孔晁注云：不以威相拒也，则作谏诤者为正。《史记》又增多"执义扬善曰德"句，"德"字系"怀"字之讹，见"怀"字条注。

---

① 《魏书》卷六八《甄琛传》载："案甄司徒行状，至德与圣人齐踪，鸿名共大贤比迹，'文穆'之谥，何足加焉。但比来赠谥，于例普重，如甄琛之流，无不复谥。谓宜依谥法'慈惠爱民曰孝'，宜谥曰孝穆公。"按：传世文献均记载"慈惠爱民曰文"，据《逸周书·谥法解》"慈惠爱亲曰孝"，或为史书传抄时的小误，将"亲"误为"民"。

② 汪受宽：《谥法研究》，第330页。

③ "善"字为王素先生补足，见王素《〈吐鲁番出土文书〉[壹]附录残片考释》，《出土文献研究》第3辑，中华书局1998年版，第169页。

④ 《后汉书》卷四《和帝纪》永元九年"冬十月乙酉，改葬恭怀梁皇后于西陵"条注，第184页。

⑤ 《史记》附录《史记正义·谥法解》，第十册，第28页。

⑥ 张守节：《史记正义》，影印文渊阁四库全书第247本，台北：台湾商务印书馆1986年版，第23页。

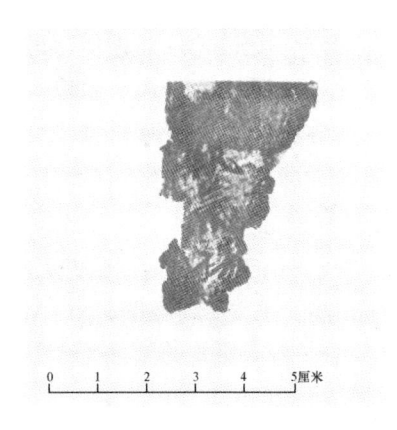

60TAM316：08/4

笔者认为《续通志》中关于"《史记》（此处为《史记正义》，笔者按）又增多'执义扬善曰德'句，'德'字系'怀'字之讹"这一见解是有道理的。在古代，繁体字"怀（懷）"与"德"字形相似，在传抄中容易混淆。之后宋、元、明诸儒又以"执义扬善曰德"入《谥法》，便是祖唐代张守节《史记正义·谥法解》。而这份《谥法》残本出于高昌时期，其中的"执义扬 善☐☐☐"应为"执义扬善曰怀"。

第9行"述义不挠曰丁"。《逸周书·谥法解》"丁"有2解："述善不克曰丁"、"述义不悌曰丁"。《史记正义·谥法解》惟有一解为："述义不克曰丁"。《文献通考》卷一二三《王礼考十八·谥谏》丁有2解："述义不克曰丁"、"述事不弟曰丁"。苏洵《谥法》中无"丁"谥。《魏书》卷二七《穆崇传》载天赐三年穆崇卒，"及有司奏谥，太祖亲览《谥法》，至述义不克曰丁。太祖曰：'此当矣。'乃谥曰丁公"。此残本中"述义不挠曰丁"与诸本均不同。

第10行"一德不懈曰简"。《逸周书·谥法解》"简"有2解"壹德不解曰简，平易不疵曰简"。《史记正义·谥法解》中"简"也有2解，分别是"一德不懈曰简"、"平易不訾曰简"。

第11行"爱民好与曰惠甲☐☐☐"。惠，《逸周书·谥法解》惟有一解，为"柔质受课曰惠"。[①] 蔡邕《独断·帝谥》只一解，为"爱民好与

[①] 《史记正义·谥法解》中"柔质受谏曰慧"。有关"惠"和"慧"二谥字，参见黄怀信、张懋镕、田旭东撰《逸周书汇校集注》，第665页。

曰惠"。《史记正义·谥法解》中有 2 解："柔质慈民曰惠"、"爱民好与曰惠"。《文献通考》卷一二三《王礼考十八·谥谏》"惠"有四解：分别是位于"怀"、"丁"字之间的"柔质慈民曰惠"、"爱民好与曰惠"，位于"憨"、"匡"字之间的"柔质受谏曰惠"，和位于"良"、"顺"字之间的"施勤无私曰惠"。《续通志》卷一一九"惠"也只一解，为"柔质受谏曰惠"，其下注云："《史记正义》作'柔质受谏曰慧'。增多'柔质慈民曰惠'、'爱民好与曰惠'二义。《独断》止'爱民好与曰惠'。"苏洵《谥法》"惠"也只一解，为"爱民好与曰惠"。

"甲□□"。在现存的谥法书中，以"甲"字开头的谥字解，惟见"襄"字。《逸周书·谥法解》在"德"与"釐"字间有"辟地有德曰襄、甲胄有劳曰襄"。《史记正义·谥法解》在"定"与"僖"字间有"辟地有德曰襄、甲胄有劳曰襄"。因此在这份残本《谥法》中，或可补足为"甲胄有劳曰襄"。

第 12 行"协谐九族曰和安□□"。现存《逸周书·谥法解》、蔡邕《独断》、《史记正义·谥法解》中均无"和"字谥。《后汉书》卷四《和帝纪》"孝和皇帝讳肇"条，唐章怀太子注："谥法曰不刚不柔曰和。"苏洵《谥法》中"和"有 4 解："柔远能迩曰和、号令悦民曰和、不刚不柔曰和、推贤让能曰和。"而这份残本《谥法》中所出"协谐九族曰和"，为现存谥法文献所不载，能补文献典籍的遗缺。

"安□□"。以"安"字开头的谥字解，《逸周书·谥法解》、《史记正义·谥法解》中有"安民立政曰成"、"安乐抚民曰康"、"安心好静曰夷"，因此不能确定"安□□"后所缺何文。

第 13 行"学勤好问曰文 克□□"。《逸周书·谥法解》、《史记正义·谥法解》中"文"均有 6 解，"学勤好问曰文"为其中一解。

"克□□"。以"克"字开头的谥字解，《逸周书·谥法解》有"克定祸乱曰武"、"克威捷行曰魏"、"克威惠礼曰魏"、"克杀秉正曰夷"；《史记正义·谥法解》有"克定祸乱曰武"、"克敬动民曰桓"、"克威捷行曰魏"、"克威惠礼曰魏"、"克杀秉政曰夷"，因此不能确定"克□□"后所缺何文。

第 14 行"布 纲 结纪曰平 乱□□"。《独断》卷下《帝谥》载"布纲治纪曰平"。《逸周书·谥法解》中"平"有 3 解，分别为"治而清省曰平、执事有制曰平、布纲治纪曰平"。《史记正义·谥法解》对"平"字的解分别为"治而无眚曰平、执事有制曰平、布纲治纪曰平、惠无内德为平"。而《三国志》卷三六《蜀书·赵云传》：

> "于是关羽、张飞、马超、庞统、黄忠及云乃追谥，时论以为荣。"注引《赵云别传》载后主诏曰："云昔从先帝……外议云宜谥。"大将军姜维等议……谨按谥法，柔贤慈惠曰顺，执事有班曰平，克定祸乱曰平，应谥云曰顺平侯。

《赵云别传》所引《谥法》中，"执事有班曰平"与《逸周书》、《史记正义》中"执事有制曰平"，有一字之差。而所引"克定祸乱曰平"，在《逸周书》、《史记正义》"谥法解"，以及《文献通考》、《续通志》等书中均作"克定祸乱曰武"，不知《赵云别传》所引《谥法》何所据？

另外，"乱☐"，《独断》卷下《帝谥》在"布纲治纪曰平"下紧接着记"乱而不损曰灵"。"乱"字开头的谥解，《逸周书·谥法解》、《史记正义·谥法解》、苏洵《谥法》等均只有"乱而不损曰灵"。因此，"乱☐"有可能补足为"乱而不损曰灵"。

第15行"暴㾕无亲曰厉☐"。《逸周书·谥法解》云"致戮无辜曰厉"，《独断》卷下《帝谥》载"暴虐无亲曰厉"，《史记正义·谥法解》"杀戮无辜曰厉"苏洵《谥法》中"厉"有2解，为"暴慢无礼曰厉、愎狠遂过曰厉"。而这份残本《谥法》中的"暴㾕无亲曰厉"，"㾕"字字形为⿰，疑似"虐"的异写或俗写。① 而其解也与《独断》所载"暴虐无亲曰厉"相近。

第16行"心能制义曰度☐"。《春秋左传注疏》昭公二十八年，"既受帝祉，施于孙子。心能制义曰度。"杜预注："帝度其心"，孔颖达

---

① 后蒙邬文玲女士相告，查《敦煌俗字典》，"虐"字在敦煌文献中有三种字形："䖈"，此字见敦研020（9—4）《大般涅槃经》："若临终时，或值荒乱，刀兵竞起，帝王暴㾕。"（《甘肃省藏敦煌文献》，甘肃人民出版社1999年版）"虐"，此字见英藏敦煌文献S.610《启颜录》："之才即嘲元明姓卢曰：'安亡为虐，在丘为虚，生男成㾕，配马成驴。'"（《英藏敦煌文献》，四川人民出版社1990年版）"㾕"，此字见英藏敦煌文献S.799《隶古定尚书》："暴殄天物，害㾕烝民。"（《英藏敦煌文献》，四川人民出版社1990年版）参见黄征《敦煌俗字典》，上海教育出版社2005年版，第295页。

疏："正义曰：心能制断时事，使合于义，是为善。揆，度也。言预度未来之事皆得中也。"《逸周书》云："心能制义曰庶。"《史记正义》："心能制义曰度。"《续通志》卷一一九《谥略上》："心能制义曰度"注云：

> 上三谥（商、誉、度）前史亦无用之者。宋有度宗，乃庙号，非谥也。考"心能制义曰度"及篇中所列照临四方曰明、勤施无私曰类、教诲不倦曰长、慈和徧服曰顺、择善而从曰比数条皆昭公二十八年左传文。周公之书不宜反引左氏之说，当是后人所窜入者。《崇文总目》云学者录之托以名篇，盖亦因此类而致疑耳。

第17行"残仁损善曰克☐☐☐"。《逸周书·谥法解》、《史记正义·谥法解》均为"爱民在刑曰克"。苏洵《谥法》2解："秉义行刚曰克"、"爱民作刑曰克"。《续通志》载："爱民在刑曰克。汉有隆虑克侯周灶，史表作哀侯。北魏慕容熙、刘社生并于熙平时谥克。"而此残本中的"残仁损善曰克"为现存的谥法文献所不载。

第18行"会（合）民安乐曰康☐☐☐"。《史记正义·谥法解》中"康"有4解："渊源流通曰康、温柔好乐曰康、安乐抚民曰康、合民安乐曰康"；《逸周书》有3解："温年好乐曰康、安乐抚民曰康、令民安乐曰康"；苏洵《谥法》有2解"抚民安乐曰康、温良好乐曰康"。在这份残本中，"会"字字形为会，整理小组的释文在"会"后注明"合"，会有可能是"合"的草写。而其解也与《史记正义》中"合民安乐曰康"相同。

第19行"谥法"，是这份残存文书的标题，表明其右均为《谥法》之具体内容。现存《逸周书·谥法解》谥解下均作注，为晋朝孔晁所作。在这个残本中，"谥法"二字右边残存的内容，只有谥字和谥解，没有注的内容。

在这份残存的《谥法》中，出现清楚的谥字17个，分别为尧、禹、帝、皇、侯、圣、文、怀、丁、简、惠、和、平、厉、度、克、康，另外还有"舜"、"黄（皇）"、"君"、"襄"、"灵"5字可根据现存的谥法文献得到补充。在这22个谥字中，"尧"、"舜"、"君"、"禹"字为现存《逸周书·谥法解》所无，根据《续通志·谥略上》所谓"谨案以黄、尧、舜、禹、汤等字为谥，出于汉初诸儒附会，后遂转相师述"，这份

《谥法》残本深受汉代谥法文献的影响。

《谥法》残本中共有30条谥解，其中的15条清晰完整。分别是"德像天地曰帝"、"执应八方曰侯"、"扬善赋简曰圣"、"慈惠恩民曰文"、"绥来士民曰怀"、"述义不挠曰丁"、"一德不懈曰简"、"爱民好与曰惠"、"协谐九族曰和"、"学勤好问曰文"、"布纲结纪曰平"、"暴曼无亲曰厉"、"心能制义曰度"、"残仁损善曰克"、"会（合）民安乐曰康"。另外11条能根据《逸周书·谥法解》、《独断·帝谥》、《白虎通义·谥》、《史记正义·谥法解》等谥法资料补充，分别为"翼善传圣曰尧"、"仁圣盛明曰舜"、"受禅成功曰禹"、"靖民则法曰黄（皇）"、"化合神者曰皇"、"从之成群曰君"、"敬宾厚礼曰圣"、"经纬天地曰文"、"执义扬善曰怀"、"甲胄有劳曰襄"、"乱而不损曰灵"。还有"通敏先识曰□"、"安□"、"克□"、"曰□" 4条尚不能补足。而"通敏先识曰□"这一谥字和谥解、"绥来士民曰怀"、"协谐九族曰和"、"残仁损善曰克"3条谥解在现存的谥法文献资料中均无。

笔者试着对这份高昌时期的《谥法》残本做一个还原：

1. ＿＿＿翼善传圣曰尧　仁圣盛明曰舜＿＿＿
2. ＿＿＿受禅成功曰禹　德像天地曰帝　靖民则法曰黄（皇）＿＿＿
3. ＿＿＿化合神者曰皇　执应八方曰侯　从之成群曰君
4. ＿＿＿敬宾厚礼曰圣　扬善赋简曰圣　通敏先识曰□
5. 经纬天地曰文　＿＿＿
6. 曰＿＿＿
7. 慈惠恩民曰文　＿＿＿
8. 绥来士民曰怀　＿＿＿
9. 述义不挠曰丁　＿＿＿
10. 一德不懈曰简　＿＿＿
11. 爱民好与曰惠　甲胄有劳曰襄＿＿＿
12. 协谐九族曰和　安＿＿＿
13. 学勤好问曰文　克＿＿＿

14. 布 乱 结纪曰平　乱 而不损曰灵
15. 暴戾无亲曰厉
16. 心能制义曰度
17. 残仁损善曰克
18. 合民安乐曰康
19. 谥法

残片4　执义扬善曰怀

二　《谥法》残本源流考

正如上文所述，《谥法》残本深受汉代谥法文献的影响，那么这份出土于吐鲁番地区的高昌时期的《谥法》残本来源于何处呢？

魏晋南北朝时期的高昌地区，虽经历了由前凉、前秦、后凉、段氏北凉、西凉、沮渠氏北凉统治下的郡，到阚氏、张氏、马氏、麹氏统治下的王国这一长时段的变化，①但一直与中原王朝保持了联系和交流。尤其在北魏正光元年（520），"肃宗遣假员外将军赵义等使于嘉。嘉朝贡不绝。又遣使奉表，自以边遐，不习典诰，求借五经、诸史，并请国子助教刘燮以为博士，肃宗许之"。②《周书》卷五〇《高昌传》载其："文字亦同华夏，兼用胡书。有毛诗、论语、孝经，置学官弟子，以相教授。"而在吐鲁番阿斯塔那三座墓葬中，出土了古写本经卷，如阿斯塔那313号墓出土的《义熙元年辛卯抄本〈孝经解〉残卷》③，阿斯塔那524号墓出土的《义熙写本〈毛诗郑笺〉残卷》④，阿斯塔那169号墓出土的《古写本〈孝经〉》⑤和《〈论语〉习书》⑥。根据宋晓梅先生的研究，这四件古籍写本的时代大致集中在麹嘉至麹玄喜执政的几十年间，大约相当于内地政权

---

① 详见王素《高昌史稿》（统治篇），文物出版社1998年版。
② 《魏书》卷一〇一《高昌传》，第2245页。
③ 《吐鲁番出土文书》第一册，第290页。
④ 同上书，第137—142页。
⑤ 同上书，第230—232页。
⑥ 同上书，第236页。

北魏武帝至北齐初年。① 而出土于阿斯塔那316号墓中的古抄本《谥法》，虽然不能确定其绝对纪年，但能肯定是高昌时期，它完全有可能是从北朝政权流传至高昌地区的。

而且魏晋南北朝时期是中国古代谥法制度发生变革的时期，② 在这一时期，学者们对《谥法》进行了不同程度的注释、推演，从而丰富了谥法的内容和范围，对后世的谥法产生了巨大的影响。

魏晋南北朝时期，关于谥法的专门著述有以下几种：

（一）魏晋之际荀顗推演增广刘熙《谥法注》。《旧唐书》卷四六《经籍志》："谥法三卷"下注云"荀顗演，刘熙注"，《新唐书》卷五七《艺文志一》同。此处"谥法三卷"当指刘、荀二人《谥法》注的合帙。

（二）晋朝张靖撰《谥法》两卷。《唐六典》卷一四《太常寺》"太常博士"条注"旧有《周官谥法》《大戴礼·谥法》，又汉刘熙注《谥法》一卷，晋张靖《谥法》两卷。"《旧唐书》卷四四《职官志三》"太常寺"条："古有《周书谥法》、《大戴礼谥法》，汉刘熙《谥法》一卷，晋张靖《谥法》两卷。"《通典》卷一〇四《凶礼门》第二六《单复谥议》："旧有周书谥法、大戴礼谥法，又汉刘熙谥法一卷。晋张靖撰谥法两卷，又有《广谥》一卷。梁沈约总集谥法，凡一百六十五称。"

（三）西晋杜预撰《春秋释例·谥法》，被后人称为《春秋谥法》。《路史》卷三六《发挥五·论谥法》以为杜预此篇乃本乎《周书·谥法篇》："古之法行于今者，唯谥行。然二千余年而靡有定法，《大戴氏》曰：'昔周公旦、太公望相嗣王以制谥法'，周书之说亦然。故今《周书》有《谥法》一篇，颇为简要，至杜预取而纳之《释例》，而世遂重出之，谓《春秋谥法》，盖不知也。"杜预的《春秋谥法》到宋时尚存，吕本忠曾引用此书，见《春秋集解》卷一《隐公》集解：名息，姑惠公之子。《谥法》："不尸其位曰隐。"杜预《释例·谥法》："隐拂不成曰隐。"

（四）不知名氏《广谥法》1卷。

（五）梁朝沈约的《谥例》10卷。《梁书》卷一三《沈约传》载其

---

① 宋晓梅：《高昌国——公元五至七世纪丝绸之路上的一个移民小社会》，中国社会科学出版社2003年版，第277页。宋先生所言"北魏武帝"应是"北魏宣武帝"之误。

② 汪受宽先生已有所论及，他认为曹魏谥法的改革对"有爵则有谥"的古制进行了第一次冲击。汪受宽《谥法研究》，第121—123页。另可参见拙稿《魏晋南北朝得谥官员身份的重大转变——魏晋南北朝官员谥法、谥号研究（一）》，待刊稿。

"所著晋书百一十卷,宋书百卷,齐纪二十卷,高祖纪十四卷,迩言十卷,谥例十卷,宋文章志三十卷,文集一百卷:皆行于世。"此书南宋以后亡佚,其自序保存于《玉海》卷五四《艺文部·梁谥法》。[1]

(六)梁朝贺琛的《新谥法》。《梁书》卷三八《贺琛传》:"诏琛撰《新谥法》,至今施用。"《梁书》乃姚思廉(557—637)承其父陈朝吏部尚书姚察未完之书而成,此卷末有"陈吏部尚书姚察云"一语,可知此卷乃取其父所撰旧稿而成。姚察隋大业二年(606)去世,则所谓"至今施用",则梁、陈至隋仍施用。《玉海》卷五四《艺文部·梁谥法》载:"梁贺琛《谥法》三卷,采旧谥法及《广谥》,又益以已所撰新谥,分君、臣、妇人三卷,卷各分美、平、恶三等(《梁书》琛精三礼,高祖诏撰《新谥法》,至今施用),其条比沈约谥例颇多,亦有约载而琛不取者。"

(七)梁朝裴子野著《附益谥法》1卷。《梁书》卷三〇《裴子野传》载:"子野少时,集注丧服、续裴氏家传各二卷,抄合后汉事四十余卷,又敕撰众僧传二十卷,百官九品二卷,附益谥法一卷,方国使图一卷,文集二十卷,并行于世。"《隋书·经籍志》中记载了裴子野的《丧服传》、《宋略》《众僧传》,但没有记载《附益谥法》,其内容也不得而知了。

另外,《隋书》卷三三《经籍志二·仪注篇》载:"魏晋谥议十三卷何晏撰……今聚其见存,以为仪注篇。"何晏所撰《魏晋谥议》在《隋书》十志成书之年显庆元年(656)仍存。

正是因为魏晋南北朝时期对谥法的研究,使得实际运用的《谥法》不断地在原有《逸周书·谥法解》上有所增损。楼劲先生曾根据《玉海》五四《艺文部》所存沈约《谥例序》追溯了汉末魏晋谥法的源流,使我们更清楚地认识了魏晋南北朝时期的谥法文献及谥法依据,他认为"自先秦历魏晋而至南梁,《周书·谥法》篇不仅传本有异,其所含谥名亦在不断传抄和整理中陆续有所增益和出入"[2],笔者同意这种见解。笔者曾统计魏晋南北朝时期官员的谥号用字,发现有两种增益的情况。一是新增谥字,如"方"、"恺"等字;二是增加对原有谥字的谥解,如"贤而不

---

[1] 楼劲先生对这一段文字进行了精细的解读和分析,参见《〈玉海〉五四〈艺文部〉所存沈约〈谥例序〉文笺解——汉末魏晋几种谥法文献的有关问题》,《文史》2005年第1辑,第33—55页。

[2] 楼劲:《〈玉海〉五四〈艺文部〉所存沈约〈谥例序〉文笺解——汉末魏晋几种谥法文献的有关问题》,第40页。

伐曰恭"、"怀才不尽曰隐"、"不遵上命曰灵"、"恃才傲物曰骄"、"除伪宁真曰武"等。① 而在这份《谥法》残本中也出现了在现世文献中找不到的谥字，如"通敏先识曰□"；还有现存文献不载的谥解，如"残仁损善曰克"、"绥来士民曰怀"、"协谐九族曰和"等，这一点也正与魏晋南北朝时期对《谥法》进行增广、阐释这一特点相一致。

通过以上对高昌地区与中原王朝在儒学的交流，以及魏晋南北朝时期谥法文献资料的分析，我们可以看出这份出现于高昌时期的《谥法》残本，可能是从北朝政权流传至高昌地区的，它不仅受到汉代谥法文献的影响，也正是魏晋南北朝时期各家对《谥法》进行增广、阐释的产物。

三 高昌国谥法考

魏晋南北朝时期官员谥法，经历了重大的变革。魏晋之际结合爵位和现实功行（官品在五品及其以上）来决定百官死后是否谥号，两晋南北朝时期得谥官员的身份也发生了变化，不仅生前有爵的官员可以得到谥号，生前无爵的官员死后也能得谥。东晋没有明确规定百官给谥的品级，南朝百官给谥资格为五品，后上调至三品，而北朝也没有明文规定百官给谥的品级，实际的赐谥中，官员生前在职的功劳、德行更大程度地影响着得谥与否及其谥号的好恶。② 直到唐代，明确规定："诸谥，王公及职事官三品以上、散官二品以上身亡者，其佐吏录行状申考功，考功责历任勘校，下太常寺拟谥讫，覆申考功，于都堂集省内官议定，然后奏闻。赠官同职事。"③ 而在现存的文献资料和已公布的出土材料中，我们没有发现高昌王国官员的谥号，目前仅见麴氏高昌王朝时期三个高昌王的谥号。那么为什么会出现这种现象，高昌王的谥号是否受到了外来影响？这是这部

---

① 详见拙稿《魏晋南北朝官员谥号用字——魏晋南北朝官员谥法、谥号研究》（二），《南京晓庄学院学报》2010年第4期。
② 详见拙文《魏晋南北朝得谥官员身份的重大转变——魏晋南北朝官员谥法、谥号研究》（一），《南都学坛》2011年第6期。
③ 吴丽娱先生对这条的复原，详见天一阁博物馆、中国社会科学院历史研究所天圣令整理课题组校证：《天一阁藏明抄本天圣令校证附唐令复原研究》之《唐丧葬令复原研究》，中华书局2006年版，第691页。

分想要探讨的问题。

高昌王国时期，尤其是在497年麴嘉建立麴氏王朝后，这一地区一直处于相对稳定的状态。在政治制度上，实行着以官僚制度为基础的君主制。其中央和地方行政体制均受到汉文化传统的影响，其礼乐文化的主体也为汉文化。因此汉文化传统的赠谥和赠官制度也在高昌王国存在。

孟宪实先生曾搜集了吐鲁番出土的墓砖材料，对麴氏高昌时期的官员追赠制度进行了详细的研究。通过他的统计，有历官又有追赠官的共41人，有历官而无追赠官的59人。[①] 追赠和谥号是紧密联系在一起的，为国家凶礼中的两个并列系统，都是王朝赐给官员死后的哀荣。但在这100人中，无论其官职高低，均无赠谥记载。而且遍检已公布的吐鲁番出土的墓砖资料和文书材料，都没有发现高昌官员的谥号。出现这一现象的原因，可能是多样的。南朝时期，官员给谥的资格在五品及其以上，北朝没有明确规定官员的品级，基本上也以五品以上为多，北魏时期也有从七品的官员得到赠谥。孟宪实先生在考察了高昌追赠制度的基准，是以中央司马为界，以上皆得追赠。而根据侯灿先生的研究，麴氏高昌的官制大体分为六个系统：将军戎号、戍卫兵将、王府中央、东宫王都、郡府与县城官制。按其迁升等级，最基本的是一至九级。由绾曹郎中至各部司马，可以排列四个等级，其中，尚书各部郎中排列在第三等级，尚书各部长史属于第四等级，中央各部（兵部、民部、仓部、库部、祀部、都官、主客、屯田）司马属于第五等级。[②] 比照北魏二十三年职令，尚书郎中位居正六品下阶，那么，比尚书郎中低两等的各部司马的品级定比正六品下阶更低。因此，笔者推断已出土的资料中有赠官而无赠谥的第一个原因是这些官员的品级普遍比较低。另外，孟宪实先生在讨论高昌追赠制度时，指出："在追赠制度上，麴氏王族的特权也一定是存在的。但是，所见麴氏任官资料，来自墓表的并不多，麴悙以外，未见麴氏王族任何重要成员的墓表，可以认为，麴氏王族的墓地至今仍没有发现。"[③] 因此，笔者认为高昌如果采用谥法，可能也是针对高级官员，尤其是麴氏王族享有，而现

---

① 孟宪实：《汉唐文化与高昌历史》，齐鲁书社2004年版，第188—208页。
② 侯灿：《麴氏高昌王国官制研究》，《文史》第22辑，1984年版，第60—62页；后收入《高昌楼兰研究论文集》，新疆人民出版社1990年版，第1—72页。
③ 孟宪实：《汉唐文化与高昌历史》，第194页。

在麴氏王族的资料并没有发现。然而也可能还有一个原因，便是这个偏安于西北一隅的高昌王国，对其官员可能不采取赠谥。

见于存世文献和出土资料上的关于高昌时期的谥号，只有三个麴氏高昌王的。《梁书》卷五四《高昌传》载麴嘉在位二十四年卒，"谥曰昭武王"。《南史》卷七九《高昌国》相关记载基本相同，"在位二十四年卒，国谥曰昭武王"，在前多一"国"字。《北史》卷九七、《隋书》卷八三《高昌传》中没有记载其谥号。而《南史》中"国"字之多，让我们不得不对高昌国王谥号的获得也产生怀疑，一种可能是高昌王国官员对自己的国王议谥而获得，即所谓的"国谥曰"，另外一种可能是由与之交好、有外交关系的中原王朝赐予。但我们还不能用现存的资料来解决这一疑问。建昌元年乙亥岁（555年）十二月廿三日《折冲将军新兴令麴斌芝布施记》记："愿照武王已下五王之灵，济爱欲之河，登解脱之岸。"① 此"照"是"昭"字的俗写，"昭"谥，《逸周书·谥法解》有2解，"昭德有劳曰昭"、"圣文周达曰昭"，《史记正义·谥法解》有3解，分别为"容仪恭美曰昭"、"昭德有劳曰昭"、"圣闻周达曰昭"；"武"谥，《逸周书·谥法解》有5解，"刚强直理曰武"、"威强叡德曰武"、"克定祸乱曰武"、"刑民克服曰武"、"大志多穷曰武"。王素先生曾分析了麴嘉的文治武功是符合"昭武"这一谥号的。②

武周长安三年（703）《大周游击将军上柱国张君（礼臣）墓志铭》载其："曾祖忠，伪高昌献文王之建义将军、都绾曹郎中……祖雄，伪光武王之左卫大将军，都绾曹郎中。"③ 其中的"献文"为高昌王麴伯雅之谥号。④ "献"谥，《逸周书·谥法解》有3解，"博闻多能曰献"、"聪明叡哲曰献"、"惠而内德曰献"；《史记正义·谥法解》有2解，"聪明叡哲曰献"、"知质有圣曰献"。"文"谥，《逸周书·谥法解》《史记正义·谥法解》均为6解。其中的"光武"为高昌王麴文泰（624—640年在位）

---

① 转引自王素《高昌史稿》（统治篇），第351页。
② 王素：《高昌史稿（统治篇）》，第338页。
③ 侯灿、吴美琳：《吐鲁番出土砖志集注》，巴蜀书社2003年版，第611页。
④ 吴震先生的《麴氏高昌国史索隐——从张雄夫妇墓志谈起》（《文物》1981年第1期，第41、45页）首先根据《张礼臣墓志铭》，认定"献文"为高昌王麴伯雅（602—623年在位，其间失国六年）之谥。王素先生根据新出《唐尼真如塔铭》，认为吴震先生看法正确，并分析了麴伯雅的文治符合"献文"之谥（《高昌史稿（统治篇）》，第348页）。

之谥。① 唐永徽六年（655）宋怀熹墓志铭载："随光武王爰命行人，使君为左右。"② 此"光武王"即指麴文泰，"光武"为其谥号。

以上便是文献资料和出土资料所记载的三个高昌王的谥号，而从《梁书》和《南史》记载的差别中我们已经对高昌国王所得谥号是自谥还是别的政权所谥产生了疑问。另外还有一点，即不管它如何获得，那么这种谥号的特点是源自哪儿？以往学界未从讨论过，我们试着从以下两个方面来分析。第一，单就谥字而言。汉、晋南北朝时期，获得"昭武"这一谥号的官员有东汉的郭镇和北齐的高岳，分别见《后汉书》卷四六《郭躬附弟子镇传》："顺帝追思镇功，下诏赐镇谥曰昭武侯，贺曰成侯。"《北齐书》卷一三《清河王岳传》："谥曰昭武。"而谥为"昭武"的皇帝在这一时期均出现在十六国北朝，见《晋书》卷一〇二《刘聪载记》："太兴元年，聪死，在位九年，伪谥曰昭武皇帝，庙号烈宗。"《晋书》卷一二四《慕容盛载记》："伪谥昭武皇帝，墓号兴平陵，庙号中宗。"采用"献文"谥号的，在魏晋南北朝时期的有十六国刘曜的皇后羊氏和北魏献文皇帝拓跋弘，分别见《晋书》卷一〇三《刘曜载记》："曜后羊氏死，伪谥献文皇后。"《魏书》卷六《显祖纪》："承明元年，年二十三，崩于永安殿，上尊谥曰献文皇帝，庙号显祖，葬云中金陵。""光武"一谥，见《后汉书》卷一《光武帝纪》"世祖光武皇帝讳秀"，唐章怀太子李贤注引谥法："能绍前业曰光，克定祸乱曰武。"魏晋南北朝时期，也无人使用"光武"一谥。我们可以看到，"昭武"、"献文"、"光武"三谥，仅见东汉、十六国、北朝采用，东晋、南朝未见采用之例。③

第二，从谥号的字数来看，麴嘉谥为昭武、麴伯雅谥为献文、麴文泰谥为光武，均为复谥。那么魏晋南北朝时期，皇帝谥号的单、复谥情况如何呢？

曹魏：武（曹操）、文（曹丕）、明（曹叡）、元（曹奂）；

蜀汉：昭烈（刘备）；

孙吴：武烈（孙坚）、大（孙权）、景（孙休）、文（孙和）；

---

① 吴震：《麴氏高昌国史索隐——从张雄夫妇墓志谈起》，第41、45页。王素先生根据《唐宋怀熹墓志》和《唐尼真如塔铭》，认为吴震先生看法正确，并认为麴文泰的"武功"无论成败，大致也符合"光武"之谥（《高昌史稿（统治篇）》，第350页）。

② 侯灿、吴美琳：《吐鲁番出土砖志集注》，第480页。

③ 此处承蒙王素先生教示，谨以致谢。

两晋：宣（司马懿）、景（司马师）、文（司马昭）、武（司马炎）、孝惠（司马衷）、孝怀（司马炽）、孝愍（司马邺）、元（司马睿）、明（司马绍）、成（司马衍）、康（司马岳）、穆（司马聃）、哀（司马丕）、简文（司马昱）、孝武（司马曜）、安（司马德宗）、恭（司马德文）；

宋：武（刘裕）、文（刘义隆）、孝武（刘骏）、明（刘彧）、顺（刘准）；

齐：武（萧赜）、明（萧鸾）、和（萧宝融）；

梁：武（萧衍）、简文（萧纲）、孝元（萧绎）、敬（萧方智）；

陈：武（陈霸先）、文（陈蒨）、孝宣（陈顼）；

十六国：光文（刘元海）、昭武（刘聪）、明（石勒）、武（石季龙）、武宣（慕容廆）、文明（慕容皝）、景昭（慕容儁）；

北魏：道武（拓跋珪）、明元（拓跋嗣）、太武（拓跋焘）、文成（拓跋濬）、献文（拓跋弘）、孝文（拓跋宏）、宣武（元恪）、孝明（元诩）、孝庄（元子攸）、孝静（元善见）；

北齐：神武（高欢）、文襄（高澄）、文宣（高洋）、孝昭（高演）、武成（高湛）；

北周：文（宇文泰）、孝闵（宇文觉）、明（宇文毓）、武（宇文邕）、宣（宇文赟）、静（宇文阐）。

从上文列举的各政权皇帝的谥号字数来看，魏、晋南朝有谥皇帝42人，其中单谥31人，占73.8%；复谥11人，占26.2%。十六国北朝有谥皇帝28人，其中单谥7人，占25%；复谥21人，占75%。尤其是北魏和北齐时期，帝王的谥号全部为复谥。而这一时期，正是麴氏高昌王国与之交好的时期。那么，从谥号用字来分析，三个高昌王的谥号均为复谥的现象与十六国北朝（尤其是北魏和北齐）帝王多用复谥相同。因此，从三个高昌王谥号的谥字和字数两个方面，我们可以初步判断其受到了十六国北朝帝王谥号的影响。

以上通过与现存的谥法文献对照，对高昌时期的《谥法》残本进行了补充和分析，在这份残存的《谥法》中，出现谥字22个，其中清楚的17个，另可根据现存的谥法文献得到补充的有5个。其中出现了"尧"、"舜"、"君"、"禹"字，根据《续通志》所谓"谨案以黄、尧、舜、禹、汤等字为谥，出于汉初诸儒附会，后遂转相师述"，可知这份《谥法》残本深受汉代谥法文献的影响。《谥法》残本中共有 30 条谥解,其中的 15 条清晰完整,另外 11 条能根据现存谥法文献补充,另有"通敏先识曰□"、"安□□□□"、"克□□□□"、"曰□□□□□"4 条尚不能补足。在这份《谥法》残本中出现了在现世文献中找不到的谥字,如"通敏先识曰□";还有现存文献不载的谥解,如"残仁损善曰克"、"绥来士民曰怀"、"协谐九族曰和"等。通过对高昌地区与北魏、北齐等中原王朝的儒学交流,以及魏晋南北朝时期谥法文献资料特点的分析,我们可以看出这份出现于高昌时期的《谥法》残本,完全有可能是从北朝政权流传至高昌地区的,它也正是魏晋南北朝时期各家对《谥法》进行增广、阐释的产物。从已出土的墓砖、文书资料和现存的文献资料,我们目前只发现了三个高昌王的谥号,而没有发现高昌王国的官员获得赠谥。因此,在高昌王国内对官员是否采取谥法,若采取谥法,其官品规定如何仍是一疑问。而从三个高昌王谥号的谥字和字数,我们可以初步判断其受到了十六国北朝帝王谥号的影响。

(本文原载《吐鲁番学研究》2010 年第 1 期)

陆羽《茶经》的历史影响与意义

沈冬梅

陆羽（733—804）《茶经》是世界第一部茶学百科全书，自唐中期约758—761年撰成以来，在当时及其后至今，对中国以及世界茶文化的发展都产生了重大而深远的影响，意义深远。

一 陆羽与《茶经》在唐代的影响

陆羽，字鸿渐，一名疾，字季疵。唐复州竟陵（今湖北天门）人。居吴兴号竟陵子，居上饶号东岗子，于南越称桑苎翁。据其自传云不知所生，三岁时被遗弃野外，龙盖寺（后名西塔寺）僧智积于西湖水滨得而收养于寺。

陆羽自幼就与茶结下了不解之缘。幼年在龙盖寺时要为智积师父煮茶，煮的茶非常好，以至于陆羽离开龙盖寺后，智积便不再喝别人为他煮的茶，因为别人煮的茶都没有陆羽煮的合乎积公的口味。幼时的这段经历对陆羽的茶事业影响至深，它不仅培养了陆羽的煮茶技术，更重要的是激发了陆羽对茶的无限兴趣。

玄宗天宝五载（746），河南太守李齐物谪守竟陵，见羽而异之，抚背赞叹，亲授诗集。天宝十一载（752），礼部郎中崔国辅贬为竟陵司马，很赏识陆羽，相与交游三年，"交情至厚，谑笑永日。又相与较定茶、水之品……雅意高情，一时所尚。"① 成为文坛嘉话，并有酬酢歌诗合集流

---

① （元）辛文房：《唐才子传》卷二，江苏古籍出版社1987年版，第33页。

传。与崔国辅相与较定茶、水之品，是陆羽在茶方面才能与天赋的最初公开展现。崔国辅离开竟陵与陆羽分别时，以白驴乌犎一头、文槐书函一枚相赠①，其所作《今别离》一首疑为二人离别作②。李齐物的赏识及与崔国辅的交往，使陆羽得以跻身士流、闻名文坛。而陆羽在茶方面的特别才赋，亦随之逐渐为人关注和重视。

与崔国辅分别后，陆羽开始了个人游历，他首先在复州邻近地区游历。天宝十四载（755）安禄山叛乱时，陆羽在陕西，随即与北方移民一道渡江南迁，如其在自传中所说"秦人过江，予亦过江"。在南迁的过程中，陆羽随处考察了所过之地的茶事。至德二载（757），陆羽至无锡，游无锡山水，品惠山泉，结识时任无锡尉的皇甫冉。行至浙江湖州，与诗僧皎然结为缁素忘年之交，曾与之同居妙喜寺。乾元元年（758），陆羽寄居南京栖霞寺研究茶事。其间皇甫冉、皇甫曾兄弟数次来访。与其交往的皇甫冉、皇甫曾、皎然等写有多首与陆羽外出采茶有关的诗③。上元初，陆羽隐居湖州，与释皎然、玄真子张志和等名人高士为友，"结庐于苕溪之湄，闭关对书，不杂非类，名僧高士，谈燕永日。"同时陆羽撰写了大量的著述，至上元辛丑岁（二年，761）陆羽作自传一篇，后人题为《陆文学自传》。其中记叙至此时他已撰写的众多著述，已作有《君臣契》三卷，《源解》三十卷，《江表四姓谱》八卷，《南北人物志》十卷，《吴兴历官记》三卷，《湖州刺史记》一卷，《茶经》三卷，《占梦》三卷等多种著述④。《茶经》是所有这些著述中唯一传存至今的著作。⑤

据现存资料及相关研究，《茶经》在唐代当有至少三种版本：（1）758—761年的《茶经》初稿本；（2）764年之后的《茶经》修改本；

---

① 陆羽《陆文学自传》，（清）董诰等编：《全唐文》卷四三三，上海古籍出版社1990年版，第1957页。

② 《全唐诗》卷一一九录崔国辅《今别离》诗，中华书局1999年版，第1204页。

③ 如皇甫冉《送陆鸿渐栖霞寺采茶》、皇甫曾《送陆鸿渐山人采茶回》、皎然《访陆羽处士不遇》，分见《全唐诗》卷二四九、卷二一〇、卷八一六，第2800、2182、9275页。

④ 《陆文学自传》，《全唐文》卷四三三，第1957页。

⑤ 本段及后文的部分内容据笔者《茶经校注·前言》，中国农业出版社2006年版，第1—32页。

(3) 775年之后的《茶经》修改本。①而《茶经》在初稿撰成之后,即有流传,并产生影响。

《茶经》在758—761年完成初稿之后就广为流行(唯曾被人称名为《茶论》而已),据成书于8世纪末的唐封演《封氏闻见记》卷六《饮茶》载:

> 楚人陆鸿渐为《茶论》,说茶之功效,并煎茶、炙茶之法,造茶具二十四事以都统笼贮之,远近倾慕,好事者家藏一副。有常伯熊者,又因鸿渐之论广润色之。于是茶道大行,王公朝士无不饮者。御史大夫李季卿宣慰江南,至临淮县馆,或言伯熊善茶者,李公请为之。伯熊著黄被衫、乌纱帽,手执茶器,口通茶名,区分指点,左右刮目。茶熟,李公为啜两杯而止。既到江外,又言鸿渐能茶者,李公复请为之。鸿渐身衣野服,随茶具而入。既坐,教摊如伯熊故事,李公心鄙之,茶毕,命奴子取钱三十文酬煎茶博士。鸿渐游江介,通狎胜流,及此羞愧,复著《毁茶论》。②

御史大夫李季卿(?—767)宣慰江南,行次临淮县,常伯熊为之煮茶。而据两《唐书》记载,李季卿行江南在代宗广德年间(763—764),则常伯熊得陆羽《茶经》而用其器习其艺当更在764年之前。表明《茶经》在758—761年完成初稿之后即已流传,北方的常伯熊就得而观之,因而润色并以其中所列器具区分指点行演茶事。

皎然等唐人诗文中,文学化地记录了陆羽《茶经》在当时的影响。皎然《饮茶歌送郑容》:"云山童子调金铛,楚人茶经虚得名"③,用反语表现出当时陆羽《茶经》所负有的盛名;李中《赠谦明上人》:"新试茶

---

① 按:唐代的《茶经》今皆已不得见。北宋陈师道曾见有四种《茶经》版本当为唐五代以来的旧抄或旧刻,北宋未知有刻印《茶经》者,但诸家书目皆有著录,至南宋咸淳九年(1273),古鄞山人左圭编成并印行中国现存最早的丛书之一《百川学海》,其中收录了《茶经》,成为现存可见最早的《茶经》版本。

② 关于李季卿与陆羽相见之情形,后于封演的张又新《煎茶水记》所记则截然不同,张文记陆羽神鉴南零水,并为李氏品第天下诸水事。二者所记,有天地之悬,内中原由及实情,尚待发现更多材料深入探究。

③ 《杼山集》卷七,《禅门逸书》初编,明文书局1981年影印明末虞山毛氏汲古阁刊本,第72页。

经煎有兴,旧婴诗病舍终难",《晋陵县夏日作》:"依经煎绿茗,入竹就清风"①,表明当时人依照陆羽《茶经》煎茶修习茶事之况;僧齐己《咏茶十二韵》:"曾寻修事法,妙尽陆先生"②,则称赞陆羽《茶经》穷尽了茶事的精妙。

宋人秦再思《纪异录》"饮必羽煎"③记录了智积师父"知茶"之事,言其自陆羽离寺后就不再喝茶,从侧面反映了陆羽茶艺的高超水平:

> 积师以嗜茶,久非渐儿供侍不饷口,羽出游江湖四五载,积师绝于茶味。代宗召入内供奉,命宫人善茶者以饷,师一啜而罢。上疑其诈,私访羽召入。翌日,赐师斋,俾羽煎茗,喜动颜色一举而尽。使问之,师曰,此茶有若渐儿所为也。于是叹师知茶,出羽见之。

因为在茶学、茶艺方面的成就,陆羽在生时就为人奉为茶神、茶仙。在与耿㠇《连句多暇赠陆三山人》诗中,耿㠇即称陆羽:"一生为墨客,几世作茶仙。"④元辛文房《唐才子传》称陆羽《茶经》"言茶之原、之法、之具,时号'茶仙'",此后"天下益知饮茶矣"。

李肇《唐国史补》成书于唐穆宗长庆年间(821—824),去陆羽去世不过20年,就已经记载当时人们已将陆羽作为茶神看待:"江南有驿吏以干事自任。典郡者初至,吏白曰:驿中已理,请一阅之……又一室署云茶库,诸茗毕贮。复有一神,问曰:何?曰:陆鸿渐也。"陆羽被人们视为茶业的行业神,经营茶叶的人们将陆羽像制成陶像,用来供奉和祈祀,以求茶叶生意的顺利:"巩县陶者多瓷偶人,号陆鸿渐,买数十茶器得一鸿渐,市人沽茗不利,辄灌注之。"⑤

探究陆羽与《茶经》在唐代有如上影响的原因,大抵有三。

---

① 《全唐诗》卷七四七、七四九,第8596、8617页。
② 《全唐诗》卷八四三,第9588页。
③ 秦再思,生平不详,约宋真宗咸平中前后在世,作《洛中记异录》十卷,又称《纪异录》,记唐五代及宋初杂事,南宋初年曾慥《类说》节录此书,另有明人刻"宋人百家小说·偏录家"本。此条未见曾慥《类说》著录,而见于北宋宣和时人董逌所编《广川画跋》卷二《书陆羽点茶图后》。董逌政和(1111—1118)年间官徽猷阁待制,宣和中以精于考据赏鉴擅名。
④ 《全唐诗》卷七八九,第8982页。
⑤ 分见《唐国史补》卷下、卷中,上海古籍出版社1979年版,第65、34页。

其一是陆羽在茶叶方面的努力与成就，这是《茶经》能够影响广大深远的最根本原因。

其二是陆羽在文学等方面的成就与影响。时人权德舆《萧侍御喜陆太祝自信州移居洪州玉芝观诗序》中称陆羽"词艺卓异，为当时闻人"，所到之处都受到人们的热诚欢迎，"凡所至之邦，必千骑郊劳，五浆先馈"[1]。陆羽在文学以及学术方面的修养是多方面的，"百氏之典学，铺在手掌"[2]，在地志、历史、文学方面都有为人称道的修养与成就。陆羽同时人独孤及《慧山寺新泉记》记"竟陵陆羽，多识名山大川之名"[3]，李肇认为陆羽"有文学，多意思，耻一物不尽其妙，茶术尤著"[4]。

其三是陆羽名士高友众多，"天下贤士大夫，半与之游。"[5] 陆羽在少年时即得到竟陵太守李齐物的赏识，青年时与崔国辅交往三年，品茶论水，诗词唱和，有唱和诗集流传，"雅意高情，一时所尚"，文名、茶名初显。在江浙期间，更是高友众多，如以颜真卿为首的湖州文人高士群，还曾到浙东越州与鲍防的浙东文人群体有过接触。甚至平交王侯，如他在浙西、江西时的文友权德舆后来曾位至宰相。晚年，陆羽还曾在岭南使李复幕中[6]，与周愿等人为友[7]等。

可以说，正是陆羽的文名与茶名相互促动，使其与所撰经典之著《茶经》自唐代问世以来就一直有着巨大的影响。

二 宋人对陆羽《茶经》的重视与评价

宋人对《茶经》的重视，首先表现在对《茶经》的多方征引。

自北宋初年乐史《太平寰宇记》起，宋代文人学者著书撰文，常见

---

[1] 《全唐文》卷四九〇，第2216页。
[2] 周愿：《三感说》，《全唐文》卷六二〇，第2772页。
[3] 《全唐文》卷三八九，第1748页。
[4] 《唐国史补》卷中，第34页。
[5] 周愿：《三感说》，《全唐文》卷六二〇，第2772页。
[6] 唐段公路《北户录》卷二记："贞元五年秋，番禺有海户……遇巨竹……后献于刺史李复，复命陆子羽图而记之。"丛书集成初编本，商务印书馆1936年版，第3021册，第34页。
[7] 周愿《三感说》："愿频岁与太子文学陆羽同佐公之幕，兄呼之。"《全唐文》卷六二〇，第2772页。

征引《茶经》内容。《太平寰宇记》记各地土产茶叶时,常引《茶经》内容,甚至有多处误将五代毛文锡《茶谱》引于《茶经》名下,从中亦可见《茶经》影响之大。北宋初年两部大型官修类书,对陆羽及其《茶经》都有足够的重视,李昉等《太平御览》卷八六七《饮食部二十五·茗》中,照录了《茶经》卷上"一之源"和"三之造"的绝大部分内容,李昉等《太平广记》卷二〇一《好尚》目下,有《陆鸿渐》一条,记录陆羽好尚茶事。欧阳修《大明水记》、《浮槎山水记》① 二文论宜茶之水时,皆以陆羽《茶经》中所论为评水标准②。南宋朱熹讲禹贡地理有人问及三江、东南水势和"味别地脉"时,亦曾举陆羽之论为一大类:"禹治水,不知是要水有所归不为民害,还是只要辨味点茶,如陆羽之流,寻脉踏地,如后世风水之流耶!"③

其次是私家藏书以及官府藏书对于《茶经》的重视。

北宋文人私家藏有多种《茶经》版本,表明文人士夫对此书的重视。

据陈师道《茶经序》述其所见,北宋时至少可见有四个版本的《茶经》,当为唐五代以来的旧抄或旧刻,惜皆不可见。

  陆羽《茶经》,家传一卷,毕氏、王氏书三卷,张氏书四卷,内外书十有一卷。其文繁简不同,王、毕氏书繁杂,意其旧文;张氏书简明与家书合,而多脱误;家书近古,可考正。自七之事,其下亡。乃合三书以成之,录为二篇,藏于家。④

不过,虽然北宋以降公私刻书大盛,但多为大型类书及官定史书等,北宋时陆羽《茶经》未有见于刻印者。

南宋绍兴《秘书省续编到四库阙书目》是中国现存最早的国家书目之一,是秘书省访求秘阁阙藏图书的书目,内中有《茶经》,表明官府藏书对此书的重视。(北宋以崇文馆为首的四馆书目《崇文总目》卷六中有"《茶记》二卷(阙)","钱侗以为《茶记》即《茶经》,周中孚《郑堂

---

① 分见《欧阳修全集》卷六四、卷四〇,中华书局2001年版,第944、583页。
② 南宋人黄震在其《黄氏日抄》卷六一中有言:"《浮槎山记》取陆羽《茶经》善论水……"文渊阁四库全书本,上海古籍出版社1986年版,第708册,第514—515页。
③ (宋)黎靖德编《朱子语类》卷七十九《尚书二》,中华书局1986年,第2025页。
④ 见《后山集》卷一一,文渊阁四库全书本,第511册。

读书记》也说是'《茶经》三卷'的字误"①，如是，则其实《茶经》在北宋时即已入国家书目。）

因为两宋文人与官府藏书的重视，至少到南宋时，坊间也开始刊印《茶经》。南宋咸淳刊《茶经》是现存可见最早的《茶经》版本，咸淳九年（1273），古鄮山人左圭编成并印行中国现存最早的丛书之一《百川学海》，其中收录了《茶经》，它也是此后刊行的绝大多数《茶经》版本所据的原始版本。可以说它保存了《茶经》的原始火种，使陆羽《茶经》茶文化得以薪火相传。

（两宋时期，中国的图书，是中日间经济文化交流的重要内容之一，现在可见最早的百川学海本《茶经》，日本即有收藏②。）

因为两宋众多文人士夫对陆羽《茶经》皆有推重，自两宋起，陆羽《茶经》成为文人士大夫心目中茶事与茶文化的代表形象，成为重要的文学意象与文化符号。

宋代，陆羽《茶经》成为文学创作中的一个重要意象，被视为茶事活动及茶文化的指归。读写《茶经》成为茶事文化活动的代名词，而续写《茶经》则成了文人们在参与茶事文化活动时心目中的一个理想。如林逋写建茶："世间绝品人难识，闲对茶经忆古人"③，辛弃疾《六幺令·用陆羽氏事，送玉山令陆隆德》："送君归后，细写茶经煮香雪。"④而苏轼在看了南屏谦师的点茶之后，作诗赞曰："东坡有意续茶经，会使老谦名不朽。"⑤ 在饮用虎跑泉水点试的茶汤之后，欲"更续茶经校奇品，山瓢留待羽仙尝"。⑥ 杨万里《澹庵座上观显上人分茶》则谦逊地认为胡铨当去调理国事，分茶之类的茶文化活动则交给他自己："汉鼎难调要公理，策勋茗碗非公事。不如回施与寒儒，归续茶经传衲子。"⑦ 陆游亦有诗谓："续得茶经新绝笔，补成僧史可藏山。"等等。

---

① 万国鼎：《茶书总目提要》，载《农业遗产研究集刊》第一册，中华书局1958年版。
② 布目潮沨：《中国茶书全集》收录有日本宫内厅藏百川学海本《茶经》，日本：汲古书院，1987年。
③ 《监郡吴殿丞惠以笔墨建茶各吟一绝以谢之·茶》，《全宋诗》卷一〇八，北京大学出版社1991年版，第1241页。
④ 《全宋词》，中华书局1999年版，第三册，第1877页。
⑤ 苏轼：《送南屏谦师》，《全宋诗》卷八一四，第9422页。
⑥ 苏轼：《虎跑泉》，《全宋诗》卷八三一，第9622页。
⑦ 《诚斋集》卷二，四部备要本，中华书局1936年版，第78册，第18—19页。

陆羽在江东称竟陵子，居越后号桑苎翁①，两宋文人们常以桑苎指陆羽，如李昂英《满江红》："却坐间著得，煮茶桑苎"②；张炎《风入松·酌惠山泉》："当时桑苎今何在。"③ 最为著者，是南宋陆游，他因与陆羽同姓，便将关心茶事视作"桑苎家风"，如《八十三吟》："桑苎家风君勿笑，他年犹得作茶神。"④

陆羽《茶经》影响了宋代茶文化与茶业的发展，使之达到农耕社会的鼎盛。对此，宋人即有明确的认知，宋欧阳修《集古录》："后世言茶者必本陆鸿渐，盖为茶著书自其始也。"梅尧臣《次韵和永叔尝新茶杂言》，"自从陆羽生人间，人间相学事春茶"⑤，看到并肯定了陆羽对一种全新的茶文化的发端作用。

三　明清以来《茶经》的刊刻与流传

明清之际，陆羽《茶经》影响的一个重要表征，是《茶经》的多次刊刻印行，而且出现了众多的版刻形式。

现在可见明刊《茶经》约 26 种，值得注意的是出现了多种刊刻形式。有最初的递修重刻《百川学海》本，如无锡华氏《百川学海》本，莆田郑氏文宗堂《百川学海》本等，仍是丛书本。

明嘉靖二十一年（1542）的竟陵本首开《茶经》单行本之先河⑥，在《茶经》刊刻形式的变化中有着重大意义。此前可见的几种《茶经》版本，都是丛书中的，至此，出现了单刻本的形式——虽然其所本是《百川学海》本，但独立刊行，意味着人们对于《茶经》一书的特别看重，彰显了《茶经》的独立价值。

竟陵本在《茶经》刊刻内容方面的变化中也有着重大意义。此前的几种《百川学海》本《茶经》，都有内容相同的小注，为陆羽之原注，笔

---

① 《唐国史补》卷中，第 34 页。
② 《全宋词》第四册，第 2872 页。
③ 《全宋词》第五册，第 3514 页。
④ 钱仲联：《剑南诗稿校注》卷七〇，上海古籍出版社 1985 年版，第 3897 页。
⑤ 梅尧臣：《次韵和永叔尝新茶杂言》，《全宋诗》卷二五九，第 3262 页。
⑥ 中国国家图书馆有藏，然其书目称为嘉靖二十二年本。

者将它们称之为"初注"。而竟陵本在初注之外,出现了新增加的注,称之为"增注"。增注内容大致可分为以下几个方面:一是对传抄过程中出现的疑误字词的校订,二是新增加的注音和释义。这些都是对《茶经》版本的校勘和音义注释,可以说是对《茶经》所进行的最早研究。而竟陵本与前几种《百川学海》本内容在正文部分的不同,也是现在进行《茶经》版本校勘的重要内容。

在《茶经》正文与注释之外,竟陵本增刻相关附录内容,也是《茶经》刊刻在内容与形式方面的重大变化。一是前朝与时人为《茶经》所作的序;二是史书中的陆羽传记内容;三是主要与《茶经》五之煮论水内容有关的《水辨》;四是诗集,包括前朝名人,与当朝竟陵名人,所写与陆羽、与《茶经》,与茶有关的诗什;五是与此番刊刻《茶经》有关的跋文。这些内容,既是对《茶经》与陆羽的研究,也是陆羽茶文化的主要内容组成部分,又成为后世研究陆羽茶文化的重要内容。

竟陵本影响所及,一是此后的明代刻本(除删节本外)皆有内容大致相同的增注,二是明万历年间及以后出现了七种《茶经》独立刊本,其中的一种郑熜校刻本,对日本翻刻《茶经》影响甚深,日本现今可见至少有三种郑熜校刻本的翻刻本[①]。

除增注、增刻本外,明代还出现了两种删节本《茶经》,即乐元声倚云阁本、王圻《稗史汇编》本,也是一种比较有趣的现象,值得研究。

清以来,除了陆羽乡邦竟陵所刻的两种独立刊本外,刊行的《茶经》都为丛书本,而且简单翻刻重印成为主流,特别是民国以后,由于克罗版技术,简单重印更是流行。

《茶经》在明清两代,还有一个显著的影响,就是对一些茶书体例的影响。比如陈鉴《虎丘茶经注补》、陆廷灿《续茶经》,直接采用《茶经》一之源、二之具等篇目,增补内容。

据笔者的不完全统计,自南宋咸淳百川学海本《茶经》起,至20世纪中叶,现存传世《茶经》有约60多个版本,加上已经看不到的不下于70个版本,其中绝大部分皆刊行于明清两代。日本对《茶经》亦有多种收藏和翻刻。一直以来,除了儒家经典与佛道经典外,没有什么其他著作

---

① 一是江户春秋馆翻刻本,二是宝历戊寅(八年,1758)夏四月翻刻本,三是天保十五年(1844)甲辰京都书肆翻刻本。

像《茶经》这样被翻刻重印了如此众多的次数，从中我们既可见到茶业与茶文化的历史性繁荣，也可见到《茶经》的影响。

四 海外多种语言的《茶经》翻译

海外有多种语言文字的《茶经》译本，从这一现象中，也可以看到《茶经》的影响。据笔者的不完全了解，多年以来，特别是到20世纪后半期，海外共有日、韩、德、意、英、法、俄、捷克等多种文字《茶经》版本刊行。这对于中国传统文化的经典来说，也很罕见。除了儒家与道家的少量经典之外，也是不曾有什么个别经典有过如此众多的文字翻译印行流传。

多种文字版本中，日文的《茶经》版本最多。据日本学者统计，有1774年的大典禅师《茶经详说》本，20世纪的东京三笠书房刊《茶经》三卷本（1935）、藤门崇白《茶经》、大内白月《茶经》、诸冈存《茶经评译》二卷（茶业组合中央会议所，1941）、盛田嘉穗《茶经》（河原书店，1948）、《茶道古典全集》译注本（淡交社，1957）、青木正儿《中华茶书》本（春秋社，1962）、福田宗位《中国の茶书》本（东京堂，1974）、林左马卫《茶经》本（明德出版社，1974）、布目潮沨《中国茶书》本，到21世纪初年的布目潮沨《茶经详解》本（淡交社，2001年）①。

英文译本亦有数种。最早的当系 Britannica Encyclopedia（1928）中的节译本②。William H. Ukers 所著 All About Tea③ 中的《茶经》虽亦系节译本，但只有四之器、七之事、八之出的部分内容为节译和意译，而且文句典雅，颇有可取。而由美国 Francis Ross Carpenter 所译 The Classic of Tea④（1974，1995）则为全译本，但为学者评为非严谨学术之作，为通俗水平

---

① 成田重行：《茶圣陆羽》，日本东京，淡交社1998年版，第71—72页。
② 据欧阳勋：《〈茶经〉版本简表》，载氏著《陆羽研究》，湖北人民出版社1989年版，第120页。
③ New York：Tea and Coffee Trade Journal Company, 1935. Martino Pub, 2007年再版。
④ Boston, MA：Little, Brown & Co. 1974. New Jersey, The Ecco Press. 1995 Reprint of 1974 Edition.

译作，不过其中由 Demi Hitz 所绘的插图，虽有所据仍颇为精彩独特。

韩国也有数种《茶经》韩文译本：徐廷柱译《茶经》（1980）①，金云学《韩国之茶文化》②（1981）书中将陆羽《茶经》全书译成韩文；李圭正译《茶经》（1982）③，金明培《茶经译注》（1983）收录于氏著《韩国之茶书》》④，郑相九译《茶经精解》（1992）⑤，等。

此外尚有多种欧洲文字的《茶经》译本。其中法文《茶经》有两种，一是由 Jean Marie Vianney 翻译的 Le Classique Du Thé⑥（1977，1981）；一是由 Véronique Chevaleyre 翻译、Vincent-Pierre Angouillant 插图的 Le Cha jing ou Classique du thé⑦（2004）。意大利文本《茶经》，为意大利汉学家威尼斯大学东亚系教授马克·塞雷萨（Marco Ceresa）所译，IL Canone Del Tè⑧（1990），条目清晰，引用书目史料繁多。德文本《茶经》，Das Klassische Buch vom Tee⑨（2002），系由中德学者 Dr. Jian Wang 和 Karl Schmeisser 共同翻译，其中部分内容特别是所附插图参详了现有的研究成果。还有由 Olga Lomová 所译的捷克文本《茶经》（2002），Klasická Kniha o čaji⑩、亚历山大·加布耶夫（Александра Габуева）、尤莉亚·德列伊齐基斯（Юлии Дрейзис）译注的俄文本《茶经》（2007），Лу Юй：Канон чая；перевод с древнекитайского, введение и комментарии⑪，等。

如此众多外文译本，表明《茶经》作为中国文化代表之一的影响之巨。

而进一步探究一下，还可以发现，《茶经》文本语言的国际化过程，与茶文化的世界化过程颇为吻合。日本《茶经》文本的众多，一是体现

---

① 발행자미상, 1980 年版。
② 《韩国의茶文化》，首尔，玄岩社 1981 年版。该书于 2004 年重新出版，한국의 차문화, 김운학 지음, 서울: 이른아침。
③ 백양출판사（白羊出版社），1982 年版。
④ 《韩国의茶书》，首尔，探求堂，1983 年版。
⑤ 内外新书，1992 年版。
⑥ Morel, Paris 1977. 1981 年再版为 Le classique du thé: la manière traditionnelle de faire le thé et de le boire, Deslez, Westmount, Quebec 1981.
⑦ Gawsewitch, Paris 2004.
⑧ Leonardo, Novembre 1990.
⑨ Styria, 2002.
⑩ Praha: DharmaGaia, 2002.
⑪ Москва: Гуманитарий, 2007.

了中日茶文化交流的历史悠久与程度深厚，二是体现了第二次世界大战以后，日本茶文化与产业的复兴过程中，陆羽《茶经》依然得到充分的重视。韩文本《茶经》集中出现于20世纪八九十年代特别是80年代，与韩国经济文化的振兴同步。而欧美多种语言《茶经》在20个世纪的陆续出现，正是茶饮与相关文化在世界逐步传播的过程的伴生物。William H. Ukers 所著 *All About Tea* 是其为当时所风行的茶饮与咖啡之饮所作研究的两部巨著之一，而此后陆续所出的《茶经》欧美文字译本，则是20世纪后半期以来，茶饮与文化交流乃至研究日渐扩大与深化之下，应运而生的。

（注：以下删略"五、海内外相关研究所见《茶经》的影响与意义"、"六、《茶经》对茶文化的影响"及"七、历代评价所见《茶经》影响与意义"三节）

（本文日文版发表于《陆羽〈茶經〉の研究》，京都，宫带出版社，2012年版；中文版发表于《形象史学研究（2012）》，人民出版社2012年版）

新见《程紫霄墓志》与唐末五代的道教

雷 闻

在道教史的研究中,唐末五代或许是经常被忽视的一个时代,已有的研究大多集中在杜光庭、王栖霞等几位高道的身上[①]。不过,近年来,随着一批道士墓志的发现,为我们探讨这一时期道教的状况提供了新的资料。近日,承洛阳师范学院河洛文明研究中心毛阳光先生厚意,寄给我一张洛阳地区新发现墓志的照片(见图一),据称属于当地一位私人之收藏。此志石长46厘米,宽46.5厘米,题为《故左街威仪九华大师洞玄先生赐紫程公玄宫记》(以下简称《程紫霄墓志》,为行文简洁,有时亦径称《墓志》)。志主程紫霄(855—920),是唐末五代一位相当重要的道士,但关于他的记载却非常零散,《墓志》的出现,为我们了解他的生平乃至唐末五代道教的发展状况颇有帮助。

---

① 关于杜光庭的研究极多,比较重要的成果,参看傅飞岚(Franciscus Verellen)先生的系列论著:Franciscus Verellen, *Du Guangting* (850—933): *Taoist de cour a la fin de la Chine Medievale*, Paris: College de France, 1989; "Liturgy and Sovereignty: The Role of Taoist Ritual in the Foundation of the Shu Kingdom (907—925)", *Asia Major*, 3rd ser., 2: 1, 1989, pp. 59 – 78; "A Forgotten T'ang Restoration: The Taoist Dispensation after Huang Ch'ao", *Asia Major*, 3rd ser., 7: 1, 1995, pp. 107 – 114; "Shu as a Hollowed Land: Du Guangting's Record of Marvels". *Cahiers d'Extreme-Asie* 10, 1998, pp. 213 – 254. 他的部分成果有中文译本:《〈道教灵验记〉——中国晚唐佛教护法传统的转换》,《华学》第五辑,中山大学出版社2001年版,第38—64页。《道教视野中的社会史:杜光庭(850—933),论晚唐和五代社会》,李凌瀚译,香港中大宗教与中国社会研究中心2001年版。另参见周西波《杜光庭道教仪范之研究》,新文丰出版股份有限公司2003年版。关于王栖霞,参看坂内荣夫《王栖霞とその时代——五代道教初探》,《东方宗教》第72号,1988年版,第1—19页。五代道教的概况,可参宫川尚志《道教史上より见たる五代》,原刊《东方宗教》第48号,1973年版,第13—34页,收入氏著《中国宗教史研究第一》,同朋舍1983年版,第385—410页。

一　墓志录文及其撰人

为方便讨论，先录文如下：

故左街威仪九华大师洞玄先生赐紫程公玄宫记
南华真人曰："骈于辩者，垒瓦结绳窜句，游心于坚白同异之间，而敝跬誉无用之言非乎？而杨墨是已。"嘻！失知白守黑、弱志强骨之道，洞玄先生之谓欤？先生讳紫霄，字体元，程伯休之裔。祖祢，本将家子；烈考訽，右神策军管征马都将。齠年，严父授以《老子经》，到爱民治国，悟缌然之理，归依玄真观左街讲论大德赐紫伍尊师又玄，咸通九年七月七日披度，祖师玄济先生曹尊师用之。先于茅山指（诣）何君，传授正一盟威箓，次授中法，蒙恩赐号"九华大师"，以至诣天台叶君门下，授三洞毕法。先生晓三洞经诰，讲四子玄言，问无不知，博通史传，辩如河涌，词若山横。圣帝贤臣、勋阀文士，咸所郑重。蒙魏王令公表荐，赐号洞玄先生。先生尝谓尊达间曰："若非遇大丹至药，仙家重无疾物化，圣人不病，以其病病，是以不病。"贞明六年七月十日己亥初夜，焚修朝拜，盖二时常仪，命沐浴，竟俨然羽化。呜呼哀哉！春秋六十有六，以其月二十三日壬子，葬于邙山三清观东北隅，礼也。先生自秦入洛，受寿春太傅清河公恩煦，生前生后，送终次第，事无巨细，一一出清河公。先生聪晤，宁不感知？上足董道甄、董道邻、卞道化、杜道纪、窦道符等，餰粥绳口，哀毁过礼，人神棘心。听四子弟子前河南府司录参军伏琛谨记。

与通常所见的中古墓志不同，这方墓志的结尾部分没有"铭"，或许正因如此，此志称为"玄宫记"，而非常见的"墓志铭"或"玄宫铭"。

此志书人不详，撰人伏琛，在文献中亦无从查考，我们只能从志文中得知他自称为"听四子弟子前河南府录事参军"。所谓"四子"，在唐代指老、庄、文、列，开元二十九年（741）正月，玄宗下诏："两京、诸州各置玄元皇帝庙并崇玄学，置生徒，令习《老子》、《庄子》、《列子》、

图一　程紫霄墓志

《文子》，每年准明经例考试。"这年九月"壬申，御兴庆门，试明四子人姚子产、元载等"①。可见"四子"属于崇玄学的学习内容，也是唐代科举的一个科目。墓志称程紫霄"晓三洞经诰，讲四子玄言"，而伏琛则自称为"听四子弟子"，显然他曾随程紫霄研习过四子之书。墓志起首就引用了《庄子·骈拇》中的文字②，以杨朱、墨子为辞，似颇有深意，隐含

---

① 《旧唐书》卷九《玄宗本纪》下，中华书局1975年版，第213—214页。到了天宝元年（742）二月，唐玄宗又诏："庄子号为南华真人，文子号为通玄真人，列子号为冲虚真人，庚桑子号为洞虚真人。其四子所著书改为真经。"第215页。

② 参看郭庆藩《庄子集释》卷四上《骈拇第八》，中华书局2004年版，第314页。案陈鼓应《庄子今注今译》在"窜句"下，据王叔岷《庄子校释》的看法补入"捶辞"二字，中华书局1983年版，第232、234页注释二二。

着对志主身事两朝（唐、后梁）的委曲开脱，也显示了作者对四子玄言之熟稔。

二 程紫霄的生平与性情

据《墓志》记载，程紫霄卒于后梁贞明六年（920）七月，时年66岁，则其生于宣宗大中九年（855）。他出生于一个军人世家，其祖为"将家子"，其父程悧则是右神策军管征马都将。这种家庭中能出现程紫霄这样的高道，似乎颇不寻常。从其父在他幼时向其讲解《道德经》来看，这个家庭可能存在着某些道教的氛围。13岁时，他跟随长安玄真观大德伍又玄披度，之后又四处寻访名师，先从茅山何元通受正一、中盟法箓，后又从天台山叶藏质受上清法箓（详见下文），最终到达唐代道教法位阶梯的顶端。

程紫霄的一生经历了从晚唐到五代的巨大历史转折，这也给他的人生轨迹打下了深深的烙印。《墓志》称："圣帝贤臣、勋阀文士，咸所郑重。蒙魏王令公表荐，赐号洞玄先生。"可能包括了唐末与后梁的两个时代。志文中的"魏王令公"，当指镇守洛阳四十年的张全义。《旧五代史·张全义传》略云：

> 张全义，字国维，濮州临濮人。初名居言，赐名全义，梁祖改为宗奭，庄宗定河南，复名全义。
>
> ……
>
> 梁祖迫昭宗东迁，命全义缮治洛阳宫城，累年方集。昭宗至洛阳，梁祖将图禅代，虑全义心有异同，乃以判官韦震为河南尹，移全义为天平军节度使、守中书令、东平王。其年八月，昭宗遇弑，辉王即位。十月，复以全义为河南尹，兼忠武军节度使、判六军诸卫事。梁祖建号，以全义兼河阳节度使，封魏王。
>
> ……
>
> 全义历守太师、太傅、太尉、中书令，封王，邑万三千户。凡领方镇洛、郓、陕、滑、宋，三莅河阳，再领许州，内外官历二十九任，尹正河、洛，凡四十年，位极人臣，善保终吉者，盖一人而已。全义朴厚大度，敦本务实，起战士而忘功名，尊儒业而乐善道。家非

士族，而奖爱衣冠，开幕府辟士，必求望实，属邑补奏，不任吏人。位极王公，不衣罗绮，心奉释、老，而不溺左道。①

张全义在唐昭宗时就任中书令，俗可谓之"令公"，到后梁建国时，他又被朱温封为魏王。显然，《程紫霄墓志》中提到的"魏王令公"指的无疑正是此人。如其本传所云，张全义"心奉释老"，正是他的表荐，程紫霄才得以被朝廷授以"洞玄先生"的师号，其时代应该已经到了后梁。之所以由张全义出面举荐他，是因为此时程紫霄已经从长安来到洛阳，进入到张全义的辖区中了。

程紫霄东迁的原因，《墓志》并未明言，据笔者推测，这应与天佑元年（904）朱温逼迫唐昭宗东迁洛阳的政治变动有关。据《旧唐书·昭宗本纪》载："（朱）全忠令长安居人按籍迁居，彻屋木，自渭浮河而下，连甍号哭，月余不息。"② 可见这次迁都之彻底，"长安居人按籍迁居"，恐怕诸寺观中的僧、道人士亦在其中，程紫霄也应该是在这次强制迁居的过程中从长安来到洛阳的，只不过我们不知道他在洛阳居住在哪座道观中。这一年，他正好50岁。

《墓志》又云："先生自秦入洛，受寿春太傅清河公恩煦，生前生后，送终次第，事无巨细，一一出清河公。先生聪晤，宁不感知？"志文中的"清河公"当为张昌孙。案《旧五代史》卷九记载，贞明三年（917），"九月庚申，以遥领常州刺史张昌孙遥领寿州刺史，充本州团练使。"③ 而四年（918）九月，"乙未，起复云麾将军、检校太保，寿州团练使张昌孙落起复，授光禄大夫、检校太傅"④。不难看出，在贞明六年的《程紫霄墓志》中提到的"寿春太傅清河公"无论是在官职还是在郡望上，都与张昌孙相合⑤。由于资料的限制，我们还不清楚这位大僚为什么会对程

---

① 《旧五代史》卷六三《张全义传》，中华书局1976年版，第837、840、842页。
② 《旧唐书》卷二〇上《昭宗本纪》，第778页。
③ 《旧五代史》卷九《末帝本纪》中，第131页。
④ 同上书，第136页。
⑤ 在唐初的《氏族志》中记载："清河郡有六姓：崔、张、房、傅、靳、向。"到了肃、代至宪宗时期的《唐韵》中，清河郡姓中，张氏已升至首位，在崔、房之前。如郭锋先生所言，清河张氏在唐末五代，已经从影响最大的张氏郡望，转化为张氏的同姓共望了。参看郭锋《唐代士族个案研究——以吴郡、清河、范阳、敦煌张氏为中心》第七章，厦门大学出版社1999年版，第179—201页。

紫霄如此关照。

传世史籍中关于程紫霄的记载极少，而《墓志》本身的书写亦比较严肃，我们很难从中看到程紫霄的个性。有趣的是，在宋人曾慥《类说》所引《纪异录》中有关于他的两则逸事，颇为生动，先来看第一则"守庚申诗"条：

> 道士程紫霄，有朝士夜会终南太一观，拉师同守庚申。师作诗曰："不守庚申亦不疑，此心良与道相宜。玉皇已自知行止，任汝三彭说是非。"①

点校者认为《纪异录》"未见著录，各丛书中亦未见收入，故点注而不校"。不过，我认为此书当即北宋秦再思的《洛中纪异》，晁公武《郡斋读书志》卷一三著录此书，曰："《洛中纪异》十卷。右，皇朝秦再思记五代及国初谶应杂事。"② 从《类说》所引诸条来看，记事最早者为"唐高祖梦"条，最晚为"小儿剃光首"条，记载后周世宗柴荣即位之事，与之完全相符。事实上，南宋高似孙《纬略》所录此条，文字基本与《类说》相同，但注明是引自《洛中记异》③。同样一件事，在南宋叶梦得（1077—1148）的《避暑录话》中，记载得更为传神：

> 道家有言三尸，或谓之三彭，以为人身中皆有是三虫，能记人过失。至庚申日，乘人睡去，而谮之上帝，故学道者至庚申日辄不睡，

---

① 曾慥：《类说》卷一二引《纪异录》"守庚申诗"条，王汝涛等校注，福建人民出版社1996年版，第361页。程紫霄此诗已被收入《全唐诗》卷八五五（中华书局1960年版，第9673页），惟次句中的"良"作"常"。

② 晁公武撰、孙猛校证：《郡斋读书志校证》卷一三，上海古籍出版社2005年版，第558页。据孙猛先生说，书名中的"纪"，有些版本作"记"，而《宛委山堂》本《说郛》卷四九题曰《洛中纪异录》，商务本《说郛》卷三题《纪异录》，卷二题《洛中记异录》。可见，本书亦可简称为《纪异录》。

③ 《纬略》卷一〇"守庚申"条，《景印文渊阁四库全书》，第852册，台湾商务印书馆1986年版，第370页。此外，明代彭大翼编《山堂肆考》卷一四八"守庚申"条则称出自《洛中记》，见《景印文渊阁四库全书》第977册，第51页。按，对于《洛中纪异》一书，今人刘纬毅等《宋辽金元方志辑佚》（上海古籍出版社2011年版，第50页）仅从《记纂渊海》中辑出一条，显然是远远不够的。

谓之"守庚申"。或服药以杀三虫，小人之妄诞，有至此者。学道以其教言，则将以积累功行以求升举也，不求无过而反恶物之记其过，又且不睡以守，为药物以杀之，岂有意于为过，而幸蔽覆藏匿，欺妄上帝，可以为神仙者乎？上帝照临四方，纳三尸阴告而谓之逸，其悖谬尤可见。然凡学道者，未有不信其说，柳子厚最号强项，亦作《骂尸虫文》。唐末，独有道士程紫霄，一日，朝士会终南太极观守庚申，紫霄笑曰："三尸何有！此吾师托是以惧为恶者尔！"据床求枕，作诗以示众，曰："不守庚申亦不疑，此心长与道相依。玉皇已自知行止，任尔三彭说是非。"投笔，鼻息如雷。诗语虽俚，然自昔其徒未有肯为是言者，孰谓子厚而不若此士也？①

"守庚申"是道教的一个古老传统。道教认为人身皆有三尸虫（又称三彭、三虫），能记人过失，每逢庚申日，乘人睡时将人之过恶禀奏上帝，故此夜应不睡以守候之。葛洪《抱朴子内篇》已言三尸之性质及危害，南北朝至隋唐间，又有不少道书专论三尸及守庚申②。在当时，道门内外的"守庚申"均非常流行，只有程紫霄对此不以为然，声称"三尸何有！此吾师托是以惧为恶者尔！"然后就"鼻息如雷"。这则轶事非常形象地刻画了程紫霄旷达潇洒的形象，给人留下深刻印象。此事发生的时间当在唐末，也就是程紫霄"自秦入洛"之前。当时程紫霄尚在长安，故得以和朝士们一起在终南山守庚申。

《类说》所引《纪异录》中另一则与程紫霄相关的故事是"琵琶腿鬐箪头"条：

> 左街僧录惠江、威仪程紫霄俱捷，每相嘲诮。江素充肥，会暑袒露，霄忽见之，曰："僧录琵琶腿。"江曰："先生鬐箪头。"又见骆驼数头，霄见一大者曰："此必头陀也。"江曰："此辈滋息，亦有先

---

① 叶梦得《避暑录话》卷下，徐时仪整理，收入《全宋笔记》第2编，第10册，大象出版社2006年版，第344—345页。
② 见张君房编《云笈七籖》卷八一至卷八三《庚申部》，中华书局2003年版，第1841—1889页。关于庚申信仰的研究成果很多，窪德忠先生就有系列论著，如《庚申信仰》，山川出版社1956年版；《庚申信仰の研究——日中宗教文化交涉史》，日本学术振兴会1961年版。

后。后（此）则先生者，非头陀也。"①

这则故事也应发生在唐末的长安，故事中程紫霄的身份是"威仪"，从前后文来看，具体应是左街威仪。《程紫霄墓志》的志题为"故左街威仪九华大师洞玄先生赐紫程公玄宫记"，正与此相合。故事中，程紫霄与左街僧录惠江相互戏谑言笑，一方面表明晚唐长安僧道之间的融洽关系，另一方面也显示了程紫霄机敏的一面。

惠江与程紫霄的这则故事，到宋代佛教史籍中，时、空都发生了位移和转换，如咸平二年（999）成书的赞宁《大宋僧史略》卷三就说："庄宗代，有僧录慧江，与道门程紫霄谈论，互相切磋，谑浪嘲戏，以悦帝焉。庄宗自好吟唱，虽行营军中，亦携法师谈赞，或时嘲挫。每诞辰饭僧，则内殿论义。"②南宋咸淳五年（1269）成书的志磐《佛祖统记》卷四三则记载："同光元年（923）诞节，勅僧录慧江、道士程紫霄入内殿谈论，设千僧斋。"③似乎程紫霄与惠（慧）江的戏谑辩论发生在后唐庄宗时期④，如今，《程紫霄墓志》的发现对佛教方面的记载提出了挑战，因为程紫霄早在后梁贞明六年（920）就已经去世，绝不可能参加后唐时期的佛道论衡。《大宋僧史略》成书距离程紫霄去世已过80年，记载错误可以理解⑤，当然，也可能就是有意为之——程紫霄是唐末至五代初的玄门领袖，而《洛中纪异》又恰好有他与惠江相互戏谑的记载，于是，故事的场景就从晚唐的长安被移置于后唐的洛阳了。

---

① 曾慥：《类说》卷一二引《纪异录》"琵琶腿齎篥头"条，第362页。
② 赞宁：《大宋僧史略》卷三《诞辰谈论》，《大正新修大藏经》第54册，第248页。
③ 《佛祖统记校注》卷四三《法运通塞志十七之九》，志磐撰，上海古籍出版社2012年版，第1007页。
④ 现代学者多对《僧史略》、《统纪》的记载深信不疑，如鎌田茂雄《中国仏教史》第5册，东京大学出版会1994年版，第116页。牧田谛亮《五代宗教史研究》亦在同光元年下列出此条，平乐寺书店1971年版，第39页。
⑤ 陈士强先生指出，赞宁《大宋僧史略》的记载虽大体符合史实，但个别地方亦有讹误，参看氏著：《佛典精解》，上海古籍出版社1992年版，第939页。

三 程紫霄的师承

《程紫霄墓志》中，最为引人注目的是对他师承的记载。在此墓志面世之前，我们只能从晚唐五代沈汾的《续仙传》中，得知他曾跟随道教大师闾丘方远学习：

> 闾丘方远，字大方，舒州宿松人也。幼而辩慧，年十六，通经史，学《易》于庐山陈元晤。二十九，问大丹于香林左元泽，元泽奇之。……复诣仙都山隐真岩事刘处静，学修真出世之术。三十四岁，受法箓于天台山玉霄宫叶藏质。真文秘诀，尽蒙付授。而方远守一行气之暇，笃好子史群书，每披卷必一览之，不遗于心。常自言："葛稚川、陶贞白，吾之师友也。"铨《太平经》为三十篇，备尽枢要。其声名愈播于江淮间。唐昭宗景福二年（893），钱塘彭城王钱镠深慕方远道德，访于余杭大涤洞，筑室宇以安之。昭宗累征之，方远以天文推寻，秦地将欲荆榛，唐祚必当革易，俟之园绮，不出山林，竟不赴召。乃降诏褒异，就颁命服，俾耀玄风，赐号妙有大师玄同先生。阐扬圣化，启发蒙昧，真灵事迹，显闻吴楚。由是从而学者，无远不至。弟子二百余人，会稽夏隐言、谯国戴隐虞、荥阳郑隐瑶、吴郡凌隐周、广陵盛隐林、武都章隐之，皆传道要而升堂奥者也。<u>广平程紫霄应召于秦宫，新安聂师道行教于吴国，安定胡谦光、鲁国孔宗鲁十人</u>，皆受思真炼神之妙旨。其余游于圣迹，藏于名山，不复得而记矣。天复二年（902）二月十四日，沐浴焚香，端拱而坐，俟停午而化，颜色怡畅，屈伸自遂，异香芬馥，三日不散。弟子以从俗葬，举以就棺，但空衣而尸解矣。葬于大涤洞之傍白鹿山，复有道俗于仙都山及庐山累见之，自言："我舍大涤洞，归隐潜山天柱源也。"①

---

① 沈汾：《续仙传》卷下《闾丘方远传》，《道藏》第5册，文物出版社、上海书店、天津古籍出版社1988年版，第92—93页。此传又见《云笈七签》卷一一三下，第2508—2509页，但文字有几处不同。另参《历世真仙体道通鉴》卷四〇《闾丘方远传》，见《道藏》第5册，第331—332页。

现代道教学者多据此认为，程紫霄、聂师道都是闾丘方远的嫡传弟子①。不过，从《续仙传》的叙述来看，闾丘方远的弟子二百余人中，似乎其正式弟子的名字中均有"隐"字，如夏隐言、戴隐虞、郑隐瑶、陆隐周、盛隐林、章隐之等，所谓"传道要而升堂奥者"②。至于在道教史上更为有名的程紫霄、聂师道等人，却似乎只是从其"受思真炼神之妙旨"，而不能算是闾丘方远的入室弟子。沈汾虽然也将其纳入对闾丘方远弟子的叙述脉络中，但显然还是有所区别的。

事实上，我们在《续仙传·聂师道传》中，并未发现任何他曾是闾丘方远弟子的蛛丝马迹③，这与我们在《程紫霄墓志》中看到的情形是一致的。引人注目的是，《程紫霄墓志》丝毫没有提到他曾跟随闾丘方远学习，而是另有师授，而他的师承也相当显赫。据《墓志》记载："龆年，严父授以《老子经》，到爱民治国，悟绰然之理，归依玄真观左街讲论大德赐紫伍尊师又玄，咸通九年（868）七月七日披度，祖师玄济先生曹尊师用之。"如前所述，程紫霄生于大中九年，懿宗咸通九年时他13岁，在长安玄真观大德伍又玄门下正式披度，这也是唐代道士出家的常见年龄。

程紫霄出家的玄真观也值得注意，它在唐代长安宫观体系中占有非常重要的地位，因为其前身就是盛唐时著名的景龙观。此观地处崇仁坊，原为高士廉宅，后并为长宁公主第，韦后覆灭之后，改立为景龙观，天宝十三载（754），改为玄真观④。在西安碑林博物馆中，至今仍收藏着一口由睿宗皇帝御撰铭文并赐予景龙观的大钟，俗称"景云钟"⑤。在盛唐时期，

---

① 例如陈国符《道藏源流考》中的《道经传授表》，中华书局1992年版，第29页；卿希泰主编《中国道教史》第二卷中列出的"南岳天台派"的传法谱系表，四川人民出版社1992年版，第412页。胡孚琛主编的《中华道教大辞典》"闾丘方远"条亦曰："著名弟子有聂师道、程紫霄、夏隐言等。"中国社会科学出版社1995年版，第109页。

② 一个旁证是，《程紫霄墓志》所记他的弟子有"董道甄、董道邻、卞道化、杜道纪、窦道符"等五人，名字的中字均为"道"字。这种现象似乎是晚唐新出现的，似乎是对传统家族中同辈排行方式的模拟。

③ 见沈汾《续仙传》卷下《聂师道传》，第93—96页；《云笈七籤》卷一一三下，第2509—2516页。又参见《历世真仙体道通鉴》卷四一，第332—335页。

④ 参看李健超《增订唐两京城坊考（修订版）》卷三，三秦出版社2006年版，第82—84页。

⑤ 此钟照片及钟铭最为清晰的拓片，见《西安碑林博物馆》，陕西人民出版社2000年版，第16—17页。录文见《全唐文》卷一九，中华书局1983年版，第232页。

叶法善、司马承祯等与皇室关系最为密切的道教大师在长安时，均在景龙观居止。程紫霄能在此观披度，可以说是获得了一个比较高的起点。

《程紫霄墓志》又特别指出，其祖师则是"玄济先生"曹用之。幸运的是，曹用之的墓志也于近年出土，全称是《唐故太清宫内供奉、三教讲论大德、左街道门威仪、葆光大师、赐紫谥玄济先生曹公玄堂铭并序》，作者则是"同学左街道门威仪兼左右街逍遥大师赐紫牛弘真"，时间是咸通十四年（872）八月①。据《曹用之墓志》记载："宣宗皇帝临御之元年，赐紫服象简，以旌其道。仍奉诏与谏议大夫李贻孙及右街僧辩章为三教讲论。每入内殿，升御宴，穷圣教之指归，对天颜而启沃。俾缁徒望风而奔北，洪儒服义于指南。至十二年，命为左街道门威仪。"可见，曹用之曾多次参加三教讲论，是位具有很高政治地位的宫廷道士。在《曹用之墓志》的结尾，也提到了程紫霄的启蒙老师伍又玄：

> 侄道士延祯、延祚与门人太清宫讲论大德赐紫陈知章、伍又玄等，或入其室，或游其藩，痛梁坏以何依，念音尘之日远。虽衣冠空在，莫知神化之方。恐陵谷有渝，必志强名之迹。以余曾同学，又忝从后尘，猥见托于斯文，愿申交于直笔。

从曹用之到伍又玄再到程紫霄，可谓一脉相承。不过，伍又玄的地位显然不及其师，他只是"左街讲论大德"，而曹用之却是"三教讲论大德、左街道门威仪"，因此，《程紫霄墓志》在述及其入道之事时，还特意指出其祖师是曹用之的事实，以增荣光。其实，在曹用之于咸通十四年去世时，程紫霄不过是位刚刚披度不久的17岁小道士。不过，这位小道士后来的成就却超越了伍又玄，同师祖曹用之一样，他最终坐上了长安"左街道门威仪"的宝座。当然，这也从另一个侧面反映了玄真观在街东道观体系中的核心地位。

与唐代的众多高道一样，程紫霄在披度之后，就开始了游历名山大川、探访高真的求法之旅。据《程紫霄墓志》记载：

---

① 《曹用之墓志》的录文与初步研究，参见张全民《〈唐玄济先生墓志铭〉与有关道教问题考略》，见杜文玉主编《唐史论丛》第14辑，三秦出版社2012年版，第227—232页。

> 先于茅山指（诣）何君，传授正一盟威箓，次授中法，蒙恩赐号"九华大师"，以至诣天台叶君门下，授三洞毕法。

这里的"何君"与"天台叶君"均非等闲之辈，"何君"系指茅山上清高道何元通，而"叶君"则是晚唐名满天下的天台山高道叶藏质。关于何元通，据徐锴《邓启霞碑》载：

> 故茅山道门威仪邓君启霞，字云叟，其先南阳人，今为丹阳金坛人也。开元时有邓天师者，道简上圣，屈乎下风，光国垂勋，隐景遁化。君即其后也。祖讳文，考讳章，皆不仕。君性理和敬，神识宏深。咸通元年，始诣茅山太平观柏尊师道泉为弟子。方羁丱，六年乃披度为道士。十二年诣龙虎山十九代天师参授都功正一法箓。乾符三年，诣本观三洞法师何先生元通进授中盟、上清法箓。何即桃源黄先生洞元之弟子也，与瞿仙童为同学之友焉。①

在晚唐的茅山，何元通是位颇有名气的高道，因为其师就是茅山派后来追认的第十五代宗师黄洞元，在元代刘大彬编《茅山志》卷一一有传②，当然，他还有一位更为有名的同学，即白日飞升的瞿柏庭（也称"瞿童"或"瞿仙童"）。之前有学者曾认为黄洞元、瞿童及何元通都属于北帝派③，但我们已经证明，他们都属于茅山正宗，与北帝派没有丝毫关系④。

《程紫霄墓志》没有明确记载他去茅山随何元通"传授正一盟威箓，次授中法"的时间，但肯定是在咸通九年（868）披度之后。在某种程度上，程紫霄与邓启霞的经历类似，只是披度入道要比后者晚三年。邓启霞是在僖宗乾符三年（876）从何元通授中盟、上清法箓的，我推测程紫霄从何元通受正一箓和中盟法箓的时间可能也在此前后。只不过，他的上清

---

① 徐锴《茅山道门威仪邓先生（启霞）碑》，《全唐文》卷八八八，9282—9284页。
② 刘大彬《茅山志》卷一一，《道藏》第5册，603页。
③ 刘咸炘《道教征略》上，收入才颖、汪启明整理《道教征略（外14种）》，上海科学技术文献出版社2010年版，16页。胡孚琛主编《中华道教大辞典》亦持此论（58页）。类似的说法又见胡孚琛《道学通论》（修订版），社会科学文献出版社2009年，219页。
④ 雷闻《麻姑山邓氏与唐代"北帝派"的传法谱系》，收入余欣主编《中古时代的礼仪、宗教与制度》，上海古籍出版社2012年版，第143—161页。

法箓是在叶藏质门下得到的。

叶藏质，是在晚唐有着重大影响的上清别派——南岳天台派的重要传人，系该派大宗师田虚应（即田良逸）四大弟子之一冯惟良的弟子①。在元代赵道一《历世真仙体道通鉴》中有传：

> 道士叶藏质，字含象，处州松阳人，法善之裔也。初隶安和观为道士，诣天台冯惟良授三洞经箓。于玉霄峰选胜，创道斋，号石门山居。其前有二峰，耸峭对峙，故曰石门。日诵《道德》、《度人》二经，晚年尤精符术，请之者如织。婺州牧为邪物所挠，诣请符。至中路，犯以秽忌，失之。牧亲造，见案上有筒，封检甚固，乃前之符也。因焚香，置匣捧归，祟物遂绝。由是获验之家有所施，不是已则少留之，悉为葺坛宇功德之费。牧乃表其贤，唐懿宗优诏石门山居为玉霄观。忽命酒，召其友应夷节同饮，语及生平事，然后告以行日。及期，题于门曰："鸡鸣时去。"门人遂闻珠佩杂鼓乐声于空中，须臾鸡唱，视之已化矣。年七十四。②

同书《冯惟良传》亦曰："（惟良）传授弟子仅百数，唯应夷节、叶藏质、沈观外，他无得其要。"而《应夷节传》称其"与叶藏质、刘处静为林泉友"。《陈寡言传》称其弟子刘处静"与叶藏质、应夷节为方外友"。按叶藏质与应夷节、刘处静属于同一辈，三人同志友善，其弟子们也在五代时极一时之盛。如闾丘方远就先后追随左元泽、刘处静、叶藏质受法箓，而杜光庭则是应夷节的入室弟子。从《程紫霄墓志》的记载来看，为程紫霄授最高的上清法箓的正是叶藏质，这与闾丘方远是相同的，只是二者的年代有先后而已。即使他如《续仙传·闾丘方远传》所言，曾随后者

---

① 关于南岳天台派的概况，参看卿希泰主编《中国道教史》第二卷，四川人民出版社 1992 年版，第 406—412 页。亦可参看 James Robson, *Power of Place: The Religious Landscape of the Southern Sacred Peak (Nanyue 南岳) in Medieval China*, Harvard University Asia Center, 2009, pp. 167 - 173. 关于田虚应四大弟子之一的刘玄靖，可参看拙撰《山林与宫廷之间——中晚唐道教史上的刘玄靖》，《历史研究》2013 年第 6 期，第 164—174 页。

② 《历世真仙体道通鉴》卷四〇《叶藏质传》，《道藏》第 5 册，第 329 页。关于叶藏质，可参看叶贵良《天台玉霄宫叶尊师道迹考》，收入连晓鸣主编《天台山暨浙江区域道教国际学术研讨会论文集》，浙江古籍出版社 2008 年版，第 275—281 页。

"受思真炼神之妙旨",但恐怕仍然不能算是正式的弟子。事实上,《程紫霄墓志》就对此事只字不提,颇疑《续仙传·闾丘方远传》是为了抬高他的身价,遂将原本不存在师徒关系的程紫霄、聂师道等著名的道士列入他的弟子之中。

至此,我们可以将程紫霄的师承谱系图示如下(见图二):

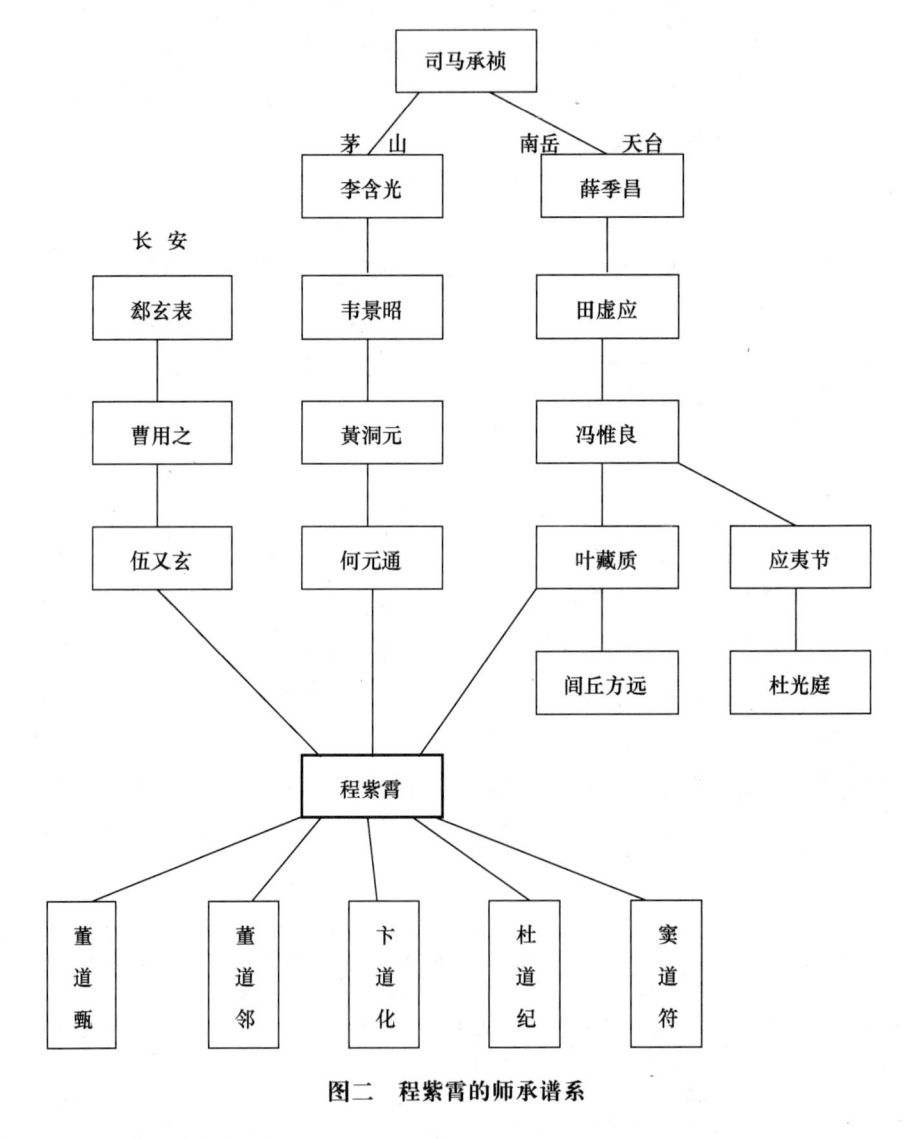

```
                        司马承祯
                    ┌──────┴──────┐
                   茅山          南岳  天台
                    │              │
                   李含光         薛季昌
   长安              │              │
    │              韦景昭          田虚应
   郗玄表            │              │
    │              黄洞元          冯惟良
   曹用之            │              │
    │              何元通          叶藏质 ── 应夷节
   伍又玄                           │         │
                                  闾丘方远   杜光庭
                    └──────┬──────┘
                        程紫霄
         ┌────┬────┬────┼────┬────┐
        董    董    卜    杜    窦
        道    道    道    道    道
        甄    邻    化    纪    符
```

图二　程紫霄的师承谱系

不难看出,程紫霄的师门相当显赫,他先随长安大德伍又玄披度,又先后从茅山正宗的何元通及上清别派的叶藏质受法箓，在宗教谱系上可谓门第清华。不过，对于一位出身于神策军官家庭、披度于长安玄真观、后来又担任过左街道门威仪的道士而言，程紫霄或许更为看重长安一系的传承。与其授箓恩师何元通、叶藏质这样久居山林、不交权贵的隐逸道士相比，他身上的政治色彩要浓重许多。

四　结语

《程紫霄墓志》的出现，为我们了解这位唐末五代重要道士的生平提供了许多新线索，对于认识这一时期的道教状况也具有积极意义。程紫霄的一生经历了晚唐与五代后梁两个阶段，他虽然出生在一个军人世家，其父更是神策军中的中层军官，但却因缘际会在长安玄真观披度，成为左街讲论大德伍又玄的门人，其师祖曹用之更是一位地位显赫的宫廷道士。在这样一个相对较高的平台上，程紫霄开始了遍访名师的求法之旅，他先后从茅山何元通、天台叶藏质受正一、灵宝及上清法箓，完成了一个唐代道士逐级修习道法，最终得到最高法位的典型历程。虽然沈汾《续仙传》称他曾随闾丘方远学习，但其《墓志》却完全没有提及。从正式的谱系上来讲，他还应算是叶藏质的弟子，与闾丘方远属于前后同学。

黄巢起义及随后军阀混战带来的连绵兵火，给长安乃至天下宫观都带来了毁灭性打击，如杜光庭所言："近属巨寇凌犯，大驾南巡，两都烟煤，六合榛棘，真宫道宇，所在凋零，玉笈琅函，十无三二。"[1] 北宋孙夷中《三洞修道仪》则曰："五季之衰，道教微弱，星弁霓襟，逃难解散，经籍亡逸，宫宇摧颓。"[2] 在这样一个天翻地覆的大变动的背景下，程紫霄所在的玄真观恐怕也是在劫难逃。当朱温最终胁迫唐昭宗迁都洛阳，并强令"长安居人按籍迁居"时，身为左街道门威仪的程紫霄也不得不"自秦入洛"了。所幸在这里，他受到后梁"寿春太傅清河公"张昌孙的多方照拂，亦得到"尹正河洛凡四十年"的"魏王令公"张全义的庇护。然而，此时的道门早已无复昔日帝都长安之盛。尽管程紫霄也因

---

[1] 杜光庭：《太上黄箓斋仪》卷五二，《道藏》第9册，第346页。
[2] 见《三洞修道仪》书前宋真宗咸平六年（1003）之序，《道藏》第32册，166页。

张全义的奏请获得"洞玄先生"之号,但唐王朝授予的"左街威仪九华大师"的称号,在他心目中或许分量更重,因此,当他去世后,其门人才将这些头衔标示在其墓志的标题中。事实上,《程紫霄墓志》的志题没有像通常那样标出所处朝代,可能亦与他历事两朝的经历有关,毕竟,"左街威仪九华大师"的头衔并非后梁所赐,在这样的背景下,不标朝代就成了《墓志》作者伏琛最好的选择。

作者附记:感谢毛阳光先生提供《程紫霄墓志》的照片,使这一工作成为可能。本文初稿完成后,曾在北大中古史研究中心"唐代长安读书班"上讨论(2012年10月25日),得到荣新江、陆扬等先生的指教,孙英刚先生亦通过邮件惠赐宝贵意见,在此一并致谢。

(本文初刊于中国社会科学院历史研究所隋唐宋辽金元史研究室编《隋唐辽宋金元史论丛》第3辑,上海古籍出版社2013年版)

金山国建立时间再议

杨宝玉

"安史之乱"爆发后，唐朝政局发生了巨大的变化，一直觊觎大唐疆土的吐蕃趁乱占据了河西西域，敦煌地区自然不能幸免，直到848年，沙州豪强张议潮才率众推翻了吐蕃统治，使敦煌地区重归唐朝治下，敦煌历史从此进入归义军时期。至唐末五代之际，中国大地上战乱不断，中原王朝自顾不暇，而远离中原的沙州归义军政权却处于西部少数部族的包围之中，尤其是日益强大的回鹘政权更对归义军构成了严重威胁。在这种情况下，当时的归义军首领张承奉遂建立了独立小王国西汉金山国。西汉金山国是长达近二百年归义军史的一个中断，也使敦煌在继李暠的西凉之后第二次，也是最后一次成为京畿，因而它在敦煌历史上是一个非常独特而又重要的时期。

但是，传世史书中有关西汉金山国的记载非常少，以致后世学者难以了解这五代十国之外的又一国的基本史事，甚至连该国的成立年代都不易确定。

关于金山国究竟成立于哪年，学界曾存有多种说法，概括起来主要有：

1. 905年，王重民先生《金山国坠事零拾》[①] 据 P.2594 + P.2864《白雀歌》尾部杂写"乙丑年二月"首倡此说，因李正宇先生已正确地考证

---

① 原刊《北平图书馆馆刊》9卷6期，1935年12月，后收入氏著《敦煌遗书论文集》，中华书局1984年版。

出此杂写为后人补书,而不是《白雀歌》的题记,905年立国说已被否定。①

2.906年,李正宇先生《关于金山国和敦煌国建国的几个问题》、《谈〈白雀歌〉尾部杂写与金山国建国年月》等文分析了敦煌文书中保存的905—907年三年内一位80多岁老人所书多卷写经题记②中的纪年方式,指出在其使用天祐年号纪年至906年旧历四月以后,敦煌文书中的年号又为天复,认为这一现象与金山国的建立有必然联系,表明张承奉系于此时废除朱全忠操纵的唐朝的天祐年号,而使用被杀的昭宗天复年号,从而进一步推论金山国建立于换用年号的906年。

3.908年,王冀青先生《有关金山国的几个问题》③认为新旧《五代史·吐蕃传》中的记载可靠,又指出归义军终唐之世都忠于唐室,奉唐正朔,故假定金山国建立于唐亡后的908年。

4.910年,卢向前先生《金山国立国之我见》④认为金山国的建立应在使用唐朝年号以后,故据其所见相关敦煌纪年文书,把立国时间定在天复十年七月初一日。荣新江先生则补充以英藏敦煌绢画《观音像》题记⑤,并通过分析P.3633v《龙泉神剑歌》的写作时间,认为"张承奉之

---

① 《关于金山国和敦煌国建国的几个问题》,载《西北史地》1987年第2期;《谈〈白雀歌〉尾部杂写与金山国建国年月》,载《敦煌研究》1987年第3期。

② 这些题记多抄于《金刚经》尾题之后或之下,按时代先后,主要有:1. S.5534 "时天复五年(905)岁次乙丑三月一日写竟,信心受持。老人八十有二。" 2. S.5444 "天祐二年(905)岁次乙丑四月廿三日,八十二老人手写此经,流传信士。" 3. S.5965 "天复(祐)二年(905)乙丑十二月廿日,八十二老人手写流传。" 4. 敦煌市博物馆藏053 "唐天祐三年(906)丙寅正月廿六日,八十〔后残〕"。5. S.5451 "天祐三年(906)丙寅二月二日,八十三老人手自刺血写之。" 6. S.5669 "天祐三年(906)丙寅二月三日八十三老人刺左手中指出血,以香墨写此金经,流传信心人,一无所愿,本性实空,无有愿乐。" 7. P.2876 "天祐三年(906)岁次丙寅四月五日,八十三老翁刺血和墨手写此经,流布沙州一切信士,国土安宁,法轮常转。以死写之,乞早过世,余无所愿。" 8. 中国国家图书馆藏有009 "丁卯年(907)三月十二日,八十四老人手写流传",等等。另外尚有BD01226(列026,北8258)《阎罗王授记劝修七斋功德经》题记 "戊辰年(908)八月一日,八十五老人手写流传"等。

③ 载《敦煌学辑刊》总第3期。

④ 原刊《敦煌学辑刊》1990年第2期,后收入氏著《敦煌吐鲁番文书论稿》,江西人民出版社1992年版,第171—200页。

⑤ 当即是指英国国家博物馆藏BM.SP.14(Ch. liv.006)《天复拾载(910)七月十五日彩绘观世音菩萨像一躯兼绘故普光寺法律尼严会及故弟寸殿中张友诚二貌真题记并赞》,该卷中有两处题 "天复十载庚午岁七月十五日"。

建金山国当在开平四年（910）七月末以前不久"。①

上引四种说法中，目前学界仍有学者分别持后三说。笔者在探讨敦煌文书中所存佛教灵验记的史料价值和归义军与中原王朝关系问题时偶有所感，今试刊出个人的浅见，不当之处，敬祈方家教正。

一 P.2094 纪年题记可证金山国不可能成立于908年四月之前

P.2094 为长卷，所录内容包括：《持诵金刚经灵验功德记》、《开元皇帝赞金刚经功德》、《奉请八大金刚文》、《大身真言》、《随心真言》、《心中心真言》、《金刚儿咒》、《佛母咒》、《文殊菩萨心中真言》等多种真言咒语，及《金刚般若波罗蜜经》等，卷中保存了一则很重要的纪年题记，即抄于真言之后的三行小字：

> 于唐天复八载岁在戊辰四月九日，布衣翟奉达写此经赞验功德记，添之流布，后为信士兼往亡灵及见（现）在父母合邑等，福同春草，罪若秋苗，必定当来，具发（登）佛会。

这乃是今知标记"唐"的最晚纪年文书，其纪年方式对金山国史研究具有非常重大的意义，可以为重新思考金山国建国时间问题提供新的启示。

题记中的"天复"为唐昭宗李晔的年号，史载天复四年（904）闰四月改元天祐，当年八月昭宗卒，子哀帝立，不改元。至天祐三年（907）四月，朱温篡唐②，是为梁太祖，改元开平。因而一般说来天复年号应该只用到四年。但是改元天祐时昭宗已被朱氏挟制，西川等地认为天祐不是唐号，仍然沿用天复年号纪年，以示眷恋唐朝。敦煌偏处西陲，得到中原

---

① 《归义军史研究——唐宋时代敦煌历史考索》，上海古籍出版社1996年版，第214—219页。

② 故此可以推想，906年时唐廷虽已被朱温控制，但名义上犹存，中原众多实力远远大于归义军的强藩犹在观望，张承奉何敢冒天下之大不韪？

改年号的消息本就相当晚，五代时敦煌与西川地区仍有联系，很可能受其影响亦有维护唐朝正朔的想法，所以敦煌文书中出现与西川等地相同的略沿旧号的现象本不足为奇。天复八载时当公元908年，相当于后梁开平二年。

值得特别注意的是，这则纪年题记在"天复八载"前特意冠上了"于唐"两字①，十分清楚地点明了所用的是唐朝的天复年号。笔者认为，这"于唐"二字完全可以否定906年立国说，因为它表明至少到908年四月，沙州人还认为自己是唐朝的子民。如果说张承奉已经宣布独立却还让境内人民称"唐"，那他立国称天子便没有任何意义。故本条题记可确证当时金山国尚未立国。

那么，有没有可能当时金山国已经成立，抄卷子的人不明就里而误书，即这条纪年题记的史料价值是否有懈可击呢？笔者认为这种可能性是不存在的。因为本则题记的撰写者翟奉达不但绝非与世隔绝之人，而且是敦煌的历学名家并曾在归义军政权中担任重要职务。根据向达、苏莹辉等学者的考证②，翟奉达本名再温，字奉达③，后以字行。他生于中和三年（883），至迟于天复二年（902）四月20岁时已为敦煌郡州学上足子弟④，继为伎术院礼生⑤。后唐同光三年（925）翟奉达已任归义军节度押衙守随军参谋银青光禄大夫检校国子祭酒兼御史中丞上柱国⑥，后周显德三年（956）为登仕郎守州学博士⑦，显德六年为朝议郎检校尚书工部员外行沙

---

① 卢向前先生在前揭文中已注意到"P.3214、P.2094两件文书还标出了国号'大唐天复七年'、'唐天复八载'"（《敦煌吐鲁番文书论稿》，第178页），荣新江先生在前揭书中也已提到"况且上引P.3214（3）和P.2049（1）（当为P.2094——引者注）两文书明标'大唐'或'唐'，决不可能属于金山国"（《归义军史研究》，第218页），但均未展开论述。P.3214《蝇子祭亡姒文》记"大唐天复六年岁次丙寅十二月庚辰朔廿一日庚子"，时当907年1月。

② 向达：《记敦煌石窟出晋天福十年写本寿昌县地境》，原刊《北平图书馆图书季刊》新5卷4期，1944年，后收入氏著《唐代长安与西域文明》，三联书店1987年版，第438—439页。苏莹辉《翟奉达其人其事》，载《瓜沙史事丛考》，（台北）商务印书馆1983年版。

③ 据BD14636（新0836）。

④ 同上。

⑤ 据P.3197v。

⑥ 据莫高窟今编第220窟供养人题记，见《敦煌莫高窟供养人题记》，文物出版社1986年版，第101页。

⑦ 据S.95。

州经学博士兼殿中侍御史赐绯鱼袋①。宋建隆二年（961）三月翟奉达尚在世②，时年79岁。可见，908年时翟奉达已26岁，从题记中自称"布衣"而非"学士郎"来看，此时的他已经完成了学业。一个曾为礼生通晓国家礼制又精通天文历法并能自编历书③的人自然深知历法年号国号对一个政权的重要性，绝对不可能在这方面出错。故此，由翟奉达亲笔书写的这则题记的史料价值是不容置疑的，我们应该在"于唐天复八载岁在戊辰四月九日"之后追寻金山国的立国时间。

二 金山国当成立于张氏所派最后一个朝贡使团归来之后

敦煌文书中保存有一些有关张氏归义军最后一次朝贡活动的记述，惜以往学界并未措意。张承奉遣使朝贡必然发生于成立金山国之前，在动荡变乱时刻入贡自然也有特殊动机。因而，确定该次朝贡的发生年对我们推断金山国的成立时间具有重要意义。

敦煌文书P.3518v《张保山邈真赞》记述了张曹两氏归义军时期重要军事将领与朝贡使者张保山的任官经历和主要事迹，赞文中记张保山于张承奉统治时期最后一次率团入贡后"回骑西还，荐兹劳绩，当金（迁）左马步都虞侯（候）。一从注（驻）辖，五载有余"，之后即逢"谯公秉节"。学界普遍认为谯公曹议金秉节于朱梁乾化四年（914），从该年上溯五年余，正是909年，由此可知该次朝贡当发生于后梁开平二年至三年（908—909）。当时中原混战正酣，张承奉派出此一使团的目的之一正应该是了解中原形势，为确定今后的发展方向制定政治策略提供参考。关于该卷，笔者已与吴丽娱先生合撰《归义军朝贡使张保山生平考察与相关历史问题》一文④，对相关情况进行了详细考证，兹不赘述。

---

① 据P.2623。
② 据P.2055。
③ 敦煌文书中保留有多种翟奉达编制的历书，如：S.2404《后唐同光二年（924）具注历》、P.3247v《后唐同光四年（926）具注历》、BD.14636《后唐天成三年（928）具注历》、S.95《后周显德三年（956）具注历》、P.2623《后周显德六年（959）具注历》等即是。
④ 载《中国史研究》2007年第4期。

除 P.3518v 外，P.2945 也可为推算该次朝贡时间提供重要佐证。该卷共抄有由七纸组成的一件大书状和一封《凉州书》，所反映的是曹氏归义军进行首次成功朝贡之前的准备工作情况，其中的一首《别纸》中有言："十五季（"年"字的古字体）来路鲠（梗），艰危阻绝"，谓敦煌与中原隔绝已有 15 年，而这种隔绝自然也是指双方没有发生正式接触，即归义军已有 15 年没能入贡。笔者与吴丽娱先生合撰的《P.2945 书状与曹氏归义军首次成功的朝贡活动》①、《跨越河西与五代中原世界的梯航——敦煌文书 P.3931 校注与研究》② 两文已考出 P.2945 书状的写作时间为同光元年（923）七月或稍后，从 923 年上溯 15 年亦是 908 年，换言之，P.2945 书状也可以证明张氏归义军于 908 年进行了最后一次朝贡，而该使团回到敦煌正是 909 年。

所以，笔者认为，以朝贡为名赴中原打探情况的朝贡使者的归来对金山国的建立有直接影响，他们带回的后梁政权已无暇西顾的消息最终促使张承奉下定决心自立为王。那么，王冀青先生推测的 908 年金山国立国说也可重新考虑，因为张承奉既然派出了使者就不会在未明实情的 908 年匆忙建国。

三 《皇极经世书》中的记载可证金山国至晚成立于909年

北宋邵雍《皇极经世书》卷 6 下有一条史料明确记载张承奉自立于后梁开平三年（909）己巳岁：

> 己巳，梁自汴徙都洛阳，交（郊）祀天地，赵光逢、杜晓为相。张奉以沙州乱，刘知俊以同州叛，丹、襄军乱。泉南王审知、南海刘隐附于梁。刘隐卒，弟岩立。河东李存勖、淮南杨渭、山南李茂贞行唐年。

---

① 载《敦煌吐鲁番研究》第 11 卷。
② 载《中国社会科学院历史研究所学刊》第 6 辑。

这条史料为李正宇先生揭出,杨秀清先生在其《敦煌西汉金山国史》① 中引用并分析了其可靠性,笔者认为其说很有见地,兹引于下:

> 邵雍(1011—1077),与《新唐书》、《新五代史》撰者欧阳修(1007—1072)、《资治通鉴》撰者司马光(1019—1086)为同时代人,邵氏与司马光私交很好,司马光且以"兄事雍",是北宋著名的学者。清人赵翼《廿二史札记》卷21《薛史全采各朝实录》指出,宋太祖时期,五代各朝实录均完好无损,其修撰者或犹在史官之任。至欧阳修撰《新五代史》,所据除《五代史》外,各朝实录仍是主要依据。《宋史》卷203《艺文志·史部编年类》有《五代梁太祖实录》二十卷,说明邵雍在世时,《梁太祖实录》犹存。《四库提要》说"其作皇极经世,盖出于物理之学,所谓易外别传者是也"。该书一至六卷"以易卦配元会运世,推其治乱"。邵氏既要"推其治乱",所记决非凭空捏造。邵雍既与欧阳修同时,又与司马光友善,故而邵氏所记,很可能本之《实录》。

但是关于其史料价值,杨秀清先生却支持李正宇先生主张的金山国建于906年的说法,认为事实上梁廷得到的已是"沙州乱"成为事实之后的迟到消息,"张奉以沙州乱"亦并非发生在开平三年。

与杨先生的结论相反,我们却认为邵雍《皇极经世书》的记载准确无误。因为与此事列在同年的"梁自汴徙都洛阳,交(郊)祀天地,赵光逢、杜晓为相"和"刘知俊以同州叛,丹、襄军乱。泉南王审知……附于梁"等事基本都可以在其他史料的同年找到印证②,只有最后记的刘隐事略有出入。因为刘隐附于梁已在开平三年以前,而"卒,弟岩立"

---

① 《敦煌西汉金山国史》,甘肃人民出版社1999年版,下引文见该书第69—70页。
② 参见《旧五代史》卷4《梁太祖纪》四,中华书局1976年版,第66—70页;《新五代史》卷2《太祖纪》下,中华书局1974年版,第16—18页。王审知事并见《十国春秋》卷90《闽》一《太祖世家》:"开平三年夏四月庚子,梁加王中书令、福州大都督长史,进封闽王。"中华书局1983年版,第1310页。

其他史料却记在开平四年或乾化元年①。但是《旧五代史》卷 4《梁太祖纪》四和卷 135《僭伪列传》二分别有开平三年四月"广州节度使刘隐封南平王"和"梁祖郊祀，礼毕，加检校太师、兼中书令，又命兼领安南都护，充清海、静海两军节度使，进封南海王"的记载，所以《皇极经世书》可能为此将刘隐事集中于此年。无论如何从大多事例看，该书还是尽量记载当年事的，因此若没有特别的证据似不应怀疑其纪事的年代有误。

那么，我们知道，因为关山阻隔信息不畅，晚唐五代及稍后的中原史书对敦煌史事的记述往往滞后，却不可能提前，传世史籍关于张议潮收复敦煌时间的记录就是很好的例证。因此，笔者认为，金山国最晚成立于 909 年，不会晚至卢向前、荣新江两位先生主张的 910 年。

四 天复十年七月题记不足证金山国成立于其后

荣新江先生检出的使用天复年号的最晚文书为英国国家博物馆藏 BM. SP. 14（Ch. liv. 006）画卷，其中有两条纪年题记：

> 时天复拾载（910）庚午岁七月十五日毕功记。
> 时天复拾载（910）庚午〔岁〕七月十五日彩绘大圣一躯兼尼法律貌真功毕记。

关于卢向前、荣新江两位先生所持"金山国的建立应在使用唐朝年号纪年以后"②，从而断定金山国成立于 910 年七月末的观点，笔者认为似可以重新考量。我们知道，对于任何一个古代政权来说，年号都是非常重要的，对于割据政权而言，采用什么年号更象征着它究竟是有所依附寄

---

① 按《旧五代史》卷 135《僭伪列传》二（标点本第 1807 页）记在开平四年；《五代会要》卷 6《辍朝》（上海古籍出版社 1979 年版，第 96 页）、《旧五代史》卷 6《梁太祖纪》（标点本第 96 页），及《新五代史》卷 65《南汉世家》五（标点本第 810 页）、《十国春秋》卷 58《南汉》一《烈宗世家》（第 838 页）均记在乾化元年。

② 《归义军史研究》，第 218 页。

托，还是完全独立：如继续使用以往的年号，则表明对前政权或某个统治者的继承；如另立新号，则表示改朝换代，因为年号乃是国家建成和行正朔的标志，一般说来，成立小王国都是要改年号的。因此，从这一点上讲，卢、荣两位先生的考虑是很好理解的。

但是，历史上确实也有一些自立而不改年号的特例，如《资治通鉴》卷286后汉高祖天福十二年二月载"辛未，刘知远即皇帝位。自言未忍改晋，又恶开运之名，乃更称天福十二年"①，就是越过了后晋出帝的开运年号而远承晋高祖。关于此类现象，李崇智先生曾进行过相当全面的解说：

> 有些政权自己不建号改元而追承前代或沿用当朝其他政权的年号纪年，如后晋天福年号用至九年（公元九四四年）便改为开运元年。过了三年，后汉刘知远称帝时不自立年号也不用开运四年，而追承天福十二年。同用天福十二年的，还有吴越钱弘佐、楚马希广、荆南高从诲等。吴越钱氏政权，先后沿用后梁、后唐、后晋、后汉、后周和北宋的年号纪年，其间有时也自立年号纪年。②

可见，五代时期立国而用前代年号的现象并不罕见，甚至可以说是带有共性的问题，这乃是当时割据政权狐疑权变的真实写照。所以，是否继续使用天复年号恐怕不能作为判定金山国立国与否的绝对标准，张承奉成立金山国自称为"白衣天子"后，很有可能沿用他以前尊奉的唐朝年号，以用天复来暗示接续唐昭宗，这样既可以表示效忠唐朝，又可以在西北地区借唐声威以自重，只是他也肯定不会再于年号前冠以"唐"字，这和刘知远的国号为其新立的汉，而不是其前的晋一样。

五 金山国成立时间及纪年方法推论

综合考虑以上诸种因素后，笔者认为，关于金山国成立时间的惟一最

---

① 《资治通鉴》卷286，中华书局1956年版，第9341页。
② 《中国历代年号考·前言》，中华书局1981年版，第2页。

合理解释只能是张保山朝贡归来后不久的909年。于此还有几个问题需要阐释：

其一，新旧《五代史·吐蕃传》记："沙州，梁开平中有节度使张奉，自号'金山白衣天子'。"

关于这条史料，王冀青先生前揭文中已指出：虽然王重民先生考证此条记载可能是得自乾化元年（911）回鹘可汗仁美遣往梁廷朝贡的使者，因而怀疑它的准确性，"但是回鹘和张承奉在这以前已经进行了数年的战争，对敌手的情况应该是相当了解的，尤其是张承奉自立为天子这样的大事，回鹘贡使所报告张承奉自立为天子在梁开平中绝不会是无稽之谈"。至于所谓开平中，王冀青先生提出可以指开平五年（907—911）中的二年、三年或四年，认为定在开平二年（908）似乎比较妥当些。

笔者以为，"开平中"最恰切的解释应是开平三年（909），至少909年与"开平中"之说完全吻合，而这与前引传世史书中仅见于《皇极经世书》和新旧《五代史·吐蕃传》的那两条有关金山国成立时间的记载又是可以相互印证的，这更增加了909年立国推论的合理性。

其二，李正宇先生曾指出 P.3633《龙泉神剑歌》原稿被涂去之句有"自从登祚十三年"的话，认为"登祚"在这里是指张承奉于乾宁元年（894）执掌归义军之事，由"十三年"，可推知《龙泉神剑歌》即作于天祐三年（906），又从此歌有"一从登极未逾年"之句，推测张承奉登极建国亦在天祐三年（906）①。

今核查 P.3633，因该句曾被涂抹，右半部被遮盖，李先生所录之"三"字更有可能为"五"，若此，则894年之后的15年恰为909年。即便原为"三"字，若自张承奉真正掌权理事的896年算起，13年后亦为909年。我们之所以提出这第二种可能性，是因为考虑到一则894年时张承奉的节度使称号只是敦煌境内的自封，获朝廷正授要远到光化三年（900）；二则他那个自封的任使也是由于张议潮之女李明振夫人扶助，当时操控归义军政权的是李氏诸子，张承奉仅徒具虚名而已。《龙泉神剑歌》的作者将该句从诗中画去，或许也是顾虑其采用的计算方法难以周全，不敢确定。因此当对 P.3633《龙泉神剑歌》被涂文句作出正确解读

---

① 《谈〈白雀歌〉尾部杂写与金山国建国年月》，载《敦煌研究》1987年第3期，第78页。

后，会发现它不但不能推翻 909 年立国说，反而可以支持此说。

其三，金山国有无自己的年号。

关于此问题，笔者完全赞同荣新江先生的推论：

> 至于《龙泉神剑歌》所称颂的"改年号，挂龙衣，筑坛拜却南郊后，始号沙州作京畿"，大概与诗中其他许多理想一样，并未得以实现……可以确证金山国没有年号。①

但是关于没有自己年号的金山国究竟是怎样纪年的，荣先生则断言金山国只以干支纪年。笔者认为，没有自己的年号并不表示金山国不使用年号，无专属年号所导致的很可能是其纪年法无法恒定而不得不出现变故，具体说来，仅存在了五年左右的西汉金山国及由其降格改制而成的敦煌国的纪年法有可能分为前后两个阶段：

第一阶段为建国初期，系沿用唐朝的天复年号，但不再标记"唐"、"大唐"，这种情况至少持续到 910 年七月中旬，藏经洞中的下列文书题记均属此一阶段：S.2174《敦煌神沙乡百姓董加盈兄弟分书》"天复玖年（909）己巳岁润（闰）八月十二日"、S.3877《安力子卖地契》"天复玖年（909）己巳岁十月七日"、P.3764《太公家教》"天复九年（909）己巳岁十一月八日"；中国国家图书馆藏 BD01943v（收 043v，北 5149v）《杜通信便粜麦契》"天复九年（909）己巳岁十二月二日"；Дх.00295a《礼忏文》"天复十年（910）庚午岁囗月十五日"、BM. SP. 14（Ch. liv. 006）《天复拾载（910）七月十五日彩绘观世音菩萨像一躯兼绘故普光寺法律尼严会及故弟试殿中监张友诚二貌真题记并赞》"天复拾载（910）庚午岁七月十五日"，等等。

第二阶段为建国一两年后至由金山国降格改制而成的敦煌国灭亡，大约是感觉只用天复年号也不甚妥当，或许还与金山国在与甘州回鹘的战争中失败多少有些关系——甘州回鹘与灭掉唐朝的后梁友善，故金山国不再用唐年号，而改为只用干支纪年，如 P.3638《沙州净土寺沙弥善胜领得历》"辛未年（911）正月六日"、S.5544《佛说阎罗王受（授）记令四众逆修生七斋功德往生净土经》"辛未年（911）正月"、P.3633《沙州

---

① 《归义军史研究》，第 219 页。

百姓等一万人上回鹘天可汗状》"辛未年（911）七月"、S.1563《西汉敦煌国圣文神武王敕》"甲戌年（914）五月十四日"等即是。

年号的混乱反映出张承奉政权在建立金山国的问题上仍然存在矛盾和犹疑，《龙泉神剑歌》中的某些奇怪描述可为佐证：该诗在"改年号"下尚有"挂龙衣"一语。这个"挂"字在以往的录文中没有什么歧义，也未引起注意，但却是有必要深究的。何谓"挂"龙衣？皇帝即位理应身穿龙衣，但张承奉为什么"挂"而不"御"或"加"？吴丽娱先生认为，挂的本义似乎是张挂在那里展示而并不真地穿在身上。可以作为参考的是宋代皇家丧礼中即有"举哀挂服"与"举哀成服"的差别①。成服指的是帝、后真正要在丧礼仪式中换穿丧服，而"挂服"只需要暂时穿着素服，回去后就可换穿常服了。因此对于丧礼而言，"挂服"只有象征作用而无实质意义。那么这里的"挂龙衣"是不是也有同样的用意呢？

张承奉既不建年号，又未举办正式的即位郊庙大礼而穿起龙袍，很有可能是从一开始他就没有敢理直气壮、明目张胆做皇帝，他的金山国在建立时就是不甚确定和有顾虑的。由此可以推论，张承奉不一定真愿意完全放弃奉中原正朔的既往政策，而在国家的意义上——哪怕就是从占有归义军名义上领有的甘、凉、瓜、肃等十一州的角度出发，也最多只有空名而无实效，瓜沙政权并没有强大到足以建立独立国家的程度，不称皇帝其实对节度使行使其权威并无影响，要不是有回鹘的逼迫与周边少数民族的威胁，本来是不必有此虚声恫吓、激亢奋进之举而与中原完全断绝往来的。这也是为什么一旦被回鹘打败，就赶紧将金山国降格称敦煌国，而天子也变成天王的缘故②。所以，《龙泉神剑歌》中的豪放之语对金山国的实力有所夸张，但其文字间流露的蛛丝马迹及金山国在年号使用等方面的情况又无法完全遮掩瓜沙政权内里虚弱的事实，这也决定了金山国的短命，因此曹氏取代张氏后，就必然重新修复与中原王朝的关系，从而为归义军找到合理的定位。

（本文原载《敦煌学辑刊》2008年第4期）

---

① 吴丽娱：《说说"举哀挂服"与"举哀成服"》，载《文史知识》2007年第5期。
② 参见前揭李正宇《关于金山国和敦煌国建国的几个问题》。

冲突与妥协：建筑环境中的唐宋城市
——以《营缮令》第宅制度为中心

牛来颖

唐宋城市景观诸要素中，第宅是最丰富而重要的部分。在针对第一部唐代城市建设令典《营缮令》的整理过程中，城市建筑部分引发人们对制度建设的关注度更为集中。其中制度的约束与实际社会状况形成极大的反差，两者间的冲突和矛盾的理解，以及文本之间的差异与释读，都启发人们思考。从总体上说，唐宋时期发生在城市中林林总总的变化，其最终无不是在充满矛盾与冲突的过程中完成的，而非由此及彼的简单时间延续，它是创造与突破的结果，是因循与创造的博弈。新的元素的催生与旧体制的分化中，市场的属性在延展，从市区的封闭空间向外延伸，而原有维系的标准化单元化的棋盘格式，在内部正孕育着更张和突破，直至坊墙标志性的消失。这一切都恰逢其时，一如城市格局在有形与无形中的嬗变，宅第及其建筑也是催生变局的原因之一。人们发现，那些金科玉律的、凝固的制度规范被渐渐打破，而充满活力的多彩的样貌在不断出现，以致游戏规则被渐次打破。在对城市发展盛况不断描述和展示的同时，回看这些制度条文，制度本身究竟约束了哪些方面，又在某些方面被一次次修改而网开一面？其折中的艺术所在，包括从唐宋的现实状况与令典之间的距离和执行力度上、制度约束力的整合的考虑等引人一探究竟。于是，文本的释读就显得非常必要。

一 宅第营建的等级约束

唐代公私第宅的研究在城市史中相对集中，从《两京新记》、《长安志》、《唐两京城坊考》，直至今人阎文儒、阎万钧《两京城坊考补》①，杨鸿年《隋唐宫廷建筑考》、《隋唐两京坊里谱》②，李健超《增订唐两京城坊考》③等论著不一而足。至于文章则更不胜枚举，有就坊里宅第的考补，有里坊格局和住宅面积的探究，还有筑宅趋势、宅第内部结构等研究④。诸多研究对唐代住宅华奢趋势与整体评价的认识是一致的，即唐人对宅第制度的僭越与制度本身的产生和发展相始终是不争之事实。然而，令典的操作性何在？如何理解在实际的履行中何得对制度一任僭越？缘何高官贵戚甲第豪奢的记载比比皆是，而竟能置政令全然不理？这使人们在认识上产生疑问。

今人屡见引述的第宅建筑的相关令文，在傅熹年主编《中国建筑史》第二卷两晋南北朝隋唐五代建筑部分⑤、刘致平《中国居住建筑简史——城市、住宅、园林》⑥对王公贵官宅邸与一般第宅制度的论述等，都引用《唐会要》卷三一《舆服》中唐文宗时期王涯改革礼制奏文所引录的《营缮令》。在 2005 年开始进行的天一阁明抄本《天圣令》的整理复原时，本人负责《营缮令》的整理复原，在《天圣令》中关于宅第及其建设规范集中在两处。

其一是《田令》唐 16 条：

> 诸应给园宅地者，良口三口以下给一亩，每三口加一亩，贱口五

---

① 河南人民出版社 1992 年版。
② 陕西人民出版社 1992 年版，上海古籍出版社 1999 年版。
③ 三秦出版社 1996 年版。
④ 参见黄正建《唐朝人住房面积小考》，《陕西师大学报》1994 年第 3 期；曹尔琴：《唐代长安的住宅规模》，《中国古都研究》第十三辑，山西人民出版社 1995 年版；雷巧玲、赵更申：《唐长安筑宅趋势探析》，《文博》2001 年第 6 期；盛会莲：《唐五代百姓房舍的分配及相关问题之试析》，《敦煌研究》2002 年第 6 期等。
⑤ 中国建筑工业出版社 2001 年版。
⑥ 同上。

口给一亩，每五口加一亩，并不入永业、口分之限。其京城及州县郭下园宅地，不在此例。①

这是在土地收受中对田宅面积的基本授给原则，但是，在城市中不受此限制。这就为城市中广占园宅筑宅留下了制度缺口。

其二为《营缮令》宋 5 条和宋 6 条。

(1) 宋 5 条：

诸王公以下，舍屋不得施重栱、藻井。三品以上不得过九架，五品以上不得过七架，并厅厦两头。六品以下不得过五架。其门舍，三品以上不得过五架三间，五品以上不得过三间两厦，六品以下及庶人不得过一间两厦。五品以上仍连作乌头大门。父、祖舍宅及门，子孙虽荫尽，仍听依旧居住。②

(2) 宋 6 条：

诸公私第宅，皆不得起楼阁，临视人家。③

宋5、宋6两条宋令分别是宅第的规格等级以及建筑细节的规范。在复原唐令时宋5与宋6合并为一条，依据为《唐六典》卷二三《将作监》、《唐律疏议》卷二六《杂律》、《唐会要》卷三一《舆服·杂录》、《册府元龟》卷六一《帝王部·立制度》、《说郛》卷五一并参《倭名类聚抄》、《令集解》等，最终复原为唐令：

诸王公以下，舍屋不得施重栱、藻井。三品以上不得过九架，五品以上不得过七架，并厅厦两头。六品以下不得过五架。其门舍，三品以上不得过五架三间，五品以上不得过三间两厦，六品以下及庶人不得过一间两厦。五品以上仍通作乌头大门。勋官各依本品。非常参官不得造轴心舍，及施悬鱼、对凤、瓦兽、通栿乳梁装饰。父、祖舍宅及门，子孙虽荫尽，仍听依旧居住。其士庶公私第宅，皆不得起楼

---

① 《天一阁藏明钞本天圣令校证——附唐令复原研究》，中华书局 2006 年版，第 386 页。
② 同上书，第 421 页。
③ 同上。

阁，临视人家。①

从令文来看，第一，重栱、藻井等顶部结构在第宅中不得出现，唯有殿堂才能使用。《天圣令·营缮令》宋4条："太庙及宫殿皆四阿，施鸱尾，社门、观、寺、神祠亦如之。其宫内及京城诸门、外州正牙门等，并施鸱尾。自外不合。"《营造法式》卷一八《大木作功限二》："殿阁等自八铺作至四铺作内外并重栱。"② 第二，间架的约束体现在厅堂和门屋的结构上。第三，第宅不得起建楼阁，居高临下。令文中涉及诸多建筑细部的技术用语，给理解增加了难度；其次，从唐令与宋令之间的文字差异，呈现的是制度上的变化，而这种变化的渐进性局限于孤立的令条是难以显现出来的。加之相关材料的匮乏，对释读造成诸多麻烦。

二　宋令删除的文字

依据《唐会要》、《册府元龟》，唐令中的"勋官各依本品。非常参官不得造轴心舍，及施悬鱼、对凤、瓦兽、通栿乳梁装饰"一句，在宋令中被删去，涉及勋官的待遇，非常参官房舍的格局限制及装饰细节。其中的"施悬鱼、对凤、瓦兽、通栿乳梁装饰"都是针对房舍顶部栋梁的装饰。

第一，悬鱼。是置于搏风板③下正中的装饰，以鱼的造型美观而富于寓意，这种艺术处理，同时起到了加固搏风板拼接合缝的实用作用。白居易在《题洛中第宅》中描写的只能展开宅图观赏而无法赋闲归园安度的"将相官"的园宅，其中的细节中提到了悬鱼："水木谁家宅？门高占地宽。悬鱼挂青甃，行马护朱栏。"④ 无论是悬山顶还是歇山顶屋皆如是。

---

① 具体的文字复原和依据，参照拙文《天圣营缮令复原唐令研究》，见《天一阁藏明钞本天圣令校证——附唐令复原研究》，第662页。
② 《四库全书》第673册，上海古籍出版社1989年版，第542页。
③ 又称博缝板、封山板，宋时称搏风板，用于我国古代的歇山顶和悬山顶建筑。这些建筑的屋顶两端伸出山墙之外，为防风雪，用木条钉在檩条顶端，同时起到遮挡桁（檩）头的作用，且有美观装饰作用，即为搏风板。板下正中作悬鱼，两旁作惹草（云状装饰物），以为装饰。
④ 《白居易集》卷二五，中华书局1985年版，第568页。

第二，瓦兽。以动物造型的陶制物置于屋上。见于李贺的诗文《潞州张大宅病酒遇江使寄上十四兄》："莎老沙鸡泣，松干瓦兽残。"

第三，轴心舍。按照推测有两种可能，其一是工字厅，见陈元龙《格致镜原》。其二即大门与厅堂同开在中轴线。这原本是官署的营造规格[1]。一般的普通住宅将将门开在宅院的东南侧，如甘肃敦煌莫高窟第23窟盛唐法华经变壁画中的邸宅，土墙环绕中的院落，门开在东南面。从门的形制来看，是乌头门，按照令文，是有身份的五品以上的大户，但是也未敢逾制将大门开在正中心。

第四，乳梁。即"枋上短梁"[2]，与通栿皆为不同的梁，栿，抑或为栋，在《营造法式》当中有各种不同规格的栿梁，梁思成在图释中也标注了各种位置的梁栿[3]。

以上这些都是对屋顶建筑结构和装饰物的规定，直接是等级与品级的区分标志。上述这些在唐代等级划分的标志，在宋令中被删去，揭示了制度规定上的细微变化，这些变化从现存珍贵的绘画作品上得到了印证。

首先，关于轴心舍问题。借助于图像学的数据获得解释，唐代禁令中的轴心舍，在宋代较多地出现在绘画中，说明这种轴心舍的房屋布局，应该已经不再作为高品级官吏的独有特权。如北宋乔仲常《后赤壁赋图》[4]，根据苏轼《赤壁赋》创作而成，借松石茅屋和山水景色表达超尘绝俗的闲情逸致和思想意识。画面中，在树石环抱中的屋舍大门位于篱笆墙正中对着正屋，与正屋同在中轴线上。

宋徽宗时期王希孟的青绿山水《千里江山图》，融江南水色与北方山景于一体，画卷表现了绵亘的山势，浩渺的江水，在流溪飞泉与水村野市间有渔船、桥梁、茅篷、楼阁，以及各种人物的活动。傅熹年在《王希孟〈千里江山图〉中的北宋建筑》[5]中，临摹了掩映在其中的房舍庙宇，其中工字形的住宅就有多处。除此之外，篱笆围墙，中开篱门的例子也呈现于画中。

同样，《文姬归汉图》以东汉文姬归汉的历史题材演绎，依据《胡笳

---

[1] 傅熹年主编：《中国古代建筑史》第二卷，中国建筑工业出版社2001年版，第440页。
[2] 《格致镜原》卷二○宫室类，《四库全书》第1031册，第262页。
[3] 《梁思成全集》第七卷，中国建筑工业出版社2001年版。
[4] 纸本、墨笔，293mm×5603mm，美国堪萨斯城纳尔逊美术馆藏。
[5] 《故宫博物院院刊》1979年第2期。

十八拍》的诗意和形式展开的十八幅画卷中，描绘了归途中的地域风情。而其中位于丁字街口的高门大宅，揭示的是南宋宅邸细部的真实图景。院门的门屋为单檐悬山顶三间，入门即是照壁（影壁），之后正对大门的是三开间的大堂，大门、照壁、大堂在一条中轴线上。厅堂之后隐约是穿廊通向画外，正是所谓的工字厅。

所以，轴心舍在两宋时期在使用群体和等级上显然扩大了，如前所述的高门大宅，未见得一定是官员（从其门口未列戟来推断）。而就在此画卷中，悬鱼、瓦兽等元素尽在画中建筑当中，可见，在宋代这些限制应该是取消了。当然，被取消的还有勋官的待遇，其在唐代就已经式微了。

三 厅堂的间架问题

《天圣令》是目前发现的唯一的保留唐令原样貌的令典。《营缮令》中这条令文就成为唐代宅第营建的唯一法律规范，此前研究多转引自传统史籍，尤其是建筑史的论著中援引《唐会要》卷三一引录的《营缮令》。但是，《唐会要》引录的《营缮令》，与《天圣令·营缮令》不同，兹具引如下：

> 又奏："准《营缮令》，王公已下，舍屋不得施重栱、藻井。三品已上堂舍，不得过五间九架，厅厦两头，门屋不得过五间五架。五品已上堂舍，不得过五间七架，厅厦两头，门屋不得过三间两架，仍通作乌头大门。勋官各依本品。六品、七品已下堂舍，不得过三间五架，门屋不得过一间两架。非常参官，不得造轴心舍，及施悬鱼、对凤、瓦兽、通栿乳梁装饰。其祖父舍宅，门荫子孙，虽荫尽，听依仍旧居住。其士庶公私第宅，皆不得造楼阁，临视人家。近者或有不守勑文，因循制造，自今以后，伏请禁断。又庶人所造堂舍，不得过三间四架，门屋一间两架，仍不得辄施装饰。"①

---

① 《唐会要》卷三一《杂录》，中华书局1955年版，第575页。《册府元龟》卷六一《帝王部·立制度二》略同，中华书局1960年版，第680页。

此段文字后所援引的律文，即《唐律疏议》卷二六《杂律》"舍宅车服器物"条内容。这段内容是在大和六年（832）六月详度诸司制度条件的敕文内容，其中还征引了《礼部式》、《少府式》、《卤簿式》等，此为王涯奏文与文宗诏敕的内容，据记载，大和末，"风俗稍奢，文宗恭勤节俭，冀革其风"①，所以才有王涯重新厘定礼制之事。如鉴于散官地位的下降，在原来以散官品定服色的制度中，王涯强调了职事官品的重要；对于庶人服色的改革以及对奴婢客女的服色规定，都是现实社会阶层地位变化的反映②。王涯的礼制改革顺应了现实发展的趋势，承认并确认了既有的变化结果。不仅表现在衣服、车马制度上，在宅第建设上亦是如此。史料记载：

> 宰臣等言曰："陛下节俭省用，风俗已移，长裾大袂，渐以减损。若更令戚属绝其侈靡，不虑下不从教。"帝曰："此事亦难户晓，但去其泰甚，自以俭德化之。朕闻前时内库唯二锦袍，饰以金鸟，一袍玄宗幸温汤御之，一即与贵妃。当时贵重如此，如今奢靡，岂复贵之？料今富家往往皆有。左卫副使张元昌便用金唾壶，昨因李训已诛之矣。"③

由此可见文宗改革对社会风俗的引导和影响的成效，在服饰上已经有所变化。当然也只是在程度上"去其泰甚"而已。具体到当时对营缮制度的改革来看，庶人房舍的规格原来与六品以下一样为五架，经王涯改革后为四架，由此限制了百姓房舍的格局，以三间四架为标准。但是，这种改革并未能贯彻执行，至宋代仍为"庶人舍屋许五架，门一间两厦"，显然与《天圣令·营缮令》一样，作为最低规格的房舍规定三间五架的基本格局此后一直未变，至明代依然如此，由《礼部志稿》卷九九所言"民间豪富之家盖造大房，不守三间五架之制"可知。

---

① 《旧唐书》卷一七三《郑覃传附朗传》，第4493页。
② 参黄正建《王涯奏文与唐后期车服制度的变化》，《唐研究》第10卷，北京大学出版社2004年版，第297—328页。
③ 同①。

无论如何，唐《营缮令》中对房屋建造规定上仅仅是规范了堂舍和门屋两项，而并未对所有建筑作出规定，其约束来自间架数的限制。不同的是，在《天圣令·营缮令》中，堂的建造规模约束只有架数，从三品以上、五品以上及以下分为三个级别，架数从九架、七架、五架以降序递减。而在《唐会要》所引令文中，则分别在三级别中标明了间数：五间九架、五间七架、三间五架。两个《营缮令》中对门屋的间架规定无大出入，只是王涯所引《营缮令》三品以上"五间五架"恐为"三间五架"，"五"与"三"形近易误所致。

这些差异能否说明两个《营缮令》是各有所本，抑或出自不同年代的令呢？

有唐一代的房舍制度的相关材料的确不多，《营缮令》的相关材料更为数寥寥。上述两件在行文顺序上就不一致，《唐会要》所引令文是依官品分类，在每一级别下分述堂舍和门屋间架。《天圣令·营缮令》则依建筑分类，在堂舍和门屋两类下分述各品级（间）架。援引《营缮令》的王涯不排除在奏文里重新组织文字的可能。两者究竟有何不同，令文中关键的间数是否真的能够说明问题？按照《营造法式》分类，主体建筑中有殿堂、厅堂等不同类型，此处是对厅堂的约束。在柱高、间广、屋深几大关键性尺寸上，"原书缺乏这些规定，似乎是一项重大遗漏"。[①] 引起建筑史方面的研究者不断深入地探索横纵之间的比例模数关系，发现有规律可循。有鉴于此，是否可以根据厅堂建造中架数的约束，间接地达到对间数的限制？同时，进深与面阔之间的关系在于，面阔长于进深，这是审美约束和建筑要求的结合；其次，按照一间两架或三架的关系，也能有所结果。何况殿堂的界定是间，而厅堂的等级是"椽"而非"间"。那么一定要说王涯引据的《营缮令》是经《开元营缮令》修改过后增加了间数约束的内容，似乎还需要进一步的证明。

《营造法式》卷四《大木作制度》："凡构屋之制，皆以材为祖，材有八等，度屋之大小因而用之。"[②] 按照殿堂与厅堂在用材上的制度，可以看到彼此的关系：

---

① 陈明达：《营造法式大木作制度研究》，文物出版社1981年版。
② 《四库全书》第673册，第428页。

一等	殿堂 9—11 间	
二等	殿堂 5—7 间	
三等	殿堂 3—5 间	厅堂 7 间
四等	殿堂 3 间	厅堂 5 间
五等	殿堂小 3 间	厅堂大 3 间
六等	小厅堂	

殿堂的级别从 3—11 间，结合《营缮令》从间数上看，百官厅堂的最高级别相当于殿堂的最低级别，百官厅堂包括了官廨与私宅在内。《营缮令》首先对房屋营建的限制中间架的约束仅针对堂和门屋，而并非全部宅舍格局和细部的规定，突出了两者在区分官吏等级和士庶身份上的突出地位。

殿堂包括庙堂、殿堂、朝堂、明堂等，建筑规格最高。具体到作为私人空间的宅第，惟一的公共空间是堂，用来接待和宴请宾客，也用作婚丧礼仪的场所，其中主体建筑为中堂。据张载《经学理窟》记载："凡人家正厅，似所谓庙也，犹天子之受正朔之殿。人不可常居，以为祭祀吉凶冠婚之事于此行之。"① 史书中形容堂舍之豪奢的"华堂"、"崇堂"皆指此。堂的建造是经济实力与政治势力的集中体现。在面阔与进深的间架约束以外，建筑构件上也有区别，殿堂所用的比如筒瓦，一般官吏的厅堂是不合用的。如开宝三年（970），郭进建造屋舍时，"厅堂悉用瓪瓦"，有司谏言"惟亲王、公主始得用此"，因太祖恩宠，得以逾制②。按照《营造法式》卷一三《瓦作制度》："结瓦屋宇之制有二等。一曰瓪瓦，施之于殿阁厅堂亭榭……二曰瓪瓦，施之于厅堂及常行屋舍等。"③

在尺度的约束以外，"堂材"的材质决定着大堂的豪奢，在木料的选择上，上品以沉香、文柏④。如宗楚客新宅"皆是文柏为梁，沉香和红粉以泥壁，开门则香气蓬勃。磨文石为阶砌及地"⑤。张易之"初造一大堂

---

① 《张子全书》卷八，《四库全书》第 697 册，第 182 页。
② 《续资治通鉴长编》卷一一开宝三年（970）八月，第 249 页。
③ 《四库全书》第 673 册，第 500 页。
④ 有纹路的柏木，以此贴梁柱，是一种装饰手法，以凸显原木之花纹。白居易:《文柏床》称其"刮削露节目，拂拭生辉光"，由此"以其多奇文，宜升君子堂"。
⑤ 《朝野佥载》卷三，中华书局 1997 年版，第 70 页。

甚壮丽,计用数百万。红粉泥壁,文柏帖柱,琉璃沉香为饰"①。同样,《太平广记》卷一六中的张家庄"其堂沉香为梁,玳瑁帖门,碧玉窗,珍珠箔,阶砌皆冷滑碧色,不辨其物"②。玄宗朝每建造一堂用费超过千万的杨氏姊妹兄弟五家"甲第洞开,僭拟宫掖,车马仆御,照耀京邑,递相夸尚"③。开元中李龟年"于东都大起第宅,僭侈之制,逾于公侯。宅在东都通远里,中堂制度,甲于都下"④。又穆宗长庆四年(824)敬宗即位,九月"波斯大商李苏沙进沉香亭子材",拾遗李汉谏言说"沉香为亭子,不异瑶台、琼室"⑤。从土贡上看,沉香来自骧州。沉香以外,白居易诗句中的"杏为梁,桂为柱",也皆为名贵材质⑥。在高官的厅堂之上,稀世珍玩也在述说着主人的华奢与讲究⑦。

　　按照《封氏闻见记》对唐代第宅建造的风尚和趋势的看法是:"自则天以后,王侯妃主,京城第宅,日加崇丽。"⑧但是,另一方面,《册府元龟》卷一六〇《帝王部》革弊二的总体评价却有所不同:"自天宝中,京师堂寝,已极弘丽,而第宅未甚逾制。"⑨按《册府元龟》的说法,唐代在天宝以前的第宅尚未逾制,前述诸多华丽装潢并非属于逾制,故不在禁限之列。《旧唐书》卷一五二《马璘传》也有相似的记载:"天宝中,贵戚勋家,已务奢靡,而垣屋犹存制度。"⑩由此推断,即使是豪奢至极的第宅,在基本结构和规制上亦当有所顾及,因为有营缮制度的约束。而马璘则借久将边军,"国家倚为屏翰"的恩崇,"积聚家财,不知纪极。在京师治第舍,尤为宏侈","璘之第,经始中堂,费钱二十万贯,他室降等无几"。所以在他身死后,德宗即位即"条举格令,第舍不得逾制,仍诏毁璘中堂及内官刘忠翼之第,璘之家园,进属官司。自后公卿赐宴,多

---

① 《朝野佥载》卷六,中华书局1997年版,第146页。
② 《太平广记会校》卷一六《张老》,北京燕山出版社2011年版,第217页。
③ 《旧唐书》卷五一《后妃》上,中华书局1975年版,第2179页。
④ 《明皇杂录》卷下,中华书局1997年版,第27页。
⑤ 《旧唐书》卷一七上《敬宗纪》,第512页。
⑥ 杏木为梁,见(汉)司马相如《长门赋》:"刻木兰以为榱兮,饰文杏以为梁。"
⑦ 参见[美]唐晓山《私人领域的变形——唐宋诗歌中的园林与玩好》,凤凰出版传媒集团江苏人民出版社2009年版。
⑧ 《封氏闻见记校注》卷五,中华书局2005年版,第44页。
⑨ 中华书局1960年版,第1928页。
⑩ 《旧唐书》卷一五二《马璘传》,第4067页。

于璘之山池"①。马璘中堂被拆毁,当是因为逾制朝廷为以儆效尤而采取措施以维护令典规制的例证。

在宋代发生的关键性变化是官品等级差别的改变。在《营造法式》卷二乌头门引《唐六典》:"六品以上仍通用乌头大门。"事实上,《唐六典》卷二三南宋本此卷已经亡佚,不得其详,现正德本"六品"为"五品",显然为唐制,《营造法式》所本或为宋人所改。因为在《宋史》卷一五四《舆服志》中已经改为"六品以上宅舍许作乌头门"②。在唐代三品以上为贵,五品以上为通贵,通为高级官吏,在等级的划分上唐代是依据三品以上、五品以上及六品以下的三种等级序列分别给予不等的待遇。宋代在继承前朝制度的同时不断调整和变化,这种变化趋势从品官界限的改变的细节中表露出来,不仅是营缮制度上的变化,也是社会现实中观念的转变与官吏制度变化的反映。等级待遇和限制上,《营缮令》中三品、五品的界限在宋令中没有明确区分而被模糊和含混,其次是从五品向六品的延伸下移,以及三品向四品官的下移现象,这在丧葬制度中待遇的划分上趋势比较明显③。

四　楼阁与铺作

唐《营缮令》规定"其士庶公私第宅,皆不得起楼阁,临视人家"。但是,实际中起造楼阁的记载屡见不鲜。最有代表性的有,唐高宗朝"(许)敬宗营第舍华僭,至造连楼,使诸妓走马其上,纵酒奏乐自娱"④。中宗之女长宁公主"取西京高士廉第、左金吾卫故营合为宅,右属都城,左俯大道,作三重楼以冯观,筑山浚池"⑤。在笔记小说之中,记载更多。日本《作庭记》卷下《杂部》也记载:"唐人居家,必有楼

---

① 同上书,第4066—4067页。
② 《说郛》卷五一《稽古定制·宋制》同,《说郛三种》第五册,上海古籍出版社1988年版,第2371页。
③ 参见吴丽娱《从天圣〈丧葬令〉的职官标准看唐宋社会的变迁》,《第一届中日学者中国古代史论坛文集》,中国社会科学出版社2010年版,第260—279页。
④ 《新唐书》卷二二三《奸臣传》,中华书局1975年版,第6338页。
⑤ 《新唐书》卷八三《诸帝公主传》,第3653页。

阁。高楼者，自不待言，大致檐短者曰楼，檐长者曰阁。楼以眺月，阁以纳凉。"① 经考证《作庭记》的作者是橘俊纲（1028—1094），生活于平安时代中后期，正是宅第庭园兴造成熟的时代，书中是生活于北宋时代的日本人对唐朝楼阁建造的认识，说明楼阁在唐代还是相对普遍的，并非如禁令所能限。

到《清明上河图》卷中，临街的酒楼店肆也说明起造楼阁已经是司空见惯的事，并成为宋代发展空间高度的亮点所在。《宋史·仪卫志二》规定："凡车驾经历去处，若有楼阁，并不得垂帘障蔽，及止绝士庶不许临高瞰下，止于街两傍立观，即不得夹路喧呼驰走。"② 车驾既能如此，比起唐代河间王孝恭次子"晦私第有楼，下临酒肆"，因为被人指称"微贱之人，虽则礼所不及，然家有长幼，不欲外人窥之。家迫明公之楼，出入非便"，而"即日毁其楼"③，已经相当宽松了。

《宋史·舆服志》中有两处关于房舍营建的规定，其一是景祐三年（1036）诏④，提及"又屋宇非邸店、楼阁临街市之处，毋得为四铺作闹斗八；非品官毋得起门屋；非宫室、寺观毋得彩绘栋宇及朱黝漆梁柱窗牖、雕镂柱础"⑤。在这条材料的理解上，即针对"屋宇非邸店、楼阁临街市之处"的理解，究竟应该是指非邸店、楼阁、临街市三种情况的房屋，还是指不临街市的邸店和楼阁？笔者推测应该以是否临街为标准，以凸显街面装潢之需要，更多恐怕是从商业经营的考虑，为装饰店面招徕客人的需要。这里的"四铺作闹斗八"是顶部的建筑细则，前者为斗栱的高级组合形式，后者为藻井。联系到前述斗栱藻井的限制得知，建筑中使用藻井、斗栱的范围已经从唐代宫庙向宋代官吏第宅扩展⑥，到景祐三年诏书中则再次将使用范围扩展至一般商用房，究其原因，或是建筑发展的

---

① 引自张十庆《〈作庭记〉译注与研究》，天津大学出版社2004年版，第124页。
② 《宋史》卷一四四，第3389页。
③ 《旧唐书》卷六〇《宗室传》，第2350页。
④ 诏书又见《续资治通鉴长编》卷一一九仁宗景祐三年（1036）八月己酉诏，第2798页。
⑤ 《宋史》卷一五三《舆服志》五，中华书局1977年版，第3575页。
⑥ 见《宋史》卷一五四《舆服志》六，第3600页。按此处一段"凡公宇，栋施瓦兽，门设梐枑。诸州正牙门及城门，并施鸱尾，不得施拒鹊。六品以上宅舍，许作乌头门。父祖舍宅有者，子孙许仍之。凡民庶家，不得施重栱、藻井及五色文采为饰，仍不得四铺飞檐。庶人舍屋，许五架，门一间两厦而已"。《说郛》卷五一下《稽古定制·宋制》记载相同，《说郛》此前引唐制并列，恰为《营缮令》，所以，推测此条内容应该同样是宋代某时期《营缮令》的内容。

趋势使然，是技术进步发展的结果，抑或是建筑行为和风尚的作用。使用铺作，更多是拓展建筑空间的考虑，因为随着铺作的增加，可以改变跳出后的空间环境，在增加结构的整体性同时，也可以增大室内空间，满足一般材木无法满足的体量需求，运用这种办法以加大结构高度和跨度，弥补自然木材在尺度上的不足。

和唐代相比较，宋代一般百姓的门屋限制趋严。唐令中普通百姓与六七品以下官一样，许造门屋，至宋代发展到景祐三年诏的"非品官毋得起门屋"，门屋只能是官吏的特权，从《清明上河图》上有门屋的都是官吏的住宅这一点，可以证明制度的贯彻实施。百姓禁用门屋，似乎与建筑技术的成熟、阶层等级的提高等趋势并不吻合，究其原因，或许是因为在封闭的里坊中门屋的标志性尚不曾如此重要，而当坊墙倒塌以后，在一种开放的居住形态中，官民混杂，临街面市的第宅，一眼望去，门屋的突出和醒目便成为士庶区分的显著标志了。

城市居住空间既是地理空间，同时也是社会空间，第宅建筑与居住制度是社会等级结构的外在表现，筑宅行为、规模的变化，映射出社会群体间关系的升降消长以及经济发展、技术进步水平。现实状况在与制度的整合当中，伴随着冲突和妥协的过程，在建筑的视野中，演绎出丰富多彩的城市画卷。城市地理学的著名学者拉采尔曾经提出，城市是指地处交通方便环境的，覆盖有一定面积的人群和房屋的密集结合体。作为城市景观中重要的元素之一，在唐宋时期制度的演进和嬗替中，围绕宅第的营缮等一系列制度的探讨，也是城市史研究的一个重要方面。

王氏新学述论

江小涛

与熙宁变法一样,"荆公新学"也是数百年来人们聚讼纷纭、莫衷一是的焦点之一。仅在赵宋一朝,它就经历了由官方显学到被诋斥为异端邪说的复杂过程,其前后地位之变化,不啻有霄壤之别。特别是在"程朱理学"占据主导后,王氏新学遂也由式微而归于歇绝了。由政见之争而导致学术之争,二者交互作用、难分难解,这原本就是中国学术史的一般通例,而于王氏新学的沉浮际遇体现得尤为明显。

王安石的主要学术著述大都湮没无存,今日学者要想完全了解王氏新学的面貌,已是极困难的一桩事情。本文试图依据王氏今存的经学杂著,以"心性之学"、"致用之学"和"治经方法"为讨论重点,解析其结构,品味其气质,为王安石经学在宋代学术思想史上的确切定位提供一些参考,请方家予以斧正。

心性之学

讨论宋学,总离不开"心性道德"、"性理"之类的名词,何以故?盖传统的儒学重伦理而轻本体,重文献而轻架构,重经验而轻思辨。内中可资构建体系的部分,厥惟其心性论和天道观。宋儒在疑传注、辨义理之余,转而浸淫于"心性"、"性理"和"天道"的讲求与探讨,既反映了宋儒们形而上的思辨冲动,更体现了他们重构天人之际、捍卫儒家道统的强烈使命感。而此种风尚的形成,也是中国思想史上儒、释、道三家长期的融合与激荡有以致之。信举一例,释氏亦谈"性"("自性"、"佛性"），与"相"相对，谓事物本来自具与恒定不变的本质。如《大智度论》卷三一《释初品中十八空义》述及"性空"时云："性名自有，不待因缘。若待因缘，则是作法，不名为性。"① 其各宗各派以"空"、"有"为线索，论述现象与本质之相互关系，愈益绵密精微，为儒学人性论的转进与发展提供了借鉴。佛性说亦为中土各宗的核心命题，其要旨在于讨论"本心"之不虚与"本觉"之可致。如《大乘起信论》言"自信己身有真如法，发心修行"②，以"一心"（即"真如"）为宇宙万物的本原，强调自己内心的修行，一切均发自于心而又回归于心。此"真如缘起论"对"直指人心"、"见性成佛"的顿悟学说有直接影响。宋儒们讲求内心体悟、学为圣人之道（即所谓"颜回所乐何事"），实受此种学说和风气的熏染。可以认为，正是由于宋学完成了由"义理之学"向"心性之学"、"性理之学"的转变，宋代的学术与思想才具有了卓然有别于汉唐之学的全新气象。

在这一转变过程中，宋学产生了两大成果，一是荆公新学的流行，二是濂、洛之学的确立。就当时所具有的影响力而言，王氏新学远远超过了濂、洛之学。

就学术气质、治经方法而言，荆公新学大体仍属义理之学，《三经新义》尤其如此。但在王氏的著述当中，确有很多讨论"心性道德"的内容，甚者与濂、洛之徒每有相通之处，而高明自得常有过之。

嘉祐、治平年间，王安石已是士林中享有盛誉的人物。在此期间，他撰写了《淮南杂说》和《洪范传》，这两部学术著作奠定了他在宋代经学史上的地位。

《淮南杂说》自南宋后即已失传，其内容无从详知。但王安石之婿蔡卞在论及荆公学术时曾讲："自先王泽竭，国异家殊。由汉迄唐，源流浸深。宋兴，文物盛矣，然不知道德性命之理。安石奋乎百世之下，追尧、舜、三代，通乎昼夜阴阳所不能测而入于神。初著《杂说》数万言，世

---

① 龙树菩萨造，（后秦）鸠摩罗什译《大智度论》卷三一，《释初品中十八空义》。上海古籍出版社影印本1991年版，第215页下。
② （梁）真谛译，高振农校释：《大乘起信论校释》，《中国佛教典籍选刊》，中华书局1992年版，第86页。

谓其言与孟轲相上下，于是天下之士始原道德之意，窥性命之端云。"①金朝著名学者赵秉文也认为："自王氏之学兴，士大夫非道德性命不谈。"② 证以《孟子》中多论及"存心养性"、"尽心知命"之说，则王安石《淮南杂说》以阐发"道德性命之学"为主要内容，殆可想见。侯外庐先生等说："道德性命之学，为宋道学家所侈谈者，在安石的学术思想里，开别树一帜的'先河'，也是事实。"③ 贺麟先生更直截了当地认为："王安石的哲学思想，以得自孟子、扬雄为最多，而与陆王的思想最为接近。"④

《洪范传》至今仍完整保存，从中可以了解到王氏经学的基本框架和特点。⑤ 王安石在《书〈洪范传〉后》一文中说道：

……古之学者，虽问以口，而其传以心；虽听以耳，而其受者意。故为师者不烦，而学者有得也……其问之不切，则其听之不专；其思之不深，则其取之不固。不专不固，而可以入者，口耳而已矣。吾所以教者，非将善其口耳也。

孔子没，道日以衰熄，浸淫于汉，而传注之家作。为师则有讲而无应，为弟子则有读而无问……岂特无问，又将无思……使其传注者皆已善矣，固是以善学者之口耳，而不足善其心，况其有不善乎？宜其历年以千数，而圣人之经卒于不明，而学者莫能资其言以施于世也。⑥

与其他宋儒一样，王安石也把圣人之学湮没千年而不闻的责任归咎于汉代以来的注疏之学。但他对汉学之弊所作的分析，却跟其他学者有所不

---

① （宋）晁公武撰，孙猛校证：《郡斋读书志校证》卷一二，《杂家类·王氏杂说十卷》。上海古籍出版社1990年版，第525—526页。卷一九，《别集类下·王介甫临川集一百三十卷》，第1000页。
② 《闲闲老人滏水文集》卷一，《性道教说》。四部丛刊初编本，第4B页。
③ 《中国思想通史》第四卷上。北京：人民出版社1959年版，第423页。
④ 《王安石的哲学思想》，载氏著《文化与人生》。北京商务印书馆1988年版，第286—287页。
⑤ 梁启超曾言："欲求荆公治经之法，尤在于其所著《书〈洪范传〉后》。"见氏著《王安石传》。海南出版社1993年版，第208页。
⑥ 王安石：《王文公文集》卷三三。上海人民出版社点校本1974年版，第400页。

同：首先，他对汉学经师的学术成果并没有作简单武断的否定，而是对其合理成分抱肯定和吸取的态度；其次，在他看来，汉学之弊不在于其形式，而在于其精神。形式者，谓汉儒注经解经的方式方法，也就是宋学诸儒诟病的"支离灭裂"、"繁琐芜杂"等缺陷。精神者，则是指注疏之学的传承方式及其对学风所造成的危害。王安石认为，圣人之教，贵在能启发心智，引导学者的主动性和独立性，使其听之专、问之切、思之深、取之固，以收举一反三、触类旁通之效，这样才能保持学者的创造力和学术的生命力。而汉儒则背离此道，"为师则有讲而无应，为弟子则有读而无问"。师傅照本宣科、了无新意，徒弟被迫接受、亦步亦趋。这样的学风只能败坏学者的心智，最终使得儒学的生命力丧失殆尽。有鉴于此，王安石始终提倡独立自主、慎思明辨，以"高明自得之学"作为自己治经讲学的灵魂。这种特点在《杂说》和《洪范传》中均已显露端倪。

《洪范》与《周易》同为构建儒家宇宙观和天人体系的基本经典。历代儒者在解释其起源时即多具神秘主义色彩，如《易·系辞上》云："河出图，洛出书，圣人则之。"《书·洪范》则称禹治洪水，上天授以《洪范九畴》。其迹近人事者，亦必托先王、圣人以为言。汉代以来，儒者不但援阴阳家之言以释《洪范》，亦以《洪范》反证天人感应之不爽，卒致谶纬盛行、迷信猖獗，儒学之变为神学，即滥觞于此。如刘知几所云："洎汉兴，儒者乃考《洪范》以释阴阳。其事也，如江璧传于郑客，远应始皇；卧柳植于上林，近符宣帝。门枢白发，元后之祥；桂树黄雀，新都之谶。举夫一二，良有可称。至于蛰蛾蠛蠓，震食崩坼，陨霜雨雹，大水无冰，其所证明，实皆迂阔……昊天垂谪，厥罚安在？探赜索隐，其可略诸。"① 至宋初，则"又流为象数之学，惟《图》、《书》同异之是辨，经义愈不能明"。②

宋儒以义理之学解说《洪范》者，首推胡瑗。其著《洪范口义》，"俱驳正注疏，自抒心得。又详引《周官》之法，推演八政，以经注经，特为精确……虽平近而深得圣人立训之要，非谶纬术数者流所可同日语也"③。其后即有荆公继起，而高明自得、特立独到又过于安定。

---

① （唐）刘知几：《史通》卷三，《书志第八》，岳麓书社1993年版，第19—20页。
② 《四库全书总目》卷一一，《经部·书类一》，中华书局影印本1965年版，第90页。
③ 同上书，第90页。

王氏《洪范传》，虽述天道，而尤重人事。人事之中，又以为君之道为重。其言曰："人君之于五行也，以五事修其性，以八政用其材，以五纪协其数，以皇极建其常，以三德治其变，以稽疑考其难知，以庶征证其失得。自五事至于庶征，各得其序，则五行固已得其序矣。"①又云："鬼神尤人君之所钦也，然而谋之反在乎卿士、庶民之后者，吾之所疑而谋者，人事也，必先尽之人，然后及鬼神焉，固其理也。"②

由此，他力斥汉儒对天人关系所作的种种神秘主义的解释，主张尽人事以应天命，赋予儒家天人学说以更多哲理的意味。其文中有云：

> 然则世之言灾异者，非乎？曰：人君固辅相天地以理万物者也，天地万物不得其常，则恐惧修省，固亦其宜也。今或以为天有是变，必由我有是罪以致之；或以为灾异自天事耳，何豫于我，我知修人事而已。盖由前之说，则蔽而葸；由后之说，而固而怠。不蔽不葸、不固不怠者，亦以天变为己惧，不曰天之有某变，必以我为某事而至也，亦以天下之正理考吾之失而已矣，此亦"念用庶征"之意也。③

据此可知，王安石对"天道"并无不敬之意，也从不否认"天道"与"人事"之间存在某种感应或关联的儒家传统观点。相反，他还引用圣人之言来强调人君敬天道、行仁政的重要性："孔子曰：'见贤思齐，见不贤而内自省也。'君子之于人也，固常思齐其贤，而以其不肖为戒，况天者固人君之所当法象也，则质诸彼以验此，固其宜也。"④ 王安石所反对的，一是汉儒们将灾异天变跟具体人事硬行牵扯起来的庸俗论调；二是借口"天事"与"人事"无关而不思敬业、胆大妄为的恶劣行径，认为这两者都有悖于圣人之言、先王之道，因而必须正本清源。

然则如何才能"以天下之正理考吾之失"呢？王安石引《尚书》之言说道："'天听自我民听，天视自我民视。'夫民者，天之所不能违也，而况于王乎？况于卿士乎？"⑤ 这就很明白了：所谓"天道"，就是民心。

---

① 《王文公文集》卷二五，《洪范传》，第295页。
② 同上书，第291页。
③ 同上书，第293页。
④ 同上。
⑤ 同上书，第294页。

统治者只要行仁政、顺民心，就能上承皇天之休命、下获百姓之拥戴，而无须在某次具体的灾变面前震惧惶恐。进而言之，"君子之于吉凶、祸福，道其常而已"。① 惟其能够知命守常，敬德修业，才可以从容于天地宇宙之间。这是真正的儒者之所应为。

朱熹在语及《洪范》时，曾将汉儒和王安石各打五十大板，说什么"如汉儒必然之说固不可，如荆公全不相关之说，亦不可"。② 这是不符合事实的。从上面的介绍来看，王安石对天人关系所作的解释深合儒家义理，何曾有过"全不相关之说"呢？

理学家们常标榜穷理尽性，强调内省功夫，程伊川更是把"敬"之一字置于极端重要的地位。这种倾向，在王氏《洪范传》中似乎也能找到消息。

王安石在解释"敬用五事"时说："五事，人君所以修其心、治其身者也，修其心、治其身而后可以为政于天下"。这是讲"修心养性"对于统治者的重要意义。进而言之，"五事，人所以继天道而成性者也"。③ 五事之用，须讲究一个"敬"字。"敬者何？君子所以直内也，言五事之本在于人心而已。"④ 也就是说，修身之要，在于涵养心性，使之符合天道。"心之官则思"，王氏认为："五事以思为主，而貌最其所后也，而其次之如此，何也？此言修身之序也。恭其貌，顺其言，然后可以学而至于哲。既哲矣，然后能听而成其谋。能谋矣，然后可以思而至于圣。思者，事之所成终而所成始也，思所以作圣也。既圣矣，则虽无思也、无为也，寂然不动，感而遂通天下之故可也。"⑤ 这样，一个深受释、老思想影响的修身次序便呈现在我们面前。

在解释《洪范》中"人之有能、有为，使羞其行，而邦其昌"一句时，王安石更是对"穷理尽性"之说大加阐发。其言曰：

> 人君孰不欲有能者羞其材，有为者羞其德，然旷千数百年未有一

---

① 《王文公文集》卷二五，《洪范传》，第295页。
② （宋）黎靖德编：《朱子语类》卷七九，《尚书二·洪范》，中华书局点校本1986年版，第2049页。
③ 《王文公文集》卷二五，《洪范传》，第280页。
④ 同上书，第281页。
⑤ 同上书，第284页。

人致此，盖聪不明而无以通天下之志，诚不至而无以同天下之德，则智以难知而为愚者所讪，贤以寡助而为不肖者所困，虽欲羞其行，不得也。通天下之志，在穷理；同天下之德，在尽性。穷理矣，故知所谓咎而弗受，知所谓德而锡之福；尽性矣，故能不虐茕独以为仁，不畏高明以为义。如是则愚者可诱而为智也，虽不可诱而为智，必不使之讪智者矣；不肖者可革而为贤也，虽不可革而为贤，必不使之困贤者矣。夫然后有能、有为者得羞其行，而邦赖之以昌也。①

在这里，王安石又引出了"诚"的概念，以为"诚不至而无以同天下之德"，赋予了"诚"与"敬"同样重要的意义。所谓"敬以直内"，推之以诚；以敬以诚，乃可穷理尽性；穷理尽性，然后能"通天下之志"、"同天下之德"。此则《易·说卦》所谓"穷理尽性，以至于命"之新解，与《中庸》所说的"唯天下至诚，为能尽其性。能尽其性，则能尽人之性。能尽人之性，则能尽物之性。能尽物之性，则可以赞天地之化育。可以赞天地之化育，则可以与天地参"亦若合符契。

因为要讨论道德性命之说的缘故，王安石在《洪范传》中不断引用《中庸》的思想，作为自己立论解经的依据。如释"无偏无陂"至"于帝其训"，其言曰："言君所以虚其心，平其意，唯义所在，以会归其有中者。其说以为人君以中道布言，是以为彝、是以为训者，于天其训而已。夫天之为物也，可谓无作好，无作恶，无偏无党，无反无侧，会其有极，归其有极矣"；"始曰'无偏无陂'者，率义以治心，不可以有偏陂也；卒曰'无反无侧'者，及其成德也，以中庸应物，则要之使无反侧而已"；"始曰'义'，中曰'道'，曰'路'，卒曰'正直'，尊德性而道问学、致广大而尽精微、极高明而道中庸之谓也"。② 针对孔子言"示之以好恶，而民知禁"，似与《洪范》中"无有作好"、"无有作恶"意不相惬，王安石明白无误地解释说："天命之谓性，作者，人为也，人为则与性反矣……所谓示之以好恶者，性而已矣。"③

除《淮南杂说》和《洪范传》之外，王安石在其他作品中也多处述

---

① 《王文公文集》卷二五，《洪范传》，第286页。
② 同上书，第287—288页。
③ 同上书，第288页。

及道德性命之学、穷理尽性之说，从多个方面对儒家思想作了颇具新意的解释。例如：

在《九变而赏罚可言》一文中，他引用了庄子的言论来解释儒家道德学说。其言曰："万物待是而后存者，天也；莫不由是而之焉者，道也；道之在我者，德也；以德爱者，仁也；爱而宜者，义也。仁有先后，义有上下，谓之分；先不擅后，下不侵上，谓之守。形者，物此者也；名者，命此者也……物此者，贵贱各有容矣；命此者，亲疏各有号矣。因亲疏贵贱任之以其所宜为，此之谓因任。因任之以其所宜为矣，放而不察乎，则又将大弛，必原其情，必省其事，此之谓原省。原省明而后可以辨是非，是非明而后可以施赏罚。故庄周曰：'先明天而道德次之，道德已明而仁义次之，仁义已明而分守次之，分守已明而形名次之，形名明而因任次之，因任已明而原省次之，原省已明而是非次之，是非已明而赏罚次之。'是说虽微庄周，古之人孰不然？古之言道德所自出而不属之天者，未尝有也。"① 遵循天道以说明人事，自宇宙万物之源，至于人间是非赏罚，莫不井然有序，统纪分明。这样，传统道德学说就有了更为坚实的哲学基础。庄子说："语道而非其序，安取道？"王安石对此言备极推崇："善乎，其言之也！……其言之若此者，圣人亦不能废。"②

对于自古以来聚讼纷纭的性、情关系问题，王安石也作了新的论述：

> 性情一也。世有论者曰"性善情恶"，是徒识性情之名而不知性情之实也。喜、怒、哀、乐、好、恶、欲未发于外而存于心，性也；喜、怒、哀、乐、好、恶、欲发于外而见于行，情也。性者，情之本；情者，性之用。故吾曰性情一也……此七者，人生而有之，接于物而后动焉。动而当于理，则圣也、贤也；不当于理，则小人也。彼徒有见于情之发于外者为外物之所累，而遂入于恶也，因曰情恶也，害性者情也。是曾不察于情之发于外而为外物之所感，而遂入于善者乎？盖君子养性之善，故情亦善；小人养性之恶，故情亦恶。故君子之所以为君子，莫非情也；小人之所以为小人，莫非情也。彼论之失者，以其求性于君子，求情于小人耳……如其废情，则性虽善，何以

---

① 《王文公文集》卷二八，第324—325页。
② 同上书，第325页。

自明哉?……是以知性情之相须，犹弓矢之相待而用，若夫善恶，则犹中与不中也。①

在这里，王安石对于流传甚广的"性善情恶"说作了辩驳。他认为：性、情本为一物，二者互为体用，原非对立之两事；性、情只有内外之殊，并无善恶之别。性为未发之假名，情为已著之实感。性情之相须，如弓矢之相待而用；性情善、恶之分野，以致用为断，以当与不当于理为则，是运用之结果，非本体所固有。验之以《中庸》所谓"喜怒哀乐之未发谓之中，发而皆中节谓之和"，以及佛家关于"一心"（"真如"）与"二门"（"心真如门"和"心生灭门"）的论述，可知王氏性情之说，亦有其确然的源流所自。历来学者以性、情为对立之两事，倡言绝其情而养其性，是不知性理之本原，遂致各执一端，争讼纷纭。

依据上述观点，王安石对孟子、荀子、扬雄、韩愈诸家的人性论学说一一作了评论。他在《原性》中写道：

> 性者，五常之太极也，而五常不可以谓之性。此吾所以异于韩子。且韩子以仁、义、礼、智、信五者谓之性，而曰天下之性恶焉而已矣。五者之谓性而恶焉者，岂五者之谓哉？……孟子以恻隐之心人皆有之，因以谓人之性无不仁。就所谓性者如其说，必也怨毒忿戾之心人皆无之，然后可以言人之性无不善，而人果皆无之乎？……荀子曰："其为善者伪也。"就所谓性者如其说，必也恻隐之心人皆无之，然后可以言善者伪也，为人果皆无之乎？……杨子之言②为似矣，犹未出乎以习而言性也。③

王安石虽然服膺孔子"性相近也，习相远也"的观点，但在理解上似与孔子的本义有所区别。他认为人性之初，善、恶未形，以其习染不同而致有种种不同的表现（善、恶已形）。所谓"性相近，习相远"者，言

---

① 《王文公文集》卷二七，《性情》，第315页。
② （汉）扬雄：《扬子法言》卷第三，《修身》曰："人之性也善恶混，修其善则为善人，修其恶则为恶人。"《诸子集成》第七册，中华书局2002年版，第7页。
③ 《王文公文集》卷二七，第316页。

"相近之性以习而相远,则习不可以不慎,非谓天下之性皆相近而已也"①。他进而援引太极与五行的关系来说明性情善恶的关系——"夫太极生五行,然后利害生焉,而太极不可以利害言也。性生乎情,有情然后善恶形焉,而性不可以善恶言也。"② 这样,王安石就赋予了"性"以超越伦理判断的本体意义;而所谓善恶、五常,则是由性"发于外而见于行"(即"情")以及后天习染不同(即"习")而产生的。在他看来,以往诸子所论"性善"、"性恶"或"性善恶相混",都不过是以"情"论"性",以"习"论"性",未能得"性"之真谛。杨时的弟子陈渊指斥王安石"取扬雄善恶混之言,至于无善无恶,又溺于佛,其失性远矣"③,实际上并未弄清楚王、扬之间的区别。

王安石以性无善恶为说,并不是要抵消人们去恶从善、化愚为智的热诚,而恰恰是为了强调后天努力的重要性。他认为,善、恶也好,智、愚也罢,"皆于其卒也命之,夫非生而不可移也"④。因而性、情之际,人皆有可为之处:合于理,则性、情皆善;不合于理,则性、情皆恶。人习于善,则愚者化智;人习于恶,则智者变愚。总之,不能借口天生命定而放弃人生努力。如《中庸》所云:"天命之谓性,率性之谓道,修道之谓教。"正因为人之天性出于自然,所以教化涵养之功才尤其显得不可或缺。

在述及性与命的关系时,王安石亦深受孟子影响,主张人性在我,命运在天;君子所为,止于修身以俟天命。其言曰:"所谓命者,盖以谓命之于天云耳","是以圣人不言命,教人以尽乎人事而已"。⑤ 天命之难知,不在其无常,而在于天人之道有时而相悖也。"夫天之生斯人也,使贤者治不贤,故贤者宜贵,不贤者宜贱,天之道也;择而行之者,人之谓也。天人之道合,则贤者贵,不肖者贱;天人之道悖,则贤者贱而不肖者贵也;天人之道悖合相半,则贤不肖或贵或贱……盖天之命一,而人之时不能率合焉。"⑥ 然则如何才能知天立命、使天人之道相契合呢?孟子曰:

---

① 《王文公文集》卷七,《答王深甫书第二》,第84页。
② 《王文公文集》卷二七,《原性》,第316页。
③ 《宋史》卷三七六,《陈渊传》。中华书局点校本1977年版,第11630页。
④ 《王文公文集》卷二七,《性说》,第318页。
⑤ 《王文公文集》卷二七,《对难》,第320—321页。
⑥ 《王文公文集》卷二七,《推命对》,第320页。

"尽其心者，知其性也。知其性，则知天矣。存其心，养其性，所以事天也。殀寿不贰，修身以俟之，所以立命也。"① 王安石据此以为："君子修身以俟命，守道以任时，贵贱祸福之来，不能沮也。"②

王安石既认为性无善恶，当视其动而是否合于理为验，则精究此"理"遂成为修身立命的关键所在。他在《致一论》中写道：

> 万物莫不有至理焉，能精其理则圣人也，精其理之道，在乎致其一而已。致其一，则天下之物可以不思而得也。《易》曰"一致而百虑"，言百虑之归乎一也。苟能致一以精天下之理，则可以入神矣。既入于神，则道之至也。夫如是，则无思无为、寂然不动之时也。③

据此可知，"理"为万物遵循的法则，所谓"莫不由是而之焉者"也。精理之道，在于"致一"。致一者，言其神思专一也。致一以入神，厥为圣人穷理尽性之最高境界。既为最高境界，则非一时片刻所可达至，要须为之以渐。于是王安石又指出了"致用"的重要性，强调"致一"与"致用"的辩证统一。其言曰：

> ……虽然，天下之事固有可思可为者，则岂可以不通其故哉？此圣人之所以又贵乎能致用者也。
>
> 致用之效，始见乎安身。盖天下万物，莫亲乎吾之身，能利其用以安吾之身，则无往而不济也。无往而不济，则德其有不崇哉？故《易》曰："精义入神以致用，利用安身以崇德。"此道之序也……苟欲安其身，崇其德，莫若藏器于身，待时而后动也……身既安，德既崇，则可以致用于天下之时也。
>
> 夫身安德崇而又能致用于天下，则其事业可谓备也。事业备而神有未穷者，则又当学以穷神焉。能穷神，则知微知彰，知柔知刚。夫于微彰刚柔皆有以知之，则道何以复加哉？圣人知道，至于是而

---

① 杨伯峻：《孟子译注》卷十三，《尽心章句上》，中华书局1960年版，第301页。
② 《王文公文集》卷二七，《推命对》，第320页。
③ 《王文公文集》卷二九，《致一论》，第339—340页。

已也。①

概言之，明白了"天下之理皆致乎一"的道理，则万物莫能惑其心。本于此，以求致用之效；由安身至于崇德，以致用于天下；然后返归于穷神，以"知微知彰"、"知柔知刚"。这样，语道之序、修身之途也就焕然于心了。由此观之，王安石对于"致一"与"致用"的论述，跟理学家们所说的"理一而分殊"，亦有相通之处。

宋儒大兴谈性说理之风，其落脚点无不在于强调内求功夫（"内圣"之学）的极端重要，且以此证明圣贤之域的可知、可学与可至，王安石也不例外。他在《礼乐论》中讲道：

> 气之所禀命者，心也。视之能必见，听之能必闻，行之能必至，思之能必得，是诚之所至也。不听而聪，不视而明，不思而得，不行而至，是性之所固有，而神之所自生也，尽心尽诚者之所至也。故诚之所以能不测者，性也。贤者，尽诚以立性者也；圣人，尽性以至诚者也……故养生在于保形，充形在于育气，养气在于宁心，宁心在于致诚，养诚在于尽性，不尽性不足以养生。能尽性者，致诚者也；能至诚者，宁心者也；能宁心者，养气者也；能养气者，保形者也；能保形者，养生者也；不养生不足以尽性也。生与性之相因循，志之与气相为表里也。
>
> 世之所重，圣人之所轻；世之所乐，圣人之所悲。非圣人之情与世人相反，圣人内求，世人外求，内求者乐得其性，外求者乐得其欲，欲易发而性难知，此情性之所以正反也。
>
> 养生以为仁，保气以为义，去情却欲以尽天下之性，修神致明以趋圣人之域。②

按：此处仍以性、情为正反相对之两物，与《性情》篇略异。其要旨在于强调后天修为之功，说明圣人内求以尽性，小人外求以足欲，二者分野如此。文中对"颜子所学所问"备极推崇，以为：

---

① 《王文公文集》卷二九，《致一论》，第340页。
② 《王文公文集》卷二九，《礼乐论》，第333—334页。

>……圣人之言，莫大于颜渊之问，"非礼勿视，非礼勿听，非礼勿言，非礼勿动"，则仁之道亦不远也……圣人之门，惟颜子可以当斯语矣……夫颜子之所学者，非世人之所学。不迁怒者，求诸己；不贰过者，见不善之端而止之也。世人之所谓退，颜子之所谓进者；人之所谓益，颜子之所谓损也。《易》曰"损，先难而后获"，颜子之谓也。耳损于声，目损于色，口损于言，身损于动，非先难欤？及其至也，耳无不闻，目无不见，言无不信，动无不服，非后得欤？是故君子之学，始如愚人焉，如童蒙焉，及其至也，天地不足大，人物不足多，鬼神不足为隐，诸子之支离不足惑也。①

由此可见，颜渊之所学，学为圣人也；圣人之道，在于内求而已。此与伊川《颜子所好何学论》，异曲而同工。

欧阳修曾言："夫性，非学者之所急，而圣人之所罕言也……六经之所载，皆人事之切于世者，是以言之甚详。至于性也，百不一二言之，或因言而及焉，非为性而言也，故虽言而不究……故为君子者，以修身治人为急，而不穷性以为言。"他之所以要发为此论，恰恰在于"患世之学者多言性"。② 然而风气已开，欧阳修也无法遏止，仅能勉尽人事而已。

自王安石以降，"原道德之意，窥性命之端"始蔚然成风。而彼时之宋学，亦由疑传注、辨义理、正名分的初始阶段向渐涉心性之精微、重构"圣学"体系的成熟期转进。其后虽流派分呈，门户各立，乃至互为敌国，但其转进过程中相互激荡的情形，仍是显而易见的。在这场意义深远的思想变革中，王安石无疑是开风气之先的人物之一。杨柱才先生认为：宋代新儒学在诸多领域实现了对传统儒学的主题转换和学理更新。在这一历史进程中，王安石立足儒学，融合儒道，创立了形上的道德论、人生性命论及修养论，在整体上推动了儒学的复兴与发展。③ 这是很有见地的。

---

① 《王文公文集》卷二九，《礼乐论》，第334—336页。
② 《欧阳修全集》卷四七，《答李诩第二书》，中华书局点校本2001年版，第669—670页。
③ 杨柱才：《儒学的主题转换与学理更新——从王安石说起》，《中共中央党校学报》，2001年第4期，第17页。

致用之学

王安石不仅以经术名家,且欲以经术治世。在他以前,范仲淹力倡精神风气,慨然以天下为己任,惜乎学问不足;李觏旴江依王制述其社会政治理想,设计富国强兵蓝图,然而仕途偃蹇,无从施展。独王安石集经学家、政治家于一身,遭遇神宗,千载一时,遂能一展其鸿图抱负。此种人生经历,不但宋人无出其右,在中国历史上也罕有人能与之相比。由此也决定了王氏学术的另一大特色,即通经致用,以经术指导人生实践和社会政治改革。

王安石成名甚早,且生性自负。曾有诗曰:"不畏浮云遮望眼,自缘身在最高层。"① 足见其心气之高,志向之远。就在他进士高中后不久,他在送友人的一篇序文中说:

> 时然而然,众人也;已然而然,君子也。已然而然,非私己也,圣人之道在焉尔。夫君子有穷苦颠跌,不肯一失诎己以从时者,不以时胜道也。故其得志于君,则变时而之道若反手然,彼其术素修而志素定也。②

这里所反映的思想与《推命对》中"君子修身以俟命,守道以任时"的观点如出一辙。君子立身处世,当服膺圣人之道,以圣人之心为心,不可趋附时俗,此为人生理念;君子"变时而之道",则是社会政治观点。二者一内一外,成为王安石一生恪守的信条。

熙宁二年(1069)初,当王安石被任命为参知政事时,更是明确表达了以经术治世务的观点——"上(神宗)谓曰:'人皆不能知卿,以为卿但知经术,不晓世务。'安石对曰:'经术正所以经世务,但后世所谓

---

① 《临川先生文集》卷三四,《登飞来峰》,中华书局上海编辑所点校本1959年版,第374页。

② 《王文公文集》卷三六,《送孙正之序》,第433页。

儒者，大抵皆庸人，故世俗皆以为经术不可施于世务尔。'"①

王安石认为："变风俗，立法度，最方今之所急也。"②《周官新义》解"法"字云："法之字从水，从廌，从去。从水，则水之为物，因地而为曲直，因器而为方圆，其变无常，而常可为平；从廌，则廌之为物，去不直者；从去，则法将以有所取也。"③ 说明既要坚持"法"的明是非、辨曲直的原则，又要因时因地而变革的道理。在他的学术作品当中，多次强调"知变通"的重要性：

> 尧虽能成圣人之法，未若孔子之备也。夫以圣人之盛，用一人之知，足以备天下之法，而必待至于孔子者何哉？盖圣人之心不求有为于天下，待天下之变至焉，然后吾因其变而制之法耳。至孔子之时，天下之变备矣，故圣人之法亦自是而后备也。《易》曰"通其变，使民不倦"，此之谓也。④
>
> 夫天下之事，其为变岂一乎哉？固有迹同而实异者矣。今之人谒谒然求合于其迹，而不知权时之变，是则所同者古人之迹，而所异者其实也。事同于古人之迹而异于其实，则其为天下之害莫大焉，此圣人所以贵乎权时之变者也。⑤
>
> 太古之人不与禽兽朋也几何，圣人恶之也，制作焉以别之。下而戾于后世……荡然复与禽兽朋矣。圣人不作，昧者不识所以化之之术，顾引而归之太古。太古之道果可行之万世，圣人恶用制作于其间？必制作于其间，为太古之不可行也……吾以为识治乱者当言其所以化之之术，曰归之太古，非愚则诬。⑥
>
> 夏之法至商而更之，商之法至周而更之，皆因世就民而为之节。⑦

---

① 《宋史》卷三二七，《王安石传》，第10544页。
② 同上。
③ 《周官新义》卷一，《丛书集成初编》，上海商务印书馆排印本，第8页。
④ 《王文公文集》卷二八，《夫子贤于尧舜》，第323页。
⑤ 《王文公文集》卷二八，《非礼之礼》，第323页。
⑥ 《王文公文集》卷二八，《太古》，第332页。
⑦ 《王文公文集》卷三〇，《策问十道》，第355页。

"立法度"的要旨，则在于法先王之政、行先王之道。孟子曰："今有仁心仁闻而民不被其泽，不可法于后世者，不行先王之道也。"① 王安石以此立说，在《万言书》中提出了变法施政的纲领：

> 今朝廷法严令具，无所不有，而臣以谓无法度者，何哉？方今之法度，多不合科先王之政故也……夫以今之世，去先王之世远，所遭之变、所遇之势不一，而欲一二修先王之政，虽甚愚者，犹知其难也。然臣以谓今之失，患在不法先王之政者，以谓当法其意而已。夫二帝、三王，相去盖千有余载，一治一乱，其盛衰之时具矣。其所遭之变、所遇之势，亦各不同，其施设之方亦皆殊，而其为天下国家之意，本末先后，未尝不同也。臣故曰：当法其意而已。法其意，则吾所改易变革，不至乎倾骇天下之耳目，嚣天下之口，而固已合乎先王之政矣。②

王安石认为："圣人治世有本末，其施之也，有先后。今天下因敝不革，其为日也欠矣，治教政令未尝放（仿）圣人之意而为之也，失其本，求之末，当后者反先之，天下靡靡然入于乱者凡以此。"③ 然而"法先王"毕竟只能是一种政治口号而已，若以数千年前之古制施用于当今，虽愚者亦知其迂阔。为了使这种政治口号能够被人接受，王安石乃提出了求本去末、法先王之意的观点。

国家之弊在于积贫积弱，则熙宁变法不得不以财政经济及军事之改革为其重点，与王安石最初所设想的改革方案出入很大，这正反映了理想跟现实之间的差距与矛盾。然每项新法的推出，必援古制圣经以为说，也算是"法先王之意"的表示了。

在王安石主持的各项改革中，最能体现其"法先王"之理想的，当属以"经术选士"为主旨的学校科举改革。王安石一贯以为，圣人之学湮没千年，先王之政废歇不举，究其根源，在于人才凋敝、风俗败坏。要变风俗、立法度，必先本于讲学；学术既明，乃可施于政事；为政之道须

---

① 《孟子译注》卷七，《离娄章句上》，第162页。
② 《王文公文集》卷一，《上皇帝万言书》，第1—2页。
③ 《王文公文集》卷三〇，《策问十道》，第354页。

明体通达，才不至于为流俗沮格。因此，解决问题的根本方法，仍应当是尊师儒、兴学校、明经术、变科举，培养和选拔精通圣人之学、先王之道的人才，从而革除时弊，移风易俗。

这种观点，也是宋学兴起以来士林精英们的共识。早在熙宁以前，欧阳修、孙复等人便对科场士子仍奉为准绳的汉唐注疏之学大加挞伐，要求朝廷重新删修注释儒学经书，以便学者取法。王安石也认为："章句之文胜质，传注之博溺心，此淫辞诐行之所由昌，而妙道至言之所为隐。"①熙宁年间王安石以经术造士、修《三经新义》，既是宋学发展的自然产物，也是配合变法运动的政治产物。

熙宁初年，宋神宗即要求王安石重新训释六艺。熙宁五年（1072），神宗又谓安石："经术，今人人乖异，何以一道德？卿有所著可以颁行，令学者定于一。"王安石回答说："《诗》，已令陆佃、沈季长作义。"②可知训释新义的工作，于时即已着手。到熙宁六年（1073），朝廷鉴于"举人对策，多欲朝廷早修经，使义理归一"，遂正式设置官局，训释《诗》、《书》、《周官》义。以王安石提举经义局，吕惠卿兼修撰，王雱兼同修撰。③熙宁八年（1075），《诗义》、《书义》、《周官义》修成进御，以副本付国子监镂版颁行，计《诗义》二十卷、《书义》十三卷、《周官义》二十二卷。④《三经新义》中，《周官义》为安石亲撰，《诗义》由王雱训其辞、安石等训其义，《书义》则由王雱据安石经筵讲义撰述而成。其他预事者，多为安石门生弟子。可知"新义"均本于安石经说以立论。

王安石撰有《三经义序》，神宗以为"其发明圣人作经大旨，岂复有加"。在"发明圣人作经大旨"的同时，王安石也概述了自己治经的宗旨，其要点莫不在于阐明经义、推本圣学，以为学者致用之具。今分加节引如下：

---

① 《王文公文集》卷一八，《谢除左仆射表》，第 207 页。
② （宋）李焘：《续资治通鉴长编》（以下简称《长编》）卷二二九，神宗熙宁五年春正月戊戌条，中华书局点校本 2004 年版，第 5570 页。
③ 《长编》卷二四三，熙宁六年三月庚戌条。
④ 《长编》卷二六五，熙宁八年六月，第 6493、6495、6514 页。《郡斋读书志校证》卷一，《书类·新经尚书义十三卷》，第 57 页；卷二，《诗类·新经毛诗义二十卷》，第 67 页；卷二，《礼类·新经周礼义二十二卷》，第 81 页。

> 惟道之在政事，其贵贱有位，其先后有序，其多寡有数，其迟数有时。制而用之存乎法，推而行之存乎人。其人足以任官，其官足以行法，莫盛乎成周之时；其法可施于后世，其文有见于载籍，莫具乎《周官》之书……自周之衰，以至于今，历岁千数百矣。太平之遗迹，扫荡几尽，学者所见，无复全经。于是时也，乃欲训而发之，臣诚不自揆，然知其难也。以训而发之之为难，则又以知夫立政造事追而复之之为难……以所观乎今，考所学乎古，所谓见而知之者，臣诚不自揆，妄以为庶几焉……①
>
> 《诗》上通乎道德，下止乎礼义。考其言之文，君子以兴焉；循其道之序，圣人以成焉。然以孔子之门人，赐也、商也，有得于一言，则孔子说而进之，盖其说之难明如此，则周衰以迄于今，泯泯纷纷，岂不宜哉？②
>
> 惟虞、夏、商、周之遗文，更秦而几亡，遭汉而仅存，赖学士大夫诵说，以故不泯，而世主莫或知其可用。天纵皇帝大智，实始操之以验物，考之以决事。又命训其义，兼明天下后世……③

王安石之所以选择《诗》、《书》、《周礼》这三部经典，精加训释，颁之学官，以为范式，是因为：《诗》"上通乎道德，下止乎礼义"。其所言皆政教兴衰之美刺，其主旨"一言以蔽之，曰思无邪"。风、雅、颂之中有圣人的"微言奥义"存焉。涵泳陶冶于其间，可以体会圣人用心，变化气质而臻于真、善、美之境界。就其下者而言之，又可以"多识于鸟兽草木之名"，了解古代风俗制度，实为儒者治学筑基的关键所在。《书》之所言，则尧舜三代之治乱也，有先王之典谟彝训存焉，操之可以验物，考之可以决事，其有裨于国家政事、世道人心者，自不待言。如他在《虔州学记》所云："先王之道德，出于性命之理，而性命之理，出于人心。《诗》、《书》能循而达之。"④ 礼乐之书虽不完，而杂出诸儒之记，然其大要则修身治国之法也。成周之法见于载籍而可施行于后世者，莫备

---

① 《王文公文集》卷三六，《周礼义序》，第426页。
② 《王文公文集》卷三六，《诗义序》，第427页。
③ 《王文公文集》卷三六，《书义序》，第428页。
④ 《王文公文集》卷三四，第402页。

于《周官》。精研此经，可体会先王立法创制、设官分职之深意，即所谓"制而用之存乎法，推而行之存乎人"，见古知今，尤为切要，实为"变风俗，立法度"和倡行改革的首选素材。

王安石曾言及学者治经之次序，认为："《三经》所以造士，《春秋》非造士之书也。学者求经，当自近者始：学得《诗》，然后学《书》；学得《书》，然后学《礼》。三者备，《春秋》其通矣。"① 所谓"士"，并非仅指读书人或学问家，而主要是指履行国家政务的有用人才，其素质须体现在学与用两个方面，缺一不可。所谓"造士"，就是为朝廷变风俗、立法度、恢复先王之治培育人才，立足点在于为现实服务。这样看来，王安石"以《三经》造士"的意图就很明白了。

后世学者常对王安石"不以《春秋》取士"一事大加攻击，以为王氏"黜《春秋》之书，不使列于学官，至戏目为'断烂朝报'"②。甚者乃以变法期间王安石与司马光交恶来揣度王氏"贬损"《春秋》的缘由。这是不符合事实的，作为一位视野开阔的经学家，王安石何至于在博采众家、断以己说的同时，而唯独深恨于《春秋》呢？对于这种不公正的指责，就连程门弟子尹和靖也辩驳说："介甫未尝废《春秋》，废《春秋》以为'断烂朝报'，皆后来无忌惮者托介甫之言也。"③

实际上，王安石不但尊重《春秋》作为儒家经典之一的地位，而且对《春秋》也是相当熟悉的。他曾在《中述》一文中说：

> 君子所求于人者薄，而辨是与非也无所苟……所求于人者薄，所以取人者厚；盖辨是与非者无所苟，所以明圣人之道……故薄责于人，而非匿其过，不苟于论人，而非求其全，圣人之道本乎中而已。《春秋》之旨，岂易于是哉？④

王安石于诸经之中罕言《春秋》，原因之一是他认为《春秋》较其他

---

① （宋）陆佃：《陶山集》卷一二，《答崔子方秀才书》，《文渊阁四库全书》，上海古籍出版社影印本 1987 年版，第 1117 册，第 154 页上。
② 《宋史》卷 327，《王安石传》，第 10550 页。
③ （清）黄宗羲著，全祖望补修《宋元学案》卷九八，《荆公新学略》引林希逸《鬳斋学记》，中华书局点校本 1986 年版，第 3251 页。
④ 《王文公文集》卷二八，第 329—330 页。

儒经更为难治。按照他所主张的治经顺序：先学《诗》，次学《书》，再次《周礼》。三经淹贯，则《春秋》自通。因此陆佃才说："《诗》、《书》、《周礼》，子所雅言。《春秋》罕言以此。"① 原因之二是王安石认为《三传》歧义太多，不足征信。如他在《答韩求仁书》中所云："至于《春秋》三传，既不足信，故于诸经尤为难知，辱问皆不果答，亦冀有以亮之。"② 这也体现了王安石知之为知之，不强作解人语的慎重态度。

王安石曾言："天下之物，小大有彝，后先有伦。叙者天之道，叙之者人之道。天命圣人以叙之，而圣人必考古成已，然后以所尝学措之事业，为天下利。"③

观其学术之次第，益信而有征：其学始则究原于心性之际，推本道德性命，以《孟子》为宗，援《洪范》、《周易》、《论语》、《中庸》诸篇以立说，复以老、庄、扬、韩各家参之、验之，而归于高明自得之学；继则致用于礼乐刑政，以《诗》、《书》、《周礼》三经造士，尤借重于《周礼》立法创制、设官分职之遗意，以为变法张目，实现富国强兵。可知所谓"新学"，既为义理之学的继承和发展，又是义理之学向心性之学、性理之学转进的重要一环。而其体用兼赅，本末毕具，长期居于官方显学之地位，则北宋其他各家各派，绝无堪与之相匹者。

治经方法举隅

在中国古代学术史上，宋学是作为对汉唐注疏之学的否定而产生的。汉学之特点，在于以章句训诂、名物考据为释经之具，以家学授受为传经之法。其末流至于弃经从传，支离烦琐，拘守师说，专主记诵而了无发明，致使儒学的生命力日益衰竭。迁延至于唐代，占据统治地位的官方儒学仍是以章句训诂为主要特点的注疏之学。如陈寅恪先生所言："唐太宗崇尚儒学，以统治华夏，然其所谓儒学，亦不过承继南北朝以来正义义疏

---

① 《陶山集》卷一二，《答崔子方秀才书》，《文渊阁四库全书》，第1117册，第154页上。
② 《王文公文集》卷七，第81页。
③ 《王文公文集》卷二〇，《进洪范传表》，第244页。

烦琐之章句学耳。"① 清代学者皮锡瑞评孔颖达《五经正义》云："议孔疏之失者，曰彼此互异，曰曲徇注文，曰杂引谶纬……名为创定，实属因仍。"② 孔氏《正义》之外，复有颜师古校订《五经》文字，世称《定本》，亦未能摆脱注疏之学的窠臼。自初唐以来，《正义》、《定本》为官方法定的经学教材，讲学取士，一本于此，"士子皆谨守官书，莫敢异议矣"③。这种状况到北宋初期仍未改变，士子应举试经，不依注疏者，例被黜落。真宗景德年间，贾边试进士，因在《当仁不让于师》的考题里解"师"为"众"，与注疏异说，遂遭退黜④。朝廷取士"不以体用为本，而尚声律浮华之词"，以致士风偷薄，"圣学"不明⑤。

与汉唐注疏之学相比，宋学具有以下几个主要特点：第一，不专守先儒旧注，强调追本溯源，注重阐发本经意旨，具有较强的疑古色彩；第二，不拘泥于章句训诂、名物考据的治经方法，强调义理之学，以发挥圣人"微言大义"为己任，较之汉学更具思辨色彩；第三，儒者治学不仅限于治经，更重视修身，提倡正心诚意，通过自身的切实体悟、涵泳默会和笃实践履，以臻于圣贤之域；第四，破除迷信，打破门户藩篱，提倡自由讲学和师友之间的切磋琢磨，以恢复师儒之道为光大圣学门户的必要前提；第五，拓宽学术视野，在排斥佛老、突出儒家正统地位的同时，也注重吸收其他各家的思想精华，借以促进传统儒学变化气质、脱胎换骨；第六，儒者的使命，不仅限于关门治学，更在于明体达用、通经致用，以圣人之学为指导，服务于国家社会。

从"宋初三先生"，到欧阳修、李觏、刘敞，宋儒们治学解经都体现出了发挥儒家经旨、光大圣人之道的宗旨和不泥于章句注疏、专重本经义理阐发的时代特征，强调独立自由的讨论和学习。其阐发"义理之学"的途径，大致有二：一是疑古，或谓之"弃传从经"、"重经轻传"，甚者经书亦在怀疑之列；二是不拘一家，参酌众说，断以己意。

---

① 陈寅恪：《金明馆丛稿初编·论韩愈》，三联书店2001年版，第321页。
② （清）皮锡瑞：《经学历史》七，《经学统一时代》，中华书局2004年版，第141—142页。
③ 《经学历史》七，《经学统一时代》，第146页。
④ （宋）范镇：《东斋记事》卷一，中华书局点校本1980年版，第2页。
⑤ 《宋元学案》卷一，《安定学案》，第25页。

以欧阳修为例。南宋学者魏了翁曾言："欧、苏以前，未曾有人骂古注。"① 可见他在对先儒传注抱持的态度方面，实开宋人风气之先。在《诗解统序》中，他对"毛传郑笺"提出批评，以为"其说炽辞辩固已广博，然不合于经者亦为不少，或失于疏略，或失于谬妄"。② 四库馆臣评价他训释《诗经》"往往得诗人之本志"，且云"自唐以来，说《诗》者莫敢议毛、郑，虽老师宿儒亦谨守小序。至宋而新义日增，旧说几废，推原所始，实发于修"③。

他也是宋儒中最早对《易传》提出质疑的人。其言曰："何独《系辞》焉，《文言》、《说卦》而下，皆非圣人之作，而众说淆乱，亦非一人之言也。昔之学《易》者，杂取以资其讲说，而说非一家，是以或同或异，或是或非，其择而不精，至使害经而惑世也。"④ 欧阳修的这个观点，在当时具有振聋发聩的作用，也符合《易》学演变的客观过程。与此同时，欧阳修并没有因为《易传》诸篇非出自圣人之手就对其价值全盘否定。现在我们都知道，《易》学的发展史，是《易经》的形式（卦爻象数系统）和内容（卦名爻辞的意蕴）趋于分离的历史，也是卦爻辞的初始意义与说《易》方法逐渐分离的历史。简言之，即是《易经》由卜筮之书走向哲理化的历史。欧阳修敏感地认识到《易经》解释系统不断走向抽象化、哲理化的过程，认为《易传》诸篇（《十翼》）的陆续问世，既是这一过程的反映，也是《易》学的义理价值得以确立的依据。所以他又说："古之学经者，皆有大传，今《书》、《礼》之传尚存。此所谓《系辞》者，汉初谓之《易大传》也，至后汉已为《系辞》矣……《系辞》者，谓之《易大传》，则优于《书》、《礼》之传远矣；谓之圣人之作，则僭伪之书也。盖夫使学者知《大传》为诸儒之作，而敢取其是而舍其非，则三代之末，去圣未远，老师名家之世学，长者先生之余论，杂于其间者在焉，未必无益于学也。使以为圣人之作，不敢有所择而尽信之，则害经惑世者多矣。此不可以不辩也。"⑤

再以《春秋》学为例，宋儒出新意而解《春秋》者，以孙复、刘敞

---

① 《鹤山先生大全文集》卷一〇九至一一〇附《师友雅言》，四部丛刊初编本。
② 《欧阳修全集》卷六一，《诗解统序》，第884页。
③ 《四库全书总目》卷一五，《经部·诗类一》，第121页。
④ 《欧阳修全集》卷七八，《易童子问》卷三，第1119页。
⑤ 同上书，第1121页。

为始。但孙复专以己意断说经旨，其弊失之穿凿。刘敞虽不尽从传，却也不尽废传，而能进退诸说、依经立意，所以"训释远过于复焉"①。除《春秋》外，刘敞对于其他儒经也多所淹贯、无所不通，而尤深于《礼》学。所著《七经小传》亦颇为宋儒所推崇。王应麟认为："自汉儒至于庆历间，谈经者守训故而不凿，《七经小传》出而稍尚新奇矣。至三经义行，视汉儒之学若土梗。"② 吴曾引《国史》云："庆历以前，学者尚文辞，多守章句注疏之学。至刘原父为《七经小传》，始异诸儒之说。王荆公修经义，盖本于原父云。"③ 朱熹的族叔祖朱弁也说过："介甫当时在流辈中，以经术自尊大，惟原父兄弟敢抑其锋。"④

说王安石修《三经新义》均本于刘敞，未免夸张。但二人治学之门径、风格以及自负的性情，的确有不少相似之处。现对王安石治学解经的若干特点略述如下：

一 以经释经

与胡安定引《周官》以释《洪范》"八政"、刘原父援《礼》以训解《春秋》一样，王安石也是以经释经的高手。前述《洪范传》中，引《书》、《易》、《诗》之处即不在少数。《孟子》、《中庸》彼时尚未列入正经的行列，但已受到包括王安石在内的宋代经学家们的重视，成为宋儒发明心性之学的重要素材。王安石于《孟子》一书尤为推崇，曾赋诗云："他日若能窥孟子，终身何敢望韩公！"⑤ 熙宁兴学期间，在他的倡导下，《孟子》始得列于学官，与《论语》并为小经。由此可知，《四书》在宋代地位之提高，王安石也是"与有力焉"的先驱者之一。

此后在训释《三经》"新义"时，以经释经的方法得到了更充分的运用。王安石有云："如某之学，则惟《诗》、《礼》足以相解，以其理同故

---

① 《四库全书总目》卷二六，《经部·春秋类一》，第215页。
② 《困学纪闻》卷八，《经说》。上海古籍出版社点校本2008年版，第1094页。
③ （宋）吴曾：《能改斋漫录》卷二，《注疏之学》，上海古籍出版社点校本1979年版，第28页。
④ 《曲洧旧闻》卷四，中华书局点校本2002年版，第144页。
⑤ （清）蔡上翔：《王荆公年谱考略》卷五，嘉祐元年（1056）引《奉酬永叔见赠》，上海人民出版社1973年版，第83页。

也。"① 既为"相解",则非独援甲以说乙,仅作论据之资,实亦有互证互释、互相发明之意。王氏深谙《周官》之学,又自信所得,其以《礼》释《诗》之处,比比皆是。推其大要,则有两端:一是以载于《周礼》的"先王之法"、"先王之政"为标准,衡量《诗》的美刺与褒贬所在,对《诗》作出道德政治的解说;二是以《周礼》中的名物制度来训释《诗》义,这与郑康成以《礼》释《诗》之法一脉相承。②

经过胡瑗、刘敞、王安石等人的提倡和垂范,"以经释经"成为宋儒治经的重要方法,对那种一味疑古、穿凿附会的学风也起到了矫正的作用。

二 疑传注而不尽弃传注

《宋史》说王安石于"先儒传注,一切废不用"③,主要是针对新法期间的科举学校之制而言。后人却常以此作为王氏学术不正的证据,攻击王安石学无根底、私心自用、臆断经义,这也是不符合事实的。在宋儒当中,王安石无疑是一位学有本源、功底深厚的学者,不但于诸经多所淹贯,即于前代传注之说亦颇为究心,绝非浅薄之辈可比拟。不同之处在于,王安石更提倡独立思考,强调"万物皆备于我",疑古而不弃古,学古而不泥古,因而与先儒传注或同或异,一以至要贴切为标准。这也是其学术成就高出侪辈的基本原因。

以训释《诗》义而论,王氏尊信《诗序》,以为"序《诗》者"虽"不知何人","然非达先王之法言者,不能为也。故其言约而明,肆而深,要当精思而孰讲之尔,不当疑其有失也"④。但王安石对《诗序》并不迷信盲从,而是每每有自己独到的见解。其言曰:"《诗》之《序》故曰:'政有小大,故有《小雅》焉,有《大雅》焉。'然所谓《大雅》者,积众小而为大,故《小雅》之末,有疑于《大雅》者,此不可不知也。又作诗者,其志各有所主,其言及于大而志之所主者小,其言及于小而志之所主者大,此又不可不知也。司马迁以为《大雅》言王公大人,

---

① 《王文公文集》卷七,《答吴子经书》,第88页。
② 参邱汉生辑校《诗义钩沉》序,中华书局1982年版。
③ 《宋史》卷三二七,《王安石传》,第10550页。
④ 《王文公文集》卷七,《答韩求仁书》,第77页。

而德逮黎庶；《小雅》讥小己之得失，而其流及上。此言可用也。"① 又曰："凡《序》言刺某者，一人之事也，言刺时者，非一人之事也。刺言其事，疾言其情也。或言其事，或言其情，其实一也……刺乱为乱者作也，闵乱为遭乱者作也……言刺乱、刺褊、刺奢、刺荒，序其所刺之事也。"②

在训释诸篇诗义时，王安石于毛（亨）、郑（玄）、孔（颖达）各家亦多所取舍，而能断以己说。兹不一一胪列。陆游《老学庵笔记》卷一记载："先左丞（陆佃）言，荆公有《诗正义》一部，朝夕不离手，字大半不可辨。世谓荆公忽先儒之言，盖不然也。"③ 此为荆公不废先儒传注之明证。

训《诗》之外，他经亦复如此。魏了翁批评王安石解释《周礼》之误，至谓"介甫错处，尽是康成错处"④。清代四库馆臣亦言："今观此书（《周官新义》），惟训诂多用《字说》，病其牵合。其余依经诠义……皆具有发明，无所谓舞文害道之处。"⑤ 全祖望在《荆公周礼新义题词》中说得更明确："荆公解经，最有孔、郑诸公家法，言简意赅。"⑥ 凡此都能说明王氏学术与先儒传注之间的渊源关系。

三　注重名实之辨和字义训释

孔子是最早注意到名、实关系的思想家。据《论语·子路篇》记载："子路曰：'卫君待子而为政，子将奚先？'子曰：'必也正名乎！'子路曰：'有是哉，子之迂也！奚其正？'子曰：'野哉，由也！君子于其所不知，盖阙如也。名不正，则言不顺；言不顺，则事不成；事不成，则礼乐不兴；礼乐不兴，则刑罚不中；刑罚不中，则民无所错手足。故君子名之必可言也，言之必可行也。君子于其言，无所苟而已矣。'"⑦

孔子所说的名，谓"名分"或"名义"。所谓"正名"，就是使名、

---

① 《王文公文集》卷七，《答韩求仁书》，第77页。
② 同上书，第78页。
③ 《老学庵笔记》卷一，中华书局点校本1979年版，第6页。
④ 《鹤山先生大全文集》卷一〇九至卷一一〇附《师友雅言》。
⑤ 《四库全书总目》卷一九，《经部·礼类一》，第150页。
⑥ 《宋元学案》卷九八，《荆公新学略》，第3252页。
⑦ 杨伯峻：《论语译注·子路篇第十三》，中华书局1980年版，第133—134页。

实相符相应，有是名必有是实，有是实必有是名。在这里，孔子专指纠正那些僭越先王礼法、有悖于伦理纲常的"乱名"。《庄子·天下篇》曰："《易》以道阴阳，《春秋》以道名分。"① 即此之谓也。可知孔子之留意名实，侧重于政治领域。惟其如此，他才把"正名"作为施政治国的头等大事。

在此以后，"名"抽象为概念，名、实之辨也推广运用于一般事物，中国古代逻辑思维的历史亦肇端于此。先秦诸子在名实问题上虽观点各异、得失不同，但都强调概念的确定和运用必须与事物的真实性（"实"）相符，以"循名责实"、"体物证名"作为求知问学的必由之径，从而使名、实之辨具有了方法论的意义。

注重名、实之辨，其目的无非两端：一曰明贵贱，二曰辨同异。自孔子以来，儒家一系学者对于"名"在"明贵贱"方面的功用尤为重视，强调"正名"对于治道人事的重大意义。如荀子说："王者之制名，名定而实辨，道行而志通，则慎率民而一焉……其民莫敢托为奇辞以乱正名，故一于道法而谨于循令矣，如是则其迹长矣。迹长功成，治之极也，是谨于守名约之功也。"② "法先王，统礼义，一制度，以浅持博，以古持今，以一持万……腌然若合符节，是大儒者也。"③

孟子虽罕言正名，却也甚重言辩。《孟子·公孔丑章句上》云："'何谓知言？'曰：'诐辞知其所蔽，淫辞知其所陷，邪辞知其所离，遁辞知其所穷。生于其心，害于其政；发于其政，害于其事。圣人复起，必从吾言矣！'"④ 诐，偏颇也；淫，过度、虚妄之谓；邪，离于正道也；遁，闪烁、躲避之谓。孟子认为，只要弄明白上述"乱辞"的谬妄和弊端所在，就不至于乱政害事了，也就达到了"知言"的境界。由此可见，"正名"也好，"知言"也罢，都是通过端正名辞表达来体察先圣之道的基本方法。

汉代董仲舒更强调"正名"和"深察名号"的重要性。其言曰："名者，所以别物也。亲者重，疏者轻；尊者文，卑者质；近者详，远者略。

---

① （清）郭庆藩：《庄子集释》卷一〇下，中华书局点校本1961年版，第1067页。
② （清）王先谦：《荀子集解》卷一六，《正名篇第二二》，中华书局点校本1988年版，第414页。
③ 《荀子集解》卷四，《儒效篇第八》，第140页。
④ 《孟子译注》卷三，第62页。

文辞不隐情，明情不遗文。人心从之而不逆，古今通贯而不乱，名之义也……万物载名而生，圣人因其象而命之。然而可易也，皆有义从也。故正名以明义也。"① 又曰："治天下之端，在审辨大。辨大之端，在深察名号。名者，大理之首章也"；"名生于真，非其真弗以为名。名者，圣人之所以真物也……欲审曲直，莫如引绳；欲审是非，莫如引名……诘其名实，观其离合，则是非之情不可以相谰已……《春秋》辨物之理，以正其名，名物如其真，不失秋毫之末"②。

王安石也继承了这样的传统，擅长通过辨析名实来正本清源，阐发圣人的微言大义。他认为："圣人之教，正名而已。"③ 又引人的字号以为说："子生而父名之，以别于人云尔。冠而字，成人之道也。奚为成人之道也？成人则贵其所以成人而不敢名之，于是乎命以字之。字之为有可贵焉，孔子作《春秋》，记人之行事，或名之，或字之，皆因其行事之善恶而贵贱之。二百四十二年之间，字而不名者十二人而已。人有可贵而不失其所以贵，乃尔其少也！"④

王安石于名、实之际，既重视贵贱褒贬，也强调辨析同异，体物之精，通过对事物特质的深入探究来训释名辞概念的内在含义，在此基础上完成其对儒家经旨的解说。不同之处在于，王氏辨析名实，主要侧重于字义训释，而非如战国时期诸子之重视逻辑思辨，这是需要注意的。

古文家以考据为先务，砣砣于先秦古文的训释及名物制度的考辨，在注经解经的过程中形成了一整套较为系统和完备的方法，使文字训诂逐渐成为专门之学。许慎《说文解字序》言："盖文字者，经艺之本，王政之始。"曹魏时期的文字学家张揖说："夫《尔雅》之为书也，文约而义固；其陈道也，精研而无误。真《七经》之检度，学问之阶路，儒林之楷素也。"⑤ 唐代学者陆德明也盛赞《尔雅》，认为该书"所以训释《五经》，

---

① （清）苏舆：《春秋繁露义证》卷一七，《天道施第八二》，中华书局点校本1992年版，第471—472页。
② 《春秋繁露义证》卷一〇，《深察名号第三五》，第284—293页。
③ 《王文公文集》卷二七，《原性》，第317页。
④ 《王文公文集》卷三六，《石仲卿字序》，第437页。
⑤ （清）王念孙：《广雅疏证》引张揖《上广雅表》：《续修四库全书》，上海古籍出版社影印本，第191册，第4页上。

辩章同异，实九流之通路，百氏之指南"①。凡此足见文字训诂对于研治儒经乃至其他学问的重要意义。

汉代以来，文字训诂之学大体都是按照《说文解字》和《尔雅》这两大系统发展的。在王氏新学的成员中，王安石本人对《说文》和字义训释着力最勤，对《尔雅》的研究则以其门人陆佃的成就最大。

据王安石本人讲："臣在先帝（英宗）时，得许慎《说文》古字，妄尝覃思，究释其意，冀因自竭，得见崖略。"② 李焘也说："安石初是《说文》，覃思颇有所悟，故其解经，合处亦不为少。"③ 披览王氏经学著述，常有高明独到之处，"视诸儒义说，得圣人之意为多"④，这都得益于他在文辞训释方面的深厚功底。试举数例：

释"敬用五事"："五事，人所以继天道而成性者也"。"敬者何？君子所以直内也，言五事之本在人心而已"⑤。

释"衍忒"："衍者，吉之谓也；忒者，凶之谓也。吉言衍，则凶之为耗可知也；凶言忒，则吉之为当亦可知也。此言之法也，盖自始造书，则固如此矣。福之所以为福者，于文从畐，畐则衍之谓也；祸所以为祸者，于文从咼，咼则忒之谓也。盖忒也、当也，言乎其位；衍也、耗也，言乎其数。夫物有吉凶，以其位与数而已。"⑥

释"若"："《洪范》之陈五事，合于事而通于义者也，如其休咎之效，则予疑焉。人君承天以从事，天不得其所当然，则戒吾所以承之之事可也，必如传云人君行然，天则顺之以然，其固然耶？'僭常旸若'，'狂常雨若'，使狂且僭，则天如何其顺之也？尧、汤水旱，奚尤以取之耶？"⑦ 在这里，王安石反对释"若"为"顺"（顺应）的传统观点，主张释"若"为"如"（犹如），不但于字义文意更加通顺，而且也有力地驳斥了那种认为"人君有某罪则天必应之以某变"的庸俗观点，对天变（灾异）和人事之间的相互关系作了更具说服力的解释。

---

① （唐）陆德明：《经典释文》卷一，《序录》，中华书局标点本1983年版，第17页下。
② 《王文公文集》卷二〇，《进说文札子》，第237页。
③ 《王荆公年谱考略》引李焘《说文解字五音韵谱序》，第382页。
④ 《长编》卷三九〇，哲宗元祐元年十月引刘挚言，第9497页。
⑤ 《王文公文集》卷二五，《洪范传》，第280—281页。
⑥ 同上书，第290页。
⑦ 《王文公文集》卷三〇，《策问十道》，第355页。

释"为己"与"为人":"为己,学者之本也……为人,学者之末也。是以学者之事必先为己,其为己有余而天下之势可以为人矣,则不可以不为人。故学者之学也,始不在于为人,而卒所以能为人也。今夫始学之时,其道未足以为己,而其志已在于为人也,则亦可谓谬用其心矣。廖用其心者,虽有志于为人,其能乎哉?"①

《易泛论》释词举例:"豹,文之蔚然者也。虎,文之炳然者也。虎豹刚健,君子大人之象也";"鸿,进退以时而有序者也";"龟有灵德,潜见以时而不志于养者也。龟,人之所恃以知吉凶者也";"龙,天类也,能见,能跃,能飞,能云雨,而变化不测、人不可系而服者也";"鬼,物之无形者也";"心,体之主也";"孕,女之得其配也,以有为而未功也";"田,兴事之大者也;弋,兴事之小者也";"金,刚而趣变者也;玉,温润粹美,刚而不可变者也";"泣血,阴之忧也。涕,忧之见乎容貌者也。号、嗟,忧之见乎音声者也;号,甚乎嗟者也";"考,父之有成德之称也。长子,一也;弟子,不一也。仆,卑以顺也。童,未有与也。妇,一乎顺者也。妾,配之不正者";"不可,甚乎不利也。可,其为利仅也。有凶,不必凶而凶在其中也。有厉,不必厉而厉在其中也。有悔,不必悔而悔在其中也"②。王氏释词之简明精粹以趋合经义,皆如此类。其解卦名,高明之处亦多,兹不赘述③。

及其训释"新经义",这种特点就更明显了:

释《王风》:"《王》者,周也。自平王东迁,其后政不足以及天下,而止于一国,于是为《风》而不《雅》矣。不言周者,盖平、桓、庄王德之不修,政之不讲,非周之罪也,故次《卫》也。"④

释《豳·七月》:"周公摄政之诗也,所美见于《东山》、《破斧》、《伐柯》、《九罭》、《狼跋》也。其《七月》陈王业,《鸱鸮》以遗王者,皆公所自为,故不言美也。然名之以《雅》,则公非王也;次之以《周南》,则公非诸侯。因其陈王业、先公之所由,乃以属于《豳》也。"⑤

---

① 《王文公文集》卷二六,《杨墨》,第308—309页。
② 《王文公文集》卷三〇,《易泛论》,第342—345页。
③ 《王文公文集》卷三〇,《卦名解》,第347—349页。
④ 《王文公文集》卷三〇,《国风解》,第350页。
⑤ 同上书,第351页。

释"悠哉悠哉":"悠,思之长也。"① 谓思念悠长。较以《毛诗》原释"悠,思也"之干枯,《郑笺》作"思之哉、思之哉"的外露,王氏的解释更加蕴藉含蓄且更富有诗意。

释"值其鹭羽":王氏以"值"为"遭",谓"百姓厌苦之言"②。较之毛氏以"值"为"持",颜师古以"值"为"植",王氏的解释与该诗刺幽公荒淫昏乱的主旨更为贴切。

释"株林":元人刘瑾《诗传通释》引李迂仲之言曰:"王氏以为,株,邑也。邑外曰郊,郊外曰牧,牧外曰野,野外曰林。"③ 诗中提及"株林"、"株野"、"株"等词,可知王氏之解为确。

释"乃寝乃兴,乃占我梦"至"维虺维蛇,女子之祥":吕祖谦《吕氏家塾读诗记》载:"王氏曰:'熊罴,强力壮毅,故为"男子这祥";虺蛇,柔弱隐伏,故为"女子之祥"。'王氏曰:'人之精神,与天地阴阳流通,故梦各以其类至。先王置官,观天地之会,辨阴阳之气,以日月星辰,占六梦之吉凶,献吉梦,赠恶梦。知此则可以言性命之理矣。'"④

王氏训释《诗》义,大致包含两部分内容:一是对《诗经》各篇主旨及篇章排列顺序的解释。王安石认为:"序《诗》者不知何人,然非达先王之法言者,不能为也。"⑤ 足见他对《诗序》的推崇和重视。其对《诗经》各篇主旨的义理阐释,基本上也是依据《诗序》而展开的。不仅如此,他还以美刺褒贬为标准来解释《国风》的排列次序,认为"十有五国之序不无微意也……惟其序善恶以示万世,不以尊卑大小之为后先,而取礼之言以为经,此所以乱臣贼子知惧而天下劝焉"⑥。二是对每篇诗义的训解。上面所举各例,反映出王氏在精释字义词义的同时,也兼顾诗意境界的表达和义理微旨的阐发,力求"信、达、雅"三者俱备。但其侧重点,仍在于阐释经义、弘扬圣人之道,对字词含义的精心推敲也是服务于这一目的的。

王安石注重通过训释字义之精微来领会儒家经旨的学术趣向,在其晚

---

① 《诗义钩沉·诗义》卷一,《国风·周南·关雎》,第11页。
② 《诗义钩沉·诗义》卷七,《国风·陈风·宛丘》,第100页。
③ 《诗义钩沉·诗义》卷七,《国风·陈风·株林》,第104页。
④ 《诗义钩沉·诗义》卷一一,《小雅·鸿雁之什·斯干》,第160页。
⑤ 《王文公文集》卷七,《答韩求仁书》,第77页。
⑥ 《王文公文集》卷三〇,《国风解》,第351页。

年达到了极致。这一时期的代表作，就是《字说》(《字说序》作二十卷，《进〈字说〉表》作二十四卷)。此书于元丰年间进呈宋神宗，与《三经新义》一样颁行于学宫，在当时影响很大①。

王安石在《字说序》中认为：

> 文者，奇偶刚柔，杂比以相承，如天地之文，故谓之"文"。字者，始于一，一而生于无穷，如母之字子，故谓之"字"。其声之抑扬开塞，合散出入，其形之衡从曲直，邪正上下，内外左右，皆有义，皆出于自然，非人私智所能为也。与伏羲八卦，文王六十四，异用而同制，相待而成《易》。先王以为不可忽，而患天下后世失其法，故三岁一同。同者，所以一道德也……故其教学必自此始。能知此者，则于道德之意，已十九矣。②

在《进字说表》中，他又说：

> 窃以书用于世久矣，先王立学以教之，设官以达之，置使以谕之，禁诛乱名，岂苟然哉！凡以同道德之归一，一名分之守而已……道有升降，文物随之，时变事异，书名或改，原出要归，亦无二焉。乃若知之所不能知，思之所不能至，则虽非即此而可证，亦非舍此而能学。盖惟天下之至神为能究此。③

在这两段文字中，王安石不无正确地指出了文字与自然万物的内在联系及其象征意义。《易·系辞上》云："圣人立象以尽意。""夫象，圣人有以见天下之赜，而拟诸其形容，象其物宜，是故谓之象。"④ 在王安石

---

① 《老学庵笔记》卷二载："《字说》盛行时，有唐博士耜、韩博士兼，皆作《字说解》数十卷。太学诸生作《字说音训》十卷。又有刘全美者，作《字说偏旁音释》一卷、《字说备检》一卷；又以类相从，为《字会》二十卷。故相吴元中试辟雍程文，尽用《字说》，特免省。门下侍郎薛肇明作诗奏御，亦用《字说》中语……近时此学既废，予平生惟见王瞻叔参政笃好不衰。每相见，必谈《字说》，至暮不杂他语；虽病，亦拥被指画诵说，不少辍。其次晁子止侍郎亦好之。"（第25—26页）
② 《王文公文集》卷三六，第428—429页。
③ 《王文公文集》卷二〇，第236页。
④ 徐子宏：《周易全译》，贵州人民出版社1991年版，第369页。

看来，文字之起源与伏羲制八卦、文王演《周易》一样，皆圣人用以摹拟世间万象的符号系统。文字不仅是治学求知的工具和门径，其本身也体现了天地造化的复杂与精微，内中有先王圣人的大道存焉。惟其如此，文字对于治道人心有着重要意义，而其核心的功能，即在于"一道德"、"正名分"。所以，王安石对撰为《字说》一书是极端重视的，视其意义不亚于训释《三经》新义。如蔡卞所云："（安石）晚以所学，考字画奇耦横直，深造天地阴阳造化之理，著《字说》，包括万象，与《易》相表里。"①

王安石对治经解经既具有丰富的经验，又一向究心于字义辞义的训释，可知《字说》学有所自，多所发明，殆无疑也。但此书早佚，无从窥视其详，我们也只能从王氏的经学著述中大致了解他在字义训释方面的独到之处。

从文字训诂学的角度看，《字说》与《说文》体例多所违异，是一部打破传统来训释字义的作品。据叶梦得讲：

> 凡字不为无义，但古之制字不专主义，或声或形，其类不一。先王略别之以为六书，而谓之小学者，自是专门一家之学……王氏见字有多义，遂一概以义取之，虽六书且不问矣，况所谓小学之专门者乎？是以每至于穿凿附会，有一字析为三四文者，古书岂如是烦碎哉！②

王安石早年颇覃思于《说文》，不可能不知道许氏以"六书"分析文字的体例，但他过分专注于探讨文字所包含的精微义理了，且认为"先王之文缺已久，慎所记不具，又多舛"③，"遂一概以义取之"。执其一端，不及其余，造成他对字义的训释背离了传统文字学的一般规则，每每望"文"生"义"，强为之说，因而有"穿凿附会"之讥。

朱熹曾描述说："荆公作《字说》时，只在一禅寺中。禅床前置笔

---

① 《郡斋读书志校证》卷一九，第1000页。
② （元）马端临：《文献通考》卷一九〇，《经籍考一七》。中华书局影印本1986年版，第1614页上。
③ 《王文公文集》卷三六，《字说序》，第428页。

砚……就倒向床睡少时，又忽然起来写一两字，看来都不曾眠。字本来无许多义理，他要个个如此做出来，又要照顾得前后，要相贯通。"① 这既反映了王安石刻苦自励、苦心孤诣的精神，却也不免给人以走火入魔的观感。

吴叔扬曾言及《字说》之谬妄："《字说》，诗字从言从寺，谓法度之言也。诗本不可以法度拘，若必以法度言，然则侍者法度之人，峙者法度之山，痔者法度之病也？不知此乃谐声。"② 其言虽近于戏谑，却也一语中的，指出了王氏不本六书而妄释字义的弊端。

王氏训释字义之谬，有更甚于此者。如朱熹谓曰："介甫解佛经亦不是，解'揭帝揭帝'云：'揭其所以为帝者而示之。'不知此是胡语！"③ 倘若朱子之言属实，则王氏之释不仅谬误，简直是荒唐了。王门弟子陆佃作《尔雅新义》，亦多承《字说》之风，穿凿附会，率逞异说。陈振孙评价该书"大率不出王氏之学"④，几近戏谑，玩物丧志。

由于《字说》的确存在着这样那样的问题，所以问世不久就惹得学者"哄然起而交诋"。在王安石的学术著作中，受攻击最厉害的就是这部《字说》。

应该指出的是，既然王安石写这部书的目的是为了"深造天地阴阳造化之理"、"与《易》相表里"，那么它实际已超出了一般文字学专著的范畴，所以评价的标准似乎就不必等齐划一。另外，王安石精于字义训释，"得圣人之意为多"也是当时人所承认的，那么《字说》中对于象形、指事、会意一类文字的训释，必定是有很多精彩之处。所以叶梦得又说："然遂谓之皆无足取，则过也。"⑤ 南宋学者叶大庆的评价，应该是比较公允的："近世王文公，其说经亦多解字，如曰'人为之谓伪'，曰'位者人之所立'，曰'讼者言之于公'，与夫'五人为伍'，'十人为什'，'歃血自明而为盟'，'二户相合而为门'，'以兆鼓则曰鼗'，'与邑交则曰郊'，'同田为富'，'分贝为贫'之类，无所穿凿，至理自明，人

---

① 《朱子语类》卷一三〇，《本朝四·自熙宁至靖康用人》，第 3100 页。
② 《宋元学案》卷九八，《荆公新学略》引《吕氏童蒙训》，第 3250 页。
③ 《朱子语类》卷一三〇，《本朝四·自熙宁至靖康用人》，第 3100 页。
④ 《直斋书录解题》卷三，《小学类·尔雅新义》，上海古籍出版社点校本 1987 年版，第 88 页。
⑤ 《文献通考》卷一九〇，《经籍考一七》，第 1614 页上。

亦何议哉！有如中心为忠，如心为恕，朱晦庵亦或取之。惟是不可解者，亦必从而为之说，遂有勉强之患，所以不免诸人之讥也。"①

概而言之，王安石治经有不凡的成就，其精于字义训释之功不可没。但过分附会己意、私心自用，也会使真理变成谬误，使其学术声誉受到影响。物极必反，此之谓也。

四　博采各家，视野开阔

宋人对于王氏新学或褒或贬，或褒贬相参，但似乎无人否认王安石是一位涉猎广博、视野开阔的学者。苏东坡说王安石"网罗六艺之遗文，断以己意；糠秕百家之陈迹，作新斯人"②，这种看法在当时颇具代表性。今人之推崇王氏学术者，也每每盛称王安石"援道入儒"、"援释入儒"乃至"援法入儒"，以此作为王氏不囿旧说、锐意创新的明证。

王安石认为："世之不见全经久矣。读经而已，则不足以知经。故某自百家诸子之书，至于《难经》、《素问》、《本草》、诸小说，无所不读，农夫女工，无所不问，然后于经为能知其大体而无疑。盖后世学者，与先王之时异矣，不如是，不足以尽圣人故也。"他还援引扬雄的例子说："扬雄虽为不好非圣人之书，然于墨、晏、邹、庄、申、韩，亦何所不读？彼致其知而后读，以有所去取，故异学不能乱也。惟其不能乱，故能有所去取者，所以明吾道而已。"③

对于佛教，王安石表现出异乎寻常的宽容和兴趣，晚年甚至被人讥为"嗜佛"。他曾经对神宗说："臣观佛书，乃与经合。盖理如此，则虽相去远，其合犹符节也。""臣愚以为苟合于理，虽鬼神异趣，要无以异。"④甚至认为："善学者读其书，惟理之求。有合吾心者，则樵牧之言犹不废；言而无理，则周、孔所不敢从。"⑤

事实上，"博采众家"也好，"视野开阔"也罢，乃是宋代众多学者治经解经的共同趋向和特征，绝非王安石一家所独有。这种趋向和特征在

---

① 《考古质疑》卷三，上海古籍出版社点校本1985年版，第29页。
② 《苏轼文集》卷三八，《王安石赠太傅制》，中华书局点校本1986年版，第1077页。
③ 《临川先生文集》卷七三，《答曾子固书》，第779页。
④ 《长编》卷二三三，神宗熙宁五年五月甲午条，第5660页。
⑤ （宋）释惠洪：《冷斋夜话》卷六，《舒王嗜佛》，《稀见本宋人诗话四种》，江苏古籍出版社点校本2002年版，第54页。

那些开风气之先、创一家之言的学者和思想家身上表现得尤为突出。例如：

欧阳修"好古嗜学，凡周、汉以降金石遗文、断编残简，一切掇拾，研稽异同，立说于左，的的可表征，谓之《集古录》。"其于宋代史料学的发展既有开创之功，复以此为重新解释先秦、秦汉之际的儒家典籍，为其以疑古的精神训释经义提供了新的途径。东坡曾叙其文曰："论大道似韩愈，论事似陆贽，记事似司马迁，诗赋似李白。"① 当时识者以为知言。

刘敞进士廷试第一，"学问渊博，自佛老、卜筮、天文、方药、山经、地志，皆究知其大略……尝得先秦彝鼎数十，铭识奇奥，皆案而读之，因以考知三代制度，尤珍惜之。"②

张载少喜谈兵，慨然以丈夫之志自期许。他在范仲淹的开导点拨下，始究心于《中庸》。"读其书，犹以为未足，又访诸释、老，累年究极其说，知无所得，反而求之《六经》。"于是尽弃异学，"与诸生讲学，每告以知礼成性、变化气质之道，学必如圣人而后已"。③

程氏兄弟自少厌弃科举之学，慨然有求道之志。程颢"泛滥于诸家，出入于老、释者几十年，返求诸《六经》而后得之"；程颐"于书无所不读，其学本于诚，以《大学》、《语》、《孟》、《中庸》为标指，而达于《六经》"。④

除此之外，邵雍亦"自雄其才……于书无所不读"⑤；司马光"于学无所不通"，虽自言不喜释、老，却也著有《老子道德经注》等书，可见其对道家之言并非一概排斥⑥；苏东坡博通经史，好贾谊、陆贽之书，尤好《庄子》。且与佛教人士过从甚密，自言"吴、越多名僧，与予善者常十九"⑦。其为学之博杂，更为世人所熟知。

---

① 《宋史》卷三一九，《欧阳修传》，第10381页。
② 《宋史》卷三一九，《刘敞传》，第10386页。
③ 《宋史》卷四二七，《道学传一》，第12723—12724页。
④ 同上书，第12716、12720页。
⑤ 同上书，第12726页。
⑥ 《宋史》卷三三六，《司马光传》，第10769页。《宋史》卷二〇五，《艺文四》，第5181页。
⑦ 《宋史》卷三三八，《苏轼传》，第10801页。《东坡志林》卷二，中华书局点校本1981年版，第41页。

以上这些重量级人物（包括王安石在内）虽治学的门径各有不同，其所成就的领域也各有侧重，却无不表现出包容并举、海纳百川的胸襟和气魄。至于宋代士林中次一等的人物，在诵习儒经、经营举业、释褐入仕之余，也并不避讳跟释、老之士有所瓜葛，谈玄说道已是蔚然成风。这种现象的出现，是长期以来学术思想消长嬗变的必然结果。

（本文原载《隋唐宋辽金元史论丛》第二辑，上海古籍出版社2012年版）

朱熹《仪礼经传通解》的编纂及其礼学价值①

王启发

一 《仪礼经传通解》编纂始末及其基本样式

今传《仪礼经传通解》，是朱熹晚年带领其门生所编撰的礼书的最后定名，此书在朱子生前并没有全部完成，是由其弟子黄榦、杨复先后续补而修成。《四库全书总目提要》录有《仪礼经传通解》三十七卷、续二十九卷，并对该书的编撰过程有所记述，我们不妨以其引领我们进入对《仪礼经传通解》一书的具体考察。《提要》中说：

> 《仪礼经传通解》，宋朱子撰。初名《仪礼集传集注》。朱子《乞修三礼札子》所云：以《仪礼》为经，而取《礼记》及诸经史杂书所载有及于礼者，皆以附于本经之下，具列注疏、诸儒之说，略有端绪，即是书也。其札子竟不果上。晚年修葺，乃更定今名。朱子没后，嘉定丁丑，始刊版于南庚。凡家礼五卷、乡礼三卷、学礼十一

---

① 早在1936年，白寿彝撰写的《〈仪礼经传通解〉考证》一文，发表在《北平研究院院务汇报》1936年7月7卷上。后此文收入《白寿彝史学论集》，北京师范大学出版社1994年版，第1037—1068页。该文对朱熹《仪礼经传通解》一书有着十分详尽细致的考证，对我们今天研究《仪礼经传通解》一书，具有很高的参考价值。新近蔡方鹿在《朱熹经学与中国经学》（人民出版社2004年4月版）第九章"朱子的礼学"第二节"关于《仪礼经传通解》"中又有所论述，同样有值得参考的见解。还有就是以此题目为硕士论文者，但未见出版。本文旨在着重从该书的内容、特点以及对后世礼学的影响方面进行考察，对朱熹礼学体系重要组成部分的礼学经典的编纂与整合的思想史和学术史意义进行讨论。

卷、邦国礼四卷，共二十三卷，为四十二篇，中阙书数一篇。大射至诸侯相朝，尚未脱稿，其卷二十四至卷三十七，凡十八篇，则仍前草创之本，故用旧名《集传集注》，始为王朝礼，中阙卜筮一篇，目录内践阼第三十一以后，序说并阙，盖未成之本也。所载《仪礼》诸篇咸非旧次，亦颇有所厘析。如《士冠礼》，三屦本在辞后，仍移入前。陈器服章戒宿加冠等辞，本总计在后，乃分入前各章之下，末取《杂记》女十五许嫁笄之文，续经立女子笄一目。如斯者不一而足。虽不免割裂古经，然自王安石废罢《仪礼》，独存《礼记》，朱子纠其弃经任传，遗本宗末，因撰是书，以存先圣之遗制，分章表宙，开卷了然。亦考礼者所不废也。其丧祭二门，责成于朱子门人黄榦，盖朱子以创稿属之，杨复原序述榦之言有曰："始余创二礼粗就，奉而质之先师，喜谓余曰：君所立丧祭礼，规模甚善，他日取吾所编家、乡、邦国、王朝礼，其悉用此更定"云云。则榦之所编尚不失朱子之意，然榦仅修丧礼十五卷，成于嘉定己卯。其祭礼则尚未订定，而榦又没。越四年，壬午，张虑刊之于南康，亦未完本也。其后杨复重修祭礼，郑逢辰进之于朝，复序榦之书云"《丧礼》十五卷，前已缮写，《丧服图式》，今别为一卷，附于正帙之外"。前称《丧服图式》、《祭礼》遗稿，尚有未及订定之遗憾，则别卷之意故在此。又自序其书云："南康学宫，旧有家、乡、邦国、王朝礼，及张侯虑续刊《丧礼》，又取祭礼稿本，并刊而存之"；"窃不自揆，遂据稿本，参以所闻，稍加更定，亦续成其书。"凡十四卷，今卷十六至卷二十九，皆复所重修。合前《经传集解》及《集传集注》总六十有六卷，虽编纂不出一手，而端绪相因，规模不异，古礼之梗概节目，亦略备于是矣。①

从以上所记我们可以得到几个主要的信息，一是朱子曾经准备上书于朝廷，奏请朝廷组织人力对三礼之书做重新的编修，但此上书未能奏上；二是朱子生前订定的此书为二十三卷，即名《仪礼经传通解》，而二十四卷至三十七卷则未及朱子亲手订定，故仍以《集传集注》名之；三是朱子死后，《仪礼经传通解》全书由其弟子黄榦、杨复先后续完、订定

---

① 中华书局1965年版，第179页。

而成。

在朱熹的《文集》里保留着他准备上奏朝廷的那篇《乞修三礼札子》①，其中体现了朱熹编修礼书的基本动机，同时表达了其期待官方朝廷能够支持重修三礼这项工作的强烈愿望。

在这篇文章中朱子提出，自秦汉魏晋以来，所传礼学，"惟三礼而已"，《仪礼》乃其本经，《礼记》乃其义说，《周礼》为礼之纲领。在隋唐以后的科举教育中，有三礼、通礼、学究诸科，士人学子尚能通过诵习经典而知其说，但是到宋熙宁时，王安石废罢《仪礼》，独存《礼记》之科，弃经任传，遗本宗末。当时博士诸生也是诵习虚文，对其中的礼仪内涵，"咸幽冥而莫知其源"，一遇到议礼之事时，"率用耳学臆断而已"。至于乐教，更是"绝无师传"，乐理上的律尺声音，"学士大夫未有知其说者，而不知其阙也"。针对这种礼乐情况，朱熹为加以改变也曾有所努力，"尝与一二学者考订其说，欲以《仪礼》为经，而取《礼记》及诸经史杂书所载有及于礼者，皆以附于本经之下，具列注疏、诸儒之说，略有端绪"，但是终因私家无书简阅，无人抄写，久之未成。还有钟律之制，虽"士友间有得其遗意者"，朱熹也"欲更加参考，别为一书"，但"亦未能具"。因此，朱熹"欲望圣明特诏有司"，一是许其"就秘书省、太常寺关借礼乐诸书"，并"自行招致旧日学徒十余人"；二是能够提供空闲官屋数间、逐月量支钱米，以供饮食、纸札、油灯之费；三是由临安府差拨贴司二十余名作为抄写人，并为之提供犒赏。最后，朱子认为，编修此书，既可以使传统礼乐"兴起废坠，垂之永久"，又可以"为圣朝制作之助"。

然而遗憾的是，朱熹的这番表述并没能得以上奏，《年谱》称其"会去国，不及上"。朱熹在此事上对官方的期待也就未能实现。在《朱子语类》卷八十四中，记录了朱子后来对此事的回忆。

编纂礼书，可以说是朱熹晚年思想学术上的一项主要工作。《朱子语类》中记录朱子的话说："礼乐废坏两千余年，若以大数观之，亦未为远，然已都无稽考处。后来须有一个大大底人出来，尽数拆洗一番，但未知远近在几时。今世变日下，恐必有个'硕果不食'之理。"② 钱穆认为

---

① 《朱熹集》，四川教育出版社1996年版，第569页。
② 《朱子语类》卷八四，中华书局1986年版，第2177页。

此言是在朱子五十九、六十岁时吴必大所记。① 从这段感慨般的话语中，我们可以感觉到朱子对于全面整合古代礼学所抱有一种强烈期待，同时也透露出一些自己的抱负。朱熹还说："今欲定作一书，先以《仪礼》篇目置于前，而附《礼记》于后。如《射礼》则附以《射义》。似此类，已得二十余篇。若其余《曲礼》、《少仪》又自作一项而以类相从。若疏中有说制度处，亦当采取以益之。旧尝以此例授潘恭叔，渠亦曾整理数篇来。"② 钱穆认为此是朱子六十二岁时，郑可学所记。此外，《朱子语类》中还有对此礼书编纂过程的记录，如"或问礼书修得有次第否。曰：散在诸处，收拾不聚。苦每日应酬多，功夫不得专一。若得数月闲，更一两朋友相助，则可毕矣。"③《朱子年谱》说："（庆元）二年丙辰，六十七岁。是岁始修礼书，名曰《仪礼经传通解》。"④ 讲的就是朱熹在离官去职之后专注于礼书的编纂。

还有，在《答廖子晦》、《答应仁仲》等书信中，朱熹都提到了礼书编纂的进展情况⑤。如《答应仁仲》："前贤常患《仪礼》难读，以今观之，只是经不分章，记不随经，而注疏各为一书，故使读者不能遽晓。今定此本，尽去此弊，恨不得令韩文公见之也。"⑥ 前贤即指韩愈。在《答李季章》"所编礼传，已略见端绪，而未能卒就。若更得年余间未死，且与了却，亦可瞑目矣……今大体已具者盖十七八矣。"⑦ 这时，朱熹已年六十九岁。而越到后来，朱熹精力益衰，"甚望贤者之来，了却礼书"，成了朱子最终的愿望。

前人的研究多有论及参与朱子编修礼书的人士，如据白寿彝、钱穆考证，先后参与协助朱子编修礼书者，有刘贵溪、赵致道、黄榦、吕子约、刘履之、刘用之、应仁仲、赵恭父、廖子晦、潘恭叔、杨复、浙中朋友、

---

① 《朱子新学案》，巴蜀书社1986年版，第1328页。
② 《朱子语类》，第2186页。
③ 《朱子语类》卷八十四。
④ 王懋竑《朱子年谱》，何忠礼点校，中华书局1998年版，第258页。
⑤ 在朱子与他人的书信往来中，还有很多提到礼书编撰一事的内容，可以参见白寿彝《〈仪礼经传通解〉考证》以及钱穆《朱子新学案》所录相关内容。
⑥ 《朱熹集》卷五十四，第2705页。
⑦ 《朱熹集》卷三十八，第1738页。

明州诸人、四明永嘉诸人、江右朋友等①。

此外，钱穆还提出，朱子编修礼书之事，似发端于其与吕祖谦一派的学术交往所受的启发②。如在《答潘恭书》中，朱熹提到，"《礼记》须与《仪礼》相参通修，作一书，乃可观。中间伯恭欲令门人为之，近见路德章编得两篇，颇有次第。然渠辈又苦尽力于此，反身都无自得处，亦觉极费功夫。熹则精力已衰，决不敢自下功夫矣。恭叔暇日能为成之，亦一段有利益事。但地远不得相聚评订为恨。"③ 据此，钱穆认为，"东莱先有意为此事，朱子继起在后"。④ 笔者以为，从朱熹的思想学术的抱负来看，或可以说是同有此意乃至不谋而合更为适宜，因为从朱子文集中的《问吕伯恭三礼篇次》一篇⑤来看，朱熹对重修三礼已经有所计划以至正在进行中，所以才有与吕祖谦如此探讨交流。其所列篇次也正是后来的《仪礼经传通解》篇次的雏形。

朱熹编修礼书是经过几番设计而后才定型的⑥。作为《仪礼经传通解》的雏形亦即其前期计划是：

《仪礼附记》上篇：《士冠礼》，《冠义》附；《士昏礼》，《昏义》附；《士相见礼》；《乡饮酒礼》，《乡饮酒义》附；《乡射礼》，《射义》附；《燕礼》，《燕义》附；《大射礼》；《聘礼》，《聘义》附；《公食大夫礼》；《觐礼》。

《仪礼附记》下篇：《丧服》，《丧服小记》、《大传》、《月服问》、《间传》附；《士丧礼》；《既夕礼》；《士虞礼》，《丧大记》、《问丧》、《曾子问》、《檀弓》附；《特牲馈食礼》；《少牢馈食礼》；《有司》，《祭义》、《祭统》附。

《礼记篇次》：《曲礼》、《内则》、《玉藻》、《少仪》、《投壶》、《深衣》，六篇为一类；《王制》、《月令》、《祭法》，三篇为一类；《文王世子》、《礼运》、《礼器》、《郊特牲》、《明堂位》、《大传》（与《丧小记》

---

① 白寿彝：《〈仪礼经传通解〉考证》，《白寿彝史学论集》，第1050页；钱穆：《朱子新学案》，第13443、1344页。

② 《朱子新学案》，第1326页。

③ 《文集》卷五十，《朱熹集》，第2430页。

④ 《朱子新学案》，第1327页。

⑤ 《朱熹集》，第3885页。

⑥ 参见白寿彝《〈仪礼经传通解〉考证》一文。

错误处多，当厘正)、《乐记》，七篇为一类；《经解》、《哀公问》、《仲尼燕居》、《坊记》、《儒行》，六篇为一类；《学记》、《中庸》、《表记》、《缁衣》、《大学》，五篇为一类。

值得注意的是，在上述有关《礼记》篇次中，未列《杂记》和《孔子闲居》等篇。而且也并未像文题所称包括《周礼》的内容。

在后来具体编修的时间里，朱熹一方面按照其既往对《三礼》地位的认识以排列经传次第，同时又有意扩大对古礼资料的采编范围。这在朱熹的谈论中即有所体现，也引起后来学者的关注（如钱穆等）。如在另一《答潘恭书》中，即谈及此问题。朱熹说："《仪礼附记》似合只德章本子，盖免得拆碎《记》文本篇。如要逐段参照，即于章末结云'右第几章'，《仪礼》即云'记某篇第几章当附此'。（不必载其全文，只如此亦自便于检阅。）《礼记》即云'当附《仪礼》某篇第几章'。又如此《大戴礼记》亦合收入，可附仪礼者附之，不可者分入五类。如《管子·弟子职》篇，亦合附入《曲礼》类。其他经传类书说礼文者并合编集，别为一书。《周礼》即以祭礼、宾客、师田、丧纪之属事别为门，自为一书。如此即礼书大备。但功力不少，须得数人分手乃可成耳。"又说："若作集注，即诸家说可附入……若只用注疏，即不必然"，"分为五类，先儒未有此说。第一类皆上下大小通用之礼，第二类及国家之大制度，第三类乃礼乐之说，第四类皆论学之精语。第五类论学之粗者也。（《大戴礼》亦可依此分之。）"①

由以上的材料，朱子编纂礼书的宗旨与特点大体得以显现出来。

在这里我们再将前述朱熹所列《三礼》篇次与后来的《仪礼经传目录》和《仪礼集传集注目录》直观地比较。

《仪礼经传通解目录》如下：

家礼：士冠礼、冠义、士昏礼、昏义、内则、内治、五宗、亲属记。

乡礼：士相见礼、士相见义、投壶、乡饮酒礼、乡饮酒义、乡射礼、乡射义。

学礼：学制、学义、弟子职、少仪、曲礼、臣礼、钟律、钟律义、诗乐、礼乐记、书数、学记、大学、中庸、保傅传、践阼、五学。

邦国礼：燕礼、燕礼义、大射礼、大射义、聘礼、聘义、公食大夫

---

① 《朱熹集》，第2437、2438页。

礼、公食大夫义、诸侯相朝礼、诸侯相朝义。

《仪礼集传集注目录》如下：

王朝礼：觐礼、朝事义、历数、卜筮（缺）、夏小正、月令、乐制、乐记、王制（甲分土、乙制国、丙王礼、丁王事、戊设官、己建侯、庚名器上、辛名器下、壬师田、癸刑辟）。

显然，朱熹在礼书的实际编修中确实扩大了古礼文献的吸收范围，也就是不仅限于取材于《三礼》，而包括"其他经传类书说礼文者"，这在《仪礼经传通解目录》的序题文字中又有着更为清楚的说明，详见后述。

从尔后流传的《仪礼经传通解》的样式来看，即如朱子的季子朱在《跋仪礼经传通解目录》所云：

> 先君所著《家礼》五卷、《乡礼》三卷、《学礼》十一卷、《邦国礼》四卷、《王朝礼》十四卷。其曰《经传通解》者，凡二十三卷；盖先君晚岁之所新定，是为绝笔之书。唯《书数》一篇，缺而未补；而《大射礼》、《聘礼》、《公侯大夫礼》、《诸侯相朝礼》八篇，则犹未脱稿也。其曰《集传》、《集注》者，此书之旧名也，凡十四卷。为《王朝礼》而下《卜筮篇》亦缺。余则先君所草定，而未暇删改也。至于丧、祭二礼，则尝规模次第，属之门人黄榦，俾之类次，他日书成，亦当相从于此，庶几本书本末具备。①

又元代方回《桐江集·读朱文公仪礼经传跋》中所云，使我们对《仪礼经传通解》的基本样式有所了解，他说：

> 朱文公取《仪礼》十七篇，分配门类，广掇诸书，充衍其义，已成者家礼、乡学礼、邦国礼，有《仪礼》以为之经，而诸书之不出于《仪礼》者，亦揭之以为经，低一字而书之者为之传，有注或疏，间断以己见，名曰《仪礼经传通解》。王朝礼无经而有传，名曰《仪礼集注》，盖为未成书也。尝属黄勉斋续为丧礼、祭礼，勉斋后成丧礼矣，祭礼已稿未成，其门人三山杨复，号信斋，续成祭礼，皆

---

① 见四库全书本《仪礼经传通解》。

以《仪礼》，或诸书为经，它为传，皆名曰《仪礼经传通解续》。①

最后，我们再把《仪礼经传通解续》的篇目列举如下，以见全豹。

丧服、士丧礼（上、下）、士虞礼、丧大记（上、下）、卒哭祔练祥禫记（吉祭忌日附）、补服、丧服变除、丧服制度、丧服义、丧通礼、丧变礼、吊礼、丧礼义、丧服图式目录。

特牲馈食礼、少牢馈食礼、有司彻、诸侯迁庙、诸侯衅庙、祭法、天神、地示、百神、宗庙、因事之祭、祭统、祭物、祭义。

可以说，造就一部具有备览性质的礼典大全，以应当朝之需，是朱子最大的心愿。如果说汉代的郑玄是以通注《三礼》的方式，对传统礼经礼典作了一次注疏式的整合，那么朱子则是以经传合编，吸纳百家言的方式，对古今礼典进行了一次更为全面的整合。《仪礼经传通解》本身，与其说是一部礼书，毋宁说是带有体系性的礼仪大典。如果从以礼为法的角度来说，朱熹编撰此书的目的还在于齐整世间风俗，重建理想的礼仪化社会生活，各种的礼仪典范尽收其中，其价值在于整体性。

二 《仪礼经传通解》的基本内容

朱熹在《仪礼经传目录》下，称引班固《汉书·艺文志》、刘歆、贾公彦等人说法，对《仪礼》的由来有所说明。又在篇第目录之下，有一些序题性文字，除了称引郑玄《三礼目录》中的说明行文字之外，还附以一些必要的说明，从中我们大体可以看出朱熹编纂《通解》一书的意旨所在。现择录其文如下：

《士冠礼》第一：大、小戴及《别录》皆此为第一，今仍旧次，而于其文颇有所厘析云。

《冠义》第二：此《小戴记》第四十三篇，盖汉儒所造以释冠礼之义者也。《家语·冠颂篇》略见天子、诸侯、大夫之礼，《小戴·曾子问》

---

① 方回（1227—1307）元代诗人、诗论家。字万里，一字渊甫；号虚谷，别号紫阳山人。歙县（今属安徽）人。著有文集《桐江集》8卷和诗文集《桐江续集》36卷。此段跋文见《续修四库全书》集部·别集类第1322册，第404页（上海古籍出版社2002年版）。

中有变礼，《春秋》内外传有事证，今皆以附于后，定为第二，而递改下篇之次云。

《士昏礼》第三：大、小戴及《别录》皆此为第一，今颇离析之而定为第三云。

《昏义》第四：此《小戴》第四十四篇，盖汉儒所造以释昏礼之义者也。今以《郊特牲》、《坊记》、《曾子问》及《诗》、《春秋》内外传、《白虎通义》、《说苑》所说昏礼之义及其变节合之以为此篇。

《内则》第五：此《小戴》第十二篇，盖古经也。郑氏以为及男女居事父母、姑舅之法，以闺门之内礼仪可则，故曰《内则》。今案：此必古者学校教民之书，宜以次于《昏礼》，故取以补经而附以传记说云。

《内治》第六：古无此篇，今取《小戴·昏义》、《哀公问》、《文王世子》、《内则》篇及《周礼》、《大戴礼》、《春秋》内外传、《孟子》、《书大传》、《新序》、《烈女传》、《前汉书》、贾谊《新书》、《孔丛子》之言人君内治之法者，创为此记，以补经缺。

《五宗》第七：古无此篇，今取《小戴·丧服小记》、《大传》、《曾子问》、《内则》、《文王世子》、《檀弓》、《曲礼》篇及此经《丧服传》、《春秋》内外传、《家语》、《白虎通义》、《书大传》、《孔丛子》之言宗子之法以治族人者，创为此篇。

《亲属记》第八：此《尔雅》之《释亲篇》、《白虎通义》所谓"亲属记"者也。以其具载闺门三族亲戚之名号故列于此。而《通义》所释，亦因以附焉。

《士相见礼》第九：大、小戴及《别录》皆第三。今出其见君者数条入《臣礼篇》，而取《曲礼》、《少仪》、《玉藻》诸篇言相见饮食之礼者附之。

《士相见义》第十：古无此篇，刘敞补亡，今以《白虎通义》附其后。

《投壶礼》第十一：此《小戴》第四十篇，郑氏以为实《曲礼》之正篇，其事与射为类，于五礼宜属嘉礼。今取《大戴》及《少仪》合之，以继《士相见礼》之后。

《乡饮酒礼》第十二：乡饮酒于五礼属嘉礼，大戴此乃第十、小戴及《别录》此皆第四。今略取《少仪》一二附记下云。

《乡饮酒义》第十三：此《小戴》第四十五篇，亦汉儒所造以释乡饮酒之义者也。上篇所陈乃乡大夫将兴其贤能而宾之之礼，此义中第五章中兼有党正正齿之位。今附于本篇之次。

《乡射礼》第十四：今按：此篇与上篇戒宿饮燕之节略同，他经之注似此者多不重出，而郑（玄）于此注更详具之，是后诸篇亦复仿此，盖恐后人因事检阅者，不能一一通贯，故不惮其繁复耳。

《乡射义》第十五：此《小戴》第四十五篇，亦汉儒所造以释乡射之义者也。今取其言乡党习射询众庶者为此篇，而出其言天子、诸侯将祭选士者为大射义，见后篇。

《学制》第十六：古无此篇。此类今家塾党庠遂序皆为乡学，则其礼之次宜有以见其设教导民之法，故集诸经传创立此篇，以为此类之首。

《学义》第十七：此篇亦古所无，今集诸经传凡言教法之意者补之，以释上篇之义。

《弟子职》第十八：此《管子》全篇，言童子入学受业事师之法。今分章句，参以众说，补其注文，以附于经。

《少仪》第十九：此小戴记之第十七篇，言少者事长之节，注疏以为细小威仪，非也。今厘其杂乱，而别取他篇及诸书以补之。

《曲礼》第二十：此小戴记之第一篇，言委曲礼仪之事，所谓"曲礼三千"者也。其可随事而见者，已包在经礼三百篇之内矣。此篇乃其杂碎首尾出入诸篇，不可随事而见者，故合而记之，自为一篇……盖曲礼之记也戴氏编礼时已亡逸，各特以其首章之幸存者而杂取诸书。

《臣礼》第二十一：古无此篇。今案：事亲事长、隆师亲友、治家居室之法各有成篇，独臣事君三纲之大，其法尤严，乃独无所聚而散出于诸书，学者无所考焉。今掇其语，创为此篇。

《钟律》第二十二：古无此篇。今以六艺次之，凡礼之通行者，以略见上诸篇矣。此后当继以乐，而《乐经》久已亡逸，故取《周礼》郑注、太史公、《淮南子》、前后《汉志》、杜佑《通典》之言律吕相生、长短均调之法，创为此篇，以补其阙。

《钟律义》第二十三：古无此篇。今取（阙）

《诗乐》第二十四：古亦无此篇。而大乐遗声，其绝久矣。今取世传唐开元十二诗谱补之，以粗见其仿佛，然亦未知其果有以合于古之遗声否也。

《礼乐记》第二十五：古无此篇，今取诸记中通论礼乐大指者合为此篇，以通释礼乐之义。

《书数》第二十八：（今阙）古无此篇，今案六艺之射已略见上《乡射》及下《大射》篇，御法则废不可考矣。唯书数日用所需，不可不讲，故取许氏《说文解字》序说及《九章算术》为此篇，以补其阙，然亦不能详也。

《学记》第二十七：《小戴》第四十八篇，沿古者学校教人传道授业之次序与其得失兴废之所由，盖兼大小学而言之。旧注多失其指，今考横渠张氏之说，并附己意以补其注云。

《大学》第二十八：《小戴》第四十二篇，专言古者大学教人之次第，河南程氏以为孔氏之遗书者也。秦汉以来儒者即失其传，故其旧文舛错为甚，而训说亦不能得其微意。今推本程氏，既绪正之，仍别为之章句。读者宜尽心焉，则圣贤之学可渐而进矣。

《中庸》第二十九：《小戴》第三十一篇，程氏以为孔门传授心法，而其书成于子思，其言大抵与《大学》相发明……今亦本程氏别为章句，读者熟复而深味之，则圣贤传付之密旨，庶乎其有以自得之矣。

《保傅》第三十：汉昭帝诏曰："通《保傅传》"，文颖以为贾谊所作，即此篇也。今在大戴礼为第四十八篇，其词与谊本传疏语正合。

自《践阼第三十一》以下至《诸侯相朝义第四十二》序题并阙。

从以上序题的文字中我们可以看到，朱子编纂《通解》一书之所本，以及其或创立、或补充、或附记的材料来源所自。值得注意的是，上述"古无此篇"条下，均大致说明了创设此篇的依据。意在补古礼传授之阙。

对于《践阼》以下各篇的内容，以及其取材出处，我们不妨再简要地做些说明，以补《通解》序题之阙。

《践阼》第三十一，记录天子诸侯问为君之道的文字。其中"武王践阼"一段取自《大戴礼》并按称其"多阙衍舛误，故存其旧"；"鲁哀公问于子夏"一段，取自《新序》；"鲁哀公问于孔子"一段，《通解》注称"《荀子·哀公篇》、《家语》、《新序》大同小异"，间或取之；其后"贾子曰：天子不论先圣王之德"一段，取自《大戴礼记·保傅》；"传曰"一段，取自《荀子·大略》、《说苑·修文》；随后"楚庄王谋事而当"一段取自《新序》，"燕昭王收破燕后即位"一段取自《战国策》。

《五学》第三十二，记录天子视学及养老礼仪，言学礼曰而以《尚书大传》、《内则》、《王制》、《祭义》、《曲礼》等当中的文字为经，又以

《文王世子》、《祭义》、《家语》、《尚书大传》中的文字为传。

《五学》以下，《燕礼》第三十三、《大射仪》第三十四、《聘礼》第三十五、《公食大夫礼》第三十六取自《仪礼》，在《聘礼》篇首的记文中补《曲礼》、《周礼》的文字。《燕义》第三十七、《大射义》第三十八、《聘义》第三十九取自《礼记》（并以《国语》、《左传》史事补其文），《公食大夫义》第四十取自刘敞所补，《诸侯相朝礼》第四十一取《周礼·大行人》、《司仪》、《礼记·曾子问》；《诸侯相朝义》第四十二取自《大戴礼记·朝事》。

自《觐礼》第四十三开始，至《王制癸·刑辟》，即为《仪礼集传集注》部分，按照朱熹的划分属于王朝礼。

《觐礼》一篇，以《仪礼》为本经，以《周礼·大行人》、《小行人》，还有司关、讶士、掌讶、环人、野庐氏、大司徒、司服、牛人等职官的执掌，以及《礼记·王制》、《曲礼》、《郊特牲》为记文。《朝事义》取自《大戴礼记》。

《历数》一篇，取《史记·五帝本纪》、《尚书·尧典》、《洪范》、《周礼·太史》、《冯相氏》之文。

《夏小正》一篇，《通解》将其解析为经、传两部分，并在篇末附以《汲冢周书》有关"周月"的记载，还有《国语·周语》单子称述《夏令》的文字，《国语·鲁语》里革称述有类于《月令》的文字，《孔丛子·杂训》县子问子思，子思言"三统之义，夏得其正"的文字，以作为传文的补充。①

《月令》一篇，全取《礼记·月令》。

《乐制》一篇，先以《周礼·大宗伯》、《大司乐》等职官中的文字，以及《左传》鲁隐公问羽数于众仲，《荀子·乐论》"声乐之象"一节，还有《白虎通·礼乐》"八音者何谓也"一节，又《国语》和《左传》昭公二十一年所记周景王问伶州鸠对以声乐之道，《史记·乐书》"太史公曰"之论。

在《乐记》一篇中，除了取《礼记·乐记》的文字之外，还有《淮

---

① 《四库全书总目提要》在《夏小正戴氏传四卷》条下称："宋傅崧卿撰。盖是书之分经传，自崧卿始。朱子作《仪礼经传通解》，以《夏小正》分析经传，实沿其例。"由此可见朱熹对当时礼家见解的吸收采纳。中华书局 1965 年版，第 175 页。

南子·泰族》、黄石公《三略》、《左传·昭公元年》、《尚书大传》、《孔子家语》、《左传·襄公二十九年》、《孔子家语》、《吕氏春秋·古乐》当中有关雅颂之声、先王之乐、六律者何、乐所由来者等方面的议论和有关孔子学乐于师襄子、子路鼓琴、季札请观周乐等史事的记载。

在《仪礼集传集注》的"王制"部分,作为王朝礼的重要内容,被划分为十个部分,亦即"甲分土、乙制国、丙王礼、丁王事、戊设官、己建侯、庚名器上、辛名器下、壬师田、癸刑辟"十个单篇,在内容以及取材上可以略举其例如下:

《分土》一篇,以《尚书·禹贡》、《礼记·王制》、《周礼·地官·大司徒》、《周礼·夏官·职方氏》中有关天子(王)封邦建国设立诸侯的制度为经文。为传文者,分别取自《国语·周语》、《孔丛子》、《公羊传》、《左传》、《韩诗外传》等。

《制国》一篇,先取《周礼》大司徒建邦国之法,量人、匠人之职,以《大戴礼记·明堂》、《礼记·明堂位》言"明堂"者,及《周礼·内宰》之职为传文;后以《周礼·载师》、《遂人》、《大司徒》《小司徒》、《冬官·匠人》等职文和《礼记·王制》中的土地田亩制度为经文,以《孔子家语》、《孟子·滕文公上》、《公羊传·宣公十五年》"公羊子曰"、"何休曰"、《国语·齐语》管仲与齐桓公言"处四民"、"制国"之法,《左传·襄公二十五年》"楚芧掩为司马,子木使庀赋"之事为传文。

《王礼》一篇,以《礼记·经解》"天子者,与天地参"、《周礼·秋官朝士注》"天子之礼有五门"、《周礼》朝士、小司徒、大仆、小宰等职文,以及《礼记·礼运》"宗祝在庙、三公在朝、三老在学"、《荀子·正论》"天子出户而巫觋有事"、《尚书大传·九共传》"古者天子必有四邻"、《尚书·立政》"周公作《立政》以戒成王"、《史记》"昔《孝经》、《周礼·冢宰》、《荀子·王霸》等以为文,而没有经传的划分。

《王事》一篇,取《尚书·舜典》、《礼记·王制》、《尚书·周官》、《周礼·秋官》大行人以下职官之职文,还有《孟子·梁惠王下》、《孟子·告子下》、《文子·上义》、《礼记·祭义》"天子藉田千亩","天子诸侯公桑蚕室"、《祭统》、《国语·周语》、《国语·鲁语》、《周礼》太宰等之职,还有《礼记·王制》、贾谊《新书·礼篇》、《国语·楚语》、《荀子·大略》、《礼记·曲礼》、《少仪》、《谷梁传》、《周礼·膳夫》、《周礼·司服》、《礼记·玉藻》、《说苑》、《孔子家语》、《左传》、《礼记·檀弓》，以上《王事》中所录皆是经传所记关于天子巡狩、诸侯述职，天子诸侯公桑蚕室，王行籍田之礼、王后亲织，天子诸侯财货赋敛、财用保障以及灾荒时节俭等方面的内容。

《设官》一篇，①以《左传·昭公十七年》所记黄帝设官之文为经，以其所记叔孙昭子问于郯子，仲尼闻之，见郯子而学的文字为传。②以《吕氏春秋·勿躬》所记古之为官者的职事为经，以其所言"此二十官者，圣王之所以治天下"之文为传。③以《礼记·王制》所记唐虞夏商建官设职、土地俸禄等文字为经，以《尚书大传·立政传》所记相关文字为传。④以《周礼·宗伯》、《周礼·典命》、《尚书·周官》所记各种官名、等列、执掌，还有《礼记·王制》百官执事为文，未出传文。

《建侯》一篇，①以《礼记·王制》"凡建邦国"之文为经，以《周礼》及郑玄注《尚书·费誓》、《书大传》有关诸侯方域、宫门的文字为传。②以《周礼·春官·司几筵》、《周礼·天官·冢宰》王命诸侯之礼、冢宰之职为经，以《左传·定公四年》周王分封史事、《尚书·牧誓》、《左传》言"司徒、司马、司空"之官者、《礼记·内则》"后王命冢宰"、《左传·成公十五年》记诸侯国职官等为传。③以《周礼》冢宰、大祝、大史之职为经文，以《礼记·玉藻》、《春秋·鲁文公六年》、《论语·八佾》、《公羊传·文公六年》等有关诸侯告朔之文为传。④以《周礼》大宗伯、大司马、撢人、司服、典瑞、巾车等职文，及《尚书大传》所记诸侯为天子正职行事等文字为经，以《书·文侯之命》、《国语·齐语》、《书·大禹谟》、《书·甘誓》、《书·胤征》、《左传》、《礼记·王制》等所记有关天子赏赐、诸侯事天子的文字为传。⑤以《国语·楚语》、《左传》《孝经》、《论语》等有关诸侯之政为经，以约略《白虎通义·封公侯》、《白虎通义·京师》、《白虎通义·爵》等有关封诸侯之子的文字为传。

《名器》上、下两篇，①以《礼记·玉藻》、《曲礼》中的称谓礼数，《礼记·玉藻》、《深衣》中的冠冕服饰，《周礼》弁师、司服、追师等所掌冠冕服饰之职为经，以《家语》、《玉藻》、《深衣》等当中相应的文字为传。②以《周礼·大宗伯》、《周礼·典瑞》、《周礼·玉人》、《荀子·大略》、《礼记·杂记》、《礼记·杂记》、《礼记·玉藻》等有关礼器服饰的文字为经，以《礼记·聘义》的相关文字为传；③以《周礼·天官·

屦人》、《周礼·春官·巾车》、《周礼·地官·掌节》等职官执掌车服器具的文字为经,以《礼记·明堂位》、《春秋公羊传》等相关礼仪记事为传。

《师田》一篇,以《周礼》各种职官与军事活动有关的职文,以及《礼记·王制》、《风后握机经》、《司马法》、《孔丛子·问军礼》、《儒服》、《礼记·曾子问》、《少仪》等当中有关战阵、兵法、军礼等方面的内容。还有如《国语·齐语》、《国语·晋语》、《礼记·檀弓》、《孔子家语·子贡问》、《司马法》、《礼记·王制》、《诗经·车攻》注疏文、《春秋公羊传》、《国语·周语》、贾谊《新书》、《左传》有关田猎巡守等方面的文字。此篇没有经传的划分。

《刑辟》一篇,取《尚书虞书》、《周礼》有关刑罚司法等方面的文字,还有《尚书·吕刑》、《国语·鲁语》、《孔子家语·五刑》、《荀子》、《国语·周语》、《孔丛子》、《左传》所记有关刑法议论和历史事件以为文。

由上可见,《仪礼集传集注》的"王制"部分广泛收录经、传、子、史的有关内容以为篇章。正是朱子编纂此《礼书》而设置王朝礼一目,遂为后世编修礼书者所效法。如元代马端临《文献通考》中列《王礼》一门即"盖本晦庵《仪礼经传通解》所谓王朝之礼也"。①

自《王朝礼》以下的各卷为丧礼和祭礼部分,是由黄榦、杨复续补完成的部分,以《仪礼经传通解续》名之。也就是说,朱熹生前所编撰或通览过的部分就到《王朝礼》为止,丧服、祭礼部分则在黄榦、杨复所撰《仪礼经传通解续》二十九卷中。其中黄榦所撰部分有:丧服、士丧礼(上、下)、士虞礼、丧大记(上、下)、卒哭祔练祥禫、补服、丧服变除、丧服制度、丧服义、丧通礼、丧变礼、丧礼义。杨复所撰部分有:仪礼丧服图式;祭礼:特牲馈食礼、少牢馈食礼、有司彻、诸侯迁庙、祭法、天神、地示、百神、宗庙(上、中、下)、因事之祭(上、下)、祭统(上、下)、祭物(上、下)、祭义。

杨复在其《嘉定癸未刊仪礼经传通解续目录后序》、《嘉定癸未刊仪礼经传通解续丧礼后序》、《嘉定癸未刊仪礼经传通解续祭礼后序》、《绍定癸未刊仪礼经传通解续修定本序》等几篇文字中比较详细地叙述了

---

① 《文献通考自序》。

《仪礼经传通解续》的编纂过程，特别是与朱熹一贯的礼学思想和宗旨的联系。

三 《仪礼经传通解》的主要特点及礼学价值

从以上对《仪礼经传通解》内容的引述中，我们就已经可以直观地感觉到朱熹编撰此书的一些特点所在，也为我们理解此书的价值提供了直接的线索，以下再加以概括地说明。

《仪礼经传通解》的内容主要包括几方面，一是篇章的设计，二是内容的编排，三材料的选取，四是除注疏之外的注文。那么其特点也正体现在这些方面。

第一，在篇章设计上，《通解》并没有以《周礼·春官·大宗伯》中所称述的"吉、凶、宾、军、嘉"的"五礼"分类模式进行编排，尽管自汉晋以后，"吉、凶、宾、军、嘉"的"五礼"模式已经成为比较通行的礼学分类的基本模式，无论是在郑玄的《三礼注》，还是史书中的《礼志》，大多采用这样的模式；然而《通解》则是以家礼、乡礼、学礼、邦国礼、王朝礼、丧礼、祭礼的模式进行篇章编排的，这大体是对《仪礼》各篇进行分类之后而确定的模式，即以《士冠礼》、《士昏礼》为家礼，以《士相见礼》、《乡饮酒礼》、《乡射礼》为乡礼，以《燕礼》、《大射》、《聘礼》、《公食大夫礼》为邦国礼，以《觐礼》为王朝礼，以《丧服》、《士丧礼》、《士虞礼》归于丧礼，以《特牲馈食礼》、《少牢馈食礼》、《有司彻》归于《祭礼》。这和东汉的郑玄开始将《仪礼》各章分别归于五礼系统的思路全然不同。除了学礼、丧礼、祭礼三个方面的礼仪在施礼范围上有其特殊性之外，似乎可以说，《通解》以家、乡、邦国、王朝这样的施礼范围来划分礼仪类别，显然与朱熹承继《礼记·大学》"修齐治平"的政治理想模式有着内在的联系。也可以看出如我们以前研究所概括的家族伦理、社会伦理、政治伦理等不同组织层面上的礼仪表现。

第二，在内容编排上，《通解》各篇大多以"经"、"传"（或"记"）、"注"三方面的内容成篇。诚如前引元代方回《读朱文公仪礼经传跋》所言："有《仪礼》以为之经，而诸书之不出于《仪礼》者，亦揭之以为经，低一字而书之者为之传，有注或疏，间断以己见。"也就是说，对于《仪礼》诸篇，以及所附《礼记》的相应内容，《通解》一书是分为经、传而各录其原文，随文而对其中的一些文字加以训诂，接着随文记录郑玄注、贾公彦疏、孔颖达疏，然后又以"今按"、"今详"的形式对汉唐注疏加以评点、申述或补充。对于根据篇章设计所创设的一些篇章，如《内治》、《五宗》、《亲属记》等一类，也同样是有经有传。作为经文，有取材于《周礼》者，随文而对其中的一些文字加以训诂，并随文记录郑玄注而有所删削（如引纬书的内容），并加按语加以评点、申述或补充；有取材于《大戴礼记》者，在按语中或以贾谊《新书》校正之；有取材于《尚书大传》者，亦录郑玄注；有直接取材于贾谊《新书》者。作为传文，有取材于《国语》者，则随文记录韦昭注；有取材于《礼记》者，则与附于《仪礼》者相同形式注解；有取材于《尔雅》者，则随文记录郭璞注，并以《白虎通义·三纲六纪》的文字为传，如此等等。

第三，同样属于编撰形式上的特点，就是对于《仪礼》所记录的各种程式仪节，《通解》进一步有所条理化，以《士冠礼》、《士昏礼》两篇为例，这主要体现在：

（1）《通解》在各种程式仪节后以"右……"即如同今天说"以上属某仪节"那样表示出其节目。比如《士冠礼》，就分别标出"筮日"、"戒宾"、"筮宾"、"宿宾"、"为期"、"陈器服"、"即位"、"迎宾"、"始加"、"再加"、"三加"、"醴冠者"、"冠者见母"、"字冠者"、"宾出就次"、"冠者见兄弟姑姊"、"奠挚于君及乡大夫乡先生"、"醴宾"。而且到此以"今按"明确指出，自"醴宾"以上，"正礼已具，以下皆礼之变"。其中包括"醮"、"杀"、"孤子冠"、"庶子冠"、"母不在"等情形。如此一来，使读《礼》者可以简明地了解其中的仪节名目和程序，便于学习和操作。又如《士昏礼》的仪节有，纳采、问名，醴宾、纳吉、纳征、请期、陈器馔、亲迎、妇至、妇见、醴妇、妇馈、飨妇、飨送者，在此以下《通解》又根据《仪礼》记补上婚后三月的"祭行"、"奠菜"，以及"婿见妇之父母"的仪节。

（2）与《冠礼》的处理方式不同，《通解》除了将《仪礼·士昏礼》原篇末所附的辞令分别融入具体的仪节之中，而且在自"纳采"以下，《通解》还将原篇末所附《记》中的仪节性内容，也附加在具体的仪节之后，其以"今按"称："记文本附全经之后，今以辞例分以附于本章之左。"此外，如《士冠礼》，《通解》将原本记录在篇后的交接辞令，如主宾相见时的应对辞，加冠时的祝辞，祝酒时的醴辞、醮辞，起字时的字辞等紧附于具体的仪节之后，这样仪节程序的整体性得以体现出来。

（3）在《仪礼·士冠礼》中，没有女子笄礼的内容，《通解》则以《礼记·杂记》的相关内容包括注疏而补上，这样，作为家礼的男女成人礼仪的内容得到全面体现。而原本《仪礼·士冠礼》篇末附有记的内容，《通解》说："今考之，皆见于《家语·郊隐公》篇，而彼详此略，故今于此删去，而取彼文修润以附《冠义》记。"《通解》增删的尺度在于礼仪篇章的完整性上。

第四，不拘于《仪礼》十七篇篇目的内容，突破经传的界限分别，贯通三礼，融会诸子史书，扩大古礼文献资料和解说材料的选取范围，从而以经补经、以传补经、以经补传、以子书补经、以史补传，就成为《通解》一书的最突出特点。而且，在注文上也同样广泛吸收当世礼家的见解以为补充。具体而言：

（1）正如清儒所说："朱子作《仪礼经传通解》，虽列附《礼记》而仍以《仪礼》为主，不过引经证经。"① 《通解》正文在全录《仪礼》经文的基础上，又广泛采择《周礼》、《礼记》以及其他经传史集诸子等文献中有关礼仪制度的内容，或作为经文，或作为传文。一方面，在传统意义上，三礼之中《仪礼》为礼经，经中有记，《礼记》为传记，其中也有经（如投壶），《周礼》则别为一书，唐宋时，礼的经传地位发生很大变化，三礼均立为经，又大经、中经之分。另一方面，在朱熹论礼的言论中可知，其基本上是以《仪礼》为经，以《礼记》为传，认为《周礼》别为一书的。然而在《通解》的文字所体现的情形来看，除了以《仪礼》为经的内容没有改变，其他则完全打通了其经传的界限区分，还包括《左传》、《国语》、《战国策》、《史记》、《汉书》、《资治通鉴》、《通典》、《论语》、《孟子》、《荀子》、《吕氏春秋》、《淮南子》、贾谊《新书》、《尚书大传》、《大戴礼记》、《白虎通义》、《说苑》、《新序》、《家语》、《孔丛子》等当中的文字，有的为经文，有的为传文。归属的标准全在于内容的性质。

（2）作为以经补经的例子，如《亲属记》一篇，即以《尔雅·释亲》为经，全录其文字，以明父系、母系、妻系的亲属之称谓，以《白

---

① 《四库总目提要·三礼编译》条。中华书局1965年版，第494页。

虎通义》为传，取其《三纲六纪》之五章中的文字，以明确有关称谓的意义所在。早在唐代文宗开成年间，就已经增列《尔雅》于经中，所以这里可以说是《通解》以经补经的一个范例。再如《内治》篇，分别以《昏义》中的天子、后宫外内之治，《周礼》中的内宰、九嫔之职，《大戴礼记》"谨为子孙娶妇"，《尚书大传》"古者后夫人侍君"，《大戴礼记》"胎教"，贾谊《新书》，以《国语·周语》、《礼记·哀公问》、《列女传》等为传。

(3)《通解》在注文方面，一方面保留了汉唐注疏的内容，特别是对郑玄《三礼注》的全文照录，被后人看作是朱子"服膺郑学"的体现①。同时又多有评说、疑义和申述，常称"疏说恐非"、"疏说非"、"疑孔说是"等，并且吸收和称引当时礼家之言见解，如称引"程子曰"、"陈氏曰"、"陆氏说为是"、"张子曰"，就是对诸如陆佃、吕大临、张载、陈祥道、程子、张淳、吕希哲等宋代学者的观点有所吸收。很显然，朱熹是以自己的礼学判断对前人的见解和说法加以辨析和继承的。

第五，朱子所撰《仪礼经传通解》一书，对后来元明清的礼学发展有很大的影响。一方面，在礼书的编纂方法上，如江永（1681—1762）《礼书纲目序》评论朱子《仪礼经传通解》说："其编类之法，因事而立篇目，分章以附传记，宏纲细目，于是粲然，秦汉而下未有此书也。"又如陈澧（1810—1882）《东塾读书记》称朱熹的《仪礼经传通解》是"大有功于《仪礼》"，并指出："自朱熹创此法，后来莫不由之矣。"② 清代的几部礼学著作如徐乾学的《读礼通考》、江永的《礼书纲目》、秦惠田的《五礼通考》，"虽规模组织不能尽同于《通解》，而大体上，则均由《通解》脱胎者也"。③ 另一方面，在此礼书的功能方面，如清儒陆陇其（1630—1692）《三鱼堂文集·四礼辑宜序》中说："儒者言礼，详则有朱子《仪礼经传通解》，约则有朱子《家礼》，是二书者，万世规矩准绳也，人道之纲纪备矣。"又如《清朝续文献通考》所说：《仪礼经传通解》一书，"范围乎国事民事者为最广，家有家礼，乡有乡礼，学有学礼，邦国

---

① 清儒胡培翚说："有宋朱子，尤服膺郑学……所作《仪礼经传通解》，全录郑注。"（《研六室文钞》卷八，《汉北海郑公生日祭于万柳堂记》，清光绪四年刊本）

② 三联书店1998年版，第140页。

③ 白寿彝：《〈仪礼经传通解〉考证》，《白寿彝史学论集》，第1041页；钱穆：《朱子新学案》，第1343、1344页。

之际，王朝之上，莫不有礼，通五礼之目，而仍类别为五，所以辨等差至严也，所以画权限至晰也。准诸《大学》之絜矩，其揆有若合符定。"①也就是说，《仪礼经传通解》一书不仅保留了到朱子以前古代及后世有关礼仪与礼义、制度与观念、原典与解说等多方面的礼学材料，同时还蕴含着有如《礼记·大学》的"修、齐、治、平"之道的精神主旨。那么，在我们今天认识和理解以《仪礼经传通解》为代表的古代礼学发展和演变的历史时，这两方面的价值都是不容忽视的。

（本文原载《炎黄文化研究》第三辑，大象出版社2006年版）

---

① 卷一百二十二《职官》，浙江古籍出版社2000年版，第8820页下。

金代的监当官

关树东

监当官创置于北宋时期，是宋金时期对仓库场务官的总称，元代则逐渐以钱谷官之名取而代之。宋制，"监当官，掌茶、盐、酒税场务征输及冶铸之事。诸州军随事置官。其征榷场务岁有定额，岁终课其额之登耗以为举刺。"[1] 北宋的监当官是官员的差遣，也是官员的差遣资序，小县镇的监当官也使用无品级官。非进士出身或进士及第名次靠后者，不能直接获得州县亲民官职，须先注授监当、巡检等差遣，累积满监当资序，才能取得亲民资序[2]。本文试就金代的监当官略陈管见。

一

监当官是金代法定的官员类别名。据《金史·百官志一》的记载，金熙宗皇统五年（1145），"以古官曰牧曰长各有总名，今庶官不分类为名，于文移不便，遂定京府尹牧、留守、知州、县令、详衮、群牧为长官，同知、签院、副使、少尹、通判、丞曰佐贰官，判官、推官、掌书记、主簿、县尉为幕职官，兵马司及他司军者曰军职官，警巡、市令、录事、司候、诸参军、知律、勘事、勘判为厘务官，应管仓库院务者曰监当

---

[1] 《宋史》卷167《职官志七》，中华书局校勘本，第3983页。
[2] 参见苗书梅《宋代监当官初探》，漆侠、李埏主编：《宋史研究论文集》，云南民族出版社1997年版，第1—19页。

官（原注：监当官出大定制），知事、孔目以下行文书者为吏。"① 下面这则史料提供了监当官作为官员类别名的实例。《大金集礼》卷10"朔望常朝仪"记载："大定二年（1162）二月二十一日勅旨：仓场库务监当酒税，七品已下，今月二十一日为头便不赴朝参。今再勘当到上件，七品职事官，除仓场监当酒税官合依已降勅旨施行外，其余七品职事官拟常朝日并赴。"

金代的监当官，职掌同于宋，其职级或为流内，或为流外。《金史·选举志二》："凡外任循资官，谓之常调，选为朝官，谓之随朝。随朝则每考升职事一等。若以廉察而升者为廉升，授东北沿边州郡而升者为边升。凡院务监当差使，则皆同从九品。凡品官任都事、典事、主事、知事及尚书省令史、覆实架阁司管勾、直省直院局长副、检法、知法、院务监当差使及诸令史、译史、掌书、书史、书吏、译书、译人、通事并诸局分承应有出身者，皆为流外职。凡此之属，或以尚书省差遣，或自本司判补，其出职或正班、杂班，则莫不有当历之名职。"② 这是说，金代的院务监当差使与内外吏员、宫中承应人、检法、知法等都属于流外职。中都路香河县旧置有榷盐院，"其榷盐课利浩大，尝以散官虽品秩至有几于三品，咸以流外当之。（大定初）乃命有司改榷盐院署置使司，升为五品，设副使之官，廉从、俸秩视诸刺郡，以重其事。"③ 院务升置使司，就由流外衙门变为流内衙门。大定十三年，并榷盐使司、永济盐使司为宝坻盐使司④。至金章宗时，共设置了七大盐使司（正五品），每司下辖若干盐场，场置管勾（正九品）、同管勾或都监、监（皆为流外职）⑤。

《金史》卷55《百官志一》"吏部"条谓自枢密、宣徽至巡检、诸司

---

① 《金史》卷55《百官志一》，中华书局校勘本，第1230—1231页。

② 《金史》卷52《选举志二》，第1158页。宋制，尚书省都事、省院主事为品官所任吏职。见龚延明《宋代官制辞典》（中华书局1997年版）"都事""主事"条（第113、163、184页）。金代的都事、典事、主事、检法、知法、架阁司管勾、直省直院局长副，原来或为流外职，后来成为流内职（见《金史》卷55《百官志一》，"尚书省、六部"、"左、右三部检法司"、"枢密院"、"御史台"）。

③ 刘晞颜：《创建宝坻县碑》，《金文最》，中华书局1990年版，第1002页。

④ 《创建宝坻县碑》，《金文最》，第1003页。《金史》卷49《食货志四》（第1095页）略作"并榷、永盐为宝坻使司"。

⑤ 《金史》卷57《百官志三》，第1318页。参见《金史》卷49《食货志四》，第1094—1101页。

局仓库务使副，皆带"充"字及"知某事"（第1231页）。使司（诸司）、院务实际成为仓场库务监当官司的泛称。章宗明昌五年，参知政事马琪说："自昔选用都、散巡河官，止由（都水）监官辟举，皆诸司人，或有老疾，避仓库之繁，行贿请托，以致多不称职。拟升都巡河作从七品，于应入县令廉举人内选注外，散巡河依旧，亦于诸司及丞簿廉举人内选注。"散巡河官是设置于黄河诸埽的水利官员，都巡河官是统辖数埽的水利官员，长期以来由都水监官员从"诸司人"即仓库场务监当官中辟举，明昌五年以后，参用诸司人与县令丞簿廉举人[①]。

金章宗明昌元年（1190），诸路使司、院务共计1616处[②]。世宗大定二十八年（1188），在仕官19700员，其中监当官3000员。到章宗泰和七年（1207），在仕官47000多人，监当官9290多人[③]。章宗在位后期的监当官总数远远超过世宗时期，而且监当官占官员总数的比例也大大攀升。金代使司、院务之名及官吏设置是根据课额多少而定的。以酒税务为例，"凡京都及真定皆为都麴酒使司"，"它处置酒使司，课及十万贯以上者设使、副、小都监各一员，五万贯以上者设使、副各一员，以上皆设司吏三人。二万贯以上者设使及都监各一员，司吏二人。不及二万贯者为院务，设都监、同监各一员，不及千贯之院务止设都监一员。其他税醋使司及榷场与酒税相兼者，视课多寡设官吏，皆同此。"[④] 中都都麴使司置使（从六品）、副使（正七品）、都监（正八品）；中都都商税务司置使（正八品）、副使（正九品）、都监（从九品）；南京诸仓监支纳官、草场监支纳官，为正八品职事[⑤]。监当官之外，使司、院务下还有司吏、公使、攒典、库子、仓子等役人。

"金制，文武选皆吏部统之。自从九品至从七品职事官，部拟；正七品以上，呈省以听制授……皆循资，有升降定式而不可越。"监当官须依

---

① 《金史》卷27《河渠志》，第669、679页。
② 《金史》卷49《食货志四》，第1110页。
③ 《金史》卷55《百官志一》，第1216页。
④ 《金史》卷57《百官志三》"诸转运泉谷等职"，第1319页。大定二十年，制订"随处提点院务官赏格"，规定："省除以上提点官并运司亲管院务，若能增者，十分为率，以六分入官，二分与提点所官，二分与监官充赏。"（《金史》，第1348页。）这里的提点院务官并非监当官，是指省、部委差的提调地方税收的官员，一般由府州县官提点。如大定二十八年规定，盗贩私煮盐，在三百里内者由转运司，三百里外者由府路提点所治罪（《金史》，第1097页）。
⑤ 《金史》卷57《百官志三》，第1319、1323页。

职事品级分别由尚书省或吏部诠注。"凡官资以三十月为考,职事官每任以三十月为满,群牧使及管课官以三周岁为满,防御使以四十月、三品以上官则以五十月、转运则以六十月为满。"① 管课官即监当官的任期一般为36个月,总领一路财赋的转运司官的任期一般为60个月(经两考),比一般内外官的任期要长,并以整年计,显然是考虑到财税工作业绩考核的特殊性。为工作需要,有的监当官衙门可自行辟举官员。如宣宗贞祐四年臣僚所言:"自迁汴以来,废回易务,臣愚谓当复置,令职官通市道者掌之,给银钞粟麦缣帛之类,权其低昂而出纳之。仍自选良监当官营为之。"回易务始置于章宗承安三年,"自选"监当官,即辟举②。

二

金初,因袭宋制,文资官、武资官通注监当官。金世宗大定年间以后,文资、武资始畛域分明,进士出身的文资官地位上升,武资官地位相对下降。文资官初仕不须经历监当官,监当官几乎专任武资官,尤其是荫补官员——任子。长期滞留金国的南宋人洪皓记载金初的任子之法,"一品于阁门承应,三品内供奉,五品供奉班,不限人数,亦无年限,并补右职,皆与监当。"③ 金末人元好问说:"维金朝入仕之路在近代为最广,而出于任子者十之四。国初,监州县酒税亦以文资参之,故任子多至大官,其不达者犹得俎豆于大夫士之列。大定以后,杂用辽制,罢文资之注酒使副者,纯用任子,且增内廷供奉台僚直之目。凡历监当久及课最者得他迁,谓之出职,如唐人入流之比。"④ 不过,世宗大定以后,少数税课繁重的使司,还是参用文资官的。洪皓还记载,金朝"文武官不以高下,凡丁家难未满百日,皆差监关税、州商税院、盐、铁场,一年为任,谓之优饶"⑤。

---

① 《金史》卷52《选举志二》,第1157、1158页。
② 《金史》卷48《食货志三》,第1076、1085页。
③ 洪皓:《鄱阳集》卷4《跋金国文具录札子》。
④ 《元好问全集》卷27《辅国上将军京兆府推官康公神道碑铭》,山西人民出版社1990年版,第645页。
⑤ 洪皓:《松漠纪闻》,长白丛书本,吉林文史出版社1986年版,第52页。

前揭《金史·百官志一》原注谓"监当官出大定制",应是说有关监当官的朝参、任职、考核、奖惩等规章制度确立于世宗大定年间。如大定二年起,七品监当官不赴朝参;大定八年更定监当官法,"酒使司课及五万贯以上,盐场不及五万贯者,依旧例通注文武官,余并右职有才能、累差不亏者为之。"① 监当官的考核奖惩,"旧制,凡监临使司、院务之商税,增者有赏,亏者剋俸。"大定九年,以"增亏分数为殿最,乃罢剋俸、给赏之制,而监官酬赏仍旧"②。二十一年,规定监当官"亏永及一酬以上,依格追官,殿一年外,亏永不及酬者亦殿一年"③。由于"随路使司、院务并坊场,例多亏课",而"其罚涉重",遂于二十六年四月,"奏定院务监官亏永陪偿格。"④ 监官即监当官的省称。

大定八年以后,除少数税课繁重的使司通注文资、武资官外,绝大多数使司、院务只差除武资官即右职人了。"金制⋯⋯凡进士则授文散官,谓之文资官。自余皆武散官,谓之右职,又谓之右选。"⑤《金史·选举志三·右职吏员杂选》所载"凡右职官"注授法,初仕都是从监当官开始的。如"(海陵王)天德(1149—1153)制,忠武(校尉,从七品下——引文括号内文字为笔者加,下同)以下与差使,昭信(校尉,正七品下)以上两除一差"。章宗泰和年间的吏部格:"凡诸右职正、杂班⑥,皆验官资注授。带忠武以下者与监当差使,昭信以上拟诸司除授,仍两除一差,宣武(将军,从五品下)以上与中簿⑦,明威(将军,正五品下)注下令,宣威(将军,正五品中)注中令,广威(将军,正五品上)注上令,通历县令四任,如带定远(大将军,从四品中)已历县令三任者,皆呈

---

① 《金史》卷49《食货志四》,第1105页。
② 《金史》卷58《百官志四》"百官俸给",第1348页。
③ 《金史》卷54《选举志四》,第1210页。"酬"一作"筹",《松漠纪闻》记金法,"其税课倍增者,谓之得筹。每一筹,转一官。"长白丛书本,第52页。
④ 《金史》卷58《百官志四》"百官俸给",第1348页。
⑤ 《金史》卷52《选举志二》,第1157页。
⑥ 此处原注:"谓无资历者,班内祗同。"是说此处所谓的诸右职正、杂班,指带武官阶的流外出职人员,分别系正班或杂班官。班内祗或指省祗候郎君(来自皇亲祖免以上亲及一品官子,在班祗候。《金史·选举志三》,第1181页)、官员荫子随朝傔使(《金史》卷107《高汝砺传》,第2359页)。
⑦ 此处原注:"功酬人与上簿。"功酬指监当官超额完成征课任务。

省。若但曾亏永及犯选格①，女直人迁至武义（将军，从六品上），汉人诸色人武略（将军，从六品下），并注诸司除授，皆两除一差；若至明威，方注丞簿；女直人迁至广威，汉人诸色人迁至宣威者，皆两任下令，一任中令，回呈省。"②"除"即有职品的"诸司除授"，"差"、"差使"即指流外职事"监当差使"。如蓟州人张萧之，金初承曾祖辽朝枢密副使荫，"入充内供奉班祗候，授左班殿直，始监招燕州酒，次监冀州□□□□酒，次监无极县酒，次任真定府绫锦使，次除雄州军器库使，□任差权佑（估）安军，次监□□□□历五差两除。"③ 下文所引《显武将军吴君阡表》，谓吴璋"以六品诸司差监历城税"，就是说先前除授的保州军器库或太原大备仓是六品衙门，而监当差使历城税务是流外职。

荫补任子是右职监当官的主要来源。"（熙宗）天眷（1138—1140）中，一品至八品皆不限所荫之人。（海陵王）贞元二年（1154），定荫叙法，一品至七品皆限于数，而削八品用荫之制。"这里的品指散官阶。七品官荫补子孙兄弟一人，往上每品依次多荫补一人。章宗明昌元年以后，五品以上增补一人④。泰州长春县人吴璋，父于贞元中监崞县烟火公事，赠明威将军（正五品下），璋七岁而孤，"大定十年，以荫补官，历遂城、满城四务酒官。明昌四年，调保州军器库使。改太原大备仓副使。泰和初，以六品诸司差监历城税。课最，迁济南军资库副使，转邓州草场副使……卫绍王即位，用大安霈恩，官显武将军（从五品中）、骑都尉（从五品）、濮阳县男、食邑三百户。因为所亲言：'吾猥以赏延入仕将四十年，得不偿劳，宁不自知？徒以先君子蚤世，不及通显，故强颜末秩耳。今品及列爵，当御追锡之典，生平之志毕矣。今不自止，欲何求耶？'乃投牒请老。武胜节度高侯雅知君，劝止之曰：'选法，荫子五品，例入一

---

① 此处原注："诸曾犯公罪追官、私罪解任，及犯赃，廉访不好，并体察不堪临民者，谓之犯选格。"

② 《金史》卷53《选举志三》，第1178—1179页。大定三年有诏："监当官迁散官至三品尚任县令者，与省除。"（《金史》，第1198页）这是指右职监当官出身的官员。金末战乱之际，武人、武资官的地位有所上升，监当官及纳资补官授县令者或有所增多。贞祐四年有官员说："况县令之弊无甚于今。由军卫、监当、进纳、劳劾而得者十居八九。"（《金史·张规传》，第2406页）

③ 《张□震墓志铭》，录文见《北京市海淀区南辛庄金墓清理简报》，《文物》1998年第7期，第55—56页。

④ 《金史》卷52《选举志二》，第1159页。

差，随有超擢。君淹莞库久，能少忍之，且当被百里之命。何求去之决耶！'君不得已起调，得监方城税。到官不数日，以崇庆元年五月二十五日，春秋六十有五，终于官舍。"① 可见正五品武官之荫子，淹滞监当官近40年，得五品散官后，须再历监当差使一任，才有资格超擢亲民官。大名人毛伯明，"明昌中，以父任（正五品上广威将军、永年县主簿），系承奉班，历监差者五，皆以课最闻，而未尝以勺水自及。泰和初，超灵宝县主簿……（丁忧终制）大安初，北鄙用兵，选授昌平县军资库使……贞祐元年，调潞州录事。"② 伯明承荫后，五任监当差使，才超授县主簿，然后又任一界监当官，转入亲民官。"系承奉班"，盖即元好问所说"内廷供奉台儤直之目"。承奉班即供奉班，避章宗父允恭名讳，改供为承，是低级武资官入仕的初阶，无品级。再以真定人苏彦远的履历为例，其父以荫补官，官至宣武将军（从五品下）、灵璧县主簿，彦远"初以父任为河北西路转运司押递，监平舆阳步店商酒，再监曲阳之龙泉，俱以课最闻。升真定酒使司监，羡及百分。贞祐二年（1214）八月朔，当满替，明日府官吏以兵至弃城，而彦远守职如故。事定以羡余进四阶，城守三阶，循资一阶。授归德下邑主簿。未赴，丁太夫人王氏忧。服除，新制行，当再历诸司，授蔡州税务使，羡及二分有奇。擢卫州获嘉县令。召为南京广储仓监支纳。除蔡州观察判官（正七品职），留为丰衍东库副使，散官镇国上将军（从三品下）。（金亡）北渡之后，闲居州里。"③ 据此，贞祐四年以前，从五品下武官之荫子，任满三界监当官可升县主簿，贞祐四年以后，须历四界才升亲民官。亲民官任满，再历监当差使，除授亲民官。

以上是武资官荫补监当官的实例。文资官荫子，也任监当官。如辽阳人康德璋，祖父为金太宗天会年间进士，官至咸平路转运副使，世宗大定年间，德璋承祖父荫入官，历任邯郸、沂州酒官，于章宗明昌五年，迁乐安盐使司管勾，三年成考，"用课最当迁，且本道提刑司荐公材可临民，七年，得升陈留令。"④ 稷山县人段铎，进士出身，累官华州防御使，章

---

① 《元好问全集》卷29《显武将军吴君阡表》，第674—675页。
② 《元好问全集》卷28《潞州录事毛君墓表》，第671页。
③ 《元好问全集》卷24《苏彦远墓铭》，第600页。
④ 《元好问全集》卷27《辅国上将军京兆府推官康公神道碑铭》，第646页。

宗泰和元年躐进两阶，授中奉大夫（从三品下）致仕，他的两个儿子，"并袭父爵，一守华州郑县赤水镇酒务同监，一守华州蒲城县荆姚镇同监，初盖便于侍养也。"① 泰和年间词赋进士、监察御史、大中大夫（从四品上）程震，一子举进士，四个弟弟皆用兄荫补官，有的监木场，有的监税务，有的监酒务②。

女真贵族子弟、宰执子弟多经由宫中高级承应、省祗候郎君、省院台部吏员出职，一俟出职便任亲民职务，一般不必出任监当官③。但是也有例外。如隶属上京路司属司的宗室成员完颜怀德，祖父阿鲁于熙宗朝曾任平章政事，父习捏为上将军、义州节度副使。怀德以第五从宗子任走马局承应人，"迁内承奉班，三历监务，用课最，调密州仓使。卫绍王至宁元年，选注临淄令。"④ 怀德任三界监务，一任仓使，才转任亲民官。

进士及第出身的文资官，外任主要任府、州、县、京府警巡院、州录事司、司候司（管理城厢人户）亲民官。词赋进士，吏部格法没有任监当官的条文。经义进士，原来规定拟注防判、丞、簿时，还须穿插任监当差使，满四十年除授县令；海陵王正隆三年（1158）起，更定不再授监当差使⑤。大定八年以后，只有少数繁重的使司参用词赋、经义进士了。大定十三年创置的女真策论进士，除授教授和亲民官⑥。进士文资官任监当官的例子，如天德年间进士王元德，正隆初，由怀柔县主簿改济州路转运司支度判官，大定初知泰州长春县，考满改充冀州酒务使，再转入县令，后来还曾授宝坻盐使，遇丁忧没有赴任。大定以后的事例，东胜人程震，初为经童出身，后举词赋进士及第，换授偃师县主簿，贞祐南渡后，

---

① 张万公：《武威郡侯段铎墓表》，《金文最》，第1309页。
② 元好问：《御史程君墓表》，《金文最》，第1415—1417页。
③ 宫中承应人、省祗候郎君、宰执子弟任省令史、院台令史，见《金史·选举志》，第1170、1174—1175、1181、1183—1188页。参见拙文《金朝宫中承应人初探》，《民族史研究》第1辑，民族出版社1999年版，第169—187页。
④ 《元好问全集》卷28《临淄县令完颜公神道碑》，第665页。走马局承应人，或为习骑，或为走马郎君。习骑见《金史》卷53《选举志三》（第1188页），属于宫中正班局分承应人；走马郎君见《金史》卷55《百官志一》（第1218页）。承安二年以前，以走马郎君拟注尚书省祗候郎君管勾官。
⑤ 《金史》卷52《选举志二》，第1160—1163页。
⑥ 同上书，第1163页。

补尚书省令史，授南京警巡副使，"秩满，例为广盈仓监支纳官。"① "例为"似乎是说按规定文资官须有监当官资历。但是，有关传记资料显示，文资官并非普遍有监当官的任职经历。除了记载的疏漏，由于普遍任用荫子为监当官，参用文资官担任繁重监当官的规定很可能执行不力。

律科（诸科人）出身授文散官，须历监当官资序。海陵王正隆三年规定，"及第及七年者与关内差使，七年外者与关外差"。世宗大定十七年，"勅诸科人仕至下令者免差"。二十六年，"勅命诸科人累任之余月日至四十二月，准一除一差"。章宗明昌六年吏部格法，诸科人"十年内拟注差使，十年外一除一差。若历八任，或任至三十二年注下令，则免差"。章宗即位复置经童科，明昌五年敕："神童（经童）三次终场，同进士恩榜迁转。两次终场，全免差使。第六任县令，依本格迁官。如一次终场，初入仕则一除一差。"②

金朝盐课浩大，是财政收入的重要来源。朝廷对盐官的任用比较重视。章宗明昌三年起，山东、宝坻、沧州盐使司判官升秩从七品，用进士。泰和三年十一月，"定进士授盐使司官，以榜次及入仕先后拟注"。八年，有臣僚言："盐管勾自改注进士诸科人，而监官有失超升县令之阶，以故怠而亏课。"这是说自从选调进士出身的官员任盐官以来，其他出身的监当官失去了超升县令的进官资序，为此消极怠慢，亏损了课税。实际上，只是从明昌三年起参用进士任盐官，并非专任进士。泰和七年颁布了文资官、吏员及宫中承应人检验资历注授盐使、判官及诸场管勾，课额增亏升降格③。

上揭泰和七年的格文说明吏员和宫中承应人也有任监当差使的。又如文水县人孙德秀，三赴廷试落第，试补御史台掾，考成，升尚书省掾（令史），宣宗元光初年，选充丰备仓监支纳官④。军功出身人，按照熙宗

---

① 元好问：《御史程君墓表》，《金文最》，第1415页。
② 《金史》卷52《选举志二》，第1164—1165页。本卷于"恩榜"下书明昌五年神童敕，而"律科、经童"下全系律科人差除法，"经童"应冠于明昌五年神童敕之上。据《金史》卷51《选举志一》（第1131页）："其试词赋、经义、策论中选者，谓之进士；律科、经童中选者，曰举人。"而同卷又谓"律科进士，又称为诸科"（第1148页）。
③ 《金史》卷49《食货志四》，第1099、1102—1103页。据洪皓说："房中有负犯者，不责降，只差监盐场。"用犯事的官员差监盐场，似乎表明金初并不重视对盐官的任用。见《松漠纪闻》，长白丛书本，第52页。
④ 《元好问全集》卷22《御史孙公墓表》，第572—573页。

皇统八年的格法，"凡带官一命昭信校尉（原注：正七品）以上者，初除主簿及诸司副使（原注：正九品），二主簿及诸司使（原注：正八品），三下令……"但是章宗大定二十九年的军功人格法已不见授诸司使副①。金末纳资补官者亦授监当官。元好问谓："初，河朔扰攘之际，馈饷不给，官募人出粟佐军，补监当官。"②

三

可以说，除了省、院、台、部的高级吏员及护卫、奉御、奉职、符宝郎等高级承应人外，监当差使以及诸司局仓场库务官是金代荫补官、诸科出身人以及多数流外出职人员必经的任职资格。监当官和亲民官资序有别。经历过若干任监当官，可渐次转入丞、簿、令等亲民官，并由部拟官改为省拟官。当然，一些重要的监当官阙，如盐官，可以参用亲民官。按规定，"凡增课升至六品者，任回复降"③。即因课税增额而超擢至六品监当衙门任使的，任满后要降一等（品）任职，以避免升迁太快。据前揭《显武将军吴君阡表》，荫子散官迁至五品，循例再历一任监当官，便可超擢县令。宣德州文德县人刘中德荫补后正是循资序迁，散官阶至五品后，"依历任例"，再历一任监当官而转入亲民官资历的④。又据前揭真定人苏彦远的履历，贞祐初期对监当官转任亲民官的资历，又增加一任监当官。金代的官员有正班、杂班之别。金代的吏员、宫中承应人一般带有武散官，出职分别系于正班官、杂班官。笔者推测，杂班官或即监当官资序人，而正班官即亲民官资序人。正班官主要担任地方各级政府

---

① 《金史》卷52《选举志二》，第1166页。
② 《元好问全集》卷18《通奉大夫礼部尚书赵公神道碑》，第509页。
③ 《金史》卷52《选举志二》，第1158页。
④ "天会十二年，用兄比部郎中官荫，补供奉班祇候，起宁边州商判，又充保州商麹院使。皇统二年，特补修武校尉（从八品上），监昌平县酒税，酬，加忠武校尉（从七品上），再监云内州商麹。迁敦信校尉（承信校尉？正七品上），除河间府万盈仓使。转武义将军（从六品上），监忻州军器库。任满加武功（武节？）将军（正六品上），又宣武将军（从五品下），依历任例，监涿州麹院，酬，迁明威将军（正五品下），擢下邳县令"，至大定十一年致仕，"三宰剧县，复幕大府（蔚州忠顺军节度判官）"。《刘中德墓志铭》，王新英编：《金代石刻辑校》，吉林人民出版社2009年版，第170—171页。

的亲民官并可升迁至朝官。杂班官可能主要执掌民政以外的仓场库务、手工业生产、馆驿、水利等事务。世宗大定七年勑："随朝司属吏员、通事、译史，勾当过杂班月日，如到部者，并不理算。"（《金史》，第1177页）这里所谓"勾当过杂班月日"，指的可能就是监当差使、馆驿之类事务。

监当官既有俸给，又有超额完税的酬赏。税额亏欠则剋扣俸禄。职田则或有或无。如从七品的诸酒税榷场使，俸给钱粟十七贯石，麴米麦各二称石，春秋衣绢各七匹，绵二十五两，职田五顷；正八品的诸酒税使、醋使、榷场副，俸给钱粟十五贯石，麴米麦各一称石，春秋衣绢各六匹，绵二十两，职田四顷；下至从九品的诸司都监，钱粟八贯石，衣绢各二匹，诸司同监，钱粟七贯石，衣绢各二匹①。流外官任监当官，没有月俸，只按年领取"食直"，即口粮钱，"诸使司都监食直，二十万贯以上六十贯，十万贯以上五十贯，五万贯以上四十贯，三万贯以上三十贯，二万贯以上二十五贯。诸院务监官食直，五千贯已上监官二十贯、同监十五贯，二千贯已上监官十五贯、同监十贯，一千贯已上监官十五贯，一千贯已下监官十贯。"② 此外，如"盐司所辖灶户，旧出分例钱以资司官。管勾历三周岁乃成考，所得不下万缗……诸管勾分办岁课，额外仍有积贮者，谓之附余，管勾私用之，有司视之以为例而不禁也"③。类似的"分例钱"和"附余钱"，其他仓场库务官恐怕也会起而效之。

在金代，"凡内外官自亲王以下，傔从各有名数差等"。监当官的傔从包括内外正四品以下官所设的本破（仪从，"如牵拢之职"），外任四品至九品官，自12人至1人不等④。外官正三品以下衙门设有"从公家之事"的公使。有的监当官衙门也有公使。如中都都麴酒使司、都商税务

---

① 《金史》卷58《百官志四》，第1342—1345页。
② 《金史》卷58《百官志四》，第1348页。金朝的京府州县及转运司的吏人自金宣宗贞祐二年八月始有俸。"旧制，惟吏案孔目官有俸，余只给食钱，故更定焉。"见《金史》，第1346、1353页。我们据此认为领取"食直"的诸使司都监、诸院务监官为流外官，而领月俸的从九品诸司都监、同监是流内官。
③ 《元好问全集》卷27《辅国上将军京兆府推官康公神道碑铭》，第646页。南宋人洪皓说，金朝管课官课税课倍增可转一官，"富者择课额少处受之，或以家财贴纳，只图迁转；其不欲迁者，于课利多处，除岁额外，公然分之"。见《松漠纪闻》，长白丛书本，第52页。
④ 《金史》卷42《仪卫志下》，第961—962页。

司各设公使10人①。此外是外任官"执私家之役"的从己人力。《金史》卷42《仪卫志下》罗列外任官从己人力,特别地在监当官前标示其品级,如"诸五品盐使"、"正六品盐副使"、"从六品酒麴盐税使"、"正七品酒麴盐税副使"、"从七品盐判"、"同七品酒使"、"正八品酒使副、诸司使"、"从八品盐判官"、"正九品酒使、诸司副使"等②。这可能是因为同名的监当官具有不同的品级。本破、公使和从己人力"皆以射粮军充"③。

金代主要由武资官担任的监当官,总体上属于低级官员群体。金前期朝廷不重视春秋释奠孔子之礼,礼仪十分简陋,一般朝官、京官不参加,只由国子监官"率仓场等官陪位"而已。大定十四年始参较唐《开元礼》拟定释奠礼④。从大定二年起,七品监当官不再出席常朝仪,而其他七品职事官仍有资格出席。金宣宗贞祐南渡后,下令签军,"会一时任子为监当者春赴吏部选,宰执命取为监官军,皆愤悒哀号,交怨台省,至冲宰相卤簿以告。"⑤ 被签发入伍,充分反映了监当官在官僚队伍中的卑微地位。中下级监当官更是处于官僚队伍的末梢。贞祐三年七月,"朝廷备防秋兵械,令内外职官不以丁忧、致仕,皆纳弓箭。(张)行简上书曰:弓箭非通有之物,其清贫之家及中下监当、丁忧、致仕,安有所谓如法军器?今绳以军期,补弊修坏,以求应命而已,与仓猝制造何以异哉!"⑥

(本文原载《辽金历史与考古国际学术研讨会论文集》,辽宁教育出版社2012年版,收入本书时略有删改)

---

① 《金史》卷57《百官志三》,第1319页。《金史》卷42《仪卫志下》"百官仪从"只载转运司、统军司、招讨司、府、州、县衙设公使。从《百官志三》看,盐使司、漕运司、市令司、司狱等衙门均设公使。

② 《金史》卷42《仪卫志下》,第963页。除"诸五品盐使"外,《金史》校勘者于其他几处的品级与官职间均加逗号断开,即"正六品,盐副使","从六品,酒麴盐税使"等。列在"盐副使"之前的同知防御使事、警巡使等职就是正六品,而"盐副使"之后就是"从六品,酒麴盐税使",似乎正六品只有盐副使。"正七品酒麴盐税副使"以下也有类似的情况。笔者认为此处在品级与官职间加逗号断开是不妥的。

③ 《金史》卷42《仪卫志下》,第962页。射粮军实行募兵制,"其军非验物力以事攻讨,特招募民年十七以上、三十以下魁伟壮健者收刺,以资粮给之,故曰射粮。"执掌百官仪从及其他杂役。

④ 《金史》卷35《礼志八》,第815—816页。

⑤ 《归潜志》卷7,中华书局1983年版,第78页。《金史·选举志四》作监官军。《归潜志》监官军为是。

⑥ 《金史》卷106《张行简传》,第2333页。

金元北方云门宗初探

——以大圣安寺为中心

刘　晓

禅宗兴起于唐代,是完全本土化的中国佛教,其中由六祖慧能(640—713)开创的南宗,以后发展成为禅宗主流。到唐代后期,禅宗开始步入"越祖分灯"时代,相继涌现出"五家七宗"(即沩仰、法眼、曹洞、临济、云门,以及属于临济的黄龙、杨岐二支)。其中,源自青原法脉的云门宗,由文偃禅师(864—949年)开创,因其居韶州云门山(今广东乳源北)光泰禅院宣扬宗风,故被后世称为云门宗。文偃接化学人,以"云门三句"(即所谓的"函盖乾坤"、"截断众流"、"随波逐浪")、"一字关"等著称于世,这也成为以后云门宗宗风的主要特色。北宋时代,云门宗高僧辈出,盛极一时,不少僧人奉诏住持京师名刹。南宋以后,云门宗开始衰落,至南宋末传承渐趋不明。因是之故,目前研究禅宗史的论著,在谈到云门宗时,大都以南宋为下限,对金元时代云门宗的发展情况较少提及,有的学者甚至认为云门宗已经绝传。① 那么,实际情况果真如此吗?

实际上,金元时代,云门宗在中国北方一直保持着较为兴盛的局面,

---

① 冯学成:《云门宗史话》(南方日报出版社2008年版)似为目前所见唯一一部专门叙述云门宗的著作,作者认为云门宗到南宋末即已绝传。近年出版的相关著作,也大都不提金元时代的云门宗,相关论著,可见杜继文、魏道儒《中国禅宗通史》,江苏古籍出版社1993年版;吴立民等:《禅宗宗派源流》,中国社会科学出版社1998年版;任宜敏:《中国佛教史·元代》,人民出版社2005年版;野口善敬:《元代禅宗史研究》,禅文化研究所2005年;杨曾文:《宋元禅宗史》,中国社会科学出版社2007年版。

与曹洞宗、临济宗三足鼎立，同为当时盛行的禅宗三大流派。这方面，禅宗各家碑刻均有所反映。如当时的曹洞宗碑刻称："曹溪之后，派而为五，源远流长，浩浩不绝者，临济、曹洞、云门者焉。"① 临济宗碑刻称："自曹溪派而为五之后，今法眼、沩仰传者至少，云门、洞下差多于二家，惟临济一宗演溢盛大。"② 云门宗碑刻则认为："曹溪自南岳青原而下三派分流于辽于金，燕独以三禅称，云门固为之首。"③ 上引临济宗、云门宗碑刻虽有夸大本宗地位之嫌，但无疑都承认禅宗三家的并存局面。元朝初期的贵族耶律楚材，早年曾参云门宗大圣安寺长老澄公和尚（详见后文），后在澄公和尚的大力引荐下，又拜曹洞宗报恩寺长老万松行秀为师，成为其入室弟子。他对三家宗风有如下评价："云门之宗，悟者得之于紧俏，迷者失之于识情；临济之宗，明者得之于峻拔，迷者失之于莽卤；曹洞之宗，智者得之于绵密，愚者失之于廉纤。"并盛赞自己的老师万松行秀："决择玄微，全曹洞之血脉；判断语录，具云门之善巧；拈提公案，备临济之机锋。沩仰、法眼之炉鞴，兼而有之。"④ 由此可见，在耶律楚材眼里，云门宗确实与仅剩"炉鞴"的沩仰、法眼二宗有本质不同。明末净柱所编《五灯会元续略》也指出："云门宗自宋迄元，代不乏人，如圆通善、王山济，俱明眼宗哲，法席甚盛，但嗣法莫可考，岂深藏其德而不求著耶？抑末流闻见之不广也？"⑤ 本文的主旨，即在钩沉各种资料，力图还原云门宗在金元两代的实际发展情况。

---

① 北京图书馆金石组编：《北京图书馆藏中国历代石刻拓本汇编》第48册《郭同新塔铭》，中州古籍出版社1990年版，第97页。

② 《真定十方临济慧照玄公大宗师道行碑铭》，河北省地方志编纂委员会编：《河北省志》卷68《宗教志》，中国书籍出版社1995年版，第102—103页，亦可参见刘友恒、李秀婷《〈真定十方临济慧照玄公大宗师道行碑铭〉浅谈》，《文物春秋》2007年第5期。

③ 麻兆庆：《昌平外志》卷4《金石·元银山宝严禅寺上下院修殿堂记》，《石刻史料新编》第3辑第23册，台北：台湾新文丰出版公司1986年版，第289页上。

④ 耶律楚材：《湛然居士文集》卷13《万松老人万寿语录序》，中华书局1986年版，第294页。

⑤ 净柱：《五灯会元续略》卷首《凡例》，《卍新纂续藏经》（以下简称《卍续藏》）第80卷，东京：国书刊行会，1980—1989年版，第444页上—中。

一

金元两代北方云门宗的奠基者为佛觉禅师。据《元银山宝严禅寺上下院修殿堂记》:"云门之宗因佛觉而盛,方其道之行也,四方名刹丐师主焉者相踵,师或诺或拒,皆有道在焉。"① 有关佛觉生平,缪荃孙辑《顺天府志》有如下记载:

> 在旧城,按寺记:金天会中,佛觉大师琼公、晦堂大师俊公自南应化而北,道誉日尊,学徒万指,帝后出金钱数万为营缮费,成大法席。皇统初,赐名大延圣寺。大定三年,命晦师主其事,内府出重币以赐焉。六年,新堂成,崇五仞,广十筵,轮奂之美为郡城冠。八月朔,作大佛事以落成之。七年二月,诏改寺之额为大圣安(即延洪阁也——原注)。②

按,缪荃孙辑《顺天府志》系从《永乐大典》卷4650"顺天府七"至4657"顺天府十四"抄出,实际上当时并非确有此书,而据原书正文后面的夹行小注,上述引文实际上转引自元代官修《大元大一统志》,故又被赵万里辑入《元一统志》一书。③ 据上文记载,我们知道,佛觉法名有一琼字,按僧人称谓习惯,佛觉应名"口琼"。他在金太宗天会中(1123—1137)北上,将云门宗风传播到中都,大延圣寺则成为当时云门宗在北方的重镇。此后,大定三年(1163),金世宗又任命晦堂俊公(即文中的"晦师")住持大延圣寺。大定七年,大延圣寺始改名为大圣安寺。

佛觉法脉从何而来?元末所立《红螺山大明寺碑》有如下记载:"金

---

① 《昌平外志》卷4《元银山宝严禅寺上下院修殿堂记》,《石刻史料新编》第3辑第23册,第288页下。
② 缪荃孙辑:《顺天府志》卷7《寺·大圣安寺》,北京大学出版社影印本1983年版,第6页。
③ 赵万里校辑:《元一统志》,中华书局1966年版,第22—23页。此外,清于敏中等奉敕编《日下旧闻考》卷60亦录此文(北京古籍出版社1981年版,第990页),唯个别字句有出入。

大定间，世宗遣使请佛觉禅师于真定之洪济，以镇兹山，四方学者云集。"① 上述记载虽然在时间上与前引《顺天府志》有所抵触，但却为我们提供了寻找佛觉法脉的线索——真定洪济禅院。

真定十方洪济禅院，在北宋多由云门宗僧人担任住持。其中，徽宗崇宁年间（1102—1106），宗赜曾出任该院住持。宗赜（约1053—1113），号慈觉，洺州（一说襄阳）人。"父早亡，母陈氏鞠养于舅氏。少习儒业，志节高迈，学问宏博。二十九岁礼真州长芦秀禅师出家。"② 长芦秀禅师即长芦法秀，后入京师汴梁住持法云禅寺，故又称"法云法秀"。法秀住持法云寺后，由应夫接替他在长芦的位置，"师（即宗赜——引者注，下同）得旨于夫（即应夫），遂为夫嗣而绍长芦之席。"③ 按，法秀、应夫同为天衣义怀弟子。义怀是较早提出禅净兼修的云门宗僧人，宗赜则更将禅净兼修推向了极致，南宋宗晓在《乐邦文类》中甚至将宗赜同善导、法照、少康、省常并列为莲社五祖。近年来，随着黑城文献《慈觉禅师劝化集》等的披露，对宗赜的研究更加引起学界重视。④ 宗赜弟子，据居顶《续传灯录》与道忞编修、吴侗集《禅灯世谱》等记载，至少有9人，分别为洪济琼、北京照、玄沙智章、净慈惟一、蒋山善钦、本觉道如、天宁子深、瑞峰延、僧忍和尚。其中的"洪济琼"，应该就是我们这里所探讨的佛觉琼公，因其曾住真定洪济禅院，故有"洪济琼"的称谓。

如果上述推论可以成立的话，那么，佛觉的法脉传承应如下图所示：

① ② ③ ④ ⑤
云门文偃→香林澄远→智门光祚→雪窦重显→天衣义怀→

---

① 清吴景果等修、民国二十四年铅字重印《怀柔县新志》卷五《文》，台北：台湾成文出版社《中国方志丛书》，1968年版，第212页。政协北京市怀柔区文史资料委员会编：《怀柔碑刻选》（内部资料），2007年，第6页。

② 普度：《庐山莲宗宝鉴》卷4《长芦慈觉禅师》，《大正新修大藏经》（以下简称《大正藏》）第47卷，东京：大正一切经刊行会，1924—1934年，第324页下。

③ 明河：《补续高僧传》卷18《长芦赜禅师传》，《卍续藏》第77卷，第492页下。

④ 近年有关宗赜的研究，可参陈明光《大足宝顶山"报德经变"慈觉禅师宗赜溯源》，中国佛教文化研究所《佛学研究》2004年总13期。冯国栋、李辉：《慈觉宗赜生评著述考》，台北中华佛学研究所《中华佛学研究》2004年第8期。李辉、冯国栋：《俄藏黑水城文献〈慈觉禅师劝化集〉考》，《敦煌研究》2004年第2期。

　　　　⑥　　　　　　⑦　　　　　　　⑧
长芦应夫→长芦宗赜（慈觉）→洪济琼（佛觉）

佛觉事迹，多见于禅宗史乘、语录等著述。如万松行秀《万松老人万松老人评唱天童觉和尚拈古请益录》有如下记载：

青州、佛觉，两派既行，佛日提一枝临济禅，托迹圣安，分寮入室。一日，自挝鼓上堂，抑扬云门、临济宗风，平分半众，不辞而去。佛觉恬不介意。①

临济宗佛日禅师，北上寓居大圣安寺期间，抑云门，扬临济，想要与云门宗平分秋色，且率一半徒众，不辞而别，但佛觉对此毫不介意。需要说明的是，上述引文还提到了青州，即青州和尚希辨，他与佛觉原来均为北宋禅僧，后来也北上中都，二人分别成为金代曹洞宗、云门宗的奠基者。②后世不少禅宗史乘，因不了解情况，常将青州与佛觉捏合为一人，把青州误认为是佛觉的号，径称其为"青州佛觉"或"青州觉"，③这显然是错误的。对当时云门、临济、曹洞三家在金中都的鼎立之势，传世碑刻资料也透露出相关信息，像灵岩寺住持足庵净肃的塔铭即提到："青州法祖（即曹洞宗青州希辨——引者注，下同）渡江已来，至朔方，居万寿，立曹洞一宗，与圣安、竹林晦堂、佛日（即云门宗圣安寺晦堂禅师、临济宗竹林寺佛日禅师）而鼎峙焉，故三派渊源，于今愈盛。"④

同佛觉琼相比，晦堂俊的材料就更少。他大概在佛觉琼退席后，继主圣安法席，而据前引缪荃孙辑《顺天府志》，他出任圣安寺住持的时间应

---

① 万松行秀：《万松老人评唱天童觉和尚拈古请益录》第 52 则《雪峰古镜》，《卍续藏》第 67 卷，第 485 页中。

② 有关青州希辨及金代曹洞宗的基本发展情况，可参见拙文《万松行秀新考——以〈万松舍利塔铭〉为中心》，《中国史研究》2009 年第 1 期。

③ 如净柱：《五灯会元续略》，《卍续藏》第 80 卷，第 493 页中；通容：《五灯严统》，《卍续藏》第 81 卷，第 161 页上；超永：《五灯全书》，《卍续藏》第 82 卷，第 712 页下；聂先：《续指月录》，《卍续藏》第 84 卷，第 148 页中；通问：《续灯存稿》，《卍续藏》第 84 卷，第 788 页下，等等。

④ 《北京图书馆藏中国历代石刻拓片汇编》第 48 册《净肃禅师道行碑》，中州古籍出版社 1990 年版，第 128 页。

为大定三年。此外，据《广温和尚碑》，河北蓟县盘山双峰寺主持广温（1106—1168年），曾参晦堂俊："师讳广温，高州高安人也，姓韩氏……四十有二（1147年前后），参云门晦堂，印许之。"① 其中的"云门晦堂"，指的就是晦堂俊。

今北京昌平银山法华寺塔林，有五处舍利塔，其上分别刻有"故祐国佛觉大禅师塔"、"晦堂祐国佛觉大禅师塔"、"故懿行大师塔"、"故虚静禅师实公灵塔"、"圆通大禅师善公灵塔"的字样。② 其中前两者应为我们这里所讨论的云门宗佛觉琼、晦堂俊二禅师塔。需要提及的是，虚静实公灵塔上还有"大安元年元月二十三日功毕"的题字。有些著作在著录此碑时，把大安元年断作辽道宗大安元年（1085），③ 但实际上金朝也有大安年号，虚静实公灵塔的建立时间应为金卫绍王大安元年（1209），这样才能与塔林中其他僧主的生活年代相符。以上诸僧，均应为金代云门宗僧人，其中尤以圆通善公留下的材料较多，在当时的影响也最大。

圆通善公，据禅宗史乘，为佛觉传法弟子，法名广善。④ 金大定中，一度住持大圣安寺。据林泉从伦《林泉老人评唱投子青和尚颂古空古集》第83则《兴化军旗》：

> 近代佛日尧禅师自江左至燕然，寓大圣安。一夕与佛觉、晦堂夜话次，时圆通善国师年方十二，座右侍立。佛日曰："山僧自南方来，拄杖头不曾抹着一个会佛法者。"通叉手进曰："自是和尚拄杖短。"佛日大惊曰："可乞此子续吾临济一宗。"通又进曰："云门、

---

① 《北京图书馆藏中国历代石刻拓片汇编》第46册《广温和尚碑》，第97页。广温生平，亦可参见《钦定盘山志》卷8《方外一》，文渊阁四库全书本，上海古籍出版社1987年版，第21b—22b页。

② 可参见梅宁华主编《北京辽金史迹图志》（上），北京燕山出版社2003年版，第68页。另据《佛祖历代通载》卷20，"癸亥（1143），金诏海惠、清慧二禅师住储庆寺，迎瑞像为本寺积庆阁中供养。""乙丑（1145），金海慧迁化，帝偕后亲奉舍利五处立塔，特谥佛觉佑国大禅师。"（北京图书馆古籍珍本丛刊本，第387页下、388页上）有的学者据"佛觉佑国大禅师"谥号，认为此海惠当即佛觉，实属张冠李戴。

③ 梅宁华主编：《北京辽金史迹图志》（下），北京燕山出版社2004年版，第240页。

④ 广善之名，目前仅见《了奇塔铭》，《北京图书馆藏中国历代石刻拓片汇编》第46册，第136页；《北京辽金史迹图志》（下）》，第99页。碑立于大定十九年，题为"中都竹林禅寺第七代奇和尚塔"，由"大圣安寺西堂传法沙门广善"撰文。

临济岂有二邪?"日称赏不已。①

第 40 则《大士不起》:

> 昔世宗幸大圣安瑞像殿,问圆通善国师曰:"礼则是? 不礼则是?"通奏曰:"礼则相敬相重,不礼则各自称尊。"帝大悦。②

按,圆通广善在金代声望很高,从时人对他的称呼来看,他很有可能被金朝皇室封为国师。③ 耶律楚材在指斥全真教夺占佛教寺院时,也曾指出:"近世圆通和尚为三朝国师(或指金世宗、章宗、卫绍王三朝——引者注),皆未尝有改道观为佛寺者。"④

圆通广善语录偈颂多散见万松行秀《从容庵录》与其弟子林泉从伦《空古集》等。此外,圆通广善还著有《觉海轩录》(简称《觉海录》),系评唱临济宗僧人圆悟克勤《碧岩录》所作。耶律楚材云:"雪窦拈颂,佛果评唱之《击节碧岩录》在焉。佛果颂古,圆通善国师评唱之《觉海轩录》在焉,是临济、云门互相发扬矣。"⑤ 雪窦即云门宗僧人雪窦重显(980—1052 年),曾著《雪窦显和尚颂古》一卷,选录丛林语录百则,加以"总结"、"偈颂"。圆悟克勤(即佛果)对雪窦的颂古百则加以评唱,成《碧岩录》10 卷。而针对圆悟克勤的颂古,广善又作《觉海轩录》加以评唱。所以耶律楚材在文中才会提到"是临济、云门互相发扬矣",并慨叹:"独洞下宗风,未闻举唱,岂曲高和寡耶! 抑亦待其人

---

① 林泉从伦:《林泉老人评唱投子青和尚颂古空古集》第 83 则《兴化军旗》,《卍续藏》第 67 卷,第 311 页下。

② 林泉从伦:《林泉老人评唱投子青和尚颂古空古集》第 40 则《大士不起》,《卍续藏》第 67 卷,第 290 页下。

③ 《金史》中无金朝皇室尊奉佛教僧人为国师的记载,但似不能简单排除其可能性。据《大金国志》卷 36《浮图》:"国师,在京之老尊宿也,威仪如王者师。国主时而拜,服真红袈裟,升堂问话讲经,与南朝等。"(中华书局校证本 1986 年版,第 517 页)

④ 耶律楚材:《西游录》,中华书局校注本,1981 年,第 18 页。按,祥迈《大元至元辨伪录》卷 4 在引述耶律楚材此段话时,作:"大唐老安、惠忠、北宗神秀、清凉国师、不空三藏,大辽竹国师,大金圆通善国师,如此名师,未有改道观为寺字者。"(北京图书馆古籍珍本丛刊本,第 523 页上)

⑤ 耶律楚材:《湛然居士文集》卷 8《万松老人评唱天童拈古请益后录序》,第 192 页。

耶！"万松行秀《万松老人评唱天童觉和尚颂古从容庵录》，系评唱宏智正觉（1091—1157年）颂古而作，恰好弥补了曹洞宗这一缺憾。万松行秀于该书卷首《寄湛然居士书》也提到过广善的评唱，称："窃比佛果《碧岩集》，则篇篇皆有示众为备；窃比圆通《觉海录》，则句句未尝支离为完。"可见，万松行秀对自己的作品还是颇为自负的，而克勤、广善的评唱，显然对其也有一定影响。但甚为可惜的是，圆悟克勤、万松行秀的评唱我们现在还能见到，广善的《觉海轩录》却失传已久。

此外，前述北京昌平银山法华寺塔林尚有金大定六年三月初三所立《重建大延圣寺记》，碑文前半部分叙述大延圣寺沿革，其中提到："都城之北，相去仅百里许，曰银山铁壁，景趣殊绝，其麓旧有寺曰大延圣，创建自昔，相传大安、大定中，寺有五百善众，傍有七十二庵，时有祐国佛觉大禅师、晦堂祐国佛觉大禅师、懿行大禅师、虚静禅师、圆通大禅师、和静大师相继阐教，演法于其地。"碑的后半部分收录"隐峰十咏"诗。① 已经有人指出，这是一通伪碑。② 实际上，金代的大延圣寺，据前面所引缪荃孙辑《顺天府志》，即大圣安寺，大定七年才改名，地点也在金中都城内，而非昌平，碑文叙事也多涉及大定以后人物。

二

圆通广善弟子众多，其中祖朗（1149—1222年），耶律楚材有《燕京崇寿禅院故圆通大师朗公碑铭》记其生平。据碑铭，祖朗俗姓李，蓟州渔阳人。9岁出家，礼广善为师，"侍从圆通国师最久"。大定十三年，于弘业寺受具足戒。二十年，为大万安寺（即弘业寺）知事，此后又任大圣安寺监寺。承安年间，始住持广善晚年旧居——崇寿禅院，其间又应邀任香林寺开山提点三年。不过，祖朗并非广善的嗣法传人。耶律楚材虽"疑必得法于国师"，但他陈述的理由是："或因缘未合，或受国师密训，不令出世"，都不太可靠。耶律楚材的用意，大概正如他本人所承认的，

---

① 《北京图书馆藏中国历代石刻拓片汇编》第46册《延圣寺记》，第88页。
② 杨乃运：《银山塔林的古赝碑》，《北京日报》2007年10月28日。

是"恐后世明眼人责备于贤者,累师之重德,故雪之于此"。①

同祖朗相比,大圣安寺住持圆照大禅师澄公的地位则显得更为重要。澄公有可能与祖朗同辈,为广善嗣法弟子。同时,他还是耶律楚材的佛学启蒙老师,也是极力向耶律楚材介绍万松行秀的人。据耶律楚材回忆:

> 昔余在京师时,禅伯甚多,惟圣安澄公和尚神气严明,言辞磊落,予独重之,故尝访以祖道,屡以古昔尊宿语录中所得者叩之,澄公间有许可者,予亦自以为得。及遭忧患以来,功名之心束之高阁,求祖道愈亟,遂再以前事访诸圣安。圣安翻案不然所见,予甚惑焉。圣安从容谓余曰:"昔公位居要地,又儒者多不谛信佛书,惟搜摘语录以资谈柄,故余不敢苦加钳锤耳。今揣君之心,果为本分事以问予,予岂得犹袭前愆,不为苦口乎?予老矣,素不通儒,不能教子,有万松老人者,儒释兼备,宗说精通,辨才无碍,君可见之。"②

耶律楚材《湛然居士文集》中有多首与澄公和尚的和诗。③

除祖朗、澄公外,金朝名士赵沨,也与广善有很深的渊源。赵沨,字文孺,号黄山。金大定中进士,除涿州军事判官,迁襄城令。大定二十七年,任应奉翰林文字。明昌七年(1196),累迁礼部郎中兼秘书丞。工书法,小篆与党怀英齐名,时称"党、赵"。④ 据《万松老人评唱天童觉和尚拈古请益录》第2则《卧轮伎俩》:

> 黄山赵文孺亲觐圆通善国师,尝作颂曰:"妄想元来本自真,除时又起一重尘。言思动静承谁力,子细看来无别人。"公每遇先亡追

---

① 耶律楚材:《湛然居士文集》卷8,第193—195页。
② 耶律楚材:《湛然居士文集》卷8《万松老人评唱天童觉和尚颂古从容庵录序》,第191页。
③ 耶律楚材:《湛然居士文集》卷2《从圣安澄老借书》,第20页;卷7《梦中赠圣安澄老》,第159页;卷9《谢圣安澄公馈药》,第208页;卷11《寄圣安澄公禅师》,第246页;卷14《寄圣安澄老乞药》,第303页。
④ 《金史》卷126《文艺传下》,中华书局点校本,第2729页;元好问:《中州集》卷4《黄山赵先生沨》,四部丛刊初编本,第21a页。

荐之辰，手书佛经，笃信君子，近代无处其右者。①

明清各家禅史著作《续指月录》、《五灯严统》、《续灯正统》等，均将"黄山赵文孺居士"即赵沨列为广善入室弟子。此外，参扣圆通善者，碑刻记载中尚有政言（1125—1185年）。政言为临济宗禅僧，曾任中都潭柘山龙泉禅寺住持。据《故言公长老塔》，政言受师命游方各地，"至中都，参竹林广慧通理禅师，又参圣安?圆通禅师。"②

祖朗、澄公之后则有志奥。志奥早年从祖朗受戒，后得法于圣安澄公。耶律楚材在文集中多次提及此事："有庵主志奥者，师（即祖朗——引者注，下同）之受戒弟子也，晚得法于圣安澄公圆照大禅师"，③"奥公和尚道合圆通（祖朗），法传圆照（澄公）"，"奥公和尚受戒崇寿（即祖朗晚年所居崇寿院），得法圣安（即澄公所住大圣安寺）"。④蒙古南下占领燕京后，志奥出任大觉寺住持。大觉寺本为律宗寺院，位于燕京开阳东坊，原名义井院，金世宗大定初，始赐名大觉寺。⑤耶律楚材《燕京大觉禅寺创建经藏记》记其始末甚详：

> 大定中，寺僧善祖有因缘力，道俗归向者众，朝廷嘉之，赐额大觉。贞祐初，天兵南伐，京城既降，兵火之余，僧童绝迹，官吏不为之恤，寺舍悉为居民有之。戊子之春，宣差刘公从立与其僚佐高从遇辈，疏请奥公和尚为国焚修，因革律为禅。奥公罄常住之所有，赎换寮舍，悉隶本寺。稍成丛席，可容千指。⑥

在志奥的劝化下，提控李德出资整修瑞像殿前的无垢净光佛舍利塔，提控晋元也将位于寺南的菜园捐献出来，供寺内僧众食用。庚寅（1230）冬，在刘从立的请求下，将招提院所藏《大藏经》迁于大觉寺安置，志

---

① 《万松老人评唱天童觉和尚拈古请益录》第2则《卧轮伎俩》，《卍续藏》第67卷，第462页下。
② 《北京辽金史迹图志（下）》，第106页。
③ 耶律楚材：《湛然居士文集》卷8《燕京崇寿禅院故圆通大师朗公碑铭》，第194页。
④ 耶律楚材：《湛然居士文集》卷13《请奥公禅师开堂疏（其一）、（其二）》，第284页。
⑤ 缪荃孙辑：《顺天府志》卷7《寺·大觉寺》，有金蔡珪大定十年记节文。
⑥ 耶律楚材：《湛然居士文集》卷8《燕京大觉禅寺创建经藏记》，第197—198页。

奥又施财"创建壁藏斗帐龙龛一周凡二十架，饰之以金，缋之彩，穷工极巧，焕然一新"。① 在住持大觉寺期间，耶律楚材除为志奥撰写《燕京大觉禅寺创建经藏记》外，另有开堂疏等诗文若干。②

丙申（1237）秋，受蒙古国行尚书省事刘敏的邀请，志奥来到刘敏的家乡宣德武川游历，准备兴修大清安寺，并任该寺开山住持。次年，新寺正式破土动工。"起佛祖大殿，即松为寺庭、法堂、丈室，丹碧相望。乃至安禅有寮，会食有筵，斋厨库厩，以次而具。盖规枙试仰山（即仰山栖隐寺）而差灭杀焉。"③ 五年后，志奥自大清安寺退席，由德善继任住持。

在此前后，志奥大概又曾任大圣安寺住持，大觉寺住持则由定公接任。耶律楚材所作《请定公住大觉疏》似可证明这一点："龙龛宝藏照人寒，奥老功成住圣安。却请定公来领略，收拾香火礼栴檀。"④ 最后，志奥移住前面提到的广善、祖朗旧居崇寿院，⑤ 大概此后不久就去世了。

金元之际北京地区的云门宗寺院，以大圣安寺为中心，形成一个颇具规模的丛林集团。如北京怀柔区境内的红螺山大明寺（现名红螺寺），据元末所立《红螺山大明寺碑》，即系"圣安宗派"，前面提到，佛觉曾奉金世宗旨住持该寺。此外，耶律楚材有《请湛公禅师住红螺山寺疏》称："我湛公禅师，韶阳远孙，摩诃嫡子，参透三句语，击碎十法门。"⑥ 红螺山寺系大明寺俗称，因位于红螺山而得名。据《红螺山大明寺碑》："环寺诸峰，如龙如凤，嘉林蓊郁，微径幽邃，白云青硼，复绝尘嚣，是宜有道者之隐于此焉。山下有小潭，奇石森卫，水色澄碧。中有二螺，其色殷红。每夕能吐光铩，绚辉林麓，居人以为灵异，遂名其山云。后红螺死，瘗之寺中，今双浮图存焉。"耶律楚材疏文提到的"韶阳"，即云门宗的

---

① 耶律楚材：《湛然居士文集》卷8《燕京大觉禅寺创建经藏记》，第198页。
② 耶律楚材：《湛然居士文集》卷8《为大觉开堂疏（三道）》，第182页；卷9《燕京大觉禅寺奥公乞经藏记既成以诗戏之》，第208页。
③ 《元好问全集（下）》卷35《龙门川大清安禅寺碑》，山西人民出版社1990年版，第8页。按，碑文提到："中命漆水公具疏请大觉住持"，"漆水公慕说胜缘，复以为题榜"。"漆水公"当指耶律楚材，耶律楚材所作疏与题榜，当即《湛然居士文集》卷13《请奥公禅师开堂疏（五首）》与《茶榜》，第284—285、291页。
④ 耶律楚材：《湛然居士文集》卷14，第302页。
⑤ 耶律楚材：《湛然居士文集》卷14《请奥公住崇寿院》，第303页。
⑥ 耶律楚材：《湛然居士文集》卷8，第177页。

发祥地韶州，此处代指云门宗创始人文偃。"参透三句语"指参透有名的"云门三句"。至于这位湛公的师傅"摩诃"，未详何人。耶律楚材《湛然居士文集》多次提到过武川摩诃院，如卷7《寄武川摩诃院圆明老人》、《武川摩诃院请为功德主》，卷13《为武川摩诃院创建佛牙塔疏》，卷14《武川摩诃院创建瑞像殿疏》等，如此武川摩诃院为云门宗寺院，则此圆明老人或即为湛公禅师的老师。大明寺现存癸卯年（1243）燕京行省所立榜示碑，此碑内容与我们见到的元代佛教护持碑没有多少不同，其中提到了大明寺地土产业的四至范围："东至孩儿坟，南至红螺镇，西至乾涧口，北至红螺（被）〔坡？〕。"①

今北京昌平区境内的银山也有多处禅宗寺院，其中"宝严、九圣，皆圣安当派"。宝严禅寺，在金元之际经历了桂严、潜云两代住持。其中潜云道泽为大圣安寺住持西岩和公的弟子。② 到泰定年间，宝严禅寺已传至"远山长老普序"。③ 九圣院，后升为九圣禅寺，又系宝严禅寺下院，"有元甲辰（1244）间，又得兴寿村众耆宿服佛觉之道之重……辞，以九圣院附宝严为之上下，主法者得兼领之"。④

金元之际，中国北方其他地区也有不少云门宗僧人的踪迹可寻。如蓟州渔阳香林寺净照禅师，"章宗皇帝诏居渔阳香林禅寺，唱道余暇，乃作十咏，大张佛祖奥妙之旨，其辞平淡，超然自得，于言语意味之外者也……不唯诸方衲子一新闻见，亦乃知吾云门法道有在焉"。⑤ 香林寺，前面已提到，祖朗曾任该寺开山提点，而文中所述"云门法道"，无疑为净照禅师属云门宗僧人的有力证据。净照弟子福安，宣宗时，住河南巩县十方净惠罗汉禅院，⑥ 他所延续的，应当就是云门宗法脉。无独有偶，当地在元初还出现过一位僧人永钦，早年于巩县法海寺出家。"适值大兵南下，民不遑，师乃避乱渡河北游。后诣京师，遇圣元世祖启资戒会，恭受

---

① 政协北京市怀柔区文史资料委员会编：《怀柔碑刻选》2007年（内部资料），第2页。
② 《昌平外志》卷4《金石·元银山宝严禅寺上下院修殿堂记》，第289页上。
③ 《昌平外志》卷4《金石·银山九圣禅寺坚公山主终身供记》，第291页下。
④ 《昌平外志》卷4《金石·元银山宝严禅寺上下院修殿堂记》，第288页下。
⑤ 张仲文：《巩县志》卷18《金石三·金净照大师香林十咏石刻》，《石刻史料新编》第3辑第30册，第74页上。
⑥ 《巩县志》卷18《金石三·罗汉院山栏地土公据》、《金罗汉泉诗刻》，第74页下—76页上。

度牒。已而挈徒宝智游历四方，参访知识，于云门雪斋席下入室问道，角出伦辈，未及一载，得安乐地，茹桶底脱，蒙赐印可。"只不过，"惜乎雪斋未详承赐何人，住持何刹，不可得而知也"。① 即便这位雪斋禅师的师承不明，但从其称谓——"云门雪斋"来看，似乎也应为云门宗传人。澄徽（1192—1245年）早年参冠山大觉寺宗圆洪公，再参少林隆（当即万松行秀弟子东林法隆）、宝应迁，最后参龙潭虚明寿和尚，"癸未（1223）冬，佛成道日，众以师心光焕发有不可掩焉者，请于虚明，愿为师举立僧佛事。师不得已升座，举岩头虀法语云：……何止辜负徽首座，云门一枝扫地以尽！"有的学者据此认为，澄徽应为云门宗传人。② 此外，文侃（1203—1260年）虽为临济宗传人，但早年也曾参云门师德，只是由于因缘不契，才转投临济宗门下。"汴梁亡，北渡河，挂锡广平之安乐寺，始明禅理，遂参松溪老，继参云门下洪济老，时洞林秀老在成安兴化寺，乃往参焉，（昏）〔皆？〕不合共契。闻彰德天宁寺南堂显和尚机锋雷震，径往问道。"③ 文侃所参扣的"云门下洪济老"，从其称呼来看，应当就是我们前面提到的真定洪济禅院的云门宗僧人。

三

大蒙古国时期，中国北方禅宗势力强大，临济宗领袖海云印简、曹洞宗领袖万松行秀等均受到蒙古统治上层的重视。蒙哥汗即位后，海云印简受封国师，"掌释教事"，④ 万松行秀弟子雪庭福裕则在1253年出任"都僧省"之职，负责各族僧众的管理。现存少林寺圣旨碑第一截癸丑年（1253）蒙哥汗圣旨，明确提到都僧省的职权：

  俺与你都僧省名字去也，则不是管汉儿和尚，不拣畏兀儿、西

---

① 《巩县志》卷18《金石三·巩县菩提禅院开山住持真悟禅师钦公塔铭并序》，第85页下。
② 温玉成：《元好问"徽公塔铭"注》，《山西大学学报》1986年第3期。
③ 李国梯：《安阳县金石录》卷8《三泉福胜禅院侃禅师塔铭》，《石刻史料新编》第3辑第28册，第511页上。
④ 《元史》卷3《宪宗纪》，第45页。

番、河西，但是来底和尚每，都管底上头，唤都僧省。不拣那里来底呵，咱每根底来的、不合来底，都僧省少林长老识者。合来底，都僧省少林长老与文书者。和林里有底和尚每，俺每根底提名字唤着呵，教来者。不唤呵，休教来者。依着释迦牟尼佛法里，和尚每根底管不得呵，都僧省小名要做甚么！①

但到忽必烈即位后，这种情况出现了微妙变化。前述少林寺圣旨碑第二截所载鸡儿年（1261）圣旨提道：

> 这少林长老、宝积坛主、姬庵主、圣安长老、金灯长老等五个人，拔合思巴八合赤已下，但属汉儿田地里住坐底众和尚每根底管领，依着释迦牟尼佛的道子里告天，俺每根底祝寿与者么道。这少林长老根底把着行踏的圣旨与来……又，和尚每不拣有是何公事呵，拔合思巴八合赤的言语里，经的体例里，少林坛主等五个头儿，依理归断与者。你每众和尚，这五个头儿的言语，经的体例，休别了，依理行踏者。又，俗人，和尚每根底休归断者。和尚每，俗人一处折证的言语有呵，委付来的僧官、城子里官一处同共归断者。和尚每体例里不行的，歹公事做的，说谎做贼的和尚每，城子里达鲁花赤、官人每根底分付与者。又，这少林坛主等五个头儿特委付来么道，无体例的公事休行者。行呵，俺每根底奏说者。怎么般道底，俺每识也者。

圣旨中提到的"拔合思巴八合赤"，即有名的吐蕃萨迦派首领八思巴，他在圣旨发布的前一年已被忽必烈"尊为国师，授以玉印，任中原法主，统天下教门"。② "少林长老、宝积坛主、姬庵主、圣安长老、金灯长老"等五人则成为八思巴领导下对汉地佛教进行管理的具体执行者，他们必须依照八思巴的命令行事。其中少林长老即雪庭福裕，宝积坛主或即燕京宝集寺三学都坛主行秀，姬庵主与金灯长老未详何人，但后者因与雪庭福裕

---

① 释永信：《中国少林寺·碑刻卷》，中华书局2003年版，第85页。
② 《佛祖历代通载》卷21引王磐《发思巴行状》，北京图书馆古籍珍本丛刊本，第425页上。

共同参加佛道大辩论而闻名，① 圣安长老则为大圣安寺住持。上述五人很有可能就是当时汉地佛教各派势力的代表，而大圣安寺所代表的正是云门宗。② 这一阶段大圣安寺住持的传承情况，我们目前还不是很清楚。我们只知道四年后，即至元二年（1265），大圣安寺的住持为西岩和公，③ 他是否就是忽必烈任命的那位"圣安长老"，还有待进一步论证。不过，可以肯定的是，大圣安寺在当时的地位的确非常特殊。从中统二年（1261）起，大圣安寺瑞像殿即成为临时供奉元朝皇帝祖先神位的场所，这种局面一直持续到至元十七年太庙建成。④ 中统三年十一月，忽必烈曾下令在大圣安寺举办佛顶金轮会。⑤ 而到至元二十一年翰林学士承旨王磐辞职离朝时，皇太子真金也是在大圣安寺为其设宴送行。⑥

---

① 祥迈：《大元至元辨伪录》卷3、卷4，北京图书馆古籍珍本丛刊本。此外，沈涛《常山贞石志》卷15《重修大龙兴寺功德记》专记国师那摩事迹，亦提到："此文前后事迹，系是塔必暨少林、金灯二老备说其详。"《石刻史料新编》第1辑第18册，台北：台湾新文丰出版公司1982年版，第13426页上。

② 少林寺圣旨碑第二截鸡儿年忽必烈圣旨，日本学者中村淳有过研究，见氏著《クビライ時代初期における華北仏教界——曹洞宗教団とチベット仏僧パクパとの関係を中心として》，《駒沢史学》54，1999年。不过，中村淳并未对碑文中出现的"圣安长老"及此材料所反映的历史背景作出详尽说明。上述信息与观点均由京都大学人文科学研究所助教古松崇志提供，在此谨志谢忱。

③ 《昌平外志》卷4《金石·元银山宝严禅寺上下院脩殿堂记》，第288页下。此外，这一时期大圣安寺还出现过一位僧人庆恩（1241—1309年）。庆恩，俗姓陈，东京辽阳人。6岁礼大惠安禅寺月峰长老为师。"至元五年，径造大都圣安，参扣玉溪，欲决生死大事。以瘫疾不果所愿，令掌瑞像殿职，所得供佛施利，咸归帑藏，外有储积，供具华果。革故鼎新，不无其补。"从至元十三年起，庆恩开始云游各地，"前后斋僧十万，佛绘三千及诸圣像水陆一百二十轴，供讲十次，修大小会百十有余"。至大二年，释教都总所加封其"圆融广慧大师"之号。在为庆恩立塔的诸人题记中，又有"大圣安住持讲主福鉴。"（《北京图书馆藏中国历代石刻拓本汇编》第49册《陈庆恩塔铭》，第3—6页）

④ 《元史》卷4《世祖纪一》：中统二年九月，"奉迁祖宗神主于圣安寺。"（第74页）同书卷74《祭祀志三·宗庙上》："二年九月庚申朔，徙中书署，奉迁神主于圣安寺。辛巳，藏于瑞像殿。三年十二月癸亥，即中书省备三献官，大礼使何徒摄祀事。礼毕，神主复藏瑞像殿……十七年十二月甲申，告迁于太庙。癸巳，承旨和礼霍孙，太常卿太出、秃忽思等，以室内栗主八位并日月山版位、圣安寺木主俱迁。"（第1831—1835页）王恽：《秋涧先生大全集》卷80《中堂事记上》："以移省事上闻，奉圣旨迁四王府，其列圣神主奉安圣安寺瑞像前殿。"（四部丛刊初编本，第21a—21b页）按，在金代，圣安寺曾供奉过世宗、章宗御容（酒贤《金台集》卷2，明末汲古阁刊本，第13页），但作为太庙神主的临时供奉场所，则仅出现于元初。

⑤ 《元史》卷5《世祖纪二》，第88页。

⑥ 《元朝名臣事略》卷12《内翰王文忠公》引《墓志》，中华书局点校本，第246页。

蒙古人主中原初期，因为要共同对付以全真道为首的道教势力，佛教各派基本上还能维持融洽局面，共同参与了几次佛道大辩论，其中尤以1258年佛道大辩论的阵容最为壮观。不过，在经过至元十七年又一次佛道辩论，道教势力遭到彻底清算后，形势开始出现了微妙变化。以至元二十五年江淮释教都总统杨琏真伽发起的教禅廷辩事件为标志，忽必烈又转而公开采取"崇教抑禅"的政策，① 对中原地区的禅宗势力进行打压。据释志磐《佛祖统记》卷49："二十五年正月十九日，江淮释教都总统杨琏真佳集江南教、禅、律三宗诸山至燕京问法。禅宗举云门公案，上不悦。云梦泽法师说法称旨，命讲僧披红袈裟右边立者。于是赐斋香殿，授红金襕法衣，锡以佛慧玄辩大师之号。使教冠于禅之上者自此。"② 释念常《佛祖历代通载》卷22也记载了此事，不过认为是禅宗压倒了教宗。对此，学界多不予采信。此次辩论，虽然参加者均为江南僧众，但对北方禅宗发展的负面影响，却是毋庸置疑的。

武仁时代，禅宗地位开始得到恢复，这首先应归功于先为武宗皇太子，后又即位为仁宗的爱育黎拔力八达。爱育黎拔力八达早年生活于中原内地，是一位既重儒术，又喜释典的君主。《元史》对他有如下评价："仁宗天性慈孝，聪明恭俭，通达儒术，妙悟释典，尝曰：'明心见性，佛教为深；修身治国，儒道为切。'"③ 上述爱育黎拔力八达所说的话，简直就是耶律楚材"以儒治国，以佛治心"的翻版，而其中"明心见性"，很显然指向了禅宗。也许正是在他的努力下，至大二年（1309），元朝赐大庆寿寺住持西云子安"临济正宗之印"，加封"荣禄大夫、大司空、领临济一宗事"④，由著名文臣赵孟頫撰文，树碑于临济宗祖庭——真定临济院。继"临济正宗"出现后，"曹洞正宗"也在仁宗时代开始出现，受封者为大万寿寺住持灵峰思慧："仁宗皇帝诏锡银章，领

---

① "崇教抑禅"，语出姚燧《牧庵集》卷15《金书枢密院事董公神道碑》（四部丛刊初编本，第20b页）。又作"尊教抑禅"，语出郑元祐《侨吴集》卷11《元普应国师道行碑》（实为宋本撰，北京图书馆古籍珍本丛刊本，第814页下）。忽必烈"崇教抑禅"的想法，实际上在至元二十五年教禅辩论以前就已形成，此次辩论，只是付诸实施的结果而已。
② 志磐：《佛祖统记》卷49，《大正藏》第49卷，第435页上。
③ 《元史》卷26《仁宗纪三》，第594页。
④ 赵孟頫：《松雪斋集》卷9《临济正宗之碑》，四部丛刊初编本，第39b页。

'曹洞正宗'。"①

那么，大圣安寺的情况又是如何呢？《中国少林寺·碑刻卷》（第88页）载有皇庆二年（1313）三通疏文，系大都三禅会、河南府路总管府、登封县邀请古巌普就担任少林寺住持而作。② 其中，"大都三禅会"所作疏文，文末有如下题记：

  大万寿寺住持灵峰思慧（押）
  大圣安寺住持云溪信喜（押）
  大庆寿寺嗣祖西云（押）

其中的"大庆寿寺嗣祖西云"即西云子安。由此可见，所谓"大都三禅会"，是指大万寿寺、大圣安寺与大庆寿寺，而三大寺分别代表的是曹洞宗、云门宗与临济宗。如前所述，大万寿寺住持灵峰思慧、大庆寿寺住持西云子安已被元朝敕封为本门"正宗"，大圣安寺住持是否也被封为"正宗"，已无可查考，但云溪信喜所住持的大圣安寺，无疑具有与大万寿寺、大庆寿寺类似的地位。

元代云门宗的代表性人物，是比云溪信喜稍后的云山慧从。

云山慧从全名可见《安阳县金石录》卷12《劝请万空广公长老疏》碑末有如下题名：

  至正十六年□月□日，本山监寺洪仁、提点洪良立。
  天庆寺住持贵庵圆珍、竹林寺住持西山惟贤、报国寺住持云峰圆会、法宝寺住持恒山圆福、海云寺住持主峰文振、延圣寺住持宝林、福元寺住持颐庵、宝集寺住持则堂、普庆寺住持云峰、<u>圣安寺住持云山慧从</u>、庆寿寺住持凤岩显仪、万寿寺住持翠峰普林、万安寺释教都

---

① 柳贯：《柳待制文集》卷12《万寿长老佛心宝印大禅师生塔碑铭》，四部丛刊初编本，第14b页。按，少林寺第十代住持古巌普就道行碑系思慧所撰，他在碑文中的题名为"宣授佛心宝印大禅师、住持万寿、领曹洞宗、灵峰拙衲思慧"（释永信：《中国少林寺·碑刻卷》，第89页）。

② 亦见方履籛编《金石萃编补正》卷3《元请就公住持少林寺疏》，《石刻史料新编》第1辑第5册，第3521页上—3522页下。

坛主。①

此外，清人沈涛编《常山贞石志》卷 20《真定府在城十方万寿禅寺庄产碑》，碑末有如下题名：

至顺元年庚午岁十月日
宣授领临济宗大庆寿寺住持鲁云长老兴吉祥
荣禄大□□空□云门宗大圣安禅寺前住持云□□□□□劝缘②

但这段文字也缺字较多，其中提到的"宣授领临济宗大庆寿寺住持鲁云长老兴吉祥"当即鲁云行兴（1274—1333 年）。黄溍撰有塔铭，记其生平甚详。③ 其中的"荣禄大□□空□云门宗大圣安禅寺前住持云□□□□□劝缘"当指云山慧从。拓片缺字据字间距推测，似应比《常山贞石志》所列要多，据文意似可补为"荣禄大 夫大司 空 领 云门宗大圣安禅寺前住持云 山长老从吉祥? 劝缘"。

云山慧从事迹，主要见本文前面屡屡提到的《红螺山大明寺碑》。此碑立于至正十六年（1356），原碑已不存，国家图书馆藏有清道光十五年（1835）补刻碑文的拓片，清吴景果等修《怀柔县新志》卷五据以收录，但二者均缺撰书人姓名。所幸的是，《钦定日下旧闻考》提到了这通碑文，指出此碑系由"元昭文馆大学士、太史院使、领司天监事樊从义撰文，宣文阁监书博士兼经筵译文官王与书"。④ 上述信息，当是据原碑而来。撰文者樊从义生平不详，据碑文自述，他与云山慧从"缔交三十余年，则辱知为最深"，碑文系其应大明寺住持福果邀请而作。除此碑外，樊从义还在至顺元年（1330）撰写过前引《真定府在城十方万寿禅寺庄

---

① 武亿辑：《安阳县金石录》卷 12《劝请万空广公长老疏》，《石刻史料新编》第 1 辑第 18 册，第 13943 页下—13944 页上。
② 沈涛：《常山贞石志》卷 20《真定府在城十方万寿禅寺庄产碑》，《石刻史料新编》第 1 辑第 18 册，第 13520 页上—13521 页上。此碑国家图书馆有拓本，收入《北京图书馆藏中国历代石刻拓本汇编》第 49 册《万寿禅寺庄产碑》，第 131 页。
③ 黄溍：《金华黄先生集》卷 41《佛真妙辩广福圆音大禅师大都大庆寿寺住持长老鲁云兴公舍利塔铭》，四部丛刊初编本，第 6b—12a 页。
④ 于敏中等编：《日下旧闻考》卷 139，第 2246—2247 页。

产碑》。① 此外，需要提到的是，近年出版的《全元文》据同治十年（1871）《畿辅通志》卷 179 收入《红螺山大明寺碑》，但因《畿辅通志》仅有节文，故题作《大明寺碑略》。② 以下据碑文拓片，择要介绍一下云山慧从的生平。

> 皇庆、延祐间，四海清平，人物殷盛，仁宗皇帝万岁之暇，尤倾心内典，以故方外英伟之士，辐辏于阙下，凡承命主大刹者，多位至三公，佩一品银章，以领其宗教。时则荣禄大夫、大司空、主大圣安寺云山禅师其一也。师方年壮，辨博无碍。禅寂之余，存心治道。每遇顾问，即以佛化合于王化者奏之，论时政之得失，致王道于无为，惟师之功居多。

据《元史》卷 26《仁宗纪三》，延祐六年（1319）二月，"特授僧从吉祥荣禄大夫、大司空"。此"从吉祥"当即云山慧从。前面我们已提到，大庆寿寺住持西云子安的官衔也是荣禄大夫、大司空。二人在当时同属"位至三公，佩一品银章，以领其宗教"的人物。

> 太皇太后信向亦如之。近侍王伯顺大司徒，贞亮人也。一日，启曰："檀州红螺寺，圣安宗派，而历岁既深，殿宇将圮。"乃赐钞五万缗，命师修葺之。英宗皇帝以师先帝之旧，隆遇特甚。时当清暑上京，召师至水精殿译佛法至要，大悦上意，师将还都，命大官设祖帐于南屏山，赐予甚夥。

太皇太后即答己，弘吉剌氏，按陈驸马孙浑都帖木儿女，后嫁与忽必烈太子真金子答剌麻八剌，生下武宗与仁宗。武宗即位后，被尊为皇太后。仁宗子英宗即位后，加太皇太后号。③ 同大多数蒙古上层人物一样，答己也是一位虔诚的佛教信徒。王伯顺，霸州文安人。世祖时给事内廷，担任怯

---

① 原碑题："昭文馆大学士、资德大夫、太史院使、领司天监事□□□撰。"此人从官衔来看，应当就是樊从义。元代后期任昭文馆大学士者寥若晨星，相关考述，可参见拙文《元昭文馆大学士考》，《中国社会科学院历史研究所学刊》第 6 集，商务印书馆 2010 年版。

② 《全元文》第 59 册，凤凰出版社 2004 年版，第 29—30 页。

③ 《元史》卷 116《后妃传二》，第 2900—2901 页。

薛，深受忽必烈信任。《元史》卷169有其弟王伯胜传，其中提到"伯顺官至大司徒"，与碑文相合。应王伯顺的请求，太皇太后答己曾赐钞五万缗，命云山慧从修缮红螺山大明寺。英宗巡幸上都，也曾邀请他到上都水晶殿讲译佛法，回京时，又特地在上都附近的南屏山为其送行，赐予丰厚。这里需要补充的一点是，作为皇家寺院，大圣安寺多次受到元朝皇室赏赐，据元统二年（1334）的一份官方文书，仅土地一项，大圣安寺受赐者就达九十一顷二十一亩。结果，当年元朝政府规定，"元拨赐与来的地土，验数还官。"上述土地中，有三十一顷二十一亩被交还，也就是说，尚余六十顷。①

> 至正五年春，今皇帝有旨，集能书之士，就大福元寺，以金泥写大藏经，特命师校正，儒释多士，甚服其论议。师既退处圣安之西堂，上数遣使致问，赐以上尊。师前后六主圣安，说法四十余载，嗣法门徒若干人，王公贵戚执弟子礼者又若干人。至正十二年冬，以年高倦于应世，遂归隐兹山，筑茅庵于寺傍，以为终焉之计。帝师以释门乏材，拟屈师居辇下。师固不起也。师至山中，顾瞻徘徊，喟然叹曰："昔太皇太后出内帑，命余修之。今风雨震凌，栋宇之坏，又若是耶？岂重修之责不在我乎？"乃命其徒以累朝所赐珍玩易楮币，又募诸好事君子以助之，重修大殿，塑佛菩萨像，金碧丹垩，山谷为之改观。

以金泥书写《大藏经》，即"金字藏经"，是元代历朝皇帝的传统。如世祖至元二十七年六月，"缮写金字藏经，凡縻金三千二百四十四两"。② 仁宗延祐五年三月，"给金九百两、银百五十两，书金字藏经。"③ 顺帝至正三年（1343）十二月，亦曾"诏写金字藏经"。④ 大福元寺即大崇恩福元

---

① 韩国学中央研究院编：《至正条格校注本》条格卷26《田令·拨赐田土》，首尔：人文出版集团2007年版，第59—61页。此条史料系笔者旅日期间，由京都大学人文科学研究所金文京教授提示，在此谨志谢忱。
② 《元史》卷16《世祖十三》，第338页。
③ 《元史》卷26《仁宗纪三》，第583页。
④ 《元史》卷41《顺帝纪四》，第869页。

寺，为武宗在位期间于大都建立的皇家寺院，供奉武宗及二后御容。① 至正五年，云山慧从曾奉旨于此校正金字藏经。至正十二年后归隐红螺山大明寺，谢绝帝师的邀请，致力于大明寺的重新翻修。

《红螺山大明寺碑》文后有铭，对云门宗及云山慧从一生多所褒扬，其中的"云门一派源流长，禅丛烨烨阳芬芳"，点出了云门宗在元代发展的兴盛局面。有鉴于此碑所立之年为至正十六年，距元朝灭亡仅剩十余年，云山慧从仁宗时代起前后六次担任大圣安寺住持，似可看作云门宗在元代鼎盛时期及最后的代表人物。云门与临济、曹洞三宗鼎立，一直延续到元末的推论，也应当是可以成立的。

(本文原载《历史研究》2010年第6期)

---

① 《元史》卷76《祭祀志四·神御殿》，第1875页。亦可参见姚燧《牧庵集》卷10《崇恩福元寺碑》，第16a—22a页；李榖：《稼亭集》卷6《大崇恩福元寺高丽第一代师圆公碑》，《影印标点韩国文集丛刊》3，首尔：景仁文化社1990年版，第139—140页。

元代江南禅教之争

陈高华

忽必烈崇教抑禅，是元代佛教史的重大事件，与当时政治亦有密切关系。我国一些佛教史著作涉及此事者颇多，有的简略，有的说法不够全面。① 日本学者竺沙雅章在《宋元佛教文化史研究》中有所论述。② 最近李辉的《至元二十五年江南禅教廷诤》，③ 周清澍的《论少林福裕和佛道之争》（其中有一节"教、禅的抑制"），都对此事进行讨论。④ 本文作者过去在《元代佛教与元代社会》、《元代南方佛教略论》⑤ 等文中曾作过一些探讨，现在拟加梳理，并就其中一些问题，作进一步的说明。

---

① 《中国禅宗通史》（杜继文、魏道儒著，江苏古籍出版社1993年版）在"元代禅宗及其南北分流"一章中有"教禅廷辩与尊教抑禅"一节，叙述至元二十五年教禅廷辩，但说："这一酝酿过程，已不甚了了。"《中国佛教史元代》（任宜敏著，人民出版社2005年版）介绍禅宗僧人云峰妙高（第237—241页）和天台宗僧人湛堂性澄（第302页）事迹时涉及禅教之争，但比较简略。书后"元代佛教大事年表"没有提到教禅廷辩。《浙江佛教史》（陈荣富著，华夏出版社2001年版）几处提到"元朝实行尊教抑禅"（第449、471、475页），都没有作具体论述。《宋元禅宗史》（杨曾文著，中国社会科学出版社2006年版）第八章第三节"径山妙高及其进京与教僧辩论"对此叙述比较详细，但仅以《佛祖历代通载》为据，有失片面。

② 见该书第二章第四节"元代杭州慈恩宗"，东京汲古书院2001年版。

③ 《浙江社会科学》2011年第3期。

④ 《清华元史》第一辑，商务印书馆2011年版。

⑤ 《元代佛教与元代社会》，载《元史研究论稿》，中华书局1991年版，第362—384页。《元代南方佛教略论》，载《元朝史事新证》，兰州大学出版社2010年版，第122—142页。

一

自唐代起，中原和江南的佛教，主要分为禅、教、律三大宗派。"今之言佛教有三，禅以喻空，教以显实，律则摄其威仪。"① "佛宗有三，曰禅，曰教，曰律。禅尚虚寂，律严戒行，而教则通经释典作其筌蹄者也。"② "佛法入中国以来，僧吾齐民，寺吾胜埌，日以益多，吾未易数计。然其法不过析而为三，有禅僧，有律僧，有讲僧。故其寺亦三，曰禅寺，曰律寺，曰教寺。"③ 禅即禅宗，一般分为五支，即临济、曹洞、沩仰、云门、法眼。元代的禅宗以临济、曹洞为盛，云门亦有一定影响，沩仰、法眼均已衰落④。律即律宗，又称南山宗。教则包括禅、律以外的其他宗派，主要有天台宗、华严（贤首）宗、慈恩（法相）宗等。相对而言，律宗地位不及禅、教，"若三宗鼎列，而律最微者，在僧为难能故也。"⑤ 所以，有的记载将律宗也归入"教"中，如在当时民间流传很广的日用百科全书型类书《事林广记》，便有"禅教类"，将"南山教"与贤首、慈恩、天台等并列。⑥

大蒙古国兴起后，很快便南下攻金，取得中都（今北京），契丹人耶律楚材投奔成吉思汗，后来在大蒙古国政治生活中扮演重要角色。耶律楚材原来是中都寺金曹洞宗名僧万松行秀的俗家弟子。进入中原的蒙古国贵族和将领，接触到临济宗僧人中观、海云师徒，对海云大加尊崇，"世祖在潜邸，数延问佛法之要，在家出家异同……裕皇（忽必烈之子真金——引者注）始生，师摩顶，训之名。"壬子（蒙哥汗二年，1252年——引者注）夏，蒙哥汗"授以银章，领天下宗教事"⑦。"领天下宗

---

① 袁桷：《兴福头陀院碑》，《清容居士集》卷25，《四部丛刊》本。
② 刘仁本：《送大璞玘上人序》，《羽庭集》卷5，《四库全书》本。
③ 方回：《建德府兜率寺兴复记》，《桐江续集》卷36，《四库全书》本。
④ 过去佛教史研究者一般认为云门宗至南宋已经衰落，刘晓撰：《金元北方云门宗初探》（《历史研究》2010年第6期）指出，金元时云门宗在北方仍有很大影响。
⑤ 刘仁本：《定海县真修寺迹记》，《羽庭集》卷3。
⑥ 后至元本丁集卷下，中华书局1999年版。
⑦ 程钜夫：《海云简和尚塔碑》，《雪楼集》卷6，景印洪武本。

教事"不确，应为"掌释教事。"① 忽必烈的亲信谋士刘秉忠是海云的再传弟子，由海云推荐得以进入金莲川幕府。在大蒙古国统治下，万松和海云成为"汉地"佛教的代表人物，禅宗自然在"汉地"佛教中占有突出的地位，其他教派则相形见绌。佛教寺院"革律从禅"成为一时风气。据耶律楚材记载，"太原开化寺革律为禅"，"平阳净名院革律为禅"。② 燕京大觉寺，"戊子（拖雷摄政元年，1228年——引者注）之春，宣差刘公从立与其僚佐高从遇辈，疏请奥公和尚为国焚修，因革律为禅。"③ "癸巳年（窝阔台汗五年，1233年——引者注），平州行省塔本奉皇太弟令旨，革州中之开元律寺为禅，请师（海云——引者注）主持。"④ 万松的弟子福裕，"其住少林也，万松、海云实为之主。"⑤ "汉地"原有佛、道二教都与蒙古国上层有密切联系，争取支持，扩展势力。蒙哥汗八年（1258年），由于福裕的活动，忽必烈受蒙哥之命在开平（后称上都，在今内蒙古正蓝旗）举行佛道辩论，以佛胜道败告终。禅宗的影响更加扩大。⑥

忽必烈即位后，尊崇佛教。除了继续尊佛抑道以外，他积极引进藏传佛教，尊八思巴为国师，授以玉印，号大宝法王。八思巴死后，尊为大元帝师。以后帝师成为萨迦派领袖世袭的职位。⑦ 忽必烈在中央设置总制院，"掌释教僧徒及吐蕃之境而隶治之"。总制院"领以国师"，后改名宣政院。⑧ 总制院和宣政院的长、次官主要是吐蕃人和畏兀儿人。⑨ 在尊奉藏传佛教的同时，忽必烈对"汉地"的佛教各宗派则采取"崇教抑禅"

---

① 《元史》卷3《宪宗纪》，中华书局点校本。
② 《太原开化寺革律为禅仍命予为功德主因作疏》、《平阳净名院革律为禅请润公禅师住持疏》，均见《湛然居士文集》卷8，中华书局1986年版。
③ 《燕京大觉禅寺朷建经藏记》，《湛然居士集》卷8。
④ 王万庆：《海云和尚道行碑》，此碑文字未见著录。原碑1943年发现，文字残缺颇多。苏天钧的《燕京双塔庆寿寺与海云和尚》（《北京史研究（一）》燕山出版社1986年版）抄录了由侯埒先生整理的碑文。
⑤ 程钜夫：《嵩山少林寺裕和尚碑》，《雪楼集》卷8。按，碑文中说："泊世祖即阼，命总教门事。"疑不可信。
⑥ 关于福裕在第一次僧道辩论中的作用，可参见周清澍《论少林福裕和佛道之争》，载《清华元史》第一辑，商务印书馆2011年版。
⑦ 《元史》卷202《释老传》。
⑧ 《元史》卷87《百官志三》。
⑨ 参见陈高华《元代内迁畏兀儿人与佛教》，《中国史研究》2011年第1期。

的政策。"至元八年，侍读徒单公履欲行贡举，知上于释崇教抑禅，乘是隙言：'儒亦有是科，书生类教，道学类禅。'"① 可知至迟到至元八年（1271），忽必烈的倾向已很明确，徒单公履才会以此为据攻击道学。正是在至元八年，忽必烈曾召集"汉地"佛教的代表人物，即所谓"禅、教师德"，"就燕都设会，令二宗论议"。② 另有记载说："至元八年春，诏天下释子大集于京师，师（少林寺主持福裕—引者）之学徒居三之一。"③ 上述记载应是一事。这次会议的具体内容已不可得知，但既曰"二宗会议"，必然涉及禅、教关系。很可能，忽必烈正是在这次会议上明确表明了自己的态度。忽必烈崇教抑禅，至迟在至元八年已很明确。④

全国统一以后，忽必烈在江南继续推行崇教抑禅的政策。至元十四年（1277）二月，他任命亢吉祥、怜真加、加瓦三人为江南佛教总摄⑤。亢吉祥即行育，怜真加即杨琏真加，加瓦又称加瓦八，身世不详。至迟到至元二十四年（1287），杨琏真伽已升为江南释教都总统，成为元朝管理江南佛教的实权人物。⑥ 至元二十五年（1288）正月，忽必烈命杨琏真伽召集江南禅教的代表人物，到大都"问法"。在这次集会上，双方进行了辩论。与以前的佛道辩论不同，此次禅教"廷辩"参加的人数缺乏记载。禅宗方面的代表人物是杭州径山寺的云峰妙高，灵隐寺的虎岩伏。教门方面的代表人物是杭州仙林寺（慈恩宗）的德荣佑岩，天台宗的云梦允泽。双方都与杨琏真伽有密切关系。在廷辩现场还有一个奇特的人物"泉总统"，⑦ 有的著作说："忽必烈不仅饶有兴趣地听教禅二教辩论，旁边有翻译，又有称为'泉总统'者（'总统'当是'释教总统'；'泉'也许是林泉从伦）代为传话和进行引导。"⑧ 李辉文认为此说不确，"泉总统就是释教总统合台萨理。合台萨理生平不详，但可以肯定不是汉人"。按，泉

---

① 姚燧：《董文忠神道碑》，《姚燧集》卷15，人民文学出版社2011年版。
② 《重修十方栖岩禅寺之碑》，《山右石刻丛编》卷25，清光绪二十七年刊本。
③ 程钜夫：《嵩山少林寺裕和尚碑》。
④ 陈高华：《元代佛教与元代社会》，《元史研究论稿》中华书局1991年版，第382页；《略论杨琏真加和杨暗普父子》，同上书第392—393页。
⑤ 《元史》卷9《世祖纪六》。
⑥ 陈高华：《再论元代河西僧人杨琏真加》，《中华文史论丛》2006年第2辑。
⑦ 《佛祖历代通载》卷22有关廷辩的长篇文字中三次提到"泉总统"："泉总统译云再说"，"泉总统又传又圣旨云"，"又传圣旨，令泉总统问"。大正藏本。
⑧ 《宋元禅宗史》，第603页。

总统确实就是合台萨理,他是畏兀儿人,出身于佛教世家,曾任释教都总统,后来成为全国佛教的管理机构总制院的长官总制使。① 他的在场有双重身份,一是作为全国佛教界的领袖人物出现,二是作为忽必烈的翻译,也就是说,翻译就是"泉总统",并非两个人。②

有的著作认为,"对于此次辩论,只见于禅宗史书的记载。根据这些记载,元世祖实际是偏向于禅宗一方的。可以想象,元世祖以往在与临济宗僧海云印简、北少林福裕等禅僧的交往中,在任用刘秉忠三十多年的时间里,对禅宗已经有了相当多的了解,也许已经形成好感,因此在这次禅、教辩论过程中偏颇于禅宗一方是可以理解的。"③ 这个说法显然不够全面。忽必烈即位前后确曾对禅僧表示好感,但在藏传佛教进入宫廷后,他对禅宗的态度逐渐改变,因而有至元八年崇教抑禅之举。关于至元二十五年辩论,除禅宗史书外,天台宗史书也有记载,当时文人亦曾提及。禅宗僧人修撰的《佛祖历代通载》中对此次廷辩有两处记载,一处记廷辩经过,禅僧发言后,"皇情大悦,遂以龙袖西拂,即谢恩下殿,奉御领归寝殿赐食。"另一处记云峰妙高生平,其中云:"戊子春,魔事忽作,教徒潜毁禅宗。师(杭州径山寺云峯妙高—引者)闻之,叹曰:'此宗门大事,吾当忍死以争之。'遂拉一二同列趋京。有旨大集教禅廷辩……上大说,众喙乃息,禅宗按堵如初。"④ 两处措辞都是比较含糊的,并没有讲明忽必烈的真实态度。而由天台宗僧人编撰的《佛祖统记》,则明确云:"江淮释教都总统杨琏真伽集江南教、禅、律三宗诸山至燕京问法。禅宗举云门公案,上不悦。云梦泽法师说法称旨,命讲僧披红袈裟右边立者。于是赐斋香殿,授红金襕法衣,赐以佛慧玄辩大师之号。使教冠于禅之上者自此。"⑤ 元代后期文人刘仁本说,佛教"自入中国,历代以来,三宗之传,齐驱并驾。至我朝世皇,因嘉木杨喇勒智希旨,升教居禅之右,别

---

① 《元史》卷130《阿鲁浑萨理传》。参见陈高华《元代内迁畏兀儿人与佛教》,《中国史研究》2011年第1期。

② 元代畏兀儿人中有一批精通多种语言文字的人物,出任政府或宗教的语言和文字的翻译工作,合台萨理祖孙三代都是如此。

③ 《宋元禅宗史》,第605页。

④ 《佛祖历代通载》卷22。

⑤ 《佛祖统记》卷48,大正藏本。

赐茜衣以旌异之，实予其能讲说义文、修明宗旨也。"① 他的立场比较客观，所述应是真相。事实是，这次廷辩旨在贯彻忽必烈崇教抑禅的意图，这是至元八年以来既定的方针，所以其结果只能是"升教居禅之右"，压低禅宗，提高佛教其他宗派的地位。但佛道辩论之后忽必烈对道教（特别是全真道）采取了一些严厉的制裁措施，而在禅教辩论之后对禅宗则是比较温和的，没有什么明显的压制行动，故禅宗僧人仍可以说"禅宗按堵如初"。

二

据《佛祖历代通载》记载，就在这一年，忽必烈以江南"教不流通"为名，从北方选派了"教僧三十员，往彼说法利生。由是直南教道大兴"②。就我们收集到的资料，现在可考的当时选派教僧到江南的地区有 6 处：（1）集庆，今南京。集庆天禧寺"即古长干寺，在府城南门外……至元二十五年，有诏选高行僧三十员，开讲于江南诸郡，择名刹以居之。时藁城德公讲主首奉诏开席于金陵天禧寺，说经训徒，传慈恩之教。未几，特赐号佛光大师，并拨赐故宋太师秦申王坟寺旌忠寺为下院，以其废产共赡讲席，改赐元兴天禧慈恩旌忠教寺额"③。"国朝以仁慈为政，笃尚佛教，又益信慈恩之学。先是其学盛于北方，而传江南者无几，至元二十五年，诏江淮诸路立御讲三十六，求其宗之经明行修者分主之，使广训徒。时东昌德公首被选，世祖召见，赐食及衣，奉旨来建康，住天禧、旌忠二寺，日讲《法华》、《楞严》、《金刚》、《华严》大藏等经。""德公"即云岩志德，他"嗣法于真定龙兴寺法照禧公"，是慈恩宗僧人。志德"世居般阳莱州掖县，徙居东昌，而师生焉"。故称东昌德公。④ 藁城属真定路，很可能志德南下前曾在真定属下藁城某佛寺任主持，故上文又称"藁城德公"。另有记载说："国朝至元初，开讲席于郡之天禧，真定德公

---

① 刘仁本：《送大璞玘上人序》。
② 《佛祖历代通载》卷 22。
③ 《至正金陵新志》卷 11 下《祠祀志·寺院》，《四库全书》本。
④ 大䜣：《金陵天禧讲寺佛光大师徒公塔铭》，《蒲室集》卷 12，《全元文》第 35 册第 526—527 页。李文、周文已收。

实来，上禀朝廷之旨，下为庶民之归，宣通要言，闻见开悟。居数十年，学者日盛。德公既殁，用其法阇那之，烟焰所及，竹石林木，皆成舍利，绀碧圆结，人争取而奉之，以求福焉。嗣其讲者则瓦官戒坛东鲁儒公也。志乐闲退，委而去之。自方山来主其席，宣慈恩之教，沛然于是邦者，则退庵无公其人也。"① 文中称"真定德公"正是指他出于真定龙兴寺而言。"瓦官"指瓦官寺，当时又称崇胜戒坛院。"方山"指方山定林寺。② 由此条可知，由云岩志德开启的集庆讲席一直在延续。（2）临江，今江西清江。"江南版图归于元，至元间，有旨命讲师三十有六即列郡诸寺大开讲席，灵岩泉公实来临江，改大天宁寺，易禅为教，所讲以《唯识论》为宗。"③《唯识论》是慈恩宗的经典，"灵岩泉公"无疑也是慈恩宗僧人。（3）镇江。"镇江普照寺沙门普喜。号吉祥，山东人。精究慈恩相亲，研习唯什师地因明等论。是年世祖刱立江淮御讲之所，普照居一，诏师主之。升座日讲华严大经，以十卷为常课。后入寂，荼毗舍利甚伙，建塔丹徒。镇江之民多有图像祠之，称为吉祥古佛云。"④ 普照亦属慈恩宗。（4）庆元，今宁波。"帝师殿，在东南隅新桥东，其地宋时为药师院，后废。皇朝至元间复为官讲所，延祐六年刱殿以奉帝师，命僧守之。""官讲所，在东南隅景德弥陀寺。讲主一员，僧五十员，岁收诸寺讲粮米一千六百石。"⑤ 据此，庆元在至元年间设立官讲所。延祐六年改为帝师殿，官讲所则迁至他处。官讲所无疑就是忽必烈派遣教僧南下后相应在各地设置的机构。但是派遣到庆元的教僧情况不可考。（5）兴化，属高邮府，今江苏兴化。北溪智延，"被旨南迈，主长生御讲于兴化，大弘圆顿之教。一音所及，随类得解，人以为一佛出世。"⑥ "圆顿之教"指贤首宗（华严宗）。（6）平江，即今苏州。"元世祖至元间，有贤首宗讲主，奏请江南两浙名刹，易为华严教寺。奉旨南来，抵承天。次日，师（觉庵梦

---

① 虞集：《方山重修定林寺碑》，《江宁金石记》卷7，清嘉庆九年刊本。
② 《至正金陵新志》卷11《祠祀志·寺院》。
③ 危素：《天宁寺碑记》，《危太朴文续集》卷1，《嘉业堂丛书》本。
④ 《释氏稽古略续集》卷1。此条李文、周文已收。按，普照寺是镇江名刹，见《至顺镇江志》卷9《僧寺》。奇怪的是，这部以翔实闻名的方志，却没有关于普喜讲席的记载。江苏古籍出版社1990年版。
⑤ 《至正四明续志》卷10《释道》，《宋元四明六志》本。
⑥ 黄溍：《北溪延公塔铭》，《金华先生文集》卷41，《四部丛刊》本。

真禅师——引者注）升座，博引《华严》旨要，纵横放肆。问析诸师，论解纤微，若指诸掌。讲主闻所未闻，大沾法益，且谓：'承天长老尚如是，刻杭之巨刹大宗师耶！'因回奏，遂寝前旨。"① 这条记载所说"贤首宗讲主"不知何许人，但此事显然就是忽必烈选派教僧计划的组成部分，也就是说，曾向平江派遣北方的华严宗僧人。但其中说南来讲主有感于觉庵梦真学识渊博，"因回奏，遂寝前旨"，大概是不可信的。

从以上几条材料，可知选派到江南的教僧，有的属于慈恩宗，有的属于华严宗。选派教僧的数量（也就是地点）有三十和三十六两说。庆元路官讲所设讲主一员，僧五十人，其他地区亦应有同样的官讲所。集庆讲席至少延续三代，值得注意的是，庆元官讲所每年从各寺收取"讲粮米一千六百石"。这是一个很惊人的数字。也就是说，官讲所的讲主和僧人生活以及讲经活动的经费都是依靠向其他佛寺摊派来维持的。

大德中，"总统司请［释法洪］为释源白马寺长讲，号大德法主。"后入大都。英宗时，授光禄大夫、大司徒，"刻银为印，食一品禄。承制总选名僧，校雠三藏书，领江淮官讲凡三十所。于是贵幸莫比矣。"② 据此，则"江淮官讲"应是一常设机构，由皇帝指定专人负责，英宗时仍存在。从上面所引资料来看，集庆讲席至少更换过三个主持者，而庆元路的官讲所一直到顺帝时，均可作为"江淮官讲"是常设机构的证据。前面提到官讲所有三十和三十六两说，由此可知三十所应是比较可信的。

杨琏真伽在杭州凤凰山南宋故宫遗址上建造五所佛寺，即报国、兴元、般若、仙林、尊胜。杨琏真伽秉承忽必烈意旨"建大寺五，分宗以阐化"。其中报国寺为禅宗，仙林寺属慈恩宗，兴元寺属天台宗，般若寺属白云宗，只有尊胜寺是藏传佛教寺院。③ 江南佛教本来以禅宗为主，天台宗次之，杨琏真伽新建五寺，分属五个不同的宗派，实际上起了抑制禅宗的作用。

崇教抑禅政策的推行，在江南佛教界产生了影响。有些寺院改禅为教，上面所说临江路大天宁寺便是一例。又如："天台国清寺实智者大师

---

① 《五灯全书》卷49《平江府承天觉庵梦真禅师传》，《续藏经》第141册。李文、周文已收。
② 许有壬：《释源宗主洪公碑铭》，《至正集》卷47，《北图珍本丛刊》本。
③ 陈高华：《再论元代河西僧人杨琏真加》，《中华文史论丛》2006年第2期。

行道之所，或据而有之，且易教为禅。师（湛堂性澄——引者注）不远数千里走京师，具建置之颠末，白于宣政院，卒复其旧……元贞乙未，入觐于上京，赐食禁中，复以国清为言。宣政院为奏，请降玺书加护，命弘公（弘道夫——引者注）主之。辨正宗绪，扶植教基，使来者永有依庇，师之力也。"① 国清寺是天台宗的祖庭，湛堂性澄是云梦泽的门徒，他的活动显然是紧接着至元二十五年廷辩进行的，对于天台宗的发展具有重要意义。与此相应，有些禅宗僧人改投其他教派，本无就是其中一个，他投到性澄门下，"精研教部"。其师寂照禅师作一偈寄之，其中云："从教入禅古今有，从禅入教古今无。"② 这些情况都说明江南佛教禅教势力的消长。至于有的先生认为，此次辩论"元朝的统治中心大都的禅宗受到的打击更大，因而相对来说，江南所受的影响反而没有那么大"，③ 则恐非事实。北方禅、教关系早在至元八年会议后已作过调整，此次辩论主要影响江南，对大都禅宗没有明显的影响。

三

但是，如上所说，忽必烈崇教抑禅，只是抬高其他佛教宗派地位，使之能与禅宗抗衡而已，并没有采取过多的打击禅宗的措施。随着杨琏真伽的垮台和忽必烈的去世，从成宗铁穆耳起，崇教抑禅已逐渐淡化。成宗即位后，在宗教政策方面明显有所调整。最明显的是采取一系列措施扶持道教。④ 上面说过，元贞元年天台宗湛堂性澄到上都受到优遇。而同年发生了另一件事，庐山东林寺住持禅僧悦堂祖誾，"元贞元年，奉诏赴阙，入对称旨，赐玺书，号通慧禅师，并金襕法衣，以荣其归"。祖誾后来成为江南禅宗大寺灵隐寺的主持。⑤ 显然，对江南禅宗也采取护持的态度。现存的元代江南地方志《大德昌国州志》、《延祐四明志》、《至顺镇江志》、《至正金陵新志》等都对各地佛教寺院有详细的记载，大体上可以看出，

---

① 黄溍：《上天竺湛堂法师塔铭》，《金华先生文集》卷41。
② 《大明高僧传》卷2《本无传》，大正藏本。
③ 李辉：《至元二十五年江南禅教廷诤》。
④ 参见周清澍文第七节"至元间佛道的纠缠和成宗的新举措"。
⑤ 黄溍：《灵隐悦堂禅师塔铭》，《金华先生文集》卷41。

各地佛寺仍是禅、教、律鼎立，和前代相比没有明显的变化。例如，庆元路在城有："禅院五"，"教化十方七"，"律十方院七"，"甲乙徒弟教院八"，另有若干尼寺、庵舍。① 鄞县禅宗寺院22所，教院24所，律院8所，另有"甲乙院"49所，尼寺2所。奉化州禅寺24，教寺29，律寺7所，其他16所。② 昌国州禅院10所，教院6所，律院7所。③ 所谓"十方院"即公请各方著名僧人主持的寺院，"甲乙院"则是师徒相承担任主持的寺院。

元代中期以后，江南禅宗有复兴的趋势。主要是出现了三个影响很大的名僧，即高峰原妙、中峰明本和笑隐大䜣。特别是笑隐大䜣，和宫廷有密切关系。元文宗以金陵潜邸建大龙翔集庆寺，"命为太中大夫，号曰：广智全悟大禅师，为开山第一代师……又明年，与蒋山昙芳忠俱召至京师。京师之为禅宗者出迎河上曰：'国家尚教乘，塔庙之建，为禅者寂然。禅刹兴于今代自师始，吾徒赖焉。'……日召对奎章阁，赐坐，说佛心要，深契上旨。"顺帝后至元二年，"以老病求退。御史大夫撒廸公以闻，优诏不许。加号释教宗主，兼领五山寺，余如故，而赐予尤厚。"④ 所谓"国家尚教乘，塔庙之建，为禅者寂然。"系指元朝历代皇帝建造的佛寺，其主持都由教僧主持而言。⑤ 图帖睦尔建大龙翔集庆寺，以禅宗僧人大䜣为主持，这是一个很大的变化。故北方禅宗僧人为之欢欣鼓舞，高呼"禅刹兴于今代自师始"，在他们心目中，一个新时代到来了。更值得注意的是，元顺帝为大䜣"加号释教宗主，兼领五山寺"，这是前所未有的称号。"释教宗主"是个虚衔，"宗主"顾名思义是宗派领袖之意。南宋时，江南佛教有"五山十刹"之制，有禅院五山十刹、教院五山十刹，都是当时最有名的佛寺，⑥ 至元代实际上已不存在。顺帝以大䜣"兼领五山寺"，是否有意恢复"五山十刹"尚难断定，但其意图是将大䜣置于江南佛教各大寺主持之上则是很明显的。可以认为，到了大䜣时代，江南禅

---

① 《延祐四明志》卷16《释道考上》。
② 《延祐四明志》卷17《释道考中》。
③ 《至正四明续志》卷10《释道》。
④ 虞集：《释教宗主兼领五山寺笑隐䜣公行道记》，元至正本《蒲室集》卷末，见《全元文》，凤凰出版社2004年版，第27册，第41—42页。
⑤ 陈高华：《元代大都的皇家佛寺》，《世界宗教研究》1992年第2期。
⑥ 郎瑛：《七修类稿》卷5《天地类·五山十刹》，上海书店出版社2001年版。

宗的声势明显超越其他宗派了。

上面说过，至元二十五年廷辩后曾有僧人由禅入教，但元代中后期教僧从禅的现象明显增多。例如，用贞辅良，"习天台教观所谓三乘十二分，研其精华，摄其密微，充然若有所契"。后来投奔大龙翔集庆寺大䜣门下，先后为禅宗名刹杭州中天竺寺和灵隐寺的住持。① 逆川智顺，原来"习法华经，历三月，通诵其文"。后"更衣入禅"。② 觉原慧昙，早年"学律于明庆果公，习教于高丽教公"，后投奔笑隐大䜣公于中天竺。"天历二年己巳，龙翔新建，文宗命广智（大䜣——引者注）为开山住持，师实从之。"明初，朱元璋改大龙翔集庆寺为大天界寺，以觉原慧昙为主持。③ 以上数例都发生在南方，用贞辅良、觉原慧昙由教入禅都与大䜣有关。在北方，亦有同样的例子。上述派遣到兴化的北溪智延，北归"谒西云安公于大庆寿方丈，究教外别传之旨，一旦豁然顿悟。"后来成为大庆寿寺主持，"特授荣禄大夫、大司空，领临济宗事。"④

宋代江南禅、教（主要是天台宗）矛盾已很明显，⑤ 崇教抑禅加深了江南禅、教矛盾，一直到元朝末年仍然如此。"世降以来，崇教者或毁禅，宗禅者或斥教，大浮图不能正其是非。又或从而创之，立沟堑于一堂之上，操戈盾于同室之间，腾訕蜩兴，伦于市哄，有识未尝不为之太息也。"⑥ 同一种经典，禅、教解读各异。"然而世殊道降，末学多闻，笔舌相私，所见差别。尚辞者或乖其义，滞事者或遗其理，乃致教指禅为偏，禅斥教为泥，腾说纷然，靡会其极。"⑦ 禅、教分歧，互相对立是很严重的，但是也出现了企图调和禅、教的人物，例如，一云大同是华严宗僧人，后"上天目山礼普应本禅师……公将久留，普应曰：'贤首之宗日远而日微矣，子之器量足以张大之，毋久淹乎此也。'为赞清凉像而遣之。""普应本禅师"即中峰明本。后来大同成为江南华严（贤首）宗名僧。⑧

---

① 宋濂：《杭州灵隐寺故辅良大师石塔碑铭》，《宋文宪公全集》卷12。
② 宋濂：《净慈顺公逆川瘗塔碑铭》，《宋文宪公全集》卷12。
③ 宋濂：《觉原禅师遗衣塔铭》，《宋文宪公全集》卷15。
④ 黄溍：《北溪延公塔铭》，《金华先生文集》卷41。
⑤ 陈垣：《中国佛教史籍概论》卷5"台禅二宗之争"，中华书局1962年版。
⑥ 释来复：《送镐仲京归吴序》，《蒲庵集》。转引自《全元文》，凤凰出版社2004年版，第57册，第171页。
⑦ 释来复：《大佛顶无上首楞严经序》，《蒲庵集》，转引自《全元文》第57册，第151页。
⑧ 宋濂：《别峰同公塔铭》，《宋文宪公全集》卷28。

"世之学浮屠者不为不多，习教者不必修禅，修禅者未尝闻教，师（天镜元潡——引者注）则兼而有之。"①

四

忽必烈即位后为什么"崇教抑禅"？《浙江佛教史》认为，元代佛教"实际上形成了南禅北教的局面。元王朝实行民族等级制，把全国人民分为蒙古、色目、汉人和南人四个等级。故主要在南方流传的禅宗受到了抑制。"崇教抑禅"是元统治者的既定方针，是元统治者歧视南人的反映"。② 这种看法似可商榷。首先，元代佛教形成"南禅北教"之说是不确切的，在北方禅宗亦有很大势力，并不比其他宗派逊色。前面说过，至元八年释教大会，少林寺曹洞宗福裕门下占三分一。如果加上临济宗和云门宗的门下，可以估计，禅宗僧人不会少于一半。其次，如前所说，至迟在至元八年，忽必烈已定下了"崇教抑禅"的方针，当时南方尚未归元朝统治。因此，把"崇教抑禅"说成元朝"歧视南人的反映"是不确切的。

总的来说，推行四等人制、造成民族之间的隔阂和矛盾，是忽必烈用以维持统治的基本原则，具体到佛教领域，便表现为尊崇藏传佛教，抑制其他"汉地"原有各教派。"汉地"各教派中禅宗势力独大，忽必烈抬高其他教派的地位，抑制禅宗，有利于对"汉地"佛教的控制。还有一个可能起作用的因素是，"汉地"的华严宗与藏传佛教者教义有不少相通之处，关系非同一般，容易让忽必烈产生好感。③ 至元八年二宗大会具有重要意义，至元二十五年禅教廷辩是至元八年二宗会议的继续。只有把两者联系起来，对后者的性质才能看得清楚。可惜不少佛教史研究者都忽略了。

（本文原载《隋唐辽宋金元史论丛》2012 年第 2 辑）

---

① 宋濂：《故灵隐住持朴隐禅师潡公塔铭》，《宋文宪公全集》卷 28。
② 《浙江佛教史》，第 471、464 页。
③ 《元代文化史》，广东教育出版社 2009 年版，第 65—66 页。按，此书佛教部分由刘晓执笔。

元代统一局势下盐官体系的重构

张国旺

盐业收入是元代重要的财政来源之一。至元十三年，元廷统一了南北。但由于南北盐务管理各异，如何管理统一局面下的南北盐务便成为元政府面临的重要课题。作为具体践行管理盐务的官员对户部或行省负责，又直接与盐业生产者和盐商发生关系，是影响盐务好坏的重要因素，故盐官的设置就成为盐政的重要内容之一。探察盐官设置的过程不仅有助于我们追寻元政府对盐务管理的态度和策略的变化，而且能探明元代盐务管理制度的特点。由于蒙古国时期以及元初盐务管理机构的变化无常，从盐官的设置入手，探讨元代的盐务管理更彰显出其重要意义。对于元代盐官制度，早在20世纪30年代曾仰丰先生便给予了肯定[1]，之后陈高华先生对元代盐运司官员的设置有所涉及[2]。有元一代，南北盐运司官员的设置逐渐趋于同一化，且层次分明，权责明确。这昭示着统一局面下，元代盐务管理日趋规范和严密。本文试对元代盐务管理中起着重要作用的盐运司官员和盐场官员的设置过程略作分析，以揭示元政府所作的努力、盐务管理制度的特点及其对于明清盐务管理的重要影响，以求教于方家。

一

蒙古国时期朝廷所控制的盐产主要是北方的河间、山东海盐以及解州

---

[1] 曾仰丰：《中国盐政史》，商务印书馆1936年版，第104—108页。
[2] 郭正忠主编：《中国盐业史（古代编）》，人民出版社1997年版，第441、443—444、449页。

池盐。当时并没有系统而完善的盐官名称和体系。所谓"国初草创，盐政未立，任土之贡一付京官"①。成吉思汗曾任命刘敏为安抚使，"便宜行事、兼燕京路征收税课、漕运、盐场、僧道、司天等事"②。但刘敏并不是严格意义上的盐官，掌管盐场税课只是其安抚使职能的一部分。窝阔台时期，耶律楚材曾奏定设立十路课税所，盐课作为最重要的财政收入亦相应由课税所管理③。"举近世转运司例，经理室十路课税，易司为所，黜使为长"④。近世即指金代，也就是说十路课税所的设置是依金代转运司例略有改易。课税所往往要通过下属的盐务专司机构，如盐运司、提举盐榷所、提举盐课使所等来管理盐务。在盐官设置方面，金代盐官的设置制度遂成为重要的参考因素。有金一代，曾设山东、宝坻、沧、解、辽东、西京、北京七盐使司，各盐使司一般设盐使、副使、判官，"掌干盐利以佐国用"⑤。课税所下属机构盐官中，首要官员称盐使。庚寅年（1230），始立平阳府征收课税所。癸巳年（1233），命盐使姚行简等修理盐池损坏处所⑥。程恒国初曾为沿边监榷规运使、解州盐使⑦。辛卯年（1231），肇置征收课税所河北东西道，辟荣祐为沧盐办课官⑧。

中统元年，忽必烈登汗位，设立以中书省为中心的中央管理机构，地方上则设立十路宣抚司，"悉革前弊"。盐运司机构相应归宣抚司来管理，河间盐运司的名称改为宣抚司提领沧清深盐使所，首要官员仍称盐使。由于众盐运司的机构名称并不一致，当时并没有统一的盐运司官员的选任及管理机制，盐官的任命多带有随意性。元初北方盐官的设置与当时财政机构的设置相关联。至元二年立随路转运司，管理各地财赋，盐务成为其管理的重要内容之一。转运司有使、同知、副使之设。随路转运司，其首称使，次称同知使事和副使。倪德政即于至元二年为中都路转运使，提领税

---

① （元）徐世隆：《越支场重立盐场碑记》，见《全元文》卷六六，江苏古籍出版社1999年版，第431页。
② 《元史》卷一五三《刘敏传》，中华书局校点本1976年版，第3609页。
③ 赵琦：《大蒙古国时期十路征收课税所考》，《蒙古史研究》第六辑。
④ （元）杨奂：《还山遗稿》卷上《耶律楚材改课程制》，《北京图书馆古籍珍本丛刊》本。
⑤ 《金史》卷五七《百官二》，第1318页。
⑥ 《元史》卷九四《食货二·盐法》，第2388—2389页。
⑦ 《元史》卷一六三《程思廉传》，第3829页。
⑧ （元）姚燧：《牧庵集》卷二二《金故昭勇大将军行都统万户事荣公神道碑》，第10页。

司事，答木丁同知使事，宝坻盐使崔岩臣副之①。至元四年陕西四川转运司设有使二员、副使一员、同知一员，②盐务管理是转运司的重要职责之一。至元十二年改立河间、山东转运司，专掌盐务。在相当长一段时间之内，北方的盐业生产具体是由细化的盐司来完成的。以河间为例，它主要由清、沧盐司来管理，其官员的设置仍为盐使、副使、判官，潘琚自始辟转运司知事，历滨、莱两盐司判、副，至转运司经历③，可见盐司判官较副使略低。至元十三年郝从曾为清盐使副，后升为正使④。山东也是如此，李松曾为山东东路乐盐使⑤。

南方盐官的设置最初是延续宋代之旧，所任用人员多为南宋旧官。两淮之盐由提举马里范张依宋例办课。⑥李瑞在江南平定之初即被委任为提举浙西盐使司事。⑦与此同时，浙东也出现了提举浙东盐使司事。⑧故无论是从盐司还是盐场，官员都是依宋之旧，设提举。元政府针对广东、广海两地盐产产量有限，盐额较少，故仍依照宋旧例设立提举司。广东提举司设提举一员，从五品，同提举一员，从六品，副提举一员，从七品。广海提举司品秩较广东为高，秩正四品，所设官员有都提举二员，从四品；同提举二员，从五品；副提举，从六品；知事一员、提控案牍一员。⑨福建也曾在至元二十九年立提举司，大德十年又立都提举司⑩，前后所设职官应与广东、广海同。

《元史·百官志》载大都河间、山东、陕西河东诸盐司与两淮、两浙以及福建等几个产量较高的盐产区盐运司的官员设置完全相同，均设有使二员，正三品；同知一员，正四品；副使一员，正五品；运判二员（山

---

① （元）徐世隆：《越支场重立盐场碑记》，见《全元文》卷六六，第431页。
② （清）胡聘之主编《山右石刻丛编》卷二八《运城孔子庙记》，第37页；卷三二《池神庙碑》，第19页。
③ （元）刘敏中：《中庵先生刘文简公文集》之《奉训大夫淮东淮西都转运副使潘公神道碑铭》，《北京图书馆古籍珍本丛刊》本。
④ （元）袁桷：《清容居士集》卷二九《河间清盐使郝君墓志铭》。
⑤ （元）许有壬：《至正集》卷五九《元故中顺大夫同知吉州路总管府事李公神道铭》。
⑥ 《元史》卷九四《食货二·盐法》，第2390页。
⑦ （元）胡祗遹：《紫山大全集》卷一七《承直郎江西等处榷茶都转运司副使李公神道碑》。
⑧ （元）王元恭：《至正四明续志》卷三，《宋元方志丛刊》本，第5页。
⑨ 《元史》卷九一《百官七》，第2314—2315页。
⑩ 同上书，第2314页。

东盐运司仅一员），正六品；经历一员，从七品；知事一员，从八品；照磨一员，从九品。说明元政府将北方转运司官员的设置推广到南方的努力。全国主要盐运司的盐官设置趋于一致是随着南北统一而进行的，这一过程大约持续了十年之久。至元十二年所设立的河间、山东盐运司官员的设置成为淮、浙、陕川以及福建盐运司官员设置的母本。两淮盐司官员与河间、山东盐运司官员设置的趋同当始于平宋初的至元十四年两淮都转运使司的设置。《谨正堂记》曾提到运使张彬修饬都转运使司廨宇①。两浙盐官的设置当在至元十四年两浙盐运使司设立之时。至元二十三年改陕西四川都转运司，兼办盐、酒、醋、竹等课，设有盐使二员、同知一员、副使二员、经历二员、知事一员、提控案牍兼照磨承发架阁一员②。至元二十四年福建等处转运盐使司设立，其职官是使、同知、副使、运判、经历、知事、照磨③。这一过程反映了元政府对于推行盐运司官员统一化的谨慎态度。

元政府在管辖元代盐务时是有所侧重的，盐官设置的统一化推广主要是针对大都河间、山东、陕西河东诸盐运司与两淮、两浙以及福建等几个产量较高的盐产区，反映了其对这几个大盐运司的重视和统一管理盐务的努力。这是元政府对盐务管理进行宏观调控的结果，与此同时，元政府抓大放小的盐务管理政策。广东、广海提举司沿袭宋旧，元政府又将金时的小盐司（西京、辽东等盐使司）的相关官员罢免，盐务由当地地方政府来管理。至元二十五年五月，减隆兴府昌州盖里泊管盐官吏99人，以其事隶隆兴府④。

当然，元政府并没有一刀切，而是根据盐产的地域特点，盐官的设置也不尽不同。如河东和两浙于延祐时分别增设判官一名。两浙由于地形复杂，私盐易发之故，延祐元年六月增设判官一名，以巡禁私盐为能事⑤。河东陕西盐运司的判官当是延祐七年增设的。这一年增河东陕西盐运司判官一员，给分司二。这是由于陕西的行盐地面远较河间、山东盐运司为广大、且售盐较为复杂。此外，河东陕西转运司置有提领所二，即当指

---

① （元）许有壬：《至正集》卷三六，第3页。
② 《山右石刻丛编》卷三七《祷盐池记》，第21—22页。
③ 《元史》卷九一《百官七》，第2312页。
④ 《元史》卷一二《世祖八》，第254页。
⑤ 《元史》卷二五《仁宗二》，第565页。

《元史·百官一》所提到的河东和安邑两解盐管民提领所，官各两员①。

与前代相比，元代盐运司官员的分工也更为明确。"国制：二使总凡司事，同知、副使、判官岁出分司，涖校其煮盐之次第，而下上其赏罚，冒禁而私煮者即议真于法，任专责重，则虽同知、副使、判官职有等荖，固视二使而与之侔焉。"② 运使"职专恢办"③。一般说来，运使是要留守运司，而"余（同知、副使、判官——笔者注）则行司其境而督成焉"④。同知、副使协助运使经管盐务，有时被派出充当分司官员。运判则负责巡禁私盐，监装盐袋。经历、知事、照磨等是首领官，负责盐运司的文书等日常琐碎的事务。

二

元代盐官设置变化还表现在盐场官员设置的同一。最初，北方各盐场设管勾来管理盐场事务。这是吸收了唐乃至金朝的职官制度。以宝坻场为例，历唐讫金，"尝设提举司于宝坻……所辖诸场，越支课当其半，特除管勾一员以莅之。"⑤ 可见从唐到金，宝坻盐场的管勾之设仅有一名。但从现有文献来看，元代初期河间、大都、山东等地盐场"俱设管勾"，官员设有正管勾、同管勾和副管勾三名，"管勾正九品，同管勾从九品，副管勾根脚浅短者量授部札"⑥。较之唐、金两代，管勾的数量增加了两名。这并不仅意味着管理人数的增加，由此更可看出元政府对盐业生产的重视程度。

宋代东南盐区盐场似未见有管勾司之设。福建盐运司盐场官设管勾司

---

① 《元史》卷二五《仁宗三》，第593页。
② （元）柳贯：《柳待制文集》卷九《嘉兴盐运分司纪惠颂有序》，《四部丛刊初编》本，第24页。
③ 《元史》卷九七《食货五·盐法》，第2500页。
④ （元）张养浩：《归田类稿》卷九《朝散大夫同知山东东路都转运盐使司事恭古行司惠政碑有序》，《文渊阁四库全书》景印本，第8页。
⑤ （元）徐世隆：《越支场重立盐场碑记》，见《全元文》卷六六，第431页。
⑥ 《元典章》卷九《吏部三·官制三·场务官·盐管勾减资》，中国广播电视出版社1998年版，第365页。

及管勾在至元十五年①。两淮、两浙在至元三十一年之前便设有管勾，且所设三员，为正管勾、同管勾和副管勾。似说明元代东南盐场的管勾之设应以元代北方河间、大都和山东等地盐场官之设为母本。这应与元政府将北方盐务管理机构和官员的设置向南方推广是联系在一起的。值得说明的是，管勾司官员并不与盐运司直接发生关系，而是由接受盐使司的管理。

至元三十一年中书议两淮盐运司盐场管勾拟升正管勾作从七品、同管勾作从八品，副管勾作从九品事，中书吏部考虑"其余运司所辖盐场管勾指例升等铨注，岂惟铨选不一，有碍迁调"，并没有允行②。但这一事情显然得到中书省和皇帝的重视。元贞元年废两浙各道盐使司，改场为司，置司令、司丞、管勾各一员，铸从七品印，以重其事，足资证明③。这样盐场官员中，司令为从七品，司丞从八品，管勾从九品④，与至元三十一年吏部所说省札拟升正管勾、同管勾以及副管勾相同。两浙改管勾为司令等事是与元代的盐务改革联系在一起的。这一变动废掉了盐运司下辖的盐使司，从而使盐场官员直接接受盐运司官员的领导，原盐场管勾也由原来的九品升为从七品和八品。司令司的建立和升等使盐场原三名管勾的级别有了区分，突出了司令在盐场管理中的领导职能，司丞和管勾的辅助作用更加明确。

全国性盐场管勾司改为司令司当有着一个漫长的过程。两淮之变当在两浙同时。山东、广东盐运司盐场的官员变更当在两淮两浙之后。即使在一个盐运司所辖的不同盐场，官员设置调整的时间也并不相同。以福建盐运司为例，浔美场于至大二年改为司令司，而上里场于延祐二年改设司令司⑤。而司令、司丞和管勾等的设置是和司令司的设立一致的。

北方盐运司有些虽由管勾司改为司令司，但盐场官的设置并不与东南一致。《元史·百官一》记载河间盐运司盐场官并未见管勾，山东盐运司盐场官中管勾的品秩与司丞一样，也是从八品。河东盐运司的解盐场仍设管勾、同管勾各一员，管勾品秩为正九品，同管勾则为从九品。值得注意的是，《元典章·场务官·盐场窠阙处所》列有辽阳路盐司、山东盐运

---

① （明）黄仲昭：《八闽通志》，福建人民出版社2006年版。
② 《元典章》卷九《吏部三·官制三·场务官·盐管勾减资》，第365页。
③ （元）冯福京：《大德昌国州志》卷五《盐司》，《宋元方志丛刊》本，第2页。
④ 《元史》卷九一《百官七》，第2313页。
⑤ （明）黄仲昭：《八闽通志》，第1179、1233页。

司、两淮盐运司以及广东盐运司下场管勾品秩。两淮盐运司盐场上一级没有盐使司，因而其场司令、司丞、管勾分别为从七、从八和从九品，山东、广东、辽阳路等各盐运司，其管勾品秩为正九品。这体现了元代盐务管理的地域性特征。

三

虽然元代负责盐务的官员还有仓官（监支纳、大使）、监运官、批验所官（提领、大使、副使）、巡盐官（大使、副使）等，但盐运司官（运使、同知、副使、判官）和盐场官（司令、司丞和管勾）两部分构成了盐官体系的核心内容。由上可知，元代盐官体系是整合金代盐官制度和元初转运司官设置而来，待统一后推行到南方淮浙及福建等盐区的。南北盐官设置的统一并不是从灭掉南宋就开始的，而是经过了一个相当长的过渡期，这个过渡期大概在十年。可以看出，元政府在推行盐运司官设置和盐场官设置统一化的过程中是相当谨慎的。元代早期北方盐运司官的设置是金代盐使司和早期转运司官员设置基础上的变种，而南方沿袭了南宋时期盐官的设置。至元二十三年至二十四年南北方的盐官设置终于趋于一致。盐场官的设置也是渐进施行的。元贞元年两浙盐场管理机构由管勾司改称司令司，盐场官员由管勾改称司令、司丞和管勾，而福建上里场直至延祐二年才完成这一转变。河间、山东盐运司的盐官设置成为各大盐区盐官设置的标尺和范本。北方所建立的这一盐官体系则带有试点的作用。这种先试点、后推广的盐官设置，从制度的建设上来说，应该是合理的。想见这种简单有效的盐官设置总体来说还是成功的，所以就有了向全国重大盐区推广的可能。

还应看到，上述盐官体系主要针对大都河间、山东、河东、两淮、两浙及福建等产量较大的盐区，是元政府宏观调控政策的集中体现。原来金代的盐使司的生产规模不是很大，但均设专司来管理。元代金之后，即取消了规模不大的西京、辽东等若干个盐使司，罢黜了专门负责盐务管理的盐务官员，将其盐务归由地方官来管理。原金代所属的宝坻盐使司在元代改归河间盐运司的辖下。应该说，元政府这种宏观调控、抓大放小的政策有其合理性。这些盐产区的规模不大，罢免掉盐务专官，转而注重管理产量较大的盐区,提高了盐务管理的效能。此外,各地盐运司官员和盐场官的员数和品级略有区别,这是各盐区的产盐特点决定的。可见元统治者根据不同的地域特点而进行必要调整的因地制宜的政策。

元代盐运司官和盐场官的设置整合和统一是全国统一局面下的客观要求。五代、宋、辽、金时期,全国范围内多个政权鼎立,各据一方,盐务管理制度各异。金和南宋两个政权呈南北对峙之势,占有全国的绝大部分盐产,而南北盐官的设置有相当的差异。有金一代,盐务管理部门开始出现专署化的倾向,盐官的设置有盐使司使职、副使和判官,而盐场设管勾来管理。宋代盐官的设置则比较复杂,各盐区所设盐官不尽相同。蒙古统治者灭掉金政权后,吸纳金旧盐官管理原金辖境内的盐课收入,盐官的设置也承袭了金代。但元初的盐官设置是对金代盐官设置以及元初的转运司官设置整合的结果。之后,元政府又灭掉南宋,建立了统一的多民族国家。统一局面下,如何管理南北盐务是统治者面临的重要课题。如果仍按照南北分治的情况来设立不同的盐官管理盐务,显然不合适。因不同的盐官设置会造成盐务政策的地域化,纷繁复杂的盐官名目和职能的不同也会增加盐务管理的成本,降低盐务管理的效能。全国大统一形势下,统一盐官设置进而统一管理盐务成为客观要求。元统一全国之前,蒙元统治者在整合金代盐官设置以及元初转运司官设置基础上形成的盐官体系已运行有年,虽然盐务管理机构的名称多有变化,然盐官体系基本保持稳定,即设有盐使、副使、判官和同知,盐场设管勾。可以说经过一段时间的试行,这种盐官体系因其存在一定的合理性而被元统治者所倚重。南宋后期的盐官设置比较复杂。如果以南宋的盐官体系来取代业已定型的北方盐官体系,显然是蒙古统治者和大多在元政权中占重要地位的北方汉族官员所不熟悉和不宜接受的。所以将已经运行有年且被倚重的北方盐官体系来代替复杂的南宋辖区内盐区的盐官设置,进而实现南北盐官体系的统一便很自然了。

全国范围内盐官体系的确立是元代榷盐制度施行的结果,是元政府中央集权政治的重要体现之一。元代榷盐制度的施行源于统治者对盐课收入在财政收入中重要意义的认知。早在成吉思汗时期,就曾派刘敏管理所辖地的盐场。窝阔台时期,耶律楚材所建立的十路课税所的年收入中,除粮食外,绝大部分都来源于盐课。这使窝阔台开始重新审视盐务管理。有元一代,盐课收入占财政收入中钱钞部分的半数以上,因此从元世祖忽必烈始，元朝历代皇帝，都比较注重盐课的收入，于是施行了榷盐制度。榷盐制度的实质是政府垄断盐的生产和销售。元政府将盐场置于国家的管辖之下，从而控制了盐业生产。盐引制度的完善是元代榷盐制度的核心内容。盐引成为成盐购销的凭证。商人由买引、支盐、批引，最后退引，使元统治者将盐的销售也纳入自己的掌握之中。元代榷盐制度中，具体负责盐务的管理体系是盐运司—分司—盐场。盐官体系是建立在盐务管理体系基础上的。前已述及，分司官员为盐运司的同知、判官、副使，盐场官有三名管勾以及后来的司令、司丞和管勾各一员。由此，盐官体系的一致化推行的目的是具体践行榷盐制度，以使政府垄断盐业收入，集中财权。元代榷盐制度全国范围内的推行有其可行性。与税粮制度南北各异不同，农业生产容易受到土壤、水分、气候等地理条件和农民生活的影响，而盐业作为一种工业，虽说也受地域条件的影响，但它还比较容易操作，遂使推行盐务管理制度和盐官体系的统一性和规范化成为可能。

元政府盐官体系的设立是我国古代统一局势下政府统筹盐务的重要里程碑。有元一代形成的"盐运司—分司—盐场"的管理体系成为明清两代的典范。而盐官简约而层次分明的体系设置也为明清两代所遵循。在这种体系下，盐运司官员和盐场官的职责更为专一和明确，盐运司官负责恢办盐课、整治盐法、科断私盐案件、申报盐事和参与制定盐法等事务，而盐运司各官员之间又有详细分工；盐场官则负责组织灶户火丁生产，催督趋办、教化亭户、巡禁私盐、审理词讼、盐产的征收、储放与出纳等项事务。盐官明晰的职责无疑提高了盐务管理的效率。明代前期的盐官设置基本维持了元代的模式，明代中后期和清代的盐官设置尽管名称不尽相同，但都是在元代基础上的变易。

（本文原载《河北学刊》2009年第5期）

《杨振碑》与蒙元时期的"前进士"

蔡春娟

一 有关《杨振碑》的问题

杨振（1153—1215），字纯夫，一字德威，隋炀帝后裔，唐郧国公十九世孙，仕金为州县属掾等吏职，时人赞其："吏业而儒行，家贫而好客，居今之世而古，贱金帛而贵研墨"，贞祐三年（1215）卒，次年正月葬于乾州（今陕西乾县）城南祖坟，其子杨奂为之立碑。台湾中央研究院历史语言研究所傅斯年图书馆藏有该碑拓片，题名《金礼部尚书杨振碑》，碑高176.5厘米，宽88厘米，27行，行54字不等。碑文撰写者为金元文学大家元好问，但《遗山集》未收，《还山遗稿·附录》收有该碑文，即《杨府君墓碑铭》。此外《金石萃编》、《乾州金石志稿》及明代、民国方志中都录有该碑碑文，《金石萃编》所录撰、书、篆额者信息较全，但缺字甚多，几不可读，本文所录碑文内容据明崇祯六年刻清康熙补版印本《乾州志》下卷《艺文志》所收《金杨振墓碑》[①]。元好问和杨奂都是金元之际的知名文人，两人关系密切，这篇碑文就是杨奂请元好问为其父撰写的。

（一）关于碑文的撰、书、篆额者

《还山遗稿·附录》只记元好问撰文，并未留下书丹及篆额者的信

---

① 《美国哈佛大学哈佛燕京图书馆藏中文善本汇刊》第15册，商务印书馆、广西师范大学出版社2003年版，第170页。

息，还好各种金石文字及拓片可以弥补这方面的阙漏，现将有关《杨振碑》撰、书、篆额者的不同著录展示如下：

《金石萃编》卷一五八《杨振碑》为：

> 前进士河东元好问撰，前进士武功□□书丹，前进士华阴□□□篆额。①

《乾州金石志稿》卷一〇《杨振墓碑》为：

> 元元好问撰，武功张美书，华阴王元礼篆额。②

《关中金石记》卷七《杨振碑》为：

> 元好问撰文，张□正书，王元礼篆额。③

《民国乾县新志》卷一〇《杨振墓碑》为：

> 河东元好问撰，武功张美书，华阴王元礼篆额。④

中研院史语所傅斯年图书馆拓片编目登记为：

> 撰文者，前进士河东元好问；书丹者，前进士武功张美；篆额者，前进士华阴王元礼。⑤

不难看出，《关中金石记》、《乾州金石志稿》和《民国乾县新志》录碑文时，不同程度地省略了撰、书人的署衔，而《金石萃编》和史语所拓片编目较完整地保留了原碑文字。综合诸家记载，可知撰文者为

---

① 《历代石刻史料汇编》12 册，北京图书馆出版社 2000 年版，第 563 页。
② 《石刻史料新编》第三辑 32 册，新文丰出版公司 1986 年版，第 126 页。
③ 《石刻史料新编》第二辑 14 册，新文丰出版公司 1979 年版，第 10701 页。
④ 《中国地方志集成·陕西府县志辑》12 册，第 174 页。
⑤ 傅斯年图书馆 02520 号拓片编目。

元好问，金兴定五年（1221）进士①，在金朝曾任南阳令、尚书省掾、左司都事等职，是大家熟知的一个人，这里不详细介绍。篆额者为华阴王元礼。王元礼（1185—1257），原名安仁，字符礼，与元好问同为金兴定五年进士，仕至同知裕州防御使事。汴梁陷，在河朔流徙达七年之久。太宗时徙居洛阳，宪宗时回到家乡②。杨奂为河南路课税所长官兼廉访使时，"招致名胜，如蒲阴杨正卿、武功张君美、华阴王元礼、下邽薛微之、渑池翟致忠、太原刘继先等，日与商略条画约束"③，其中就有华阴王元礼。杨奂与王元礼还是儿女亲家，杨奂之女嫁王元礼次子王亨④。

书丹者武功□□，《民国乾县新志》及中研院史语所拓片皆载为张美。笔者翻检资料，未发现当时陕西亡金名儒有张美其人。笔者怀疑应是张徽，字君美（君美是字，君非敬称），武亭人。前述杨奂任职河南路课税所时所招幕僚中，就有"武功张君美"，王恽记载他"尝闻诸进士武公（应为"功"）张徽君美"言金大定年间事⑤。张徽是兴定二年（1218）进士，四库全书《陕西通志》卷三〇金兴定二年进士条下载有"张徽，武亭人，第三甲"，据《金史》卷二六《地理志》，武亭，本武功，大定二十九年（1189）以嫌显宗讳更。武亭为杨奂故里乾州邻县。他与杨奂一样，是蒙元时期的秦中名流。元好问向耶律楚材推荐的中州54名士人中，有"秦人张徽、杨焕然、李庭训"⑥。此外，张徽在河南路课税所参

---

① 据清翁方纲《金元遗山先生（好问）年谱》（台湾商务印书馆1978年版），元好问应为兴定五年进士，郝经《遗山先生墓铭》记为兴定三年，误。

② 李庭：《寓庵集》卷六《金故朝请大夫同知裕州防御使事王君墓志铭》，《元人文集珍本丛刊》1册，台湾新文丰出版公司1985年版，第39页。

③ 元好问：《遗山先生文集》卷二三《故河南路课税所长官兼廉访使杨公神道之碑》，《四部丛刊初编》本，第1a页。

④ 据元好问《杨奂神道碑》"女四人，长嫁郡人张蓂，次华阴王亨"（《遗山先生文集》卷二三，第1a页）；又据杨奂《还山遗稿》附录《程夫人墓碑》，夫人女孙五人，次适奉天令华阴王元礼之子亨，《北京图书馆古籍珍本丛刊》93册，北京书目文献出版社1998年版，第793页。需要指出的是，该书影印《程夫人墓碑》时，页码发生错乱，阅读时须将第796页上半页摘出，移至第794页首。

⑤ 王恽：《秋涧先生大全集》卷四四《兴平合本说》，《元人文集珍本丛刊》2册，第36页。

⑥ 元好问：《遗山先生文集》卷三九《癸巳岁寄中书耶律公书》，第1a页。

佐杨奂后，又曾任员外郎①、郎中②等职。由《还山遗稿》还可知，杨奂与张君美两人甚有交情，互有诗书往来③，且杨奂告老还乡后，两人于癸丑年（1253）还一同拜谒过乾陵④，而杨奂为其父母立碑石正是在这一时期，因此，张徽完全可能成为《杨振碑》的书丹人。张徽还可能是当时书法名家，清人朱彝尊《金京兆刘处士墓碣铭跋》，指出《金京兆刘处士墓碣铭》乃奉天杨英（杨奂曾名杨英）撰文，武功张徽书，洛阳李微题额。"斯铭不见于载记，乃撮其大略书之……徽正书，多涉篆隶，体亦不犹人"⑤。

（二）碑文的撰写与碑的立石时间

因为战争离乱的缘故，现在所见的杨振碑文，并非杨振去世后不久撰成，立碑石时间更是在他入土四十年之后。

由于元好问这篇碑文没有明确的撰文时间，所以我们只能根据碑文内容及相关材料推断其大体撰文时期。碑中有两次提及杨振之子杨奂的经历，根据杨奂的仕宦经历，也可以推断出碑文的写作时期。现将碑中关于杨奂的两处记载摘录如下：

1. 奂三辟东省，署陇、乾、恒安抚司经历官。
2. 今焕然（杨奂字）学为通儒，有关中夫子之目。因往在京师时，宰相张信甫……皆折位行与友善。自百余年以来，秦中士大夫有重名者，皆莫能出其右。观其子可以知其父矣！

---

① 杨奂：《还山遗稿》卷上《洞真真人于先生碑》载关西名士中有"员外郎张徽"，《北京图书馆古籍珍本丛刊》93册，第773页。

② 李庭：《寓庵集》卷六《故京兆路都总管府提领经历司官太傅府都事李公墓志铭》，墓主李仪与张徽是儿女亲家，李仪之子李惟善"娶前进士行中书省左右司郎中武功张徽君美之女"；同书卷八《故咨议李公墓碣铭并序》，李庭任陕西行省议事官时，与之酒相征逐的人中有"张郎中君美"，《元人文集珍本丛刊》1册，第36页和第53页。

③ 杨奂：《还山遗稿》卷下《寄张君美》，《北京图书馆古籍珍本丛刊》93册，第784页。

④ 杨奂：《还山遗稿》卷上《乾陵题名》提到"杨焕然纳南漕印后，癸丑（1253）清明还故里，与武功张君美同谒陵下"，《北京图书馆古籍珍本丛刊》93册，第779页。

⑤ 朱彝尊：《曝书亭集》卷五一《金京兆刘处士墓碣铭跋》，《四部丛刊初编》本，第6b页。

元好问不仅为杨振撰写了墓碑，还为杨奂撰写了《神道碑》①。现将《杨奂神道碑》中与上述记载有关的文字摘录如下：

  1. 岁己丑（1229），乾州请为讲议，安抚司辟经历官，京兆行尚书省以便宜署君陇州经历，皆辞不就。再以参乾、恒二州军事，亲旧为言，世议迫隘，不宜高寒自便，始一应之。

  2.（杨奂戊戌选试中选，宣授河南路课税所长官兼廉访使，在官十年，请老）暮年还秦中，秦中百年以来号称多士，较其声闻赫奕，耸动一世，盖未有出其右者。前世关西夫子之目，今以归君矣。

两碑文皆出自元好问之手，叙事风格基本相同。对照上述两碑中的文字，不难发现叙事的一致性。由《杨奂碑》可知，杨奂"署陇、乾、恒安抚司经历官"是在己丑年（1229），即金正大六年，此时距离金朝灭亡已不远。两篇碑文都极力赞誉杨奂，甚至以杨奂的名声映衬杨振，说明元好问作这篇碑文时杨奂已经成名。《杨振碑》详细追述了自唐代以来杨氏家族杨振一支的世系，元好问称系杨奂本人自叙②。杨奂生母程氏早于其父去世，杨奂曾先后三次请人为其母撰写碑文。第一次在天兴元年（1232）前后乞铭于礼部尚书赵秉文，当时杨奂避兵乱入京师充太学生，但因"迫城下之盟而不得书"③，此时正值壬辰之乱，元好问亦在京师，官左司都事④。第二次在太宗八年（1236）前后乞铭于翰林学士冯璧，当时杨奂、元好问都依于冠氏（隶大名府，今山东冠县）赵天锡处，冯璧自东平到镇阳，路过冠氏，特意往见元好问⑤，杨奂因而得以向其请铭，

---

① 元好问：《遗山先生文集》卷二三《故河南路课税所长官兼廉访使杨公神道之碑》，第1a页。
② 元好问《遗山先生文集》卷二三《故河南路课税所长官兼廉访使杨公神道之碑》言："谱系之详见君自叙，载之先大夫墓铭"，第1a页。
③ 杨奂：《还山遗稿》附录《程夫人墓碑》，《北京图书馆古籍珍本丛刊》93册，第793页。
④ 元好问：《遗山先生文集》卷三八《赵闲闲真赞二首》，第9a页；《金史》卷一二六《元好问传》，中华书局1975年版，第2742页。
⑤ 《御定全金诗增补中州集》卷七〇《赠冯内翰二首并序》，《文渊阁四库全书》1445册，第945页。

但因"无几日，公病矣"而未果①。极有可能，杨奂在为其母向这两人请铭的同时，也为其父向元好问请铭。太宗十年（1238），杨奂参加戊戌选试中选，被授予河南路课税所长官兼廉访使，此事《杨振碑》未提，表明元好问作此碑时杨奂尚未任此职。由上可知，元好问这篇《杨振碑》作于1229—1238年之间。

杨奂第三次请赵复为其母撰写碑文则是在他任职河南课税所长官兼廉访使十年之后了。据《程夫人墓碑》，杨奂于辛亥年（1251）春正月自洛舆疾入燕，还印政府，归秦寻医，感慨迁徙非常，故再三向赵复为其母请铭，"将卒其夙心焉"。程夫人卒于承安二年②（1197），赵复碑文中提到"五十五年而后始克铭之"，即碑文撰写于1251年。

关于该碑的立石时间，各家说法不一。国家图书馆善本金石组编《历代石刻史料汇编》辽金元部分目录，著为贞祐三年③；清人毕沅撰《关中金石记》著为贞祐四年（1216）正月立④；"中研院"史语所未言立石时间，只言"金宣宗贞祐四年正月七日葬"⑤。其实该碑有明确的立石时间。《民国乾县新志》所录《程夫人墓碑》载："元安陆赵复撰。刻于杨振墓碑之阴，碑文剥蚀不能读，此文从《还山遗稿》中拟出。"⑥虽然碑文剥蚀，但《程夫人墓碑》刻于《杨振墓碑》之阴是确切无误的，且台湾中研院史语所藏《杨振碑》拓片也交代拓自碑阳。《程夫人墓碑》文末明确记载"甲寅年（1254）九月二十八日男奂立石"。此前杨振是否另立有碑石不得而知，但现见的碑石是立于1254年。正因为该碑立于蒙古国时期，所以对金朝中第的撰、书、篆额人元好问、张徽、王元礼都称"前进士"。

---

① 杨奂：《还山遗稿·附录》《程夫人墓碑》，《北京图书馆古籍珍本丛刊》93册，第793页。
② 《程夫人墓碑》先后两次提到夫人卒年，文首为"夫人以承安丁巳敛衾襚于华"，丁巳年即承安二年，文后又有"夫人卒于承安一年"，此处误，应为承安二年。《北京图书馆古籍珍本丛刊》93册，第793页。
③ 《历代石刻史料汇编》11册，北京图书馆出版社2000年版，目录第37页。
④ 《石刻史料新编》第二辑14册，第10701页。
⑤ 傅斯年图书馆02520号拓片编目。
⑥ 《民国乾县新志》卷一〇，《中国地方志集成·陕西府县志辑》12册，第177页。

二 蒙元时期的"前进士"

该碑撰文、书丹、篆额者名前都署有"前进士"三字，翻看金元时期的石刻史料，类似"前进士某某"、"前乡贡进士某某"的记载非常多，下面拟对蒙元时期的"前进士"作一些探讨。

唐代"进士"与"前进士"有着本质不同。"进士"是指有资格参加尚书省进士科考试的举子，依来源不同，有国子（监）进士、太学进士、乡贡进士等称谓，举子及第即称"新及第进士"；"前进士"是指"新及第进士"通过了吏部关试，获得了参加吏部铨选资格，但尚未仕宦于官僚机构的守选进士。唐朝人对"进士"与"前进士"之别非常在意，很多人在中进士后，要在此前曾署名的"进士"前加上一"前"字[①]。这确实很重要，因为这一字之差表明了你是否真中过进士。辽代"前进士"、"乡贡进士"等的区别，也有学者做过讨论，认为辽代"前进士"基本沿袭唐代用法[②]。宋代也有"前进士"的称谓，如陆游在乾道六年（1170）所作《入蜀记》中称皇祐进士曾华旦为"前进士曾华旦"[③]。"前进士"一词历经辽宋金元，一直到明朝都在使用，但其含义渐渐发生了变化，在原来的"及第进士"这一含义之外，又增添了一时间概念，即大多称"前进士"者，既是中第进士，又是前朝的或之前的中第进士。但也有例外，如《金史》卷一二七载："王去非，字广道，平阴人，尝就举不得意，即屏去……家居教授"，所以《金史》将之录入《隐逸传》。但立于大定十四年（1174）五月的《清凉院敕牒碑》载："前进士王去非撰。"清人毕沅、阮元因而曰："盖金制凡试有司者皆得谓之进士。"[④] 按照唐制，王去非只能称"进士"，不能称"前进士"，清朝人则认为他连"进士"都称不上，这就是因为"进士"、"前进士"在不同朝代有不同

[①] 参见吴宗国《唐代科举制度研究》，辽宁大学出版社1992年版，第65页；宋社洪《唐代"进士"与"前进士"小考》，《文史博览》（理论）2010年第5期，第17页。

[②] 高福顺：《辽朝"进士"称谓考辨》，《史学集刊》2009年第1期，第92页。

[③] 陆游：《渭南文集》卷四八《入蜀记第六》之"十月十四日"条，《四部丛刊初编》本，第8b页。

[④] 《山左金石志》卷一九《历代石刻史料汇编》11册，第641页。

的含义。其实，把王去非署衔的"前"字看作时间概念就无可厚非了。明人胡震亨《唐音癸签》卷一八"进士科故实"条云："唐进士，今乡贡之称；前进士，乃今进士称也。"① 即到明朝，唐朝意义的"前进士"称为"进士"了，而下文笔者所列明初的"前进士"，是指"前朝进士"。

元朝是少数民族入主中原，先后征服金、宋地区，又长年未行科举，"前进士"一词的用法比较复杂，下面分时段讨论。

（一）蒙古国及元朝前期的"前进士"

在蒙古国及元朝前期，即仁宗开科取士之前的"前进士"，有"前朝进士"的含义。这时的"前进士"指在金朝或南宋中进士第，金或南宋灭亡后活动于元朝的人。另外，太宗戊戌年（1238）甄别儒户的考试，在汉族士人看来无异于一次科举，所以也有人把这次考试中选称为"进士"或"前进士"。

1234年蒙古军攻破蔡州，金朝灭亡。张之翰曰："壬辰汴梁破，前进士不殁于兵，不莩于野，不殒于沟壑者固少。"② 这里的"前进士"即指前朝——金进士。金朝进士在元朝称为"前进士"的例子很多。著名的如正大进士王磐③、段成己④，承安五年（1200）经义进士李俊民⑤，元好问在金亡不久，于甲午年（1234）六月十六日所作《清真观记》，文末亦题"前进士河东元某记"⑥。王恽《秋涧集》中也记有数个"前进士"，见于卷八〇《中堂事记上》的就有杨恕，字诚之，云翼子，正大经义进士⑦。李元，字唐卿，河南缑氏人，王鹗同榜进士。李惟寅，字舜臣，西京人。同书卷七一《跋香林先生老饕赋后》中还提到田信之，蒙城

---

① 《文渊阁四库全书》1482册，第633页。
② 张之翰：《西岩集》卷一四《张澹然先生文集序》，《文渊阁四库全书》1204册，第475页。
③ 苏天爵：《元朝名臣事略》卷一〇《平章宋公》，中华书局点校本1996年版，第199页。
④ 《山右石刻丛编》卷二六《河中府庙学碑》，《历代石刻史料汇编》11册，第300页。
⑤ 这篇碑文前书"状元李俊民"，后书"前进士李俊民"。《山右石刻丛编》卷二四《重修太清观记》，《历代石刻史料汇编》11册，第261页。
⑥ 《遗山先生文集》卷三五，第20b页。
⑦ 王恽：《秋涧先生大全集》卷八〇《中堂事记上》，《元人文集珍本丛刊》2册，第360页；元好问：《中州集》卷四《礼部杨公云翼》，《四部丛刊初编》本，第24b页。

人。上述诸人，除李惟寅和田信之尚不明确哪年登进士第，其他人既是前朝进士，又是中第进士。当然，从金到元的进士还有很多，不一一列举。

1237年，在耶律楚材等人的建议下，大蒙古国发布了试选士人的诏书①，并在中原各地举行了考试，考试主要在次年（戊戌）举行，史称戊戌选试。这次考试内容沿袭金朝科举旧制，考策论、经义、词赋。故元朝很多人将这次考试称之为"科举"②或"设科取士"③，这次中选的士人也有被称为"前进士"或"进士"的。如何南卿，字东夫，"幼习儒素，科应兼经，值乱北归，遇丁酉岁（1237）国家设贡举于平阳，师中甲科，由是免俘入道为皇冠师。"④他于大德元年所撰《芮王庙记》署衔"前进士水谷何南卿东夫撰"⑤。张著，字仲明，世为襄陵县张相里人。少颖悟，不待勉励，卓然自志于学。国初戊戌岁设科取士，君以词赋中选⑥。再如苏天爵撰《廉访使杨文宪公》，称杨奂"国初举进士甲选，授河南路征收税课所长官兼廉访使"⑦，这里的"国初举进士"也是指太宗戊戌考试中选。

金元时人对"前进士"的头衔并不像唐朝人那样看重，如段成己，至元十六年（1279）所作《河中府新修庙学碑》署衔"宣授平阳路提举学校官前进士段成己"，而至元四年（1267）所作《霍州学记》、至元十七年（1280）所作《靳和碑》及泰定二年（1325）《史千墓碑》，署衔都是"（宣授）平阳路提举学校官"，无"前进士"三字⑧。再如元好问，留传下来的著作甚丰，写了很多碑记，但自题"前进士"的地方很少，笔者只见到上述两处。

---

① 见《庙学典礼》卷一《选试儒人免差》，浙江古籍出版社点校本1992年版，第9页。
② 李庭：《寓庵集》卷八《故宣差丝钱总管兼三教提举任公诔辞》，《元人文集珍本丛刊》1册，第51页。
③ 王恽：《秋涧先生大全集》卷六〇《大元故蒙溪先生张君墓碣铭》，《元人文集珍本丛刊》2册，第188页。
④ 杜思问：《乐全观记》，《道家金石略》，文物出版社1988年版，第652页。
⑤ 《山右石刻丛编》卷二八，《历代石刻史料汇编》11册，第355页。
⑥ 王恽：《秋涧先生大全集》卷六〇《大元故蒙溪先生张君墓碣铭》，《元人文集珍本丛刊》2册，第188页。
⑦ 苏天爵：《元朝名臣事略》卷一三《廉访使杨文宪公》，第256页。
⑧ 见《山右石刻丛编》卷二五、二六、三三，《历代石刻史料汇编》11册。

南宋灭亡后，南宋进士在元朝也称"前进士"，即使在官府颁发的公文中，也使用"前进士"一词来指代前朝——南宋进士，如《庙学典礼》讲到至元二十五年（1288）江淮以南选取教官格例，就规定：如系前进士人员，从本路学校公众推举士行修洁、堪充教授者，具解本人年甲籍贯，于何年某人榜下登科，曾无历仕，的是正身，保申本路总管府，移牒按察司体覆相应，令本路缴连的本、牒文，申覆合干上司，移咨都省，依例施行。而不系前进士人员充教授，则要经过有司考试①。南宋进士在元朝称为"前进士"的实例就更多了。吴澄即称南宋咸淳进士熊朋来、邹次陈为"前进士"，这二人中进士后还没来得及做官南宋就亡国了②。至元十八年（1281），徽州重建紫阳书院，"得前进士汪君一龙、曹君泾为之师"③，这两人在南宋中进士后任过官，入元在紫阳书院任教职。此外还有开庆进士俞浙④、景定进士吴天雷⑤、淳祐进士王应麟⑥、咸淳进士赵

---

① 《庙学典礼》卷二《学官格例》，第38页。

② 吴澄：《吴文正文集》卷三六《前进士豫章熊先生墓表》；卷四〇《故咸淳进士邹君墓志铭》，《元人文集珍本丛刊》3册，第587、646页。

③ 《歙县金石志》卷三《徽州重建紫阳书院记》，《历代石刻史料汇编》13册，第970页。据《新安文献志》卷九五上，方回《定斋先生汪公墓铭》：汪一龙（1230—1282），字远翔，徽州休宁人，人称定斋先生。宋咸淳进士，初授瑞安县尉，改句容。入元屡荐不起，至元戊寅（1278）以紫阳书院山长提学事起公。《新安文献志》卷九五上，洪焱祖《曹主簿泾传》，曹泾（1234—1315），字清甫，号弘斋，休宁人。宋咸淳戊辰（1268）进士，授迪功郎昌化县主簿，辛未（1271）丞相马廷鸾以书币聘主教席，其子端临后撰《文献通考》，其学实出自泾。至元丁丑（1277）建德路请教儒学，戊寅（1278）江东按察请充紫阳书院山长，招致生徒，创辟学宫。壬午（1282）辞归养，自是不复出，文学与方回齐名。

④ 《两浙金石志》卷一四《元宣慰陈节斋祠堂碑》，《历代石刻史料汇编》12册，第322页。另《越中金石记》卷七载俞浙撰《新昌县学重建大成殿记》及《新昌县学改创泮水记》，都署衔"前进士"，见《历代石刻史料汇编》13册，第484、485页。据周密《癸辛杂识别集》卷上：俞浙，字秀渊，上虞县人。宋张淏《会稽续志》卷六载俞浙为开庆己未周震炎榜进士。明人修《万姓统谱》卷一二载，浙尝除太常丞、大理少卿，不就，于是浩然而归浙。笃行寡言，壮重介洁，年八十卒。浙在宋曾为郡守、监察御史，入元不仕。

⑤ 《越中金石记》卷七《新昌县学重建大成殿记》，《历代石刻史料汇编》13册，第484页。据宋人张淏《会稽续志》卷六，吴天雷为景定三年壬戌榜进士，入元为绍兴路新昌县儒学教谕。

⑥ 《越中金石记》卷七《宋太府丞史公墓志》，《历代石刻史料汇编》13册，第483页。另王应麟撰《庆元路重建儒学记》，亦署衔"前进士"，见《两浙金石志》卷一四，《历代石刻史料汇编》12册，第313页。据《宋史》卷四三八《王应麟传》，字伯厚，庆元府人，九岁通六经，淳祐元年举进士。

由漳①、陈观②等。

上述诸人与金入元进士一样，既是中第进士，又是前朝进士。另外，也可见南宋乡贡进士在元朝称"前进士"的例子。如李春叟，字子先，号梅外处士。宝祐丙辰（1256）既中省试，被黜，以荐授惠州司户，后为德庆教授，著《论语传说补》③。李春叟并未中进士，四库全书《广东通志》卷三一"宋乡贡"条下有李春叟名。但他在至元二十三年（1286）所作《庆林寺陈氏舍田记》及至元二十八年（1291）作《重建经史阁记》，署衔都是"前进士李春叟记"④，这里的"前进士"只有前朝进士的意思，没有唐朝登第进士的含义。

"前进士"指代前朝进士这一用法也被明人沿用。徐一夔《耕乐处士墓志铭》中即称元朝进士杨维桢、宇文公谅、陆景隆为"前进士"⑤。王直撰《汤处士墓志铭》亦称元朝至治进士高若凤为"先进士"⑥。

（二）在元朝中第的"前进士"

延祐元年（1314），元朝多年未行的科举终于开科了，这为以读书仕进为主要目的的广大士人开辟了新的入仕途径。考试分左、右两榜公布中选进士，右榜为蒙古、色目人，左榜为汉人、南人。科举举行后，中选进士在之后所作的文字中也自称"前进士"或被他人称为"前进士"，这种实例也不少见。

如张起岩，字梦臣，中延祐乙卯（1315）进士首选，除同知登州事，《元史》卷一八二有传。他在后至元三年（1337）作《济州重修尊经阁记》，署衔"通奉大夫江南诸道行御史台侍御史前进士张起岩"⑦。还有前

---

① 《两浙金石志》卷一四《元嘉兴路修学碑》赵孟頫撰并篆额，前进士赵由漳立石。《历代石刻史料汇编》12 册，第 333 页。赵由漳，嘉兴人，咸淳乙丑阮登炳榜进士。

② 《延祐四明志》卷八载陈观撰《奉化州重建公宇记》，自称"前进士陈观"。据袁桷《清容居士集》（《四部丛刊初编》本）卷二八《陈县尉墓志铭》，陈观（？—1318），字国秀，奉化人，咸淳十年进士，尝为临安府新城县尉，第 24a 页。

③ 林庆彰等：《经义考新校》卷二一九《李氏春叟论语传说补》，上海古籍出版社 2010 年版，第 3988 页。

④ 见《（民国）东莞县志》卷九一，《历代石刻史料汇编》12 册，第 283、284 页。

⑤ 徐一夔：《始丰稿》卷六，《文渊阁四库全书》1229 册，第 235 页。

⑥ 王直：《抑庵文集后集》卷三一，《文渊阁四库全书》1242 册，第 204 页。

⑦ 《金石萃编未刻稿》卷中，《历代石刻史料汇编》12 册，第 695 页。

面提到的宇文公谅，字子贞，元统元年（1333）登进士第，授徽州路同知婺源州事，《元史》卷一九○有传。他在至正六年（1346）所作《元湖州路重修府治记》及后至元七年（1341）所撰《鹿苑寺碑》，署衔都是"前进士承务郎高邮府推官（京兆）宇文公谅"①。杨维桢，字廉夫，泰定四年（1327）进士，与修辽金宋三史，《明史》卷二八五有传。他于至正二十一年（1361）所作《嘉定州重建儒学记》署衔"前进士奉训大夫江西等处儒学提举杨维桢"②。黄常，字仲纲，至顺元年（1330）进士，尝为湖南道宣慰使司都元帅府都事，至正十八年（1358）以礼部尚书使安南，累拜江西行省参知政事③。他于至正二十一年所作《王府君墓志铭》署衔"前进士中顺大夫礼部郎中升授中奉大夫江西等处行中书省参知政事鄱阳黄常拜撰并书丹篆盖"④。朱文霆，字原道，名见《元统元年进士录》，以泉州路总管致仕⑤。后至元四年（1338）所立《释廷俊仙岩重修塔碑》，篆额者为朱文霆，他的署衔是"承事郎温州路同知瑞安州事前进士"⑥。再如宋褧，字显夫，与兄宋本同登泰定元年（1324）进士第⑦，虞集《国朝风雅序》称其"监察御史前进士燕人宋褧显夫"⑧。高若凤，字在翁，人称灞雪先生，至治辛酉（1321）进士，朝列大夫知封州⑨。至正十年（1350）所立《代祀南海王记》，由"前进士高若凤"等立石⑩。

此外，也可见在元朝中举的蒙古、色目进士称"前进士"的例子，如虞集《曾搏斋缘督集序》言，"国朝元统初，今监察御史前进士燮理溥

---

① 《两浙金石志》卷一七《元湖州路重修府治碑》，《历代石刻史料汇编》12册，第406页；《吴兴金石记》卷一五《鹿苑寺碑》，《历代石刻史料汇编》12册，第268页。
② （民国）《江苏省通志稿》之《金石二十四》，《历代石刻史料汇编》12册，第146页。
③ 许有壬：《至正集》卷六〇《故元处士徐君墓志铭》，《元人文集珍本丛刊》7册，第279页；《江西通志》（《文渊阁四库全书》本）卷八八《人物》；宋濂《宋学士文集》（《四部丛刊初编》本）卷五九《故翰林侍讲学士知制诰同修国史危公新墓碑铭》，第3b页。
④ 《（民国）东莞县志》卷九一，《历代石刻史料汇编》12册，第288页。
⑤ 宋濂：《宋学士文集》卷七三《元嘉议大夫泉州路总管朱公墓志铭》，第2a页。
⑥ 《东瓯金石志》卷一〇，《历代石刻史料汇编》12册，第299页。
⑦ 苏天爵：《滋溪文稿》卷一三《元故翰林直学士宋公墓志铭》，陈高华等点校本，中华书局1997年版，第204页。
⑧ 虞集：《道园学古录》卷三二《国朝风雅序》，《四部丛刊初编》本，第2b页。
⑨ 解缙：《文毅集》卷一二《先妣高太夫人鉴湖阡》，《文渊阁四库全书》1236册，第785页。
⑩ 《（道光）广东通志》卷二一五，《历代石刻史料汇编》13册，第728页。

化来监其邑"①。按，樊理溥化，蒙古斡罗氏，泰定四年（1327）进士，仕至行省左丞②。再如刻于至正七年（1347）的《鹿苑寺碑》，书及篆额者为"前进士奉议大夫温州路瑞安州知州兼劝农事三宝柱"③。按刘基至正辛卯（1351）二月《送三宝柱郎中之徐州兵马指挥序》载，三宝柱，字廷珪，畏兀儿人，辛酉（1321）进士。④

综上可得，元朝前期的"前进士"是指前朝进士，其中既包括前朝中第进士，也偶见乡贡进士，元仁宗开科之后中第的进士在元朝后期也称"前进士"。

（三）改朝换代之际"前进士"的境况

中国历史上改朝换代之际，前朝士人的态度不外乎三种：一是效忠本朝，以身殉"国"；一是隐遁不仕，做了"遗民"；一是归降新朝，做了"贰臣"。金元、宋元交替之际士人的情况也大体如此。这里重点讨论第三种，即在元朝重觅官职的士人。进士是士人阶层的代表，他们拥有深厚的文化素养，是社会公认的精英分子。考察他们在蒙元时期的遭遇，可以更好地了解这一时期士人阶层的状况及在政治中的地位和作用。

金朝虽是少数民族女真族建立的王朝，但其建立科举取士制度较早，士大夫阶层得以依靠科举参与国家政治，在金朝政治占有重要地位，至有"金以儒亡"⑤之论。金朝灭亡，由于蒙古统治者对儒学认识不足，儒学独尊地位丧失，士人的地位一落千丈，甚至不如佛、道、科技之士。因此许多人选择了归隐，像承安五年（1200）经义状元李俊民（1176～1260）⑥及杨恭懿之父、兴定二年（1218）进士杨天德（1180～1258），

---

① 虞集：《道园学古录》卷三四《曾搏斋缘督集序》，第3a页。
② 揭傒斯：《文安集》卷九《送樊元溥序》，第10b页；卷一〇《舒城县龙眠书院记》，《四部丛刊初编》本，第4b页。
③ 《吴兴金石记》卷一五《鹿苑寺碑》，《历代石刻史料汇编》12册，第268页。
④ 刘基：《诚意伯文集》卷一〇，《文渊阁四库全书》1225册，第260页；另桂栖鹏《元代进士研究》对三宝柱有较详细介绍，兰州大学出版社2001年版，第184页。
⑤ 《元史》卷一六三《张德辉传》，中华书局1976年版，第3823页。
⑥ 李俊民：《庄靖集》卷八《题登科记后》，《文渊阁四库全书》1190册，第638页；《元史》卷一五八《窦默附李俊民传》，第3733页。

都能"于势利藐然如浮云"①，被后人传为佳话。避身佛寺、道观，也是归隐的一途。前文提到的何南卿戊戌选试后入道，贞祐二年（1214）词赋进士张本，正大九年（1232）以翰林学士出质，客居燕京长春宫近十年②，金末进士李鼎，号虚舟道人、虚舟野人，撰有不少道家碑铭③；承安中进士王彧则入佛门，改名知非，号照了居士④。

面对"天纲绝，地轴折，人伦灭"的国家灾难，有些进士选择了比隐遁避世更为艰难的使命，即与蒙古统治者接触，促使他们转变观念，尊崇儒学，以中原传统国家模式治理汉地。不少人以拯救斯文为己任，汲汲奔走于漠北，向蒙古统治者宣讲儒教；文人间互相引荐，共求生存，参与汉地治理，拯救华北民众于水深火热之中。如1247年张德辉受召北上，回答忽必烈询问时苦心孤诣地维护中原文化，使忽必烈认识儒教，尊崇孔子，并向忽必烈荐举魏璠、元好问、李冶等二十余人，他还和元好问连袂往见忽必烈，奉忽必烈为"儒教大宗师"⑤，这些努力对保护中原文化，促成忽必烈建立汉式中央王朝起了重要作用。萧启庆先生将忽必烈的潜邸旧侣分为五大集团，其中之一的金源遗士集团成员，大多在金代已有显赫官历，至少也是科举出身，自认为亡国累臣，义不可再仕，欲高蹈远引，以抗其节。但为了劝说忽必烈改善汉地政治，不得不屈己降志，接受征聘。如张德辉、杨果、郝经、王鹗、杨奂、宋子贞、商挺、李昶、徐世隆、贾居贞、刘肃等⑥。这些人可以说是这方面的代表人物，很多人后来成为忽必烈政府的重要官员。

元初短暂时期，忽必烈重用汉人，士人们迎来了一展宏图的时机，不少士人进入各级官府。据王明荪统计，元代官及三品以上者汉人占到半数，但其中靠科举、征举、学校入仕者并不多，阴袭、宿卫、军功几占一半⑦。忽必烈一朝，因为战争和财政压力，政府急需的是善于理财治事的

---

① 苏天爵编：《元文类》卷五一《南京转运司度支判官杨公墓志铭》，商务印书馆1958年版，第734页。
② 元好问：《中州集》卷七《张内翰本》，第15a页。
③ 《全元文》第9册，江苏古籍出版社1998年版，第36—61页。
④ 元好问：《中州集》卷九《照了居士王彧》，第21a页。
⑤ 苏天爵：《元朝名臣事略》卷一〇《宣慰张公》，第205页。
⑥ 详见《忽必烈潜邸旧侣考》，《内北国而外中国》，中华书局2007年版，第128页。
⑦ 王明荪：《元代的士人与政治》，台湾学生书局1992年版，第92—106页。

实用人才，因此能够进入统治机构高层的金代进士并不多，与金代、宋代士大夫处于权力中心的状况完全不同。仕至中书省参知政事的有金正大元年（1224）进士杨果（1197—1271），他终于怀孟路总管①。仕至吏礼部尚书、吏部尚书的是金兴定二年进士李昶（1203—1289年）和金正大四年（1227）进士徐世隆（1206—1285），两人都以按察使致仕②。仕至翰林学士承旨的是金正大元年（1224）状元王鹗③（1190—1273）及正大四年进士王磐④。另外，商挺（1209—1288）虽不是金进士，但也仕至中书省参知政事、枢密副使，是元朝能任职枢密院较高职位的少数汉人之一⑤。金代士人对元朝各项政治制度的建立起了重要作用，王鹗中统元年任翰林学士承旨，制诰典章皆所裁定，他又奏立翰林学院，立十道提举学校官。徐世隆至元元年为翰林侍讲学士时，诏命典册多出其手。

大多数士人只能担任吏职、幕僚、学官等低级职务或改习他业。如金正大四年经义进士杨恕，虽是金礼部尚书杨云翼之子，入元后，也只能以燕京行省提控令史起身，历左司都事、翰林待制，终知易州⑥。在金朝以能文名冠当时的刘祁（1203—1250），太宗十年以儒人应试，魁西京，选充山西东路考试官，后入征南行台幕⑦。再如元好问同年进士来献臣（1183—1263），中统元年（1260）陕西行省辟为讲议官⑧。金末进士李庭（1194—1277），北渡后居平阳，曾为陕西行省议事官⑨。

当时还有不少人改习医或兼行医。如戊戌选试中选者赵友（1207—1277），幼事科举，有声场屋间。因其家三世业医，赵友亦善医，后到长安，以医为业，且知名关中。至元丙子（1276），皇子开府于秦，擢教授

---

① 苏天爵：《元朝名臣事略》卷一〇《参政杨文献公》，第203页。
② 苏天爵：《元朝名臣事略》卷一二《尚书李公》、《太常徐公》，第247、249页。
③ 苏天爵：《元朝名臣事略》卷一二《内翰王文康公》，第237页。
④ 《元史》卷一六〇《王磐传》，第3751页。
⑤ 苏天爵：《元朝名臣事略》卷一一《参政商文定公》，第217页。
⑥ 王恽：《秋涧先生大全集》卷八〇《中堂事记上》，《元人文集珍本丛刊》2册，第360页；《中州集》卷四《礼部杨公云翼》，第24b页。
⑦ 王恽：《秋涧先生大全集》卷五八《浑源刘氏世德碑铭》；卷五九《碑阴先友记》，《元人文集珍本丛刊》2册，第170、182页。
⑧ 李庭：《寓庵集》卷六《故陕西行中书省讲议官来献臣墓志铭》，《元人文集珍本丛刊》1册，第42页。
⑨ 李庭：《寓庵集》卷八《故咨议李公墓碣铭并序》，《元人文集珍本丛刊》1册，第53页。

京兆医学①。

最多见的是担任学官、坐馆授徒。如进士康晔、王磐都曾在东平府学任教官②；元好问同年进士敬铉，乃元初名臣敬俨叔祖，元初为中都提举学校官③；此外商挺曾被东平严实聘为诸子师，李昶在金亡后家居教授，正大进士段成己入元后朝廷特授平阳路提举学校官。这种事例很多。

宋元战争结束了以"儒治"为主要特征且科举非常发达的宋代统治，江南士人也失去以往优越的社会地位。元政府不乏任用南人和江南求贤的旨令，史称："世祖初得江南，尽求宋之遗士而用之，尤重进士。"④ 南宋士人对元朝的态度也不一样，总的来说，南宋士人比亡金士人更重名节。陈得芝先生据昌彼得、王德毅等编《宋人传记数据索引》及李国玲《补编》和部分元代文集，辑得理宗、度宗两朝进士在宋元交替之际事迹较明者328人。大约分成殉国、归隐、出仕新朝三类，其中归隐者最多，达到53.05%，当然其中包括求仕无门、不遇于时的失仕者；归降和出仕新朝者占25.3%，这其中有将近三分之一是世祖末成宗时期随着元朝尊儒重士政策的展开而转变观念由归隐走向出仕的。他认为理、度两朝进士中有相当多人热衷于谋求新朝官职。⑤

在入元的故宋士人中，有像谢枋得那样富贵不能淫、威武不能屈的贞烈之士，也有屡荐不起、忠于故国的节士，如南宋末任礼部尚书的王应麟宋亡后即归家，杜门不出⑥；人称仁山先生的金履祥，宋亡后即隐居著述，所著书采取干支纪年，不书元朝年号⑦。

南宋灭亡时，蒙古统治北方地区已将近半个世纪，忽必烈建国也几近二十年，国家制度在金朝儒士的协助下已经建立起来。对于最后征服的南人，不仅蒙古、色目人歧视他们，汉人为了维护自己的既得利益，也极力

---

① 魏初：《青崖集》卷五《有元故京兆医学教授赵公墓志铭》，《文渊阁四库全书》1198册，第772页。
② 苏天爵：《元朝名臣事略》卷一〇《平章宋公》，第199页。
③ 《元史》卷一七五《敬俨传》，第4096页。
④ 《元史》卷一九〇《儒学二·熊朋来》，第4334页。
⑤ 陈得芝：《论宋元之际江南士人的思想和政治动向》，《南京大学学报》，1997年第2期，第147—161页。
⑥ 黄溍：《金华黄先生文集》卷三一《前承务郎王公墓志铭》，《四部丛刊初编》本，第17b页。
⑦ 《元史》卷一八九《儒学一·金履祥》，第4316页。

排挤他们。因此南人北上进入中央政府极其困难。

曾任职元朝中央政府且地位较高、活动较多、影响较大的南宋进士，主要有淳祐四年（1244）进士谢昌元（1213~1292），他于至元十三年（1276）元军进攻明州降附，至元十四年入朝被任命为礼部尚书，"预议中书省事"①；还有淳祐四年进士第一、南宋左丞相留梦炎（1219~1299），至元十三年降元，北上入觐，被授以吏部尚书一职，后来改任翰林学士承旨，直到成宗元贞元年（1295）七十七岁时才致仕南归②；青阳梦炎（生卒年不详），宋末太学生，登进士第，宋末曾出使李瓆，入元后被征北上，官至吏、礼部尚书，翰林学士③；宋宗室赵与𤏐（1242~1303）咸淳七年进士，至元十三年应召赴阙，十六年入翰林国史院任待制一职，以后又累迁直学士、侍讲学士、学士④。

程钜夫和叶李虽不是南宋进士，但两人在中央政府的影响不得不提。程钜夫（1249~1318）是作为质子到忽必烈身边的，因论贾似道优劣与忽必烈契合，得到赏识，在朝几四十年，入居翰林、集贤，商议中书，出司风纪⑤。至元二十三年（1286）叶李被征召至京师，先后拜御史中丞兼商议中书省事、平章政事，皆固辞⑥，是忽必烈一朝最有实权的南人士大夫。

南人进入中央的可谓是凤毛麟角，由于走向中央的路途被阻塞，大多数南宋士人转向江南地方官府发展。但从现存各地方志所载官守名单可以看到，江南地方官的长次官大多数是蒙古、色目和北方汉人，南方士人的出路一般是较低级的官吏和升迁极难的教官甚至是吏职。如宋末进士、庆元人臧梦解至元十三年内附，不久授知州一职。后来历任广西、江西、浙东、广东肃政廉访司官⑦。咸淳四年（1268）进士张伯淳（1242~1302）是赵孟𫖯的姐夫，至元二十三年为杭州路儒学教授，至元二十四年受程钜

---

① 袁桷：《延祐四明志》卷五《人物》中，《宋元方志丛刊》6册，中华书局1990年版，第6215页。
② 王恽：《秋涧先生大全集》卷一二《送忠翁南归并序》，《元人文集珍本丛刊》1册，第273页。
③ 俞希鲁：《至顺镇江志》卷一九《人材》，江苏古籍出版社1999年版，第767页。
④ 袁桷：《清容居士集》卷三二《翰林学士嘉议大夫知制诰同修国史赵公行状》，第1a页。
⑤ 《元史》卷一七二《程钜夫传》，第4015页。
⑥ 《元史》卷一七三《叶李传》，第4046页。
⑦ 《元史》卷一七七《臧梦解传》，第4128页。

夫举荐，改任浙东提刑按察司知事，直到二十九年（1292）才得授翰林直学士职①。任职最多的莫过于学官了。植松正统计了南宋入元进士151人，其中退隐不仕者84人，出仕元朝者57人，而在这57人中，有22人担任学职②。周祖谟先生《宋亡后仕元之儒学教授》一文所列仕元的书院山长、学正、教授、儒学提举中，很多人都是进士出身，如曹泾、戴表元、牟应龙、熊朋来、郑陶孙等③。此外，曾任镇江路儒学教授的林桂发④、曾任徽州路学教授的陈宜孙⑤，杭州路儒学正邓文原⑥，弋阳县学教官张卿弼⑦，都是南宋进士出身。

总之，南宋进士在元朝前期政坛上的影响甚微，而在南方学校教育中起了重要作用。

前朝进士一般在前朝已有官职或有较高的名声，入元后容易被举荐，只要愿意出仕，尚有求得一官半职的可能，比起那些尚未成名而又迫于生计的一般士人处境要好得多。

（本文原载《隋唐辽宋金元史论丛》第2辑，上海古籍出版社2012年版）

---

① 程钜夫：《雪楼集》卷一七《翰林侍讲学士张公墓志铭》，《文渊阁四库全书》1202册，第229页；《元史》卷一七八《张伯淳传》，第4147页。
② 《关于元代江南地方官的任用》，《法制史研究》1989年第38期。
③ 《辅仁学志》第14卷，1947年第1、2合期，第191—203页。
④ 俞希鲁：《至顺镇江志》卷一九《人材》，第768页。
⑤ 《弘治徽州府志》卷八《人物二》，《天一阁明代方志选刊》本，上海古籍书店1964年版，第34a页。
⑥ 黄宗羲、全祖望：《宋元学案》卷八二《北山四先生学案》，中华书局点校本1986年版，第2767页。
⑦ 虞集《道园学古录》卷八《蓝山书院记》，第6a页。

朝鲜司译院都提调、提调及蒙学

乌云高娃

司译院是朝鲜王朝时期官方设立的学习外国语、培养翻译人才的专门机构。司译院设有汉、蒙、倭、女真语学，分别教习汉语、蒙古语、日本语、女真语。康熙六年（1667）女真语学改为清学，开始教习满语。

司译院都提调和提调属于兼任之职。司译院设立之初，朝鲜王朝派大臣兼任司译院都提调、提调之职，负责汉、蒙、倭、女真学的教学、考试、官员的受职、译官的委派等诸多事项。并向国王或礼曹汇报司译院存在的问题，参与司译院的重大决策。

本文拟就司译院都提调、提调的设置，司译院都提调、提调的职责，司译院都提调、提调对蒙学的重视等问题进行初步探讨。

一 司译院都提调、提调的设置

《经国大典》记载："司译院设有都提调一员，提调二员。"① 都提调由大臣兼任，提调由文臣从二品以上兼任②。

司译院设有禄官和教官。在这种情况下司译院为何设兼任的都提调和提调之职呢？

《经国大典》记载："司译院正一员，为正三品；副正一员，为从三品；佥正一员，为从四品；判官二员，为从五品；主簿一员、汉学教授四

---

① 《经国大典》卷一，亚细亚文化社1983年版，第79页。
② 《通文馆志》卷一，民昌文化社1991年版，第7页。

员，二员文臣兼，为从六品；直长二员，为从七品；奉事三员，为从八品；副奉事二员、汉学训导四员，蒙学、倭学、女真学训导各二员，为正九品；参奉二员，为从九品。"①

这段史料详细记载了司译院官员的设置及其品级情况，但未详细记载司译院官员的职责问题。

《通文馆志》记载："司译院正一员，正三品，掌印信，总察院务；副正一员，从三品，万历癸卯（万历三十一年，1603）反作护军移付训上；佥正一员，从四品，掌奴婢、例差掌务官出纳公事；判官二员，从五品；主簿一员，从六品，以上出身差；直长二员，从七品，掌奴婢；奉事三员，从八品；副奉事二员，正九品，掌科试；参奉二员，从九品；教授四员，从六品，二员取才、佥正以上，经教诲者择差。掌公廨、师表学官、兼管料理厅，二员文臣兼，掌四等院试；训导十员，正九品，掌教训生徒。汉学四员，蒙学、倭学、女真学训导各二员。"②

这段史料除了记载司译院官员的设置及其品级情况外，对司译院官员的职责也进行了详细记录。司译院官员的品级均为三品以下，司译院常仕官员除掌管印信、奴婢、院试、科试之外，还要管理院务、教授生徒习业。

司译院属于正三品衙门③，其地位并不高。"卑微衙门，必赖都提调处断。"④ 朝鲜王朝让大臣兼任司译院都提调、提调之职，处理司译院的事务，这可能与司译院衙门品级不高有关。

司译院设立之初，提调的额数问题，由于史料记载有限尚不清楚。1423年3月24日规定司译院提调额数为三人。《朝鲜王朝实录》记载："吏曹启：各司实案都提调及提调：（中略）'司译院提调三'。"⑤ 可见，这一时期司译院只设有提调负责司译院的事务，而未设都提调一职。

1435年司译院设都提调之职。《朝鲜王朝实录》记载："吏曹启：

---

① 《经国大典》卷一，吏典，京官职条，第79—83页。
② 《通文馆志》卷一，沿革，官制条，第7页。
③ 《经国大典》卷一，吏典，京官职条，第79页。
④ "乞递诸司都提调箚"，李元翼：《梧里集》卷一，《韩国文集丛刊》56，景仁文化社1990年版，第192页。
⑤ 《朝鲜王朝实录》《世宗实录》卷一九，日本东京学习院东洋文化研究所，昭和三十一年（1956）版，世宗五年三月乙巳条。

'司译院事大重任，故设讲肄官专委习业。其勤慢只委提调检察未便，以右议政为实案都提调。'从之。"可见，朝鲜朝廷考虑到司译院职在事大交邻，任务繁重，只委任提调检查司译院的事务是不够的。因此，吏曹建议以一品大臣右议政为都提调。朝鲜国王同意了吏曹官员的建议。

1423年以前，司译院设有副提调一员。《朝鲜王朝实录》记载："世宗五年二月庚申吏曹启：'今将各司提调、提举、别坐以事务繁简，分拣加减。（中略）司译院副提调一，今革'。"① 可见，1423年2月9日，朝廷根据诸衙门事务繁简，对诸司提调进行调整时，废除了司译院所设副提调一员。

虽然1423年以后废除了司译院副提调一职，《经国大典》也规定司译院只设都提调和提调之职。但是，司译院根据事务繁忙情况，有时也设副提调之职。1478年金自贞为司译院副提调，司宪府大司宪金纽等建议罢免金自贞司译院副提调之职。其理由是金纽等认为《经国大典》未规定司译院设副提调之职，司译院实设副提调之职，有违典章制度的规定，应该废除。

《朝鲜王朝实录》记载："前日，本府请罢金自贞司译院副提调，未蒙允俞，不胜缺望。臣等窃谓吏曹职掌铨注，自贞虽粗解汉语，以本曹参议不避嫌自拟，冒滥莫甚。车得骖亦以三品堂上，授惠民署副提调。副提调，总察一司，黜陟郎吏，为任最重，自非名望宿著者，莫宜居焉。得骖本是医流，素无名称，一朝遽为提调，为其下者率皆前日侪辈，其肯畏服乎？况司译院、惠民署副提调，非《大典》所载，今若轻变，臣等恐国家宪章自此毁矣。伏望亟改自贞、得骖提调，遵守宪章幸甚。"②

大司宪金纽认为金自贞为司译院副提调，违背了《经国大典》的规定，《经国大典》未记载司译院设立副提调的规定，应该遵守宪章之规，罢免金自贞等司译院副提调之职为好。但是，成宗没有同意他的建议。

《经国大典》明文规定了司译院都提调、提调的额数，但是司译院所设提调的实际人数，有时也会出现与《经国大典》规定额数不符的情况。

1492年6月7日"上御宣政殿。司译院提调尹弼商、任元濬、李克增、金自贞入侍。任士洪等十三人分东西为耦，以汉语相问答讫。上令士

---

① 《朝鲜王朝实录》《世宗实录》卷一九，世宗五年二月庚申条。
② 《朝鲜王朝实录》《成宗实录》卷九四，成宗九年七月癸亥条。

洪及李昌臣相语良久。上曰：士洪等虽解汉音，口不快"。弼商曰："昔李边四十余次赴京，得惯汉语，此辈须使一年一赴京可也。"① 这一史料证明，司译院提调有尹弼商、任元浚、李克增、金自贞四人，比《经国大典》规定的都提调、提调多一人。

司译院未限定都提调、提调的任期，所以，司译院都提调、提调久任不递，在任多达十年、二十余年。有时也会出现都提调、提调对司译院事务监察不周，营私舞弊的现象。

例如："任元浚久为司译院、典医监两司提调，医员、通事之赴京者，必纳重赂于元浚然后得焉。"② 因此，考虑到各司提调任期久远，产生弊端，1491年9月11日吏曹建议司译院、承文院、观象监、典医监等衙门业务特殊，提调不可不久任。其他诸衙门提调以四年为期相递为宜，且一人不得兼诸多衙门提调之职。

吏曹报告："'诸司提调，年久不递，不无其弊。如承文院、司译院、观象监、典医监，精于其业，不得已久任。其余他司提调，许四期而递。且一人毋得兼任数司，永为恒式。'命示领敦宁以上及议政府。沈浍、尹弼商、李克培、尹壕议：'依所启施行。'洪应议：'提调限四年，新法也。其为提调而作弊者，当更其人，何用纷更旧法？一人不得兼数司，则当依所启。'李铁坚议：'诸司提调，不计年限，一人兼数司，其未尚矣。在祖宗朝，有名望宰相，则虽带二、三司，不以为怪。老于其司，而亦不递之。若曰年久当递，必限个月，则如议政府、六曹堂上，尤为权重，亦定个月轮次而递之乎？轻改祖宗故事未稳。'鱼世谦议：'提调限四期，似无据。略仿古法，以三年定限，余依所启施行。'传曰：'更议于六曹、汉城府、台谏。'慎承善、李克墩、李崇元、卢公弼议：'提调治事得失在人，不在久近，今不可更立新法。但兼数司者，随宜递差。'李封议：'提调定限，于大体未便。但其中最久者，与他司提调，渐次换差。且一人兼数司未便。'吕自新、赵益贞、权健、闵永肩、权侹、金友臣议：'凡任用，若得其人，须久于任，方有成效。今台谏所论，久任作弊，疑有所指，不可以一、二人之故，尽疑朝中宰相，如有作弊者，黜之可也。今若局定年限，轮次除授，殊非待宰相体貌，仍旧为便。但精于其业者

---

① 《朝鲜王朝实录》《成宗实录》卷二六六，成宗二十三年六月丙午条。
② 《朝鲜王朝实录》《成宗实录》卷二一七，成宗十九年六月辛酉条。

外,勿许兼数司。'黄事孝、李礼坚、李琚、刘璟、郑铎、权琉、赵珩议:'依所启施行为便。但四载之限,似太久,三载为限何如?'传曰:'台谏论启,予亦以为然。一宰相为提调,或十年、二十年,至有过二十年不递者,始勤终怠,人之常情,终始如一者鲜矣。虽有新宰相欲建新策者,提调皆久任,不可无缘递授,予虽至公无私,其见递宰相,必谓以我为何如而递之矣。岂能如唐、虞舜知禹心,禹知舜心乎?'古人云:'任贤勿贰',予岂任之而复疑其人乎?曩者。台谏言:'提调多率驺从而行,南行无一丘史。'予问左右,广陵答云:'提调岂皆如是,在人而已。'予亦曰:'在人。'今思之,是亦有弊,今议以提调有个月为不可,如监司任方面之责,而庆尚道则地广,周年巡行,不过一二度,其间岂能尽知一道之事?虽期以十年犹不足,然不得已准期而递,然则提调虽有个月,夫岂不可?然今宰相之议如是,可仍旧。"①

这段史料证明,各衙门提调历来是久任不递的。议政府、六曹、汉城府、台谏等衙门对吏曹的报告进行了讨论,其结果是多数人认为提调是否久任作弊在于人,而不在于年限。更改提调在任年限不妥,有作弊者换人便可。也有人提出更改提调任期为四年没有根据,依照古法改为三年为妥。讨论的最终结果是对各衙门提调任期不变,在某一衙门兼任提调久者,可与其他衙门提调轮差。

因司译院提调久任不递,确实存在一些弊端。例如:司译院都提调、提调年迈或患病在身,但仍要处理司译院事务,年迈的宰相有的力不从心,有的体弱多病,常有请求辞去司译院都提调或提调之职的。1635年金尚容已年过75岁,仍兼任司译院都提调之职。因年迈多病,请求辞去司译院都提调之职。

《仙源遗稿续稿》记载:"自臣病后,一应诸事都委于下位提调。在下之员时或代察,而拘于体面不肯独断。应行之事待臣出仕,多滞不举。病中一念系着心上,食息不安。臣之病势,日渐沉痼,绵绵气力,有同下山之日。前头此生,万无起身供仕之望。伏乞圣明察微臣情势之闷迫,念本院事务之久旷,臣兼带司译院都提调,亟赐递改,以便公私,不胜幸甚。"②

---

① 《朝鲜王朝实录》《成宗实录》卷二五七,成宗二十二年九月甲申条。
② 金尚容:《仙源遗稿续稿》,箚,"乞解兼带箚(乙亥二月)条",1640年刊本。

这段史料证明，金尚容因年迈多病，不能处理司译院事务，让司译院提调代管。但是，职位比他低的提调不能独断司译院事务，还是要请示他处理。于是在1635年2月金尚容提出辞去司译院都提调的报告，请求改派司译院都提调。

总之，朝鲜王朝设立司译院都提调、提调之职，掌管司译院事务，延续时间较长，在朝鲜王朝统治全期，兼任司译院都提调、提调的大臣人数很多。

二 司译院都提调、提调的职责

司译院的提调通常由户曹、礼曹、兵曹、刑曹、吏曹、工曹六曹的参判、判官兼任。提调主要协助都提调检察司译院的考勤、考试及日常事务。司译院都提调通常由议政府的左议政或右议政等一品大臣兼任。

司译院虽有提调，但司译院的事务主要由都提调总揽。1675年正月十九日李元翼想辞去司译院都提调之职时提到"司译院系是事大交邻，为任尤紧。在平时臣尝为提调，见院中之规例，虽有提调，而必都提调专总一院之事。时时仕进，考阅学业，试讲译语"[①]。可见，司译院都提调的职责非常重要，在平时监督译官、生徒的学习、考试之外，决策司译院的一切事务。

司译院四学生徒入学，也由司译院都提调考核其资格，并根据考试情况，决定其是否能够入学，考核合格并通过考试者方可入院成为司译院的生徒。

《通文馆志》记载："凡愿属之人，呈状于都提调坐衙日，完荐试才许属事。受题后依暑经之规，以父母、妻四祖具书单子及保举单子。"[②] 司译院生徒入属须由三个官员作为推荐人，本人填写四代祖（曾祖父、祖父、父亲、外祖父）的情况之后，呈状给都提调，都提调审批同意之后，方可参加考试，合格者被分配到汉、蒙、倭、女真语学（或清学），

[①] "乞递司译院都提调箚"，李元翼《梧里集》卷四，《韩国文集丛刊》56，景仁文化社1990年版，第312页。

[②] 《通文馆志》卷二，奖勤，入属条，第14页。

成为司译院的生徒。

司译院都提调有着对院务进行决断的职责，而司译院提调则负责司译院生徒、译官的考勤，并教诲四学生徒习业。

司译院提调因人而异，有非常负责，常仕本院，谆谆教诲生徒习业的提调。也有不务教诲，营私舞弊的提调。司译院也常因出现营私舞弊的提调，而对这些人进行撤职或处理的情况。例如：李边为司译院、承文院提调时"一日必遍仕两司，训诲无倦"。① 可见，李边为司译院提调时，非常负责，每天数回到司译院教诲生徒。而黄中为司译院提调时，不思教诲生徒，只贪图私利。司宪府认为黄中担任司译院提调，根本就不称职，建议更换黄中司译院提调之职。

《朝鲜王朝实录》记载，1484年8月8日司宪府报告："黄中今为司译院提调，多有不法事，侵督下官，征求无厌。且为讲肆官者，率皆衣冠子弟，黄中接遇倨傲，莫不痛心。黄中虽名为提调，其于译学，懵然不知，无所教诲，徒肆贪婪。请改提调。"② 同书又记载："黄中为司译院提调，不务训诲生徒，而日以营私为事。通事赴京时，付布一端，责换彩段。有不如意，辄发愤言。无状之态，国人皆知之。"③ 可见，黄中为司译院提调时，有贪婪受贿的现象，最终黄中被撤司译院提调之职，更换他人为司译院提调。

司译院提调除了监督生徒学业之外，在司译院"取才"、"译科"考试中，与礼曹官员一同担任考试官。

司译院选拔译官需通过"取才"和"译科"考试两条途径。取才有禄取才、赴京取才、卫职取才。禄取才和赴京取才在礼曹实行。禄取才时，司译院提调一员到礼曹，与礼曹堂上官一起监考。赴京取才由礼曹官员试取。卫职取才由司译院的都提调和提调在司译院试取④。禄取才应该是司译院选拔官员的取才考试。赴京取才应该是选拔出使中国使臣随行的通事、译官、打角夫等的取才考试。

司译院每月二十六日有月考，一年冬、夏有两次院试，参加院试合格

---

① 《朝鲜王朝实录》《成宗实录》卷三五，成宗四年十月戊辰条。
② 《朝鲜王朝实录》《成宗实录》卷一六九，成宗一五年八月壬戌条。
③ 《朝鲜王朝实录》《成宗实录》卷一七七，成宗一六年四月壬戌条。
④ 《通文馆志》卷二，奖勤，第16—18页。

者可以参加"取才"考试①。《经国大典》记载:"取才,诸学四孟月本曹同提调取才。"② 可见,"取才"考试应该是在一年四季的第二个月实行。即每年的3月、6月、9月、12月举行。

司译院取才考试时,司译院提调终日监考是非常辛苦的。1573年6月11日司译院取才,司译院提调"考试汉学,倭学,蒙学,女真学通事。讲者差备者凡六七十人。拥坐于伏热之中。问难终日。困甚困甚"③。

司译院属于递儿职衙门,官员除教授、训导外,一年为两期,六个月相递受职。递儿职做散之后,通过取才考试,被选拔者可以再次当职。吏曹规定朝官一年满病假三十日者,罢免其官职。但是,司译院属于递儿职衙门,不在病假满罢职之例。所以,通过取才考试被选拔在司译院受职的人员,多数告病假,不好好履行司译院的职事。拿着俸禄,等待六个月期满后做散。所以,吏曹规定司译院的官员在其递儿职六个月内病假满十五日者,不许参加下一次的取才考试④。

司译院除生徒外,递儿职做散的官员也在司译院学习译语。司译院提调负责检查司译院生徒、译官、前御官的出勤情况,在其名下进行圈点,取才时作为参考。取才考试时分数相同的话,请假少者优先录用。

《朝鲜王朝实录》记载:"礼曹据司译院牒呈启:'诸学前御人,常仕本院习业,提调逐日考公座簿,其无故不仕者,各于名下作圈,以考勤慢,更无惩戒之法,懒慢之辈,因此不仕,全然废业,实为未便。今后一月内,圈满三日者囚家僮,满十五日者勿许取才,一年内满三十日者,虽取才入格,例应受职,不许除授。'从之。"⑤ 可见,司译院提调每月检查官员的考勤情况,缺勤者在其名下进行圈点来做记号。一月内请假三天者,关其家僮。六个月递儿职期间请假满十五日者,不允许参加取才考试。一年内请假满三十日者,取才考试合格也不能受职。

司译院提调也要担任"译科"考试的考官。"译科"属于科举中的杂科,考试在礼曹实行。"译科"考试每三年举行一次,考试分为初试和复

---

① 《通文馆志》卷二,奖勤,第15—19页。
② 《经国大典》卷三,礼典,取才条,第279页。
③ 柳希春《眉岩集》卷十,日记癸酉,1897年刊本。
④ 《朝鲜王朝实录》《成宗实录》卷一二,成宗二年九月壬寅条。
⑤ 《朝鲜王朝实录》《世祖实录》卷四,世祖二年六月乙丑条。

试。初试在前一年的秋天举行。复试在春季初举行。

《经国大典》记载：

"译科"初试：

【额数】汉学二十三人，蒙学、倭学、女真学各四人。司译院录名试取。汉学乡试黄海道七人，平安道十五人。观察使定差使员录名试取。

【讲书】汉学"四书"临文，《老乞大》、《朴通事》、《直解小学》背讲。

【写字】蒙学《王可汗》（中略）。

倭学《伊路波》（中略）。

女真学《千字》（中略）。

【译语】汉、蒙、倭、女真学并翻《经国大典》，临文。

"译科"复试：

【额数】汉学十三人，蒙学、倭学、女真学各二人。本曹同本院提调录名试取。

【讲书】同初试。

【写字】同初试。

【译语】同初试①。

这段史料清楚的记载了译科初试"司译院录名试取"。可见，译科初试应该是在司译院设立考场并由司译院的官员作为考官。关于这一点从《通文馆志》的记载可见一斑。

据《通文馆志》记载译科初试："试官都提调、提调，参试官兼教授训上堂上。"② 同书又记载："复试设于礼曹，试官礼曹堂上、本院提调一员。参试官礼曹郎官一员，本院汉学参上官两员。提调及参上官皆自本院备拟，开场前一日送礼部入启。"③ 可见，译科初试在司译院举行，考官由司译院都提调和提调担任。译科复试考场设在礼曹，考官由礼曹官员和司译院提调一员担任。

《续大典》记载：

"译科"初试：司译院提调二员（或一员兼教授，无故则亦参）。同

---

① 《经国大典》卷三，礼典，诸科条，第215—218页。
② 《通文馆志》卷二，奖勤，第15页。
③ 《通文馆志》卷二，奖勤，第16页。

四学官各二员（该院差定）试取。

【讲书】汉学"四书"临文，《老乞大》、《朴通事》见大典，《五伦全俻》新增。以上背讲，《直解小学》今废。

【写字】蒙学《老乞大》（见大典），《捷解蒙语》（新增）。

倭学《捷解新语》（新增）。

清学《八岁儿》、《小儿论》（见大典），《老乞大》、《三译总解》（新增）。

其余诸书，并今废。

【译语】同《大典》。

"译科"复试：司译院提调一员（二望），同四学官各二员试取。本曹堂上官、郎官各一员。

【讲书】同初试。

【写字】并同初试。

【译语】并同初试①。

这段史料证明，到了朝鲜王朝后期，对译科考试的试官进行了人员调整。但是，司译院提调仍然担任译科初试、复试的考官。

译科考试合格者，赐译科出身白牌，上书写译科几等出身。译科出身者根据成绩被分为一等、二等、三等，分别授以从七品、从八品、从九品官，在司译院叙用②。

1446年司译院提调将本院出身者根据等级分为上、中、下三等，以上等者为通事，中等者为押马、押物，下等者为打角夫，随使臣派遣到中国。《朝鲜王朝实录》记载："司译院提调将本院出身者，第其上、中、下三等，启闻置簿，每当入朝，以上等者为通事，中等者为押马、押物，下等者为打角夫，兼考往来日月久近差定。"③

以往司译院提调考察译官的勤慢，在其名下进行圈点，以此作为派遣赴京通事的依据。但是，这种将司译院出身者分为上、中、下三等，轮次赴京的方式也有一定弊端。

1455年议政府据礼曹呈及司译院呈启："司译院别设讲隶官三十人、

---

① 《续大典》卷三，礼典，诸科，译科，朝鲜总督府中枢院1935年版，第214—215页。
② 《经国大典》卷三，礼典，诸科条，第156页。
③ 《朝鲜王朝实录》《世宗实录》卷一一三，世宗二十八年九月庚寅条。

别斋学官五十人,常习译语。且《六典誊录》节该:'译科出身七品以下人,每月六衙日,翌日提调试其所读书,兼试言语,圆点置簿,当赴京之际,以圆点多者,差打角夫',近年汉、蒙二学出身人,分为上、中、下三等,轮次赴京,自是圆点之法废坏。其中懒慢不习其业者,亦依次赴京,非唯无以劝课,亦且欺罔国家,甚为不可。请今后兼考仕日多少差送,以杜冒滥之弊。"① 考虑到汉学、蒙学出身者被分为上、中、下三等,轮次赴京,以致懒慢不习业者也能赴京,影响译官学习的积极性。因此,决定今后还是由司译院提调实行圈点制度,以出勤多少为依据差送。以杜绝水平不够的译官滥竽充数之弊。

总之,司译院都提调、提调在汉、蒙、倭、女直(清)学,官员的选拔、任用,处理院务、监督教学、考试,委派译官等事务中做出了应有的贡献。

三　司译院都提调、提调对蒙学的重视

司译院都提调、提调任期久,事务繁重。不同时期司译院都提调、提调对蒙学的重视程度有所不同。因人而异司译院都提调、提调对蒙学的态度也影响着司译院的教学质量及译官掌握译语的水平。

司译院设立之初,偰长寿为司译院提调。他意识到国家培养翻译人才很重要,关系到事大交邻。1394年11月19日偰长寿对汉、蒙学的习业、通事科考试等作了一些规定。

《朝鲜王朝实录》记载:"司译院提调偰长寿等上书言:'臣等窃闻治国以人才为本,而人才以教养为先。故学校之设乃为政之要也。我国家世事中国,言语、文字不可不习。是以殿下肇国之初,特设本院,置禄官及教官,教授生徒,俾习中国言语、音训、文字、体式,上以尽事大之诚,下以期易俗之效。臣等今将拟议到习业、考试等项合行事务开写于后。一,额设教授三员内,汉文二员、蒙古一员,优给禄俸。生徒额数,分肄习业,考其勤慢,以凭赏罚,并及教授之官。一,习业生徒,鲜有自愿来者。令在京五部及各道界首府州,择良家子弟十五岁以下天资明敏者,岁

---

① 《朝鲜王朝实录》《端宗实录》卷一三,端宗三年一月壬申条。

贡一人。一，每三年一次考试，勿论是否本院生徒，七品以下人，但能通晓四书、《小学》、吏文、汉、蒙语者，俱得赴试。习汉语者，以四书、《小学》、吏文、汉语皆通者，为第一科，与正七品出身；通四书之半及《小学》、汉语者为第二科，与正八品出身。只通《小学》汉语者为第三科，与正九品出身。习蒙语者，能译文字，能写字样①，兼写伟兀字者为第一科；只能书写伟兀文字，并通蒙语者为第二科，出身品级同前。其原有官品者，第一科升二等，第二科、三科各升一等。汉语第一科一人，第二科三人，第三科八人；蒙语第一科一人，第二科二人，通取一十五人，以为定额。若无堪中第一科者，只取第二科三科，又无堪中第二科者，只取第三科，不拘定数。一，每年都目各望，并录三人，以汉语精通者为头。虽差年、到数多余，亦不许录于语音精通人员之上，若三人俱通者，听以差年、到数为头。一，肄业三年，不能通晓汉、蒙语者，斥遣充军。一，考试中选者，人给红牌。一，通上写'司译院敬奉王旨，某人可赐通事第几科几人出身者'。年月上，行使本院印信，提调以下具衔署名。下都评议使司，拟议施行。'"②

以上史料证明，司译院规定：蒙学教授一员，优给禄俸。生徒没有自愿来者，在京五部及各道、界、首、府、州，每年选送一名生徒。每三年举行一次考试，不管是否司译院生徒，七品以下通汉、蒙语者都可以参加考试。学习蒙古语的分为第一科和第二科，能写八思巴字兼写畏兀儿体蒙古字者为第一科，授正七品官。只能写畏兀儿体蒙古字，并通蒙古语者为第二科，授正八品官。学习三年不通蒙古语、汉语者充军。通过考试者发放红牌。提调以下都要签名。

1442年右议政申概为司译院提调时，对禄官、教授、各级官员以及汉、蒙、倭、女真等四学学生，作出了入本院须用所习语言，不得用乡语的规定。

《朝鲜王朝实录》记载："每至院中，一禁乡语，上而师长、僚官，相与应对，下而权知、生徒，招呼应诺，一用汉语。大而公事议论，小而饮食起居，一用汉语。"并令常考察，若有人用乡语，予以处罚。"初犯，附过。再犯，囚。次知一名三犯，二名四犯，三名五犯，以上移关刑曹论

---

① 注："字样"当指八思巴字。
② 《朝鲜王朝实录》卷六，太祖三年十一月乙卯条。

罪，禄官罢职，仍一年不叙前衔。权知，一年不许取才。生徒，随其所犯辄行棰楚。其余蒙、倭、女真学，亦依此例施行。"①

世宗时期，汉、蒙、倭、女真学，依"四学"例供馈。学员享受政府津贴，故能安心学习。但到了成宗时期，供馈不继，贫寒生徒终日受饿，学业难持。

1478年尹弼商、黄中、张有诚为司译院提调时报告："今承传教，蒙、倭、女真学兴属条件，商议以闻。一，蒙、倭、女真学人员及生徒等，率皆居外之人，故前此同居父兄弟侄皆并蠲役，其无亲属者则别给奉足，又给衣服。以此人皆求属，成才者多。今《大典》内：'同居族亲中一人，毋定他役'，故其家内同居父兄子弟各自有役，只以奉足一人不堪留京，求属者甚罕。今宜户内三丁以下毋定他役，户内无人丁者给属别一人，并蠲贡赋外杂役，使之劝励，汉学亦依此例。一，汉、蒙、倭、女真学生徒等，世宗朝依四学例供馈，今无供馈，贫寒生徒终日朽腹肄业为难。四学儒生每学常供百人，然赴学恒未满其数。请移给剩数米，供馈劝励。一，蒙、倭、女真学岁贡生徒，依汉学例，年少聪敏者八人，令各道拣选上送，如不用心择送，其守令重论何如？"命给户内人丁二人、户内无人丁者给户别一人，生徒给半点心，每式年蒙学生徒五人、倭、女真学生徒各六人，其令外方选送。"②

这段史料证明，世宗时期对司译院各级官员及学生教学活动要求严格，并向生徒提供供馈。到成宗时期，因供馈不继，愿入属之人不多，致使汉、蒙、倭、女真各学学员人数减少。因此，司译院提调建议，政府应该采取对生徒亲属免役，提供奉足等措施，鼓励司译院"四学"生徒入学的积极性，并增加岁贡人数。

礼曹判书成俔意识到司译院在世宗朝人才辈出，到了成宗朝有学之士年迈，面临后继无人的状况。1493年礼曹判书成俔报告："诸学中译语尤不精，买卖常语，尚不能通晓，其于天使接待时传语不差者有几人哉？近年提调类皆不知其语，取才时委诸其徒，不无用情徇私之弊，岂国家设法之意？今后提调以解汉语者任之。"③

---

① 《朝鲜王朝实录》，《世宗实录三》，卷九十五，世宗二十四年二月乙巳条。
② 《朝鲜王朝实录》《成宗实录》卷九十八，成宗九年十一月戊寅条。
③ 《朝鲜王朝实录》，《成宗实录》卷二百八十二，成宗二十四年九月壬辰条。

成俔认为司译院诸学译官翻译水平不高,买卖常语都不精通的原因:一是,成宗朝对司译院生徒的待遇不如世宗朝优厚,入属司译院的生徒人数不满额数。二是,监督司译院取才考试的提调官本身不懂诸学语言,考试中难免出现徇私舞弊、违背国家选拔优秀译官原则的事例。因此,政府规定今后司译院提调官以通汉语的人充任。

到了17—18世纪,司译院都提调、提调极为重视司译院蒙学。朝鲜肃宗、英祖时期,朝鲜王朝一度对清朝统治产生危机意识,非常担忧满洲人被势力强大的西蒙古打败,而蒙古再度兴盛取清朝而代之。因此,司译院为了储备通蒙古语的译官,加强了对蒙学的蒙古语教学①。郑致和、闵鼎重、崔逸、李瀈、赵文命、南泰良、金在鲁等大臣,在兼任司译院都提调或提调之职期间,均提出重视司译院蒙学的建议,而且被朝鲜国王所采纳。尤其,闵鼎重、金在鲁在兼任司译院都提调之职期间,为了提高司译院蒙学译官的会话能力,采取了设立偶语厅、修订蒙学教材等措施。

显宗时期,闵鼎重认为应该重视司译院蒙学译官学习蒙古语,解决朝鲜使臣与蒙古人相遇时语言不通而相互交流困难的问题。肃宗时期,闵鼎重因才华超群而被委以重任,1680年被提升为左议政②。同年,闵鼎重兼任司译院都提调之职③。闵鼎重为司译院都提调时,非常注重对司译院译官的奖勤制度及提高译官会话能力的措施。他针对司译院译官出使清朝,经常出现汉学译官不通汉语、清学译官不通满语、而蒙学译官不通蒙古语的现象,认为这是因为司译院各学译官,只注重学习书本,而全不通语言的缘故。因此,1682年闵鼎重设立汉学偶语厅④,规定让译官"以言语问答的形式"⑤学习译语,成绩优等者派一员为递儿随使臣一行赴京,以此作为对译官的奖勤之规,这对提高译官掌握语言能力起到了显著的效果。1682年闵鼎重在汉学设立偶语厅的同时,在蒙、倭、清学也设立了偶语厅。《通文馆志》记载:"四学偶语厅一百员。汉学五十员,蒙学十员,

---

① 参见拙文《17、18世纪朝鲜重视司译院蒙学的背景》,《中国社会科学院历史所集刊》第6辑,2010年,第593页。
② "左议政老峰闵公墓志",李縡《陶庵集》卷四一,1803年刻本。
③ 《承政院日记》肃宗六年九月戊辰条,国史编撰委员会影印1969年版。
④ 《备边司誊录》,肃宗十六年十月二十九日条,国史编撰委员会影印1959年版。
⑤ 《承政院日记》,肃宗三十七年四月壬戌条。

倭学二十员，清学二十员。康熙壬戌老峰闵相国广选四学年少有才者设。"① 可见，在闵鼎重为司译院都提调时，1682 年蒙学也以偶语之规作为译官的奖勤之规，提高译官的蒙语水平。

闵鼎重为司译院都提调之时，意识到汉、蒙、倭、清四学中蒙学所习教科书讹误最多。1683 年闵鼎重派遣熟悉当时蒙古语的译官到清朝与蒙古人接触，反复切磋加以厘正而翻译出八卷本《蒙语老乞大》，作为蒙学译官学习蒙古语的教材。

《承政院日记》记载："司译院官员，以都提调意启曰：'本院诸学中，蒙学所习本业，语音渐讹，译官之赴燕者，皆不能通话。问情训习之际，不可无变改之举，故每于节行，择送熟习时话者，再三质问于彼人，翻作蒙清《老乞大》各八卷，且买清语《三国志》，抄作十卷，名为《三课总解》矣。自甲子正月为始，蒙学则旧业《守成事鉴》、《伯颜波豆》、《孔夫子》、《待漏院记》之外，添以《新翻老乞大》，清学则旧业《八岁儿》之外，《新翻老乞大》、《三课总解》，仍为定式教诲，使之通行于科举与试才之时，何如？'传曰：'允'。"②

可见，司译院都提调闵鼎重针对当时蒙古语语音变化明显，而译官学习原有的教材很难通解蒙古语的这种状况，采取了对蒙学教材加以厘正，并加以修订的措施。在蒙学仍使用原有的《守成事鉴》等五册的同时，从 1684 年正月开始添加新翻《蒙语老乞大》，用于译科与取才考试。

金在鲁为司译院都提调时，强调重视蒙学、清学、汉学的语言教学，并对司译院蒙学教科书进行了调整及修订。1737 年金在鲁废除蒙学原有的《守成事鉴》、《御史箴》、《孔夫子》、《伯颜波豆》、《待漏院记》等早期教材，以新修订的李缵庚所成册子《捷解蒙语》用于司译院蒙学③。

总之，司译院都提调、提调对蒙学的态度，直接影响朝鲜王朝对司译院蒙学的重视程度。朝鲜显宗、肃宗、英祖时期，司译院都提调非常重视蒙学译官是否精通语言的问题，他们认为虽然译官的职位微贱，但朝鲜与

---

① 《通文馆志》卷一，第 10 页。
② 《承政院日记》，肃宗九年八月癸丑条。
③ 参见拙文《17、18 世纪朝鲜重视司译院蒙学的背景》，第 600—603 页。

中国事大交邻，译官的重要性是不可替代的。闵鼎重、金在鲁等为司译院都提调时所采取的措施，对提高蒙学译官实际会话能力起到了显著的作用。

（本文原载《西部蒙古论坛》2011 年第 3 期）

古史文存 续编

（下卷）

中国社会科学院历史研究所 编

中国社会科学出版社

目 录

下 卷

《明儒学案》发微 …………………………………… 陈祖武（681）
关于明代国家与社会理论研究的思考 ………………… 万　明（694）
明初国事与术数 ………………………………………… 张兆裕（703）
王阳明思想的当代价值 ………………………………… 汪学群（718）
从张居正蟒服像看明代赐服现象 ……………………… 赵连赏（730）
明代宗族墓产拟制户名考 ……………………………… 阿　风（743）
明代山东地区枣强裔移民考 …………………………… 张金奎（757）
天一阁藏《明史稿·邹来学传》校读 ………………… 陈时龙（770）
明代北直隶的水利营田 ………………………………… 李成燕（788）
明末东阳"许都之乱"探究 …………………………… 张宪博（803）
现存最早长城全图《九边图说》残卷之发现与考释
　　——兼论中国古代地图绘制的人文传统 ………… 赵现海（817）
17 世纪卫拉特南迁原因再探讨
　　——兼论游牧社会"集中与分散"机制 ………… 青格力（833）
陈昂父子与《海国闻见录》 …………………………… 吴伯娅（846）
论"大礼议"的核心问题及其影响 …………………… 吴　锐（860）
东征故将与山阴世家
　　——吴宗道研究 …………………………………… 杨海英（873）
清初程朱理学"复兴"标志论略 ……………………… 朱昌荣（888）
"康乾盛世"说渊源考 ………………………………… 李华川（903）
康熙五十一年长白山定界与图们江上流堆栅的走向 ……… 李花子（917）

从"获胜"到"败北":乌兰布通之战史料研析 …………… 杨　珍(935)
清代的城市规模与城市行政等级 ……………………… 成一农(948)
清代宫廷汉族儒家乐书制作及其意义 ………………… 邱源媛(963)
朱筠与清中叶学术变迁 ………………………………… 林存阳(978)
惠栋与卢见曾幕府研究 ………………………………… 曹江红(993)
章学诚对戴震的学术评价 ……………………………… 杨艳秋(1010)
清代公羊学的奠基人——刘逢禄 ……………………… 郑任钊(1025)
中国古代书写格式考 …………………………………… 孟彦弘(1042)
想法与视觉:关于域外汉籍的整理与研究 ……………… 孙　筱(1051)
谈谈胡适的"大胆的假设,小心的求证" ………………… 张海燕(1060)
《中国文化史稿》读后 …………………………………… 胡振宇(1076)
重建观念史图像中的历史真实 ………………………… 鱼宏亮(1086)

下卷

《明儒学案》发微

陈祖武

黄宗羲著《明儒学案》自康熙三十二年（1693）刊行以来，300余年过去，一直是相关研究者关注和研究的一部重要历史文献。近30年间，随着学术史研究的复兴和推进，这方面的研究日渐深入，尤为喜人。就所涉及论题而言，诸如《明儒学案》的编纂缘起、成书经过、思想史和文献学渊源以及学术价值评判等，皆引起了越来越多研究者的兴趣。以下，谨将近期重读《明儒学案序》之所得连缀成篇，就该书的编纂缘起再做一些讨论，敬请方家大雅指教。

一　问题的提出

黄宗羲晚年，曾经就《明儒学案》的结撰留下两篇重要文字，一篇是《明儒学案序》，另一篇是《改本明儒学案序》。前文于宗羲生前录入所辑《南雷文定四集》，后文则在宗羲故世之后，由其子百家辑入《南雷文定五集》。康熙三十二年孟春，《明儒学案》在河北故城刊刻蒇事，两文皆冠诸卷首，撰文时间均署为康熙三十二年。惟宗羲原文已为贾氏父子增删、改动，难以信据。倘若论究《明儒学案》结撰故实，自然当以录入宗羲文集者为准。

《明儒学案》的这两篇序文，有同有异。大致相同者，是都谈到了如下三层意思。第一，学问之道乃一致百虑，殊途同归，不可强求一律。然而时风众势，必欲出于一道，稍有异同，即诋之为离经叛道，以致酿成

"杏坛块土,为一哄之市"①。第二,全书梳理有明一代儒学源流,旨在分源别派,使其宗旨历然。因而,《明儒学案》乃"明室数百岁之书也,可听之埋没乎"②?第三,《明儒学案》的问世,多历年所,非三年五载之功。具体而言,"书成于丙辰(康熙十五年——引者注)之后,许酉山(名三礼——引者注)刻数卷而止,万贞一(名言——引者注)又刻之而未毕",直至壬申(康熙三十一年——引者注)七月,始闻河北贾若水、醇庵父子慨然刻书之举③。

两篇文字之不同处,主要在于改本将原序的如下大段文字尽行删除。原序有云:"某幼遭家难,先师蕺山先生视某犹子,扶危定倾,日闻绪言,小子踽踽,梦奠之后,始从遗书得其宗旨,而同门之友,多归忠节。岁己酉,毘陵恽仲升来越,著《刘子节要》。仲升,先师之高第弟子也。书成,某送之江干,仲升执手丁宁曰:'今日知先师之学者,惟吾与子两人,议论不容不归一,惟于先师言意所在,宜稍为通融。'某曰:'先师所以异于诸儒者,正在于意,宁可不为发明?'仲升欲某叙其《节要》,某终不敢。是则仲升于殊途百虑之学,尚有成局之未化也,况于他人乎?某为《明儒学案》,上下诸先生,浅深各得,醇疵互见,要皆功力所至,竭其心之万殊者而后成家,未尝以懵懂精神,冒人糟粕。于是为之分源别派,使其宗旨历然,由是而之焉,固圣人之耳目也。间有发明,一本之先师,非敢有所增损其间。"④

两篇《明儒学案序》为什么会存在上述异同?从中反映了该书结撰缘起的哪些故实?这是我们接下来要展开讨论的问题。

二　为师门传学术

黄宗羲为什么要结撰《明儒学案》?要弄清这个问题,不妨就从改本《明儒学案序》对上述大段文字的删除入手。

---

① (清)黄宗羲:《南雷文定四集》卷一《明儒学案序》,康熙间刻本。
② (清)黄宗羲:《南雷文定五集》卷一《改本明儒学案序》,乾隆二十六年刻本。
③ 同上。
④ (清)黄宗羲:《南雷文定四集》卷一《明儒学案序》。

前引《明儒学案序》中的大段文字，黄宗羲忆及20余年前未能为同门友人恽日初著《刘子节要》撰序一事。至于事情的起因，乃在于二人对其师刘宗周学术宗旨的把握意见不一。一个认为"于先师言意所在，宜稍为之通融"，一个则力主"先师所以异于诸儒，宗旨正在于意，宁可不为发明"。结果分歧无法弥合，用黄宗羲事后20余年的话来讲，就叫做："仲升欲某叙其《节要》，某终不敢。"黄宗羲、恽日初二人间的此次往还，并非寻常同门昆弟之论学谈艺，实则直接关系《明儒学案》前身《蕺山学案》之发愿结撰。

据考，恽日初字仲升，号逊庵，江苏武进（今常州）人，生于明万历二十九年（1601），卒于清康熙十七年（1678），终年78岁①。康熙七年，日初由常州南游绍兴，凭吊刘宗周子刘汋。此时宗羲亦在绍兴，与同门友人姜希辙、张应鳌等复兴师门证人书院讲会，故而恽、黄二人得以阔别聚首，朝夕论学达半年之久②。恽日初长黄宗羲九岁，在刘宗周门下，当属长者。此次南来，不惟带来了为其师所撰《行状》一篇，而且携有《恽仲升文集》一部，学已成家，俨然刘门高第弟子。是年，黄宗羲欣然为《恽仲升文集》撰序，赞许日初为"固知蕺山之学者未之或先也"。正是在这篇序中，宗羲对自己早先问学师门的用力不专痛自反省，他就此写道："余学于子刘子，其时志在举业，不能有得，聊备蕺山门人之一数耳。天移地转，殭饿深山，尽发藏书而读之。近二十年，胸中窒碍解剥，始知曩日辜负为不可赎也。"③

恽日初在越半年，将刘宗周遗著区分类聚，粗成《刘子节要》书稿。临别，黄宗羲河浒相送，日初以增删《刘子节要》相托。恽氏返乡，《刘子节要》刻成，康熙十一年，日初复致书宗羲，并寄《节要》一部，嘱为撰序或书后。宗羲接信，对于《刘子节要》一书的曲解师门学术宗旨极为不满，几至忍无可忍。于是一改先前对恽日初为学的倾心赞许，撰为《答恽仲升论刘子节要书》一通，详加辩驳。

黄宗羲所撰《答恽仲升论刘子节要书》，开宗明义，即昌言："夫先师宗旨，在于慎独，其慎独之功，全在'意为心之主宰'一语。此先师

---

① （清）恽珠：《恽逊庵先生家传》，载《恽逊庵先生文集》卷首，道光八年刻本。
② （清）黄宗羲：《明儒学案》卷六二《蕺山学案》，康熙三十二年刻本。
③ （清）黄宗羲：《南雷文案》卷一《恽仲升文集序》，康熙十九年刻本。

一生辛苦体验而得之者。"宗羲指出，恰恰正是在关乎师门学术宗旨的这样一个根本问题上，《刘子节要》出现了不可原谅的重大失误。"于先师之言意者，一概节去"，结果是"去其根柢而留其枝叶，使学者观之，茫然不得其归著之处"，此其一。其二，《刘子节要》既立"改过"一门，但于刘宗周专论改过的代表作《人谱》却置若罔闻，"无一语及之"。故恽氏书虽名《节要》，实则"亦未见所节之要"。其三，则是以己言而代师语，张冠李戴，体裁乖误。宗羲于此指斥道："节要之为言，与文粹、语粹同一体式，其所节者，但当以先师著撰为首，所记语次之，碑铭、行状皆归附录。今老兄以所作之状，分门节入，以刘子之节要，而节恽子之文，宁有是体乎？"

有鉴于上述各种原因，信末，黄宗羲提出了否定性的尖锐质疑："先师梦奠以来，未及三十年，知其学者不过一二人，则所借以为存亡者，惟此遗书耳。使此书而复失其宗旨，则老兄所谓明季大儒惟有高、刘二先生者，将何所是寄乎！"①

不知是何种缘故，黄宗羲此一答书当时并未发出，而是存诸书箧，直到康熙三十四年故世之后，始由其子百家辑入《南雷文定五集》之中②。尽管如此，《刘子节要》一书对黄宗羲的刺激毕竟太大，从而激起宗羲整理刘宗周遗书，结撰《蕺山学案》，表彰其师为学宗旨，为师门传学术的强烈责任。至迟到康熙二十年秋，《蕺山学案》（一称《刘子学案》）的结撰业已完成。是年秋，汤斌主持浙江乡试行将结束，黄宗羲遣子百家携手书并《蕺山学案》稿赶往杭州拜谒，敦请汤氏为《学案》撰序。返京途中，汤斌有答书一通奉复，据称："承命作《蕺山学案序》，自顾疏漏，何能为役？然私淑之久，不敢固辞。目下匆匆起行，不敢率尔命笔。舟中无事，勉拟一稿请教，得附名简末，遂数十年景仰之私，为幸多矣。"③翌年，汤斌又从京中来书，有云："去岁承乏贵乡，未得一瞻光霁，幸与长公晤对，沉思静气，具见家学有本，为之一慰。《蕺山先生文录》承命作序，某学识疏漏，何能仰测高深？……《文录》、《学案》何时可公海

---

① （清）黄宗羲：《南雷文定五集》卷一《答恽仲升论刘子节要书》。
② （清）黄宗羲著，陈乃乾编：《黄梨洲文集》卷末《黄梨洲文集旧本考》，中华书局1959年版，第534页。
③ （清）汤斌：《汤子遗书》卷五《答黄太冲》，同治九年刻本。

内，早惠后学，幸甚幸甚。"① 同年，黄宗羲同门友人董玚亦应请为《刘子学案》撰序，据云："梨洲黄氏有《刘子学案》之刻，属瑞生序……黄子既尝取其世系、爵里、出处、言论，与夫学问、道德、行业、道统之著者述之，而又撮其遗编，会于一旨。以此守先，以此待后，黄子之有有功于师门也，盖不在勉斋下矣。世有愿学先师者，其于此考衷焉。"②。

就今天尚能读到的历史文献而论，黄宗羲当年所辑《蕺山学案》，虽然已经完成，且请汤斌、董玚二人分别撰序，但是该书并未刊行，宗羲即把精力转到《明儒学案》的结撰中去。从《蕺山学案》到《明儒学案》，其间的历史故实，若明若暗，有待梳理。

三　为故国存信史

诚如上节所言，黄宗羲著《蕺山学案》，其实是要解决刘宗周学术宗旨的准确把握和蕺山学派的传衍问题。至迟到康熙二十年秋，这一愿望应当说大致已经实现。然而，就在《蕺山学案》临近完成之际，一个较之更为突出，且关乎有明一代历史和学术评价的问题，被历史进程尖锐地推到了黄宗羲面前。这就是官修《明史》的再度开馆和王阳明、刘蕺山学术的历史地位问题。

入清之初，清廷沿历代为前朝修史成例，于顺治二年三月始议编纂《明史》。五月，设置总裁、副总裁及纂修诸官数十员，是为《明史》馆初开③。之后，迄于康熙十七年，资料短缺，人员不齐，馆臣顾忌重重，无从着手，史馆形同虚设。康熙十七年正月，诏开"博学鸿儒"特科。翌年三月，经体仁阁集中考试，所取取之一等二十人，二等三十人，俱入翰林院供职，预修《明史》。五月，任命徐元文为《明史》监修，叶方蔼、张玉书为总裁，是为《明史》馆再开④。十九年二月，徐元文疏请征召黄宗羲入馆修史，"如果老疾不能就道，令该有司就家录所著书送

---

① （清）汤斌：《汤子遗书》卷五《与黄太冲书》，同治九年刻本。
② （清）董玚：《刘子全书抄述》，载刘宗周《刘子全书》卷首，康熙二十六年刻本。
③ 《清世祖实录》卷一六，顺治二年五月癸未条，中华书局影印本1986年版，第143页。
④ 《清圣祖实录》卷八一，康熙十八年五月己未条，第1035页。

馆"①。疏上，获清圣祖认可，责成浙江地方当局办理。之后，黄宗羲虽然并未应诏入京，但是他晚年的著述生涯，却从此同《明史》纂修紧紧地联系起来。

康熙二十、二十一年冬春间，由史馆传来关于拟议中的《明史》纂修凡例，馆臣专就其间争议最大的理学四款，征询黄宗羲的意见。第一款以程朱理学派为明代学术正统，主张《明史》纂修"宜如《宋史》例，以程朱一派另立《理学传》"，入传者依次为薛瑄、曹端、吴与弼、陈真晟、胡居仁、周蕙、章懋、吕柟、罗钦顺、魏校、顾宪成、高攀龙、冯从吾等十余人。第二款以"未合于程朱"为由，将陈献章、王守仁、湛若水、刘宗周等统统排除于《理学传》，于王、刘二家，则假"功名既盛，宜入《名卿列传》"之名，行黜为异端之实。第三款矛头直指王守仁及浙东学派，目为"最多流弊"，因之"不必立传，附见于江西诸儒之后可也"。第四款重申程朱理学派的正统地位，昌言"学术源流宜归一是"，唯有程朱之学"切实平正，不至流弊"②。

出自史馆重臣徐乾学、元文兄弟的这四款主张，不唯否定了王守仁、刘宗周在明代学术发展中举足轻重的地位，而且以门户之见而强求一是，党同伐异，曲解了一代学术的演进历史。如此一来，有明一代之国史，势必失去信史地位。有鉴于此，康熙二十一年二月，黄宗羲致书史馆中人，辨章学术，考镜源流，对上述四款条例逐一驳诘，使徐氏兄弟的似是而非之议赫然体无完肤。针对徐氏修史条例对王阳明、刘蕺山二家学术重要历史地位的否定，黄宗羲在信中纵论一代学术云："有明学术，白沙开其端，至姚江而始大明，盖以前习熟先儒之成说，未尝返身理会，推见至隐，此亦一述朱，彼亦一述朱。高景逸云，薛文清、吕泾野语录中皆无甚透悟，亦为是也。逮及先师蕺山，学术流弊，救正殆尽。"他的结论是："向无姚江，则学脉中绝，向无蕺山，则流弊充塞。凡海内之知学者，要皆东浙之所衣被也。"黄宗羲认为，《宋史》立《道学传》，乃"元人之陋"，纂修《明史》，断不可师法。他的主张是："道学一门所当去也，一切总归儒林，则学术之异同皆可无论，以待后之学者择而取之。"③

---

① 《清圣祖实录》卷八八，康熙十九年二月乙亥条，第1116页。
② （清）刘承干：《明史例案》卷二《徐健庵修史条议》，吴兴刘氏嘉业堂刊本影印本。
③ （清）黄宗羲：《南雷文定》卷四《移史馆论不宜立理学传书》。

"国可灭，史不可灭"①，此乃黄宗羲素来秉持之治史宗旨。康熙初，以《明夷待访录》的结撰肇始，他"闭门著述，从事国史"②，《行朝录》、《海外恸哭记》、《思旧录》、《明文案》、《蕺山学案》以及诸多碑志传状，皆是其史家职责之展示。面临史馆修史条例如此尖锐的挑战，迫使黄宗羲不仅要起而驳诘，而且要在治史实践中作出强烈反映。于是他未待《蕺山学案》刊行，便将其扩而大之，由梳理刘宗周一家一派之学术史，充实为论究一代学术源流，为故国存信史的大著作《明儒学案》。

《明儒学案》的结撰，既有之前一年完稿的《蕺山学案》为基础，又有康熙十四年成书的《明文案》为文献依据，还有刘宗周生前梳理一代学术所成之诸多著述为蓝本，所以该书能在其后的三四年间得以脱稿，也就是顺理成章的事情。据黄宗羲撰《子刘子行状》记，其师生前董理一代学术，先后留下三部书稿，一是记方孝孺学术的《逊志正学录》，一是记王阳明学术的《阳明传信录》，一是记有明一代学术的《皇明道统录》③。三书之中，于《明儒学案》影响最大者，当推《皇明道统录》。

关于《皇明道统录》的情况，由于该书在刘宗周生前未及刊行，后来亦未辑入《刘子全书》之中，因此其具体内容今天已经无从得其详。所幸刘宗周门人董玚修订《蕺山年谱》，于其梗概有所叙述。据云："天启七年丁卯，五十岁，《皇明道统录》成。先生辑《道统录》七卷，仿朱子《名臣言行录》，首纪平生行履，次语录，末附断论。大儒特书，余各以类见。去取一准孔孟，有假途异端以逞邪说，托宿乡愿以取世资者，摈弗录。即所录者，褒贬俱出独见。如薛敬轩、陈白沙、罗整庵、王龙溪，世推为大儒，而先生皆有贬辞。方逊志以节义著，吴康斋人竞非毁之，而先生推许不置（原注略——引者注）。通录中无间辞者，自逊志、康斋外，又有曹月川、胡敬斋、陈克庵、蔡虚斋、王阳明、吕泾野六先生。"④

---

① （清）黄宗羲：《南雷文定》卷四《次公董公墓志铭》。
② （清）李逊之：《致黄梨洲书》，载（清）黄宗羲著，陈乃乾编《黄梨洲文集》附录11，第517页。
③ （清）黄宗羲：《子刘子行状》，载（清）黄宗羲著，陈乃乾编《黄梨洲文集》传状类，第42页。
④ （清）刘汋辑、董玚修订：《蕺山先生年谱》卷上，五十岁条，康熙二十六年刻本。

这就是说，《皇明道统录》定稿于明天启七年（1627），稿凡七卷。其编纂体例仿照朱熹《名臣言行录》，作三段式结构，即第一段平生行履，第二段语录，第三段断论。录中所载一代儒学中人，凡大儒皆自成一家，其余诸儒则以类相从。而编纂原则亦甚明确，取舍标准为孔孟学说，凡异端邪说，乡愿媚世者，皆摈而不录。诸如薛瑄、陈献章、罗钦顺、王畿等，录中皆有贬责。而于世人竞相非毁的方孝孺、吴与弼，录中则极意推尊。其他如曹端、胡居仁、陈选、蔡清、王守仁、吕柟等，录中亦加以肯定。

倘若取《明儒学案》与董玚所述之《皇明道统录》相比照，即可发现其间的若干重要相通之处。首先，《道统录》的三段式编纂结构，亦为《明儒学案》所沿袭，无非将断论移置各案卷首，成为该案之总论罢了。其次，学有承传之诸大家，《明儒学案》亦独自成案，如崇仁、白沙、河东、三原、姚江、甘泉、蕺山等。而其他儒林中人，一如《道统录》之以类相从，编为《诸儒学案》、《浙中王门》、《江右王门》，等等。至于以倡"异端邪说"获咎的李贽，以及著《学蔀通辨》、诋王阳明《朱子晚年定论》为杜撰的陈建等人，《明儒学案》亦摈弃不录。再次，《明儒学案》评一代儒林中人，多以其师刘宗周之说为据，各案皆然，不胜枚举。譬如卷首之冠以《师说》，推方孝孺为一代儒宗；卷一《崇仁学案》以吴与弼领袖群儒；卷十《姚江学案》之全文引录《阳明传信录》；卷五十八《东林学案》辑顾宪成《小心斋札记》，所加按语云："秦、仪一段，系记者之误，故刘先生将此删去。"同卷辑高攀龙《论学书》，亦加按语云："蕺山先师曰，辛复元，儒而伪者也；马君谟，禅而伪者也。"凡此等等，无不透露出《明儒学案》承袭《皇明道统录》的重要消息。

惟其如此，黄宗羲晚年为《明儒学案》撰序，才会假他人之口，称《学案》为"明室数百岁之书"，也才会特别强调："间有发明，一本之先师，非敢有所增损其间。"① 也惟其如此，无论是《明儒学案序》，还是《改本明儒学案序》，开宗明义都要昭示"一致百虑、殊途同归"的为学之道，断不苟同于"好同恶异"，"必欲出于一途"的学术时弊②。

---

① （清）黄宗羲：《南雷文定四集》卷一《明儒学案序》。
② （清）黄宗羲：《南雷文定五集》卷一《改本明儒学案序》。

四　为天地保元气

一部《明儒学案》，上起《师说》，下迄《蕺山学案》。何谓师说？顾名思义，乃黄宗羲业师刘宗周对一代儒林中人的评说。《师说》所论一代学人，冠以明初方孝孺，而《蕺山学案》案主则是刘宗周。方孝孺于明初死节，刘宗周则于明亡殉国，同是儒林中人，一在明初，一在晚明，后先辉映，光照千秋。黄宗羲著《明儒学案》，选择这样一个布局，恐非寻常之属辞比事，如果联系到《明儒学案》所云"同门之友，多归忠节"，那么，宗羲在其间的寄托，抑或有其深意在。

黄宗羲之于方孝孺，评价极高，不惟取与南宋朱子并称，目为"有明之学祖"，而且径称"千载一人"。据云："先生直以圣贤自任……持守之严，刚大之气，与紫阳相伯仲，固为有明之学祖也。"在黄宗羲看来，方孝孺的历史地位远非朱明一代兴亡所能范围，因此，他引述明儒蔡清的话说："如逊志者，盖千载一人也。"① 黄宗羲之所以要用"千载一人"来作方孝孺的历史定论，实为其师说之发扬光大，源头乃在刘宗周。一如蔡清，刘宗周评价方孝孺，亦用了四个字，那就是"千秋正学"。宗周说："先生禀绝世之资，慨焉以斯文自任……既而时命不偶，遂以九死成就一个是，完天下万世之责。其扶持世教，信乎不愧千秋正学者也。考先生在当时已称程、朱复出，后之人反以一死抹过先生一生苦心，谓节义与理学是两事，出此者入彼，至不得与扬雄、吴草庐论次并称。于是成仁取义之训为世大禁，而乱臣贼子将接踵于天下矣，悲夫！"② 这就是说，评价方孝孺必须将节义与理学合为一体，切不可忘掉"成仁取义"的古训。

其实，岂止是对方孝孺？探讨黄宗羲的《明儒学案》，如果我们从节义与理学相结合的角度，用"成仁取义"四个字去观察著录诸儒，那么贯穿全书的红线，便会跃然纸上。

先看卷62之《蕺山学案》，书中记案主刘宗周死节事甚详，从"南渡，起原官"，一直记到清兵入浙，"绝食二十日而卒"，从容坦荡，视死

---

① （清）黄宗羲：《明儒学案》卷四三《诸儒学案上一·文正方正学先生孝孺》。
② （清）黄宗羲：《明儒学案》卷首《师说·方正学孝孺》。

如归。据该案记：："浙省降，先生恸哭曰：'此余正命之时也。'门人以文山、叠山、袁闳故事言，先生曰：'北都之变，可以死，可以无死，以身在削籍也。南都之变，主上自弃其社稷，仆在悬车，尚曰可以死，可以无死。今吾越又降，区区老臣，尚何之乎？若曰身不在位，不当与城为存亡，独不当与土为存亡乎？故相江万里所以死也。世无逃死之宰相，亦岂有逃死之御史大夫乎？君臣之义，本以情决，舍情而言义，非义也。父子之亲，固不可解于心，君臣之义，亦不可解于心。今谓可以不死而死，可以有待而死，死为近名，则随地出脱，终成一贪生畏死之徒而已矣。'绝食二十日而卒，闰六月八日戊子也，年六十八。"① 刘宗周绝食殉国，正气耿然，确乎将节义与理学合为一体，成就了实践"成仁取义"古训的千秋楷模。

再以《东林学案》为例，该案卷首总论，黄宗羲写下了一段痛彻肺腑的感言，他说："熹宗之时，龟鼎将移，其以血肉撑拒，没虞渊而取坠日者，东林也。毅宗之变，攀龙髯而蓐蝼蚁者，属之东林乎？属之攻东林者乎？数十年来，勇者燔妻子，弱者埋土室，忠义之盛，度越前代，犹是东林之流风余韵也。一堂师友，冷风热血，洗涤乾坤，无智之徒，窃窃然从而议之，可悲也夫！"② 天启间，案主之一高攀龙为抗议权奸魏忠贤倒行逆施，舍身取义，"夜半书遗疏，自沉止水"，且留下正命之语云："心如太虚，本无生死。"③ 有其师必有其弟子，攀龙弟子华允诚，案中记其死节云："改革后，杜门读《易》。越四年，有告其不薙发者，执至金陵，不屈而死。先生师事高忠宪，忠宪殉节，示先生以末后语云：'心如太虚，本无生死。'故其师弟子之死，止见一义，不见有生死。"④

无独有偶，《东林学案》另一案主顾宪成，有弟子吴钟峦，黄宗羲亦将其死节事记入案中。据宗羲记，钟峦为明崇祯七年进士，官至桂林推官。明亡，遁迹海滨，投笔从戎，抗击南下清军。舟山兵败，顺治八年"八月末，于圣庙右庑设高座，积薪其下。城破，捧夫子神位，登座危坐，举火而卒，年七十五"。钟峦就义前，曾与黄宗羲"同处围城，执手

---

① （清）黄宗羲：《明儒学案》卷六二《蕺山学案》。
② （清）黄宗羲：《明儒学案》卷五八《东林学案》卷首总论。
③ （清）黄宗羲：《明儒学案》卷五八《东林学案一·忠宪高景逸先生攀龙》。
④ （清）黄宗羲：《明儒学案》卷六一《东林学案四·郎中华凤超先生允诚》。

恸哭"。后宗羲返四明山，幸免于难。正如黄宗羲在吴氏小传末所记："某别先生，行三十里，先生复棹三板追送，其语痛绝。薛谐孟传先生所谓'呜咽而赴四明山中之招者'，此也。呜呼！先生之知某如此，今抄先生学案，去之三十年，严毅之气，尚浮动目中也。"①

他如金铉、黄道周、金声，或明亡投水自尽，或抗清兵败不屈赴死，其学行皆一一载入《明儒学案》。尤可注意者，则是《明儒学案》著录晚明儒林中人，其下限已至入清三十余年后方才辞世的孙奇逢。明清更迭，由明而入清的儒林中人，遍及南北，比比皆是，《明儒学案》何以独取孙奇逢入案，与前引以身殉国的刘宗周、华允诚、吴钟峦诸家共入一编，确乎发人深省。梳理孙奇逢学行，尤其是入清以后的经历，抑或可以找到问题的答案。

孙奇逢，字启泰，号钟元，河北省容城人。生于明万历十二年（1585），二十八年举乡试，迄于明亡，迭经会试而不第。天启间，宦官祸国，朝政大坏。魏忠贤兴起大狱，逮廷臣杨涟、左光斗、魏大中等，酷刑摧残。左光斗、魏大中皆奇逢友，光斗弟光明、大中子学洢先后来容城求救。奇逢挺身而出，与鹿正、张果中竭力保护二家子弟，一面倡议醵金营救，一面促大学士孙承宗兵谏施压。义声震动朝野，时有"范阳三烈士"②之目。崇祯间，奇逢为国分忧，多次在乡组织义勇，抗御清军袭扰。入清，顺治元年九月，经巡按御史柳寅东举荐，奉旨送内院，吏部启请擢用，令有司敦请就道。奇逢矢志不仕清廷，推病坚辞。二年三月，再经举荐，奉旨送内院考试，依然称病不出。国子监祭酒薛所蕴谦然让贤，荐举奇逢代主讲席，亦为奇逢婉拒。三年，家园被占，含恨南徙，九年，定居河南辉县苏门山之夏峰。

定居夏峰，孙奇逢已届古稀之年。此后二十余年间，奇逢在夏峰聚族而居，迄于康熙十四年（1675），课徒授业，著述终老，享年92岁。同刘宗周、华允诚、吴钟峦诸家相比，入清以后，孙奇逢虽未"成仁取义"，一死报国，然而他却能将节义与理学合为一体，终身固守遗民矩矱，矢志不仕清廷。这与黄宗羲入清以后的立身大节，南北呼应，若合符契。黄宗羲认为："亡国之戚，何代无之？使过宗周而不悯《黍离》，陟

---

① （清）黄宗羲：《明儒学案》卷六一《东林学案四·宗伯吴霞舟先生钟峦》。
② （清）汤斌、耿极：《孙夏峰先生年谱》卷上，天启六年、四十三岁条，乾隆元年刻本。

北山而不忧父母，感阴雨而不念故夫，闻山阳笛而不怀旧友，是无人心矣。故遗民者，天地之元气也。然士各有分，朝不坐，宴不与，士之分亦止于不仕而已。"① 宗羲肯定"遗民"是天地的元气，在他看来，当明清易代之后，儒林中人只要不到清廷做官，就可以无愧于"遗民"之称了。显然，黄宗羲晚年著《明儒学案》，之所以倡导将节义与理学合为一体，恪守"成仁取义"古训，以孙奇逢为著录下限，其深义乃在于要为天地保存这样一分可以传之久远的元气。

五　结语

《明儒学案》是黄宗羲晚年精心结撰之作，匠心独运，洵称不朽。康熙初叶以后，黄宗羲何以要发愿结撰《明儒学案》？通过重读《明儒学案序》，将该书置于著者所生活的具体历史环境中去考察，我们似可得到如下几点认识：

首先，《明儒学案》初题《蕺山学案》，大约始撰于康熙十五年以后，起因当在恽日初著《刘子节要》之曲解刘宗周学术宗旨。因而为正本清源以传承师门学术，遂有《蕺山学案》的结撰。

其次，至迟到康熙二十年秋，《蕺山学案》已经脱稿，然而由于清廷重开《明史》馆，沿《宋史》旧辙立《道学传》，尊朱子学为正统，斥阳明学为异说，俨然主流意见，能否为故国存信史，成为史家必须正视的尖锐问题。于是秉持"国可灭，史不可灭"的责任意识，未待《蕺山学案》付梓，黄宗羲便将该书扩而大之，充实为梳理一代儒学源流，关乎"明室数百岁之书"。

再次，《明儒学案》自始至终，有一个首尾相联的宗旨贯穿其间，那就是恪守"成仁取义"古训，倡导将节义与理学合为一体。惟其如此，从明初死节的方孝孺，到晚明沉水殉国的高攀龙，迄于明亡从容赴死的刘宗周、黄道周、金铉、金声、吴钟峦、华允诚，等等，皆在《明儒学案》中永垂史册。也惟其如此，该书著录下限独取入清三十余年后辞世的孙奇逢，意在表彰奇逢之固守遗民矩矱，矢志不仕清廷，以为天地保存这一分

---

① （清）黄宗羲：《南雷文定后集》卷二《谢时符先生墓志铭》。

可以传之久远的元气。

总之，黄宗羲之结撰《明儒学案》，超然门户，寓意深远，乃在为师门传学术，为故国存信史，为天地保元气。这或许是该书传世三百余年后的今天，我们可以得出的历史结论。

（本文原载《中国史研究》2009年第4期）

关于明代国家与社会理论研究的思考

万 明

思考关于国家与社会的探讨，一直是西方政治学、社会学研究的热点问题之一，是中外史学界十分关注的学术前沿问题之一，也是明史研究的核心问题之一。国家与社会，可以分别列入政治史与社会史的范畴。目前国内外史学界这一领域的相关研究，无论是政治史、社会史，还是跨学科的研究，都已经有了相当丰富的学术积累。面对丰富的学术积累，以明代国家与社会作为一个具有典型意义的课题，据以提出思考的学理基础，是我们先期对于晚明社会变迁的研究。2012年，我们以"明代国家与社会"为主题，进入中国社会科学院创新工程，同年6月，得到南开大学历史文化学院的大力支持，与南开大学历史文化学院明史室合作主办了"明代国家与社会"学术研讨会，并准备围绕此问题进行较长时段的研究工作，出版一套系列丛书。

从明史学科发展出发，我们有必要对暨有研究进行理性的思考，厘清进一步发展的思路。打开方正电子图书库，输入"国家与社会"，出现了694个条目。其中，以此题名的实际上只有几部，而以"明代国家与社会"题名的，则没有一部。我们需要思考的重要问题是：何谓国家？何谓社会？国家与社会的关系是怎样的？进一步分梳二者关系：一元~二元？对立~统一？博弈~互动？国家为中心~社会为中心？社会在国家治理下~国家在社会之中？实际上，这是我们在研究中经常遇到，并且不得不思考的一些问题。如果对于这一基本理论问题没有讨论与交流，我们的研究就不能达致整合思考与创新研究。

国家与社会是一个历久而弥新的问题。马克思、恩格斯等经典作家，西方诸多学者，对此有过大量论述。目前，有关国家的定义多达150多种。一般认为，国家是政治实体或政治共同体，这类实体或共同体存在于人类的历史长河中，作为历史的产物，自其产生之日起就具有双重作用，一是阶级统治的工具，一是社会共同体从事一般管理的公共权力。这也就是我们通常所说的，国家既有阶级统治的功能，又有管理社会的功能。值得注意的是，国家具有的三个主要属性：自然的、政治的和社会的属性中，社会的属性，也就是社会共同体。而关于社会的定义，在中国古代"社"与"会"是分开的，先有"社"，后有"会"，都包含人与人之间相互关系、共同活动之义。社会学所用的"社会"一词，广义上泛指从古到今的人类社会，本质上是人们相互交往的产物，是各种社会关系的总和，具体是指处于特定区域和时期、享有共同文化并以物质生产活动为基础的人类生活的共同体。在关于国家与社会的定义中，我们不难发现二者之间你中有我、我中有你的难以截然区分的情形。但是，也有不少学者进行了这样的划定：国家是通过政治手段联系起来的人与人之间关系的总和，社会则是通过经济手段联系起来的人与人之间关系的总和。这是将政治、经济分别开来的划分。综上所述，国家与社会，是一个充满歧见的领域，对何谓国家，何谓社会，如何理解二者的关系，具有多种不同的观点，并可连带产生一系列问题的分歧。而迄今为止，有关国家与社会的理论，主要是西方的理论。那么，如何构建中国的国家与社会理论？这一问题无法回避地摆在我们的面前。笔者认为，我们研究的基点必须建立在本土经验之上，第一是实证研究，第二是实证研究，第三还是实证研究。以下从学术史角度简单回顾一下明代国家与社会研究相关的主要视角，谈谈个人的一些思考。

一 一统天下：传统中国的视角

传统的看法，古代中国是一元论的。中国传统国家形态以大权独揽、皇位世袭的君主政体为主要特征，自秦汉以来形成了帝国的传统。这里所谓帝国，是从本土经验出发，皇帝即国家，并不必然是一个扩张的殖民帝国。中国古代社会，认为国家的权力来自"天命"，帝王称为天子，国家的权力基于血缘的世袭和诉诸天命的君权神授，这种理论在古代中国占有重要地位。国家的正统性，来自皇帝，家国一体。秦朝统一后，即定

"天下之事无小大皆决于上",皇帝发布的诏令作为国家的最高决策,"皇帝御宇,其言也神。渊嘿黼扆,而响盈四表,唯诏策乎。"帝国的特性体现在"以文书御天下"的治理模式上;国家与社会的一体化,是帝王及其臣僚的终极追求。传统中国,国家的基本要素是土地与人民,统治的经济基础是自然经济——农业经济。所谓"普天之下,莫非王土;率土之滨,莫非王臣",国家的自然属性、政治属性、社会属性由此凸显,皇帝名义上有权做任何事情,政府职能范围广大,实行大一统中央集权统治。这套体制不断完善和巩固,尽管王朝不断更迭,这套体制模式始终不变并日益强化,大一统国家始终占据主导地位。

当我们沿着传统政治史的路径进行研究时,主要是以国家的角度来考虑明史问题的。君主专制的一元政治权力结构,作为一种政治文化传统流传久远。明代中国是一个帝国,值得注意的是,自明朝起,诏书起始句出现了"奉天承运",突出表明了皇帝秉承"天命",运行大统,统治中国的合法性。明初建立的帝国政治决策过程及其内在运行机制表明,诏令文书的传达与贯彻执行,形成了国家治理的基本形式,皇帝以诏令形式处理国家庶政,以诏令文书的一贯到底来治理国家,通常以颁布诏令的形式来立法,"因事立制,乘时创法",而臣民的职责在于执行皇帝的诏令。一言而概之,"以文书御天下",是大一统帝国的整体治式。在明代中国传统中,强调的是大一统,建立起君主专制政治体制;强调的是国家与社会之间呈现一种高度统一的、一体化的关系;强调的是国家塑造社会的功能,国家高度统合社会,社会处于被统治的地位;强调的是国家全面渗透到社会生活的各个领域,支配着人们的社会生活。

二 二元对立:现代西方的视角

19世纪,西方社会学作为一门独立学科兴起。自20世纪90年代以来,在中国改革进程中,中国国家与社会的关系引起了国内外学术界的广泛兴趣。中国学者引进西方"市民社会"的概念研究当代中国,形成了一种理论思潮,影响颇大。诚如代表性学者邓正来所说:"在某种意义上为研究中国的国家与社会关系以及中国社会发展等论题提供了一个新的分析框架或解释模式。"市民社会是根据西方经验得出的理论,主要是国家与社会二元对立的视角,认为国家与社会是零和博弈的关系。学术界对于现代中国的市民社会提出了各种解释,但都是在国家与社会对立的范式中提出命题。与此同时,哈贝马斯的"公共领域"概念在中国也受到了广泛的关注。一般而言,在西方的传统中,基于原有的国家与社会的分野,总体上侧重于国家与社会二元结构的对立关系,认为市民社会与国家相对,并部分独立于国家,它包括了那些不能与国家相混淆或者不能为国家所淹没的社会生活领域。

几乎与此同时,改革的时代呼唤史学走出危机,借鉴西方社会学的理论和方法对历史上的社会结构及其运动、社会组织及其运动,以及社会行为及社会心理的社会史研究蓬勃兴起,成为历史学重要分支。更重要的是,社会学研究的社会是现代市民社会,以市民社会为基础形成的社会组织;政治学研究的国家不是古代血缘意义上的"民族国家"(nation),而是现代社会管理意义上的国家(state);而我们的研究必须回归历史。

美国中国学界最早借用"市民社会"和"公共领域"理论来研究近代中国国家与社会之间的关系,对于晚明以来中国的社会变迁有所涉及。黄宗智则认为,近代中国具有完全不同于西方的发展特点,不存在类似于西方那样的市民社会或公共领域,说明以源自西方的市民社会和公共领域理论来分析近代中国的历史,是不恰当的;并提出了第三领域的观点。考诸历史,明代中国处于传统社会向近代社会转型的重要时期。有中国学者提出晚明江南在市民社会的觉醒和言论自由的程度上,与英国相比似乎并不逊色。但是毕竟中国与西方的语境完全不同,当时的市民社会还没有成熟到足以与国家二元对立。因此,认真研究中国从传统社会到近代社会转型的曲折而又复杂的历史过程,我们不能不顾历史实际,以西方经验来套中国历史。何况以市民社会或者公民社会为论题,作为认识当代中国的分析框架,还难免生搬硬套西方话语的批评,而将现代市民社会概念置于前近代,则难免削足适履之嫌。总之,照搬西方的经验是行不通的。

三 分与合:多元互动的视角

近年,有学者对西方国家与社会互动理论进行了较全面的评述(李姿姿《国家与社会互动理论研究述评》,《学术界》2008年第1期),认为:"经历了社会中心论和国家中心论之后,国家与社会关系的研究在20世纪90年代进入了'国家与社会互动'的新时期"。指出自20世纪90年代以来,已有西方学者开始打破二元对立的视角,以米格代尔(Joel S. Migdal)、埃文斯(Peter B. Evans)、奥斯特罗姆(Elinor Ostrom)为代表,提出了"国家在社会中"、"国家与社会共治"等理论,"国家在社会中"规避了国家—社会零和博弈,指出了国家与社会互动的多元性;"国家与社会共治"则提出了国家与社会的良性互动。这两种理论的提出,都揭示了对国家与社会复杂互动的关系,指出国家与社会存在合作与互补的关系,和更重要的二者互相形塑的关系。这同时也意味着对国家与社会二分法的批评。国家与社会关系的多元互动研究视角,对加深对于现代国家与社会的理解具有重要的意义。值得注意的是,20世纪90年代末以后,中国大部分学者也逐渐接受了国家与社会良性互动的观点,用于当代国家与社会关系的研究中。现有研究主要着重于借用西方现有理论对当代中国语境下发生的问题进行解释。虽然这些理论是现代西方经验的文本,但是对明代国家与社会的研究,应该说也有借鉴意义,为研究提供了更广阔的空间。

在中国改革的进程之中,及至今日,明史研究,特别是明代社会史研究已经是硕果累累,借鉴西方的研究成果,明史学界对包括明代国家与社会的几乎方方面面,都进行了有益的探讨,多有创见,成绩卓著。然而纵观明代国家与社会的学术发展历程,目前的研究成果仍有若干不足之处,主要是三种倾向:一是讨论的问题仍过于集中在传统政治史的范畴,只关注明朝国家或者皇帝的、制度的层面;二是讨论侧重社会发展的历史,主要关注社会变革与社会转型,重点在区域社会;这两种倾向与上述中国传统一元论和西方二元论的两种学术取向有着直接或间接的联系,对于国家与社会互动的关系和历史发展的整体性与连续性,均有不同程度的忽视;三是研究重心放在明代中国内部,而忽略了中国与外部世界的连动关系,也即明代国家与国际社会的互动关系。

中国社会科学院历史所明史研究室是新中国培育起来的,海内外设置最早的明史研究专业机构。1989年,明史学会依托明史室建立,主任王毓铨任第一任明史学会会长。2002年明史室再度独立成室以后,以我们全室同仁为主完成了国家社会科学基金项目"晚明社会变迁",成果《晚明社会变迁:问题与研究》于2005年出版,获院优秀成果奖。2009年,明史室进入中国社科院重点学科，每年撰写学科前沿发展报告。根据国家学科分类，明史是一个二级学科。作为传统学科，发展的挑战与机遇共存，需要不断地创新，也需要有不断的交流共进。更有对于前辈研究专家的薪火相传问题。

为了推动明史研究的深入，我们从 2010 年第一届开始，历经 3 年，今年是我们明史室第三次与明史研究同仁共同举办明史专题学术研讨会，第一次是 2010 年在厦门大学召开的"明史在中国史上的地位"学术研讨会，与陈支平教授主持的厦门大学国学研究院合办；第二次是 2011 年在东北师范大学召开的"世界大变迁视角下的明代中国"学术研讨会，与赵轶峰教授主持的东北师范大学亚洲文明研究院等合办。两次研讨会的成果已经正式出版。

"明代国家与社会"课题的提出，和作为中国社会科学院历史所明史研究室进入创新工程主题，应该说是做国家社会科学基金项目"晚明社会变迁研究"的学术理路的延伸。20 世纪末至 21 世纪初，笔者主持进行的这项课题，主要是考察社会变迁，即着眼于"变"。我们采取了整体世界——多元社会的研究取向，把晚明社会看成是一个整体，并置于世界大变革之中考察，注重各个发展变素之间的交叉与互动，提出了晚明是中国从传统社会向近代社会转型的开端和全球化开端的观点。实际上，在研究不断深入以后，笔者也就越来越认识到，如果我们只研究"变"，则会忽略"不变"的一面；就是说如果只是看到"变"，而看不到有"不变"的一面，也就是连续的一面，那么我们的研究就会走偏，就会只是看到历史的断裂，而看不到历史的连续性。因此，这成为我坚持没有接续做晚明社会变迁课题，而是提出做"明代国家与社会"课题的最重要的缘故。根据这一学术理路，笔者认为接下去应该走向关注整体的明代史，进行整合性研究，即将明代中国国家与社会作为一个整体来进行统合研究，也就是既要看到明代社会发展变动不居的一面，也看到历史发展连续性的一面，乃至多元混杂互动的国家与社会的历史整体面貌。

回顾个人的学术研究轨迹，大致也经历了一个从国家到社会，乃至国家与社会互动的过程。明代中外关系与白银货币化是笔者多年来研究的两个专题，这两个专题和国家与社会的专题，看似各自独立、缺乏关联，其实有着很强的关联性。考察国家与社会的互动关系、中国与世界的连动关系，明代白银货币化是一个典型事例。最初，笔者是从中外关系，从海外政策的角度开始探索的，并将拙著定名为《中国融入世界的步履：明与清前期海外政策比较研究》。随着研究的深入，在这一研究接近尾声时，笔者越来越强烈地认识到一个带有根本性的问题，那就是政策是浮在表层的，在政策演变的背后，影响政治的更为重要的因素不是政策变化本身，而是整个社会的变动，或者说是时代的演变。仅在政治史的范畴里，具体说来停留在政策层面，难以厘清社会发生的巨大变动，因此研究应该深入，要进入极为复杂多变的社会内部。因此接续下来的探索，是对明代白银货币化的追寻。关注晚明社会实态，笔者注意到，一方面明朝大规模行用白银是一个重要的社会现象；另一方面翻开明代史籍，有关典章制度的记载中，惟见"钞法"和"钱法"，并不见白银，说明了白银不是明朝的法定货币，也就没有制度可言。由此可见，白银在明朝的货币化，是历史上一个不同寻常的现象。考察证明，明代白银由非法到合法，更成为社会流通领域中的主币，经历了由民间社会自发崛起、自下而上发展，再到国家自上而下全面铺开的过程，并非如《明史·食货志》所高度概括的是国家法令推行的结果。因此笔者提出，就国家与社会的关系而言，由于白银成为社会流通领域中的主币，货币经济极大地扩展，由此国家丧失了对货币的绝对控制和垄断权，中央集权专制国家权力也由此被严重削弱，不仅出现了对君主权威的质疑，礼制的僭越也随处可见，而且政府职能部分转移至民间社会，地方权力结构也发生了变化，富民阶层兴起，社会权威已然出现。伴随白银货币对整个社会的渗透，市场这只看不见的手迅速扩张，商业性行为几乎成为社会各阶层的共同取向，表明人们的价值观念发生了巨大变化；更促使市场跨越了国界，国内巨大的白银需求，把中国与一个当时正在形成的世界市场连接了起来，拉动了外银的大规模流入。国家—市场—社会的互动关系、中国与世界的连动关系，在白银货币化过程中逐渐凸显。

从明代中国发展的总进程来看，明朝初年，一个在中国南部先进农业经济基础上的大一统帝国建立起来，以农立国，家国一体，建立了经济、政治、文化等一系列制度，形成国家与社会的一体化建构，有效地统治了整个帝国。根据笔者从国计、民生两条线索的考察，这种状态由于白银货币化——市场经济的迅速发展而面临解体。包括农民的非农化、农业的商品化、农村的城镇化……在举国的白银追求中，国家与社会开始分离，国家权力由明初对全社会的广泛覆盖，发展到晚明社会开始摆脱国家的全面干预。国家与社会的互动关系在明代是极其明显的历史事实。

这里还有一个例证。研究传统国家的赋役—财政改革史，是我们认识国家与社会关系的重要途径。以明代作为个案分析的对象，具有典型意义。现藏于日本尊经阁的海内孤本《钦依两浙均平录》，是明代嘉靖末年均平法推行于浙江全省的法令文书，也是目前已知明代江南赋役改革最完整的原始档案文书。笔者据此，以国家与社会互动为视角，展开对明代均平法改革内容与主旨的探讨。最后结论是改革是以国家法令形式进行的制度变迁，具有社会基础，以士大夫为中介，带有社会转型的特征，表明明代是现代货币财政的开端，也是现代货币财政管理的开端。

还有一点需要提及。迄今史界所津津乐道的是社会变革与转型，但是，以往我们几乎没有考虑过在社会转型的时候，国家有没有转型的征兆？随着白银货币化研究学术理路的延伸，笔者在对中国古代惟一保存至今的国家财政总账册——《万历会计录》进行整理与研究的过程中，提出的正是明代是古代赋役国家向近代赋税国家转型开端的观点。发展到明代，国家的转型与社会的转型同步，具有划时代的意义。

四 结语

国家与社会，是一个历久弥新的跨学科的课题。它既是一个政治史的核心问题，也是一个社会史的核心问题，无论是从国家的角度，还是从社会的角度，我们的研究实际上都会遇到你中有我，我中有你的不可回避的互动关系问题。也就是说，对于国家或社会做单向度的强调，都是不合适的。对于明代国家与社会进行整合性的思考与研究，需要真正认识既有"非此即彼"的一面，又有"亦此亦彼"的一面的辩证性，以避免片面强调一个方面的极端性。我们不仅需要突破中国传统国家与社会高度一元化的传统模式，也要突破现代西方国家与社会二元对立的西方模式，这表明我们既要避免国家至上的以国家为中心的倾向，也要避免社会至上的以社会为中心的倾向。笔者认为，明代国家与社会研究在理论上需要关注下述三个关系。这就是：第一，国家与社会的互动关系，特别是国家与转型社会的关系；第二，国家与社会具体问题与重要理论问题的关系；第三，明代中国与世界，也就是明代中国与国际社会的关系。

当前，我们面临明史研究如何创新的问题。国家与社会是明史的核心问题，也是明史研究的基本问题和元问题，更是一个跨学科的综合性大课题。面对机遇与挑战，我们需要进行实证和理论结合的切实研究，走出一条不同于西方的基于本土经验的学术路子来。这是学科发展的必由之路。对此，笔者愿与明史学界同仁们共勉。

（本文原载《天津社会科学》2012 年第 6 期）

明初国事与术数

张兆裕

明建国前后风云变幻,时事孔总,无论军事争斗,还是政治施为,都关系国运,于明史中特为引人注目。术数是中国传统文化的一部分,在元明之际,它有着广泛的存在空间,从理学名家到芸芸百姓,信之者多,用之者广。这样的背景,术数在复杂激烈的斗争中出现并被利用,是非常自然的事。根据记载看,朱元璋之用术数,大致可分为两个阶段,建国前主要用于军事斗争,建国后则不仅用于军事,其他国事术数亦多有运用。下面就以两个阶段为线索略加叙述。

一

朱元璋本人是相信术数的,这一点没有疑问。而他相信术数的原因,杨启樵在《明代诸帝之崇尚方术及其影响》中已有分析,[①] 此不赘言。我们知道,窥探"天意",须通过掌握术数知识和技术的人,因此术士成为术数信息的重要媒介。面对元末复杂激烈的斗争形势,朱元璋极力搜求术数人才,其下属诸将也以此为要事,后来许多颇有声名的术士,多出自诸将的举荐。这一情况表明,术数在朱元璋军中有着发挥作用的广泛的群众基础。

在此要说明的是,我所说的术士是广义的,泛指为朱元璋占测形势的

---

① 杨启樵:《明代诸帝之崇尚方术及其影响》,见《明清皇室与方术》,上海书店出版社2004年版。

人。其中既包括专门以占测为业者，如张中等；也包括明通术数，但不专以此为事者，如朱升、刘基等。如此泛称，或有不当，如朱升、刘基均为饱学之士，于学问无所不通，以术士称之，岂可谓当，但为行文方便，且本文只言其运用术数之一面，故强名之。

曾为朱元璋献有立国三策的徽州新安人朱升，在术数方面颇有造诣，他用术数为朱元璋谋划战争前景，也远早于其他术数名家。

朱升所通晓的术数，可确知的有易筮和地理，他的著作中有《地理阴阳五行书》、《易经旁注》等，而他对地理的兴趣似乎更大，他自述"于卑猥事，盖多致力，俯察之学，犹为留心"。① 他的墓地，也是亲自选定的。另外，也有人说他精六壬之术，黄瑜《双槐岁钞》云："枫林先生……早从资中黄楚望泽游，偕同郡赵汸受经，余暇遂得六壬之奥"，并云其子朱同之死，其早已用六壬测知。② 六壬说起自明中叶，在明初史籍尚未见记载。朱升受业黄楚望是无疑的，詹同诗云"楚望先生在溢浦，纂注六经书满楼；匡庐看云我舒啸，程门立雪君从游"，③ 但他是否学得六壬术则难以确定。

至正十七年（龙凤三年，1357）六月，邓愈、胡大海兵取徽州之地。邓愈举荐朱升，时为龙凤政权江南等处行中书省平章的朱元璋"闻朱升名，微服从连岭出石门，亲临其室，访问大计"④，"高筑墙，广积粮，缓称王"三策当陈于此时。关于二人的相见，另一说是朱元璋召朱升前去，而不是亲临，但参证当时人的诗文，如赵汸曾云："将军枉驾可相见，庞老入城知不能"，⑤ 则"亲临"似更可信。自此，每岁征聘，朱升"年年应召赴秦淮"，⑥ 成为朱元璋的重要谋士。

朱升输诚的次年，即至正十八年冬，朱元璋议伐婺州，朱升与议，并用术数预测了是举的前景。朱元璋后来在写给朱升的信中言："去冬宗长（朱元璋对朱升的尊称）蓍伐婺州，得贞屯悔豫卦，云：此主公得天下之象也，昔晋公子重耳得此卦而复国，今伐婺州便得。果然。岂非天诱丹

---

① 朱升：《朱枫林集》卷三《地理阴阳五行书序》，黄山书社1992年版。
② 黄瑜：《双槐岁钞》卷一，中华书局1999年版。
③ 见《朱枫林集》卷十《附录》。
④ 《翼运绩略》，见《朱枫林集》卷九《传记》。
⑤ 赵汸：《东山存稿》卷一《寄朱先生允升》，四库全书本。
⑥ 陶安：《陶学士集》卷六《送朱允升》，四库全书本。

衷，使愚得天下益坚、诸将一心以辅佐与？何得婺州之前知也"①。朱升在此所用是易筮之法，此筮所得结论，显然坚定了朱元璋必胜的信心。

至正十八年十二月，攻下婺州后，朱升还用同一的方法对攻取处州进行了预测，"乃议进兵处州，筮得《复》卦二爻，有变占云：至候十一月阳生阴消，其城可得。蒙教据守"。② 朱升的结论是据守等待时机的到来，朱元璋听从。至正十九年十一月胡大海攻下处州③。

可见，在取得处州之前，朱升是预测的主要人物，其所预测是朱元璋军事决策的重要参考。随着此后其他术士的到来，朱元璋有了更多的术数预测信息来源，但朱升在这方面的作用似仍在发挥。吴元年（至正二十七年，1367）朱元璋言："每奉征聘，即弃家从朕亲率六军，东征婺州、诸暨、处州、巫子门、洋子江诸寨，俘获龙江；西伐铜陵、江州、洪都、武昌、安庆；北援寿春、金斗；南服瑶蛮；筮言趋吉避凶，往无不克。"④

占领婺州后，朱元璋在当月"建观星楼于分省东偏"⑤，用以观测天象。这是由于在亲征的途中，他得到一个通晓天文的僧人孟月庭。孟月庭是胡大海推荐的，"胡大海克兰溪，获僧人孟月庭，搜得天文地理书，留在帐下。太祖亲征婺州，大海以月庭见"。朱元璋看到月庭的天文书非常高兴，"得其天文书甚喜，问月庭原师何人，月庭曰龙游朱得明"⑥。龙游朱德明，即朱晖，字德明，他是元代天文学家赵友钦（缘督）的弟子，"朱晖德明者，龙游人也，久从先生游，得其星历之学，因获授是书（按指赵著《革象新书》），而晖亦以占天名家"⑦。月庭既自言师从朱德明，其知晓天文占术则可无疑。

孟月庭在朱元璋军事斗争中的表现，我们尚未见记载，但他的一个重要事迹是，他成了朱元璋学习天文的教师，"太祖克婺州，立观星楼于省东，夜与月庭登楼，仰观天象至更深，得其指授"⑧。月庭是否为朱元璋

---

① 朱元璋：《赐朱升诏书》，见《朱枫林集》卷一。
② 同上。
③ 邓士龙：《国朝典故》卷三《皇明本纪》，许大龄、王天有等标点本，北京大学出版社1993年版。
④ 朱元璋：《免朝谒手诏》，见《朱枫林集》卷一。
⑤ 《太祖实录》卷六"戊戌十二月乙丑"。
⑥ 邓士龙：《国朝典故》卷四《国初事迹》。
⑦ 宋濂：《文宪集》卷五《革象新书序》，四库全书本。
⑧ 邓士龙：《国朝典故》卷四《国初事迹》。

最早的天文教师，现难断定，洪武十年（1378），朱元璋曾说："朕自起兵以来，与善推步者仰观天象二十有三年矣。"① 如果朱元璋所言准确，则月庭非最早者，因为洪武十年（1368）距至元十八年（1358）只二十年。但不管其他，婺州观星楼之建，则应与月庭的出现及朱元璋深入学习天文有关。据《国初事迹》载，朱元璋待孟月庭甚厚，令其蓄发娶妻，后月庭与其他术士不和且有犯上之言，被发遣杖杀。

处州之地的取得，不仅使朱元璋的版图扩大，而且使他的周围出现了一批新的文臣谋士，如胡深、宋濂、章溢、叶琛等，当然还有青田人刘基。

自洪武至于近世，有关刘基的记载、传说及研究成果之多，在明臣中似无人能出其右，于是可见其影响之大，而这影响产生的基础，则是他在明建国前后的具有传奇色彩的经历。

我们在此叙述的仅是其运用术数一个方面，更多有关他的问题，则难周及。

至正二十年（龙凤六年，1360）三月，刘基到建康觐见朱元璋，与他同来者还有龙泉章溢、丽水叶琛和金华宋濂。刘基之来，是处州总制孙炎反复劝说②及朱元璋遣使礼聘的结果，"及克处州，又有荐基及溢、琛者，上素闻其名，即遣使以书币征之，时总制孙炎先以上命请基，至是四人同赴建康。入见，上甚喜"③。关于刘基之来的另一种说法是，刘基决计归附在先，孙、朱征请在后，而刘基决计的原因是占天或望云的结果。刘基西湖望云而知天命的故事在明人的记载中颇多，其说始见刘基逝后八年黄伯生所撰《故诚意伯刘公行状》（以下称《行状》）；而占天之说传之不广，该说亦始自《行状》，其中云："会帝下金陵、定括苍，公乃大置酒指乾象谓所亲曰：此天命也，岂人力能之耶？……公决计趋金陵……适总制官孙炎以帝命遣使来聘，公遂由间道诣金陵。"④ 此一类说法有虚浮回护之嫌，故不取。

不过，刘基晓天文望气之术则非虚语，朱元璋云："及将临敌境，尔

---

① 《太祖实录》卷一一一"洪武十年三月丁未"。
② 《明史》卷二八九《孙炎传》，中华书局1972年版。
③ 《太祖实录》卷八"庚子三月戊子"。
④ 刘荐：《运录》，见四库本《诚意伯文集》卷二十。

乃昼夜仰观乾象，慎候风云，使三军避凶趋吉，数有贞利。"① 刘基所通绝不止天占一术，地理即为其通晓的另一术，"上乃命刘基等卜地定作新宫于钟山之阳……延亘周回五十余里，规制雄壮，尽据山川之胜焉"②。也有人说他"凡天文、地理、阴阳、卜筮、诸子百家之言，莫不涉猎"③，此应非无根据之言。但刘基用以匡时辅世的，仍是天占。关于刘基之术的传承渊源，后世众说纷纭，愈传愈神，限于篇幅，兹不备述。

刘基对朱元璋军事行动的影响巨大，朱元璋对之也深为倚重。至正二十一年（龙凤七年，1361），刘基之母去世，基丁忧返回青田山中。在其后的一个时期，朱元璋的军事行动仍要征求刘基的意见，这期间朱元璋的《御名书》可证。书云：

> 顿首奉书伯温老先生阁下：愚与先生自江西别后，屡有不祥，皆应先生前教之言，幸获殄灭奸党，疆域少安。收兵避暑，遣人专诣先生前，虔求一来，望先生发踪指示耳。日夜悬悬，六月二十二日克期回得教墨，谕以六月七月间举兵用事不利先动，当候土木顺行、金星出见则可。使愚一见教音，身心踊跃，足不敢前。如此者何？盖以先生一二年间以天道发愚，所向无敌。然择在七月二十一日甲子，未得吉时，是以再差人星夜诣前，望先生以生民为念、德教为心，早赐来临，是所愿也。如或未可即来，可将年月吉日时辰方向门户择定，密封发来。实为眷顾，惟先生亮察不备。④

这封书信透露以下信息，一为朱元璋对刘基及其占术的高度信赖；二是刘基自归附后其预测在战略和具体军事行动中不可缺少；三是其预测十分准确。当然，还有朱元璋搬出"生民"、"德教"以催促刘基早归的急迫心情。这一时期这类书信应很多，黄伯生《行状》云："帝时使人以书访军国事，公即条答，悉合机宜。"⑤

---

① 朱元璋：《授刘基弘文馆学士诏》，见《全明文》卷三四《朱元璋三四》，上海古籍出版社1992年版。
② 《太祖实录》卷二一"丙午八月庚戌"。
③ 邓士龙：《国朝典故》卷四《国初事迹》。
④ 刘荐：《运录》，见四库本《诚意伯文集》卷二十。
⑤ 同上。

关于刘基在占测方面的事迹甚多，可参阅《行状》。

需要注意的是，刘基和朱升一样，虽然其术数深被倚重，但他们对整个形势的观察分析同样是深入和合乎实际的，而不是纯以其术立身，这是他们区别一般术士的地方，也是他们赢得各方尊重的重要原因。比如刘基，在征湖广陈友谅还是征浙西张士诚的问题上，他所发表的见解，被证明是非常正确的。

朱元璋与陈友谅的交锋很激烈，因为在野心勃勃这一点上二人是相同的。但陈友谅东征西讨，兵势虽盛，而疆土却日蹙。至正二十二年（龙凤八年，壬寅，1362）正月，陈友谅部将江西龙兴路守将胡廷瑞归附朱元璋，元璋兵入南昌，并改南昌为洪都。

在南昌，朱元璋见到了术士临川人张中（铁冠）。"岁壬寅春正月，上帅师下豫章，御史大夫邓愈侍上左右，因荐中，遣使者召至。"① 张中也是读书人，应进士举不第，便归隐山中。他所操术数，宋濂所作《张中传》言为太极数学，而《实录》中的张中传记则记为皇极数，"张铁冠者……遇异人授以皇极数，谈祸福多验"②。皇极数是宋以后出现的一种术数，太极数则不知其详。另据宋《传》，张中还通洞玄法，这是一种道术，"舟次孤山，无风弗能进。中曰：臣颇习洞玄法，当为祭之。祭已，风大作"③。此说已涉虚玄，难以遽信。

按照两篇传记的说法，张中的预测很准确，如预知指挥康泰反叛、天马两重、忠勤楼之灾等，而最有名的是关于朱、陈决战的预测。至正二十三年（龙凤九年，1363）夏初，陈友谅趁朱元璋援安丰之机，"复大举兵寇豫章"④，企图恢复江西。七月，朱元璋回师救援南昌，并与陈友谅大战鄱阳湖。在这过程中，张中为朱元璋做了一些预测，宋《传》的记述颇详：

> 伪汉陈友谅围我豫章三月不解，秋七月癸酉上举兵伐之。召问中，中对曰："五十日当大胜，亥子之日获其首领，其战必在南康。"

---

① 宋濂：《文宪集》卷十《张中传》，四库全书本。
② 《太祖实录》卷十三"癸卯八月壬戌"。
③ 宋濂：《文宪集》卷十《张中传》，四库全书本。
④ 邓士龙：《国朝典故》卷二《皇明本纪》。

上因命中从行……遂达彭蠡湖,己丑战湖中之康郎山,常忠武王遇春深入,虏舟数四围之,其势甚危,佥以为不可救。中曰:"勿忧也,亥时当自出。"如期果出……八月壬戌复大战,流尸蔽江,陈友谅中飞矢卒,癸亥降其众五万。

自癸酉至癸亥仅五旬,唯南康与康郎山小异耳。①

从朱元璋令张中从行看,朱元璋是很信任张中的预测的。另外宋濂的《张中传》的赞语说,该《传》是宋濂奉命写作,而且资料都是朱元璋提供的,"中之术亦异哉!上尝亲书十事命濂作传,藏金匮中。后六年睹遗稿于故箧中,因缮录之并纪所识之事云"②。皇帝令文臣为一个术士作传,且亲自提供写作材料,是很能说明问题的。至少,在朱元璋看来,张中的这些事迹是可以利用的。我们注意到,在明建国后,当刘基等人淡出后,张中仍是朱元璋主要的咨询顾问。如洪武六年十月朱元璋给徐达的信中云:"说与大将军等,王保保此来,恐非实意,谨访虚诈。铁冠曾言,子月(按指十一月)有战。"③ 这就是说,张中的预测一直影响着朱元璋的思考。

应补充的是,鄱阳湖之战,朱元璋极为重视,他带领的谋士非止一人,刘基、朱升均在行间。而且据《行状》载,与陈友谅决战的日子就是刘基选定的,"大战于彭蠡湖,胜负未决。公密言于帝,移军湖口,期以金木相犯日决胜,帝皆从之,陈氏遂平"④。实际上,刘基在朱陈交锋中,是以谋略卓识著名,而非以术数,移军湖口之重要远胜金木相犯之日,正是移军才使敌欲遁无门的。

按照朱元璋的说法,在征陈时,备顾问者还有一人,即周颠仙⑤。从朱元璋所作《周颠仙人传》看,其事荒诞虚妄,颇涉神道,难以凭信。而且依目前我们掌握的资料,在该《传》出现前,对颠仙,当时人无其

---

① 宋濂:《文宪集》卷十《张中传》,四库全书本。
② 同上。
③ 王世贞:《山堂别集》卷八六《诏令杂考二》,中华书局1985年版。
④ 黄伯生:《故诚意伯刘公行状》,见四库本《诚意伯文集》卷二十。
⑤ 朱元璋:《周颠仙人传》,见《全明文》卷三四《朱元璋三四》,上海古籍出版社1992年版。

他记载。故不述其事。实际上张中之事也已略涉虚玄,如以洞玄法祭风,但张中确有其人,其术也有记述,除宋濂《张中传》赞语的"濂数与中游"并亲见其占卜的记载外,高启在洪武初亦见过张中①,而且宋濂认为张中之术不同一般。这里,我们不是说史无周颠其人,而是其事难信,因为朱元璋不会虚构一人以达到神道设教的目的,他没这必要,只不过是神化其人而已。

实际上在朱元璋的军中,还有许多我们不知名的术士,他们在朱元璋属下的将领身边起着作用②。这些人与朱升、孟月庭、刘基、张中一起,影响着朱元璋的军事斗争,发挥着他们的作用。

要之,依前述可知术士们的作用和影响有二,一是为战争选择最有利于我方的时机与地点,并预测战争时限和可能遇到的问题;二是影响统帅及将士的心理,增强必胜信心,愈是著名者,这种影响愈大。

我们知道,术数发挥作用至少要有两个环节,首先是术士运用术数得出预测信息,并提供给接受者;其次是接受者运用这些信息指导或付诸行动。我们前面叙述的主要是术数在第一个环节的作用,即由术士们完成的部分,他们完成的情况,从朱元璋对他们的评价中可知。而第二个环节我们则知之不多,其中主要原因是相应的史料的缺乏。在明建国前,这方面的材料《实录》里仅见到一条,即至正二十五年(1365)闰十月朱元璋给徐达的谕:"占候:此月二十九日坚壁勿轻出,彼若来攻则当速战。及十一月初十、十一日皆慎勿出兵,至十二、十三日乃可用师。"③另一些记载虽有涉及,但不够详细,如朱升著伐婺州,朱元璋云"蒙教据守,阅九个月矣"④,只是笼统言之而已。再如鄱阳湖之战刘基建议以金木相犯日决战,"帝皆从之",而如何相从则不得而知。尽管如此,这些材料对于我们了解当时的军事行动迟速背后的原因,也是很有帮助的。

---

① 高启:《大全集》卷九《同谢国史游钟山逢铁冠先生》,四库全书本。
② 《太祖实录》卷二一"丙午八月癸酉"条载徐达军中即有术士:"甲戌师至湖州之三里桥,士诚右丞张天骐分兵三路以拒我师……达率兵进攻之。有术者言今日不宜战,常遇春怒曰:两军相当,不战何待!"
③ 《太祖实录》卷一八"乙巳闰十月乙卯"。
④ 朱升:《朱枫林集》卷一《赐朱升诏书》。

二

明建国后，由于形势与建国前有很大不同，军事已只是国事的一个内容，其他如政治等还有多端，故术数的影响面也因此而扩大。除我们目前已知的张中之术仍在产生影响外，其他术数也在产生影响，而对国事影响最大的是天文占，运用此术的则是太祖朱元璋。

太祖通晓天文，对天文有着浓厚的兴趣。在战争时期，他不仅学习运用天文，还多方搜求天文之才以自辅。早在进攻处州之前，他就请朱升"烦访山中有精天文蓍数者，邀请同来"①，后来还要求辖境内各府县举荐"通晓天文之士"②，他的这个工作至建国后犹未止。而他自己也时时观测天象，至正二十一年（1361）八月在一次讨伐陈友谅的行动时，刘基以天象呈报，云金星在前火星在后，宜行吊伐，太祖说"吾亦夜观天象，正如尔言"③。观测天象的习惯在建国后犹得保持，"朕自即位以来……夜卧不能安席，披衣而起，或仰观天象，见一星失次即为忧惕"④。

为了满足对天象信息的需求，至正二十五年（1365）他设立了太史监，下设五官正、灵台郎等官，以刘基为太史令，负责观测天象等事务⑤。吴元年（1367）改监为院，机构扩充，主要职责未变，仍以刘基为院使。洪武元年以后太史院先后更名为司天监、钦天监⑥。机构的设立，意味着观天已由个人行为转变为群体行为，还意味着正规化和制度化，这对于保证观测质量有好处，对信息的接收者而言，信息也更具权威性，换句话说，信息会更符合天意。因为是群体行为，故在建国后以天占名家者不显，只有太祖在不断地发布因天象而作出的指示。

太祖为何对天文天象情有独钟，从他的言论看，原因应有以下几点，

---

① 朱升：《朱枫林集》卷一《赐朱升诏书》。
② 《太祖实录》卷十九"丙午三月丙申"。
③ 《太祖实录》卷九"辛丑八月庚寅"。
④ 《太祖实录》卷一一五"洪武十年九月戊寅"。
⑤ 《太祖实录》卷一七"乙巳七月壬午"。
⑥ 《太祖实录》卷二六"吴元年十月丙午"；卷三七"洪武元年十二月壬申"。

首先，他相信天道天意在起作用，即他所言"天虽高，所鉴甚迩"①；其次，人君必须体顺天道才能久安长治，"体天道顺人心以为治，则国家基业自然久安"②；再次，天文天象反映了天意天道，"吾自起兵以来，凡有所为，意向始萌，天必垂象以示之，其兆先见"，所以"常加儆省，不敢逸豫"③。从他主观上讲也许是这样，但观察建国以后他对天文预测信息的运用，除少量是具体指导外，更多的是天文信息的泛用甚至滥用，大到君臣权力之争，小到一城的修造④，因此给人的印象就是他信天文，但许多时候是"借天说事，加强统治"。

军事战争

整个洪武时期，军事行动基本没有间断过，涉及天象的太祖军事方面的敕谕也很多，据粗略统计，在《实录》中就至少有25条，另外散见于其他史籍的还有一些。这些敕谕的主旨是戒饬，令诸将提高警惕，同时是一些具体的指示。现略举数例。

洪武九年（1376）三月给曹国公李文忠的书谕云："说与保儿知道：今年正月二十一日月犯房第二星，主次将忧。又二月初六日木星退行，犯太微垣左执法星，主将相忧。又三月初八日火星犯井，主将军有罪。我如今将这应有天象一一写去尔看，尔宜昼夜谨慎恩威毋得妄行，日省自身，修德以感天人，不致事生，可保富贵。"⑤ 同年九月遣指挥佥事吴英往北平谕大将军徐达，曰："七月火星犯上将，八月金星又犯之，占云当有奸人刺客阴谋事。凡阅兵马骑射进退之间，皆当谨备。可遍谕诸将，亦当严密，虽左右将校毋令相近。其故元阉宦，尤宜防之，惟南去者可以使令。"⑥ 以上是关于将领个人行为、安全的书谕。

洪武十二年（1379）四月，遣使敕李文忠、沐英："四月庚申日交晕，在秦分，主有战斗之事。己未太白见东方，至于甲子顺行而西，西征

---

① 余继登：《典故纪闻》卷一，中华书局1981年版。
② 同上。
③ 《太祖实录》卷二六"吴元年十月丙午"。
④ 《太祖实录》卷一三四"洪武十三年十月乙亥"条云："遣使敕谕江阴侯吴良曰：上天垂象，主土木之事，近令拓青州北城，恐劳民太重，宜罢其役。"
⑤ 王世贞：《弇山堂别集》卷八六《诏令杂考》，中华书局1992年版。
⑥ 《太祖实录》卷一〇八"洪武九年九月癸丑"。

大利。尔等宜顺天时追击番寇。"① 洪武十五年（1382）九月太祖敕征南将军傅友德："九月乙丑夜荧惑犯南斗，盖上天垂象以监戒……宜严加戒饬以备不虞，且蛮夷好置毒水中，将士饮食，极宜谨慎，以副朕怀。"② 洪武二十年（1387）太祖敕北征纳哈出的大将军冯胜："今天象水火相犯，迨至八月，天象屡有警。诸将宜严号令整行伍远斥候，以逸待劳，则必有当之者矣"，五天后又密敕冯胜："前日以天象之变，戒卿等军中之事严为之备，今观所征，其咎在房，揆之人事，正与天合，宜乘机进取，不可稽缓。"③ 这些都是关于军事行动的。

太祖对军事行动的敕谕虽也有泛泛者，如九年对李文忠的敕谕，但多数比较具体，上举各例可见，大到进军时机，小到将士饮食、安全，很细致。他虽因天象而言，但对于将领们来说，恐怕更重视他的结论和指示，而对于天象与结论之间的必然关系，未必了然。事实上，这也确是问题，比如给冯胜的两道敕谕，同一天象，前敕令其守备，后敕促其进攻，谁也会明白天象的解释权，在太祖一人。

权力斗争

明初承元代之制，设中书省及丞相，以综理政事。太祖对丞相的要求是"夙夜奉公，上美皇天之昭鉴，下契黔黎之仰瞻，使阴阳和而四时序，均调玉烛，海内晏然蛮貊来宾"④，但在他看来符合要求者罕。更主要的是，他在强烈的权力欲的驱使下，对分其权的丞相一职多感不便。另外他极强的个性与高高在上的恐惧感，使之深怕在其他臣子的欺蔽中政务废弛。为将权力掌握在自己手中，消除各种政治隐患，除制度和政策的制定外，太祖使用的另一个"武器"就是天象。

在俞本《明兴野记》（又名《纪事录》）里，记有两条这方面的材料，很耐人寻味，兹录之：洪武四年（1371）"六月，月（日）中有黑子，钦天监奏上曰：'左右有奸臣'。敕中书省传旨具书，差省舍张道宁密示河州守御官"。洪武五年（1372）"八月，日中有二黑子，占者云

---

① 《太祖实录》卷一二四"洪武十二年四月乙丑"。
② 《太祖实录》卷一四八"洪武十五年九月丙寅"。
③ 《太祖实录》卷一八二"洪武二十年五月丙寅、辛未"。
④ 朱元璋：《中书左右丞相诰》，见《全明文》卷四《朱元璋四》，上海古籍出版社1992年版。

'臣不掩君之恶,臣下蔽君之明。'敕中书省密示天下都司官"。① 查《实录》四年六月无黑子记载,但五月"辛巳"条记有"日中有黑子,自壬子至是日"②。同样,五年八月亦无黑子记载,而七月"辛未"条记有"日中有黑子"③。于是知《野记》作者记忆有误,也许是将见到敕书时间混为黑子出现时间了。

但这些都不重要,关键是太祖将钦天监的占语通过中书省密示地方官这一处理方法。能掩君蔽君并在皇帝左右者,丞相首当其冲,其他大臣自然也难脱干系,故"奸臣"占和"蔽君"占的指向似明若暗。太祖未将本属机密的占语独享,而是通过丞相所辖的中书省,或下达到边地官或下达天下都司官。其用意是用此方法告诉丞相等臣子:你们的不良行为不仅天知,我也知道了,现在大家也都知道了,所以应谨守其职,毋得妄为。显然这是他斗争的一个手段,既不激化矛盾,又能起到警示作用。

当然,如果认为太祖只是用"黑子"说事,也是不准确的,实际上太祖对日中出现黑子是很认真、很警觉的。洪武四年(1371)秋黑子出现后,他于八月十三日亲笔致书已在青田闲居的刘基,请他帮助分析。书云:"即今天象叠见,且天鸣已及八载,日中黑子又见三年。今秋天鸣震动,日中黑子或二或三或一,日日有之,更不知灾祸自何年月日至。卿山中或有深知历数者、知休咎者,与之共论封来。"④ 太祖惶惑之意溢于行间。

随着时间的推移,与丞相矛盾的加深及重典严法的频繁使用,太祖所发布天象的内容更加严肃,方式也不那么委婉了。洪武十年(1377)十月十日荧惑(火星)犯舆鬼,太祖则直接将颇具恐吓力的占语敕告中书省:"十月十日乙卯荧惑犯舆鬼,占云:主冢宰凶,贵人当狱死,不尔火灾。朕尝窃思上帝好生,故垂象以警人,使省不觉之过,改故为之怨。故特敕中书使诸大臣皆知务修德以禳灾。"⑤

根据《实录》,这一类的敕谕在废除丞相之后就不见了,这种情况似可说明天象为太祖所利用。另外,查《实录》在十年十月还有一种天象,

---

① 俞本:《明兴野记》,见陈学霖《学林漫识》附录三,中国友谊出版公司2001年版。
② 《太祖实录》卷六五"洪武四年五月辛巳"。
③ 《太祖实录》卷七五"洪武五年七月辛未"。
④ 刘荐:《运录》,见四库本《诚意伯文集》卷二十。
⑤ 《太祖实录》卷一一五"洪武十年十月丙辰"。

即"太白犯进贤",但太祖只以荧惑为说,亦说明同样道理。所以,太祖虽极为相信天象,但在运用上,仍掺杂许多主观目的。

戒饬皇子

太祖因天象发给皇子们的谕旨也不少,大部分是对正在指挥军事行动的皇子进行指导,其内容与发给其他军事将领的基本相同,这里就不重复了。另有少量谕旨是戒饬他们行为的,希望他们修德省身以回天意,远离灾厄。兹举一例。

洪武三十年(1397)三月因荧惑入太微,太祖敕楚王朱桢:

> 前者亲与天文书一帙,备载周天列宿,意在尔务知五星出入,洞烛祸福以修人事也。今岁荧惑入太微不可不虑,况太微居翼、轸之度。翼轸,楚分也;太微,天庭也,五星无故而入,灾必甚焉。自荧惑之入,吾忧不已,且荧惑径入而东往犹可也,今顺入而逆出已八十日矣。在内庭十日,有死君者,有死后者,死宰相者,况八十日乎!今尔子因疾而逝,天象岂不可信,灾非止此,更有甚焉,尔当省愆慎德,以回天心。①

楚王朱桢是太祖第六子,洪武三年封,是第一批所封十王之一。太祖多子,他对他们的希望也很大,其教育也是尽力的,但仍有不肖者,如秦王、代王、鲁王等。朱桢非不肖者,史称其"有材器,数将兵征五开诸蛮,被褒奖"②,得此敕不久即率师往征五开蛮。太祖在敕中虽然锋芒逼人,但谆谆之意犹存,而其对天象分析之琐细,直令人有此敕非出自太祖之感。

官署营建

官署,这里是特指刑部、都察院、大理寺等司法衙门公署。它们的建造虽与天象无关,但也体现了太祖对天文的理解和运用,故附在这里。

建国后南京的各公署多建造在皇城正阳门内,但各司法的公署则建造

---

① 《太祖实录》卷二五一"洪武三十年三月壬午"。
② 王世贞:《弇山堂别集》卷三二《同姓诸王表》,中华书局1985年版。

在太平门外，其原因是太祖认为刑主阴肃，而太平门在京城之北，故宜建在其处。建成后，他还将其命名为"贯城"，以象征天市垣中代表牢狱的贯索七星。洪武十七年（1384）他在敕谕中说："肇建法司于玄武之左，钟山之阴，名其所曰贯城。贯，法天之贯索也。是星七宿如贯珠，环而成象，乃天牢也。"接着，他用天文占法来解释贯索，实际也是对现实法司的看法，"若中虚而无凡星于内，则刑官无邪私，政平讼理，狱无囚人；若凡星处贯索内者，刑官非人；若中有星而明者，贵人无罪而狱"。[①] 在明代，营造之事多以地理为依据，寻吉壤、辨朝向，而像太祖这样以天文做兴建原则的情况，并不多见，这反映出太祖对天文的兴趣不同一般，言其笃信也不为过。

其实，不仅各法司的建造与天文有关，南京城的许多建置都与天文有关。

天文是明建国后术数中对国事影响最大的一种，但不是全部。其他如卜筮、地理都或多或少的产生过影响，卜筮官、阴阳官的设置，其本身就说明这些术数的影响和作用。限于篇幅，对天文以外的术数我们就不叙述了。

结　语

术数在明建国前后的确对国事产生过影响，这从前面的叙述中看得比较清楚了。概言之，一是影响军事行动的时间和地点；二是影响统帅和将士的心理，坚定其必胜的信心；三是影响其他国事的运作；四是成为皇帝集权的手段和工具。

尽管如此，我们仍不能因此夸大它的影响。譬如对战争，决定战争胜负的因素很多，术数可确定的作用应该是在心理上，其对胜负的影响则无法确定，它可以为战争选择地点和时间，也可以提出趋避的要点，但不能依此就认定胜负与其有关。而且在有些时候，它的存在意义，是在术数以外，如明建国后是为加强集权服务的，它只是集权的一个特殊手段，从这一点上说，它的作用与神道设教相似。

[①] 《太祖实录》卷一六〇"洪武十七年三月丙寅"。

不过，虽然我们今天对术数的态度已经比较理性，但不能用今天的认识代替明初人的认识，那时绝大多数人是相信术数的，不看到这一点，就会令我们对他们的一些行为感到迷惑，并进而影响我们客观全面地了解那段历史。

（本文原载《明史研究论丛》第六辑，黄山书社2004年版）

王阳明思想的当代价值

汪学群

当代中国社会的建设与发展离不开法治，当然也离不开道德。法治偏于制度，而道德则重在观念，两者毕竟有所不同。这主要表现在：相对而言，制度属于物质方面的建设，它主要是通过一系列法规法律条文或者说以法规法律的形式规定人们的行为，对主体行为予以限制，使其符合正常的社会规范，防止社会失范现象的发生。道德属于观念或思想方面的建设，它主要通过道德的力量对主体内心进行约束，以杜绝失范现象的发生，两方面角度虽然不同，但都以期达到稳定社会的目的。

制度方面的建设至关重要，因其可操作，限制人们的行为，为防止失范现象提供制度上的保障。道德方面的建设同样不可缺少，而且还有自己的特点：其一，制度不可能完全覆盖，制度是死的，人是活的，制度总有滞后性，制度本身存在着缺陷。其二，相对地说，制度是外在的，人行为的驱动力是内在的，制度不见得可以解决人的内在问题，或者说制度至多限制行为而不能解决观念与思想。因此，从内在的观念及思想解决社会失范尽管难度大，但仍是道德建设努力的方向。中国传统的学问是成圣成贤之学，其思想的核心是以道德为本位，以道德维系着社会的稳定与发展，尤其是把道德运用于防犯失范，即所谓的德政或德治，以期达到治国平天下的目的。中国古代思想家十分重视道德方面修养，倡导德治建设，在他们看来，德治的对象是人，同时人也是德政的主体，这个主体的最大特色是道德属性，人自身的道德建设对其德政意义重大。一个政治上清廉的人，一定是道德情操、道德品质、道德操守高尚的人。

生于明朝的中国古代著名思想家王阳明就是这样一个执政清廉、道德高尚的人。他一生为官，两袖清风，廉洁自律，从不随波逐流，以德政泽化一方，堪为廉洁楷模。至于他的思想则更值得称道。他的思想来源于理学又超越理学，创立颇具特色的心学，其本质或核心内容是良知，因此又称为良知之学。其基本观点是把人视为道德主体，以提高人的道德素质、成贤成圣为终极关怀，并主要通过心即理、吾性自足、人人皆可为圣人、良知及致良知、知行合一等一系列命题展开，辅以讲学等实践活动来实现自己的主张。这些思想不仅在中国思想史上占有重要的地位，就是对现今社会的道德建设也具有重要的价值。

一 心即理

心即理是指"心外无理，心外无事"①，心外无物，这是王阳明思想的出发点，也是被称为心学的重要依据。心即理主要是针对朱熹心与理二分而发的。在王阳明看来，朱熹虽然主张心与理统一，但其中一个"与"字仍表现出心和理之间的区别，因为此心指主体之心，而理是事物之理，由于外心而存在于事物之中，也即客观之理。心虽然能认识客观事物之理，但此理不在心中，从道德认知角度说，这容易造成疲于追逐外在事物而忽视主体自身的道德建构。王阳明所谓的心即理，心即人之本心，理实际上是心对事物的主观认知或概括而非纯粹客观事物，因此理与事物是不同的。心即理建立在天赋人心或人的本心（相对于人心称为道心）基础之上，也即是在本心或道心层面上谈心即理。在他看来，从理论上说，天心是完美无缺的，同样由天赋予人的本心也完美无缺，或者说是纯粹至善的。就实际而言，内在于人的本心随着人出生以后，其肉体受到社会环境的习染，遮蔽了原有的本心，或者说本心被埋没退居幕后，人心堂而皇之地登上前台，本来人心存在的理（天理）转变成外在于人心的物质上面之理，造成心与理一分为二的局面。如何解决这个问题，朱熹与王阳明都提出自己的格物说，也可视为一种道德修养工夫，但他们对格物的理解不同。

朱熹以心与理对立统一的关系为基础提出自己的格物说，一言以蔽

---

① 王阳明：《传习录上》，吴光、钱明、董平、姚延福编校：《王阳明全集（新编本）》，浙江古籍出版社2010年版，第一册，第16页。（下注略引）

之，格物就是吾心格事物之理。心虽然属于主体，但事物之理却是外在的，尽管作为主体的心能够认识客观外在事物之理，但此理不存在于主体心中，其局限性就显现出来，使得格物之说流于支离，也即忽视了道德主体的主体性。从一般意义上的认识来说，主体之心认知外在物质之理是无可厚非的；但对于道德层面的认识，由于其对象并不是客观事物而是道德主体施予的对象，因此它不应该在主体之心的投射之外。王阳明看到了朱熹格物说的这种局限性，则提出自己的格物说，主张"格物者，格其心之物也"①。以为理在心中而不存在于事物之中，但并不否认作为客观存在的事物，因为离开它就没有客观对象，人心中之理也难以实现。如所谓事父、事君、交友、治民等道德行为所表现出的孝、忠、信、仁之理，此理在客观事物中，还是在道德实践主体的心中？朱熹以为在客观事物中，王阳明以为在主体的心中，因此不需要外求，只求心使心之理或天理之心发为道德实践，即在此心上求道德实践所施予的对象，自然能达到孝、忠、信、仁等道德。在他看来，经书也是一物，对经书不应简单把它们当成知识来读，不能光求文义，这是见书而不见人，而要用心去体会，在心之本体上用功，因为《四书》、《五经》是写心之书，以心解释经书，反映的是心体，此心也是道心，读书是培育道心，完善自我道德才是学习经书的最终目的，这对构建作为道德主体的自律，打破理学的僵化与教条有积极意义。

心即理涉及心与物的关系。心如何认知物，在中国思想史上主要有以下三种观点：其一，离开物而求心或者直接求心，此心为空心，为出世服务，这是佛教的观点。其二，以心求事物，追逐事物，疲于奔命，见物而不见人，最后失物丧心，一无所有，这是急于功利者。其三，求事物于心，因为心能有事物，事物不能有心，从心上求也即事物在心上求才真正有事物，这是王阳明的观点。其意义在于以心来衡量事物，事物才有价值，对心的肯定实际上是对人的道德主体性的高扬。客观的物质世界在人类出现之前就早已存在，但那仅仅是存在而已，而人出现以后则有所不同，人使这个世界打上了自己的印迹，大自然成了人的无机体，客观的物质世界成为人的世界，人成为这个世界的主宰。从这时起，客观世界的一

---

① 王阳明：《传习录中·答罗整庵少宰书》，《王阳明全集（新编本）》，第一册，第82—83页。

切都要通过人来审视，它本身所包蕴的一切是否有价值或意义，都要由人来评判与估价，从道德层面上看更是如此。因此，心即理的意义在于强调人的道德主体性、人的价值。

应强调的是，事物之理与事物有所不同，如果说事物是纯粹客观的，那么事物之理是主体对客观事物的概括，则属于主观的，它不能外在于主体之心，从这个意上说心即理。理存在于事物之中还是存在于主体之心中，其意义是不同的。如果理存在于事物中而不内在于心，那么有关防止社会失范的法规法律条文可能被纯粹物化，成为外在的一些僵硬规定或文字堆积，如果理存在于心中，那么这些法规法律条文则内化于道德主体的自律。所谓自律，就是自己约束自己，换句话说也就是要自己要求自己，它不在于让一大堆规章制度来层层地束缚主体，而是用自律的行动创造一种井然的秩序来为主体的行为争取更大的自由。因此，王阳明的心即理对道德建设十分有益，它的意义在于塑造作为道德主体自律的人。根据这种观点，天赋人心或人的本心（道心）完美无缺，或者说纯善，正是由于这一属性，人应该是道德自律的主体。只是人在社会中生存，受到社会环境的习染，遮蔽了原有的本心，道心被埋没，一味地追逐物欲，造成心与理一分为二，本来人心存在的理为对象或物上面的理所代替，主体的自律转变成他律，其结果必然是社会失范。这就需要格物修养的功夫，格物即格心中之理，这实际上是构建作为道德自律的主体，人不是被动的接受物而是充满活力和主动性的主体，是道德自律的人，作为道德自律的人自身本应纯洁，如此才能清清白白做人。道德建设的出发点是人，严格意义上说自律的主体，外在的制度通过人才能发挥应有的作用，人自身出问题，作为道德主体的特征被遮蔽或消失，道德建设无从谈起。从理论上说，道德建设是主体自律的内在要求，它们之间存在着天然的一致。

二　吾性自足

心性合一是中国传统心性论的基本内容。王阳明谈心也论性，谈心提出心即理，论性则提出"吾性自足"[①]。

---

① 钱德洪：《年谱》成化十八年条，《王阳明全集（新编本）》第四册，第1234页。

关于人性的研究，孔子主张"性相近，习相远"。孟子发展孔子"性相近"的一面而讲性善，此性不是指气质而是指本质，也即人性本质上是善的。荀子则推演孔子"习相远"的另一面而讲性本恶，必须通过人为来改造原有的恶，使之趋于善，也即变化先天的本性，兴起后天的人为，这叫作化性起伪。孟子与荀子论性角度有所不同。孟子说性从源头上（先天）立论，讲的是性的本体，此时无所谓善恶或者纯粹至善，荀子则从流弊上说的，讲的是性的表现形式（后天），此时便有善恶。相对而言，孟子更精确，因为他揭示性的本质，从源头上说性要人在此用功，本体与功夫一致，荀子从流弊上说性要人在此救正，本体与工夫相脱离。宋明理学大体继承孟子一路，王阳明则进一步发展了孟子及宋儒以来的性善论。

王阳明认为，人的本心为天所赋予，同样其本性也由天所赋予，天赋人心纯粹至善、完美无缺，可称之为吾心自足；天赋人性也纯粹至善、完美无缺，这就是吾性自足。吾性自足不属于经验而是先天道德本体范畴，可以从两个角度来把握：其一，从本质上说，即人的本性纯粹至善、超越现实中善与恶的对立，或者说在这一层面上无所谓善与恶，它是善的本体。其二，从量上说，其本身充满了天所赋予的一切美好品格，充满即充塞，也就是其本身是自足的，因此不需要外在做一些多余的补充与添加。性本体至善无缺的这一特点对每一个人来说都是潜在的且一样的，从理论上说，天赋人性是平等的，或者说天对人一视同仁。然而，在现实中性善本体的实现却遇到了困难：其一，性善本体是潜在的，虽然每一个人都俱有，但并不是同等地为每个人所知，若不知，如此何谈现实。其二，人毕竟生活在现实中，后天的社会环境等习染，障蔽本性之善，使人之本性面临挑战。其三，由于诸种外在因素的影响及自我主体的局限，障蔽包括不同程度的障蔽本性之善，使其表现也有所不同，如或者没有再现本善，没有完全再现本善，甚至出现不同程度的恶。在王阳明看来，这就必须分别善恶、为善去恶，复归其性善之本体，为此所开的灵丹妙药就是道德修养工夫。

这一套道德修养工夫的立足点就是诚。王阳明认为诚是分别善恶的试金石，为善去恶是诚，诚就是没有丝毫私意，因此，反对主观意识及任何虚假伪善，强调扬善抑恶、改过迁善。他发挥《礼记·中庸》率性、修道的思想，认为率性就是循着天性，就是道，修即通过修养达到性与天道的统一。众人皆率性,但不能修道,贤人则能"修道之谓教",而圣人既能率性也能修道。在心性修养层次上,圣与贤、凡有所不同,圣人全方位圆满的率性修道,是性与天道合一的典范。王阳明还把《孟子·尽心》的"尽心"三节,即"尽其心者,知其性也。知其性,则知天矣。存其心,养其性,所以事天也。夭寿不贰,修身以俟之,所以立命也",与《礼记·中庸》的"或安而行之,或利而行之,或勉强而行之,及其成功,一也"相结合,提出三种修养模式:其一,尽心知性知天是生知安行,心之体即性,性之原是天,知天即知天之知,与天为一,尽心即尽性而知天。其二,存心养性事天是学知利行,存心指未能尽心或者说不能尽心,退而求其次则是存心,如果说尽心属于积极进取,那么存心属于被动防御,存之既久不待存而自无不存,然后可以尽心,存心有一个过程,在此基础上才可以尽。其三,夭寿不贰修身以俟是困知勉行,也就是说生死夭寿有定命,此命不依人的意志为转移,人决定不了,惟一能做的就是一心向善,修身以等待天命的安排。他们根据自己的特点采用以上不同修养工夫皆能复归其性善之本体,展现吾性自足,达到性与天道一致。

人性本善对每个人都如此,圣人性本善,凡人也性本善,凡、圣之间没有不可逾越的畛域,因此,从吾性自足必然得出人人皆可为圣人,也即道德理想上完人的结论,这继承了儒家传统的人性善思想。具体表现在,一方面,性善即人性本善,天赋予人性,其本身是善的,在天赋性善层面或意义上任何人都如此,人在这方面是平等的,因此,人人皆可为圣人,这对打破传统的上智下愚不移的等级观念有积极意义。另一方面,人人皆可为圣人,其中的"可为"说明性善是潜在的,圣人也不是天生的,对于凡人来说,只要肯学做圣人,充分展现自身的吾性自足,使其心纯乎天理,便可以成为道德上的完人。这样在凡、圣之间没有不可逾越的鸿沟,人人平等且都有机会,关键是要看个人的努力,成就自身的圆满。人性上的平等不是被动的赐予,而是主动积极的进取,这也是一种自由,是心性或道德上的平等与自由,旨在鞭策人们积极向上,做个道德上完美无缺的人。众所周知,肇始于近代西方的宗教改革,其基本意义在于反对中世纪旧教的教阶等级制,即教徒必须通过神父、牧师等才能聆听到上帝的教诲,而主张直接面对上帝,聆听上帝的启示,在新教徒看来,在上帝面前人人平等。宗教上的平等必然连带影响到世俗的平等,随之而来的启蒙运动证明了这一点,也即宗教改革催生了启蒙运动,促进近代西方政治意义上平等与自由观念的确立。同样，王阳明提倡的人性上平等与自由的主张也在中国思想史上闪烁着启蒙的火花，为近代志士仁人改革社会提供思想基础。

从吾性自足、人性本善角度来看，其对道德建设的意义在于：其一，要增强我们的自信心。防止失范现象是抑恶，提倡美德则是扬善，人本性是至善的，由于后天习染遮蔽了本善才出现恶，也就是说恶并不是人本性所固有的，而是外在侵入的，因此，防止人的行为失范是抑人性之本无，提倡美德是扬人性之本有，即是抑恶扬善。一言以蔽之，防止失范与提倡美德是人本性的内在需要，与吾性自足是一致的。其二，则要切实下工夫。如果把吾性自足视为人性之本体，由于其潜在性，必须通过修养诸工夫来显现，这就是本体在工夫中现，防止失范与提倡美德在其建设中见。道德建设对于道德主体来说就是一个廉洁自律的过程，其中的真诚不欺、诚实无妄，或者说胸怀坦荡，挖掘、开启自身的本性，自我反省是抵御外在诸种诱惑，包括权钱交易、权色交易等重要的手段，这不仅涉及道德主体自律，而且还进到道德主体的自觉。王阳明的良知与致良知则展现自觉的过程。

三 良知与致良知

王阳明心性论的核心是良知，他的心学也被称为良知之学。良知思想源于孟子。孟子说："人之所不学而能者，其良能也。所不虑而知者，其良知也。孩提之童，无不知爱其亲也。及其长也，无不知敬其兄也。"《孟子·尽心上》。良知良能这一不虑而知不学而能的特征突显其先天性，他把孟子的良知良能改造为良知之学，包括良知与致良知，是对孟子的继承与发展。另外，良知之学更有其社会原因，简单地说是王阳明从实践中得来的，即他个人经历贵州龙场所谓"居夷处困"之后才悟出来的，可以说是从百死千难中得来的。

王阳明讲的良知有如下特点：良知是先天的人的本能，本来自明。此一"明"字是自明而非他明，是内在而非外在。如他引《中庸》所说："自诚明，谓之性。自明诚，谓之教。诚则明矣，明则诚矣。"诚明互释说明"明"的内在性。朱熹释《大学》把"明善"与所补第五章格物致知联系在一起，称第五章"乃明善之要"，在王阳明看来，这似乎有外在诠释"明善"之嫌，因此说他浮浅。良知自得自足。为学在求己得，内心存养丰富，天理自在人心，良知自足，取之不尽，用之不竭。良知也是《周易》讲的"易"即变易，如《周易·系辞下传》所说的，其道变动不居，周流于空虚之间，不可拘泥，属于动态的过程。它既简易而能知险阻，贯通先后且与天地并存而相互协调，可谓神秘莫测，这是以《周易》来说明良知。透彻体悟良知，发见良知即是圣人。

良知这一不虑而知、不学而能，或者说人与生俱来的本能，除揭櫫其先天性之外，同时也具有超验性，它不需要经验证明，使其拥有道德形而上的特点。从理论上说，良知纯正至善，只是一个天理自然明觉发见处，只是一个真诚恻怛，是先于经验而不证自明的。它虽然先于经验，但又在感性经验世界中展现或完成。如以良知之真诚恻怛所表现出来的事亲、从兄、事君之孝、弟、忠行为本身正是良知的展现。由良知发出，人所固有的道德之善应自然地流出并达于所施的对象，为完成善由潜在变为现实提供前提条件。

王阳明指出："良知之在人心"[①]，反映心的本质，良知只是一个心而非有二，因此良知也是良心，是善或者说是善的源泉。良心即是是非之心，说明良知是道德意义上的知，属于道德判断。也就是说，良知是非之心，是非是好恶，良知与是非好恶相关，良知是道德评判者，起价值判断的作用，用大众的话说是对得起自己的良心，是判断是非诚伪的标准，这是良知与心互释的核心内容。他不同意良知有起处，因为良知是心的本体，心之本体无所谓起与不起，也即不能以起或不起讲良知。虽然妄念发出，良知并非不在，只是人不知存其良知而有时加以放任而已。虽然昏塞之极，良知也未尝不明，只是人不知察觉而有时被遮蔽。虽然有时心被放任，其良知未尝不在，只是存而已。虽然有时心被遮蔽，其良知未尝不明，只是察而已。如果说良知也有起处，那么良知就有时不在，这违背良知作为本体的意义，也是王阳明不赞成的。

王阳明论及良知的体用。其中，体揭示良知的内涵，用则是良知的表现或外延，体用统一体现从理一分殊或一本万殊角度诠释良知，理一分殊也反映良知的异同关系。良知只有一个，但表现不同，理一是体，说明良

---

① 王阳明：《传习录中·答欧阳崇一》，《王阳明全集（新编本）》第一册，第80—81页。

知只一个，分殊是用，指良知的表现，或者说良知的范围。同是一般，异是个别，良知可视为一般与个别的统一。他还提出一种泛良知论，认为不仅草木瓦石有人的良知，而且天地也有人的良知。因为天地万物与人原本是一体的，天地万物发窍似讲灵魂，与人的灵明一体相通，人的良知存在于天地万物之中，是其存在的灵魂，因为天地万物与人一体。这仍然是以人的眼光看世界，以人的良知审视世界，是心外无物的具体运用。与良知的体用相关，就是良知的本体与工夫，王阳明从本体与工夫出发进一步探讨良知。良知是本体，也即无所谓知与不知，这里指的是无动机、无主观意识，但却有所为。如日未尝有心照物，而自无物不照，无照无不照，就是日的本体。本体由工夫显现，良知工夫的潜台词指良知在后天中发挥着积极的作用，他分析良知与真诚恻怛、戒慎恐惧、意必等关系体现这一点。

在现实中，良知的展开需要致良知，也就是说良知人人具有，个个自足，是一种不假外力的内在力量，由内在到外在必须通过致，致良知则是将良知推广扩充到事事物物。具体地说，良知既然是心本身固有，就不必外求；既然本身处于端倪或苗头，又必须扩充，对于私意障蔽本心，致良知至关重要，它是良知实现不可或缺的工夫。王阳明良知之学的逻辑从良知到致良知，这可以被视为由本体到工夫再由工夫返回本体，或者说本体在工夫中再现的过程。致良知是良知工夫的突出表现，是良知的自我展现。

致良知工夫的目的是重见本体，致与良知结合说明发挥良知的必要性及重要性，《中庸》讲的"聪明睿知"并不神秘，而是人人内在而固有的本能，只是众人不能穷尽体悟发挥出来，使良知得不到再现，圣人则充分表现良知这一本能。良知本体是潜在的，需要后天的唤起，致知即是发见良知的工夫，致良知工夫一刻也不能停。他对致良知的分析结合《孟子》、《中庸》、《大学》相关范畴，如把诚、致知、格物、诚意等都纳入其中，致知实际上是致其良知，格物是格心之物，意诚是心发之意诚而不自欺，这都是回归本心的手段，从而丰富了致良知的内涵。一言以蔽之，致良知的特点是反身向内，求还原本心，再现内在的善。因此，他批评后儒舍心外求，不知就自心之良知良能上体认扩充而驰于外，终年碌碌而一无所得。

王阳明良知思想的意义在于：良知由本心发出，不假外求，因此，人们依良知行事所注重不是外在的目的，或者说不是为了得到什么好处而有所作为，依良知行事者与所施予的对象之间不存在对价关系，中国人常说做事对得起自己的良心，是良知本身趋动做善事，这就是良知的作用。良知的价值在于揭示作为主体人的道德自觉，道德自觉是提高人道德素质的前提条件，对完善作为道德主体的人具有重要意义。相对而言，自律有自己能约束自己之意，自觉则与约束无关，前者似乎还有某种被动性，后者则纯属于主动，良知的特点是自觉，自觉就是自己有所认识而主动去做，或者说自己感觉到，自己有所察觉，自己愿意去完成某项任务的过程。从良知及致良知角度看，道德建设应自觉进行，它不是被动或不得已跟着制度走，而是主体的内在需要，良知思想的提出是对心即理、吾性自足强调主体自律的一种升华，从自律到自觉标志着王阳明思想的成熟。

四　知行合一

致良知中的知是知善恶的知，致指在事上磨炼，见诸客观实际，致良知是行动中的良知，即知行合一，王阳明所讲的知行合一是本体与工夫的合一，下面分析王阳明的知行合一思想。

王阳明所理解知行合一的含义是知行内在的要求，体现心体、良知，从这个意义上说是知行的本体，如他所说："知行如何分得开？此便是知行的本体。"[①] 具体而言，知行的本体指的是知行本来的样子，知行本来就是合一，这是知行本身所固有，是自身的需要，符合其内在的逻辑。知行合一为其内在逻辑要求而非主观臆断，也非外在强加，这是为知行合一寻找根据，如果知行不合一，那就不是这对范畴的本义。他把知行合一提到本体的高度，由此看出对这一问题的重视。从本体看，知行合一中的知当然是认知，属于感性或心理活动，而行并非仅指现实具体的实践行动，也有感性或心理活动的一面，从这个角度说，知行合一实际上是感性层面或心理层面的合一，相对于现实具体的实践，属于观念上的合一，这就是"知行的本体"。当然他也承认现实具体层面上的知行合一，那不过是知行本体的展开与运用。知行工夫是知行本体的展开，知行工夫是本着知行

[①]　王阳明：《传习录上》，《王阳明全集（新编本）》第一册，第4页。

本体用功，指知行同时用功，本体与工夫一致是互含互动并进的动态理解知行合一。他更注重现实具体层面上的知行合一，这是知行本体的工夫或者说具体运用，两个层面的知行合一都落实到行上，说明道德修养只有通过道德实践来完成，这是强调道德实践的重要意义。

王阳明从本体与工夫角度讨论知行合一。相对而言，知是行的主意说明行是有目的行，由知来指导，行是知的工夫说明知要通过实践工夫才能完成。在这里，行有两层含义：其一，以欲（需要）为例，必有欲之心才有知，欲即意，这便是行之始。如必有欲行之心，然后知路，欲行之心即意，也即行之始，对真正的行有指导意义。或者说前人的实际行动内化为后人的经验，对人再行起着方向盘的作用。其二，行也指亲身实践，所谓"身亲履历"是也。顾东桥所理解的行更强调"身亲履历"之实践，在王阳明看来，这种实践只不过是把处于观念的行物化或对象化了，他所强调的行或实践是有目的的，包含知即以知为前提，因此从这个意义上说，知行相互蕴含，知行并进，无所谓先后，不同意工夫有先后，不赞同朱子所谓的知先行后之说。分歧的关键是如何理解知与行，他所谓处于观念形态的知行，知偏于晓得，行偏于指向。值得指出的是，王阳明注意到间接经验的意义，当下的所有行为或实践都是以前人的经验为基础，当然这种间接经验也需要当下的直接经验来检验。

王阳明认为，知之真切笃实处是行，真知在于行，因为"不行不足谓之知"，行之明觉精察处是知，行使知实现，此知是真知即真行，这是对知行工夫的最好注脚。[①] 知行共同用功不可分离，知行并进、知行无先后则反映知行工夫共时性的特点。也就是说它们之间同步进行而非一前一后，如见好色属知，好好色属行，见与好一致即知与行合一，见与好共时即知行合一并进说明其共时性。他也意识到知行合一并非一劳永逸，知行也是有局限的，因此要时刻知行。知行相互蕴含，行之始蕴含知，知之成蕴含行，知行重在其共时性，当然也包含历时性，这种历时性旨在说明知行表现为一个同步提升的过程。提倡知行合一在于强调：知行关系侧重点有所不同，但方向或目的相同，构成人们做事必不可少的要素，也旨在反对知行割裂的两种片面性，一种是离开知而行属于盲目妄作，另一种是离开行而使知流于空谈。他还分析了知行不能合一的原因，简而言之，就是

---

① 王阳明：《传习录中·答顾东桥书》，《王阳明全集（新编本）》第一册，第46—47页。

被人的私欲隔断，因此必须去私欲、存天理，依本心、良知做事，达到知行合一。

王阳明论述自己思想时十分注重其内在逻辑，这尤其表现在他所提出的一些主张或命题彼此相互联系在一起，可以说从不同角度阐释同一个主题，他从心理、良知角度讨论知行合一证明了这一点。他认为理不外吾心，不外吾心之良知，穷理即穷吾心之良知；穷理尽性也即穷尽吾心之良知，反求之于心即穷理尽性，在此知行合一，而求外在物理，则心与理为二，知行也不能统一，知行合一以心即理、良知为基础。知行合一又与学、问、思、辨、行相互联系，其内在逻辑是，就求能其事而言即是学，就求解其惑而言即问，就求通其说而言是思，就求精其察而言是辨，就求履其实而言是行，学问思辨贯穿于学行，就其功能而言为五即个有特点，就其事而言，只是一件事。学问思辨笃行之功归根到底是尽性知天、求事心之良知，心外无理，良知之外无知行、无学问思辨。在这里，心、良知是道德本体，知行、学问思辨等是为本体服务的。

王阳明思想的核心是良知之学，良知人人固有，与生俱来，良知之学也是大众之学。他一生广收门徒，聚众讲学，直接面对普通百姓，唤起他们潜在的良知，其思想以授徒讲学等活动为媒介广泛流布，加快了儒学的普及与世俗化进程，目的在于使儒学从士大夫手中解放出来，这对开启民智，提升普通百姓的道德素质、升华人格起到了积极作用。

综上所述，心即理肯定了道德主体性、主体的道德自律，而吾性自足、人人皆可为圣人则体现道德意义上的平等与自由，良知与致良知昭示着主体的道德自觉，知行合一凸显道德实践的作用。这些思想跨越时空、超越中西古今，因此具有普适性，对当代人文道德建设具有借鉴意义。我想这就是王阳明思想的当代价值之所在。

（本文原载《船山学刊》2013年第4期）

从张居正蟒服像看明代赐服现象

赵连赏

在明代诸多精美的人物画像中，有一幅万历首辅张居正的彩色画像（图一）。① 该图是一幅张居正的坐像，所画人物似乎并不如他生前事迹那般传奇，倒是其所穿赐服胸前的一个若龙首的蟒头显得十分威风，为画像增色不少。

所谓"赐服"指的是由皇帝恩赐给有关人员的各类服饰。包括蟒服在内的所有赐服并不属于明代正式的国家服饰制度内容，但却又因为该类服饰盖由皇帝所赐，穿着者在社会上具有一种超越一般人群服装的特殊效果，能够彰显穿着者与众不同的身份地位，所以，赐服的作用和影响当然也就非同一般了。

明代是中国历史上重要的朝代，在长达277年的时间里，服饰制度作为国家的典章制度，起到了礼序国家、稳定社会的作用，为大明王朝的长治久安做出了积极的贡献。自太祖朱元璋始，历朝皇帝多会利用赐给臣下服饰的形式达到激励安抚的目的。

赐服是明代一种特殊的政治文化现象，本文将从明代赐服的形式种类、受赐范围与等级两个方面对这种现象进行介绍和探讨。

---

① 荆州日报集团、荆州市文物局编著：《古今人咏荆州》，湖北人民出版社2011年版，第84页。

一 赐服的形式种类

明代处于中国古代社会后期阶段，历经数千年的发展变化，服饰制度基本已经完备。相比历史各代，从皇帝到庶民、从官服到民服、从礼服到便服，各类服饰体系周到健全。赐服就是依托这样优异的氛围而产生的独特服饰现象，它既与众不同，又与现行的服饰体系区别不大，并且合理地借用了当时既有的服饰制度内容，找到了它们之间有机的结合点，巧妙地形成了明代又一种独特的服饰风格，被朱明王朝各帝大加利用。明代的赐服主要有以下几种形式：

（一）赐服的常服形式

常服是明代官服中内容比较简单、穿着最方便、利用率最高的服装，用于平常上朝、视事穿着。洪武三年（1370）所定常服制度内容，主要由乌纱帽、团领衫、革带、靴子等组成（图二）。①

乌纱帽作为常服的首服，是从隋唐幞头演变而来的。其制以竹篾或金属丝为骨，形成体架，外表以乌纱成帽。整体呈前低后高之状，帽顶为圆形，在帽的左右两侧还各插饰有一只长圆形的纱翅，算得上明代服饰的新创。后世乃至现代常常被人们比喻为官职的"乌纱帽"就是指的这款帽子。

乌纱帽亦无高下之分，等级区别亦在袍和革带。其一为袍的颜色，明代承唐宋以官服颜色区分等级的模式，② 在此基础上稍作更动。"一品至四品，绯袍；五品至七品，青袍；八品九品，绿袍；未入流杂职官袍、笏、带与八品以下同。"③

腰间所系的革带也是历来被用于标识等级和不同类别服饰的标识形式之一。在宋代，革带的使用种类和禁忌就已都有了较为明确的记载，仅带

---

① 常沙那主编《中国织绣服饰全集》第4卷，天津人民美术出版社2004年版，第159页。
② 《宋史·舆服志》："公服……三品以上服紫，五品以上服朱，七品以上服绿，九品以上服青。"《宋史》卷一百五十三，中华书局1977年版，第3561页。
③ 《大明会典》卷六十，新文丰出版公司影印明抄本1976年版。

饰的种类就有金、银、犀、铜、铁、角、石、墨玉等若干种之多。但惟公服带饰不许用玉。① 明代公服的腰带制度与宋制相近，带用青革，带身上按照品级高下分别装有不同质地的带饰。特别是补制推出之前，革带的作用更显突出。如洪武三年定的常服制度，据《明史·舆服志》记载："文武官常服：洪武三年制定……其带，一品玉，二品花犀，三品金钑花，四品素金，五品银钑花，六品、七品素银，八品、九品乌角。"② 洪武二十四年（1391），又定公、侯、驸马、伯的束带与一品同，杂职官与八、九品同。

明代常服主要体现等级特征的内容是补子。所谓"补子"就是一块30厘米—40厘米见方的织物，上面按需求织绣有不同的动物形象，缀于文武官员的团领衫上，以此起到区分官员等级的作用。补服亦是明代服饰的一个新创。③

补服的实际作用不仅丰富了明代官服的内容，而且在昭明官员等级的同时，还首次将文武官员的身份用系列规范的补子标识表现了出来，结束了历代文官与武官上朝时，同级、同品、同服饰令人难以分辨文武与等级的传统模式。明代洪武二十四年文武官员常服补子内容规定：公、侯、驸马等用麒麟、白泽，文官用飞禽，武官用走兽。具体内容为："公、侯、驸马、伯服，绣麒麟、白泽。文官：一品仙鹤，二品锦鸡，三品孔雀，四品云雁，五品白鹇，六品鹭鸶，七品鸂鶒，八品黄鹂，九品鹌鹑；杂职练雀；法官獬豸。武官：一品、二品狮子，三品、四品虎豹，五品熊罴，六品、七品彪，八品犀牛，九品海马。"（图三）④

如图一所示，张居正坐像头戴黑色乌纱帽，身穿圆领袍，内衬白色中单，腰系革带，脚穿靴。这一装束对照图二、图三所表现官员的常服装饰，若先不看衣服的图案，就能够很容易地观察出这也是一幅标准的明代官员常服的穿戴。所不同处在于，张居正穿着的圆领袍上装饰的并不是他

---

① 详见《宋史》卷一百五十三"带"条，中华书局1977年版，第3564页。
② 《明史》卷六十七，中华书局1974年版，第1637页。
③ 沈德符：《万历野获编》卷十三"文臣章服，各以禽鸟定品级，此本朝独创。"中华书局1980年版，第348页。
④ 文见《明史》卷六十七，中华书局1974年版，第1638页。图见《古今图书集成》第729册，中华书局影印1934年版，第40页。

一品官本应配饰的仙鹤补案，而是清晰又饰满全衣的蟒纹，① 这一区别就是常服与赐服的不同标示所在。

（二）赐服的公服形式

公服是明代官服系列中又一种比较简单的服装，用于早晚朝奏事、持班、见辞等公务活动。公服始于北朝。《北史·高祖孝文帝纪》："夏四月辛酉朔，始制五等公服。"②《唐会要·章服品第》："旧仪……又有公服，亦名'从省服'。一品已下，五品已上朔望、朝谒及见东宫则服之。"③ 明代公服的用途与唐代有所差异。

明洪武二十六年（1393）定立的公服制度为：头戴展角幞头，身穿盘领袍，腰系革带，足登靴（图四）。④

幞头，亦称"折上巾"。由包头巾演变形成的冠。传说始于北周。《北史·周五帝纪》："初服常冠，以皂纱为之，加簪而不施缨导，其制若今之折角巾也。"⑤ 早期的幞头是用一块方巾覆于发髻上后折系而成的，具体系法如宋沈括《梦溪笔谈》所云："幞头一谓之四角，乃四带也。二带系脑后垂之，二带反系头上，令曲折附顶，故亦谓之'折上巾'。"⑥ 幞头的形状变化取决于内衬巾子的造型。所谓"巾子"就是头巾内衬的支架，用桐木制成，上施以漆，可根据需要编成不同的造型，由此就会形成不同变化的幞头。五代马缟《中华古今注》："隋大业十年（614），礼官上疏裹头者，宜裹巾子，与桐木为之，内外皆漆。"⑦ 至宋代，通过对幞头的使用材料作了改进，则完全成了水平的"平脚"式。整个幞头也已由原来需要衬巾扎系的头巾演变成了可以直接摘戴的冠帽了，并且君臣皆可以使用。《宋史·舆服志》："幞头，一名'折上巾'，起自后周，然止以软帛垂脚……五代渐变平直。国朝之制，君臣通服平脚，乘舆或服上曲焉。其初以藤织草巾子为里，纱为表，而涂以漆。后惟以漆为坚，去其藤

---

① 赐服的蟒纹等标示，既有大面积织于袍身的，也有用补子表现赐纹的。
② 《北史》卷三，中华书局1974年版，第101页。
③ 《唐会要》卷三十一，中华书局1990年版，第568页。
④ 王圻等：《三才图会》（中），上海古籍出版社1988年版，第1524页。
⑤ 《北史》卷十，中华书局1974年版，第371页。
⑥ 沈括：《梦溪笔谈》卷一，文物出版社1975年版，第8页。
⑦ 马缟：《中华古今注》卷中，商务印书馆1956年版，第35页。

里，前为一折，平施两脚，以铁为之。"① 宋代幞头以平直伸长为特点，君臣皆常以左右平伸的幞头为冠这一冠式，除体现出了时代特征之外，据说还可以防止臣僚们在朝时相互私语。元俞琰《席上腐谈》："宋又横两角，以铁线张之，庶免朝见之时偶语。"②

明代官员公服头戴的幞头承袭宋代平脚幞头之制，二层呈阶梯式方顶的冠体，前低后高，以皂纱为之。左右两侧的展角略有上翘，各长一尺二寸，不分品位等级高下，皆为一式。

公服之衣，选用面料为纻丝或纱罗绢制成右衽盘领大袖袍，袖宽为三尺。颜色等级与常服相同，袍分绯、青、绿。为进一步细化品官的等级标识，特别是一至四品官员服色都用绯色，过于笼统，难以辨别这部分人的等级，又借鉴金元时期在百官公服上织以不同的花纹的制度方法，③ 利用其图样的大小不同划分官员公服的等级。《明史·舆服志》："一品，大独科花，径五寸；二品，小独科花，径三寸；三品，散答花，无枝叶，径二寸；四品、五品，小碎花纹，径一寸五分；六品、七品，小杂花，径一寸；八品以下，无文。"④

公服的革带洪武二十六年规定："一品玉，或花或素；二品犀；三、四品，金荔枝；五品以下乌角。鞓用青革，仍垂挞尾于下。"⑤ 挞尾，即革带之尾端。亦称"铊尾"。带尾的指向也有讲究，一般要将尾端的头朝下，有表示顺从的寓意。《新唐书·车服志》："至唐高祖……腰带者，摺垂头于下，名曰'铊尾'，取顺下之义。"⑥ 五代马缟《中华古今注》："文武品阶腰带……高祖三品以上，以金为铐，服绿。庶人以铁为铐，服白。向下捶垂头，而取顺合，呼'挞尾'。"⑦ 靴为皂色。朝中公、侯、驸马、伯服色、花样、腰带与一品相同。

---

① 《宋史》卷一百五十三，中华书局1977年版，第3564页。
② 《四库全书》第1061册，上海古籍出版社影印1988年版，第602页。
③ 《元史·舆服志》："公服……一品紫，大独科花，径五寸。二品，小独科花，径三寸。三品，散答花，径二寸，无枝叶。四品、五品，小碎花，径一寸五分。六品、七品，绯罗小杂花，径一寸。八品、九品，绿罗，无文。"《元史》卷七十八，中华书局1976年版，第1939页。
④ 《明史》卷六十七，中华书局1974年版，第1636页。
⑤ 同上。
⑥ 《新唐书》卷二十四，中华书局1975年版，第527页。
⑦ 马缟：《中华古今注》卷中，商务印书馆1956年版，第35页。

明代人物画像又有一幅王鏊像（图五），① 所绘主人为明代武宗朝户部尚书、文渊阁大学士。人物服饰为头戴黑色展角幞头，身穿红色圆领袍，内衬白色中单，腰束革带，足蹬长靴，端坐于椅子上。王鏊的这身装束与我们之前刚刚介绍的明代公服内容几乎无异，区别也在其身上穿着圆领袍的图案上面。王鏊正常公服袍身织饰的应当是"径五寸"的"大独科花"，而他赐服上所装饰的则是醒目的蟒纹。

（三）赐服的忠静服形式

忠静服也称"燕服"。即宴居时穿的服装。由忠静冠、忠静服、带、履组成。② 明代的法定燕居之服在明代中后期才被确立。时阁臣张璁因言：品官燕居之服未有明制，诡异之徒，竟为奇服以乱典章。乞更法古玄端，别为简易之制，昭布天下，使贵贱有等。明世宗据古玄端更制"忠静冠服"昭布于众，供官员在闲燕之时穿着，并希望官员们"进思尽忠，退思补过"。③

忠静冠是仿古玄冠制成的冠式。玄冠，或曰"委貌"。《仪礼·士冠礼》："主人玄冠朝服。"汉郑玄注："玄冠，委貌也。"④ 是一款在商周时期就流行的冠子，整体呈"上小下大"、"前高广、后卑锐"⑤ 的形状。忠静冠仿其式为冠匡，以乌纱冒之，冠后又作山形，冠前饰以三梁。四品以上冠缘用金，以下者用浅色丝线。忠静服以纻丝纱罗为之，三品以上云饰，四品以下素。衣身前后可饰本等补子。内衬深衣为玉色。素带，素履，白袜。

穿着这种形式赐服的明代人物画作也有不少，如嘉靖朝首辅毛纪的画像等。忠静服与这类赐服的区别同样在于衣身上的图案不同。同样处宴居场合，前者只能按制度要求穿"饰本等补子"的忠静服，而后者则就可以穿着饰有显著赐服图案的赐服，其结果，表明的是穿着赐服者身份地位的不同。

---

① 黄能福、陈娟娟、黄岗：《中华服饰七千年》第三卷，清华大学出版社2011年版，第53页。
② 《大明会典》卷六十一，新文丰出版公司影印明抄本，1976年。
③ 《明史》卷六十七，中华书局1974年版，第1639页。
④ 《仪礼注疏》，见《十三经注疏》第945页，中华书局1980年版。
⑤ 《通典》卷五十七，中华书局1988年版，第1607页。

除上述三种赐服种类外，还有一类为数不少的赐服形式，就是皇帝身边内臣们普遍穿着的"贴里"服。那些能够得到皇帝赏识的太监们，也可以得到超出本等职位标示的赐服。

二 赐服的赐给范围与等级

赐服并非明代所创，之前的许多朝代都有赐服存在，只是内容形式、所赐等级范围有些不尽相同。如在唐代武后延载元年（694）内出赐文武三品以上官员绣袍亦属赐服。① 又如，宋代延续五代旧制也是由皇帝赐给朝臣们各类赐服较多的朝代之一。从宋初太祖赵匡胤在建隆三年（962）十月赐给近臣、军校锦衬袍和其他不同官阶官员各类名锦开始，到后来的赐服色、赐锦袍、赐鱼袋等，种类繁多。因宋代的赐服多发生在交季时期，所以又称"时服"。②

明代赐服虽不属于国家的正式服饰制度范围，③但赐服现象却又广泛存在于明代的政治生活之中。它来自于国家官服形式，但又游离于服饰制度以外；既飘忽虚拟，又华贵具体。可谓不是服饰制度，又高于服饰制度的制度。那么，这种超级服饰都是什么人可以得到？内容是什么？又有没有等级之分呢？答案如下：

（一）赐服的赐给对象和内容

明代赐服的涵盖范围还是比较广泛的，一般能得到这种特殊服饰的有三类人：

第一类，少数朝臣有功于朝廷或名人后裔，因他们业绩优秀或身份特殊受到高于自身品级官服的特别赏赐。如，《明史·舆服志》历代赐服中记载的："文臣有未至一品而赐玉带者，自洪武中自学士罗复仁始。衍圣公秩正二品，服织金麒麟袍、玉带。"④ 又如，开蟒服赐给朝臣先河的孝

---

① 《通典》卷六十一，中华书局1988年版，第1725页。
② 《宋史》卷一五三，中华书局1977年版，第3562—3571页。
③ 弘治元年（1488）都御史边镛针对当时朝中蟒服泛滥情况指出"国朝品官无蟒衣之制。"《明史》卷六十七，中华书局1974年版，第1647页。
④ 《明史》卷六十七，中华书局1974年版，第1640页。

宗朝辅弼大臣谢迁、刘健、李东阳三人，因他们分别发挥自己特长，共同辅政成绩卓著，时人形容三人配合默契有"李公谋，刘公断，谢公尤侃侃"①的赞语。孝宗皇帝为表彰他们的出色工作，自大明王朝建立以来，首次破例赐给每人蟒服，以资鼓励。

第二类，赐给宫中宦臣。以蟒服为赐服下赐臣属，并不是首先从大臣开始的，而是从宦官开始的。《明史·舆服志》引《大政记》："永乐以后，宦臣在帝左右，必蟒服。"②

第三类，赐外蕃之王。《明史·舆服志》："永乐中，赐琉球中山王皮弁，玉圭，麟袍，犀带。"③《补遗》卷一："（正德初年）其时有日本国使臣宋素卿者入贡，赂瑾黄金千金，亦得飞鱼。"④ 这里记载的只是麒麟和飞鱼服两种，而从一些遗留下来的明代文物上看确不仅于此。现藏于日本京都庙法寺中原明代万历年间世宗皇帝赐给当时日本国王丰臣秀吉的服饰中，就有蟒、麒麟、飞鱼等数种。

（二）赐服等级

赐服不是皇帝随意送给臣属的普通礼物，实际的赐给当中是有比较严格等级区分的。内容大致分为蟒服、飞鱼服、斗牛服、麒麟服，白泽、其他补子，玉带、犀带等。皇帝会根据臣属的官职位置和对朝廷的贡献大小，赐给相应不同的华丽服饰，以资鼓励，进而达到维护统治封建国家的目的。

1. 蟒服

一般而言，蟒服在赐服中的位置等级是排第一位的。其中，蟒服上所绘蟒兽纹饰形象是区分等级的标志。分有"坐蟒"与"行蟒"两种，坐蟒尤贵。《明史·舆服志》："赐蟒，文武一品官所不易得也。单蟒面皆斜向，坐蟒则正向，尤贵。"⑤

张居正首辅明万历朝十年，从神宗初年始，实行了一系列改革措施：经济方面，推行一条鞭法，改变赋税制度，使明朝政府的财政状况有所改

---

① 《明史》卷一百八十一，中华书局1974年版，第4819页。
② 《明史》卷六十七，中华书局1974年版，第1646页。
③ 同上书，第1654页。
④ 沈德符：《万历野获编》下册，中华书局1980年版，第823页。
⑤ 《明史》卷六十七，中华书局1974年版，第1647页。

善；军事方面，启用名将戚继光、李成梁等练兵，加强北部边防，整饬边镇防务，都收到一定成效，连连受到万历帝的赏赐。图一中的张居正坐像，所穿的赐服蟒图案，就是"尤贵"的坐蟒形象。而王鏊在明代虽也贵为首辅，但他的为任时间与作为远不及张居正。所以，图五表现的王鏊像，其蟒袍正面绘制的蟒型就是一条正在行进的行蟒图案，次张居正一等。

2. 飞鱼服

飞鱼服属于第三级的赐服。嘉靖十七年（1504）阁臣刘健提议蟒服等的禁令时言道："蟒、飞鱼、斗牛本在所禁。"①

3. 斗牛服

斗牛服大致可列为第四等。张居正在刚刚入阁时，其才华初有绽露，得到神宗皇帝的赏赐，得到的赐赏就是斗牛服。《明史·张居正传》："帝御平台，召居正奖谕之，赐金币及秀蟒斗牛服。"②

4. 麒麟服等

以下依次排序大致是麒麟服、白泽、其他补子等。玉带、犀带等也都是由皇帝根据官职地位情况经常下赐的赏品。

蟒服虽属赐服排序中的贵者，但也有例外。清毛奇龄《明武宗外纪》："十三年（1518）正月，车驾将还京，礼部具迎驾仪，令京朝官各朝服迎候。而传旨曳撒、大帽、鸾带，且赐文武群臣大红纻丝罗纱各一。其彩绣，一品斗牛，二品飞鱼，三品蟒，四品麒麟，五至七品虎彪。"③

三　结语

以上，大致介绍列举了明代赐服的形式种类、受赐范围与等级区分等内容。通过这些赐服内容的展示，可以看出，曾广泛流行于明代社会政治生活中的赐服，虽然是以一种服饰的形式出现于社会之中，但它又不属于国家的服饰制度，并且在很大程度上还高于服饰制度。这种特殊的服饰现

---

① 《明史》卷六十七，中华书局1974年版，第1647页。
② 参见《明史》卷二百三十三，中华书局1974年版，第5644页。
③ 毛奇龄：《明武宗外纪》第19页，上海书店印行，1982年。

象，在构成一道明代特殊风景的同时，赐服还在某种程度上实际充当着维护国家统治工具的作用。它的成功利用，包含了许多今天都值得总结思考的问题。

其一，赐服的利用与完善，是受益于古代国家管理经验的提示，如唐宋时期赐服经验。

其二，赐服的广泛利用成功，是巧妙利用人类虚荣心理弱点的体现。

其三，是借助了当时先进发达的纺织技术，如万历帝赐给张居正的坐蟒服，就是用华贵金线采用织成手法技术完成的，使蟒服更加与众不同。

其四，赐服的合理利用，可以达到国家官员管理制度无法达到的盲区，如当某些特殊人才在提拔上遇到制度瓶颈时，可适当利用赐服进行调剂，起到特别的激励作用。

其五，赐服现象的完善，可以使国内外的一些不稳定因素得到适当控制，如永乐时期的对日关系，就因赐服的合理利用使海盗问题得到了一定的控制。

不过，任何事情都有好坏两个方面，由于赐服突出的彰显作用，受到人们的青睐，使得赐服在明代社会的很多时间里被僭越，并且非常顽固，朝廷屡禁不止，甚至成为明代朝纲无序的突出体现之一。

（本文原载《张居正研究》第一辑，湖北人民出版社 2012 年版）

图一　张居正蟒服像

图二　穿常服的明代官员

一品仙鹤　　　　　二品锦鸡　　　　　三品孔雀

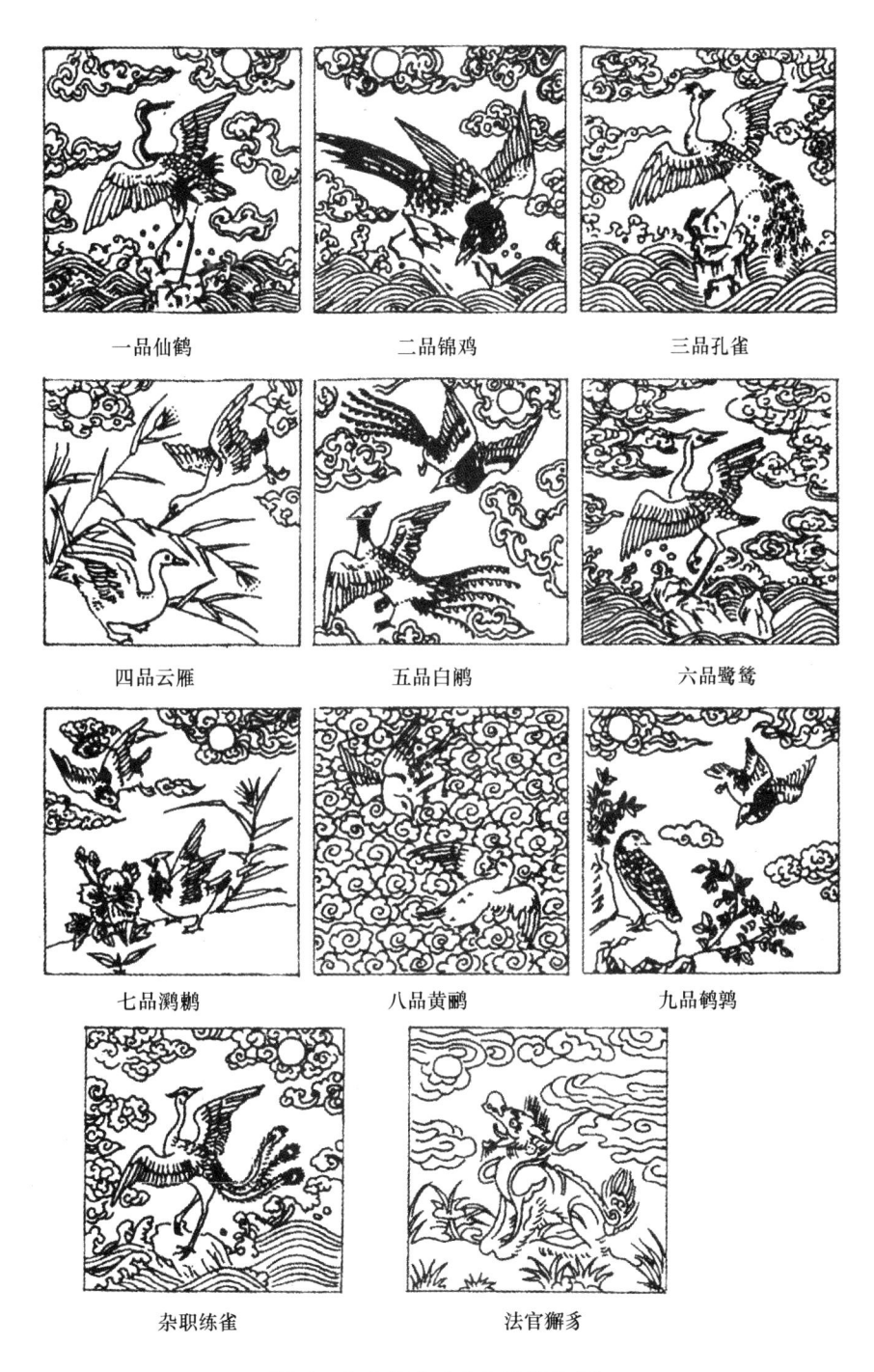

四品云雁　　　　　五品白鹇　　　　　六品鹭鸶

七品鸂鶒　　　　　八品黄鹂　　　　　九品鹌鹑

杂职练雀　　　　　法官獬豸

图三　文官补子《古今图书集成》

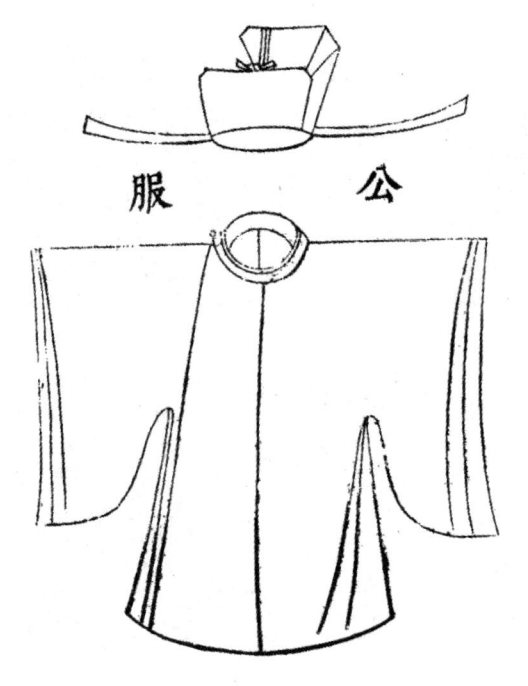

图四　明代公服

图五　王鏊蟒服像

明代宗族墓产拟制户名考

阿 风

一 问题的提出

明代万历年间徽州府休宁县人吴子玉撰写的《茗洲吴氏家记》① 提到这样一件事。

> （万历十年）令君（休宁知县曾乾亨）作清丈条规一册。都有都正，图有图正，有书算手，而里之长兼督其事。复差定字号。予都图故卑字，新易德字。时里之长为族吴夏生，而算手初签有吴衷名，族众户名也。予在金陵，族以众户难于趣辩，令儿揆持予书以进令君，雅与予知厚，遂得脱。②

万历十年（1581），休宁县进行土地清丈，各里皆有派差，承担清丈工作。作为里甲正役，应该依照黄册按户签派，结果茗洲吴氏之"吴衷"户被签为算手之差。不过，"吴衷"事实上是茗洲吴氏之吴音海、吴文升二房子孙虚设的登记"祖坟墓林火佃住基"的"族众户名"，虽然作为一户登记在黄册中，但事实上却无丁对应，无法应役。在这种情况下，当时作为南京府学教授的吴子玉写信给休宁县知县，通过私人关系，使"吴衷"得脱算手之差。

---

① 原书藏日本东京大学东洋文化研究所。
② 《茗洲吴氏家记》卷十二《杂记》。

关于"吴衰户"的性质，日本学者铃木博之最早进行过研究，他认为"吴衰户"是具有法人格的纳税团体，将其称为"总户名"。他认为"总户名"的出现，与16世纪以后宗族祭祀组织化有着密切的关系①。铃木先生的论文第一次揭示了徽州的黄册户名与宗族发展之间的关系，这篇文章是徽州宗族研究中具有里程碑性质的论文。

不过，铃木先生将这种不依自然人（户）而虚设的拟制黄册户名称为"总户"，很容易与明代里长（甲首）户名长期因循不变所形成的与众多"子户"相对应的"总户"（亦有"老户"、"户族"的称谓）相混淆②。事实上，这种拟制的户名与"总户"有所不同，两者产生的背景不同，在里甲体系中，两者性质亦有所不同。因此，非常有必要将两者加以区分。因此，本文就是以铃木先生的研究为基础，重新考察拟制户名的历史，分析拟制户名的性质及其成立的背景。

二　拟制户名的历史

很早以来，中国人就有在墓地祭祀祖先的习惯，汉代兴起了在祖先墓地附近建立墓祠祭祖的风俗。唐玄宗开元二十年（732），墓祭正式编入礼制，受到国家的承认③。北宋以后，由于家庙祭祖制度的不立以及理学家"礼以情起"、"礼以义起"之说的盛行，墓祭的重要性日益突出，墓祠祭祖流行开来④。

随着墓祭的流行，对于祖先墓地的管理也成为子孙们的一件大事。宋元时代，一些大的家族，常常依墓地建立祠庙，将祭祀场所交给佛僧或道

---

①　[日]铃木博之：《明代徽州府的族产与户名》，《东洋学报》71（1·2），1989年。

②　关于徽州地区"总户"的研究，参见[日]铃木博之《明代徽州府的族产与户名》；栾成显《明代黄册研究》（增订本），中国社会科学出版社2007年版，第285—295、376—404页。

③　唐玄宗开元二十年四月二十四日敕曰："寒食上墓、礼经无文。近代相传，浸以成俗。士庶既不合庙享，何以用展孝思。宜许上墓，用拜扫礼……仍编入礼典，永为例程。"《唐会要》，中华书局1998年版，第439页。

④　关于传统中国墓祭的变化，参见常建华《中华文化通志·宗族志》，上海人民出版社1998年版，第108—138页。

士管理，这在当时非常流行①。南宋以来的徽州地区，也建立起来很多依墓祠而立的寺观。例如，南宋宝祐六年（1258），歙县呈坎罗氏秋隐派罗鼐等人将唐时始迁祖罗秋隐的膳茔田地、享堂别立僧籍，建立"杨干院"，招请僧人觉晓看守，其目的是"墓得僧院以存，僧院资成产以久"。又如，元至元三十年（1293），休宁珰溪人金革病故，其子金应凤在墓前"建创宗祠，因祠造观，取名著存观，为香火奉祀"②。这些佛寺、道观都有专籍，管理膳田、墓田。③

除了设立宗教场所外，也有一些徽州大族设立专门的"户名"，由族众立约共同管理祖先墓产。现存徽州族谱中有很多这样的记载，例如清朝雍正九年刊印的《（歙县）潭渡黄氏族谱》提到了唐代设立"赡茔户"的事例：

> 我族自迁居潭渡以来，子孙蕃衍，至六世祖超府君始议抽拨田土立黄赡茔户，有十世祖细六府君字元吉，葬洪坑，又拨田土立黄元吉户，使子孙永远轮流收租以备各处先茔拜扫祭祀之费。④

潭渡黄氏六世祖超公生于唐元和七年（812），卒于唐大中十三年（859），他提议抽拨田土，设立"黄赡茔户"，这是以立户的目的为名而设立的户名。黄元吉则是五代时人，其去世后设有"黄元吉户"，这是依故去的祖先名字为名而设立的户名。这些登记祖先墓产的户名实际上是一种拟制的户名，也就是"诡名"的一种。

明朝初年，这种拟制的户名曾经一度沿用。不过，到了洪武十四年（1381）以后，国家在编制黄册时，禁止诡名挂册登记。明万历抄本

---

① 关于宋元时代坟寺的发展，参见［日］竺沙雅章《宋代坟寺考》，《东洋学报》61（1·2），1979年12月；黄敏枝《宋代佛教社会经济史论集》，台北学生书局1989年版；常建华《中华文化通志·宗族志》，第139—152页；何淑宜《香火：江南士人与元明时期祭祖传统的建构》，台北，"国立"编译馆2009年版，第29—70页；刘淑芬《唐、宋时期的功德寺——以忏悔仪式为中心的讨论》，《中央研究院历史语言研究所集刊》82:2，2011年。

② 关于著存观，参照见［日］高桥芳郎《明代徽州府休宁县的一件争讼案件——〈著存文卷集〉介绍》，《北海道大学文学部纪要》46—2，1997年。

③ 关于宋元时代徽州宗族设立僧寺、道观管理墓产的情况，参见阿风《明代徽州宗族墓地、祠庙诉讼探析》，《明代研究》第17期，台北，2011年。

④ 《（歙县）潭渡黄氏族谱》（雍正九年刻本）卷五《德庵府君赡茔标挂约序》。

《（歙县）双桥郑氏世系图谱》① 记述了这一过程。

> 六世祖妣汪氏夫人葬本村南厅前茶花树下……洪武十二年丈量，系谷字八百五十三号，下地四十步，郑吉翁膳茔户装清册通号……洪武十四年造册，不许挂膳茔户，是郑山甫曾孙汪童装载。至永乐元年造册，转入十三府君衿翁玄孙郑继祖户支下子孙通众祭祀管业。永乐十年造册，又转入仲十三璇孙芝芳户。

郑吉翁为徽州歙县双桥郑氏六世祖，生于北宋元祐元年（1086），死于南宋绍兴九年（1139）。因此《双桥郑氏世系图谱》中提到"郑吉翁膳茔户"应该就是一个拟制的户名。在明初洪武十二年（1379）进行土地丈量时，郑吉翁妻子汪氏夫人墓地还分装为"郑吉翁膳茔户"。不过，到了洪武十四年（1381）大造黄册时，禁止以"膳茔"为名挂册，汪氏夫人墓地先由族人郑汪童分装，永乐元年（1402）大造黄册时，转入郑继祖户，永乐十年（1412）大造黄册时又转入郑芝芳户。拟制的"郑吉翁膳茔户"户名不复存在。《（歙县）双桥郑氏世系图谱》同时记载了始祖墓地的清册分装的变化情况。

> 始祖公墓在二十三都七保笃字源四十二号……
> 洪武十二年丈量作空字七百二十八号……流水清册见业郑吉翁……
> 洪武十四年造册，不许立膳茔户，作二十五分均装。
> 子旺公派孝良名公下郑关孙二厘五毫，郑富昌二厘五毫，郑亭老二厘五毫，郑奴二厘五毫。
> 子吉公派孝才公下郑原成二厘四毫，郑原正二厘四毫，郑洋二厘五毫，郑庆寿二厘五毫。
> 孝宗公下郑惠师二厘五毫，郑初二厘五毫。
> 孝全公下郑茂二分五毫，郑原善二厘四毫……

这里所说的"郑吉翁"即"郑吉翁膳茔户"。在洪武十一年（1378）

---

① （明）郑民瞻编，万历五年序，抄本。

编制鱼鳞图册时，清册现业为"郑吉翁"，但到洪武十四年大造黄册时，由于不许以"膳茔"立户，所以，始祖墓产则分成25分，平均由同族派下各户分装。

由此可知，这种宗族墓产拟制户名称早在明代之前就已经出现，明朝初年进行土地丈量时曾一度沿用。不过，到了明朝洪武十四年（1381）大造黄册以后，国家严厉禁止诡名行为，所有土地事产，包括宗族公产必须登记到某个实体户名之下，拟制户名被取消。

三　明代宗族拟制黄册户名成立的过程
——以《歙西溪南吴氏先茔志》为中心

明崇祯八年序刊的《歙西溪南吴氏先茔志》[①] 记述了歙县西溪南吴氏唐末始祖吴光以来历代茔山、墓田之沿革情况，刊刻了各代先祖墓图，记录了墓产的土地经理字号、黄册户名、税额的变化情况，并附录了相关契约合同。《歙西溪南吴氏先茔志·凡例》提到崇祯年间续修先茔志过程中参考的各种资料：

> 今增续者，查元明丈量清册、黄册底籍、清丈新册，字号、步亩、弓口、见业、分装、四至及原谱志诸文契书，族中各宅家藏遗墨有实据者，方敢收入，不敢杜撰一字。其缺者，族大人繁，有昔强今弱者、先微后盛者，家藏遗墨，或有隐疵不克即睹，俟便补入。

从其中所列的资料可以看出，《歙西溪南吴氏先茔志》是以各种土地买卖文书、赋役文书等第一手资料为基础编纂而成的，编纂者明确说明"不敢杜撰一字"。因此，相对而言，《歙西溪南吴氏先茔志》能够比较准确地反映出宋元以来西溪南吴氏祖先墓地及墓产的变迁情况，成为了解宗族坟山茔田管理方式变化的重要史料。

在《歙西溪南吴氏先茔志》中记录的各代祖先坟茔的登记户名中，

[①]　《歙西溪南吴氏先茔志》，原书藏日本东京大学东洋文化研究所，明崇祯八年吴正绥序，清康熙二十年序刊，道光二十九年序补刊。

有一个很重要的现象，就是从明朝嘉靖年间开始，西溪南吴氏各枝子孙陆续设立了"吴膳茔"、"吴墓祭"、"吴敬祖"、"吴泰伯（祠）"等拟制的黄册户名，用于登记先祖墓产。下面将以"吴泰伯（祠）户"、"吴膳茔户"为例，说明宗族墓产拟制户名的成立过程。

（一）"吴泰伯（祠）户"的成立过程

《歙西溪南吴氏先茔志·始祖》记载了唐末始祖吴光的墓地从宋至明初历朝土地经理情况：

宋额坐落孝悌乡十五都九保

元延祐四年丈量经理编

　　草字五百七十号坟山一角荒地乙亩三角四十步

　　吴县尹讳梦炎荒地三角

　　吴岳坟山一角以上作吴承务户梦炎

　　吴奇叟即奇孙地二角四十步见改入吴郡博众户自中

　　吴运泰即泰孙地二角见作吴副使户梦荣

明洪武十八年丈量十五都九保，仍作

　　草字五百七十号荒地一亩三角四十步土名岭塘（又名新塘尾）

　　见业分庄十六都吴承务荒地三角

　　吴岳坟山一角

　　吴奇叟地二角四十步

　　吴副使地二角

洪武二十一年亲供手状二十四年册各派装税于左（以下有省略——笔者）

　　滔公派：再老、仲真、升祖、闵生、远寿、童、英杰

　　翼之公派：亥奴、荫寿、阳复

　　贯之公派：抱一、演来、原真、有余、有常、得奥、伯颜、軏、嘉奴、铉、善佑、伯寿、铁驴、文昭、添多、象先

　　振之公派：观保、显保、寿祖、庆祖、蕃祖、韶童、韡童、六寿、胜寿、道童、饶、马、弘毅、弘玉、绍祖、宏、观

　　文之公派：安定

原共山并下等地税二亩二分五厘，五派共装。①

西溪南吴氏唐末始祖吴光的坟山在宋代登记为"众坟山"。元朝延祐年间土地经理时，坟山茔地分别登记在吴县尹、吴岳、吴奇叟、吴运泰四户名下。到了明朝洪武十八年，清册现业分装为吴承务（原吴县尹户）、吴岳、吴奇叟、吴副使（原吴运泰户）四户名下，这些户名多是元代延祐经理户名，明初沿用。洪武二十四年（1391）大造黄册时，吴光坟山则分由 5 派 44 户分装，宋元旧户名皆不复存在。

从明朝初年开始，吴光的坟山茔地就不断地被侵盗、易卖。洪武二十一年（1388），有十五都人汪学在吴光的墓地后面盗葬，吴氏族人吴秀民告到十五都耆老吴原杰处，吴原杰会同里长胡太寿等到墓山勘明，汪学"举坟改正"，并立下文书，不再侵害坟山②。洪武二十六年（1393）正月，西溪南吴氏为保护坟山不被侵害，邀请山邻汪留住、余寅孙立下看守坟山，约定三年砍伐柴筱一次作为回报③。不过，即便请人看管，侵葬事件仍然无法禁绝。洪武二十六年（1393）三月，汪学再次在吴光墓地附近盗葬，吴氏族人"当即告明，督令改正明白"。

除了外姓盗葬外，本族子孙侵葬、易卖事件也是频频发生。永乐三年（1405 年）十月，族人吴子庸等 33 人共立合约，要求禁止侵葬、易卖始祖墓产。如果有人违约，要告到官府进行惩治，侵葬的坟穴要改掘，易卖者则由本人取赎④。

到了永乐十三年（1415），又因照管不及，有高湖等地祖坟被外姓侵损。西溪南吴氏族人吴伯远等共立议约，决定在祖坟两边，拟定吉穴，然后阄分，由各枝子孙分别管业。这实际上将本来已经分装登记的坟山分由子孙管理，同时要求各枝子孙"不许易卖他人、多余扦葬"⑤。坟山不仅登记分散化，而且实际管理已经细分到每枝子孙。可以看出，明初以来，西溪南吴氏对祖先墓地的管理日益松弛化。

嘉靖二十六年（1547），有地仆叶积回私造水碓，吴氏族人为了筹集

---

① 《歙西溪南吴氏先茔志·始祖》。
② 同上。
③ 同上。
④ 同上。
⑤ 同上。

讼费，共立议约与卖契，将始祖坟山除祖坟二穴外，其余坟山茔地，议价白银300两，卖与同族吴一龙名下为业①。本来是众产的坟山，因为族众公共事务，缺少支用，所以卖给族人，众存墓产成为私产。

到了万历九年（1581），溪南吴氏宗族建立统宗祠——吴泰伯祠，吴一龙又将所购坟山批出，除自留"生茔"两穴外，其他坟山出批为宗族公产，作价白银200两以助建造宗祠②。

万历九年，徽州地区也开始土地清丈，溪南吴氏宗族开始大规模地清理祖墓。有新塘山祖墓的部分山地，经辗转盗卖，当时业归"澄塘吴氏"。溪南吴氏宗族于是请同宗之吴思训调停，用价银70余两分次购回，买主皆为"吴泰伯祠"。在万历九年的土地清丈中，"吴泰伯祠"正式立户，祖墓之见业与分装皆为"吴泰伯祠"。万历十年（1582），大造黄册，具有法人格的吴泰伯户正式立户。③ 此后，溪南吴氏一世至八世祖的坟山茔地陆续推入"吴泰伯（祠）户"中，溪南吴氏宗族的祖先墓地经过明初的细分化，到了明末，又通过设立拟制黄册户名，逐渐统一管理起来。

（二）"吴膳茔户"的成立过程

《歙西溪南吴氏先茔志·十六世祖（考阳复公）》的〈书记〉中提到了明朝嘉靖年间"吴膳茔户"的设立过程。

> 前八号田地塘，今查永乐元年黄册吴桂芳户，止挂十九都下田税二分四毛［毫］，下等地税五分。本年黄册田地分一半与吴佛惠户即照、彰、春、高、成五分承管，仍存一半在户，美、显、明、诚、隆五分承管，于嘉靖十一年黄册，美五分户立膳茔户，将众产税归并，俱入膳茔轮管祭扫。

永乐元年（1403）大造黄册，溪南吴氏的一部分众存墓产登记在考阳复公长子吴桂芳户名下。后来，吴桂芳户分出吴佛惠户，二户所分墓田

---

① 《歙西溪南吴氏先茔志·始祖》。
② 同上。
③ 同上。

分别由各户子孙均分承管。到了嘉靖十一年（1532）大造黄册，吴桂芳的曾孙吴仁（字世美）等五人将"五分户立（吴）膳茔户"，相关墓田税额俱归入"吴膳茔户"名下。黄册上所登记的这个"吴膳茔户"户名并非源于某个自然人的名字，而是一个拟制的黄册户名。"吴膳茔"立户后，溪南吴氏八世祖妣至十九世祖的许多坟山多登记于该户名下，相关税额俱推入"吴膳茔"户。

四　拟制黄册户名的性质

虽然"吴泰伯"、"吴膳茔"是拟制的黄册户名，但其与实体户名一样，可以买卖土地，成为一个具有法人格的"户名"。作为宗族墓产拟制户名，户下并无人丁，不能充当里甲正役，所以这种拟制的户名当时是作为"带管户"而编入里甲体系。例如，溪南吴氏的一支在嘉靖年间设有"吴墓祭户"：

> 嘉靖四十一年黄册众立墓祭户收税于后：一户吴墓祭，系十六都二图吴德庆、德征、时卿、正学、时际、思鲁、伯诚、仲理合众坟茔，恐后各分子孙人心不一，有失保守，告明将各分坟茔税粮俱收入墓祭户内，毋得侵葬盗卖，永远祭扫当差，充当四十八年分带管。①

嘉靖四十一年（1562）大造黄册时，溪南吴氏设立了"吴墓祭户"，管理"合众坟茔"，所有坟茔税粮全部收入吴墓祭户，以避免子孙侵葬盗卖。"吴墓祭户"是作为"带管户"而被编入里甲体系。

关于这种拟制黄册户名称谓，郑振满认为一种"税户"②。不过，"税户"过于宽泛，准确地说，应该说是拟制的"税户"。铃木博之将其称为具有法人格的纳税团体——"总户名"③，其主要的根据就是清康熙年间

---

① 《歙西溪南吴氏先茔志·二十世祖》。
② 郑振满：《茔山、墓田与徽商宗族组织——〈歙西溪南吴氏先茔志〉管窥》，《安徽史学》1988年第1期。
③ ［日］铃木博之：《明代徽州府的族产与户名》。

编纂《（婺源）张氏宗谱》所提到的"昭义立户"一事。

> 乃嘉靖壬子岁，轮造册，例得立户并税。于是以"张昭义"名字立户，具由呈县，将各派原分纳新旧官民团地山场税粮，通行归并总户。蒙准，送督册簿宰行查。经又协同族叔文生、族弟吉，于各户下备查原纳土名戴家塘、宝福寺等处田地山场税粮亩角，尽数开单，具呈送县。复蒙审明，着落各册书照单推收，编入三都三图一甲张楷户下，事即定矣。①

嘉靖三十一年（1552）适逢黄册大造之年，张氏一族设立"张昭义"一户，将宗族公产的税粮归并于"张昭义"户名之下。这里虽然提到了"归并总户"，但"张昭义户"因为并无人丁对应，不能作为里甲正管户，而是被编入三都三图一甲张楷户下，由张楷户带管（或者是作为"户丁"）。因此，《张氏族谱》中所说的"总户"大概是"合为一户"的意思，而不是指明初里长（甲首）户名长期因循不变所形成的与众多"子户"相对应的"总户"，因此，将这种拟制的税户称为"总户"并不妥当。

本文开始提到的《茗洲吴氏家记》中，吴子玉称"吴衮"为"族众户名也"。虽然吴子玉的本意是说全体族众的户名，不过将这种拟制的户名称为"众户"，或许更合乎其本意。

五　拟制户名成立的背景

无论"吴膳茔"、"吴墓祭"，还是"吴泰伯"，他们作为具有法人格、拟制的黄册户名，从明代中后期开始，逐渐成为宗族墓产的登记户名，作为带管户而被编入里甲体系。他们的出现，与明王朝的赋役政策及宗族墓产登记方式的变化有着密切的关系。

朱元璋建立明朝前后，十分重视人丁、事产的登记。洪武三年

---

① ［日］铃木博之：《明代徽州府的族产与户名》。

(1370),明太祖朱元璋又"命户部籍天下户口,每户给以户帖"①:从洪武初年开始,又耗时20年进行全国性的土地清丈,到了洪武二十年(1387),基本上完成了土地核实与鱼鳞图册的攒造②。洪武十四年(1381)正月,又正式下令编定全国赋役黄册③。

> 是月,命天下郡县编赋役黄册。其法以一百一十户为里。一里之中推丁粮多者十人为之长,余百户为十甲。甲凡十人。岁役里长一人,甲首十人,管摄一里之事。城中曰坊,近城曰厢,乡都曰里。凡十年一周,先后则各以丁粮多寡为次,每里编为一册。册之首总为一图,其里中鳏寡孤独不任役者,则带管于百一十户之外,而列于图后,名曰畸零。④

洪武十四年编定赋役黄册时,按丁粮多寡将人户分为里长户、甲首户、畸零户等。其中,里长户、甲首户为正管户,他们要承担里甲正役。而"鳏寡孤独"等畸零户为里带管户,不承担徭役⑤。在这种黄册编定原则之下,宋元时代登记坟山墓产的拟制户名与旧户名(有田无丁)无法编入里甲正管户,同时也不符合"鳏寡孤独"畸零户的身份。所以《双桥郑氏世系图谱》提到了洪武十四年大造黄册时,禁止以虚设的"膳茔"户为名挂册,这就反映出实际造册过程中无法处理这种拟制的户名,只好禁止其登记挂册。西溪南吴氏也有同样的情况,在洪武二十四年大造黄册时,元代延续下来的旧户名皆不复使用,全部墓产由枝下子孙44户分别登记。

不过,洪武十四年第一次大造黄册时确定的以一百一十户为一里的原则在实际操作过程中,也会产生很多问题。因为并非每个村落都可能是一百一十户的倍数,所以,在编定里甲过程中就当然会有剩余的丁粮户。

---

① 《明太祖实录》卷五八,洪武三年十一月辛亥。
② 栾成显:《洪武丈量考论》,《明史研究论丛》第六辑,黄山书社2004年版。
③ 《明史》卷七七《食货一·户口》。
④ 《明太祖实录》卷之一百三十五,洪武十四年春正月。
⑤ 关于"正管户"、"带管户"及里甲户别的性质,参照:鹤见尚弘《关于明代畸零户》,《东洋学报》47—3,1964年。中译文见鹤见尚弘著、姜镇庆等译《中国明清社会经济研究》,学苑出版社1989年版,第1—25页。

《（正德）大明会典》记载了洪武二十四年攒造黄册格式的奏准，提到如何处理剩余户的问题：

> 凡编排里长，务不出本都。且如一都有六百户，将五百五十户编为五里。剩下五十户，分派本都，附各里长名下，带管当差。不许将别都人口补凑。其畸零人户，许将年老残疾并幼小十岁以下及寡妇外郡寄庄人户编排。①

洪武二十四年的规定明确规定了按照一百一十户倍数编定里甲后，同都的剩余户则附在里名下，带管当差。由此可以知道在洪武二十四年第二次攒造黄册时，已经总结第一次造册的经验，明确了剩余户同畸零户一样亦为里带管户。

剩余户亦可为带管户，结果就是有丁粮户亦有成为带管户的可能。由于带管户在原则上不承担里甲正役。因此，明代中前期就出现了殷实大户贿赂官吏，使之成为"带管户"，从而逃避里甲正役的情况②。也正是由于里甲一直存在着有丁粮的带管户，这也为后来虚设黄册户名提供了可能。

在明朝中前期，黄册的攒造过程相对严格，国家也多次重申严禁诡名行为。而且更重要的是，经过元末战乱，明初严密的地方控制，以及明太祖对"大家富民"的镇压，明初宗族的发展受到抑制③。在明代中前期，徽州宗族的同族统合意识并不强烈，对于祖先墓地也疏于管理。例如，西溪南吴氏唐始祖吴光的墓地在永乐十三年（1415）分由各枝子孙管理，可以各自扦坟，祖先坟地被细分。又如，西溪南吴氏宋五世祖仲原公的墓地在明朝初年由吴观祐经理，到了永乐年间，吴观祐的儿子吴震、孙子吴宜童先后将墓地四周卖与十八都胡辛老，墓产仅存十分之一。后来由于嗣

---

① （正德）《大明会典》卷二十一《户部六·户口二·攒造黄册·事例》，第255页。

② 《明英宗实录》（台北，1962—1968年）卷之六，宣德十年六月丁巳："应天府奏。上元、江宁二县坊厢长甲首，俱洪武间起取殷实户充役。后经年久，有投充军匠厨役及官医等户者。每遇造册，辄略官吏朦胧作带管，却编畸零户为大户，俾应前役，以致负累失所逃亡者多。"

③ 参见常建华《中华文化通志·宗族志》，第43—44页；井上彻《中国宗族与国家的礼制》，东京：研文出版社2000年版，第125—126页。

子迁徙，墓地无人管理，墓穴已不知其所在①。这些事实都说明西溪南吴氏在明代中前期并不十分重视祖先坟茔墓田。

16世纪以后，徽州宗族的发展开始出现了新的动向，这一时期宗族发展的一个重要特征就是宗族祠庙祭祖的扩大化。明初以来，官民祭祖限四代以内，但到明代中期以后，民间就已经开始出现始祖祭祀。特别嘉靖年间发生了"大礼议"，导致了皇室宗庙制度的改革，放宽了官民祭祖的规定，民间开始出现始祖祭祀。嘉靖十五年（1536）礼部尚书夏言奏请允许臣民祭祀始祖②，以此为契机，标志着明代新宗族运动进入高潮。始祖祭祀的扩大化，促使宗族重新关注祖先墓地。不过，新兴的宗族运动推动者们发现，明初的土地登记方式，很可能使宗族丧失对于坟山墓田的控制权。为了重新确认以及有效地管理祖先墓地，一方面徽州同族各支派联合起来，通过赎买、诉讼等方式来重新确认这些宗族公产的所有权③。另一方面，徽州的宗族则也尝试恢复宋元时代的拟制户名、新建宗祠等方式来登记、管理宗族墓产。例如，前述西溪南吴氏五世祖仲原公的墓地在永乐年间被子孙出卖后，墓穴渐失其踪迹。到了隆庆元年（1567），裔孙吴玘、吴珣等详考茔志经理字号，执册查税。并率众人登山，挖出宋砖，始知墓穴所在，复立新碑。同时，族众又集资将几经转卖的墓产高价赎回。到了隆庆二年（1568）三月四日，全族老幼200余人拜于墓下，庆祝祖墓复旧。为了确保墓产久远，墓地不再登记到某个枝下子孙户名之下，而是统归于家祠登记管理④。

明代新宗族运动兴起之际，也正是明代里甲体系开始出现松解的时期。16世纪以后，随着黄册制度的废弛，其人口登记作用已经日渐削弱。各种诡名、影射行为层出不穷⑤。而带管户的存在又为拟制户名的产生提供了条件。所以，嘉靖十一年（1532）大造黄册，"吴膳茔"得以立户，嘉靖四十一年（1562），"吴墓祭"立户，万历十年（1582），西溪南吴氏

---

① 《歙西溪南吴氏先茔志·宋五世祖仲原公》。
② 对于明代宗族祠庙祭祖的发展，参照井上彻《中国的宗族与国家礼制》；常建华《明代宗族研究》。
③ 参照阿风《明代徽州宗族墓地、祠庙诉讼探析》。
④ 《歙西溪南吴氏先茔志·宋五世祖仲原公》。
⑤ 参照韦庆远《明代黄册制度》，中华书局1961年版，第169—245页；王毓铨《明朝人论明朝户口》，《王毓铨史论集》下册，第853—873页。

设立统宗祠——吴泰伯祠后，又以宗祠名为户名，设立"吴泰伯祠户"。明代嘉靖年间拟制户名的出现，实际上与这一时代背景有着密切的关系。

结　语

明代中后期，徽州地区的很多宗族都设立了类似于"膳茔户"、"墓祭户"等拟制户名，用来登记祖先坟茔墓产。例如，徽州绩溪金紫胡氏在明代嘉靖年间设立有"世茔户"：

> 十五世以上坟税旧谱分扒各户完纳。自明嘉靖寅公与文鸣公建议立"世茔户"，将坟税及祭田税归并于一。又修葺历世祖墓，立石题曰"胡氏世茔"，并镌书讳氏于其上。传守至今。①

明朝嘉靖年间，金紫胡氏设立世茔户，统一登记坟墓与祭田。"世茔户"作为登记坟茔与墓田的拟制户名一直沿续到清末，成为祖墓持久的一个重要保证。这种具有法人格的宗族墓产拟制户名的出现，成为明代徽州宗族公产登记方式改变的重要契机，其与同时期广泛出现的宗族祠堂相结合，影响并改变了此后族产的管理方式。明末至民国年间在徽州广泛盛行的公堂族产管理方式②的形成与明代黄册制度的变化及拟制户名的出现有着密切的关系。

（本文原载《第三届中日学者中国古代史论坛文集》，中国社会科学出版社2012年版。收入本书时有删节）

---

① （清）胡广植编《金紫胡氏家谱》（光绪三十三年［1907］刊）卷末上，墓图。
② 章有义将这种公堂称为"公堂地主"。关于公堂地主，参见章有义《明清徽州土地关系研究》，中国社会科学出版社1984年版，第72—111、163—192、318—386页。

明代山东地区枣强裔移民考

张金奎

明初,为解决因长期战乱等原因造成的人口地区性失衡,政府曾有组织地进行过多次大规模的人口迁移。这其中,山东地区因为移民来源广泛、流向复杂等因素,堪称明初移民的典型标本,也因此引起学术界的广泛注意。本文拟就其中的枣强裔移民问题作一初步探讨。

一

在今天的山东济南、淄博、潍坊等地,也就是明代济南府、青州府辖区及邻近地区,有大批据说是来自河北枣强地区的移民后裔,"要问老家在哪边,直隶省的枣强县"的歌谣至今传唱。据刘德增的调查,在今天的章丘市,枣强移民村落占总数的 36.52%,博兴县枣强移民村落占 61.54%,惠民县更是占到了 84.21%,其他地区也有大量分布。其中前三个县市的移民村落大多宣称建置于洪武、永乐年间,且以洪武二年居多。惠民县则以宣德年间为主,其次是永乐朝。[①]

刘德增的调查主要依据地名志资料。地名志和谱牒有着密切的联系。在笔者接触到的谱牒资料中,也有类似的反映。

如《淄川张氏宗谱·世系图》中称其始祖张子中"原籍枣强县人,

---

① 刘德增:《大迁徙——寻找"大槐树"与"小云南"移民》,山东人民出版社 2009 年版,第 90—103 页。

其所自出无考。旧谱广文公曰：敩闻明初被花子军之变，山东民死者十之七。当路者言之朝，乃迁冀州枣强之民实之，故始祖自枣强徙于淄川，占城西关北地数十亩为业，今祖茔是也。居城中南巷，遂人在四图籍中，后易在三图，盖万历初年也。"①

淄川孙氏十一世孙守珍于咸丰十一年撰写的修谱序言中称："吾孙氏，自明初洪武二年虎、豹二祖由枣强迁居淄邑，已越十三世于兹矣。自洪武二年至嘉靖二十年后一百八十余年，我虎祖尚在，豹祖未殁，乃以二祖为迁居之始。"②

称祖先始迁于永乐时期的也不少，如邹平释氏称："吾族始祖兄弟二人自大明永乐由直隶枣强迁居于此，地属邹平之东南隅二十里小清之阳，村名释家套焉。"③ 张氏也说，"吾家先世系直隶枣强籍，有明永乐二年始祖讳顺迁邹，居东郭。"④

与洪洞大槐树移民、小云南移民相比，枣强移民受到的关注相对较少，研究成果也不是很多，且基本以明初山东确实存在枣强移民为出发点。如曹树基在《洪武时期山东东三府地区的人口迁移》一文中指出，途经枣强是山西移民进入山东最便捷的通道，山西移民的巨大推动力对枣强地区的人口外移有重要影响⑤。在随后的研究中，曹先生又判定，"所谓枣强人可能是真定人的代名词，犹如洪洞县之对于山西人"⑥。李靖莉在《黄河三角洲明初移民考述》一文中进一步指出由枣强转迁黄河三角洲的移民可分为自愿转迁和政府分发两种。另外，小股移民自发迁入也是黄河三角洲存在大批枣强移民的重要原因⑦。

但与大槐树移民、小云南移民到 20 世纪才引起人们的关注不同，枣强移民在明代已经被人提及。如李开先即曾指出："章人由枣强徙居者，

---

① 张务振、张务瀚编：《淄川张氏宗谱》卷首，光绪九年刻本。引文中之"敩"，指万历四十一年族谱创修者张敩。
② 孙守珍：《山东淄川孙氏族谱》，1997 年编印。
③ 释存业：(邹平)《释氏族谱·原序》，民国二十一年奉先堂续印本。
④ 张务耕：《张氏族谱》卷1，《张氏重修族谱记》，光绪二十六年七修本。
⑤ 曹树基：《洪武时期山东东三府地区的人口迁移》，《中国社会经济史研究》1996 年第 4 期；另见氏著《中国移民史》第 5 卷，福建人民出版社 1997 年版，第 182—202 页。
⑥ 曹树基：《中国移民史》第 5 卷，第 235 页。
⑦ 李靖莉：《黄河三角洲明初移民考述》，《中国社会经济史研究》2002 年第 3 期。

十常八九。"① 那么，如此众多的枣强移民是否真的存在？如果存在，是否真的主要迁徙于洪武、永乐年间呢？

二

与大量移民后裔宣称来自枣强不同，在官方记载中，移民的流向恰恰与之相反。如《明太宗实录》记载，永乐七年六月，"山东安丘县民邢义等言：本邑人稠地隘，无以自给，愿于冀州枣强占籍为民。从之。仍命户部徙青州诸郡民之无业者居冀州，凡徙八百余户。"②

在靖难之役中，真定府和济南府是重灾区。永乐元年十二月，尚书郭资等曾奏报："真定枣强县民初复业，加以蝗旱，流殍者众。"朱棣认为当地"民困如此，济之如当救焚拯溺，少缓即无及"③，于是马上遣官赈济。朱棣的迅速反应，间接证明当地确实破损严重，亟须休养生息。

前引《明太宗实录》的资料使用的是"中研院"史语所1962年的校勘本。在江苏国学图书馆的传抄本《明太宗实录》中，这条资料见于该书第64卷，文字也略有不同。原文如下："永乐七年六月庚午，山东安丘县民邢义等言：本邑人稠地隘，无以自给，愿于冀州枣强占籍为民。从之。曾命户部从（從）青州诸郡民之无业者居冀州，凡从（從）八百余户。"④

这里的"从（從）"字难于理解，且与"徙"字形近，应为"徙"字之误。不过"曾"字显然不是"仍"字的误抄。按照国学图书馆本实录，朱棣此前应该已经下令迁徙山东青州等地无地民众前往填实冀州等地。换句话说，徙民填实冀州的行动应该开始于永乐初年。虽然从语义上看，史语所校勘本更为顺畅，国学图书馆传抄本中的"曾"字有些突兀，但嘉靖《真定府志》中的记载，恰恰为这一"突兀"提供了佐证："真定

---

① 李开先：《奉议大夫南京户部郎中贞庵刘君墓志铭》，《闲居集》卷7，见《李开先全集》，文化艺术出版社2004年版，第601页。
② 《明太宗实录》卷93，永乐七年六月庚午，台北"中研院"史语所1962年校勘影印本。
③ 《明太宗实录》卷26，永乐元年十二月乙酉。
④ 《明太宗实录》卷64，第九页b面，江苏国学图书馆传抄本。

自永乐初地旷人稀，徙齐、晋人户以实之。"①

不过从众多个案来看，移民的来源远比这复杂。试举几例：

①断事赵庠，"其先本山西泽州名族也，国初徙诸富民以为冀实，故令占籍为冀"。②

②通判陶万象，"先世籍东平，自高祖某徙家棘津"。③

③监生郑养大，"自始祖讳友成公由齐迁赵……居枣强城南之洪流固村，去始祖盖六世矣"。④

④清人张于陛，"其先遵化人，明初徙居枣强"。⑤

⑤清人刘璠，"刘氏之先居密云，自始祖忠迁于枣强之臣赞乡"。⑥

棘津系枣强古称⑦。例①、例②、例③显示的是山西、山东人迁居枣强；例④、例⑤的先人则来自北京附近地区。可见，枣强及附近地区的移民来自四面八方。只是这些移民是否都迁自永乐时期，尚难判断。特别是后两个例子，不排除是洪武时期南迁北京附近的元朝遗民的可能。

明初，曾大量迁徙山西人户填实河北、河南、山东等地。山西移民大多是有组织地前往，在移入地所占比例和影响自然也要大一些。山东因为自身人口不足，西迁真定一带的数量应该比较有限。

前面的5个例子，只有例①确定属于政府行为。不过，从官方记载来看，在有组织迁徙之外，确实存在山东百姓自发前往枣强一带生活的现象。如《明宣宗实录》记载，宣德三年（1428）七月，青州府民刘中等奏："永乐中因岁歉流徙至北京枣强县，凡二百余户，居二十年，已成家业。今有司追还山东。乞就附籍枣强。上谓尚书夏原吉曰：彼此皆吾土，但得民安即已。"⑧

---

① 嘉靖《真定府志》卷12《籍赋》，四库全书存目丛书影印嘉靖刻本，第167页。
② 沈良：《断事正赵庠墓志》，乾隆《冀州志》卷20《艺文下》，乾隆十二年刻本。
③ 万历《枣强县志》卷3，《刑部主事王鹤龄撰通判陶公墓志铭》，"国家图书馆藏明代孤本方志选"影印康熙增修本，中华全国图书馆文献缩微复制中心2000年版，第523页。
④ 万历《枣强县志》卷3，《左都御史高邑赵南星撰太学生郑公暨配张硕人合葬墓志铭》，第525页。
⑤ 万历《枣强县志》卷3，《御史德州年弟卢世㴭撰东昌府同知九齿张公暨配宜人桂氏合葬墓志铭》，第543页。
⑥ 万历《枣强县志》卷3，《礼部尚书真定梁清标撰参戎刘公墓志铭》，第556页。
⑦ 万历《枣强县志》，卷1，第213页。
⑧ 《明宣宗实录》卷45，宣德三年七月乙亥，台北"中研院"史语所1962年校勘影印本。

从族谱资料中，我们也能发现山东人向河北地区迁移的例证。如《冯氏族谱》载，"永乐二年，我始祖世昌公自山东之中都北迁于丰润县之西南溪歌庄，遂家焉。"① 这一记载出自冯氏五世孙冯钊于成化二十三年（1487）初编族谱时撰写的族谱序言。当时距明朝建立不过100余年，距永乐二年（1404）更只有80多年，冯钊的记忆应该是比较准确的。又如文安纪氏，原本生活在山东德平，后始祖纪寿"徙直隶盐山县，再徙保定府。永乐十年卜居文安县宁受屯"②。纪寿之子纪亨生于洪武九年八月二十八，卒于景泰七年九月初一。二世祖有如此准确的生卒年月记录说明该谱创修很早，其记载也是可信的。

从以上官、私史料来看，洪、永间的人口迁移，山东人向河北一带迁徙应该是主流。

在官方编纂的史籍中，关于枣强人于明初移民山东的记载，笔者只见到一条，见康熙《阳信县志》卷3："洪武十三年，红军为祟，十村九墟，迁直隶、东三府民以实阳信。"③ 但康熙《阳信县志》成书时，距明初已经300余年，现存史籍中也没有找到洪武十三年前后阳信或济南地区曾发生白莲教众余部起义的记载，所以它只能作为孤证存疑。

枣强在元代隶属冀州，冀州又隶属于真定路。洪武元年，明朝北伐军占领大都后迅速南下，占领真定，并将其作为进攻山西扩廓帖木儿元军的前沿阵地，大批明军云集到这里。从道理上讲，为躲避大战，当地百姓外逃到邻近的山东或河南地区居住，是完全可能的。另外，为保证西进明军的后勤补给，明朝政府曾于洪武二年正月把真定府划归已经基本稳定统治的山东行省管辖④，直到几个月后真定战事基本平息时才"复其旧"。⑤虽然时间短暂，但不排除山东方面出于保护人口的需要，主动迁移战区百姓到济南地区居住的可能。大量谱牒资料称其始祖迁自洪武二年，似乎不完全是空穴来风。

不过在官方典籍中，移民真定的记载非常多。如洪武二十一年（1388）八月，"迁山西泽、潞二州民之无田者往彰德、真定、临清、归

---

① 冯当宗等：《冯氏族谱·族谱原序》，民国六年五修本。
② 纪昌期：《纪氏家谱》，道光十五年刊本。
③ 康熙《阳信县志》卷3《灾祥》，康熙二十一年刻本。
④ 《明太祖实录》卷38，洪武二年正月癸亥。
⑤ 《明太祖实录》卷40，洪武二年三月癸丑。

德、太康诸处闲旷之地，令自便置屯耕种"①。洪武二十八年（1395）三月，"诏……往彰德、卫辉、大名、广平、顺德、真定、东昌、衮州等府劝督迁民屯田"②。永乐元年（1403）六月，户部致仕尚书王钝议准："种田囚人若照籍贯分定地方，则有多寡不同，难于编甲。今宜不分籍贯于保定、真定、顺天等府所属州县挨程安置，先近后远，庶几聚落易成。"③

真定自古就是兵家必争之地，元末红巾军北伐，扩廓帖木儿和孛罗帖木儿、李思齐等人的内战都曾给真定地区带来深重灾难。真定下属之枣强，洪武二十四年（1391）在册人口只有1352户，7731口。此后又遭靖难之役打击，到永乐十年（1412），在册人口不过增加到1953户，9847口。④ 按照《元史·地理志》的记载，枣强在元代属于中等县。至元三年（1337），元朝政府规定："六千户之上者为上县，二千户之上者为中县，不及二千户者为下县。"⑤ 枣强的户数应该在二千到六千之间。与之相比，洪武二十四年的户口数，可以用锐减来形容。尽管这些减少的人口不会完全殒命于战乱，不排除在转徙他乡的过程中一部分迁移到山东地区，但数量应该不会太大，在明初大量向当地移民的背景下，原住民外迁的现象应该更少。那么，大量存在的所谓枣强裔移民又是从何而来呢？

三

李开先是明中叶著名文学家，"人言死者但得李文，免堕地狱"⑥。在其为人撰写的墓志铭等文章中，有大量枣强移民的个例，为我们探寻枣强移民的真相提供了方便。为行文方便，先将有关事例罗列如下：

①王氏，"上世枣强人也，元末花军称乱，六祖讳禄者，避兵走济阳"⑦。

---

① 《明太祖实录》卷193，洪武二十一年八月癸丑。
② 《明太祖实录》卷237，洪武二十八年三月己酉。
③ 《明太宗实录》卷21，永乐元年六月庚戌。
④ 万历《枣强县志》卷1《户口》，第289—290页。
⑤ 宋濂：《元史》卷91，《百官志七》，中华书局1976年版，第2318页。
⑥ 李开先：《煤客刘祥墓志铭》，《闲居集》卷7，第594页。
⑦ 李开先：《中顺大夫彰德府知府王公合葬墓志铭》，《闲居集》卷7，第547页。

②王言,"上世冀州人,胜国时移居章丘,占籍在城北"①。

③国子监生高能,"上世冀之枣强人,金季以河沴,避地而家章丘"②。

④世伯张悔庵,"原冀州枣强人,金季以河沴,移家济南东北,地名老僧口。祖有讳保……遗家尚存于彼"③。

⑤马广,"彼先枣强人。元末毛贵、田丰之乱,章城残破,断绝人烟,乃迁补关厢图籍"④。

⑥王国珍,"先世枣强人,因兵火移家于章"⑤。

⑦同窗好友李松石,"高祖李三由冀州徙(章丘)"⑥。

⑧新街王家,"祖有名英者,由冀州徙章"⑦。

⑨袁西野,"祖原冀州人,移寓章丘"⑧。

⑩刘氏,"自其祖义,与众同徙家于城北张林镇"⑨。

⑪袁氏,"先世冀州人……国初徙居于章,遂为章丘人"⑩。

⑫王氏,"原冀州枣强县人……以洪武初年改迁齐东,占籍坊廓三图"⑪。

以上是李开先《闲居集》中有关枣强人徙居章丘的几个典型个案。前5个例子明确说先世迁徙于金元时期,其中例③、例④都提到了金代的河患。无独有偶,在《章丘县乡土志·氏族》中记载的张氏也提到了河患:"张氏,先世临洮人也。大宋乾德二年避乱徙枣强。至金章宗四年,漳河水决,百里无椽,复徙章丘。明正德间居邑之张公巷。"⑫

金章宗共有明昌、承安、泰和3个年号,且都使用了不止4年,《章

---

① 李开先:《端岩王君合葬墓志铭》,《闲居集》卷8,第627页。
② 李开先:《太学生东楼高君墓志铭》,《闲居集》卷7,第561页。
③ 李开先:《张氏迁茔记》,《闲居集》卷11,第843页。
④ 李开先:《南冶马义士合葬墓志铭》,《闲居集》卷8,第665页。
⑤ 李开先:《唐县知县冶山王君墓志铭》,《闲居集》卷8,第612—613页。
⑥ 李开先:《庠生李松石合葬墓志铭》,《闲居集》卷7,第558页。
⑦ 李开先:《处士王治祥墓志铭》,《闲居集》卷7,第563页。
⑧ 李开先:《豫作乡宾袁西野翁墓志铭》,《闲居集》卷7,第590页。
⑨ 李开先:《奉议大夫南京户部郎中贞庵刘君墓志铭》,《闲居集》卷7,第601页。
⑩ 李开先:《奉议大夫衡府右长史乐盘袁公墓志铭》,《闲居集》卷8,第618页。
⑪ 李开先:《郑府右长史致仕进阶朝议大夫三溪王君合葬墓志铭》,《闲居集》卷8,第654页。
⑫ 《章丘县乡土志》卷下《氏族》,光绪三十三年石印本。

丘乡土志》中所说的"金章宗四年",不知道具体指哪一年。不过枣强地区发生水患却是完全可能的。真定地处黄河下游的华北大平原上,流经此地的河流除了滹沱河是发源于黄土高原东缘的浑源州外,其他或发源于山泉,"或出地脉",加之含沙量很大,水流又很平缓,一旦遇到大雨,很容易泛滥成灾,乃至引起河流改道。对此,古人有深刻的认识。嘉靖《真定府志》的作者即称真定所属"各州县旷然平陆,无丈尺之渠以潴泻。其间稍□不雨则赤地龟折,尽为沙霾……一遇淫淋则水地上行决溢,有败为鱼鳖食,其患不可胜计。故通渠成水门,因其势而导之,不惟储水备旱以资民利,而污潦有泄亦可无溢决之患矣"①。

枣强乃至真定地区的河流必须依靠水利工程才能化害为利。但金元之际的北方长期处于战乱状态,金大安三年(1211),成吉思汗就对金朝发起了进攻,1213年兵锋就已降临真定。此后,真定成为蒙、金政权以及众多割据势力重点争夺的地区,根本无暇开展水利建设。即便是在和平时期,因为水利、水文知识的限制,也不一定能完全控制住水患。如金天会四年(1124),黄河北岸决口,枣强县城一度被彻底淹没,"城陴楼堞圮没于河"②。据此,笔者认为在金元之际确有一批枣强民众因为躲避水患而外迁。枣强地区处于交通要道,向西经井陉可入山西,向东则可直达山东。山西地处黄土高原,农耕条件不佳,显然不会成为外迁百姓的首选。向南迁,面对黄河,依旧摆脱不了水患。向北,情形与南迁类似。相比之下,唯有向东迁徙稍好一些。

例①、例②、例⑤和例⑥都是因为躲避战乱而东迁。其中前3个例子明确指出是迁于元末。按照默书民的研究,冀州地区虽然在蒙金战争中遭到摧残,但在蒙古统治稳定后,由于当地汉族世侯的着力恢复,当地人口较之其他地区损失相对较小。至元七年(1341),冀州的户数应在三万户上下,大体保持了金代人口峰值的二分之一以上③。也就是说,枣强乃至冀州一带有相对充裕的人口可供迁移。

据万历《枣强县志》记载,当地名人郑甫曾因"金季丧乱,乃挈其

---

① 嘉靖《真定府志》卷13《河渠》,第174页。
② 万历《枣强县志》卷1《城池》,第241页。
③ 默书民:《金元时期冀州社会管窥》,见《冀州历史文化论丛》,河北人民出版社2010年版,第282—300页。

父母避地河南","后闻河朔稍定",才"挈家北还"①。前面提到，南迁并不是首选。既然有人在金朝末年暂时南迁河南，东迁的人应该更多一些。

元末，冀州一带再遭兵火，例①、例⑤都提到了红巾军起义。其实，龙凤政权的北伐只有东路的毛贵曾经过冀州一带，加之冀州并不是主攻方向，对这里的摧残不会太大。真正对冀州一带造成毁灭性打击的是扩廓帖木儿等人长时期的内讧。不管怎么说，当地百姓因为躲避战乱大举外逃是肯定存在的。

山东章丘县在元代比较富庶，在册人户即达二万二千，和至元七年的冀州人户数接近。当地"田野水陆宜粟麦桑麻蔬果……又支渠灌溉浸润，故少水旱之忧。在全齐山川形胜土脉膏腴，视诸邑为最"②。偏偏这里元末遭遇严重摧残，以致"断绝人烟"。外逃的百姓在红巾军离开山东后纷纷聚集到这块昔日的乐土上，出现李开先所谓的"章人由枣强徙居者，十常八九"③现象，顺理成章。

其实，从其他战乱区迁到章丘的百姓也不少。如青州张氏，即因"金末东乱，避兵西走章丘"④。李开先的祖先也是为躲避金兵从陇西辗转抵达章丘的⑤。金代尚且有人不远几千里迁徙到山东，近水楼台的枣强人在元末大举迁居山东是完全可能的。

与后世径直称先祖是枣强人不同，例②、⑦、⑧、⑨和例⑪都是称来自冀州。枣强是冀州属县，大灾大乱之年当然不会只有枣强一县百姓外迁。事实也是如此，如济南人赵应奎，其先祖孝礼即是在元末从冀州下属之南宫县迁居济南⑥。南宫在元代属上等县，人口在6000户以上。外迁的百姓自然也不会太少。李开先、殷士儋等生活在明中叶，距离明初虽已

---

① 万历《枣强县志》卷4《名贤·郑甫传》，第579页。
② 胡祗遹：《增修庙学记》，康熙《章丘县志》卷8《艺文》，国家图书馆藏清代孤本方志选影印本，线装书局2001年版，第528—529页。
③ 李开先：《奉议大夫南京户部郎中贞庵刘君墓志铭》，《闲居集》卷7，第601页。
④ 李开先：《西皋举人张君行状》，《闲居集》卷9，第698页。
⑤ 李开先：《先大父处士墓表》，《闲居集》卷9，第690页。
⑥ 殷士儋：《贡士赵君墓志铭》，《金舆山房稿》卷9，四库全书存目丛书影印万历十七年邵陛刻本，第775页。

100余年，但人们对祖先的记忆应该相对清晰一些，因而尚未出现后世盖以枣强为原籍的现象。

在前面的例子中，只有最后两个明确提到迁徙于明初。不过在殷士儋、李攀龙等人撰写的墓志铭中却有很多自称明初迁徙的例子①。何以这么多人自称迁自明初呢？

明中叶，大批人口离开原籍外出讨生活，为稳定国家税赋来源，明朝政府不遗余力地争取流民还乡。如正统五年，"直隶真定府所属冀州等二十二州县……招抚逃民复业，共三万六千六百四十余户"②。但并不是所有流民都有还乡意愿。随着政治形势的变化，像青州府民刘中等人那样可以得到皇帝的直接"庇护"留在迁入地的机会微乎其微。要想留在迁入地，只有一个办法，即把自家描述成土著居民，明初的大规模移民恰恰提供了这个机会。大批民众不约而同地强调迁自明初，很可能是以获得迁民身份为目的。

从地方史志资料中可以发现，随着时间的推移，到明中叶，即便是官方，也很难分清治下民众究竟是土著还是外来移民。如万历《汶上县志》载：

> 国初之法，因方分里，族处萃居，畛域攸分，安可淆也。及版图渐淆，规避滋生。纳赀招佣，冒姓通谱，术已工矣。甚则侨寓、土著，真伪莫稽③。

土著、迁民身份混同的现象，无疑给后来流入的百姓提供了一个造伪的机会。当然，是否真的存在明代中后期流民通过造伪使人相信其家迁徙于明初，还需要大量的实例来验证。

---

① 参见殷士儋《将仕佐郎巡检赵君墓志铭》、《诰封中宪大夫顺德府知府张公墓志铭》等，分别见于《金舆山房稿》卷9，第779、785页；李攀龙《明开封府同知进阶朝列大夫王公墓志铭》、《明将仕郎赵君墓志铭》等，《沧溟集》卷19，第269、273页。"钦定四库全书荟要"丛书影印本。古人撰写墓志铭，大多依据家属提供的"行状"等资料，作者本人未必真的很了解墓主的情况。

② 《明英宗实录》卷63，正统五年正月辛亥。

③ 万历《汶上县志》卷2《建置·编里》，"中国地方志集成"丛书影印本，第157页。

四

其实，在众多宣称始祖于明初迁自枣强的谱牒资料中，已经有意无意地透露出附会的影子。如《淄川袁氏家谱》在序文中称"世传为枣强人，而谱则云北京海岱门首人，盖军籍也"①。但在具体的世系表中则介绍一世始祖彦中系"北京海岱门首人。洪武四年堕籍南京龙虎卫左所百户张宝旗下。至永乐靖难后，随驾至北京。蒙迁发于淄川，在城北袁家庄居焉"②。从世系表的记载来看，袁彦中应是于洪武四年被划入龙虎卫军籍。永乐迁都后随本卫迁到北京（海岱门应是其服役地或者居住地）后来又被调拨到淄川地区。至于他的祖籍到底在哪里，后人并不清楚，只是"世传为枣强人"。

值得注意的是，称祖先于明初迁自枣强的族谱大多修撰于清中后期。本文开篇提到的邹平《释氏族谱》初修于咸丰元年（1851），而且其家族在明代一直没有发达起来，"迨至有明鼎革，始瓜衍瓞绵"③。小户人家缺少书香，对祖先的事迹只能通过口耳相传，准确性不免大打折扣。《张氏族谱》"相传五世未有系牒"，虽然自六世即开始编撰，但直到崇祯壬午年（1642）才"付梓镌之"，④而且未能完整地流传下去，到乾隆五十三年（1788）才重新编撰，情形与释氏有类似之处。

之所以有如此多的家族自称来自枣强，似乎与清代的经济社会发展有关。清朝中后期枣强地区发展很快，有"金枣强，银南宫"之说，"枣强者，直隶第一美任也"⑤。以枣强为原籍，不仅可以寻求前人提出的共同的祖先记忆，还可获得心理上的满足。

随着当代寻根问祖、续修族谱的风气日趋浓厚，无意中给我们拨开枣强人背后的迷雾提供了机会。

枣强《王氏族谱》在2009年完成第4次续修。据其道光十一年

---

① 袁世袭等：《淄川袁氏家谱·原序》，道光三年续辑本，崇德堂藏板。
② 袁世袭等：《淄川袁氏家谱·一世始祖彦中》。
③ 邹平：《释氏族谱·原序》，民国二十一年奉先堂续印本。
④ 张务耕：《张氏族谱》卷1《张氏重修族谱记》，光绪二十六年七修本。
⑤ 梁溪坐观老人：《清代笔记》卷下《道学贪诈》，转引自刘德增《大迁徙》，第104页。

（1831）旧谱序载，"前明永乐二年徙海内大姓实畿辅，吾始祖讳刚公自山西省潞安府长治县秦家庄迁于直隶枣强县城东南洼里村"①，此后族人迁徙他乡者众多，渐渐失去联系。从 20 世纪 90 年代起，陆续有很多山东、河北一带的王姓族人到枣强寻根，其中可以对上号的有很多，但完全吻合的只有两支，其中一支来自山东禹城，即十一世王祥振。按 20 年一代人推算，王祥振迁往禹城应该是在万历到崇祯年间。

《王氏族谱》中另载十世王守礼父子"俱外出兖州府正南八十里镇店开店"，此后失去联系。十世王得时"在德州曹乡宦家"，后人同样无考。另据利津《李氏家乘》记载，其家于"明嘉靖间由直隶枣强迁山左利津"。似乎明朝中后期出现了一个枣强及周边人户迁往山东的小高潮。

嘉靖年间，国防形势再度恶化。嘉靖十九年（1540），蒙古俺答汗率军杀入晋中南地区，十年后更是兵围北京城。一旦蒙古军队再次侵入晋南并东出井陉，势必会杀入北直腹地。因此，真定地区必须加强防务。据《冀县乡土志》记载，嘉靖二十一年（1542），明廷"令各县建堡修墩……遇警瞭望，以备声息烽火之传"②。地当孔道的枣强自然不能幸免，"诸郡之卒戍徒役交杂于路，悲歌少年慷慨相向"，③ 一幅大战在即的景象。

另外，当地百姓的生活水准也在大幅度下降。万历《枣强县志》载："民田，洪武年间有任民开垦，永不起科之命。后地尽辟，方每顷税粮二斗八升为例。是时简用舒贡赋薄而民易供。嘉靖初年，差徭日烦，征粮养马，有三十亩折一亩者，有十亩折一亩者。"④ 不断恶化的生活环境以及现实的战争威胁都是百姓外流的动力。

民国时期，冀县有八千顷耕地，但劳动力不足，"南宫、清河等县来佣工者，几居其半"⑤。其中没有提到枣强。似乎枣强人对向西发展没有兴趣，有着更乐于向东迁移的传统。

不过，要理清众多移民自认枣强裔的原因，是否和山西移民转迁有关，以及是否在嘉靖以后存在一个枣强乃至冀州人户东迁的小高潮等问题

---

① 王迺和、王宏湘：《王氏族谱》，追远堂藏版，2009 年续修本。
② 《冀县新乡土志教科书》第 13 课《墩堡》，第 163 页。
③ 李攀龙：《枣强县刘村新建三官庙记》，《沧溟集》卷 19，第 253 页。
④ 万历《枣强县志》卷 2《田赋》，第 295 页。
⑤ 《冀县新乡土志教科书》第 9 课《农业》，第 160 页。

还需要大量的实地调查、论证以及民俗学等相关学科的辅助。

结　语

金元之际，因为战乱、水患等原因，大批冀州及附近地区百姓向东迁徙到了山东境内。但在明初的大规模移民过程中，冀州地区更多的是承担移民迁入地的功能，本地土著东迁齐鲁的规模应该很小。枣强乃至冀州地区出现较多的东向移民更多的应该是发生在明代中后期。但由于规避返乡、族群归属等因素的存在，大批移民后裔自称来自明初，并认定枣强为祖籍。随着时间的推移，原来的权宜之计通过口耳相传变为不可置疑，并通过大批若干代后（主要是在清代中后期）编撰的谱牒逐渐凝固于文字和历史当中。

(本文原载《古代文明》2011年第3期)

天一阁藏《明史稿·邹来学传》校读

陈时龙

1. 邹来学，字时敏，麻城人，宣德八年进士，除户部主事。

按：邹来学（1402—1457年）为景泰名臣，然《明史》、《明史稿》（四百十六卷本）皆无传。焦竑《献征录》卷六十收入萧镃《通议大夫都察院左都御史邹公来学墓志铭》，有删节；萧镃《尚约文钞》卷十所收《通议大夫都察院左副都御史邹公墓志铭》（以下简称《墓志铭》）内容较全；另，汤斌《拟明史稿列传》卷三十四有《邹来学传》（以下简称汤稿）。天一阁藏《明史稿》（以下称阁藏本）有《邹来学传》。阁藏本该卷卷目及标题"邹来学传"下各有一朱文长方印"季野"，篆文，殆万斯同印。

此段记载，汤稿与天一阁藏《明史稿》（以下称阁藏本）完全相同。萧镃《墓志铭》）称邹来学"以《春秋》中永乐庚子乡选"，为户部主事，"以廉勤通敏称"。雍正《湖广通志》卷四十八："吴山……字仲安，麻城人，举明经，任合州学正，善教士。擢知内江……博学多闻，尤精于《春秋》。邹来学辈皆出其门。"又，据《墓志铭》，邹来学祖惠和，父希鲁。《宣德八年进士登科录》："邹来学，贯湖广黄州府麻城县，军籍，儒士，治《春秋》，字时敏。行五，年三十二，四月三十日生……父希鲁，本县医学训科。母徐氏。慈侍下，兄继学、囗学、可学、用学。娶杨氏。湖广乡试第一百囗名，会试第七十八名。"另据民国《麻城县志》卷九耆旧《邹来学传》所附《戒子书》及杨一清跋，邹来学妻杨氏，诸子瀚、沧、澍、海、溥。邹沧世其家学，举乡荐，尝官开州同知；瀚子骐进士，官刑科给事中。叔侄二人，乃相与"辑录公奏议一编"。

《邹中丞奏议》已佚，彭华序尚存。彭华《彭文思公文集》卷三《都宪邹公奏议序》（民国《麻城县志》卷十四艺文志亦载，题《邹中丞奏议序》）："己巳之祸，变生非意，继是而后，边鄙多事，内或连数郡不熟，夫岂独人事之不修也，殆亦气数然欤？……而上天眷佑之生，豫生豪杰奇伟之材以持之……邹公其一也。"彭华尝见邹来学，以为"恂恂章句儒者"。

据光绪《麻城县志》［光绪二十年（1894）刊本］，邹来学为永乐十八年庚子（1420年）举人。邹来学之除户部主事，在英宗正统元年四月。《明英宗实录》卷十六正统元年夏四月癸亥条："擢进士……邹来学……户部主事。"

  2. 正统初[一]督饷镇番，为尚书王骥所器。

整理记：[一]"初"，原作"中"，墨笔改。

按：镇番卫在今甘肃民勤县，时隶陕西行都司。《明史·地理志》："镇番卫，本临河卫，洪武中以小河滩城置。三十年正月更名。建文中罢，永乐元年六月复置。西距行都司五百五十里。"《墓志铭》载："尝督军饷陕西之镇蕃，条画有方，边人赖以给足。时今靖远伯王公骥以兵部尚书行边，一见器重之。"汤稿载："督饷镇番，总督王骥一见器之。"汤稿称"总督"，而阁藏本仅称"尚书"。《明英宗实录》涉及王骥斯时巡边时，皆言"行在兵部尚书"，兼大理寺卿后则称"行在兵部尚书兼大理寺卿"；王骥在云南，始称"总督云南军务行在兵部尚书兼大理寺卿"。《明史·王骥传》、李贤《古穰集》卷十一《忠毅王公神道碑铭》亦皆仅言"许便宜行事"。《中国历史大辞典》（上海辞书出版社2000年）总督条："明正统六年，靖远伯王骥以兵部尚书征麓川，始以总督军务入衔。"王骥之巡陕西，在正统二年。阁藏本初作"正统中"，乃墨笔改为"正统初"，足见严谨。据《明英宗实录》卷四十五正统三年八月癸丑朔条，初朝廷以陕西诸边征粮多弊，各边设户部主事一员，提督收粮，正统三年八月罢。来学以户部主事督饷镇番，或即所谓"提督收粮主事"。

3. 五年，命往江北诸郡，修备荒之政。来学才猷通敏，尽心经画，诸县州咸有储蓄。时民间多负官马，来学请令入粟代课，民咸[二]便之。将竣事[三]，奏言国初积粟备荒，不为[四]不多，未百年而仓廪[五]皆罄者，由委出纳于民，故侵欺者众，近虽令[六]州县官监支，然更代不常[七]，事无专属[八]，脱[九]有干没，罪将谁归？请定委一官，司其出纳，有故则别委[十]官往代[十一]，务令授受分明，庶事有统纪，奸弊不生[十二]。帝报可，遂着为令[十三]。

整理记：[二]自"五年"至"民咸"，原作："五年，遣官修备荒之政，命来学往理江北诸郡，甫至即奏言诸郡钱少，请将民间所负课马入粟代课，从之。"墨笔修改。修改完此句后，作者乃自"民咸"后继续写作，成"民咸便之"一语。此亦足以见阁藏本是即写即改的手稿。[三]"将竣事"初作"既竣事"，墨笔改。[四]"奏言"至"不为"，初作"奏言国初预备仓之制"，墨笔涂改，并接续修改后的"不为"后继续写作，成"不为不多"一语，再见其即写即改、改后再续的成稿历程。[五]"仓廪"初作"仓积"，墨笔改作"蓄积"，朱笔再改作"仓廪"。[六]"令"，初作"有"，朱笔改。[七]"不常"初作"无常"。"近虽令州县官监支，然更代不常"一句，初作"近虽有州县官监支，然更代无常"，脱自《英宗实录》所载"近时虽有州县官监支，然更代无常"一语无疑，详见以下按语。[八]"事无"，初作"始未"，墨笔改。[九]"脱"初作"设"，朱笔改。[十]"委"初作"遣"，墨笔改。[十一]"往代"，初作"代之"，墨笔添"往"，删"之"字。[十二]"奸弊不生"，初作"而奸弊可息"，墨笔改。[十三]"帝报可，遂着为令"，初作"从之"，墨笔改。

按：阁藏本此段记载，《墓志铭》、过庭训《明朝分省人物考》记载颇简略，而汤稿则几乎全然不载。《墓志铭》："既又奉敕以便宜总理预备仓粮于淮扬等郡，尽心营度，声绩绰然。还，升员外郎。"过庭训《明分省人物考》："又奉敕以便宜总理预备仓粮于淮扬等郡。还，升任员外郎。"汤稿则仅云："寻迁员外郎。"正统间朝廷修备荒之政，乃在正统五年七月。《明英宗实录》卷六十九正统五年秋七月辛丑朔条："遣官修备荒之政……户部主事邹来学往直隶扬州等七府州。"请入粟代课之事，《明英宗实录》亦有记载："正统五年十一月……戊申……行在户部主事邹来学言：奉命预备直隶淮安等七府州粮储，而各处官钱所籴不多，乞将今年七月以前民间所负官马当征者暂令视马直入粟，以备赈济，庶事易集而民不困。从之。"据此，阁藏本此段记载，当源出于《明英宗实录》。邹来学议预备仓之疏，亦出《实录》。《明英宗实录》卷七十五正统六年春正月癸丑条："行在户部主事邹来学奏，国初积粟备荒，不为不多，今未百年而空虚者十常八九，盖缘出纳之际委之于民，是以侵欺者多，至勤圣虑，遣臣等修举。今所积者动以万计，若不禁防，切恐复蹈前迹，近时虽有州县官监支，然更代无常，首尾不清，设有侵欺，罪将安归？请专委一官，不妨本职，兼督守仓大户谨其出纳，遇有他故，申达上司别委官代之，务令授受明白，则事有统纪而奸弊息矣。从之。"此疏既上，实不能用。按预备仓初设于洪武年间，然洪武以后有司已不能顾及。杨士奇《东里集》（中华书局1998年）别集《奏对录·论荒政》云："洪武年间，每县于四境设立四仓，用官钞籴谷储贮其中，又有近仓之处，金点大户看守，以备荒年赈贷，官籍其数，敛散皆有定规。……自洪武以后，有司杂务日繁，前项便民之事，率无暇及，该部虽有行移，亦皆视为具文，是以一遇水旱饥荒，民无所赖，官无所措，公私交窘。"（页424）正统朝各地虽有专理预备仓官，如正统五年十月广西右布政使孙曰良尝受命总督广西诸郡预备仓粮水利之政。至天顺七年六月，以巡按江西监察御史吕洪言预备之政司府州县官差委不常无人专理，英宗命各按察司管屯副使、佥事并南北直隶巡按监察御史专理预备仓粮。然而，在府、州、县一级，预备仓多由管印正官监支，而仓设看仓之人。正德间一度设"预备仓官"，旋废。阁藏本所言"着为令"，殆非事实。

4. 户部侍郎徐晞以两淮盐政废坏，荐来学廉洁有为，请委之兼理，从之。还朝，进员外郎。

按：《明英宗实录》卷七十六正统六年二月乙未条："户部左侍郎徐曦言：盐课盈亏，边储盈亏之候也。比见淮、浙岁课，较其簿籍则有余，验其实积则不足，盖由官不得人，非贪饕坏法则柔懦废事，是以商贾守支动经数岁，每遇开中，人怀疑贰，莫肯争趋。其妨边务诚非细故。今行在户部主事邹来学廉洁有为，见在江北公干，乞以两淮盐课委之兼理……上悉从之。"来学之还朝，当在正统六年夏季。《明英宗实录》卷七十八正统六年四月癸巳，谕行在户部尚书刘中敷等："预备之政，本以为民，今农事方殷，民多艰食，尔等急移文各处整理预备粮储官员，已完者即便回京，各司府官仍不妨本职，严督所属照管见积仓粮，不许作弊，未完及该追者亦俟秋成从容整理。"如行在户部郎中王瑄此前奉敕往山东修备荒之政，即于正统六年七月还朝。

5. 骥再征麓川，请以自随。事平，以督[十四]兵转饷劳进郎中。

整理记：[十四]"事平以督兵转饷劳进郎中"初作"专兵转饷，多劳勋，录功"，墨笔修改成"督兵转饷，多效劳勋，录功"，再以朱笔添入"事平以"，删去"多效"、"勋"、"录功"诸字乃定。

按：王骥再征麓川，事在正统八年。萧镃《墓志铭》："公督兵当前锋，能出奇制胜，降附者不可胜计。"过庭训《明分省人物考》："靖远伯王骥征麓川夷，奏请随行，来学督兵当前锋，出奇制胜，降附者不可胜计。靖远伯上其功，升郎中。"清雍正《湖广通志》卷四十八、民国《麻城县志》卷九《邹来学传》皆称督兵当前锋，与阁藏本所言"督兵转饷劳"异。据《明史纪事本末·麓川之役》，王骥前后三征麓川，正统六年及正统十三年征麓川之督饷官分别为户部侍郎徐晞及焦宏，而阙正统八年再征麓川时之督饷官。赵毅先生认为督饷官乃是程富（《论麓川之役》，《史学集刊》1993年第3期），查《献征录》卷五十五苏景元《通议大夫都察院右副都御史程公富行状》，当是。《明英宗实录》卷一〇四正统八年五月甲戌条亦载："命都察院右佥都御史程富往云南督理军饷。"邹来学于王骥军中为何角色，尚不明晰。据《明事纪事本末》，王骥初征麓川之时，尝"荐太仆寺少卿李蕡、郎中侯琎、杨宁，主事蒋琳等为参谋"，再征麓川时以邹来学自随，抑来学亦为军中之"参谋"？据《明英宗实录》卷八十八正统七年正月己丑条所载王骥之奏疏，麓川之役中，诸将攻城之时，则"分遣少卿李蕡、郎中侯琎等往来督战"。抑往来督战，即参谋之主要职责。《明英宗实录》卷一百十七正统九年六月乙未条载："升礼部右侍郎侯琎为本部左侍郎，都察院右佥都御史程富为本院左佥都御史，户部员外郎邹来学为本部郎中，兵部主事赵敏为吏部员外郎，锦衣卫指挥使陈仪为都指挥佥事，录其麓川剿贼馈运劳也。"阁藏本"督兵转饷"四字，殆以

"剿贼馈运"四字转化而来。然"督兵转饷"与"剿贼馈运",皆有歧义。

6. 丁忧服阙,用荐擢通政参议,督永平、山海军饷。

按:邹来学《戒子书》(民国《麻城县志》卷九《邹来学传》附)内自言:"况因守制三年,为家室之累,往往作事不守本分,致人嗟怨,蒙恩宥之。后尔当洗心涤虑,改过迁善,愈谦愈卑,更让更和。"据此,邹来学丁忧期间,或曾为人告讦,蒙恩得赦。《墓志铭》称"复升通政司右参议"。过庭训《明分省人物考》则称:"服阙,升通政司右参议,俾总督永平山海兵储。"此前总督永平、山海边储者为通政司右参议张隆,参见《明英宗实录》卷九十正统七年三月戊子条。正统八年二月,张隆自陈老疾请代,帝不允。《明英宗实录》卷一百五十正统十二年二月丙午,张隆自该职致仕。来学之任通政使司右参议,则在正统十二年十月,举荐者乃周忱等人,所替者正是张隆。《英宗实录》卷一五八正统十二年九月乙卯条:"漕运总兵并各处巡抚官工部左侍郎周忱、都察院右副都御史罗亨信、李纯、后军都督同知武兴、都指挥同知汤节等至京,会六部都察院堂上官具条事宜以闻:一、永平山海等处总督收放粮草通政使司左参议张隆老病致仕,户部郎中邹来学宜任前职,乞加升用。"据此,正统十二年九月周忱等人举荐邹来学升任通政司左参议。然而,次月,邹来学的正式任官乃是通政使司右参议。《英宗实录》卷一五九正统十二年冬十月己巳条:"升户部郎中邹来学为通政司右参议,督理永平、山海等处粮草。时来学守制服阕,吏部会官举之也。"考《明史·职官志》,通政使司左右参议各一人。然而,张隆自正统四年六月至正统十二年任通政司右参议期间,先后曾任通政司右参议的官员还有龚全安、王锡、虞祥、汤鼎诸人,则"通政司右参议总督永平、山海边储"任事在外,不与司事,故不在"左右参议各一人"之限。雷礼《国朝列卿纪》卷八十五说邹来学"正统九年以才干升通政司左通政",误。李贤《古穰集》卷二十八杂录:"同年邹来学由户部郎中改通政司参议,不以为美,谓此官何足荣?予谓误矣,且曰:'无才何敢当此?若才有余而位不足,公论以为亏,此是好消息;或才不足而得高位,公论以为非,此非好消息也。'遂悔谢,自后歷显职而愈觉斯言有验也。惜乎今之士虑不及此，惟恐位之不高于才也。"

7. 景帝即位，以[十五]右佥都御史提督军务[十六]，巡抚顺天、永平二郡[十七]。

整理记：[十五]"以"，初作"命以"，墨笔删"命"。[十六]"提督军务"四字，墨笔添入。[十七]"二郡"，"二"字系墨笔添入。

按：邹来学之升任右佥都御史，乃在正统十四年八月戊辰二十一日。《明英宗实录》卷一八一正统十四年八月戊辰条："令升……通政司右参议邹来学为都察院右佥都御史，参赞应城伯孙杰等处军务，仍理粮草。"土木堡一役，英宗被擒，乃在正统十四年十五日壬戌，而乙丑十八日皇太后敕朱祁钰"暂总百官理其事"。景帝之正式即位，乃在十四年九月。土木堡变后，邹来学先由通政使司右参议升任右佥都御史参赞军务，再于九月以右佥都御史提督军务，巡抚顺天、永平二郡。"参赞军务"与"提督军务"不同，然"参赞军务乃重任"（英宗正统十年二月语）。九月，邹来学以右佥都御史提督军务。

然而，其提督的范围，诸种记载有差异。《墓志铭》称："升都察院右佥都御史，提督永平、山海总兵镇守等官军务及顺天、永平二郡，兵民悉兼抚之。"过庭训《明分省人物考》亦称："右佥都御史提督永平、山海军务兼抚顺天、永平二郡。"然而，彭华《都宪邹公奏议序》却称："公自通政参议进佥都御史，总督永平、山海粮储，兼督蓟州、遵化、居庸、紫荆诸边关军务。"雷礼《国朝列卿纪》卷一百称："逆虏内侵，特升右佥都御史提督军务总督粮储兼顺天、永平、紫荆、倒马等关。"按萧镃的说法，邹来学提督的范围只是永平、山海关军务，而照彭华等人的说法，则邹来学提督的范围西至紫荆关，东至山海关，整个京师的外围防务，皆在邹来学的提督之下。《明史纪事本末》卷三十三《景帝登极守御》亦称："（正统十四年）于谦独排众议。命尚书石璞镇守宣府……佥都御史王竑城昌平，都御史邹来学提督京都军务。"事实上，彭华、雷礼的说法有误。当邹来学升任右佥都御史时，紫荆关、居庸关不在邹来学的提督范围内。徐学聚《国朝典汇》卷五十五总督巡抚条载："（正统十四年）九月，擢兵部郎中罗通、给事中孙祥并为副都御史，分守居庸、紫荆等关；通政司参议邹来学为佥都御史，提督永平、山海。"这条史料将土木堡变后各自提督的范围描述得很清楚。邹来学分守之地，不过永平、山海等地。紫荆关由邹来学提督之说法，是源于以下"也先由紫荆逼京师，来学奉诏入卫"之事，详下。

8. 时兵事孔棘，人心恟惧，来学[十八]于是广斥堠，谨烽燧，简将士，弭盗贼，修关隘，兵政振饬[十九]。

整理记：[十八]"来学"之"来"，系墨笔添入。[十九]"兵政振饬"之下，初有"畿辅赖以无恐"一语，朱笔删。

按：阁藏本此段文字，亦《墓志铭》所无，而与汤稿略近。汤稿载："时边事孔棘，来学广斥堠，谨烽燧，举将材，守要害，寇不敢犯。"汤稿此段记载当脱自雷礼《国朝列卿纪》卷百十七《整饬蓟州边备兼巡抚顺天等府行实》——"时人心皇皇，奔避无地，来学独广斥堠，谨烽燧，处财用，举将材，守要害，精兵械，虏不敢犯。"据此，则阁藏本此段记载大约曾以汤稿为底本，而又参考雷礼《国朝列卿纪》，由"人心恟惧"、"人心皇皇"二语极似可见。

9. 未几，也先由紫荆[二十]逼京师，来学奉诏入卫。比至，寇已退，因令帅所部与杨洪袭其后，有功[二十一]，赉银币。

整理记：[二十]"由紫荆"三字，朱笔添入。[二十一]"有功"，初作"事平"，墨笔改。

按：诸家记载多未及此事，而《墓志铭》将此事载于下文奏疏之后："上亦知公果可大用，手敕公率所部精锐趋紫荆关、易州，偕昌平侯杨洪追蹑虏后。事平，复受白金文绮之赐。"奉诏入卫事，《明英宗实录》系之于正统十四年十月："庚申……敕巡抚永平等处右佥都御史邹来学、参将胡镛率兵二万入援。"

作者初未有"由紫荆"一语，后乃以朱笔添入。此于景泰年间也先入侵路线之描述，颇有深意。吴智和先生《明景帝监国登极时期居庸、紫荆两关之城防》（明史研究专刊）第五期，大立出版社1982年）一文尝专门探讨。居庸、紫荆、倒马，为京师防卫之内三关。紫荆关在保定府易州西八十里，为京师西南屏障，土木变后由孙祥、韩青驻守。由居庸关入，则势必先经宣府。罗通镇宣府，辅以地形复杂，易守难攻，而紫荆关"宽敞多歧路，守者素不为备"，故也先乃选择自残破之大同镇自西趋紫荆关。十月初九日，也先攻关。十二日，守将韩青力竭自刎殉国，右副都御史孙祥、太监阮尧民亦战死。十四日，也先攻京师不胜，乃于十月十七日自紫荆关出。之前，十月十日，景帝召宣府、辽东总兵官将官入援京师。阁藏本所谓"来学奉诏入卫"，则在十月十三日。《明英宗实录》卷一八四正统十四年冬十月庚申条："敕巡抚永平等处右佥都御史邹来学参将胡镛率兵二万入援。"入援京师者，还有宣府总兵官杨洪，而镇守居庸关之罗通深知"保京师保居庸足矣"，一人一马不敢南渡。《明英宗实录》卷一八四正统十四年冬十月癸酉条："敕蓟州等处总兵官宗胜、右佥都御史邹来学、都指挥佥事胡镛将所选精军五千付来学与镛率领，来京追袭达贼，其余军马胜领回本处操守。"癸酉乃二十六日，距京师之战已十余日。杨洪、邹来学入卫后属于机动队伍，奉命"袭其后"，亦在情理之中，然此时邹来学似乎尚未抵达京师。此前，杨洪曾追袭瓦剌军队，于二十五日壬申追及"残虏"，夺回被掳人口万余。抵京之后，邹来学的身份似乎已改为"巡抚通州"。《明英宗实录》卷一八七景泰元年春正月壬申条："巡抚通州等处右佥都御史邹来学奏，易州密迩紫荆关，原有土城，居民鲜少，请于腹里调发一卫，连妻孥前来安插，暂修土城，俟春暖甓以砖事。"以"前来安插"一语论，此时邹来学应该是在易州、紫荆关一带。然而，《明英宗实录》卷一八七景泰元年春正月癸卯条则复称"巡抚永平等处右佥都御史邹来学"。邹来学"兼督蓟州、遵化、居庸、紫荆诸边关军务"之事，李东阳《邹都宪蓟州祠堂记》（光绪《麻城县志》卷四十五）可资为证。李东阳与邹来学之子邹瀚、孙邹骐相识，似乎还曾见过邹氏所编之年谱，"获见其谱末铭诔，粗识公一二"，说："也先入寇，进都御史，兼督蓟州、遵化、居庸、紫荆诸边关军务。"王士翘《西关志》（北京古籍出版社1990年版）"居庸卷之三"载："巡抚都御史，遵化县驻箚。魏骥，正统十一年任；邹来学，湖广麻城人，天顺五年任。"据此，驻扎于遵化的巡抚都御史兼督居庸关，是始于正统十一年的事情。"天顺"或是"景泰"之误。

10. 奏言神京四塞之地，寇敢深入者，以有险不守[二十二]故也。今议者率以敛人畜、窖刍粟为至计，此可施之边城，未可用之内地[二十三]也。请简文武大臣，分统禁旅，出扼要害[二十四]，使首尾相应，声威远扬[二十五]，寇自不敢深入。若徒拥重兵京师，仓猝调遣，曷济于事？廷议题之。

整理记：[二十二]"不守"，初作"不修"，墨笔改。[二十三]"内地"，初作"畿"，墨笔添"甸"改作"畿甸"，朱笔删除，改为"内地"。[二十四]"出扼要害"，初作"扼要害"，墨笔添入"出"字。[二十五]"远扬"初作"奋扬"，朱笔改。

按：此段文字，与汤稿极近，自"奏言"至"用之内地也"文字全然相同。"用之内地"四字，汤稿作"用之畿甸"，阁藏本初亦作"用之畿甸"，朱笔将畿甸抹去，易为"内地"。自"请简文武大臣"始，文字较汤稿有删节及改易。然"首尾相应、声威远扬"、"若徒拥重兵京师，仓猝调遣"诸语，则又与《墓志铭》颇近。故此段文字，乃阁藏本作者参合汤稿及《墓志铭》而为。

11. 景泰二年，奉命[二十六]督修关堡，自山海关至天寿山[二十七]，东西千里，屹然相望，咸雄壮[二十八]坚固。久之，进左副都御史，巡抚如故[二十九]。

整理记：[二十六]"奉命"，初作"命来学"，墨笔添入"奉"，朱笔删"来学"。[二十七]"督修关堡，自山海关至天寿山"，初作"督修山海关至天寿山诸关隘大堡"，墨笔改作"督修关隘大堡，自山海关至天寿山"，再墨笔删除"隘大"二字。[二十八]自"东西"至"雄壮"，皆墨笔添入。[二十九]"巡抚如故"四字，朱笔添入。

按：《明英宗实录》卷二〇〇景泰二年春正月丙午条："敕右佥都御史邹来学曰：即今虏寇未靖，守御之方，莫要于谨关隘；军民疲困，安治之道，莫先于勤抚绥。朕以尔素廉勤有为，久在边方，人心信服，兹命尔提督修守山海关至天寿山一带关隘，整理大小屯堡，仍兼提督顺天永平二府地方。一应卫所操练军马，修理城池，禁防盗贼，革去奸弊，遇有虏寇，督同总兵、镇守等官相机战守，凡事俱听尔便宜处置。钦哉！"邹来学之进为左副都御史，在景泰四年（1453）十月。《明英宗实录》卷二三四景泰四年冬十月甲午条："升都察院右佥都御史邹来学为左副都御史，仍提督永平等处军务。"然而，《墓志铭》则载："景泰癸酉（1453），升左副都御史，敕兼提督居庸、紫荆、倒马、白羊、龙泉等关，凡所在镇守等官，悉听节制。公又建议，以谓畿甸迤西……"萧镃《墓志铭》记载有误。自景泰三年起，参赞易州等处军务右佥都御史陈泰已替代原保定巡抚祝暹巡抚保定等六府地方，则保定府易州一带民事显不由邹来学巡抚。阁藏本"巡抚如故"四字，当说邹来学仍巡抚顺天、永平二府。

12. 驸马都尉薛桓家奴侵占民田[三十]数十顷，来学劾桓罪，诏宥桓，杖其家奴，归田于民。

整理记：[三十]"民田"之前，朱笔删去"玉田县"三字。

按：玉田县隶顺天府。《墓志铭》、汤稿皆不记此事。阁藏本此记载，无疑源于《明英宗实录》。《明英宗实录》卷二四七景泰五年十一月壬戌条："驸马都尉薛桓家奴招诱流民占种玉田县民田数十顷，且纵收民田，伤和稼，巡抚右副都御史邹来学劾桓罪，诏宥不问，收其家奴杖而释之。"右副都御史，乃左副都御史之误。薛桓，正统五年（1430）尚宣宗次女常德公主，成化六年（1470）薨。

13. 六年，廷议以南畿诸郡岁大祲[三十一]，巡抚李敏一人拊循不足，命来[三十二]学抚[三十三]苏、松、常、镇四郡，兼理浙江嘉、湖[三十四]二郡水利。濒行，所部[三十五]文武军民连章乞留，不允。

整理记：[三十一]"廷议以南畿诸郡岁大祲"，初作"苏松常镇四郡大祲"，墨笔删除，于旁书"廷议以南畿诸郡岁大祲"。[三十二]自"巡抚"至"命来"，皆墨笔添入。[三十三]"抚"前初有"专"字，墨笔删除。[三十四]"浙江嘉、湖"，初作"嘉兴、湖州"，墨笔删除"兴"、"州"字，添入"浙江"二字。[三十五]"濒行，所部"，初作"于是"，墨笔改。

按：来学巡抚苏松，《墓志铭》、雷礼《国朝列卿纪》皆系于景泰五年。《墓志铭》载："甲戌（1454）秋，苏松常镇诸郡累言比岁水旱相仍，民疫死者道路枕藉，诏廷臣议举文职有德望才智者一人往抚绥之，金谓无如公宜，即日敕公莅其事。"过庭训《明分省人物考》载："甲戌秋，巡抚苏松常镇诸郡。"雷礼《国朝列卿纪》卷百十八："景泰五年，迁巡抚应天等府右副都御史。"后出之雍正《湖广通志》卷四十八《邹来学传》亦载："景泰癸酉（1453），升副都御史；明年（1454），巡抚南畿。"汤稿则模糊处理："景泰中，苏松诸郡频年水旱。进副都御史，往抚之。"然《英宗实录》卷二四九景泰六年正月己酉条明确记载："敕提督蓟州、永平军务左副都御史邹来学巡抚苏松常镇四府，抚安兵民，操练军马，禁防贼盗，赒恤贫困，兼理四府并浙江嘉、湖二府水利事，益于民者听其便宜处置。来学既行，镇守蓟州、永平、山海等处总兵官都督佥事宗胜奏乞仍留来学参赞军务，同济事，不允。"阁藏本取信《实录》，其此段记载乃提炼《实录》之记载而成。

14. 来学驰至苏州，奏言岁之饥馑，何地无之，然[三十六]未有如今日之甚者。臣巡历所至，见死者枕藉盈途，生者啼号盈市，鬻妻卖子，在在有之。郡邑仓储，臣已给赈。其粮少之处[三十七]，或移粟于邻境，或称贷于富家，凡逋负采办差徭之属，已悉停止，宜乎民困可苏。奈疫[三十八]疠大兴，有举家尽死者，及小麦将熟，忽皆黄朽，既非旱涝所致，又非风雨所伤，变出非常，民将何望[三十九]？臣战兢恐惧，原其所自，必有以召之[四十]。窃[四十一]见郡邑之官，爱民者[四十二]少，剥民者[四十三]多，词讼旁午而不问，囹圄充满而不知[四十四]，加之[四十五]里巷[四十六]奸民，包纳贡赋[四十七]，以官钱为私货，以公廪为家资，而豪民欺凌下户，至[四十八]催科剥其脂膏，取债罄其杼轴。凡此奸弊，不能备陈[四十九]。其已甚者，臣已执问如律，余令自新。但巡抚者[五十]，守令之表率[五十一]，灾异如此，实臣之辜，乞罢臣归里，别选贤者代之。帝复诏不许。

整理记：[三十六]"然"字墨笔添入。[三十七]"粮少之处"，初作"无粟者"，墨笔改"乏粮之处"，再以朱笔删"乏"字，添入"少"字。[三十八]"奈疫"，初作"奈何"，墨笔改。[三十九]"民将何望"，初作"饥民何望"。墨笔改。[四十]"召之"，初作"召之者"，墨笔删去"者"字。[四十一]"窃"字，墨笔添入。[四十二]"爱民者"初作

"忧困爱民者"，墨笔删"忧困"二字。[四十三] "剥民者"，初作"剥民虐下者"，墨笔删"虐下"二字。[四十四] "知"，初作"理"，朱笔改。[四十五] "加之"二字，墨笔添入。[四十六] "里巷"，初作"里闾"。[四十七] "贡赋"，初作"官物"。[四十八] "至"初作"乃至"，墨笔删"乃"字。[四十九] "备陈"，初作"枚举"，墨笔改。[五十] "巡抚者"，初作"巡抚大臣又"，朱笔改。[五十一] "表率"，初作"率"，墨笔添入"表"字。

按：此道奏疏，诸家记载多不载。《墓志铭》载为民请贷京粮三十万石之事，而不及此疏，其他诸种记载多沿袭。阁藏本此疏，当源自《实录》。《明英宗实录》景泰六年五月己酉条："巡抚南直隶左副都御史邹来学奏：天之异，何时无之，未有如今日之甚；民之饥馑，何地无之，未有如苏松之甚者。是以恭劳圣虑，颁优给之典，下宽恤之条，尤恐未得其所，复命臣巡抚其地。臣巡历郡邑，体验民情，死者相枕连途，生者号啼盈市，弃家荡产，比比皆是，鬻妻卖子，在在有之。臣已令郡县稍有仓粮者按月关给，赈济其不敷之所，或移粟于邻壤，或贷种于富家，凡未完粮草买办差徭之类，俱令停宜，俟其人心仅安，生理少遂。奈何疫疾流行，非徒苏、松，其嘉、湖、常、镇亦然，有一家连死至五七口者，有举家死无一人存者。生民之患，莫重于此。又小麦将熟，忽皆黄圬，不系旱涝所致，又非风雨所伤，事出不测，空腹待食之民，惶惶失望。以土沃民庶之地，变为嗟怨愁叹之墟。臣战兢是惧，洗雪无由，推其所自必有以召之矣。恭惟皇上中兴以来，法祖敬天，爱人节用，岂期郡邑之官忍心害理者，十有八九，忧国爱民者，百无一二。科敛银两不下千百，侵欺粮米动经数万。词讼旁午而不问，囹圄充盈而不理。里间奸贪之徒，包纳供应之物，以官钱为私货，以公廪为家资。大家豪户，凌虐小民，催科剥削其膏脂，取债罄空其杼轴。其他民患宿弊，不能枚举。臣将已甚者执问如律，余令警省自新。切详守令者，生民之父母，巡抚者又守令之表率，今异如此，虽守令之过，实臣之罪也。伏望皇上将臣罢归田里，敕命大臣刚明廉干者任巡抚之责，庶天心可回，患可息，奸弊可除，军民可安。诏曰：比因东南人民艰难，特遣卿设法抚安，今后务须殚厥心力，庶得事妥民安，不允所辞。"

15. 先是，民赋输京[五十二]者，悉令官军兑运，后因也先入寇，留漕卒守御，仍令民自运，于是民间[五十三]大困。至是边警已息，而民运不改。来学以为言，帝立报可。

整理记：[五十二]"输京"，初作"应输京师"，墨笔删。[五十三]"民间"，初作"民"，墨笔添"间"字。

按：邹来学此疏，在景泰六年十月。《明英宗实录》卷二五九景泰六年冬十月丙午条："巡抚苏松等处左副都御史邹来学奏，苏松等府民该纳在京税粮，旧例俱与官军兑运，后因瓦剌入寇，存留官军守备京城，暂令民运。近者连被水旱，民力艰难，乞照旧军运为便，从之。""民间大困"之情形，《墓志铭》及过庭训《分省人物考》皆言之："役民十五万，加以盘费之资须银三十万两、米四十万石"，而汤稿虽根柢《墓志铭》，乃误称"役者五十万人"，则汤稿之粗疏可知。兑运之法，始于明宣德六年。《明史·食货志》："（宣德）六年，（陈）瑄言：'江南民运粮诸仓，往返几一年，误农业。今民运至淮安、瓜洲，兑与卫所官军，运载至北，给与路费耗米，则军民两便，是为兑运。'命群臣会议。吏部蹇义等上官军兑运民粮加耗则例，以地远近为差：每石，湖广八斗，浙江七斗，南直隶六斗，北直隶五斗，民有运至淮安兑与军运者，止加四斗，如有兑运不尽，仍令民自运赴诸仓，不愿兑者，亦听其自运。军既加耗，又给轻赍银为洪闸盘拨之费，且得附载他物，皆乐从事，而民亦多以远运为艰。于是兑运者多，而支运者少矣。"

16. 来学素有才智，其抚顺天，声绩[五十四]大著，为一时抚臣之冠。及是，劳心[五十五]贻恤，发粟至百余万石，饥民赖以全活[五十六]。而来学颇摧抑大户，由是谤议腾起，时望渐损于前[五十七]。

整理记：[五十五]"及是，劳心"，初作"及口南"，墨笔改。[五十六]"饥民赖以全活"，初作"民全活"，墨笔添入。[五十七]"时望渐损于前"，初作"时望渐损焉"，墨笔改。

按：邹来学在京畿东北边关，颇有声绩。据李东阳《邹都宪蓟州祠堂记》（光绪《麻城县志》卷四十五），邹来学卒后五十年后，蓟州、遵化等地皆为邹来学建祠立碑。刘玥《古直先生文集》（《四库全书存目丛书》影印嘉靖三十二年刘铳刻本）卷九《邹都宪祠堂记》云："都察院左副都御史邹公时敏尝巡抚蓟州、永平、山海诸处，去今三十载，而公之即世又已久。都阃刘君辅为作祠堂以祀之，而征言于余……往者北虏犯顺，骚动编民，智者疎谋，强者缩勇，时或难之，而公独以忠义自许，腾掷鹍鹏之力，振扬山岳之气，出奇策，实仓库，举将才，守要害，固城垣，精器械以捍御侵掠，安集群生，而朝廷倚重之如左右臂。当是时，公之德望，殆不愧所谓社稷臣。"（页十八至十九）《墓志铭》载，邹来学在苏松，"察官吏之奸贪与凡大家之暴横者，悉绳以法。由是小民咸惜公来之晚，而奸民豪家大不便，相与飞语以撼之。公不为动，行之益坚"。又，来学抚吴期间，尝于景泰六年归省扫墓。萧镃《尚约文钞》卷六《送都宪邹公省墓序》："都察院左副都御史麻城邹公巡抚吴中，岁八月来朝，既竣事，上疏言臣父母累蒙诰赠而未得展焚黄之私，乞假，许之。"其发粟赈灾、抚治之大概，萧镃《送都宪邹公省墓序》亦言之："始公之得命也，即请留是年输京米三十万石赈济。既至，又发诸郡储廪凡百余万继之……日夜劳苦，不得休几，几以致疾。是秋，下田适大熟，病者愈，饥者饱，熙熙然相安如平日。"然而，王琦《寓圃杂记》（中华书局1984年版）卷三《记守令》条载："杨公名贡，字秉魁，抚州人。先为御史，景泰五年按苏，时郡中大饥，死者相枕。郡邑皆冗官，巡抚邹来学号令烦碎。""号令烦碎"，或亦有之，为不伤其大节，故史稿不着一笔。清人赵翼说"明史立传多存大体，不参校他书，不知修史者斟酌之苦心也"（《廿二史札记》，中华书局1984年版，页723），正谓此也。

17. 会来学亦多病，踰年遂卒，论者犹惜未究其用云。

按：来学之卒年，在景泰七年（1457）。《墓志铭》载："景泰七年七月二十九日……至淮阴驿以卒，年五十有五。"据此，则来学当生于永乐元年（1403）。傅泽洪《行水金鉴》卷一百九："明景帝景泰七年九月戊辰朔，以右佥都御史陈泰巡抚南直苏松等处，时在扬州疏浚河道巡抚邹来学卒，户部以闻，故命泰代之。"彭华《邹中丞奏议序》则云："两受重寄，鞠躬尽瘁。"张萱《西园闻见录》卷十三载："（邹来学）卒之日，以后事托一属吏，属吏故见憎于公，发公箧，止禄俸数金。属吏泣曰：'邹公清节，过人远矣！'"《明英宗实录》卷二六八景泰七年秋七月丙申条："都察院左副都御史邹来学卒。来学字时敏，湖广麻城县人，宣德间举进士。为户部主事，升员外郎，从靖远伯王骥征麓川，以功升郎中。母丧起复，改通政司右参议，督永平、山海粮储。正统己巳，虏犯京师，升右佥都御史，提督永平山海军务，及巡视畿甸东北诸关隘。来学能以权制莅事，一时称巡抚者以为最。时关隘守卒多见役于权豪，来学请惩戒役之者，又请择文武大臣各帅军据险以要虏归路，然后大军从而逐之，内外夹攻，宜无不殄灭。于是敕来学帅所部趋紫荆关、易州等处，偕昌平侯杨洪追蹑虏后。景泰癸酉，升副都御史，命兼制居庸、倒马、白羊、龙泉等关。甲戌，改命巡抚南畿，名誉日损于前。至是，以疾卒，遣官致祭，命有司归丧营葬。"七月丙申，即七月二十九日。然而，《明英宗实录》为邹来学所作此传，与《明英宗实录》前文所载邹来学事迹是冲突的：如前文校读部分忆澄清景泰四年以后邹来学以左副都御史巡抚的范围仍是顺天、永平两府，而实录所作小传则基本是取信于萧镃《墓志铭》的说法；如前文校读部分已澄清邹来学巡抚南畿是在景泰六年乙亥，而实录所作小传则基本是取信于萧镃《墓志铭》中所谓景泰五年甲戌的说法。这两点，前一点从《墓志铭》到《英宗实录》之邹来学小传，再到晚明过庭训的《明分省人物志》以及清初汤斌的《拟明史稿列传》，都是错误的；后一点，从《墓志铭》到《英宗实录》之邹来学小传，再到晚明过庭训的《明分省人物志》，也都是错误的。然而，阁藏本没有被所迷惑，而是根柢于《实录》中邹来学的事迹，从而排除了《墓志铭》以来诸种记载的干扰。由此可见，万斯同修《明史》，以《实录》为根柢，并不完全是以《实录》中相关传主的传文作根柢，而是依据《实录》中逐年的事迹记载。

校读余论：一、阁藏本《邹来学传》尝参考汤稿（参见段落1、6、10），然阁藏本依赖汤斌拟稿的程度极为有限，如阁藏本将"神京四塞之地"之疏置于与杨洪蹑敌踪之后、景泰六年巡抚苏松，皆与《墓志铭》及汤稿异（参见段落7、13），而正统五年江北备荒之疏及景泰六年巡抚苏松之疏等，亦皆《墓志铭》及汤稿所无（参见段落3、14）；汤稿所载邹来学请边臣修关隘之疏及汤稿所拟论赞，悉置不用。其记载矛盾处，阁藏本则往往能排除干扰，采信《实录》（参见段落11）；其事迹、奏疏《墓志铭》、汤稿不载者，阁藏本则撷自实录（参见段落3）。凡之前诸家记载之"虏"字，于汤稿及天一阁稿中，悉作"寇"，以避忌讳。这可以看出万斯同修史时对材料选择的博求，以及修史时对忌讳的自觉回避。二、笔者曾于《天一阁藏〈明史稿〉之〈罗汝芳传〉初探》（《北京联合大学学报》2009年第2期）一文中指出，天一阁藏《明史稿》手稿部分是"万斯同因不满史官所纂初稿而自行起草的稿子"。通过《邹来学传》的校读，我们发现，汤斌《拟明史稿列传·邹来学传》基本上是抄袭明人萧镃的《墓志铭》而成，所以非但沿袭了萧镃的错误，甚至有的地方还因为抄袭的错误而制造了新的错误（参见段落15）。如此粗疏的一部传稿，到了熟谙明史的万斯同手中，自然是不能满意的。三、熟悉《明史》编纂的学者都知道，万斯同最推崇的两部明代文献，是作为明代一朝国史的《明实录》和焦竑的《献征录》。万斯同在《寄范笔山书》（《石园文集》）中说："惟焦氏《献征录》一书，搜采最广，自大臣以至郡邑吏，莫不有传，虽妍媸备载而识者自能别之，可备国史之采择者，惟此而已。客岁馆于越城，得观有明历朝实录，始知天下之大观盖在此乎。虽是非未可尽信，而一朝之行事暨群工之章奏，实可信不诬。因其事以质其人，亦思过半矣，始叹不观国史，而徒观诸家之书者，真犹以管而窥天也。弟窃不自揆，尝欲以国史为主，辅以诸家之书，删其繁而正其谬，补其略而缺其疑，一仿通鉴之体，以备一代之大观。"徐乾学也说："诸书有同异者，证之以实录，实录有疏漏纰缪者，又参考诸书集众家以成一是。"（《憺园文集》卷十四《修史条议》）然万斯同对于《实录》之信，又不在迷信《实录》中诸臣之小传，而在于取信于"一朝之行事暨群工之章奏"，故阁藏本采撷《实录》内奏疏颇多，而能避开《实录》内邹来学的小传的错误（参见段落17）。之后王鸿绪诸人续修明史，其事实年月也多以实录为本，而于实录小传亦多致疑，参见侯仁之先生《王鸿绪明史列传残叶》（《燕京学报》第25期，1939年，页223）四、万斯同全文千余字的《邹来学传》，非但没有进入最终张廷玉的《明史》，连之前的四百一十六卷《明史稿》也未见邹来学传。甚至，据《明史人名索引》（李裕民编，中华书局1985年），整部《明史》之中，竟然根本就没有出现"邹来学"的名字。作为明代巡抚中很杰出的一位，以及正统、景泰年间负责京城防务的要员，邹来学传记在《明史》中的失踪令人费解。笔者揣想，邹来学提督边关军务，《奏疏》中必有清人所谓"违逆"处，或因文而废人。孟森先生论《明史》之隐没事实，称其"凡明文武诸臣，曾为督抚镇巡等官者，皆削其在辽之事迹，或其人生平大见长之处在辽，则削其人不为传"(《明清史讲义》上册，中华书局1981年版，第2—3页）。邹来学大概即孟森先生所言的"生平大见长之处在辽"者！

（原文载中国社会科学院历史研究所、日本东方学会、大东文化大学编：《第一届中日学者中国古代史论坛文集》，中国社会科学出版社2010年版）

明代北直隶的水利营田

李成燕

明代的北直隶为京畿一带，亦有京师、畿辅之称，其范围东至辽海（与山东界），南至东明（与山东、河南界），西至阜平（与山西界），包括今天的河北省和北京、天津二市，还有山东北部的小部分市县。

水利一词较早见于战国末期问世的《吕氏春秋》中的《孝行览·慎人》篇，但它所讲的"取水利"系指捕鱼之利。约公元前104—公元前91年，西汉史学家司马迁写成《史记》，其中的《河渠书》是中国第一部水利通史。该书记述了从大禹治水到汉武帝黄河瓠子堵口这一历史时期内一系列治河防洪、开渠通航和引水灌溉的史实之后，感叹道："甚哉，水之利害也！"并指出："自是之后，用事者争言水利。"[①] 从此，水利一词就具有防洪、灌溉、航运等除害兴利的含义。以后随着社会经济技术的不断发展，水利的内涵不断充实扩大。但是，水利的含义仍主要是防洪、灌溉、航运三方面。而所谓水利营田，一方面是指对水充分利用，引水灌溉，并防治洪涝、干旱等自然灾害，发展农业生产，提高粮食产量；另一方面指为了提高产量而改变传统的耕作习惯，兴修水利，在北方尝试发展水田，这是本文讨论的主要内容。

若论明代北直隶兴修水利工程，发展农田水利，则早已有之。但是，若说人为的实施水利营田，开垦荒田，或在条件允许的地方营治水田，却主要是明中期尤其是嘉靖以后的事情。

---

① 《史记·河渠书》。

一

　　明代中后期，随着国家军事、经济方面的需要，每年从南方漕运到北方的漕粮不下四百万石，而北方的海河流域水涝灾害也较以前频繁。弘治中（1488—1505），刘六、刘七领导的农民起义军转战于河北、山东等地，一时运道梗阻，京师上下惊恐；嘉靖、隆庆年间（1522—1572）黄河先后决溢15次，南北运道频频梗阻，政治、经济、财政危机日趋严重，于是，开发畿辅水利的议论又复兴起。在这种情况下，兴修水利，发展北方水田的主张又重新被提出来。

　　大学士丘濬首先重提虞集旧议，建议于京东沿海地区筑堤捍水，浚河蓄水，改良和利用滨海土地，发展农业生产，在地势平衍的京畿一带，开沟挖河，兴修畿辅水利。嘉靖九年（1530），兵部尚书李承勋建议在天津一带"开通陂塘，筑堰引水，以种稻田。三年后视有成效，奏请起科"①。隆庆四年（1570），直隶巡按御使杨家相再次建议开发京东、河南、山东诸省水田。②但这些建议实际上都没能付诸实施。万历年间的徐贞明也提出兴修畿辅水利，开垦水田，并付诸实施，取得了一定成绩。万历三年（1575），任工科给事中的徐贞明上疏神宗，要求采纳虞集发展畿辅水利的主张，改变京师仰食东南的不正常状况，同时亦可发展北方经济。他认为，如果北方有一石粮食的收获，就可以节省南方几石的漕运量，如果能持续发展下去，"东南民力庶几再苏"③。所以他主张兴修北方水利，发展北方水田。他认为，在上游应开渠灌田，在下游开支河分泄洪水，淀泊洼地留以蓄水，附近高处开辟圩田，如此则水利兴而水害除；"至于永平滦州抵沧州庆云，地皆萑苇，土实膏腴，元虞集欲于京东滨海地，筑塘捍水以成稻田，若仿集意，招徕南人，俾之耕藉，北起辽东，南滨青齐，皆良田也。"④后来，徐贞明因涉及朝政被贬官，乘舟行驶在白河（又叫潞河）

---

① 《明世宗实录》卷112，嘉靖九年四月癸亥。
② 《明穆宗实录》卷43，隆庆四年三月戊子。
③ 吴邦庆辑：《畿辅河道水利丛书·潞水客谈》。
④ 《明史》卷223，《徐贞明传》。

上，有感而发，著《潞水客谈》，进一步阐述自己的见解和论证北方兴修水利的14条理由，详细论证了在北方开发水利的必要和可能，驳斥反对意见，提出具体办法，并主张先在京东水利条件好的地方开垦水田，然后再推广到畿辅的其他地方。这一意见，是他派人进行实地考察后提出的，并且绘制了地图。万历十三年（1585）九月，徐贞明被任命为尚宝寺少卿，后兼监察御史，领垦田使，前往京东各地实施水利营田。徐贞明利用驻扎在蓟州熟习农务的南方士兵进行屯田，同时招募南方农人开治水田，第二年便在京东永平府（治今河北卢龙县）东西100余里，南北180里的范围内垦田39000余亩。① 之后，他至真定府，将治滹沱近堰地时，御史王之栋上疏皇帝说在京畿营田有12条不利之处，反对在滹沱河兴水田，主要是说河流迁徙无常，本地土壤筑堤不坚固，水含泥沙多不宜灌溉，动大役滋扰地方，在京畿地区聚集这么多的士兵不利于稳定等。结果徐贞明被罢官，畿辅种植水田的活动也中途而废。

《万历野获编》对于徐贞明水利营田的失败作过这样的评说：

> 徐孺东之开水利，已渐有绪。徐遽疏言："此役必成，可省江南漕运之半。"此语闻，而畿辅士绅大怖："是且加赋吾乡！"遂入王御史之栋弹章，而水田之役遂辍。王为直隶宁晋人，以故有桑梓巨害之疏。②

即北方缙绅害怕因漕粮减少而增加自己的田赋，因而强烈反对，营田遂败。徐光启在《农政全书》里辑录了徐贞明的《潞水客谈》，他在"惟西北有一石之入，则东南省数石之输，所入渐富，则所省渐多"之后，批注说："此条西北人所讳也，慎弗言，慎弗言。"③

万历二十至二十五年（1592—1597），日本多次进犯朝鲜，明朝三次派兵援朝抗倭。当时曾在天津屯驻重兵，以作防卫。为了就地解决给养，又重开水利营田。万历二十九年，天津、登莱等处海防巡抚汪应蛟组织军民在天津垦田。

---

① 《明史》卷223，《徐贞明传》。
② 刘若愚：《万历野获编》"西北水利"，中华书局1959年版。
③ 徐光启：《农政全书》卷16水利。

早在万历二十五年（1597），天津巡抚万世德就建议开垦天津水田，经朝廷批准，下令可以在静海至直沽、永平一带开垦，无论军民，都要"自备工本"，但是"官给印照，世为己业，成熟三年后方许收税"，上等每亩收税一斗，中等地收六升，下等地收三升。①

万历二十六年（1598）八月，汪应蛟被任命为天津登莱等处海防巡抚都御史，经营这一带的海防，策应援朝战争。汪应蛟来到天津，看到白塘、葛沽一带一片荒芜，海河边上偶有种葛豆者，每亩收入也只不过二斗。问当地人为什么这样，当地人都说这里土地贫瘠得很，根本不能种庄稼。汪应蛟则认为："此地无水则咸，得水则润，若以闽浙濒海治地之法行之，穿渠灌水，未必不可为稻田。"他的主张在当时并没有得到属下的认可。到万历二十七年（1599）秋天，汪应蛟派长芦运判裴应坤和静海知县戴大槐再次实地考察，不久才正式委派裴应坤主持营田事务，并派副总兵陈燮协助办理。直到万历二十九年（1601）捐俸首倡屯田，才正式开始营田，"始买牛制器，开渠筑堤"。到万历三十年（1602），在天津葛沽、何家圈、双沟、白塘等地令防海军丁屯种，每人授田四亩，计葛沽、白塘二处耕种共五千亩，其中水稻田二千亩。那些上肥多又勤快的，一亩地能收四五石稻谷，一般亩收三石左右，屯田当年计收获水稻六千余石，杂粮四五千石，于是地方军民开始相信南方水田也可以在北方种植。② 何家圈围地势平坦，土性滋润，是汪应蛟屯田的首围。至清代雍正年间（1723—1735），这一带还有"官庄围"、"大人庄"等地名，据当地老农说，这是明汪应蛟屯田时的屯田御史及屯田道员等官员曾驻扎的地方。③汪应蛟屯区工程布置："一面临河，三面开渠与河沟通，深广各一丈五尺"，构成环绕屯区四周的沟河系统；然后在区内"四面筑堤，以防水涝，高厚各七尺"，形成一座堤岸高厚的大围子，围口设闸控制，围内开凿纵横沟渠。这种工程布置，有利于挡潮拒咸，有利于蓄淡洗碱，也有利于排涝及降低地下水。这是一种典型的围田模式，它反映出汪氏所开的水田都在海河边上，利用海河潮汐的特点，涨潮时引水灌溉，退潮时排出尾水，循环往复，降低土壤盐碱成分。这种围田适合于多水之地，适宜种植

---

① 光绪《畿辅通志》卷90引《续文献通考》。
② 以上均见汪应蛟：《海滨屯田疏》，载吴邦庆辑《畿辅河道水利丛书·畿辅水利辑览》。
③ 雍正《畿辅通志》卷47水利营田（一），天津局·静海县。

水稻。其主要缺点是对旱灾几乎无抵御能力，因为天旱时，河水较浅，潮水可能顶托不上来，即使潮水上溯，由于河道水少，很可能引用的是咸潮。因此一旦水源不足，就很难保证有收成。汪氏当时所修筑的围子很多，其中以"十字围"为最著名。"十字围"即以十个字编号的十个围田，清代雍正（1723—1735）年间参与水利营田的陈仪说："至今土人犹传十字围，所谓'求仁诚足与，食力古所贵'者是已。"① 也就是说，以这十个字为十个围编号。

一年后，即万历三十年（1602），汪应蛟便改任保定巡抚都御史，上任不久，他又上疏建议推广水利屯田，设想在天津开垦七千顷水田，每年收谷二百万石，可抵当时漕运量的一半。不久他又把开垦水田的主张扩大到整个北直隶，认为这样做可以在北直六郡营田几万顷，每年可以收获上千万石稻谷：

> 臣谨按境内山川图迹，质以耳目闻见，易水可以溉金台，滹水可以溉恒山，溏水可以溉中山，滏水可以溉襄国，漳水来自邺下，西门豹常用之。瀛海当诸河下流，故号河中，视江南泽国不异。至于山下之泉，地中之水，所在而有。议督委名府佐贰一员及州县正官，并选南官中能识水利者周循勘议，某处可筑坝建闸，某处可通渠筑堤，高则灌注，下则车汲。悉照南方开水田法，量发军民夫役以便宜处置。计六郡之内可成水田者，奚啻数万顷。每岁收获，可益谷千万石，畿辅从此富饶，永无旱涝之患。即不幸漕河有梗，亦可改折于南，取籴于北，此国家无穷之利也。②

但是他的这一主张未能实现，对此，《万历野获编》认为，自徐贞明开发畿辅水利，"是后中原士夫深为子孙忧，恨入心髓，牢不可破"，而"至是汪澄源复兴此议，其不掇奇祸幸矣，敢望施行哉"！汪应蛟不久离任，他的建议被搁置，无人再敢议及。"煌煌明旨，固不及彼中旁挠之众口也，惜哉！"③

---

① 吴邦庆辑：《畿辅河道水利丛书》之《水利营田图说》。
② 刘若愚：《万历野获编》"西北水利"，中华书局1959年版。
③ 以上三处均见刘若愚：《万历野获编》"西北水利"，中华书局1959年版。

汪应蛟离任后田副总兵陈燮主管垦田事务。这次屯田活动中，葛沽、白塘围田约8000亩，何家圈围田约3000亩，这110多顷水田每年收获稻谷约2万石，①亩收不到二石。汪应蛟的后任孙玮也推行了汪应蛟的屯田主张，屯田也曾有所增加。但是，最后由于蝗灾、大水相继，屯田受到了影响，不久就荒废了。②

万历后期，内忧外患，局势动荡不安。万历四十六年（1618），辽东的努尔哈赤起兵反明。辽东战事迫使大批百姓流入关内，最多时达百余万人。明廷既要解决对辽用兵的军饷，又得解决入关辽民的安顿问题。这就出现了左光斗和董应举等人的屯田。

左光斗，字遗直，安徽桐城人，万历进士，后来因为反对宦官魏忠贤专权死于狱中。万历四十八年（1620），任管理屯田御史的左光斗上疏请开水田。认为小垦小利，大垦大利，一旦水田发展起来，即使不能完全代替漕运，至少也可以在一定程度上减少漕运数量，左光斗希望皇帝能让他试验几年，如果不成功甘愿领罪。

天启元年（1621），左光斗出任巡按直隶兼提督学政。第二年他又把屯田事务与当时的科举事业结合起来，主张兴办"屯学"。当时各府县学的秀才都有定额，不能随便增减。左光斗的屯学是为开垦、屯田专设的秀才名额，有志于仕途而又愿参与屯垦事务的童生均可申请入学，考核合格后，就给以武生衣巾，授一百亩水田，每亩收稻租一石，称屯童。如果有文艺优长还可以免县、府二级考试直接参加院试，一试通过就可以中秀才。③左氏的这种主张首先在天津试行，"人争趋如流"，天启元年开垦六百亩，第二年，开垦至四千亩，④比第一年增加了三千多亩，与实行屯学不无关系，因为那个时代，中了秀才就意味着不再是平民百姓了，秀才是跻身官员之列的第一步；不仅如此，秀才还享有免役、免税特权，而通过开垦一百亩水田成为秀才太容易了。屯学既是左光斗天津屯田的成功因素之一，同样也是他后来屯垦的失败因素之一，招募来的南方人既占了当地人的土地，又占了当地人的入学名额。

---

① 万历《河间府志》卷5。
② 《明史》卷241，《孙玮传》。
③ 光绪《畿辅通志》卷91，河渠略·水利二，左光斗《请开屯学疏》。
④ 左光斗：《左忠毅公集》卷2《地方兴化有机疏》，载（清）姚莹、顾沅同编《乾坤正气集》第十一函（总第304至306），中国社会科学院图书馆藏光绪十八年重刊本。

在这次屯田中，实际主持天津屯务的是河间府屯田水利通判（后升为同知）卢观象。天启初年，卢观象力主屯田，先后受到左光斗和天津巡抚张慎言的重用，主持天津水田。历经数年，卢观象在寇家口以南开田3000多亩。①

天启年间，在左光斗、卢观象在天津屯田的同时，太仆卿董应举又在通州以东、山海关以西的大片土地上进行屯垦戍边活动。董应举，字崇相，闽县（今福州）人。万历二十六年进士。天启二年（1622），董应举上疏建议在通州以东、山海关以西的大片土地上进行屯垦戍边活动，这样，一可以解决辽东战事所需军粮，二可以限制后金军的侵扰，三可以安置因战争入关的百姓。他的建议被批准，朝廷为此拨发十万两银子，用于屯垦戍边和安置辽民事务，董应举只要了七万两。于是在顺天、永平、河间、保定等府，通州、涿州、武清等县购买民田12万亩再加上部分闲田，共18万亩，至当年年底，安置辽民13000多户。"广募耕者，畀工廪、田器、牛种，浚渠筑防，教之艺稻，农舍、仓廒、场圃、舟车毕具，费二万六千，而所收黍麦谷五万五千余石"②。其中"收红白稻一万五千余石，变价可得五千余金"③。水田主要分布在天津，在汪应蛟经营的旧址上继续经营，以葛沽士兵2千人屯田，"所屯双白陶辛等田已成大围，以兵少耕得六千亩，葛沽亦筑长围，以兵少止耕得二千亩"④，共8000亩。加上卢观象屯田的3000多亩，共11000多亩，与汪应蛟当年屯垦的数量110余顷差不多。据天启二、三年的《天津卫屯垦条款》附图记载，当时有"食、力、古、所、贵、求、人、诚、足、愚"十围，此外，还有"出、作、入、息"四围。前者应是在汪应蛟屯田旧迹上复垦的，后者可能是新开发的。天启年间屯田持续的时间也很短，左光斗天启四年（1624）被削籍，第二年死于狱中，董应举于天启五年（1625）升职离去，屯田日渐荒废。

---

① 《明史》卷88，《河渠六》。
② 《明史》卷242，《董应举传》。
③ 《明熹宗实录》卷41，天启三年十一月乙酉。
④ 董应举：《奉朱座师书》，载《崇相集》。

崇祯十二年（1639）天津巡抚李继贞又在天津经营屯田，"白塘、葛沽数十里间，田大熟"。① 是在前人的基础上继续经营。

这种类型的水利营田主要发生在万历至崇祯年间，是由上层官僚所倡行和主持的，其目的以军事为主，是以军队屯田为主的军屯，主要为了解决军需。其地点主要分布在水源条件较好的天津和京东一带，既有旱田，也有水田。其劳动力以士兵为主，有的也招募南方人。这种屯田在当时取得了一定的成绩，但随着主持者的调离而很快荒废。

二

各地方的知府、知县在条件许可的地方，也都积极兴修水利工程，鼓励当地百姓种植产量更高的水稻。

万历十六年（1588），袁黄任宝坻知县，开河引水，用潮河之水在壶庐窝等村教民种稻，并刊发《劝农书》八卷，分别为：天时，地利，田制，播种，耕治，灌溉，粪壤，占验。在田制与灌溉二项中详细介绍了围田、涂田、沙田之名，水栅、水闸、水塘之制，以及水转翻车、牛转翻车，筒车的连筒、架槽、戽水、斗水等方法，还详细说明了插秧灌溉的方法，"盖潮水性温，发苗最沃，一日再至，不失晷刻，虽少雨之岁，灌溉自饶，犹江浙所谓潮田也"②。教当地百姓引水种稻。当时，宝坻县的老百姓都相信这位知县，大家踊跃相劝，种植稻田，但是袁黄离任后就废弃了。

永年县的地方官相继恢复了元代的水利工程，在东南部鼓励水稻种植。永年县多数地方为旱田，"民习艺麦"，但是其东南部却是水田之乡，广仁等八闸附近地区"性宜稻，闸旁稻畦沟洫四注，每当谷纹绉风，蛙鼓喧夕，景候类江南水乡，旧志列为八景之一"③，引水治稻19000余亩。而水利工程的兴建也以明代为盛。

下面是永年县地方官历年兴修的水利工程表：

---

① 《明史》卷248，《李继贞传》。
② 乾隆《宝坻县志》集说卷14《营田》，成文出版社，1969年版。
③ 光绪《永年县志》卷6《水利志》，成文出版社，1969年版。

永年县各水闸

名称	位置	始建				重修				备注
		始建时间	始建人姓名	始建人身份	始建人籍贯	重修时间	重修人姓名	重修人身份	重修人籍贯	
广仁闸	在城西南二十里贾葛村	明万历四十二年（1614）	张和忠	知府	—	—	—	—	—	—
普惠闸	在离城十三里马到固	明嘉靖四十二年（1563）	朱泰	知县	—	—	—	—	—	—
便民闸	大慈村	明万历十五年（1587）	蒋以忠	知府	苏州府常熟县	—	—	—	—	—
济民闸	离城十一里王家庄	明嘉靖四十一年（1562）	柳希玭、杨沛	知府、推官	南直隶庐江、南直隶华亭	—	—	—	—	长10余里，灌田9690亩余，垦荒240亩以赡两学，二十亩赡社学，二十亩赡义塚。立老人、总甲按时启闭

续表

名称	位置	始建				重修				备注
		始建时间	始建人姓名	始建人身份	始建人籍贯	重修时间	重修人姓名	重修人身份	重修人籍贯	
广济闸	西阎村	明崇祯十四年（1641）	郝絅	知县	山东齐河	—	—	—	—	—
润民闸	城西南王家庄	明万历十六年（1588）	蒋以忠	知府	苏州府常熟县	—	—	—	—	一个多月完工，建闸二，按时启闭
惠民闸	阎村	明嘉靖九年（1530）	高汝行	知府	山西太原	明万历十六年（1588）	蒋以忠、张可久	知府、知县	苏州府常熟县、河南鞏县	民出一日工，给堤下荒田一亩。建成后按时启闭，又令十亩为坨，九十亩为井，井设一长，号以字表，界以图识，以修闸者永为业。"至是始饶秔稻之利。"
阜民闸	郡城东八里田家堡	明嘉靖四十三年（1544）	瞿晟	知府	—	明万历己卯	马翰如	知县	河南陈留	灌稻4000多亩

以上八闸引水治稻19000余亩。后位于便民、济民二闸之间的益民闸废

续表

名称	位置	始建				重修				备注
		始建时间	始建人姓名	始建人身份	始建人籍贯	重修时间	重修人姓名	重修人身份	重修人籍贯	
利民闸	在城东护堤东南隅	明成化十二年(1476)	李进	知府	—	成化二十三年(1487)。万历二十八年(1600)。清顺治丙申	王衡。胡渐、耿鸣雷。余维枢。	知府。知府推官、知县。知县	知府推官胡渐为山东章邱人	本名惠民闸，重修时改名。李进临河设二闸口，田间总渠一道，分渠六道，又有小渠、支渠。每年二月初一起，至九月止，灌田千万亩。闸口设老人一名，人夫三十名；总渠设总甲一人，副渠设小甲六人，蠲免徭役；又专委派一人总管。引水入濠之用。清顺治间重修时乡绅士民捐助一半
安民闸	在利民闸北	明嘉靖四十三年(1544)	柳希玭	知府	南直隶庐江	—	—	—	—	"广平郡东南五里许，多沮洳弃地，……于是广平被水害视他处独倍。"

续表

名称	位置	始建				重修				备注
		始建时间	始建人姓名	始建人身份	始建人籍贯	重修时间	重修人姓名	重修人身份	重修人籍贯	
东便民闸	在安民闸东，距城五里借马庄。	—	—	—	—	顺治十九年（1680）	余维枢	知县	新安婺源人	"乡人按地出资。"后废，乾隆九年知县王玲重开，改艺粟麦
通水闸	堤北	嘉靖壬辰（1632）	李腾霄	知府	—	—	—	—	—	该闸用来泄堤内稻田之水达牛尾河。后来因闸外地高于闸内，水发或更倒灌，复废。雍正间水利营田府在其旧址上建惠民闸

（资料来源：光绪《永年县志》，1969年版）

可见，永年县的这些水利工程多是在嘉靖、万历年间兴修的，最早的是在成化十二年（1476）。兴建者主要是知府，其次是知县。"如果工程巨大，则通常需要反复测量地形以确保水流能灌溉到稻田。很难想象，除地方官外谁还有能力去成功应对？地方官对资本、财力和劳役有支配权。只有他们，才可能反复修建耗资巨大的工程，甚至重新构筑供水体系。"[①]这些水利工程主要用于灌溉稻田，同时也灌溉旱田。

位于北直隶西北部的唐县，在知县杨一桂的带领下引泉水和唐河河水开发水田。万历二十七年（1599），唐县知县杨一桂开凿了一条灌溉渠

---

① Timothy Brook：The Chinese State in Ming Society, First published 2005 by Routledge Curzon, p.92.

道，能够灌溉10余顷田地。在一个丰收之年后，唐县遭遇到旱灾。因此，1602—1603年冬季，杨一桂又主持开凿了长70里的广利渠，在这条渠道上，设有25道水闸，能灌溉38个村庄190顷的田地。万历三十二年（1604）春天再次大旱，杨一桂率人开凿凤山之麓，沿着金朝遗留下来的河道旧址，他又修建了另外一条渠道，引唐河之水西南流，灌溉罗庄、南北伏城三个村庄的田地。伏城庄原来就有山泉稻田一顷，开渠后增到10顷。①

这一种类型与前一种截然不同，前者是上层官僚在国家军事、政治危机下尤其是军事危机下的一种经世行为，其军事目的更强，所以他们的主张和活动更多的出现在嘉靖、万历、天启年间，其地点也多在离京较近的京东和天津地区。而后一种类型，地方官所经营的水利工程多是因地制宜而修建指挥，一方面，这些水利工程成为地方官政绩的组成部分，是其在仕途上进一步发展所需要的。另一方面，变害为利，发展当地的农业生产。这些水利工程多修建在嘉靖、万历年间，明代嘉靖年间华北地区雨水偏多②，修建水利工程，增加种植水稻，趋利避害，也是一种明智的选择。至万历年间，降雨量变化很大，有的年份多，有的年份较少，很有必要修建水利工程控制水量，稳定农业生产。从嘉靖到万历这一百年也是明代经济最发达时期，地方上有经济实力来修建各种水利工程。从对资源的支配角度来说，这些水利工程规模巨大，通常需要反复测量地形，需要大量的人力、物力，只有地方官，才可能反复修建耗资巨大的工程，甚至重新构筑供水灌溉体系。这些水利工程使用的年限较长，实际发挥的作用很大，后世还有维修或重修，所以，这些地方官所进行的水利营田要比中央政府在北方所进行的水利营田要成功得多。

三

在官方水利营田的同时，也有人以个人的力量在北直隶尝试水利营

---

① 光绪《唐县志》（1878），卷三，成文出版社，1969年版。
② 国家科学技术委员会《中国科学技术蓝皮书》第五号《气候》，科学技术文献出版社1990年版，第82页。

田。在天津，在官方营治水田的同时和稍后，民间也有人自行营田，开发水田，雍正《畿辅通志》载在静海县辛庄围村东西各有一道沽河，西河是明代汪应蛟屯田故渠，东河则是天津人郑卫为引水种稻所开的一条水渠。① 沧州自汪应蛟开垦水田后，当地也一直有人种植水稻，"土人至今习知其利，插莳不绝。"② 天启时（1621—1627），兵马司吏目郭世安旅寄天津，"捐七百金之赏募地丁自垦水田七百亩"。③ 私人营田，莫过于徐光启。

徐光启对北方水利尤为重视，主张在水利条件较好的地方推广水利营田，"欲兴西北水利，为国家立根本之计，又发省东南挽漕百万之费"。④ 自万历四十一年（1613）至天启年间，他先后四次到京津一带经营水利营田。认为京东一带水利条件较好，因此应当首先推行。他在北京房山县和天津等地买下几处田地，分别种植水稻和旱谷，对天津一带的土地利用、土壤改良、作物栽培、种稻改碱，垦区的水利规划等方面，取得了有价值的成果。徐光启还引进南方一些品种，同时进行水稻施肥和种植方法实验，希望自己的这项实验，能激励北方的耕作者们从旱地作物种植转向水稻种植，从而增加北方的粮食产量（当然，徐光启在天津的水利营田，还是以旱田为主，水田量少）。他从实践中深切体会到治水与垦田的密切关系，强调垦田必须与水利开发结合进行。至于二者怎样相互结合？垦区的水利工程设施的标准如何？如何保证垦田与治水工作的正常实行？徐氏依据自己在天津六七年的实地试验，于晚年写成的《垦田疏》中作了总结。他认为：（1）凡垦田，必须同时兴办农田水利。原则上要建成水稻田；无条件做成水田者，要有灌溉设施，建成水浇地。（2）水利工程必须合乎标准。旱田区除原有的河道湖荡以外，要求沟渠塍岸占垦区面积的10%，达不到标准的，最低不得少于2%。水田区要求沟渠路占总面积的5%以上。（3）垦区兴修水利工程需占用他人土地，当事人应通过协商，公平合理地加以解决，任何一方都不得借故阻挠工程建设。对于水利纠纷，政府应派贤能官员亲自调查调停，不能因纷争而将工程搁置，使得有

---

① 雍正《畿辅通志》卷47 水利营田（二），天津局静海县。
② 雍正《畿辅通志》卷47 水利营田（二），天津局沧州。
③ 《明熹宗实录》卷21，天启二年四月戊寅。
④ 徐光启：《徐文定公集》"卷首上·年谱"，民国二十二年本。

害不能除，有利不能兴。（4）垦田区的经营管理人员，应选派"通知农田水利及有志富民足国者，从优选授。任久功多者，破格超迁"①，等等。徐光启在天津的农垦区位于海河下游，一部分土地"低而近大江"（指海河），于此低洼多水处开辟水稻田，沟渠系统的标准定得比较低些。一部分垦区在腹里，地势较高，距水源较远。华北降水量既寡又不均匀，春季多旱，夏季常涝。在这样的地方开辟旱田，排灌的任务都十分繁重，所以，旱田区的工程标准定得比水田区高些。

至于徐光启在京津屯田的成绩如何，后人很难得知，蒋超以为徐光启在天津的屯田超过一千亩，水田数目不清。②

总之，明代北直隶的水利营田有如下几种情况：（一）中央或地方大员组织的军屯，如徐贞明在京东的营田，及后来汪应蛟、左光斗、卢观象、张慎言、董应举等人的营田，都是官方的军屯。这种形式的水利营田，其优势是规模大、成本低，曾一度取得较好的效果，但是却因种种原因难以持久。（二）地方知县、知府实际或名誉主持的水利工程建设，进行水利营田，这种工程一般都能持续下来，造福当地。（三）像徐光启这样的个人进行的水利营田试验，这种类型的营田因个人力量所限，规模都小得多，而且要想取得较大成果，还是比较难的。明朝规模较大的水利营田，仍是官方经营的。

（本文原载《文化学刊》2009 年第 3 期）

---

① 徐光启：《徐文定公集》之《垦田疏》，民国二十二年本。
② 蒋超：《明清时期天津的水利营田》，《农业考古》1991 年第 3 期。

明末东阳"许都之乱"探究

张宪博

明朝末年，啸聚山林举兵与官府对抗者并非全为无籍之农民，其中"或仍力田，或业商贩，甚则称诸生，大者至荐绅"①，成分十分复杂，一个典型的例子便是崇祯十六年（1643）浙江东阳"许都之乱"。许都身为诸生，又是世家子弟，属于缙绅阶层。"许都之乱"发生在富庶的江南地区，领导起义的核心人物多为读书人，他们"弃青衿"举义旗，不是为了均分土地和免除赋役，而是不堪忍受地方官吏的贪贿和压榨。缙绅阶层奋起反抗贪官污吏，反映出明末社会各种矛盾日益激化的状况。探究明末东阳"许都之乱"的起因、过程和结局，对认识明末体制弊端、政治腐败以及社会矛盾的复杂性具有十分重要的意义。鉴于学界对这一事件所涉甚少，笔者梳理现存史料，去伪存真，爰成此篇，旨在引起更多研究者对相关问题的关注。

一

东阳诸生许都，浙江金华东阳西南怀德乡人，左都御史许弘纲之从孙②，副使许达道之孙③，许都自幼读书，及长入府学，被称为"名家

---

① （明）陈子龙：《陈忠裕公全集》卷二二《议·保甲议》，嘉庆八年簳山草堂本。
② （清）谈迁：《国榷》卷九九，崇祯十六年十二月甲申条，中华书局1958年校点本。
③ 许弘纲登万历八年进士，许达道登万历三十五年进士。

子"。许都不仅以文学有闻于时,而且"慷慨好施予","受其施者多德之"①。当时有名之士金华戴叔高、兰溪郭君璧、义乌丁汝章、冯三元、冯龙友、吴魁以及东阳赵雄、赵仇、应斗、韦广、江叔曜等均与之交往甚厚。自古义乌风气悍勇,相传项籍江东子弟,皆出其乡。由于许都负赀任侠,喜结纳桀骜之士,故勇侠轻非者多也从之游。明末天下大乱,许都踌躇满志,"阴以兵法部勒宾客子弟",②希望有朝一日为国家做一番事业。

许都出于何刚门下。何刚为几社、复社重要成员,他称许都为"忠义智勇之士"③,对其寄予厚望;因见海内将乱,对许都说:"子所居,天下精兵处也,高皇帝尝用之平乱矣,盍及今成一旅以待用乎?"许都欣然同意,回去后便"散财结客,招致数千人"④,立为"义社"⑤。几社六子之一松江徐孚远也早识许都,视为奇才,说:"国家思破格得士,苟假都以一职,数万众可集也。"⑥徐孚远与同邑另一名几社创立者陈子龙为生死之交,陈子龙任绍兴推官,经徐孚远介绍,子龙也与许都结为好友。

关于何刚、徐孚远、陈子龙建议许都于当地招募义勇练兵一事有许多材料可以证明。《徐阇公先生年谱》载:"初卧子为绍兴推官,先生引都见之,议令召募义勇,俾之杀贼,且嘱何悫人上疏荐之;未报,而东阳激变之事起,"⑦《鲒埼亭集外编》也如是说:"时寇祸急,颇求健儿侠客,联络部署,欲为勤王之备。陈公任绍兴府推官,公(徐孚远)引东阳许都见之,使其召募义勇,西行杀贼。又令何公上疏荐之。"⑧显然,何刚、徐孚远、陈子龙令许都"召募义勇"以备勤王是无可置疑的。他们托付何刚向朝廷推荐许都一事也并非没有结果,据《明季北略》载,崇祯十七年(1644)正月二十日,何刚上疏,言:

> 忠义智勇之士,在浙则有东阳、义乌,昔时名将、劲兵多出其

---

① (康熙)《新修东阳县志》卷四《治乱·许都之变》,康熙二十年刻本。
② (乾隆)《绍兴府志》卷四三《人物志三·名宦下·陈子龙》,清乾隆五十七年刊本。
③ (清)徐秉义:《明末忠烈纪实》卷一二《殉福传·何刚》,明末清初史料选刊本,浙江古籍出版社1987年版。
④ (清)温睿临:《南疆逸史》卷一一《列传·何刚》,中华书局1959年点校本。
⑤ (康熙)《新修东阳县志》卷四《治乱·许都之变》。
⑥ (清)吴伟业:《绥寇纪略·补遗》卷下《附纪·义乌杀降》,丛书集成初编本。
⑦ (清)陈乃干、陈洙:《徐阇公先生年谱》,民国十五年刻本。
⑧ (清)全祖望:《鲒埼亭集外编》卷一二《传·徐都御史传》,续修四库全书本。

地。臣熟知东阳生员许都，天性忠孝，素裕韬铃，一见知人，能与士卒同甘苦，乞用许都，以作率东义、徽歙二方之奇才，臣愿以布衣奔走联络，悉遵戚继光法，申详约束，开导忠义，一岁之余，可使赴汤蹈火。臣见进士姚奇胤、夏供祐、桐城生员周岐、陕西生员刘湘客、山西举人韩林，皆忧时有心。乞颁手诏，会天下豪杰，则忠义智勇，联袂而起助皇上建业矣。

二十二日，崇祯帝谕吏、兵、刑三部："举人何刚条奏，尽多可采。着授职方主事，即令往东阳、义乌联络义勇，练成劲旅，以资剿寇之用。又允何刚奏，许都、姚奇胤作何委用，该部速议。"① 《南疆逸史》卷一一《何刚传》、《明史》卷二七四《何刚传》均记有何刚上书一事，文字相近。《鲒埼亭集外编》《徐都御史传》还强调说："既杀（都），而何公疏下，已召之。"② 另据（康熙）《新修东阳县志》载：

> （许）都在吴中，何公刚素壮之，谓其才略足用，延誉甚广。当流寇横张，拟罗而致之以扞京阙。而宰执方公岳贡在松江闻其名，翰林杨公士聪傅其事，皆交章荐之，俾就东南召募，及议定，而都已就戮。③

以上材料表明，何刚等人举荐许都募兵金华的建议已经得到崇祯帝的同意，只是东阳之变突发，而举荐者在北京尚不知情。

陈子龙不仅与徐孚远共托何刚向朝廷举荐许都，在绍兴司李任上也多次向上官推荐许都，他强调"此等人用之可得其死力，不用亦能为变"④，但无人理会。会稽诸生郑遵谦好酒色，"昵妓金氏，金以妒杀其婢"⑤，陈子龙恶遵谦无赖，与金氏并论死。许都与郑氏为死友，急驰至越，对子龙说："天下方有事，公奈何多杀豪杰！"子龙纳其言，郑遵谦与金氏得以免死。当许都"弃青衿"举义旗之际，郑遵谦也准备起事响应，被其父

---

① （清）计六奇：《明季北略》卷二〇《东阳许都》，中华书局1984年校点本。
② （清）全祖望：《鲒埼亭集外编》卷一二《传·徐都御史传》。
③ （康熙）《新修东阳县志》卷四《治乱·许都之变》。
④ （明）陈子龙：《陈忠裕公全集》《年谱》卷中。
⑤ （乾隆）《绍兴府志》卷五七《人物志十七·忠节三·郑遵谦》。

郑之尹"扃其室不听出"①。后顺治二年潞王降清，遵谦不顾已经降清的父亲的反对，绝裾而去，秘结数千人于绍兴起兵，杀降清绍兴知府张愫、会稽知县彭万里并清朝招抚使，与熊汝霖迎鲁王于台州，坚持抗清，被封为"义兴侯"。清军渡江，又跟从鲁王航海转战舟山、中左等地②。

崇祯十四年（1641），许都曾游于吴，客居在复社领袖吴昌时门下。时有吴中巨盗沈七、沈八久据太湖，官府多年难以剿灭。因吴昌时外甥徐某被劫，许都自告奋勇率二十余人赴"贼巢"，数日后生擒沈七、沈八。吴昌时惊异许都的能力与胆魄，视为神人。一时间，"吴中士大夫知与不知者，皆闻都名。游侠少年或惧蹑其尘而无由入也"。不久，吴昌时迁吏部文选郎中，携许都好友戴叔高、丁汝章、冯三元北上，行前遗书两浙诸津要，要求厚待许都。官府秉承吴昌时旨意，"竞延致，务得其欢心"③，留杭州盘桓达一年多。当时李自成已下洛阳并逐渐控制河南，张献忠则由四川入湖广破襄阳，明军主力消耗殆尽，吴昌时显然认为许都是一个不可多得的救时之士。

从以上材料可以看出，许都热衷于招募义勇，训练劲旅，与几社、复社何刚、徐孚远、陈子龙、吴昌时等人的倡导有直接的关系，客观上构成了"许都之乱"的某种因素和条件。几社、复社的核心人物，对明代一系列国计民生问题有基本一致的看法，形成了一个体制变革的思想体系。如，他们主张加强、充实社会力量，鼓励世人"建业封侯"，认为国家治乱，必须有"在下之党"的支持与参与，鉴于儒学的局限性，提出"将才不宜求之于科目"，应设"文武兼等之科"以待俊杰之士，等等④。对许都的器重与引导，可以说是他们政治、社会实践的体现，遗憾的是明末弊政丛生，社会矛盾激化，"变故日多"，许都跃冶报国未成，却酿成了一场悲剧。

---

① （清）温睿临：《南疆逸史》卷五三《列传·武臣·郑遵谦》。
② （乾隆）《绍兴府志》卷五七《人物志十七·忠节三·郑遵谦》。自郑遵谦举兵抗清后，金氏始终相随，崎岖浙、闽间，顺治三年郑遵谦"为郑彩所迫投福清海中死，金氏亦赴海殉之"。
③ （康熙）《新修东阳县志》卷四《治乱·许都之变》。
④ 见拙文《明代体制弊端与复社名士的变革主张》，《故宫学刊》总第五辑，紫禁城出版社2009年版。

二

崇祯十六年（1643），浙江金华地区官吏由于贪污放纵而大失人心，东阳为甚。当时，东阳知县姚孙棐以备乱为名，"敛士民赀，坐都万金"，许都乞免不得。恰逢有义乌奸民假借司礼监之名募兵，被逮下狱。许都与此事并无牵连，但义乌典史强一谦嫁祸于许都①，东阳县令姚孙棐巫陷许都结党谋逆，索贿白银万两。许都虽家富，但也仅在中人之产，万两白银一时难以筹措，而县令催逼甚急。②适逢许都葬母南岩山中，参加葬礼的宾客多至万人。有不快许都者，告分守道王雄，称许都已反。王雄乃瞎眛之人，未加详察，立即"遣使收捕"。许都手下冯龙友、戴法聪，"二人力千钧，皆万人敌，距使者不受执"③，加之众人负气，互相煽动，于是在崇祯十六年（1643）十二月甲子日（初四）④，以诛贪吏为名发奋举兵，当地百姓久已"怨毒虐政"，"旬日间聚众数万"⑤，几成燎原之势。起义军因许都丧母，故用白布缠头，人称"白头兵"⑥。当时江东诸城无守备，

---

① 据（康熙）《新修东阳县志》载，许都起事之前有两件事被怀疑与其有关。一是崇祯十五年冬十月，为筹集军仗，许都同党应斗、郭君璧率百余人夜袭宣平县，应斗毙命，郭君璧被生擒。"廉其状，知首事者在许生。许生宜对簿，当事难之，秘不问，而都悒悒不自安"。二是"其党乃诈为司礼监，走义乌。曰：'金忠王宣奉文，如戚大将军例，召募忠勇。'典史强一谦，故京都人，疑之，就与语，不能答，乃言于县，缚而下诸狱，辞复连许生。都乃属其友求解于邑侯姚，姚难之，益惧。或劝之行，而以葬其母难岩，兼挟妓，不能决。"对这两件事是否与许都有关，（康熙）《新修东阳县志》未敢肯定。
② 东阳县令激变许都还有另外一种说法，如《陈忠裕公全集·年谱》转引周欲度《客诸偶钞》载："癸未（崇祯十六年）冬，流贼寇江西，都练兵自卫。令遂指都为不法，阳与掣肘，而阴实有求于都也。馈千金不能解。且曰：'而匿吴昌时钦赃十万，是应输官。'都惧不免，同友人人辩。令怒，喝令进监。许之党与愤怒拥入县治，执令，鞭数十，反收之狱。因封府库，聚徒众，旦夕合数千人。"与此大致相同的记载也见于《明季北略》卷二〇《东阳许都》，另外，《南疆逸史》卷一四《列传·陈子龙》也有鞭笞县令的记载。
③ （清）吴伟业：《绥寇纪略·补遗》卷下《附纪·义乌杀降》。
④ （康熙）《新修东阳县志》卷四《治乱·许都之变》载："冯龙友等遽拥兵挟之为主，时十一月之甲子也。"查谈迁《国榷》卷九九，崇祯十六年十一月无甲子日，应为十二月。
⑤ （乾隆）《绍兴府志》卷四三《人物志三·名宦下·陈子龙》。
⑥ 这一习俗后于此地相沿数十年之久，凡山泽啸聚者率效之，人皆谓之"白头"，此许都之为厉始也。见（康熙）《新修东阳县志》卷四《治乱·许都之变》。

起义军所向披靡，韦广率众破东阳；吴魁陷浦江，"坐县十八日"①；冯龙友陷义乌，杀典史强一谦，义军进而围困郡城金华府，全浙为之大震。然而起义军纪律严明，未尝"一有所杀掠，其所下，开门直入，都乘白舆，令从者遍谢诸长吏而已"②。许都入东阳，除了收缴官印，"余无所取"③。金华守备松弛，许都军曾与守备郑国祥、给事中姜应甲激战于金华城东孝顺街，郑国祥战死，姜应甲也败还城中④。许都乘胜薄城，道臣王雄、同知倪祚善、县令徐调元等竭力固守，此时被削籍候勘的淮抚朱大典归金华，其子朱万化与许都为故交，"缒而下与之语"，于是姜应甲指责朱大典父子通贼。然而许都亦"以此去，不甚攻也"⑤。

许都起事后，金华地区不少无赖之徒假借义军旗帜索饷于各村落，甚至公然抢劫财物。为安定人心，维护社会秩序，许都将假冒义军者王和尚、张希宰枭首并悬于街衢，以示惩戒，由是人心大安。⑥

当时前任浙江巡抚董象恒因他事触怒崇祯帝而被逮，新任巡抚黄鸣俊尚未到任，巡按御史左光先刚刚离任就道，接任者任天成尚居金陵，正值"抚军、直指皆虚席"⑦之时。由于事发突然，左光先不得不复回杭州，充任平息动乱的总指挥，一时间"治兵调发遍境内"⑧。官军"所至屠掠，东阳、汤溪、兰溪民各保乡寨据敌，官兵大败"⑨，官军镇压反叛，官军却成了反叛者与当地各乡民众共同的敌人。左光先又命杭营游击蒋若来等

---

① （光绪）《浦江县志》卷五《建置志·兵防》，光绪三十一年刊本。
② （清）吴伟业：《绥寇纪略·补遗》卷下《附纪·义乌杀降》。
③ （康熙）《新修东阳县志》卷四《治乱·许都之变》。
④ 据《浙江通志》卷一六一《人物一·名宦四·姜应甲》载，郑国祥曾任西陲守备。姜应甲，金华人，崇祯元年进士，授行人，"选刑科给事中，以亲老乞养归。会东阳许都反，应甲倾家赀，募死士，迎敌于孝顺街"。
⑤ （清）吴伟业：《绥寇纪略·补遗》卷下《附纪·义乌杀降》。另据《明史》卷二七六《朱大典传》载，许都围城，朱万化曾"募健儿御之"，许都降后，"而所募者不散"。后知县徐调元查阅许都兵籍，见有朱万化名，"遂言大典纵子交贼。巡按御史左光先闻于朝，得旨逮治，籍其家充饷"。
⑥ （康熙）《新修东阳县志》卷四《治乱·许都之变》。
⑦ （雍正）《浙江通志》卷一四八《名宦三·左光先》，商务印书馆影印光绪二十五年重刊本。
⑧ （明）陈子龙：《陈忠裕公全集》《年谱》卷中。
⑨ （清）计六奇：《明季北略》卷二〇《东阳许都》。

展开围剿，"以抚标兵命子龙为监军与贼战"①，且授权"许以便行剿抚"。蒋若来先复浦江，随后间道转援金华，台州道臣傅云龙、同知朱辂、督参将康盛爵也率军救婺，陈子龙率师复义乌。在官军的合力围剿下，起义军的实力渐被削弱，许都退守括苍山，收余部三千人于南岩立寨。此时，"海道卢若腾、督黄斌卿之兵亦至"②，许都遣使向陈子龙乞降，陈子龙"以事重不许"。及至官军会齐，分守道王雄因失察酿成激变，遭到了左光先的指责，迫于每日催战的压力，"急欲抚寇自解"③。他认为山路险峻，仰攻不易，"非旷日持久不能克"，而官军已聚万人，仅有五日之粮，不如"抚之，戢兵救民"为上策。王雄的想法显然可取。然而根据陈子龙自撰《年谱》的记载，陈子龙此时仍然坚持"进剿"④。只是"方拔营"，许都派来的求降使者又至。

由于许都与几社、复社的特殊关系，又为陈子龙故交，据陈子龙说，在监司王雄的建议下，单骑入都营以观情伪。陈子龙面斥许都："汝罪已无生理，今惟有自缚见王公表诚信，幸得不诛，当率其徒徙江北，剿寇自赎耳。然必以今夕行，迟无益也。"许都则表示："苟明我以激反，又能为国家用，虽死无恨。"据陈子龙说，许都随子龙见监司王雄，王雄当面保证："若果效诚款，明当毁营垒，纳兵械，悉散徒众，以二百人自缚来降，当待以不死。"⑤

于是许都遣散义军，"愿散去者半"，其余者愿随许都编入官军行伍以效力于国家。然而子龙唯恐徒党过多再生变故，复令许都多方发遣，"遂制免死牌三千余面，遍给之"。结果许都仅以二百人儒服乞降，又"同朱辂等以六十人入省"⑥，时在崇祯十七年（1644）二月。

王雄与陈子龙命许都遣散徒众，仅以二百人受降，这对许都来说是十分危险的；受降后，又以六十人入省城，更是凶多吉少。对这些，许都不会没有意识到，他的先锋朱之彪曾告诫："陈司李即不卖我辈，能保巡按

---

① （清）吴伟业：《绥寇纪略·补遗》卷下《附纪·义乌杀降》。
② （明）陈子龙：《安雅堂稿》附录二《兵垣奏议》下《补叙浙功疏》，辽宁教育出版社2003年点校本。
③ （清）吴伟业：《绥寇纪略·补遗》卷下《附纪·义乌杀降》。
④ （明）陈子龙：《陈忠裕公全集》《年谱》卷中。
⑤ 同上。
⑥ （明）陈子龙：《安雅堂稿》附录二《兵垣奏议》下《补叙浙功疏》。

不卖司李乎！"① 许都之所以无条件地请降，目的在于表明自己实非蓄意谋反并希望"能为国家用"。而事实上，当时所谓"招降"，性质已经改变，许都解散队伍随子龙来降，与投案自首并无二致。弘光时祁彪佳在为左光先辩护时，完全否认所谓"诱降"，他说："当日兵威所迫，贼已穷蹙，而后乞命，与阵擒无异，非诱降也。"② 祁彪佳说的不错，的确与"阵擒无异"，但是，如果许都等人知道必死无疑，还有必要急于投降吗？温睿临在《南疆逸史》中说的十分中肯："（许都）感知己一言，投戈就缚，此岂悖逆之人哉！激于贪令，无以自明，不得已走险耳。使贳其死，令率所抚众渡江，逐贼自赎，当必有得当以报者，而顾使枭俊之士骈首同尽！"③

义军去山寨后，官兵犹讬名搜巢，纵火烧民居，杀人者数十里。许都等人归降后，金华士大夫必欲杀之而后快，陈子龙不得已，"以兵护降者"。押解至诸暨途中，又遇刑科给事中姜应甲，他劝陈子龙将许都"诛之于途"，子龙以"杀降不祥"④ 而拒之。抵达杭州后，官府迫于浙中二三荐绅之论，背信弃义，执意将许都等人正法。巡按御史左光先因忌子龙功，"即论杀都"⑤，陈子龙极力阻拦，左光先却说："三城未破可受都降，今穷蹙将就擒，奈何欲受降以宽其罪哉？"⑥ 继而陈子龙再"请诛首恶，释从者"，也遭拒绝。有材料说"光先与东阳令善"⑦，"听孙棐言"⑧，定要戮之以绝后患，致使许都等六十余人同斩于江浒，都首则悬于杭州永昌门上。事后，左光先等在浙官员不仅不向朝廷上报许都乞降之实迹，还"尽隐孙棐之过，命之复任"⑨。几社倡盟者之一李雯在给徐孚远的信中说："弟不怜许都而怜悫人，不独怜悫人而怜朝廷，欲用一人而不可得也。"⑩

---

① （康熙）《绍兴府志》卷四一《人物志四·名宦后·陈子龙传》，康熙五十八年刻本。
② （清）计六奇：《明季南略》卷二《东阳许都余党复乱》，中华书局1984年点校本。
③ （清）温睿临：《南疆逸史》卷一〇《列传·陈子龙》。
④ （明）陈子龙：《陈忠裕公全集》《年谱》卷中。
⑤ （清）温睿临：《南疆逸史》卷一〇《列传·陈子龙》。
⑥ （雍正）《浙江通志》卷一四八《名宦三·左光先》。
⑦ （乾隆）《绍兴府志》卷四三《人物志三·名宦下·陈子龙》。
⑧ （清）李聿求：《鲁之春秋》卷一三《义旅二·陈子龙》，续修四库全书本。
⑨ （清）计六奇：《明季北略》卷二〇《东阳许都》。
⑩ （清）李雯：《蓼斋集》卷三六《与徐闇公书》，四库禁毁书丛刊本。

三

　　分析陈子龙在《年谱》中记叙自己被委"监护诸军",授权"许以便行剿抚",却不接受许都乞降,后单骑入山予以模棱两可的许诺,再力阻左光先、姜应甲杀降的整个过程,不难看出,陈子龙有为自己开脱之嫌。事实上,官府定策是剿是抚,决定着许都是选择抵抗还是投降;官府若无明确予以收编的承诺,许都焉能自愿束身就擒。因此陈子龙所云他两次拒绝乞降以及对许都申明归降后生死难料的前途,均有不合逻辑之处。陈子龙如此叙述的目的有二,第一,作为监军,自己虽有"便行剿抚"之权,但并不同意招抚许都,即招抚之意非由己出。第二,在告知许都"已无生理"的情况下,许都仍坚持率部归降,实际上与自愿伏法无异,因而在"义乌杀降"这一事上,表明自己并不承担什么责任。

　　然而除陈子龙自撰《年谱》中的说法外,其他史籍的记载均与之大有出入,如(康熙)《绍兴府志》载:子龙曰:"许都尝执贽于我,一旦为山寇所惑,可招而致也。"于是向许都"遣谕利害,苟来归,必请之台宪,假以事权,为富贵基"。① 这与陈子龙自述拒绝许都乞降完全不同。又如《徐闇公先生年谱》载:"卧子知都无他,往抚之,许以不死。"②《鲒埼亭集外编》云:"陈公心知都无他,乃许以不死招降之。"③《明史·陈子龙传》也未提及拒绝乞降,只记陈子龙对王雄说:"都,旧识也,请往察之。"记陈子龙说降过程,乃云:"乃单骑入都营,责数其罪,谕令归降,待以不死。遂挟都见雄。"④ "谕令归降,待以不死",表明官府及子龙的态度十分明确,并非强调"已无生理"。从官军屯粮有限以及山寨易守难攻的局面分析,争取时间,快速平息这场变乱是首先要考虑的,不可能在许都乞降的情况下还执意进剿,监司王雄尚且同意招抚,陈子龙岂敢避易就难,坐失良机?况且进剿并非易如反掌,极有可能陷入一

---

① (康熙)《绍兴府志》卷四一《人物志四·名宦后·陈子龙传》。
② (清)陈乃干、陈洙:《徐闇公先生年谱》。
③ (清)全祖望:《鲒埼亭集外编》卷一二《传·徐都御史传》。
④ 《明史》卷二七七《陈子龙传》。

场旷日持久的对抗。因此根据许都与陈子龙的关系以及当时的情况，陈子龙两次拒绝许都投诚令人难以置信。

以常理推之，"自愿伏法"，绝非许都乞降的目的。当时官军仅有五日屯粮，许都占据险要，备有积谷，有的地方"非悬索不能度"，且寨后有路"通台、栝诸山"，可谓"万嶂重阻，不可穷讨"①。有如此大的回旋余地，许都怎肯听信子龙一席话即"自愿伏法"，因此许都本意仍然是希望能为国家做一番事业，陈子龙实际上又夸大了自己的说降作用。

事后，徐孚远对陈子龙甚为不满，曾当面质责子龙："彼以吾两人故降，今君既负吾，吾亦负都矣！"②从徐孚远的话中可看出，徐孚远也参与了动员许都投诚一事。可以肯定，杀降并非陈子龙之本意。对此，李雯在《与徐闇公书》中断言："然愍人荐之而卧子杀之，必非卧子之意也。"③子龙本想留许都为国家出力，不料官卑而言轻，又不能强谏，后来局面非他所能控制，致使陈子龙亦"大以为恨云。"④即使如此，《绥寇纪略·补遗》的撰者仍于字里行间表示了对陈子龙的批评："子龙初以国事之故，出身定变，既而怵浮言，挠众论，不能强谏以致都于死。"⑤陈子龙为了以正视听，洗清干系，在其《年谱》中对此事作了较为详细的记述，并强调："夫都以书生为逆，虽降必诛之，以为后戒，亦法之正也"，只是"造隙之贪令不除，乞降之实迹复晦，世将必疑予为诡士也，故表而出之"⑥。

东阳义乌之变声势浩大，震动了朝廷，崇祯帝"深为根本虑"，十七年（1644）正月三十日召对文华殿，鉴于"库贮不满二千"，谕户部尚书倪元璐："目前务措百万以济边需"，倪元璐回奏："外解未到，中途梗阻。""因言浙中东阳、义乌之变"⑦。于是崇祯帝"召辅臣问方略，议发

---

① （明）陈子龙：《陈忠裕公全集》《年谱》卷中。
② （清）吴伟业：《绥寇纪略·补遗》卷下《附纪·义乌杀降》。另一说为徐孚远贻书质责子龙，见（清）陈乃干、陈洙：《徐闇公先生年谱》。
③ （清）李雯：《蓼斋集》卷三六《与徐闇公书》。
④ （清）吴伟业：《绥寇纪略·补遗》卷下《附纪·义乌杀降》。
⑤ 同上。
⑥ （明）陈子龙：《陈忠裕公全集》《年谱》卷中。
⑦ （明）倪会鼎：《倪文正公年谱》卷四，王云五编《新编中国名人年谱集成》本，台湾商务印书馆。

诸道兵。不数旬得报功疏。"①。许都之变发生在崇祯十六年末至十七年初，明王朝业已风雨飘摇，江浙地区一向为明廷赖以生存之根基，许都之变有动摇根本的危险。

关于许都之乱，吴伟业在《绥寇纪略·补遗》中对当事官员有尖锐之批评：

其一，他认为："夫都一书生，能得众，其才必有大过人者。当朝廷拊髀良将，曾不能有一言之荐俾上知之，此浙中任事者之过。"

其二，朝廷的责任在于"纵贪令及监司之庸，且悖者以激变"，"致十数豪杰生受枭悬之惨，死蒙叛逆之名，良可痛也"！

其三，他指出，观许都"去巢穴，散徒众，束身于知己之一言，夫岂轻信子龙！诚以举事本无此心，故急欲自明，庶几一有所出以赎罪"。

其四，他认为明季台谏诸人"好以文法议论挟持上下，而按臣专生杀"，特别指出如左光先，"特以兄故②，由明经拔用，庸而无断，怯而无谋"③。

其五，许都归降后，山寨被纵火夷荡，致使数十里内，"良民无聚庐焉"④。其后各路官军继续以搜捕余党为名，株连无数。数旬之内，郡邑吏仍"以《军兴法》自得斩刈人民"。对此吴伟业说："造隙之贪令不除，受降之实迹不报，官军奉调后至者，无所分功，则以搜余党为名，多所披抉，而官吏因缘其间，诛连无算，报仇者四起。"他悲叹言："此辈之罪，岂出反者下哉！"⑤

"义乌杀降"一事对陈子龙触动很大，虽然朝廷以招抚功擢其为兵科给事中，但子龙内心却"深痛负都"⑥，以祖母病重求归侍养为由，力辞不赴⑦，直到南明弘光政权成立，才又起兵科。后来他提出"收天下伪才以免乱"⑧，显然是吸取了浙东许都之乱的教训；从社会安定与人尽其才

---

① （明）陈子龙：《陈忠裕公全集》《年谱》卷中。
② 左光先，桐城人，东林六君子左光斗之弟。天启四年由乡荐，"知建宁县，以异绩入西台，按部两浙"。见（乾隆）《江南通志》卷一四六《人物志·宦绩·左光先》，乾隆元年刻本。
③ （清）吴伟业：《绥寇纪略·补遗》卷下《附纪·义乌杀降》。
④ （明）陈子龙：《陈忠裕公全集》《年谱》卷中。
⑤ （清）吴伟业：《绥寇纪略·补遗》卷下《附纪·义乌杀降》。
⑥ （清）温睿临：《南疆逸史》卷一〇《列传·陈子龙》。
⑦ （清）全祖望：《鲒埼亭集外编》卷一二《传·徐都御史传》。
⑧ （明）陈子龙：《陈忠裕公全集》卷二三《议·储将才》。

的观点看问题，这一建议还是可取的。

"东阳之乱"很快得到平息，但官府的取胜并非全在于进剿，而是采用先抚后杀的办法，手段未免卑鄙。这种做法，实际上并没有完全解决问题，反而留下了极大的隐患。正如李雯致书徐孚远所言："自此以往，反侧子遂无投戈事矣。"① 许都"以抚见杀"后，其部下人数众多，为了避免死灰复燃，当事官员"诛求颇甚"。在这种情况下，许都旧属许嘉应、丁汝章等"复纠余党入山"与官军对抗。崇祯十七年（1644）八月，再破义乌，继而夜袭郡城金华，五天后又围东阳，直到杭州把总何永懃、金良洪率兵千人赶到，才得以解围。浙江巡抚黄明俊闻变，唯恐事态扩大，亲率兵二千人增援东阳，时攻城者已退，于是命何、金二人"札邑城，分兵把守"。许都余部东山再起，震惊了南京的弘光政权，马士英"急欲发内营兵"围剿，兵部尚书张国维"力言不便，乃止"②。

虽然许都余部很快又被镇压，但朝廷开始追究崇祯十六年（1643）的激变之责。八月二十日，弘光帝在给浙江巡抚黄鸣俊的奏批中说："左光先诱杀许都，不行善政，以致煽动。着鸣俊即相机剿抚。"二十三日，又谕兵科："许都初降终杀，激变遗殃事情，着在朝浙臣实奏。"陈子龙回奏言："东阳再乱，全因县官诛求激变。"接着吏部开始查勘东阳县令，九月初三，奏姚孙棐贪酷，激变东阳。二十五日，弘光帝谕旨下："姚孙棐贪横激变许都，尚敢搜卖贼产，日事诛求，激成大祸，罪不容诛。左光先力庇贪令，毒流东越，都着革职拿问。"③ 因东阳"县官诛求株累，致反侧生心，无辜骇遁，该抚按全无一语纠参，养贪贻祸"④，故又罢新任浙江巡抚黄鸣俊，降新任巡按任天成，⑤ 至此，东阳县令贪酷酿成激变、左光先杀降、县官诛求不已再酿大祸的事实终于揭示于天下，故此陈子龙在疏中说："昨见东阳令姚孙棐已为宪臣所纠，人情大快！"⑥

---

① （清）李雯：《蓼斋集》卷三六《与徐阘公书》。
② （康熙）《新修东阳县志》卷四《治乱·许都之变》。张国维即东阳人，所谓"不便"，首先应指当时南京的防务吃紧，不便分兵；其次，一旦官军进剿，必然所至屠掠，株连无数，对东阳等地的破坏令其不可不虑。
③ （清）计六奇：《明季南略》卷二《东阳许都余党复乱》。
④ （明）陈子龙：《安雅堂稿》附录二《兵垣奏议》下《浙东兵乱疏》。
⑤ （清）计六奇：《明季南略》卷二《东阳许都余党复乱》。
⑥ （明）陈子龙：《安雅堂稿》附录二《兵垣奏议》下《浙东兵乱疏》。

"义乌杀降"带来的另一个后果是无人再敢举荐或招徕豪杰之士,李雯致信陈子龙说:"亚夫知剧孟,唯恐吴楚先得之,愚人之荐是人,亦此意也。"又说:"贪庸之吏不能为天下爱才,而为天下构祸也,如此岂不痛哉!今山左河北为许都者不乏,弟曾上书宰相劝其招徕豪杰,所谓不利为寇利御寇者也。然此信一闻,又恐其以荐引草泽为前车之戒,当复奈何!天下事真以闭口袖手为第一义。苟一人跃冶,必有物以难之,此真可叹也。"①

关于东阳之变,几乎所有的历史记载,无不流露出对许都等人的惋惜,吴伟业等人在记述此事时,仍称许都等受诛者为"豪杰"。(康熙)《新修东阳县志》云:"悲夫,有生亦大矣!都虽任侠自恣,使其审于大义,度时观变,俟征书之贲以狥国家之急,岂不与处渊争烈哉!乃行小惠,比匪人,激于所发而妖梦是践,身陷大辟,祸延家国,此生人所为戒也。"②

"许都之乱"虽然时间不长,但反映出的问题却是多方面的。许都家实中产,他领导的起义并非缘于土地关系紧张或赋役沉重,而是要铲除贪官污吏,数日内即有数万民众相随,足以证明当地百姓对官府虐政的怨恨。许都为诸生,属缙绅阶层,这场以读书人为核心的反虐政、反贪吏的斗争,显现出一部分缙绅与明朝官府的对立关系,有助于我们了解明王朝走向覆灭的原因。"许都之乱"表明,明末揭竿而起者成分复杂,由于经济地位和政治地位的不同,以许都为代表的读书人起事的意向并不十分坚定,常常迁回于造反与杀"贼"之间,正如陈子龙所言:"此等人用之可得其死力,不用亦能为变。"因此是剿是抚,朝廷和地方官员的决策往往失误。许都与几社、复社关系密切,他的思想和行动也深受几社、复社名士的影响,这也从一个侧面证明了复社实政思想体系的形成与实践。在体制上,这一事件反映出明末巡按御史过于权重,缺乏对其必要的监督机制,因而决策失误率也高;这也是陈子龙等复社士人提出"重将权"、"并监司之权,以予太守"、"督抚之权当重"的原因。总之,"许都之

---

① (清)李雯:《蓼斋集》卷三六《与陈卧子书》。
② (康熙)《新修东阳县志》卷四《治乱·许都之变》。全祖望《鲒埼亭集外编》《徐都御史传》强调:"既杀(都),而何公疏下,已召之";黄节《徐孚远传》则云:"而何刚之疏始下,已召都矣"(见钱仲联主编《广清碑传集》卷一《徐孚远传》,苏州大学出版社1999年版,第44页),据此可知,当是时,朝廷"征书"已下,而许都已起事。

乱"留给治史者许多值得注意的问题，如温睿临所言："即此一事，知明之所以亡矣！"①。

（本文原载《明史研究论丛》第十一辑，故宫出版社2013年版）

---

① （清）温睿临：《南疆逸史》卷一〇《列传·陈子龙》。

现存最早长城全图《九边图说》残卷之发现与考释
——兼论中国古代地图绘制的人文传统

赵现海

　　长城自春秋、战国开始修筑时，军事地图上可能就已绘出了这一防御工事。不过由于先秦地图目前皆已无存，无法得出确切的结论。秦汉时期，勾连、增筑长城，史称李陵、赵充国戍北疆，皆绘边疆地图上呈朝廷。① 然以佚失故，有关两幅地图的具体信息，今亦不得知悉。目前所见最早将长城绘出的地图，是辽人在石碑上缩绘的唐代贾耽《海内华夷图》。宋代地图上绘制长城的现象较为普遍，这与宋人关注北方旧地的时代背景有关。其中北宋边防设施以堡寨为主，部分边境图对此有所反映。如《泾原环庆两路州军山川城寨图》、《鄜府二州图》、《鄜延边图》等。元代以后在地图上绘出长城已是惯例，长城甚至成了"底图"。② 然而这些地图尽管绘出了长城，却非专门描绘作为防御体系的长城地图，长城不过是其中一项内容罢了。专门以长城防御体系为旨趣的长城地图始于明代，其嚆矢为兵部职方司主事许论绘于嘉靖十三年（1534）的《九边图说》。这可能是第一幅全面反映长城防御体系的长城地图，也是目前现存最早的长城全图。

　　许论，字廷议，号默斋，河南灵宝梁村里沙坡村（今灵宝大王镇沙坡村）人，生于弘治元年（1488），卒于嘉靖三十八年（1559），

---

① （东汉）班固：《汉书》卷五四《李陵传》，中华书局1973年标点本，第2451页；卷六九《赵充国传》，第2975页。

② 该石碑现藏西安碑林博物馆。唐晓峰：《地图上的长城》，《中国国家地理》2002年第5期。

谥恭襄。① 嘉靖十三年四月六日，一向关心兵事的许论结合公文图册、父兄经历以及自身闻见，完成了对九边的文字性论述《边论》与地图《九边图说》，总称之为《九边图论》，② 于嘉靖十六年上呈明世宗。世宗除将原图留于宫中不时省览外，又颁发给九边镇摹绘本。目前藏辽宁省博物馆、中国历史博物馆的两幅《九边图》，便是《九边图说》的改绘本。嘉靖十七年，谢少南将《九边图论》付梓，此后陆续出现多个版本。除谢本外，其他版本文字、地图内容都有增减、改绘情况。

关于《九边图论》的版本，20世纪三四十年代，王庸、邓衍林曾有过研究。王庸还对《九边图论》作者身份、内容体例有简略涉及，不过有些结论较为草率，存在错误。③ 20世纪90年代，王绵厚亦对历博、辽博《九边图》年代、内容与绘法进行过较为全面的探讨。④ 然而，在这两幅地图形成年代的断限上还可以更为精确。

《九边图说》原件虽留存于宫廷不在社会上流传，但是明朝官员在上疏之前，例有保留副本之习。尤其《九边图说》这样耗费大量心血绘制的地图，许论更应在呈交朝廷之前，绘有副本。然而这个副本是否还存于世，始终是一个谜。2010年3月，笔者至三门峡市博物馆考察了该馆所藏的《九边图说》残卷⑤，通过与其他版本《九边图》以及许论笔迹相对照，可以确定该残卷为许论亲绘。而考虑到该图发现于许论故居的灵宝老城，此图亦可推断即为许论所绘《九边图说》副本。

本文旨在借助新发现的《九边图说》残卷与国家图书馆藏嘉靖十七年谢少南刻本《九边图论》，对历博、辽博《九边图》改绘情况与成图年代展开进一步的分析。

---

① （清）张廷玉等：《明史》卷一八六《许论传》，中华书局标点本1974年版，第4928—2930页。

② （明）许论：《九边图论·序》（苏祐），明嘉靖十七年刻本，藏国家图书馆。

③ 王庸：《中国地理图籍丛考》，商务印书馆1956年修订本，第26页。邓衍林：《中国边疆图籍录·凡例》，商务印书馆1958年版，第42—43页。

④ 王绵厚：《明彩绘九边图研究》，曹婉如主编：《中国古代地图集》（明代），文物出版社1995年版，第65—68页。

⑤ 本次考察对象包括《九边图说》残卷、灵宝许氏族谱、碑刻。考察得到了北京师范大学向燕南教授、江苏科学技术出版社李纯主任、灵宝市文物管理研究所胡小平所长、许氏后裔许英华先生的支持和帮助，《九边图说》残卷捐献者李隋义先生介绍了《九边图说》的情况，在此一并致谢。

一　现存最早长城全图《九边图说》残卷
——兼与其他版本《九边图》绘法的比较

　　《九边图说》颁发至九边后，出现了多个摹绘本。目前存世的历博、辽博《九边图》便是其中两幅改绘本。之所以称其为"改绘本"，而非"摹绘本"，在于这两幅《九边图》增补了嘉靖十三年至隆庆元年（1567）间的许多内容，且改原图长卷式为屏风式，图幅缩短、变宽，绘制体例也有所变化。

　　王绵厚认为历博《九边图》绘于嘉靖三十七年（1558）至隆庆三年（1569）之间。辽博《九边图》绘于隆庆元年以前。不过历博《九边图》"隆庆州"作"延庆州"，很明显改绘于隆庆元年以后。王绵厚判断历博《九边图》下限的根据是该图屏风后有郭全仁于隆庆三年书写的《后赤壁赋》。其实郭全仁书写此赋与《九边图》并无直接对应关系，完全可以在历博《九边图》成图多年后书写。以此作为历博《九边图》的下限有些宽松。事实上，历博《九边图》并未绘制隆庆年间新筑之堡，据此便可判断此图成于隆庆元年。辽博《九边图》隆庆府地方已被糊上，无法看到，不过历博、辽博《九边图》在绘制内容、形式体例上十分一致，显然二者之间存在摹绘关系。或有一个非许论原绘本的共同渊源，该图也应绘于隆庆元年。

　　历博、辽博《九边图》同时出现，是否有一共同的时代背景促成？这应源于穆宗的登基诏。该诏中一款云："其各将官所任地方，兵部亦以边腹冲缓，分为三等，遇该升调，照此施行。钦此！"① 此时距离《九边图论》的撰述已有二十余年，又逢新帝登基，兵部遂命各镇绘制地图，并送交中央。② 而兵部则根据九边各镇绘制的地图，最终撰绘成一部新的九边图籍——《九边图说》。很显然，历博、辽博《九边图》是蓟州镇、

---

①　明兵部：《九边图说·兵部□□仰遵明鉴恭进九边图说以便圣览事》，玄览堂丛书初集影印明隆庆三年刊本，台北：正中书局1981年版，第2页。

②　《九边图说·兵部□□仰遵明鉴恭进九边图说以便圣览事》，第2页云："咨行各镇督抚军门，将所管地方，开具冲缓，仍画图贴说，以便查照。去后随该各镇陆续开报前来，或繁简失宜，或该载未尽。又经咨驳，务求允当。往返多时，始获就绪。"

辽东镇根据嘉靖年间，朝廷颁发各镇的许论《九边图说》的摹绘本，重新增补内容，以应付兵部的任务。因皆成图于隆庆元年，故所绘制内容仍为嘉靖时期的旧貌，而未涉及隆庆以后的情况。那么，许论原绘《九边图说》是怎样的一个面貌呢？

1943年，在许论故居河南灵宝老城，李长亮从异姓结拜兄弟手中获赠一幅《九边图说》残卷，卷首有"九边图说"四字，长420厘米，宽40厘米，黄麻纸彩绘绢裱。1982年，李长亮之子李隋义将《九边图说》上交灵宝县文管会。2000年，灵宝文管会又将该图拨交三门峡市博物馆。《九边图说》残卷东起镇北关，西至偏头关西，描绘了辽东镇、蓟州镇、宣府镇、大同镇、山西镇五镇包括镇城、卫所、营堡、墩台、驿站在内的长城防御体系。

《九边图说》隆庆作"龙庆州"，这是隆庆以前"隆庆州"另一种常见写法。可见《九边图说》绘于隆庆以前。历博、辽博《九边图》绘制的建于嘉靖三十七年辽东镇宁东堡，在《九边图说》中未绘出，建于嘉靖二十五年的辽东镇孤山、险山、沿江台、散羊峪、镇西、一堵墙六堡在《九边图说》中也未绘出。嘉靖十八年，大同镇新筑镇边堡、镇川堡、弘赐堡，在《九边图说》中同样未绘出。可以说明《九边图说》绘于嘉靖十八年之前。宣府镇张家口堡建于嘉靖八年，《九边图说》绘有"张家堡"，显然该图成于嘉靖八年以后。据此可以判断，《九边图说》成图于嘉靖八年至十八年，在这一时期，明朝仅许论绘制了《九边图说》。通过将《九边图说》与谢少南本《九边图》比照，可以发现二者绘制内容、形式体例基本一致。许论在嘉靖十八年曾留下"明嘉靖己亥夏邑人员外郎许论游此"的摩崖石刻，《九边图说》、谢本《九边图》字迹与这一石刻完全一致，其他《九边图》笔迹与许论笔迹不同，可见《九边图说》为许论亲绘本，其他《九边图》皆为他人所绘。考虑到这幅地图在许论祖居地发现，很可能是《九边图说》副本，在许论致仕后被携带回乡，此后一直在当地流传。

通过将各种版本《九边图》与《九边图说》比较，可以发现谢本《九边图》基本继承了《九边图说》的原貌，只是个别地方进行了修正。比如将"龙庆州"、"张家堡"改为通常惯用的"隆庆州"、"张家口堡"。修本、兵本《九边图》在继承谢本《九边图》的基础上，对内容有所增减或改名。历博、辽博《九边图》在《九边图说》、谢本《九边图》的基础上，增补了不少嘉靖中后期的内容。将《九边图说》与各版本《九边图》相对照，可见其间具有如下因革与异同关系：

一、《九边图说》用黄麻纸彩绘，历博、辽博《九边图》用绢本彩绘，显示出个人与官方绘制地图在用纸质量上的差别。

二、《九边图说》残图长4.2米，宽0.4米。谢本《九边图》辽东镇至偏头关不足全图的二分之一。据估量，《九边图说》原图应有10余米。这比历博《九边图》横6.65米，纵1.84米的形制，辽博《九边图》横6米，纵2.08米的形制，要长近一倍，窄约三分之一。可见，《九边图说》是典型的长卷式，谢本、修本、兵本《九边图》继承了这一样式，辽博、历博《九边图》却为适应屏风的形制，缩短加宽，成了屏风式。

三、《九边图说》全图底色发黄，采取形象绘法，山川、水道皆用青墨重彩绘制。由于《九边图说》为长卷本，图幅较宽，山形施展如飞雁，渤海湾在地图上水平绘制，从辽东镇一直达到玉田县下方。辽东湾则从中部分出，形成两股分叉。下未绘地名。其他版本《九边图》在绘法上与《九边图说》一致，亦皆采用形象绘法。谢本、修本、兵本《九边图》收入书中，故《九边图》无色彩，因是刊刻的缘故，山形不如《九边图说》形象。谢本《九边图》山形不规则，修本《九边图》山形基本是正三角形或山峰的抽象绘法，兵本《九边图论》山形相比这两个版本更为形象一些。三种版本波纹形状，渤海湾、辽东湾形状与《九边图说》一致。修本、兵本《九边图》渤海湾下增注"岛国"。历博、辽博《九边图》山川、水道亦皆用青墨重彩绘制，历博、辽博《九边图》呈茶色，辽本《九边图》呈黄色。因这两幅地图图幅较窄，故辽本《九边图》山形基本是正三角形，图示简单；历博《九边图》山形耸立。历博、辽博《九边图》渤海湾、辽东湾组合在一起形成倒立的心形。历本《九边图》渤海湾下尚绘登州府，辽本《九边图》所绘地方更多。历博山水颜色皆为墨绿色，辽博却呈绿色。

四、《九边图说》道路用红色细线，水道用黑绿色粗线。谢本、修本、兵本《九边图》道路用黑色虚线。谢本、修本《九边图》水道用双曲线表示，中间无波纹。兵本水道用双曲线，中间涂黑表示。历博《九边图》道路、水道皆用黑线表示，辽博《九边图》用绿线表示。两种版本《九边图》黄河皆用茶色粗线表示。

五、《九边图说》边墙较为形象，绘有关楼、墩台，关楼涂红，关楼、墩台遍插红旗，营房也涂红。谢本、修本、兵本《九边图》边墙关楼、墩台也皆插旗帜。历博、辽博《九边图》边墙只是简单的线形，中间墩台绘法较为抽象，不插红旗。

六、《九边图说》镇卫所城以及大型堡皆以黑色较大双重方框圈注，营、堡、驿以较小的长方形红色条框圈注。谢本、修本《九边图》镇、卫城以黑色较大双重方框圈注，且绘有关楼，营、堡、驿以黑色较小的单方框圈注，且绘有关楼。兵本《九边图》镇、卫所城以黑色较大双重方框圈注，营、堡、驲以黑色较小的单方框圈注。历博、辽博《九边图》镇、卫城以较大双重方框圈注，底为粉红色，内框为浅蓝色，外框为白色，且绘有关楼、垛口，关楼涂红。营、堡、驿皆用较小双重方框圈注，底为粉红色，内框为褐色，外框为白色，且绘有关楼，关楼涂红。在营堡绘制较为形象这一点上，历博、辽博《九边图》体现了对谢本《九边图》的参照。

七、《九边图说》在北京的位置用最大的方框标注皇都，并绘制了15座城门，分别是"里九门"的宣武门、正阳门、崇文门、朝阳门、东直门、安定门、德胜门、阜成门，缺西直门。"外七门"中的西便门、广安门、右安门、永定门、左安门、广渠门、东便门。谢本、修本《九边图》绘制出了北京城"里九外七皇城四"的所有20个城门。兵本《九边图》未绘城门。历博、辽博《九边图》绘制了北京"里九"的9座城门。

总之，从绘制方法来看，各版本《九边图》皆继承《九边图说》形象绘法，山川、道路、水道、镇卫、关楼、营堡、墩台、驿站图例大同小异，皆体现了直观、实用的特点与目的。较大的不同是历博、辽博《九边图》改长卷式为屏风式，从而导致海湾、山形有所变化。

从图例来看，谢本《九边图》基本继承《九边图说》，有所改动。而修本、兵本《九边图》基本继承谢本《九边图》。历博、辽博《九边图》虽自成系统，不过可以看出在改绘《九边图说》的基础上，也参照了谢本《九边图》。

二 《九边图说》残卷与其他版本《九边图》标注内容比较

在《九边图说》残卷与其他版本《九边图》中，皆有不少文字标注内容，以直接提供阅图者丰富的信息。通过比照，《九边图说》残卷与其他版本《九边图》标注文字，有一定差别。

一、《九边图说》在镇卫所城与大型堡旁注明职官。如辽东镇框内注："即辽阳城。"下注："副总、巡抚、分守、都司。"谢本、修本、兵本《九边图》未有文字注明。历博、辽博《九边图》在方框内注以四至。比如辽东镇框内注："北至沈阳城一百一十里。"大型堡无文字注明。

二、边墙之外因非明朝直接控制地带，《九边图说》绘制得较为简单，主要以图记的形式加以注明。谢本《九边图》图记内容与《九边图说》一致，只是有的图记挪移了位置。修本《九边图》基本继承了谢本的原貌，稍有增补。兵本《九边图》基本将图记完全删除，重新在图版外另注眉批，历博、辽博《九边图》在个别地区增绘若干地名，并增注不少图记。现即由东至西，依次介绍辽东镇、蓟州镇、宣府镇、大同镇、山西镇边墙外的图记。

三、《九边图说》在辽东边墙东绘制鸭绿江，群山及上飘小旗的营房4处。谢本、修本《九边图》在鸭绿江一侧绘有群山，在镇北关旁增绘东辽河，并有一条大体连接鸭绿江与东辽河的道路。此外，在义州城旁注："自此入朝鲜界。"兵本《九边图》大体与修本《九边图》一致，只是东辽河注入山中。图右下角有"九边全图"四字，替代了"自此入朝鲜界"的图记。历博、辽博《九边图》增加内容较多。皆在边墙外东北部绘两处蒙古包，注："小王子部落驻牧"。又在义州城东纵向标注朝鲜国、西京、八道堡。

四、《九边图说》镇远关左上方，即北边墙外注："自此东北界皆女直等属夷住牧"。谢本、修本《九边图》右下方，即东边墙外注："自此东北皆女直等属夷住牧"。这可能是出于刊刻的需要，因为北边墙已临版沿。历博《九边图》镇北关左上方，即北边墙外旁注："自此东北皆女直等蛮夷驻牧巢穴"。辽博《九边图》镇北关左上方，即北边墙外亦旁注：

"自此东北皆女直等蛮夷驻牧巢穴"。可见两个版本对《九边图说》进行了改动。尤其增添了不少内容。由东至西,历博《九边图》图记又有如下几条:"小王子部落驻牧";"辽东边外酋首小王子驻牧巢穴";"小王子部落驻牧"。由东至西,辽博《九边图》图记又有如下几条:"小王子部落驻牧";"小王子部落驻牧";"辽东边外酋首小王子驻牧巢穴"。"小王子部落驻牧"。

五、《九边图说》辽河上方绘双重方框,上注:"此辽阳旧城。今三岔河地也,亦朵颜三卫夷人住牧。"并绘制三岔河道,但未标出河名。谢本《九边图》在辽河上方绘方框,上注:"此辽阳旧城。今亦三卫住牧。"并另绘一方框,内注"三岔河"。修本《九边图》辽河上方绘方框,内注"开平卫",上注:"此辽阳旧城。今亦三卫住牧。"也在方框内注"三岔河"。历博《九边图》辽河上方虽绘双重方框,但内注:"住牧。"方框上方注:"此辽阳旧城,今三岔河地也,亦朵颜三卫夷人驻牧巢穴。"左侧再注三条"小王子部落驻牧"。并在辽东、蓟州之间注:"辽东镇边西界、蓟州镇边东界。"辽博《九边图》辽河上方绘双重方框,内无注文。其他与历博本《九边图》一致。

六、《九边图说》在蓟州镇建昌营右上方注:"小王子打来孙登住牧蓟边外。"在小喜峰口的左上方,注:"此大宁都司旧城。今朵甘、泰宁、福余三卫住牧。"在永宁城左上方注:"自此北去有兀良罕部,原系小王子,比部因隙叛去,至今相攻。"谢本、修本《九边图》在建昌营的左上方绘双重方框,旁注:"此大宁都司旧城,今朵颜三卫夷人住牧。"谢本《九边图》绘有永宁城,修本《九边图》未绘永宁城。在白崖谷上方注:"自此北去有兀良罕一部,原系小王子,比部因隙叛去,至今相攻。"历博、辽博《九边图》东边注文两条:"小王子部落驻牧。"边墙以北注文又有七条"都都影克部落驻牧"。明实录中未载此一部落。自东向西数条注文。"此大宁都司旧城,朵颜、泰宁、福余三卫驻牧。""自此北去有兀良罕一部,原系小王子,比去因隙叛去,至相杀。""蓟镇边外进贡,三卫酋首都都影克驻牧巢穴。"

七、《九边图说》宣府镇大白羊堡上方注称:"此一带有北虏冈留、罕哈、尔填三部住牧,兵共约六万,与朵颜诸夷为邻。冈留部下为虏大营者三大酋,猛可不即领之,尔填部下为大营者一大酋,可都留领之,入寇无常。"旁又有红色方框注:"把都儿住宣府东北边外。"谢本、修本《九边图》在大白羊堡右上方注称："此一带有北虏冈留、罕哈、尔填三部住牧，兵共约六万，与朵颜诸夷为邻。冈留部下为虏大营者三大酋，猛可不即领之，尔填部下为大营者一大酋，可都留领之，入寇无常。"历博、辽博《九边图》宣府镇边墙外东半部，修本《九边图》注三处"把都儿部落驻牧"。西半部注四处"黄台吉驻牧巢穴"，一处"宣府酋首黄台吉驻牧巢穴"。由东至西又有数处注文。"宣府独石接界蓟镇边外，酋首把都儿驻牧巢穴。""此一带有北虏岗晋、罕哈、尔填三部住牧，兵共约六万，与朵颜岗（阙文）。""大酋猛可不即领之，尔嗔部下为大营者一大酋可都留领之，入寇无常。""宣府镇便西界、大同镇边东界。"

八、《九边图说》大同镇由东向西，依次有注文数条。长胜堡西北注："此一带有北虏哈喇嗔、哈连二部住牧。哈喇嗔部下为营者大酋也把荅罕奈领之，兵约三万。哈连部下为营者一大酋把喇台吉领之，兵约二万余，俱在宣府边外，入寇无常。"柳沟堡右上侧红色方框圈注："共台吉摆胜等住宣两界边外。"大同左卫上方红色方框圈注："贼近宣大边。"谢本、修本《九边图》长胜堡左上方注称："此一带有北虏哈喇嗔、哈连二部住牧。哈喇嗔部下为营者大酋也把荅罕奈领之，兵约三万。哈连部下为营者一大酋把喇台吉领之，兵约二万余，俱在宣大边外，入寇无常。"修本《九边图》柳沟堡右上侧红色方框圈注："共台吉摆胜等住宣大边外，入寇无常。"大同左卫上方红色方框圈注："贼近宣大边。"在大边外，注："此大同大边，今废。"历博、辽博《九边图》大同镇图记由东至西依次为："黄台吉驻牧巢穴"、"俺荅驻牧巢穴"、"此一带有北虏哈喇嗔、哈连二部住牧。哈喇嗔部下为营者大酋把荅罕奈领之，兵约三万。哈连部下为营者一大酋把喇台吉领之，兵约二万余，俱在宣、大边外，入寇无常"、"大同酋首奄荅驻牧巢穴"、"俺荅驻牧巢穴"、"大同镇边西界、偏头关边东界"。

九、《九边图说》山西镇偏头关以东边墙外注："俺荅部落住大同边、山西边外。"谢本、修本《九边图》无图记。历博、辽博《九边图》记两条"俺荅驻牧巢穴"。

总之，从图记内容上来看，谢本《九边图》基本继承《九边图说》，改动极少。修本《九边图》在谢本的基础上，有所增补。历博、辽博《九边图》结合时代情况，增补了不少图记。

但总体来看，《九边图说》与各版本《九边图》都只是一种军事示意图，便于从宏观上了解九边的大体情形，并非九边设施的完全精确化绘制，并非达到作战地图所要求的准确性。许论对《九边图说》的定位便在于："然披图可以略见边方之形胜。"① 形象绘法也是明后期地图绘制的主流绘法。这与以往研究所揭示出的历史面相有所不同。

中外学者对中国古代地图的研究，基本立足于现代制图学科学、定量的标准，构建了一条从东汉张衡"准望"——西晋裴秀"制图六体"、唐代贾耽《华夷图》——宋代《禹迹图》——元代朱思本《舆地图》、明代罗洪先《广舆图》"计里画方"与图例绘法的线性发展脉络。在这种研究中，虽然法国汉学家沙畹（Edouard Chavannes）与日本学者小川琢治在20世纪初开创先河，王庸完整勾勒了这一脉络，构建了自己的解释体系，不过最具理论性的阐述仍属李约瑟的《中国科学技术史》。② 但这一研究体系却由于单纯地建立在现代制图学科学、定量标准之上，可称之为"科学视角"并不符合中国古代地图绘制的传统。余定国指出中国古代地图绘制除科学传统外，还有美学、宗教、政治等功能。③ 其中宗教功能在中国古代地图中的作用远不如古代西方突出，而美学、政治等人文传统则一直占据主流地位。从地图绘制方法来讲，采用形象绘法；从绘制目的来讲，强调直观、实用，以便满足没有经过专业地图学知识训练的军事、行政官员使用。明代地图绘制的主流仍处于人文传统之中，《九边图说》所采取的形象绘法仍是明后期地方绘制，尤其官方地图绘制的主流绘法。大量图记的使用也印证了这一点。

---

① 《九边图论·奏稿》（许论）。
② ［法］沙畹（Edouard Chavannes）：《中国地图学中两幅最古老的地图》（Les Deux Plus Anciens Specimens de la Car-tographie Chinoise, Bulletin de l'Ecole Francaise de l'Extreme Orient, Vol, 3, 1903.）［日］小川琢治：《近世西洋交通以前の支那地图に就て》，《地学杂志》（日本）第22年第258号，1910年。《中国地图史纲》，第1—72页。［英］李约瑟（Dr. Joseph Needham）：《中国科学技术史》第五卷第一分册，科学出版社1976年版，第1—248页。
③ ［美］余定国著，姜道章译《中国地图学史》，北京大学出版社2006年版，第245页。

三 《九边图说》与其他版本《九边图》绘制内容的比照
——以辽东镇为例

作为《九边图说》的翻刻本，谢本《九边图》基本继承了《九边图说》的内容，稍有改动。修本、兵本《九边图》在继承谢本《九边图》的基础上，略有增减或改名。比如将"驿"改为"馹"。历博、辽博《九边图》作为《九边图说》的改绘本，除对原地名有所改变外，还增加了不少嘉靖中后期的新设机构。不过，《九边图说》、谢本《九边图》中部分内容也为其他四个版本所无。比如在辽东镇东边墙，《九边图说》、谢本《九边图》绘有广顺关、抚顺关。历博《九边图》仅绘抚顺关，辽博《九边图》未绘二关。这应与历博、辽博《九边图》为屏风本，为适应屏风的形状，甚至经过了裁剪。比如历博《九边图》宣府镇中一处未完注文不见于下幅图中。辽博《九边图》甚至辽东东边墙都并不完整。《九边图说》、谢本《九边图》蓟州镇北绘有永宁城，东侧且有三座寺塔，这在其他版本《九边图》中皆未见到。现以辽东镇为例，参照嘉靖十六年刊刻的《辽东志》所载机构，对六幅《九边图》内容加以比较，以见《九边图说》绘制内容情况及其他版本《九边图》的变化或增减，可以得出一些结论。

一、《辽东志》所载卫所，皆载《九边图说》及各版本《九边图》中，只是《辽东志》、《九边图说》和谢本、修本、兵本《九边图》多习惯称"城"，历博、辽博《九边图》多习惯称"卫"或"所"。这反映出《九边图说》和谢本、修本、兵本《九边图》大体在一个绘制系统之中，历博、辽博《九边图》在另一系统。参见下表。

	《辽东志》	《九边图说》	谢本《九边图》	修本《九边图》	兵本《九边图》	历博《九边图》	辽博《九边图》
卫城	宁远城	宁远卫城	宁远卫城	宁远卫城	宁远卫城	宁远卫城	宁远卫城
	锦州城	锦州城	锦州城	锦州城	锦州城	锦州城	锦州城
	海州城	海州城	海州城	海州城	海州城	海州卫	海州卫

续表

	《辽东志》	《九边图说》	谢本《九边图》	修本《九边图》	兵本《九边图》	历博《九边图》	辽博《九边图》
卫城	沈阳城	沈阳城	沈阳城	沈阳城	沈阳城	沈阳城	沈阳城
	铁岭城	铁岭城	铁岭城	铁岭城	铁岭城	铁岭城	铁岭城
	盖州城	盖州城	盖州城	盖州城	盖州城	盖州卫	盖州卫
	复州城	复州城	复州城	复州城	复州城	复州卫	复州卫
	金州城	金州城	金州城	金州城	金州城	金州卫	金州卫
	右屯卫	石屯卫城	右屯卫城	右屯卫城	右屯卫城	右屯堡	右屯堡
所城	中前所	中前所城	中前所城	中前所城	中前所城	中前所城	中前所城
	中后所	中城所	中后城所	中后城所	中城所	中后城所	中后城所
	中左所	中左所城	中左所城	中左所城	中左所城	中左所	中左所
	中右所	中右所城	中右所城	中右所城	中右所城	中右所城	中右所城
	松山所	松山所城	松山所城	松山所城	松山所城	松山所	松山所
	大凌河所	大凌河所	大凌河所	大凌河所	大凌河所	大凌河所	大凌河所
	蒲河城	蒲河城	蒲河城	蒲河城	蒲河城	蒲河城	蒲河城
	懿路城	懿路城	懿路城	懿路城	懿路城	懿路城	懿路城
	汛河城	汛河城	汛河城	汛河城	汛河城	汛河城	汛河城
	抚顺城	抚顺城	抚顺城	抚顺城	抚顺城	抚顺所	抚顺所

二、《辽东志》所载堡、驿，《九边图说》、谢本《九边图》有未绘的情况，这属于漏绘。但这种情况较少，《九边图说》、谢本《九边图》基本将当时绝大多数堡、驿皆绘制了出来，反映出《九边图说》绘制的内容还是较为全面的。

《辽东志》	《九边图说》	谢本《九边图》	修本《九边图》	兵本《九边图》	历博《九边图》	辽博《九边图》
铁场堡					铁场堡	铁场堡
永安堡					永安堡	永安堡
瑞昌堡					瑞昌堡	瑞昌堡
高台营堡					高台堡	高台堡
三道沟堡					三道沟	三道沟

续表

《辽东志》	《九边图说》	谢本《九边图》	修本《九边图》	兵本《九边图》	历博《九边图》	辽博《九边图》
沙河儿堡					沙河口堡	沙河口堡
大定堡		大定堡	大定堡	大定堡	大定堡	大定堡
大静堡					大静堡	大静堡
东昌堡					东昌堡	东昌堡
东胜堡					东胜堡	东胜堡
洒马吉堡					洒马吉堡	洒马吉堡
镇西堡					镇西堡	镇西堡

三、《九边图说》有的地名与其他记载并不一致，比如《辽东志》与其他版本《九边图》皆绘"马根单堡"，只有《九边图说》绘"马粮单堡"，属于误载。《九边图说》沿用《辽东志》的一些地名，已不完全符合后世的情况，遂被修正过来。如"和尚岛堡"后世作"和尚堡"。无论是误载，还是不太规范的地名，在《九边图说》中出现的比例较小，说明《九边图说》准确度还是很高的。其他版本《九边图》皆将这种错误纠正过来。谢本的迅速纠错反映出刊刻者对《九边图说》并未完全照搬，而注意加以审核。

《辽东志》	《九边图说》	谢本《九边图》	修本《九边图》	兵本《九边图》	历博《九边图》	辽博《九边图》
沙河驿	沙河驿	沙河驿堡	沙河驲堡	沙河驲堡	池河驿	池河驿
小團山堡	小元山堡	小园山堡	小园山堡	小园山堡	小团山堡	小团山堡
白塔峪堡	白塔骨堡	白塔谷堡	白塔谷堡	白塔谷堡	白塔堡	白塔堡
椴木冲堡	椴木冲堡	椴木堡	椴木堡	椴木堡	椴木冲堡	椴木冲堡
东关驿	东关驿堡	东关堡	东关堡	东关堡	东关堡	东关堡
高岭驿	高岭驿	高岭驿堡	高岭驲堡	高岭驲堡	高岭驿	高岭驿
马根单堡	马粮单堡	马根单堡	马根单堡	马根单堡	马根单堡	马根单堡
鱥场堡	盐场堡	鹹场堡	鹹场堡	鹹场堡	鹹场堡	鹹场堡
黄骨岛堡	黄谷岛堡	黄骨岛堡	黄骨岛堡	黄骨岛堡		
红嘴堡	红嘴营	红嘴营堡	红嘴营堡	红嘴营堡		

续表

《辽东志》	《九边图说》	谢本《九边图》	修本《九边图》	兵本《九边图》	历博《九边图》	辽博《九边图》
栾古驿堡	来古驿	栾古驿	栾古驲	栾古驲		
熊岳驿堡	丘山驿	熊岳驿	熊岳驲	熊岳驲		
虎皮驿	虎皮堡	虎皮城驿	虎皮城驲	虎皮城驲	虎皮驿	虎皮驿
和尚岛	和尚岛堡	和尚堡	和尚堡	和尚堡		
	王家寨堡	三官堡	王官堡	王官堡		
爪牙山城	孤牙山城	孤牙山堡	孤牙山堡	孤牙山堡		

四、谢本《九边图》对《九边图说》改名之处，修本、兵本《九边图》基本皆循谢本而改，反映出这两个版本基本继承谢本。后世《九边图论》系统基本祖述谢本。

五、其他版本《九边图》对《九边图说》漏载之堡、驿皆有补绘、改名的情况，不过历博、辽博《九边图》补载、改名较多，谢本、修本、兵本《九边图》补载、改名较少，反映出谢本、修本、兵本《九边图》对《九边图说》注重继承，更注重"述"。历博、辽博《九边图》对《九边图说》注重结合时代的变化，加以增补或改正，更注重"作"。

《辽东志》	《九边图说》	谢本《九边图》	修本《九边图》	兵本《九边图》	历博《九边图》	辽博《九边图》
新兴营堡	新兴营堡	新兴营堡	新兴营堡	新兴营堡	新兴堡	新兴堡
沙河驿	沙河驿	沙河驿堡	沙河驲堡	沙河驲堡	池河驿	池河驿
黑庄窠堡	黑庄窠堡	黑庄窠堡	黑庄窠堡	黑庄窠堡	黑窠堡	黑窠堡
仙灵寺堡	仙灵寺堡	仙灵寺堡	仙灵寺堡	仙灵寺堡	仙灵堡	仙灵堡
兴水县堡	兴水县堡	兴水县堡	兴水县堡	兴水县堡	兴水堡	兴水堡
白塔峪堡	白塔骨堡	白塔谷堡	白塔谷堡	白塔谷堡	白塔堡	白塔堡
寨儿山堡	寨儿谷堡	寨儿谷堡	寨儿谷堡	寨儿谷堡	寨儿山堡	寨儿山堡
长岭山堡	长岭堡	长岭堡	长岭堡	长岭堡	常岭山堡	常岭山堡
七家堡	戚家庄堡	戚家庄堡	戚家庄堡	戚家庄堡	戚家庄	戚家庄
武静营堡	武静堡	武静堡	武静堡	武静营	武靖堡	武靖堡
汤站堡	汤站城	汤站堡	汤站堡	汤站堡	汤站堡	汤站堡
望海埚堡	望海埚	望海埚	望海埚	望海埚	望海堡	望海堡
山涧堡	山涧堡	山涧堡	山涧堡	山涧堡	山间堡	山间堡

六、《辽东志》、《九边图说》和谢本、修本、兵本《九边图》皆绘的堡、驿，历博、辽博《九边图》漏载的情况，反映出历博、辽博《九边图》也有漏载的情况。

七、《辽东志》、《九边图说》和谢本、历博、辽博《九边图》驿站作"驿"，修本、兵本《九边图》作"馹"。反映出修本、兵本《九边图》在继承《九边图说》的同时，又另成一系统。

结 论

现存最早长城全图《九边图说》是明代兵部职方司主事许论在嘉靖十三年绘制、嘉靖十六年上呈世宗的。《九边图说》全图长10余米，是一幅长卷式地图，全面地反映了嘉靖前期包括镇城、关楼、卫所、营堡、驿站在内的多层次、立体性的长城防御体系。

《九边图说》残卷是许论原绘本的副本，由许论亲绘。该图东起镇北关，西至偏头关西，绘制了辽东镇、蓟州镇、宣府镇、大同镇、山西镇五镇包括镇城、卫所、营堡、墩台、驿站在内的长城防御设施。历博、辽博《九边图》是该图的改绘本，成于隆庆元年。谢少南嘉靖十七年《九边图》是改图的翻刻本，稍有改动。修攘通考本、兵垣四编本《九边图》又在谢少南本的基础上增补、改名。兵垣四编本、长恩室丛书本、后知不足斋丛书本皆将《广舆图·全国总图》改称《九边总图》，置于许论《九边图》之前。兵垣四编本《九边图论》在文字内容上，尚吸取了《舆地图》、《广舆图》与《皇舆图》的内容。总之，谢少南本《九边图》基本继承了《九边图说》的原貌，其他版本《九边图》都对许论原绘本进行了不同程度的改绘。

《九边图说》残卷采用中国古代地图绘制中的形象绘法，对当时流传的，目前研究评价甚高的"计里画方"与图例绘法并未采用，而是以直观、实用为目的。《九边图说》的这种地图绘制观念对明后期地图绘制产生了重要影响，直到明末以前，明朝官方所绘九边地图基本延续了《九边图说》的样式。但《九边图说》也因此所绘地理位置并不完全精确，只是一幅军事示意图，并非实战地图。这体现了明代地图绘制仍受到中国古代地图绘制中人文传统的影响,以直观而非定量、实用而非科学为旨归的主流思想。单纯以科学、定量传统衡量、构建中国古代地图史,是一种基于西方现代制图学观念,套搬于中国历史的做法,可称之为"科学视角"并不符合中国古代地图绘制的内在传统,是一种西方中心论的研究观念,所得出的结论是片面的。

中国古代地图绘制既长期浸染于人文传统氛围之中,当前中国古地图研究相应应从"人文视角"入手,以揭示其固有内在理路与中国本位取向。

作为世界上第一幅长城地图,《九边图说》残卷直观地揭示了明代长城防御体系中边墙横遮边镇、营堡控扼要道、墩台传递消息、驿站负责传递的多层次、立体性的军事防御体系,有助于纠正长城是单纯的消极防御的错误观念,有利于促进长城史研究的深入开展与当前长城的测量保护,具有重要的学术与文物价值。

(本文原载《史学史研究》2010 年第 3 期)

17世纪卫拉特南迁原因再探讨
——兼论游牧社会"集中与分散"机制

青格力

1637年初,四卫拉特联盟远征青海,消灭了喀尔喀部绰克图台吉(čoγtu tayiji,1581—1637年)势力。1637—1639年间,大批卫拉特人自准噶尔故地迁居青海,将16世纪初以来由东蒙古势力所控制的青海地区纳入自己的统治之下,成为青海卫拉特。这一历史事件可称为"卫拉特南迁"。但卫拉特的南迁活动并没有就此结束。1639年,和硕特部首领固始汗(güüsi qaγan,1582—1654)率青海卫拉特联军进攻东部藏区,1640年末消灭康区(khams)统治者白利土司,征服了多康六岗(mdo khams sgang drug)。1641年,固始汗继续挺进西藏本土打击后藏王,次年年初推翻藏巴汗(gtsang rgyal)王朝,固始汗被推举为全藏区之王。新藏王随即颁布新法,重新划分西藏宗教、政治区域,任命格鲁派(dge legs pa,也称甘丹派或黄教派)行政长官第巴索南琼培(bsod nams chos' phels,1595—1658)为摄政,确立了格鲁派在西藏宗教和世俗社会中的统治地位。青、康、藏三地的游牧地区被青海卫拉特蒙古诸首领瓜分。至此,17世纪中叶卫拉特蒙古的南迁或向南扩展才告一段落。

众所周知,卫拉特蒙古南迁的规模较大,影响范围很广。它不仅涉及青藏高原及其周边地区,对中亚和北亚的历史也产生了深远的影响。就卫拉特蒙古南迁的历史原因或目的,文献记载不尽相同,学术界也有多种观点。主要的观点有:①对西藏格鲁派军事援助要求的呼应——"宗教理由说";②卫拉特各部相互争斗、相互排挤——"内部矛盾说";③畜群数量的增长与牧场缩小——"草畜矛盾说",等等。更多的人则采取一种稳妥的方法，即把三者都看作是南迁的诸要素①。但是，笔者认为第一种观点在史料学方面存在诸多疑点；第二种观点与当时四卫拉特的实际政治状况不甚吻合；第三种观点也没能完全解释出游牧经济与社会结构、政治组织之间的关系以及对迁徙所起的作用。所以，即使三种观点相互补充，仍不能说明其本质。本文拟将分别指出上述观点所存在的问题，重新探讨卫拉特南迁的历史原因，提出并简要阐释游牧社会"集中与分散"的基本机制。

一　宗教理由说

这一观点多见于佛教史文献中。认为，格鲁派特别是五世达赖喇嘛受到噶玛派施主藏巴汗等的威胁，被迫遣使向卫拉特求援。经和硕特首领固

---

① 在分析迁徙的主要因素时，学者间所强调的侧重面也有所不同。马汝珩《顾实汗》（清史编委会编《清代人物传稿》，上编第一卷，中华书局1984年版，第249—254页），卢明辉《清代蒙古史》（天津古籍出版社1990年版，第19页），马大正、蔡家艺《卫拉特蒙古史入门》（青海人民出版社1989年版，第13—14页），《准噶尔史略》（人民出版社1985年版，第58页），马汝珩、马大正《顾实汗生平述略》（《厄鲁特蒙古史论集》，青海人民出版社1984年版，第6页）等，视准噶尔部（绰罗斯）强盛而导致内部矛盾为主要原因。若松宽撰写的《准噶尔汗国的形成过程》（《清代蒙古的历史与宗教》，黑龙江教育出版社1994年版，第25页，原载《东洋史研究》41，1983年版，第74—117页）、《俄文史料中所见之顾实汗事迹》（《清代蒙古的历史与宗教》，黑龙江教育出版社1994年版，第148页，原载《史林》59—6，1976年）等一系列文章，认为这一迁徙的操纵者为准噶尔部巴图尔珲台吉。《卫拉特蒙古简史》（新疆人民出版社1992年版，第51—56页）、矢野仁一《近代支那史》（1925年，第66—67页）等，则认为固始汗因不甘其从属地位而迁徙，另开辟新天地。毕一之《青海蒙古在蒙古史研究中的共性的几个问题》（《蒙古史研究》第2集，1986年，第90页），强调了内部纷争和宗教集团内的斗争因素。陈庆英《固始汗和格鲁派在西藏统治的建立和巩固》（《中国藏学》2008年第1期，第73页），认为内乱与外患交替的情况下，固始汗谋本部的生存和发展。宫胁淳子《17世紀のオイラト——〈ジューン・ガル・ハーン国〉に対する疑問—》（《史学雑誌》90—10，1981年，第55页），认为优良的牧场以及通往西藏的要道等因素成为卫拉特占据青海的原因。兹拉特金《准噶尔汗国史》（马曼丽译，商务印书馆1980年版，第163页），Borjigidai oyunbilig, *qošud kökenaɣur-tu negügsen-ü u č ir* (*mongɣol-un sudulul-un ügülel-ün sungɣumal*, öbür mongɣol-un arad-un keblel-ün qoriy-a, 1989, pp. 277 – 305) 等，认为摆脱畜群数量增加、封地分割造成牧场缩小的困境为迁徙的主要原因。Namsarai, *dörben oyirad-un teüke* (öbür mongɣol-un arad-un keblel-ün qoriy-a, 1992, pp. 40 – 41)，Badai 等，*dörben oyirad-un qolbuɣ-a* (*oyirad teüken surbulji bičig*, öbür mongɣol-un soyol-un keblel-ün qoriy-a, 1985, pp. 92 – 93) 等，则强调了宗教因素。

始汗亲自查实后,卫拉特决定出兵保护格鲁派,打击其敌人。在此过程中,卫拉特人迁居至青海。按此观点,卫拉特南迁完全是以保护西藏格鲁派为目的的军事行动。故此,整个南迁的原因、过程以及此后的历史发展均围绕着宗教而展开的。有关遣使求援及出兵过程的记载,最早见于18世纪蒙古高僧益希班觉(sum pa mkhan po ye shes dpal 'byor,1704—1788)所撰《如意宝树史》(1748年成书)①和《青海史》(1786年成书)②,之后的蒙藏史书基本都承袭了这一记载。一代高僧益希班觉学识渊博、精通蒙藏历史文化,著述甚丰。他很重视历史材料,同时也注意参考历史传说,其著作一直被后世所重视。但他也不可能避免受历史条件的限制和意识形态的影响。他的《如意宝树史》和《青海史》成书于18世纪中叶,甚至更晚一些,书中史料有采自前人著作的,也有得自耳闻之传说的,毕竟不是第一手史料,所以有必要对其进行史料学方面的分析和考证。通过分析考证,笔者发现其有关卫拉特南迁的记述存在诸多疑点,故而对其中有些记载的可信度不无疑问。概括起来主要有以下几点:

(一)"共谋"的问题

益希班觉称,喀尔喀绰克图台吉、察哈尔林丹汗(legden qaan,1604—1634年在位)和后藏藏巴汗噶玛·丹迥旺波(karma bstan skyong dbang po,1606—1642)等"共谋",企图消灭格鲁派。为此,绰克图台吉南进青海消灭了土默特势力,又与白利土司顿月多吉(be ri don yod rdo rje)一道对格鲁派进行迫害。林丹汗也准备与之合流,在征战土默特和鄂尔多斯之后,途中病死于青海黄草滩。而藏巴汗更是时刻威胁着格鲁派。危急时刻,格鲁派上层决定秘密遣使向卫拉特求援。

益希班觉著作的史料来源可能是五世达赖喇嘛著作中的几段记载。达赖喇嘛在他的《西藏王统记》(1643年成书)和《自传》(1682年成书)中批评林丹汗和绰克图台吉两人破坏蒙古六大部之间友好和约的恶劣行

---

① chos byung dbag bsam ljon bzang ('phags yul rgya nag chen po bod dang sog yul du dam ba'i chos byung tshul dbag bsam ljon bzang zhes bya ba bzhugs so), kan su' u mi rigs dpe skrun khang, 1992.

② mtsho sngon gyi lo rgyus tshangs glu gsar snyan zhes bya ba bzhugs so. mtsho sngon mi rigs dpe skrun khang, 1982.

径，并提到了绰克图台吉怀有改宗道教，恶意破坏宗喀巴教法的意图等等①。但是，达赖喇嘛并没有明确指出上述三人为了迫害格鲁派而结成同盟。研究显示，林丹汗是因女真族的介入，其征服同族部落的政治企图失败后逃往西部②；而绰克图台吉则是因为喀尔喀诸部内部关系不睦而南迁③。显然，他们都是政治上的失败者。在宗教方面，林丹汗是个既信奉黄教，又敬重红教（萨迦派），还和噶玛噶举派有往来的蒙古首领。他组织翻译《甘珠尔》经，兴建寺庙，曾受戒于西藏佛教不同教派，被称作"呼图克图汗"④。绰克图台吉由于重视事实上的全藏王藏巴汗，所以自然与藏巴汗所信奉的噶玛噶举派关系也显密切，但同时又和西藏的其他教派保持着良好的关系，他曾邀请并供养格鲁派施主吉雪第巴却杰丹津洛桑坚赞（skyid shod sde pa chos rjr bstan'dzin blo bzang rgya mtsho, 1593—1638）和佑宁寺第九任主持南杰班觉（rnam rgyal dpal 'byor, 1578—1651）二人⑤。格鲁派有些史书记载诋毁绰克图台吉是信奉道教者或没有自己的信仰云云⑥，实际上说明了绰克图对各个教派一视同仁的态度。在蒙古各部首领之间的政治冲突中格鲁派利益可能受到了冲击⑦，但没有确切的史料能够证明林丹汗和绰克图台吉是有意排斥格鲁派，也没有史料能够表明他

---

① rgyal dbang lnga pa chen mo, bod kyi deb ther dpyid kyi rgyal mo'i glu dbyangs, mi rigs dpe skrun khang, 1981, p.192; ngag dbang blo bzang rgya mtsho'i rnam thar (za hor gyi ban de ngag dbang blo bzang rgya mtso'i 'di snang 'khrul ba'i rol rtsed rtogs brjod kyi tshul du bkod pa du k'u la'i gos bzang las glegs bam dang po bzhugs), v.1, bod ljongs mi dmangs dpe skrun khang, 1989. pp.154, 170.

② 达力扎布：《明代漠南蒙古史研究》，第303—307页；王雄：《察哈尔西迁的有关问题》，《内蒙古大学学报》1989年第1期；Borjigidai oyunbilig, arban doloduγar jaγun-u türügü haγas-un mongγol manju "üledümel" surbuljis-ača öbür mongγol-un teüke-yi üjekü ni—nige "jou-yin baildu γan", öbür mongγol-un yeke surγaγuli-yin erdem sinjilegen-ü sedkül, 1999 - 3, pp.1 - 24.

③ 乌云毕力格：《绰克图台吉的历史和历史记忆》，Quaestiones Mongolorum Disputatae (QMD), I, 2005, Tokyo, p.204.

④ 蒙古文文献 altan kürden mingγan gegesütü（《金轮千辐》），sir-a tuγuji（《黄册》），erdeni-yin tobči（《蒙古源流》），altan erike（《金鬘》）等都记载了林丹汗的宗教事迹。

⑤ tu'u bkwan blo bzang chos kyi nyi ma, bshad sgrub bstan pa'i 'byung gnas chos sde chen po dgon lung byams pa gling gi dkar chag dpyod ldan yid bdang'gugs pa'i pho nya. 木刻版, 31b。

⑥ 绰克图信奉道教的说法始于五世达赖（Ngag dbang blo bzang rgya mtsho'i rnam thar, 1989, v.1, p.170）。

⑦ 五世达赖称林丹汗、绰克图台吉、白利土司的行为阻断了运送货物之"金桥"（Ngag dbang blo bzang rgya mtsho'i rnam thar, 1989, v.1, p.154）。

们像白利土司那样旗帜鲜明地打击和迫害格鲁派①。此二人向青海地区迁徙的根本原因完全是由于他们各自的政治遭遇所致,而不是西藏的宗教问题,因此所谓的"共谋"说自然不能够成立。

(二) 派遣使者的问题

益希班觉在著作中叙述了格鲁派遣使求援的经过。但在这一计划的实际策划者为何人的问题上,《如意宝树史》、《青海史》以及其《自传》的叙述相互均有差异,与卫拉特史料记载也不太一致。《如意宝树史》记载策划者为格鲁派行政长官第巴(phyag mdzod de pa)索南琼培和达泽第巴(stag rtse sde pa)二人。《青海史》对过程记述相对较详细,说先由索南琼培与佑宁寺籍的僧侣嘎如擦吧那钦('ga' ru lo tsa ba sna chen)和色木尼卡切(sem nyi kha che),还有甘丹寺院施主达泽第巴等人商讨,决定从两位佑宁寺僧侣中派一位秘密前往卫拉特。被派的那位使者先回到青海,再由瓦日(dpa' ris)部落护送至卫拉特。益希班觉的《自传》却又说策划者是四世班禅罗桑却吉赞(blo bzang chos kyi rgyal mtshan,1570—1662)和索南琼培二人②。卫拉特史籍《蒙古溯源史》③则与上述记载不同,称班禅和达赖等共同派遣卫拉特人尹咱呼图克图(蒙语:inza qutuγtu,藏语:dben sa sprul sku)④到卫拉特求援。显然,对策划者和使

---

① 东嘎·洛桑赤列《论西藏政教合一》中写道:"青海地方原有的格鲁派的大喇嘛和僧人多遭杀害,有一些则被关入监狱",但没有进行史料论证。根据清朝档案史料《清内阁蒙古堂档》,喀尔喀部多尔吉车臣济农在1682年给清政府的信件中称绰克图台吉曾在喀尔喀袭击了曼珠席里库伦(manjusiri-yin küriyen),并在青海杀害了达吉纳呼图克图(dagina qutuγtu)(dayičing gürün-ü dotuγadu yamun-u mongγol bi čig-ün ger-ün dangsa, öbür mongγol-un arad-un keblel-ün qoriy-a,pp. 142,341)。袭击曼珠席里库伦,无疑是绰克图台吉与喀尔喀部之间冲突所致,并不能说是针对格鲁派的。后来准噶尔的噶尔丹也袭击了曼珠席里库伦。至于杀害德吉纳呼图克图之事,在青海安多地区主要的活佛体系史料中不见谁被绰克图台吉所迫害。名不见经传的德吉纳呼图克图可能是个土默特或喀尔喀等势力的支持者,在绰克图台吉与青海土默特的冲突中他成了无谓的牺牲者。

② Sum pa ye shes dpal 'byor gyi rnam thar nyid kyis mdzad pa bshugs so, kan su'u mi rigs dpe skrun khang, 1997, p. 3.

③ Mongγul-un uγ eke-yin teüke. oyirad teüken surbulji bičig, öbür mongγol-un soyol-un keblel-ün qoriy-a, pp. 307 – 308.

④ 第一世桑杰益西(sangs rgyas ye shes,1525~1591),第二世益西嘉措(ye shes rgya mtsho,1592~1604),第三世洛桑丹增嘉措(blo bzang bstan 'dzin rgya mtsho,1605—1643,卫拉特蒙古人),第四世噶尔丹博硕克图(γaldan bošuγtu,1644—1697,卫拉特绰罗斯部首领)。

者的记载均有差异。另外，这些记载似乎都表明，在向卫拉特求援的问题上，格鲁派上下立场是一致的。但是，与鄂尔多斯和土默特、永谢布等稍早控制青海的东蒙古势力鼎力支持格鲁派的状况相比，当时的卫拉特并没有显示鲜明的教派立场。在格鲁派当中，卫拉特更倾向于推崇德高望重的四世班禅喇嘛，最早入藏学佛，后成为传教高僧的卫拉特土尔扈特部人内济托音（neˑi chi tho yon，1557—1653）就师事于班禅①。尹咱呼图克图第三世在卫拉特转世，其本寺在后藏。其次，索南琼培、达赖喇嘛、班禅喇嘛与藏巴汗之间的关系也十分微妙。在藏巴汗与格鲁派的冲突中，四世班禅一直充当调节者的角色②，五世达赖喇嘛也反对推翻藏巴汗。很难想象，在这样的状况下，上下能够取得向卫拉特求援的一致意见。况且，卫拉特能否战胜藏巴汗及其"同谋"，还是个未知数。而上述记载却非常简单地处理了当时卫拉特与西藏的关系，以及西藏政教内部复杂的矛盾背景。

（三）固始汗秘密探访西藏的问题

《如意宝树史》称，固始汗于1636年装扮成香客前往西藏，秘密调查格鲁派受迫害一事③。又《青海史》记载，固始汗是在1635年与绰克图台吉之子阿尔斯朗同往西藏。并在途中说服阿尔斯朗打消迫害格鲁派的念头，之后一同离开拉萨，不久固始汗回到卫拉特本土④。从达赖喇嘛《自传》可获知，阿尔斯朗于1636年正月到达拉萨后很快率军开往康区⑤。根据这一史实，固始汗应在1636年正月以后离开拉萨返回本土。但《青海史》记载固始汗等人很快便率领卫拉特联军到达青海，于1637年正月在青海湖北岸擒杀了绰克图台吉。就准噶尔至西藏拉萨的行程距离而言，1662年咱雅班底达急速赶往西藏时，从和硕特牧地到青海境内用

---

① 参见成崇德、申晓亭译注《内齐托音一世传》，"中国边疆史地资料丛刊蒙古卷"《清代蒙古高僧传译辑》，全国图书馆文献缩微复制中心1990年版，第87—164页。

② 根据《四世班禅传》，班禅与藏巴汗关系良好，他并没有卷进格鲁派与藏巴汗之间的争斗中（罗布：《蒙、藏文文献中固实汗入藏记载的考辩》，《清史研究》1998年第2期，第123页）。

③ chos ʻbyung dpag bsam ljon bzang, kan suʼu mi rigs dpe skrun khang, p. 1003.

④ mtsho sngon gyi lo rgyus tshangs glu gsar snyan zhes bya ba bzhugs so, p. 11.

⑤ Ngag dbang blo bzang rgya mtshoʼi rnam thar, 1989, v. 1, p. 158.

了四个月多①，从青海到拉萨少则也有近两个月的路程②。据此推算，固始汗回到本土的时间最早也应在1636年的五六月份。那么，按《青海史》所言，固始汗自西藏回到卫拉特，向四卫拉特联盟汇报调查结果，然后联盟决定出兵，召集各部人马开到青海这些都是在1636年一年内完成的。即便固始汗的秘密调查是以难以置信的速度进行的，但上述整个过程能在同一年内完成，这在时间上几乎是不可能的。而且，俄文档案显示，1636年4月固始汗在塔尔巴哈台接见了俄罗斯使者③。这样一来，固始汗在上述阶段前往西藏进行探访的可能性就很小。另外，《青海史》在叙述这一事件时采用的是"据传说"（ngag sgros shig tu）的表述方式，看来此记载中包括了不足置信的传说和附会。更值得注意的是，格鲁派派遣求援使者、固始汗的调查等卫拉特与格鲁派之间进行的这些重要的历史活动在五世达赖1643年撰的《西藏王统记》和1672年开始编撰的《自传》中均无记载④。

（四）占据青海的问题

根据上述记载，格鲁派向卫拉特求救是在1635年，其宿敌藏巴汗被固始汗投入雅鲁藏布江是在1642年，军事救援行动前后竟长达7年时间。将此漫长过程统称为呼应紧急求援的行动，恐怕不符合逻辑。值得注意的是，卫拉特联军在消灭绰克图台吉以后并没有急于打击格鲁派的主要敌人藏巴汗，而是巴图尔珲台吉为首的绰罗斯左翼等部分联军撤回本土⑤。1638年秋巴图尔珲台吉等回到本土的时候，大批部落已经开始向青海地区迁徙了。很显然，卫拉特南进的军事行动绝不是一个单纯的宗教战争，

---

① *Zay-a bandida*, öbür mongγol-un arad-un keblel-ün qoriy-a, 1990, pp. 205 – 210.

② 有关青海至西藏的路程，佐藤长有详细研究。参见佐藤长《清朝における青海ラサ間の道程》，载《チベット歴史地理研究》，岩波书店1978年版，第5—88页。

③ Г. И. Слэсарчук 著，陈弘法译：《关于固始汗的俄文档案材料》，《西北史地》1987年第4期，第94页。

④ 山口瑞凤：《ダライ＝ラマ五世の統治権—活仏シムカンゴンマと管領ノルブの抹殺—》（《东洋学报》73，1992年，第3—4页）；陈庆英：《固始汗和格鲁派在西藏统治的建立和巩固》（第73页）、罗布：《蒙、藏文文献中固实汗入藏记载的考辩》（第125页）等也认为固始汗没有到过西藏。

⑤ *Mongγul-un uγ eke-yin teüke. oyirad teüken surbulji bičig*, öbür mongγol-un soyol-un keblel-ün qoriy-a, p. 309.

可以说，它一开始就是以向青海地区迁移部落为目的的。

（五）1637年固始汗造访拉萨的问题

1637年固始汗造访拉萨受到最高礼遇，和达赖喇嘛及其格鲁派官员进行了相互册封①。尽管这样，此后两年间固始汗曾先后多次邀请达赖喇嘛到青海卫拉特，但始终未予答应②。这表明这一时期以索南琼培为首的甘丹政权与固始汗之间的配合并不很默契。作为青海地区的新主，固始汗可能是想通过拜访或者邀请一些教派领袖的方式，试图重新建立青藏高原的政治秩序。例如，吉雪第巴却杰丹津洛桑坚赞受固始汗邀请到达了青海湖畔③。固始汗也试图拜访康区白利土司的福田竹巴噶举派康珠活佛噶玛丹培（khams sprul rin po che karma bstan phel，1569—1637）④。固始汗自己也宣称"对各个宗派并不偏袒"，与后藏的噶玛巴教主之间也有书信来往⑤。总之，在攻取藏巴汗之前，固始汗并不是一个单一的格鲁派支持者，他与格鲁派之间的密切关系是从这次会面之后逐渐确立的。五世达赖喇嘛在《西藏王统记》中记载，在1637年固始汗访问拉萨后出现了"预兆一切政教事业皆趋和祥之相"，"预示藏及大藏悉将归其统御"⑥，也暗示着固始汗与格鲁派之间的政治合作将要开始。

（六）固始汗进入康区和西藏本土的问题

1639年年中固始汗发动康区战争，1641年消灭了白利土司顿月多吉。但值得注意的是他同时也消灭了盘踞康区的永谢部势力。这一支东蒙古势力虽信奉噶举（达隆噶举）派，但早已与噶举派上层决裂，和格鲁派关

---

① *Ngag dbang blo bzang rgya mtsho'i rnam thar*, 1989, v.1, pp. 168, 170 – 171.
② Ibid., pp. 155 – 157.
③ *deb thar mes po'i zhal lung*，手抄本，p. 184. Yon tan rgya mtsho, *skyid shod sde pa'i skor*, Bhutan, 2001, pp. 51 – 57.
④ ［德］彼德·史卫国著，才旺南加译：《清代白利土司顿月多吉小传》，《西藏民族学院学报（哲学社会科学版）》2001年第1期。
⑤ 智观巴·贡却乎丹巴绕吉著，吴均等译：《安多政教史》，甘肃民族出版社1989年版，第42页。
⑥ 原文：bstan srid mtha' dag dkar 'jam du 'gyur ba'i rten 'brel 'grig/de skabs bod dang bod chen po mtha' dag mnga' 'og tu chug pa'i mthan ltas legs pa' ng 'ga' zhig byung 'dug/ (*Bod kyi deb ther dpyid kyi rgyal mo'i glu dbyangs*, p. 193).

系很密切①。他们曾被林丹汗打败，也受到绰克图台吉的攻击②。固始汗消灭永谢部的举动，显然不能说是为了格鲁派的利益，只能说这是蒙古不同势力之间的斗争结果。在攻下康区后，卫拉特军似乎准备从中部康区返回青海，但索南琼培秘密要求固始汗率兵进军后藏。后藏的噶玛巴也曾赞同固始汗攻取藏巴汗③。而对此五世达赖喇嘛反应强烈，他极力反对消灭藏巴汗，欲阻止固始汗。藏巴汗被捕后达赖喇嘛也曾派人试图保护他④。这些都表明，卫拉特消灭绰克图台吉势力，卫拉特部落迁徙青海，固始汗进攻康区，最后深入后藏消灭藏巴汗，这些并不是为一个目的而采取的连续行动，其阶段不同，动机和目的也有所不同，应该分别进行探讨。

总之，诸多疑点和问题说明，将卫拉特南迁与格鲁派的影响力联系在一起，不过是后世格鲁派史家的自作附会罢了。所以，南迁的真正原因还需从卫拉特自身的历史中去寻找答案。

二 内部矛盾说

内部矛盾说的基本观点认为，17世纪30年代绰罗斯部巴图尔珲台吉势力增强，欲凌驾于诸卫拉特之上。土尔扈特和和硕特等其他部落首领受到兼并和凌辱，于是不得不寻找机会离开故地。内部矛盾说的实质是政治权力斗争。所谓的准噶尔汗国的形成说便是这一观点的集中体现⑤。卫拉

---

① *Ngag dbang blo bzang rgya mtsho'i rnam thar*, 1989, v.1, pp.138, 150, 158, 161, 238–239；杜齐氏则认为永谢布改信了格鲁派（李有义、邓锐龄译：《西藏中世纪史》，中国社会科学院民族研究所民族史室民族学室，1980年，第108—109页）。

② 有关青海永谢布的研究有和田清：《东亚史研究（蒙古编）》（东洋文库，1959年）；森川哲雄：《〈アルタン＝ハーン伝〉の研究》（九州大学教养部，1987年）；山口瑞风：《17世纪初头の青海トゥメト》（《成田山佛教研究所纪要》16，1993年）；江国真美：《青海モンゴル史の一考察》（《东洋学报》1967—3～4）；若松宽：《明末内蒙古土默特人の青海地区進出——ホロチ・ノヤンの事迹》（《京都府立大学学术报告（人文）》37，1985年）。

③ 《安多政教史》，甘肃民族出版社1989年版，第42页。

④ *Ngag dbang blo bzang rgya mtsho'i rnam thar*, 1989, v.1, pp.192–202.

⑤ 参见伊·亚·兹拉特金《准噶尔汗国史》，马曼丽译，商务印书馆1980年版；若松宽：《准噶尔汗国的形成过程》，《清代蒙古的历史与宗教》，黑龙江教育出版社1994年版，第3—43页，原载日本《东洋史研究》41，1983年，第74—117页。

特史料所记载固始汗与巴图尔珲台吉的矛盾①，俄罗斯档案所记却库尔与拜巴噶斯之间的争斗②，《蒙古游牧记》、《皇朝藩部要略》中的巴图尔珲台吉"恃其强，侮诸卫拉特"③，和鄂尔勒克"与准噶尔巴图尔珲台吉交恶"④等记载成为这一观点的依据。

但是，事实上从进军青海打败绰克图台吉再到一部分部落迁徙的整个过程，是四卫拉特联盟成员共同完成的。这在相互争斗或相互排挤的政治气氛中是不可能实现的。研究表明，17世纪中叶卫拉特局部冲突的起因都是家族内部兄弟之间的矛盾所引起，其焦点是 ömči——"家产"争夺，而不是政治权力斗争⑤。

16世纪后半叶中期，为了对抗来自喀尔喀部的征讨，分散的卫拉特诸部开始结盟，17世纪初形成军事同盟——即四卫拉特联盟⑥。联盟有共同制定的盟约——yeke čaajiin bičig（大法典），有选举推选的盟主——qan/qaan（汗），这些关系到联盟的事都要通过举行会盟——čuulɣan 来确定⑦。需要注意的是：四卫拉特时期并没有形成一个统一的政权，也没有形成军政合一的政治体制。诸部首领仍各自统领其部落，政治、经济上互相没有隶属关系，完全以平等自由的原则参与"四卫拉特"联盟。盟主作为各部遵守盟约的监督者、战争时期的统帅或协调者而起作用，但不具有绝对的统治权威。四卫拉特联盟有左翼和右翼，两翼再各分为小的左翼和右翼，各翼长无疑也是共同选举或以认可的方式产生。这一军事联合形式或安全保障体系后来虽然变得较为松散，但仍然持续到了噶尔丹称霸为止。所以，这时期的卫拉特不存在至高无上的统治权力或为之争斗不休的

---

① γabang sirab-un tuɣuji kemekü orusibai, oyirad teüken surbalji bičig, öbür mongγol-un soyul-un keblel-ün qoriy-a, 1985. p. 253. На. Сүхбаатар, Ойрад Монголын түүхэнд холбогдох сурвалж бичгүүд 3, Улаанбаатар, 2001, p. 123（9a）.

② Златкин. И. Я, Материалы по истории Русско-Монголъских отношений, 1607 - 1636, Москва. 1958.

③ 张穆：《蒙古游牧集》卷一四《额鲁特蒙古新旧土尔扈特部总叙》。

④ 祁韵士：《皇朝藩部要略》卷九《厄鲁特要略一》。

⑤ [日] 宫脇淳子：《最後の遊牧帝国—ジューンガル部の興亡》講談社選書メチエ，第174—177页。

⑥ 参见拙文《四卫拉特联盟的形成》，《欧亚学刊》第6辑，2007年，第244—258页。

⑦ 著名的有1616/7年的决定拜巴噶斯是否适合入佛门问题及制定《大法典》（yeke čaɣaja-yin bičig）会盟，1640年的制定《喀尔喀·卫拉特法典》会盟等。

理由。所谓的巴图尔洪台吉建立准噶尔汗国或固始汗继承拜巴噶斯汗位等政权争斗或王位继承的观点都不能够成立。

三 草畜矛盾说及"集中与分散"机制

此说侧重于经济矛盾。兹拉特金在《准噶尔汗国史》中有较多的论述。他认为，游牧社会"在大规模的封建经济中，有限的饲料资源开始限制畜牧业的发展，牲口总头数的增长，要求增补饲料牧地"[①]。兹氏用畜群数量的增长和封地的日渐缩小来解释16、17世纪东西蒙古封建主向外迁移的主要原因。作为依据，他列举了蒙古文文献中有关首领们用于布施的畜群数量的记载[②]。当然，大的迁徙在客观上也能带来牧场的改善和扩展，起到缓解牧场紧张的作用。因此，关注草畜矛盾似乎很有道理。但根据现有史料，我们很难判断17世纪中叶卫拉特的畜群总头数的增减幅度究竟有多大，或者大规模的封建游牧经济是否已经形成，也很难看出卫拉特当时的经济整体状况比以往有更大的发展。

笔者认为，游牧经济的特殊性在于畜群数量增长的受限性。而这是由有限的草场这一根本的自然因素所决定的。即在任何时候，任何区域，牧场载畜量的上限是严格受限制的，是不可逾越的。牧场与畜群之间的供需关系必须是供大于需。任何人想要打破它，都会破坏生态平衡，最终将自取灭亡。所以，游牧经济方式的最好状态是牧场与畜群头数之间能够保持平衡，而不是牲畜的无限增长。同时，牲畜与人口之间的平衡，人与牧场（belciger）之间的平衡均是不可忽视的相互作用的制约机制。这一基本特性也决定了家庭或者族群发展的有限性。

作为人类社会形态之一，游牧社会有其自然的人口繁衍生息。然而，"人的过度密集"或"人口过多"，这本身就是对游牧社会各种平衡关系的威胁。因为人的集中会带来经济的集中，这必然会导致经济不平衡和其他一系列的问题。那么游牧社会是怎样保持其平衡的呢？笔者认为，其根本方法是不断的"分散"化解，而分散的最基本且最有效的手段就是 ömč

---

① 兹拉特金著，马曼丽译：《准噶尔汗国史》，商务印书馆1980年版，第107页。
② 《准噶尔汗国史》，商务印书馆1980年版，第110页。

i 分配。季节性转场是分散草场压力，保持自然生态平衡的手段。而 ömči 分配则是化解社会压力，解决由人所带来的经济与社会比重失衡的基本手段。

ömči 是一种"所有权"和"继承权"。原则上每个社会成员都享有这种权利，它是平等的和其他人无权剥夺的。在蒙古游牧社会里，ömči 分配贯穿到了从大的氏族集团到小的群体及每个家庭的整个社会领域，成为一种社会公约或内在机制。在 17 世纪的卫拉特，甚至把 ömči 分配的义务以法律条文形式写进了法典①，使之成为人们必须遵行的法律规定。按照这一社会公约或机制，男子长大成人后将获得一份家产，同时也宣告自立。在大的家族内，属民和相应的牧场（nutuɣ）归属权、家业（ɣolumta 家灶）的继承权（甚至是王位）将成为 ömči 分配对象。如果因征服、掠夺、战争等偶然因素造成社会资源和经济财富的集中，那么按照功劳的大小，所有参与者将从中获得一份份额——qubi（分子）。蒙古游牧社会的 ömči 分配与其他专制统治下的财产私有权之间的最大不同之处可能在于它的彻底性——真正的私有化。通过 ömči 分配，使每一个 ömči 获得者能够成为一个拥有支配权的独立的经济个体，使其与分配者以及其他 ömči 获得者之间在经济和政治上完全处于平等地位。ömči 分配后的"个体"，除了独立生存，成为新的群体的起源外，往往以地缘关系或以利害关系原则与其他"个体"进行联合，或者投奔和归附更强有力者，以达到生存的目的。无论结果如何，ömči 分配从根本上避免了社会成员的过度密集，也解决了财富过于集中而导致的失衡问题，保证了经济与社会、政治始终保持平衡状态。在整个游牧社会历史发展的长河里，统一和集中的局面是短暂的，而主流是众多大小共同体分部散处，诸多首领各立名号，分散林立的局面。其原因就在于 ömči 分配所带来的分散和制衡作用。因此，ömči 分配不仅具有财富的再分配功能，还具有调整社会和政治组织结构的功能。

游牧社会的集中与分散，大致可分为自然的和人为的两种。结盟是最为明显的人为集中，尤其是在受到外界威胁时，加入或依附于联盟的共同体和人口数量会大大增加。人身和财产的安全保障是结盟的主要原因和目的之一。

---

① 1640 年的《喀尔喀·卫拉特法典》（*qalq-a oyirad-un čaɣaja-yin bičig*），第 32 节。

16世纪后半叶中期，继土默特势力之后喀尔喀部开始对卫拉特进行征服战争。针对喀尔喀的征讨，形成了以和硕特为中心的四卫拉特军事联盟。经过近半个世纪的斗争，到17世纪20年代中期最终与喀尔喀部和解①。从而四卫拉特联盟完成了其历史使命，逐渐失去其继续存在的必要，于是各部落开始分散。但是，四卫拉特联盟已使诸部落相当集中，家族内部的 ömči 分配也因长期的联盟与战争而迟缓。所以，土尔扈特、和硕特、绰罗斯等主要部落内部都出现了围绕家产的内讧，四卫拉特盟主拜巴噶斯也因此被其兄弟杀害②，社会秩序和经济秩序异常混乱。因此，进行 ömči 分配和社会分散，便是当时最为迫切需要的了。

因为原有的社会秩序和经济秩序已经被破坏，所以游牧经济受到重创，虽有部分集中，但不允许大的增长，整体上牲畜的数量大大减少，远远达不到草与畜、人与畜、人与牧场的平衡要求。虽然牧场供给大于畜群总数，但出现了畜少人多、人多地少的双重矛盾。解决这一矛盾，需要的一是牲口，二是牧场——即分配资源。这一需求推动着卫拉特实行向外扩张。四卫拉特试图向西方和北方扩展，但效果甚微，遇到了哈萨克和俄罗斯方面的阻力③。而同一时期，土默特蒙古统治已经衰微的青海地区轻而易举地被喀尔喀部的绰克图台吉所占领。绰克图台吉势力并不很强大，而且处于孤立境地。四卫拉特清楚地意识到，向南扩展将是最好的选择。这便是十七世纪中叶四卫拉特联盟进军青海、西藏和一部分部落南迁的真正原因。

总之，卫拉特南迁是一次集中后的分散过程，是蒙古游牧社会历史进程中规律性出现的一个现象。另外，从中看到的"集中与分散"及其核心 ömči 分配问题，应成为审视游牧社会发展史的一个重要视角。

（本文原载《欧亚学刊》第十辑，2012年）

---

① 拙文：《四卫拉特联盟的形成》，第251页。
② ［日］宫胁淳子：《最後の遊牧帝国－ジューンガル部の興亡》，第174—177页。
③ 参见若松宽：《俄文史料中所见之顾实汗事迹》，第136页；屋敷健一：《バートウルーフンタイジの登場》，《史朋》13，北海道大学东洋史恳谈会，1981年，第17—18页；宫胁淳子：《17世紀のオイラト－〈ジューン・ガル・ハーン・国〉に対する疑問－》，第56页；Г. И. Слэсарчук：《关于固始汗的俄文档案材料》，第94页。

陈昂父子与《海国闻见录》

吴伯娅

陈昂、陈伦炯父子是清代康雍乾时期的军事将领，长期任职于滨海之地，对海防事务尤为留心，对西方殖民势力的东渐颇有感受。雍正八年，陈伦炯积父子两世之阅历，撰写了《海国闻见录》。这是我国18世纪的一部地理名著，对后来的海洋地理、世界地理研究影响颇大。鸦片战争前，中国人对世界的认识十分贫乏，所以《海国闻见录》的问世难能可贵。20世纪80年代以来，学术界对此书颇为重视，出版了《海国闻见录》校注，发表了数篇论文。① 然而，迄今为止，学术界对陈伦炯的生平事迹还缺乏足够的研究，介绍较为简略。对陈昂关注不够，很少研究。本文依据《清实录》、清宫档案、清人文集和地方志等史料，对陈昂、陈伦炯父子的生平事迹进行考察，对《海国闻见录》的特色略作分析。

一 陈昂的生平事迹

陈昂，字英士，福建同安人，世居高浦，顺治年间因迁海令，徙居灌口。他的生卒年未见记载。清代学者方苞在《陈太夫人王氏墓表》中指出："夫人姓王氏，陈赠公讳健之继室，广东右翼汉军副都统昂之母……

---

① 参见（清）陈伦炯撰，李长傅校注《〈海国闻见录〉校注》，中州古籍出版社1985年版；陈代光《陈伦炯与〈海国闻见录〉》，载《地理研究》1985年第4期；邱敏《〈海国闻见录〉与〈海录〉述评》，载《史学史研究》1986年第2期；陈超逵《试评〈海国闻见录〉》，载《东南亚》1988年第1期。

海寇滋蔓，迁滨海居民徙灌口，赠公时年六十余矣，生计一倚长子光。光死，赠公大恸，寻卒。昂年始十有一……太夫人卒于康熙辛未年，后赠公之卒凡三十一年。"① 康熙辛未年即康熙三十年（1691），此前31年即顺治十七年（1660）。这段记载表明，陈昂之母卒于康熙三十年。陈昂之父卒于顺治十七年，当时陈昂11岁。古人记年皆为虚岁，由此推算，陈昂生于顺治七年（1650）。

另外，《国朝耆献类征初编·陈昂》和道光《厦门志》、民国《同安县志》皆称："朝廷颁布南洋禁航令，陈昂欲上言，力争之，会疾作，将终，命其子以遗疏进。卒年六十八。"南洋禁航令颁布于康熙五十六年。《清圣祖实录》卷277记载，康熙五十七年二月原任碣石总兵官陈昂条奏。这是我们目前所见陈昂的最后条奏，而"原任碣石总兵官"的称谓，有可能是陈昂此时已不在人世。由此推算，陈昂生于顺治七年（1650），可能卒于康熙五十六年（1717）年底。

陈昂11岁时，父兄相继去世，家境贫困。史料记载："虚室中惟鸡一栅，母子号泣与鸡鸣之声相应，哀动邻里。凶饥寇乱相乘，米至石八千。夫人拮据，日作糜半釜，漉厚者饲子，次及女，自啜水浆，饥不可忍，则更急束要带。"② 孤儿寡母艰难度日，陈昂不得不放弃学业，从事海上贸易。因屡经风险，来往于东西洋，熟知其风潮土俗，地形险易。

康熙二十年（1681）十月，福建水师提督施琅抵达厦门，准备攻打台湾。陈昂受到施琅的召见，他的人生道路从此进入了一个新的阶段。

关于陈昂进见施琅的时间，史书记载不一。江日昇称：康熙二十年"十月初六日，施琅抵闽视事，即咨会姚启圣修造战船，但未知澎湖情形如何。忽传闻有同守高浦人陈昂，其母在厦，迩日从台来。十三日，琅急召入密室，询问澎、台情节。昂详陈'郑经已死，长次争立，权臣执政，悍将恃威。自闻大老爷奉旨出京，兵士莫不胆战心寒。'……又画澎地形势呈上。琅曰：'彼将可湾泊之处，设立炮台，我师岂不艰于停泊收艍？'昂曰：'刘国轩必紧守娘妈宫、东西峙、内外堑诸屿，至于八罩、花屿、猫屿等虽有哨船，亦是无几之兵。大兵一至，彼必自走，则任我们寄碇收艍。'琅曰：'宜用何风信？'昂曰：'澎坐东北，当用西南风可去。'琅见

---

① 方苞：《方苞集》上册，上海古籍出版社1983年版，第390—391页。
② 同上书，第390页。

昂言语诚恪,颇有经济,遂用为督理坐驾外委把总。"①

陈昂的儿子陈伦炯在《海国闻见录》中称:"康熙壬戌(二十一年),圣祖仁皇帝命征澎、台,遣靖海侯施公琅提督诸军,旁求习于海道者。先公进见,聚米为山,指画形势,定计候南风以入澎湖。遂借神策庙算,应时戡定。"②

陈昂墓志铭及地方志提出第三种说法。墓志铭称:"康熙癸亥(二十二年),上命闽浙总督姚启圣经略台湾,遣靖海伯施琅统诸军进战,求习于海道者。公入见,时制府以水战宜乘上风,公独谓北风飘劲,非人力可挽,船不得成艦,不若南风,解散可按队而进,施意合,遂参机密。"③《厦门志》记载:"康熙二十二年,施琅征台湾,闻其名,召与计事,指划南北风信、港澳险夷,了如指掌。置麾下,参密划,定计以南风攻澎湖。"④《同安县志》记载:"康熙癸亥,姚公启圣奉命总督闽浙,经略台湾,遣靖海侯施琅统诸军进战,求习于海道者。昂应征入见。制府以水战宜乘上风,昂独谓北风飘劲,非人力可挽,船不得成艦,不若南风,解散可按队而进。施意合,遂参机密。"⑤

显而易见,方志是沿袭墓志铭之说。而墓志铭的作者方苞与陈昂并不相识,据他在墓志铭中所说,是因"公之子伦炯介吾友杨君干木请铭"。他所依据的材料很可能是由陈伦炯提供。他们的记载皆为事后追忆,似将清军进征台湾之年与陈昂进见施琅的时间混为一谈。陈伦炯的生年不详,据《国朝耆献类征初编》记载,伦炯卒于乾隆十六年。⑥ 民国《同安县志》记载,伦炯"卒年六十有四"。⑦ 以此推算,伦炯当生于康熙二十七年。清朝收复台湾时,他尚未出生。他的《海国闻见录》成书于雍正八年(1730),距清朝收复台湾已近半个世纪,他的记忆似已不太准确,写成了康熙二十一年。

墓志铭、《海国闻见录》和方志的记载,均有不确切之处。如称施琅

---

① 江日昇:《台湾外记》卷9,福建人民出版社1983年版,第319—320页。
② 陈伦炯:《海国闻见录》自序,中州古籍出版社1985年版。
③ 《国朝耆献类征初编》卷273,《陈昂》。
④ 周凯:道光《厦门志》卷12,《列传》上。
⑤ 林学增:民国《同安县志》卷30,《人物录》,《武功》。
⑥ 《国朝耆献类征初编》卷284,《陈伦炯》。
⑦ 林学增:民国《同安县志》卷30,《人物录》,《武功》。

为靖海伯、靖海侯，称姚启圣为闽浙总督等等。施琅被封为靖海侯系收复台湾以后的事，此前他虽被授以伯的爵位，但并非靖海伯。姚启圣时为福建总督，而非闽浙总督。《同安县志》称："康熙癸亥（二十二年），姚公启圣奉命总督闽浙，经略台湾，遣靖海侯施琅统诸军进战。"也与史实不符。施琅征台非姚启圣所遣，而是康熙帝授权专征，一人领兵进剿，姚启圣与福建巡抚同心协力，办理粮饷，确保军需。①

比较起来，《台湾外记》的记载较为可信。其言"康熙二十年十月初六日，施琅抵闽视事，即咨会姚启圣修造战舰"。记载施琅抵闽上任的时间和所做的事，都与施琅本人所言相符。且所记施琅召见陈昂的时间和经过，都十分具体，并载有他们交谈的详细内容。

综上所述，陈昂进见施琅的时间以康熙二十年十月较为合理。当时的情况是：施琅得知陈昂刚从台湾来厦门探母，立即召见。陈昂向施琅详述：台湾郑经已死，长次争立，权臣执政，悍将恃威。得知清军即将攻台，士卒胆战心惊。且台湾粮食歉收，米价飞涨，灾异频现，讹言四起。刘国轩正加紧防范，将所有烦船、战舰一概修整；镇将有眷属者，皆移于安平居住，令其统兵来澎湖防御；其无眷属者，拨守不紧要地方。陈昂又聚米为山，指画澎湖形势，提出：大兵一到，澎湖可取。若得澎湖，则台湾自危。在澎湖，所有可泊船之处，虽有郑军设立的炮台，但刘国轩必紧守娘妈宫、东西峙、内外堑诸屿，至于八罩、花屿、猫屿等虽有哨船，兵力不多。清军一至，必然逃走。清军战船可泊于此处。

时福建总督姚启圣主张在冬季乘北风攻打台湾。陈昂认为北风强劲，不利于船队的航行和停泊。作战时，如果船队被海风吹散，就不易集结。而在夏季，南风成信，风平浪轻。澎湖位于东北，应乘西南风进取。陈昂的看法与施琅相合，遂被置于麾下，参与机密，任督理坐驾外委把总。翌年三月初一日，施琅在《密陈专征疏》中提出：夏至南风成信，从铜山开驾，顺风坐浪，攻打台湾。② 七月十三日，在《决计进剿疏》中，他再次强调在夏季乘南风进取，风轻浪平，将士无晕眩之患，且居上风上游，势如破竹，可一鼓而收全胜。③ 得到清廷的批准。

---

① 《清圣祖实录》卷102，康熙二十一年十月己卯。《康熙起居注》第2册，第905页。
② 施琅：《靖海纪事》，福建人民出版社1983年版，第59页。
③ 同上书，第63—64页。

康熙二十二年六月十四日，施琅亲统大军，由铜山启航出征，进军澎湖，陈昂随行。途中，氛雾冥冥，他利用天气的特点，向施琅进言："此杀气也。将军毋以父兄之仇欲效楚伍员倒行而逆施乎？"① 施琅表示决不以私仇而致多伤生命，并在陈昂布置的香案前对天发誓。十五日，清军抵达澎湖。十六日，施琅发起进攻，郑军迎战，双方各有伤亡。十七日，施琅将船队集中在澎湖的八罩屿。二十二日，清军与郑军决战，大获全胜。

攻占澎湖后，施琅履行誓言，没有立即向台湾进兵，而是稳定人心，并派人为投降的郑氏官兵治伤，对被俘官兵予以口粮，放其归台，又向郑氏的亲信人员郑重宣布："断不报仇！当日杀吾父者已死，与他人不相干。不特台湾人不杀，即郑家肯降，吾亦不杀。"② 不久，郑氏投降，台湾收复。陈昂奉施琅之命，出入东西洋，招访郑氏遗人，前后达五年之久，叙功授职。③

三十八年，陈昂任苏州城守营游击，④ 寻调定海左军，⑤ 后任总河督标副将。五十四年四月，擢为广东碣石镇总兵。⑥ 五十六年十月任广东右翼副都统。⑦ 长期任职于滨海之地，陈昂十分重视海防，警惕西方势力。

康熙末年，东南沿海常有海盗出没，南洋华侨与日俱增，清廷十分不安，惟恐出现郑成功第二。五十五年（1716）十月，康熙帝谕大学士等曰："海防乃今日之要务。""朕南巡过苏州时，见船厂问及，咸云每年造船出海贸易者多至千余，回来者不过十之五六，其余悉卖至海外。"⑧ "海外有吕宋（今菲律宾马尼拉）、噶喇吧（今印度尼西亚雅加达）两处地方。噶喇吧乃红毛国（指荷兰）泊船之处。吕宋乃西洋（指西班牙）泊船之所。彼处藏匿盗贼甚多。内地之民，希图获利，往往于船上载米带去，并卖船而回。甚至有留在彼处之人，不可不预为措置。"⑨ 加之通过与罗马教廷的矛盾冲突，康熙帝体会到西方教会势力的骄横，觉察到西力

---

① 林学增：民国《同安县志》卷30，《人物录》，《武功》。
② 李光地：《榕村语录续集》卷11，《本朝时事》，中华书局1995年版，第705页。
③ 陈伦炯：《海国闻见录》自序，中州古籍出版社1985年版。
④ 赵宏恩：乾隆《江南通志》卷111，第22页。
⑤ 周凯：道光《厦门志》卷12，第12页。
⑥ 《清圣祖实录》卷263，康熙五十四年四月丙子。
⑦ 《清圣祖实录》卷275，康熙五十六年十月丁未。
⑧ 《清圣祖实录》卷270，康熙五十五年十月壬子。
⑨ 《清圣祖实录》卷270，康熙五十五年十月辛亥。

东渐的潜在威胁。他为国人敲响了警钟，明确指出："海外如西洋等国，千百年后，中国恐受其累。此朕逆料之言。""国家承平日久，务须安不忘危。"①

五十六年四月，陈昂疏言："天主一教，设自西洋，今各省设堂，招集匪类，此辈居心叵测。目下广州城，设立教堂，内外布满，加以同类洋船丛集，安知不交通生事。乞敕早为禁绝，毋使滋蔓。"② 此时因礼仪之争，康熙帝对入华传教士及其天主教的态度已经发生了转变。清廷采纳了陈昂的建议，颁布了禁止天主教在华传播的命令，明确宣布："查康熙八年，会议天主教一事，奉旨天主教除南怀仁等照常自行外，其直隶各省立堂入教，著严行晓谕禁止。但年久法弛，应令八旗直隶各省并奉天等处，再行严禁。"③

随即，陈昂又根据他对日本、暹罗（今泰国）、噶罗巴、吕宋等国的观察，条奏指出："臣详察海上日本、暹罗、广南、噶罗巴、吕宋诸国形势，东海惟日本为大，其次则琉球。西则暹罗为最。东南番族最多，如文莱等数十国尽皆小邦，惟噶罗巴、吕宋最强。噶罗巴为红毛市泊之所。吕宋为西洋市泊之所。而红毛一种，奸宄莫测。其中有英圭黎、干丝蜡和荷西、荷兰大小西洋各国。名目虽殊，气类则一。惟有和兰西一族，凶狠异常。且澳门一种，是其同派，熟悉广省情形。请敕督抚关差诸臣，设法防备。或于未入港之先，查取其火炮，方许进口。或另设一所，关束彝人，每年不许多船并集，祇许轮流贸易。"④ 这一建议未获批准。史料记载："碣石镇陈昂疏请洋船入港，先行查取大炮，方许进口贸易。部议不行。"⑤ 但是，陈昂加强海防的思想受到了两广总督及兵部的重视。五十七年二月，广东广西总督杨琳疏言："粤东沿海地方，东连福建，西达交趾，南面一路汪洋，诸番罗列，素称险要。请于通省沿海泊船上岸之处，据高临险，相地制宜，修筑炮台城垣，添设汛地，建造营房，分拨官兵，以靖海洋。"兵部议复："应如所请。"康熙帝批示："从之。"⑥

---

① 《清圣祖实录》卷270，康熙五十五年十月壬子。
② 《清圣祖实录》卷272，康熙五十六年四月戊戌。
③ 同上。
④ 《清圣祖实录》卷277，康熙五十七年二月丁亥。
⑤ 《清史稿》卷8，《圣祖本纪》3，第2册，中华书局1986年版，第294页。
⑥ 《清圣祖实录》卷277，康熙五十七年二月庚寅。

在华传教士则对陈昂的奏章十分反感。冯秉正在寄往欧洲的信中写道："广东省一位总兵趁机上书皇帝，疯狂攻击与中国通商的欧洲人及我们的宗教活动。""人们可把他的奏章归纳为两个要点：其一是怀疑到中国经商的欧洲商人；其二是使人怀疑在华传教士的品行。说老实话，他走访过这些国家、见过这些国家吗？对它们又了解多少呢？在他经商的青年时代，他有什么职权、有什么能力审察每个国家的情状呢？这与下述情况几乎完全一样：如某个欧洲海员仅到过广州一次，在港口逗留的两三个月中或许溜达过城中几条街道，然后返回欧洲后却炫耀道：我，我知道中华帝国的情状、国力和治国方略。听他如此吹嘘，人们能不嗤之以鼻吗？"冯秉正还写道："传教士入华已将近二百年，在这些有幸生活于前朝和本朝的人身上，人们只能看到公正和诚实……多年来，欧洲人有幸在宫中为皇帝服务而且伴驾出巡，宫中和外省从未有人怀疑过他们。以前只有杨光先轻率地诬蔑他们，如今的陈昂则以同样的轻率重弹着老调。"①

陈昂对中西交往持有疑虑，建议朝廷禁止天主教；洋船入港，先行查取大炮，方许进口贸易。但是他了解沿海居民的生产和生活情况，深知海外通商的重要性，主张在加强海防的情况下发展对外贸易。五十六年，清政府颁布南洋禁航令，明确宣布："凡商船照旧东洋贸易外，其南洋吕宋、噶喇吧等处不准商船前往贸易，于南澳等地方截住。令广东、福建沿海一带水师各营巡查，违禁者严拿治罪。"②陈昂得知后，感慨地说道："滨海生民业在番舶，今禁绝之，则土物滞积，生计无聊。"③"滨海之民半失作业。"④他欲上疏建言，为民请命，但疾病发作。临终前，命其子以遗疏进。

二　陈伦炯的生平事迹

陈伦炯，字次安，号资斋，陈昂长子，康熙二十七年（1688）生，

---

① 《耶稣会士中国书简集》第 2 集，冯秉正神父的信，大象出版社 2001 年版，第 184、198、205 页。
② 《清圣祖实录》卷 271，康熙五十六年正月庚辰。
③ 周凯：道光《厦门志》卷 12。
④ 《国朝耆献类征初编》卷 273，《陈昂》。

少从其父熟闻海道形势，又博览群书，尤留心外国情况，由荫生恩赏蓝翎侍卫。长身玉立，须眉整然，见多识广，受到康熙帝的关注，曾召询互市诸国情况，奏对明晰，悉与图籍吻合。六十年四月，擢三等侍卫。

此时，因台湾知府王珍横征暴敛，激起"众民怨恨"①，朱一贵举起义旗，率众抗清。旗上书写"激变良民大明重兴大元帅朱"字样。②起义军的队伍迅速壮大，势如破竹，很快就攻克台湾府治，占领全岛大部分地区。五月三日，起义军拥戴朱一贵为王，建元"永和"，布告天下。康熙帝得知后一面调兵遣将，一面颁发谕旨，剿抚兼施。伦炯向康熙帝奏称："刻日可平。"③并详陈所以易平状，引起康熙帝的重视。六月，南澳总兵蓝廷珍率大军抵达澎湖，与福建水师提督施世骠会师。清军攻打台湾。七月，伦炯被发往福建以参将用。十月，署台湾南路参将。④时起义已被镇压下去，伦炯到任后，严纪律，抚疮痍，恩威并用，整理有方。

雍正元年（1723）七月，伦炯署台湾协副将。十一月，升澎湖协副将。二年，调台湾水师协副将。四年三月，巡视台湾监察御史索琳等人验阅台湾兵马，伦炯率兵于初八日在陆地操练，十九日在水上操练，均受好评。索琳在奏折中赞道："陆操，则步伍整齐；水操，则进退合度；施演枪炮藤牌等艺，颇称娴熟。"⑤时浙闽总督高其倬奏称：台湾总兵林亮不能胜任职责，现在浙闽总兵之中，未有能确胜台湾之任者。雍正帝朱批："台湾地方又必熟谙水师之员，方始合宜。朕所知者，惟陈伦炯一人。伊尚有求好之心，虽非大器，姑暂行委任。"⑥十月，伦炯升台湾总兵。他洁己率属，以至出现"总镇清廉补破靴"之谣。五年，凤山县发生农民起义，高其倬饬伦炯立即会同研审，究出同党，加紧严缉，逐一捕获，主谋之人，一经审明，即当众正法。伦炯接到来文，立即行动，严厉镇压。将起义首领陈三奇当众处死枭示，林居、黄允、黄万三当众杖毙，徐宁、郑国龙、王裕等人予以监禁。⑦同年，台湾地区考察军政，伦炯揭报台湾

---

① 《明清史料》丁编第8本，《朱一贵谋反残件》。
② 《明清史料》戊编第1本，《朱一贵供词》。
③ 周凯：道光《厦门志》卷12。
④ 《国朝耆献类征初编》卷284，《陈伦炯》。
⑤ 《朱批谕旨》卷42，《四库全书》本，第418册，第251页。
⑥ 《朱批谕旨》卷176之5，《四库全书》本，第423册，第741页。
⑦ 《朱批谕旨》卷176之7，《四库全书》本，第423册，第784—785页。

参将林子龙招摇婪赃，纵兵聚赌，废弛营伍。高其倬据揭题参，林子龙因此被革职究审。

雍正五年十二月，伦炯调任广东高雷廉总兵官。① 高州、雷州、廉州，壤接越南，中外贸易活跃。公事之余，伦炯常与外国商人交谈，询其国俗，考其图籍，积累了许多世界地理知识。七年十一月，署福建总督印务吏部侍郎史贻直奏称：林子龙从前效力戎行，颇著劳绩，人才壮健，应对明白，陈伦炯所揭各款，似属冤抑，若遽令罢斥，甚为可惜。② 雍正帝谕：陈伦炯之举劾颠倒，实与公是公非相左。其受圣祖仁皇帝多年教养之恩，朕又深加任用，不思至诚报效，仍复苟且营私，反之于心，何以自问？命史贻直传旨询问，确取口供具奏。林子龙仍留闽省，以参将、副将酌量题补。③ 伦炯因此被下部议处。寻议降二级调用。仕途受挫，伦炯并未消沉。他回忆父亲的教诲，结合自己的航海经历和调查研究，开始著书立说。雍正八年，撰成《海国闻见录》。

九年四月，伦炯署大荆营游击。翌年正月，署福建澎湖协副将。闰五月，调署兴化协副将。六月，调署台湾水师营副将。十二月，雍正帝谕曰："郝玉麟奏称征剿台番参将李荫樾智勇出众，事事争先。查李荫樾原系记名上等之人。今台湾地方紧要，副将陈伦炯未知胜任与否。李荫樾既著有劳绩，或将伊补授台湾副将，陈伦炯调用内地，是否人地相宜？据实回奏。"玉麟回奏："李荫樾才力兼优，惟从前俱在陆路，水师似未谙练。至陈伦炯先任台湾副将，升台湾总兵，该地风土向所熟悉，水师船务亦称谙练，更兼抚驭有方，番民至今感颂。该员自本年任事以来，办理尚属妥协。"④ 疏入，伦炯得以实授台湾水师协副将。

时清朝水师将领人才难得，伦炯的才能引人注目。十一年，直隶总督李卫奏言："蒙皇上以江南副将李涟是否克胜温州总兵之任询问及臣。臣遵查李涟老成勤谨，历练营务，但系北方之人，未娴水师，臣实未敢深信其人。查有陈伦炯世习水师，历任有年，前因台湾要地，不便移动。今思水师总兵原难多得，若闽省欲求一好副将，转移之间谅不至于乏人。"得

---

① 《清世宗实录》卷64，雍正五年十二月庚寅。
② 《朱批谕旨》卷207上，《四库全书》本，第424册，第598页。《清世宗实录》卷88，雍正七年十一月丁酉。
③ 《世宗宪皇帝上谕内阁》卷88，《四库全书》本，第415册，第377—378页。
④ 《国朝耆献类征初编》卷284，《陈伦炯》。

旨："台湾要地，陈伦炯何可移动。"① 由此可见，雍正帝对台湾水师将领职位十分重视，对伦炯在台湾的政绩颇为满意，不肯轻易调动。此后，从全局考虑，雍正帝终于决定将伦炯转至江南。十二年，擢伦炯为江南苏松水师总兵。②

在苏松，伦炯仔细了解当地情况，提出了许多切实可行的建议。十三年，他提出："吴淞海口为苏松门户，南北商艘出入骆驿，而各船遇风收泊，舍此更无他处可以寄椗。奈此口并无高山大阜可为瞭望标准，每逢黑夜，船只停泊外港，猝遇风浪，无所逃避。兹巡洋目击情形，随查勘吴淞港口有炮台两座。北属吴淞，南属川沙。可于各台上设立高竿，悬挂明瓦号灯二盏，以为港口南北标识，使黑夜收风船只望为准绳，以便入口。"③ 清廷认为此议实于海洋黑夜收口船只大有裨益，予以批准。

乾隆三年（1738）五月，伦炯奏称："闽省动拨江西湖南仓谷三十万石。伏思江西湖南二省从内地至闽必由长江至江南换海舶方可出口海运。臣身任江南水师，闽省又系桑梓之地。请躬亲督运，庶免闽省委员远来守候稽迟。"④ 得到清廷批准。翌年三月，伦炯圆满完成督运任务，仓谷全数到闽。乾隆帝特颁旨嘉奖，下部议叙。六年（1741）二月，伦炯调任狼山镇总兵。七年十月，伦炯奏巡视江海各汛弁，并拨兵巡查被灾各处。乾隆帝嘉其办理妥协，擢为浙江提督。九年，入觐，赏戴花翎。十二年，因失察兵丁为盗，部议降三级调用。

闽浙总督喀尔吉善赏识伦炯的才干，希望他能留闽就近补用。十三年八月，喀尔吉善在奏疏中高度评价伦炯的才能，明确指出："水师镇将中求其稔悉洋面形势，熟谙岛夷番情者甚难其人。闻原任浙江提督陈伦炯深明舟师事务。臣留心咨访，因伊父陈昂积久贩洋，后为水师将官。伦炯少时亦曾随往日本，由侍卫历任台湾总兵，于外番情形，水师训练，无不熟悉。臣于去年冬巡历漳泉时至厦门接见，看其年逾六旬，精神矍铄，询以洋务，无不洞悉底里，与臣所访无异，洵为水师中难得之员。"因此，喀

---

① 《国朝耆献类征初编》卷284，《陈伦炯》。
② 《国朝耆献类征初编》卷284，《陈伦炯》。另，赵宏恩：乾隆《江南通志》卷111，第40页记载："伦炯十三年任镇守苏州水师总兵官。"很可能《江南通志》的记载，是伦炯到任的时间。
③ 《国朝耆献类征初编》卷284，《陈伦炯》。
④ 同上。

尔吉善向乾隆帝建议："伦炯因母老难以远离，呈请终养，再行赴部候补。查闽省海洋甚属紧要，陈伦炯请留闽就近补用。"① 奏入，乾隆帝谕曰："陈伦炯系降调之员，自应赴部候补。乃请留闽补用。在陈伦炯或以候补无期，有所请托，则喀尔吉善此奏大为不合。倘因陈伦炯熟谙水师，留闽补用，于营伍有益，尚属为人材起见，亦应奏明将伊送部引见，候朕酌量发往委用。"九月，喀尔吉善复奏："实无请托之事。陈伦炯可否给咨送部引见？"得旨："既云亲老，著俟之。"② 十六年，伦炯去世，终年64岁。

三 《海国闻见录》

《海国闻见录》，陈伦炯撰，成书于雍正八年。有清乾隆刻本、昭代丛书本、艺海珠尘本和小方壶斋舆地丛钞本等。全书分上下2卷。上卷"记"8篇，题为"天下沿海形势录"、"东洋记"、"东南洋记"、"南洋记"、"小西洋记"、"大西洋记"、"昆仑记"和"南澳气记"。下卷图6幅，题为"四海总图"、"沿海全图"、"台湾图"、"台湾后山图"、"澎湖图"和"琼州图"。

关于这部书的撰著经过，陈伦炯在自序中作了简明扼要的介绍。首先，他评价了其父陈昂的航海经历和海洋知识，指出："先公少孤贫，废书学贾，往来外洋，见老于操舟者，仅知针盘风信，叩以形势则茫然。间有能道一二事实者，而理莫能明。先公所至，必察其面势，辨其风潮，有非学力所能造者。"接着，他述说了其父对自己的教诲及影响，指出："伦炯自为童子时，先公于岛沙隩阻盗贼出没之地，辄谆谆然告之。"随后，他谈到了自己的航海经历和调查研究的情况，指出："少长，从先公宦浙，闻日本风景佳胜，且欲周谘明季扰乱闽、浙、江南情实。庚寅夏，亲游其地。及移镇高、雷、廉，壤接交址，日见西洋诸部估客，询其国俗，考其图籍，合诸先帝所图示指画，毫发不爽。乃按中国沿海形势，外洋诸国疆域相错，人风物产，商贾贸迁之所，备为图志。"③ 由此可见，

---

① 《国朝耆献类征初编》卷284，《陈伦炯》。
② 同上。
③ 陈伦炯：《海国闻见录》，《自序》，中州古籍出版社1985年版。

《海国闻见录》一书虽名为陈伦炯一人所撰，但其父陈昂的航海经历和海洋知识对他的著书有很大帮助。他自幼受父亲的教诲，熟悉海道形势，留心外国情况，重视海防。康熙四十九年亲赴日本考察。雍正年间任职于广东沿海，又向外国商人询其国俗，考其图籍，努力了解外部世界。《海国闻见录》一书积陈昂、陈伦炯父子两代人的航海经历和调查研究而成，具有很高的科学价值。《四库全书总目》评价道："以生平闻见著为此书……虽卷帙无多，然积父子两世之阅历，参稽考验，言必有征。视剿传闻而述新奇，据故籍而谈形势者，其事固区以别矣。"①

在自序中，陈伦炯还说明了著书的目的："盖所以志圣祖仁皇帝暨先公之教于不忘，又使任海疆者知防御搜捕之扼塞，经商者知备风潮，警寇掠，亦所以广我皇上保民恤商之德意也。"《海国闻见录》全书的内容，就是紧紧地围绕着这个中心展开的。这是一部综合性的海岸地理和世界地理著作，内容相当丰富，涉及自然地理和人文地理多方面的问题。正如《四库全书总目》所评："凡山川之扼塞，道里之远近，沙礁岛屿之夷险，风云气候之测验，以及外番民风物产，一一备书。"②

《海国闻见录》不仅内容丰富，而且特色鲜明。首先，由于陈昂、陈伦炯父子是著名的水师将领，长期任职于滨海之地，对海防事尤为留心，因此，该书详于军事，注重海防。如在"天下沿海形势录"中，伦炯着重强调了东南地区的海防事宜。明确指出：江浙地区，"唯乍浦一处，滨于大海，东达渔山，北达江南之洋山，定海之衢山、剑山，外则汪洋。言海防者当留意焉"。"江浙外海，以马迹为界，山北属江，山南属浙。而陈钱外在东北，俗呼尽山。山大澳广，可泊舟百余艘。山产水仙，海产淡菜（蚌属）、海盐（小鱼），贼舟每多寄泊。江浙水师更当加意于此"。伦炯还分析福建沿海形势，认为"闽安虽为闽省水口咽喉，海坛实为闽省右翼之扼要"。金门为泉州之下臂，厦门为漳州之咽喉。"泉、漳之东，外有澎湖，岛三十有六，而要在妈宫、西屿、头二港，八罩四澳，北风可以泊舟，若南风不但有山有屿可以寄泊，而平风静浪，黑沟白洋，皆可暂寄，以俟潮流。"伦炯又论述广东海防形势，指出："广省左捍虎门，右

---

① 《四库全书总目》卷72，《史部》，《地理类存目》1，中华书局1965年版，第634—635页。

② 同上。

扼香山；而香山虽外护顺德、新会，实为省会之要地。不但外海捕盗，内河缉贼，港汊四通，奸匪殊甚；且共域澳门，外防番舶，与虎门为犄角，有心者岂可泛视哉。"①

该书的又一特色是开眼看世界。长期以来，中国人对域外世界的认识多局限于中国周边的邻国。明清之际，随着欧洲商人和传教士的来华，世界地图和世界地理知识传入中国。但是，新知识的传播十分有限。总体来说，中国人对世界的认识还十分贫乏，对欧洲各国的发展变化几乎一无所知。陈昂、陈伦炯父子长期任职于海疆，对域外世界了解较多，对西方殖民势力的东渐颇有感受。前已述及，早在康熙末年，陈昂就曾疏言："臣详察海上日本、暹罗、广南、噶罗巴、吕宋诸国形势，东海惟日本为大，其次则琉球。西则暹罗为最。东南番族最多，如文莱等数十国尽皆小邦，惟噶罗巴、吕宋最强。噶罗巴为红毛市泊之所。吕宋为西洋市泊之所。而红毛一种，奸宄莫测。其中有英圭黎、干丝蜡和荷西、荷兰大小西洋各国。名目虽殊，气类则一。惟有和兰西一族，凶狠异常。且澳门一种，是其同派，熟悉广省情形。请敕督抚关差诸臣，设法防备。"②《海国闻见录》中，陈伦炯不仅论述了中国周边的邻国及亚洲，而且论述了非洲和欧洲，介绍了葡萄牙、西班牙、法国、英国、荷兰等国的地理情况，记载了它们的殖民扩张活动。指出：非洲"沿海亦有通舟楫贸易者，各国以争斗攘掠为事。所掠人口，活者俟红毛经过，售买为奴"。③ "葡萄牙者，澳门之祖家也……是班牙（西班牙）者，吕宋之祖家也……荷兰者，噶喇吧之祖家也。"④ "戈什塔东之沿海，地名有三：曰网礁腊，系英机黎（英国）埔头；曰房低者里，系佛兰西（法国）埔头；曰呢颜八达，系荷兰埔头。西之沿海，地名有二：曰苏喇、曰网买，皆英机黎埔头，其地俱系红毛置买所建也。"⑤ 噶喇吧"原系无来由地方，为红毛荷兰所据"。"荷兰建城池，分埔头。中国人在彼经商耕种者甚多。年给丁票银五六金，方许居住"。⑥ 书中还对中国与欧洲的科学技术进行了比较，认为欧

---

① 《四库全书》史部 11，地理类 10，《海国闻见录》卷上，《天下沿海形势录》。
② 《清圣祖实录》卷 277，康熙五十七年二月丁亥。
③ 《四库全书》史部 11，地理类 10，《海国闻见录》卷上，《大西洋记》。
④ 同上。
⑤ 同上书，《小西洋记》。
⑥ 同上书，《南洋记》。

洲人"身长而心细巧,凡制作皆坚致巧思。精于火炮,究勘天文地理"。①"中国洋艘,不比西洋呷板,用混天仪、量天尺,较日所出,刻量时辰,离水分度,即知为某处。中国用罗经,刻漏沙,以风大小顺逆较更数。"②

陈昂、陈伦炯父子的奏疏和著述,表明了他们对外部世界的关注和对欧洲殖民势力东渐的警惕。康雍乾时期,清朝国力强盛,海疆尚属平静。国门外,殖民狂潮波涛汹涌,国门内,人们还陶醉在"天朝上国"的迷梦之中。陈昂父子觉察到西力东渐的威胁,致力于加强海防的事业,可以说是具有忧患意识和远见卓识的。正如史书所言:"时互市诸国奉约束惟谨,独昂、伦炯父子有远虑,忧之最早。"③

由于历史条件的限制,封建思想的束缚和自然科学知识的缺乏,《海国闻见录》也存在不少的问题。如入华传教士艾儒略的《职方外纪》和汤若望的《坤舆图》中,已经明确指出世界有五大洲。但《海国闻见录》中的外国地理部分,只有东半球。书中的附图,基本上仍属于示意图,不够精确。书中的叙述也有失实之处和迷信传说。《四库全书总目》也曾指出:"所记七州洋带箭鸟,谓由郑和呼鸟插箭为记,以导海舶。又记暹罗鬼与郑和斗法,夜建寺塔,今尚在焉。则番俗信鬼,有此附会之谈,伦炯不为辨正,是亦少疏。"④ 尽管如此,《海国闻见录》的历史价值仍然值得肯定。它是18世纪中国人开眼看世界的珍贵文献,对此后我国的海洋地理、世界地理研究影响颇大。鸦片战争以后出版的《瀛环志略》、《海国图志》等书,都参考引用过《海国闻见录》。

(本文原载《清史论丛》2012年号)

---

① 《四库全书》史部11,地理类10,《海国闻见录》卷上,《大西洋记》。
② 同上书,《南洋记》。
③ 《清史稿》卷284,《列传》71,《陈伦炯》。
④ 《四库全书总目》卷72,《史部》,《地理类存目》1,中华书局1965年版,第635页。

论"大礼议"的核心问题及其影响

吴 锐

大礼议是贯穿明世宗朱厚熜在位四十五年的中心事件,也是整个明朝史的标志性大事。学者通常据左顺门哭谏事件,认为卷入的有二百多人。其实据嘉靖官修《明伦大典》张璁序,卷入大礼之争的达七百余人、上奏章三百余道。

所谓"大礼议",是讨论将明世宗的亲生父母加尊到什么程度才符合礼仪。事件可分两个阶段,第一阶段围绕究竟是考孝宗还是考兴献王,以嘉靖七年(1528)夏六月《明伦大典》的修成、颁示天下为标志,第二阶段以嘉靖十七年(1538)九月崇祀世宗生父入太庙并加称庙号为睿宗为标志,从此兴献王在"太庙之中,祖宗列圣欢聚一堂"[①]。

一 "大礼议"的核心是争大宗,维护正统

正德十六年(1521)三月,武宗突然病故,无子。慈寿皇太后与大学士杨廷和定策,根据"兄终弟及"的祖训和"伦序",以明宪宗之孙、武宗叔父兴献王朱佑杬之子朱厚熜入继大统,即明世宗,年号嘉靖。所谓"伦序",即亲疏关系,朱厚熜是武宗的堂弟。"伦序"是天然的,也就是说朱厚熜得以登上皇帝宝座,并非因为他本人有什么过人之处。阁臣之意,朱厚熜充当了孝宗之皇太子的角色才继承大位,"嗣大宗",应该称

[①] (明)何乔远:《名山藏》卷三十三,张德信、商传、王熹点校本,福建人民出版社2010年版,第900页。

孝宗为皇考，兴献王尽管是本生父母，只能改称兴献王为皇叔父兴献大王。内阁的思路，朱厚熜与伯父孝宗是过继关系，礼书里叫"为人后"……

朱厚熜继位后立即命群臣讨论其父兴献王的尊号，受到杨廷和等人的抑制。杨廷和等人坚持朱厚熜必须尊孝宗为皇考，称其生父为"皇叔父兴献大王"，反对在兴献王尊能前加"皇"字。本文姑且称杨廷和等人为"卫礼派"。此时无名小辈张璁（后来被朱厚熜赐名"孚敬"）从宦官的管道揣摩到朱厚熜不愿继嗣①，遂上书称皇帝是继统而不是继嗣，皇上应该尊崇自己的亲生父母，立兴献王庙于京师，挑起"大礼议"之争，名不见经传的张璁因此受到明世宗赏识而大富大贵，成为"议礼派"的核心人物，但和者寥寥。那时还是小孩子的何乔远长大后撰辑巨著《名山藏》，其中卷之七十三《臣林记十八·嘉靖臣二·张孚敬传》附录因大礼而贵者不过七人：桂萼、方献夫、霍韬、黄绾、黄宗明、席书、熊浃。

内阁草拟的武宗遗诏使用"兄终弟及"的祖训和"伦序"，为朱厚熜不考孝宗留下可乘之机，一再为张璁等人揪住不放。嘉靖三年（1524），吏部员外郎薛蕙（亳州人），撰写《为人后解》、《为人后辨》②等数万言书上奏，进行了有力的驳斥。薛蕙比"卫礼派"高明的地方是引用了《礼经》中一条重要经文："无生而贵者。"他解释说："虽天子诸侯之子，苟不受命于君父，亦不敢自成尊也。《春秋》重授受之义，以为为子受之父，为臣受之君。故谷梁子曰'臣子必受君父之命'。斯义也，非直尊君父也，亦所以自尊焉耳。盖尊其君父，亦将使人之尊己也。如此则义礼明而祸乱亡。今说者谓'伦序当立斯立已'，是恶知《礼》与《春秋》之意哉！"如果再把薛蕙的想法说直白一点，那就是：愿意给孝宗"为人后"者多着呢，你朱某人不过是候选人之一。你一个小小的藩王之所以跃上九五之尊，是内阁先让你继嗣，进而继统。"陛下天伦不先于武宗，正统不自于献帝"，那么正统从何而来？只能来自孝宗。如果你不愿意继嗣，为什么不滚回安陆让别人继嗣进而继统呢？议礼时正在巡抚云南的右

---

① 常见的史料是明王世贞《弇州四部稿》卷七十九。胡吉勋引桂萼《文襄公奏议》卷八《纂修大礼全书疏》桂萼与张璁二人的对话，分析张璁一贯揣摩圣意，见胡吉勋《"大礼议"与明廷人事变局》，社会科学文献出版社2007年版，第67页注②。

② 《薛蕙传》见万斯同《明史》卷二七五，又见清朝官修《明史》卷一九一，乾隆五年、三十九年《亳州志》也备载薛蕙撰《为人后解》、《为人后辨》。

副都御史何孟春上疏，明白指出："天下者，太祖之天下也。自太祖传至孝宗，孝宗传之先皇帝，特简陛下，授之大业。献王虽陛下天性至亲，然而所以光临九重，富有四海，子子孙孙万世南面者，皆先皇帝之德，孝宗之所贻也。"① 可以与薛蕙的见解相互发明。

虽然朱厚熜曾经以回安陆相威胁，但毕竟是耍赖。此时的内阁好比农夫，世宗好比是苏醒的蛇，他要咬人了。以薛蕙为例，"书奏，天子大怒，下镇抚司考讯"！② 揭暴发户的短，风险当然很大。薛蕙被夺俸三月，削职赶回亳州老家。嘉靖十八年诏选官僚，吏部打算任命薛蕙为春坊司直兼翰林检讨。但朱厚熜怀恨在心，没有批准。

张璁等人进而批驳内阁牵合宋代先例，认为朱厚熜与宋濮王不同之处，是濮王从小养于宫中，继嗣关系明确。朱厚熜本人也抓住这点为自己辩护。但是武宗死时年仅31岁，不可能预先为孝宗准备皇储。这不是卫礼派的过错。

张璁等人进而诡辩朱厚熜是继统，不是继嗣。这是卫礼派和议礼派争论的焦点。张璁特意撰写《大礼或问》，自问自答，辩论继统与继嗣的区别。继统、继嗣的纠葛，与大宗、小宗有关。黄绾也说：

> 或者又云：陛下既考兴献帝为立庙，若别为宗，又以小宗合大宗为嫌者，殊不知父子天性不容自绝，况立庙大内止援奉慈殿之例，犹大夫士之庶子，别无兄弟，不得已承大宗之祀，其庶母祀于私室，何宗祀之不专，而有小宗合大宗□□③乎？借使兴献帝犹存，武宗崩，则以叔继侄，古亦有之，亦将考孝宗而不继武宗之统乎？④

黄绾所谓"以叔继侄"的先例，暗指唐宣宗。这个模拟极不准确。首先，唐宣宗最初也是藩王，这点与朱厚熜类似，但唐宣宗继位是宦官矫诏篡位的结果，原因是当时普遍认为宣宗弱智，宦官认为便于操纵。唐宣宗与朱厚熜同为天上掉馅饼，但篡位与继位还是不同。其次，朱厚熜极不

---

① 《明史》卷一九一《何孟春传》。中华书局点校本第十七册，第5067页。
② 《明史》卷一九一，中华书局点校本《明史》第十七册，5076页。
③ □□，是看不清楚的字，可能是"经文"二字。
④ 黄绾：《大礼第二疏》，《久庵先生文选》第十三卷。

情愿考孝宗，唐宣宗上台后则千方百计展开对乃父宪宗的造神运动，不断追思宪宗。本来，宪宗崩后，穆、敬、文、武两代四朝已经延续了近30年的统治，以穆宗一房为皇室正统的地位已经确立，唐宣宗通过追思乃父，意在剥夺侄子穆宗的统绪①，这与朱厚熜通过不断地追尊乃父、剥夺明孝宗的统绪，又有相似之处。于此可见，"大礼议"的核心是争大宗。关于统、宗、嗣的关系，礼部部右侍郎吴一鹏说得极其明白："正统所传之谓宗，故立宗所以继统，立嗣所以承宗，统之与宗初无轻重。"②

此外，东亚本来就有政教合一的神权传统③，也只有大宗有祭祀天地的资格。《明史》卷一百七十八《石珤传》载礼部尚书石珤反对世宗不考孝宗，说："陛下承列圣之统，以总百神"，又说"陛下为天地百神之主"，《明史》卷一百九十一《丰熙传》载翰林学士丰熙劝说朱厚熜"窃惟陛下为宗庙神人之主，必宗庙之礼加隆，斯继统之义不失"，都是指只有皇帝才有最高祭祀权而言。

统的重要性，唐、明两朝统治者心领神会。议礼派主张继统与继嗣是两回事，所以才会出现"二本"的局面。如果按卫礼派继统与继嗣不可分的立场，就不会出现黄绾所谓的难题。

黄绾还辩解朱厚熜入继的是大统而不是入继大宗：

> 或曰今孝宗庙祀无主，不得已为此，故于礼有不暇论也。殊不知天子宗庙，虽有子孙，非为天子不得而祭。陛下继武宗为天子，则当承武宗为祭主，是故得为主则九庙皆有主矣，不得为主则九庙皆无主矣。何必独为而不为武宗虑哉？且陛下明为入继大统，而又曲改以为入继大宗，是何言哉？夫入继大统，三代所同，同归于礼所谓名正言顺者。今而改之，则天子之职，止一宗祀而已，又何大夫士庶人之别也？

这是彻头彻尾的狡辩。按照宗法制，大统就是大宗。卫礼派均旗帜鲜

---

① 武汉大学黄楼博士对此有杰出的研究，见其专著《唐宣宗大中政局研究》，天津古籍出版社2011年版。
② 《明史》卷一九一《吴一鹏传》，中华书局点校本第十七册，第5061页。
③ 参见拙作《商周两套权力系统假说》，收入吴锐编《中国古典学》第一卷，海南出版社2008年版。

明地捍卫大宗（即明孝宗）的正当性，这里仍然可以以薛蕙撰《为人后解》为例，他指出《礼》之所以立后，就是为了彰显大宗。为什么呢？如果小宗无子，可以绝，因此不为立后。如果大宗无子，则不可以绝，"故必为之立后"。大宗是祖之正体，是本；小宗只是祖之旁体，是支。如果本存而支亡，亡而犹存；如果本亡而支存，那就真亡了。

但是黄绾仍然在喋喋不休地说：

> 按宗法：别子为祖、继别为宗，盖继天子者，世为天子，继诸侯者，世为诸侯。其他子为别子，为祖者，为始祖也。继别子后者，方为宗。是故诸侯不敢祖天子，大夫不敢祖诸侯，天子无宗诸侯亦无宗。有宗者，乃大夫士庶人之事也。天子诸侯皆止一人，所以治其宗而不与之同宗，故曰君有合族之道，族人不得以其戚戚君位也。《周礼》大宰以九两系邦国之民，伍曰宗，以族得民，乃知宗法之立，所以为治天下之具，使人各知尊其祖、敬其宗、收其族，而治之易矣。然在天子诸侯之身，恶有所谓大宗小宗者，犹得与大夫士庶人并论哉！

黄绾说天子在礼制上特殊，完全不符合事实。事实上，宗法制的目的是巩固统治，天子既是全国臣名之主，也是皇室的大宗。以孝宗和兴献王为例，虽然同为兄弟，孝宗因为当了皇帝，自动成为大宗，兴献王只能是小宗。按照薛蕙的看法，小宗绝灭了也无所谓，只要有大宗在。

针对议礼派说："夫统与嗣不同，陛下之继二宗，当继统而不继嗣。"薛蕙认为是悖礼的遁词，因为大宗与小宗有别。"立后"是为了使大宗之统不至断绝。至于小宗，其统可以断，因此不必"立后"。《礼》言"为人后"，说的是继嗣；《礼》言"后大宗"，说的是继统。统与嗣是一致的，非有二也。"自古帝王入继者，必明为人后之义，而后可以继统。盖不为后则不成子也。若不成子，夫安所得统而继之。故为后也者，成子也，成子而后继统，又将以绝同宗觊觎之心焉。圣人之制礼也，不亦善乎。"

黄绾甚至危言耸听地说："然必为继嗣之说者，皆衰世之事也。"认为女后、奸臣欲逞其私心，非此则无以援立暗弱而肆其权术。故我太祖高皇帝深惩继嗣之失，以为奸逆之基，故有兄终弟及之训导，重继统者也。

黄绾说，现在的局面是武宗无子而非孝宗无子，既欲重为继嗣，即当为武宗立而不当又为孝宗立，亦昭然矣。"遍求经籍、揆之人情，皆为无稽。"这也不符合事实。武宗死后，内阁其实可以有多种选择。例如可以从皇室找一个武宗侄子辈的人继嗣武宗，登皇帝位，这依然是延续孝宗一脉，继嗣与继统一致。内阁之所以让朱厚熜继嗣孝宗，一是因为只有这样才能登皇帝位，二是只有这样才能延续孝宗大宗地位。朱厚熜抓住遗诏有"兄终弟及"的祖训，是得了便宜还要赖。

黄绾接着说："按《礼》于所后父母，服三年命曰重刑。于本生父母，降而为期同伯叔父母，名曰轻。既为伯叔父母推尊之礼，宜无所施。今之推尊也，至矣，而不复正以皇考之名，轻重何所别哉！于经传亦何据哉！"这完全是强词夺理！正如薛蕙反驳的那样，《礼》规定："为人后者，斩衰三年"，这完全是儿子对父母行三年之丧的礼制，正好说明"为人后"就是继嗣。薛蕙说得好，"为人后者为之子"，其言出于《公羊》，固汉儒所传，于《仪礼》实相表里，古今以为折衷，未有异论者。

议礼在嘉靖三年争论最激烈，以至发生了几百名大臣哭谏的"群体事件"。在消灭反对派之后，朱厚熜如愿以偿地称生父为皇考，称孝宗为皇伯考，明确宣示自己继统不继嗣。朱厚熜采取步步为营的策略，将他的父亲追尊为睿宗，让一天皇帝没当过的藩王与孝宗平起平坐，就是以兴献王为大宗之首，剥夺孝宗一支的大宗地位。这完全证明了卫礼派一开始对朱厚熜的防范是完全必要的。

在迫使杨廷和罢政之后，朱厚熜驱逐卫礼派礼部尚书汪俊，用议礼派席书代之，命席书撰修《大礼集议》，继续围剿卫礼派。此书于嘉靖四年十二月编成，颁示天下，可是议礼之争还不能平息。嘉靖六年，朱厚熜命张璁等议礼新贵修《大礼全书》，后来朱厚熜亲自改名为《明伦大典》。嘉靖七年（1528年）夏六月，《明伦大典》修成，颁示天下，《明伦大典》取得了法典的地位。不仅再有类似卫礼派的言论要被严惩，而且根据这部后出的法典对先前的卫礼派反攻倒算。例如朱厚熜的大恩人杨廷和被削职为民。朱厚熜死后，徐阶草遗诏，录先朝建言冤抑之臣。此举遭到高拱的反对，他上疏说：

> 我朝规模宏远，君臣义严，父子恩笃，以此号令天下，迈隆古而陋近代。先帝神圣御极，骏烈鸿猷，昭揭宇宙。皇上嗣位，志隆继

述，所谓不改父之政，宜本心也。当时议事之臣，不以忠孝事君，务行私臆，乃假托诏旨。凡先帝所去如大礼大狱诸臣，悉从起用，不次超擢，立致公卿，死者皆有赠荫。① 夫大礼，先帝亲定，以立万世父子君臣之极也。献皇尊号已正，《明伦大典》久颁天下矣。今得罪者，悉从褒显，则献皇在庙何以为享？先帝在天何以为心？皇上岁时祭献二圣之前，何以对越？岂非欺误之甚者乎！至若大狱及建言诸臣，岂无一人当罪？乃亦不论辜功贤愚，概从褒显，无乃仇视先帝与？……

高拱此疏得到新任穆宗的支持，说明《明伦大典》依然起着法典的作用。

二 "大礼议"并非天理、人情之争

儒学是酷似宗教的一个流派，五经是他们的圣经，孔子是他们的教主。

五经指的是《诗》、《书》、《礼》、《易》、《春秋》。儒生相信它们都与圣人有关。嘉靖议礼中经常引用的经典是《礼》和《春秋》。就《春秋》来说，最没有争议了，儒家众口一词说是孔子所作。

就《礼》来说，最为复杂，有《仪礼》、《周礼》、《礼记》三部，《礼经》通常指《仪礼》，《仪礼》本身还有经、传之分。《仪礼》本来是春秋时实际实行过的士礼，儒生也认为是圣人所作。元末明初理学家汪克宽作《经礼补逸》，认为《仪礼》乃《周礼》之节文。明孝宗时何乔新（1427—1502）曰："《仪礼》未知孰作，或以为周公之作也。孔子有学礼之言，礼记有读礼之文，当是时，固已有简牍之传矣，决非秦、汉间笔也。其法度必出于圣人，若曰周公作之，则非所敢知也。"郝敬（1558—1629）曰："《仪礼》者，礼之仪，周衰礼亡，昔贤纂辑见闻，著为斯仪，非必尽先圣之旧。"

至于《周礼》，在历史上曾经引起轩然大波。儒家的正统看法是周公

---

① 《名山藏》点校本作"立致公卿死者，皆有赠荫"，稍误。见该书下册，第2422页。

所作；还有种负面的看法，如汉武尝谓《周礼》为渎乱不验之书，东汉《公羊》学大师何休认为是六国阴谋之书。明初方孝孺著《周礼考次目录》一卷，认为《周礼》"成于汉儒之所补"。参与嘉靖议礼的杨慎著《周官音诂》，在自序中也痛斥《周礼》是"渎乱不经之书"。自宋至近代，经过了八九百年的研究和批评，大家逐渐认识到此书是战国时齐人的托古改制之作，而又润饰于汉人的。杨向奎先生（1910—2000）认为"它出于齐国有儒家气息的法家"[①]，顾颉刚先生（1893—1980）晚年认为《周礼》是法家的著作，混入儒家经典。[②]

至于《礼记》，汉文帝命儒生作《王制》，史有明文，儒家再不好说《礼记》是圣人做的了，但还是说一些篇章是孔子门徒写的。

"为人后"出自《仪礼·丧服》，《仪礼》是经，其权威性远远高于传。"为人后"者为所后之人服斩衰三年丧，正是儿子的身份。《公羊传·成公十五年》有"为人后者，为之子也"的明文。汉武帝扶植儒学，首先扶植的是《公羊》学。《汉书》卷八十八《儒林传》记载汉宣帝"召五经名儒、太子太傅萧望之等大议殿中，平《公羊》、《谷梁》同异，各以经处是非"。时为甘露二年（公元前51年），地点在未央宫北的石渠阁。宣帝亲临裁定评判，记录为《书议奏》、《礼议奏》、《春秋议奏》、《论语议奏》、《五经杂议》，早已亡佚。幸亏几条关于丧服的争议还保存下来。唐朝杜佑《通典》卷九十六载：

> 汉《石渠议》："'大宗无后，族无庶子，己有一嫡子，当绝父祀以后大宗不？'戴圣云：'大宗不可绝，言嫡子不为后者，不得先庶耳。族无庶子，则当绝父祀以后大宗。'闻人通汉云：'大宗有绝，子不绝其父。'宣帝制曰：'圣议是也。'"

这里特别讨论了嫡子可不可以后大宗的争议。因为《仪礼·丧服传》云："为人后者，后大宗也。曷为后大宗？……大宗者，尊之统也；大宗者，收族者也，不可以绝。故族人以支子后大宗也。嫡子不得后大宗也。"经宣帝裁决，同意戴圣的意见，即嫡子可以后大宗。侯外庐先生曾

---

① 杨向奎：《〈周礼〉的内容分析及其成书时代》，《山东大学学报》1954年第4期。
② 顾颉刚：《"周公制礼"的传说和〈周官〉一书的出现》，《文史》第六辑，1979年。

经提出中国封建制法典化问题，他认为西汉的石渠阁会议、东汉的白虎观会议，都是法典化的表现①。恰恰这两次会议都讨论了"为人后"的问题。从现存的《白虎通议》一书虽然没有像石渠阁会议明确讨论嫡子是否可以后大宗的内容，但引用了《礼经》关于大宗不可绝而小宗可绝以及《春秋传》"为人后者为人子"，考虑到东汉王朝特别强调与西汉的继承性，白虎观君臣不会推翻汉宣帝的"圣裁"。议礼派方献夫、霍韬居然说"为后之议"来自篡夺西汉的王莽，"宋儒祖述王莽之说以惑万世，误后学"。这真是数典忘祖！《明伦大典》卷二十三集中批判阁臣"为人后"理论，通通都是狡辩。

儒学在两汉已经成为国教，曹丕篡汉，伪造曹氏出自有虞氏的世系，却不敢违背儒家经义。《三国志》卷三《魏书·明帝本纪》载魏明帝（曹丕之子）太和三年（公元229年），秋七月，诏曰：

> 礼，王后无嗣，择建支子以继大宗，则当篡正统而奉公义，何得复顾私亲哉！汉宣继昭帝后，加悼考以皇号；哀帝以外藩援立，而董宏等称引亡秦，惑误时朝，既尊恭皇，立庙京都，又宠藩妾，使比长信，叙昭穆于前殿，并四位于东宫，僭差无度，人神弗佑，而非罪师丹忠正之谏，用致丁、傅焚如之祸。自是之后，相踵行之。昔鲁文逆祀，罪由夏父；宋国非度，讥在华元。其令公卿有司，深以前世行事为戒。后嗣万一有由诸侯入奉大统，则当明为人后之义；敢为佞邪导谀时君，安建非正之号以干正统，谓考为皇，称妣为后，则股肱大臣，诛之无赦。其书之金策，藏之宗庙，着于令典。

诏书明白指出，支子入继大宗之后，应当履行为人后的义务，维护大宗的正统，这才是奉公义。如果推尊本生父母，就是"顾私亲"。明帝担心有人违背，才书之金策，藏之宗庙，著于令典。这是何等重要的大事！为证明朱厚熜应该尊孝宗为皇考，礼部尚书毛澄将北宋程颐《代彭思永议濮王礼疏》抄给朱厚熜，朱厚熜不听，下令博考前代典礼，毛澄又将魏明帝诏书抄给朱厚熜，朱厚熜还是一意孤行，非推尊其生父不可。

---

① 侯外庐：《论中国封建制的形式及其法典化》，中国社会科学院历史研究所中国思想史研究室编《侯外庐史学论文选集》（上），人民出版社1987年版。

明帝无子，病重时立养子曹芳为皇太子，曹芳于景初三年（239年）即皇帝位。此时司马氏专权，曹芳最终被废为齐王。司马师打算立彭城王据，太后面对司马师顿兵宫外的威胁，据理力争，理由是："且明皇帝当绝嗣乎？吾以为高贵乡公者，文皇帝之长孙，明皇帝之弟子，于礼，小宗有后大宗之义，其详议之。"司马师没有办法，只好召集群臣，以皇太后令示之，最终迎高贵乡公曹髦。太后明言："昔援立东海王子髦，以为明帝嗣。"① 曹髦年仅20岁被司马昭手下的爪牙杀害，"使使持节行中护军中垒将军司马炎北迎常道乡公璜嗣明帝后"，这依然是维护明帝大宗。虽然"司马昭之心，路人皆知"，大权在握的司马昭还是慑于维护大宗的礼法。

司马氏最终篡魏。泰始元年（265）冬十二月丙寅，曹奂禅位于司马炎，司马炎建立的晋朝，史称西晋，司马炎即晋武帝。只过了47年，晋怀帝就成了异族的俘虏。武帝之孙司马邺捡了个便宜，当了皇帝，即愍帝。他是吴孝王司马晏之子，出继伯父秦献王，袭封秦王。建兴四年（316），司徒梁芬议追尊愍帝生父之礼，愍帝不从。左仆射索綝等也称引魏制，也以为不可。故追赠吴王为太保而已。

西晋灭亡后，逃亡到江南的司马懿曾孙、琅琊恭王司马觐之子司马睿于317年重建晋朝，史称东晋，司马睿即晋元帝。太兴二年（319），有司言琅邪恭王宜称皇考。贺循议云："礼典之义，子不敢以己爵加其父号。"元帝从之。② 贺循的立场即魏明帝诏书的立场。河间平王司马洪有两个儿子：司马威、司马混，司马威出继义阳王司马望，徙封章武。永嘉之乱，洛阳沦陷，司马混的几个儿子都成了胡人的俘虏。其中司马混的小儿子司马滔原先出继新蔡王司马确，后来逃到建业，与新蔡太妃不协。太兴二年上疏，以兄弟都沦陷在辽东，章武国绝，宜还所生。太妃讼之朝廷，事下太常。太常贺循议："章武、新蔡俱承一国不绝之统，义不得替其本宗而先后傍亲。按滔既已被命为人后矣，必须无复兄弟，本国永绝，然后得还所生。今兄弟在远，不得言无，道里虽阻，复非绝域。且鲜卑恭

---

① （晋）陈寿撰《三国志》卷四《魏书·三少帝纪》，《三国志》（一）中华书局1959年版，第143页。

② （唐）房玄龄等撰《晋书》卷十九《礼志上》。

命,信使不绝。自宜诏下辽东,依刘群、卢谌等例,发遣令还,继嗣本封。谓滔今未得便委离所后也。"元帝诏曰:"滔虽出养,自有所生母。新蔡太妃相待甚薄,滔执意如此。如其不听,终当纷纭,更为不可。今便顺其所执,还袭章武。"① 这是一个特例,仍然可以看出充当"为人后"者的义务。

斗转星移,朱元璋打出恢复中华的民族主义口号,赶走"胡元",结束蒙古人统治中华的历史,以儒学治国相标榜,那么儒学继续在起着法典化的作用,违经等于违法。《明史》卷一百九十二《安盘传》载给事中安盘弹劾霍韬"以议礼得罪名教"。

汉宣帝在石渠阁会议上的裁决,树立了嫡长子可以为人后的正当性,堵住了张璁等议礼派主张朱厚熜作为独子不能后大宗的口实,薛蕙及时引用,非常机智。

清朝考据学大兴,对"为人后"有很多考证,颇为自负,同情朱厚熜的也不少;有的考证为人后者不一定是子辈,孙辈亦可。即使这种结论可信,也不能证明卫礼派有误,因为这种考证也证明了子辈是可以为人后的。例如段玉裁(1735—1815)虽然主张为人后者不必皆子行、朱厚熜应该后武宗,但对朱厚熜进行了严厉的谴责,不惜写下十篇《明世宗非礼论》,特别反驳了张璁、桂萼之辈"继统非继嗣"的说法。段玉裁认为《礼经》"为人后"说的就是继统。宗庙、社稷、土地、人民崇高富贵谓之"统",父子相承谓之"嗣"。如果嗣绝,则统无所归,于是乎立之嗣,以任其统。倘若说"吾任其统而不为之子",那么谁不可以任其统呢!乡曲小民,薄有田庐,如果无子,宗族间必为之子,然后才能有其田庐;难道天子之崇高富贵,还不如乡曲之田庐而谓可以不为之子而有之哉!既然不肯为之子,则当力辞此崇高富贵之统,而专一于生我者,不当篡取崇高富贵以荣我身。段玉裁还指出,立后之义,持重于大宗,多于死后公议立之。像汉哀帝,宋英宗、孝宗那样先养于宫中、早立为子的情况,是很少的。死后猝然立之与生前立之,都是为人后,都是为之子。难道说生前则谓之继嗣,死后则谓之继统,甚至昭穆相当则为继嗣,昭穆不相当则为继统?② 朱厚熜不愿为人后,无休止地加尊乃父,段玉裁认为造成了"明统

---

① (唐)房玄龄等撰《晋书》卷三十七《宗室传》。
② 段玉裁:《明世宗非礼论一》,《经韵楼集》卷十。

不绝而绝，藩臣不帝而帝"①，"世宗不篡而篡"的局面。② 在肯定《仪礼》的权威性的同时，段玉裁也肯定了《春秋公羊传》的权威性，断言："《明伦大典》果可以钳天下之口哉？"③

还有的清儒说"为人后"不是继嗣，而是到别人家去继其统。这种说法不可信，忘记了继统是维持大宗，而大宗必须与皇室有血缘关系。礼部部右侍郎吴一鹏已经触及这个问题，他说："正统所传之谓宗，故立宗所以继统，立嗣所以承宗，统之与宗初无轻重。况当我朝传子之世，而欲仿尧、舜传贤之例，拟非其伦。"④ 即使在当今早已民主化的英国，国王作为国家的象征，也是在王室的小圈子里产生，而不是放在全国范围内按照一人一票的民主程序选举的。

礼制都是人为的。为了保护大宗，小宗的嫡子也可以"为人后"，这更是人为，根本不存在天理和人情的对立。从人情的角度同情甚至赞赏议礼派的，我以为可以分成三种情况：

一是明朝人，他们不敢非议世宗。如何乔远。

二是明末清初，经历亡国之痛的人，不忍言故朝之恶，如万斯同。

三是现代人，无法了解卫礼派的殉道精神。

现在还出现了第四种情况，认为"阳明学"有思想解放的作用，王阳明与议礼派关系密切——王阳明之起用，出于桂萼的推荐。王阳明不与桂萼拉帮结伙，遭到桂萼的报复⑤。王阳明与张璁⑥、霍韬有文字往来，与席书是朋友，席书、霍韬也推荐过王阳明。方献夫、黄绾则是王阳明的门人。研究者在评价王阳明时，进而抬高议礼派。议礼问题，也是站队问题，到底是站在卫礼派一边还是议礼派一边，多数人当然选择好汉不吃眼前亏。作为王阳明的同时代人，薛蕙在私人通信中说，就识见议论而言，王阳明岂非一时之巨擘，但终身没有看透富贵，因此算不上"知道""闻

---

① 段玉裁：《明世宗非礼论三》，《经韵楼集》卷十。
② 段玉裁：《明世宗非礼论九》，《经韵楼集》卷十。
③ 同上。
④ 《明史》卷一九一《吴一鹏传》，中华书局点校本第十七册，第5061页。
⑤ 《明史》卷一百九十六《桂萼传》，中华书局点校本第十七册，第5184页。
⑥ 唐长孺：《跋明张璁书扇——略述王守仁与张璁的关系》，《山居存稿》三编，《唐长孺文集》，中华书局2011年版。

道"者①。万斯同在《明史》卷二七四《王守仁传》之末的评语，也是值得深思的。他说：

> 即如兴献庙议，亦国家一大典礼也，守仁既自命为巨儒，曾未闻有所折衷，以定国是。乃仅令其门人陆氏假托私谈，荧惑众听，依违反复，于前后章奏之间，吾不知师若弟之所谓良知良知者，果安在也！夫变诈如澄，有目者所共见，而守仁则视同徐爱，拟诸颜、曾之列，欺人乎？欺己乎？诚不可解也已。②

王阳明怀才不遇，生前、死后都受到不公正待遇，说明在强大的皇权之下，臣民弱势如蝼蚁。朱厚熜对湛若水、王阳明聚众讲学深恶痛绝。嘉靖二年会试，主司发策极诋守仁之学，考生中就有王阳明的学生黄直。王阳明在"大礼"问题上虽偏向议礼派，但闪烁其词，可能是为了自保。

三 "大礼议"及其法典化破坏了"君臣一体"格局（略）

（本文原载中国明史学会主办的《明史研究》第十三辑，时代出版传媒股份有限公司、黄山书社 2013 年版，收入本书时有删节）

---

① 嘉靖刻本《西原先生遗书》卷上《与李川甫》。
② 万斯同：《明史》卷二七四，第五册，上海古籍出版社 2008 年版，第 628 页。

东征故将与山阴世家
——吴宗道研究

杨海英

缘　起

明亡于万历，此说自明末清初起已深入人心。但理由是否充分、证据是否确凿却仍有探讨余地。尤其自万历以后，政治生活空前活跃，但随之出现的改朝换代及清朝对明代史料的严厉禁毁，形成诸多空白和历史谜团，使人对此结论难以放心。顷读熊廷弼奏疏，其任辽东巡按时弹劾的"游徒骗子"中，有位浙江山阴人吴宗道，为民除害的表象下难掩朝堂上明争暗斗的深隐。特为此文，以透视万历后期党派、家族、朝政、利益及外交间的复杂关系及援朝抗倭东征战争的部分关节，提供一个考察明代社会转型的典型个案。

一　东征崛起的山阴将

吴宗道，浙江山阴人，通过万历援朝东征战争博得出身。这一点，在时任辽东巡按、湖广江夏人氏熊廷弼的眼里却不光彩。他总结说："辽左数十年来，将官世职为四方游徒骗去者，不啻百数"①，其中点名批评的一位即吴宗道。随着建州女真兴起，明朝辽东危机陡现，也使当地短期内集中了大量人才。熊廷弼在万历三十九年（1601）弹劾了一批辽东卫所的将领，吴宗道就是他眼里的"游徒"之一，利用边疆危机得到不体面出身的一位军官。

那么，吴宗道是如何"游"得将官世职的呢？

万历二十一年（1693），东征经略宋应昌题："随征策士吴宗道、吕永明，术数可征，兵机多验，文学堪充记室，权谋可备将材，亦应并叙，授以应得武职者也。"②东征之初，吴宗道为随征策士，任经略宋应昌标下参谋官，此时尚无世职。汉城收复后，他与黄应旸、余俊彦等"分投给散免死帖万余纸"③，很快就以"指挥"身份与经历、守备等官持令行事，或称"都指挥使"——获得经略题授的武职流官。

他的第一个任务，是到朝鲜王京汉城宣谕日军退兵，并押解一批被俘日军"到关白处讨其降书"④。对比其他几位策士的表现，吴宗道显得更加冷静。

他的第二个任务，是在总兵查大受等人的护卫下，与参将骆尚志、游击宋大斌、高策、相公吕永明等进入南原。七八月间，在参将骆尚志、游击宋大斌等护卫下，往来顺天、南原，以"都司"（都指挥使）身份，参与第一次明日和谈，居中联络。⑤九月，吴宗道作文祭奠在晋州战役中死难的朝鲜守城将领金千镒，七年后（万历二十八年，1600）再作祭文⑥，时二次东征，统率浙营水兵，防汛巨济，归国途经晋州而祭。

整个东征期间，吴宗道的职衔渐次为大明"指挥"、"都司"或"都

---

① 熊廷弼：《按辽疏稿》卷6，《营驿穷军受害疏》，《四库禁毁书丛刊》史部第9册，北京出版社2000年版，第637页。

② 宋应昌：《经略复国要编》卷7，《叙恢复平壤开城战功疏》，台湾华文书局影印万历刊本，第577页。

③ 《经略复国要编》卷7，《辩杨给事论疏》（万历二十一年三月十一日），第620页。

④ 《朝鲜宣祖实录》（以下简称《宣录》日本东京学习院东洋文化研究所1962年刊本）卷37，宣祖二十六年四月丙戌条，2日。

⑤ 《宣录》卷41，宣祖二十六年（万历二十一年）八月癸巳，2日；己丑，8日。

⑥ ［朝鲜］金千镒：《健斋先生文集》附录卷二，《皇明指挥使吴公宗道祭文》、《再祭文》，《韩国文集丛刊》（以下简称《韩集》，民族文化推进会1996年版）第47册，第29页。

指挥使",但非世职官。战事第二阶段,其为"总督经略军门标下坐营都司"——从宋应昌、顾养谦、孙𬭤到万世德、邢玠,作为经略标下的佐贰官"坐营都司",吴宗道都是接近明军统帅核心的人物,常住顺天、南原,或捕俘日军,侦探敌情;或奔走联络,传递文书,作为明日和谈首席谈判员沈惟敬的助手,常与李大谏同行,所带家丁即有 32 名。① 万历二十四年四月初八日,他最早报告了明日和谈的册封使李宗城逃出釜山之事②;也不时对朝鲜内政提出见解③;更重要的是,他能给朝鲜提供如"督抚议战,司马议封"④之类的内幕。

万历二十五年春,二次东征明军尚未渡过鸭绿江,他与李大谏等已进入日军行长、清正、正成营中联络,准备与日使相会顺天,了解关白情况,"用间之中少寓权衡"⑤,与主战的杨镐似不同调,显示明廷内部意见分歧,前线将领也各有阵营。

万历二十六年五月六日,"总督经略军门标下坐营都司"吴宗道致信宣祖⑥,谈到自己从事朝鲜事务已达五六年之久,日军小西行长部虽较安静,而明军的羁縻和谈只是"用间退兵"的方式之一,三年经营已到"吃紧"的关键时刻。这不可能是他个人的意见,至少代表了明廷中有力者或东征军统帅核心的意思,说明此时明廷占上风的意见是不希望朝鲜介入,这为朝鲜君臣制定国策、筹划对应提供了有用的内幕消息。

吴宗道早期与李大谏等以策士身份,同侍经略宋应昌——其武职当即经略宋应昌便宜题授后所得,东征成为他的仕途起点。正如后来熊廷弼弹劾他"起家书佣,贪冒将领"⑦,一语道出其出身。吴宗道后协同沈惟敬从事与日和谈工作,多次前往日军营中奔走、联络。在《朝鲜宣祖实录》中有很高的曝光率,显示出他与朝鲜王室非同一般的关系。

---

① 《宣录》卷99,宣祖三十一年四月戊午,4日;戊寅,24日。
② [朝鲜]李好闵:《五峰集》卷十二,《请兵粮奏文(册封天使李宗诚逃遁后奏请文,丙申四月)》,《韩集》第59册,第501—502页。
③ 《宣录》卷78,宣祖二十九年八月丁酉,2日。
④ 《宣录》卷83,宣祖二十九年十二月己卯,1日。
⑤ 《宣录》卷97,宣祖三十年二月丙寅,11日。
⑥ 《宣录》卷100,宣祖三十一年五月庚寅,6日。
⑦ 熊廷弼:《按辽疏稿》卷1,《重海防疏》,《四库禁毁书丛刊》史部9册,第381页。

二　与朝鲜的特殊关系

在韩国江华岛上的碑林博物馆里，留有吴宗道的记功碑一通——《钦差都司石楼吴公宗道清白保民去思碑》。碑文提到他是浙江绍兴府山阴县人，字汝行，号石楼，武举出身，万历二十年以钦差官到朝鲜，万历二十五年再随邢玠入朝，"仍统水兵，久住江华，抚绥岛众，一境安堵"①。朝鲜申钦则记载其到过朝鲜3次：除万历二十年、二十五年两次外，"己亥（万历二十七年）又来"②。是东征军中与朝鲜联系最多的一位将领。

《宣祖实录》中留下吴宗道致朝鲜君臣书帖17通，时间从万历二十四年三月至三十七年四月，内容涵盖其充都指挥使到实任镇江游击十余年间参与的各项事务，显示了吴宗道与朝鲜拥有一种特殊的关系——其特殊性在于，双方都在努力保持、发展、维护彼此的关系。

万历二十四年三月，吴宗道致书安慰因祖陵被日军焚毁的宣祖。这对甚信风水堪舆学说的宣祖来说，是一贴很好的心理安慰剂。他很善于利用机会，与朝鲜王室建立亲密关系。

吴宗道曾称东征期间在朝鲜留下最佳口碑的南兵将领吴惟忠为"家兄"③——宗道籍贯浙江绍兴山阴，为州山吴氏二支三分第九世④，惟忠籍贯浙江金华义乌，虽同浙籍，实不同族，他们之间并无血缘关系。但吴惟忠在朝鲜甚得爱戴，宗道与之攀亲论眷，当有加强政治资本的考虑，希望宣祖美言于明廷，以避免吴惟忠的坎坷命运。

最说明问题的莫过于万历二十七年二月初四日，吴宗道教导朝鲜都监

---

① ［朝鲜］李宜显：《钦差都司石楼吴公宗道清白保民去思碑》，原碑藏韩国江华岛碑林博物馆，碑文转引自배성수：《조선후기강화도오종도거사비의건립 배경과 의미》（A study on Oh-Jongdo Geosabi in Ganghwa Island during the late Chosun Dynasty），《仁川学研究》第4辑，2005年2月，第79—108页。参《宣录》卷121，宣祖三十三年正月辛酉，16日。

② ［朝鲜］申钦：《象村稿》卷39，《李提督以下诸官一时往来衙门》，《韩集》第72册，第275页。

③ 《宣录》卷100，宣祖三十一年五月庚寅，6日。

④ 吴国梁：《山阴州山吴氏族谱》第二十部，二支三分四世至九世，道光十九年刊本第15、33、63页。

官员，应对东征军撤留之事的谈判①。这段史料透露吴宗道与朝鲜关系之深，其为朝鲜出谋献策，已达不遗余力的地步。言谈中涉及的问题，包括如何要求粮饷、军费、留军数量等有关东征军留撤的关键细节，甚至具体到视当事各大臣（如经理万世德、总督邢玠、御史陈效等）的态度及动向，如何商谈、措辞的地步，吴宗道俨然成为朝鲜安插在明廷的耳目——如此，东征期间明朝当局对战事的指画、倾向及决策，对朝鲜已无秘密。与这些实质性内容相比，吴宗道书帖所显露的文采，实微不足道。

在明、日和谈的早期，吴宗道曾作为沈惟敬的助手，助其联络奔走。至战事第二阶段，吴宗道的地位已超出沈惟敬。如万历二十五年九月，朝鲜左议政金应南上箚言东征经略邢玠"已令吴宗道躬诣贼营，以为缓兵之计。此人言论、信义，亦足以回犬羊之心，而比诸沈之只为身谋，而归罪我国者，何啻天壤"？吴宗道若持军门之令而不得成事，则"虽有百沈，亦何为哉"？②显示出朝鲜希望由吴宗道主持明、日议和谈判的倾向，比起沈惟敬，他们对吴宗道寄予了更多期望。

吴宗道不仅建立了自己的"信义"体系，办事才能也得到充分认可，在府邸中还赡养着身怀绝技的朝鲜家丁，如"顺天保人白飞虎"，战时哨探埋伏杀贼，招徕被掳朝鲜人投出日营，潜入日军积粮小岛焚烧仓库，宗道至言"若得此汉三百，可当一万"③，故将其随带回国，熊廷弼弹劾疏中也提到宗道拥有"丽人家丁"的罪状。万历二十七年回国前，吴宗道给宣祖开出太平方④，不仅显示其与宣祖的私交，也透露他心系朝鲜的衷情，尚不止于公务。

万历二十八年春，吴宗道以水兵备倭都司受命率三千水兵，参与朝鲜春季防讯。⑤十月，完成任务归国，途经釜山遇飓风，"所领船军卒太半溺死"⑥，损失惨重。为修补船只，休整队伍，留驻江华岛半载余，历经

---

① 《宣录》卷109，宣祖三十二年二月甲寅，4日。
② 《宣录》卷92，宣祖三十年九月癸卯，16日。
③ 《宣录》卷101，宣祖三十一年六月癸酉条，20日。
④ 《宣录》卷109，宣祖三十二年二月庚午，20日。
⑤ 参见《宣录》卷121，宣祖三十三年正月辛亥（6日）；《明神宗实录》卷344，万历二十八年二月乙酉，"中央研究院"历史语言研究所1966年刊本，第6401—6402页；李廷龟《月沙先生集》卷22，《请留兵奏（庚子春）》，《韩集》69册，第494页。
⑥ 《宣录》卷126，宣祖三十三年六月丙申，25日。

缺饷断粮的考验，次年春汛后回国。①

在驻守江华岛期间，吴宗道生有一子，其母为朝鲜县妓兰生。万历三十五年三月，吴宗道遣其"同生"兄弟吴贵道率家丁三人到朝鲜，为"镇江吴游击所生儿存没探问事"②。具体情形是："游击巨济防汛时，果率县妓兰生娠有，游击在瓮津时，委送家丁专探兰生怀孕与否；及其弥串镇临别时，流涕致嘱于（林）欢，如果生男，幸须庇护生长云，委曲说道。游击过江后，厥上典专人探问兰生产子与否，则果为生子，未踰年，遽为夭绝。"③ 吴贵道此行的目的，就是寻找宗道留养朝鲜的儿子。"吴宗道还朝之日，亦托以遗腹子"④ 于朝鲜文化县监、曾任宗道接伴官的林欢，可惜此子产后夭折。查对吴氏族谱，宗道子一鳞，生于万历丙午年（即万历三十四年）九月初七⑤。可见，宗道在朝鲜所生子为长，时已年近半百，升任镇江游击后，即派家人前往寻找，吴宗道与朝鲜的关系已深及血缘。

吴宗道万历十三年（1585）年中辽东武举，二十七年（1599）以征倭授钦依守备，管两浙水师；三十年，论功世袭绍兴卫中所百户，次年补辽东守备；三十四年，升镇江城守游击⑥。可见，驻守江华期间，宗道以钦依守备身份管理两浙水师，万历三十年始得世职百户，次年实授辽东守备，三年后升任游击。从履历看，宗道在朝鲜所任指挥使、都司等均为军前下级武官，但在朝鲜的影响却非泛泛。至万历三十五年春，吴宗道驻扎盖州，仍请朝鲜大臣宣扬其外祖母、外姑及母亲三世守寡之节，得到李德馨等人响应：李山海题贞烈轴"奕世贞烈"，题宗道东征劳绩轴"请缨奏凯"，而沈喜寿、尹根寿、李好闵及柳根、李福恒、申钦、韩浚谦、吴亿

---

① 参见《宣录》卷127，宣祖三十三年七月甲辰，3日；卷131，十一月戊申（8日）、戊辰（28日）；卷135，宣祖三十四年三月庚子（2日）等条。

② 《宣录》卷209，宣祖四十年三月丁卯，4日。

③ 《宣录》卷210，宣祖四十年四月庚申，28日。

④ [朝鲜]李恒福：《白沙集》卷2，《前文化县监林公墓志铭》，《韩集》第62册，第213页。

⑤ 吴国梁：《山阴州山吴氏族谱》第二十部，二支三分四世至九世，道光十九年刊本，第63页。

⑥ 《山阴州山吴氏族谱》第二十部，第15、33、63页；第一部，《诰敕上》，第54页。

龄等人均题赋献诗。①

朝鲜也看重吴宗道，显示吴氏关情朝鲜并非一厢情愿。吴宗道归国后，朝鲜仍向明廷建议，希望由他来经办涉及明朝、辽东与朝鲜相关的各项事务②，至言必得"如吴宗道辈固当"，"如得此人，则必胜于他官"。可见吴宗道在朝鲜的影响。

万历三十七年，因经济问题，吴宗道被熊廷弼弹劾革职。朝鲜尹根寿有送其归乡书，言其"遭谗解任"③，为我们提供了观察问题的另一角度。尹、吴两人交情不断，若干年后尹氏《答中原人书》尚致意宗道，感谢其所捐礼物如《圣教序》书帖、越扇、息香、池茶等，并憾叹宗道夭折之子："天于吴氏之绪，独奈何曾不少延其似续之人之命耶！"④

三 吴宗道的社会背景

朝鲜为何与吴宗道维持如此特殊的关系？其间的利害何在？吴宗道从东征初的从征策士到题授都指挥使流职，位不高却拥有与朝鲜的特殊关系，使他格外引人注目。

1. 驸马切亲

首先，与吴宗道同时入朝的黄应旸——据说黄是内廷翰林董其昌的"妾父"⑤，曾密告朝鲜译官朱元礼说："吴宗道乃皇上驸马之切亲"⑥。这种说法是可靠？通过查证《山阴州山吴氏宗谱》及其他相关数据，可以断定黄应旸之说并非空穴来风。

---

① ［朝鲜］李好闵：《五峰集》卷4，"东征时有吴指挥宗道者来，江南人能文有计虑，尽力东事。丙午春，以游击将军来驻盖州，遗白绫一匹于汉阴相国，造两轴求诗，其一为其外祖母及外姑与其母早寡守节，要揄扬其烈也，其一要东人歌咏东征劳绩事也。鹅溪相国题贞烈轴曰奕世贞烈，题劳绩轴曰请缨奏凯。鹅溪、汉阴、一松、月汀及仆与西坰、月沙、象村、柳川、晚翠、蛟山诸君赋之二首"，《韩集》第59册，378页。
② 《宣录》卷166，宣祖三十六年九月辛巳，28日。
③ ［朝鲜］尹根寿：《月汀集》卷5，《答冯参军书》，《韩集》第47册，第259—260页。
④ 同上，《答冯沧洲书》，第262页。
⑤ 方孔炤：《全边略记》卷9，《海略》，《四库禁毁书丛刊》史部第11册，第323页。
⑥ 见《宣录》卷102，宣祖三十一年七月丁酉，14日。

明神宗皇帝在万历二十五、六年间的"驸马"人选有 6 人①，其中最有可能与吴宗道相关的是穆宗六女、封延庆长公主驸马的河北高阳王昺。

高阳王氏亦河北世家。嘉靖壬午年（1522）会试亚魁、以诗名世的王荔，即为王昺曾祖，字子岩，号青屏，出理登州府，劾归，著《青屏诗集》、《万木亭一家言》等。

王昺，万历十五年（1587）尚延庆公主，官太子太师，掌宗人府事。父鼎铉，以子尚公主，钦授南城兵马司副指挥。王昺为人"儒雅无勋贵气，时词臣陶望龄、董其昌皆乐与游，文献之誉，声闻宫禁"。② 可见，王昺与陶望龄、董其昌均拥有良好的个人关系，黄应旸以董其昌"妾父"的身份，所言皇上驸马之事，已有三分靠谱。

陶望龄则出自浙江会稽陶堰陶氏，与山阴州山吴氏为数世通婚的姻亲家族。

浙江山阴州山吴氏，最著名者为一支大分九世的吴兑（1522—1593），字君泽，号环洲，嘉靖三十八年进士，隆庆十二年任宣大总督，主持俺答封贡，万历九年任蓟辽总督，终以兵部尚书加太子少保致仕。③ 娶骆氏、王氏及某，共生育二子八女。吴兑次女适"陶堰副使陶大有子主簿允惠"；吴兑嫡子吴有孚"娶参政陶大年之女"，而陶氏谱失载该女。④

陶堰陶氏人才辈出，贵盛隆重。东长房与大年、大有同辈的陶大临曾为经筵日讲官，曾"三视院篆"，任修《明穆宗实录》副总裁；大临侄允谆任尚宝司丞，大临子允宜亦任职礼部。南次房第九世陶廷奎次子陶承学，曾任礼部尚书，育有五子，三子陶望龄、四子奭龄均闻名当世。以家

---

① 查《明史》卷 121《公主表》，万历二十一年前后公主驸马有：万历九年，侯拱辰娶穆宗寿阳公主、梁邦瑞娶永宁公主；万历十三年，万炜娶瑞安公主；万历十五年，王昺娶延庆公主；万历二十四年，杨春元娶神宗荣昌公主；万历二十七年，冉兴让娶寿宁公主。

② 李晓泠等纂：《高阳县志》卷 6《人物·文苑》，台湾成文出版社 1968 年影印民国二十年铅印本，第 308 页；卷 8《著述》，第 465 页；卷 6《人物·恩荣·明》，第 395 页；卷 6，《封爵·戚畹》，第 346 页。

③ 《明史》卷 222，《列传》110，《吴兑附孙孟明、孟明子邦辅》。

④ 《会稽陶氏族谱》卷 17，《东长房列传·大参新岑公传》，道光九年刊本，第 13—14 页；卷 8《世系三下·东长房实斋公愃四支派》，第 353 页。

世论，会稽陶堰陶氏文风更甚，而山阴州山吴氏则以文入武①。陶、吴联姻乃文武相乘，正是明代中叶以来，江南世家大族互建亲缘关系的一个实例，为考察士大夫集团的成长轨迹提供了很好的素材，他们对万历朝政的影响不可小觑。

吴宗道，为山阴州山吴氏家族二支三分第九世，号石楼，父九德，祖相（生九牧、九德、九霄、九韶、九华五子）。宗道叔九霄，"住武清县"，娶毛氏，生二子凝道、济道；二女"长适路家庄王，次适县前萧"。吴凝道"继娶王氏，生子一则玠"。宗道叔九华亦"住密云县"。可见，吴宗道这支至少有三房居住武清、密云等地，正是皇亲国戚较为集中的畿辅地区，宗道堂妹"适路家庄王"及宗道堂弟凝道所"继娶王氏"，都不能排除出自河北高阳王氏家族的可能。②与董其昌、陶望龄相交甚密的王昺，为黄应旸所云吴宗道"切亲"的"皇上驸马"即不中亦当不远，为人慷慨豪迈，关心国事且有担当，成为吴宗道在朝鲜建立特殊关系网的第一块鲜亮招牌，合情合理。

2. 尚书族弟

吴宗道的族侄吴有孚，为山阴州山吴氏一支大分九世吴兑嫡子，字达卿，号禹门，万历十五年中举，袭锦衣卫正千户，升指挥佥事③，官南镇抚司升都指挥，分守蓟镇太平路参将，三十一年任蓟镇参将④，三十四年升任山东副总兵。⑤

万历三十七年二月，辽东巡按熊廷弼劾奏防海副总兵吴有孚、镇江游击吴宗道"役纵水兵，兴贩海上，每装载货物，撒放中江……潜入属国，压取貂参。其资本出有孚，而宗道为之窝顿地主，乞将二弁正法"。次月，辽东副总兵吴有孚革任，镇江游击吴宗道革任听勘⑥。

---

① 张金奎：《明代卫所军户研究》第六章《卫所军户与社会变革》，考察吴兑家族通过武举建功立业的情况，可参见。线装书局2007年版，第373—375页。

② 以上未指明出处者均见《山阴州山吴氏族谱》第二十部，第15、33、63页。按：以"路家庄"为名的村庄中国南北均有，而河北沧州肃宁县的路家庄离高阳最近，离白洋淀也不远，正是驸马王昺常游处。

③ 《明神宗实录》卷232，万历十九年二月戊寅，第4295页。

④ 《山阴州山吴氏族谱》第一部，第51页；第五部，卷2。

⑤ 《山阴州山吴氏族谱》第五部，卷2。

⑥ 《明神宗实录》卷455，万历三十七年二月癸丑，第8579页；卷456，万历三十七年三月乙巳，第8607页。

熊廷弼弹劾的吴有孚与吴宗道，正是出自山阴州山吴氏家族的叔侄俩：年龄仅相差一岁（宗道生嘉靖癸丑1553年，有孚生嘉靖甲寅1554年），论辈分却为叔侄（宗道九世，有孚十世）。熊廷弼所指要害在于"从宗道衙内拿出"押货人"伊亲马英，为吴有孚表弟，吴宗道外孙"①——这层血缘关系，正是吴宗道在朝鲜建立特别关系网的第二块招牌。

3. 故相亲家

吴有孚所娶参政陶大年之女，生孟明、孟登、孟益、孟文四子。次子孟登"万历乙亥五月十一生，娶郡城大学士朱赓女"，"故相朱赓之儿女亲家"成山阴州山吴氏的另一个亮点，也是熊廷弼弹劾宗道叔侄时特别强调的一点。吴氏族人确实依靠朱赓这棵大树遮阴乘凉，朝鲜人透露了熊巡按未曾揭露的更多内幕。

吴有孚另娶妾马氏（生子孟仁，授锦衣卫总旗）有外甥马聪曾任辽东都司，天启二年（1622），致朝鲜大臣李廷龟书中提到："先母舅石楼吴公讳宗道游贵国最久……向年德馨李公为贵国大王请封入京，首辅金廷朱公之揭，无门可投，不佞见而代为投之。朱公，不佞姻娅也，尽暴其情，朱公一力主张，得如所请。"②马聪提到的内幕，所关甚重：朝鲜仁祖反正后，李德馨到北京请封，投揭无门，即倩宗道外甥马聪通过"姻娅"关系打通了门路——朱赓之婿吴孟登为宗道族侄吴有孚次子，关节通达，朝鲜遂请封成功，仁祖坐稳了宝座。

此事李德馨也有记载："回到鸭江，竟失攀叙，归计甚忙……广宁前抚镇有合揭于当途，欲因弊邦嗣君之未定位也，而占取地方作天朝郡县，被宋、王两给事重参，未知二老何意出此计也？大概尽悉于两参本，而前起告讦使臣，得揭稿于一科官家，不佞恐其伪作也。念此揭必在首辅记室，敢托令表弟，使密图觅看矣。令表弟丈追到通州，说称多费重价，乃得同行，二公谓此揭送贵府传致为妙，遂成约而来。令表弟丈说跟到，而迄不至矣！幸十袭密封见寄，至望，至望！"③吴宗道曾通过表弟的关系，

---

① 熊廷弼：《按辽疏稿》卷1，《重海防疏》，第379页。
② ［朝鲜］李廷龟：《月沙先生集》卷34，《简帖》，《答马都司（聪壬戌宾接时）》附《马都司书》，《韩集》70册，第88页。
③ ［朝鲜］李德馨：《汉阴先生文稿》卷11《简牍·上吴游府书》，《韩集》第65册，第448页。

与"首辅"朱赓交通斡旋朝鲜嗣君定位问题。朝鲜的"国本"问题，也需借助吴氏家族的社会关系网解决。

"首辅金廷朱公"即山阴籍内阁大学士朱赓，字少钦，号金庭，隆庆二年进士，改庶吉士，授编修，万历间为侍读、日讲官、礼部尚书。万历二十九年秋，赵志皋卒，沈一贯独当国，请增置阁臣，诏朱赓以故官兼东阁大学士诣阙。万历三十四年，沈一贯、沈鲤去位，时年七十有二的朱赓"独相七年，史称其醇谨无过，然无所建白。惟是时东林声气倾动一时，赓独借汉唐宋朋党之害以立论……其言切中时病。阙后明社既屋，乃信赓言，其深识早见，有非顾、叶诸人所及者也。"① 鼎革之后，后世史臣亦谓其"深识早见"，可见其非庸碌之辈。在"朝政日弛，中外解体，赓疏揭月数上，十不能一下"的大局中，通过朱赓的运筹，朝鲜能如愿以偿也算幸运。万历三十六年十一月，朱赓卒官；次年二月，吴氏叔侄即遭弹劾，间隔之近，令人起惑。虽沈一贯、朱赓任阁臣、首辅之际，浙党势大，致有"陛下三十年培养之人才，半扫除于申时行、王锡爵，半禁锢于沈一贯、朱赓"② 之说，而反对者熊廷弼等是否为楚党张目？复杂的政治背景，不能不使吴宗道叔侄的经济案蒙上一层神秘面纱。

四 吴氏家族的经贸网

熊廷弼所揭露的经济案件显示：吴氏家族不仅掌握中朝边境贸易，其经贸网更从内陆运河通达海外，宗道、有孚叔侄充分利用掌握水军的便利，从事包括军火、奢侈品、杂货等各项贸易活动，控制东海及东北亚沿海地区的贸易通道。

吴氏家族的罪状之一是从事军火生意，与朝廷争利："漏报皇税，逼勒各行，强载货物……以致商民不得买卖，税银无从办纳。"利用职权营私舞弊，经营者皆本贯人氏，如万历三十五年朝鲜所获"自外洋来"异样大船一只，船上19名军兵皆原籍浙江，所装载者"皆铳、炮、刀、鸟

---

① 朱赓：《朱文懿文集》十二卷提要，载1997年齐鲁书社版《四库全书存目丛书》集149册，第470页。

② 《明史》卷236，《列传》124，《王元翰》。

枪、火药诸器，与青蓝布匹、杂色货物"——显然是动用海军从事海外军火贸易。这无论是从中江商民百数十人所控告的"海兵生事"，还是熊廷弼在汪家沟查获的"登莱虎船三只"、水兵捕盗魏忠等33人、寄存吴宗道衙内、价值约银千余两的货物以及盖着"总镇印号"朱标的令票三张——种种证据，无不显示吴宗道、吴有孚叔侄从事生意的手笔之大。

吴氏船队的规模和性质，非一般商人得以具备。其生意规模，两年内"陆续到镇江、旅顺、金、复及海外各岛者约三、四十只不等"，一年发船20只左右，每月尚不止一船。其贸易网从中朝边境覆盖渤海、黄海海域，"明以其半撒放中江及朝鲜商人取值，而暗以其半同吴宗道所收丽人家丁，变丽服，乘辽船，潜往铁山、别东、大张各岛，换贸貂参等物。"①除军火外，还从事贵重奢侈品买卖。宗道叔侄，一为登莱海防副总兵，有兵有船；一为东征都司指挥、镇江游击，有地盘有门路；而浙东山阴本贯，山东登州、辽东镇江为狡兔三窟，东南沿海直成吴家后院，而中朝边贸仅恐是其家族生意的冰山一角。那些军火卖给谁？贵重奢侈品谁会买？吴氏家族贸易网所联结的对象及贸易的国际性，动辄即可涉及军政大局，实有牵一发动全身的意味。

吴氏家族的贸易网络，还有一个不可缺漏的重要环节——纵贯明朝南北的大运河漕道。万历四十年七月，总督明代漕运20年的勋臣王承勋离职，户部言其"历年既久，谤议易生"，建议改用流官，一扫"凌虐剥削等弊"②。至此，明朝勋臣伯爵总督漕运的历史宣告结束。

王承勋，字叔元，号瑞楼，父正亿世袭新建伯。隆庆元年（1567年），文成公王守仁（阳明）追封新建侯。万历五年，王承勋世袭新建伯，二十年八月，以伯爵充任总兵官提督漕运。承勋所娶吴氏即吴兑三女；承勋之子先进亦爵新建伯，娶吴有孚长女；而承勋之女则嫁有孚三子孟文为妻③。州山吴氏家族与新建伯王氏家族为山阴境内世代通婚的两大家族，漕运总督新建伯家族掌握内河漕运网，自然可为州山吴氏的海外贸易网提供驳接：无论是组织军火货源，销售贵重奢侈品，还是江南布匹、

---

① 以上未指明出处者，均见熊廷弼《重海防疏》。
② 《明神宗实录》卷251，万历二十年八月癸丑，第4685页；卷497，万历四十年七月癸丑，第9377—9378页。
③ 吴国梁：《山阴州山吴氏族谱》第四部，八世意二子兑，第23页；九世兑长子有孚，第43页；十世有孚三子孟文，第3页。

杂色的南来北往，都离不开大运河这条交通大动脉。王、吴两家这种云遮雾罩的关系，更能彰显事实真相。万历四十年，革除勋爵世袭总兵官督漕，虽说是消除谤议、漕弊，看起来像针对王承勋，给人留下无穷的想象空间。此后，王承勋仅现身看牲、祷神、祭祀、行礼等场合，天启五年正月病故。①

值得注意的是，吴氏家族在朝、明边境的贸易活动曾受太监高淮制约，这或许是万历三十五年吴宗道建议宣祖具疏闭市的内因②。援朝战争之初，朝鲜因经济凋敝，物质供应艰难，宣祖特许在鸭绿江中江贡道旁"暂设关市"济急，后因太监高淮等开矿辽东，榷及中江，而一直维持了19年，直至万历四十年，经宣祖再请才罢③。镇江游击吴宗道请罢市，对从事边贸获利的吴氏家族而言，为何愿弃中江利薮转为朝鲜计虑？高淮榷税中江，损害吴氏利益，或许这就是熊巡按所言吴氏叔侄与皇家争利的潜在实质？万历三十七年，吴宗道报告朝鲜辽东总兵李成梁、巡抚赵楫被参，因"辽东二老缔结高太监，且与老酋（指努尔哈赤）相亲，图免其罪，欲掩袭二百年忠顺之国，故渠罪益重，人言尤起。"④ 透露作为镇守的地方大员与朝廷所派太监的矛盾，及包括边外女真在内的各派势力欲控制辽东的意图。

吴宗道被罢，李埈致书慰问，展现解读此事的另一个角度："今此被诬，孰不骇叹！"表示将作书辽东都司为宗道辩白"非理之谤"，还特别提到熊巡按"乃以报功之举，而反为媒孽之资。"⑤ 朝鲜虽为吴宗道动用了外交管道，但他显然未能脱难，后终镇江尤吉⑥。

---

① 《明熹宗实录》卷57：天启五年三月乙丑条，第2637页。
② 《宣录》卷209，宣祖四十年三月丙辰，5日。
③ 参见高艳林《明代万历时期中朝"中江关市"设罢之始末》，载《中国历史文物》2006年第2期。
④ 《光海君日记》，光海元年（万历三十七年）四月乙卯。
⑤ ［朝鲜］李埈：《苍石先生文集》卷4，《揭镇江游击帖》、《揭吴游击帖》，《韩集》第64册，第273页。
⑥ ［朝鲜］李民宬：《敬亭先生续集》卷1，《朝天录上·癸亥》载："吴公号晴川，越州山阴人，故游击宗道之族父也。宗道东征时，以都司来驻我国，宣庙见其揭帖，亟加称赏，命承文院裒集前后之揭，缮写以进，后终于镇江尤吉。晴川来从镇江，今寓登州之开元寺。"见《韩集》第76册，第442页。

五　余波

　　吴宗道的一生，实与其家族的命运休戚相关。而吴氏家族的命运，又与明清易代这个大局密切相扣。随着首辅朱赓辞世，宗道有孚叔侄被劾，新建伯王承勋离漕，驸马王昺被革职为民①，吴氏家族似乎趋于沉沦。

　　天启改元之后，吴氏家族再次浮出水面。天启元年，借助大学士孙承宗经理辽东、遣御史游士任募兵江淮的东风，吴有孚官复原职：游士任招练淮兵，"同时有副总兵吴有孚及武举赵佑等，皆与士任深相结，并荐于朝，期以大将。"②赵佑，山东登州人③。通过游士任，吴有孚也重新现身，牵出一段吴氏家族涉足明清变局的秘事。

　　天启元年七月，御史游士任（1574—1633）受命为登、莱、天津等处监军御史。十一月，士任疏报募得8000余名，皆"力举千斤，弓开十石；火药、火器、战车、战船、没水黏竿、占风测象，无所不有"④者。游士任所募淮营子弟，成为兵部手中一张王牌，欲以调发渡海，接应毛文龙——毛文龙奇袭镇江，创下恢复辽左的神话，大大鼓舞了明人士气。天启二年七月，淮兵渡海1500名，陆续到达登莱者达8700余名。⑤新募淮兵陆续渡海赴岛驻守，经大学士孙承宗核实，共有4773名⑥，成为毛文龙东江防线的海上主力军。

　　八月，辽东经略熊廷弼疏言"三方建置，须联合朝鲜"，故改登州人、辽东南路监军道梁之垣为行监军道，往朝鲜"敕谕慰劳该国君臣"，商谈发兵与毛文龙"援助有济"⑦事。赵佑、梁之垣、游士任诸人，或为

---

①《明神宗实录》卷535，万历四十三年八月甲辰，第10148—10150页。
②《明熹宗实录》卷11，天启元年六月甲戌，第0547—0548页。
③按：据朝鲜贡使安璥天启元年《驾海朝天录》羁留登州所记："光禄卿赵佐访余于船上，欲寄家书，盖其尊赵佑游击，时留本国，故凭传一札也。"则赵佑之兄赵佐为光禄寺卿，籍登州。参见陈长文：《登州与明末中朝海上丝路的复航——以朝鲜贡使安璥〈驾海朝天录〉为文本》，载《登州与海上丝绸之路——登州与海上丝绸之路国际学术研讨会论文集》，北京大学出版社2004年版。
④《明熹宗实录》卷16，天启元年十一月丁巳，第805—806页。
⑤《明熹宗实录》卷24，天启二年七月庚申，第1228—1229页。
⑥《明熹宗实录》卷38，天启三年九月壬寅，第1968页。
⑦《明熹宗实录》卷13，天启元年八月庚午朔，第637—638页。

登州土著，或以军事见长。吴有孚亦曾栽倒登州，再现时尚见族人吴大斌同寓登州。

梁之垣前往朝鲜之际，有辽东"马都司"相伴左右。《明实录》未见其人，借朝鲜史籍得以流传：代梁之垣与朝鲜商谈出兵事宜，是吴宗道外甥。李廷龟《答马都司璁（壬戌俟接时）》简帖之一后附《马都司书》二通，其一曰："先母舅石楼吴公讳宗道，游贵国最久，见知贵国最深。"① 壬戌为天启二年，吴宗道已不在人世。李廷龟别马聪诗称吴宗道为知己、国士，分别十四年，却已成永诀。

马聪，字最白，会稽人，万历四十六年武举，曾任登州参将，崇祯六年，死孔有德之叛，阖门眷属皆死节。② 方志漏载其任登州参将前辽东都司的履历。马聪与朝鲜谈判的情况，则借《光海君日记》流传。天启二年五月，朝鲜领议政朴承宗等到辽东，访问监军衙门，梁之垣"监军令马都司出接"，两人面谈四五次，商谈细节围绕朝鲜派兵、助粮及造船三个议题进行。最初，梁之垣提出"令本国调兵八万，每年二万，递番分休，屯戍于昌、义之间"③。马聪首议朝鲜出兵二万，助战女真金国。朝鲜坚持以明朝先出兵为条件，只愿助兵分羹而不愿火中取栗，态度游移。最后，光海君一槌定音："安能以我不炼之卒，敌彼数十万猘兵乎？"④ 谈判陷入僵局，梁之垣空手而回。

萨尔浒之战，首开朝、明军事合作之局。天启二年，马聪参与朝明谈判，是萨尔浒战后，明鲜联合、复兴辽左计划的再次尝试，终未成功。但马聪任职辽东及吴有孚、吴大斌等吴氏族人与登州官绅、将官的关系，使我们对自宗道叔侄革职后，逐渐沉沦的吴氏家族，重新参与掌控山东、辽东，以及影响中朝关系的内涵，有了全新的体会和把握。

（本文原载《纪念王钟翰先生百年诞辰学术文集》，中国社会科学出版社2013年版，收入本书时有删改。）

---

① ［朝鲜］李廷龟：《月沙先生集》卷34，《简帖》，《答马都司璁（壬戌俟接时）》，《韩集》70册，第88页；卷12，《俟接录中·赠别马都司聪》，《韩集》69册，第330页，亦提到马聪之名。

② 平恕等修：《绍兴府志》卷56，《人物志》十六，《忠节》二，乾隆五十七年刊本。

③ 《月沙先生集》卷12，《俟接录中·序》，第69册，第325页。

④ 以上未指明出处者，均见《光海君日记》卷177，光海十四年（天启二年）五月丁酉，2日。

清初程朱理学"复兴"标志论略

朱昌荣

清初程朱理学是清史研究中的一个重要问题。对其在清代的存在水平，①有学者评价较低，章炳麟先生肇其端，萧一山、吕思勉、贾丰臻、杜国庠等先生持其说。也有部分学者对其做出了较高估计，钱穆先生倡其始，梁启超、胡适、吴雁南等先生继其后。高翔先生从清初社会重建、清朝统治的稳定等问题出发论证了理学（尤其是程朱理学）在清初的独特历史地位，并提出了"到康熙中叶，理学便呈复兴之势"②命题。我们认为，认真梳理程朱理学在清初的发展脉络，可以作出其在康熙中叶前后实现了"复兴"的判断。其标志主要包括：在意识形态领域独尊地位的重新确立，在社会观念上获得广泛接受，以及编纂理学学术史著作热潮的兴起等三方面。

一

众所周知，程朱理学自南宋理宗时确立其在意识形态领域的统治地位，迄于明代前中期一直保持其独尊地位。明代嘉靖、隆庆以后，"秉国

---

① 详参拙作《20世纪中国大陆清初程朱理学研究回顾》，《中国史研究动态》2006年第3期。

② 高翔：《康雍乾三帝统治思想研究》，中国人民大学出版社1995年版，第16页。高翔先生对清代程朱理学复兴的相关探讨，还可参氏著《近代的初曙：18世纪中国观念变迁与社会发展》，社会科学文献出版社2000年版；《清初理学与政治》，《清史论丛》，2002年号。

钧、作民牧者,孰非浸淫于其教者乎"?① 而"守仁放言自肆,诋毁先儒,号召门徒,虚声附和,用诈任情,坏人心术,近年士子传习邪说,皆其唱导。"② 程朱理学在意识形态领域的独尊地位以及在民间的影响遭遇到了阳明学的空前冲击与挑战。以满洲贵族为首的统治者在经历了入关前政权初步接受儒家文化,③ 到入关后的顺治时期的进一步讲求儒学,至康熙中叶前后基本上完成了儒学观的选择,确定了以程朱理学作为意识形态独尊的统治理念。从指导思想的角度,明确政权的发展方向,这是程朱理学确立其在意识形态领域独尊地位的根本标志。康熙十六年十二月,他亲撰《日讲四书讲义序》,提出要以理学为自己的施政指导,"万世道统之传,即万世治统之所系也……孔子以生民未有之圣,与列国君、大夫及门弟子论政与学,天德王道之全,修己治人之要,具在《论语》一书。《学》、《庸》皆孔子之传,而曾子、子思独得其宗。明新止善,家国天下之所以齐治平也;性教中和,天地万物之所以位育,九经达道之所以行也。至于孟子继往圣而开来学,辟邪说以正人心,性善仁义之旨著明于天下。此圣贤训辞诏后,皆为万世生民而作也。道统在是,治统亦在是矣。历代贤哲之君,创业守成,莫不尊崇表章,讲明斯道。朕绍祖宗丕基,孳孳求治,留心问学。命儒臣撰为讲义,务使阐发义理,裨益政治,同诸经史进讲,经历寒暑,罔敢间辍。兹已告竣,思与海内臣民共臻至治,特命校刊,用垂永久。爰制序言,弁之简首。每念厚风俗,必先正人心,正人心,必先明学术。诚因此编之大义,究先圣之微言,则以此为化民成俗之方,用期夫一道同风之治,庶几进于唐、虞三代文明之盛也夫!"④ 这篇具有纲领性意义的《序》言,是康熙帝第一次正式而明确地提出要以正统儒学(尤其是程朱理学)作为施政纲领,通过讲明"道统",实现与"治统"的合膺,确立政权的正统性,最终实现政权正统性的理论论证。一些理学官僚也积极促成其合膺治统与道统的政治实践。康熙十九年闰八月,李光地应康熙帝要求进呈自己平日所作文字,其文有云:"道之与治,古者出于一,后世出于二。孟子叙尧、舜以来至于文王,率五百年而统一续,此

---

① 陆陇其:《三鱼堂文集》卷二《学术辨》下,《四库全书》本,台湾商务印书馆1986年版,第18页。
② 孙承泽:《春明梦余录》卷二一《从祀》,北京古籍出版社1992年版,第313页。
③ 详参拙作《清入关前政权儒学化略论》,《清史论丛》,2008年号。
④ 《康熙起居注》第1册,中华书局1984年版,第339—340页。

道与治之出于一者也。自孔子后五百年而至建武，建武五百年而至贞观，贞观五百年而至南渡。夫东汉风俗一变至道，贞观治效几于成、康，然律以纯王，不能无愧。孔子之生东迁，朱子生之南渡，天盖付以斯道而时不逢，此道与治之出于二者也。自朱子以来，至我皇上又五百年，应王者之期，躬圣贤之学，天其殆将启尧、舜之运，而道与治统复合乎！伏惟皇上承天之命，任斯道之统，以升于大猷。"① 尽管，李光地于此拈出所谓孔子—朱子—圣祖为五百年道统之传恐怕多出迎合之需要，但却揭示出康熙帝努力实践"治统"与"道统"合膺的事实。

康熙帝选择程朱理学，合膺"道统"与"治统"的实践获得了巨大成功。康熙中叶前后，清朝的统治逐渐为大多数汉族民众所接受，此前长期存在的抗清斗争趋于沉寂，部分遗民走上与清廷合作的道路。史称："康熙丁巳、戊午间，入赀得官者甚众。继复荐举博学鸿儒，于是隐逸之士亦争趋辇毂，惟恐不与"，四明姜宸英诗云："北阙已成输给粟尉，西山犹贡采薇人"，时人"以之为实录"，② 真正出现了"一队夷齐下首阳"③ 的局面。不少在清初社会中具有重要影响的"海内遗硕"，也在此时态度发生松动。孙奇逢在易代后，朝廷官员多次荐举皆不出仕，僻居乡野，"率子若孙躬耕自给，门人日进"。④ 但他与不少官员都过从甚密，如魏裔介、魏象枢、汤斌、耿介等。曾"绝食抗旨"的李颙，在康熙四十二年西巡时，遵旨进所著《四书反身录》、《二曲集》，获康熙帝御书匾额，李颙深为感动，竟以不能起其母于九泉"一睹圣主荣恩"⑤ 为憾。再如，戮力抗清的钱澄之"讯闽粤遗事，复相持泣涕"，⑥ 于事败后"髡缁间行，归老江村"，⑦ 然而他与朝廷重臣徐元文等关系紧密。⑧ 其所作《正统论》一文，"至少表明他并不赞成将为前明'复君父仇'的清朝简

---

① 钱仪吉：《碑传集》卷一三《故光禄大夫文渊阁大学士李文贞公事状》，中华书局1993年版，第334—335页。
② 王应奎：《柳南随笔》卷四，中华书局1983年版，第68页。
③ 褚人获：《坚瓠集·戊集》卷三《一队夷齐》，浙江人民出版社1986年版，第10页。
④ 孙奇逢：《夏峰先生集》，魏裔介作孙奇逢本传，中华书局2004年版，第5页。
⑤ 李颙：《二曲集》卷四六《潜确录》，中华书局1996年版，第598页。
⑥ 钱澄之：《田间文集》卷一三《敬亭集序》，黄山书社1998年版，第241页。
⑦ 钱澄之：《田间文集》，唐甄《序》，第3页。
⑧ 钱澄之：《田间文集》卷四《与徐公肃司成书》，第69—70页。

单地排除在正统之外"。① 可以说,最高统治者提倡程朱理学大大加快了汉族士人逐渐走上与清廷合作道路的进程,而他们之间的合作,是在清廷提倡正统儒学(尤其是程朱理学),赢得士人文化认同的前提下,最终实现了由道统到治统的认可。

康熙帝对理学颇感兴趣,坦承"殊觉义理无穷,乐此不倦",② 自觉接受理学基本教义为施政指导,进而又确立了其在皇子培养教育中的主导地位。担任皇帝、皇子老师的多是理学官僚。经筵、日讲是其中最重要的方式。康熙九年十月,朝廷正式宣布举行经筵、日讲。③ 十年,"肇举经筵大典于保和殿。以公(引者注:即熊赐履)为讲官,知经筵事……盖公自初应诏上书,即力言圣学为第一要务",而康熙帝"益尽心于尧、舜、羲、孔之道,暨周、程、张、朱五子之书"。康熙帝又因经筵春、秋两次进讲太过疏阔,命讲官每日"进讲弘德殿"。④ 理学名臣熊赐履、陈廷敬、张玉书、汤斌等都曾担任过康熙帝讲官,而他们进讲的内容也主要是正统儒学的基本教义及其关乎治道的内容。康熙帝在接受了程朱理学的基本教义后,又亲自向皇子讲解。他常以闲暇时间向诸皇子讲解经书,所谓"(朕)与文臣讲论书史,即与尔等家庭闲暇谈笑",⑤ 并告诫皇子当"习熟《五经》、《四书》、《性理》"。⑥ 史载,康熙二十五年二月左右,太子允礽即已经学完《四书》、《五经》。⑦ 而后来继统的乾隆帝幼时的理学素养亦多得益于康熙帝的亲自教诲。诚如和硕果亲王允礼所云:"皇四子幼侍圣祖仁皇帝,特荷慈眷,朝夕训诲,且见我皇上视膳问安,致爱致敬,无事不与往圣同揆,至性熏陶,耳濡目染,由是体诸身心,发于言动者,不待模拟,自成方圆,夫圣经贤传所以勤勤宣宣,诱翼万世,其道无他,父子君臣之大伦而已,皇子性资乐善,于道德仁义之根源,既得之圣祖之渐涵,复申以皇上之教谕,而又切磋于师友,研极于诗书,早夜孜

---

① 高翔:《清初理学与政治》,《清史论丛》,2002年号。
② 《康熙起居注》第1册,第80页。
③ 《圣祖仁皇帝实录》卷三四,康熙九年十月乙未,中华书局1985年版,第462页。
④ 以上引自钱仪吉:《碑传集》卷一一《故东阁尚书吏部尚书熊文端公事状》,第269页。
⑤ 清世宗纂:《圣祖仁皇帝庭训格言》,《四库全书》本,第623—624页。
⑥ 清世宗纂:《圣祖仁皇帝庭训格言》,第617页。
⑦ 《康熙起居注》第2册,第1438页。

孜，日新其德，故发为文章，左右逢源，与道大适。"① 可见，康熙帝对弘历讲授的主要内容多是理学的君臣大伦之义、道德仁义之说。

康熙二十六年，又确定了皇子培养教育的基本方针，这就是"文武要务并行，讲肄骑射不敢稍废"。② 所谓"文"，就是以理学为核心的正统儒学；"武"就是满族自己的"骑射"传统。康熙帝亲自选定的皇太子讲官汤斌、耿介、达哈塔等，都是"老成谨慎"的理学名臣，③ 其余如熊赐履、张英、李光地等也都是名重一时的理学官僚。④ 雍正帝也很重视对皇子的培养，精心拣选师傅以教导之。如福敏、张廷玉、徐元梦、嵇曾筠、朱轼、蔡世远等，都是品行端方、学识渊博的理学官僚。这批人对乾隆帝理学思想的形成起到了重要作用，其中福敏、蔡世远、朱轼影响尤甚。⑤ 福敏早在雍正帝尚在潜邸时，就被选为弘历的老师。而乾隆帝的老师除福敏、朱轼、蔡世远、徐元梦、张廷玉、嵇曾筠之外，尚有雍正七年之顾成天，八年之蒋廷锡、胡煦，九年之邵基，十年之鄂尔泰，十二年之梁诗正等人。乾隆后曾追忆道："皇考重英贤，率命书房走。鄂尔泰、蒋廷锡以阁臣，蔡珽、法海列九卿，胡煦、顾成天、刘统勋、梁诗正、任启运、邵基、戴瀚来先后。其时学亦成，云师而实友，不足当绛帷，姓名兹举偶。"⑥

以正统儒学，特别是程朱理学作为教育皇子的基本内容，在康熙朝被正式确定下来，并作为一种制度为后世严格遵循，实际上"就是从思想传承的角度，保证了理学在清朝政权中长期居于指导地位"。⑦ 赵翼曾以自己的亲身经历说："本朝家法之严，即皇子读书一事，已迥绝千古。""皇子孙不惟诗文书画无一不擅其妙，而上下千古成败理乱已了然于胸中。以之临政，复何事不办？"⑧

一大批理学官僚在政权中占据主导，影响政治演变方向，这是衡量程

---

① 清高宗：《乐善堂全集》序，社会科学文献出版社1996年版。
② 《康熙起居注》第2册，第1639页。
③ 《康熙起居注》第1册，第1637页。
④ 《清史稿》卷二二〇《理密亲王允礽》，中华书局1977年版，第9062页。
⑤ 详参拙作《试论雍正、乾隆二帝的理学思想》，《清史论丛》，2009年号。
⑥ 清高宗：《乐善堂全集定本》卷五八《怀旧诗二十三首·故大学士鄂尔泰》，《四库全书》本，第285页。
⑦ 高翔：《清初理学与政治》，《清史论丛》，2002年号。
⑧ 赵翼：《檐曝杂记》卷一《皇子读书》，中华书局1982年版，第8—9页。

朱理学是否在意识形态领域确立了独尊地位的重要标准。明清鼎革，政权中不少有识之士积极推动政权的儒学化进程，要求最高统治者接受程朱理学基本教义作为施政指导。历顺治一朝，迄于康熙中叶前后，政权指导思想基本上完成了这一选择，而在康熙朝出任要职的多为理学名臣。如熊赐履、李光地都官至"宰辅"。熊赐履是康熙帝最重要的助手和谋臣之一，时人说他"名甚盛，又得君"。① 后人称他"锐志图史，讲求军国利弊，敷陈献纳，大邑厥辞。其颁为令甲者，屡书莫罄，贤士大夫类能诵习而传道之"。② 李光地则因其独特的个人素质成为圣祖的莫逆之交，所谓"惟朕知卿最悉，亦惟卿知朕最深"。③ 而李光地也是当时汉官领袖，康熙帝称"今汉大臣欺压满大臣，八旗皆受辱"。④ 在康熙朝政治决策中具有重要影响的南书房中亦多是理学官僚，曾先后管理其事的张英和陈廷敬都是理学名家。张英为学"以朱子本义为宗"。⑤ 康熙帝对他信任有加，史称"在密勿论思之地，昼日三接，夕漏不休。造膝之谋，同列不闻；伏蒲之语，外庭不知。推贤与能，庆流朝著；横经讲艺，泽及民生；弥历岁年，延登受策"。⑥ 陈廷敬则"回翔馆阁，遭际昌明，出入禁闼几四十年"，⑦ 深为圣祖所期许。徐乾学，"方其盛时，权势奔走天下，务以奖拔寒畯，笼络人才，为邀名计，故时誉翕然归之"。数诠选政，"游其门者，无不得科第"。⑧ 出身寒素的高士奇，因其才识过人，经由明珠推荐，获得康熙帝赏识，此后，他在朝廷中地位不断上升。史载，高士奇"每归第，则九卿肩舆伺其巷皆满，明公亦在焉。"⑨

程朱理学在意识形态领域独尊地位的确立，在康熙二十四年以后的一系列重要事件中也获得了体现：二十四年，科举考试确立了"乡、会试，

---

① 李光地著，陈祖武点校：《榕村语录榕村续语录》卷一三《本朝时事》，中华书局1995年版，第734页。
② 熊赐履：《经义斋集》，刘然《序》，第3页。
③ 李清馥纂辑：《榕村谱录合考》卷下，康熙五十七年五月丙子，清道光六年刻本，《北京图书馆藏珍本年谱丛刊》第85册，北京图书馆出版社1999年版，第678页。
④ 《康熙起居注》第3册，第2280页。
⑤ 《四库全书总目》卷六《易经衷论》，中华书局1965年版，第39页。
⑥ 陈廷敬：《午亭文编》卷三七《存诚堂集序》，《四库全书》本，第539页。
⑦ 《四库全书总目》卷一七三《午亭文编》，第1522页。
⑧ 赵翼：《檐曝杂记》卷二《徐健庵》，第40—41页。
⑨ 赵翼：《檐曝杂记》卷二《高士奇》，第42页。

第一场，《四书》题"的基本格局。二十五年十月十六日，康熙帝发出宋儒周敦颐、张载、程颢、程颐、邵雍、朱熹祠堂及白鹿洞书院、岳麓书院匾额共八面，皆御书："学达性天"四字；定海山匾额一面御书："定海山"三字，命转交礼部。① 二十九年，议准乡、会试"二场《孝经》论题甚少，嗣后将《性理》、《太极图说》、《通书》、《西铭》、《正蒙》一并命题。"突出了程朱理学在乡、会试中的地位。五十五年，议定"二场论题专用《性理》。"② 则确立了程、朱理学在乡、会试二场试题中的独尊地位。

二

任何一个社会，知识精英的"观念和思想体现了一个时代文化发展的最高水平"，③ 以知识精英为对象，考察他们对程朱理学前后态度的变化，必将有助于了解康熙中叶前后社会观念对程朱理学的接受情形。以下，从"清军入关初期"和"康熙中叶前后"两个时段进行考察。

清军入关初期，知识精英掀起一股总结理学思潮，其中不乏激烈批判的言论。傅山斥责理学家是"奴儒"、"鄙儒"、"教化头骨相"。王源则多处表露自己对理学，尤其是程朱理学的不满，他称："生平最服姚江……晋之清言，宋之理学，为奸雄窃笑久矣。盖宋儒之学，能使小人肆行其凶，而无所忌"，又指责程朱信徒是"尊程朱以见己之学问切实，而阴以饰其卑陋不可对人之生平"。④ 知识精英对理学的广泛批判极大冲击了其在社会中的地位。不少理学士人都对此有清醒的认识，发出"学绝道晦"⑤ 之叹。汤斌称："近世圣学不明，谈及学问，便共非笑，不以为

---

① 《康熙起居注》第 2 册，第 1563 页。
② 昆冈编辑：《钦定大清会典事例》卷三三一《礼部·贡举·命题规制》，新文艺出版股份有限公司 1976 年版，第 9505—9506 页。
③ 高翔：《近代的初曙：18 世纪中国观念变迁与社会发展》，第 7 页。
④ 王源：《居业堂文集》卷七《与李中孚书》，丛书集成初编，商务印书馆 1936 年版，第 107 页。
⑤ 语出顺治十四年（1657 年）张履祥写给陈确的信。参见《陈确集·别集》卷十六《大学辨三·答张考夫书附张履祥与陈乾初书》，中华书局 1979 年版，第 603 页。

立异，即以为好名。"① 魏裔介惊呼："明季以来，风俗颓靡，僭越无度，浮屠盛行，礼乐崩坏。"② 方苞说："仆少所交，多楚、越遗民，重文藻，喜事功，视宋儒为腐烂，用此年二十，目未尝涉宋儒书。"③ 甚至一些下层知识分子也哀叹"近来儒道式微，理学日晦"，"天下邪教横行，人心颠倒，将千古真儒的派，便淹没无闻"。④

康熙中叶前后，知识精英对理学的态度发生了明显转变。知识精英中出现了一股广泛接受程朱理学的趋势，以致当时为"圣学""一线之薪传，毕竟作何交阁"⑤ 而忧心忡忡的熊赐履，也欢呼"南中士夫多所感发，有跃跃兴起之势，旧时习气为之一变"。⑥ 集中表现在：

1. 不少知识精英为学宗主程朱，排诋陆王。陆陇其自幼励志圣贤之学，专意洛、闽诸书，"而一折衷于朱子……凡程朱之文集、语录以及有明诸儒之书，莫不咀其精英，抉其瑕疵。至于嘉、隆以后阳儒阴释改头换面之说，亦皆悉究其微而尽烛其邪。于是居敬穷理，履仁蹈义，粹然一出于正矣。"⑦ 朱泽沄则对学者说："吾愿自今学者取《四书》、《五经》及周、程、张、朱书熟读详玩，躬体心会。如是数年，自见得从古圣贤相传的绪，非他说所能惑也"，"朱子发挥敬字最为圣学存心之要。若阳明之存心，首言无善无恶，当其未发，已剗伐至善根源，既同释氏之断灭；逮其应事，祗欲随缘应付，又类老氏之无为。内外判隔，体用乖违，以视朱子之学，不犹莠之与苗，郑声之与雅乐耶"。⑧ 福建张鹏翼认为："当明季学术庞杂，海内宿老如孙夏峰、李中孚、黄梨洲尚多濡染；先生与当湖陆清献公并时，宗主程、朱，异地同心。"⑨ 高阳田极当则认为"清初士子承明季余习，尚奇僻，传注多舛错；极独阐发程、朱宗旨，讲贯融彻，听

---

① 汤斌：《汤子遗书》卷五《与田篑山书》，《四库全书》本，第513页。
② 魏裔介：《兼济堂文集》卷一《兴教化正风俗疏》，中华书局2007年版，第23页。
③ 方苞：《方苞集》卷六《再与刘拙修书》，上海古籍出版社1983年版，第174—175页。
④ 艾衲居士：《豆棚闲话》卷一二《陈斋长论地谈天》，中华书局2000年版，第103页。
⑤ 熊赐履：《经义斋集》卷九《论学书·与萧文超》，清康熙二十九年刻本，《四库全书存目丛书》，齐鲁书社1997年版，第349页。
⑥ 熊赐履：《经义斋集》卷十《论学书·答施虹玉》，第368页。
⑦ 钱仪吉：《碑传集》卷一六《四川道监察御史陆先生陇其行状》，第476—477页。
⑧ 钱仪吉：《碑传集》卷一二九《朱先生泽沄行状》，第3834—3835页。
⑨ 钱仪吉：《碑传集》卷一二八《张先生鹏翼传》，第3821页。

者熙然，如游考亭、鹿洞间"。①

尚有不少士人因读程、朱之书有得，遂终身以研习程、朱之学为职志。邓元昌"年二十五，得宋五子书读之，涕泗被面下，曰：'吾乃今日知为人之道也。出入禽门，往竟不自知，何哉？'"②遂摒弃制举业。蒋元"幼业贾，补邑诸生，读《近思录》有得，悉发濂、洛以来诸儒书，辨析异同，一折衷于朱子，遂弃举子业，奋然以讲明绝学为己任"。③张履祥再传弟子陈梓"绝意进取，以闲邪崇正为己任"。④

值得特别指出的是，知识界出现了由佛、老返朱的动态。雍正朝任吏部侍郎的沈近思年轻时曾在杭州灵隐寺出家为僧，习举子业后，私淑朱学信徒应撝谦先生，"求得其遗书，乃知正学有在发明宗旨。已而于潜斋语间有未安，皆反复以求其通。论者以为应氏功臣"。⑤武鞾，"初喜言兵兼涉佛、老，与吴玠同上公车，相与讲求义理之学……于西江之顿悟，永嘉之事功，新建社会之极分派别，莫不深入而辨析其纤微离合，卒折中于濂、洛，醇如也"。⑥刘原渌最初信奉道家之说，"求长生久视之术，寝食俱废"，后读"宋儒书，乃笃信朱子之学"，⑦乃汇集朱子之书，作《续近思录》。谢文洊，早年习举子业，为诸生，年二十学禅有所得，三十后始宗儒，越四十始"一以程朱为宗"。⑧

程朱理学重镇广布全国，刘原渌、姜国霖，"标帜齐东"；范鄗鼎、李暗章"授徒汾晋"，咸"尊朱辟陆，以居敬穷理为宗，齐晋之间遂为北学盛行之地矣。"昆山顾亭林、太仓陆道威、石门吕留良、吴中王寅旭、越中张考夫、湘中有王船山、赣中有谢秋水，"皆排斥王学，以程朱为指归者"。⑨此后，程朱理学出现了渊源有自，薪传不绝的局面。安丘刘原

---

① 徐世昌：《大清畿辅先哲传》卷一三《师儒传四·田极》，北京古籍出版社1993年版，第406页。
② 钱仪吉：《碑传集》卷一二九《邓先生元昌传》，第3854页。
③ 钱仪吉：《碑传集》卷一二九《蒋先生元传》，第3864页。
④ 钱仪吉：《碑传集》卷一二七《杨园先生年谱附录》，第3739页。
⑤ 钱仪吉：《碑传集》卷二三《都察院左都御史端恪沈公神道碑·附录十一则》，第760页。
⑥ 徐世昌：《大清畿辅先哲传》卷一七《师儒传八·武鞾》，第555页。
⑦ 江藩：《国朝宋学渊源记》卷上《刘原渌》，中华书局1983年版，第162页。
⑧ 《四库全书总目》卷八一《谢程山集》，第1637页。
⑨ 刘师培：《刘师培学术论著》，浙江人民出版社1997年版，第147—148页。

渌，为学"笃信朱子之学"，后数十年，昌乐有阎循观、周士宏，潍县有姜国霖、刘以贵、韩梦周，德州有孙于篚、梁鸿翥，胶州有法坤宏，同县有张贞，犹能守原渌之学。① 再如，"连城理学，始自宋之邱起潜、明之童东皋，而能灵、鹏翼继之。力敦伦纪，严辨朱、陆异同。"②

2. 自晚明启动的学术思想领域"返朱"趋势方兴未艾。向濬"服膺王学者且六七年，已读程、朱书忽自疑，偶于肆中得《高忠宪公年谱》读之，遂舍其所学，一以程朱为宗，确守《小学》、《近思录》、章句、集注诸书，与其学者辨析异同，反覆不倦。"门人黄艮辅、程登泰辈，受其影响也发生了"始宗王学，已卒归于程、朱"的变化。③ 张贞生，顺治戊戌进士，为国子司业时，刻邹东廓先生《宗儒语略》，阐明阳明良知之说，其后乃"一宗考亭"。④ 称许王阳明"尤以理学入圣域"的吴肃公，正是在顺治年间对《传习录》产生怀疑，进而从九年始作《正王或问》，又"取其书逐节正之，遂成卷帙"。当时读其书者，赞同者有之，"口呿目瞪，如丧神守"⑤者亦不乏其人。再如，张烈，其学凡三变，始也由朱入王，继也由王返朱。他自叙为学经历有云："愚成童时，先人教以程朱之学，信之颇笃。弱冠始闻王氏之说，翻然尽弃其学而学，沉浸于宗门者十五、六年……久久脱洗，乃知王氏之全非，盖与圣门背道而驰也。"⑥

清初学术思想领域出现"返朱"趋向，原因比较复杂。有以学术为得君之具的，最典型的是李光地，他自18岁始开始"讲性理之学，纂《性理》一部"，⑦不以朱子《易》注为然，称"朱子注无甚意味"。⑧ 后又自廿一至廿五，用数年之力"看陆王之书及诸难书"。⑨ 后虽经熊赐履推荐，担任翰林学士，很长时间内仍在学术上宗尚陆王，乃至康熙二十八年时，被圣祖斥责为"冒名道学"。⑩ 当年九月，康熙帝又说："许三礼、

---

① 《清史稿》卷四八〇《刘原渌》，第13129—13130页。
② 《清史稿》卷四八〇《童能灵》，第13145页。
③ 钱仪吉：《碑传集》卷一二九《向先生濬传》，第3831—3832页。
④ 钱仪吉：《碑传集》卷四四《侍讲学士张公贞生行略》，第1219页。
⑤ 吴肃公：《衔南文集》卷二〇《正王或问》，康熙二十八年吴承励刻本。
⑥ 张烈：《王学质疑·自序》，《四库全书》本，第82页。
⑦ 李清馥纂辑：《榕村谱录合考》卷上，顺治十六年己亥，第413页。
⑧ 李光地著，陈祖武点校：《榕村语录榕村续语录》卷二四《学二》，第426页。
⑨ 李清馥纂辑：《榕村谱录合考》卷上，康熙五年丙午，第418页。
⑩ 《康熙起居注》第3册，第1870页。

汤斌、李光地俱言王守仁道学，熊赐履惟宗朱熹，伊等学问不同。"① 有学者断言："（李光地）从 29 岁进入翰林院，到 48 岁掌院学士职被罢免，前后 20 年，就学术宗尚而论，李光地一直游移于程朱、陆王间……向程朱一边倒，已经是他 50 岁以后的事情。"② 应当说，这个分析是成立的。也有经过长时间的分析比较之后发生的，如刁包"初从孙奇逢问良知之学，心向之。既取高攀龙书读之，喜曰：'吾未见先生书，吾死人也。今见先生书，犹生死人而骨肉之矣。吾师乎！吾师乎！由孔子而来，见而知之者，得四人焉，颜、曾、思、孟是也。闻而知之者，得五人焉，周、程、张、朱是也。以闻知上溯见知，使孔子之道灿然复明于世者，于今又得高子其人。是生我者父母，成我者梁溪也'"，故而后人在评介其学术宗尚时说："包之学，以程、朱为宗旨，谨言慎行，一本诸敬。而于陆、王之学，多有微词"，③ 洵的论也。再如，颜李后学王源，他曾多次与程朱学者方苞晤谈，每论必"尽发程、朱之所以失，习斋之所以得"，称"使百世以下聪明杰魁之士沈溺于无用之学而不返，即程、朱之罪也"，通过与方苞的多次辩难后，"终其身，口未尝非程朱"。李塨晚年也对先前诋毁程朱的言行颇为自责，"取不满程、朱语载《经说》中已镌版者，削之过半"。④

在最高统治者的倡导下，旗人、尤其是满洲贵族中也涌现了一大批理学的信奉者和宣传者，这也是理学为社会观念广泛接受的有力证明。二十五年，康熙帝曾感叹道："因有满书，满洲武官翻阅史书，通达义理者其多。汉人武官读书者甚少，竟有一字不识者。"⑤ 康熙中叶，满洲图尔泰"素尚理学，于戍所自置周、程四先生祠，朝夕礼拜"。⑥ 顾八代，沉潜理学多年，以病乞休，"居家十余年，益研经学"。⑦

---

① 《康熙起居注》第 3 册，第 1902 页。
② 陈祖武：《清初学术思辨录》，中国社会科学出版社 1992 年版，第 211 页。
③ 以上引自徐世昌：《大清畿辅先哲传》卷一三《师儒传四·刁包》，第 402—403 页。
④ 方苞：《方苞集》卷十《李刚主墓志铭》，第 248 页。
⑤ 《康熙起居注》第 2 册，第 1474 页。
⑥ 昭梿：《啸亭杂录》卷十《图尔泰》，中华书局 1980 年版，第 328 页。
⑦ 王炳燮编：《国朝名臣言行录》卷七《顾八代》，《清代传记丛刊》，明文书局 1985 年版，第 386 页。

三

清初理学界，不少理学士人强调学术总结，掀起了一股编纂理学学术史著作的热潮，这是衡量清初程朱理学实现"复兴"的一个重要标志。它主要从两个方向上展开，一是以熊赐履、张夏等为首的理学士人站在程朱立场主张严道统之辨；二是以孙奇逢、汤斌、范鄗鼎等为代表的一些学者主张折中程朱、陆王，同尊其为理学正宗。无论从哪个方向上进行的编纂活动都大大推动了程朱理学在社会中影响力的提高。

1. 以熊赐履、张夏等为首的理学士人主张严道统之辨。他们特别强调理学阵营内部的壁垒分立。通过编纂学术史著作以实现"卫道"、"续统"的目的，在元代官修《宋史》以"道学"、"儒林"区别朱、陆时便已经开始；① 明儒承袭其绪，也通过编写理学学术史著作替朱、陆争"道统之正宗"。② 清初程朱理学对其多有继承，代表作有熊赐履的《学统》、张夏的《洛闽渊源录》、窦克勤的《理学正宗》、耿介的《中州道学编》，具体来讲，又可分为两种情形：

一种是将程朱、陆王两大阵营皆纳入研究对象，而后给予定位。熊赐履的《学统》，由关注二千年来"道术正邪与学脉绝续"的原因出发，将自孔子以降斯文之"统"分作"正统"、"翼统"、"附统"、"杂统"、"异统"。"正统"包括周、程、张、朱与颜、曾、思、孟八人，因其"躬行心得，实接真传"；陆王则被归入"杂统"，因其与百家之支、二氏之谬一样，"或明畔吾道，显与为敌；或阴乱吾实，阳窃其名，皆斯道之似是而非也"。③ 张夏著《洛闽源源录》，该书取有明一代讲学之儒，分别其门户，自一卷至十三卷列洛、闽之学者，正宗十六人、羽翼三十九人、儒林一百九十二人，并合传附传者共二百五十余人；十四卷为新会之学；十

---

① 元代修《宋史》将周、程、张、朱等人入"道学"，三陆入"儒林"，原因在于"周、程、张、朱，绍千圣之绝学，卓然高于儒林之上，故特起此例以表之"（吴光酉等撰：《陆陇其年谱》，康熙甲子二十有三年八月，中华书局1993年版，第115页）。

② 谢铎的《伊洛渊源续录》、程曈的《新安学系录》、朱衡的《道南源委》为程朱争正统，周汝登的《圣学宗传》为陆王争正统。

③ 熊赐履：《学统》，《凡例》第五则，山东友谊出版社1990年版，第1页。

五卷为余姚之学，所列羽翼八人、儒林三十九人、而正宗则阙；十八、十九二卷谓之补编，所列仅儒林五十八人，并羽翼之名亦不与之矣。① 概言之，张夏将明儒按正宗、羽翼、儒林分为"三品"：最上为正宗，其次为羽翼，再次为儒林，重在"溯统程、朱"，② 程朱及其后学入正宗和羽翼，王学学者入儒林。程、朱为孔门之大宗"是故欲正之以孔、孟，不若即正之以程、朱；欲正之以程、朱，不若即正之以学程、朱之真儒"。③

另一种是专门为程朱理学修史立传来表彰程朱。魏裔介《圣学知统录》，载伏羲、神农、黄帝、尧、舜、禹、汤、皋陶、伊尹、莱朱、文王、太公望、散宜生、周公、孔子、颜子、曾子、子思、孟子、周子、二程子、张子、朱子、许衡、薛瑄二十六人，述"见知闻知之统"。④ 又所著《圣学知统翼录》，录伯夷、柳下惠、董仲舒、韩愈、胡瑗、邵雍、杨时、胡安国、罗从彦、李侗、吕祖谦、真德秀、赵复、金履祥、刘因、曹端、胡居仁、罗伦、蔡清、罗钦顺、顾宪成、高攀龙二十二人。《自序》谓："以之羽翼圣道，鼓吹六经，亦犹淮、泗之归于江海，龟、凫之倚于岱宗也。"⑤ 窦克勤著《理学正宗》"止录正宗，其他儒行驳而不纯者"，一概不录。⑥ "正宗"仅列濂、洛、关、闽诸理学大师，时人称体例谨严，说："一部《正宗》，于宋元明诸儒品评悉当，斥金溪、姚江之非，使邪说不至害正，一归于廓清"。⑦ 耿介的《中州道学编》也是通过为中州理学修史来凸显二程在儒学道统中的地位。窦克勤序此书说："先生之编是书也，为中州存道脉也，为中州存道脉则专录中州道学，非中州道学不得旁及，例也。"⑧ 足见其体例之谨严。

此类著作尚有张伯行《道统录》，该书上卷载伏羲、神农、黄帝、

---

① 《四库全书总目》卷六三《洛闽渊源录》，第567页。
② 张夏：《洛闽渊源录》，《凡例》第一则，清康熙二十一年黄昌衢彝叙堂刻本，《四库全书存目丛书》，第1页。
③ 张夏：《洛闽渊源录·自序》，第2页。
④ 魏裔介：《兼济堂文集》卷三《序·圣学知统录序》，第69页。
⑤ 魏裔介：《兼济堂文集》卷三《序·圣学知统翼录序》，第70页。
⑥ 窦克勤：《理学正宗》，《凡例》第七则，清康熙刻窦静庵先生遗书本，《四库全书存目丛书》，第2页。
⑦ 窦克勤：《寻乐堂日录》卷六，康熙二十八年闰三月二十六日，《历代日记丛钞》，学苑出版社2006年版，第473页。
⑧ 窦克勤：《寻乐堂日录》卷八，康熙三十年夏四月二十八日，第12页。

尧、舜、禹、汤、文、武、周公、孔子及颜、曾、思、孟；下卷载周、程、张、朱，其《附录》中则载皋陶、稷、契、益、伊尹、莱朱、傅说、太公、召公、散宜生及杨时、罗从彦、李侗、谢良佐、尹，人各一条，述其言行，而以总论冠于卷端。① 张伯行又作《道统录·附录》。其自述编纂体例是"上自尧、舜、禹、汤、文、武，下及周、程、张、朱，君相师儒为治为教，统而一之，而假与似者不列焉"。② 陈鹏年著《道学正宗》一书，"上探羲皇，继以尧、舜、禹、汤、文、周、孔、孟，及宋周、程、张、邵，终以紫阳朱子。穷源溯流，发凡起例，奉为宗主"。③ 朱寨著《尊道集》。第一卷为圣贤前编，自孔子至孟子事迹及后人论说；第二卷节取《伊洛渊源录》；第三卷节取《伊洛渊源续录》；第四卷为前明五子录，纪薛瑄、胡居仁、罗钦顺、顾宪成、高攀龙五人行谊，而兼及其言论，大旨"主于攻击陆王"。④

2. 以孙奇逢、汤斌、范鄗鼎等为代表的一些学者主张折衷程朱、陆王，同尊其为理学正宗。孙奇逢《理学宗传》、汤斌《洛学编》、范鄗鼎《理学备考》是代表作。《理学宗传》一书将历代诸儒按"主"、"辅"分类立传，以展现他们与道统传承的关系。所谓"主"，是指"直接道统之传"，深得"传宗之旨"的宋明理学家。包括程朱、陆王四大家、两大派。所谓"辅"是指薪传儒学、辅翼道统有功的历代诸儒。其中就特别表彰了程朱陆王的门人。即："以周、程、张、邵、朱、陆、薛、王、罗、顾十一子为正宗，汉董子以下迄明季诸儒中，谨守绳尺者次之，横浦、慈湖诸儒议论，有出入儒、佛者又次之。"⑤ 奇逢又有《理学传心纂要》，著录周子、二程子、张子、邵子、朱子、陆九渊、薛瑄、王守仁、罗洪先、顾宪成十一人，以他们为"直接道统之传"。⑥ 汤斌的《洛学编》述中州学派，分为二编。首列汉杜子春、郑虔、郑众，唐韩愈，宋穆修，谓之前编；次列二程子以下十三人、附录二人，元许衡以下三人、附录一人，明薛瑄以下二十人、附录七人，谓之正编，各评其学问行谊，

---

① 张伯行：《道统录·自序》，《丛书集成初编》本，中华书局1985年版。
② 张伯行：《道统录·附录》。
③ 陈鹏年：《道学正宗》序。
④ 《四库全书总目》卷九八《尊道集》，第830页。
⑤ 徐世昌：《大清畿辅先哲传》卷十《师儒传一·孙奇逢》，第334页。
⑥ 《四库全书总目》卷九七《理学传心纂要》，第822页。

盖"虽以宋儒为主，而不废汉唐儒者之所长。"① 范鄗鼎著《理学备考》，该编剟取辛全《理学名臣录》、孙奇逢《理学宗传》、熊赐履《学统录》、张夏《洛闽渊源录》、黄宗羲《明儒学案》，"其说不出于一家，其文不出于一手"，② 也是主张折中朱陆的。

可见，与熊赐履、张夏等人不同的是，孙奇逢、汤斌、范鄗鼎等人，尽管也重视通过编纂理学学术史著作来确立统系，但他们不兢兢于程朱、陆王孰正、孰杂、孰主、孰次之辨，而多能持朱陆之平。但有一点两者是一致的，他们进行学术总结的目的实际上都是为了应对清初批判、总结理学思想的兴起，以挽救理学在清初的颓势。

综上，衡量程朱理学在清初的"复兴"，其标志主要包括三方面内容：一是在意识形态领域，最高统治者推崇程朱理学，进而确立其在意识形态领域的独尊地位；二是在社会观念上获得广泛接受；三是不少理学士人强调学术总结，掀起了一股编纂理学学术史著作的热潮，从维系学术正统的角度保障了程朱理学在清初的"复兴"。

（本文原载《史学集刊》2009 年第 5 期）

---

① 《四库全书总目》卷六三《洛学编》，第 566 页。
② 《四库全书总目》卷六三《理学备考》，第 567 页。

"康乾盛世"说渊源考

李华川

20世纪80年代以来，褒扬意义上的"康乾盛世"说法开始在清史界兴起，渐为中国史学界所采用，进而影响到全社会。以致今日，"康乾盛世"似乎已成为对于"康、雍、乾时代"的一种定评、一个约定俗成的用语。一个历史名词得以在社会上流行开来，必然是满足了这个时代的某种心理需求，有其符合时势的"合理性"。然而，从学理的角度看，约定俗成的观念也都是一种思维的定式，容易使人在习焉不察之中，丧失独立思考和客观判断的能力。其实，对于康、雍、乾时代历史的研究和评论，远未到可用"盛世"这个颇具文学色彩的词汇一言以蔽之的程度，还留有许多探讨的余地，值得进行深入反思。而探析"康乾盛世"说生成的历史，也许不只对于解析这个名词有益，对于理性、深入地认识康、雍、乾时代，更不无裨益。①

---

① 与论题相关的研究，可参见高翔《近代的初曙——18世纪中国观念变迁与社会发展》之"盛世与观念"一节（社会科学文献出版社2000年版，第31—51页）、周思源《质疑康乾"盛世"说》（《中国文化研究》2002年冬之卷）、刘焕性《"康乾盛世"之说的由来》（《清史研究》2003年第1期）、王曾瑜《试论国史上的所谓"盛世"》（《中国文化研究所学报》2005年第45期）、梁俊艳《全球视野下康乾盛世研究学术史回顾》（《北京联合大学学报》2006年第4卷，第2期）、刘文鹏《在政治与学术之间——20世纪以来的"康乾盛世"研究》（《学术界》2010年第7期）等文。上述研究观点各异，视角多元，均有助于问题的探讨。又，本文的基本观点和某些史料，受益于与本所多位师友的讨论，尤受益于王戎笙、何龄修两位先生的指教，在此敬致谢忱。

一

对于和平、美好时代的期望和向往，是人类一种自然、普遍的情感和社会理想。古代欧洲人有他们的"黄金时代"和"理想国"，中国人自古也有一种"盛世"情结。古人心目中的理想社会图景，常以"唐虞三代"作为蓝本，他们将这个时代想象为天下为公、讲信修睦的大同社会，所谓"三代之盛，至于刑错兵寝"[1]，"三代之盛，无乱萌"[2]。孔子和孟子都将"三代"盛世作为施行仁政的典范，加以追慕、赞美。孔、孟生于东周乱世，他们赞美的是往昔的"黄金时代"，对于本身所处"礼崩乐坏"的时代，却是在不断反省和抨击。

随着东周战乱时期的结束，秦汉建立起大一统的王朝，社会秩序日趋安定。两汉绵延四百年，其制度、礼仪，多为后世所效法，当时世界上也只有罗马帝国之强盛可与之匹敌。汉人虽在辞赋中颂美本朝，但似尚未自诩"盛世"。他们更多地仍是视"唐虞三代"为理想社会，以"尧舜之盛世"，为"光华之显时"[3]。魏晋南北朝时期，文人已将"盛世"之称用于本朝，比如潘安仁《西征赋》中云："当休明之盛世，托菲薄之陋质"[4]。但《晋书》和《宋书》中只说"虽古盛世"[5]、"在昔盛世"[6]。相比于后世，唐以前的民风比较淳朴，人们甚少将本朝美化为"盛世"，也许是因为在他们心目中，"三代之盛"的标准太高，后世难以企及吧？不能忽略的是，古人也常用"治世"一词来形容一个政治清明安定的年代，如《孟子》中所谓："天下之生久矣，一治一乱。"以及《诗大序》中说："治世之音安以乐，其政和；乱世之音怨以怒，其政乖。""治世"是相对于"乱世"而言的，并不能达到"唐虞三代"的水准，就其本义而言，"治世"一词不能与"盛世"等量齐观，但后人往往模糊二者的差

---

[1] 《汉书》卷23，中华书局1997年版，第1091页。
[2] 《盐铁论》"授时"，载《诸子集成》（8），上海书店1996年版，第38页。
[3] 《后汉书》卷52，中华书局1993年版，第1719页。
[4] 《文选》卷10，中华书局1994年版，第440页。
[5] 《晋书》卷52，中华书局1996年版，第1445页。
[6] 《宋书》卷2，中华书局1991年版，第29页。

别，以"盛世"一语表达"治世"的含义。

唐、宋以后，人们始常用"盛世"称美本朝。比如唐诗中有"盛世当弘济"、"盛世嗟沉伏"[①]等句，但此时还难觅"开元盛世"说法，这一词组大概是近代学人的发明；《宋史》中也不乏如此自诩的文字，如"食货志"及"韩亿传"中，均称本朝为"盛世"[②]。《元史》"张起岩传"，起岩在章奏中将本朝喻为"盛世"[③]；明人编辑的图书有名为《盛明杂剧卅种》及《盛明百家诗》者。值得注意的是，明清之际，钱谦益的文集中，多次出现此语，并且他在收入《牧斋初学集》的《瞿少潜哀辞》一文中，对于"盛世"做了自己的描述：

> 世之盛也，天下物力盛，文网踈，风俗美。士大夫闲居无事，相与轻衣缓带，留连文酒。而其子弟之佳者，往往荫藉高华，寄托旷达。居处则园林池馆，泉石花药；鉴赏则法书名画，钟鼎彝器。又以其间征歌选伎，博簺蹴鞠，无朝非花，靡夕不月。太史公所谓游闲公子，饰冠剑，连车骑，为富贵容者，用以点缀太平，敷演风物，亦盛世之美谭也。[④]

这一幅富庶宽松、太平歌舞、悠游林泉的图画，便是他心目中的盛世景象了。此段文字中，不容忽视的在"文网踈"一句，这也体现明末一般文人学士，于此言论自由一点之看重。

《牧斋初学集》收录钱氏于明亡前所作诗文，集中称本朝为"盛世"的文字不过三、四见，且多属寿序、墓志之类酬应之作[⑤]。收录明亡后诗文的《牧斋有学集》则大有变化，其中十余次以"盛世"称颂明朝[⑥]，与之对比，钱氏对所臣事之清朝却从未以同样赞语相加。不论钱氏心中存

---

① 前为羊士谔句，后为牟融句，分见《全唐诗》卷332、467，中华书局1979年版，第3700、5319页。
② 《宋史》卷173，第4176页；卷315，第10299页。中华书局1995年版。
③ 《元史》卷182，中华书局1996年版，第4194页。
④ 《牧斋初学集》卷78，上海古籍出版社2009年版，第1690页。
⑤ 分见于《牧斋初学集》，第1046、1071、1535、1690页。
⑥ 分见于《牧斋有学集》，上海古籍出版社2009年版，第179、286、736、797、811、834、990、1534、1592、1602、1611页。

有"复明"之念，即便无此一念，清初社会也全不符合其"物力盛，文网踈，风俗美"之标准。钱氏在《和墨香秋兴卷二首》之小序中所谓"追盛世，怀君子，采苓风雨，良有感托"①，可见其以"盛世"称美明朝，适以寄托其故国之思、亡国之痛。因而《有学集》中的"盛世"称呼，我们不能简单视为谀颂本朝的文字。

虽然以"盛世"称颂本朝，并非始于清人，但是到了清代，官方文献中所大量出现之赞美本朝为"盛世"的文字，其使用频率之高、范围之广，还是令前代望尘莫及。检索《四库全书》康、雍、乾三朝的几种官书所使用的"盛世"一语，如《万寿盛典初集》（康熙五十六年）出现73次、《世宗宪皇帝硃批谕旨》（乾隆三年）出现52次、《钦定千叟宴诗》（乾隆五十年）出现39次、《八旬万寿盛典》（乾隆五十七年）出现62次②。而其语意也十分雷同，无非"恭逢盛世"、"盛世丰年"、"太平盛世"等熟烂套语。三朝君臣对于"盛世"一语之偏爱，由此可见一斑。可以说，从康熙晚年开始，以"盛世"谀颂本朝已经成为风气。历经三朝，此风久兴而不衰。不难推知，当时君臣是在精心构建一幅政通人和、主圣臣良的"盛世图景"，其用意是以此粉饰升平、维系人心、稳固统治。有的时候，这种粉饰到了无以复加的程度，比如雍正在《大义觉迷录》中称："盖列祖之至德感乎，奉若天道者，为从古之极盛，是以皇天之保佑，申命恩厚于我朝者，为从古之极隆。"③ 作为君主的雍正，并非无知无识，颠顸愚蠢，而以这样极端自大的语气自我标榜，只能说是出于一种宣传策略的需要，再加上一点儿文化上的自卑心理作怪，方能解释。

清代统治者的驭民之术向称"高明"，通过他们的努力构建，不但"盛世"一语日渐普及，"盛世"意识在清中期的社会舆论中也逐渐形成。甚至到了晚清，国势式微，列强环伺，士大夫还是习惯用"盛世"一词谀颂本朝，比如左宗棠在其《议减杭嘉湖三属漕粮大概情形折》中，仍称"臣等躬逢盛世"④，而颇具讽刺意味的是，奏折作于同治三年（1864）十月，当时太平天国运动的烽火尚未最后平息。此外，文人笔下，文康

---

① 《牧斋有学集》卷5，第179页。
② 据《文渊阁四库全书》电子版的统计。
③ 《大义觉迷录》卷1，收入中国社会科学院历史研究所清史研究室编：《清史资料》第4辑，中华书局1983年版，第29—30页。
④ 左宗棠：《左宗棠全集》（3），奏稿卷11，上海书店1986年版，第1897页。

《儿女英雄传》还要"点缀太平盛世"①，而诸如《盛世危言》②、《盛世元音》③、《盛世人文初集》④等名目的著作仍层出不穷。

二

清朝的最后十余年，是其统治秩序趋于瓦解的时期，"排满革命"的思想逐渐深入人心。此时邹容的《革命军》（1903）、章炳麟的《訄书》（1904）等政论性著作视满洲统治者如寇仇，曾在知识界风行一时。《訄书》重订本中"哀焚书"、"哀清史"两篇，贬斥康、雍、乾三朝的政治，痛切而有力，对后来的清史学者影响甚大。不过，此时正统的清史论者仍在帝国残照中，感怀旧日盛迹。汪荣宝在其《本朝史讲义》中，用"全盛时期"来概括清中期。对于康熙朝的武功文治，他将其比之为"汉唐之盛"：

> 圣祖自亲政以来，内则削平大难，巩固统一之基础，外则战胜强敌，恢张帝国之威信。外交军事，所在奏功，而其文治，亦斐然比于汉唐之盛。⑤

此段文字是汪氏于1904—1905年间，在京师译学馆授课时所作。考虑到当时情势，以及一般传统文人的观念，这种文字不足为怪。

民国建立之后，清朝历史已成"前朝遗事"，史学家下笔之时，少了许多忌讳。通史论者对于清朝的总体评价多持批评态度，有些人认为清朝统治是一种"狭义的部族政权"⑥、"斲丧我民族元气命脉"⑦，激烈者甚

---

① 文康：《儿女英雄传》，"缘起首回"，西湖书社1981年版，第7页。
② 郑观应著，1894年初版。
③ 沈学著，刊于1896年的《时务报》。文字改革出版社1956年影印本。
④ 郑冶亭编，光绪丙午（1906）版。
⑤ 汪荣宝：《本朝史讲义》第二编"全盛时期"，收入沈云龙主编：《近代中国史料丛刊续辑》（939），台湾文海出版社1982年版，第26—27页。
⑥ 钱穆语。参见钱穆《国史大纲》"清代之部"。
⑦ 缪凤林：《中国通史要略》（三），商务印书馆1948年版，第53页。

至以清朝统治为"民族牢狱"①。对于康、雍、乾三朝的"文治武功"，他们并未全盘否定，比如吕思勉在其《白话本国史》（1923）中称为"清朝的盛世"②；缪凤林当时所著大学教科书《中国通史要略》（1948）称为"清室盛世"③。专攻清史者，对于三朝的评论，也使用类似的语言，比如刘法曾《清史纂要》（1914）称为"极盛时期"、陈怀《清史要略》（1920）称之为"隆盛时期"④，只是他们对清朝的批评，一般没有通史论者那么激烈，对于三朝的评价，也要比前者正面一些。为何专论清史者对于清史的评价要高于多数通史论者？这其中的治学心理，不免令人玩味。

清亡以后，论者虽用"隆盛"、"盛世"、"全盛"等词语描述三朝，却与清代君臣的粉饰不同，其中较少讴歌赞美之意，只是将三朝看作清朝历史中的兴盛时期。还有学者以"黄金时代"称呼这个时期。比如周谷城的《中国通史》（1947）认为三朝政绩"可称大清帝国的黄金时代"⑤；梁启超在《中国近三百年学术史》（1923）中说：

> （弘历）一面说提倡文化，一面又抄袭秦始皇的蓝本。所谓黄金时代的乾隆六十年，思想界如何的不自由，也可想而知了。⑥

周氏笔下并没用多少称美之意，与吕、缪二位所指近似，而梁氏笔下更表现出一种讥刺的味道，指斥乾隆时代"思想不自由"。

论及民国学者对三朝的评价，不能不提及清史专家孟森的意见。他在《清史讲义》中对有清一代曾做如下总论：

> 清一代武功文治，幅员人才，皆有可观……故史学上之清史，自当占中国累朝史中较盛之一朝，不应故为贬抑，自失学者态度。⑦

---

① 吕振羽：《简明中国通史》（下），光华书店1948年版，第800页。
② 吕思勉：《白话本国史》（下），上海古籍出版社2006年版，第533页。
③ 缪凤林：《中国通史要略》（三），"目录"。
④ 陈怀：《清史要略》，"目录"，载氏著《清史两种》，收入《温州文献丛书》，上海社会科学出版社2006年版。
⑤ 周谷城：《中国通史》（下），开明书店1947年版，第946页。
⑥ 梁启超：《中国近三百年学术史》，东方出版社1996年版，第25页。
⑦ 孟森：《清史讲义》，中华书局2007年版，第4页。

同书中，他以雍正、乾隆二朝为清之"全盛"时代。而在《心史丛刊》序中，他又批评道：

> 清世文网太密，乾隆间更假四库馆为名，术取威胁、焚毁、改窜，甚于焚书坑儒之祸。①

孟森的说法，可称平允。在其多种清史著作中，也均不见以"盛世"称美清朝的文字。

与孟森的态度不同，当时以清史名家的另一位学者萧一山对于三朝的评价则是赞誉有加。萧氏成名作《清代通史》上卷（1923）出版时，他才只有21岁，还是北京大学政治系的学生，而以其当时的学养积累，独立完成这样一部巨著，实为不易，也就难以求全责备，比如其论康熙之政要：

> 玄烨自亲政以来，内则削平大难，巩固统一之基础，外则战胜强敌，扩张清国之威信。外交军事，所在奏功，而其文治，亦斐然比于汉唐之盛。②

与上文所引汪荣宝《本朝史讲义》对照，这段论述除了将"圣祖"改为"玄烨"，"恢张帝国"易为"扩张清国"之外，文字全然雷同，显然，萧氏是在仓促成书之时，无暇另起炉灶，而信手袭改汪文。不过，文字虽迹近照搬，但对清朝的赞美，却是萧氏本人态度。他在《通史》中卷亦极力赞誉乾隆：

> 高宗在位六十年，武功文治，堪称极盛，于时海宇清晏，民物雍熙，在有清二百六十余年中，固属绝无仅有之时代，即在我国历史上，亦可以媲美汉唐，光延史册。③

---

① 孟森：《心史丛刊》"序"，辽宁教育出版社1998年版。
② 萧一山：《清代通史》（上），商务印书馆1927年版，第631页。
③ 萧一山：《清代通史》（中），商务印书馆1928年版，第238页。

这类赞语，几乎到了无以复加的程度。萧氏之外，民国时期还极少有哪位史学家会如此揄扬清朝。虽然萧氏没有用"盛世"一语，但揣其词意，已将康、雍、乾三朝比肩于汉唐之盛。近三十年，国内一些学者对"康乾盛世"的宣扬，可说大都是在步武萧氏。

20 世纪 50—70 年代，国内学术研究随着政治风潮起伏簸荡。30 年中，清史学者论述的焦点集中在"资本主义萌芽"和《红楼梦》两个问题上。"康乾盛世"这一名词适于此时出现。以笔者目前所见，最早明确使用"康乾盛世"的，是邓拓《论〈红楼梦〉的社会背景和历史意义》一文。该文发表于 1955 年 1 月 9 日的《人民日报》。其原文为：

> 历史已经证明，清代的所谓"康乾盛世，嘉道守文"的整个时期，既是封建经济发展到烂熟的时期，也是它的内在矛盾和外部矛盾开始充分暴露的时期。①

"嘉道守文"一词，令人联想到孟森《清史讲义》，此书第 4 章的标题正是同样的表述，而第 3 章的标题是"全盛"，大概邓拓看过《清史讲义》，将二章标题联属在一起，隐括成了对仗工稳的"康乾盛世，嘉道守文"二句。此前，将康熙、乾隆二朝省文为"康乾"，略去中间的"雍正"，还不多见。同一年，署名映白、孙慎之的文章《关于〈红楼梦〉所表现的矛盾的性质问题》发表于《文史哲》1995 年第 4 期，其中也使用了"所谓康乾盛世"的表述方式。② 此外，郑天挺 1962 年在中央高级党校讲课时，也有"所谓康乾盛世"的说法，其讲稿先曾以铅印本印行，后又于 1980 年在中华书局正式出版，名为《清史简述》。③

三十年间，除了"康乾盛世"之外，学术界还使用"康雍之治"④、

---

① 参见田居俭、宋元强编《中国资本主义萌芽》（上），巴蜀书社 1987 年版，第 155 页。此条材料承林存阳兄赐教，谨致谢意。

② 参见映白、孙慎之《关于〈红楼梦〉所表现的矛盾的性质问题》，《文史哲》1955 年第 4 期，第 38 页。

③ 参见《清史简述》，中华书局 1980 年版，第 45、47 页。有关此书的由来，承蒙郑克晟先生指教，不胜感激。

④ 参见商鸿逵《略论清初经济恢复和巩固的过程及其成就》，文中写道："中国历史上所谓康雍之治，就是指的这两个阶段的整个过程说的。"原载《北京大学学报》1957 年第 2 期。收入氏著《明清史论著合集》，北京大学出版社 1988 年版，第 97 页。

"康乾之治"①、"乾嘉盛世"② 之类的表述。说法虽然不同，但有一点是相同的，即使用者并不取其正面意义，而往往在前面加上"所谓"二字，以表明自己并不认同其说法，且又将其发明权归为"封建文人"或"资产阶级学者"。在许多论者眼中，康、乾时期非但毫无"盛世"气象，反而是一幅"封建末世图景"。

然而到了20世纪80、90年代，抹去"所谓"二字的"康乾盛世"逐渐成为史学界的习惯用语，许多撰述在肯定的意义上使用此语。有关材料不胜枚举，也为大家所周知，已无须本文赘述。

三

笔者以为，是否使用"康乾盛世"这一名词，倒也无关乎是非，这取决于个人的好恶。但又不可否认，这个名词本身包含着明显的价值判断，包含着对康、雍、乾时代很高的总体评价。在两百年之后，我们其实可以不带偏见和意识形态色彩来看待那段历史。有清260余年历史，这三朝的134年是其鼎盛时期。用中国传统的"治乱盛衰"观念来看，任何一个王朝，都有崛起、兴盛、衰落的过程，所以，我们说这三朝是清朝的全盛时期，其前和其后都无法与之相比，似乎并无争议。问题是，如果我们使用"康乾盛世"这一名词来描述三朝，那就与用"清朝的鼎盛时期"大为不同了，后者是一个近乎中性的描述，前者却是很高的赞美。词语的意义是在比较之中显现出来的。"康乾盛世"会让我们很自然地与"文景之治"、"贞观之治"、"开元盛世"等历史名词进行类比，就是说，在审视"康乾盛世"之时，需要引入历史的纵向维度。

汉和唐，是最能代表中国历史的两朝，它们在制度和文化上为后世留下了宝贵的遗产。我民族之所以能被称为文明国家，拜两朝之赐甚多。汉唐时间跨度七百余年，其间也经历盛衰治乱的过程，两朝也有很多弊坏之

---

① 参见刘大年《论康熙》，其中写道："资产阶级学者每论及康乾之治，照例粉饰一番。"原载《历史研究》1961年第3期。收入《刘大年史学论文选集》，人民出版社1987年版，第475页。

② 侯外庐：《中国思想通史》（五），人民出版社1992年版，第396页。又见上引商鸿逵文，《明清史论著合集》，第97页。

政。但在总体上，那是我华夏民族朝气蓬勃、国势日上的时代。在其鼎盛时期，君主施行仁政、虚怀纳谏，大臣也能为民请命、敢于直言，所以政治上较为清明，几乎没有文字狱。百姓安定、富足，因而国力强大，符合钱牧斋所谓"物力盛，文网疎，风俗美"的标准，因而能够击破处于兴盛期的匈奴、突厥。唐代的长安，当时是万国来朝的国际都会，吸引东西方各地的人们前来学习、贸易，"瞻仰上国风光"。总体上，"汉唐气象"开放而自信，恢宏而进取，其精神魅力，为后世所景仰，一直影响到今天。

康、雍、乾三朝又为我们留下了何种精神遗产呢？不可否认，清人雄健尚武，开拓疆土，吾国今日之广大疆域，多赖清人之武功。[①] 清人整理、研究文化遗产的苦功，也令后人钦佩。乾嘉学者的研究及《四库全书》等的编修，为后世学者提供了极大便利。清人在文学上（尤其是小说）的成就也不可磨灭。这些"武功文治"，均值得称道。然而，清人给我们留下的负面的遗产，至少有三个方面，同样令人难以忘怀。

其一，是清人的民族压服政策。

且不论清初的"扬州十日"、"嘉定三屠"等暴行，也可不谈"剃发"、"圈地"、"迁海"等政策，一个"首崇满洲"的国策，即是贯穿整部清史的主调。清朝统治者口称要破除"满汉畛域之见"，其实不过是掩人耳目罢了。康、雍、乾三帝都以维护满人对于汉人的特权地位为根本要务。但天下人之耳目岂能尽掩？以一个数十万人的部族，为了维持其特权地位，对于人口多达两三亿的汉人，以残酷的手段，长期进行专制统治，势必引起后者的不满，前者欲维持这种垄断式的统治地位，必然要对后者实行高压政策，而二百余年中，汉人不断进行反抗，争取民族的解放，也在情理之中。

其二，是清人的极端专制主义。

中国政治的极端专制主义始于秦，后经不断的调整、改良，在两汉、唐、宋时期，专制主义政治是趋于和缓的，君主的权力受到一定程度的约束，而以知识阶层为主体的士大夫得以在各种社会生活中广泛参与国事，所谓"皇帝与士大夫共治天下"。元明以后，这种格局被打破，而专制皇权得以膨胀。康、雍、乾三朝的专制主义更发展到巅峰。明末士人尚有结

---

① 与清人武功相伴的，有时是民族征服和血腥屠杀，比如乾隆对准噶尔施行的种族灭绝。

社议政的风气，清人入关之后，便立卧碑于各省儒学，禁止读书人上书建言、结社订盟、自行刊刻文字，也就是说对于读书人的言论、集会、出版自由，全部禁止。对于士大夫，清统治者绝少尊重，甚而摧辱其人格。钱穆曾论道：

> 明朝仪，臣僚四拜或五拜，清始有三跪九叩首之制。明大臣得侍坐，清则奏对无不跪。明六曹答诏皆称"卿"，清则率斥为"尔"。而满、蒙大吏折奏，咸自称"奴才"。①

明代专制政治已为后人所诟病，清人更在明人基础上，变本加厉。康熙帝的豪言："天下大事，皆朕一人独任"②，正是清代君主独裁政治的写真。

其三，是清人的思想钳制政策。

与元代蒙古人对中国的统治相比，清人手段更为高明，用心也更为深刻。文字狱虽非清人首创，却在康、雍、乾三朝登峰造极，成为打压汉人民族意识的主要手段。整个一部中国古代史，以康、雍、乾时代文字狱数量最多，波及最广，影响最大，甚至可以说，这个时代是"文字狱的时代"。三朝统治时间一百三十余年，以文字罪人的冤狱竟制造了一百六十余次。③ 其中多次广肆株连，务兴大狱，对于知识分子和平民家族磔、斩、绞、徒、流，制造出血泪斑斑的人间惨剧，其恐怖气氛直到道光时期，还令文人因心有余悸而"避席畏闻文字狱"。

除了文字狱的手段，清人又借编修《四库全书》等机会，大规模禁毁各类书籍数千种。孟森曾论到：

> 今检清代禁书，不但明、清之间著述，几遭尽毁，乃至自宋以来，皆有指摘，史乘而外，并及诗文，充其自讳为夷狄之一念，不难

---

① 钱穆：《国史大纲》（下），商务印书馆1996年版，第833—834页。
② 《清圣祖实录》卷144，康熙二十九年正月己亥。有关清代的极端君主专制，参见高翔：《近代的初曙——18世纪中国观念变迁与社会发展》之"极端君主专制理论的形成及其实践"一节，第427—452页。
③ 这还是保守的估计，实际发生的案件还要多于此数。参见郭成康、林铁钧《清朝文字狱》，群众出版社1990年版，第34—35页。

举全国之纪载而尽淆乱之，始皇当日焚书之厄，决不至离奇若此。盖一面毁前人之信史，一面由己伪撰以补充之，直是万古所无之文字劫也。①

与"汉唐气象"相比，清人的精神魅力，统治者的气度胸襟，弗逮远甚，实难比肩汉唐。这是从历史的纵向比较，而横向的比较，也一样很难让人感到乐观。

康、雍、乾三朝所处的时代，是17世纪后期和几乎全部18世纪，适逢欧洲历史上的"启蒙时代"（或称"理性时代"）。此时，欧洲已经历了"文艺复兴运动"，从中世纪的思想束缚中解放出来，人的权利得到尊重，人类被压制的潜能和创造力得以释放。欧洲科学界开始学会运用理性来认识自己和自然，不再迷信上帝以及一切人间权威。延续之前的天文和地理发现，这个时代的自然科学继续取得伟大进展。1687年（康熙二十六），牛顿发布了他的万有引力定律；1780年（乾隆四十五），瓦特将其蒸汽机付诸应用；另外，力学、电学、热学的原理也已被发现。在人文科学领域，更是群星璀璨。1734年（雍正十二），伏尔泰（1694—1778）发表《哲学通信》，呼吁宽容和理性精神；1751年（乾隆十六），狄德罗（1713—1784）主编的《百科全书》第一卷出版，宣扬理性和科学，具有浓郁的人文主义气息；1762年（乾隆二十七），卢梭（1712—1778）发布《社会契约论》，宣称"人是生而自由的"，充满自由、平等精神。此外，孟德斯鸠（1689—1755）、亚当·斯密（1723—1790）、康德（1724—1804）这些巨匠，运用理性的武器，在哲学、法律、经济等人类认知领域，同样做出了重要发现。与科学的进步同一趋向，欧洲的工业革命在18世纪60年代已在英国开始，以大机器生产为特征的这场革命，逐渐蔓延到欧洲。它所产生的惊人生产力，将在19世纪以后改变全人类的面貌。此外，1789年（乾隆五十四）发生的法国大革命，也成为人类历史上的一次标志性事件。从此以后，自由、平等、博爱的观念，民主政治的理想，成为人类社会进步的又一个标尺。

在欧洲社会飞速发展的时候，我们的"天朝"处于何种状况呢？马克思曾写道："一个人口几乎占人类三分之一的大帝国，不顾时势，安于

---

① 孟森：《字贯案》，载《心史丛刊》，第212页。

现状，人为地隔绝于世并因此竭力以天朝尽善尽美的幻想自欺。"① 马克思所写的虽然是19世纪中叶的景象，放在18世纪中后期的清朝，仍然合适。固然，乾隆时期的社会还算得上稳定，经济获得一定程度的发展，并且在一定程度上与世界发生关联，可是，整个社会却缺少创造力和进取精神，统治者从维护满洲贵族的特殊利益出发，以"监谤为务"②，务期压制汉人的民族思想，知识分子噤若寒蝉、万马齐暗，专制主义日渐强化，社会风气也相当腐败。这样一种萎靡的精神，怎能与此时思想界、科学界巨人林立、开始建立民主政治的欧洲相提并论。"天朝"虽然躯体庞大，精神上却是矮子。在纵向的维度上，康、雍、乾三朝已逐渐被西方列强抛在后面，难以"盛世"自居。

人类历史上，其实从未存在过真正的"盛世"和"黄金时代"。"盛世"只寄生于人类的想象之中。一切被贴上这一标签的时代，不过是时人和后人虚构出来的幻象，用来满足人们的心理期待、服务于统治者的现实需要。中国史上的所谓"治世"和"盛世"，很多时候，只能算是社会大动荡之后的恢复和休养时期，即便汉唐时期，也远非后人想象的那般理想，雷海宗曾论及此现象：

> 大乱之后，土地食料供过于求，在相当限度以内，人口可再增加而无饥荒的危险。所以历史上才有少则数十年、多则百年的太平盛世：西汉初期的文景之治，东汉初年的中兴之治，唐初的贞观之治，清代康熙乾隆间的百年太平，都是大屠杀的代价所换来的短期黄金境界。生活安逸，社会上争夺较少，好弄词藻的文人就作一套"路不拾遗，夜不闭户"的理想文章来点缀这种近于梦幻的境界。③

在今天的历史研究中，仍以"盛世"作为一个时代的标签，在一定程度上，是对历史研究客观、中立、科学、批判精神的背离。

作为一种乌托邦，先秦两汉时期，古人的"盛世"理想多寄托在对

---

① 马克思：《鸦片贸易史》，载《马克思恩格斯选集》(1)，人民出版社2006年版，第716页。
② 章炳麟：《訄书初刻本、重订本》，三联书店1989年版，第328页。
③ 雷海宗：《中国文化与中国的兵》，商务印书馆2007年版，第123—124页。

具有"天下为公"意味的"唐虞三代"之追慕、向往上，它并不存在于现实生活之中。大概从西晋以后，人们始在称美本朝时使用这一概念。清代的康、雍、乾时期，官方频繁使用"盛世"一词美化自己的统治，努力在社会上营造一种"太平盛世"的幻象，可以说，"康乾盛世"说法的始作俑者正是康、雍、乾三朝的君臣。

作为一个史学名词，"康乾盛世"的出现是在 20 世纪 50 年代，在其草创者邓拓笔下，它的含义具有否定意味。在 20 世纪 80 年代之前，这个名词被引用时，多在前面加上"所谓"二字。应该说，学术界在正面的意义上使用"康乾盛世"这一名词，是在 20 世纪 80 年代之后，不过是近 30 年的事情。

"盛世"一语本非学术意义上的概念，它既是一个带有文学色彩、理想成分的赞誉之词，也是一个颇有宣传意味和政治功能的词汇，其实不能作为对一个时代理性、科学的定评；当时文人、政客对"盛世"的赞颂也不能作为史学评价的科学尺度。康、雍、乾时期的君臣们喜欢用这个概念自我粉饰，时隔两百余年，这种粉饰可以休矣！在清史研究中，我们更需要一种反思精神。作为史学名词，把"康乾盛世"放在人类历史的坐标系上，就会发现它既经不起推敲，又易造成误解，也许用少些价值判断味道的清朝"鼎盛时期"或"全盛时期"来定义三朝，更为合适吧。

（本文原载《清史论丛》2011 年号）

康熙五十一年长白山定界与图们江上流堆栅的走向

李花子

前　言

笔者在之前的研究中曾指出康熙五十一年（1712）穆克登的立碑处位于天池东南十余里，这是穆克登立碑的初设位置，朝鲜并没有挪动它。坚持这一主张的重要依据是在立碑处的东边发现有土石堆和木栅，一直连接到图们江上源红土水，这些堆栅正是中朝两国以图们江为界的有力证据。①

在前期研究的基础上，本文试通过分析康熙五十一年定界时绘制的地图——《白山图》，以及其后朝鲜制作的古地图，再结合笔者于2010—2013年几次踏查图们江发源地的经验，探究图们江上流堆栅的走向，穆克登定界的考虑因素，以及此次定界的影响等。

一　图们江上流堆栅的走向

在长白山发源的三大水系即鸭绿江、图们江和松花江水系，除了松花

---

① 李花子：《穆克登错定图们江源及朝鲜移栅位置考》，复旦大学韩国研究中心编：《韩国研究论丛》第十八辑，世界知识出版社2008年版。李花子：《明清时期中朝边界史研究》，知识产权出版社2011年版，第二章第二、三节。

江是从长白山天池北边的水口落下形成瀑布流为二道白河外,其他两个水系都不是从天池发源的。鸭绿江上源"大旱河"位于天池东南十余里,最初是个干沟,顺沟而下约三十里始见水。① 图们江源距离天池更远,最近的红土水位于天池以东约八九十里,其下的红丹水位于天池东南约一百三十里,② 西豆水(又称鱼润江、西北川)则发源于天池以南四五百里的朝鲜吉州地方。③

前述穆克登立碑的地方即天池东南十余里,究其实是鸭绿江发源地,而不是图们江发源地。穆克登在确定大旱河为鸭绿江正源,以及确定其东侧为立碑处以后,要求朝鲜从立碑处开始向东设置土石堆和木栅,一直连接到图们江发源地,碑文记载:"西为鸭绿,东为土门,故于分水岭上勒石为记"。

图1 立碑处(后面的山峰是长白山天池)

*笔者摄于2012年夏(位于今朝鲜境内),原碑已丢失,此碑系后立。

---

① 张凤台:《长白汇征录》,李澍田主编:《长白丛书》初集,吉林文史出版社1987年版,第55页;刘建封:《长白山江岗志略》,《长白丛书》初集,第360、365页。距笔者2012年的实地考察,距离天池最近的鸭绿江源头,只有数百米远,估计这是鸭绿江西源。东源即大旱河,距离天池十余里。

② 李重夏:《土门地界审勘誊报书》,1885年,奎章阁书号:奎26677。

③ 《问答记》,1885年,奎章阁书号:奎21041。

其后到了光绪十一年（1885），十三年（1887）中朝两国共同勘界时，双方勘查人员在立碑处以东的黑石沟东南岸发现了石堆和土堆，表明这里是穆克登当年确定的旧界。然而有关黑石沟是不是穆克登确定的旧界，不但在光绪年间勘界时有争议，就是在当今学者之间也存在分歧。

黑石沟又称黄花松沟子，是因为沟子里有很多黄花松树即落叶松，沟子里也有很多黑石，所以又叫黑石沟。从黑石沟的整体走向看，从天池东南的立碑处开始，向东北延伸五十多里，最初是一个浅显的沟道，后来沟子越来越深，最深处达数十米，到了下游又变成浅显的沟道，到了黄花松甸即"平衍无踪"，沟形完全消失。1908年刘建封等奉东三省总督徐世昌之命进行考察时，描述黑石沟如下：

> 黑石沟，一名黑石河。源出清风岭，西北距穆石百余步。河身微细，多黑石，有水之处甚鲜。南岸上游垒有石堆若干，下游积有土堆若干，沟长四十六里，至黄花松甸即平衍无踪。①

如上引文，黑石沟是刘建封此次踏查时第一次起的名字，这一名称一直沿用至今。② 黑石沟是一条干沟，有水的地方不多，只有夏季七八月时沟子里部分地方有水，所以又被称作"干川"。③ 笔者在2011年8月（阳历）在"林间通视道"附近进行考察时，发现沟子里有水流，但是到了10月（阳历）底再次来到这里时就看不到水流了，第二年6月（阳历）初在朝鲜境内考察时也没有看到水流，同样是个干沟。

穆克登之所以定此沟为界，并要求把此沟和图们江发源地连接起来，除了考虑到此沟靠近鸭绿江发源地以外，可能还考虑到它是位于天池东边的一条深沟，宛如一道天堑可以把两边分隔开来，作为边界的标志既明显又可以阻挡朝鲜人越入中国境内。当时陪伴穆克登登上天池并在碑上刻名

---

① 刘建封：《长白山江岗志略》，第344—345页。
② 1964年签订的《中朝边界议定书》里有黑石沟的名称。《中朝边界条约》（1962）和《中朝边界议定书》，详见徐吉洙：《白头山国境研究》，与犹堂，2009年，附录。
③ 金正浩于19世纪50年代制作的《东舆图》（奎章阁收藏）里，有"康熙壬辰定界"、"乾川"等字样。

图 2　黑石沟及其东南岸的石堆、土堆

＊左图为黑石沟上游今朝鲜境内，右图为黑石沟中游"林间通视道"附近。

的朝鲜军官李义复描述此沟："山高谷深，界限分明，此乃天所以限南北也。"①

然而到了黑石沟下游，地形变得平坦，沟道的痕迹也不那么明显了。笔者在2012年6月（阳历）沿着沟子下行，一直走到了沟的尽头，目睹了黑石沟的沟形逐渐消失的过程。当走到最后一个土堆处以后，再向下数百米，沟形完全消失，只有流水的痕迹，即一条狭长的沙道在森林中延伸。再向下，连沙道也没有了，表明曾在沟子里流淌的水流至此全部渗入地下了。这种情形与长白山地区的火山地形有关，地下浮石多，水流容易渗入地下。从沙道消失的地方再向下约走五六百米，即是一个宽广的草甸子，刘建封给它起名叫做"黄花松甸子"，这个草甸子是黑石沟终点的标志。笔者经实地考察发现，黑石沟并不和松花江相连，此沟的水并不流入松花江，它不是松花江上流。日韩人所说的黑石沟＝土门江＝松花江上流的定论是不成立的。②

---

① 金鲁奎：《北舆要选》（收入梁泰镇：《韩国国境史研究》，法经出版社1992年版，附录），第340页。

② 日、韩国学者认为黑石沟和松花江上流相连，这就是碑文所记"东为土门"，进而指出黑石沟连接松花江上流是"土门江"，即主张土门（指松花江上流）、豆满（今天的图们江）二江说。此说的目的是要否认中朝两国以图们江为界的历史事实，二江说是图们江以北的"间岛"（今天的延边）地区属于朝鲜的主张的重要基石。

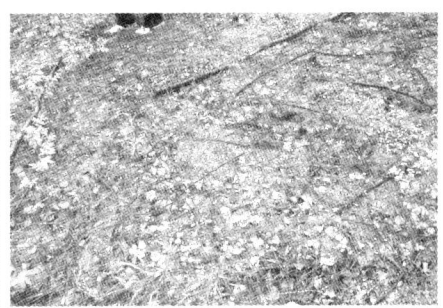

图3 黑石沟下游沟形消失的地方

如前述，黑石沟到了下游，地形变得平坦，连沟道的痕迹也没有了，而这里和图们江发源地尚隔三四十里，中间没有太高的山峰阻挡。当年穆克登最担心的就是这样的地段，所以他反复告诫朝鲜要在图们江断流处设标，"使众人知有边界，不敢越境生事"。① 他还告诫朝鲜在设标之后要不时派人巡审，如他指出："断流处及虽有水道而浅涸平夷处，彼此之民易于逾越，比他处甚为要害，立栅设标之后，频频巡审之举，在所不已。"②

按照穆克登的要求，朝鲜不仅在黑石沟的东南岸设置了石堆和土堆，还在从黑石沟的土堆尽头到图们江上源之间设置了木栅和土墩，从而将立碑处和图们江发源地连接起来。然而后一段木栅年久朽烂，往往被人们所忽略，很少被人提起。但是历史的遗迹是不易被磨灭的。光绪十一年（1885）中朝两国第一次勘界时，朝鲜勘界使李重夏在红土水一带发现了"旧日标识"，他将这一情况通过《追后别单》秘密地报告给了本国政府，其内容如下：

> 定界碑形便，今以外面见之，则东边土石堆，乃接于松花江上源，当初定界之事实若可疑，然详考古事，则实非可疑。我国以为土门江者，本有其故。穆克登但以碑东沟道是豆满上源，而立碑而刻之曰：东为土门，故我国于穆克登入去之后数年为役，自碑东设土石堆，东至豆江源。而豆江之源，本不接于此沟，故平坡则设木栅，以

---

① 《同文汇考》原编卷四十八，疆界，"敕使问议立栅便否咨"，康熙五十一年五月二十八日，国史编纂委员会1978年影印本。

② 金指南：《北征录》，（1712）五月二十三日，朝鲜总督府"朝鲜史编修会"1945年抄本。

接于碑东之沟，而遂称之以土门江源矣。今则数百年间，木栅尽朽，杂木郁密，旧日标限，彼我之人，皆不能详知，故致有今日之争卞。而今番入山之行，默查形址，则果有旧日标识，尚隐隐于丛林之间，幸不绽露于彼眼。而事甚危悚，其实状里许，不敢不详告。①

如上引文，李重夏指出，穆克登定界时在从碑东沟（黑石沟）到图们江上源之间的平坡上设置了木栅，其后由于木栅尽朽，所以才造成土门非豆满的争论。此行他"默查行址"，果然发现"旧日标识，尚隐隐于丛林之间"。据此他认识到土门、豆满实为一条江，中朝两国以土门江即豆满江为界。② 也就是说，他发现黑石沟并不和松花江上流相连，而是和图们江上源红土水相连，据此他认识到中朝两国是以图们江为界的。

正因为有了李重夏的这一发现，在接下来的光绪十三年（1887）第二次共同勘界时，朝方承认了土门、豆满为一江，即承认中朝两国以图们江为界，并要求妥善安置图们江以北的朝鲜流民。③ 李重夏还根据自己所发现的堆栅遗迹，指出红土水是大图们江即图们江正源，要求以定界碑、黑石沟的土石堆及红土水为界。如他在向本国政府汇报与中方代表的谈判经过时，指出：

此事只缘年久栅朽，自堆尾至红土水源，横距四十里之间，无所标识。则在今日所见，界限诚不分明。然至于大图们之源头，则红土水一派的确无疑。必以红土水为□，然后碑堆自可照应。故臣始终以红土水坚执，积月相持，终无决定之期是白如乎。④

李重夏不但指出红土水是图们江正源，还向中方代表指证从黑石沟的堆尾向南到达图们江源存在堆标的遗迹，如他指出：

图们之源，距碑稍远，故沿设土堆而接之也。今见鸭绿无堆，而

---

① 李重夏：《追后别单》，1885年，收入《土门勘界》，奎章阁书号：奎21036。
② 参见中央研究院近代史研究所编：《清季中日韩关系史料》第四卷，1972年，第1911—1915页。
③ 王彦威、王亮编：《清季外交史料》卷六十九，文海出版社1985年影印本，第1295页。
④ 李重夏：《别单草》，1887年，收入《土门勘界》，奎章阁书号：奎21036。

东边有堆，则可以想知也。又细看堆尾之迤南，则渐可下晰也。①

以上是李重夏有关从黑石沟的堆尾到红土水之间存在木栅的证言。下面我们再通过1712年从事设标工程的朝鲜差使员的口供来辨别是否存在这样的木栅。

1712年6月穆克登完成定界回国以后，8月朝鲜派出了以北评事洪致中为首的设标人员，准备在图们江上游无水地段设置堆栅。此时，朝鲜差使员发现穆克登指定的图们江水源出了差错。据差使员许梁、朴道常等回忆，同年5月穆克登从长白山天池下来以后来到了图们江发源地，他本来想定甘土峰下三派水当中的最北边的第一派水为正源，却误定了其北边十里外的松花江支流（应指五道白河）。当时负责设标工程的北评事洪致中听到这一报告以后，下令从立碑处开始在断流处以上设标，即沿着碑以东的黑石沟设标，因为黑石沟的长度为五十多里，在这里设标也需要花费时日；而至于断流处以下到涌出处（图们江发源地）之间，他下令暂时不要设标，待他向朝廷报告后再决定，即再决定连接到哪一派图们江源上。然而差使员等不顾北评事的命令，不但在断流处以上（黑石沟）设标，还用木栅连接了其下的第二派水源（朝鲜人所指"涌出处"）。② 同年12月，差使员许梁、朴道常等因擅自变更水源而被抓到了首尔接受审讯，此时二人有关设标的供词如下：

> 与诸差使员等相议后，自立碑下二十五里段，或木栅、或累石是白遣；其下水出处五里，及乾川二十余里段，山高谷深，川痕分明之故，不为设标是白乎弥；又于其下至涌出处四十余里良中，皆为设栅是白乎矣，而其间五六里，则既无木石，土品且强乙仍于，只设土墩为白有如乎。前后实状，不过如斯是白乎等于，具由仰达为白齐。③

如上引文，从立碑处开始向下二十五里设置了木栅或垒石，这大概是

---

① 李重夏：《勘界使交涉报告书》，1887年，胶卷第6—7页，奎章阁书号：11514之2。
② 《肃宗实录》卷五十二，（朝鲜）肃宗三十八年十二月丙辰。《备边司誊录》第六十五册，（朝鲜，下同）肃宗三十九年正月二十八日。
③ 《备边司誊录》第六十五册，肃宗三十九年正月二十八日。

后世发现黑石沟有石堆的地方，木栅则腐蚀掉了。接下来的五里为水出处，这是黑石沟有水的地方。再往下二十多里是干川，这里山高谷深，川痕分明，所以当时并没有设标，这应该是黑石沟的最深处，沟深达数十米，后世发现这里也有土堆，估计这是后来根据领议政李濡的建议补上去的。① 笔者在 2011—2013 年考察时，分别在黑石沟的上游（今朝鲜境内）、中游（今中国境内）及下游地区（今中国境内）发现了石堆和土堆的遗迹。② 接上引文，从干川向下到达涌出处四十多里皆为设栅，其中五六里是土墩。这里的"涌出处"指图们江涌出处即发源地，因此这最后四十多里的木栅不可能再沿黑石沟向下了，否则就要连到松花江五道白河去了，它折向东南到达图们江发源地。从距离的远近看，红土山（赤峰）水符合这个条件，因此这最后四十多里的木栅、土墩是连接到红土山水的。1885 年李重夏就是在这里发现木栅或土堆遗迹的。如果把以上堆栅的里数全部加起来，约长百里，前五十多里是黑石沟的长度，其东南岸建有石堆、土堆，后四十多里是从黑石沟的堆尾到红土山水的木栅的长度，中间只有约五六里是土墩。

    笔者在 2012 年在黑石沟、赤峰一带进行考察时，有幸发现了从黑石沟折向东南的四十余里木栅中间的五六里的土墩，其位置在"图和"公路 298—302 路标之间，若干个大土堆形成一个土堆群，相隔四五十米又形成一个土堆群，沿"图和"公路自西向东呈带状分布，相沿约 3 公里。从最东边的一个土堆群到图们江上源母树林河（红土水的北支）发源地，约长 6.5 公里；另从最西边的第一个土堆群到黑石沟土堆尽头，约长 7 公里。将以上木栅—土墩—木栅所经路线的长度全部加起来，约长 16.5 公里（直线距离，1 韩里约等于 420 米，相当于 39 里），这只是理论上的长度。如果考虑到木栅、土堆的走向有一定的弯度，地形有高低起伏的变化，那么实际长度肯定超过四十里，这样就和史料中所记载的"又于其下至涌出处四十余里，皆为设栅，而其间五六里，则既无木石，土品且强，故只设土墩"③ 相对应。

---

    ① 《肃宗实录》卷五十三，肃宗三十九年四月丁巳。参见姜锡和《朝鲜后期咸镜道与北方领土意识》经世苑 2000 年版，第 71 页。
    ② 有关笔者考察黑石沟及图们江发源地的经过，详见于《中朝边界踏查记——长白山土堆群的新发现》，《文化历史地理》第 24 卷第 3 号，2012 年。
    ③ 《肃宗实录》卷五十一，肃宗三十八年十二月丙辰。

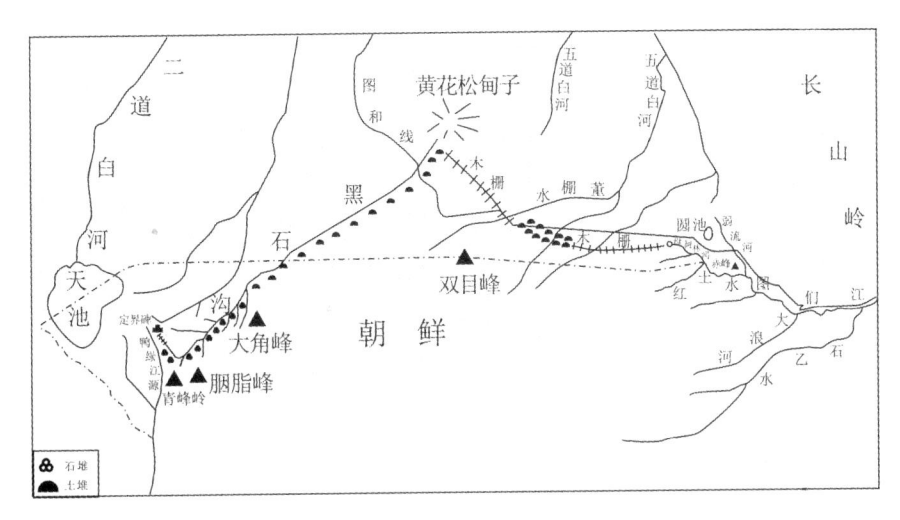

图4 连接图们江水源的堆栅示意图

综上所述，1712年设置于图们江上游无水地段的堆栅分为两部分，一是从立碑处开始沿黑石沟的东南岸设置的石堆和土堆，二是从黑石沟的堆尾向东南到达红土水的木栅和土堆，前者长五十多里，后者长四十多里，总长度约百里，这恰好和当时朝鲜人所说的图们江发源于长白山天池，向东伏流百余里后涌出地面相符。①

二 图们江"涌出处"及设栅的位置

前一节论述从距离的远近看红土水符合四十余里木栅线的要求，这一节再通过史料来分析穆克登指定的第一派水和朝鲜设栅的"涌出处"的第二派水，具体指哪些河流。

史料中所说的图们江"涌出处"又称"水出处"，指图们江水开始流的地方，即是真正的图们江发源地。与之相比，天池东南的立碑处，虽然名义上是鸭绿江源和图们江源的"分水岭"，但究其实是鸭绿江发源地，而不是图们江发源地。据史料记载，图们江"涌出处"位于甘土峰下，

---

① 《肃宗实录》卷五十一，肃宗三十八年五月丁酉、六月乙卯。

如1712年5月咸镜道观察使李善溥报告图们江源时，指出：

> 更令惠山佥使详审豆满江源，则江源出自白头山巅，中间断流，几八九十里，至甘土峰下一息许，始自土穴中涌出，凡三派，而为豆满江源云。①

即图们江从长白山天池发源后，中间断流八九十里，到从甘土峰下从土穴中涌出，形成三派水流，这就是图们江源头。尽管图们江并不是从长白山天池发源的，无所谓中间断流不断流，但是在当时朝鲜人的心目中图们江仍是从长白山天池发源的，于是产生了中间"断流"后再"涌出"地面的说法。

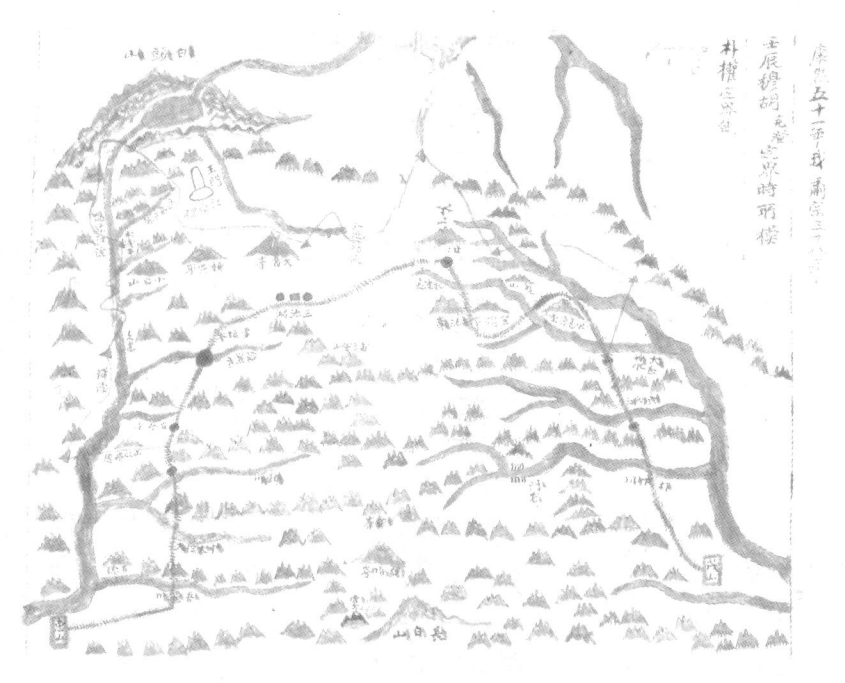

图5 《白山图》，1712年，首尔大学奎章阁收藏，古4709—1

有关图们江发源于甘土峰下，还可以通过穆克登定界时绘制的山图的

---

① 《肃宗实录》卷五十一，肃宗三十八年五月丁酉。

模本——《白山图》（图5）来得到证实。如图5所示，在长白山天池东南有一块碑，标为"江源碑"，此即朝鲜人所称"定界碑"。碑的西边是鸭绿江源，碑的东边标有"土门"。土门江向东流，中间断流，标为"入地暗流"，表明水在地下伏流。向东隔一块平地，其东边有一座山，标为"甘土峰"，其上标有"水出"字样，表明水从甘土峰下涌出。甘土峰的北边和东边共有三派水流，其流向及汇流情况为：第一派发源于甘土峰的北边，向东南流与第二派汇合。第二派发源于甘土峰的东南脚，向东流与第一派汇合。一派、二派汇合后向东南流，再与第三派汇合。第三派发源于甘土峰东南稍远的地方，在甑山西北与一派、二派汇合之水合流，继续向东南流，再下与自西向东流的红丹水、鱼润江、朴下川等汇合，一直流到茂山。

图5中所示图们江涌出处甘土峰，似乎可以比定为今天的双目峰（又称双头峰），它位于图们江发源地赤峰以西12—13公里处。据前面的史料记载：图们江发源地位于"甘土峰下一息许"，这里的一息相当于朝鲜的三十里（1里约等于420米，即约等于12.6公里），换言之，位于双目峰以东约12—13公里的赤峰正当这个位置。众所周知，赤峰附近有数条图们江支流发源，一是发源于赤峰西北，自西北向东南流的弱流河（又称圆池水），一是发源于赤峰西边，绕流赤峰南边的红土水。这两条河流在赤峰东边汇合以后，正式称图们江。在这两条水当中，红土水稍大于弱流河。红土水在赤峰西边又分为二源，一是北源母树林河，二是南源红土水（朝鲜境内），二水汇合后仍称红土水。从水量大小来看，北源母树林河稍大于南源红土水（汇合以前）。

笔者在2012年、2013年进行考察时，发现母树林河发源地是一处泉水，水从地下汩汩涌出，形成一个小水塘，向东南流。这和史料中所描述的图们江源从"土穴中涌出"的情形很相似。母树林河自发源地流长3公里与红土水汇合，之后绕流赤峰南边，流长3公里流到赤峰东边，再和自北而来的弱流河汇合，其总长度约6公里。[①] 再参见图5，在甘土峰的北边沿着图们江水流方向有一条长长的山脉，似为今天的长山岭，史料中

---

① 根据1962年签订的《中朝边界条约》和1964年签订的《中朝边界议定书》，中朝两国的边界线从红土水和母树林河汇合处起，沿着水流中心线向下，到了赤峰东边的弱流河和红土水汇合处起，以图们江为界。

称之为"真（镇）长山"。① 这条山脉自西向东延伸，它既是松花江五道白河和图们江水系的分水岭，也是图们江支流红旗河与红土山水的分水岭。

下面我们以《白山图》为蓝本，结合史料的记载，再和今天赤峰附近的水流进行对照，看一下穆克登指定的第一派水和朝鲜设栅的第二派水是哪一条水。② 参见图5，从甘土峰北面向东南流的水似为红土山水即今天的赤峰水源（弱流河、红土水的汇合之水）。其南边的第三派，紧贴甑山的北边汇入图们江的，这显然是石乙水。其中间自西向东流的水，似为大浪河或者其他图们江支流。

再看一下这些水流能否和史料中所描述的穆克登查水源的过程及朝鲜设栅的水源相对应。据记载，当年穆克登从长白山天池下山以后，先送朝鲜人到图们江涌出处（第二派）等待，他随后也追往涌出处。未及涌出处十余里，他发现了一条小水，认为此水应为流入于图们江，于是定这个小水为图们江源。他还告诉朝鲜人说，以这条水定界，比朝鲜人所谓"涌出处（第二派）加远十余里"，以朝鲜"多得地方为幸"。但是未等朝鲜人高兴太久，他们随后发现穆克登定的水源出了差错，沿着这条水一直走下去，约走三十里，此水渐向东北流去，而不入图们江。③ 另据北评事洪致中叙述，穆克登指定的这个小水是一条伏流后涌出的水，位于"第一派之北十数里外沙峰之下"。④

今天的赤峰、圆池附近既是图们江水系的发源地，也是松花江五道白河水系的发源地。这里水流纵横交错，加上火山地形的缘故，有很多伏流

---

① 《肃宗实录》卷五十二，肃宗三十八年十二月丙辰。《备边司誊录》第六十五册，肃宗三十九年正月二十八日、三月十八日。

② 笔者在《明清时期中朝边界史》（知识产权出版社2011年版）一书中，曾探讨过《白山图》中图们江上源水流的名称，指出第一派似为今母树林河，第二派似为今红土水（指汇流以前的水流，位于今朝鲜境内）。但笔者于2010—2013年几次踏查图们江发源地以后，看法稍有变化。从水流的大小来看，自北向南流的母树林河要比自西向东流的红土水（今朝鲜境内）大，而这与史料中所说的第一派不过是"自山谷间数里许横出细流"，而"第二派源流分明，少无可疑之端"不符。也就是说，母树林河不可能是第一派，因为水量不够小，红土水（汇流以前）不可能是第二派，因为水量不够大，最起码不如母树林大。

③ 《肃宗实录》卷五十二，肃宗三十八年十二月丙辰。《备边司誊录》第六十五册，肃宗三十九年正月二十八日。

④ 《肃宗实录》卷五十二，肃宗三十八年十二月丙辰。

后涌出的水。前面所见穆克登指定的小水是一条伏流后复出之水，再比如董棚水伏流二十多里后复出，流入五道白河。① 另外，五道白河水系和图们江水系靠得很近，如董棚水（五道白河支流）和赤峰水源相隔约四里。② 穆克登就是在这里误定松花江上流为图们江源的，他本想定的是图们江第一派水，却误定了第一派以北的松花江支流。

前述穆克登在未及涌出处十余里的地方，指定一条小水为图们江源以后，还让两个朝鲜人循流而去，看它是否向东流入图们江，自己则来到了朝鲜人所说的图们江涌出处（第二派），并且沿流而下约走了八九里，看到一条小流（第一派）自北而来与第二派汇合，他以为之前他看到的那个小水（误定的水流）至此与第二派汇合。③ 然而实际上它们是两条不同的河流，一个流入松花江（指误定的小水），另一个流入图们江（指第一派）。

即便穆克登指定的未及涌出处十余里的小水是错误的，但是从他寻找水流的过程来看，他想定的水毕竟是第一派（弱流河），朝鲜若要设栅则理应设栅于第一派，但是当年从事设栅工程的差使员却没有这么做，其理由是第一派不过是"自山谷间数里许横出细流"，第二派"源流分明，少无可疑之端"，亦即第一派水小，第二派水大且源流分明，所以将木栅连接到了第二派水上。另外，他们设栅的第二派水和第一派水"相距不过数里"，即便有领土损失也不是很大，④ 这也是他们心安理得地设栅于第二派水的原因。当时朝鲜满足于获得长白山天池以南、以东大片空地，所以在确认第二派水的确流入真长山（今长山岭）以内的图们江以后，便默认了差使员等设栅于第二派水的做法。⑤ 这个朝鲜设栅的第二派水，似为绕流赤峰南边的今红土水，更确切地说，似为红土水的北源母树林河。如前述，从水流的大小来看，北源母树林河大于南源红土水，另外，母树林河发源地是一眼泉水，水从地下涌出后形成一个小水塘，与史料中所描述的图们江源从"土穴中涌出"很相似。

---

① 《图们界卞晰考证八条》，收入《土门勘界》，胶片第33—34页，奎章阁书号：21036。
② 《勘界使交涉报告书》，1887年，胶片第22—23页，奎章阁书号：11514之2。
③ 《肃宗实录》卷五十二，肃宗三十八年十二月丙辰。《备边司誊录》第六十五册，肃宗三十九年正月二十八日。
④ 《备边司誊录》第六十五册，肃宗三十九年正月二十八日。
⑤ 《承政院日记》第476册，肃宗三十九年三月十五日。

三 穆克登定界的考虑因素及此次定界的影响

穆克登定界是从中朝两国以鸭绿江、图们江为界的事实，以及这两条江发源于长白山天池的地理认识出发的。基于此，他想要搞清楚的是从天池发源的鸭、图二江水源是哪一条，并准备以这两条水源为准来划界。但是众所周知在长白山发源的水系除了松花江以外，鸭、图二江都不是从天池发源的，于是穆克登不得不寻找靠近天池的水源来划界。他从天池南麓下山以后，首先找到了鸭绿江源，此即鸭绿江东源大旱河，于是他确定大旱河为鸭绿江正源，其位置在天池东南十余里处。[①] 与此同时，他将大旱河的东边确定为立碑处，其东南则是黑石沟开始的地方。黑石沟是一个天然形成的深沟，从天池东南麓开始向东北延伸五十余里，沟的尽头已然到达天池的东北方，从这里到图们江发源地尚有四十多里，包括弱流河、母树林河、红土水在内的图们江支流均在赤峰附近发源。也就是说，从立碑处到图们江发源地相隔约百里。穆克登在确定鸭绿江源及其东边为立碑处以后，要求将立碑处和图们江源用堆栅连接起来。之后，他在东（黑石沟）、西（大旱河）两个沟子中间的"分水岭"上立了碑，碑文记载："西为鸭绿，东为土门，故于分水岭上勒石为记。"总之，穆克登确定以西边的大旱河（鸭绿江源），东边的黑石沟及红土山水（图们江源）为界。

此外，朝鲜土人对水源的习惯看法也对穆克登定界产生了影响。朝鲜土人认为，图们江发源于长白山天池后，向东伏流百余里涌出地面；还认为伏流之水在"甘土峰下一息许，始自土穴中涌出，凡三派，而为豆满江源"。穆克登在查找图们江源时，基本遵循了朝鲜人的这些说法。他不仅指定黑石沟为图们江"断流处"，还指定甘土峰下三派水当中最北边的第一派（弱流河）为正源。虽然他错定第一派（弱流河）北边的松花江上流为图们江源，但是他认为他所指定的水是流入图们江第一派（弱流河）的。后来朝鲜在设栅时纠正了水源的错误，没有将木栅连接到误定的松花江上流，也没有连接到图们江第一派水（弱流河）上，而是连接

[①] 参见张凤台：《长白汇征录》，第 55 页；刘建封：《长白山江岗志略》，第 360、365 页。

到了图们江第二派水上。这个第二派水似为今天的红土水，更确切地说，似为红土水的北源母树林河。

最后，朝鲜人对长白山天池以南地区的领土要求，对穆克登定界产生了影响。按照朝鲜接伴使朴权的指示，译官金指南和金庆门在前往长白山的路途中，一再向穆克登强调长白山天池以南属于朝鲜。① 其结果，穆克登选择了两条靠近天池的水源为正源，立碑处就位于天池东南十余里，从而使朝鲜获得了天池以南的大片空地。当穆克登在这里立碑时，朝鲜译官金庆门表示："甚善明。公此行此事，当与此山而终古矣"，② 表达了由衷的感激和高兴之情。

经过此次定界，朝鲜达到了预期的目标。由于穆克登确定两条靠近天池的水源为正源和以此划界，使朝鲜获得了长白山天池以南、以东大片空地。从而使朝鲜获得了长白山天然屏障的保护，国家安全感得以提高。此后，朝鲜不但严禁本国边民的越境行为，还采取措施禁止清朝边民越入朝鲜境内，在以后相当长的历史时期，两国边境地区得以保持相安局面。

与此同时，朝鲜在图们江上游地区获得了移民和开垦的机会。包括茂山在内，其西边的朴下川、鱼润江地区，在明代都是女真人的领地，朝鲜称这些女真部落为"藩胡"。17世纪初随着努尔哈赤兴起和建立后金，女真人离开了他们的原住地，之后朝鲜流民取而代之占据和开垦了这些地方。在1712年定界时，朝鲜早已在茂山设镇，这里发展成为北道的一座雄邑，其西边的朴下川也有数百户朝鲜流民居住。③ 再往西，长坡最初无人居住，到了1785年朝鲜设仓以后，聚集越来越多的流民，到了1885年、1887年勘界时，这里已有朝鲜村落百余户，居住了百余年。长坡成为朝鲜流民开发图们江上游地区的新据点。

即便如此，在以后相当长的历史时期内，图们江干流及其上源红土山水界线，仍然束缚住了朝鲜人开垦的步伐，朝鲜人在图们江上游开垦的新据点如长坡也受此边界线的束缚，位于此线以南的朝鲜境内。而1880年以后朝鲜人大规模越境开垦图们江以北地区，则另当别论，这与清朝解除

---

① 《肃宗实录》，肃宗三十八年五月丁亥；洪世泰：《白头山记》，东北亚历史财团编：《白头山定界碑资料集》06，2006年，第133—138页；金指南：《北征录》，第101页。

② 洪世泰：《白头山记》，第137页。

③ 《备边司誊录》第五十七册，肃宗三十二年四月十四日。

对东北地区的封禁政策及朝鲜发生前所未有的自然灾害等有关。

此次定界的消极影响则主要表现在，图们江上游无水地段的界线随着时间的推移逐渐变得模糊不清了，特别是从黑石沟的堆尾到红土水之间的四十余里木栅随着时间的流逝腐蚀殆尽，使得人们搞不清楚图们江上游界线到底在哪里。这不仅影响了图们江上游边界，还影响到了干流边界。当1880年朝鲜人大规模越境开垦图们江以北地区以后，开始否认以图们江为界的事实，主张图们江以北的"间岛"（又称"垦岛"，指今延边）地区属于朝鲜。这诚然与朝鲜人想占据图们江以北地区有关，同时也是因图们江上游边界模糊不清，从而影响干流边界所致。

此外，穆克登指定黑石沟为图们江断流处也有问题。从黑石沟所处的地理位置来看，从天池东南开始，向东北延伸数十里，已然到达天池的东北方，到了黄花松甸基本"平衍无踪"。黑石沟下游的四周全是松花江支流发源地，包括三道、四道、五道白河在内，均在其周围发源。尤其五道白河发源地和黑石沟靠得很近，水流方向又都是东北向，所以人们很容易把黑石沟和五道白河联系起来，认为黑石沟和五道白河相连，甚至认为黑石沟是五道白河支流。光绪以后朝鲜人所谓"土门"、"豆满"二江说，与此有关联。与之相比，图们江源头红土山水位于黑石沟的东南方，二者相距四十里，图们江源又是向东南流，所以从表面上看二者似乎没有任何关联。当黑石沟和图们江源之间的木栅尚存时，人们还能记得这里是边界，而当木栅全部朽烂时，就无从辨认边界了。

总之，康熙五十一年（1712）清朝为了制作《舆图》和编纂《一统志》而进行的一次查边和定界，不过是一次短期行为，缺乏长远的打算和构想。按照此次定界的结果，朝鲜虽然在图们江源和鸭绿江源之间的无水地段设置了土石堆和木栅，但是在其后的历史时期这一段中朝边界便无人问津和维护了。另外，这里的自然环境属于高寒地带，不适合农作物的生长和从事耕作，这里又是清朝封禁政策的边缘地带，由于无人看守和维护，这里的边界标识物尤其是木栅部分，便在无声无息中消失掉了，以致后来发生两国围绕图们江的边界争议，不能不说在很大程度上是此次定界时埋下的隐患。

四 小结

康熙五十一年（1712）穆克登立碑的地方位于天池东南十余里，究其实这里是鸭绿江发源地，而不是图们江发源地。图们江发源地距此地约百里，按照穆克登的要求，朝鲜在其间设置了石堆、土墩和木栅，从而把鸭绿江源和图们江源连接起来。后世人们在黑石沟的东南岸发现的土石堆是连接图们江源的重要组成部分。此外，从黑石沟的土堆尽头到红土水之间还有四十余里的木栅和土墩，这同样是连接图们江源的重要组成部分。只有将二者连在一起，才是图们江界标的完整形式，体现了碑文所记"西为鸭绿，东为土门"的真实含义。

史料中所说的图们江发源地甘土峰，似可以比定为今天的双目峰。史料中所说的第一派水，似指从赤峰西北边向东南流的今弱流河（圆池水），这是穆克登想定而误定于他水的第一派水。而朝鲜发现水源错误后设置木栅的第二派水，似指绕流赤峰南边的今红土水，更确切地说，似指红土水的北源母树林河。其证据，一是通过1712年从事设栅工程的朝鲜差使员的口供，可以确认四十余里的木栅（其中五六里是土墩）连接到了图们江第二派水上，从距离的远近看，赤峰水源即红土山水符合这个条件。二是1885年勘界时朝方代表李重夏发现从黑石沟的堆尾到红土水之间连有堆栅，如他指出"旧日标识，尚隐隐于丛林之间"。三是笔者于2012—2013年在图们江发源地进行考察时，在"图和"公路298—302路标之间发现了约3公里长的土堆群，这似为连接图们江发源地的四十余里木栅中间的五六里的土墩。这部分土堆的新发现，可以证实穆克登确定以图们江为界的事实，还可以有力地驳斥日韩学者所谓黑石沟连接松花江上流才是"土门江"的错误主张，使土门、豆满二江说无立足之地。

穆克登定界的依据，既有中朝两国以鸭绿江、图们江为界的历史事实，以及鸭、图二江发源于长白山天池的地理认识，还有朝鲜土人对鸭、图二江水源的习惯看法，以及朝鲜主张长白山天池以南为朝鲜界的领土要求等。基于此，他登上长白山天池后，从天池南麓下山，选择了两条靠近天池的水流为鸭绿江源和图们江源，立碑于靠近鸭绿江源的天池东南十余里处，同时要求将立碑处和图们江源用堆栅连接起来。其结果，朝鲜得到了长白山天池以南、以东的大片空地，获得了长白山天然屏障的保护，使国家安全感得以提高。

然而，此后由于双方放松了对边界的管理，特别是从黑石沟的堆尾到图们江源之间的木栅全部朽烂，以致人们搞不清楚边界到底是哪里，以及哪一条河流是正源。当1880年朝鲜人大规模越境开垦图们江以北地区以后，开始否认以图们江为界的历史事实，这当然和朝鲜人想占据图们江以北地区的企图有关，同时也是由于图们江上流边界模糊不清，从而影响干流边界所致，这不能不说是此次定界时埋下的隐患。

（本文原载《朝鲜、韩国历史研究》第十三辑，延边大学出版社2013年版）

从"获胜"到"败北":乌兰布通之战史料研析

杨 珍

康熙二十九年(1690)夏,厄鲁特蒙古准噶尔汗噶尔丹以追索喀尔喀部土谢图汗、哲卜尊丹巴呼图克图为名,率兵深入漠南蒙古乌珠穆沁,肆行劫掠。清廷决定出兵迎击。八月初一日(1690年9月3日),清军与准噶尔军在乌兰布通(今内蒙古克什克腾旗西南之大红山)交战。战斗异常激烈,持续了三四个时辰。

乌兰布通之战是清朝康乾盛世(1684—1795)前期发生的首次重大战役,也是清朝入关后,与准噶尔蒙古在漠南蒙古境内展开的唯一一次决战。这次战役在清廷与准噶尔部的关系中占有重要位置,并由此拉开清朝统一边疆进程的序幕。

一 研究进展和存在的问题

乌兰布通之战受到治史者的高度重视。① 经过几代学者的不懈探索,目前,关于乌兰布通之战发生的背景及其原因、清军的战前部署、战役进行情况、此役对交战双方具有的重要影响和意义、某些史料记载的失实之处等方面,研究逐步深入,论析愈益细致。

新史料的发掘和利用,是近年来乌兰布通之战研究中的亮点之一。

---

① 仅就笔者所见,近30年来讨论乌兰布通之战的论文,较早一篇如袁森坡《乌兰布通之战考察》,载《历史研究》1983年第4期;较晚一篇如华立《从日本的"唐船风说书"看康熙二十九年的乌兰布通之战》,载《中国边疆史地研究》2010年第3期。

例如，日本"唐船风说书"（《华夷变态》）是日方对当时中国船员和商人口述的笔录，其中有六十篇言及乌兰布通之战。已有学者对此予以发掘考察，为乌兰布通之战研究提供了新史料和新视角。①

又如，法国传教士李明（L. Le Comte）的书信集《中国近世报道》已出版中译本，内有关于乌兰布通之战的一些内容，已有学者在研究中加以利用。②

继续发掘新史料，依然是推进乌兰布通之战研究的一个迫切需求。

关于乌兰布通之战研究中存在的一些分歧和问题，这里仅举其一。

对于清军在乌兰布通之战中是否获胜，学界尚有不同认识。一种看法认为清军虽然取胜，但未取得预期效果，自身也损失惨重；③另一种看法认为双方互有胜负，清军的损失甚至比噶尔丹军还要大些，算不得一个大胜仗。④后一种看法近年来得到一些学者的赞同。⑤

本文试在借鉴已有研究成果基础上，通过排比、研析相关史料，考察清人对此役胜负之看法及其相关情况。关于乌兰布通之战的其他问题，拟另文析述。

二 亲历与听闻：以时间先后为序

（一）乌兰布通之战结束数日内的有关记述

1. 据《平定朔漠方略》（一作《圣祖仁皇帝亲征平定朔漠方略》）卷八，康熙二十九年八月辛酉（初三日）条：

> 大将军裕亲王福全等疏报，击败噶尔丹于乌兰布通。裕亲王等奏言："七月二十九日，臣等闻厄鲁特屯于乌兰布通，即整列队伍。八

---

① 参见前引华立文。

② 唐博：《乌兰布通之战考释——关于〈中国近世报道〉的讨论》，《兰州学刊》2008年第9期。

③ 参见前引袁森坡文，孟昭信：《康熙大帝全传》，吉林文史出版社1987年版，第225页；王思治主编：《清朝全史》第5册《康熙朝上》，紫禁城出版社2003年版，第359—360页；等等。

④ 张羽新：《乌兰布通之战的胜败问题》，《历史研究》1986年第5期。

⑤ 黑龙：《乌兰布通之战再考》，《中央民族大学学报》2006年第4期；前引华立文。

月初一日黎明前进，日中见敌。设鹿角枪炮，列兵徐进。未时，临敌，发枪炮击之。至山下，见厄鲁特于林内隔河高岸相拒，横卧骆驼，以为障蔽。自未时交战，至掌灯时，左翼由山腰卷入，大败之，斩杀甚多。右翼进击，为河崖淖泥所阻，回至原处而立。本欲尽灭余贼，但昏夜地险，收兵徐退。其噶尔丹死于乱兵与否，俟后查明另奏外，事关大败贼众，谨以奏闻。"得旨："览王等所奏，统领大军，进剿厄鲁特，至乌兰布通，大败贼众，斩杀甚多。王等调度有方，官兵奋勇可嘉，在事有关人员，著议叙具奏。"

案，抚远大将军福全等人的这一奏报，曾为时人称之为"捷书"。它是目前所见清朝官方关于乌兰布通之战最早、最详细的记述。此件奏报必是以满文书写，原件大约已无存。作为史料，它首先出现在康熙四十七年修讫的《平定朔漠方略》中。雍正九年（1731）修讫的《清圣祖实录》予以收录，略有删减。①

康熙二十九年，福全38岁。他是康熙帝的胞兄，禀性平和，处事低调，与人无争。虽然荣膺清军统帅，可是，在19岁的副帅、皇长子允禔以及众多参赞军务的年长重臣面前，福全尚乏令人悦服的资历、才力和威望。康熙帝笃重亲情，同时也是一位察察之君，而清朝皇权正处于逐步集中与强化的进程中。无论从哪个角度看，福全并无可能谎报军情，以败称胜。退一步讲，倘若如此，他在返师后所受处罚，不会仅仅是被罢革议政、罚俸三年、撤去三个佐领。②

一般情况下，凡奏报战况，清军出征将领按职衔排序，共同署名。此件奏报人既为"福全等"，可能是福全及其副帅允禔共同署名，或两人偕众参赞军务大臣共同署名。奏报所言，应是八月初一日战役刚刚结束之际，清军最高领导层达成的共识。

不过，收入官修史籍《平定朔漠方略》的这件奏报，不是原始档案，因而尚非第一手史料。奏报全文不及二百字，似过于简略，奏报中的词句，看来经过修纂者的削减润色。奏报被放在康熙二十九年八月辛酉

---

① 据《清圣祖实录》卷148，康熙二十九年八月辛酉条，"抚远大将军和硕裕亲王福全等疏报：'……其噶尔丹死于乱兵与否，俟后查明另奏。'得旨嘉奖，下部议叙。"
② 《清圣祖实录》卷149，康熙二十九年十一月己酉。

（初三日）条，这一时间显然晚于实际奏报之期。当时，康熙帝正在由塞外返京途中，八月初一日驻跸三岔口。奏报送抵康熙帝处的时间，应在八月初三日之前（见下文）。①

尽管如此，这件奏报被收入《亲征平定朔漠方略》时，其主要内容似未被删改，因而所述战役经过，可与下文述及的《内大臣马思哈出师塞北纪程》互补印证。

奏报中没有提及参赞军务大臣之一、国舅佟国纲在此次战役中阵亡，因为若在"捷书"内写入此事，乃犯大忌。福全等必在同时另发一折，专予详述。

2. 据《康熙起居注册》二十九年八月初二日庚申条："抚远大将军裕亲王兵于八月初一日击厄鲁特噶尔丹博朔克图，即大败之。先以捷书奏闻，闻者莫不欢忭。此皆由皇上神谟豫定，次第遣发大兵，一应机宜，悉赖皇上躬亲指示之所致也。"②

案，此时，康熙帝及其行在人员虽已得知国舅佟国纲阵亡，尚不知"噶尔丹死于乱兵与否"，更未料到噶尔丹得以率余部脱身。如果知悉"未获全剿"，起居注官不会在此称颂"悉赖皇上躬亲指示之所致"。看来，国舅佟国纲阵亡一事，对于清廷判断此役之胜负并未产生大的影响。③

---

① 《平定朔漠方略》中，关于乌兰布通之战及相关情况的记载还有不少令人生疑处（《清圣祖实录》略同）。例如，康熙二十九年八月己未（初一）日，无载；庚申（初二）日云："内大臣索额图奏记员外郎阿尔必特祜归自噶尔丹……厄鲁特现在乌澜衮地方……又闻其祭旗诵经，距我军仅四十里。"案，这是八月初一日双方交战前的军情，康熙帝不可能在八月初二日方闻知。又如，辛酉（初三）日，先是记有福全等关于八月初一日战况的奏报，继而又记福全等疏言，内称初四日济隆胡图克图"果率其弟子七十余人"来军营会谈；壬戌（初四）日、癸亥（初五）日、甲子（初六）日均无载，而此三日恰为决定清军下一步行动的重要时期，福全必有奏报。这些不合逻辑的情况似表明，修纂者记述康熙二十九年八月己未至甲子（初一至初六）日的奏报、谕旨以及议政大臣的会议时做了手脚，或不予记载，或改动奏报日期，或将部分奏报及谕旨等内容加以删节、合并。参见《平定朔漠方略》卷8，《四库全书》第354册，第573—577页，上海古籍出版社。

② 台湾故宫博物院：《清代起居注册·康熙朝第一册》，台湾联经出版社2009年版，第405、406页。

③ ［日］宫胁淳子著，晓克译：《最后的游牧帝国——准噶尔部的兴亡》指出："对于乌兰布通之战，通常都说噶尔丹战败了，但是由于清军的副将军（案，佟国纲）战死，不能认为清军获得了巨大胜利。其实，就这次战斗而言，是难说胜败的。"这种认识有一定代表性。参见该书第16、17页及164页注释③，内蒙古人民出版社2005年版。

3. 当时供职清廷的法籍传教士张诚（Joannes Franciscus Gerbillon），在1690年9月3日（康熙二十九年八月初一日）的日记中透露：是日，他偕安多、白晋两神甫由京城启程，赴塞外迎接正在返京途中的康熙帝。中途遇到由行在返归的皇太子允礽，遂与皇太子同行返京。①

9月4日（康熙二十九年八月初二日）日记云：

> 京师公告，由皇长兄率领的王师征讨厄鲁特已获胜利。大将军奏报皇上说，9月1日（案，七月二十八日）得报敌军进攻，他立即于第二天（案，七月二十九日）破晓拔营，率军迎敌。晌午望见敌军，我方立即整队严阵向前推进。下午2点钟，两军相向对峙。敌军于山脚下溪流附近布阵，用骆驼围成壁垒，据守以待我军。大战以大炮火枪互轰开始，继而两军士卒肉搏。厄鲁特人遭到重大损失后仓皇退却，利用沼泽地势拔队急遁。大将军说，厄鲁特国王是否业已阵亡，尚未得知，其他战果亦尚待详查，他先行简略驰报，以使皇上陛下早日获悉这一可喜捷音。②

案，张诚所记乌兰布通之战的日期为七月二十九日，比实际情况提前一天，有误。所记战役经过，同《平定朔漠方略》中福全等人奏报的战况大体一致。这应是张诚亲眼所见"京师公告"的内容，而"京师公告"当以福全八月初一日奏报的"捷书"为蓝本。

4. 时任都察院左副都御使、经筵讲官的王士禛在《居易录》中云：庚午（康熙二十九年）"八月初八日，车驾还京师。……先是大将军裕亲王以诸道兵破厄鲁特于乌兰布通，初一日捷书闻行在，次日至京师，宣捷午门。"③

案，如果福全等于八月初一日晚收兵后第一时间奏报，康熙帝接到的时间，可能是八月初二日凌晨。是日，众臣齐集午门前聆听"捷书"，王士禛应在其列。

此外，《内大臣马思哈出师塞北纪程》一文，对乌兰布通战役也有较

---

① ［法］张诚：《张诚日记》，陈霞飞译，商务印书馆1973年版，第83页。
② 同上。
③ 王士禛：《居易录》卷8，《王士禛全集》5，齐鲁书社2007年版，第3825页。

详尽的记述。内称："我兵奋勇先登，无不踊跃递进，炮火齐发，自未至戌，声震天地，驼毙于火，颓且仆，阵断为二。我师乘势进击，无不以一当十。贼惊溃不支，遂破贼垒，大败之，噶尔丹乘夜遁去，我师乃还营。"①

案，作者是乌兰布通之战亲历者之一。此文撰写于"旋师之暇"，具体时间未详，我们暂且置之于"乌兰布通之战结束数日内"。

上述史料显示，八月初一日乌兰布通之战结束翌日，康熙帝得到福全等人奏报：大败敌军，噶尔丹生死未明。康熙帝对这一战果予以肯定，遂令宣捷并布告京师。

（二）乌兰布通之战结束数月内的有关记述和传闻

1. 1691 年 1 月 2 日（康熙二十九年十二月初四），张诚在日记中写道：

> 圣驾在他祖母陵墓附近的山中行围……皇上离开北京前，决定开始查勘上年 9 月指挥大军与厄鲁特人作战的两位皇上兄弟（案，除去福全外，另一位是康熙帝的胞弟、和硕恭亲王常宁）和统兵将领。因为鞑靼习俗，将军出征不获成功，例须受劾。虽然皇上所遣大军征战得利，并使厄鲁特国王逃窜，但是，举国上下对此都不满意。因为厄鲁特国王既未经俘获，而且他的军队又未被彻底击溃，这些战果都是不难取得的。因为两军实力悬殊，皇上的军队多于敌人至少四五倍。②

案，二十九年十二月初四日，康熙帝以祖母孝庄文皇后去世三周年，离京前往暂安奉殿致祭。张诚在此日日记中所言，是目前所见，时人对乌兰布通之战清军获胜的看法有所变化的最早记载。时距双方交战已逾三个月。在此期间相继发生的以下情况，对于出现这一变化起有直接或间接的

---

① 张宸：《平圃遗稿》卷 14，《四库未收书辑刊》第 5 辑，第 29 册，北京出版社 2000 年版，第 676 页；魏源：《圣武记》卷 3，上册，中华书局 1984 年版，第 123—127 页。

② [法] 张诚：《张诚日记》，陈霞飞译，第 88 页。案，日记此处将 1691 年误认为"1690 年"。

作用：

其一，八月初二日，清军发现噶尔丹并未伤亡，而且"据险坚拒"，致使清军"进剿"受阻。

其二，康熙帝得到捷报，即令福全"一举永清，勿留余孽"。可是，八月初四日福全听信噶尔丹的使者、大喇嘛济隆的游说，传令各路清军停止进击。康熙帝闻报大怒，促令从速进军，但已无济于事。噶尔丹率余部远遁。

其三，八月下旬，部分出征清军先行返京。福全等奉命率数百骑驻守原地，探取噶尔丹出边实信。康熙帝以此方式，表示出对福全等人大为不满。十一月二十二日，福全及参赞诸王大臣率兵还京。康熙帝循太宗旧例，不令进城，于朝阳门外等候取供。经议政大臣等取证、议奏，康熙帝定夺，福全等受到不同程度的惩处。① 此即"治乌兰布通交战诸王大臣罪"。②

张诚日记称清军"征战得利"，"不获成功"，实则分别是指八月初一日的战役和其后的"进剿"。

2. "唐船风说书"，记载了康熙三十年正月至七月，从中国沿海不同港口出发，渡海赴日本长崎贸易的中国商船（唐船）船员和商人，关于乌兰布通之战的各种说法。关于双方的胜负，唐船总的看法是：清军落败，或至少未能分出胜负。③ 这类信息不会出于邸报，可能主要来自民间的口耳相传。如果联系到促使张诚对清军胜负的看法发生变化的上述情况，就会感到唐船的各种说法虽然未必准确，也是事出有因。它从一个方面，反映出中国东南沿海社会的舆论动向，其背后，或许隐含着满汉民族之间的深层隔膜、当地汉人对于乌兰布通之战传闻的兴趣以及幸灾乐祸的情绪。乌兰布通之战在各地百姓中的影响和受到的关注，可能均在清廷预料之外。

（三）乌兰布通之战结束数年内的记述

1. 大约在康熙三十一年，来华法国传教士李明写给"红衣主教德斯

---

① 《清圣祖实录》卷149，康熙二十九年十一月己酉。
② 《平定朔漠方略》卷8，《四库全书》第354册，第588页。
③ 参见前引华立文。

泰大人"的信中说：

> 几年前，皇上发动的与鞑靼王的战事更好地说明了我所说的绝对皇权。势单力薄的鞑靼王竟然胆敢掠夺帝国的几个土邦，皇帝便派遣自己的一个兄弟统率雄师进行征讨。鞑靼军瞄准战机，及时出击，以少胜多地打败了王者之师，官兵全面败北，溃不成军。①

案，李明与传教士洪若（一作洪若翰）、张诚、白晋等人同时来华，康熙二十七年（1688）初抵京。不久，李明被派往山西，复往陕西，管理一座教友村。大约两年后，伴随洪若同往广州。后因经费困难返国，1692年（康熙三十一）抵法。李明在华期间，于康熙二十七年（1688）阳历四月底在山西绛州观察日食；又于二十九年十月十日（1690年11月10日）于广州观察水星凌日的景象。②

康熙二十九年八月乌兰布通之战发生时，李明可能是在广州（或广州附近地方）。上述信中所言，大约综合了从京城传教士的信件内得到的信息（如清军出师经过）以及在当地听到的传闻（如战役胜负情况），故后一方面与"唐船风说书"关于此战的某些说法有相似处。

2. 传教士白晋（Joachim Bouvet）于1693年（康熙三十二）奉康熙帝之命返国。他在1697年（康熙三十六）写给法王路易十四的秘密报告云：

> 在反击厄鲁特汗的一次战役中（译者注：这里是指康熙二十九年讨伐准噶尔部首领噶尔丹的战争），皇帝知道他的军队所以蒙受重大损失而未能将敌军彻底击溃，是因为厄鲁特人仗着良好排枪的强大火力，迫使皇帝的骑兵退出战线。③

案，康熙二十七年初白晋偕其他传教士抵京后，与张诚二人同为康熙

---

① [法]李明著：《中国近世报道（1687—1692）》，郭强、龙云、李伟译，大象出版社2004年版，第220页。
② 方豪：《中国天主教史人物传》中册，中华书局1988年版，第288、289页。
③ [法]白晋著：《康熙帝传》，马绪祥译，载《清史资料》第1辑，中华书局1980年版，第237页。

帝所留用。乌兰布通之战发生时，白晋仍在宫中。可惜未见当时他对此役有关情况的记载。上述所云，与前引康熙二十九年十二月初四日张诚日记中表述的看法大体一致，即噶尔丹军未被"彻底击溃"。①

3. 张诚曾在回忆录中再次述及乌兰布通之战：

> 这个王（案，指噶尔丹）所占的地形极为有利，他虽然缺少像帝国军队那样配备优良的大炮，军队的人数也少，但他仍不顾双方力量悬殊，迎接对方挑战。开始时他的前锋受敌方的炮击损失甚重，这迫使他改变战斗部署。由于他布防在大沼泽背面，皇帝的军队不能包围他。他非常勇敢地进行防御，直到夜幕降临，各方才都收兵回营。炮队总管皇舅，在这次战斗即将结束下令撤回大炮时，被一个滑膛枪子弹打死。②

这段文字后面，作者又述及1696年（康熙三十五）、1697年（康熙三十六）康熙帝亲征噶尔丹。看来，此篇回忆录的写作时间，最早也在三十六年五月康熙帝结束第三次亲征噶尔丹之后。此时，张诚仍供职于清廷。较之前两次对乌兰布通之战的记述，其立场似更加中允，虽然强调准噶尔军的勇敢和顽强，但对双方胜负的基本看法，与1691年1月2日（康熙二十九年十二月初四）日记所云并无根据性改变：准军处于"防御"地位，清军不能包围对方，予以围迁。

（四）距乌兰布通之战相隔数代后的有关记述

例如：成书于乾隆间，蒋良祺撰《东华录》（卷十五）；成书于道光

---

① ［苏］伊·亚·兹拉特金著，马曼丽译《准噶尔汗国史》（1635—1758）根据福全等对战况的奏报，认为"清军虽拥有大量优势兵力和强大的炮兵，仍不能彻底击溃既没有炮兵，而且在数量上比敌人少两三倍的卫拉特军队。在力量对比极其不利的条件下，卫拉特军队在这次战斗中表现出刚毅顽强的精神和具有组织反抗的能力。"同时，作者也指出："噶尔丹在乌兰布通遭到失败，这迫使他作出一系列重大让步"；"噶尔丹第一次进军东方以惨败告终"。参见该书商务印书馆1980年版，第280—283页。

② ［法］张诚：《对大鞑靼的历史考察概述》，陈增辉译，载杜文凯编：《清代西人见闻录》，中国人民大学出版社1985年版，第110页。案，张诚于康熙1707年（康熙四十六）卒于京城。

年间，祁韵士撰《藩部要略》（卷九《厄鲁特要略一》）、魏源撰《圣武记》（卷三《康熙亲征准噶尔记》）；成书于咸丰年间，张穆撰《蒙古游牧记》（卷三《翁牛特》）、何秋涛撰《朔方略乘》（卷四《准噶尔荡平述略》）；成书于光绪年间，王先谦撰《东华录》（康熙四十六）、王之春撰《清朝柔远记》（卷二）；等等。

案，这些私家著作中对乌兰布通之战的记述，主要依据《亲征平定朔漠方略》、《清圣祖实录》以及《内大臣马思哈出师塞北纪程》的有关内容，虽然详略不同，但一致认为清军大败噶尔丹。

三 康熙帝对乌兰布通之战清军胜负之评议

自康熙二十九年十一月福全等返师，至六十一年十一月康熙帝病逝，计31年。据官修史籍记载，在此期间，康熙帝曾多次对大臣们谈到乌兰布通之战，并言及胜负问题。其要者如次。

二十九年十一月。就议处福全等领兵将帅一事，谕称："噶尔丹于乌兰布通为我军击败遁走，而领兵诸王大臣不复追杀，反信济隆胡土克图议好之诳词，遣人语内大臣苏尔达等，令盛京、乌喇诸路兵勿与之战。是以噶尔丹奔窜，过盛京、乌喇、科尔沁军营，竟不邀击，纵之使去。"① 时距乌兰布通之战结束仅三月余。

三十二年十二月。谕大学士伊桑阿等："前于厄鲁特部落噶尔丹之事，官兵未能尽数剿灭，以成大功，朕意每怀不慊。"②

三十六年五月。礼部以"平定噶尔丹武功告成"，请行告祭及上徽号之礼。谕旨内称："噶尔丹以喀尔喀为口实、遂侵我喀伦地方……乘势直抵乌兰布通，去京不过七百里。是役也，王及大臣与在朝知兵者鲜不预焉，朕因违和而旋。虽左翼之兵得胜，而右翼竟未能克敌，遂至大臣以及兵丁人等阵亡被伤者甚多。噶尔丹亦自知不能有济，奔回，其时遭罹诸

---

① 《平定朔漠方略》卷8，《四库全书》第354册，第588、589页。
② 台湾故宫博物院：《清代起居注册·康熙朝第四册》，第2229、2230页。案，《清圣祖实录》卷161，三十二年十二月戊子条所记略有不同，内称："官兵不能悉体朕意、即行剿灭，致失机会、罔奏肤功。"

疫，归还科布托者不过数千人。势虽大亏，朕已知其必整兵前来复仇矣。"①

四十九年八月。谕大学士等："前于乌兰布通击败噶尔丹，人言彼时天晚，未获全剿。"②

六十一年九月。谕议政大臣等："前噶尔丹攻破喀尔喀，侵扰我内地扎萨克至乌兰布通。朕亲统大兵征讨，噶尔丹败走。"③ 时距康熙帝病逝仅月余。

看来，在对乌兰布通之战的情况有全面了解后，康熙帝对双方胜负的基本看法是：清军击败噶尔丹而"未获全剿"。这一认识历三十多年，基本未变。他认为，"右翼竟未能克敌"是清军受到较大伤亡的一个重要原因，而二十九年八月初一日福全等人的奏报对此已言及。

此外，参与乌兰布通之战的部分清军将领的传记内，也有关于战况的一些记载，因较少谈及对此役胜负的总体看法，本文暂略。

目前，尚未见到厄鲁特方面关于乌兰布通战役的记述。这对我们更为全面地了解战况、更准确地判断双方之胜负，是一个不可逾越的障碍。

四　小结

上文将清人对乌兰布通之战的若干记述（讲述），以其记述时间距离此战发生之远近为序，分为四组（数日内、数月内、数年内、数代后），进行析述；将康熙帝对此战的若干评说，也按时间先后列出。我们发现，有以下几点值得注意。

其一，上述记述、评议的对象或范围有所不同，这直接影响到记述

---

① 台湾故宫博物院：《清代起居注册·康熙朝第十册》，第5753、5754页。另参见《清圣祖实录》卷183，康熙三十六年五月癸卯。案，噶尔丹军的伤亡情况未详。似不能以噶尔丹等在归途中遭罹瘟疫，人员大减，反证噶尔丹军在此次战役中未受大的伤亡。

② 《清圣祖实录》卷243，康熙四十九年八月庚辰。

③ 《清圣祖实录》卷299，康熙六十一年九月乙酉。案，所谓"朕亲统大兵征讨"，与史实有出入，孟昭信《康熙亲征噶尔丹的时间问题》（《清史研究通讯》1988年第3期）对此已有阐释。

者、评议者的看法。

例如，乌兰布通之战的清军指挥者福全等、清军参战人员暨《内大臣马思哈出师塞北纪行》的作者，均称大败噶尔丹。两人之所指，是康熙二十九年八月初一日战役本身。二十九年十一月以后，康熙帝对此战所做若干评议，则是将八月初一日战况与福全下令停止进击、噶尔丹的远遁等相关情况视为一个整体而言。二十九年十二月及其以后张诚、白晋的有关记述，也与康熙帝一样，将此役与此役其后发生的有关情况并观，在此基础上谈论清军之得失。

由此看来，评断乌兰布通战役双方之胜负，或许可以有狭义（仅指康熙二十九年八月初一日清军与噶尔丹军交战）与广义（包括八月初一日交战，战后噶尔丹远遁，十一月福全等返师受罚）之分。当然，两者实为一体。

其二，时人对清军胜负的看法之所以发生变化，清军伤亡较重固然是一因素，更重要原因还在于战役结束后，噶尔丹成功地诱使清军主帅福全下令止击，他得以率余部脱身，福全等人在返归之际受到勘问和议处。

其三，本文引用的史料中，明确指出清军战败的议论，主要出自两处。一处是康熙三十年正月至七月的"唐船风说书"，另一处是康熙三十一年传教士李明给红衣主教德斯泰的信。这些讲述者或记述者，当时均在中国南方某地（个别人例外），所得信息大部分是从社会上辗转听闻。

其四，康熙二十九年十一月以后，康熙帝本人以及此战发生时供职清廷的传教士对此战役的有关看法，始终没有大的改变。

其五，我们在审视上述史料时，首先要明确记述者与战役双方之间的利益关系以及由此而决定的基本立场。其次，需要考虑记述者是否是乌兰布通之战的亲历者，如果是，他是指挥者还是参与者，他对战况的了解是全面的，还是局部的，当他记述时，战况是否完全明朗，他的记述时间距战役发生时间之远近；如果不是此战亲历者，战役发生时，他的所在地距战役发生地之远近，他是何时听闻，是从战役亲历者口中听闻，还是从非亲历者口中听闻，他是否在战役结束后，同战役亲历者有过直接的、广泛的接触，他获取有关信息的时间以及记述的时间，距此战役发生时间之远近等等。这些因素，都有可能影响到文本内容的真实性和客观性。①

其六，无论亲历者或听闻者，时人对于乌兰布通之战所作记述的真实性和客观性都是相对的。即使是亲历者，可能会因身在其中，或在战况尚未完全明晰的情况下急促奏报（如福全等），或仅局限于战役之局布（如《内大臣马思哈出师塞北纪程》的作者），有关认识抑或难以全面、准确、精当。康熙帝是乌兰布通之战的决策者，并非亲历者。但是，他通过各种渠道向不同层次的清军出征人员问询了解、全面掌握有关情况后，对战役胜负问题所作的评议，可能尚属比较客观。传教士张诚和白晋的有关记述，与康熙帝的认识并无大的抵牾，恐怕不能仅仅视为迎合所致。两人当时身在朝廷，能够接触到清军参战人员，直接了解有关信息，这对于能否得出比较符合实际的看法是至关重要的。

乌兰布通之战清军胜负问题记述异同的背后，或许还有更为丰富、有待发掘的内容。

（本文原载《纪念王钟翰先生百年诞辰学术文集》，中央民族大学出版社 2013 年版）

---

① 程歗《口述史三题——怎样采集和解读》一文指出："我们至少可以用三个要素来判断口述史料的真实性：（一）什么人在回忆，他是事件的经历者还是转述者；（二）他们在什么年代、什么场合回忆；（三）他们同所叙事件是什么关系。"参见定宜庄、汪润主编：《口述史读本》，北京大学出版社 2001 年版，第 218 页。

清代的城市规模与城市行政等级

成一农

"城市规模"是现代城市地理学的一个概念，包括人口规模、用地规模、职能和经济规模、基础设施规模等，其中实际研究中使用较多的是城市人口规模和用地规模。有些学者将这一概念引入中国古代城市的研究当中，当前研究中对于中国古代城市规模的定义主要存在三种形式：

第一，城市人口。施坚雅在《十九世纪中国的地区城市化》一文中，将人口作为划分城市规模的标准，并以此为基础来研究中国古代城市化的问题[1]。但正如一些学者所指出的，由于施坚雅用于分析的城市人口数字缺乏依据[2]，影响了其结论的可信性。总体来看，虽然施坚雅以人口作为城市规模的指标，使得现代城市地理学的理论和方法更容易应用于古代城市地理学，但由于中国古代城市人口的资料极为缺乏，使得这种方法缺乏实际的可操作性。

第二，占地面积。章生道在《城治的形态与结构研究》一文中，根据近代测绘地图测量了19世纪90年代中国都城、各省省会，以及1910年11省的部分府城、县城的城内平均面积[3]。并以此为基础认为"首府城市的城内面积与行政层级之间的关系下伸到了府、县两级。在11个省

---

[1] 施坚雅：《十九世纪中国的地区城市化》，施坚雅主编，叶光庭等译，《中华帝国晚期的城市》，中华书局2000年版，第242页。

[2] 曹树基：《清代北方城市人口研究——兼与施坚雅商榷》，《中国人口科学》2001年第4期，第15页。

[3] 章生道：《城治的形态与结构研究》，施坚雅主编，叶光庭等译，《中华帝国晚期的城市》，中华书局2000年版，第98页。

的每一个省中，抽测的府城平均面积显然比县城平均面积要大"①。章生道先生对这一现象又进行了解释，认为"行政城市的等级愈高，规划者把最初城垣的面积设计得就愈大。高等级的城市被建造得很大，部分原因也许是出于对防御能力的关注，但是，更多的考虑很可能是预期城市的自然发展会产生府城人口比州城人口多，州城人口比县城人口多等等的结果"②。显然他认为城市规模受制于城市的行政等级，或者说城市行政等级制约了城市规模。

第三，也是现在中国古代城市研究中运用的最为普遍的对城市规模的定义，即城墙的周长。与城市人口和城市占地面积相比，无论是考古，还是古代的文献资料对于城市周长的记载都较为详细，尤其是明清方志中对于城市周长的变化有着细致的描述。资料的易获性，使得城市周长成为当前古代城市规模研究中最常用的指标，并取得了一些研究成果：如周长山认为汉代的地方城市"一般来说，普通县城的城郭周长为1000—3000米；郡治所在的县城规模要稍大一些，3000—5000米"③；斯波义信在《宋代江南经济史研究》一书中对宋代城市的行政等级与城市周长进行了分析④；关于辽金城址，李健才认为"辽金州县可分大、中、小三种类型。辽、金的京城较大……一般府和属于节镇和州城，其城址的周长除个别外，一般均在8—10里之间……辽代的观察州和金代的防御州，是仅次于节镇的州城，其周长一般为4—6里"⑤；王永祥、王宏北所列的对应关系更加细致"京城以上的古城，周长在15华里以上；8—10华里古城，为路所在地的州城或府城一级的城；5—7华里古城，为观察一级的州城，或府城一级的；3.5—5华里古城，为县级或猛安一级的城；2—3.5华里古城，为谋克一级的城；0.8—1.5华里古城，为边堡及戍守一级的城"⑥。

---

① 章生道：《城治的形态与结构研究》，施坚雅主编，叶光庭等译，《中华帝国晚期的城市》，中华书局2000年版，第100页。
② 同上书，第104页。
③ 周长山：《汉代城市研究》，人民出版社2001年版，第36页。
④ 斯波义信：《宋代江南经济史研究》，江苏人民出版社2001年版，第307页。
⑤ 李健才：《东北地区金代古城的调查研究》，《中国考古集成·东北卷·金》，北京出版社1997年版，第1页。
⑥ 王永祥、王宏北：《黑龙江金代古城述略》，《中国考古集成·东北卷·金》，北京出版社1997年版，861页。

总体看来，在上述三种中国古代城市规模的定义中，施坚雅的定义缺乏可操作性，因此在研究中很少采用；以城市面积和城墙周长作为城市规模的衡量标准，都体现了城市的占地规模，具有一定的可操作性，因此在实际研究中应用的较多。从研究视角来看，以城市面积和城墙周长为标准的研究基本上都将城市规模与城市行政等级联系起来，显然认为两者之间存在着很强的相关性①。陈正祥先生则进一步明确提出这两者之间的必然联系，即"地方行政的等级，显然左右城的规模。国都之城概较省城为大，省城概较府、州城为大，而府、州之城又较县、厅城为大"②。而马正林提出了更为绝对的观点，认为从汉代以后"中国城市的规模和分级已经趋于定型，即首都最大，省、府州、县依次减小，下一级城市超越上一级城市规模的状况几乎是没有的，除非城市的地位升格，城市的规模才会随之升格"③，也就是说城市的行政等级决定了城市规模。但是在这些研究中既没有对城市行政等级决定城市规模，也没有对城市行政等级与城市规模之间相关性的强弱进行论述，也就是说上述的两种认识都是主观的。

基于此，本文以清代城市为例，对城市规模④与行政等级之间的关系进行分析，主要解决两个问题：第一，论述城市行政等级是否是城市规模的主要决定因素，以及在中国古代是否存在城市行政等级决定城市规模的制度；第二，分析城市行政等级与城市规模的相关性，分析二者之间是否存在密切的联系。本文的研究资料主要来自《四库全书》中收录的各省

---

① 这些研究中斯波义信的研究与众不同，他将城墙周长作为城市化的代表，因此其所比较的是城市化水平与城市行政等级的关系。

② 陈正祥：《中国文化地理》，三联书店1981年版，第73页。当然陈正祥也注意到了区域间的差异，认为"但因地区间经济和文化条件的不同，东部地区的县城，不少反比边区的府城州城为大"。

③ 马正林：《中国城市历史地理·中国城市的规模》，山东教育出版社1998年版，第154页。

④ 本文与大多数研究相同，以城墙周长作为城市规模的标准。但在这里必须说明使用城墙周长作为城市规模的局限性：第一，就数字而言，周长相同的城市，其实际占地面积差异很大。比如同样周长10里的城市，如果是正方形的话，其边长为2.5里，面积就是6.25平方里；而如果城墙的一边边长是4里，另一边边长是1里，那么面积就只有4平方里。因此城墙并不能准确的代表城市占地规模。第二，在中国古代，城墙修筑之后，城市依然会继续发展，在城墙之外就会出现郊区，有些郊区面积巨大，城墙周长显然不能代表这种情况。而且，在某些历史时期，一些城市是没有城墙的，那么在这种情况下城市规模就难以用城墙来表示了。

通志（以下简称通志），因为这些通志大都修纂于雍正、乾隆初期，时间上比较一致，因此资料具有可比性。

一　清代城市规模的统计

在各省通志中除都城之外共涉及1473座地方城市，其中有83座城市没有修筑城墙或者相关数据比较模糊，无法进行计算，数据有效的共1390座城市①。在这1390座城市中存在外城或者关城的有67座，其中外城或者关城长度有确凿数据的共38座。在这38座城市中，外城基本包筑内城的，城市规模按照外城长度计算，这种情况的城市有22座；如果是关城或者外城只包筑了内城的一部分，则简单地将二者相加作为该城的城市规模，虽然这种计算方法不准确，但这种情况只有16例，对最终的统计结果影响不大。剩余的外城或者关城数据不详的，城市规模按照内城的数据计算。在1390座城市中，县级（县、散州、散厅）有1152座，府级城市（府、直隶州、直隶厅）220座，省城18座②。

首先，18座省城的平均规模是10973.16米。

---

①　其中还去除了规模超大的江宁府，其城市规模为16460.93米。这种规模是由于江宁府在明代作为南直隶的结果，而且这一数字远远超过了所有城市，为了排除这一具有干扰性的数据，在统计中将江宁府排除在外。

②　关于城市规模的换算。古代的换算制度与今天不同，光绪年间《清朝续文献通考》卷191《乐考四》"度量衡"规定："五尺为一步，二步为一丈，十丈为一引，十八引为一里。"明尺基本相当于今天的32厘米，一步相当于5尺也就是1.6米，一丈也就是3.2米。同时所附《说略》："长短度分二种。一曰尺制，以尺为单位，所以度寻长短也。一曰里制，以一千八百尺为一里，用以计道路之长短也。"也就是说，一里等于1800尺，等于360步，等于180丈；一步等于5尺。虽然这是清末的制度，但从文献记载的一些数字来看，明代也是如此，如新昌县城"一千三百七十四丈"，同时又记"凡六里"，一里约为229丈，虽然与180丈有些出入，但考虑到"凡六里"是约数，因此也是相差不大的。再如岳州府城墙"千四百九十八丈；约七里"，一里等于211丈，同样七里也是约数，和180丈也相去不远。不但明代如此，宋代也是如此，如李勉扩建后的汴州城周长二十一里一百五十五步，约等于3796.5丈，37965尺，宋尺约为今天0.3米左右，这样汴州城周长应为11389.5米；今天对东京里坊的钻探表明，四墙总长11500米，两者十分接近。再如，扬州宋大观年间城周长十七里一七二步，计三一四六丈，十七里一七二步正好等于三一四六丈。由此来看中国古代宋以后，一里等于180丈是固定的标准。明代的量地尺约等于今天的0.326米。上表中的数字就是由此推算出来的。

表一　　　　　　　　清代省城规模统计表（18座）

城市规模（米）	0—1（千）	1—2（千）	2—3（千）	3—4（千）	4—5（千）	5—6（千）	6—7（千）	7—8（千）	8—9（千）	9—10（千）	10（千）以上
城市数量（座）	0	0	0	0	0	3	2	3	2	2	6

其次，府级城市（府、直隶州、直隶厅）。根据表二，规模5000—6000米的府级城市最多，有64座，占了总数的四分之一，府级城市的平均规模是5195.7米。

表二　　清代府级城市（府、直隶州、直隶厅）规模统计表（220座）

城市规模（米）	0—1（千）	1—2（千）	2—3（千）	3—4（千）	4—5（千）	5—6（千）	6—7（千）	7—8（千）	8—9（千）	9—10（千）	10（千）以上
城市数量（座）	4	11	30	35	27	64	16	12	5	2	14

最后，县级城市（县、散州、散厅）。根据表三，规模1000—3000米的县级城市数量最多，有703座，占了总数的五分之三，县级城市的平均规模是2850.7米。

表三　　清代县级城市（县、散州、散厅）规模统计表（共1152座）

城市规模（米）	0—1（千）	1—2（千）	2—3（千）	3—4（千）	4—5（千）	5—6（千）	6—7（千）	7—8（千）	8—9（千）	9—10（千）	10（千）以上
城市数量（座）	52	308	395	175	108	84	9	11	1	2	7

二　城市行政等级是否决定城市规模

从表一、表二、表三来看，虽然城市行政等级与城市规模之间存在着一定的联系，但马正林和陈正祥所描述的城市行政等级决定城市规模的情况是不存在的。原因如下：

首先，就统计数字而言，行政级别较低的城市的城市规模大于行政级别较高的城市的城市规模的情况比比皆是。从表二和表三来看，有三分之一（397座）的县级城市（规模超过3000米）大于五分之一（45座）的府级城市（规模在3000米以下）；同时9个周长超过9000米的县级城市，其城市规模要大于绝大部分的府级城市；而周长小于1000米的4个府级城市，其城市规模要远远小于绝大部分县级城市。从表一和表二中也可以看出，省级和府级城市之间也存在这种现象。而且，正如后文所述，这种情况也同样存在于同省之中；甚至府中也存在县城规模大于府城的情况①。如果城市行政等级决定城市规模的话，那么如此众多的例外情况是不应该出现的，与马正林所论述的"下一级城市超越上一级城市规模的状况几乎是没有的"正好相反，下一级城市规模超越上一级城市规模的现象比比皆是。

其次，在现有清代的修城资料中，基本上看不到城市规模必须符合城市行政等级的记载，也就是说基本上不存在要按照城市行政等级修建城墙的文献依据。

再次，在城市等级升降的时候，也基本上看不到城市规模会随之扩大与缩小的情况。马正林先生所说的"除非城市的地位升格，城市的规模才会随之升格"实际上是基本上不存在的。例如：兰州在乾隆时期升为府进而作为省城之后，并没有扩建；威县"我朝降州为县，俱即今治。洪武初，因承州制，墉郭基址宏远"②；此外安陆府在洪武九年（1376）曾降为直隶州，嘉靖十年（1531）升为承天府，更立为陪都（兴都），但城市规模却并未因其地位的提高而有所扩大（虽然在城门、城垣形制上有所变化），相反在康熙初拓展城垣之时，安陆府的行政等级并未改变；随州城在洪武初创建时是作为县城规划的，故其规模较小，洪武十三年（1380）升为直隶州，旋降为散州，其间亦未见出重修城垣的变向；荆门

---

① 如颖州府，府城规模为2950.4米，其所辖的太和县（3006.4）、霍邱县（3892.8）、蒙城县（3456）、亳州（5232）的城市规模都超越了府城；又如平凉府，其所辖固原州（7891.2）和隆德县（5356.8）的规模都超越了府城（5232）；又如南阳府，其所辖舞阳县（3504）、裕州（4080）、内乡县（4608）和叶县（5139.2）的城市规模都超越了府城（3499.2）。在全国221个府中共有56个府出现了这种情况。

② 《嘉靖广平府志》卷一"封域志"，《天一阁藏明代方志选刊》，上海古籍书店1981年版。

州于乾隆五十六年（1793）升为直隶州，城垣规模亦无变动①，等等。

最后，章生道先生认为，行政等级高的城市其规模较大是因为"很可能是预期城市的自然发展会产生府城人口比州城人口多，州城人口比县城人口多等等的结果"，但是就这一推理而言，很明显决定城市规模的直接原因是城市人口。而众所周知，城市人口并不是由城市的行政等级单一决定的，因此也绝对不能认为城市的行政等级决定了城市规模。而且即使退一步说如果城市行政等级决定城市人口的话，那么这种推理也是不合理的，因为这是一种间接的原因，如果按照这一推理方式，我们也可以进一步提问，是什么因素决定了城市的行政等级呢？这样一来，城市的行政等级也不是决定城市规模的原因了。因此章生道先生的推论是不成立的。

综上来看，可以认为城市行政等级并不决定城市规模，在中国古代既不存在这样的制度，也不存在这样的现象。

三 清代城市规模与城市行政等级的相关性分析

首先，如上文所述，行政级别较低的城市其规模大于行政等级较高的城市的现象比比皆是。而且虽然如表四所示，清代各省的府级城市平均规模都要高于县级城市的平均规模，但是从表五来看，基本上每个省都存在大于本省府级平均规模的县级城市，也存在大于本省半数府级城市城市规模的县级城市；同时每省中基本上都有小于本省县级平均规模的府级城市，也存在小于本省半数县级城市城市规模的府级城市。通过这种描述，可以看出城市等级与城市规模之间的相关性似乎并不十分紧密。

表四　　　　　　　清代各省府、县级城市平均周长对比列表

省份	府级城市数量	府级城市平均周长（米）	县级城市数量	县级城市平均周长（米）
江苏	9	6769.92	39	4201.009
浙江	8	7655.72	48	3402.425
直隶	13	8614.377	123	3238.205

---

① 安陆府、随州和荆门的材料来源于鲁西奇的论文。鲁西奇：《城墙内外：明清时期汉水下游地区府、州、县城的形态与结构》，陈锋主编：《明清以来长江流域社会发展史论》，武汉大学出版社2006年版，第228页。

续表

省份	府级城市数量	府级城市平均周长（米）	县级城市数量	县级城市平均周长（米）
陕西	13	6700.554	69	2719.536
安徽	12	7555.467	44	3194.836
湖北	8	5029.2	43	2638.244
福建	11	6175.418	47	2747.579
山西	18	5434.197	85	2855.951
广西	10	2572.704	50	1801.357
湖南	10	3890.016	42	2180.419
云南	22	3262.255	48	1750.8
四川	18	4367.644	108	2578.453
山东	9	5678.222	97	3335.687
广东	10	3862.784	75	2019.452
江西	12	5349.787	60	3128.901
甘肃	11	5219.782	44	2845.402
河南	14	4730.514	95	3540.723
贵州	12	2712.027	35	2184.869

表五　清代各省大于平均和中位①府级城市规模的县级城市，以及各省小于平均和中位县级城市规模的府级城市统计表

省份	大于平均府级城市规模的县级城市数量/占所有县级城市的百分比	大于中位府级城市的县级城市数量/占所有县级城市的百分比②	小于平均县级规模的府级城市数量/占府级城市的百分比	小于中位县级规模的府级城市数量/占府级城市的百分比③
江苏	4, 10	6 (6107.2), 15.4	0, 0	0 (3950.08), 0
浙江	0, 0	1 (6990.4), 2.1	0, 0	0 (3456), 0

---

① 按照升序或者降序排列的 N 个数字的中位数，其中当 N 为奇数的时候，中位数就是数组正中的那个数，当 N 是偶数的时候，中位数即是居中两个数字的平均数。与平均值相比，在小样本情况下，中位数能减少个别特殊数字对整体平均情况的影响。如就江苏而言，受到南京这一特殊城市的影响，其府级城市平均规模达到了 16460.93 米，如果不考虑南京的话，其平均值仅为 6769.92 米，而即使考虑南京，江苏府级城市规模的中位数是 6107.2 米，与平均值而言，极大的减少了特殊情况的影响。

② 括号中是该省府级城市的中位数。

③ 括号中是该省县级城市的中位数。

续表

省份	大于平均府级城市规模的县级城市数量/占所有县级城市的百分比	大于中位府级城市的县级城市数量/占所有县级城市的百分比	小于平均县级规模的府级城市数量/占府级城市的百分比	小于中位县级规模的府级城市数量/占府级城市的百分比
直隶	2, 1.6	2 (7488), 1.6	0, 0	0 (2888), 0
陕西	0, 0	4 (5184), 5.8	1, 7.7	1 (2521.6), 7.7
安徽	0, 0	4 (5208.8), 9.1	1, 8.3	0 (2941), 0
湖北	3, 6.9	5 (3914.4), 11.6	1, 12.5	1 (2419.2), 12.5
福建	0, 0	2 (5472), 4.3	1, 9.1	1 (2537.6), 9.1
山西	3, 3.5	7 (5204.8), 8.2	2, 11	2 (2496), 11
广西	4, 8	5 (2400), 10	3, 30	2 (1214.4), 20
湖南	2, 4.8	3 (3633.28), 7.1	1, 10	0 (1881.6), 0
云南	2, 4.2	2 (3052.8), 4.2	1, 4.5	1 (1728), 4.5
四川	14, 13	10 (4777.6), 9.3	3, 16.7	2 (2275.2), 11.1
山东	5, 5.2	17 (5184), 17.5	1, 11.1	1 (2880), 11.1
广东	5, 6.7	5 (3648.8), 6.7	2, 20	1 (1845.76), 10
江西	3, 25	3 (5204), 25	0, 0	0 (2880), 0
甘肃	4, 9	4 (5232), 9	2, 18.2	1 (2390.4), 9.1
河南	19, 20	17 (5184), 17.9	2, 14.3	1 (3273.6), 7
贵州	8, 22.9	8 (2726), 22.9	5, 41.7	4 (1728), 33.3
全国	42, 3.6	109 (5160), 9.5	38, 17.2	33 (2476.8), 14.9

如果文字描述难以信服的话，下面通过统计学中相关性[①]分析，来对城市行政等级与城市规模的关系进行分析。

表六　　清代全国和各省城市行政等级与城市规模的相关性

省份	城市行政等级与城市规模的相关性
广西	0.24
山东	0.35

---

① 使用相关系数可以确定两种属性之间的关系，例如，可以检测某地的平均温度和空调使用情况之间的关系。

续表

省份	城市行政等级与城市规模的相关性
江西	0.37
贵州	0.37
安徽	0.40
河南	0.47
全国	0.48
四川	0.52
福建	0.56
广东	0.58
甘肃	0.60
云南	0.61
直隶	0.62
山西	0.64
湖南	0.64
陕西	0.65
湖北	0.67
江苏	0.68
浙江	0.79

从表六来看，就统计学而言，城市行政等级与城市规模之间的关系，就全国而言仅 0.48，就各省而言关系最为密切的是浙江省，达到 0.79。就统计学来说，0.48 一般可以认定为相关性很低了。下面以此为基础，再对用城市行政等级来分类城市规模的可行性进行分析：

按照传统的论述方式，清代城市行政等级与城市规模的关系有两种表达方式：

第一，"清代省级城市的平均规模为 10973.16 米，府级城市的平均规模为 5195.7 米，县级城市的平均规模为 2850.7 米"。但实际上这种陈述却背离了实际情况，因为从上面表一至表三来看，大部分城市规模都偏离了这一平均数字，可以说这三个数字并不能代表大部分城市的实际情况。下面通过统计学中的极差和平均差来说明这种情况。

表七　　　　　同省府级和县级城市的规模的极差①和平均差②

省份	府级城市规模的极差	府级城市规模的平均差	县级城市规模的极差	县级城市规模的平均差
江苏	6787.2	1591.9	8523.2	1348.1
浙江	8603.2	2195.3	6880	1169.5
直隶	9812.5	3478.9	12401.6	1039.4
陕西	18966.4	3752.5	6163.2	902
安徽	26557.6	4909.5	6336	992.2
湖北	8558.4	1996.5	4723.2	752.5
福建	15621.8	2285.5	4339.2	686.7
山西	11520	1510.7	6416.64	925.3
广西	3564.8	1109	18578.9	1048.1
湖南	3529.6	1015.1	7251.2	796.6
云南	6912	1018.7	3628.8	508
四川	5241.6	1360.8	8876.8	1111.6
山东	5504	1551.8	12672	1350.6
广东	5536	1481.7	6770.9	734.9
江西	5561.6	1132.6	18134.4	1228.1
甘肃	9216	1658.4	7321.2	1165.2
河南	2492.8	707.6	6048	1078.5
贵州	4437.3	1156.8	4876.8	1009.8
全国	28932.8	2026.6	18752	1128.8

此外，全国省城的极差是20715.2米，平均差是4740米。从上述数字来看，无论是全国还是各省，府县级城市的城市规模偏离平均值的幅度都是非常惊人的。其中就全国而言，府级城市偏离平均规模的幅度（2026.6）已经超过了平均规模（5195.7）的三分之一，县级城市更是如此（平均差1128.8，平均规模2850.7）。因此用单一的平均数来表示清代某级城市的平均规模，无论在全国范围还是在某省来说都是不合理的。从

---

① 极差是一个数组中最大数与最小数之差。
② 平均差是数组中各个值与平均数的离差之和的平均数，代表了数组中各个数字与平均值之间的平均差异水平。

这一点也可以看出已往研究中使用平均数来代表城市规模的局限性①。

第二，清代城市行政级别与城市规模之间的关系按照传统的方式也可以表述为"城周5000—6000米是府级城市规模的典型代表，城周1000—3000米是县级城市规模的典型代表"。但实际上这种表述也同样存在上述的问题。因为通过表一、表二、表三来看，就府级城市而言，在5000—6000米范围内的府城仅占总数的四分之一；县级城市情况稍微好点，不过也只能代表五分之三的城市的情况。因此，用占优势的城市规模来代表所有城市的城市规模也是不尽合理。

通过上述分析可以看出，城市规模与城市行政等级之间的相关性是很低的，而且由于同级城市之间规模差异巨大，无论是用城市平均规模还是用占优势的城市规模来代表某一级城市的普遍规模都是不合理的。

四 对以往城市规模与城市行政等级关系研究的分析

在中国历史上确实执行过城市规模与城市行政等级相对应制度的是在西周时期，即《左传·隐公元年》所载郑大夫祭仲所陈述的"都，城过百雉，国之害也。先王之制：大都，不过参国之一；中，五之一；小，九之一"，而且"西周时代的城制大小有序，当非无稽之谈……城邑大小的等级次序基本上依循着强干弱枝的原则，在周天子权威盛行时，这原则也是确实执行的"，但到了春秋战国时期，这一制度就逐渐崩溃了②，此后在其他历史时期尚未发现有城市行政等级制约城市规模明确规定。

当前关于城市规模与城市行政等级的研究往往是基于现象的描述，存在诸多方面的问题：如周长山所列的资料中有明确周长的汉代城市基本上都是县级城市，郡城只有4例，是否有代表性是值得怀疑的；李健才、王永祥和王宏北的论文中并没有提供详细的资料，似乎是出于主观认定，并

---

① 在统计学中，很少使用平均数来进行分析。因为平均数并不能反映数组的离散情况，举一个简单的例子，99和1的平均数是50，51和49的平均数也是50，虽然平均数相同，但是两组数据代表的实际情况则是差异很大的。

② 杜正胜：《周秦城市——中国第二次"城市革命"》，《古代社会与国家》，（台湾）允晨文化1992年版，第632页。

没有进行客观的分析。

与上述论文不同，斯波义信先生的论文既没有直接的认定城市行政等级决定城市规模，也没有简单地按照城市行政等级陈述不同行政等级城市的城市规模，而是将城市规模并于城市行政等级相比较之后，阐述宋代城市化在不同区域内的差异①。在文中斯波义信使用平均数来表示不同行政层级的城市的城市规模，从表面上来看似乎行政层级与城市规模存在密切的联系。但是，如果用相关性分析的话，二者之间的相关性仅为0.66，并不是很高。而且，更为有意思的是，就斯波义信先生划分的三个区域的城市行政等级与城市规模的相关性而言，华北为0.71，华中为0.68，华南为0.81（江西为0.73），显然华南和华北城市规模与城市行政等级的相关性要高于华中，或者说华南、华北的各行政等级之间的城市规模差异要大于华中地区，按照斯波义信的解释方式，那么华南、华北地区城市化的水平应该高于华中，这正好和他用平均数得出的结论相反。这一例子再次说明，用平均数进行分析的局限性②。

五　结论

总体来看，清代既不存在城市行政等级制约城市规模的制度，也不存在城市行政等级决定城市规模的现象；城市规模与城市行政等级之间的相关性并不强，用城市行政等级作为划分城市规模的标准是不合适的。即使"府级城市的平均规模要大于县级城市的平均规模"，这种对实际情况的表述，由于同级城市之间规模的巨大差异，也并不具有太多的实际意义。

---

① 斯波义信先生的资料中存在三点不足：首先，如前文所述，城市周长代表城市规模是存在不确定性的，这一点斯波义信先生也已经认识到了。其次，就宋代城市而言，学界一大关注问题就是城外郊区的发展，这一点在斯波义信先生的著作中也多有提及。既然是城外郊区，就是城墙之外发展的区域，在这种情况下，城墙如何能代表城市的面积呢？最后，在斯波义信的数据中出现了大量1里左右，甚至一些少于1里的县城，其中最小的县城居然只有0.4里，相当于今天的230米左右，即使周长1里左右的县城其所占地面积也不过比一个足球场稍大而已，在如此狭小的范围内如何能安置下各种地方行政机构呢？即使勉强能安置下，那么居民居住在哪里呢？因此，不得不对这些规模极小的县级城市的城墙周长所包含的意义表示怀疑。

② 如华北地区下位治所平均规模是4.1里，平均差为2.15；华中地区下位治所平均规模为3.7里，平均差为2.95；华南地区下位治所平均规模为1.5里，平均差为0.42。

除了西周之外，中国古代也没有城市行政等级决定城市规模的制度，以往对于某一时期城市行政等级与城市规模的研究，缺乏深度和可信性。

当然，本文并不否认行政等级是影响城市规模的要素之一，但正如鲁西奇所说，"一个治所城郭的规模、形制，除了受行政等级的影响外，还受到历史、微观地形地貌、交通、地方经济发展特别是商业发展乃至风水等多方面因素的影响"①。

今后城市规模的研究，重点应该研究城市规模的地区差异上，比如从图1和图2来看清代大于全国平均规模的城市明显集中于东部，这种分布差异的原因是我们今后研究所应注意的。

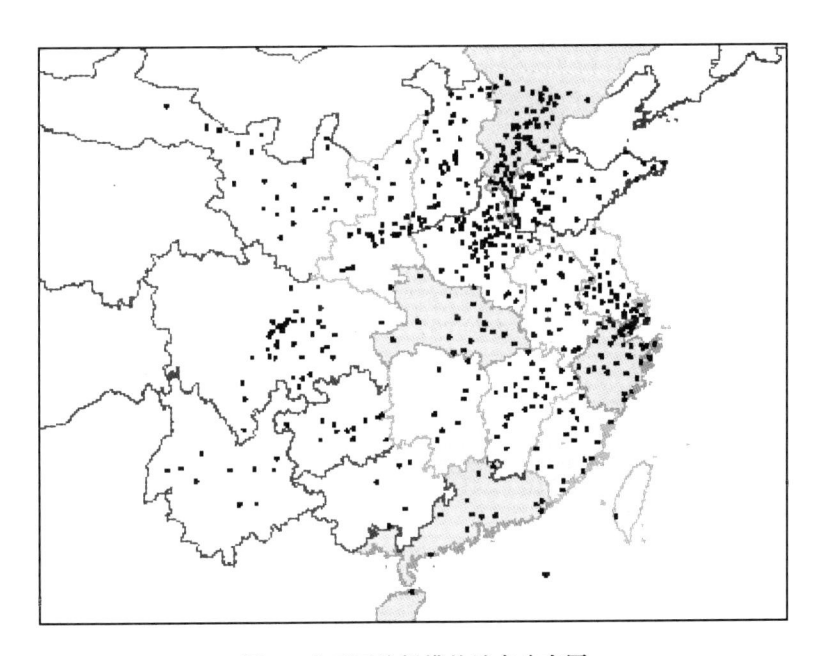

图 1　大于平均规模的城市分布图

另外就现有资料来源而言，以城墙周长来代表城市规模的局限性太大，与城墙周长相比，城市占地面积更能反映城市实际规模，今后的研究中应该尽量用城市占地面积来代替城墙周长。由于近代测绘地图保存的十分完整，因此对地方行政城市的占地面积进行测量具有可行性，而且通过

---

① 鲁西奇：《城墙内外：明清时期汉水下游地区府、州、县城的形态与结构》，陈锋主编：《明清以来长江流域社会发展史论》，武汉大学出版社2006年版，第228页。

历史地理的方法，可以在近代城市的基础上追溯城市的发展过程，得出历史上不同时期基本可信的城市占地规模的数据。这样才能使得我们的研究有着可靠的资料基础。

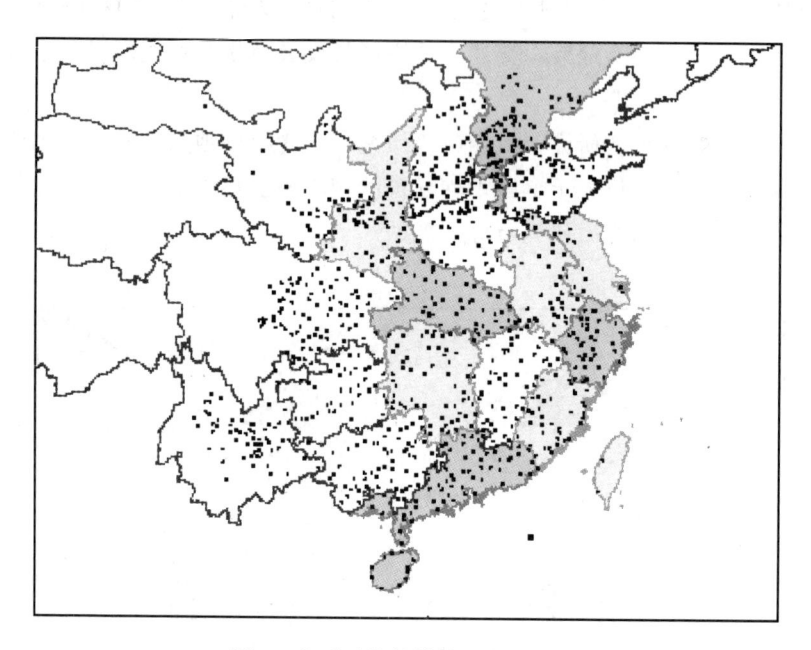

图 2　小于平均规模的城市分布图

（本文原载《扬州大学学报（人文社会科学版）》2007 年第 3 期）

清代宫廷汉族儒家乐书制作及其意义

邱源媛

清代自康熙后期，直至雍正、乾隆之际，纂修了大量汉族宫廷乐书，居历代之最。同时，清廷还对乐律制度进行了大幅度调整，制定了诸多它代没有的宫廷大乐，大力推动了王朝汉族礼乐的发展。这些举措仅仅单纯的关乎音乐吗？从律吕、乐谱、乐器文献中，我们是否可以解读出更多更深的含义？本篇原文对康熙帝、乾隆帝编撰的三大乐书：《御制律吕正义》、《御制律吕正义后编》、《钦定诗经乐谱》进行了剖析，尝试从宫廷音乐的角度考察清帝对汉文化的理解与利用。本文在原文基础上有所删节，仅取《御制律吕正义》部分，尤以十四律为重点，探讨康熙帝制作十四律的深意所在。

"清承明式"是入关初期礼仪制作的最大特点，王朝对儒家文化的全面接纳在各种礼仪制作中尽显无遗，这与当时的政治状况紧密相关。自顺治问鼎中原，直至康熙平定三藩、收复台湾，前后近半个世纪中，清王朝对中原的统治一直不稳定，中原问题成为这一阶段的治政中心。满族统治者在军事征服中原的同时，如何以儒家传统礼乐的象征形式告祈上天、昭示万民，凸显非汉族政权"奉天承运"的合法性与合理性；如何获得汉族官僚集团在文化心理上的认同，从而获得汉族学者、官僚的支持，得到他们的政治辅佐，成为清王朝昭示江山正统传承、稳定政局社稷的重要政治、文化措施。在这种政局下，清王朝不得不采用各种方式，把满洲帝王装扮成儒家文化的当然传承者。而制作具有象征意义的各种礼仪大典，则成为不可缺少的重要环节之一。面对陌生的汉文化，模仿明制是清初礼乐制作的必然途径，也是满洲统治者问鼎之初，在文化上必然有所妥协的客观反映。

然而，进入康熙中后期，随着中原局势逐步稳定，玄烨的制礼态度出现了微妙的变化，并由此影响到有清一代汉族儒家礼乐的制作方向。雍正帝曾盛赞康熙帝："我皇考圣祖仁皇帝，生知好学，天纵多能，万几之暇，留心律历、算法，积数十年博考繁赜，搜抉奥微，参伍错综，一以贯之。"① 此话虽有夸大之处，但康熙帝数十年留心律吕却属实情。据《清实录》记载，三十一年（1692）正月初四日，玄烨曾在朝堂上对群臣大谈乐律之精微：

> 上御乾清门，召大学士、九卿等至御座前，上取《性理》展阅，指太极图谓诸臣曰："此所言皆一定之理，无可疑论者。"又指五声八音八风图曰："古人谓十二律定而后被之八音，则八音和，奏之天地，则八风和，而诸福之物，可致之祥无不毕至。其言乐律所关如此其大，而十二律之所从出，其义不可不知。如《律吕新书》所言（宋蔡元定撰——笔者注），算数专用径一围三之法。此法合则所算皆合，此法若舛，则无所不舛矣。朕观径一围三之法，用之必不能合。盖径一尺，则围当三尺一寸四分一厘有奇。若积累至于百丈，所差至十四丈有奇，等而上之，其为舛错可胜言耶。"因取方圆诸图，指示诸臣曰："所言径一围三止可算六角之数，若围圆，则必有奇零，其理具在目前甚为明显。朕观八线表中半径勾股之法，极其精微，凡圆者可以方算，开方之法即从此出，逐一验算，无不吻合。至黄钟之管九寸空围九分积八百一十分，是为律本。此旧说也，其分寸若以尺言，则古今尺制不同。自朕观之，当以天地之度数为准，至隔八相生之说，声音高下，循环相生，复还本音，必须隔八，此一定之理也。"随命乐人取笛和瑟，次第审音，至第八声，仍还本音。上曰："此非隔八相生之义耶，以理推之，固应如是。"②

---

① 《世宗宪皇帝御制文集》卷6，《序》"数理精蕴序"条，《四库全书》集部别集类，第1300册，第66页。
② 《清圣祖实录》卷154，康熙三十一年正月甲寅。

这段文字提到了十二律吕、黄钟管径的确定，以及隔八相生等等相当专业的中国传统乐律知识，可以看出，此时康熙帝对礼乐的关注点已由表面化的乐器、歌词、仪式等，深化到内在的乐律音韵。另据《康熙朝满文朱批奏折全译》记载，康熙帝曾令武英殿和素等人寻宋仁宗《乐髓新经》、蔡元定《燕乐谱》、李文利《律品元声》以及《乐经内编》、《乐经》等书籍细心研读，① 对《朱子全书》中凡天文、地理、乐律、历数等内容也颇有心得，② 还曾写下"同声相应论"③、"同声相应"④、"黍"⑤等律吕方面的文章。

康熙帝对律吕学的关注，直接导致五十三年（1714）《御制律吕正义》一书问世。该书专为发明乐律而著，是康熙一朝汉族儒家大乐制作的重中之重。

五十二年（1713）九月，康熙帝谕诚亲王允祉等撰修律吕、算法诸书，于蒙养斋立馆，求海内畅晓乐律者，令举人照海等学习算法的四十五人，再加考试选拔，择优异者于修书处行走。⑥ 次年十一月，诚亲王允祉等以《御制律吕正义》进呈，康熙帝下旨："律吕、历法、算法三书著共为一部，名曰《律历渊源》。"⑦ 这里提到的律吕、算法等书，指的就是《历象考成》四十二卷、《律吕正义》五卷、《数理精蕴》五十三卷，三书分别研究天文、音律、数学，合为《律历渊源》一百卷。

《律吕正义》一书以阐述乐律为本，共分三编，上编《正律审音》二卷，论述了黄钟起数，及纵长、体积、面幂、周径、律吕损益之理、管弦律度旋宫之法。下编《和声定乐》二卷，阐明八音制器的要点，专论乐

---

① 参见《康熙朝满文朱批奏折全译》2145号、2163号、2191号、2198号、2214号、2216号等档案。
② 《清圣祖实录》卷246，康熙五十年四月甲戌。
③ 《圣祖仁皇帝御制文第四集》第4集卷21《论》"同声相应论"，《四库全书》集部别集类，第1299册，第533页。
④ 《圣祖仁皇帝御制文第四集》第4集卷28《杂著》"同声相应"，《四库全书》集部别集类，第1299册，第582页。
⑤ 《圣祖仁皇帝御制文第四集》第4集卷28《杂著》"黍"，《四库全书》集部别集类，第1299册，第583页。
⑥ 《清圣祖实录》卷256，康熙五十二年九月甲子。
⑦ 《清圣祖实录》卷261，康熙五十三年十一月乙卯。

器的结构、性能及制造，卷一包括"八音总说"和排箫、箫、笛、笙、头管、篴、埙等七种乐器，卷二含有琴、瑟、钟、磬、鼓（附柷）、柷敔等六种乐器。续编《协均度曲》一卷，取葡萄牙人徐日升及意大利人德里格讲的声律节奏，证以经史记载的律吕宫调诸法，分配阴阳二均字谱，有图有说。《律吕正义》虽然只有五卷，是《律历渊源》三部书中最短的一部，但它却凝聚了康熙帝制乐的精髓，书中详细阐述了打破传统十二律制的康熙十四律，是康熙帝制乐思想的集中体现。下面，我们即以此为重点，对康熙帝制乐思想做一解析。

一　十四律制作

中国古代乐律主要采用十二律体系。所谓"十二律"，指"黄钟、大吕、太簇、夹钟、姑洗、仲吕、蕤宾、林钟、夷则、南吕、无射、应钟"十二个音律，单数各律称"律"，双数各律称"吕"，合称"律吕"。① 明朝朱载堉用等比数列计算平均律，并由此确立的"十二平均律"（或称"十二等程律"），完善了十二律体系，为中国古代律吕学做出重大贡献。②

康熙帝在《律吕正义》一书中，提出了一套自成体系的乐律系统——十四律。根据音乐学者的相关研究，这套乐律系统完全异于明代朱载堉十二律，是中国历史上从来没有出现过的乐律，很难在任何一种传统乐律中寻找到它的影子。③ 到底十四律与传统十二律有何不同，依据音乐学者的研究成果，现制表如下。

---

① 参见《中国音乐词典》"十二律"、"十二律体系"条，人民音乐出版社2000年版，第354页。

② 参见《中国音乐词典》"新发密律"条，人民音乐出版社2000年版，第433页。关于"十二律"及"朱载堉十二平均律"等问题，音乐学界已进行了较为全面而深入的研究，具体内容可参见杨荫浏《中国古代音乐史稿》（人民音乐出版社1981年版）、缪天瑞《律学》（人民音乐出版社1996年版）等论著，由于相关作品太多，在此不做一一赘述。

③ 关于康熙十四律的相关问题，本文参考并采用了音乐学者的研究成果，特在此说明，详见下文。

表一　　　　　　　　十二律与十四律对比表（一）

		黄钟	大吕	太簇	夹钟	姑洗	仲吕	蕤宾	林钟	夷则	南吕	无射	应钟	半黄钟	半大吕
十二律	A 以黄钟为宫	宫		商		角		变徵	徵		羽		变宫	清宫	
	B 以大吕为宫		宫		商		角		变徵	徵		羽		变宫	清宫
十四律	C 以黄钟为宫	宫		商		角		变徵		徵		羽		变宫	清宫
	D 以大吕为宫		宫		商		角		变徵		徵		羽	变宫	清宫

将表一中的四种调式进行比较：A调式中"蕤宾"与"林钟"，"应钟"与"半黄钟"是半音关系，同理"变徵"与"徵"，"变宫"与"少宫"也是半音关系；B调式与A调式相同，只是升高半音。C清制黄钟宫调式，就不同了，所有音与音之间，都是全音关系，没有半音关系，八度之间，共有七个音，十四个律（半音）；D调式与C调式相同，只是升高半音。

由此可见，十四律与传统十二律确实差别很大。那么，康熙十四律的可行性如何？在音乐方面的价值何在？对该问题发论较早、较为权威的当属杨荫浏先生。杨先生指出："这种纯粹出于个人空想的律制，其本身是紊乱无序。"① 康熙帝虽然"固执的不愿意自同于亡国世子的律吕系统（明代朱载堉的十二平均律——笔者注）"，但"音声高下的事实，告诉他'此路不通'，他于是乎硬打出路，取古人阳律、阴吕之名，曲解三分损益律，而出之以武断。这样，他便打破了十二律的系统，而自成其旷古未有的十四律的系统。但表面上，他却自以为是恪遵古制"②。香港学者余少华谈到，康熙帝以阴阳学说为准地，"着眼点仅在于把阴阳两组音（吕律）各归其位，互不相混"③。台湾学者陈万鼐先生在著作《清史乐

---

① 杨荫浏：《中国古代音乐史稿》下册，人民音乐出版社1981年版，第1013页。
② 杨荫浏：《中国音乐史纲》，音乐出版社1955年版，第310页。
③ 余少华：《康熙皇帝对黄钟律的理解及其对清代宫廷音乐的影响》，台北《复兴剧艺学刊》1998（1）：第6页。

志之研究》一书中也说："（康熙十四律）标榜阴阳不相杂"①，但实际上这种乐律"既不是西洋的纯律，也不是十二平均律，也不是中国旧制的三分损益律，完全是'革命性'的，以崭新面目出现。假定将十四律，作成一个新式的钢琴……会因为不合乎人类审美的直觉，也难以长时期的流传。"②众音乐学者普遍认为十四律"不仅在理论上站不住脚，在实践中也是无法实施的"③，"对清宫廷音乐的发展，乐器的制造，并无多少积极意义"④，从乐律学本身来说十四律是荒谬的，在音乐学实践中绝对不可能成功。

康熙帝为什么要制定不可施行的十四律呢？我们来看看下面这段话：

（十二律）夫正律为宫，至半律而仍为宫，正律为商，至半律而仍为商，则宫商一定，而旋宫之意已失。且阳律杂以阴吕，阴吕而杂以阳律，阴阳相杂，而取声之原，亦未为得……是知古圣人审定律吕，阴阳各六，阳则为律，阴则为吕，意固有在也。孟子曰：不以六律，不能正五音。郑康成《大司乐》注六律合阳声，六吕合阴声。《国语》以六吕为六间，非阴阳分用之证耶。《吕氏春秋》以三寸九分之管为声，中黄钟之宫，非半太簇合黄钟之意耶。是以即阴阳之各分者言之，则阳律从阳，阴吕从阴，各成一均而不相紊……（十四律）所谓阴阳以类相从而不杂者此也。若夫以阴阳唱和，而合用之，则一律一吕折中取声，使阴阳之气得以相兼，故黄钟之宫为浊宫，大吕之宫为清宫。浊者不得揭之使高，清者不得仰之使下，惟定宫声在黄钟大吕之间，而可浊可清，始能兼律吕之用，黄钟大吕既合而为宫，则太簇夹钟合而为商，姑洗仲吕合而为角，蕤宾林钟合而为变徵，夷则南吕合而为徵，无射应钟合而为羽，至半黄钟半大吕合而为变宫，是又阴阳唱和，律吕合用者也。验之于乐器，排箫、钟、磬各一十有六，正阴阳之分用者也。今箫与笛，一孔而兼律吕，一音而能

---

① 陈万鼐：《清史乐志之研究》，台湾故宫博物院1978年版，第77页。
② 同上书，第84页。
③ 汪申申：《清代音乐理论管窥》，载《黄钟（武汉音乐学院学报）》2002年第1期，第67页。
④ 万依、黄海涛：《清代宫廷音乐》，北京紫禁城出版社、中华书局香港分局1985年版，第56页。

高下，正阴阳之合用者也。至于箫笛之最上一孔，适当出音孔上第一孔之半，而声低一字，即宫声之半，不应宫声，而为变宫者也。按其体，推其数，制以器，审以音，莫不确然有据而无纤豪之可疑。则五声二变运于十二律吕之中，诚有一定不易之至理也。①

以上文为基础，我们可以列表如下：

表二　　　　　　　　　十二律与十四律对比表（二）

		黄钟	大吕	太簇	夹钟	姑洗	仲吕	蕤宾	林钟	夷则	南吕	无射	应钟	半黄钟	半大吕	半太簇	半夹钟
十二律	以黄钟为宫	黄钟	大吕	太簇	夹钟	姑洗	仲吕	蕤宾	林钟	夷则	南吕	无射	应钟	半黄钟	半大吕		
	以大吕为宫	宫		商		角		变徵	徵		羽		变宫	清宫			
		阳		阳		阳		阳	阴		阴		阴	阳			
			宫		商		角		变徵	徵		羽		变宫	清宫		
			阴		阴		阴		阴	阳		阳		阳	阴		
十四律	以黄钟为宫	黄钟	大吕	太簇	夹钟	姑洗	仲吕	蕤宾	林钟	夷则	南吕	无射	应钟	半黄钟	半大吕	半太簇	半夹钟
	以大吕为宫	宫		商		角		变徵		徵		羽		变宫		清宫	
		阳		阳		阳		阳		阳		阳		阳		阳	
			宫		商		角		变徵		徵		羽		变宫		清宫
			阴		阴		阴		阴		阴		阴		阴		阴

首先，上引文如实地反映了康熙帝制乐的思想基础。请注意表二中每一个音阶下面的阴阳标注，传统十二律，无论是以黄钟为宫，还是以大吕为宫，音阶排列都是律吕分列，阴阳互错；而康熙十四律，却使得以黄钟为宫的音阶属纯阳律音阶，以大吕为宫的音阶属纯阴吕音阶，这就是音乐学家多次提到的"阳律阴吕"不相混杂的康熙帝制乐思想。

其次，也是更为重要的，上引文隐约地向后人透露出康熙帝打破十二

---

① 《御制律吕正义》卷1《审定十二律吕五声二变》，《四库全书》经部乐类，第215册，第17—19页。

律、制定新律吕的深意。康熙帝认为"阳律杂以阴吕，阴吕而杂以阳律，阴阳相杂，而取声之原，亦未为得"，是不可取的。究其原因乃"古圣人审定律吕，阴阳各六，阳则为律，阴则为吕，意固有在也"，古人划定阴阳分列，各自为序，必然有一定道理。而孟子、郑康成等人，以及《国语》、《吕氏春秋》等书籍中也都有阳律阴吕分列排序的佐证，"是以即阴阳之各分者言之，则阳律从阳，阴吕从阴，各成一均而不相紊"。康熙帝进而指出，"若夫以阴阳唱和，而合用之则一律一吕折中取声，使阴阳之气得以相兼"。并以此为制作出发点，认为"黄钟大吕既合而为宫，则太簇夹钟合而为商，姑洗仲吕合而为角，蕤宾林钟合而为变徵，夷则南吕合而为徵，无射应钟合而为羽，至半黄钟半大吕合而为变宫"，这样就可以"阴阳唱和，律吕合用"，而"验之于乐器，排箫、钟、磬各一十有六，正阴阳之分用者"，无不相合，"按其体，推其数，制以器，审以音，莫不确然有据而无纤豪之可疑。则五声二变运于十二律吕之中，诚有一定不易之至理也"。康熙帝的整套制乐思想，表面上从"阴阳分用"理论出发，实际上却由"古圣人"之言演化而来，并在有意识地强调十四律对"古圣人"之言的忠实继承。

康熙帝为何如此？要理解此举，就需要我们对儒家"礼"、"乐"文化的真实含义有一个清晰的认识。在中国传统文化中，"礼"、"乐"的政治象征意义远远大于词语的表面含义，政治严肃性、儒家思想正统性是其制作的全部着眼点。中国历代王朝更替，常以"礼崩乐坏"来形容前朝制度的乱序。这里的"乐"，指的不仅仅是"律吕"制度，它带有强烈的政治含意。批判前朝"旧乐"，创建本朝"新乐"，实际上是每一个王朝都必须完成的，它是新王朝统治体系建立的一种体现。

时至康熙中期，随着三藩平定、台湾收复，中原局势逐步稳定。北疆，尤其是西北问题逐渐成为满洲统治者的重心所在。此时的清王朝，需要打破入关初期全面延续明制的做法，构建全新体系，重塑帝王形象。作为一位满洲统治者，康熙皇帝对汉族儒家传统的"礼乐"象征意义有着相当的认知。他深知寻找一个符合儒家传统思想的理论说学，对于批判、推翻明代"礼乐"的重要性。因此，我们在上述文献中看到，上至圣人之言，下至孟子、郑康成等人，以及《国语》、《吕氏春秋》之语，均被康熙帝反复引用，这体现了康熙帝在制乐过程中，强烈寻求某种源于传统文化的理论的支持，以及反复向世人昭示该理论的儒家"正宗性"的心理特征。至于这种理论是什么，能否真正施行，并不完全是康熙帝关注的重点。强调"礼乐"的政治深义，突出自身恪守古制的帝王姿态，这才是康熙帝制作十四律的根源所在。

事实上，这种举动，并不始于《律吕正义》一书。早在康熙二十一年（1682）六月，康熙帝命翰林院掌院学士陈廷敬撰拟乐章十四章，并著礼部太常寺乐官敬慎肄习。① 究其原因，乃"向来升殿所奏中和乐章，皆仍明朝所撰，句有长短，体制类词，后因文理不雅，命大学士陈廷敬等，改撰其章法，皆以四字为句"②。该事件开始显露出康熙帝对明代礼乐的不满，这与入关初期，清代统治阶层对明代礼乐的顶礼膜拜不尽相同。二十九年（1690），"以喀尔喀新附，特行会阅礼，陈卤簿，奏《铙歌大乐》，于是帝感礼乐崩溃，始有志制作之事"③。此时清廷施行的仍是全盘模仿明代礼制的顺治典礼，换言之，康熙帝言中的"崩溃"，实质上是针对明代宫廷礼仪制度而言，玄烨对明代乐制的否定态度已显而易见。此后，创制十四律，也就并非无根之树了。康熙帝中后期的制作态度，意味着问鼎初期以效仿汉儒，建立国家威严，获取汉儒士子认同的制礼方式已暂告一段，王朝礼乐制作进入了新的阶段：即由原来的全盘效仿，逐步转变为建立王朝新体系的制作模式。

二 康熙十四律的影响

新制律吕受到康熙帝相当的重视，在《律吕正义》一书修成的当年，康熙皇帝即在冬至日，以新定乐律祀天于圜丘。④ 帝王对律吕的重视态度，势必会影响到整个社会对此问题的关注。五十四年（1715），康熙帝曾下谕大学士九卿等言："科场出题关系紧要，乡会经书题目，不拘忌讳，断不可出熟习常拟之题。朕常讲《易》及修定天文、律吕、算法诸书，人人皆知必以此等书拟题。尔等皆系应点考试之官，虽未派定何人，

---

① 《清圣祖实录》卷103，康熙二十一年六月乙巳。
② 《圣祖仁皇帝御制文》第4集卷4，《勅谕》"谕南书房翰林"，《四库全书》集部别集类，第1299册，第422页。
③ 《清史稿·乐一》卷94，第11册，第2738页。
④ 《清圣祖实录》卷261，康熙五十三年十一月甲寅。

然断不可以此诸书出题，表题亦不可出修书、赐书等类。不然，则人皆可以拟题倖进，实学何由而得。"① 可见，皇帝的喜好确已影响到士人举子做学问的选择。

那么，康熙律制对当时及后来的律吕学家到底有多大的影响？对中国传统的乐律学又产生了怎样的冲击？在此，我们以《四库全书》、《四库全书存目》、《清史稿》、《续修四库全书》、《丛书集成初编》中收录的乐类书籍为讨论对象，对此问题做一个初步考察。

《四库全书》、《四库全书存目》、《清史稿》、《续修四库全书》、《丛书集成初编》共包括了 57 种乐类书籍，3 种缺失，现可供考察的共 54 种。其中约有 14 种，可以较为明显看出依据蔡元定、朱载堉等前人名家之说。26 种虽未言明学说出处，但均依附先古，各有所据，与康熙乐律无关，如有"引律以合《易》"②，有以河图洛书为本，③ 有以《周礼》作考，④ 有杂采众经书而言乐之。⑤ 余下仅 14 种，提到康熙制律或《律吕正义》（包括《律吕正义》本书）。

为便于论述，我们将 14 种提到康熙律制的乐书列表如下：

表三　　　　　　　涉及"十四律"乐书表

序号	书名	卷数	著者	年代	出处
1	皇言定声录	八卷	毛奇龄	早于康熙三十一年	1.《四库全书》经二一四，二二〇册 2.《清史稿·艺文志·经部·乐类》卷一四五，志一二〇，二一册
2	竟山乐录	四卷	毛奇龄	早于康熙三十一年	1.《四库全书》经二一四，二二〇册 2.《清史稿·艺文志·经部·乐类》卷一四五，志一二〇，二一册 3.《丛书集成初编》一六六一册

---

① 《清圣祖实录》卷 262，康熙五十四年正月甲子。
② （清）沈光邦：《易律通解》8 卷，《四库全书总目》卷 39，经部乐类存目，第 337 页。
③ （清）康新王永恩：《律吕原音》4 卷，《续修四库全书》乐类；（清）童能灵：《乐律古义》2 卷，《四库全书总目》卷 39，经部乐类存目，第 337 页。
④ （清）李光地：《古乐经传》5 卷，《四库全书》经部乐类。
⑤ （清）张宣猷：《乐经内编》20 卷，《四库全书总目》卷 39，经部乐类存目，第 336 页；（清）汪绂：《乐经或问》，《汪双池丛书》二十种，刻本，汇印，长安赵舒翘，清光绪二十三年。

续表

序号	书名	卷数	著者	年代	出处
3	圣谕乐本解说	二卷	毛奇龄	康熙三十一年	1.《四库全书》经二一四，二二〇册 2.《清史稿·艺文志·经部·乐类》卷一四五，志一二〇，二一册
4	律吕正义	五卷	康熙御制	康熙五十二年	1.《四库全书》经二〇九，二一五册 2.《清史稿·艺文志·经部·乐类》卷一四五，志一二〇，二一册
5	律吕阐微	十卷	江永	乾隆年间	1.《四库全书》经二一四，二二〇册 2.《清史稿·艺文志·经部·乐类》卷一四五，志一二〇，二一册
6	琴旨	三卷	王坦	乾隆九年	1.《四库全书》经二一四，二二〇册 2.《清史稿·艺文志·经部·乐类》卷一四五，志一二〇，二一册
7	律吕正义后编	一百二十卷	乾隆敕撰	乾隆十一年	1.《四库全书》经二〇九至二一二，二一五至二一八册 2.《清史稿·艺文志·经部·乐类》卷一四五，志一二〇，二一册
8	赓和录	二卷	何梦瑶	乾隆二十七年	1.《四库全书》经部乐类存目 2.《丛书集成初编》一六六三至一六六四册
9	大乐元音	七卷	潘士权	乾隆三十四年	1.《四库全书》经部乐类存目 2.《清史稿·艺文志·经部·乐类》卷一四五，志一二〇，二一册
10	诗经乐谱（附乐律正俗一卷）	三十卷	乾隆敕撰	乾隆五十三年	1.《四库全书》经二一三，二一九册 2.《清史稿·艺文志·经部·乐类》卷一四五，志一二〇，二一册
11	律吕纂要	二卷	不著名氏	年代不详存入四库	《四库全书》经部乐类存目
12	律音汇解	八卷	邱之稑	道光十五年	《续修四库全书》乐类

续表

序号	书名	卷数	著者	年代	出处
13	律吕元音正录	一卷	毕华珍	道光二十八年	1.《续修四库全书》乐类 2.《丛书集成初编》一六六七册
14	音分古义	二卷附一卷	戴煦	年代不详	《清史稿·艺文志·经部·乐类》卷一四五，志一二〇，二一册

由表三可知，毛奇龄《皇言定声录》、《竟山乐录》、《圣谕乐本解说》，三本书著于康熙御制《律吕正义》之前。据《圣谕乐本解说》记载，康熙三十一年（1692）正月初四在乾清宫，推径一围三隔八相生之法（参见前文），毛奇龄于该年三月"就医会城，伏读邸抄"，知之说法，于是成《圣谕乐本解说》，意在献媚。① 是书成于康熙三十一年（1692）五月，与《皇言定声录》、《竟山乐录》一同进呈，未果。至三十八年（1699）三月，康熙帝南巡，毛奇龄迎驾于嘉兴，乃以是书恭进。该书以大学士伊桑阿《论乐原疏》为本，于径一围三、隔八相生之圣谕，推阐考证，分条注释，但并未言及康熙十四律。② 《皇言定声录》、《竟山乐录》二书先于《圣谕乐本解说》而著。《皇言定声录》自言推本圣祖仁皇帝论乐，实际上自附九声、七调之说，与康熙乐律毫无关系。③ 《竟山乐录》"据明宁王权《唐乐笛色谱》为准……解五音十二律还相为宫，以攻司马迁《律书》、蔡元定《律吕新书》之说，欲举古来所谓'三分损益、隔八相生'者一切废之，并伶州鸠所对亦斥为妄言"④，也丝毫未谈康熙律吕。可见，三书虽盛赞康熙帝论乐，然就其本质却实无康熙乐律痕迹，只做了些表面文章。

著于康熙《律吕正义》之后的乐律书籍共11种。其中有4种为皇帝御制，除康熙御制《律吕正义》外，还有乾隆御制《律吕正义后编》与《诗经乐谱》，二书均以《律吕正义》为本。另有不著名氏《律吕纂要》，分上、下二篇，每篇各十三说，"大意以律吕之要在辨其声音之高下、长

---

① （清）毛奇龄：《圣谕乐本解说》卷1，《四库全书》经部乐类，第220册，第199页。
② （清）毛奇龄：《圣谕乐本解说》提要，《四库全书》经部乐类，第220册，第197页。
③ （清）毛奇龄：《皇言定声录》提要，《四库全书》经部乐类，第220册，第219页。
④ （清）毛奇龄：《竟山乐录》提要，《四库全书》经部乐类，第220册，第291页。

短,上篇则发明高下之节,下篇则发明长短之度"①。该书藏于前国立北平图书馆,编号"艺七一〇一九二八",目录卡片注:"似是《律吕正义·续编》稿本"。根据藏书章可知,该书为诚亲王允祉旧物,后转赐某人,最后辗转归于北平图书馆。经音乐学家考证,《律吕正义·续编》确是根据该书删节而成,因此《律吕纂要》属于御制,符合康熙乐律,毋庸置疑。②

剩下7种为江永《律吕阐微》、王坦《琴旨》、何梦瑶《赓和录》、潘士权《大乐元音》、邱之稑《律音汇解》、毕华珍《律吕元音正录》、戴煦《音分古义》。

江永一书"引圣祖仁皇帝论乐五条为《皇言定声》一卷,冠全书之首。而御制《律吕正义》五卷,永实未之见……其作书大旨,则以明郑世子载堉为宗"③。何梦瑶《赓和录》虽以《律吕正义》为《述要》,但也以蔡氏《律吕新书训释》、曹庭栋《琴学纂要》附入下卷,分为《律吕正义述要》、《律吕新书训释》、《琴学纂要》三部分,上下卷。该书自序曰:"先是梦瑶尝慨音乐之不明于世,取蔡元定《律吕新书本原》九章训释以教门人,顾明其理而不得其器,则无所考证。又取《御制律吕正义》研究八音协律和声之用,述其大要为一卷。兹得曹书参核真快事也。"④潘士权《大乐元音》:"前五卷据琴定乐,大旨本《管子》'下征之数一百八,下羽之数九十六'、《白虎通》'弦音离,故首征'二说而通之……并附以《仪乐谱》十二篇。图说颇繁,然实本钦定《律吕正义》'琴以首弦为下征'之说,旁为推演。"⑤然而"其由琴声而推诸乐,与近时江永《律吕新论》所见略同,但不及永书之精密耳"⑥。如果我们对江永《律吕新论》加以考察,就会发现江永以传统十二律论乐,根本未涉及康熙

---

① 《四库全书总目》卷39,经部乐类存目,《律吕纂要》,第338页。
② 参见吴相湘:《律吕纂要跋》,载于广州《大光报》1936年10月7日文史周刊第五期;吴相湘:《第一部中文西洋乐理书》,载于台湾《大陆杂志》1953年第七卷第一期第7页;方豪:《中西交通史》第八章;陶亚兵:《〈律吕纂要〉及其与〈律吕正义·续编〉的关系》,载于《中央音乐学院学报》1991年第4期,第48—53页。
③ (清)江永:《律吕阐微》提要,《四库全书》经部乐类,第220册,第547页。
④ 《丛书集成初编》,第1663册,第3—4页。
⑤ 《四库全书总目》卷39,经部乐类存目,《大乐元音》,第337页。
⑥ 同上。

律吕。① 邱之稑《律音汇解》是一本关于诗经乐谱的著作，邱氏根据康熙《律吕正义》的律吕命名体系，将宋代赵彦肃《风雅十二诗谱》译为琴瑟演奏谱。但该书也"考明周尺以定十二律之度……又本朱子《仪礼经传通解》"。② 可见，何梦瑶、潘士权、邱之稑的确采用了《律吕正义》的一些内容，但也并未扬弃传统乐律。

余下王坦《琴旨》、毕华珍《律吕元音正录》、戴煦《音分古义》三书确以《律吕正义》为本。王坦"作是书，一一本《正义》之旨，而反复推阐。"③ 毕华珍更是自言："圣祖仁皇帝《御制律吕正义》，用千二百黍之积，较正黄钟真数，又以黄钟倍半各数，比例相求，考验金石丝竹弦匏诸器，人声高下自然之宜，无一不合。华珍少喜律学，偶有窥测，笔之于条。"④ 戴煦则认为周景王问乐于伶州鸠之时，就已取"黄钟、太簇、姑洗、蕤宾、夷则、无射、半黄钟"七个阳律为七律，与康熙律制完全相同。而"自汉以后，刘安京房之徒，用弦定律，始取黄钟、太簇、姑洗、蕤宾、林钟、南吕、应钟为七音。韦昭亦遂以四律三同解七律。于是七律之义晦。而七同因不得其解。历魏晋五代唐宋元明，未有起而正之者。我朝吹律定声，始知清浊二均，当律吕分用。千年疑窦，一言而决，发复三代之元声，正累朝之异说，诚盛事也"。因此，是书义旨遵《律吕正义》，"或间有变通者，正如上古六宪，经列圣手定，咸用四分，迄乎后代不无增损。"⑤

经过以上分析，我们可以看到，在《四库全书》、《四库全书存目》、《清史稿》、《续修四库全书》、《丛书集成初编》收入的57种乐类书籍中，仅有14种与康熙乐制相关。其中，有4种乃御制圣本，不属于民间，实际并不是乐律学本身发展的产物。剩下10种中，毛奇龄《皇言定声录》、《竟山乐录》、《圣谕乐本解说》，江永《律吕阐微》4种，虽盛赞康熙帝论乐，却实与之无关；何梦瑶《赓和录》、潘士权《大乐元音》、邱之稑

---

① 该书《今律较旧律》中，旧律与《律吕正义》13页提到的旧律差不多，但此处的今律却与《律吕正义》指定的相差太远。该问题较为复杂，不在此处展开论述，请参看《四库全书》经部乐类，第220册，第520页。

② 《续修四库全书》乐类。

③ （清）王坦：《琴旨》提要，《四库全书》经部乐类，第220册，第693页。

④ 《丛书集成初编》1667册，第1页。

⑤ （清）戴煦：《音分古义》序，刻本，新阳赵氏，清光绪十二年（1886）。

《律音汇解》、王坦《琴旨》、毕华珍《律吕元音正录》、戴煦《音分古义》6种，虽确实涉及康熙乐律，而何、潘、邱依然保留了传统乐律的成分，仅有王、毕、戴三书全盘吸纳康熙律制。

由此可见，康熙乐律对当时及后来的律吕学者，以及对中国传统乐律学所产生的影响并不大。出现这种现象是合乎情理的，康熙制乐，就指导思想而言，本身并没有从乐律学的角度出发，而是立足于远古的阴阳之说；就制作目的而言，也与发展乐律学无关，而在于推翻前朝（明代）乐律，标榜思想的复古性、与先圣的一致性。十四律的创造与其说是康熙乐律学的研究成果，毋宁说是"恪守古制"政治形象的一种塑造。

（本文原载《清史论丛》2009年号，收入本书时有删节）

朱筠与清中叶学术变迁

林存阳

在清代学术演进中，清中叶乾嘉学派与乾嘉学术的兴起，是一个重要的转型。此一学术变迁，受众多因素的影响，有力儒臣和封疆大吏对新学风的积极倡导、大力扶持与推动，在其间所发挥的重要作用，颇值得关注。朱筠就是这样一位代表性的人物。他对"识字以通经"为学路径的张扬，对《说文》之学的提倡，不仅嘉惠一时士林，而且有力地推进了"通经稽古"新治学趋向；至于其在《四库全书》馆经营之初的贡献，更于政治文化导向的抉择产生了不可忽视的意义。本文拟对朱筠为学取向做进一步的探究，并以之为视点，尝试揭示儒臣对新治学取径的倡导之于一代学术转向的密切关系，以期对清中叶学术变迁的内在脉络和契机做一新的个案透视。

一

自乾隆初叶惠栋致力于倡复古学以来，卢见曾以地方大吏，加以推阐发明，倡为"通经当以近古者为信"[①]之说，而其主持纂辑的《雅雨堂藏书》，以对汉儒特别是郑玄之学，以及惠栋、朱彝尊诸儒的表彰，

---

① （清）卢见曾：《雅雨堂文集》卷一《经义考序》，《续修四库全书》，第1423册，上海古籍出版社2002年版。

揭示了新的为学趋向。接武其后，朱筠更以所倡"识字以通经"①的治学方法，衡文校士，开示学人，于一时学风移易和塑造，产生了很大的影响。②

朱筠"识字以通经"为学思路的确立，乃基于其对汉儒解经路径的认同。早年的朱筠，曾一度以为文好奇自恣，然在业师蒋德"教之穷根源"、朱乾"不读线钉书，无用也"、吴光昇"制义非根柢经史不可"、顾光"读先秦、西汉书"之教的影响下，他逐渐体悟到"养之慎勿伤，其本在书诗"③。基于此，朱筠遂致力于经史之学的探究。④ 朱筠既服膺汉儒之学，故其任安徽、福建学政期间，汲汲以通经识字引导士子，使知为学趋向。在《送万黍维》诗中，朱筠曾倡言："不闻郑与贾，朴学古亦少。马君训博精，立起枯若槁。人不食菽粟，生活不自保。经传味人人，不朽安得老。"⑤ 将汉儒经传与人生存必需的菽粟相比拟，可见朱筠对经义的重视程度。而在《劝学编序》及《安徽试卷序》中，朱筠更进一步揭示了通经的必要性和意义。其言曰：

> 余试士之文谓之经义，所以说五经及四子书之义也。按说经始于汉初，诸老翁抱保携持诸经于秦烬之余。《汉书》称……盖禄利之路然也……然今国家悬诸功令以诏士，其路其义，无以异也。唐韩愈氏

---

① （清）朱筠：《笥河文集》卷五《安徽试卷序》、《劝学编序》，《丛书集成初编》（第2506—2509册），中华书局1985年版，第78页。当然，若究其原始，晚明陈第、清初大儒顾炎武等，已发先声。只是因所处时势不同，其效果也就不可同日而语了。

② 清人方东树在《复罗月川太守书》中指出："国朝考据之学，超越前古，其著书专门名家者，自诸经外，历算、天文、音韵、小学、舆地、考史，抉摘精微，折衷明当。如昆山、四明、太原、宣城、秀水、德清，根柢学问，醇正典雅，言论风采，深厚和平，复矣尚矣！虽汉、唐名儒，不过于斯矣。及乎惠氏、戴氏之学出，以汉儒为门户，诋宋儒为空疏。一时在上位者，若朱笥河先生及文正公昆弟、纪尚书、邵学士、钱宫詹、王光禄，及兰泉侍郎、卢抱经学士十数辈，承之而起，于是风气又一变矣。此诸公者，类皆天姿茂异，卓越侪伍，强识博辨，万卷在口，能使有学者瞥厥耳、无闻者荡厥心，驰骋笔舌，论议涛涌。然而末流易杂，变本加厉，弊亦生焉。"（《仪卫轩文集》卷七，同治七年刻本）这一批判性的勾勒，从反面提供了自惠栋以来治学方法的影响，由此亦可见朱筠在此学术新趋向中所发挥的作用。

③ （清）朱筠：《笥河诗集》卷三《癸酉九月伯思下第将之湖北从父紫澜先生学使者之役也作诗四首赠其行》，《续修四库全书》第1439册，第496页。

④ 朱锡庚曾对其父朱筠研治经史之学的情形有较详细的揭示，详参（清）朱锡庚《笥河文集序》，（清）朱筠：《笥河文集》卷首，第3页。

⑤ （清）朱筠：《笥河诗集》卷九，第576页。

曰："士不通经，果不足用。"又曰："为文须略识字。"今汉儒之书颁在学官者，则有毛苌氏、何休氏、赵岐氏、郑康成氏；其书见传于世者，则有许慎氏。诸生不读许氏书，无以识字；不读毛、何、赵、郑氏书，无以通经。诸生应使者试，为文不如此，其求合于诏令"清真雅正"之指者盖难矣。夫"清真"者，非空疏之谓；"雅正"者，非庸肤之谓。诸生将求免于空疏、庸肤，以仰符诏旨，其必不能外乎识字以通经矣。①

这种以训诂而通经的为学方法，彰显出惠栋以来汉学中人的治经门径。

基于"识字以通经"为学主旨，朱筠首先从本原上着手，其注目点为汉儒许慎的《说文解字》。他尝言："余每恨九经传注文字讹失，欲与同志者依据许君《说文解字》，是正其体画，写石刻之。"② 故当其提督安徽学政时，遂刊布宋版《说文解字》，并指出："今学者无师法，不明文字本所由生，其狃见尤甚者，至于谐诒不分，锻锻不辨，據旁著处，適内加商，点画淆乱，音训泯棼。是则何以通先圣之经而能言其义邪！"③ 而在《桂馥说文统系图记》一文中，朱筠又对历代研治《说文》的统系加以揭示，以彰显许慎之学的重要性。他强调：

> 夫古者治世必先同文，言不顺则事不成、礼乐不兴、刑罚不中，递变而降，列史可得而论焉。若乃君子执经之心，其言之曰：文，心之声也。苟不通其文，则人人竞为私说，不准某师，至于离经畔道，而古经几不可读，承学者所惧也。然其所从入，必自形体始，形体正然后可以求声音，声音通然后可以明训诂，于是乎六书之统系以全，而许君之道尊。

由此，朱筠得出一种认识："六书者，所以辅史而通经，其道大，非独一

---

① （清）朱筠：《笥河文集》卷五，第78—79页。
② （清）朱筠：《笥河文集》卷五《曲阜颜氏奉藏尺牍序》，第76页。
③ （清）朱筠：《笥河文集》卷五《说文解字叙》，第69页。按：朱筠之刊刻《说文解字》，王念孙校正之功为多；而其序中之辨别六书要旨，亦多承王念孙之意。

端而已。"① 正是意识到六书之学的重要性，故朱筠在诲导士子时，特别指出："古学权舆，专在是矣。"② 此说一出，遂为"学六书之学者大启沟浍"③，流风所向，士子因多有通六书及注疏家言者，学风为之一变。而就当时知识界研讨《说文》的情形来看，除戴震、翁方纲、钱坫、王念孙等少数学人外，尚不多见。④ 朱筠于举世罕为之时，于《说文》之学推阐发明，倡导后进，实为一开风气之先者。

二

朱筠以经义古学为宗尚的取向，顺乎时代潮流，于乾隆三十七年（1772）以后，遂孕育出从《永乐大典》中校辑遗书的倡议，从而直接促成了清廷下诏开《四库全书》馆。

朱筠之所以发此倡议，乃导因于乾隆三十七年清高宗的两道上谕，此时朱筠任安徽学政。是年正月初四日，高宗下诏中外搜辑古今群书，以彰千古同文之盛。其言曰：

> 朕稽古右文，聿资治理，几余典学，日有孜孜。因思策府缥缃，载籍极博，其巨者羽翼经训，垂范方来，固足备千秋法鉴。即在识小之徒，专门撰述，细及名物象数，兼综条贯，各自成家，亦莫不有所发明，可为游艺养心之一助。是以御极之初，即诏中外搜访遗书，并命儒臣校刊《十三经》、《二十二史》，遍布黉宫，嘉惠后学。复开馆纂修《纲目三编》、《通鉴辑览》及三通诸书。凡艺林承学之士，所

---

① （清）朱筠：《笥河文集》卷七，第133—135页。朱筠撰《汉西岳华山庙碑跋尾》曰："……然则此碑之足以补益范书者又如此。若夫碑字之工，为汉隶冠，姑不必论。今窃据六书以考是碑，其可以见篆、隶、楷之递变者有六：一曰本字，二曰古通字，三曰与小篆合，四曰变篆而意则存，五曰变篆作俗书之俑，六曰篆变而楷不从。"（（清）朱筠：《笥河文集》卷六，第90页）又《寺中与汪钟何暎标夜话示之》曰："自笑游山癖，多君山共游。六朝余旧迹，一局对名流。无字犹呼石，遗经亦构楼。汉疏唐刻在，吾学要精求。"（（清）朱筠：《笥河诗集》卷一〇，第590页）

② （清）李威：《从游记》，（清）朱筠：《笥河文集》卷首，第25页。

③ （清）余廷灿：《存吾文稿·朱侍读学士筠传》，《续修四库全书》第1456册，第70页。

④ 详参（清）朱筠《笥河诗集》卷一二《送钱献之坫还嘉定即题其篆秋书屋图》。

当户诵家弦者,既已荟萃略备。

第念读书固在得其要领,而多识前言往行以蓄其德,惟搜罗益广,则研讨愈精。如康熙年间所修《图书集成》,全部兼收并录,极方策之大观,引用诸编,率属因类取裁,势不能悉载全文,使阅者沿流溯源,一一征其来处。今内府藏书,插架不为不富,然古今来著作之手,无虑数千百家,或逸在名山,未登柱史,正宜及时采集,汇送京师,以彰稽古右文之盛……但各省搜辑之书,卷帙必多,若不加之鉴别,悉行呈送,烦复皆所不免。著该督抚等先将各书叙列目录,注系某朝某人所著,书中要指何在,简明开载,具折奏闻。候汇齐后,令廷臣检核,有堪备览者,再开单行知取进。庶几副在石渠,用储乙览,从此四库七略,益昭美备,称朕意焉。①

高宗此诏,虽然不免炫耀盛世文治之意,但也昭示出其对载籍意义的重视,并为士人指明了为学应有的态度和方法,应该说还是颇具有文化建设意义的。但在文字狱阴影的笼罩下,中外官员一时揣摩不透高宗下此谕旨的意图究竟为何,所以迟至十月,应之者寥寥。对此情形,高宗大为失望,故于十月十七日再下谕旨,敦促各省督抚、学政实心从事,无论刊本、抄本,一一汇收,以备采择。自此,地方大吏始渐次展开该项工作。

正是在此背景之下,朱筠以其敏锐的洞察力,一则上《购献遗书折子》以示对高宗之谕的积极响应,一则上《谨陈管见开馆校书折子》,阐发了自己对购求遗书事宜的看法。据前折所奏,朱筠自任安徽学政按试各属以来一年间,已陆续采访搜集到"潜心服古,说有依据,足成一家之言,可备甄择"者,如安庆方以智《通雅》,徽州江永《礼书纲目》、戴震《考工记图》,宁国梅鼎祚《算学全书》等等,而"其余前代故书,尚竢渐次网罗"②。而在后一折中,朱筠则提出了"旧刻抄本,尤当急搜也"、"金石之刻,图谱之学,在所必录也"、"中秘书籍,当标举现有者,以补其余也"、"著录校雠,当并重也"四条建议。

---

① 中国第一历史档案馆编:《纂修四库全书档案》,上海,上海古籍出版社1997年版,第1—2页;又见《清高宗实录》卷九〇〇,乾隆三十七年正月庚子,但文字略有出入。

② 中国第一历史档案馆编:《纂修四库全书档案》,第23页;又见(清)朱筠《笥河文集》卷一《遵旨复奏访求遗书折子》,第2页。

朱筠的四条建议，体现出以下思想取向：其一，与高宗搜求刻本、抄本稍异，朱筠对旧本的重要性给予了揭示。在他看来，"汉唐遗书存者希矣，而辽、宋、金、元之经注文集，藏书之家尚多有之，顾现无新刻，流布日少。其他九流百家、子余史别，往往卷帙不过一二卷，而其书最精。是宜首先购取"，如此"则著述有所原本矣"。其二，鉴于汉刘向"外书既可以广中书，而中书亦用以校外书"的校书之例，朱筠对内府藏书的作用给予充分关注。他指出，若能"先定中书目录，宣示外廷，然后令各举所未备者以献，则藏弆日益广矣"。其中，朱筠由在翰林院时翻阅《永乐大典》的体会，一则指出"其书编次少伦，或分割诸书以从其类"之不足，一则对其保存"古书之全而世不恒觏者"的贡献加以肯定。因此，他希望朝廷能派人"择取其中古书完者若干部，分别缮写，各自为书，以备著录"，以使"书亡复存"，嘉惠艺林。其三，在朱筠看来，著录固然重要，但若不加以校雠，亦不能收到好的效果。所以，他认为有命儒臣"分任校书之选，或依《七略》，或准四部，每一书上，必校其得失，撮举大旨，叙于本书首卷，并以进呈，恭俟乙夜之披览"的必要。其四，鉴于前代著录金石、图谱"并为考古者所依据"的意义，朱筠认为收书之外，对此二者也应加以充分利用。①

对于朱筠所上四条建议，高宗命军机大臣详加议复。当时，军机大臣中对此议有不同的看法。刘统勋虽然对朱筠有知遇之恩，且十分赏识其才学，但在这件事上，却不以为然，欲寝其议。而于敏中却对朱筠的建议大为欣赏，与刘统勋力争，最后还是将朱筠之议上奏。乾隆三十八年（1773）二月初六日，军机大臣依命对朱筠的奏议提出批复意见：同意朱筠搜求旧书、从《永乐大典》中辑校遗书、著录与校雠并重的建议；而对著录金石、图谱的看法予以否定。对军机大臣的批复意见，高宗作出如下决定：

> 军机大臣议复朱筠条奏内将《永乐大典》择取缮写各自为书一节……著即派军机大臣为总裁官，仍于翰林等官内选定员数，责令及时专司查校……先行摘开目录奏闻，候朕裁定……至朱筠所奏每书必

---

① 中国第一历史档案馆编：《纂修四库全书档案》，第20—21页；又见（清）朱筠《笥河文集》卷一《谨陈管见开馆校书折子》，第3—4页。

校其得失，撮举大旨，叙于本书卷首之处，若欲悉仿刘向校书序录成规，未免过于繁冗。但向阅内府所贮康熙年间旧藏书籍，多有摘叙简明略节，附夹本书之内者，于检查询为有益。应俟移取各省购书全到时，即令承办各员将书中要指隐括，总叙厘略，粘贴开卷副页右方，用便观览。钦此。①

朱筠的建议从而基本上得到肯定和采纳。不几日，高宗即下命开馆校核《永乐大典》，派军机大臣为总裁，拣选翰林等官，详定规条，酌量办理。二月十二日，高宗又对校书旨趣作出具体指示，并称将来办理成编时，著名《四库全书》。至闰三月十一日清廷任命《四库全书》馆正副总裁，一场由朱筠奏议引发校辑《永乐大典》遗书的活动，遂演为搜罗四库的浩大政治文化工程。由此来看，《四库全书》之开馆，朱筠实为一有力的倡导者。

朱筠何以有开馆校书之议？探其原由，主要有外在学术因缘与朱筠自身学识两大因素。就外在学术因缘来说，清廷搜集遗书以光文治的政治文化导向，由《古今图书集成》、御纂钦定诸书而三礼馆的诏开，学术集大成之势渐成规模。而就遗书的搜集来说，其着手处主要有内府与地方藏书两条途径。朱筠以其曾在翰林院翻阅《永乐大典》及在安徽任上接触旧本的学术实践，承时势而起，发为开馆校辑遗书之说，其运思可谓与政治文化发展的契机相合拍。此外，还与一些学人对《永乐大典》的关注，以及三礼馆对《永乐大典》的利用很有关系。先是，李绂与全祖望于雍正年间曾一起抄《永乐大典》中有关大义、欲见而不得的书，全祖望将此消息告之好友江浙藏书家马曰琯、曰璐兄弟与赵昱，马、赵二氏皆极力怂恿，且许予以资助，因此，《永乐大典》中藏有世不经见之书的信息得以流布。而当乾隆元年（1736）清廷诏开三礼馆时，李绂、全祖望两人皆曾向总裁方苞提出利用《永乐大典》，李绂并于本年十二月二十五日入为副总裁，此后，三礼馆确实从《永乐大典》中辑出一部分有关《三礼》的书。尤可注意的是，全祖望与邵晋涵、章学诚交往密切，其对《永乐大典》的关注，邵、章二人当有所闻。而朱筠倡议开馆校书时，邵晋涵、

---

① 中国第一历史档案馆编：《纂修四库全书档案》，第55—56页；又见《清高宗实录》卷九二六，乾隆三十八年二月乙丑。

章学诚皆在其幕府,《谨陈管见开馆校书折子》的酝酿,二人当参与其事。①

另一方面,也是最为重要的,则是朱筠自身的内在学养。首先,朱筠自承庭训及蒋德、朱乾、吴光昇、顾光诸师之教以来,即确立起以经义古学为根柢和归趣的为学取向。而在学术实践中,朱筠愈益体悟到此一取向的必要性和重要意义。其次,朱筠将五经、四书归本于经义,以及"凡于经之天地、山水、宫室、器用、衣服、鸟兽、草木、虫鱼之详悉,皆当周知,而先之以训诂"②"识字以通经"思想的提出,孕育出其以汉唐注疏为归趣的解经路径。此一路径,在客观上需要对前人的著述做一番全面的整理,而这是一人或少数人之力所难以达到的。再次,朱筠在翰林院时,曾翻阅过《永乐大典》,注意到其中不少世不经见之书,而这是学人为学所必需的重要资源之一。这一经历,使朱筠对《永乐大典》的重要学术意义,有了直接的感性认识。最后,朱筠家富藏书,经史之外,宋、元集部为多。而他每与友人及门生谈艺论文之际,"考古著录,穷日夜不倦"③。此外,朱筠对金石文字的孜孜搜讨和重视,以及基于"识字以通经"为学路向对石经和《说文解字》的特别关注,其学识已然拔出流俗,得学问之渊源。由此来看,朱筠自身已具备洞察学术发展动向的学识。

合观内、外两种因素,朱筠之倡议开馆校书,实是时势使然,而朱筠则颇具识见地把握住了政治文化和学术发展走向的契机。

因此,《四库全书》之开馆,朱筠首倡之功当不可没。而以此为契机,自惠栋以来对汉儒之学的张扬,遂逐渐居于学术发展之主流,《四库

---

① 钱穆先生曾说:"二人(指李绂、全祖望——引者注)相约同抄《永乐大典》,又开以后清廷纂辑《四库全书》之远源。盖《四库》馆之设立,其议起于朱筠条奏搜辑遗书,而开局阅校《永乐大典》,实为朱筠奏中要点,时邵二云、章实斋等在朱幕,朱奏盖出二云诸人,亦闻其绪论于谢山耳。穆堂、谢山则首辟此途也。"(《中国近三百年学术史》第七章《李穆堂》,商务印书馆1997年版,第334页)顾力仁先生对此亦有较为详细的论述,详见其所著《永乐大典及其辑佚书研究》第七章《永乐大典之辑佚及其批评》,文史哲出版社1985年版,第278—376页。又据章学诚《朱先生别传》称:"稍长,出从通人长者游,多闻前辈绪论。是时京师通显负物望者,临川李氏绂、桐城方氏苞,讲论经术文章,互相可否。先生方幼学,辄心识其得失。"((清)章学诚:《章氏遗书》卷一八,《章学诚遗书》,文物出版社1985年版,第176页)此可见李绂于朱筠之影响。

② (清)朱筠:《笥河文集》卷五《安徽试卷序》,第77页。

③ (清)朱珪:《诰授中议大夫翰林院编修前日讲起居注官翰林院侍读学士加二纪竹君朱公神道碑》,(清)朱筠:《笥河文集》卷首,第7页。

全书》馆也因之成为不少致力于经义古学者得以一展学术抱负的重要场所。一时间,戴震、陆锡熊、邵晋涵、程晋芳、任大椿诸名儒硕彦,或因留心典籍,或因于古书原委俱能考订,皆得厕身纂修之列,有清一代之学术遂演进到一个新的发展阶段。

然不无遗憾的是,朱筠虽然有倡议开馆校书之功,但直到乾隆三十八年九月,始因生员宋邦孚欠考捐贡案部议降三级调用,依清高宗之命于是冬以编修入《四库全书》馆供职。迄于乾隆四十四年(1779)八月授为福建学政,朱筠在《四库全书》馆近六年时间里,却一直从事校办各省送到遗书事务。这一时期,正值清廷由大规模征书转向禁书全面展开的阶段,而文字狱亦因之迭起。此种态势,对朱筠来说是始料不及的,他所期望的目标遂因时势的骤变而走调变形。在此情势之下,朱筠除了尽心本职工作,依然致力于经义古学的探讨外,其小小编修的身份,对大形势的转向已无可奈何了。而当乾隆四十六年(1781)二月十六日清廷嘉奖纪昀、陆锡熊等人之时,其"恩泽"却并未惠及朱筠,这对有倡议开馆校书之功的朱筠来说,不能不说有失公允,尽管朱筠本人意不在此。

三

朱筠不惟因倡议开馆校书而发一时巨响,其"宏奖士林,敦崇实学"[①],则对学风士习的转移、"通经稽古"新治学趋向的推进等,产生了值得关注的影响。

衡文校士,敦励实学。朱筠自为诸生,即开始课徒授业。其后,他于乾隆二十六年(1761)、三十四年(1769)、三十六年(1771)三充会试同考官,又于三十三年(1768)充顺天乡试同考官、三十五年(1770)充福建乡试正考官,许多绩学之士,如陆锡熊、蒋雍植、任大椿、邵晋涵、程晋芳、钟大受等,皆得脱颖而出。而朱筠于"春秋两闱校士",则"恒以对策为主"。在他看来,"以此观士所学之浅深,若持权衡以测轻重

---

① (清)徐世昌:《清儒学案小传》卷九《大兴二朱学案》,明文书局1985年版,第259页。

云"①。也就是说，朱筠对士子的考量，注重的是他们的真才实学。这一取士标准，较之斤斤于注目八股文之优劣者，可谓迥异其趣，彰显出朱筠校士的独特之处。所以，好学之士皆乐于从朱筠问学请益。李威曾说："先生（指朱筠——引者注）与弟先后翱翔翰苑三十余年，文学品望，并为时冠，四方学者称'二朱先生'。凡游日下者，问奇请益，踵相接也。先生汲引后进，常若不及。来学之士，一经诱诲，莫不争自濯磨，端品力学，时有'朱门弟子'之目。"② 由此不难看出朱筠对一时士人之影响。

朱筠不仅以实学取士，任安徽、福建学政期间，更能以实学造士。赴安徽任之始，他即表示："吾于是役，将使是邦人士为注疏之学，而无不穷经；为《说文》之学，而无不识字。"③ 基于此，朱筠在引导、识拔士子时，无论四书、五经，还是诗赋、策问等，皆以"通经"、"识字"两大端为准的。而作为通经的前提和基本功，识字是朱筠所特别注重的。在乾隆三十七年所作的《请正经文勒石太学以同文治折子》中，朱筠指出：

> 臣蒙被殊恩，备员词馆，出任学臣。伏念安徽大省，务思仰副我皇上以实学训迪多士至意，校艺之余，辄举御纂、钦定诸经及《康熙字典》，与之讲习，诸生亦颇蒸蒸向风。第其中词彩可观，而朴学未尽。每阅数卷，俗体别字，触目皆是。其尤甚者，瑕瑜不分，谬讹莫辨，据旁着处，適内加商，良由经训之未深，以致字体之周定。江南且然，何况小者？其何以识字通经，由乡会两试进应殿廷之对乎……然则欲多士字体之正，非本经文以示之准，或不可缺。④

这一从本原上救治学风之弊的思路，虽然被高宗暂时搁置起来，但朱筠并没因此而放弃。乾隆三十八年春，朱筠将前此思路付之实施，因许慎《说文解字》旧本，重加刊布，期望士子"人人讽之，庶知为文自识字始"⑤。这对安徽士子们产生了不小的影响。洪亮吉曾说："先生以读书必先识字，病士子不习音训，购得汲古阁许氏《说文》初印本，延高邮王

---

① （清）李威：《从游记》，（清）朱筠：《笥河文集》卷首，第24页。
② （清）李威：《从游记》，第28页。
③ （清）余廷灿：《存吾文稿·朱侍读学士筠传》，第70页。
④ （清）朱筠：《笥河文集》卷一，第1页。
⑤ （清）朱筠：《笥河文集》卷五《说文解字叙》，第69页。

孝廉念孙等校正刊行……许氏之学由此大行。先生去任后，二十年中，安徽八府有能通声音训诂及讲求经史实学者，类皆先生视学时所拔擢……先生之课士，其效乃见于十年二十年以后者若此。"① 后来，朱筠出任福建学政，也如在安徽时一样，以经学、六书为倡导，口讲指画，示士子以为学之方。虽然在任仅短短一年时间，但士子闻教者莫不奋然以识字通经为先务。故当朱筠去任时，诸生皆依依不舍。

奖掖寒俊，识延人才。朱筠一生，不仅孜孜于经义古学的研讨，更以识拔人才为己任。凡士贫而有一技之长者，无不在其识拔之列，或馆之于椒花吟舫，或延之于幕府。江藩尝论之曰："先生提唱风雅，振拔单寒，虽后生小子一善行及诗文之可喜者，为人称道不绝口，饥者食之，寒者衣之，有广厦千间之概。是以天下才人学士从之者如归市。"② 李威亦称："士之贫而稍有才学者，以文为贽，来见先生，先生辄以奇才异能许之，为介绍于先达，称誉不绝口。"如夙负才名的武进黄景仁，因落拓来京师从朱筠游，然念及远在家乡的老母，常因贫不能养为忧。朱筠乃为之安排举家入都，既至之后，于所居之西赁屋处之，且"告诸名士爱才者醵金若干，月馈薪米，岁暮，则为母制寒衣"，故"景仁得从容翱翔日下，名益起"。又如龙溪李威，于乾隆三十九年（1774）至京师时，甚为困顿，朱筠适由安徽旋京，乃援引李威居于椒花吟舫南偏之梧月松风，李威因得纵览椒花吟舫所藏书。而朱筠"喜威用力精勤，教诲不倦。当燕闲独处时，必呼入侍，坐于旁，论学谈心，常至夜分不辍"③。又如吴兰庭，当朱筠奉命赴任安徽之时，随从人员已经确定，而朱筠看到余廷灿推荐秀才吴兰庭的信，则说："吾后车已延致十一人，皆宿彦也，颇不谓无助。虽然，妙文不可虚，奇士不可失。"因"命车就访，引吴秀才同载而归"④，携之同赴安徽。其后，吴兰庭于乾隆三十九年馆朱筠家，得尽读其所藏书，又得尽读其所校四库馆之书，遂撰成《五代史记纂误补》。其他如章学诚、汪中、王念孙等，当其不得意或因事遭困时，皆得朱筠呵护，得以

---

① （清）洪亮吉著，刘德权点校：《更生斋文集甲集》卷四《书朱学士遗事》，中华书局2001年版，第1035页。
② （清）江藩著，钟哲整理：《国朝汉学师承记》卷四《朱笥河先生》，中华书局1983年版，第68页。
③ （清）李威：《从游记》，第26、29页。
④ （清）余廷灿：《存吾文稿·朱侍读学士笃传》，第71页。

用心学问。朱筠不仅能急人之难，更能以平等、豁达的心态待人。据李威言："及门会稽章学诚，议论如涌泉，先生乐与之语。学诚姗笑无弟子礼，见者愕然，先生反为之破颜，不以为异"；"威侍先生饮，酒酣，每进言于先生，力争不已，继之以哭。举座踧踖不安，先生亦谈笑自若，绝无忤怒之色"；而"江都汪容甫，才学通敏，冠绝江南北，素傲睨，好诋议人，辄招时忌，无能合其意者。乃负笈从先生游，先生亦礼遇之有加，歉然常若弗及之也"①。朱筠胸怀之广大、仁厚，由此可见一斑，无怪乎学者多愿依其问学。而当朱筠去世之后，京师因有"自竹君先生死，士无谈处"②之慨叹，其为学人仰慕如此，足见其在他们心中的位置。

与朱筠的古道热肠、提携汲引相应，从其问业者亦皆奋然有为，或精于经学，或雄于诗文，而更为关键的，是他们协助朱筠衡文校士的同时，襄赞他成就了一番事业。在朱筠任安徽、福建学政期间，一时知名之士，如戴震、邵晋涵、王念孙、洪亮吉、黄景仁、章学诚、吴兰庭、汪中、庄炘等，皆曾相从校文。其中，朱筠对"孤猿"洪亮吉、"逸鹤"黄景仁两人钟爱有加，视之为"绝世才士"，依之为左右手。而朱筠以《说文》之学引导士子，及入四库馆校书，更资王念孙以成其事。正是得力于以上诸人的集思广益，朱筠是以能发为正经文勒石太学和开馆校书两大动议，"识字以通经"的学术倡导亦因之而得传播。

朱筠之汲汲于人才的造就和识拔，一方面确实使一大批志学之士超然拔出，"以其资之所习近，与其力之所能勉，尊知行闻，各专其术业，以用于世"③，但另一方面，由于从游者众，其中亦不免"一二儇巧之徒，托足门下，颇招物议"④，给朱筠带来不少的麻烦。徐瀚就是一个例子。先是，朱筠刊布《说文解字》时，徐瀚司校刊之役，"工竣，令各府士子入钱市之"，而徐瀚等人"借此抑勒，并于定值外需索，以是不无怨声"。其后，朱筠因宋邦孚欠考捐贡事受到处分，也由徐瀚引起。尽管徐瀚做出此等不堪之事，朱筠依然将其"录入门下，衣食之，卒不念前事云"⑤。

---

① （清）李威：《从游记》，第26页。
② （清）袁枚著，王英志校点：《小仓山房（续）文集》卷二六《翰林院编修程君鱼门墓志铭》，浙江古籍出版社1993年版，第455—456页。
③ （清）章学诚：《章氏遗书》卷二三《朱先生五十初度屏风题辞》，第230页。
④ （清）李威：《从游记》，第28页。
⑤ （清）洪亮吉：《更生斋文集甲集》卷四《书朱学士遗事》，第1035—1036页。

此外，由于朱筠每以奇才异能推誉后生，故招来他人"指不胜屈"的讥讽。门人李威尝因此进言："先生当世龙门，人皆欲求士于先生，而使之听闻不信可乎？"朱筠叹息道："子亦有疑于此欤？夫士怀才未遇，其或家贫亲老，跋涉数千里而来，若其名不获显著，羁旅孤寒，未见其能有合也。且彼实有所长，吾言稍假之耳。虽致非议，庸何伤！"① 此可见朱筠之宽厚襟怀，诚如其自言："吾生泊与淡，肠每为人热。"②

表彰先贤，树立型模。朱筠既以经义古学为士子倡，故耳提面命、诗文唱和之际，每每以汉唐诸儒注疏之学讽喻之，使知为学根柢所在。如其《送金振之》诗曰："诗礼有古义，音诂著在经。诸儒揖唐汉，后来何伶仃。譬如野氓隶，侊侊行户庭。明堂九宾设，乌辨豆与铏。子兮秀绝出，好学先心铭。浮名胡轻重，慰予眼见青。"《戊戌岁晚怀人八首》中致李威、杨芬灿曰："古经犹自高堂校，远梦曾无小阁窥"；"古学终期绝域业，惊才早称小儿家"。又《十里庵道中寄问永安吴为鸿李度》曰："唐贤未必诗相贵，疏义何人咀更含。"③ 如此等等，无不彰显出朱筠对先贤经义古学的关注和认同。而这不惟是他立学的根本，更是其用以引导后学和转移学风的依据。朱筠一再强调的"识字以通经"，就是要在充分研讨汉、唐诸儒注解的基础上，以文字、音韵为入门之阶，进而体会经书中的意蕴，然后为文、成学，才会征实不诬，而不蹈立言虚空之弊。

表彰先贤的同时，朱筠也对当代名儒硕彦有所注目。如试学安徽时，即曾于江永、汪绂二人加意推扬。作为朱子故里，徽州婺源自宋、元、明以来，硕学魁儒，绳绳相继，"虽于朱子之学益远矣，然内行则崇根本而不为浮诞，讲论经义，精核贯通，犹有能守大儒之遗教而出乎流俗者焉"④。入清之后，随着清初诸大师的相继辞世，江永崛起于婺源，著述课徒，以经义之学引领一时风尚，遂使经籍之道复明。对于江永，朱筠早在京师时即已闻其名。乾隆三十七年试士徽州，朱筠征其书尽读之，大为叹服。适逢朝廷下诏求遗书，朱筠遂具以闻。不久，他又檄徽州府为江永建主，祔祀于紫阳书院，"风示学官弟子，俾之向学"。翌年八月，再试

---

① （清）李威：《从游记》，第26—27页。
② （清）朱筠：《笥河诗集》卷一五《送钱献之》，第657页。
③ （清）朱筠：《笥河诗集》卷一五、一六、一九，第658、665—666、699页。
④ （清）姚鼐：《惜抱轩文后集》卷五《吴石湖家传》，上海古籍出版社1992年版，第240页。

徽州，余元遴抱持其师汪绂遗著来献，朱筠卒读其书，以为"与江先生埒"。而据此间人士称，汪绂之行视江永无不及。朱筠因"博议遍举文公之徒，得十五氏，暨汪先生悉为之主位十有六，诹以八月二十日迎主书院，补祀诸儒之次"①。至期，诸生皆来，朱筠亲自主持迎主仪式，"盛陈驺道，躬奉木主以登祠堂，匍伏祭奠成礼。维时观者千余人，咸感激有泣下者"②。之后，朱筠又命诸生分录汪绂遗书，上于四库馆；又应余元遴之请，欣然为汪绂撰墓表，以表彰其学行。朱筠的以上做法，一方面使江、汪二人的学行得显于世，另一方面则为徽州士子树立起研经讨古的型模。朱筠尝感叹余元遴抱献其师汪绂遗书之功，而他本人对江、汪二氏的大力推扬，意义更不可小觑。此后，安徽朴学之风渐开，朱筠实有倡导之功。③ 此外，朱筠还曾应邵晋涵之请，为文表彰邵廷采之学。④ 凡此"阐幽表微"，"有系于儒林者尤大"⑤。

综观朱筠一生，其之所以影响于世者，乃在能不为俗学所蔽，力倡"识字以通经"为学路径，上发清廷开馆校书之先声，下启后学经义实学之趋向。章学诚尝论之曰："先生之言，经纶用世，远矣而疏，未试于事也。山水诗酒，宾客文章，情所托矣，非其性也。坚忍有执，弗为势力转移，得所性矣，非其所自命也。先生盖以无用为用者也，人弃我取，独为于举世所不为者，将以矫世励俗，而恶夫汲汲于为名者也。虽时有所过，然闻其风者，往往若消其鄙吝焉。"⑥ 汪中亦称："自其（指朱筠——引者注）少时已负盛名，既回翔翰林二十年，为通人学士所归宿。故所至常

---

① （清）朱筠：《笥河文集》卷一一《婺源县学生汪先生墓表并铭》，第207—208页。
② （清）李威：《从游记》，第25页。
③ （清）余廷灿：《存吾文稿·江慎修永传》称："自江永以注疏之学传经，一时戴东原震，亦以《说文》、《尔雅》之学起休宁，若宫商应和。于是汉经师硕儒授受微言，遂大显于世，而好者颇稀。永既死，震入都，客秦尚书蕙田所，箧衍中携永一二著述。尚书方集《五礼通考》，见而奇之，乃摭其说入《观象授时》一类，而《推步法解》，则取全书载入，且深惜其不得见《礼经纲目》。其后，大兴朱学士筠视学安徽，锐意以兴起注疏、《说文》之学厉士，乃恭拜奠婺源故士江永主，祠入乡贤。而所著《乡党图考》、《古韵标准》，近亦稍稍刊布矣。然传者一二，不传者尚压架阁束，墨漫纸刓。其终饱蠹鱼啮蚀徒留书目在人间乎？抑后世复有子云而蕴蕴积久之业自不可掩其实而发其光乎？"（第76页）
④ 详见（清）朱筠《笥河文集》卷一一《邵念鲁先生墓表》。据文中言，在邵晋涵之前，章学诚因笃好邵廷采之文，尝多次为朱筠感激言之。
⑤ 张舜徽：《清人文集别录》卷七《笥河文集》，中华书局1980年版，第201页。
⑥ （清）章学诚：《章氏遗书》卷一八《朱先生别传》，第176页。

务扶树道教,以人才、经术、名义为急。"① 洵为的论。而姚名达先生撰《朱筠年谱》,更赞誉"朱筠是乾嘉朴学的开国元勋,朱筠是乾嘉朴学家的领袖"②。由此可见,在清中叶学术变迁过程中,朱筠无疑发挥了不可忽视的作用,值得表彰。

(本文原载《中国史研究》2011 年第 1 期)

---

① (清)汪中:《朱先生学政记》,(清)朱筠:《笥河文集》卷首,第 31 页。
② 姚名达:《朱筠年谱·序》,上海古籍出版社 1933 年版,第 2 页。

惠栋与卢见曾幕府研究

曹江红

乾隆十九年（1754），雅好经史的两淮盐运使卢见曾，慕名向学术素养深厚的惠栋发出入幕邀请。为传播扩大学术影响，同时也为寻求著述事业的有力资助者，惠栋欣然应聘作幕扬州。此后长达四年[①]的时间里，他在卢见曾幕府所提供的较为安定的工作环境中，专心编辑校勘古籍，传播汉学，嘉惠学人，对卢见曾及当时学术影响深刻。关于惠栋与卢见曾幕府此一专题，学术界尚缺乏深入研究，本文拟作一探讨，以加深对清代文化进程的理解。

一 《雅雨堂丛书》等典籍的整理刊行

惠栋（1697—1758），字定宇，号松崖，人称小红豆先生。江苏吴县人，初为吴江生员，后改元和（今苏州）籍。他一生研精覃思于汉儒《易》学，表彰并恪守汉代经师对儒家经典的章句训诂。主要著作有《周易述》、《易汉学》、《易例》、《易微言》、《九经古义》、《古文尚书考》、《明堂大道录》、《左传补注》、《后汉书补注》、《红豆山房古文集》、《九曜斋笔记》、《松崖文钞》等。惠栋整理濒临失传的汉代经学，对于清儒

[①] "余与先生周旋四年，为本其意而叙之如此……德州卢见曾书。"参见（清）卢见曾《〈周易述〉序》，（清）惠栋《周易述》卷首，德州卢氏雅雨堂刻单行本，乾隆二十七年（1762），中国国家图书馆藏。按：该篇序文在卢见曾《雅雨堂文集》（清道光二十年清雅堂刻本）中未予收录。

治经风气的转移影响甚大，正如稍后著名学者钱大昕所说："汉学之绝者千有五百余年，至是而粲然复章矣。"①

卢见曾网罗饱学之士于幕府，这些学者的主要工作之一是帮助他刊刻《雅雨堂丛书》等一批经学著作。《雅雨堂丛书》全书始刻于乾隆十九年，至二十三年竣工，虽以卢氏署名，实则选书、校勘、撰序等，均可见惠栋的辛劳。沈大成、戴震等幕宾亦参加了该丛书的编校，然而对于此丛书尽力最多者当首推惠栋。该丛书共包含有《郑氏周易》、《易释文》、《周易乾凿度》、《李氏易传》、《尚书大传》、《大戴礼记》、《郑司农集》、《高氏战国策》、《匡谬正俗》、《封氏闻见记》、《唐摭言》、《北梦琐言》、《文昌杂录》等十三种。"皆世间罕见之本，卷帙宏富，楮墨精好，洵足珍秘。"② 阅读该丛书书目便可以看出，此套丛书主要为解经之作，以"汉、唐诸儒说经之书"③ 为著录主体，以表彰汉学经书为该丛书的核心。据《扬州画舫录》记载，该丛书有十一种古籍都由惠栋主持校订。"惠栋……公重其品，延之为校《乾凿度》、《高氏战国策》、《郑氏易》、《郑司农集》、《尚书大传》、《李氏易传》、《匡谬正俗》、《封氏见闻记》、《唐摭言》、《文昌杂录》、《北梦琐言》、《感旧集》，辑《山左诗钞》诸书。"④ 并参加卢见曾补刻朱彝尊所著《经义考》的校勘工作。惠栋在卢见曾幕府中鼎力帮助幕主校勘大量古籍，可谓辛勤之极，功劳卓著。

惠栋宣扬汉易的为学宗旨，在《雅雨堂丛书》中对《易》学诸书的校勘理念上充分体现出来。乾隆二十一年（1756）《雅雨堂丛书》刊行，卢见曾在《刻郑氏周易序》中这样写道：

> 郑氏之学立于学官，自汉魏六朝，数百年来无异议者。唐贞观中，孔颖达撰《五经正义》，《易》用王辅嗣，《书》用孔子（疑作安——引者注）国，而二经之郑义遂亡。今传者惟《三礼》、《毛诗》

---

① （清）钱大昕撰，陈文和点校：《潜研堂文集》卷三十九《惠先生栋传》，《嘉定钱大昕全集》第9册，江苏古籍出版社1997年版，第622页。

② （清）法式善著，涂雨公点校：《陶庐杂录》卷四，中华书局1959年版，第127页。

③ （清）卢文弨：《抱经堂文集》卷八《新刻大戴礼跋》，王云五主编：《丛书集成》初编本，第1500册，第118页。

④ （清）李斗撰，汪北平、涂雨公点校：《扬州画舫录》卷十《虹桥录上·惠栋》，中华书局1997年版，第230页。

而已。然北宋时，郑《易》犹存《文言》、《说卦》、《序卦》、《杂卦》四篇，载于《崇文总目》。故朱汉上震、晁嵩山说之俱引其说，至南宋而四篇亦佚。于是浚仪王厚斋应麟始裒群籍，为《郑氏易》一卷。前明胡孝辕震亨刊其书，附《李氏易传》之后。往余读《五经正义》所采郑《易》间及爻辰，初未知爻辰为何物。及考郑注《周礼·太师》，与韦宏嗣昭注《周（疑作国——引者注）语》，乃律家合辰、乐家合声之法。盖乾坤十二爻，左右相错，《乾凿度》所云，间时而治六辰，故谓之爻辰也。汉儒说易，并有家法，其不苟作如此。①

卢氏所说与惠栋《易汉学》之所论如出一辙，而且他特别强调该书为惠栋整理，记曰：

> 第厚斋所集，尚有遗漏，吾友元和惠子定宇，世通古义，重加增辑，并益以汉上、嵩山之说，厘为三卷。今依孝辕之例，仍附于李传之后，用广其传于世。②

同样的道理在《刻李氏易传序》中亦有体现，卢见曾重申：

> 今幸《李氏易传》尚存，前明朱氏、胡氏、毛氏刊本流传，然板皆迷失，又多讹字。余学《易》数十年，于唐宋元明四代之《易》，无不博综元览，而求其得圣人之遗意者，推汉学为长，以其去古未远，家法犹存故也。为校正谬误，刊以行世，并附宋王伯厚所采郑氏《易》于后，以存古义。荀、虞逸象最多，故李氏序云，刊辅嗣之野文，补康成之逸象。晁公武谓李氏刊王存郑，此误解序义也。为辨而正之。乾隆丙子。③

---

① （清）卢见曾：《雅雨堂文集》卷一《刻郑氏周易序》，续修四库全书编辑委员会编：《续修四库全书》，第1423册，上海，上海古籍出版社2002年版，第452页。
② （清）卢见曾：《雅雨堂文集》卷一《刻郑氏周易序》，《续修四库全书》，第1423册，第452页。
③ （清）卢见曾：《雅雨堂文集》卷一《刻李氏易传序》，《续修四库全书》，第1423册，第451页。

卢见曾"推汉学为长，以其去古未远，家法犹存故也"的观点，显然来自惠栋的《九经古义》。惠栋说："汉人通经有家法，故有五经师。训诂之学，皆师说所口授，其后乃著竹帛，所以汉经师之说立于学官，与经并行。五经出于屋壁，多古字古言，非经师不能辨，经之义存乎训，识字审音，乃知其义。是故古训不可改也，经师不可废也。"①

乾隆十九年三月至乾隆二十年（1755）六月，惠栋在卢见曾幕中，还与沈大成等幕宾精心校雠，参加卢见曾补刻朱彝尊所著《经义考》未刻部分的校勘工作。

清初著名学者朱彝尊（1629—1709）著《经义考》300卷，全书上起两汉，下讫清初，该书是朱彝尊晚年萃其一生穷经所得，考镜源流，梳理历代说经书目之作。此书在经学史和目录学史上都是一大贡献，具有重要的学术价值。

康熙三十八年（1699）由于朱氏财力有限，该书仅刻了《易》、《书》、《诗》、《礼》、《乐》等部分，凡167卷。至康熙四十八年（1709）著者故世，尚有《宣讲》、《立学》、《家学》、《自序》四类草稿，余下部分待刊。卢见曾乾隆十八年（1753）再任两淮盐运使，十九年三月于朱氏后人手中得其遗稿②，集资补刻，并延聘一时名儒惠栋、沈大成、陈章、江昱等校订，历时年余，终于在乾隆二十年七月补刻130卷成书。

惠栋不但认真参加该书的校审工作，还与卢见曾唱为同调地特别说：

> 汉人传经有家法，当时备五经师训诂之学，皆师所口授，其后乃著竹帛，故汉经师之说立于学官。五经出于屋壁，多古字古言，非经师不能辨，经之义存乎训，识字审音乃知其义。是以古训不可改也，

---

① （清）惠栋：《九经古义》卷首《九经古义原序》，《四库全书》，第191册，上海古籍出版社影印文渊阁本1988年版，第362页。

② 按：据《经义考》后序记："甲戌，德州卢公重掌江南榷政。稻孙谒公邗上，公一见即询及《经义考》，因具陈颠末，公为叹息者久之。遂首捐清俸为同志倡，还以其事属诸马君，君由是与令弟半查尽发二酉之藏。倩钱塘陈君授衣、仪征江君宾谷、元和惠君定宇、华亭沈君学子相为参校。而稻孙仍率次子昌凉、长孙休承曁从孙塨同里金蓉共襄厥事，既逾年而剞劂乃竣，计一百三十卷，合前所刻一百六十七卷成完书……乾隆二十年岁次乙亥六月朔孙稻孙谨识。"（清）朱彝尊：《经义考》卷首，（清）朱稻孙：《经义考》后序，《四部备要》（经部），第12册，上海中华书局校刊。

经师不可废也。后人拨弃汉学，薄训诂而不为，即《尔雅》亦不尽信。其说经也，往往多凭私臆，经学由兹而晦。篇中义理胜而家法亡一语，道破前人之陋，为之称快。末幅言通经之法，真悬诸日月而不刊之论，士人苟奉此说为圭臬，则经学明而人才盛，人人尽通达国体，岂止变学究为秀才耶。惠定宇。①

卢见曾于乾隆十六年（1751）在京城黄叔琳家得《感旧集》稿本，此后加以刻印，此书的刊行，其间同样渗透着惠栋的心血。关于此书的刊刻，王昶撰《感旧集跋》就明确记录"请惠定宇、沈学子两君子助之。"②《扬州画舫录》也称卢见曾请惠栋在扬州的旧雨亭修此书，"旧雨亭本卢雅雨所建，延惠徵君栋纂修渔洋山人《感旧集》之地也。亭中花草有三绝，一架古藤，一亩老桂，一墙薜荔。"③

惠栋还参与卢见曾所编纂的《山左诗钞》的校订工作。卢见曾编选《国朝山左诗钞》，这项工作始于乾隆十八年④仲春，成于乾隆二十三年仲秋，历时五载，选山东籍诗人620余家，得诗5900余首，总计60卷。卢见曾主要聘请宋弼、董元度担任整理的主要工作。对于这项编纂山东诗人诗集的大工程，惠栋也参加校订。"《山左诗钞》，卢雅雨先生主之……其间参订若纪晓岚、惠定宇、王兰泉、严冬友诸先生，皆天下闻人。又借书于黄昆圃、马秋玉两先生，阅五年而成书，宜为巨观，非后来所能及。"⑤

二　传播汉学的重要学术平台

在乾隆初叶汉学发轫之际，扬州卢见曾幕府是一个传播汉学的重要学

---

① （清）卢见曾：《雅雨堂文集》卷一《经义考序》后惠栋评该记，《续修四库全书》，第1423册，第450页。
② （清）王昶：《春融堂集》卷四十四《感旧集跋》，塾南书舍藏版，嘉庆十二年（1807）。
③ （清）李斗撰，汪北平、涂雨公点校：《扬州画舫录》卷十五，中华书局1997年版，第349页。
④ （清）卢见曾：《雅雨堂文集》卷四《征选山左诗钞启》，该文末有"乾隆癸酉春谨启"，《续修四库全书》，第1423册，第499页。按：乾隆癸酉，即乾隆十八年（1753）；乾隆戊寅即乾隆二十三年（1758）。
⑤ （清）王培荀：《乡园忆旧录》卷二，《续修四库全书》，第1180册，第565—566页。

术平台。在这个平台上，足以与惠栋齐名的幕宾，当首推沈大成。

沈大成（1700—1771），字嵩峰，一字学子，晚号沃田居士，江苏华亭县（今上海市松江县）人。他为人忠厚，精通经史，擅诗文，著有《学福斋诗文集》。"晚游维扬，客运使卢公见曾官廨。"① 沈大成于乾隆十九年入卢见曾幕府，惠栋云："甲戌（乾隆十九年）之岁，余馆德水卢使君斋，讲授之暇，篝灯撰著。每涉疑义，思索未通，恨无素心晨夕。一日，使君以诗文数册示余，余读之惊，然未及询作者何人也。久之，典谒引客入，相见，则余故人，云间沈君学子，向所视数册，皆出君手。"② 在卢见曾的引见下，两位故人又相见了。惠沈二人早在乾隆八年（1743）就已相识。

这一次在卢见曾幕府中共同工作期间，惠栋非常高兴，他将学术上的疑难问题请教于沈大成，沈大成一一为惠栋解答。"余喜甚，叩所疑者，学子一一晰之，余闻之愈惊。既而促膝话旧，知君归自武林，道吴而至广陵。广陵诗社诸君，闻声争交欢。使君既得君如左右手，社中诗老颇以失君为怅，而余则说经论文，亹亹甚乐。"③

沈大成回忆与惠栋同在卢见曾幕府中的时光说："旷隔逾数稔，寝馈恒惓惓。淮南卢使君（调雅雨都转），缁衣礼名贤。萍踪偶邂逅，握手申前欢。兄居屋东上，余止舍西偏。因得共晨夕，相与绅典坟。"④ 两人从此同居一院内，一住东房，一住西房。沈大成称自己受益良多："生平憎俗学，于古性亦敦。自奉我兄教，日闻所未闻。益知扫枝叶，渐能窥根原。尽启箧中藏，阐发超后先……不才抑何幸，积载从周旋。"⑤

沈大成盛赞惠栋所著《周易述》："兄犹爱治易，汉学绝复传。所著《周易述》，五纬昭星躔。足令辅嗣诎，顿使荀虞尊。"⑥

惠栋与沈大成均有志于经学，惠栋将沈大成视为同志相赏者，在汉学

---

① （清）钱仪吉纂录：《碑传集》卷一四一，《文学下之下》，（清）汪大经：《沈先生大成行状》，周骏富辑：《清代传记丛刊》，第114册，台北，明文书局影印版1985年版，第46页。
② （清）惠栋：《松崖文钞》卷二《秋灯夜读图序》，《聚学轩丛书》本。
③ 同上。
④ （清）沈大成：《学福斋文集》卷三十三《亡友惠征君授经图四十六韵》，《续修四库全书》，第1428册，第413页。
⑤ 同上。
⑥ 同上。

上的相互扶持者，两人在卢见曾幕府中结下深厚的友谊。前已述及两人一同编校《雅雨堂丛书》、核校朱彝尊《经义考》。惠栋为沈大成的《学福斋集》亲撰序文，并将他们的学术探研记录其中：

> 明于古今，贯天人之理，此儒林之业也。余弱冠即知遵尚古学，年大来兼涉猎于艺术，反复研求于古与今之际，颇有省悟，积成卷帙。而求一殚见洽闻，同志相赏者，四十年未睹一人。最后得吾友云间沈君学子，大喜过望……沈君与余，不啻重规而叠矩，以此见同志之有人，而吾道之不孤，为可喜也。沈君邃于经史，又旁通九宫、纳甲、天文、乐律、九章诸术，故搜择融洽而无所不贯。古人有言：知今而不知古，谓之盲瞽；知古而不知今，谓之陆沉。温故知新，可以为师，吾于沈君见之矣。沈君诗古文，咸可传世行远，世多知之。兹不论，论其学云。东吴同学弟惠栋书于芜城寓斋。①

惠栋深知一代学术思潮的传播与兴盛要有更多志同道合的同仁加入，对于能有沈大成这样的学术大家更是难能可贵了。

惠栋、沈大成积极传播汉学，在卢见曾幕府中对于青年后学才俊影响深远，比如戴震、王昶等。戴震（1724—1777），字东原，又字慎修，安徽休宁人，清代乾隆年间大儒。乾隆四十年（1775），清高宗特命其与会试中式者一同殿试，赐同进士出身，授翰林院庶吉士。戴震是将清代汉学推向高峰的汉学大师，他不仅是考据学家，也是著名思想家。乾隆二十二年（1757），他与惠栋在卢见曾幕府结识交往，惠栋对戴震学术思想的转变有重大的推进作用。

这一年冬，三十五岁的戴震离开北京南下扬州，受聘于卢见曾幕府。戴震经卢见曾的介绍，结识了一代经学大师惠栋。惠栋此时正在卢见曾幕府中校书，在朝夕相处中，戴震不仅阅读了惠栋的著作，还和惠栋一起切磋治学的方法，在学术上进行了交流，惠栋不断对戴震讲述自己的经学思想。潜移默化间，惠栋的学术观点对戴震产生了深远的影响。惠栋推崇汉学，戴震受到惠栋影响而推崇郑玄学说，批评宋明经学为"凿空"之学。

---

① （清）沈大成：《学福斋集》卷首［清］惠栋：《学福斋集序》，《续修四库全书》，第1428册，第1—2页；亦见［清］惠栋：《松崖文钞》卷二《学福斋集序》，《聚学轩丛书》本。

乾隆二十四年（1759）九月，戴震说：

> 有言者曰："宋儒兴而汉注亡"，余甚不谓然。方汉置五经博士，开弟子员，先师皆起建元之间，厥后郑氏卓然为儒宗。众家之书亡于永嘉，师传不绝独郑氏。及唐承江左《义疏》，《书》用梅赜所进古文，《易》用辅嗣、康伯二经，涉前儒之申郑者，目曰郑学云尔。故废郑学，乃后名郑学以相别异。而郑之《三礼》、《诗笺》仅存。后儒浅陋，不足知其贯穿群经以立言，又苦义疏繁芜，于是竞相凿空。①

戴震在此批评宋明经学的弊病为"凿空"后，沿着惠栋训诂治经的学术路径，对郑学的理解做出解释："由六书、九数、制度、名物，能通乎其词，然后以心相遇。是故求之茫茫，空驰以逃难，歧为异端者，振其稿而更之，然后知古人之治经有法，此之谓郑学。"②戴震还说："数百年以降，说经之弊，善凿空而已矣……今仲林得稽古之学于其乡惠定宇，惠君与余相善，盖尝深疾乎凿空以为经也。"③

惠栋故世后，戴震曾于乾隆三十年（1765）亲自去苏州缅怀惠栋，并作《题惠定宇先生授经图》一文以资纪念。他对惠氏之学推崇备至，云："前九年，震自京师南还，始觐先生于扬之都转盐运使司署内……明年，则闻先生又殁于家。今徒拜观先生遗像，曰《授经图》者。盖先生之学，直上追汉经师授受，欲坠未坠蕴蓄积久之业，而以授吴之贤俊后学，俾斯事逸而复兴。震自愧学无所就，于前儒大师，不能得所专主，是以莫之能窥测先生涯涘。"④

戴震本人在这篇文章中对于与惠栋相见以后，其论学所受影响，作了详细阐述：

---

① （清）戴震著，杨应芹编：《东原文集（增编）》卷十一《郑学斋记》，第301页。
② 同上书，第302页。
③ （清）戴震著，杨应芹编：《东原文集（增编）》卷十《古经解钩沉序》，第249—250页。
④ （清）戴震著，杨应芹编：《东原文集（增编）》卷十一《题惠定宇先生授经图》，第285页。

然病夫《六经》微言，后人以歧趋而失之也。言者辄曰："有汉儒经学，有宋儒经学，一主于故训，一主于理义。"此诚震之大有不解也者。夫所谓理义，苟可以舍经而空凭胸臆，将人人凿空得之，奚有于经学之云乎哉？惟空凭胸臆之卒无当于贤人圣人之理义，然后求之古经。求之古经而遗文垂绝、今古悬隔也，然后求之故训。故训明则古经明，古经明则贤人圣人之理义明，而我心之所同然者，乃因之而明。贤人圣人之理义非它，存乎典章制度者是也。松崖先生之为经也，欲学者事于汉经师之训故，以博稽三古典章制度，由是推求理义，确有据依。彼歧故训、理义二之，是训故非以明理义，而训故胡为？理义不存乎典章制度，势必流入异学曲说而不自知，其亦远乎先生之教矣。①

可以看出戴震在这篇文章中，继承惠栋训诂治经的传统，弘扬惠栋学术，进而提出了"故训明则古经明"的著名主张。

在与惠栋相识之前的戴震是不反对理学的，在乾隆二十年（1755）的《与姚孝廉姬传书》中，他曾指出："先儒之学，如汉郑氏、宋程子、张子、朱子，其为书至详博，然犹得失中判。其得者，取义远，资理闳，书不克尽言，言不克尽意……其失者，即目未睹渊泉所导，手未披技肄歧者也。"② 在此他认为汉儒郑玄与宋儒程、朱等人的著作都是"得失中判"，不分高下。而戴震与惠栋相见相交后，他却只承认汉儒经师的训故，明确地批评那种"空凭胸臆"、"凿空"得义理的做法，甚至认为理义不存乎典章制度，势必流入异学曲说而不自知。很显然这是他在义理观方面的一个重要变化，其结论像钱穆先生所总结的，"所得尽在汉，所失尽在宋，义理统于故训典制，不啻即曰故训即典制而义理矣。是东原论学一转而近于吴学惠派之证也。"③ 他又说："惠主求古，戴主求是，并非异趣。"④ 但戴震毕竟后出更加精进。汪中说："古学之兴也，顾氏始开其

---

① （清）戴震著，杨应芹编：《东原文集（增编）》卷十一《题惠定宇先生授经图》，第285—286页。
② （清）戴震著，杨应芹编：《东原文集（增编）》卷九《与姚孝廉姬传书（乙亥）》，第242页。
③ 钱穆：《中国近三百年学术史》上册，第356页。
④ 同上。

端；《河》、《洛》矫诬，至胡氏而绌；中西推步，至梅氏而精。力攻古文《书》者阎氏也，专言汉儒《易》者惠氏也；凡此皆千年不传之绝学，及戴氏出而集其成焉。"①梁启超说："清代汉学，阎、胡作之，惠氏衍之，戴氏成之。"②也是此意。

戴震以敏锐的目光，察觉汉学开始显露出的泥古弊端，因而指出："信古而愚，愈于不知而作，但宜推求，勿为株守。"③戴震认为，文字训诂好比是"渡江河"的"舟楫"，"登高"的"阶梯"，它本身只是一种手段，"闻道"则是最终目的。故训只是达到义理的一种手段而已。乾隆四十二年（1777）五十五岁时，他在给弟子段玉裁的信中说："仆自十七岁时，有志闻道，谓非求之六经、孔、孟不得，非从事于字义、制度、名物、无由以通其语言。宋儒讥训诂之学，轻语言文字，是欲渡江而弃舟楫，欲登高而无阶梯也。为之卅余年，灼然知古今治乱之源在是。"④

戴震在服膺惠栋的由文字训诂以明义理的主张的同时，还特别强调考据与义理学相结合，提倡实事求是的治学态度。他不墨守惠栋创立的汉学成规，治学力求达到"十分之见"的境界。陈祖武先生对此评价道：从惠学到戴学，有继承，也有发展。戴学之继承惠学者，为训诂治经的传统。这一传统导源于清初顾炎武的"读九经自考文始，考文自知音始"⑤，至惠栋而门墙确立。戴震一脉相承，遂成为乾嘉学派为学的不二法门。离开文字训诂，乾嘉学派将失去依托。故吴、皖分野说虽注意到惠、戴为学的差异，却忽略了其间的根本共性，这就不尽合乎历史实际了。然而，戴学毕竟发展了惠学，它并不以诸经训诂自限，而只是以之为手段，去探求六经蕴含的义理，通经以明道。⑥高翔先生亦认为："清代汉学发展的高峰是戴震……从惠学到戴学，实际上表明汉学从兴起到高潮，从崛起到成

---

① （清）凌廷堪：《校礼堂文集》卷三五《汪容甫墓志铭》，中华书局1998年版，第350页。

② 梁启超：《论中国学术思想之大势》，上海，上海古籍出版社2006年版，第98页。

③ （清）戴震著，杨应芹编：《东原文集（增编）》卷三《与王内翰凤鸣书（乙亥）》，第74页。

④ （清）戴震著，杨应芹编：《东原文集（增编）》，《与段茂堂等十一札（第九札）》，第411页。

⑤ （清）顾炎武撰，华忱之点校：《顾亭林诗文集》，《亭林文集》卷四《答李子德书》，中华书局1983年版，第73页。

⑥ 陈祖武：《清儒学术拾零》，湖南人民出版社1999年版，第166—167页。

熟的过程。当时考据风气盛行一时，士人谈经言理，以小学相尚，很难以吴、皖二派概括所有考据学者。另外，惠栋一门（所谓吴派）与戴震一门（所谓皖派），并不对立而是互为师友，治学虽各有偏重，但在基本学术途径上是一致的。"① 戴学的可贵之处在于发展了惠学，以训诂为手段，探究义理，通经以明道。同时期的学者王昶客观评价了戴震学术贡献，他说："本朝治经者众矣，要其先之以古训，折之以群言，究极乎天地人之故，端以东原为首。"②

王昶（1725—1806），字德甫，号述庵，一号兰泉、又号琴德。江苏青浦（上海青浦县朱家角镇）人。乾隆十九年进士。因对经史考据学风的表彰和诗词古文素养造诣而"炳著当代"③，一生勤于著述，著作甚丰，有《春融堂集》、《湖海诗传》、《金石萃编》、《琴画楼词》、《续词综》、《天下书院志》、《征缅纪闻》等50余种。在清代与朱筠齐名，有"北朱南王"之称。他早年就已深受惠栋的学术启迪，是惠氏通经信古之学的忠实传播者。"余弱冠游诸公间，因得问业于先生。"④ "肄业紫阳书院，时从惠征君定宇游，于是潜心经术，讲求训故之学。"⑤ 王昶有诗赞惠栋曰："少日笺诗矜奥博（定宇有《渔洋山人精华录训纂》），中年经术更纷纶。仲翔易学康成礼，只有先生是替人。"⑥

乾隆二十一、二十二年间，王昶与惠栋同客于卢见曾幕府，两人同为幕宾。"两淮盐运使卢见曾，聘先生（注：指王昶）课其子及孙。"⑦ 王昶于此，时常请教于惠栋。"日者在广陵常侍履綦，得备闻绪论为幸。至所谕袮字当作祧字……先生博学多闻，古训是式，必更有所据，惟幸垂示

---

① 高翔：《近代的初曙——18世纪中国观念与社会发展》第3章，社会科学文献出版社2000年版，第239—240页。
② （清）王昶：《春融堂集》卷五五《戴东原先生墓志铭》。
③ （清）江藩：《汉学师承记》卷四《王兰泉先生》，《汉学师承记》外二种，生活·读书·新知三联书店1998年版，第71页。
④ （清）王昶：《春融堂集》卷五五《惠定宇先生墓志铭》。又（清）王昶：《春融堂集》附录（清）严荣、瑞唐编《述庵先生年谱》"（乾隆）十三年戊辰二十五岁，五月见惠定宇秀才栋"。
⑤ （清）江藩：《汉学师承记》卷四《王兰泉先生》，第64页。
⑥ （清）王昶：《春融堂集》卷五《履二斋集·元和惠征君定宇》甲戌。
⑦ （清）江藩：《汉学师承记》卷四《王兰泉先生》，第65页。

焉不宣。"①

　　惠栋撰写《易汉学》，六易其稿，直至乾隆二十二年终于定稿，他在卢见曾幕府中将手稿定本授予王昶。王昶深受感动地记录道："汉学废久矣，《易》滋甚。王氏应麟集郑君之遗未得其解，自后毋论已已。定宇世传经术，于注疏尤深，所考《易汉学》分茅设蕝……定宇采掇排次，稿凡五六易。丁丑与余客扬州，始定此本。此本命小胥录其副，以是授余，盖其所手书者。"② 惠栋对王昶的信任可见一斑。

　　乾隆二十三年五月，惠栋病逝后，王昶撰墓志铭以示祭奠，曰：

> 于《易》理尤精，著《易汉学》七卷，《周易述》二十卷，凡郑君之爻辰、虞翻之纳甲、荀谞之升降、京房之世应、飞伏暨六日、七分世轨之说，悉为疏通证明，由李氏之集解以及其余，而汉代《易》学灿然……丙子、丁丑，先生与予又同客卢运使见曾所，益得先生所著。尝与华亭沈上舍大成手抄而校正之，故知先生之学之根柢，莫余为详。③

王昶为惠栋的《周易述》作跋曰：

> 易综天人，广大无不包……我友惠定宇先生，研群经义疏，以逮魏晋六朝之书，有涉于易者，旁通而曲证之，作为《易述》，而京郑诸家之法复明。杀青渐久，朽蠹刓缺滋甚，周子锡瓒鸠工修补，于是是书复完可诵。定宇又有《易汉学》，盖易之纲领，不读《汉学》，不知《易述》所以作，周子将梓以冠于书首，学者由是而服习焉。微言大义，左右逢源，不复有断港绝潢之叹已。④

　　由此可见王昶已深得惠栋之学。王昶十分佩服惠栋的汉学造诣，故青年时代起就以惠栋阐扬的汉代郑玄学说为追求，曾经以"郑学斋"为书

---

① （清）王昶：《春融堂集》卷三十《与惠定宇书》。
② （清）王昶：《春融堂集》卷四三《〈易汉学〉跋》。
③ （清）王昶：《春融堂集》卷五五《惠定宇先生墓志铭》。
④ （清）王昶：《春融堂集》卷四三《惠氏〈周易述〉跋》。

室名。

王昶治经深受惠栋影响，"治经与惠栋同，深汉儒之学，诗、礼宗毛、郑，易学荀、虞"。① 并认为惠栋的学术主张影响十分深远，"流风所煽，海内人士无不重通经，无不知信古，而其端自先生（惠栋）发之"。②

正是在惠栋的影响推动下，才有更多学者们加入到研究汉学的队伍中，可以说乾嘉大家中戴震、钱大昕、王鸣盛等人均直接受到他的影响，他的弟子江声、余萧客、王昶等人深受沐浴，且惠及再传弟子江藩、顾广圻、阮元等人。

三 卢见曾对惠栋的倾力扶助

卢见曾认为幕主与幕宾之间要相互敬重，在《芍药》一诗中，他曾以并蒂而开的两朵芍药花来形容主客关系："花开对向面西东，主客筵分缱绻同。"③ 正是这种尊重，使得卢见曾和惠栋等人成为志同道合的挚友。

卢见曾与惠栋两人关系十分融洽，除探讨严肃的学术问题外，卢见曾还时常将自己的一些文章交给惠栋评论。例如惠栋评卢见曾的《〈周易孔义集说〉序》云："以《十翼》解说二篇之义者，西汉费直、东汉荀爽。今所传之《易》乃费氏本，而其说不传。唯荀氏九家注犹存，颇得圣人之旨。虞翻论《易》斥诸家为俗儒，独推荀氏。先生潜心于易学有年，而其论与费、荀同，真卓识也。邵子先天原本老氏，'有物混成，先天地生'而来。先生据干令升注驳之，此皆发前人所未发者。"④ 评《〈马相如遗稿〉序》曰："叙生死离合处笔墨不多，令读者无限感慨先生笃于气谊，故字字从真情发露，文章简贵，妙在能留。惠定宇"⑤ 如此等等，不

---

① （清）阮元：《揅经室集》上册，二集卷三《诰授光刑部右侍郎述庵王公神道碑》，中华书局1993年版，第424页。
② （清）王昶：《春融堂集》卷五五《惠定宇先生墓志铭》。
③ （清）卢见曾：《雅雨堂诗集》卷下《芍药》，《续修四库全书》，第1423册，第445页。
④ （清）卢见曾：《雅雨堂文集》卷一《〈周易孔义集说〉序》后惠栋评，《续修四库全书》，第1423册，第451页。
⑤ （清）卢见曾：《雅雨堂文集》卷二《〈马相如遗稿〉序》后惠栋评，《续修四库全书》，第1423册，第470页。

再列举。

卢见曾赞赏惠栋之学，对其著作传世同样很重视，并大力阐扬。惠栋生前在卢见曾幕府中，卢氏帮助惠栋刊刻了《渔洋山人精华录训纂》一书。而惠栋的另一部重要著作《周易述》，则是在他去世的当年，由卢见曾付梓得以存世的。

乾隆二十二年八月，在卢氏幕府内，卢见曾欣然为惠栋所著《渔洋山人精华录训纂》作序，并慷慨出资，为惠栋刊刻。"吾友东吴惠子定宇，出所撰《渔洋山人精华录训纂》一书示余，且乞余叙。余发函读之，喟然叹曰：此数千百年注诗家绝无而仅有之书也！"① 王士禛"其为诗渔猎百氏，含咀《六经》，引用如钟鼎科斗、山经水注，旁及琳宫凡宇之书，靡不津逮。而又性勤汲引，唱和遍朝野，凡布衣风雅之士，诗中必一见之。昔少陵诗号诗史，而渔洋诗为一代文人总汇，故是诗极难"。尽管王士禛之诗难注，惠栋还是在继承家学的基础上，经过多年的努力后注成该书。"余读惠子之注，叹其与元之注苏，并峙千古，读者当必有取于余言。又有补遗一编，余为刻之，并黄北平夫子传一通，例得牵连书。乾隆丁丑八月。"② 惠栋此书的出版，对于后人了解学习王士禛的诗作与生平学行是十分有益的。

《周易述》是惠栋呕心沥血所作的一部重要著作，该书可以称为其一生治易的结晶之作，旨在发挥汉易精华，是乾嘉时期最具代表性的易学著述。该书采用自注自疏的写作体裁，钱大昕曰："松崖征君《周易述》，摧陷廓清，独明绝学，谈汉学者无出其右矣。"③

其实，入卢见曾幕府之前，惠栋早在乾隆十四年就开始了该著作的撰写，原定计划撰写四十卷。惠栋之子记曰："先子研精覃思于汉儒《易》学，凡阅四十余年，于乾隆己巳始著《周易述》一书，手定为四十卷。"④ 只是由于生活的艰辛，写作时断时续。进入卢见曾幕府后，生活安定，于

---

① （清）卢见曾：《雅雨堂文集》卷二《〈渔洋山人精华录训纂〉序》，《续修四库全书》，第1423册，第467页。
② 同上。
③ （清）钱大昕著：《潜研堂文集补编》不分卷《与王德甫书一》，（清）钱大昕著，陈文和主编：《嘉定钱大昕先生全集》，第10册，第28页。
④ （清）惠栋：《周易述》卷首（清）惠承绪：《〈周易述〉序》，德州卢氏雅雨堂刻单行本，乾隆二十七年，中国国家图书馆藏。

是惠栋在"讲授之暇,篝灯撰著"①,倾力于自己学术专著《周易述》的撰写。乾隆二十一年,年届六十的惠栋,先后撰成《周易述》中的《明堂大道录》、《禘说》,还有《易微言》、《易例》的部分,《易大义》的《中庸注》,以及《周易》本经的上经全部和下经局部。他原计划在三年内完成全书,但就在《周易述》即将撰成之际,乾隆二十三年春,由于病势加剧,惠栋辞幕拖着沉重的病体返回故里,并因病于乾隆二十三年五月二十二日(1758年6月27日)溘然长逝于苏州家中,年仅62岁。临终前,他抱着无限遗憾的心情,痛心地告诉他的两个儿子承绪、承萼:"余之精力尽于此书,平时穿穴群经,贯穿周秦汉诸子之说,因得继绝表微,于圣人作《易》本旨,庶乎有合。独以天不假年,未能卒业为憾。今已脱稿者,惟《明堂大道录》及《禘说》两种耳。《下经》尚缺十有四卦,与《序卦传》、《杂卦传》俱未脱稿,而《易微言》采辑十有七八,《易大义》止有《中庸》一种,《易例》则粗有端绪。然皆随笔记录,为未成之书,知音者希,真赏殆绝。"并叮嘱他们:"录而藏之,毋致迷失。"② 惠栋认为王弼所注《周易》,不但使经传篇章紊乱无序,且多以今人俗字改易古字,王弼无疑是导致汉《易》消亡的罪人。因此他力图恢复《周易》的本来面目,在《周易述》一书中,对当时通行本《周易》经、传部分内容进行大量校改。惠栋之书专宗虞翻,参以郑玄、荀爽之学,发挥汉儒之学,融会其义,自为注而自疏之。

卢见曾服膺惠栋之学,于惠栋去世后的三个月后,即当年八月下旬,亲自为《周易述》作序而梓之,曰:

> 今世谭《易》者,亡虑数百家,即已登梨枣者,亦且以十数,然皆不越乎晦庵之说,及伊川说而止。而昆山徐氏刻《九经解》,旁及南宋诸子,紫壖张氏及项平甫诸家,间有云《子夏易传》,要亦子虚亡是之盲耳。而吾友惠松崖先生说《易》,独好述汉氏。其言曰,《易》有五家,有汉《易》,有魏《易》,有晋《易》,有唐《易》,有宋《易》。惟汉《易》用师法,独得其传。魏《易》者王辅嗣也,晋《易》者韩康伯也,唐《易》者孔冲远也。魏晋崇老氏,即以之

---

① (清)惠栋:《松崖文钞》卷二《秋灯夜读图序》,《聚学轩丛书》本。
② (清)惠栋:《周易述》卷首,(清)惠承绪:《〈周易述〉序》。

说《易》。唐弃汉学而祖王、韩，于是二千年之《易》学皆以老氏乱之。汉《易》推荀慈明、虞仲翔，其说略见于资州李鼎祚《集传》，并散见于《六经》、周秦诸书中。至宋而有程子、朱子，程第举理之大要，朱子有意复古而作《本义》。及近日黄梨洲、毛大可，虽尝习李《传》，而于荀、虞二家之学，称说多讹。使当日三君得汉经师授受，不过三日，已了大义。惜也三君不生于东汉之末也。今此编专以荀、虞作主，而参以郑康成、宋仲子、干令升、九家诸说。盖以汉犹近古，从荀、虞以上溯朱子之源，而下祛王、韩异说之汩经者，其意岂不壮哉！盖先生经学得之半农先生士奇，半农得之砚溪先生周惕，砚溪得之朴庵先生有声，历世讲求，始得家法，亦云艰矣。先生六十后，力疾撰著，自云三年后便可卒业。孰意垂成疾革，未成书而殁。今第如其卷数刊刻之，不敢有加焉，惧续貂也。先生年仅六十有二，余与先生周旋四年，为本其意而叙之如此。乾隆戊寅八月下浣，德州卢见曾书。①

卢见曾对于已故惠栋此部著作的刊行十分精心负责。他多次请惠栋之子惠承绪、承萼校雠该书。直至乾隆二十七年（1762）方完成《周易述》全书的校刊梓行。此书于乾隆二十四年刻成二十卷，卢见曾邮寄书稿请惠承绪、承萼作校雠。乾隆二十五年（1760）续刻《易微言》二卷，卢见曾邀请惠承绪亲至幕府中校对勘误，凡两年。而第三次校核则是在乾隆二十七年，由惠承绪承担。

是书运使卢公刻于寒江官舍，既成未印行。壬午（注：乾隆二十七年）秋，公悬车旋里，以书板见归。笃终之义，古人所难。先是己卯（注：乾隆二十四年）岁刻成二十卷，公邮寄校雠，承绪与弟汉光承萼分任其役，逾年续刻《易微言》二卷，邀承绪至署对勘，且以文字之役见委，凡两寒暑。今板既携归，复事校阅，而汉光弟下世已届三载矣。抚卷黯然，不能无雁行折翼之痛云。承绪又识。②

---

① （清）惠栋：《周易述》卷首，（清）卢见曾：《〈周易述〉序》。
② （清）惠栋：《周易述》卷末，（清）惠承绪：《〈周易述〉跋》。

我们可以说，为使惠栋《周易述》问世流传，绍往绪而开来学，发扬光大其《易》学思想，卢见曾已竭尽全力。如果没有他及时刊刻该书，这一著述就有可能流失。对于保存惠栋这一主张汉学的学脉卢见曾贡献卓越。

惠栋以其一生的学术实践，完成了崇尚汉学，朴实的考证经史的学风建设。他少承家学，他早年随父宦游，而后努力于经学制科，试图进入仕途但屡受挫折，可是他没有沮丧，而是振作精神，转向学术的深入研究上来，中年时既已称名一时，晚年专心经术，融汉宋之学为朴学，特别是他在卢见曾幕府中的岁月，因为生活安定，而更加促使他有条件专心于易学等领域的深入探研，是其一生中学术上的黄金时期。这里同时也是其向众多学人传播其学术思想的大好场所，戴震、王昶等学者受其学术影响深厚。而卢见曾幕府之所以能够刻印诸如《雅雨堂丛书》等著作，也与惠栋等人的高深学术素质及努力帮助是分不开的。惠栋堪称兴复古学的杰出先行者，他在卢见曾幕府中与学者们以古学相策励，不但启迪后学，还开发了幕主卢见曾的汉学意识，学者们相互沟通，促成了经史古学的复兴和发皇，乃有日后汉学之风行四方。

本文写作承蒙匿名审稿专家宝贵意见的教正，谨此致谢！

（本文原载《中国史研究》2012年第1期，收入本书时有删节）

章学诚对戴震的学术评价

杨艳秋

由今而论,章学诚是乾嘉时期的著名学者,但他却显于今而不著于时。章学诚一生南北奔走,挟册谋生,交游甚广。特别是他曾入朱筠、毕沅幕府,得阅当世名士。一时学界俊杰,如戴震、邵晋涵、洪亮吉、孙星衍、任大椿、周永年、汪中、汪辉祖、程瑶田等人,与他都曾有过交往。而一时学者,也均为其所论。其间确有偏激、守旧的一面,如对扬州汪中、钱塘袁枚等人的讥刺,或以个人恩怨,纵意诟骂,或以己之固陋,逞为私见,则不必为之掩瑕。然其论世知人,亦不乏卓见深心。在此,特举他对当时著名学者戴震之学术评价为例,以从一个侧面认识其与乾嘉主流学术的关系。

一

章学诚与戴震,在今天而论,代表着清代中叶学术思想史上的两个高峰,于乾嘉时期,并峙鼎立。① 关于章学诚对戴震的学术评价,学术界涉及亦多,大约不出两种意见,一则指章学诚批评戴震学术为其思想中之"糟粕",或由此而得章不如戴的观点;一则称章学诚深知戴学,评论戴

---

① 参见余英时《论戴震与章学诚》,第3页。

震褒大于贬。[①] 诸家所论，各有所据，择而参考，皆有益于学。而章学诚之评价戴震学术，实有一定的阶段性，在此大略梳理于下，以便论析。

章、戴二人初见于乾隆三十一年。此年，在郑虎文（诚斋）的荐引下，29岁的章学诚慕名拜访了戴震，"询其所学"。这段学术消息保留在《章氏遗书》卷七的《与族孙汝楠论学书》中，当时，戴震所讲今之学者"先曾坐不识字"的一席话，引发了章学诚对自己为学"弛骛空虚"的反思。

戴震卒于乾隆四十二年五月，章学诚最早攻驳戴震的文字，大概是在此前后所作的《文史通义》中的《朱陆篇》，认为戴震心术未醇，故而正之。其中未指戴震之名，尚为含蓄。

乾隆四十三年七月，章学诚致书钱坫，论述的中心思想是一时学风所偏，表明自己决意不为世俗之学的志向。在这篇与《与钱献之书》中，章学诚对戴震之训诂和朱彝尊的文章提出了批评：

> 戴东原氏之训诂，朱竹君（按原书失校，"君"字疑为"垞"字之误——引者注）氏之文章，皆无今古于胸中者也，其病则戴氏好胜而强所不知，朱氏贪多而不守统要，然而与风气为趋避，则无之矣。[1]（佚篇，《与钱献之书》）

这里虽然批驳着力，但实有赞扬两人不以风气为趋避之处。

章学诚集中点名攻驳、评价戴震的学术，则是乾隆五十四年、五十五年间的事情。乾隆五十四年，章学诚与沈在廷论学，在《答沈枫墀论学》一书中，已有大段文字公然攻驳戴震。翌年，涉及戴震文字尤多，主要有写给诸子的家书，而此年撰就的《郑学斋记书后》一篇和补写的《书朱陆篇后》、《记与戴东原修志》两文，都是纯粹评述戴学。此外，乾隆五十四年或稍后的《答邵二云书》和《与史余村书》是章学诚与友人辩论

[①] 参见周予同、汤志钧《章学诚"六经皆史"说初探》，载《中华文史论丛》第1辑；暴洪昌《章学诚与乾嘉考据学派》，《北方论丛》1994年第4期；仓修良《章实斋评戴东原》，载《史家·史籍·史学》，山东教育出版社2000年版。

戴震学术的重要文字①，乾隆五十五、五十六年间的《又与正甫论文》②也多涉攻戴之语。

这时，距戴震谢世已十有余年，章学诚何以要选择此时，将自己对戴震学术的种种看法，凝诸笔端，汪洋恣肆，一发不可收拾。而检视章氏著作，可以看出，乾隆五十五年前后，实是章学诚学术生涯中最可注意的一段时期。以下，从其对自己学术发展的认识以及《文史通义》之撰写情形进行简要分析。

乾隆六十年（1795）十二月末，章学诚集五十九、六十年两年所作文字为《甲乙剩稿》，并题跋于上，以甲乙为十干之首，效"古人十年考学"之意，对自己从 17 岁至 47 岁，既从乾隆十九年至乾隆四十九年四个十年间，每十年的为学情况进行了一次总结：

> 甲乙为十干之首，古人十年考学，必有进德，今此区区所业，岂足以徵德乎。前此十年为甲辰、乙巳（乾隆四十九年、五十年——引者注），则莲池主讲，所作亦有斐然可观，而未通变也。前此十年，为甲午、乙未（乾隆三十九年、四十年——引者注），则江南修志，返浙而复入都门，学识方长，而文笔亦纵横能达，然不免有意于矜张也。前此又十年，为甲申、乙酉（乾隆二十九年、三十年——引者注）……彼时立志甚奇，而学识未充，文笔未能如意之所向。前此又十年，为甲戌、乙亥（乾隆十九年、二十年——引者注）……中无张主，而心顾不甘与俗学伍尔。[2]（卷二十八，《跋甲乙剩稿》）

可见，直至乾隆四十九年、五十年，他对自己的撰述文字仍然不很满意，认为所作虽有斐然可观，却觉仍然未能通变。但他的《文史通义》撰著，却在逐渐走向成熟。乾隆四十八年，章学诚撰成《文史通义》十篇，他

---

① 按，《答邵二云书》中有云："其学问心术，本无足为轻重，实有瑕瑜不容掩者，已别具专篇讨论，箧藏其稿，不敢示人，恐惊曹好曹恶之耳目也。"《与史余村书》中亦言："别有专篇，辨论深细，此时未可举以示人，恐惊一时之耳目也。"据文意判断，此"专篇"，大概是章学诚著于乾隆五十四年之《书朱陆篇后》。《答邵二云书》中，章氏还提及其乾隆五十四年所作之《原道》篇，可推定此两篇书信大致写于乾隆五十四年或稍后。

② 参见陈祖武《读章实斋家书札记》，《清史论丛》2001 年。

在《癸卯通义草书后》中写道："其著述之旨，则得自衿腑，随其意趣所至，固未尝有意趋时，亦不敢立心矫异，惟言其是，理惬于心"［2］（卷二十九，《癸卯通义草书后》）。乾隆五十三年，章学诚赴毕沅幕府，为其编纂《史籍考》，"六经皆史"之论已见其端［2］（卷九，《报孙渊如书》）。此年，章学诚得《文史通义》十篇，自称："性命之文，尽于《通义》一书。"［2］（卷二十九，《跋戊申秋课》）。翌年，章学诚在安徽太平使院，自四月十一日至五月初八日，著《文史通义》内外二十三篇，约二万余言，自称："生平为文，未有捷于此者。"譬之为"殆如梦惠连得春草句，亦且不自知也"［2］（卷二十九，《姑孰夏课乙编小引》）。章学诚将之分为甲、乙两编，其中甲编"新著"皆专论文史，他在《姑孰夏课甲编小引》中称：

> 向病诸子言道，率多破碎。诸儒又尊道太过，不免推而远之。至谓近日所云学问，发为文章，与古之有德有言殊异。无怪前人诋文史之儒，不足与议于道矣。余仅能议文史耳，非知道者也。然议文史而自拒文史于道外，则文史亦不成其为文史矣。因推原道述，为书得十三篇，以为文史缘起，亦见儒之流于文史，儒者自误以谓有道在文史外耳。新著一十二篇，附存旧稿一篇。［2］（卷二十九，《姑孰夏课乙编小引》）

这里所说的以文史而见道，正是《文史通义》思想体系建立的一个基点。

按胡适先生之《章实斋先生年谱》，甲编"新著"为《原道》上中下、《原学》上中下、《博约》上中下、《经解》上中下十二篇。这些都是《文史通义》中的重要篇章。除此十二篇，钱穆先生还举出了章氏约作于此年的另二十八篇文目，① 他论述说："实斋重要思想，大部均于此时成熟。上举文目，实为《文史通义》之中心文字，为研究实斋学术最

---

① 参见钱穆：《中国近三百年来学术史》，第466页，钱先生所举为：《匡谬》、《黠陋》、《习固》、《篇卷》、《辨似》、《说林》、《知难》、《史释》、《史注》、《文集》、《天喻》、《师说》、《假年》、《感遇》、《感赋》、《史学例议》、《亳州人物表例议》上中下、《记与戴东原修志》、《杂说》上中下、《朱先生墓志书后》、《郑学斋记书后》、《答沈枫墀论学》、《答周永清辨论文法》、《又答沈枫墀》、《答朱少白》、《与朱少白论文》，又云"多是己酉年作也"。笔者按，此间乾隆五十五年之作亦多。

需玩诵之诸篇。而已酉（乾隆五十四年——引者注）一年，亦实斋议论思想发展最精彩之一年也。"[3]（P.467）

乾隆五十四年，在方志的编纂上，章学诚亦颇感进境，他对自己所撰《亳州志》非常满意，认为："此志拟之于史，当与陈、范抗行，义例之精，则又《文史通义》中之最上乘也；世人忽近贵远，自不察耳。后世是非，终有定评，如有良史才出，读《亳志》而心知其意，不特方志奉为开山之祖，即史家得其一二精义，亦当尊为不祧之宗；此中自信颇真，言大实非夸也。"[2]（卷九，《又与永清论文》）此年，他还撰就《永清新志》十篇，差觉峻洁，认为可"稍赎十二年前学力未到之愆"。

仍是乾隆五十四年，他在给周振荣的信中写道："出都三年，学问文章，差觉较前有进。由今观之，悔笔甚多，乃知文字不宜轻刻板也。然观近所为文，自以为差可矣。"[2]（卷九，《又与永清论文》）这个评价大概多少还带有一些自谦的成分。

从其青年时期自谓"识力未充"，至乾隆三十九年、四十年所谓的"不免有意于矜张"，又至乾隆四十八年的"不敢立心矫异"、乾隆五十年的"未能通变"，再乾隆五十四年的"自以为差可"，章学诚自我的学术进境历程清晰可辨。

还需注意的一点是，至乾隆五十五年，章学诚已经开始总结自己的生平为学，这一事实，充分反映在此年他写给诸子的家书中①。如其中所言："古人重家学，盖意之所在，有非语言文字所能尽者……吾于史学，盖有天授，自信发凡起例，多为后世开山。"[2]（卷九，《家书二》）"吾于是力究纪传之史，而辨析体例，遂若天授神诣，竟成绝业。"[2]（卷九，《家书二》）他还在乾嘉主流学风中审视自己的为学说：

> 至论学问文章，与一时通人全不相合。盖时人以补苴襞绩见长，考订名物为务，小学音画为名；吾于数者皆非所长，而甚知爱重，咨于善者而取法之，不强其所不能，必欲自为著述以趋时尚，此吾善自度也。时人不知其意而强为者，以谓舍此无以自立，故无论真伪是非，途径皆出于一。吾之所为，则举世所不为者也。[2]（卷九，

---

① 按，乾隆五十五年，章学诚写有与诸子《家书》七首，陈祖武《读章实斋家书札记》之《致诸子家书七首》一节详作解析，可资参考，载《清史论丛》2001年。

《家书二》）

可以说，乾隆五十四年前后，是章学诚学术思想体系和理论体系的完善时期，学术见解的成熟与学术实践的推行（修志），也使他达到了一个思想成熟期，具备了问鼎学术巅峰的条件。与之同时，即从乾隆五十四年开始，章学诚集中点名攻驳戴震，评价其学术，这应当不是属于一种机缘的巧合。

那么，如何将此与评价戴震的学术联系起来呢？在世人眼中，戴震是乾嘉时期考据学的杰出代表，亦是当时公认的乾嘉考据学的集大成者。正如江藩《国朝汉学师承记》中所云："国朝诸儒崛起，接二千余年沉沦之绪……亭林始其开端；河洛图书，至胡氏而绌；中西推步，至梅氏而精；力攻古文者，阎氏也；专治汉《易》者，惠氏也；凡此皆千余年不传之绝学，及东原出而集大成焉。"[4]（卷七，《汪中》）他还是"从此汉学昌明，千载沉霾，一朝复旦"[4]（卷首《自序》）的一个关键人物，从吴、皖二派之分，已见戴学影响力之深广。其本人亦慨然以当代学者之第一人自居。① 毫无疑问，戴震是当时乾嘉主流学派的旗帜性人物。"不屑屑于考证之学，与正统派异"[5]（十九）的章学诚在此时评价戴震学术，正是完善自己学术体系的一个方面。

二

"攻戴"，一直以来，是学术界探讨章学诚学术比较关注的一个议题，章学诚对戴震的学术批评，主要表现在以下三个方面：

其一，"心术未醇"。章学诚说："戴君学问，深见古人大体，不愧一代巨儒，而心术未醇，颇为近日学者之患，故余作《朱陆》篇正之。"[2]（卷二，《朱陆》附《书朱陆篇后》）则戴震的"心术未醇"，在《朱陆篇》中最能找到答案。检阅是篇，章学诚所讲的是戴震学出朱子，承其家法，但反而痛斥朱子。他写道："今人有薄朱氏之学者，即朱氏之

---

① 按，江藩《国朝汉学师承记》："戴编修尝谓人曰：'当代学者，吾以晓征（钱大昕）为第二人。'盖东原毅然以第一人自居。"

数传而后起者也。"为了证明于此，章学诚还详细历数了朱学的传承："然沿其学者，一传而为勉斋、九峰，再传而为西山、鹤山、东发、厚斋，三传而为仁山、白云，四传而为潜溪、义乌，五传而为宁人、百诗，则皆服古通经，学求其是，而非专己守残，空言性命之流也……生乎今世，因闻宁人、百诗之风，上溯古今作述，有以心知其意，此则通经服古之绪，又嗣其音矣。无如其人慧过于识而气荡乎志，反为朱子诟病焉，则亦忘其所自矣。"[2]（卷二，《朱陆》）在嘉庆二年前后所作的《又与朱少白书》中，他再次重申道："至国初而顾亭林、黄梨洲、阎百诗皆俎豆相承，甚于汉之经师谱系"，指明而言："戴氏亦从此数公入手，而痛斥朱学，此饮水而忘其源也。""戴君之误，误在诋宋儒之躬行实践，而置己身于功过之外。"[2]（补遗，《又与朱少白书》）并将此斥为"忘本"。

章学诚所指戴震的"心术未醇"，大概还在于不满其"心（笔）口不一"。他在《书朱陆篇后》提到，戴震在书中对朱子不敢讥讽，承朱学家法，但口谈无纵丑贬朱子，欲以朱子五百年后第一人自居，"害义伤教"[2]（卷二，《朱陆》附《书朱陆篇后》）在《答邵二云书》中，他更集中批评说：

> 独至戴氏，而笔著之书，与口腾之说，或如龙蛇，或如水火，不类出于一人，将使后人何所准也？……戴氏笔之于书，唯辟宋儒践履之言谬尔，其他说理之文，则多精深谨严，发前人所未发，何可诬也。至腾之于口，则丑詈程朱，诋侮董韩，自许孟子后之一人，可谓无忌惮矣。然其身既死，书存而口已灭，君子存人之美，取其书而略其口说可也，不知戴遗书而得其解者，尚未有人，听戴口说而益其疾者，方兴未已，故不得不辨也。

章学诚在这段文字中批评戴震心口不一，意在说明戴震著述中所言和"口腾之言"相互矛盾，让人无所适从，为心术之大患。辩论戴震的心口不一，在章学诚看来，是关乎世道人心的一件大事，因为"即此亦可辨人心术"，而作学问，必须讲心术，否则，"而所为学与问者，又将何所用也"。他自诩道："生平从无贰言歧说，心之所见，口之所言，笔之所书，千变万化，无不出于一律。"[1]（佚篇，《答史余村》）

其二，不解古文与史学。戴震之不解古文，屡为章学诚所讥弹。乾隆五十五年，他在《家书六》中举戴震所言"一夕而悟古文之道，明日信笔而书，便出《左》、《国》、《史》、《汉》之上"。对此加以驳斥，认为其故为高深。评述说："此犹戴君近古，使人一望知其荒谬，不足患也。使彼真能古文，而措语稍近情理，岂不为所惑欤！其有意主劝诱来学而言之太易者，亦须分别观之。"[2]（卷九，《家书六》）言下之意，戴震不能做古文。对戴震的这一大言，他在《书朱陆篇后》也曾提到①，其愤愤之情，可以想见。

对戴震的不解史学与修志，章学诚更是耿耿于怀。因此，他在乾隆五十四年补写了《与戴东原论修志》一文，述说乾隆三十八年夏天在宁波道署与之论修汾州府志，戴震"盛气凌之"的始末。乾隆五十四年十一月，章学诚在答沈在廷的书信中论入清以来学风变迁，平停考订、辞章、义理之学。其中亦大谈戴震学问，讥刺为："而记传文字，非其所长，纂修志乘，固亦非其所解，委而不为，固无伤也。而强作解事，动成窒戾，此则不善趋避而昧于交相为功之业者也。"[2]（卷九，《答沈枫墀论学》）他更在《书朱陆篇后》贬斥："其于史学义例、古文法度，实无所解，应人之求，又不安于习故，妄矜独断……故为高论，出入无渊，使人不可测识。人询班马二史优劣，则全袭郑樵讥班之言，以谓己之创见……见由自欺而至于欺人，心已忍矣。"[2]（卷二，《朱陆》附《书朱陆篇后》）至于戴震不知朱彝尊的《经义考》为"史学者流"②，以应酬传志入文集，以惹人笑柄之《汾州府志》津津自道得意③，亦是章学诚攻驳戴震不解史学与古文的依据。

其三，矜夸考据。乾隆五十六年，章学诚在写给族侄的《又与正甫论文》一书中论述说：

---

① 按，章学诚：《书朱陆篇后》："又有请学古文辞者，则曰：'古文可以无学而能。余生平不解为古文辞，后忽欲为之而不知其道，乃取古人之文，反复思之，忘寝食者数日，一夕忽有所悟，翌日取所欲为文者，振笔而书，不假思索而成，其文即远出《左》、《国》、《史》、《汉》之上。"

② 按，此见《章氏遗书》卷28，《上朱中堂世叔》。中云："戴东原之经诂可谓深矣，乃讥朱竹垞氏本非经学，而强为《经义考》以争名，使人哑然笑也。朱氏《经考》乃史学之流，刘、班《七略》、《艺文》之义例也。何尝有争经学意哉！"

③ 参见章学诚：《章氏遗书》补遗，《又答朱少白书》。

近日言学问者，戴东原氏实为之最。以其实有见于古人大体，非徒矜考订而求博雅也。然戴氏之言又有过者。戴氏言曰："诵《尧典》，至'乃命羲和'，不知恒星七政，则不卒业；诵《周南》、《召南》，不知古音则失读；诵古《礼经》先士冠礼，不知古者宫室、衣服等制，则迷其方。[2]（卷二十九，《又与正甫论文》）①

　　章学诚将功力和学问区分为二，认为二者"实相似而不同"，记诵名数，搜剔遗逸，排纂门类，考订异同，途辙多端，"皆学者求知所用之功力尔"。所以，他虽然肯定："戴氏深通训诂，长于制数，又得古人之所以然，故因考索而成学问，其言是也。"但又认为戴震以此概人，夸大了考据的作用，"必如其所举，始许诵经，则是数端皆出专门绝业，古今寥寥不数人耳，犹复此纠彼讼，未能一定。将遂古今无诵五经之人，岂不诬乎！"这里，章学诚批评的，显然是戴震提出的"由字以通其词，由词以通其道"[6]（卷九，《与是仲明论学书》）的治学方法。戴震主张由训诂而明道，所以将"马、班之史，韩、柳之文"仅看成是一种"艺"，认为不足以明道。章学诚对此讽喻说："此犹资舟楫以入都，而谓陆程非京路也。"[2]（卷二十九，《又与正甫论文》）②《书朱陆篇后》则言："其自尊所业，以谓学者不究于此，无由闻道。不知训诂名物，亦一端耳。古人学于文辞，求于义理，不由其说，如韩、欧、程、张诸儒，竟不许以闻道，则亦过矣。"

　　章学诚之攻驳戴震，以上三个方面大致可以概括，其间，既有中肯之批评，也有偏激的贬辞，在此不作深论。因为这里所要关注的一个重要问题是，章学诚评价戴震学术的目的何在？以上分析的各篇文目中，可以较为明显地看到这样一个事实，章学诚的攻戴，往往会与现实的学术风气联系在一起。例如，乾隆五十四年的《答沈枫墀论学》，批评戴震强作古文辞，不善趋避，接下来即言："要之，文易翻空，学须撅实。今之学者，虽趋风气，竞尚考订，多非心得，然知求实而不蹈于虚，犹愈于掉虚文而

----

① 按，此文中所举戴震之言，亦见《戴东原集》卷11，《题惠定宇先生授经图》。
② 按，文中举戴震之言，亦见《戴震文集》卷9，《与方希原书》。其中云："事于文章者，等而末者也。然自子长、孟坚、退之、子厚诸君之为文，曰：'是道也，非艺也。'以云道，道固有存焉者矣，如诸君子之文，亦恶睹其非艺欤？"

不复知实学也。"[2]（卷九，《答沉枫墀论学》）乾隆五十六年的《又与正甫论文》中亦言："今之误执功力为学问者，但趋风气，本无心得，直谓舍彼区区掇拾，既无所谓学，亦夏虫之见也。"可见，通过攻驳戴震的学术来批评当时的学风，是章学诚攻戴的一个原因。

然而，仅仅关注此点，显然不够，这一问题的解答，仍需回到《书朱陆篇后》，这篇评论是戴震学术最为集中细致的文字。

三

在《书朱陆篇后》这篇长达一千五百余言的文字中，我们可以发现其间蕴含的一个重要的思想，那就是：天下无人识戴学。他说："戴君下世，今十余年，同时有横肆骂詈者，固不足为戴君累；而尊奉太过，至有称谓孟子后之一人，则亦不免为戴所愚。身后恩怨俱平，理宜公论出矣，而至今无人能定戴氏品者，则知德者鲜也。"他对戴震的肯定是："戴君学问，深见古人大体，不愧一代巨儒。"并明确指出戴震学术的大旨是通经以明道：

> 凡戴君所学，深通训诂，究于名物制度，而得其所以然，将以明道也。时人方资博雅考订，见其训诂名物，有合时好，以谓戴之绝诣在此。及戴著《论性》、《原善》诸篇，于天人理气，实有发前人所未发者；时人则谓空说义理，可以无作，是固不知戴学者矣。戴见时人之识如此，遂离奇其说曰："余于训诂、声韵、天象、地理四者，如肩舆之隶也；余所明道，则乘舆之大人也。当世号为通人，仅堪与余舆隶通寒温耳。"言虽不为无因，毕竟有伤雅道，然犹激于世无真知己者，因不免于已甚耳。尚未害于义也。[2]（卷二，《朱陆》附《书朱陆篇后》）

这段文字，颇值得玩味。乾隆三十年（1759），戴震撰《题惠定宇先生授经图》，就"故训"与"理义"的关系有过一段阐发，其中指出："言者辄曰：'有汉儒经学，有宋儒经学，一主于故训，一主于理义。'此诚震之大不解也者……彼歧故训、理义二之，是故训非以明理义，而故训胡为；理义不存乎典章制度，势必流入异学曲说而不自知。"[6]（卷十一，《题惠定宇先生授经图》）此时，他以训诂明义理的思想已然确立，章学诚所说的"得其所以然，将以明道"的含义也应在此。戴震的《论性》、《原善》等阐发义理的著作确实不为时人所赏识，按章学诚所言，则戴震感于世无真知，遂有"肩舆之隶"与"乘舆之大人"一说，证之以其弟子段玉裁所记："先生之言曰：'六书、九数等，如轿夫然，所以异轿中人也。以六书、九数尽我，是犹误以轿夫为轿中人也。'"[6]（卷首，《段玉裁序》）可见章学诚所称当世之通人不解戴学，实为不诬。所以在这篇文字的结尾，他再度重申："后学向慕，而闻其恍惚玄渺之言，则疑不敢决，至今未能定戴为何如人，而信之过者，遂有超汉、唐、宋儒为孟子后一人之说，则皆不为知戴者也。"[2]（卷二，《朱陆》附《书朱陆篇后》）

章学诚于乾隆五十五年撰写了《郑学斋记书后》① 一文，开篇写道："戴东原云：'郑学微而始以郑氏名学。'其说洵然。时文兴而文辞始有古文之名，同一理也。戴君说经不尽主郑氏说，而其《与任幼植书》，则戒以轻畔康成，人皆疑之，不知其皆是也。"此文虽然意在指斥当世学风中的墨守之弊，主张"学当求其是，不可泥于古"。但观此一段，可以看出，其间依旧蕴含着章学诚讥讽时人不解戴学的意味。他为戴震的境遇解释说："任氏（大椿）锐思好学，非荒经蔑古者也，然未能深有得于古人而遽疑郑学，此戴君之所以深惧也，故又以为戒耳。然墨守之愚及墨守之黠，与夫愚心自是而不为墨守者，各执似是之非以诘戴君，戴君将反无辞以解。"[2]（卷八，《郑学斋记书后》）钱穆先生认为："实斋此文，发明戴氏治学精神极深切。"[3]（P.409）胡适先生则更据此篇判断章学诚"深知戴学"[7]（P.113）。章学诚在这篇文字中并未明言自己深解戴学，但却说："心知其意，难为浅见寡闻者道也。"对不解戴学者的轻蔑态度已流露其中。

章学诚与好友邵晋涵也曾有过关于戴震学行的辩论，关于此，邵晋涵的文集中不见载述，但《章学诚遗书》佚篇中的《答邵二云书》和《与史余村书》为我们留下了一些相关的线索，这两封书信也为我们认识章

---

① 按，"郑学斋"为王昶书斋名，戴震之《郑学斋记》撰于乾隆二十四年九月，见《戴震文集》卷12，《郑学斋记》。

学诚评价戴震学术提供了重要的信息。

从《答邵二云书》中可见，章学诚攻驳戴震的言论一出，邵晋涵便极力为戴震申辩，认为章氏为浮言所惑。其辩言最切者，是针对章学诚所言戴震自称《原善》之书，欲希两庑牲牢等语，所以《答邵二云书》起笔便言：

> 来书于戴东原自称《原善》之书，欲希两庑牲牢等语，往复力辨，决其必无是言，足下不忘死友，意甚可感，然谓仆为浮言所惑，则不然也。[1]（佚篇，《答邵二云书》）

邵晋涵与戴震共处四库馆中，非常了解戴震的为人，认为"两庑牲牢"等语甚为卑鄙，不似戴震平日语。章学诚虽称"此说似矣"，但又说："抑知戴氏之言，因人因地因时，各有变化，权欺术御，何必言之由中，以仆亲闻，更有甚于此者，皆可一笑置之，固不必执以为有，亦不必辩以为非也。"章学诚又在《与史余村书》中重申邵晋涵为戴氏力辩是"不忘死友，真古人用心。"同时又称："惜其犹未达也。"[1]（佚篇，《与史余村》）为邵晋涵不能够理解自己感到惋惜。

《答邵二云书》中，章学诚提及了其早年从学朱筠门下，为戴震学术争辩之事：

> 时在朱先生门，得见一时通人，虽大扩平生闻见，而求能深识古人大体，进窥天地之纯，惟戴氏可与几此。而当时中朝荐绅负重望者，大兴朱氏、嘉定钱氏，实为一时巨擘。其推重戴氏，亦但云训诂名物，六书九数，用功深细而已，及举《原善》诸篇，则群惜其有用精神耗于无用之地。仆于当时，力争朱先生前，以谓此说似买椟还珠。而人微言轻，不足以动诸公之听。[1]（佚篇，《答邵二云书》）①

---

① 按，此间所言朱筠对《原善》的态度，亦见洪榜《初堂遗稿》之《上笥河朱先生书》。戴震卒前，曾作《答彭进士书》驳诘与进士彭绍升对其《原善》、《孟子字义疏证》的攻击。洪榜撰戴震《行状》，全载其文。以此向朱筠求撰墓志铭。朱筠称："状中所载《答彭进士书》可不必载，性与天道不可得闻，何图更于程、朱之外，复有论说乎？戴氏可传者不在此。"

这段文字反映出的信息也很引人注目，章学诚从学于朱筠，当是乾隆三四十年的事情，① 其中表述的文意非常清楚：当时学界众望所归的人物皆以戴震所学在训诂、名物、六书、九数，而于其《原善》等明六经义理的著述则大不以为然。所以在《与史余村》一书中，章学诚写道："有如戴东原氏，非古今无其偶者，而乾隆年间，未尝有其学识。是以三四十年中人，皆视以为光怪陆离，而莫能名其为何等学。"[1]（佚篇，《与史余村》）

在与邵晋涵的辩论中，章学诚极力强调自己知戴最深，他对邵晋涵说："戴君虽与足下相得甚深，而知戴君之深，足下不如仆之早。""唯仆知戴最深，故勘戴隐情亦最微中。"章学诚还极力向邵晋涵表白自己批评戴震的缘由："其学问心术，实有瑕瑜不容掩者。""仆之攻戴，欲人别瑕而择其瑜，甚有苦心，非好为掎摭也。或谓戴氏生平未尝许可于仆，仆以此报怨者，此则置之不足辨也"。[1]（佚篇，《答邵二云书》）章学诚在这里极力申辩自己评价戴震学术不是以私报怨，而是"甚有苦心"，那么他的"苦心"何在呢？只是他所讲的"欲人别瑕而择其瑜"吗？这显然不足以让人信服。章学诚在《与邵二云书》中不经意地讲到了这样一句话："至于'两虎牲牢'等语，本无足为戴轻重，仆偶举为《原道》诸篇非有私意之旁证耳。"[1]（佚篇，《答邵二云书》）可见，通过评价当时最优秀的人物，推扬自己的学术主张，才是章学诚的心意所在。

四

章学诚对戴震《原善》一书的一再肯定也值得我们注意，前所叙述而外，嘉庆二年前后，章学诚致书朱锡庚，又言：

> 戴东原训诂解经，得古人之大体，众所推尊。其《原善》诸篇，虽先夫子亦所不取。其实精微醇邃，实有古人未发之旨，鄙不以为非也（原注：姚姬传并不取《原善》，过矣）……然戴实有所得力处，

---

① 按，章学诚于乾隆三十一年，随朱筠学文，寓居其邸。乾隆三十八年，以朱筠介绍，应和州知州聘，修《和州志》，离开朱筠幕府。

> 故《原善》诸篇，文不容没。[1]（补遗，《又与朱少白书》）

此文中，章学诚再次为《原善》争辩，还给予了"精微醇邃，实有古人未发之旨"的高度评价。

章学诚所推重的《原善》是戴震的第一部系统阐发六经义理的著作，乾隆二十八年，成上、中、下三篇。据段玉裁所记："先生尝言：'作《原善》首篇成，乐不可言，吃饭亦别有甘味。'"[8]（乾隆四十八年四十一岁条）乾隆三十一年，戴震增订《原善》旧作为三卷，并自记云：

> 余始为《原善》之书三章，惧学者蔽以异趣也，复援据经言疏通证明之，而以三章者分为建首，次成上、中、下卷，比类合义，灿然端委毕著矣。天人之道，经之大训萃焉。以今之去古圣哲既远，治经之士，莫能综贯，习所见闻，积非成是，余言恐未足以振兹坠绪也。藏之家塾，以待能者发之。[9]（卷首，《自记》）

从中可见戴震对自己《原善》一书的期望之深。非但如此，他还以自己另一部揭示"理道天命性情之名"[10]（卷16，《论语通释自序》）的著作——《孟子字义疏证》为"生平论述最大者"，他告诉弟子段玉裁说："此正人心之要。今人无论正邪，尽以意见误名之曰理，而祸斯民，故《疏证》不得不作。"[11]（之三十五，《与段茂堂等十一札》之第十札）由此亦可窥见戴震欲以之针砭学术时弊的用心。焦循称："东原生平所著书，惟《孟子字义疏证》三卷、《原善》三卷最为精善，知其讲求于是者，必深有所得，故临殁时往来于心……夫东原，世所共仰之通人也，而其所自得者，惟《孟子字义疏证》、《原善》，所知觉不昧于昏瞀之中者，徒恃此笺笺也。"[10]（卷七，《申戴》）这似乎可为章学诚所言戴震自称《原善》"欲希两庑牲牢"之语的出处作一个注解。

梁启超先生曾说："当时学者虽万口翕然诵东原，顾能知其学者实鲜。"[12]（第四十一种《戴东原先生传》）但从某种程度上来讲，章学诚可称得上是戴震的知己，在今天看来，这是一件令人惋惜的事情。然而学术风气非个人能力所能转移，在"家家许、郑，人人贾、马"的汉学风尚席卷大江南北、朝野上下的乾嘉之际，"达人显贵之所主持，聪明才隽之所奔赴"[2]（卷九，《上钱辛楣宫詹书》），不单戴震以训诂明义理的新学风难以拓展，章学诚的学术见解在当时的知识界中更乏共鸣，他的"悲同时之知音不足恃"，他的深沉的慨叹："知之难乎哉！"［2］（卷四，《知难》）大概亦在于此。

参考文献：

［1］章学诚：《章学诚遗书》，文物出版社1985年版。

［2］章学诚：《章氏遗书》，文物出版社1985年版。

［3］钱穆：《中国近三百年学术史》，商务印书馆1997年版。

［4］江藩：《国朝汉学师承记》，中华书局1983年版。

［5］梁启超：《清代学术概论》，上海古籍出版社1998年版。

［6］戴震：《戴震文集》，中华书局1980年版。

［7］胡适、姚名达：《章实斋先生年谱》，远流出版事业股份有限公司，1986年。

［8］段玉裁：《戴东原先生年谱》，经韵楼丛书本。

［9］戴震：《原善》，续修四库全书本。

［10］焦循：《雕菰楼集》，道光四年阮氏刻本。

［11］戴震：《戴震全书》，黄山书社1997年版。

［12］梁启超：《饮冰室文集》，中华书局1987年版。

（本文原载《南开学报》2007年第3期）

清代公羊学的奠基人——刘逢禄

郑任钊

如果说清中期的庄存与是复兴公羊学的先行者,那么其后的刘逢禄则成为清代公羊学的奠基人。刘逢禄重新整理了公羊学的统绪,上承董仲舒、何休,下开龚自珍、魏源,使沉寂了近两千年的公羊学得以再次繁荣,并为近代维新变法准备了儒家经学的理论武器,从而在清代公羊学的发展进程中发挥了举足轻重的作用,对晚清的学术和政治局面都有相当的影响。

一 刘逢禄学术渊源与学术特点

刘逢禄(1776—1829),字申受,江苏武进人,乾隆四十一年生,嘉庆十九年进士。刘逢禄是文渊阁大学士、军机大臣刘纶之孙,礼部侍郎、常州公羊学派创始人庄存与之外孙。其父刘召扬,曾应乾隆皇帝南巡召试,得乾隆亲置第一,尝主湖南、陕西、山东讲席。母庄氏,庄存与之女,熟通经史。刘逢禄少时在母亲身边受到了良好的教育,其母"每当晚课毕,或塾师岁时解馆,即亲授以《楚辞》、《文选》及唐宋人诗文,曰:'家学不可废也。'"[1](卷十·先妣事略)

刘逢禄秉承家学,自幼熟读诗书,十余岁即遍阅十三经及周秦古籍。刘逢禄从小就对外家所传之公羊学表现出浓厚的兴趣。"余年十二,读《左氏春秋》,疑其书法是非多失大义。继读《公羊》及董子书,乃恍然于《春秋》非记事之书,不必待《左氏》而明。"[2]十三岁那年,"尝读《汉书·董江都传》而慕之,乃求得《春秋繁露》,益知为七十子微言大义，遂发愤研《公羊传何氏解诂》，不数月，尽通其条例"[1]（卷十一附·刘承宽·先府君行述）。

从这些叙述来看，刘逢禄的公羊学应属自学，亦正如其子刘承宽所说："大抵府君于《诗》、《书》大义及六书小学，多出于外家庄氏，《礼》多出于皋文张氏，至《春秋》则独抱遗经，自发神悟。"[1]（卷十一附·刘承宽·先府君行述）刘逢禄自己也说："余自童子时，癖嗜二君（董仲舒、何休）之书，若出天性"[1]（卷三·春秋公羊解诂笺序），"禄束发受经，善董生、何氏之书若合符节"[3]（序）。

当然，这并不否定外家庄氏的学统对刘逢禄的影响。首先是幼时母亲的熏陶。刘逢禄曾回忆说："余幼时，先妣诲之，学必举所闻于宗伯公（庄存与）经史大义以纠俗师之谬。"[1]（先妣事略）其次是外祖父庄存与的鼓励。11岁时，刘逢禄随母亲归省见到外祖父庄存与，庄存与问其学业，刘逢禄对答如流，庄存与高兴地说："此外孙必能传吾学！"[1]（先府君行述）在外祖父"传学"的期冀下，刘逢禄疑《左传》、读《董子》、研《公羊》，逐渐走上了公羊学的治学之路。最后，也是最重要的，则是从舅庄述祖的影响。刘逢禄曾从庄述祖"受《夏时》等例及六书古籀之学，尽得其传"[1]（先府君行述），庄述祖对公羊学颇有心得，其"《公羊》家诚非《谷梁》所能及"、"《左氏》不传《春秋》"等思想对刘逢禄多有影响，刘逢禄自己也说："从舅氏庄先生治经，始知两汉古文、今文流别。"[1]（卷九·跋杜礼部所藏汉石经后）尤其是庄述祖以"《夏时》之等"比附"《春秋》之义"，以公羊条例来治《夏小正》，更是启发刘逢禄后来以《公羊》统摄群经。庄述祖对刘逢禄非常赞赏，有"刘甥可师"[1]（先府君行述）之誉，据说他本有意深研公羊学，见到刘逢禄的成就后，竟然主动放弃了。

刘逢禄长期潜心研究公羊学，然而公羊学在当时并不是应试之学，这使他的科场之路变得有些坎坷。刘逢禄于嘉庆五年（1800）拔贡生，十年（1805年）中举。乡试应试时，刘逢禄以公羊义应答，使阅卷者大为震惊。此后，他接连两次考进士落第，直至嘉庆十九年（1814），39岁的刘逢禄才考中进士，授庶吉士。嘉庆二十二年（1817）散馆，授礼部主事，道光四年（1824）补仪制司主事。道光九年卒于任上，年54。

刘逢禄在官十余年，"以经义决疑事"[4]为世称道，"凡有大疑，辄援古事据经义以决之，非徒簿书期会如胥吏所职而已"[5]（P245）。嘉庆二十五年（1820），嘉庆皇帝崩，刘逢禄据经义制定丧仪，"自始事以迄奉安山陵，典章备具"。道光四年（1824），越南使臣对敕书称其"外夷"不满，刘逢禄又据经义说明"夷"非蔑称而解决此事。刘逢禄还多次引春秋公羊义来解决民间法律纠纷，"皆卓卓表见，所谓通经而能致诸实用者也"[5]（P245—246）。刘逢禄的经学研究在政治活动中的作用愈发明显，体现了公羊家"经世致用"的治学特点。

二 《春秋公羊经何氏释例》

刘逢禄学识广博，著述宏富，有《刘礼部集》十二卷。他对《周易》、《诗经》、《尚书》等都有阐述，其学遍涉群经，但以《春秋》为重，以何休公羊学为本。其春秋学相关著述有《春秋公羊经何氏释例》十卷、《公羊何氏解诂笺》一卷、《箴膏肓评》一卷、《发墨守评》一卷、《谷梁废疾申何》一卷、《左氏春秋考证》二卷、《论语述何》二卷等。这些著作只从名称即可显见其学术立场。

《春秋公羊经何氏释例》（下称《释例》）一书，系刘逢禄的代表作，也是清代公羊学的奠基之作，书成于嘉庆十年（1805）六月，时年刘逢禄三十岁，正值他主山东兖州讲席之时。该书是刘逢禄十几年研究公羊学的心血结晶，前后三易其稿。① 刘逢禄有诗《闰六月，三十重度，时〈春秋释例〉成，题四章示诸生》，其言"窥园未免惭前哲，驻景方知绝几编"[1]（卷十一），自比董仲舒"三年不窥园"和孔子"韦编三绝"。在书中，刘逢禄通过对何休解诂《公羊传》义例的归纳，阐发了自己的公羊学思想，建立起了严密的公羊学理论体系。

《释例》共分为十卷，三十章，"凡何氏所谓非常异义可怪之论，如'张三世'、'通三统'、'绌周王鲁'、'受命改制'诸义，次第发明"[6]。共总结有"例"二十六，分为：张三世例、通三统例、内外例、时日月例、名例、褒例、讥例、贬例、诛绝例、律意轻重例、王鲁例、建始

---

① 《刘礼部集》卷十一《闰六月，三十重度，时〈春秋释例〉成，题四章示诸生》下有注："撰此书凡三易藁"。

例、不书例、讳例、朝聘会盟例、崩薨卒葬例、公终始例、娶归终始例、致公例、内大夫卒例、侵伐战围人灭取邑例、地例、郊禘例、阙疑例、主书例、灾异例；"表"四，分为：大国卒葬表、小国进黜表、秦楚吴进黜表、公大夫世系表。① 每"例"皆先罗列举证《春秋》经传及何休解诂条文，最后以"释"来阐述该"例"之主旨要义。② "表"则是"例"的一种变形，通过纵横比对相关内容来使义例清晰，而阐述主旨之文字则移于每"表"之首，以序的形式出现。③

同当时乾嘉汉学的大部分著作一样，《释例》也采取了考据的形式，而且在考据上下了很大的功夫。如《时日月例》下，刘逢禄又详分了五十余小"例"，搜求举证近三百条。但刘逢禄并没有只停留在罗列资料上，他考据的目的在于研求"微言大义"、通经致用，与当时的汉学家们旨趣大异。

刘逢禄为什么要在汉学盛行的时代，做这样一个工作呢？在《释例》序中，他回顾了千年来春秋学的历史，认为"传《春秋》者，言人人殊"，只有董仲舒、何休所传之《公羊》才是正传，尤其是何休，"修学卓识，审决白黑而定，寻董、胡之绪，补庄（严）、颜之缺，断陈元、范升之讼，针明、赤之疾，研精覃思十有七年，密若禽墨之守御，义胜桓文之节制，五经之师罕能及之"。但何休之后，春秋学逐渐迷失方向，"或以弃置师法，燕说郢书，开无知之妄；或以和合传义，断根取节，生歧出之途"，终至"支窒错迕，千喙一沸，而圣人之微言大义盖尽晦矣"。当乾嘉之时，"人耻乡壁虚造，竞守汉师家法"，在这样的学术氛围环境下，显然春秋学也到了应该回复正途、回到汉代公羊家法的时候了。这既是春秋学的历史机遇，同时也是汉学深化发展的内在要求。他说："先汉师儒略皆亡阙，唯《诗》毛氏、《礼》郑氏、《易》虞氏有义例可说，而拨乱反正莫近《春秋》，董、何之言受命如响，然则求观圣人之志、七十子之所传，舍是奚适焉？" [3] 乾嘉之时，"家家许郑，人人贾马"，学者莫不推崇汉儒经说，而公羊学是所剩无几的真正传承有自的汉学，汉代经学昌明，也正是公羊大师董仲舒推动的，因此公羊学才是汉代学术的正统和精

---

① 另以《十七诸侯终始表》总摄《大国卒葬表》、《小国进黜表》、《秦楚吴进黜表》。
② 《盟薨卒葬例》无"释"。另《贬例》与《诛绝例》合释。
③ 《公大夫世系表》无序，其内容也只是考证鲁公及鲁大夫世系。

髓，尊汉显然不可不尊《公羊》。这样，刘逢禄也巧妙地为公羊学在以古文学为主流的乾嘉汉学的学术堡垒中找到了滋生的土壤。

"一月重寻翰墨缘，温城绝业得珠联"，"经神绝业如相待，一瓣心香奉董何"，《闰六月，三十重度，时〈春秋释例〉成，题四章示诸生》中的这几句诗正道出了刘逢禄以复兴公羊绝学为己任，接续董仲舒和何休统绪的心声。

刘逢禄在《释例》中说："何氏生东汉之季，独能巢括两家（董仲舒、胡毋生），使就绳墨，于圣人微言奥旨推阐至密。惜其说未究于世，故竟其余绪，为成学治经者正焉。"[3]（主书例）何休的《春秋公羊解诂》是公羊义例的集大成之作，构建起了公羊学理论体系，但受文体所限，却只能随文夹注，所有义例都散见于注文之中。而何休所撰《春秋文谥例》又已失传。因此，公羊学虽以"义例"说《春秋》闻名，但却一直缺乏系统的总结性的归纳，以致后世对公羊义例多有误解和争议。刘逢禄清醒地认识到，要想复兴公羊学，必须解决这一瓶颈问题。而在清代公羊学序幕初揭之时，孔广森作《公羊通义》，又否定何休"黜周王鲁"之说，别立"三科九旨"，自乱公羊家法，于是解决这一问题显得尤为急迫。所以，刘逢禄要"寻其条贯，正其统纪"，用力十余年，"为《释例》三十篇"[3]（序），第一次系统归纳了公羊学繁杂的义例，为清代公羊学日后的辉煌发展铺平了道路。

三　立足于社会变革的公羊义

杨向奎先生说，刘逢禄出而公羊学的局面为之一变。[7] 在刘逢禄之前，清代公羊学已出现了庄存与的《春秋正辞》和孔广森的《公羊通义》等专门著作，但只有刘逢禄的《春秋公羊经何氏释例》才被称为清代公羊学的奠基之作，因为只有到了刘逢禄这里，才是真正坚守公羊家法，才算是真正接上了董仲舒、胡毋生至何休一脉相承的公羊统绪。刘逢禄的公羊学正是在力申董、何之说的基础上，阐述自己之经说及对时局之主张，他对公羊学的全面阐发及适度的改造，奠定了清代公羊学的基础。

公羊家有所谓"三科九旨"之说，认为这是孔子作《春秋》的基本原则。"三科九旨"，何休认为是"新周，故宋，以《春秋》当新王"

（"一科三旨"）、"所见异辞，所闻异辞，所传闻异辞"（"二科六旨"）、"内其国而外诸夏，内诸夏而外夷狄"（"三科九旨"）。徐彦《公羊疏》又提到宋衷之说："案宋氏之注《春秋说》：'三科者，一曰张三世，二曰通三统，三曰异外内，是三科也。九旨者，一曰时，二曰月，三曰日，四曰王，五曰天王，六曰天子，七曰讥，八曰贬，九曰绝。'"宋衷所说"三科"与何休"三科"并无矛盾，"张三世"就是"所见异辞，所闻异辞，所传闻异辞"，"通三统"就是"新周，故宋，以《春秋》当新王"，"异外内"就是"内其国而外诸夏，内诸夏而外夷狄"，只是顺序有所调整。差别在于何休以为"三科九旨正是一物"，即"三个科段之内，有此九种之意"，而宋衷则别立"九旨"。

刘逢禄洞悉"三科九旨"是公羊学的精髓，他明确宣称："无三科九旨则无《公羊》，无《公羊》则无《春秋》，尚奚微言之与有？"[1]（卷三·春秋论下）内诸夏而外夷狄他批评孔广森"三科九旨不用汉儒之旧传，而别立时、月、日为天道科，讥、贬、绝为王法科，尊、亲、贤为人情科。如是，则《公羊》与《谷梁》奚异？奚大义之与有？"刘逢禄《春秋公羊经何氏释例》将公羊义例归纳为三十例，其首三例为"张三世例"、"通三统例"、"内外例"，即将"三科"置于首位，准确地抓住了公羊学的最核心的思想内容。可以说，"张三世"、"通三统"、"异内外"就是刘逢禄公羊学最为重视的内容。但他似乎有意淡化"九旨"，《释例》中甚至没有出现"九旨"的字样。直至晚年，刘逢禄才有以"时、日、月、爵、氏、名字，褒、讥、贬绝"为"九旨"之说，虽不同于何休，但亦属汉儒之旧传。①

刘逢禄所处的时代，大清帝国已经失去了"康乾盛世"的光环，正在逐步走向衰落。嘉庆皇帝接手的其实只是一个徒有大帝国外表的空架子，君主专制制度末世的乱象已现，社会危机日益严重。刘逢禄看到的正是风雨来临前夜的清朝，他身后十一年，鸦片战争就爆发了。相较"康乾盛世"的盛景，嘉道时期臣民的失落感是可以想见的。刘逢禄敏锐地

---

① 《刘礼部集》卷四有《释九旨例》上中下，以"时、日、月、爵、氏、名字，褒、讥、贬绝"为"九旨"，乃拼凑《释例》相关释文而成。其子刘承宽于《释九旨例中》记曰："晚年改订体例，故与释不甚相应。"可见此以宋氏为本的"九旨"实是刘逢禄晚年的产物。"时、日、月"等例大多虽早见于《释例》，但刘逢禄当时显然未将它们列为"九旨"，晚年思定"九旨"，但未及专门作文，只好套用《释例》，以致文目不相对应。

觉察到了隐伏的危机，作为一名富有责任感的知识分子和朝廷官员，挽救衰落中的大清王朝在他心目中是责无旁贷的。他的心态与何休当年那种"衰世救失"的心态在某种程度上是相通的。因此，"张三世"、"通三统"、"异内外"的排列固然是刘逢禄对宋衷之说的一种赞同，更是他针对时局所做的一个有意识的选择。可能也正是因为这个原因，使他暂时回避了"九旨"，以免陷入相对次要的书法纷争。他急切要做的是从公羊大义中揭示治乱兴衰的规律，寻找起衰救弊的途径。

在《释例》中，刘逢禄将"张三世"摆在了开篇第一的位置上，这充分显示出"张三世"在刘逢禄体系中的突出重要的地位。他阐述"张三世"曰：

> 《春秋》缘礼义以致太平，用《坤乾》之义以述殷道，用《夏时》之等以观夏道。等之不著，义将安放？故分十二世以为三等，有见三世，有闻四世，有传闻五世。若是者，有二义焉。于所见，微其辞；于所闻，痛其祸；于所传闻，杀其恩，此一义也。于所传闻世，见拨乱始治；于所闻世，见治，廪廪进升平；于所见世，见治太平，此又一义也。由是辨内外之治，明王化之渐，施详略之文，鲁愈微而《春秋》之化益广，世愈乱而《春秋》之文益治。[1]（卷四·释三科例上）

刘逢禄结合何休的"三世"说和董仲舒的"三等"说，以"等"字突出社会发展是有阶段性的，强调社会历史进程是发展变化的。他在这里明确区分了"三世"的两层含义：从表层上看，"三世"就是"所见世"、"所闻世"、"所传闻世"，即孔子根据时间上的远近不同，施以不同的书法；从深层上讲，"三世"则是"拨乱世"、"升平世"、"太平世"，社会发展水平不同，文明进步程度不同。刘逢禄一再强调，这只是孔子借书法不同寄寓的一种社会进化的理想，绝不可以史来看待，正所谓"鲁愈微而《春秋》之化益广，世愈乱而《春秋》之文益治"，历史上鲁国十二公的世道是每况愈下，但《春秋》所制定的理想制度，却是愈后愈治。他举例说："西狩获麟，于《春秋》本为灾异，而托之以为治定功成。若是者，何哉？子曰：'我欲托之空言，不如见之行事之深切著明也。'又曰：'吾因其行事，而加吾王之心焉。'《春秋》之义，犹六书之假借，说

《诗》之断章取义。"[1]（释三科例上）刘逢禄以"托言"、"假借"，直接点明了公羊"三世"说的实质乃在借用历史事实的外壳来突显一种历史观，因而重点不在已陈之史迹，而在历史中沉淀下来的可贵的思想观念。这就反驳了古文家以不合史实对"三世"说以及公羊学的攻讦。

刘逢禄还从其他经典寻找"三世"说的影子，证明孔子不只在《春秋》中寄寓有"三世"理想，从而提高"三世"说的可信度：

> 古之造文者，三画而连其中谓之王，《易》之六爻，《夏时》之三等，《春秋》之三科是也。《易》一阴一阳，乾变坤化，归于乾元用九，而天下治，要其终于《未济》，志商亡也。《诗》、《书》一正一变，极于周亡，而一终《秦誓》，一终《商颂》，《秦誓》伤周之不可复也，《商颂》示周之可兴也。《夏时》察大正以修王政，修王政以正小正，德化至于鸣隼，而推原终始之运，本其兴曰"正月启蛰"，戒其亡曰"十有二月陨麋角"。《春秋》起衰乱以近升平，由升平以极太平，尊亲至于凡有血气，而推原终始之运，正其端曰"元年春王正月公即位"，著其成曰"西狩获麟"。故曰：治不可恃，鸣隼犹获麟也，而商正于是建矣。乱不可久，字于东方，蠡于十二月，灾于戒社，京师于吴、楚，犹《匪风》、《下泉》也，而夏正于是建矣。"无平不陂，无往不复"，圣人以此见天地之心也。[3]（卷一·张三世例）

我们看到，刘逢禄从《易》、《诗》、《书》、《大戴礼记》中找到了阴阳、正反之变化，治乱、兴衰之演变，以之与《公羊》"三世"相印证，并得出了"治不可恃"、"乱不可久"的结论。没有永恒的盛世，但也不会有长久的衰乱，在警醒世人的同时，也提供一种希望。他讲到了夏正、商正的建立，讲到了周之所兴与周之所衰，更引孔子"其或继周者，虽百世可知也"之语，说明一兴一衰是任何朝代也逃脱不了的命运。刘逢禄已经看到了清王朝由盛而衰的危机，朝代兴衰正是刘逢禄最为关切的话题！他说孔子"愀然以身任万世之权，灼然以二百四十二年著万世之治"，"愀然"、"灼然"的孔子大概正好就是刘逢禄忧心现实的写照。

在刘逢禄的"三世"说中，明显少了一份社会不断进化的味道，更多强调的是兴衰的不断循环，正所谓"无平不陂，无往不复"，我们下面也可以看到，他把理想社会仍然聚焦于三代，这只能说他过于执着于现实的起衰救弊，而缺乏一种哲学家的思维。

盛极必衰，衰极必治，兴衰更替是历史运行的规律，但在刘逢禄那里，人们在历史进程面前并不是消极等待，而是可以积极地推动社会的变化，由衰转盛，这就必须依靠"通三统"和"异内外"来实现。他说：

> 三王之道若循环，非仅明天命所授者博，不独一姓也。天下无久而不敝之道，穷则必变，变则必反其本，然后圣王之道与天地相终始。故正朔必三而改，《春秋》因损文而用忠。文质必再而复，故《春秋》因变文而从质。受命以奉天地，首建五始。至于治定功成，凤皇来仪，百兽率舞，而韶乐作焉，则始元终麟之道，举而措之万世无难矣。[1]（卷四·释三科例中）

"通三统"的核心就在于一个"变"字，社会是变化的，人世的制度也要相应地及时变革。刘逢禄从"通三统"中慧眼独具地挖掘出"天下无久而不敝之道，穷则必变"之义，警示世人走出盛世的旧梦，面对衰败的现实，对那些弊端丛生的制度进行必要的改革。只要遵循"通三统"之义，因时改制，社会必然会由乱而治，终能"治定功成"，到达太平盛世。所谓"始元终麟之道"也就是拨乱、升平到太平的"三世"进程。

刘逢禄"穷则必变"的思想可谓抓住了"三统"说"因革损益"的本质，同时这对刘逢禄来说也是最具有现实意义的。"王者时宪，咸与维新"[3]（卷六·建始例），因时改定制度，消除社会弊端，进行政治上的改良，推动清王朝的统治走出衰败，回复盛世景况是刘逢禄内心的呼唤。

当然，刘逢禄也深知改变清王朝江河日下的趋势谈何容易，但他坚信只要在现实政治中落实《春秋》之法，拨乱见治是完全可能的。他说："明《春秋》之法以制驭其政，三代之治未尝不可复，其乱未尝不可弭，则经制定而统纪一，虽有淫骄之主，而无鱼烂之祸。"[3]（卷七·十七诸侯终始表）这里我们也遗憾地看到，刘逢禄所能想见的太平盛世，仍然只是传统儒生所念念不忘的"三代之治"，所谓"三王之道若循环"、"变则必反其本"、"文质必再而复"，没能摆脱循环论的窠臼。不过，我们也不难发现，刘逢禄这里显露出了对制度的推崇。儒家一直呼唤明君政治，而刘逢禄提出，只要有良好的制度，君主的作用是次要，这不能不说是政治理念的一大进步。这也启发了晚清的公羊学者积极进行新制度的设计。

"通三统"之义中，还有一个公羊家非常奇特的理论，就是"王鲁"，即新周、故宋、以《春秋》当新王，而托王于鲁。这个理论也是公羊学最受人诟病的理论，孔广森也明确反对。但"王鲁"却又是公羊学的基石，因为没有"王鲁"，《春秋》新王则无所托，新周、故宋也就没有了意义，"通三统"也就站不住了。同时"王鲁"也与"异内外"紧密相关，没有"王鲁"，所谓的"《春秋》内其国而外诸夏，内诸夏而外夷狄"也就失去了依据。因此，刘逢禄极力维护"王鲁"：

> 王鲁者，即所谓"以《春秋》当新王"也。夫子受命制作，以为托诸空言不如行事博深切明，故引史记而加乎王心焉。孟子曰："《春秋》，天子之事也。"夫制新王之法以俟后圣，何以必乎鲁？曰：因鲁史之文，避制作之僭。祖之所逮闻，惟鲁为近，故据以为京师，张治本也。[3]（卷六·王鲁例）

刘逢禄说明了为什么要"托王于鲁"，解释了"王鲁"既不是史实，也不是孔子真要以鲁继周，只是借鲁表达理想的一种"张法"而已。他还作了一个形象的比喻："《春秋》者，火也。鲁与天王、诸侯皆薪蒸之属，可以宣火之明，而无与于火之德也。"[3]（王鲁例）鲁只是点燃《春秋》之火的薪柴，薪柴本身是什么样子并不重要，只是工具，火才是目的，《春秋》大义才是最关键的。进而他也通过论证"王鲁"，强调了孔子"制新王之法"，强化了《春秋》之制为万世法之说。

对刘逢禄来说，"异内外"和"通三统"一样，都是推动社会由乱而治的法宝，但"通三统"更强调一种方法，而"异内外"则更强调一种步骤。他说：

> 昔文王系《易》，著君德于乾二，辞与五同，言以下而升上，以内而及外也。夫子赞之曰："庸言之信，庸行之谨，闲邪存其诚，善世而不伐，德博而化。"有旨哉！慎言行，辨邪正，著诚去伪，皆所以自治也。由是以善世，则合内外之道也。至于"德博而化"而君

道成，《春秋》所谓"大一统"也。夫治乱之道，非可一言而尽。《易》变动不居，由一阴一阳而穷天地之变，同归于乾元用九，以见天则。《春秋》推见至隐，举内包外，以治纤芥之慝，亦归于元始，正本以理万事，故平天下在诚意，未闻枉己而能正人者也。《春秋》之化极于凡有血气之伦，神灵应而嘉祥见，深探其本，皆穷理尽性之所致。为治平者，反身以存诚，强恕以求仁而已矣。[3]（卷一·内外例）

所谓"异内外"不是一种状态，而是"由内及外"、"举内包外"，一种"先自近者始"的拨乱步骤和过程，具体说就是"欲攘蛮，先正诸夏；欲正诸夏，先正京师。欲正士庶，先正大夫；欲正大夫，先正诸侯；欲正诸侯，先正天子"[3]（卷五·诛绝例），随着"三世"递嬗，不断扩大王化治理范围，最终"合内外之道"，实现天下一统。与汉代公羊先师相较，刘逢禄这段话"有很明显的受宋明理学影响的痕迹"[8]（P710），更为强调个人的修身在推动社会进步方面的作用，为"异内外"融入了更多新义。这也包含了一种治乱兴衰人人有责的意味。"内外"问题的另一层含义是华夷问题。公羊学以文化进步程度而非种族或地域来区分"诸夏"和"夷狄"，夷狄可以进为中国，中国也可以退为夷狄。与这种显具平等色彩的民族观相适应，公羊学主张"内其国而外诸夏，内诸夏而外夷狄"，依"三世"进程，不断扩展先进文明覆盖的范围，推动民族的融合，最终实现天下一家。

刘逢禄另立《十七诸侯终始表》（分《大国卒葬表》、《小国进黜表》、《秦楚吴进黜表》）以阐述"异内外"的华夷问题。他深发公羊学"进夷狄"的思想：

余览《春秋》进黜吴、楚之末，未尝不叹圣人驭外之意至深且密……圣人以中外狎主承天之运而反之于礼义，所以财成辅相天地之道，而不过乎物，故于楚庄、秦穆之贤而予之，卒以为中国无桓、文，则久归之矣，何待定、哀之末而后京师楚哉？于吴光之败陈、许，几以中国听之，慨然深思其故曰：中国亦新夷狄也……故观于《诗》、《书》，知代周者秦，而周法之坏，虽圣人不可复也。观于《春秋》知天之以吴、楚狎主中国，而进黜之义，虽百世不可易也。

张三国以治百世，圣人忧患之心亦有乐乎此也。[3]（卷七·秦吴楚进黜表）

嘉道之时，满汉民族问题虽然已经不是社会的主要问题，但农民起义却还是经常以此为旗号，王朝的合法性问题对统治阶层而言仍是一个很大的困扰。刘逢禄认为，秦、吴、楚三国本属夷狄，皆因行进德修而圣人许之交替进主中国，而秦甚至代周而立。圣人特借此三国，以表明"夷狄可进为中国，中国可退为夷狄"是行之百世之法。由此，满清入主中国自然也是早有先例，亦是完全符合孔圣之义的。刘逢禄此说当然是为巩固清王朝统治服务的，但这种提倡民族融合的理论也是符合社会历史需要的，自有其进步意义。而且，刘逢禄在合法化了清朝的统治的同时，也把清朝纳入了孔子制定的《春秋》万世之法中，这样清朝也就不能自外于"三世"、"三统"、"内外"的发展进程，应当及时改制，革除弊政，由天子自正己身始而渐及百姓，由京师治平始而渐推天下，实现拨乱、升平而至太平的发展。

清代公羊学还有一个显著的特点，就是以公羊学统摄群经，这也是始自刘逢禄。刘逢禄提出："不明《春秋》不可与言五经，《春秋》者五经之管钥也。"[3]（序）他以为诸经之中皆有《春秋》大义，因此博引《诗》、《书》、《礼》、《易》等经典以证公羊学，如前述以诸经证"张三世"等，另如以《诗》、《易》证"通三统"：

《诗》之言三正者多矣，而尤莫着于三《颂》。夫子既降《王》为《风》，而次之《邶》、《鄘》之后，言商、周之既亡，终之以三《颂》，非新周、故宋、以《鲁颂》当夏而为新王之明征乎？夫既以《鲁颂》当新王，而次之周后，复以《商颂》次鲁，而明继夏者殷，非所谓三王之道若循环者乎？

《春秋》之义，固上贯二帝三王，而下治万世者也。文王虽受命称王，而于系《易》，犹以庖牺正《乾》五之位，而谦居三公。《晋》、《明夷》、《升》三卦，言受祖得民，而伐罪也。《临》商正，言改正朔也。夫文王道未洽于天下，而系《易》以见忧患万世之心，《春秋》象之。[3]（卷一·通三统例）

这种以他经证公羊义的过程，其实也就是以公羊义说他经的过程。他还专门著有《论语述何》一书，以公羊义解释论语，如解"近者悦，远者来"："《春秋》大一统，必自近者始，此有义也"，解"周监于二代，郁郁乎文哉，吾从周"："正朔三而改，文质再而复，如循环也，故王者必通三通"。实开清代公羊家以公羊义注群经之先河。

刘逢禄为公羊学张大其军，使公羊学异军突起，影响与日俱增，终于实现了在清代的全面复兴。他继承发扬了董仲舒、何休的公羊学说，但又没有一味照搬，而是根据时代需要作了不少新的发挥。他虽然推崇何休之至，但在《释例》中对何休的不足和错误，他亦不加曲护，如《娶归终始例》中指"何氏依汉制以为得礼，非也"，"张三世例"中指"董子《观德篇》云'稻之会先内卫'，《奉本篇》云'诸侯伐哀者皆言我'，俱胜何氏注义"等，亦可见其学术品格。

刘逢禄虽然没有像晚清公羊家如康有为那样，以公羊学为理论武器，投身于政治运动中。但他也绝非埋头书本之经生，他的公羊学也是联系现实，有为政治理想服务的一面。在《释例·褒例》中，刘逢禄有一段话："今小民有罪，则能以法治之，有善则不能赏，而爵禄所及，未必非有文无行之士，是以贤、不肖混淆，而无所惩劝。是宜修《春秋》举贤之制，而唐宋以来，试士之法以次渐改，则朝廷多伏节死义之臣，而闾巷多砥行立名之士。斯结人心，厚风俗，存纪纲之要道也。"讥切时病，倡言改制，跃然纸上。

此外，《释例》中多次出现"若今"字样，以清制比附《公羊传》及何注，足可见刘逢禄联系现实之迫切，已不欲掩藏。这些"若今"之语，后来在《释例》收入《清经解》时都消失了，可能是编者惧怕文祸而删。

四 重启今古文之争

今、古文经学在汉代曾有过长期的论争，东汉末年，由于郑玄整合今古的努力以及今文经学的衰落，今古文之争遂偃旗息鼓。随着经学关注问题的转变，以后一千多年的时间里，今古文经学之争也就一直尘封在历史之中。

千年之后，重新掀起今古文之争的正是刘逢禄。庄存与是清代公羊学的开山祖师，但他只推重公羊学而治学却不分汉、宋，亦不分今、古。庄述祖也同样是今古文兼讲。只有到了刘逢禄这里，才是治经专主今文，且不仅限于《公羊传》，而是遍及诸经，如治《易》主虞氏，治《诗》主齐、鲁、韩三家等。他说："尝怪西京立十四博士，《易》则施、孟、梁丘氏，《书》则欧阳、大、小夏侯氏，《诗》则齐、鲁、韩氏。《礼》则大、小戴氏，《春秋》则公羊、颜、严氏，《谷梁》江氏，皆今文家学。而晚出之号古文者，十不与一。夫何家法区别之严若是，岂非今学之师承，远胜古学之凿空？非若《左氏》不传《春秋》，逸《书》、逸《礼》绝无师说，费氏《易》无章句，《毛诗》晚出，自言出自子夏，而《序》多空言，传罕大义，非亲见古序有师法之言与！"[1]（卷九·诗古微序）他认为，今文经学诸家早在西汉已立于学官，各守家法，皆有师承；而古文经学晚出，去孔圣远，既无师说，又不明大义。显然，今文经学远比古文经学要正统得多，古文经学实不足取。刘逢禄固守今文藩篱，主张严守家法，排斥古文而力倡今文，从而鲜明地高举起今文经学的大旗。

乾嘉汉学本以古文经学为学术渊源。刘逢禄将公羊学奉为汉学之正统，沿着汉学家的路线捧出了公羊学，以考据学的形式和话语将今文经学带回人们的视野中，犹如在平静的湖面上投下了一粒石子，漾起了一层又一层的涟漪。他进而发动对古文经学的攻击，重新引发了今古文之争，终使今文经学成为晚清学术的主流，改变了晚清学术局面，余波直至民国仍不平息。因此，刘逢禄被梁启超称为"治今文学者不祧之祖"[9]。

刘逢禄对古文经学的宣战是从攻击《左传》开始的。《公羊传》是今文经学的重镇，但自汉后，学者于《春秋》三传之中多尊《左传》而抑《公羊传》，以乾嘉学者之学术倾向更是以为《左传》记事翔实远胜《公羊》空言无据。因此，要树立公羊学汉学正统的形象，进一步复兴公羊学，只在内部整顿提升公羊学是远远不够的，还必须廓清外部阻障，必须打倒《左传》。

在《春秋公羊经何氏释例》中，刘逢禄已经开始了对《左传》的质疑，提出了"刘歆之徒，增饰《左氏》"[3]（卷八·致公例）的观点。当然，这个时候刘逢禄还没有全盘否定古文经学，至少还承认"《诗》毛氏"、"《礼》郑氏""有义例可说"，随着学术研究的不断深化和清代公羊学的发展，今古文壁垒才越发森严起来。真正对《左传》的展开全面清理，对古文经学全面开火，则是从七年后（1812年）著《左氏春秋考证》开始的。

《左氏春秋考证》搜罗《左传》及《史记》、《汉书》、《经典释文》等书中的例证，来证明《左传》之伪。刘逢禄认为，世上本没有一本叫《春秋左氏传》的书，其本当称为《左氏春秋》，作者是战国时失明的左丘明，而非与孔子同时、"好恶与圣人同"的左丘明。这部《左氏春秋》，"犹《晏子春秋》、《吕氏春秋》"，乃是诸子之书，并非解经之书，与《春秋》本无关系，是经刘歆等古文家改编附益，"改《左氏》为传《春秋》之书"，方冒名《春秋左氏传》。东汉以后又以讹传讹，于是《左传》之称通行天下。

《春秋左氏传》与《左氏春秋》看起来只是名称有一些变化，事实上二者差别极大，前者乃传《春秋》之书，是经书，而后者却只是诸子书，这样刘逢禄一下就将《左传》贬出了儒家经典的行列。刘逢禄还在《左氏春秋考证》中找出了许多刘歆"缘饰《左氏春秋》以售其伪"[2]的地方。《左传》不传圣人，又经后人窜改，价值显然无法与孔门正传的《公羊传》相提并论。

刘逢禄之刘歆伪造《左传》说影响很大，引起了一波又一波的证伪浪潮，梁启超说："自刘书出而《左传》真伪成问题，自魏（魏源）出而《毛诗》真伪成问题，自邵（邵懿辰）书出而《逸礼》真伪成问题……初时诸家不过各取一书为局部的研究而已，既而寻其系统……于是将两汉今古文之全案，重提覆勘，则康有为其人也。"[6]自刘逢禄开其端，清代公羊家展开了对古文经的证伪工作，至康有为终于对古文经学进行了全面的清算，几乎所有的古文经都成了刘歆伪造的了。

刘逢禄还接过一千多年前何休与郑玄的笔墨官司，针对郑玄的《箴膏肓》、《起废疾》、《发墨守》，撰写了《箴膏肓论评》、《发墨守评》、《谷梁废疾申何》，对郑玄之说一一作了驳斥。他还指责郑玄"笺毛，箴何，注《易》、《书》，多舛驳不可从"[1]（跋杜礼部所藏汉石经后）。此外，古文经学的重要典籍《周礼》，也被刘逢禄说成是"战国阴谋渎乱不验之书"[3]（卷七·朝聘会盟例）。他指出"《周官》、《左氏》同出刘歆"[2]，并批评郑玄"不通《春秋》而信之笃，过矣"[3]（卷七·朝聘会盟例）。像对待《左传》一样，他也坚持以《周官》来称《周礼》，否认《周礼》的经典性质。非《左传》、贬《周礼》，批刘歆、驳郑玄，刘逢禄大胆地对古文经的真实性提出了质疑，动摇了古文经学在当时的绝对权威。

清代的今古文之争，并不是汉代学派之争的简单复制。清代今文经学的重现，是学术发展的内在理路的必然要求。儒家思想的本源在于儒家经典，其发展是以不断对经典做出新的诠释而展开的。宋明理学注重义理的发挥，而不注重经典章句，朱熹说："借经以通乎理尔，理得，则无俟乎经。"[10]（卷十一）这种倾向发展到极致，其弊端愈显，不免陷于"游谈无根"，从而使其对经典的解释力下降。为了挽救儒学，使儒学不因宋学的衰落而衰落，就必须纠正这种倾向，使学术回归经典。于是清代兴起的汉学由此又走向另一个极端，强调考据训诂，彻底钻进了经典的字和词当中。但经典之为经典，在于经典有意义，经学研究不探究经典的意义就是舍本逐末，经典的存在也就失去了价值。儒学的发展离不开对经典意义的追求，当时很多学者也认识到这一点，章学诚就对考据学风进行了批判："近日学者风气，征实太多，发挥太少，有如吞食桑叶而不能抽丝。"[11]认为考据只是治学的手段，而不是目的。因此，当考据学如日中天的时候，其实也正逐渐孕育着自身的反动力量。刘逢禄因应时代的呼唤，以西汉的今文经学来抗衡当时汉学家们所奉之古文经学，以讲求经世致用的义理之学引领学术走出故纸堆，敏锐地推动了学术方向的转化。

表面上看，这是由宋学返回到东汉古文，再返回到西汉今文，梁启超称之为"节节复古"[6]。其实这完全是人们回到经典、回到孔子的追求在学术形式上的一种外在表现，而这种复古的内在诉求是"开新"，即所谓"返本开新"。乾隆朝后期，清王朝已经是危机隐伏，而此时的学者们却仍旧埋首古籍一味地考据训诂，对社会政治毫不关心，对即将到来的社会巨变没有一丝的觉察和思考。古文经学此时已经沦为新思想诞生的羁绊和妨碍社会变革的一种阻力。今文经学更接近孔子的学术源头和可靠的传承谱系使之足以与古文经学相抗衡，而其讲求微言大义的学术旨趣以及通经致用的学术风气，不啻为已经死气沉沉的乾嘉学术带来一股新风，更为站在时代前沿立意革新的学者提供了理论基础。因此，刘逢禄重振今文经学的实质是借助西汉今文经学的思想资源和历史地位，来解决清人的现实问题，这也正是今文经学的一贯风格。

[参考文献]

[1] 刘逢禄:《刘礼部集》,道光十年思误斋刊行1830年版。

[2] 刘逢禄:《左氏春秋考证》,阮元、王先谦等:《清经解》,上海书店出版社1988年版。

[3] 刘逢禄:《春秋公羊经何氏释例》,道光八年养一斋校刊本1828年版。

[4] 赵尔巽等:《儒林传》,《清史稿》,中华书局1976年版。

[5] 支伟成:《清代朴学大师列传》,泰东图书局1925年版。

[6] 梁启超:《清代学术概论》,上海古籍出版社1998年版。

[7] 杨向奎:《清代的今文经学》,《清史论丛》第一辑,中华书局1979年版。

[8] 赵伯雄:《春秋学史》,山东教育出版社2004年版。

[9] 梁启超:《论中国学术思想变迁之大势》,上海古籍出版社2001年版。

[10] 朱熹:《朱子语类》,中华书局1983年版。

[11] 章学诚:《与汪龙庄书》,《文史通义》,中华书局叶瑛校注本1985年版。

(本文原载《湖南大学学报》(社会科学版)2008年第2期,收入本书时略有删改)

中国古代书写格式考

孟彦弘

古书的体例、编排、形制、流传等情况，始终吸引着学者们的兴趣。随着近百年来出土资料的不断发现，学界对古书的认识更为丰富。早年的王国维、余嘉锡、劳干、马衡、陈梦家、钱存训等先生，近年的李零、李均明、汪桂海、张显成等先生，都先后对古书以及与古书密切相关的官私文书的许多问题作过十分精彩的探究和论说。① 但关于古书的书写格式，似乎还可再作探究。

所谓"书写格式"，是指书写习惯。我们现在的书写习惯是自左向右书写、从上往下移行，是为横行。我们古人的书写习惯却是自上而下、从右向左，是竖行。钱存训认为：

> 这种直行书写的原因虽不可确考，但毛笔书写的笔画，大多是从上到下；竹木材料的纹理，以及只能容单行书写的狭窄的简策等，都是促成这种书写顺序的主因。至于从右到左的排列……这大概是因为用左手执简，右手书写的习惯，便于将写好的简策顺序置于右侧，由远而近，因此形成从右到左的习惯。②

---

① 近来最新的研究成果当推李零《简帛古书与学术源流》上篇（特别是第四讲），三联书店 2004 年版；李均明、刘军《简牍文书学》第一章，广西教育出版社 1999 年版。他们对相关的学术史作了很好的回顾和总结，可以参看，故本文不再一一罗列。冨谷至《木简竹简述说的古代中国》（岩波书店 2003 年版；汉译本，人民出版社 2007 年版）从书写材料变化的角度对简牍所作的概观性的研究，对我们了解相关内容极有参考价值。

② 《印刷发明前的中国书和文字记录》第九章第八节"中国文字书写的顺序"，印刷工业出版社 1988 年版，第 130 页。

劳干在为此书所写的《后序》中特别提及这点，并就此发表了自己的认识：

> 对于中国书法的行款问题，在本书第九章中，存训先生曾经提到中国文字的排列自上而下，自右而左的原因，和右手有关，是十分确切的。如其再找一下书写和竹简的关系，就更为明白。因为书写时是左手拿简，右手写字，一般是一根简一行字，并且为着左手拿简方便起见，空白的简是放在左边的。等到把一根简写完，写过的简为着和空白的简不相混，也就左手一根一根的向右边推去，并且排好。在这种情形下排出的行款，总是写好的第一根简在最右，以次从右排到左，更由左手拿着的简是直立的，而一般人手执细长之物是与人指垂直的；于是中国字的行款，成为自上而下，自右而左了。①

两位先生都将这一书写格式的形成归因于简的使用以及左右手在书写时的配合。李零在谈到简文书写一般为竖行左行时，括注称：

> 古人以左行为顺势，右行为逆势。②

从观念的角度作了解释。

在我们现在所能见到的竹木简之前，西周时的金文的排列是从上到下、从右到左。殷商甲骨文的排列，绝大多数是自上而下，而在左右行的问题上，有的是从右向左，有的则是从左向右。③ 如以右行为逆势，何以

---

① 劳干：《〈中国古代书史〉后序》，见其《古代中国的历史与文化》，中华书局2006年版，第666页。
② 李零：《简帛古书与学术源流》，第120页。
③ 关于甲骨文的刻写方式，董作宾先生曾作过专门的探讨，指出："殷文书契文字，以下行为原则。""既以下行而左为原则，何以又有下行而右？曰此刻辞左右之分，实因刻辞之便利，及所刻辞之地位不同。""为专门记载卜辞之便，始有左行、右行及下行而右之字例。"这与甲骨的质地、形状、钻灼的位置以及兆区有关。见其《骨文例》之《一整理骨文例之方法及材料》"丑刻辞之下行及左右行"、"寅刻辞之下、左、右行在胛骨上之比较"，《中央研究院历史语言研究所集刊》7本1分。另参其《甲骨文断代研究例》"书体"，见《中国现代学术经典·董作宾卷》，第132—133页，河北教育出版社1996年版。陈炜湛先生也指出："从右向从刻，或从左向右刻，均有其例，唯不多见。"《甲骨文简论》，上海古籍出版社1999年版，第47页。

在占卜这样的活动中，会选择逆势右行来刻卜辞呢？

在自上而下、从右到左的书写格式中，自上而下是基础，从右到左或从左到右都是由自上而下这一点来决定的；只要是从上往下书写，就从根本上排除了向上而下移行的可能性。换言之，远在殷商时期，人们的书写习惯就已是从上而下书写了。但是，甲骨文是刻写在龟甲上的；龟甲不同于修成一条一条的竹木简，它是成片的，从刻写的技术角度和方便角度来说，横行刻写与竖行刻写恐无太大差别。① 那么时人纵向书写的习惯是何以形成的呢？当时是否还有其他用于书写的材料呢？

目前虽然尚无实物发现加以证明，但亦并非毫无踪迹可寻。《尚书·多士》说"惟殷先人有册有典"；甲骨文里已有"册"字，象竹木简编联之形。于是，有学者指出殷商已有竹木简册。② 西周金文中的"册"，亦指简册。据陈梦家的研究，西周的册命之制，是先将王命写在简册上，当庭宣读，然后再铸到铜器上。其时王左右有两史，一执简册，一读册命之文。所以，铜器上的王命就是预先写在简册上的册命的迻录。③ 可见，西周铜器上文字的由上到下、从左向右，是据简册而来。

现在已有不少学者意识到，殷商的甲骨、西周的金文，并不是当时书写的惟一载体，甚至不是主要的载体，而是一种特殊的载体。并不存在从甲骨、金文、石刻到简牍这样一个依次发展的过程。我们今天所见到的

---

① 陈炜湛先生推测，甲骨文中的大字是先书后刻，小字才直接刻上，所以甲骨文中，字越大刀笔味越小，而字越小，刀笔味越重（《甲骨文简论》，第53页）。

② 陈梦家《殷虚卜辞综述》（科学出版社1956年版）第一章《总论》："殷人的典册应该是书于竹木上的，今已无存。"（第46页）另参第十五章《百官·官史·乍册》（第518页）；裘锡圭为《中国大百科全书·中国历史Ⅰ》所写"简册"条（第431页，中国大百科全书出版社1992年版）。按，王国维《简牍封署考》据文献所载书册之简，有一长一短搭配编就者，说"初疑此制惟策命之书为然，未必施之书籍"，但随后引《战国策》等，否定了这一推测，认为"虽书传之策，亦有一长一短如策命之书者"（《王国维遗书》，上海古籍书店影印本，1983年，5叶b—6叶a）。陈梦家《由实物所见汉代简册制度》认为这样的编联方式，"它代表册的一种特别形式，和书册不同"（《汉简缀述》，中华书局1980年版，第298页）。对甲骨文中的"册"字，也有不同的解释，其分歧正在于象形简的长短不一，见于省吾主编《甲骨文字诂林》2935号，4册第2961—2963页，中华书局1996年。我想"册"字是象形字，不是实物描摹；刻画的长短不均，恐是为美观，而非别有深意。文献中的策命之书，恐也不会编成一长一短错相搭配者。换言之，没有将简册编为一长一短这种形式。

③ 陈梦家《西周铜器断代》下编《四、周礼部分》"（一）册命篇"，中华书局2004年版，第400—409页。

《尚书》、《诗经》等早期典籍，并不是靠甲骨文、金文保存、流传的。①人们平常用于书写的，绝不可能是甲骨和铜器。当时即使没有私人著作，至少也有史官的记录；加上数量更多的官私文书，参以其后出土的大量简牍，我们认为当时用于书写的主要应当是竹木简。②

从书写的角度看，简册与甲骨、青铜是同时并用的；当时人根据他们的理解，用不同的书写载体来记录意义不同的内容。不仅如此，在书写格式上，日常用作书写载体的简册，影响了在特殊情况下才使用的甲骨、青铜。换句话说，作为书写载体的简或简册，在时间上要早于甲骨、青铜。

因此，古书的书写习惯是由人们日常主要使用竹木简书写所造就的。这一点，钱、劳两家的认识是正确的。但是，何以使用竹木简书写就会造成人们自上而下（而不是从左到右）地书写、从右到左（而不是从左到右）地编联呢？劳干先生认为从右到左的排列，是书写者为了使写过的简与空白简不相混，"就左手一根一根的向右边推去，并且排好。在这种情形下排出的行款，总是写好的第一根简在最右，以次从右排到左"。但是，这个问题完全可以用给简编号的方式解决。我们也的确见到了这样的实物，如武威出土的王杖诏令册，每支简的背后都有编号，共有廿六枚简，顺序编为第一至第廿七（中间缺第十五）。③

就目前所知，在纸发明以前，人们日常用于书写的主要是竹木简。在书写时，未必是左手举着简、右手书写——就目前所见的实物，许多简十分狭窄——恐是将简置于类似于今日的桌子上，左手扶简、右手书写。诚

---

① 参见富谷至《木简竹简述说的古代中国》第二、第三章；李零《简帛古书与学术源流》，第二讲，特别是该讲"附录一"。李零将"书于竹帛"者分为"作为档案的'书'"（即官私文书）和"作为典籍的'书'"（以源出诗书礼乐的人文学术为主，并涉及天文历算和医卜农桑等实用技术）两类（第46—51页）。据该讲"附录二中国古代文书的分类"，商周的典谟训诰、汉代的律令，均属文书。本文使用的"典籍"是广义的，"文书"是狭义的。当时可能本属公文或档案，只要后代或为诵读或为实用，抄录以流传（如商周的典谟训诰、秦汉的律令等），则本文一概视作典籍或书籍。这样的划定完全是为讨论书写格式，而不考虑其学术史的意义。另外，李零先生还特别指出，作为书写材料，简、帛、纸与甲骨、金文之间，并不是前后递嬗或替代的关系，而本身就是两个系统。我想进而强调的是，从书写的格式来看，是简册影响了甲骨、金文，而不是相反。

② 张政烺《中国古代的书籍》已明确指出，"甲骨文不是书"，"最早的书是竹简"，见《张政烺文史论集》，中华书局2004年版，第521—526页。

③ 图版见甘肃省文物队、甘肃省博物馆编《汉简研究文集》，甘肃人民出版社1984年版。

如是，则何不将简横置，从左至右书写？写成后，将简编联，自可从上而下、自左而右阅读。对此，钱、劳两家的解释似尚未达一间。此未达之一间，就是要解释为什么典籍要自上而下书写、从右向左移行。

我认为这取决于两点，一是书写的方便，二是阅读时舒卷的便利。

就书写方便而言，需分两种情况加以讨论。如果是先书写，后编联，那么横行抑或纵向书写，似乎并无不同；但如果是在先已编联好的简册上书写，情况就会不同。

事先已编联好的简册，一定是已经卷成了一卷一卷，使用时边写边打开。如果是横着写，那么这卷编联好的简册，只能放在自己怀里，一边写一边往对面推。如果将已编联好的简册左右摊开，于书写者则更为方便；但这样放置，便只能从上往下，竖着书写。至于从左向右写，还是从右向左写，则与书写者是用左手还是右手密切相关。如果是用左手写，显然应将卷着的简册放在右边，这样在左手握笔时，右手可以摊开简册；如果是用右手书写，则应将卷着的简册放在左边，右手握笔写字，左手配合摊开简册。因为我们大多数人的书写习惯是右手，所以，从右向左书写就会成为大家共同的习惯。

于是，我们必须弄清楚，古人是先编联后书写，还是先书写后编联。

目前所发现的简册，有的是先编联后书写，有的则是先书写后编联。陈梦家在整理武威汉简时，就据《汉书·路温舒传》"截以为牒，编为书写"，《后汉书·周盘传》"编二尺四寸简写《尧典》一篇"，以及武威出土竹木简《仪礼》和王杖十策的实际情况，指出"先编简而后写经文"。① 商承祚在解释韦编三绝的"韦"字时，也谈及典籍是先编后写，杂事简因无连续性，是先写后编。② 李零谈到竹木简的制作时说："竹简是截竹为筒，破筒为片，编联成册，用以书写。"讨论简的缮写时，说"简文有先编后写（在编好的册上直接写），也有先写后编（先写单简，然后合编），前者最普遍。③" 刘洪先生特别指出，如果是长篇著作，宜先

---

① 陈梦家：《武威汉简·叙论》，文物出版社1964年版，第58页；《由实物所见汉代简册制度》，见其《汉简缀述》。

② 商承祚：《韦编三绝中的韦字音义必须明确》，见《商承祚文集》，中山大学出版社2004年版，第462页。

③ 李零：《简帛古书与学术源流》第四讲，第116、120页。

编后写，而一般账目、札记则先写单简，等积成一定数量，再编为长册。① 马先醒先生则有不同意见，认为："就实用方便而言，逐简而书，自较整册而书方便，尤其长达二尺四寸之经书，若编卷成整篇整卷而后书之，笨重不便之外，犹恐根本不太可能。"②

所谓典籍的书写，实际上是抄写。典籍的流传，也主要是靠抄写。汉代有专业的抄书者，人们可以在市场上买到已经抄好的书。如果是先写再编，就需将每支写就的简都编上号，以便全部写成后能很方便地编联成册，如上举武威出土的王杖诏令册。典籍的抄写，一卷至少要抄完完整的一篇，否则就不可能"单篇别行"③，故其分量远较诏书为大，所需简亦远比诏书为多。如此之多的简，也给先写后编带来很大麻烦。龙岗秦简（抄的是秦律）刚出土时，整理者据其简文为编绳所压，推断此系先写后编。后来则据这批简数量颇多（三百余枚），且无编号，认为简文被压是因编绳滑动所致；它们应是先编后写。④ 目前出土的典籍简，确是先编后写。看来，典籍主要通过抄写这一形式来流传，决定了要先编联后抄写。事先编就的简册，就如同我们现在使用的本子；我们是在已经装订好的本子上书写。

如果先写后编，对书写者来说，横行与竖行并无不同；就阅读而言，当然是横行阅读比纵向阅读更符合眼睛生理的要求。但是，在阅读简册的时候，我们不仅需要考虑眼睛，还要考虑双手与眼睛的配合；在翻阅简册时，左右的摊移更符合双手的生理要求。当翻阅捆成一卷的简册时，左右

---

① 刘洪《从东海尹湾汉墓新出土简牍看我国古代书籍制度》，《尹湾汉墓简牍综论》，科学出版社1999年版。

② 马先醒《简牍之编写次第与编卷典藏》，《简牍学报》1980年第7期，第134页。按，以上所引是马先生从实用角度所作的论证；同时他还从理论上作了说明，但是以钱存训先生左手执简、右手书写，写毕后左手依次将简由远及近置于右侧的习惯为前提的。

③ 见余嘉锡《古书通例》卷三《论编次第三》"古书单篇别行之例"（另参其卷一《案著录第一》之"释别本单行"），上海古籍出版社1985年版。按，余先生将单篇别行分为三情况。其实，古人著书不易，流传亦难；单篇别行是通例，而非个例，因为典籍流传主要靠抄写的方式（用竹木简来抄写就更不易），这就决定了它不太可能像印刷术发明以后那样，全书作为一个整体来流传。

④ 《云梦龙岗六号秦墓及出土简牍概述》，中国文物研究所、湖北省文物考古研究所编《龙岗秦简》，中华书局2001年版，第4页。

方向的舒卷比上下方向的舒卷更容易、更方便。读卷轴装或经折装时，这一体会更为深刻（立轴书画当为特例）。直到今天，我们阅读的书籍，也是左右翻页者占绝大多数，几乎没有装订成上下翻页者（这当然也有背面文字的印刷问题）。换言之，即使所有的简册都是先书写，后编联，那么在编联时，人们也会选择自右向左渐次编联；编联是为了保管，而保管又是为了日后的翻检、阅读。书写者在业已编联好的简册上书写，则左右书舒卷显然也要比上下舒卷更为方便。

我们暂且承认在私家著述出现之前，是史官文化；那时，史官们负责的主要可能是两件事，一是记录言行史事，二是管理档案。就记录而言，他们恐怕是在事先就已编联好的简册上记录。《左传》曾记载过一位秉笔直书的史官：

> 太史书曰："崔杼弑其君。"崔子杀之。其弟嗣书，而死者二人。其弟又书，乃舍之。南史氏闻大史尽死，执简以往。既书矣，乃还。①

当时的史官是世袭的职位，故兄死弟继。这位"执简以往"的南史氏，不仅是要记录下"崔杼弑其君"这件事，而且是要继任史官，继续秉笔直书。所以他恐怕不会是抱着几支或十数支没有编联好的散简去，而应当是抱着已经编联好的简册去的吧。

在日常生活中，使用简来书写者，绝不会是长篇大论。这些随手书写的短篇东西，似乎不必采取长篇典籍那样的书写格式，但事实却相反。笔者认为，大多数人日常随手的书写习惯，是受典籍熏陶而成。于是，我们看到，公私文书即使是先写再编联，也采取了典籍的编联方面，即从右向左。

纸发明之后，人们仍然保持了这种习惯，直到1949年以后。在推广简体字的同时，书籍变成横排，同时，本子和印线或印格纸均采用横行之后（这实际是一种变相强制），这一书写习惯才完全改变。是书籍的改

---

① 《左传》襄公二十五年，见杨伯峻《春秋左传注》（修订本）第3册，中华书局2000年版，第1099页。

变，带动了人们日常书写方式的改变，而不是相反。① 现在，台湾因为电脑办公的普及，为了与电脑排版相适应，政府已明令公文采取横行方式。但是，书籍排版方式不变，大众的日常书写方式恐怕不会因公文书写方式的改变而完全改变。

　　书写材料决定了人们的书写习惯，但习惯一经形成，只要新的书写材料与这一习惯不冲突，即使有所不便，也不会改变，除非使用强制办法；而书写习惯的改变，最终要通过书籍排版的改变来实现。换言之，大众的书写习惯，主要是受书籍的书写或排版方式影响而形成。在这个问题上，连人的生理适应力也退居其次（眼睛更适应左右阅读），更无论心理因素了。

　　本文所及，只是就汉字而言，未涉及其他文字的书写。即使汉字，也只是就其主流形式而言，而未及其他种种特殊的书写方式。只有将汉字与其他文字进行比较，也许才能更充分地理解汉字的这种书写格式；但囿于学力，有待于通识。

2007 年 3 月

附记：

　　小文写就，拜读邢义田《汉代简牍的体积、重量和使用——以中研院史语所藏居延汉简为例》（初刊《古今衡论》17，2007 年，第 65—101 页；此据其订补本，见武汉大学简帛网 http：//www.bsm.org.cn）。邢先生在文中特别讨论了简册编联与书写的先后问题，广泛征引诸家之说以及相关图像资料，认为是先书写后编联。我仍然赞同一些前贤的认识，即典籍应是先编联后抄写，而文书则只能是将写就的文书为保存而编联。图像资料上的书写者左手持牍、右手持笔的形象，或者反映的是特殊场合，或者反映的是作图像者的意图，其象征意义远过于写实，如著名的《女史箴图》，就未必是写实。我们实在很难想象，宽度约 1cm 的薄薄竹木简，

---

① 陈炜湛先生说："从左至右的横行书写形式后来却很少使用，直到'五四'运动前后才重见使用，解放以后则推而广之。有人误以为这种'横排'（从左至右）形式来自西洋，殊不知中国在甲骨文时代已有这种形式了，它同样是我国传统的书写形式之一。"（《甲骨文简论》，第 47 页）甲骨文有从左向右或从右向左刻写的文例，确是事实；但是，五四运动，特别是 1949 年以后采用了由左向右横行的形式却并非源自甲骨文中的横行文例。发生在前一时期的某一现象，并不必然与后一时期出现的同一现象之间存在"遗传关系"。

如何能左手持之、右手书写。我们也很难想象，在日常生活中，那些刀笔小吏何以会站着书写，更不用说在抄写典籍时，抄写者何以会站着而不是凭几来抄写了。就小文立论而言，如果典籍的抄写是先抄写后编联，也实在难以解释，古代中国何以会形成从上往下、由右向左的书写习惯，因为完全可以从左向右书写，由上往下编联的。当然，我这是因果循环论证。既以先编联后书写为前提，来论证从上往下、由右向左的书写习惯的养成；同时，我又以这一书写习惯为由，来肯定简册编联是先编联后书写。也许将来的考古发现会解决典籍的书写、编联关系问题。

2008年5月30日

（原载《学林漫录》第17集，中华书局2009年版）

想法与视觉:关于域外汉籍的整理与研究

孙　筱

引言　域外汉籍概念的认定

所谓汉籍,从广义上来说,指的是历史遗留下来的以汉字为主要著录符号的各类文献,包括书册、简帛、金石等物质载体。而狭义概念上的汉籍,则为汉字书籍。当然,在过去,汉籍的概念特指由中国本土产生并流播的汉字书籍。汉籍的形成悠长久远,数量浩如烟海,流布遍及五洲。所谓域外汉籍,其一为中国本汉籍,即中国历史上因为各种原因流传到海外的,由中国人撰写、抄录、刊刻的汉籍;其二则是域外人士在中国本汉籍的基础上翻刻、抄录或注释的汉籍,也包括域外学人用汉字撰写的著述。明清以降西方来华传教士的汉文著述,也归属于第二类。

关于域外汉籍概念的认定,学界尚有分歧。籍,《说文解字·竹部》释为"簿书也。从竹,耤声"。而"耤",《说文·耒部》云:"耤,帝耕千亩。古者使民如借,故为耤。"故"籍"之本义为用以记录人名户口之简册,与赋税徭役相关。而后则泛指书籍。孔安国《尚书序》"觋史籍之烦文"句有孔颖达疏:"籍者,古书之大名。由文而有籍,谓之文籍;因史而书,谓之史籍;可以为常,故曰典籍。义亦相通也。"而"汉籍"二字一起出现则在汉代以后,其初义即为"汉代书籍"。《宋书·志第三》"远考唐典,近征汉籍",正为此义。

作为版本学术语的"汉籍"最初由日本学者提出,指的是流传于日本的中国本汉文古籍。而把日本刊刻的汉籍称为"和刻本汉籍",将日人用汉文撰写的著述称为"准汉籍"。历史上，日本称呼中国为汉土或唐土。来自中国的古籍便可称之为汉籍，相对于在本土产生并使用本土文字的"和书"而言，这个名称带有明显的民族或地域色彩。但在日本翻刻的汉文古籍以及用汉文撰写的本民族作品与汉文化的渊源颇深，故又称其为"和刻本汉籍"和"准汉籍"，这又是从文化的角度所做的命名。

对于中国学者而言，关于"域外汉籍"的定义大致分为三派：第一派承袭日本学者的观念，只将中国版的古籍称为汉籍，将留存于海外的中国古籍称为"域外汉籍"[①]。第二派认为"域外汉籍"为域外机构或个人以汉文写印的古籍，而不把域外机构或个人收藏的中国古籍包括在内。[②] 这些域外机构或个人不仅有中国周边国家的人们，也包括欧美来到远东的传教士，也包括由中国走向海外的移民。而第三派则将存在于中国之外或域外人士用汉文（主要是古汉文）撰写的各类典籍统称为"域外汉籍"。[③] 这类观点比较而言，前两种说法着重点均着眼于"域外"，相对于中国，有着明显的地域意识，均是排他性较强的观点。由此看来，最后一派的说法外延较大。就民族而言，这种观点将汉籍视为现在或过去使用汉字的诸民族的共同财产，是基于汉字文化而产生的精神财富。就地域而言，这种观点不仅包括在海外各国所藏的各类版本汉籍，也包括中国境内所藏的域外人士用汉文写就的著述。这就说明，汉字文化的传播并不只是单向的发散性的，也包括对外来优秀文化的有益接受。因此，这种观点实际上已经超越民族和地域的范畴，而以文化为背景，统一定义世界各地的汉字文献。这种定义有利于将东亚文化圈以及远东欧美传教士的汉字文化遗存作为一个整体来看待，有利于在统一的文化语境下关注汉文文献的缘起和发展。正是基于这种观点，近年来才有"中国本"、"日本本"、"韩国本"、"越南本"等一系列汉籍分类术语的诞生，使得汉文古籍的版本体系更趋完整，超越了中国传统文献学的认识，也拓宽了其他学科的研究视角。

---

① 金程宇：《域外汉籍丛考》，中华书局2007年版，第213页。
② 陈正宏：《籍版本学序说——以印本为中心》，张伯伟编《域外汉籍研究集刊》（第二辑），中华书局2006年版，第21—28页。
③ 张伯伟：《域外汉籍研究论集》，北京大学出版社2011年版，第1—2页。《域外汉籍珍本文库编委会编凡例》，《域外汉籍珍本文库·经部》第一辑，西南师范大学出版社、人民出版社2011年版。

一　汉籍的分布与庋藏

汉籍的形成悠长久远，流布遍及四海，不仅存藏于国内各大藏书机构及个人，也为诸多海外藏书机构及个人所拥有。从日本、韩国、朝鲜、越南等周边国家到欧美各国，以及澳大利亚、印度、土耳其等国家皆有所藏，其中相当一部分为善本、珍本、孤本。

众所周知，汉文化在历史上属于强势文化，因而汉籍的对外输出是中华文明影响其他国家的重要方式。汉籍在其他国家又被不断翻刻，其他国家学人亦常采用汉字作为记录工具，因而又留下了大量的再生汉籍。不过近代以来，国势一度衰微，我国的大批汉籍被帝国主义国家以不文明的方式劫掠而去，给我国造成了重大的文化财产损失。时至今日，周边国家、欧美国家乃至世界的其他角落，保存了为数众多的汉籍。这些散落各地的文献，具体有多少，目前仍未得到完全统计。仅以目前出版的几种汉籍书目为例，如2005年，韩国学者全寅初主持编纂的《韩国所藏中国汉籍总目》中就著录了12500余种汉籍；又如2007年，由中国学者严绍璗集二十年之力著就的《日藏汉籍善本书录》，共著录日本所藏汉籍10000余种，皆是清代以前的中国刻本、钞本等珍贵文献；再如2002年，由中国内地、台湾和越南学者共同编纂的《越南汉喃文献目录提要》共著录河内汉喃研究院和法国远东学院所藏的越南汉籍5027种。海外所藏汉籍数目之巨，由此可见一斑。

二　域外汉籍的学术价值与文化价值

域外汉籍研究是近年来方兴未艾的新兴学科。王国维曾说："古来新学问起，大都由于新发见。"[①] 1900年敦煌藏经洞被发掘之后，其中的数万件经卷、文书、绘画等文献迅速流失世界各地，众多学者投身研究队伍，诞生了一门世界性的显学——敦煌学。陈寅恪称："敦煌学者，今日

---

① 王国维：《最近二三十年中中国新发见之学问》，《学衡》2卷，第45期。

世界学术之新潮流也。"① 毫无疑问，新材料的发现能带来学术发展的突破。再拿音韵学来说，晚清时期，中土佚书《韵镜》在日本重新被发现，黎庶昌将和刻永禄本《韵镜》刻入《古逸丛书》，国内学人才逐渐接触到该书，这件事在音韵学的发展史上具有里程碑式的意义。晚清民国以来，黎庶昌、杨守敬、傅云龙、张元济、王古鲁、孙楷第等人多次去国外访书，每有所获，常在国内士林引起巨大反响。

近几年来，随着学术条件的改善和学术视野的扩大，我国学者逐渐把更多的目光投向世界各国尤其是周边各国所藏的汉文文献，开始关注过去未曾关注的材料。历史上韩国、日本、越南及周边地区与中国保持着密切来往，它们的文人用大量的笔墨记载了有关中国的文献资料，但这些文献往往有别于中国传世史料。比如李氏朝鲜后期出现的大量明史编修著述，如成海应《皇明遗民传》、郑乔《南明纲目》、李玄锡《明史纲目》等，即是在尊周思明的观念下对清朝统治者官修明史的匡谬补缺之作。《皇明遗民传》曾在民国时期的史学界颇受重视。20世纪20年代，北京大学魏建功教授在汉城购得手抄本并带回国内影印出版。民国时期明清史学家孟森充分肯定《皇明遗民传》的成就："在清中叶以前，中土士大夫视此必有逊色。"该书在同类著作中收录遗民数目最多、范围最广，内容多为他书所不载。此外，民国南明史学家朱希祖在治学过程中也较早地运用海外学人编写的明史资料。郑乔《南明纲目》即有朱氏钞本流传。

正如20世纪敦煌学成为一门国际性显学，类似于敦煌文献的域外汉文文献被逐步发掘，也将为国际社会研究汉文文献的潮流推波助澜。海外所藏的汉文文献是一个巨大的文化宝库，涉及经学、佛学、道学、民间宗教、通关档案、传记、文学、政制、杂记等各个方面。域外汉籍的广泛存在，恰恰体现了汉文化向外传播的历史过程，也显示出各国在有选择的基础上长期吸收、改造汉文化并使之符合本民族需求的文化接受过程。

研究这些汉字文献，我们可以了解古代东亚各国的文化往来，为未来的国际合作提供镜鉴；整理这些汉字文献，我们可以吸引各国的学者关注东亚各国的历史姻缘，重视彼此的同质的文化根基，取长补短，共同促进，让汉文化在未来得以再度复兴。

---

① 陈寅恪：《敦煌劫余录序》，《陈寅恪集》，生活·读书·新知三联书店2009年版。

三 域外汉籍的研究及其理论

（一）国内研究现状

晚清民国以来，中国学人多次去国外访书，每有所获，常在国内引起巨大反响。新中国成立后的相当一段时间内，中国内地的这种访书活动归于沉寂，但港台学人的类似举动却从未中止。台湾文献学家屈万里曾两度去美国，编成《普林斯顿大学葛思德东方图书馆中文善本书志》。香港学者陈荆和教授在香港出版越南的《国史遗编》（香港：新亚研究所1965年版）、编辑校注了越南阮述的《往津日记》（香港：香港中文大学出版社1980年版）及主持《大越史记全书》（东京：东京大学东洋文化研究所，1984—1986）的校勘工作等。

20世纪80年代以来，陈庆浩、王秋桂、王三庆、林明德、黄俊杰等先生先后整理了大批东亚汉文文献，出版有《越南汉文小说丛刊》《日本汉文小说丛刊》《明清善本小说丛刊》《思无邪汇宝——明清艳情小说丛刊》《东亚儒学资料丛书》等。在目录学方面，林庆彰、刘春银与内地学者、越南学者共同编纂了《越南汉喃文献目录提要》及《补遗》并制作上网；张宝三编纂了《台湾大学图书馆藏珍本东亚文献目录》（台大出版中心2005年版），周彦文编纂了《日本九州大学文学部书库汉籍目录》（文史哲出版社1995年版）一书。此外，如陈益源、耿慧玲等学者也在域外汉籍领域特别是越南文献多有斩获，出版有《越南汉籍文献述论》（陈益源著，中华书局2011年版）《越南汉喃铭文汇编》（耿慧玲主编，第一辑、第二辑，1998—2002年版）

不仅如此，港台同行自1986年开始组织"中国域外汉籍国际学术会议"，每年一次，止于1995年，共10届。现在台湾大学、台北大学、成功大学都是十分重要的域外汉籍研究基地。

与港台同行相比，内地学者对域外文献的关注起步较晚，但近年来研究进展颇为迅速。首先是访书活动的日趋频繁。一大批学者奔赴韩国、日本、越南以及欧美各国图收藏机构访求汉籍善本，创作了许多访书记录和书目书志，为域外汉籍的追踪和整理留下了可供按图索骥的宝贵线索，如陈先行《美国加州大学伯克莱分校东亚图书馆藏中文善本书志》（上海古籍出版社2005年版)、严绍璗《日藏汉籍善本书录》(中华书局2007年版)、黄仕忠《日藏中国戏曲文献综录》(广西师范大学出版社2010年版)等。其次是研究著作的不断涌现。陆坚、王勇《中国典籍在日本的流传与影响》(杭州大学出版社1990年版),严绍璗《汉籍在日本的流布研究》(江苏古籍出版社1992年版),金程宇《域外汉籍丛考》(中华书局2007年版),左江《李植杜诗批解研究》(中华书局2007年版),张伯伟《清代东传诗话略论稿》(中华书局2007年版),刘玉珺《越南汉喃古籍的文献学研究》(中华书局2007年版)等等,表明我国学者不满足于对域外文献的一般性了解,而开始更为深入的研究。再次,通过海内外多方协作,大批域外汉籍被影印回归。如《日本现存中国稀见古医籍丛书》(人民卫生出版社1999年版)、《日本宫内厅书陵部藏宋元版汉籍影印丛书》(含第一辑、第二辑,线装书局2001—2003年版)、《日本所藏中国稀见戏曲文献汇刊》(广西师范大学出版社2006年版)以及近五年国家大力推动的《域外汉籍珍本文库》出版工程,等等。

在此基础上,为系统、持续地展开研究,国内高校纷纷成立了多所域外汉籍研究机构。如南京大学域外汉籍研究所、上海师范大学域外汉文古文献研究中心、浙江工商大学东亚文化研究院、复旦大学文史研究院等等;此外,四川大学、西南大学、温州大学等学校亦逐步成立东亚文献研究机构,足见国内域外汉籍的研究呈星火燎原之势。

总的来说,域外汉籍的研究在近数十年来发展迅速、成就斐然。除了大批的资料影印出版、大批的研究著作不断推出以外,人们对待域外汉籍整理和研究的观念也发生了较大的改变。

(二) 陈庆浩先生整体研究观

20世纪80年代,法国华人学者陈庆浩先生即倡导"汉文化整体研究"的概念,就是在汉字文化圈内不分国家、从整体出发、共同协作整理和研究汉文献。欧洲国家通过成立欧盟展开政治、经济、文化上的成功合作为东方汉文化圈国家提供了榜样。这种区域性的合作有深层次的共同的文化支撑。欧洲国家有古希腊、古罗马以及基督教的文脉,而东方国家显然也有汉字文化的基因,历史上曾经共同使用汉字作为交流工具。越南18世纪学者黎贵惇《见闻小录》曾记载,明清两代越南使者与朝鲜使者在北京会面,便用汉文写诗彼此唱和,以汉文写序互相题赠。而朝鲜的赴日通讯使在日本与东瀛学者同样有汉文笔谈交往的情景,一如日本汉籍《鸡坛嘤鸣》中的记载;生活于16、17世纪之交的朝鲜燕行使李晬光《芝峰先生集》亦有"安南使臣唱和录"、"琉球使臣赠答录"等篇目记录朝鲜使臣与越南使臣、琉球使臣在北京见面交流的内容。可见,汉字是东亚各国相互沟通的桥梁。

共同的汉文书写传统产生了大批汉字文献,这可以成为未来东亚合作的文化基础。做汉文化的整体研究,有助于彼此认识和了解。他进一步提出,不能只做中国对外影响的研究,也不能只做他国如何看中国的研究,更要看到别人的吸收和创造,将中国作为整体的一部分,方能了解自己所处的历史位置。这种历史的往来和相互关系,或许为今天处理国与国之间的关系提供镜鉴。

(三) 张伯伟、葛兆光先生的"异域之眼"

南京大学域外汉籍研究所所长张伯伟先生在《作为方法的汉文化圈》一文中,除肯定域外汉籍作为中国古典学的新材料之外,更明确指出,域外汉籍的价值不只是中国典籍的域外延伸,不只是本土文化在域外的局部性体现,不只是吾国之旧籍的补充增益。它们是汉文化的独特品种,是中华文化的对话者、比较者和批判者的"异域之眼"。[①]

复旦大学文史研究院院长葛兆光先生近年来主持了《越南汉文燕行文献集成·越南所藏编》、《韩国燕行文献选编》、《琉球汉文文献集成》等多项文献整理工程,对于中国的自我认识,他认为,不仅要走出"以中国为天下中心自我想象"的时代,也要走出"仅仅依靠西方一面镜子来观看中国"的时代,因此他主张通过对周边文化区域所保存有关中国的文献的研究,即借助"异域"的眼睛来重新审视"中国",可以佐证中国传世史料的记载。

比如,中国传世文献中少有对皇帝相貌的直接描写。但《燕行录》[②]可以看到朝鲜朝贡使的真实记录。如康熙"身长不过中人,两眼浮泡,深睛,细小无彩,颧骨微露,颊瘠颐尖",而道光"黄面,上广下狭,短

[①] 张伯伟:《作为方法的汉文化圈》,《中国文化》2009年第2期。
[②] 韩国林基中整理,《燕行录全集》,韩国东国大学校出版2001年版。

须无髯，脸长细眉，大口齿落，身长背偻"，[①] 长相可谓丑陋。这些记载对于清晰地认识明清时期的中国社会有极大的帮助。

（四）王宝平先生日本汉籍书目学研究

王宝平先生自20世纪80年代末90年代初深入版本目录之学后，多年来辛勤耕耘，出版有《中国馆藏和刻本汉籍书目》、《中国馆藏日人汉文书目》等。这几种著作可以说是国内最早描述和刻中国书以及日本汉籍在中国境内分布状况的目录学专著。过去的人们多数关注海外所藏的各类汉籍，而忽视了中国国内所藏的高丽本、日本本、越南本文献，这些成果的面世恰好填补了学术视野中的空白。这也说明了东亚各国的文献交流是双向的，而非单向输出。调查中国本土所藏高丽本、日本本、越南本等域外文献的分布情况，同样也是对周边国家本土所创汉字文化遗产的整理和保护，这也正说明了东亚各国的汉籍分布是一个有机的整体。

国内同类题材的书目类著作还有黄建国、金初昇《中国所藏高丽古籍综录》（汉语大词典出版社1998年版）、《北京大学图书馆日本版古籍目录》（李玉编，北京大学出版社1995年版），等等。

（五）王勇先生的书籍之路

王勇先生于2003年提出了"书籍之路"的概念，用以概括汉籍东传日本的历史存在。"书籍之路"的概念萌发于"丝绸之路"，众所周知，丝绸之路主要是中外物质文化交流的道路，在19世纪由德国学者提出。但它并不能涵盖中外文化的所有交流模式。因此提出"书籍之路"的概念有其独特性和必要性。其一，地理特征的区别。"丝绸之路"，以陆路交通为主而"书籍之路"以海路交通为主。其二，文明内核的区别。"丝绸之路"代表的是中外物质文明的交流；而"书籍之路"则代表的是中外精神文明的交流。日本遣隋唐使携归的书籍，经过传抄、翻刻而流布世间，再经阐释、翻译而深入人心，对日本文化的发展产生不可估量的巨大影响，可以说，书是中华文明影响日本文化的重要因素，同时也是日本文化反哺中华文明的一条重要途径。

[①] 闵鼎重《闻见别录》，文见韩国林基中整理《燕行录全集》，韩国东国大学校出版2001年版。

(六) 汉籍之路

随着《域外汉籍珍本文库》编纂出版工作的进展,编委会于2008年提出"汉籍之路"的说法,是在汉文化历史背景下对汉字典籍传播路线的概括性定义。同"书籍之路"相比,"汉籍之路"的概念更加明确地概括了古代中国与周边各国的书籍往来的历史脉络。在范围上,"书籍之路"主要反映中日之间的文化往来;而"汉籍之路"扩大到整个汉文化圈内各个国家之间相互的文献往来。而历史上这一区域的主导文字便是汉字。在词汇意义上,"书籍"是一个通俗的概念,从字面意义上理解,亦可指代今天流行的各种文字载体;而"汉籍"则是一个相对专业化的术语,通常也指的是古代的汉字经典。在历史上的东亚世界,以汉籍作为文化交流的载体是牢牢占据主流地位的。

同"丝绸之路","汉籍之路"既有与其重合的线路,也有独特的走向,它除了与各国之间的文化贸易往来有关外,也和东方朝贡体系息息相关。

这个说法随着研究的深入而不断得到完善,因为东亚、东南亚国家以及欧美国家之间也存在着不以中国为中心而以汉籍为载体的相互间的文化交流。

当然,无论"书籍之路"或"汉籍之路"都体现了学者们在完善中外文化交流史的理论模式中所做出的努力。

(本文原载《浙江外国语学院学报》2013年第4期)

谈谈胡适的"大胆的假设,小心的求证"

张海燕

"大胆的假设,小心的求证",在胡适看来是对实验主义方法论的经典概括,也是他一生念兹在兹的科学方法。胡适这所谓"科学方法",不仅为他个人所钟爱所痴迷,也被"五四"以来一大批知识精英奉为圭臬,身体力行。它在中国现代思想文化中的影响既深且巨,无论怎样估价都不为过。这正如耿云志先生所说:"这十个字的影响,实在超过了胡适的任何一部著作。"[①]

在胡适看来,"大胆的假设,小心的求证"的科学方法,得益于他的老师杜威的思想,体现了实验主义的立场、观点和方法:

> 实验主义自然也是一种主义,但实验主义只是一个方法,只是一个研究问题的方法。他的方法是:细心搜求事实,大胆提出假设,再细心求实证。[②]

> 近几十年来我总喜欢把科学法则说成"大胆的假设;小心的求证"。我总是一直承认我对一切科学研究法则中所共有的重要程序的理解,是得力于杜威的教导。[③]

> 实验的方法也只是大胆的假设,小心的求证;然而因为材料的性质,实验的科学家便不用坐待证据的出现,也不仅仅寻求证据,他可

---

① 耿云志:《胡适研究论稿》,四川人民出版社1985年版,第115—116页。
② 胡适:《我的歧路》,见欧阳哲生编《胡适文集》3,北京大学出版社1998年版,第365页。
③ 胡适:《胡适口述自传》,唐德刚译,华文出版社1992年版,第108页。

以根据假设的理论,造出种种条件,把证据逼出来。故实验的方法只是可以自有产生材料的考证方法。①

确如学者们所说,胡适对实验主义的处理,体现了一种化约主义的倾向。② 他先是把实验主义化约为方法,再继而把实验主义的方法化约为实验的方法与历史的态度,再由实验方法的"五步法"化约为"大胆的假设;小心的求证"这两句话十个字,当然,有时还把"五步法"化约为"三步工夫",再三步并为两步而为"两步工夫",最后再化约为这"十字真言"。

> 凡是有价值的思想,都是从这个那个具体的问题下手的。先研究了问题的种种方面的种种事实,看看究竟病在何处,这是思想的第一步工夫。然后根据于一生经验学问,提出种种解决的方法,提出种种医病的丹方,这是思想的第二步工夫。然后用一生的经验学问,加上想像的能力,推想每一种假定的解决法,该有什么样的效果,推想这种效果是否真能解决眼前这个困难问题。推想的结果,拣定一种假定的解决,认为我的主张,这是思想的第三步工夫。③

显然,胡适这里所谓研究问题、提出方法和选择假定的"三步工夫"是对"五步法"的简单化约。1922年3月,他在天津讲演"科学的人生观"这个题目时重申了"五步法",最后并将其概括为:"科学的人生观,第一个字是疑;第二个字是思想;第三个字是干。"同年10月,他在济南所作的同题讲演,把"科学方法"明确归并为认清疑难,制裁假设和证实这三步。④

---

① 胡适:《治学的方法与材料》,原载1928年11月10日《新月》第1卷第9号;又载1929年1月《小说月报》第20卷第1期,见《胡适文集》4,第110页。

② 余英时讲:"胡适思想中有一种非常明显的化约论(reductionism)的倾向,他把一切学术思想以至整个文化都化约为方法。"《重寻胡适历程——胡适生平与思想再认识》,广西师范大学出版社2004年版,第197—198页。

③ 胡适:《多研究些问题,少谈些"主义"》,原载1919年7月20日《每周评论》第31号,见《胡适文集》2,第252页。

④ 耿云志:《胡适研究论稿》,第115页。

1959 年胡适在夏威夷大学所作的题为《杜威在中国》的英文演说中，重提杜威的《我们怎样思想》，并申述了与"三步工夫"约略相同的内容：

> 依照这种理论，思想并不是一种消极性的活动，不是从一些没有问题的绝对真理去作推论，而是一个有效的工具与方法，用以解决疑难，用以克服我们日常生活中所遇到的一切困难的。杜威说，思想总是起于一种疑惑与困难的情境；接着就是研究事实的真相，并提出种种可能的假定以解决起初的疑难；最后，用种种方法，证明或证实那一种假定能够圆满地解决或应付原先激起我们思想的那个疑难问题或疑难的情境。这就是杜威的思想论。①

胡适的"十字真言"与杜威"五步法"之间的渊源关系是显而易见的。"三步工夫"的前两步和"五步法"的前三步应是"大胆假设"，"三步工夫"的第三步和"五步法"的后两步约当"小心求证"。

当然，胡适除了将"大胆的假设，小心的求证"归于对实验的方法或"五步法"的概括外，有时还把它说成是清代朴学的方法。而且，把"十字真言"与清代朴学关联在一起，早于把它作为实验方法的概括。正如耿云志先生所指出的那样，② 在 1919 年写的《清代学者的治学方法》一文的第二章里，胡适曾说道："科学方法的两个重要部分，一是假设，一是实验。没有实验便用不着假设。"在两年后即 1921 年续写的此文的第八章中，明确用"十字真言"指称清代学者的治学方法：

> 他们用的方法，总括起来，只是两点。（1）大胆的假设。（2）小心的求证。假设不大胆，不能有新发明。证据不充足，不能使人信仰。③

---

① 胡适：《杜威在中国》，见《胡适文集》12，第 430 页。
② 耿云志：《胡适研究论稿》，第 115 页。
③ 胡适：《清代学者的治学方法》，原载于 1919 年 11 月、1920 年 9 月、1921 年 4 月《北京大学》月刊第 5、7、9 期，原题《清代汉学家的科学方法》，见《胡适文集》2，第 285、302 页。

不惟如此，胡适还把"大胆的假设，小心的求证"说成是中西方近代以来普遍应用的科学方法：

> 科学的方法，说来其实很简单，只不过"尊重事实，尊重证据"。在应用上，科学的方法只不过"大胆的假设，小心的求证"。
>
> 在历史上，西洋这三百年的自然科学都是这种方法的成绩；中国这三百年的朴学也都是这种方法的结果。顾炎武、阎若璩的方法，同葛利略（Galileo）、牛敦（Newton）的方法，是一样的。他们都能把他们的学说建筑在证据之上。戴震、钱大昕的方法，同达尔文（Darwin）、柏司德（Pasteur）的方法，也是一样的：他们都能大胆地假设，小心地求证。①

按照胡适的说法，似乎他先是从杜威哲学中受到启示，提出"大胆的假设，小心的求证"，然后再用其反观清代学术及西方科学，于是发现东西方的治学方法事同一律，概莫能外：

> 杜威对有系统思想的分析帮助了我对一般科学研究的基本步骤的了解。他也帮助了我对我国近千年来——尤其是近三百年来——古典学术和史学家治学的方法，诸如"考据学"、"考证学"等等……在那个时候，很少人（甚至根本没有人）曾想到现代的科学法则和我国古代的考据学、考证学，在方法上有其相通之处。我是第一个说这句话的人；我之所以能说出这话来，实得之于杜威有关思想的理论。
>
> 近几十年来我总喜欢把科学法则说成"大胆的假设；小心的求证"。我总是一直承认我对一切科学研究法则中所共有的重要程序的理解，是得力于杜威的教导。事实上治学方法，东西双方原是一致的。双方之所以有其基本上相同之点，就是因为彼此都是从人类的常识出发的。②
>
> 杜威给了我们一种思想的哲学，以思想为一种艺术，为一种技术。在《思维术》（How to Think）和《实验逻辑论文集》（Essays in

---

① 胡适：《治学的方法与材料》，见《胡适文集》4，第105—106页。
② 胡适：《胡适口述自传》，第104、108页。

Experimental Logic）里面，他制出这项技术。我察出不但于实验科学上的发明为然，即于历史科学上最佳的探讨，内容的详定，文字的改造，及高等的批评等也是如此。在这种种境域内，曾由同是这个技术而得到最佳的结果。这个技术主体上是具有大胆提出假设，加以诚恳留意于制裁与证实。这个实验的思想技术，堪当创造的智力（creative intelligence）这个名称，因其在运用想象机智以寻求证据，做成实验上，和在自思想有成就的结实所发出满意的结果上，实实在在是有创造性。①

当然，关于胡适当年提出"大胆的假设，小心的求证"的心路历程，我们已难得其详，他本人作为当事者在日后恐怕也不一定能准确回溯。他晚年在《胡适口述自传》中就讲："我的治学方法是从什么地方、哪一本书、和哪一位老师学到的呢？对于这个问题，我实在找不到一个确切的答案。我的治学方法似乎是经过长期琢磨，逐渐发展出来的。"② 但是，关于这个命题的思想元素和理论来源，我们还是可以讨论的。就这个命题中的两个关键词"假设"和"求证"而言，形式上看似是对杜威"五步法"中"问题—假设—实验"这关键三步的后两步的表述。不过，细加审视，实际上问题可能要复杂一些。应该说，对假设的突出强调是实验主义的显著特点，它不仅是"五步法"中的核心步骤，也是实验主义看待一切思想观念、学说原理、真理定则和理想信仰的基本维度。在实验主义者看来，世间一切观念性的东西都是假设，都有待实验的检验。关于假设在科学发展中这种举足轻重的地位，杜威有着充分的估量，他在《确定性的寻求——关于知行关系的研究》一书中讲：

在科学本身，一般的观念、假设是必要的。它们有着必不可少的用处。观念、假设启发人的新的观点；习惯使我们闭塞，使我们看不清现实状况和未来的变化，而观念、假设却使我们从习惯的束缚中解放出来。观念、假设指导着我们的操作，揭示新的真理和新的可能性。它们使我们不受直接环境和狭隘范围的限制。当我们不发挥我们

---

① 胡适：《我的信仰》，见《胡适文集》1，第18页。
② 胡适：《胡适口述自传》，第133页。

的想象力或在想象中不敢利用观念、假设的时候,我们的知识也就发生动摇了。科学每一巨大的进步无不由于新的大胆想象而来。①

这里所谓"大胆想象"准确地译自原文短语"audacity of imagination",②这与胡适的"大胆的假设"一句何其相似乃尔。我们知道,科学中的假设,系指解释或解决问题的设想、计划或方案,所有的假设都是对问题原因的解释以及问题的解决方案,是关于"为什么发生这样的问题"以及"如何解决这样的问题"的考量和预想。但事实上,假设又不仅仅是对问题的解释和解决,它也涉及对问题的发现和猜想。发现问题与解决问题,这种问题意识是科学研究的要件。关于假设在实验主义中的地位,贺麟先生在评判杜威哲学时就曾明确指出:"假设的提出,这是实验逻辑中最重要的步骤,'假设'一词可以说盘踞了实验哲学的中心地位。从实验哲学的眼光看来,几乎一切都是假设。"③ 胡适认为科学上许多发明都是运用"假设"的结果,所有科学律例不过是一些最适用的假设,不过是现在公认为解释自然现象最方便的假设。科学的律例原不过是人造的假设用来解释事物现象的,解释得满意,就是真的;解释得不满意,便不是真的,便该寻别种假设来代替它。④ 当然,这里还应指出,对假设的强调无疑昭示出一种怀疑精神,它作为胡适"大胆的假设,小心的求证"命题的思想底色是显而易见的。而胡适怀疑精神的思想源泉,既有杜威实验主义的影响,又有杜威思想也曾受惠于其中的达尔文进化论尤其是赫胥黎"存疑主义"的浸染。

至于"十字真言"中的另一个关键概念"求证",系胡适解读"五步法"中第五步的"证实"、"实证"或"求证",它既可指科学实验的验证,又可指社会实践的检验,还可以指非实验性或非实践性的纯学理的证明。而就胡适本人运用这种科学方法的专业领域与实际内容而言,它的意义则大体限定于假说与史料符合与否的验证。这样的求证呈现了实证主义

---

① 杜威:《确定性的寻求——关于知行关系的研究》,傅统先译,上海人民出版社2004年版,第313页。
② John Dewey, *The Quest for Certainty: A Study of the relation of Knowledge and Action*, New York: G. P. Putnam's Sons, CAPRICORN BOOK EDITION 1960, p. 310.
③ 贺麟:《现代西方哲学讲演集》,上海人民出版社1984年版,第60页。
④ 胡适:《实验主义》,见《胡适文集》2,第208—248页。

的色彩。①

我们知道，实证主义的奠立者孔德在《实证哲学教程》中明确提出了"拒斥形而上学"的口号。他认为，历史发展到19世纪中叶，人类的理性已经相当成熟，实证的经验科学已经相当发展，那些以空洞和虚构的思辨来代替科学的实证研究的臆测和幻想，乃成为不合理、荒谬和虚伪之物。孔德提出的实证主义原则是：除了观察到的以事实为依据的知识以外，没有任何真实的知识可言；我们只能获得关于现象的相对知识，而不能获得关于现象背后的实体或第一因的绝对知识。孔德指出，哲学只有作为实证哲学才有其存在的权利；它的任务是通过对科学知识的综合，实现统一科学的目标。简而言之，哲学就是实证，哲学知识就是实证的知识。孔德所谓的"实证"（positive），大体包含四层意思：一是指真实的而不是虚幻的；二是指有用有的而不是无用的；三是指肯定的而不是犹疑不定的；四是指精确的而不是模糊的。在他看来，实证主义的一切本质，都可以概括在"实证"一词中。因此，实证主义只研究真实、有用、确定和精确的知识，即关于完全可由经验加以实证的现象的知识而摒弃一切虚妄、无用、不确定、不精确的东西。实证主义坚信，只要人类精神不钻进那些根本无法解决的形而上学问题之中，而只在完全实证的现象范围内进行研究，人们仍然可以为自己找到取之不尽、用之不竭的知识源泉。这种实证主义乃是西方自然科学发展的产物，它的基本主张是，提倡以自然科学依据经验事实和观察求得的事物变化规律的实证方法，考察人类社会活动，从中揭示历史的真实面貌与演变规律。实证主义强调研究可实证的知识，实证方法着眼于证明知识与经验事实、观念与观念对象之间是否符合，大体上属于有关知识论或真理论的符合论范畴。符合论一般认为，当一个命题符合事实时这个命题便是真的；这里的关系是在命题与事物在世界里的存在方式之间的关系。当然，实证主义除了认为有一类命题可通过与事实相符合而成为真理外，亦认为，有些命题则依据与其他命题的关系而成为真理，这是一种兼有融贯论味道的学说。融贯论一般认为，真理在于一个集合里的信念或命题之间的一种融贯关系，这种关系使得一个信念

---

① 关于胡适受实证主义的影响，参阅杨国荣《胡适与实用主义》，见耿云志主编《胡适评传》，上海古籍出版社1999年版，第391—440页；张汝伦：《现代中国思想研究》中"胡适与杜威"章，上海人民出版社2001年版，第347—390页。

在它不适应于集合里的其他相互融贯的成员时便是假的。与此不同，作为实证论的一个变种的实验主义，它的实验方法是通过假设"制造"条件（原因），经由实验或实践进行试验，以检验假设是否带来预期的效果（结果），属于实用论。

20世纪初叶，随着新文化运动中科学大潮的涌入，严复和王国维等人将实证哲学作为区别于中国传统学术的新思潮介绍到中国来。实证主义开始作为一种科学方法而受到国人的高度重视。而胡适的"求证"方法较接近于实证精神。1922年，胡适在带有学术小结性质的《我的歧路》一文中讲，多年来他的言论文字只是这种实验主义的态度在各方面的应用，唯一目的是要提倡一种新的思想方法，即"注重事实，服从证验"的思想方法。他所从事的推翻古文学、提倡白话文和研究哲学史，以及对《水浒》、《红楼梦》的考证，一个"了"字或"们"字的历史考辨，都只为了这一目的。[1] 1930年，在《胡适文选》的"自序"中，他又重申了他的科学方法只是"大胆的假设，小心的求证"十个字，并强调："没有证据，只可悬而不断，证据不够，只可假设，不可武断，必须等到证实之后，方才奉为定论。"[2] 胡适在给罗尔纲的一封信中曾说："我近年教人，只有一句话：'有几分证据，说几分话'。有一分证据只可说一分话。有三分证据，然后可说三分话。治史者可以作大胆的假设，然而决不可作无证据的概论也。"[3] 此外，胡适的口头禅"拿证据来"，以及他的弟子傅斯年"上穷碧落下黄泉，动手动脚找东西"的口号、顾颉刚"只凭收集到的证据说话"的信条，也都是这种实证精神的生动告白。

当然，除了与实证精神的契合，胡适史学"求证"的这种专业技能与职业精神的养成，又可追溯到清代朴学的考据学。朴学就是考据学，它所包括的文字学、训诂学、校勘学和考订学，所有这些范围的辨伪工作，都立足于事实的考证上，确如梁启超所说，"饶有科学精神"。[4] 梁启超在《中国近三百年学术史》中亦云："乾嘉学者，实自成一种学风，和近世

---

[1] 胡适：《我的歧路》，见《胡适文集》3，第365—366页。
[2] 胡适：《介绍我自己的思想》，见《胡适文集》5，第519页。
[3] 耿云志主编：《胡适遗稿及秘藏书信》20，黄山书社1994年版，第297页。
[4] 梁启超：《清代学术概论》，见《饮冰室合集·专集之三十四》，上海中华书局印行1936年版，第1—80页。

科学的研究法极相近，我们可以给他一个特别名称叫作'科学的古典学派'。"① 我们知道，胡适的祖籍皖南绩溪，其徽州文化背景可上接宋代朱子理学。胡适幼承庭训，受到徽州文化尤其清代皖学考据学的耳濡目染。在留美期间，又研读了王念孙、王引之、段玉裁和章学诚等朴学大师的著作，并写成《诗三百篇言字解》、《尔汝篇》、《吾我篇》和《诸子不出于王官论》等考据学的奠基之作，初步奠定了坚实的汉学基础。谈到清代朴学，胡适指出，它的治学方法的要旨是，每立一种新见解，必须有物观的证据。他以戴震考据《尚书·尧典》"光被四表"之"光"字为例，以说明考据学的求真精神。他说，《尚书》孔安国传有："光，充也。"《尔雅》郭本有："桄，颎，充也。"《说文》亦有："桄，充也。"《唐韵》"桄"字读"古旷反"。《乐记》郑注有："横，充也。"《释文》有："横，古旷反。"《礼记》郑注有："横，充也。"由这些事实，戴震忽然看出它们的关系，于是大胆下一假设，说《尧典》的"光"字就是桄字，也就是横字。进而更大胆地提出："《尧典》古本必有作横被四表者。"这话是乾隆乙亥年（1755）《与王内翰凤喈书》里说的。过了两年（1757）钱大昕和姚鼐各替他寻着一个证据。后来经过若干年，戴震的族弟受堂，他的弟子洪榜和段玉裁都为他寻得有力证据，使戴震的假设终被证实。朴学的这种"求真"精神与科学实证方法可谓不谋而合。胡适宣称，中西方法上的相通是他自家首先体贴出来的，他说："很少人（甚至根本没有人）曾想到现代的科学法则和我国古代的考据学、考证学，在方法上有其相通之处。我是第一个说这句话的人。"② 胡适又讲，清代汉学"用的方法无形之中都暗合科学的方法"，因而要把汉学家所用的"不自觉"的方法变为"自觉的"方法。他认为把由实用主义概括的科学方法与汉学相沟通，就能达此项目的。因为这种沟通一方面使汉学的科学形态由自发变为自觉，另一方面给汉学提供了近代科学的依据，从而提高了运用它来治学的自觉性。

梁启超在《清代学术概论》中便将胡适与代表国学最高成就的章太炎相提并称，许之为清代考据学正统之殿军："绩溪诸胡之后有胡适者，

---

① 梁启超：《清代学术变迁与政治的影响》，东方出版社1996年版，第28页。
② 胡适：《胡适口述自传》，第97页。

亦用清儒方法治学,有正统派遗风。"① 当然,胡适虽然有朴学的学术谱系,但他的治学的路数并不简单地因袭于它;否则,就无法理解他何以成为"五四"新文化运动的领军人物并开一代风气之先了。实际上,胡适对清儒的弊端有着清醒的认识,如他说:"这三百年之中,几乎只有经师,而无思想家;只有校史者,而无史家;只有校注,而无著作","清朝的学者只是天天一针一针的学绣,始终不肯绣鸳鸯。所以他们尽管辛苦殷勤的做去,而在社会的生活思想上几乎全不发生影响。"② 与朴学不同,胡适的学术志向则高远得多,他绝不甘于埋首几部古书的考证而自娱。正如他在《新思潮的意义》一文中所昭示的那样,新思潮和新文化运动的纲领乃是"研究问题","输入学理","整理国故","再造文明"。考据学作为"整理国故"的方法手段,是以"再造文明"的宏伟大业为旨归的。在分析宋儒的方法之所以没有科学的成绩时,胡适认为,除了"科学的工具器械不够用","没有科学应用的需要","他们既不讲实用,又不能有纯粹的爱真理的态度"等因素以外,这种方法本身也有一个致命弱点。他说,假设与实验是科学发明的两个要件,而"宋儒讲格物全不注重假设。'不役其知'的格物,是完全被动的观察,没有假设的解释,也用不着实验的证明。这种格物如何能有科学的发明?"③ 其实,宋儒如此,清儒又何尝不如此? 只是朴学在历史考据训诂中较多运用了归纳演绎的逻辑方法因而具有某种科学色彩罢了。诚如胡适所说,清儒"很能用'假设'",但这种假设运用或怀疑精神的范围幅度始终没有逾越传统的价值体系和经学藩篱,并未把一切传统价值均视为假设而对之进行清算与重估。关于清代汉学的科学性问题,顾颉刚先生曾提出过这样一种客观公允的估价:

> 过去的乾嘉汉学,诚然已具有科学精神,但是终不免为经学观念所范围,同时其方法还嫌传统,不能算是严格的科学方法。要到五四运动以后,西洋的科学的治史方法才真正输入,于是中国才有科学的

---

① 梁启超:《清代学术概论》,见《饮冰室合集·专集之三十四》,第1—80页。
② 胡适:《〈国学季刊〉发刊宣言》,原载1923年1月《国学季刊》第1卷第1号,又载1923年3月12日至14日《北京大学日刊》,见《胡适文集》3,第16页。
③ 胡适:《清代学者的治学方法》,见《胡适文集》2,第85页。

史学所言。①

胡适在史学研究领域的"求证",没有简单套用实验的方法,而是注入了实证主义的"实证"精神与引用了清代汉学的考据方法。胡适的这种创造性的转化,部分原因是基于他对史学领域自身学科特点的清醒认识。在谈到科学实验与历史研究的区别时,胡适讲:

> 实验的方法也只是大胆的假设,小心的求证;然而因为材料的性质,实验的科学家便不用坐待证据的出现,也不仅仅寻求证据,他可以根据假设的理论,造出种种条件,把证据逼出来。故实验的方法只是可以自由产生材料的考证方法。②
>
> 历史的科学和实验的科学方法有什么分别呢?实验的科学可以由种种事实归纳出一个通则。历史的科学如地质学也可以说是同样用这种方法。但是实验科学归纳得通则之后,还可以用演绎法,依照那通则来做实验,看看某些原因具备之后是否一定发生某种预期的结果。实验就是用人工造出某种原因来试验是否可以发生某种结果。这是实验科学和历史科学最不同的一个要点。③

1952年,胡适在台湾以《治学方法》为题的演讲中再次强调了人文学科与自然科学的区别,他说,做文史考据的人要有自觉的方法,自己批评自己,自己检讨自己,自己修正自己,"不但要小心的求证,还得要批评证据"。自然科学家在实验室的方法就是一种自觉的方法,"所谓实验,就是用人工造出证据来证明一个学说、理论、思想、假设";人文学科没有法子创造证据,"我们的证据全靠前人留下来的;留在什么地方,我们就到什么地方去找。"④

至于"大胆的假设,小心的求证"中的"大胆"与"小心",是一对情感化的修饰词,似乎不适合出现在科学定义或命题之中。但另一方

---

① 顾颉刚:《当代中国史学·引论》,胜利出版公司1947年版,第2—3页。
② 胡适:《治学的方法与材料》,见《胡适文集》4,第110页。
③ 胡适:《历史科学的方法》,本文原为1958年4月26日在中国地质学会年会的演讲,原载1959年3月台北《中国地质学会会刊》第2期,见《胡适文集》12,第195页。
④ 胡适:《治学方法》,见《胡适文集》12,第143页。

面，这一"大"一"小"两种心态本来也是科学研究中"假设"与"求证"的内在要求与固有规定，"假设"离不开"大胆"，"求证"自然要"小心"。至于胡适将二者分别列于"假设"与"求证"之前以示醒目，其中的真实意味，我以为，应在他创发这则科学方法定律的历史语境中去寻找答案。正如胡适在《新思潮的意义》一文中所说，"五四"新文化运动的思想主旨便是"研究问题，输入学理，整理国故，再造文明"。这新思潮的根本意义便是提倡一种新态度，即"评判的态度"。这种评判的态度，简单说来，即是凡事要重新分别一个好与不好，借用尼采的话讲，叫"重新估定一切价值"。分别讲来，如胡适所说，孔教的讨论只是要重新估定孔教的价值；文学的评论只是要重新估定旧文学的价值；贞操的讨论只是要重新估定贞操的道德在现代社会的价值；旧戏的评论只是要重新估定旧戏在今日文学上的价值；礼教的讨论只是要重新估定古代的纲常礼教在今日还有什么价值；女子的问题只是要重新估定女子在社会上的价值；政府与无政府的讨论，财产私有与公有的讨论也只是要重新估定政府与财产等制度在今日社会的价值。在这种重估一切价值的思想启蒙的大时代，最需要的时代精神当然是"大胆的假设"，套用现今的流行话语来说，就是"理论创新的勇气"。

另一方面，文化的创新，某种意义上讲，也就是国民精神的重塑；新文化运动的重要使命之一，便是改造国民性。胡适强调"小心的"求证，我以为，可能与他对国民性的某些体察有关。关于此，就不能不提到胡适那篇《差不多先生》了。此文发表于1924年，但写作时间不详，差不多在1919年。[①] 文中曰：有人姓差名不多者，其名天天挂在大家口头，因为他是全中国人的代表，"差不多先生的相貌和你和我都差不多。他有一双眼睛，但看的不很清楚；有两只耳朵，但听的不很分明；有鼻子和嘴，但他对于气味和口味都不很讲究。他的脑子也不小，但他的记性却不很精明，他的思想也不很细密"。差不多先生一生凡事都以差不多的态度来对待之，后因病笃乱投医，让兽医治得差不多一命呜呼，他差不多要死之时

---

① 胡适：《差不多先生》，原载1924年6月28日《申报·平民周刊》第1期，见《胡适文集》11，第7—8页。其写作时间不详，《胡适文集》编者认可1919年，其注云："此文未署写作日期，先依陈金淦编：《胡适研究资料》（北京十月文艺出版社1989年版）和季维龙编：《胡适著译系年目录》（安徽教育出版社1995年版），暂系于此。"

还说:"活人同死人也差不多,凡事只要差不多就行了,何必太认真呢?"胡适描写的差不多先生与鲁迅笔下的阿Q,一个马虎,一个麻木,都是国民中某种具有普遍意义的病态人格的缩影。也许是基于此种认识,胡适在谈及"十字真言"时,常常对"小心"二字给予特别的强调:

> 要大胆的提出假设,但这种假设还得想法子证明。所以小心的求证,要想法子证实假设或者否证假设,比大胆的假设还更重要……我能够证实它,我的假设才站得住;不能证实,它就站不住。求证就是要看你自己所提出的事实是不是可以帮助你解决那个问题……真正能够在实验室里注重小心求证的方法,而出了实验室还能够把实验室的态度应用到社会问题、人生问题、道德问题、宗教问题的——这种人很少。①

> 现在我想起我二三十年来关于方法的文章里面,有两句话也许可以算是讲治学方法的一种很简单扼要的话。

> 那两句话就是:"大胆的假设,小心的求证。"要大胆的提出假设,但这种假设还得想法子证明。所以小心的求证,要想法子证实假设或者否证假设,比大胆的假设还更重要。这十个字是我二三十年来见之于文字,常常在嘴里向青年朋友们说的……谨是不苟且、不潦草、不拆滥污……谨,就是"小心求证"的"小心"两个字。②

为了防范广大粗心者滥用"大胆的假设",胡适甚至主观上限定运用这科学方法的适用者范围。1924年在给董作宾的一封信上,胡适合盘托出他的想法:

> 凡能用精密方法做学问的,不妨大胆地假设;此项假设,虽暂时没有证据,将来自有证据出来。此语未可为一般粗心人道;但可为少数小心排比事实与小心求证的学者道。不然,流弊将无穷无极了!③

---

① 胡适:《治学方法》,见《胡适文集》12,第131、134、139页。
② 同上书,第131页。
③ 曹伯言、季维龙:《胡适年谱》,安徽教育出版社1986年版,第295页。

综上所述，在胡适"大胆的假设，小心的求证"的科学方法中，"假设"源自实验主义，"求证"是实证论与清代朴学的结合，"大胆"和"小心"则与启蒙思潮的历史背景与对国民性的省察有关。当然，任何一个命题或方法的提出，都有着十分复杂的理论渊源和构思过程，绝非一两种思想元素的简单相加。上述的区分主要是出于理论分析的便利，分门别类，以求大概。

另外，关于这种科学方法的利弊得失，今人多指出它的简单化问题。如胡适晚年弟子唐德刚先生认为：

> 说到胡老师那套"大胆假设，小心求证"的"方法"，那也只是70年前的陈枪烂炮，早该进博物馆了。我们应该承认它在历史上的贡献；我们更应该知道，那一套在现代已经大大的落伍了。何炳棣所谓"雕虫小技"也。①

旅美华裔学者林毓生讲：

> 胡适谈"大胆假设"的时候，只注重提倡怀疑精神，以为怀疑精神是科学的精髓（这是对科学很大的误解），故提"大胆"两字以示醒目。事实上，他却没有仔细研究科学假设的性质到底如何？因为科学假设可能是对的，也可能是错的，但都必须是够资格的假设（competent hypothesis）。但经他提出"大胆"两字，情况就变得混淆了，因为这样的说法，如不加以限定（qualify），使人以为越大胆越好，岂知许多大胆的假设，虽然发挥了怀疑的精神，却并不够资格成为科学的假设，此种假设是与科学无关的。②

> 从实质的观点来看，胡先生对科学方法所做的解说，与科学研究及进展的情况是甚少关联的；也不能说一点关联没有，因为他所说的"小心求证"涉及一点点粗浅的归纳法的解释与应用，但归纳法的应用并不像他所说得那么简单；其次，归纳法在科学发展上远非如胡先

---

① 唐德刚：《胡适的历史地位与历史作用——纪念胡适之先生诞辰一百周年》，见欧阳哲生主编《解析胡适》，社会科学文献出版社2000年版，第14页。

② 林毓生：《平心静气论胡适》，见《解析胡适》，第22页。

生所想象的那么重要。像地质学、植物分类学这一类的科学研究是与归纳法有相当关系的。但，像数学、物理学、化学等理论性的自然科学，它们里面重大的发展与突破是与归纳法关系很少的，甚至毫无关系。①

上述这些批评意见，若从纯学理的抽象意义上讲，当然不无道理。但分析胡适的"大胆的假设，小心的求证"的方法，应将它置于其所由提出的历史背景之中来加以同情的理解，并从它当时所带来的客观效果进行评判。关于"大胆的假设，小心的求证"，理论关注的重心应当是这种方法何以对提出者本人以至整个现代中国学术产生如此巨大的影响与功效，而不是以当代科学方法论为参照系，强调它是如此简单、幼稚，乃陈枪烂炮、雕虫小技。

确如胡适本人所说，"大胆的假设，小心的求证"，是他几十年津津乐道与自觉运用的科学方法的精神，他把这种方法既应用到古典名著的考证上，也应用到中国思想史、宗教史的许多难题的研究上，其中包括佛教、禅宗的历史等。如所周知，就胡适一生的国学研究成就来看，他20世纪20年代初起对《水浒传》和《红楼梦》的研究考证，即以方法之新颖与论证之严密而树立了一种新的学术典范。在《水浒传》研究中，他以某一历史"故事"的演变为线索，对有关民间传说、野史、话本等在不同时期的历史变化形态追本溯源，指出该书是经过几百年民间传说后，由托名施耐庵的人整理加工而成。而胡适《〈红楼梦〉考证》可说是他实证研究的代表作，其以书中的描写内容为考察对象，广泛搜罗有关著者的时代背景和各种版本，经过细致研究，推倒了近百年来关于这本"奇书"的各种"索引"与"附会"，指出《红楼梦》的作者乃是曹雪芹，这部书就系作者的自传，从而开创"红学"研究的新方向，被称为"新红学"。胡适的《白话文学史》是较早地系统研究中国古代文学史的著作，其首先将白话或近于白话的文学置于中国文学的中心地位，强调民间而不是士大夫是文学的最深、最基本的根源。这些在当时都是划时代的学术贡献。胡适以博士论文《先秦名学史》为肇端对中国思想史进行创造性研究，他在博士论文基础上改写的《中国哲学史大纲（卷上）》是中国哲学

---

① 林毓生：《中国传统的创造性转化》，三联书店1988年版，第15—16页。

史、思想史研究中的开山之作,是第一部用近现代哲学眼光和方法衡量、分析中国古代哲学史、思想史的著作,对后来的中国哲学、思想史研究的影响至深且巨。此外,他对禅宗史的研究既有全面细致的史料搜集整理和考证,又有客观中肯的思想理论分析。如此等等,不胜枚举。应该说,胡适对国学研究的巨大贡献,是与其对科学法则"大胆的假设,小心的求证"的自觉运用分不开的。更不用说,这一方法给他的追慕者、仿效者所带来的学术研究上的巨大推动了。这些是我们评判"大胆的假设,小心的求证"的基本事实依据。

(本文原载《出土文献与传世典籍的诠释》,上海古籍出版社 2010 年版)

《中国文化史稿》读后

胡振宇

有关中国文化史的著作，在 1949 年前，虽然已经出版有十余种之多①，但以柳诒徵著《中国文化史》最为著名，甚至被誉为"文化史的开山之作"。柳书包罗宏富，举凡典章制度、文功武略、各派学说、文艺教育、民俗宗教、工商技巧、货币服饰、风土民情、特产建筑、图画雕刻等，无不追本求源，究其发展。是书采夹叙夹议之法，引一段原始资料即一段评论，讲明当代典章文物，以达经世致用之目的。1949 年以后，直至 20 世纪 80 年代初，才又兴起对中国文化史的研究热潮，到 80 年代末和 90 年代中，以"中国文化史"为名的著作又一次大量涌现。其中号称"建国以来四十年的第一部系统的中国文化史专著"的刘蕙孙先生的《中国文化史稿》亦在其中。

刘著《中国文化史稿》系由文化艺术出版社于 1990 年 12 月出版，如其内容提要所述，此书"上溯原始社会下至明清，将我国悠久文化历

---

① 1949 年以前有关中国文化史的出版物计有：1902 年，中西牛郎《支那文明史论》，普通学书室；1903 年，白河次郎、国府种德《支那文明史》，上海竞化书局；1924 年，顾康伯《中国文化史》二册，上海泰东图书局；1928 年，日人高桑驹吉著，李继煌译《中国文化史》，上海商务印书馆；1928 年，常乃德《中国文化小史》，上海中华书局；1931 年，陈国强《物观中国文化史》，上海神州国光社；1931 年，杨东莼《本国文化史大纲》，上海北新书局；1932 年，柳诒徵《中国文化史》，南京中山书局；1933 年，陈安仁《中国上古中古文化史》，商务印书馆。1936 年又有《中国近世文化史》，商务印书馆。两书日后合为《中国文化史》，仍由商务印书馆 1947 年出版；1936 年，王德华《中国文化史略》，正中书局；1936 年，梁启超《中国文化史（社会组织篇）》，商务印书馆；1937 年，陈登原《中国文化史》，世界书局；1941 年，钱穆《中国文化史导论》之部分章节在《思想与时代》刊出，1951 年全书在台北正中书局出版；1948 年，陈竺同《中国文化史略》，上海文光书局。

史总揽博收"，"举凡历代科学、技术，政治制度与社会生活、学术思想、文学艺术、民风民俗、民族间与域外的文化汇融与交流等均有简明、生动的叙述"。"既可为广大读者提供较为全面、系统的文化史知识，又可为高等院校学生指点门径，为进一步学习、研究中国文化史打下基础"。此一47万言的大著，第一次印刷即4000册。作为这样一部著作，本应可当作教科书来看待，只是书中存在许多不确切的地方，而这多处错误要想避免本来是非常容易做到的。

图1　《中国文化史稿》书影

譬如该书第64页谈到"甲骨文和金文的研究"时，作者说：

> 近来中国社会科学院出版的《甲骨合集》则网罗各家收藏的甲骨实物及拓本，编为一书，集甲骨资料之大成。因为事由郭沫若同志

倡导而成，郭老虽已作古，主编仍用其名，实际编者是胡厚宣、张政烺、李学勤、孟世楷、王宇信、罗琨、张永山诸同志。

事实上，关于《甲骨文合集》（并非如作者所称的《甲骨合集》）系由北京中华书局于1979—1983年出版，只要一读作为《甲骨文合集》（简称《合集》）总编辑胡厚宣先生写的《甲骨文合集·序言》，就会对这部巨著的编纂全过程了解得清清楚楚，而实际编者，在《合集》的第一册扉页上即明确写出。成员一共有15位，就是没有刘蕙孙先生所说的张政烺、李学勤同志，孟世凯也错作孟世楷。至于张政烺先生尚被邀请担任《合集》的编委，李学勤先生那时还在历史所思想史研究室，根本未参加《合集》的任何工作。刘蕙孙先生为何将他们二位列入，大概因为二位也研究甲骨文、古文字，也同在历史研究所，而"想当然"地把他们二位划入编者了。

**图2　总编辑胡厚宣先生（前排右4）与《甲骨文合集》
大部分成员（胡振宇摄）**

《甲骨文合集》图版十三册一经出版，即受到学术界的极大重视，国务院古籍整理出版规划小组曾给予表彰和奖励，组长李一氓称它是"建国以来最大的一项学术成就"[①]。1987年以来，《合集》一书还获得了首

---

① 见《李一氓同志关于古籍整理和人才培养问题的讲话摘要》，《古籍整理出版情况简报》第103期，1983年3月。

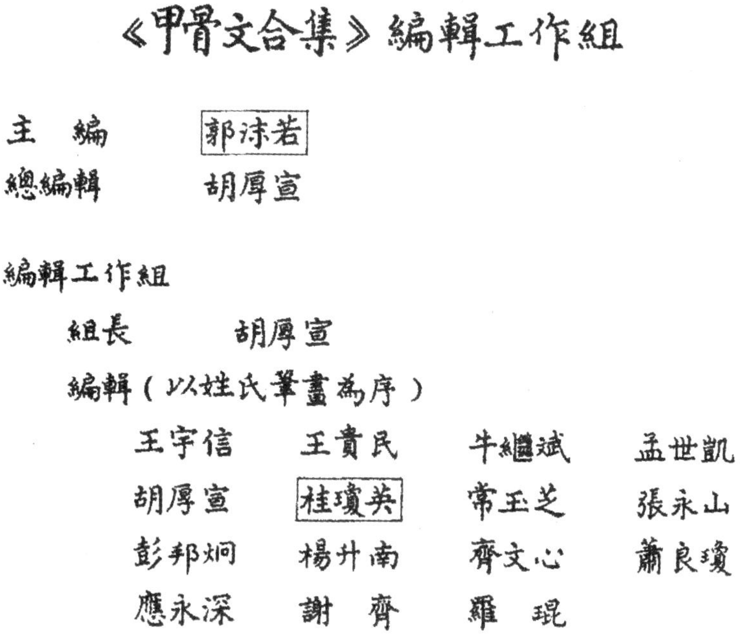

《甲骨文合集》編輯工作組

主　編　　　郭沫若
總編輯　　　胡厚宣

編輯工作組
　　組長　　　胡厚宣
　　編輯（以姓氏筆畫為序）
　　　王宇信　　王貴民　　牛繼斌　　孟世凱
　　　胡厚宣　　桂瓊英　　常玉芝　　張永山
　　　彭邦炯　　楊升南　　齊文心　　蕭良瓊
　　　應永深　　謝齊　　　羅琨

图3　《甲骨文合集》扉页"编辑工作组"名单

届吴玉章奖金历史学特等奖等多项奖励。《合集》总编辑胡厚宣先生就著有《甲骨文合集编辑的缘起和经过》① 和《甲骨文合集的编辑和内容》② 等文。对于这样一部著名的学术著作，《中国文化史稿》不查对原书及有关文章，仅凭印象或想象便写出来编印成书发行，不能说是一种对读者负责任的表现。况且《中国文化史稿》还有一位在高校图书馆古籍组的先生"协修"，外加三位研究生参校，而均未加以改正，不能不令人感到十分遗憾了。无独有偶，1989年吉林文史出版社出版有王凤扬著《汉字学》，内中竟称《甲骨文合集》"是中国社会科学院考古研究所编辑"，谈到甲骨文材料的数字时更称十五万片甲骨"其实，如能拼合起来，也不过万片左右。"则更是荒唐。

该书64页上提及的"罗振玉著《贞卜文字考》"，应为《殷商贞卜文字考》；又有"日本刀江书院出版岛邦男博士所编《甲骨文字总类》……是一部卜辞字典"，查日人岛邦男博士，1977年去世。1980年8月日本甲

---

① 《古籍整理出版情况简报》1979年3号。
② 《历史教学》1982年第9期。

骨学会出版《甲骨学》第 12 号（汲古书院）特辟"加藤常贤博士、岛邦男博士追悼号"，编有岛邦男著作目录，共计专书五种，就是没有"《甲骨文字总类》"。至于说到"卜辞字典"，稍对甲骨学有了解者，大都会知晓它应指株式会社大安 1967 年初版发行、汲古书院（而非"刀江书院"）1971 年增订版发行的《殷虚卜辞综类》。严格说来，它应是一部类编，不能叫字典。这些地方虽然对熟悉本专业的人士还可以明白是何所指，但要写成文字，就应该本着认真的精神，以免讹传。

同一页上还有"胡厚宣同志所著《五十年甲骨学论著目》亦由中华书局出版，是最新最全的有关甲骨学的目录。"按胡先生此书是 1952 年上海中华书局初版，1983 年北京中华书局重印。所谓"五十年"者，是指 1899 年甲骨文发现至 1949 年新中国成立的这五十年。在此之后出版的甲骨学著作目录有：肖楠编集的《甲骨学论著目录（1949—1979）》①、王宇信《建国以来甲骨文编年论著简目（1949—1979.9）》及《建国以来甲骨文作者论著简目》②、吴浩坤、潘悠《甲骨文论著目录》③。既然《中国文化史稿》写成于 1988 年 5 月（见该书后记），就不能说《五十年甲骨学论著目》"是最新最全的有关甲骨学的目录"了。顺便说一下，由中国社会科学院院史研究室编的《中国社会科学院编年简史 1997—2007》，在 306 页上有：

> 胡厚宣的代表性论著有：《甲骨学商史论丛》（初集、二集）、《甲骨六录》、《战后平津新获甲骨集》、《古代研究的史料问题》、《50 年代甲骨文发现的总结》、《50 年代甲骨学论著目》、《甲骨文合集》1—13 册（总编辑）、《苏德美日所见甲骨》等。④

把"五十年"错写作"50 年代"，一个"代"字，减少了四十年！不知是手民所误，还是提供者无知。

又：该书第 34、35、62 页多次提及"胡厚宣译日本梅原末治《中国

---

① 刊《古文字研究》第一辑，中华书局 1979 年版。
② 刊《建国以来甲骨文研究》，中国社会科学出版社 1981 年版。
③ 刊《中国甲骨学史》，上海人民出版社 1985 年版。
④ 中国社会科学院院史研究室编《中国社会科学院编年简史 1997—2007》，社会科学文献出版社 2007 年版，第 306 页。

青铜时代》"或"《支那考古学论考》，日本弘文堂，其中部分由胡厚宣教授汉译，在上海商务印书馆出版"等，其实，日本梅原末治《支那考古学论考》乃是作者的论文集，收入文章22篇，其中第5篇《中国青铜器时代考》（原载《史林》第十九卷第三号、第二十卷第二、第四号及《支那古铜精华》第七册卷末），由胡厚宣先生汉译，上海商务印书馆1936年出版。这在梅原文章后附记及胡译本后均有说明，《中国文化史稿》的作者大概是没有查对原书吧。

此外，该书第39页注①及45页上提及的"《支那考古学论考》图版第八三之25"及"之5"是同一件石簋，第八三图并没有"之25"。类似的地方尚有：第33页注②"《殷墟发掘》图版78、79"应为图版71图78；第39页注③"《殷墟发掘》图版27、26、35"应为图版24图27，图版23图26，图版30图35。这些地方本不该出错，十之九是由于粗心所致。

第62页提到的"占卜选淡水龟甲"及"钻龟"等情况，早有文章说明殷代卜龟的来源和甲骨钻凿方法，亦并非如该书作者所云，这些暂不在本文评论之列。

说到"金文"，第64页说"《三代吉金文存》……（闻已故罗福颐先生曾作了释文，在香港出版）"，又第585页说"香港力存印刷公司又印行了罗福颐著的释文三卷。"事实上，罗福颐先生著《三代吉金文存释文》共20卷，另有附录3卷，1983年出版，出版社是问学社（即香港中文大学），印刷者是力奇印刷公司。

又有"严一萍《金文总集》综合了中外所藏彝铭，增至九千余种，可谓后来居上"。"但台湾严一萍编的《金文总集》十册，收至九千余种，可以说是竭泽而渔，后来居上"。这也与事实有出入。20世纪80年代初，台湾分别出版有两部金文著录集，严氏《金文总集》，1983年12月出版，附目录索引十二册，收入7796器，加上后补的27器，共是7823件；另有邱德修《商周金文集成》全十册，1983年出版，加上总目二册，1985年出版，新收编三册，1985年出版，释文稿五册，1986年出版，共二十册，收入8974器；两书以后者居多，也不到九千种。而中国社会科学院考古研究所编辑的《殷周金文集成》十八册，共收入11984器，可说是目前世界上最有代表性的金文总集。虽然到1988年《中国文化史稿》（简称《史稿》）写毕前尚未出齐，但第一册已于1984年8月出版，《史稿》作者不曾见到也未曾听说吗？

另外，第18页"苏秉琦《考古学论文集》第179页所载华县太平庄墓出土的鸟陶鼎"，应是《苏秉琦考古学论述选集》中的陶鸮鼎；鸮为猫头鹰，当然可以统称鸟类，但引用古器物，名称要准确才是！第21页"瑞典博物馆馆长汉学家高本汉（Kalgren）"，应是瑞典远东古物馆馆长高本汉，外文姓名应作 Karlgren。第37页"山东济南省博物馆"应是山东省博物馆或济南山东省博物馆。第83页称"已故中央民族研究所副所长秋浦……"秋浦先生1919年生人，曾任中国社会科学院民族研究所副所长，《史稿》出版时仍然健在，称"已故"就闹大笑话了。第96页"'故宫博物院'"及"'北平研究院'"，第172页"'故宫博物院'"及"北京'历史博物馆'"均加了引号，不知是什么意思。第172页"北京历史博物馆"及第196页提及的"历史博物馆"均应作北京中国历史博物馆，现在是中国国家博物馆了。第483页提及的"故宫博物馆"应是故宫博物院。同页"故原北京图书馆所在的那条街名文津街"，此话也不准确；说"原"字是不对的，北京图书馆文津街馆舍1931年建成，因不敷所需在1975年由周恩来总理提议兴建新馆，新馆坐落在白石桥，文津街是分馆；如今新馆二期也已投入使用，名称也变更作国家图书馆。

该书第172页"浑天仪……现有的一个是明代所制，八国联军侵占北京时为德帝国主义劫走，第一次世界大战后送回，现存北京天文研究所。"查该浑天仪1921年从德国运回北京后，1931年迁往南京，现存紫金山天文台；而北京古观象台（非北京天文研究所）上留存并陈列着的是八件清代天文仪器。

第231页"传世的石鼓几经迁移，今存北京历史博物馆（原北京国子监）"。事实上，石鼓唐代始出岐阳，全部应为700字，到欧阳修见时只465字；后几经迁徙，元大德年间北京孔庙建成，皇庆元年十枚石鼓移至大成门内；抗战军兴，石鼓运往后方，胜利后运回，现藏北京故宫博物院。北京孔庙曾作为首都博物馆，而国子监作为首都图书馆；如今两者均迁新址。北京孔庙大成门两侧今天陈列的石鼓乃清乾隆年间386字的仿制品。

图 4　北京故宫博物院石鼓馆内石鼓

图 5　北京孔庙大成门两侧的石鼓仿制品（胡振宇摄）

第 309 页"'昭陵六骏'……'飒露紫'和'拳毛䯄'二骏今存美国费城博物馆。"应是在美国费城宾夕法尼亚大学考古与人类学博物馆；二骏系由古董商卢芹斋转卖①。

另外第 379 页"传世作品有《历代帝王像》"，确切地讲应作《古帝王图》或称《历代帝王图》，现藏美国波士顿美术馆。

至于第 18 页上刊物名"《中原事物》"，应为《中原文物》。第 60 页上及同页注①中的人名"严焕章"应为尹焕章。第 79 页上人名"景展岳"应为黄展岳。第 507 页李时珍之父"李闻言"应是李言闻。

---

① 参见《福开森与卢芹斋》，《传记文学》2011 年第 5 期。

昭陵六骏之拳毛䯄

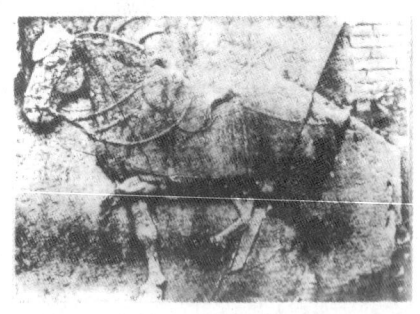

昭陵六骏之飒露紫

图6　被盗卖的二骏

　　上面举出的例子，虽不影响《史稿》是一部"详今略古、突出科技"①的好书；且《史稿》作者在《后记》中也承认书中"不仅有错，而且肯定有许许多多的错误"，但这部若要用心查对，错误本可避免。作者刘蕙孙先生幼承庭训，攻金石考古之学，知识涵盖面广，晚年几近失明。其门人方宝川叙述其师：晚年上课，以讲授为主。常常是低沉的带着江苏口音，半闭着眼睛，慢慢点头吟诵着一段段的《周易》、《左传》、《史记》、《说文解字》等有关内容，其记忆力之强，令人惊叹，人多誉为"活卡片"。或许正是如此，《史稿》也如作者其人，不拘细节，做大写意。如此一来，《史稿》的协修、参校就要有所担当，编辑人员同样要有所作为，不可人云亦云。日后《史稿》尚获福建省第二届社科优秀成果一等奖，若是读者亦不加明辨，岂不是误人子弟了吗？学术研究是一件严肃的事情，最好能够认真看待。要对得起广大读者才是。

---

①　见《光明日报》1992年2月20日"图书评论"版。

【附记】：小文写出后，曾有机会与福州吴小龙兄共事，龙哥告知，自己私淑刘老先生。当与小龙兄谈及《史稿》一书之问题时，龙哥提起，刘老先生当年有自嘲，其做学问有如"吸鸦片"。如此，便不可责怪老先生；况且现今出版之书，挑错十分容易，本不值得去写文章，但又恐读者徒生误会，造成日后谬说流传。遂将小文稍加修改在此刊出。文中若有不当之处，尚祈方家多赐指教；若对刘老先生稍有冒犯，还望多加包涵。小龙兄后转杏坛，育才著述均有起色，而约定的茶叙还没来得及进行，龙哥已成故人，令吾侪不胜唏嘘。小文权当对刘老先生及小龙兄的纪念吧。

（本文原载《形象史学研究》，2012年）

重建观念史图像中的历史真实

鱼宏亮

近年来史学的发展发生了巨大变化，过去习惯的那种静止的、结构式的、有规律的、线性的、宏大的历史观念越来越遭到质疑，随机的、非线性的、相对的、个人的、能动的历史观念越来越受到重视。① 历史学家越来越不满意传统的政治、经济、文化、上层建筑、经济基础等结构主义的研究范式，他们开始关注普通民众、区域、宗族、祠堂、社团。在通过这种"碎片化"的研究来抵制宏大叙事的过程中，历史学者往往产生一种彷徨在历史森林中的迷茫。另一方面，如洪水猛兽般的后现代主义则根本上怀疑历史学的价值和意义。后现代主义代表海登·怀特认为："历史编纂为有关过去的纯粹的事实性记述增添了一些东西。所增添的或许是一种有关事件为何如此发生的伪科学化解释，但西方史学公认的经典作品往往还增添了别的东西，我认为那就是'文学性'。"② 怀特甚至在《历史学的重负》（1966）一文中说，相比于戏剧和小说家，历史学家只是"装作尊重精神的虔诚样子，只是为了更好地破坏精神对于创造性个体的要求"。③

历史学家也开始积极回应后现代主义的质疑。他们正视"史料的纯粹性"的争议，将历史事实看作"各种参差多相的力量之间的关系网络，

---

① 程光泉：《后现代性与历史学的焦虑》，《东岳论丛》2004 年第 2 期。
② 海登·怀特著、陈新译：《元史学：十九世纪欧洲的历史想象》（中文版序言），译林出版社 2004 年版。
③ HaydenWhite：*TheBurdenOfHistory*，HistoryandTheory 5（1966），p. 112.

而不是据简单的因果概念组织起来的互无联系的离散单位",也就是说,既然我们无法摆脱历史诠释中的主观介入因素,那我们就应当将这种主观性也当作历史的一部分。何伟亚关于马嘎尔尼使团的研究就体现了这一后现代史学思想。[①] 在史料与解释之间原本稳定而清晰的关系之间介入一个后现代式的怀疑之楔,历史学家不但要探索历史事实,甚至时时也在反思自身,"把历史书写和历史本身结合在一起进行双重性透视"[②],这一全新维度的引入,动摇了传统史学的许多领域。但新思维在饱受争议中前行,真正成功的尝试还有待时间的考验。[③]

实际上,离开史料与诠释的视角,从观念与事实的角度来重新审视传统学术的各个节点,又可能产生全新的探索体验。陈寅恪归纳王国维的治学方法"曰取地下之实物与纸上之遗文互相释证",这个方法后来被称为"二重证据法"。其实关于王国维的二重证据法,尚有两端:"二曰取异族之故书与吾国之旧籍互相补证";"三曰取外来之观念,与固有之材料互相参证。"[④] 我们对于中国史上外来观念的影响,却很少能够做到结合固有材料互相参证。近十几年来,学界的一系列关于中国近代观念变迁的研究,借助于数据库系统的新技术手段,参证与纠正了许多观念史上的重要节点,为我们提供了一个利用新方法研究老问题的学术典范。[⑤] 这使得我们得以重新审视材料——观念背景下的历史解释。

[①] [美]何伟亚(James L Hevia):《怀柔远人:马嘎尔尼使华的中英礼仪冲突》,社会科学文献出版社 2002 年版。

[②] 黄兴涛:《"话语"分析与中国近代思想文化史研究》,《历史研究》2007 年第 2 期。

[③] 有关争议见罗志田《后现代主义与中国研究:〈怀柔远人〉的史学启示》述评,见《历史研究》1999 年第 1 期。

[④] 陈寅恪:《王静庵先生遗书序》,载《金明馆丛稿二编》,上海古籍出版社 1980 年版,第 219 页。

[⑤] 这些成果集中收录在《观念史研究:中国现代重要政治术语的形成》一书中,金观涛、刘青峰著,(北京)法律出版社 2009 年 12 月版。亦可参考黄兴涛《清末民初新名词新概念的"现代性"问题》,载《天津社会科学》2005 年第 4 期。《"话语"分析与中国近代思想文化史研究》,载《历史研究》2007 年第 2 期;罗志田《抵制东瀛文体:清季围绕语言文字的思想论争》,载《历史研究》2001 年第 6 期;沈国威《西方新概念的容受与造新字为译词——以日本兰学家与来华传教士为例》,载《浙江大学学报(人文社会科学版)》2010 年第 1 期;方维规:《"经济"译名溯源考——是"政治"还是"经济"》,载《中国社会科学》2003 年第 5 期。《语言与思辨——西方思想家和汉学家对汉语结构的早期思考》,载《学术研究》2011 年第 4 期。

一　新视野与新学术

（一）以新视野看待传统文献

在某些学界历来视为重镇的传统论题领域，发现新材料和新问题变得越来越困难，以至于历史学者产生"问题已经做完"的焦虑。[①] 这种现象的出现与其说是由于新材料日益稀缺而带来的历史学家无问题可供研究的错觉，毋宁说是由于在新材料缺位的情况下凸显了某些研究领域问题意识严重匮乏的传统局限。

从中国内地和港澳台学术界都十分重视的辛亥革命的研究来看，10月10日发生的武昌起义，是一个由保路运动引起的孤立的小范围事件。此时的革命家既力量单薄，又没有充分准备，甚至连领导人都没有。中山先生后来也回忆到，武昌起义的迅速胜利是非常侥幸的。[②] 但是武昌起义引起的连锁反应却是谁也始料不及的：在半个月内，十五个省份宣布脱离清朝而独立。这一系列事件加上1912年2月12日清朝发布退位诏书，被历史学家建构为辛亥革命事件。这就带来一个疑问：既然革命党力量如此薄弱，那么这场革命的中坚力量是什么？通过研究发现，立宪派士绅阶层乃为革命的主体。[③] 但是立宪派是反对革命的，那么支配这场"革命"的观念是什么呢？根据传统的文献解读，在各种各样的结论当中，我们很难发现令人满意的解答。

但是根据利用数据库的检索和分析，可以发现：1890—1911年间"革命"一词的使用，在1911年出现在各种载体的文本中"革命"一词处于次数最低的时期，这与这一年革命运动处于低谷的历史现象相吻合。[④] 同样，以检索"忠君"这一关键词为例，1906—1912年，该词使用频率一直处于减少的趋势。综合分析这些文本，发现其实"辛亥革命

[①] 罗志田：《史学的真问题》，《书城》2007年第8期。
[②] 徐中约：《中国的奋斗1600—2000》（第六版），中国图书出版公司2008年1月，第375页。
[③] 张朋园：《立宪派与辛亥革命》，台北："中央研究院"近代史研究所，1969年。
[④] 李炳南：《辛亥革命起因之分析》，三民主义研究所博士硕士论文奖助出版委员会，1987年，第144页。

实为清末各省咨议局的绅士积极要求召开国会，发起一次次的挑战清王朝的行动的逻辑延伸。也就是说立宪派不需要接受'革命'观念，就可以支持颠覆中央王权的行动。一旦找到支配辛亥革命的主流真实观念，一条连续的观念和社会事件的互动链条便显现出来。"① 由此发现：以"共和主义"作为辛亥革命这一历史事件的观念史"图景"，便更能解释民国建立后的一系列社会事件。

（二）新型资料的出现

此外，近代以来出现了一类新形式的材料。这就是报刊，其中包括图像。报刊相比于传统文献最大的不同是传播范围的变化，由报刊所营造的公共空间远远超过传统任何介质的文献。这也使得依托语言进行传播的观念得以影响更为广泛的社会群体。而观念作为社会行动的决定性因素，又会转化为社会事件。

晚清由于新媒介的出现而使得社会事件的关联发生显著变化。1901年、1902年《清议报》连续三期发表介绍卢梭的文章，1903年胡汉民、汪精卫等人就在广州组织"群智社"以卢梭著作作为指导书籍。从此"天赋人权"、"社会契约论"等思想在中国青年中成为影响最大的新观念。受张之洞教育思想的影响，杭州有个满族妇女慧兴于1904年创办了一所专门给予旗人妇女新式教育的"贞文女学"，但由于资金短缺和缺乏杭州将军的支持，女学面临关闭。1905年12月21日慧兴在绝望中自杀。这一事件经过《北京女报》、《时报》的报道在社会上引起巨大反响，各阶层人士纷纷在报纸上谴责社会以及官员的冷漠，慧兴则被媒体称为"东亚妇女的楷模"。② 1907年，思想开放的王钟声、满族士人金梁③甚至将这一故事编成戏剧在京城募捐时上演。在舆论的压力下，官府又重建了这所女学，并命名为慧兴女学。④ 这所学校一直存在到20世纪50年代。

---

① 金观涛、刘青峰：《历史的真实性：试论数据库方法在历史研究中的利用》，载《观念史研究：中国现代重要政治术语的形成》，香港中文大学当代中国文化研究中心，2008年，第447页。

② 夏小虹：《王钟声与〈惠兴女士〉新戏》，《文艺研究》2007年第10期。

③ 金梁亦为民国初年《清史稿》的刊刻者之一。

④ 路康乐：《满与汉：清末民初的族群关系与政治权力》，中国人民大学出版社2010年版，第112页。

报刊、电报等新媒体的力量可见一斑。

新媒体及其营销网络的建造，使得知识与思想的传播在空间上发生巨大的拓展，也极大地缩短了到达终端受众的时间。毫无疑问，新媒体加快了社会变迁的节奏。①

（三）新媒介：图像与影像

图像作为材料并非始于现代，但以图像作为历史研究的材料却是近年才兴起的一种新方法。图像及影像对社会事件所产生的巨大影响是我们能活生生感受到的，后来的历史学家该如何利用和界定、解读这些文献，都是文献学所面临的新课题。②

也正是由于当代社会所面临的视觉冲击，使得诸如艺术史研究这样一些领域开始介入更为广泛的社会生活之中，美国芝加哥大学米切尔教授指出："当前学术界和公共文化领域正在发生一种错综复杂的转型"，这一转变被称为"图像的转向"。所谓的视觉或者图像研究，与传统文献的不同在于："它能提供一种迥异于以文本为基础的人类学领域杰出实践的声音。"③ 实际上，图像之所以重要，是因为它本身就是文字的源头，与文字语言有着密切的关系。杨晓能通过对大量商周时期青铜器装饰图纹的研究，认为传统上划分为两个不同范畴的书写、铭文、符号与图画、雕塑纹饰之间，存在一种"介于两者之间又与两者互有重叠的视觉媒体"，称之为"图像铭文"，是"一种未能识别出来的新媒体"。他声言，这种"动物图像铭文可能是史前跨地区、跨文化远祖动物崇拜或共同崇尚的动物神灵的遗存和表记"，我们应该"在此基础上着力研究一些根本性、跨文化、跨文明的问题"。④ 而柯律格则通过明代图像的研究，指出中国古代画像中存在模仿与叙事、自我指示与象征等表现机制。⑤ 这提示我们，图

---

① 史学界将法国大革命到第一次世界大战这一百多年称为漫长的十九世纪，而将第二次世界大战到 20 世纪 90 年代称为短暂的 20 世纪。

② 可参见方维规《再论新媒介的能量》，《社会科学论坛》2009 年第 1 期（上）。

③ ［美］詹姆斯·埃尔金斯：《视觉研究：怀疑式导读》，雷鑫译，江苏美术出版社 2010 年版，第 2 页。

④ ［美］杨晓能：《另一种古史：青铜器纹饰、图形文字与图像铭文的解读》，唐际根、孙亚冰译，三联书店 2008 年版，第 201 页。

⑤ ［英］柯律格：《明代的图像与视觉性》，黄晓娟译，北京大学出版社 2011 年 9 月版，第 14 页。

像不但存在叙事性，而且在暗示与象征、烘托与强化等手法上有着文本无法比拟的优越性。就图像与文本的关系而言，"不仅仅是为了让它们彼此互证，而且是要它们联合起来重构知觉世界的浩瀚图景。"①

对于历史学而言，"图像的转向"只是大众文化激荡下的一种应有的姿态。而将图像作为历史学的材料，却存在着巨大的困难。这种困难一方面来自于材料本身的性质的不确定性，另一方面来自于脱离具体文字的叙述而产生的解读的不确定性。但是，如果我们承认无论是历史中的人还是现实中的人，其行为都存在观念—认识—个人行为—社会行动这样一个互动的链条的话，我们就不得不承认，图像在观念传达与塑造中具有极其重要的地位，尤其在个人观念普遍化和通俗化的过程中，图像具有更强大的传播与阐释能力。

二　范式的转变一：新技术与变革

（一）我们可以如何解读文献

近几十年来，现代语言学、分析哲学与符号学等新学科的长足发展，使得我们对文本、字句、语词的重视上升到前所未有的程度。在观念变迁研究中，观念的提出与流传都借助于文本，而对于文本我们必须细分才能确定其时代。

从历史文献的角度来看，文本的年代是个复杂的问题。一个文本对应的至少有以下几种时间坐标：编纂成集时间，记录时间，记录内容中事件的发生时间等几个层级，如果研究者在数据库中阅读文本的过程中对这些年代进行标注并反馈给系统，那么此后的使用者就可以看到历史事件所涉及的多重年代关系。这在我们传统的官修正史中尤其常见。正史是继任的朝代对前任朝代的历史记录，史料多采用前任朝代的原发性史料，但价值系统多为后继朝代的，因此从史实与评价方面，都需仔细甄别。

初读《明史·庄烈帝本纪》，至十七年谓："春正月庚寅朔，大风霾，凤阳地震……乙卯，幸正阳门楼，饯李建泰出师。南京地震。"读后让人

---

①　汪悦进：《梦的边界与消解的身体：作为镜殿的佛教石窟寺》，载［英］德波拉·切利编《艺术、历史、视觉、文化》，凤凰出版传媒集团2010年版，第26页。

大为骇异。这一年是1644年，也是明朝的最后一年，正月初七日京师发生大风霾，而凤阳是明帝皇家的祖陵所在地，南京则既是明朝的南都，又是建国之都城。这三个标志性地区接连发生异象，不得不让人发生联想。及读至庄烈帝自去冠冕，以发覆面，自尽于煤山，《本纪》的"论赞"曰："帝承神、熹之后，慨然有为……惜乎大势已倾，积习难挽……举措失当，制置乖方。祚讫运移，身罹祸变，岂非气数使然哉"。疑惑才豁然得解。原来，特意挑选的种种异象，都强烈暗示着明朝国祚转移，气数已尽，天命归清。①

查阅编纂《明史》所依据的重要文献《崇祯长编》，崇祯十七年有如下记录："甲辰，保定地震"，"戊子，福建地震"，"辛卯，广东地震"。大风霾的天气则随时都有，这在明清两代都为常见天气。② 由此，《明史》编纂者选择性使用材料的动机昭然若揭。在崇祯十七年的历史叙事中把这三个特殊地区的特殊事件摆放在一起，刻意营造天命转移的象征，则是清初《明史》编纂时代的官方意识形态。康熙十七年正在"三藩之乱"之际，清朝开"博学弘儒"科，网罗尚未认同的明遗民进入仕途，打的就是修《明史》的旗号。次年开明史馆，大修《明史》，一个主要目的就是为了论证明、清易代的合法性。经过多次修改得《明史》于乾隆初年正式刊定，则标志着清代官方正统观念观照下的正统"明史"叙事的完成。历史记录与历史观念的错位，造成历史解释的障碍，不可忽视。

我们阅读资料的过程注意避免"望文生义"，就是这个原因。在数据库中对查询到的关键词进行义项判定，同时将这些义项反馈给系统，那么我们看到的关键词就会自动给出研究者所标注的几种义项，以供辨析。例如"民主"这一概念，根据学者综合各种文本中的意义，具有以下几个义项：1. 民之主（传统帝王），2. 民做主（德先生），3. 选举领袖（如晚清将美国总统称为美利坚民主），4. 共和制（民主国）。③ 可以看出，同样是"民主"一词，其各种含义之间的差别很大。经过如此义项判别，我们在阅读谈论民主的文本时，能够更加精确地区分其指向和意义。

---

① 《明史》卷二十四《庄烈帝本纪·崇祯十七年》，天命归清原文为"大命有归"，中华书局2011年版，第232页。

② 《崇祯长编》卷二"崇祯十七年"，北京图书馆出版社2005年版，第198页。

③ 金观涛、刘青峰：《观念史研究：中国现代重要政治术语的形成》附录二：《百个现代政治术语词意汇编》，香港中文大学当代中国文化研究中心2008年，第534页。

(二) 沉默的事实：发现未知的联系

从龟甲兽骨到简帛文书，从纸书版刻到近代报刊，文献载体发生变迁的同时，是知识的加速度累积。先秦时代韦编三绝、车载斗量的载籍，不如清代经卷一匣之量。在几千年文献载体的变化中，不易察觉的是阅读模式的变化。经过清代大规模的古籍编纂整理，乾嘉以来的学者阅读体验已经与前代发生了巨大的变化，因此清人考据之作，动辄遍引群经，曲尽文献渊薮，知识累积使然也。然而个人阅读之范围，终究有限。即便近代公共图书馆制度之引入，学者个人查阅检索的力量在浩如烟海的文献之中，更显渺茫。而进入现代社会，信息技术的快速发展，使得文献的转化和知识的生产模式都发生了根本性的变化。知识的迅速更新与积累，对历史的遗忘和代谢也在加剧，使得许多重要的历史事实都被淹没、尘封在历史文献中，依靠个人的阅读力量很难穷尽文献以及发现某些隐晦的事实。但是，借助于储存海量文献的大型数据库的挖掘、统计等功能，为我们提供了在更广阔的文献范围来思考和提出问题的条件。

三　范式的转变二：在语言与思想之间

(一) 语言：思想的符号

"自二十世纪哲学研究实现了语言学转向后，语言学和哲学的交汇产生了十分重要的成果。其中一个基本观点成为学术界的普遍共识，这就是当某一种普遍观念在历史上存在过并转化为社会行动时，我们一定可以找到语言学的证据，因为任何观念的表达、流传（成为社会化的普遍观念）都离不开语言。无论是普遍观念转化为社会行动，还是社会行动反过来改变普遍观念，都可以通过表达有关观念的关键词的意义分析和使用频度统计来证实。"[①]

钱钟书在讨论陆机《文赋》时指出，诗歌表意的特点是"文—物—

[①] 金观涛、刘青峰：《历史的真实性：试论数据库方法在历史研究中的利用》，载《观念史研究》，香港中文大学当代中国文化研究中心2008年，第447页。

意"三者之间的不称不逮。文在,但文不足;意在,但意不称。"表达意旨"过程越过了"所指之事物"指向"思想或提示","文词虚而非伪,诚而不实"①,观念的研究适如诗意的捕捉,所不同者,惟诗意无须言说,而观念却要层层剖析。因为观念最终连接着人的行为,甚至社会行动。如果没有一套严密的方法来界定符号背后的指涉,我们即不可理解社会与历史。

钱钟书指出文本理解中"文在,但文不足。意在,但意不称"的现象,实际在中国思想史的领域甚至更为突出。《道德经》五千言,却对中国文化产生了巨大影响,首句即谓:"道可道,非常道;名可名,非常名。"这种经典如何实现阐释?我认为有两种机制导致了阐释的可能:其一,能指与所指的不确定性和多样性,使得阅读者可以借用多种义涵来理解词义。又比如"仁",孔子从来没有将某个词汇固定在"仁"的理解上,而是多方面的指出种种"仁"的样貌,阅读者也只能从所指的多维性来理解这样的经典,那种声称获知经典的确定意义的阐释是令人起疑的;其二,阅读者自身储备的观念图像的介入。阅读者对经典所在时代的总体观念储备与个人认识储备的愈丰富、愈准确,那么对原典的理解就愈接近经典本身。当然,这并不包括以今人观念来乱谈经典的所谓现代性阐释。中国思想中有许多"只可意会,不可言传"的观念,正是通过上述机制获得理解的。纵观中国传统文化的阐释史,当不难体会上述论说。

1903年,张之洞上《奏定学堂章程》中列出一个反对使用新名词的名单,其中就有"观念"一词。张之洞认为"如报告、困难、配当、观念等字,意虽可解,然并非必需此字。"以"观念"一词来翻译 Idea,符合宋明理学关于心性的解释,念头一词是用来指内心的想法。正是这些新名词在近代观念变迁的过程中发挥了重要作用。胡适曾说新文化运动其实是新名词运动,"一些抽象的,未经界定的文词发挥了魔幻而神奇的效力","别小看一些大字眼的魔幻力量"。其实即说明了新名词、新概念建构现实的力量。②

---

① 钱钟书:《管锥编》,三联书店2007年版,第166页。
② 王汎森:《中国近代思想与学术的谱系·自序》,台北:联经出版公司2003年版。关于晚清新名词对社会运动的建构作用,亦见黄兴涛:《近代中国新名词的思想史意义发微——兼谈对于"一般思想史"之认识》,《开放时代》2003年第4期。

（二）关键词何以成为可能

戴东原作《孟子字义疏证》，自谓"朴生平著述最大者为《孟子字义疏证》一书，此正人心之要。今人无论正邪，尽以意见误名之曰理，而祸斯民，故《疏证》不得不作。"①《疏证》从《孟子》一书选择"理"、"天道"、"性"、"才"、"道"、"仁义礼智"、"诚"、"权"八个关键词，逐个解释，遍引经书，合类比义，对每个概念进行疏解，从而得出："尊者以理责卑，长者以理责幼，贵者以理责贱，虽失谓之顺；卑者、幼者、贱者以理争之，虽得谓之逆。于是下之人不能以天下之同情、天下所同欲达之于上，上以理责其下，而在下之罪，人人不胜指数。人死于法，犹有怜之者，死于理，其虽怜之。"②通过对这些词义的辨析功夫，戴东原揭示了理学存在"以理杀人"可能性，由此发起了一场对程朱理学的革命。其分析方法和归纳思想，被称为中国科学主义的源头。胡适之说戴震："他的治学方法最精密，故能用这个时代的科学精神到哲学上去，教人处处用心知之明去剖析事物，寻求事情的分理条则"。③《孟子字义疏证》在乾嘉时代注重考据训诂、轻视心性义理的总体学术范式中的确具有冲决性的作用。其最显著的不同在于，考据训诂之学重字、词之"意"，是语言学的。但东原则更为重视字、词之"义"，是观念史的。"由词达道"带来的是境界的提升，关键词之力量，由此可见。

中国人的传统观念，经过晚清的一再冲击，经历了一系列幻灭与重构的痛苦过程，但真正为现代思想重塑的，是新文化运动的大洗礼。众所周知，民主与科学，德先生与赛先生，是新文化运动的两大旗帜。有学者经过统计分析，发现"民主"观念的传播远远在"科学"观念之下，而且以负面含义使用"民主"一词占据将近一半的数量，而"科学"一词则几乎全是正面的含义。④从关键词是观念的表达与传播载体这一理论出发，发现隐蔽在轰轰烈烈的新文化运动表象背后的一个历史事实：近代中国"民主"观念的发展远远没有"科学"观念那样成功。

---

① 段玉裁：《东原先生年谱》，乾隆四十二年四月二十四日，北京图书馆出版社1999年版。
② 《孟子字义疏证·理》，《戴震全书》卷六，黄山书社1995年版，第161页。
③ 胡适：《几个反理学的思想家》，《胡适文存》三集，黄山书社1996年版，第74页。
④ 金观涛、刘青峰：《〈新青年〉民主观念的演变》，载《二十一世纪》（双月刊）总第56期，1999年，香港：香港中文大学当代中国研究中心。

金观涛在分析戴震的思维模式时说，他一方面坚持知识性常识为合理性基础，另一方面又把欲望看作道德的基础，所以在戴震的思想中呈现合理性最终判断与道德价值推衍模式处于不能整合的状态。这种断裂形态正是新文化运动后自由主义者思想形态的先驱："自由主义者大多一方面主张用科学知识来论证科学人生观的合理，将科学常识作为合理性的最终判断；但与此同时却坚持个人主义立场，主张由内向外的推出道德，据此中国自由主义者认同人权、个人独立和民主程序。由内向外、由个人向集体的道德正义与所谓的科学人生观始终处于不能整合的状态。这同戴震的思维模式同构。"①

这里，观念模式显示了令人惊叹的穿越历史的力量。

四　为什么是观念史：历史研究中的表象与本质

历史学究竟更具有科学性抑或更具有艺术性，历史学是否具有客观性？历史学是否以真实作为自己的目标？这些问题抽打着每一个历史学者。毫不讳言，语言与思想之关联，关键词之于观念，能指与所指，符号与象征，这些方法都来自于后现代主义影响。但是，为什么观念史的研究具有独特的意义？

试举一例：中国古代有"日食救护"的礼制，《左传》鲁昭公十七年六月发生一次日食，祝史向执政季平子申请救助所需钱币，季平子不予。学者昭子评论说："夫子将有异志，不君君也。"唐孔颖达《正义》解释说："日食，阴侵阳、臣侵君之象，救日食所以助君抑臣也。平子不肯救日食，乃是不君事其事也。"② 日食、月食等天象在中国古代史是被记录非常完整的自然现象，但围绕着日食的发生规定有救助的礼仪以及政治的避讳与阴谋，是单纯的日食记录完全难以解读的。汉成帝的丞相翟方进因为"日食"异象，代君自杀而亡。这些历史记录，必须辅助于古代天人感应的观念才能够理解，也就是说，如果没有天人感应观念的发现，这些历史记录将是无意义的。

---

① 金观涛、刘青峰：《中国现代思想的起源》，香港中文大学出版社2000年版，第196页。
② 《左传》昭公十七年，《十三经注疏》，上海古籍出版社2010年版。

但是，无论是兰克史学还是中国传统以历史叙事为主要特色的历史著作，为什么在我们看来又都是可以理解的呢？事实上，我们正是阅读着此类作品成长起来的。原因在于，这些著作存在着隐性的观念调用机制。这种机制分为两个层面：

其一，历史著述者潜在的行为/观念解释逻辑。以天象与社会行为为例："汉建安中，将正会而太史上言正旦当日蚀，朝市疑会否，共咨尚书令荀彧。时广平计吏刘劭在坐，曰：'梓慎裨灶，古之良史，犹占水火错失天时。诸侯旅见天子，入门不得终礼者四，日蚀在一。然则圣人垂制，不以变异预废朝礼者，或灾消异伏，或推术谬误也。'彧及众人咸善而从之。遂朝会如旧，日亦不蚀。"① 元旦朝会，是古代政治最大的礼仪。而这一仪式因为日蚀的预报而能否如期举行，关系重大。刘劭对朝会/日蚀事件的解释含有三大论据支持：天变不时，历史经验，圣人垂制。这三大论据都指向一种观念：天人感应思想下的灾异观念。在汉晋时期天象还不能准确预报的时代，这代表着理性化对天人感应观念的一种有限度的矫正。这里，我们看到叙述者通过历史记事将汉人"天人感应"观念展现在事件的描述背后。

其二，阅读者参与观念建构的历史理解模式：仍以"救日"为例，"救日"这一礼制直到清代都举行如仪："日食救护，顺治元年定制：遇日食，京城文武百官俱赴礼部救护。康熙十四年，改为钦天监推算时刻分秒，礼部会同验准，行知各省官司其仪。凡遇日食，八旗、满、蒙、汉军都统、副都统率属在所部警备，行礼救护，顺天府则饬役赴部。"② 这一段历史记述，并未交代事件与行为的观念依据，是不是可以理解？这取决于阅读者头脑中的观念史图景的知识储备。就我个人的理解而言，经过明清之际耶稣会士的大力推广，采用科学方法预测天象已经非常准确，康熙对数学、天文的熟悉喜好程度亦不可同日而语。显然很难仅仅用"天人感应"的观念来解释清代的"日食救护"。汉代"天人感应"观念下"日食"所警告的是皇帝本人，而清代大动干戈地"救护"规定，甚至各行省都有相应措施，我们可以看出天象与皇帝德行之间的联系已经发生了

---

① 《晋书》卷十九《礼志第九·礼上》。中华书局1974年点校本，第667页。参见关增建《日食观念与传统礼制》，《自然辩证法通讯》1995年第2期。

② 《清史稿》卷九十一志六十六，中华书局1977年版，第464页。

剥离。清初官方开始建构以朱子学为中心的政治文化,"天理"和"天道"在康、雍、乾三朝是政治权威终极合法性的依据。所以,我理解,如此全民动员的"救日"礼仪,措施上重在宣示武力威慑以及警戒意味,与捍卫"天道"有关,也即捍卫政权的合法性有关。因为这一时期是论证满族入主中原合法性的时期。这个理解是否符合历史真实,也许对,也许不对。通过调用个人观念资源,我们还可作出其他解释。但符合历史真实的前提是,我们调用的个人观念储备同时符合事件发生场域的整体观念。

在大多数对话与事件的场合,行为背后的指导性观念以"共识"存在于语境中。正是因为在相同的观念图景下,所以叙述者对言说、行动者对行为的逻辑往往是"习焉不察"。但是历史文本的特殊性在于,时间保留了对话的语言与事件记录,却遗失了指导行为的观念体系。这些观念有的是显性的,有的却是隐晦的。历史研究不但要通过连缀历史记录还原完整的事件,更要还原事件背后的观念。

陈寅恪先生尝言:"一时代之学术,必有其新材料与新问题。取用此材料,以研求问题,则为此时代学术之新潮流。治学之士,得预于此潮流者,谓之预流(借用佛教初果之名)。其未得预者,谓之未入流。此古今学术史之通义,非彼闭门造车之徒,所能同喻者也。"①

五 结语

今天,我们使用着现代科技提供给我们的方便辅助,数据库所带来的资料利用的便捷,但其未尝稍减历史学家对于历史事实进行考证与阐释的传统功夫。正如陈寅恪先生对有清一代蔚为大观的金石学成就所作的评论:"自昔长于金石之学者,必为深研经史之人,非通经无以释金文,非治史无以证石刻。群经诸史,乃古史资料多数之所汇集。金文石刻则其少数脱离之片段,未有了解多数汇集之资料,而能考释少数脱离之片段不误者。"② 傅斯年先生主持"中研院"史语所的工作,推行"借镜他人所

---

① 《陈垣敦煌劫余录序》,见《金明馆丛稿二编》,上海古籍出版社1980年版,第236页。
② 陈寅恪:《积微居小学金石论丛·序》,中华书局1983年版。

长，鼓吹史料的扩大与征集"，同时也重视"文献典籍的解读与诠释"。这两方面的重视，适如我们如今对于新方法与老功夫的感受。

戴东原尝言："经之至者，道也；所以明道者，其词也；所以成词者，字也。由字以通其词，由词以通其道，必有渐。""由文字以通乎语言，由语言以通乎古圣贤之心志。"① 在这个历史研究碎片化的时代，让我们不要忘记有学者为探索中国历史的模式、结构所做的艰苦努力，不要忘记中国文化对"道"的终极意义的追寻。

（本文原载台湾《东亚观念史集刊》第三期，2012 年 12 月版，收入本书时有删节。）

---

① 《戴震全书》第六卷，黄山书社 1995 年版，第 370、378 页。